André Chastel

DIE KUNST ITALIENS

W0334549

Prestel-Verlag

Übersetzt von Herma Buse und Erna Melchers

Umschlag vorne:
Andrea Mantegna Darstellung Christi im Tempel (Ausschnitt).
Foto: Jörg P. Anders

Umschlag hinten:
Reiterstandbild des Kaisers Marc Aurel auf dem von
Michelangelo entworfenen Capitolplatz in Rom.
Foto: TCI, Mailand

Frontispiz: Arezzo, Piazza Grande. Foto: TCI, Mailand

CIP-Kurztitelaufnahme der Deutschen Bibliothek

Chastel, André: Die Kunst Italiens. – Übersetzt von
Herma Buse und Erna Melchers.
München: Prestel, 1987.

© Librairie Ernest Flammarion, Paris 1982
© Prestel-Verlag, München 1987

Satz: Fertigsatz GmbH, München
Druck: Pera-Druck, Gräfelfing
Bindung: R. Oldenbourg, Heimstetten
Printed in Germany

ISBN 3-7913-0708-8

Inhalt

DAS MITTELALTER

DIE RENAISSANCE

DER BAROCK

DIE NEUERE ZEIT

VORWORT

Wenn es zutrifft, daß Autoren ihre ersten Bücher schreiben, um endlich diejenigen zur Hand zu haben, die sie schon in ihrer Jugend gern befragt hätten, so gehört ›Die Kunst Italiens‹, ein Werk, das vor dreißig Jahren in zwei kleinen Bänden erschien, zu diesen. Es wurde in den Jahren 1954/55 geschrieben, nachdem der Verlag Larousse es für eine Buchreihe in Auftrag gegeben hatte, in der, nach Kunstgebieten oder Ländern geordnet, allgemeinverständliche wissenschaftliche Werke angeboten wurden.

Für das Buch, wie es mir vorschwebte, gab es seltsamerweise kein Vorbild. Ich war gezwungen, mir ein Konzept zu erarbeiten, nach dem der jeweilige Standort Italiens innerhalb der europäischen Kunst definiert werden konnte. Auch eine Ordnungsmethode für die ungeheure Materialfülle mußte gefunden werden. Darin und in der Anlage ausführlicher, für den Reisenden bequem zu handhabender Verzeichnisse lag der Vorzug, den man der Arbeit noch heute zuerkennen kann. Sie nahm eine Form an, die man eine ›Windrose der historischen Strömungen‹ nennen könnte.

Da ich mich weiterhin intensiv mit *i fatti d'Italia* beschäftigt habe – wobei die begeisternde und manchmal überwältigende Entfaltung einer Wissenschaft, die aktiver war denn je, hohe Anforderungen stellte –, weiß ich, daß ich heute nicht mehr über die für ein solches Unternehmen notwendige Unbefangenheit verfügen würde. Meine Bemühungen um eine historische Synthese stützten sich auf einen Wissensstand, der sich inzwischen sehr erweitert hat. Die Übersetzungen ins Italienische (1957/58), Deutsche (1961) und Englische (1963) konnten jeweils eine gewisse Anzahl von Änderungen und Ergänzungen berücksichtigen, die nun insgesamt in die vorliegende Neuauflage aufgenommen wurden. Hätte man das Buch völlig umschreiben sollen, was in mancherlei Hinsicht geraten schien? Ich habe es nicht getan. Es hätte den doppelten Umfang angenommen und wäre von wissenschaftlichen Erörterungen, die sich bisher in Grenzen hielten, erdrückt worden. Seine Schneide wäre stumpf geworden.

Die Kenntnis der Geschichte der italienischen Kunst ist in den letzten dreißig Jahren wesentlich bereichert worden, vor allem durch gründliche analytische Untersuchungen der Kunstwerke, umfangreiche Katalogisierungsarbeiten, unermüdliche Aufarbeitung von Dokumenten und bewundernswerte Forschungsarbeit am regionalen Kulturerbe durch die Auswertung der historischen Quellen in kleinen Städten und ländlichen Bereichen, die sich oft als besonders ergiebig erweisen und denen man sich heute mit größerem Sachverstand als früher nähert. Ich möchte auf diese Quellen und das neue Forschungsmaterial besonders hinweisen – ein Handbuch kann das freilich nicht alles in die Scheuer einbringen.

Es erschien daher geraten, *correctis corrigendis in texto*, sich besonders um eine Überprüfung der Verzeichnisse zu bemühen und die Bibliographie auf neuer Grundlage zu erarbeiten, um jedenfalls diese auf dem neuesten Stand zu halten. Schon dieses mag die Neuauflage rechtfertigen.

Ich habe das Buch geschrieben, nachdem ich ab 1932 und später nach 1946 Italien immer wieder nach allen Richtungen hin durchstreift und das Land sich mir beglückend erschlossen hatte. Damals standen wir am Vorabend jener verhängnisvollen Veränderungen, die durch das wirtschaftliche Wachstum auf der Halbinsel verursacht werden sollten. Ich konnte nicht wissen, daß ich vielenorts den letzten Augenblick jahrhundertealter Landschaften beschreibend festhielt: Überall in Venetien, in den Marken und in Sizilien vermischte sich damals die edle Strenge der bäuerlichen Welt unaufdringlich mit mediterraner Anmut. Gelassen zeigten die Städte ihre Eigenart, von jedermann mit gewohnter leicht ironischer Liebenswürdigkeit, an der es in Italien nie gefehlt hat, kommentiert. Gewiß ist nicht alles durch die rücksichtslose Entwicklung der letzten zwanzig oder dreißig Jahre endgültig verloren oder unwiderruflich gefährdet, dennoch mag mancher Leser es begrüßen, in diesem Buch eines unermüdlichen Reisenden den Widerschein eines unverfälschteren Zustandes des kulturellen Erbes Italiens zu finden.

EINFÜHRUNG

Das Land und die Kunstlandschaften

Stendhal, der eine große Liebe zur italienischen Kunst hegte, versuchte ihr Wesen aus der Kraft der Empfindungen und der Lebendigkeit der Sitten zu erklären, Eigenschaften, die er hinwiederum auf die Besonderheit der italienischen Erde, den Lebens- und Arbeitsrhythmus der Bevölkerung und die Eigenart des Klimas zurückführte.

»*Der Mensch des Südens lebt in einem Lande voller Überfluß und begnügt sich mit wenigem; der Mensch des Nordens, dessen Land wenig hervorbringt, braucht viel: der eine sucht die Ruhe, der andere die Bewegung. Der eher träge Mensch des Südens, der seine Muskeln nur ungern bewegt, fühlt sich unablässig zur Betrachtung hingezogen. Ein Nadelstich dünkt ihn grausamer als dem anderen ein Säbelstoß. Daher mußte die künstlerische Ausdrucksfähigkeit im Süden entstehen.*« Und an einer späteren Stelle fährt Stendhal fort: »*In Italien bewirkt das Klima eine erhöhte Leidenschaftlichkeit; und die Regierung setzt ihr keine Grenzen. Es gibt keine Hauptstadt! Also können Ursprünglichkeit und natürliches Genie herrschen.*« So wäre also in der Natur selber, in der besonderen geographischen Beschaffenheit dieser Halbinsel sowie in der Mannigfaltigkeit ihrer Landschaften, die entscheidende Triebfeder der italienischen Kunst zu suchen. Diese Interpretation nach Temperament und Sitte beherrschte die Reisenden des Barockzeitalters und noch die des letzten Jahrhunderts. Taine brauchte sie nur noch in einem System zusammenzufassen.

Die Mannigfaltigkeit der Landschaft

Immer, wenn die ›Barbaren‹ aus den Alpentälern nach Piemont oder in die lombardische Tiefebene herunterstiegen, waren sie wie geblendet: Dörfer mit farbigen kubischen Häusern, die Giebel mit Fresken geschmückt, bedecken dort jeden Hügel, umranden jeden See. Bis zur Adria hinab ist die Ebene überzogen von einem üppigen Netz von Olivenbäumen und Weinreben, die mit Mais- und Maulbeerplantagen abwechseln. Villen und Kapellen sind genau da in die Landschaft eingefügt, wo ihre Akzente hingehören, und an den tausendjährigen Straßen, die von Mailand nach Padua und von Mailand nach Bologna führen, taucht Stadt an Stadt auf, deren jede ihre eigene Note trägt. Dunkle Gewitterhimmel wechseln jäh ab mit einer Sonne von solcher Kraft, daß sie die Erde völlig austrocknet und den Staub aufwirbeln läßt – ein ständiger lebhafter Reiz für alle Sinne! Weiter südlich nehmen diese Gegensätze noch zu; auf den allzu milden Winter folgt ein glühendheißer Sommer, überall wachsen Kakteen und Feigen, und in den Tälern zwischen den hohen Lehm- und Kalkfelsen blühen zahllose Mandelbäume. Italien umfaßt von den Alpen bis nach Afrika hinunter eine ganze Skala von Heimstätten und Kulturen; aber die Vielgestaltigkeit seiner Landschaft ist vor allem geprägt durch die langgestreckte Schranke der Gebirgszüge des Apennin, deren Formation die vielen malerischen Täler, rauhen Gipfel und Einöden bildet, die in nächster Nähe fruchtbarster Ebenen liegen. Von der Lombardei bis nach Apulien hinab gibt es keinen Landstrich in Italien, wo das Gebirge nicht in der Nähe wäre. Es ist daher überall ebenso Kontrast wie Abgeschlossenheit vorhanden.

Unter all den vielen reizvollen Blickpunkten in der Landschaft gibt es wohl kaum einen, der nicht irgendwo in der Kunst festgehalten wäre. In den frühchristlichen Mosaiken findet man die gleichen Landschaften typisch italienischer Prägung, wie sie später die Gärten des Fra Angelico zeigen. Tizian sollte die Ausläufer der Alpen des Cadore in seinen Werken verherrlichen, Mantegna die euganeischen Berge preisen, Piero oder Gozzoli die mit Weinreben getüpfelten Hügel der Toskana; die Abhänge der Brenta inspirierten einen Guardi, die schwarzen Gipfel des Apennin begeisterten

Salvatore Rosa und Magnasco, und alle modernen Maler schließlich empfingen ihre Anregungen aus der Landschaft der Lagune.

Die Ausgeglichenheit, die große Flüsse mit regelmäßigem Lauf einem Lande mitteilen, existiert in Italien nicht. Dort sind die Flüsse reißend, unbefahrbar und zur Bewässerung kaum geeignet. Überall gilt es, die Natur zu zügeln, einmal im Kampf gegen Sümpfe, Lagunen oder die Gewalt des Wassers, zum anderen muß die Erde kultiviert und ihre Fruchtbarkeit durch Ölbaumplantagen, Maulbeer- und Weinbau genutzt werden. Mineralien gibt es nur wenig; dafür erlaubt das häufige Vorkommen lehmhaltigen Bodens fast überall die Herstellung von Ziegeln und Töpfereien. Auch gibt es herrliche Stein- und Marmorbrüche, die an den Rändern der Gebirgsketten liegen, so in der Gegend von Luni und Carrara, aber auch in der Toskana und in Apulien. An manchen Orten, wie in der Gegend von Verona oder in der Toskana, hat das Vorhandensein von farbigem Kalkstein die Baukunst zur Polychromie angeregt[1].

Aus all diesen Gegebenheiten erwuchsen für das künstlerische Verhalten zwei wesentliche Merkmale: einmal die große Kraft, die die örtlichen Schulen besaßen, zum anderen die Abgeschlossenheit einzelner Kunstlandschaften. Doch ergaben sich daraus auch gewisse Gemeinsamkeiten, wie zum Beispiel die Vorliebe für die äußere Gestaltung und den Schmuck sowie ein ständiges Zusammenwirken verschiedenster Techniken zu einer Gesamtwirkung, bei der Struktur und Ornament nicht mehr zu trennen sind.

Die Kunstlandschaften

»Land und Aufenthaltsort wechseln, heißt Natur und Eigenschaften, Sitten und Gewohnheiten wechseln, so daß man meint, ein anderer Mensch geworden zu sein und davon verwirrt und betäubt zurückbleibt.«

Mit diesen Worten erklärt Vasari das vollständige Versagen des Rosso in Rom und die überstürzte Abreise des Fra Bartolomeo und Andrea del Sartos, jener Künstler, »die sich davonmachten, ohne etwas geleistet zu haben«, jedoch, nach Florenz zurückgekehrt, dort ihren eigenen Stil fanden. Die Stadt, die einen Künstler geformt hat, besitzt eine Kraft, die ihm den Aufenthalt in der Fremde oft unerträglich macht. So etwas hatte Donatello wohl gemeint, als er scherzhaft sagte, daß er von Padua fortgehen und es mit Florenz vertauschen müsse, weil man ihm hier allzusehr schmeichele und er nichts Gutes mehr zustande bringe; in Florenz aber, ständiger Kritik und Anregung ausgesetzt, sich weiter entwickeln könne.

Die Vorliebe für kritische Äußerungen und die Freude an öffentlicher Diskussion ist in Italien immer sehr lebhaft gewesen. So ist ein typischer Wesenszug des italienischen Volkes, daß es sein Interesse an Kunst und seine Liebe zur Schönheit oftmals mit dem künstlerischen Schaffen gleichsetzt: jedermann glaubt sich Künstler! Als man Anfang des 16. Jahrhunderts den Bau von S. Petronio in Bologna weiterführen wollte, klagten die verantwortlichen Baumeister: *»Seit die Arbeiten an den Pfeilern begonnen haben, sind derart viele Baumeister aufgetaucht, daß es unbegreiflich ist, wieso es deren so viele in der Welt gibt. Sie rücken von überallher an, Priester und Laienbrüder, Handwerker und Bauern, Schullehrer und Straßenkehrer, Stallknechte und Gießer, ja sogar die Wasserträger glauben, daß sie die geborenen Meister seien und erteilen ihre Ratschläge.«*

Italien ist seit dem Altertum ein städtisch betontes Gemeinwesen, und schon vom 11. Jahrhundert an spielen die Stadtgemeinden eine äußerst bedeutende Rolle. Bis zur Mitte des 15. Jahrhunderts lebten die drei wichtigsten Städte der Toskana – Pisa, Siena und Florenz – in ständigem Wettstreit miteinander, der sowohl in der Politik als auch in der Kunst ausgetragen wurde. Dasselbe gilt für Padua und Verona. Ja sogar die allmähliche regionale Zentralisierung durch die ›großen Staaten‹ des 15. Jahrhunderts, nämlich die Lombardei, die Republik Venedig, Florenz, den Kirchenstaat und das Königreich Neapel, brachte es nicht fertig, diese Aufteilung zu beseitigen. Trat in einer Stadt irgendeine wichtige Neuerung auf, so hieß das keineswegs, daß sie nun deshalb auch anderswo ihren Widerhall fand. Der Gedanke, Traktate abzufassen, liegt um das Jahr 1450 sozusagen in der Luft, und sie erscheinen in den verschiedensten Kunstzentren wie Mailand, Padua oder Florenz. Aber es kommt nicht zu einem Austausch darüber, sondern sie bleiben in ihrer Auswirkung fast durchweg von lokaler Bedeutung. Gegen Ende des 15. Jahrhunderts waren Buch und Kupferstich zu Informationsmitteln geworden, und neue Ideen und Stilformen vermögen sich fortan rascher zu verbreiten. Dennoch kommt es nicht zur Einheit: Die ortsansässigen Schulen wahren ihren Partikularismus, und man spürt genau, welch eine tiefe

Kluft Städte wie Parma und Lecce, Bologna und Neapel oder Palermo voneinander trennt.

Dieser ganz natürliche Tatbestand wird noch dadurch verstärkt, daß jede Landschaft ihre eigenen kulturellen Wurzeln besitzt, die ihrerseits geschichtsbedingt und vom Verhältnis zum Auslande abhängig sind. Das Schrifttum macht deutlich, daß sich vom 16. bis 18. Jahrhundert mit den Werken von Tasse, Métastase, Marino und Gravina[2] eine Ausgewogenheit besonders zwischen der Kultur des Nordens und der des Südens einstellte. Ähnliches geschah auf dem Gebiet der Künste. Die Lombardei zum Beispiel mit ihrer reichen frühchristlichen Überlieferung ist durch ihre Lage an den Ausgängen der Alpentäler als ein Land der Architekten immer allen Arten von Neuerungen zugänglich gewesen, die von Frankreich und vom Rhein einströmten. So war um 1400 die lombardische Malerei und Architektur den gotischen Stileinflüssen besonders zugänglich. Diese Entwicklung erklärt auch, weshalb sich jene Provinz mehr dem Manierismus als dem klassischen Erbe zuwenden sollte und dann wieder im Barock zahllose Handwerker hervorbrachte. Die Stellung, die die süditalienischen Gebiete hierbei einnahmen, ist in etwa analog. Gleich Byzanz und dem islamischen Kulturkreis ist in ihnen das reiche mittelmeerische Erbe stets lebendig geblieben und in die romanische Kunst eingegangen. Der Einbruch der Normannen und später der Anjou führte die Gotik ein, die eine weitgehende Verbreitung fand. Neapel und Palermo liebten den Überschwang und die barocke Farbigkeit, Neapel stand zudem durch Colantonio im 15. und Ribera im 17. Jahrhundert aufs engste mit der spanischen Kunst in Verbindung.

Eine ganz besondere Aktivität sollten die im äußersten Norden und im äußersten Süden liegenden Kunstlandschaften im 12. und am Ende des 17. Jahrhunderts entfalten. Das im Ostwinkel des Landes liegende Venedig, die die Mitte einnehmende Toskana folgten dagegen einem ganz anderen Rhythmus, der sich in dem dazwischen liegenden Zeitraum, im 14., 15. und 16. Jahrhundert, vollzog. Obwohl so vieles sie voneinander unterschied – Venedig war durch seine Insellage und die Nähe des Balkans zu einem wichtigen Hafenplatz geworden, Florenz aber war durch seine Bodenbeschaffenheit mehr agrarisch ausgerichtet und erlangte seine spätere Bedeutung vor allem als Industrie- und Bankzentrum –, sollten beide sich Anfang des 11. Jahrhunderts durch Kunstschöpfungen auszeichnen, deren Eigenart auch weiterhin bestimmend bleiben sollte. Im 15. Jahrhundert entfalteten sich ihre einander so entgegengesetzten Eigenschaften – in Florenz mit einem ausgesprochenen Sinn für Geistigkeit und Nüchternheit, in Venedig mit einem Gefühl für Farbigkeit und Atmosphäre. Das 16. Jahrhundert sieht sie in edlem Wettstreit, ein Dualismus, der für Italien grundlegend werden sollte, noch bis ins 20. Jahrhundert hinein. Was nun Rom anlangt, das im 11. und 12. Jahrhundert ein so starkes Gewicht besaß, so trat es in der Zeit der Gotik erstaunlich wenig in Erscheinung. Seine Ruinenlandschaft schien wie ausgestorben. Das späte künstlerische Erwachen Roms prägte die Zeit der Hochrenaissance, in der die Kunst der Antike sich in neuen Programmen und Formen offenbart und eine neue Blütezeit erlebt; diese steht zugleich in Zusammenhang mit der imperialen Großzügigkeit der Kirche, die im 18. Jahrhundert langsam an Bedeutung verliert und im 19. Jahrhundert ganz erlischt.

Schließlich scheint es uns angebracht, eine weitere Kunstlandschaft abzutrennen, und zwar zumindest für das mittelalterliche Italien, in der wir alle Hafenstädte zusammenfassen möchten. Diese standen einstmals untereinander entweder in engsten Handelsbeziehungen oder im Konkurrenzkampf. Amalfi wurde von Pisa bekämpft, Ancona stand mit Bari in Rivalität. Aber es verband sie auch mancherlei Gemeinsames, so vor allem die Vorliebe für morgenländische Prachtentfaltung. Dieser Sinn für alles Orientalische war der Grund für die Entstehung allerlei phantastischer Bauten, die in der Zukunft eine große Bedeutung erlangen sollten. Dazu gehören zum Beispiel der von Buscheto in Pisa erbaute Dom und der ›Chiostro del Paradiso‹ in Amalfi. Venedig als die letzte in der Reihe dieser Küstenstädte wurde im Laufe der Zeit zur eigentlichen Bewahrerin dieser Seite der italienischen Kunst.

Nun ist es aber unmöglich, jede einzelne dieser Landschaften als einen konstanten künstlerischen Ausstrahlungspunkt zu behandeln, der von seinen ersten Anfängen bis in unsere Zeit hinein erforscht werden müßte. Ebensowenig kann die italienische Kunst als ein Zusammenspiel verschiedener Stilschulen mit einer parallel laufenden Entwicklung angesehen werden, wie Félibien sie im 17. Jahrhundert und Abbé Lanzi um 1800 dargestellt haben. Man müßte dann, wie dies schon öfter mit gewisser Selbstgefälligkeit geschehen ist und noch geschieht, die Einmaligkeit bestimmter lokaler

Schöpfungen herausstellen, seien diese auch von einer so untergeordneten Bedeutung wie die toskanischen Kruzifixe des 13. oder die neapolitanischen Krippen des 16. und 17. Jahrhunderts. Was in der italienischen Kunstlandschaft überrascht, sind vielmehr die großen Gegensätze, die gegenseitige Rivalität und schließlich der harmonische Ausgleich im Endergebnis. Wenn man die engen Bindungen zwischen der Toskana und Rom im 12., zwischen Umbrien, Urbino und Rom im 15. Jahrhundert bedenkt, könnte man daraus schließen, daß die Vorherrschaft Mittelitaliens immer einen Zuwachs an klassischer Gewichtigkeit und Fülle bedeute. Hingegen ist die Epoche des extremsten Barock durch den Zusammenschluß der Kunstprovinzen im höchsten Norden und tiefsten Süden gekennzeichnet und erinnert hierin an die Situation des 11. und 12. Jahrhunderts, wo die Randgebiete die Brennpunkte waren: also Lombardei und das Königreich beider Sizilien. Aber die Rolle, die die dazwischen oder an den Ost- und Westgrenzen des Landes gelegenen Gebiete gespielt haben – Apulien im 13., Urbino und die Marken im 15., Bologna im 16., Bergamo im 17., Genua im 18. Jahrhundert – darf nicht übersehen werden, denn gerade hier reiften oft die köstlichsten und manchmal unerwartetsten Früchte heran. Der Begriff ›Schule‹ ist insofern angebracht, als durch ihn klar wird, daß die Stilformen niemals mit absoluter Gleichzeitigkeit auftreten und weiterhin, um deutlich zu machen, daß die zeitliche Fixierung traditioneller Stilepochen nur beschränkt geschehen darf, besonders hier, wo ihre summarische Anwendung noch weniger zutrifft als anderswo. Die politische Einigung des Landes durch eine bürgerliche Monarchie, die zusammenfiel mit einer Zeit des äußersten kulturellen Provinzialismus, erklärt zum großen Teil den Verfall der Kunst im 19. Jahrhundert.

Die Einheit der Künste

Andere Besonderheiten sind gebunden an Bedingungen des Bodens, des Klimas und des Landes. Die alte, von den Vorfahren übernommene Gewohnheit, die Innenräume mit Fliesen, ornamentalen Wandmalereien, Stukkaturen, Mosaiken etc. auszuschmücken, erhielt ein handwerkliches Spezialistentum lebendig, aus dem oftmals Künstler hervorgingen, die – wie etwa Cimabue oder Borromini – sich dann als bahnbrechende Erneuerer erwiesen. Vor allem aber ist es das für den Süden so charakteristische Gemeinschaftsleben unter freiem Himmel, das selbst in der kleinsten Ortschaft den schattenspendenden Marktplatz zum unumgänglichen Mittelpunkt macht. Hieraus folgert der stark ausgeprägte Sinn der Italiener für eine dekorative Architektur, die die Tendenz hat, Plätze und Fassaden, das heißt die Außenseiten und die urbanen Leerräume und nicht das einzelne Gebäude als eine monumentale Einheit zu begreifen. Dies trifft nicht nur in Venedig zu, wo – hier als Sonderfall – der Markusplatz gleichsam nur eine Art geschlossenen Arkadenhof bildet, dessen eine Seite von dem Markusdom abgeschlossen wird, sondern für das ganze Italien, schon im Mittelalter und vor allem in der Renaissance. So führten in der Lombardei und in der Toskana zum Beispiel Palastfronten und Kirchenfassaden fast immer zu einer weiteren Architektonisierung der unmittelbaren Umgebung; aber auch der Barock verlangte nach riesenhaften städtebaulichen Anlagen. So gesehen, ist auch das Bestreben zu verstehen, unwillkürlich zur Straßengalerie mit Arkaden zurückzukehren, die ursprünglich aus der hellenistischen Zeit stammt, sowie auch die Anwendung des im 11. und 12. Jahrhundert wieder auftauchenden Fassadenschmucks, der die Straße als eine Einheit begreift[3]. Wir finden derartige Vorstellungen bei Architekten wie Bonanus bis Maderna, von den fortlaufenden Arkaden in Pisa bis zur Anordnung der Kolonnaden vor Sankt Peter. Auf diese Weise wird der Künstler eine Art Regisseur des öffentlichen Lebens; anders wäre das unerhörte Ansehen und die fast unumschränkte Macht, die zu ihrer Zeit Giotto, Raffael, Bernini oder Tiepolo erreichten, kaum begreiflich. Dieses Phänomen, das außerhalb Italiens kaum eine Parallele hat, hängt eng zusammen mit der Erscheinung des ›universalen Künstlers‹, von dem eine ganze Stilperiode geprägt werden konnte; hierin muß ein typisches Merkmal gerade der italienischen Kunst erblickt werden. Von einem bestimmten künstlerischen Niveau ab wird die Universalität zur Regel, und lange vor dem Auftreten einer so außerordentlichen Persönlichkeit wie Leonardo, der Maler, Bildhauer, Architekt, Kupferstecher, Regisseur, Musiker und Dichter war, gab es Giotto, der das Amt eines Oberintendanten der Schönen Künste bekleidete, während er sich außerdem als Architekt, Maler und Städtebauer betätigte. Verrocchio, Maler, Dekorateur und Bildhauer, war beinahe schon eine Art ›polytechnischer Hephaistos‹, ebenso wie der romantische Francesco di Giorgio aus Siena. Dann kam Michelangelo, der alle Techniken und alle Künste beherrschte; das gleiche gilt für Vasari und vor allem auch für Bernini, der der letzte in der Reihe dieser großen universalen Künstler war.

Wenn es aber kein Universalgenie war, so war es zuweilen eine ganze Gruppe starker Persönlichkeiten, die die für alle Künste gleichzeitig auftretenden Neuerungen bestimmen sollte. Die Freundschaft, die zu Anfang des 15. Jahrhunderts, als schon eine bestimmte Entwicklungsphase der Stilformen vorlag, Brunelleschi mit Donatello und Masaccio verband, vermittelt ein gutes Bild von der Geistesverwandtschaft unter Architekten, Bildhauern und Malern. Das gleiche sollte sich noch einmal in der Mitte des 16. Jahrhunderts bei Veronese, Palladio und Vittoria wiederholen.

Und selbst da, wo ein solcher persönlicher Austausch nicht feststellbar ist, waren die Künste dem gleichen Rhythmus unterworfen und suchten den Zusammenschluß. Die seltene Harmonie, die die großen aus dem 11. und 12. Jahrhundert stammenden Kreuzgänge und Aedikulen der römischen Kirchen durch ihre kostbare Ausstattung mit eingelegten Marmor- und Reliefarbeiten aufweisen, die sich manchmal von den Fußböden bis über die Mauern hinziehen, ist der Überlieferung nach ganzen Künstlerdynastien, wie den Cosmaten und den Vassalletti, zu verdanken. Hier tut sich zum erstenmal unüberhörbar kund, wie dem gleichen periodisch auftretenden Bedürfnis mit wechselnden Techniken entsprochen wird. Eine große Anzahl der bedeutendsten Werke der italienischen Malerei sind Fresken; es handelt sich hier nicht um eine Reihe von Einzelgemälden, sondern um in imaginäre Architekturen hineingestellte Zyklen. Beispiele dafür sind die Fresken des Giotto in der Arenakapelle, die des Piero della Francesca in Arezzo oder die Wand- und Deckengemälde des Tiepolo in unzähligen Palästen und Villen. Diese Ausschmückung der Wände ersetzte in Italien Glasmalereien und Bildteppiche, später die Lederinkrustationen und Wandbehänge und war die Folge eines allgemeinen südlich bedingten Bestrebens, das Innere der Gebäude farbig zu verkleiden und an den Wänden den verschiedenartigsten Zierat anzubringen. Vor dem Fresko gab es den Stuck, das Mosaik, die Inkrustation, alles Techniken, die auch späterhin noch angewandt wurden. Aus den Stuckarbeiten entstand die Freude am Spiel farbiger plastischer Formen; die Vorliebe für gemalte Plafonds und verzierte und vergoldete Kassettendecken bringt seit Brunelleschi das Gewölbe zum Verschwinden. Schließlich wird in einigen Fällen, wie zum Beispiel in der Kathedrale von Siena, durch Fußbodenbelag mit figürlichen Darstellungen das ganze Bauwerk in eine Art kostbaren Schrein umgewandelt, wobei alle Techniken im Dienste des Ganzen zusammenwirken. Auf dem mehr kunstgewerblichen Gebiet der Inneneinrichtung stellt man, im Gegensatz zum nordischen Geschmack für schöne Verkleidungen mit Schnitzwerk, die Vorliebe für die Kombination von Holz, Stuck und Malerei bei Truhen und in Kabinetten ebenso wie bei größeren Ausstattungsaufgaben fest. Gewiß, es besteht die Gefahr, daß hieraus eine gewisse Fadheit entsteht, eine Art süßlicher Anhäufung, wie sie mitunter im 14. Jahrhundert, im Barock und vor allem im 19. Jahrhundert anzutreffen ist, aber es sind auch so überraschend großartige Dinge, wie sie Venedig hervorgebracht hat, darauf zurückzuführen. Niemals fehlt in Italien der Sinn für den szenischen Ausdruck; er äußert sich darin, daß man sorgfältig bemüht bleibt, dem Gebäude in der Stadt und den Bildern oder den Skulpturen innerhalb eines Bauwerkes den genau ausgewogenen und richtig berechneten Platz einzuräumen. Für jene Bilder, Altarfragmente, Relief- oder Freskenstücke, die man heute außerhalb des für sie ursprünglich bestimmten Platzes bewundert, würde es sich als sehr segensreich erweisen, wenn man sie wieder in der ihnen zukommenden Umgebung aufstellte. Wie könnte man sich das Grabmal des portugiesischen Kardinals von Rossellino an einem anderen Ort als in der Kapelle von S. Miniato, für die es bestimmt war, vorstellen? Undenkbar wären die Carpaccios anderswo, als in der Scuola di S. Giorgio degli Schiavoni, die kunstvollen ›Himmel‹ des Padre Pozzo an einem anderen Platz als in den römischen Kirchen! Keinem anderen Kunstwerk hätte die moderne Tendenz, alle Kunstgattungen voneinander reinlich zu scheiden, einen schwereren Schlag versetzen können. Man würde einen falschen Weg einschlagen, wenn man diesen einzigartigen Zusammenklang systematisch unterbräche und in einem Buche die Architektur von S. Vitale oder S. Apollinare gesondert von ihren Mosaiken darstellen wollte oder das Baptisterium von Parma ohne die dazugehörigen Skulpturen oder gar S. Ignazio ohne sein Dekkengemälde.

Man muß also bei der italienischen Kunst von ganz anderen Grundbegriffen ausgehen wie etwa bei der französischen, die nicht so bereitwillig das Architektonische mit dem Dekor vermischt. In Italien werden die höchsten Monumentaleindrücke vielleicht in der Malerei erreicht; dagegen werden die feinsten malerischen Wirkungen oft gerade in der Skulptur und Architektur erzielt. Nie wird Mauerwerk als eine ins Auge fallende Einheit behandelt, vielmehr gleicht es einem Auf und Ab von Trennungswänden und Galerien wie in der lombardischen Kunst, oder es wird mit farbigen Verkleidungen ausgestattet wie in der Toskana. Die Mauer wird zum tragenden Element für Mosaiken, Fresken und Stuck, sie verschwindet ganz hinter ihrem Schmuck. Selbst wenn der Hauptakzent auf der Wirkung der Baumasse liegt, hat die Mauer eher die Funktion einer Umfriedung, einer äußeren Begrenzung eines Teiles des Ganzen, und immer läßt sie Raum für überraschende Ausblicke auf klare kühle Höfe, die ihr Gewicht durch den Kontrast noch hervorheben. Das ist zum Beispiel beim Palazzo Pitti der Fall, dessen Baumasse Ammanati auf subtilste Weise aufgelockert hat. Das Bühnenbildhafte, das die Funktion des Dekors deutlich macht, liegt immer ganz nahe. Von dem Zeitpunkt an, als durch Brunelleschi die Ausdruckskraft des Raums und seine harmonischen Bezüge eine neuartige Bedeutung erlangt hatten, ging der Architekt von einem ganz bestimmten Gesichtswinkel aus, der, ähnlich wie bei einer gemalten Architektur[4], als Ausgangspunkt für die Anordnung der Perspektive wie auch für die Raummaße des Bauwerks galt. Als zu Anfang des 18. Jahrhunderts Noto in Sizilien wieder aufgebaut wurde, paßten sich die Baumeister der Steigung der Straße mit ihren stürzenden Perspektiven so vorzüglich an, daß diese die Wirkung einer Theaterkulisse bekam.

Stadt und Land

Ein berühmtes Buch aus der Zeit des Risorgimento bot den italienischen Kulturhistorikern eine Erklärung an, wonach die Stadt als ›Grundmuster‹ der italienischen Geschichte anzusehen sei (1858). Beginnt doch alles in der Kunst im 13. Jahrhundert mit dem Erwachen der Gemeinden, der Bestätigung städtischer Selbständigkeit, der Entstehung der Marktflecken, mit der genauen Festlegung ihrer Plätze und Arkaden, der Bebauung ihrer Zentren, die Jahrzehnte in Anspruch nahm, und mit einer Handelstätigkeit, die sich in diesem Rahmen entwickelte, mit dem Auftreten der Gewerbe und der Banken, der Organisation der ›*arti*‹, die nun dem Auftrag eine Rechtsgrundlage geben, die sowohl im bürgerlichen, weltlichen Bereich, als auch im Bereich der kirchlichen Gründungen Geltung hat. Die großen Orden, die sich während dieses Geschichtsabschnitts in so bemerkenswerter Weise auf dem Boden der römischen Staatsautorität erneuern, spielen zweifellos eine große Rolle. Hinzukommt die Ausweitung bürgerlichen Lebensstils, den später überhebliche Fürstentümer, die nahezu sämtlich aus machtvollen Städten hervorgegangen sind, auf ihre Weise ablösen werden. Neue Überlegungen in Italien beschäftigen sich völlig zu Recht intensiv mit der Frage, inwieweit sich diese politischen und gesellschaftlichen Bereiche in der Kulturentwicklung der Halbinsel ergänzt und überlagert haben.

Die Bedeutung der Provinzen, denen im 20. Jahrhundert die Regionen entsprechen, ist so groß, ihre Bräuche, Traditionen und Lebensformen sind so tief verwurzelt, daß diese überkommenen Haltungen heute noch die Reaktion der Italiener auf die Veränderungen innerhalb der Industriegesellschaft, auf die Herausforderungen der Moderne, deutlich bestimmen oder beeinflussen.

Die wirtschaftlichen Umwälzungen, die moralische Nivellierung werden vielleicht tiefer als anderswo von einer Bevölkerung empfunden und verarbeitet, auf die die radikalen Veränderungen unserer Zeit gleichzeitig verwirrend und anregend wirken. Jedenfalls kommt atavistischen Traditionen und künstlerischem Fundus mehr als anderswo vitale Bedeutung zu. Daraus erklärt sich die intensive Beschäftigung mit der Geschichte italienischer Kunstschöpfungen, heute verbunden mit der Bemühung um vollständigere Inventarisierung[5], um eine sehr breite Auslegung des Begriffs ›Kulturgut‹ und um fortgesetztes Nachdenken über Umwelt, gesellschaftliche Strukturen, Verwaltungsformen und Raumordnung[6]. Es ist aber zu bezweifeln, ob man das Problem erschöpfend behandeln kann, wenn man nur von den Städten ausgeht, was die aktuelle Soziologie zu bevorzugen scheint. Auch hier ist die italienische Haltung interessant, da man sich seit einigen Jahren dafür ausgesprochen hat, vorzugsweise auch die ländlichen Verhältnisse und landwirtschaftlichen Gegebenheiten, die Anlage und den Ausbau von Parks und Gärten in die Überlegungen einzubeziehen, kurz, dem Begriff ›Landschaft‹, d. h. natürlicher Raum, den Begriff ›städtische Umwelt‹, d. h. bebauter Raum, gegenüberzustellen. Es handelt sich nicht mehr so sehr darum, in den von Lombarden oder Toskanern geformten Landschaften eine Art poetischen Schlüssel zu finden[7]; vielmehr soll sichtbar werden, wie sich unablässig eine gewisse Solidarität herstellt, zerbricht und wieder erneuert zwischen der Bevölkerung der Marktflecken und Städte und den Menschen auf dem Lande. Diese Solidarität überlebte die Zerstückelung der feudalen Lehnsgüter, die landwirtschaftlichen Investitionen von Klöstern, die Bodenverbesserungsaktionen und die Niederlassung der besitzenden Klasse auf dem Lande.

Die Allegorie vom *Guten Regiment* des Ambrogio Lorenzetti in Siena (1340) zeigt deutlich, in welchem Ausmaß die toskanische Landschaft von der Kultur gezähmt ist und wie leicht es der Malerei durch eine so vollständige Raumorganisation gemacht wird, sie im Bild auszudeuten.

Man darf es nicht aus den Augen verlieren: In Italien kann sich die Ordnungskraft der Stadt aufs Land verlagern[8]. Kann man anders die bewundernswerte stufenförmige Anlage der Landschaft erklären? Ebenso erstaunlich ist die Verwandtschaft zwischen den verschiedenen Formen des Kunsthandwerks und denen des gewöhnlichen Handwerks und sogar der Maschinen, die man allenthalben in diesem Land der Hydrauliker, Brücken- und Deichbauer, der Botaniker und Gartenarchitekten bemerkt. In diesen Bereichen hatte die italienische Technik während der Renaissance einen internationalen Ruf, der dem auf den Gebieten der Formgebung, der Malerei oder der künstlerischen Ausstattung in nichts nachstand.

Deutlicher noch zeigen die vielen Villen, die Rom, Florenz und Verona umgeben, einen wesentlichen Aspekt dieser Verbindung von Kunstschöpfung und Natur durch die Jahrhunderte auf. Die Mannigfaltigkeit der Landschaften und das milde Klima haben die weite Verbreitung eines Phänomens gestattet, das vom Piemont bis nach Sizilien, für Kirchenfürsten und weltliche Herrscher oder reiche Finanziers, in unzähligen fesselnden Variationen zum Thema der großen Landhäuser erstand. So das Haus von Petrarca in Arqua mit seinem literarischen Ansehen, die unvergessenen (verschwundenen) Schlösser von Lionello d'Este, der Garten von Careggi, der den Malern der Medici als botanisches Repertoire diente, die minutiöse Darstellung der ›delices‹ durch G. Ruccellai, die beharrliche Ideologie des ländlichen Lebens bei Caterina Cornaro und die Verherrlichung des Ackerbaus bei Alvise Cornaro, die in gewissem Sinne die explosionsartige Verbreitung der ›ville‹ in Venetien vorbereiten. Eine besondere Literaturform entwickelt sich, in der die Poeten nach Herzenslust das Auftreten dieser Villen inmitten landwirtschaftlicher Umgebung oder Parks ankündigen, beschreiben und dichtend begleiten. Sie sind auf vollkommene Weise einem wunderbaren Klima angepaßt, und niemals haben sie aufgehört, Italien zu verzaubern.

Aus diesen Gegebenheiten heraus erklärt sich die besondere Bedeutung des italienischen Gartens.[9] Die aus der Antike stammende Sitte des *Baumverschnitts* lieferte die Grundlage für eine Entwicklungslinie, die schließlich bis zu den amüsanten Spitzfindigkeiten des 16. Jahrhunderts auf diesem Gebiete und zu dem tollen Aufwand barocker Gartenanlagen führt. In dem geistvoll vervielfältigten Spiel von Flächen und Perspektiven ähnelt die Architektur einem Schauspieler, der sich aufs anmutigste in einer von Lebendigkeit und Abwechslungsreichtum übersprühenden Szenerie immer wieder einfindet und verliert.

Die für den Süden so bezeichnende Vorliebe für Schatten und fließendes Wasser, der dem Italiener angeborene Sinn für Theatereffekte und das natürliche Miteinander aller Kunstgattungen haben den italienischen Garten zu einem vollendeten Gebilde sondergleichen gemacht.

Kunst und Kultur

Lange Zeit hindurch war die italienische Kunst ein bevorzugter Gegenstand der Literatur gewesen, und diese hat nicht zuletzt dazu beigetragen, die allgemeine Begeisterung für sie zu steigern, war aber auch oft genug der Grund dafür, daß ihre eigentliche Bedeutung verkannt wurde. Das, was indessen Browning über Lippi, Walter Pater über Giorgione, Suarès über Donatello, Barrès vom ›magischen Kreuz der Vierpässe‹ in Pisa, Goethe von den römischen Palästen, Rilke von den Brunnen, Huxley von den barocken Grabdenkmälern gesagt haben, reicht allein aus, um zu zeigen, daß die italienische Kunst sich hauptsächlich an das Gefühl richtet. Und der Historiker, der sich den widersprechendsten Auslegungen über die Grundlagen dieser Kunstwerke und ihrer Beziehungen zur Kultur gegenübersieht, kann sich auch nach den Bewertungen der Dichter richten.

Religiöse und profane Kunst

Italien wird auf der einen Seite als die natürliche Wiege einer zutiefst weltlichen und profanen Kunst angesehen, die – mit der Lust am Machiavellistischen – alle Bindungen an die Kirche sehr lange Zeit leugnet oder sich schließlich ihr nur anpaßt – so die Deutung bei Stendhal. Auf der anderen Seite werden im Gegensatz dazu Größe und Zauber einer künstlerischen Aussage aus dem Gedankengut und der Gefühlswelt des Christentums hergeleitet, deren sichtbaren Ausdruck sie bilden – so die Deutung Ruskins. Die erste Auffassung mag vielleicht für Meister wie Pinturicchio oder Sodoma zutreffen, deren Zynismus offenkundig scheint, wogegen sich das keineswegs so sicher auf Caravaggio beziehen läßt; jedoch für die Zeit des Mittelalters und sogar des Barock ist dieses Urteil völlig unzutreffend. Nur zu leicht wird hierbei die Tatsache übersehen, daß südliche Sinnlichkeit sich von den Formen des volkstümlichen Aberglaubens und den Impulsen, die die Künstler aus den religiösen Vorstellungen schöpfen, nicht wegdenken läßt. Die zweite Behauptung ist naiv; sie ist entstanden aus der Konfrontierung der ›heilen‹ Kunst eines Giotto beziehungsweise der des venezianischen Trecento mit der sogenannten ›Verfallskunst‹ eines Tintoretto oder Raffael. Sie steht auf ebenso schwachen Füßen wie der Versuch, die ›wahre‹ Renaissance, nämlich die des Giotto, aus franziskanischem Geist heraus zu erklären. Hierbei wird das starke Bedürfnis übersehen, allen Formen der Frömmigkeit immer wieder einen künstlerischen Ausdruck zu verleihen.

Noch weniger zutreffend wäre es, die Dinge so zu sehen, als hätten diese beiden Grundprinzipien einander abgelöst, als schlösse mit dem einen das Mittelalter ab und würde die Renaissance durch das andere eingeleitet. Meinungen, die von einem solchen falschen Standort ausgehen, findet man häufig, aber sie verkennen den Grundcharakter des italienischen Geistes. Dieser hat sich in dem Augenblick endgültig ausgerichtet, als das Papsttum sich feierlich gegen den Bildersturm der griechisch-orthodoxen Bischöfe verwahrte, als es dem Bilderkult seine Unterstützung zusagte, die verbannten Künstler aufnahm und den Werken dieser Kunst in den römischen Kirchen Platz gewährte. Gleich danach kam eine Zeit, in der jede Stadt ihren Ehrgeiz darein setzte, ein möglichst glanzvolles Sanktuarium sein eigen nennen zu dürfen, um damit die Größe der christlichen Welt gegenüber dem Islam, die Latinität gegenüber dem Barbarentum zu bezeugen. Nun liefen Klöster und Kapitel sich den Rang ab, und der den Heiligen geweihte Kult – in Assisi der dem hl. Franziskus, in Padua der dem hl. Antonius – wurde Anlaß zu gewaltigen Unternehmungen. Wenn später dann so mächtige Herren wie die Medici oder die Sforza sich mit frommen Stiftungen gegenseitig überboten, fand die Geistlichkeit es völlig in Ordnung, wenn die Namen der betreffenden Wohltäter in Grabdenkmälern oder Familienkapellen verewigt wurden, die sich immer mehr zu Monumenten des Persönlichkeitskults ausweiteten. Die Kirchenfürsten der Barockzeit waren unablässig bemüht, schon im Diesseits ihren ewigen Ruhm dadurch zu bezeugen, daß sie sich mit dem Glanz des Irdischen umgaben. Bis in die jüngste Zeit hinein hat die römische Kirche niemals aufgehört, jede Art von künstlerischer Betätigung zu unterstützen, die, wenn man so will, zwar ihren Teil Heidentum enthält, jedoch auch nirgendwo anders so verwurzelt und so lebendig ist wie gerade in Italien. Einen Bildersturm hat es hier niemals gegeben; Reformbewegungen wie die der Franziskaner oder der Jesuiten, auf deren Panier ursprünglich Strenge und Schmucklosigkeit standen, kapitulierten sehr rasch und machten sich schließlich nachdrücklicher denn je die Möglichkeiten der Kunst zunutze.

Die Reform der Zisterzienser breitete sich in Italien im 13. Jahrhundert während der Romreisen des hl. Bernhard aus. Dadurch wurde in die Architektur ein neuer monastischer Bautyp eingeführt, der alsbald von den Bettelorden übernommen wird. Aber ein Vergleich zwischen zisterziensischer Strenge und der Überfülle von Bildern und dekorativem Beiwerk, die auf Veranlassung der Franziskaner und der Dominikaner geschaffen wurden, genügt als Nachweis, daß in Italien allgemeine Regeln von Maß und Zurückhaltung auf dem Gebiete der bildenden Kunst nicht aufgestellt worden sind.

Noch deutlicher spricht die Krise des 16. Jahrhunderts. Den Bilderstürmern aus Genf und Wittenberg stellte die römische Kirche ihre unverbrüchliche Treue zur Bilderverehrung entgegen. Reformatoren aus dem katholischen Lager, die, wie einst der hl. Bernhard, mehr Zurückhaltung empfahlen und aus der christlichen Kunst alle entweihenden Geschmacksverwirrungen und allzugroßen Freiheiten zu eliminieren wünschten, sollten zwar grundsätzlich befriedigt werden, aber schon bald darauf setzte allenthalben ein Überschwang der Ornamentierung und der pittoresken Ikonographie ein. Die italienische Kirche mit ihren Grabmälern, ihren Privataltären, Statuen und Altaraufsätzen liebt genau so all dies scheinbar unnötig ablenkende Beiwerk, wie es auch in der Wohnkultur des Landes, auf seinen öffentlichen Plätzen und in seinen Palästen in Erscheinung tritt.

Die ständige Durchdringung des Profanen mit dem Sakralen scheint eines der Hauptmerkmale der italienischen Kunst. Seit dem 13. Jahrhundert hatte man es sich zur Gewohnheit gemacht, Sarkophage, antike Gegenstände sowie fremdartige Formen innerhalb der Kirche zu sammeln und diese von da ab als eine Art ›Schatzkammer‹ oder Museum zu betrachten. Dieser Brauch ist die Ursache für die fast bestürzende Entwicklung im 15. und 16. Jahrhundert. Zu dieser Zeit werden nämlich die Gotteshäuser von allen Seiten her mit Grabdenkmälern überschwemmt, deren allegorische Szenen inhaltlich immer freier gestaltet, ja geradezu mit profanem Geist erfüllt werden. Man ist heute kaum in der Lage, den ›Tempel‹ in Rimini als ein Heiligtum anzusehen. Gleiche Bestrebungen findet man im 16., besonders aber im 17. und 18. Jahrhundert; der Kirchenraum der Barockzeit wird zu einem Speicher für alle Wunder der Goldschmiedekunst, ja sogar ausgefallene Kuriositäten erscheinen neben den Grabdenkmälern und Monumenten.

Dies geschah vielleicht deshalb, weil nunmehr alle Arten der Empfindung in der Kirche heimisch werden. Die Prediger wehren sich allerdings mitunter gegen eine solche allzu übertriebene Gefühlsaufwallung der Menge, die nun nach und nach ihre ganzen Sorgen in das Heiligtum bringt und Heilige für all ihre Nöte, Wunder für jeden dramatischen Augenblick des Lebens findet. Sie verlangt nach Bildern, um ihre Heiligen anzurufen und nach Bauten zu ihrer Verherrlichung. So haben die bedeutendsten Architekten der Renaissance mehr als ein halbes Jahrhundert an einer riesigen Basilika gebaut, die die ›Santa Casa‹ von Loreto umschließt, die der Legende nach als Wohnhaus der Muttergottes angesehen wurde und von Engeln am 10. Dezember 1294 an diesen Ort getragen worden sein soll – tatsächlich handelt es sich um eine kleine romanische Kirche ohne Fundamente.

Die kirchliche Kunst ist also bestrebt, sich die ganze Mannigfaltigkeit der weltlichen Kunst zu eigen zu machen. Die Jungfrau Maria wird nun als ein junges Mädchen dargestellt, das erschreckt, angstvoll oder voller Aufmerksamkeit die Ankunft des göttlichen Boten erlebt. Die Muttergottes weint und lacht mit ihrem göttlichen Sohne und reicht ihm mitunter ängstlich die Blume, Frucht oder den Vogel dar, Symbole für sein grausames Schicksal. Die Geburtsszene des Heilands wird zu einem Familien- oder Volksfest, die Beweinung Christi zeigt den aufwühlenden Schmerz einer Familie, die um einen geliebten Toten trauert. Der vertraute Umgang mit den Heiligen, mit der Gottesmutter und dem Jesuskinde kennt keine Grenzen mehr. Man könnte die Frage stellen, was die Religion bei dieser allgemeinen Vermenschlichung verliert oder gewinnt, aber sie ist und bleibt doch immer ausschlaggebend. Auf jede formalistische Manifestation, die die heiligen Szenen entrückt oder ihnen eine neue Würde mitzuteilen versucht, erfolgt diese volkstümliche Reaktion, so wird die antikisierende Stilisierung von dem Bestreben der Bettelmönche nach Innerlichkeit abgelöst, und manieristischer Kühle folgt die Glut eines Caravaggio.

Dies erklärt auch die ständigen Entsprechungen zwischen der rein weltlichen Sphäre, die durch die antiken Bildwerke repräsentiert wird, und der christlichen Kunst. Schon im 4. und 5. Jahrhundert waren der kaiserliche Glanz und die Verherrlichung der Fürsten von gleicher Art wie die kultische Feier. Im 13. Jahrhundert haben die gibellinischen Bildhauer in Pisa für beide Bereiche – den weltlichen und den geistlichen – den gleichen Stil entwickelt. Aber zweifellos ist das 15. Jahrhundert auf diesem Gebiete eines der interessantesten; hier wird die Phantasie der Künstler durch die Schriften der Antike, die in ihrer Breite und Beschreibungsfülle vielmehr ins einzelne gehen als die durch die Kunst bekannt gewordenen Szenen, derartig angeregt, daß sie christliche Darstellungen in der Form heidnischer Götterszenen evozieren, so daß Botticelli zum Beispiel so weit ging, die Venus als eine unbekleidete Madonna wiederzugeben, oder Signorelli den Hof des Pan in die Form einer ›santa conversazione‹ kleidete. Das Gleichgewicht war zwar alsbald wiederhergestellt, denn Raffael und Michelangelo entliehen die Zurückhaltung der Jungfrau Maria der keuschen Anmut antiker Göttinnen, ihre hoheitsvolle Schönheit bildeten sie antiken Statuen nach, und Christus zeigt die machtvolle Kraft eines Jupiterbildes. Dieser Wettstreit zwischen Schrifttexten und Bildwerken ist auch eine Erklärung dafür, warum die mythologischen Traktate in solcher Häufung verfaßt und oft mit einem fast unglaublichen Aufwand an Phantasie behandelt wurden[10]. Auf Grund der Vertauschung der Sphären und dank des fast allzu vertraulichen Umgangs mit den heiligen Dingen sind hier abwegige und phantastische Erfindungen immer möglich. So kam es zu so seltsamen Zusammenstellungen wie der des Rosso Fiorentino, der in einer Kirche in Arezzo auf Anregung eines seiner Freunde, eines Domherrn, die an den Baum der Sünde gefesselten ersten Menschen, Adam und Eva, zeigt, wobei die Jungfrau Maria ihnen den Apfel aus dem Munde reißt, während im Himmel darüber Diana und Phöbus ihre Spiele miteinander treiben.

Diese in die christlichen Bildvorstellungen eindringenden mythologischen Fabeln aus der Antike besaßen für Italien ein wenig die gleiche Funktion wie die allzu realistischen Details und vielen Alltagsszenen in der Kunst des Nordens. Als das Tridentiner Konzil sie dann verwarf, behaupteten sie sich fortan im schmückenden Beiwerk, ja erwiesen sich selbst im Geist des Stils, wenn sie auch unter den Deckmantel der Theologie und der moralisierenden Allegorie schlüpften.

Die Wirkungen des Meisterwerks

Die Bedeutung der historischen Erforschung der Kunst in Italien ist sehr bezeichnend. Eine Zeitlang folgte sie dem Vorbild der humanistischen Literaturgeschichte und ordnete alle bedeutenden Namen der Reihe jener ›berühmten Männer‹ ein, ohne die keine größere Stadt auskommen konnte. Aber bald schon entwickelte sich ein von ›Kennern‹ abgefaßtes Schrifttum, eine listenartige Erfassung von Kunstwerken. Ihr charakteristisches Beispiel sind die ›Inventare‹. Schließlich entstanden die für den Besucher bestimmten Handbücher nach dem Muster der Pilgerführer – in letzteren waren übrigens beide Arten schon seit dem 16. Jahrhundert kombiniert worden, und dies ist auch heutzutage noch der Fall. Fast gleichzeitig setzte die italienische Kunstkritik ein; man findet sie schon im 15. Jahrhundert. Diese hat unausgesetzt dazu beigetragen, die Bedeutung, die man den einzelnen Kunstwerken beimaß, zu betonen und hat sie sogar den ›freien Künsten‹ zugeordnet (Landini, 1481). Dadurch wurde ihre philosophische und menschliche Tragweite (Alberti, 1436) und ihr poetischer Gehalt (Leonardo) unterstrichen. Diese Kommentare und historischen Darstellungen erklären zum Teil, wieso die bekannten Interpretationen – die Kunst gibt Aufschluß über Rasse und Gesellschaft (Taine), oder die Kunst ist eine autonome Macht (Wölfflin), oder sie ist eine reine Schöpfung des Geistes (Dvorak) – vor allem im Hinblick auf die italienische Kunst formuliert wurden. Aber die Italiener haben selbst Schritt für Schritt aus ihrer eigenen Erfahrung heraus die wesentlichen Typen der Kunstgeschichtsschreibung entwickelt: die Abfolge der großen Stile nach zwangsläufigen Zyklen (Vasari, 1. Ausg., 1550; Pietro Toesca, 1927 etc.), nach Schulzusammenhängen (Abbé Lanzi, 1789; Antonello Venturi, 1901 bis 1941), nach den großen Persönlichkeiten geordnet (Vasari; Bellori 1672; Rodolfo Longhi: Piero della Francesca 1927, Caravaggio 1951) und schließlich nach kennerischen Spezialbeobachtungen eingeteilt (Marc Antonio Michiel, 1522; Morelli, 1886-1897).

Den wichtigsten Aufschluß über die ›künstlerische Mentalität‹ gibt vielleicht das Phänomen der Bedeutung, die dem Meisterwerk als solchem zugeschrieben wird. Allerdings sollte man sich über die berühmte Prozession von Siena, die an einem Tage des Jahres 1311 der von Duccio geschaffenen ›Maestà‹ einen freudigen und festlichen Empfang bereitete, keine falschen Vorstellungen machen. Wie der anonyme Chronist beschreibt, wurde *»viel und innig gebetet ... das Volk flehte Gott und seine Mutter an, die Stadt vor allen ihren Feinden zu schützen«*. Daß man dies Ereignis in einem so großen Rahmen feierte, galt vor allem der Hl. Jungfrau Maria als Schutzpatronin der Stadt, was natürlich nicht ausschließt, daß sich in diese frommen Andachtsbezeugungen auch der Stolz, ein neues Meisterwerk zu besitzen, mit hineinmischte. Häufig ist zu beobachten, daß dieser etwas übersteigerte Bilderkult zur Verehrung des Kunstwerks als solchem überging. Dasselbe gilt für das Abendmahl des Leonardo oder für die Madonnen von Raffael und Tizian.

Das berühmte Kunstwerk erzeugte im Volke eine ganze Literatur von Anekdoten, Witzen, rührenden und schrecklichen Geschichten, mit denen man unter anderem den Mailänder Dom und die berühmten Grabmäler Siziliens oder Veronas umgab. Man gefiel sich darin, die auf den Fresken der Carminekirche in Florenz, des Campo Santo in Pisa oder denen im Vatikan dargestellten Personen zu identifizieren. Es gibt kein Kunstwerk, das nicht eine Legende hätte. Diese instinktive und begeisterte Anhänglichkeit, die der Italiener zu den Berühmtheiten seiner Provinz oder seinem wenn auch noch so kleinen Geburtsort in sich trägt – ganz typisch hierfür ist der in Florenz und Venedig ausgeprägte sogenannte ›Campanilismus‹ (»Unser Kirchturm ist höher als Deiner«) – mag hier für vieles stehen. Diese fanatische Liebe zu Kirchen und Denkmälern trägt jedoch viel dazu bei, daß jedes Kunstwerk mit einer Atmosphäre von Zuneigung und Aufmerksamkeit umgeben wird; ohne auf wissenschaftlichem Boden gewachsen zu sein, erklärt sie die Leichtigkeit, mit der Italien sich die Schönheiten eines großen natürlichen Museums hat aneignen und bewahren können. Vielleicht schmeckt nirgendwo der Ruhm so süß wie hier.

Die Entwicklung der Künste ist letztlich nur aus dem Faktum zu erklären, daß die großen Meisterwerke die Regeln angeben und alles beherrschen. Dieses Gesetz, das Allgemeingültigkeit zu besitzen scheint, hat sich niemals offensichtlicher kundgetan.

Hier liegt auch die Ursache für das instinktive Mißtrauen, das der Italiener allen Theorien entgegenbringt, die den Verlauf der Kunst dem äußeren Mechanismus der Geschichte oder der inneren Dialektik der Stile zuschreiben wollen. Sie wissen aus eigener Erfahrung, daß vor allem die Kraft des schöpferischen Aktes wesentlich ist; jedes Kunstwerk stellt eine neue Wirklichkeit dar, und seine Größe wird besser begriffen aus der Wirkung, die es ausübt, als aus den Einflüssen, denen es unterworfen war.

Der Aufstieg bestimmter Persönlichkeiten kann ganz neue Ausblicke eröffnen; so findet die romanische Stilentwicklung in Giotto ihre Vollendung. Er übernahm und verarbeitete die Monumentalität der abendländischen Gotik und leitete damit, wenn man so will, eine erste Phase der Renaissance ein. Nicht weniger zukunftsweisend war Arnolfo di Cambio oder die ungeheuere Vitalität, die jede der Schöpfungen Donatellos zuerst zu einem lokalen, dann zu einem allgemeinen Ereignis in der Welt der Kunst werden ließ. Der Altar des hl. Antonius in Padua ist durch Mantegna die eigentliche Quelle einer ganzen Stilrichtung. Es gab eine Zeit, in der man jeden Schritt, den Michelangelo tat, aufspürte, jede seiner Zeichnungen herumzeigte, in der jede seiner Arbeiten kopiert wurde – sogar von Tintoretto. Wenn auch der ›Manierismus‹ des Nordens in einigen seiner Erscheinungsformen die Revolution der Freilichtmalerei vorbereitet hat, durch die das 17. Jahrhundert so beunruhigt wurde und die sich dann auf alle Kunstrichtungen auswirken sollte, hat diese ihren Ausgang im Grunde von einigen Bildern des Caravaggio genommen.

Es handelt sich hierbei immer um sehr ausgeprägte Persönlichkeiten, die dann von jenem Aktualitätsbedürfnis umgeben wurden, das ein romantischer Wesenszug der Italiener ist. Aber mitunter zeichnet sich auch die Ausstrahlungskraft eines einzigen Meisterwerks erstaunlich klar ab. Die 1475 in Venedig gemalte ›Pala‹ von Antonello da Messina, die unvollendeten Fresken in der Carminekirche (Florenz), Il Gesù von Vignola sind Werke, die unmittelbar eine ganze Generation beeinflußt haben. In die begeisterte Menge, die in Prozessionen an dem Fresko mit der Schlacht von Anghiari und der Hl. Anna des Leonardo vorüberging, mischten sich Kenner und Künstler.

In Italien gehört die Beschäftigung mit der Kunst einfach zum Urgrund aller Dinge. Von allen Wesenszügen dieser alten Kultur ist zweifellos der bezeichnendste die natürliche Begabung des Italieners, das Schauspiel der Welt und des Lebens zu genießen. Aus diesen Erfahrungen heraus hat diese Kultur sich mit einer Weisheit und Bewußtheit erfüllt, die es ihr ermöglichen, auf alle Fragen theoretischer oder technischer Natur die richtige Antwort zu geben. Als ein französischer Hüttenmeister mit scholastischer Schulung dem Kapitel in Mailand im Jahre 1401 die Worte *»ars sine scientia nihil est«* zurief, antworteten die Italiener wie aus einem Munde *»scientia sine arte nihil«*.

Italien, Antike und Abendland

Die Geschichte der italienischen Kunst bietet, wie die der französischen, ein so umfassendes und zusammenhängendes Bild, daß sie alle Probleme, die irgendwie mit Kunst zusammenhängen, zu enthalten scheint. Bis ins 18. Jahrhundert, wo sich ein gewisses Nachlassen der schöpferischen Kräfte feststellen läßt, und bis aufs 19., das einen beinahe unerklärlichen Stillstand aufweist, hat die italienische Kunst Schöpfungen von einem solchen Reichtum und einer solchen Mannigfaltigkeit hervorgebracht, daß sämtliche Museen der Welt voll davon sind. Darüber hinaus aber wird der Reisende in den kleinen und großen Städten dieser Halbinsel noch einen nahezu unerschöpflichen Bestand an Kunstschätzen vorfinden. Die Meisterwerke von

Raffael, Michelangelo, Correggio und Tizian haben während der letzten drei Jahrhunderte das Abendland bis zur Besessenheit fasziniert. Und es war Italien, wo innerhalb eines begnadeten Zeitalters, dem man den Namen Renaissance gegeben hat, die eindrucksvollsten und vollendetsten Genies auftraten, die die Welt der Kunst jemals hervorgebracht hat.

Wollte man diese ganze Kunstentwicklung von einem einzigen Gesichtspunkt aus erfassen, so wäre man versucht, hierfür die eigentliche Triebfeder in der bevorzugten Lage dieses Landes und im Erbe seiner Latinität zu suchen, dieses Landes, das in der Antike jahrhundertelang die Achse der alten Welt gewesen ist. Zeigen hier nicht Architektur, Bildhauerkunst und alle dekorativen Künste seit dem 5. Jahrhundert eine fast lückenlos sich über mehr als anderthalb Jahrtausende erstreckende Entfaltung? In jenen Marktflecken und Städten, die auf frühe römische Gründungen, solche der Kaiserzeit oder noch später der karolingischen Epoche zurückgehen, ist die Form des Rundbogens oder die Technik der farbigen Inkrustation niemals in Vergessenheit geraten; immer hat man dort mit Ziegeln und Marmor gebaut, immer hat man an den Fassaden bildhauerischen Schmuck verwendet und die Grabmonumente mit kunstvoll gearbeiteten Platten verziert. In anderen Gegenden scheint die Kunst aus dem Nichts zu entstehen; von Mailand bis Palermo aber sind die reifsten und vollendetsten Arbeiten immer wieder jene, deren Herkunft sich aus dem römischen Reich ableitet.

Inwieweit kann man aber vor dem 12. und sogar vor dem 14. Jahrhundert von einer ›italienischen Kunst‹ überhaupt sprechen? Die Architektur und die bildende Kunst der frühen Christen sind die letzten künstlerischen Äußerungen der Antike. Die Kunstschöpfungen des hohen Mittelalters stehen unter dem Einfluß der germanischen Eindringlinge oder stammen aus Byzanz – eine wahre Einheit der Kunst gibt es in Italien offenbar erst im Zeitalter des Barock. Wie kann man also in dieser Geschichte eine Verbindungslinie aufzeigen, die nicht künstlich oder äußerlich wirkt? Gerade dieses Problem aber verdient unsere besondere Aufmerksamkeit: es steht in engem Zusammenhang mit der Frage der sogenannten ›Renaissancen‹.

Wir können uns ihm jedoch nicht zuwenden, ohne zunächst das Besondere der außerordentlichen Kontinuität und der Dauer, die in diesem Teil der Welt herrschen, hervorzuheben. Es gibt wahrscheinlich keine andere Region, in der Geschichte so mühelos und gewinnbringend im Zusammenhang mit den geographischen Gegebenheiten betrachtet werden kann. Aus einer Gesamtzahl von achttausend großen und kleinen ›Zentren‹ hat man mehr als ein Viertel ermitteln können, die vorrömische oder römische Gründungen sind, ein Drittel datiert aus dem Mittelalter vor dem 13. Jahrhundert, und fast eintausend entstanden nach dem 14. Jahrhundert[11]. Die geschichtliche Darstellung kann hier um so weniger über die Frage der Dauer hinweggehen, als die charakteristischen Merkmale, die Formen und Haltungen sich manchmal mit unglaublicher Deutlichkeit fünf, zehn oder zwanzig Jahrhunderte vor unserer Betrachtung abzeichnen.

Die ›Renaissancen‹

Die Art und Weise, wie die ›romanità‹ vom mittelalterlichen Westen absorbiert wurde, während sich im Herzen der zivilisierten Welt das Stadtgebilde par excellence, die Stadt der Städte konstituierte, ist von wesentlichem Belang[12]. Die zwar schon christlich gewordene, aber noch völlig intakte Stadt des 4. Jahrhunderts war es, die das sagenhafte Bild der ›*Roma perennis*‹ – der Ewigen Stadt – für immer prägte. Ihre riesenhaften Thermenanlagen, ihre Säulenhallen und Tempel, aus denen zu dieser Zeit die Altäre noch nicht verschwunden waren, die Foren mit reichen ›tabernae‹ (Ladenbauten, Verkaufsbuden), dazu das griechische Schönheitsideal, das sich ein prachtliebendes Weltbürgertum zu eigen gemacht hatte – all dies sollte in den Vorstellungen der Eroberer sowohl wie im italischen Volke selber als unauslöschliche Erinnerung fortleben. Hieraus ist auch der Ausspruch des Fulgentius um das Jahr 500 zu verstehen: »*Wie unendlich groß muß die Herrlichkeit des himmlischen Jerusalem sein, wenn das irdische Rom schon solchen Glanz enthält!*« Und Dante scheute den Vergleich nicht, daß man bei Überschreiten der Schwelle zum Paradies geblendet sei »*wie die Barbaren, wenn sie von Norden kommend, Rom und seine Herrlichkeiten mit Verwunderung entdecken*...« (Par. XXXI, 34-36). Jedes Volk, das empfänglich ist für die Schönheit von Architektur und bildender Kunst, wird sich immer wieder, und zwar unwiderlegbar, auf dieses Rom berufen; und selbst als Verfall, Kriege und

Naturkatastrophen all diese Marmorpracht, all diese bronzenen Standbilder unter Staub und Schutt versinken ließen, wirkte das Bildnis dieser Stadt als ein unvergänglicher Mythos auf alle Künstler, so wie der Gedanke des römischen Imperiums jede politische Konzeption noch jahrhundertelang geprägt hat.

Als einen sozusagen negativen Beweis ihrer Größe kann man ferner ansehen, daß jede Art von Vandalismus immer wieder gerade gegen diese Stadt wütete. Im Jahre 410 wurde Rom drei Tage lang allein von den Westgoten unter ihrem Anführer Alarich ausgeplündert, 455 waren es die Vandalen unter Geiserich, die die Stadt – wenn auch ›ohne Eisen und Feuer‹ *(sine ferro et igne)* gemäß den Papst Leo I. gegebenen Versprechungen – zwei Wochen lang verwüsteten. 544 und noch einmal 547 fielen dann die Ostgoten des Totila in die Stadt ein. Und so begannen Erschöpfung und Verfall sie heimzusuchen.

Nun wehrte sich das große Rom nicht mehr; seine Mauern bröckelten ab, der verschwindend klein gewordene Rest seiner Bevölkerung, verstört und ängstlich, suchte sich seine Schlupfwinkel in den Höhlen des Kolosseums und des Marcellus-Theaters – die übrigens beide bis ins Zeitalter der klassischen Kunst hinein als Steinbrüche dienten. Die Häfen Roms versandeten. Allerdings waren es nicht nur die heidnischen Bauten, die unter dem allgemeinen Verfall litten. 846, zur Zeit des Papstes Sergius II., wurde anläßlich des Einbruchs der aus Korsika vorstoßenden Sarazenen Rom nochmals aufs grausamste ausgeplündert und die alte Basilika St. Peter völlig zerstört[13]. Immer wieder sollte diese Stadt Anlaß zu wütenden Haßausbrüchen werden; so war sie zum Beispiel das Ziel der Normannenbedrohungen im 12. Jahrhundert. Die Erinnerung an den ›Sacco di Roma‹ durch die lutherischen Landsknechte und die Kaiserlichen unter dem Kommando des Connétable von Bourbon im Jahre 1527 war noch nicht vergessen, als eine neue Art der Ausplünderung begann, nämlich die der Sammler[14]. Zwar gingen sie meist planmäßiger und rücksichtsvoller vor, doch verwandelten sie ganze Stadtviertel in Ruinen. Die schüchternen Anfänge dieser Bewegung liegen schon im 14. Jahrhundert, als die Schatzgräber nach Gold und Münzen zu suchen begannen; im 16. Jahrhundert bildete sich die Sammelleidenschaft dann immer stärker aus und gab den Anstoß zu den schönen klassischen Kunstkammern der Fürsten, schließlich für die der Museen der ganzen Welt.

Die italienische Kunst hat sich also auf einem mit vertrauten Ruinen bedeckten Boden entwikkelt; zahllose Legenden, regelrechte Quellen des Aberglaubens, hatten während des ganzen Mittelalters den Zauber der *mirabilia urbis* unaufhörlich wachgehalten, bis man später mit einem Wetteifer wie nirgends sonst diese in der Erde begrabenen Bögen, Foren und Tempel zu erforschen bestrebt war.

Es gibt also vor der eigentlichen Renaissance mehrere kleinere ›Renaissancen‹: der ihnen entsprechende Geist ist in Italien stets latent vorhanden. Man hat praktisch niemals aufgehört, Spolien in Mauern und Fassaden einzufügen[15]; auf diese Weise wurde Venedig zu einem Museum für orientalischen Reliefschmuck. In den Klosterwerkstätten, die doch klassischer Kulturpflege am fremdesten gegenüberstanden, oder bei bäuerlichen Steinmetzarbeiten kann man allenthalben im 9. oder im 12. Jahrhundert auf antike Themen stoßen, die mit Sorgfalt wiederverwandt wurden. In den Randgebieten des Landes, wo die Kunst und insbesondere die Architektur entliehenen Formgesetzen folgt, kann das gleiche Phänomen immer wieder vorkommen. Durch nichts wird die Treue des Künstlers seinen Vorbildern gegenüber, aber auch gleichzeitig die Zersplitterung der Kultur besser unter Beweis gestellt.

Man ist versucht, diesen von Zeit zu Zeit immer wieder auflebenden Restaurationen antiken Formgefühls, die sich im Mittelalter, in der Zeit der Karolinger bis zu den Ottonen und den staufischen Kaisern hin abzeichnen, eine mehr allgemeine Bedeutung beizumessen. Diese lebten ganz aus römischem Gedankengut, dessen kulturelle Tragweite man nicht verkennen darf[16]; denn diese immer wiederkehrenden Bewegungen haben, zum mindesten für gewisse Kunstlandschaften, eine beträchtliche Rückwirkung auf die künstlerische Tätigkeit ausgeübt. Indessen handelt es sich hierbei weniger um eine wirkliche ›Renaissance‹ (Wiedergeburt) als vielmehr um eine *›renovatio‹* (Erneuerung) der Welt, das heißt ihrer politischen und religiösen Ideen, die von außen her nach Italien gelangten. Eine solche Bewegung verlangte aber noch keine völlige Umwandlung der Kunst. Bedeutsamer war jedoch jene, die Ende des 13. Jahrhunderts in Rom entstand und zu den Basiliken und Mosaiken der ersten christlichen Jahrhunderte zurückführte[17]. Für die neuen Stadtkulturen, die sich gerade in dieser Zeit in vollem Wachstum befanden, wie zum Beispiel Florenz, galt als höchstes Adelsprädikat der Nachweis ihrer römischen Herkunft. Will man den alten Chroniken Glauben schenken, so ist die Stadt am Arno eine privilegierte Tochter des Imperiums gewesen und in ihren Rechten schon von Karl dem Großen bestätigt; ja, Dante versicherte sogar, daß die Stadt nach dem Muster von Rom gebaut sei *ad imaginem suam atque similitudinem*[18]. Man hat oft in Erwägung gezogen, daß man in der Stadt Dantes, Arnolfos und Giottos bereits um 1300 im Zeichen der Renaissance stand. Aber indem man diese Bewegung auf den ihr im historischen Zusammenhang zukommenden Platz verweist, erscheint es angebracht, in ihr eher das Erwachen eines Nationalbewußtseins mit ausgeprägt mittelalterlichen Zügen zu erblicken; es liegt also hier eine zwar selbständige, aber noch provinzielle Episode zwischen der südlichen Protorenaissance des 12. Jahrhunderts und der eigentlichen Renaissance des 15. Jahrhunderts vor. In den anderen Provinzen ist diese Richtung durch sehr verschiedenartige Kunstformen bekämpft worden, die mehr der aus dem Westen kommenden Gotik verpflichtet waren. Diese neoklassizistische Tendenz geriet in der zweiten Hälfte des 14. Jahrhunderts in einen deutlichen Stillstand. Erst nach 1400 wird der Kult um Rom, durch Zeugnisse gereift, durch literarische Kreise unterstützt, in Norditalien frühzeitig entwickelt, richtungweisend für eine neue Kultur und setzt sich endgültig durch. Die Wißbegierde stellt nun Ansprüche: Man durchforscht die Ruinen aus nächster Nähe und nimmt ihre Maße auf. Große Funde – nämlich die drei Grazien (jetzt in Siena, Dombibliothek), die Laokoongruppe, der vatikanische Torso und der Apoll von Belvedere (alle drei im Vatikan) – bilden im rechten Augenblick die erwartungsvoll begrüßten Vorbilder. Aber diese Richtung, die das Interesse im 16. Jahrhundert gebieterisch auf Rom konzentriert, ist nicht im eigentlichen Sinne archäologischer Art; vielmehr ist man hier Zeuge einer neuen Phase des ewigen Zwiegesprächs der italienischen Kunst mit ihren Ahnen. Es erwachsen hieraus so reiche, so ausgeprägte und manchmal völlig überraschende Formen, daß sie Ihre Vorbilder vergessen lassen, und zwar gerade in dem Augenblick, da man danach trachtete, sie wieder zum Leben zu erwecken.

Jetzt hat die italienische Kunst voll und ganz von ihrem Erbe Besitz ergriffen, aber es geschieht mit einem neuen Gefühl des ›historischen Abstandes‹; die schöpferischen Kräfte werden aufgefordert, ihre Einfälle nur der Antike zu entnehmen, um es ihr gleich zu tun, ja vielleicht sogar noch zu übertreffen[19]. Die Vorbilder der römischen Reliefs und Bronzen beeinflußten die Künstler zu einer geordneten, harmonischen, im höchsten Grade ausgeglichenen Formgebung oder bestärkten die lebhafteren Temperamente im Sinne des Pathetischen und Bewegten, was dann zum Barock führen sollte.

Die Krise des Manierismus, der sich mitten in der Renaissance selbst, nämlich seit 1530, ankündigt, zeigt zur Genüge, daß die klassische Ordnung mit ihrem großen Stil und einem verhältnismäßig eingeschränkten Gesichtskreis nicht alle Geister zu befriedigen vermochte. Es stellte sich schon bald heraus, daß die antike Kunst für die Moderne nur eine kostbare Fiktion darstellt und eine Möglichkeit, ihre Quellen für ein leichtes und launenhaftes Spiel zu nutzen. Jenen akademischen Puristen, denen die nunmehr besser bekannte Antike als das Ideal jeglichen Geschmacks schlechthin erschien, erwiderten die Meister des Barock, daß sie in ihr nichts anderes sähen als ein unerschöpfliches Repertoire von Ausdrucksmöglichkeiten. Noch im 18. Jahrhundert galt Italien als die natürliche Heimstatt des europäischen Neoklassizismus; durch seine Ausgrabungen und Kupferstichsammlungen vermittelte es diesem die mannigfaltigsten Anregungen, allerdings ohne sie immer selbst auszubeuten. Eine Ausnahme bildet dabei der große Piranesi, der in seinem Werk die Bande, die Italien mit seiner Vergangenheit verknüpfen, in jeder Beziehung beweist und zum Ausdruck bringt.

Dieses hier aufgestellte Schema zeigt zugleich die großen Gliederungen und die Kontinuität der italienischen Kunst, es muß jedoch in zweierlei Hinsicht ausgedehnt werden. Das antike Erbe allein sagt noch nichts über einen Stil aus, denn es enthält deren mehrere. Je nach den Idealvorstellungen einer bestimmten Zeit, die es zu untersuchen gilt, konnte immer wieder ein anderer seiner Aspekte aufgegriffen und neu bewertet werden. Weiterhin ist die Entwicklung der italienischen Kunst ohne Berücksichtigung des ständigen Austausches zwischen Orient und Okzident nicht einleuchtend erklärbar. Beide haben auf den Süden wie auf den Norden des Landes erneuernd gewirkt, was sich immer klarer abzeichnet. Die Künstler waren somit genötigt, ihre Überlieferung immer wieder neu zu interpretieren und hierdurch ihre eigene Originalität und ihr Ansehen ständig neu zu befestigen.

Die Vielschichtigkeit der Tradition

Im Erbe der Alten Welt sind uns sehr verschiedenartige Kunstformen überliefert: so befinden sich unter den Marmor- oder Bronzestatuen, die im 4. Jahrhundert in Rom oder den kleineren Orten Italiens noch zu sehen waren, und die zehn Jahrhunderte später in der Toskana und der Lombardei aus dem Boden gehoben wurden, zahllose römische Kopien nach viel älteren griechischen Werken; darunter sind Venusfiguren, Epheben, graziöse Reliefs, zarte ornamentale Marmor- oder Bronzegegenstände. Zwar haben sie in der römischen Fassung an Feierlichkeit zu- und an Ebenmaß abgenommen, aber ein Stückchen Hellenismus blieb als Restbestand auch in diesen Arbeiten aus der Welt des römischen Imperiums erhalten. Und ob mit oder ohne Auferstehung der Antike sollte dieser Stil die Möglichkeit in sich bergen, eines Tages wieder aufzuleben. Das kann man in der Toskana ab 1300 feststellen; Florenz sollte dazu berufen sein, derartige Anregungen in dem Augenblick des 15. Jahrhunderts wieder aufzunehmen und zur Entfaltung zu bringen, als die Überfeinerung des Gefühls neue Ausdrucksformen erforderlich machte. Dieser Hang zum ›Griechischen‹ wurde von dem ausgesprochenen Bestreben nach Spannung, Klarheit und Reinheit bestimmt und sollte mit Brunelleschi und Bildhauern wie Desiderio da Settignano große Triumphe feiern. Er fand auf seiner Suche nach Ausdruck die überraschendsten Verbindungen; letzten Endes hatte er teil an allen Formen des Manierismus von Ghiberti bis zu Giovanni da Bologna, später an Canova und der klassisch ausgewogenen Heiterkeit eines Raffael und an der Süße eines Correggio. Was auch immer die antike Fabel an Subtilem, das christliche Gedankengut an Erlesenem enthalten mochte, stets sollte es von diesem Einfluß her bewertet werden, aus dem einige der vollendetsten, ja poetischsten Werke des Abendlandes sich herleiten lassen.

Die unmittelbarere und schwerfälligere Kunst der alten Römer bildet einen starken Gegensatz zu der Eleganz und Harmonie des Hellenismus. Bei ihr liegt die Betonung auf der monumentalen Größe, man begeisterte sich am pompösen Porträt und an der historischen Szene. Und sie war es auch, die im 13. Jahrhundert jener seltsame Despot von Palermo und Capua, Friedrich II. von Hohenstaufen, wiederentdeckte; ja, vielleicht sind auf ihn Sinn und Freude für das erzählerische Element und ein gewisser herrischer Zug in Kompositionen zurückzuführen, wie sie in so reiner Form bei Giotto, jedenfalls aber auch bei Dante in Erscheinung treten. Im 16. Jahrhundert sollte dann ein bedeutungsvolles geschichtliches Ereignis, die Sehnsucht nach der kaiserlichen Größe des alten Rom und die Berufung auf sie, sich auf dem Stuhle Petri in der Kirche erneut konstituieren. Zur Zeit Julius II. und Innozenz X. lebten das Gefühl für Macht und Fülle, Beredsamkeit und männliche Tugend wieder auf. Wildere Blüten trieben diese Eigenschaften im Jahrhundert Victor-Emanuels II. und auf zynischere Weise bedienten sich ihrer schließlich Mussolini und sein Kreis.

Aber es wäre nicht genug, wollte man nur diese beiden einander widersprechenden Elemente im Erbe der Antike, so wie sie von Italien verstanden wurden, unterscheiden. Es enthält noch andere, ursprünglichere und verborgenere Schönheiten. Die so geistreich abgestimmten Raumverhältnisse, durch die der Raum zugleich erweitert und aufgelöst wird, die mit Malereien oder Stuckverzierungen bedeckten Wände, die das Auge berauschende Vielfalt der Effekte, die im Beschauer eine Art von Betäubung hinterläßt – all dies ist immer noch Antike. Ja, vielleicht ist sie hier noch lebendiger spürbar als in den hellenistischen Feinheiten und der Feierlichkeit der alten Römer. Seit dem 4. Jahrhundert wurden so große Komplexe wie die Thermen, aber auch kleinere Privatbauten aus diesem Geist heraus gestaltet. Griechenland vertrat die Kunst des Plastischen, Rom war monumental. Die Spätantike und das christliche Abendland gingen ganz vom Farbigen und vom einheitlich belebten Innenraum aus.

Man kann also nicht so weit gehen zu behaupten, daß Byzanz nur eine höhere Form der Entwicklung dieser Seite der römischen Kunst gewesen sei[20] und die byzantinischen Einflüsse Italien nur das zurückgebracht hätten, was sein eigentlichster Besitz war. Doch in Italien ist diese Freude am Schmelz der Farbe und am reichen Schmuck der Architektur immer erhalten geblieben, denen man heutzutage wieder so viel mehr Verständnis entgegenbringt.

Ravenna und die romanische Kunst Siziliens dürfen nicht als geschichtliche Randerscheinungen betrachtet werden, etwa als östliche Enklaven auf römischer Erde. In ihnen tritt nur offen zutage, wie tief verwurzelt diese ganz bestimmte Richtung ist; hier wird das Gesicht Italiens durch die umfassendere Komponente der mittelmeerischen Welt vervollständigt. Und wenn man Florenz leichthin vor allem als unter hellenistischem Einfluß stehend, Rom als ganz durch die alten Römer geprägt ansieht, so hat sich Venedig stets selbst als Schirmherrin und Mehrerin dessen bezeichnet, was man, um die Dinge zu vereinfachen, weiterhin ›das Byzantinische‹ nennen könnte. Hier liegt auch die Wurzel jeder ›malerischen‹ Anschauung, die für Farbflecken und Lichtschleier empfänglich ist; ihre Wandlungen können von Tizian bis in die Moderne verfolgt werden. Hinzu tritt eine an Lichteffekten und szenischem Spiel reiche Architektur, die in bestimmten Landstrichen Italiens regelmäßig wiederkehrt.

Die rasche Entfaltung dieser drei Zentren, die um 1500 vom Norden bis zum Süden solch einen fruchtbaren Wettstreit hervorrief, ist ein Maßstab für die vielfältigen Ursprünge einer starken Tradition. Die Schwierigkeiten, die Italien hatte, um zu seiner Einheit zu finden, hat verschiedene Gründe gehabt, darunter das wirtschaftliche Mißverhältnis und die Zerstückelung der Kräfte – aber hinzu kommt die durch die so ausgesprochen unterschiedlichen Denk- und Empfindungsformen geschaffene Trennung. Die Bindung an die Antike ist daher alles andere als einfach zu bezeichnen; gerade diese grundlegende Polarität erklärt, weshalb die italienische Kunst trotz ihrer unaufhörlichen Wandlungen keinerlei Bruch aufweist.

Italien und das Abendland

Zu bestimmten Zeiten hat Italien immer wieder die Rolle einer Beherrscherin, zumindest aber einer Vermittlerin von Anregungen für das Abendland gespielt. So dienten die Kirchenbauten des 4. und 5. Jahrhunderts mehrere Jahrhunderte lang der lateinischen Christenheit als Vorbilder. Im 11. Jahrhundert trugen die lombardischen Hüttenmeister zur Ausformung der romanischen Kunst bei, von dem frühzeitigen Auftauchen der Kreuzrippen in der Lombardei ganz abgesehen. Um 1400 waren in Italien Siena und die Lombardei entscheidend beteiligt bei der Ausarbeitung eines blühenden gotischen Stils. Nach 1500 gingen Hüttenmeister, Steinmetzen und Maler aus Kastilien, von der Loire und vom Rhein zur Ausbildung in die römischen Werkstätten; im Jahre 1600 wurde Rom gleichzeitig zu einem Brennpunkt der neuen, auf die Akademie St. Lukas gestützten konventionellen Kunstformen und der sich auf Caravaggio berufenden Avantgarde. 1750 interessierte sich alles, was in Europa dem verfeinerten Geschmack huldigte, für Pompeji, und von den in Rom nach antiken Vorbildern herausgegebenen Kupferstichwerken sollte eine Zeitlang die ganze dekorative Kunst beeinflußt werden.

Aber umgekehrt hat die italienische Kunst selbst immer wieder auf die großen im Ausland entwickelten Stilformen reagiert: Das Byzanz des sogenannten Goldenen Zeitalters (10. bis 11. Jahrhundert) brachte mehrere Provinzen unter seine künstlerische Abhängigkeit, andere wiederum standen ganz unter dem Einfluß des gotischen Frankreichs, und seine Arkaden, seine Vierpässe und dünnen, langgestreckten Skulpturen breiteten sich über die ganze Halbinsel aus. Es ist notwendig, diese Wirkungen und Rückwirkungen nachdrücklich klarzustellen, damit eine Kunstgeschichte, deren fesselndste Ereignisse bei weitem nicht immer die sind, bei denen Florenz, Rom oder Venedig für ganz Europa bestimmend waren, nicht verfälscht wird. Dieser dauernde gegenseitige Austausch fand keineswegs sein Ende mit der Renaissance, ja ganz im Gegenteil überstürzte er sich in dem Augenblick, als Maler wie Antonello und Piero durch die flämischen Meister von 1420-1430 zutiefst beeindruckt wurden und dann hundert Jahre später, als Dürer durch den Kupferstich auf so wandlungsfähige Meister wie Pontormo und Lotto Einfluß nahm. Wenn auch die dekorativen Künstler des Barock in ihrem großen Können von niemandem Lehren zu empfangen hatten, so entriß das Frankreich Ludwigs XIV. und Ludwigs XV. Italien seine angestammte Berufung für den Klassizismus und erreichte in der Baukunst wie in der Malerei, ja sogar auf dem Gebiet der Bildhauerkunst seinerseits eine solch vollendete Meisterschaft, daß daraus die ganze italienische Halbinsel fast zu großen Nutzen zog. In der italienischen Kunst also verschmilzt die Kunst des Westens vollkommen mit der mittelmeerischen Welt, zu der Italien immer den direkten Zugang gebildet hat.

Die großen Phasen der italienischen Kunst ordnen sich nun nicht so ohne weiteres in den allgemeinen Rahmen der abendländischen Kunst ein, wie etwa eine Art einer Gattung zugehört. Innerhalb der Entwicklung der lateinischen Welt bleiben Italien gewisse künstlerische Voraussetzungen erhalten, die, nachdem sie sich im 12. Jahrhundert als retardierendes Moment ausgewirkt hatten, der Grund für den großen Vorsprung Italiens im 14. Jahrhundert waren; sie erklären noch seine

Triumphe im 17., ja vielleicht sogar den Rückgang im 19. Jahrhundert. Diese Voraussetzungen beziehen sich selbst auf den Ausdruck des Sichtbaren. So ist die Geschichte der italienischen Kunst eng verknüpft mit einer ›Geschichte des Sehens‹[21]. Von der ›klassischen Art des Sehens‹ mit getrennten Einheiten und begrenztem Raum war man schon im 4. Jahrhundert zu einer Sehweise gelangt, die durch den Glanz der Farbtöne die Volumen und Hohlräume ausgleicht und eine einheitliche Darstellungsform erlaubt, bei der der Körper nicht mehr als Masse wirkt, sondern als Arabeske. In der westlichen Kunst der Romanik wurden dann alle Konsequenzen aus dieser Erkenntnis gezogen, indem man sie auf die Skulptur übertrug, die jede Form nach einem ornamentalen Schema in ein geschlossenes Rahmenwerk setzte. Aber Italien selbst ging dieser Erfahrung nicht bis zum letzten nach. Es blieb weiterhin Byzanz verbunden, wo Malerei und sogar Reliefkunst die Grundelemente des räumlichen Aufbaus in allen Bildwerken bewahrten. Dieser Gegensatz sollte sich im 13. Jahrhundert noch vertiefen, als die Gotik ihren Siegeszug in Frankreich, in Deutschland und auch in Italien antrat; denn der neue Stil des Bauens war gebunden an eine räumliche Gliederung und an ein neues Aufspüren des Volumens, das die Statue aus dem rein dekorativen Flächenschema befreite und sie jetzt als plastisches Element dem Schmuckwerk einfügte. Das führte zu der fruchtbaren Krise, aus der in Rom, Pisa und Florenz um 1300 eine Reihe führender Meister hervorgingen. Indem sie dem plastischen Gedanken der Gotik den in der byzantinischen Kunst bewahrt gebliebenen Sinn für die Perspektive hinzufügten und letztere aus ihrer starren Ordnung durch das neue Gefühl für Masse und Raumzusammenhang auflockerten, vollzogen sie im 14. Jahrhundert einen entscheidenden Schritt in der Ausformung der Raumperspektive, aus der die Flamen des 15. Jahrhunderts dann ihren Gewinn ziehen sollten[22]. Aus diesem Hin- und Hergerissensein zwischen zwei verschiedenen Welten erklärt sich Italiens späte Reife.

In dem gleichen europäischen Zusammenhang muß die italienische Aktivität des 17. und 18. Jahrhunderts betrachtet werden. Denn gerade während der Zeit des sich machtvoll ausbreitenden Barock hat sich unter leicht erkennbaren nördlichen Einflüssen in Rom, Bologna und Venedig ein leidenschaftliches Interesse für alle Formen der ›reinen Malerei‹ ausgebildet, deren Phantasie, Innigkeit und Poetik in etwa einen Ausgleich schufen für den rein äußerlichen Aufwand der dekorativen Künste. Ohne Caravaggio, Magnasco, Pannini und endlich ohne die Venezianer wie Guardi – bei denen ein lebhaftes Gefühl für die verschiedenartigen zufälligen Erscheinungen wie Luft und Licht vorherrschen, was auf die gesamte westliche Malerei anregend wirkte – würde in Italien eine wesentliche Seite der Kunst fehlen. Wenn Italien sich im 19. Jahrhundert ein wenig allzu sehr ausgeruht hat, so geschah das vielleicht aus dem Grunde, daß es von 1650 bis 1750 die neuartigsten Ideen hervorgebracht und damit den Entwurf für künftige Entwicklungen vorgezeichnet hat.

Der Sinn der Kontinuität und ihre Auswüchse

Wollte man von einem Mißbrauch der Tradition in Italien sprechen, träfe das für den Bereich der Kunst insofern zu, als dort eine offensichtlich viel stärkere Neigung als anderswo herrschte, immer wieder an den gleichen Orten und denselben Bauwerken weiterzubauen. Man konservierte diese Bauten, indem man sie immer wieder ergänzte und manchmal durch unangebrachte ›Verschönerungen‹ verfälschte, wie dies bei den bedauerlichen Ausmalungen in San Vitale in Ravenna im 17. Jahrhundert geschah.

Es gibt hier recht beträchtliche und irreparable Zerstörungen, wie zum Beispiel das alte SS. Pietro e Francesco, ehemals die größte Kirche von Mailand, oder den Stadtkern von Florenz und die alten Stadtviertel von Mailand, die dem 19. Jahrhundert zum Opfer fielen. Zu allen Zeiten liebten es die Italiener, ihr großes technisches Können dazu zu benutzen, eingestürzte Mauern wieder aufzurichten und ihre Fresken sorgfältig wieder aufzufrischen. Die Restauration ist hier eine ständig geübte Gepflogenheit sowohl im 20. Jahrhundert wie im 16. Jahrhundert, und man scheut sich nicht, sie bis zur Nachahmung zu treiben, so daß Experten vor dem Resultat oftmals ratlos dastehen; die toskanischen Fresken oder ravennatischen Mosaiken wären ohne die vielen Erneuerungen nicht mehr erhalten. Noch in jüngster Zeit hat man wahre Wunder an Geduld vollbracht, als man die Mantegnas der Eremitani-Kirche wiederherstellte, das unselige ›Abendmahl‹ des Leonardo wieder befestigte und dabei die Originalfragmente freilegte.

Das Gefühl für den Zusammenhang in der Kunst ist im allgemeinen stärker als die Gegensätzlichkeit der einzelnen ›Manieren‹. So sieht man die großen Meister mit der Vollendung unfertiger Kunstwerke beschäftigt; sie ordnen sich dabei dem gegebenen Stil völlig unter, auch wenn dieser augenscheinlich ganz verschieden von ihrem eigenen ist. Als Michelangelo in das *Tepidarium* der Diokletiansthermen die Kirche S. Maria degli Angeli (1563) einbaute, die von Vanvitelli später in Barockformen vollendet wurde, schien er damit beweisen zu wollen, daß seine Kunst die antiken Formen zu übernehmen und glaubwürdig zu erneuern vermochte. Als er als ganz junger Mann nach Bologna floh, interessierte er sich dort für die *Arca*, das Grabmal des hl. Dominikus. Dieses war 1264 von Niccolò Pisano begonnen und von Niccolò da Bari fast vollendet worden; ein fehlendes Geschoß hatte man 1473 zugefügt, und Michelangelo übernahm es, hierfür zwei Statuetten und eine Engelsfigur zu schaffen, die auf den Konsolen des Sockels und der Balustrade ihren Platz finden sollten. Ähnlich lag der Fall in der Carminekirche in Florenz, wo Filippino Lippi es sich zur Ehre anrechnete, den großen unvollendeten Freskenzyklus von Masolino und Masaccio aus dem Jahre 1427 zum Abschluß zu bringen.

Einer der bedeutendsten Geister des 15. Jahrhunderts, Brunelleschi, erzielte seinen ersten großen Erfolg, als er die Apsis des Florentiner Doms mit einer Kuppel überdeckte, die der gotische Meister Arnolfo hundertzwanzig Jahre vorher schon in seinem Grundriß vorgesehen hatte; der gleiche Brunelleschi empfing bei seinen Kirchenentwürfen Anregungen von der romanischen Kirche SS. Apostoli, die, als eine Gründung Karls des Großen geltend, in Florenz den Geist der frühchristlichen Basiliken bewahrte. Alberti, der Theoretiker der sogenannten ›humanistischen‹ Kunst, scheute sich nicht, die alte Fassade von S. Maria Novella im Sinn des romanischen Stils fertigzustellen. Das ununterbrochene natürliche Wachstum des Neuen auf dem Alten und sogar im Alten wird weitaus am besten am Beispiel von Venedig und Rom sichtbar. Diese Anpassungsfähigkeit der Italiener beweist, daß bei ihnen ein waches historisches Bewußtsein vorliegt, das die Vergangenheit zu deuten versteht. Im 16. und 17. Jahrhundert hatte sich der Markusplatz in Venedig zu einem monumentalen Ensemble entwickelt, und es stört nicht, daß er einen gotischen Palast aus dem 14. Jahrhundert und eine Kathedrale des 11. Jahrhunderts mit frühchristlichen Formen umfaßt.

Ein klassisches Beispiel für umfangreiche spätere Hinzufügungen ist ohne Zweifel die Basilika S. Maria Maggiore in Rom. Der Baukern der Gründung des Papstes Liberius (352-366) hat die Restaurationen des 5. Jahrhunderts, die Anfügungen des 13. – das Querschiff –, die Erweiterungen des 16. – die Cappella Sforza von Michelangelo und die Cappella Sistina von Fontana – sowie die Fassade von Fuga aus dem 18. Jahrhundert überdauert. Diese Kirche ist eine Art Summe aller Stile und kann als bestes Beispiel ihrer Kontinuität gelten. Die Erneuerungen sind hier leicht zu unterscheiden; das ist aber keineswegs immer der Fall. Die Datierung von Grundriß und gewissen Bauelementen florentinischer Kirchen, wie des Baptisteriums oder in San Miniato, die vom 4. bis zum 16. Jahrhundert dauernd baulichen Veränderungen unterworfen waren, ist um so schwieriger, als das Gesamte einen durchaus einheitlichen und stilistisch reinen Anblick darbietet. Das 19. Jahrhundert stattete gelegentlich sogar mittelalterliche Kirchen noch mit neuen Fassaden aus, deren Fehlen bis dahin schmerzlich empfunden worden war. So erhielten – ohne vom Mailänder Dom zu sprechen, der erst 1813 vollendet wurde – S. Croce und der Dom in Florenz bedauerliche ›Stilfassaden‹, Ausgeburten jener sonderbaren Vorstellung der Italiener, die Werke der Vergangenheit fortsetzen und vollenden zu können. Hierin liegt ein Grundzug ihrer Kunst, und der Historiker sollte sich das immer wieder vor Augen halten.

Das Land des realen Museums

Die erstaunliche Geschichte des menschlichen Strebens nach dem Absoluten, die André Malraux uns in seinem ›musée imaginaire‹ nachvollziehen läßt, hat in Italien nicht so große Resonanz gefunden wie in den nördlichen Ländern, wohl weil die Halbinsel mit ihrer Vielzahl äußerst unterschiedlicher Regionen, ihren geschichtsreichen Stadtkernen, ihren unerschöpflichen archäologischen Schätzen und schließlich ihren öffentlichen Sammlungen im wahrsten Sinne des Wortes das Land des »realen Museums« ist und – darüber besteht wohl kein Zweifel – immer bleiben wird. Man könnte sogar mit vollem Recht von Italien als dem »Museum der Museen« sprechen, weil das Phänomen des Künstlerischen in seiner Kultur eine so große Rolle gespielt hat, daß ihm exemplarischer Charakter eignet[23].

Schon sehr früh wurden Altarräume mit Statuen, Malereien und Goldschmiedearbeiten ausgeschmückt, die gleichzeitig realen Besitz bedeuteten. Diese Anhäufung von Kunstwerken war nicht unbedingt größer als anderswo, aber Alter und Kontinuität der liturgischen Bräuche sowie die ererbte und volkstümliche Verbundenheit mit den Kunstwerken, die der südländischen Mentalität bis heute nicht verlorengegangen ist, haben diesen Stätten hier mehr Bedeutung gesichert als in anderen Ländern, z. B. in Frankreich. Es hat periodische *aggiornamenti* gegeben, und im Laufe des 16. Jahrhunderts – als Antwort auf die protestantische Reform, die diesen gewohnten Prunk verweigerte – beträchtliche Veränderungen. In Florenz wurde die Ausschmückung der großen Ordenskirchen um 1560 von Vasari völlig umgestaltet, was sich auf die alten Kunstwerke z. T. verheerend auswirkte[24]. Die Verlagerung, Unterbringung in Depots, der Verkauf an Kunstliebhaber und die eigenmächtige Entfernung der Kunstgegenstände im Zuge der Beschlagnahmungen durch die französischen Armeen nach 1795 haben den Reichtum dieser ›Museen‹ religiöser Kunst einigermaßen geschmälert. Man kann aber letzten Endes nur mit Bewunderung feststellen, daß die Kirchenausstattungen trotz dieser Verluste ihren Charakter und ihre Üppigkeit bewahrt haben. Seit mehr als einem Jahrhundert wachen die Institutionen über sie; und seit 30 Jahren kann man beobachten, wie jede Provinz die Verwaltung ihrer historischen Kunstschätze wieder selbst in die Hand nimmt, sie restauriert, präsentiert und ihren Ruhm verbreitet durch Kundgebungen, Ausstellungen und Veröffentlichungen, die in anderen Ländern ihresgleichen suchen. Mit gleich großem Eifer wurde das ›Horten‹ von Kunstwerken in den reichen Häusern und Palästen betrieben. Die Mode änderte sich mit jeder Epoche: Antikenkabinette im 15. Jahrhundert wurden abgelöst durch Bildergalerien für Kunstliebhaber im 16. Jahrhundert. Im 17. Jahrhundert entstanden die riesigen Sammlungen in lombardischen, römischen usw. Palästen. Auch diese Sammlungen wurden mit soviel Überlegung und Sachverstand angelegt, daß die Verkäufe, die in Zeiten geringeren Wohlstands notwendig wurden, nur langfristig den enormen Besitz Italiens zugunsten des reichen britischen Adels und der Museen in der ganzen Welt schwächen konnten. Die Öffnung dieser zahllosen ›Privatmuseen‹ für die Forschung bietet auch heute noch den Experten Gelegenheit, an reichem Anschauungsmaterial ihre Urteile zu bilden oder zu überprüfen.

Aber entscheidend ist vielleicht etwas anderes. Eine große Anzahl von Gemälden und Skulpturen sind in situ erhalten, aber sie befinden sich in den – oft unvermeidlichen – Depots, die vorzugsweise in Gebäuden von eigenem kunsthistorischem Wert eingerichtet wurden, so in den Uffizien der Großherzöge de' Medici, dem Palazzo Bianco in Genua und vielen anderen Häusern, die bedeutende Sammlungen beherbergen, so daß man dort in Mantua oder in Urbino gleichzeitig ein außergewöhnliches Schloß und eine wichtige Sammlung besichtigen kann. Die Landkarte Italiens ist übersät mit diesen kulturellen Stätten von unvergleichlichem Rang, und in erster Linie ist es die Stadt selbst, die eine ›Rolle‹ spielt: Seit dem Ende des Mittelalters ist es in Italien üblich, die lebendige Stadt wie ein Kunstwerk zu behandeln. Was anderswo mehr dem Zufall zuzuschreiben ist, wird hier mit äußerster Gewissenhaftigkeit und Genauigkeit betrieben. Das erklärt auch den Aufwand für die baulichen Ausstattungen, die Schaffung öffentlicher Loggien (Brescia, Florenz...), die eigenwilligen Konstruktionen (der Glockenturm von S. Marco, die riesigen Türme von Bologna), die Schutz- und Hygienevorkehrungen, ganz zu schweigen von den Ausschreibungen für bedeutende Gebäude und große Baukomplexe, denen man überall begegnet. Um es etwas verkürzt zu sagen: Die Sammlung ist dazu da, ein Gebäude auszufüllen, das der Stadt zur Ehre gereicht.

Dieses Zusammenspiel der Interessen, dem sich keine Generation entzieht, verleiht den Ensembles, in denen die Kunst zu höchster Vollendung gebracht wird, einen einzigartigen Reiz. Die Modernisierung der »großen Museen« von Venedig, Mailand, Florenz und Rom war ein Erfolg. Ebenso gelang in Italien die Gründung einer Reihe kleiner und mittlerer Museumsstätten, so z. B. in Verona (Castelnuovo), in Bologna (Pinakothek), in Rom (Villa Giulia), in Genua (Palazzo Bianco) usw. Unter der mutigen Führung von Innenarchitekten wie Scarpa hat das Land der europäischen ›Museographie‹ neue Impulse gegeben. Die Arbeit der regionalen Behörden entspricht einem öffentlichen Interesse; dabei sind die Provinzen in einem unermüdlichen Wettstreit. Zweifellos ist die Kultur in Italien mehr an die Provinz gebunden und weniger kosmopolitisch als anderswo[25]. Man ist ebenso beeindruckt von der ›Atmosphäre‹, die die Kunstwerke umgibt, wie von ihrer eigenen Ausstrahlung.

DAS MITTELALTER

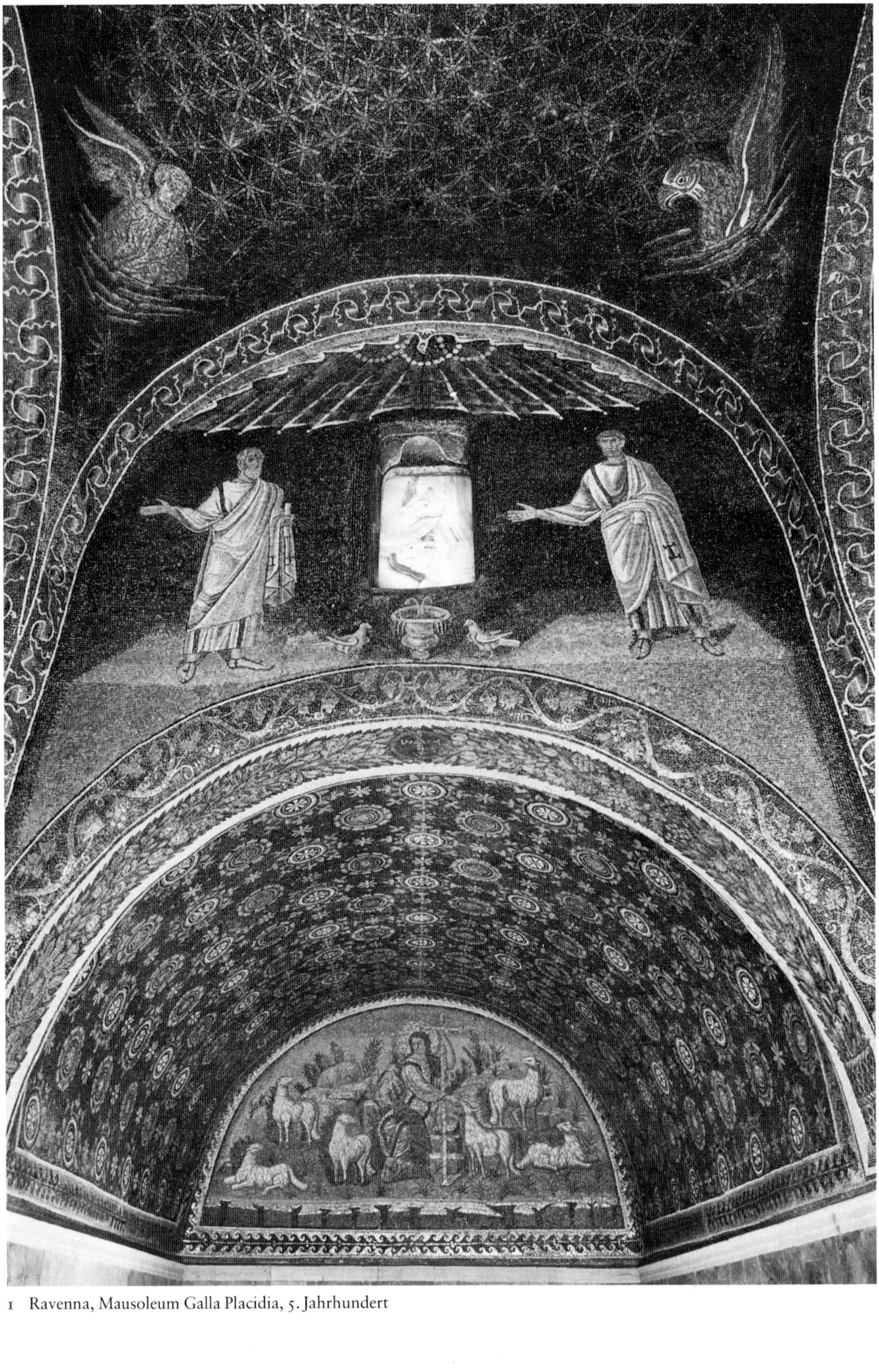

1 Ravenna, Mausoleum Galla Placidia, 5. Jahrhundert

DIE KUNST DER GRIECHEN, RÖMER UND DER NORDVÖLKER

5. bis 10. Jahrhundert

Einführung: Das Ende der antiken Welt

Im allgemeinen setzt man zu Beginn des 5. Jahrhunderts, als das Gefüge des weströmischen Kaiserreichs zusammenbricht, eine neue Zeitrechnung an. Aber der von den traditionellen (klassischen) Geschichtsschreibern geprägte Begriff des ›Mittelalters‹, der im Grunde nur eine Art kulturellen und künstlerischen Tiefstands während der zehn Jahrhunderte von 400 bis 1400 umschließt, ermangelt der notwendigen Unterteilungen. Diese Bezeichnung dürfte nur auf eine äußerst bewegte und gärende Epoche angewandt werden, die nach dem Jahre 1000 klar faßbar wird und im Zeichen der Benediktiner von Monte-Cassino, später der von Cluny steht, von denen das Abendland ganz neue Impulse empfing. In diese Zeit fällt der Streit zwischen Sacerdocium und Imperium (Papsttum und Kaisertum), der zu einer neuen, sich von der byzantinischen Welt unterscheidenden Hierarchie der Kräfte führt. Weiterhin ist es die Zeit der erfolgreichen Landungen der Normannen in England (1066) und Sizilien (1060-1072) und die der Kreuzzüge (1096), die dem neuen Bewußtsein der lateinischen Christenheit entsprechen.

Setzt aber die eigentliche mittelalterliche Zeitrechnung in Byzanz erst nach dem Bildersturm des 8. Jahrhunderts ein, dürfte man folgerichtig in Italien von Mittelalter auch erst dann sprechen, als die Zeit der einander widerstreitendsten Ansprüche und die Wirren, die nach dem Ende der karolingischen Herrschaft einsetzten, abgeklungen waren, also nach dem Vakuum des 10. Jahrhunderts. Bis dahin handelte es sich immer noch um die Agonie der antiken Welt, um einen Auflösungsprozeß, der sich lange Zeit hinzog mit immer neuen Zeichen des Wiederauflebens, ohne daß jedoch eine radikal neue Kulturepoche erschienen wäre.

Das Edikt des Galerius von 311 setzt den Christenverfolgungen ein Ende und bereitet so die offizielle Anerkennung des Christentums als einer Staatsreligion unter Theodosius (380) vor. 330 wird Konstantinopel gegründet und der Schwerpunkt des Imperiums damit verlegt; 410 wird Rom von Alarich erobert, 476 das Weströmische Reich als solches abgeschafft. Aber jedes dieser Daten markiert weniger ein neues Zeitalter als Etappen innerhalb eines unaufhaltsam fortschreitenden Entwicklungsvorgangs. Das Auseinanderfallen der beiden Hauptstädte ist schon zur Zeit Diokletians, also im 3. Jahrhundert, ein Tatbestand, mit dem der Kunsthistoriker rechnen muß, damit er sich nicht von einer heute längst überholten Problemstellung hemmen läßt, nämlich von der irreführenden Alternative: Rom oder der Orient? In Wirklichkeit gab es zu dieser Zeit nur eine Kunst der großen Zentren, und so kann man verwandte Bauten an Orten antreffen, die so weit auseinander liegen wie die Städte Antiochia und Mailand.

Da die Kultur des 3. und 4. Jahrhunderts ihrem Wesen nach eine Komposit-Kultur ist, ist es weder möglich, sie allein von Italien her erklären zu wollen, noch sie einzig auf die von außen eindringenden Faktoren zurückzuführen. Und die Aktivität der nach-konstantinischen Zeit macht sich auf allen Gebieten außergewöhnlich bemerkbar. Der Auflösung des alten Imperiums zu Ende des 5. Jahrhunderts folgte eine Zeit von Wiederbelebungsversuchen, die die Völker des Nordens, von der ehemaligen Größe des Imperiums verfolgt, immer wieder und mit eigenem Gewinn unternahmen. So kam es dazu, daß noch lange Zeit in der politischen Ordnung keine andere Form vorstellbar war, als die des Römischen Reiches. Der hl. Augustinus, der seinen *Gottesstaat* in dem Augenblick verfaßt, als das Schicksal der lateinischen Welt offensichtlich besiegelt scheint, sieht indessen die Bestimmung der christlichen Kirche in dem durch das Imperium gegebenen Rahmen. Sein Herrschaftsideal sollte für die Goten Theoderichs (um 500), für die Langobarden Liutprands (um 600) und sogar noch für die Franken Karls des Großen (um 800) verbindlich werden.

In jedem dieser Fälle aber wird das Abweichen von dieser Ordnung offenkundiger und die Künstlichkeit bei der Verwendung der alten Formen und Rechte spürbarer. Nach einer langen Reihe von Reformversuchen sollte dann schließlich eine letzte Krise genügen, um den Durchbruch in ein neues Zeitalter zu ermöglichen. Den gleichen Prozeß kann man innerhalb der Kunstgeschichte beobachten, vor allem in der Geschichte der Baukunst; denn hier werden die für das 4. Jahrhundert vorbildlichen Schöpfungen von denen, die sie übernommen hatten, mehr und mehr umgeformt.

Die Entwicklung der römischen Kunst

Schon im ersten christlichen Jahrhundert hatte sich auf der Basis der hellenistischen Formprinzipien der Zusammenschluß der mittelmeerischen Kunst vollzogen; seit der Zeit der Flavier entwickelte sich ein repräsentativer Komposit-Stil und fand von Syrien bis nach Spanien Verbreitung. Durch monumentale Tendenzen, Gewölbetechnik, organische Grundrißgestaltung, schließlich durch Anwendung von Arkaden und Nischen und Freude an farbigen Verkleidungen des Mauerwerks mit Mosaiken hat diese Baukunst nichts mehr mit der alten griechischen Kunst gemein, wo die Wirkung des Gebäudes vor allem auf der plastischen Betonung der Bauglieder beruht. So kann man sagen, daß sie dem Orient mehr einzelne Formelemente verdankt als das System des Ganzen. Ihre Hauptabsicht ist vor allem darauf gerichtet, große, einheitliche Raummassen zu erzielen, oder, wenn man so will, Raumblöcke zu schaffen, seien sie nun longitudinal geformt, also in der Form eines Saals auf rechteckigem Grundriß, der durch Portiken seinen Abschluß findet, oder im Zentral-Typus, bei dem der leere Rundraum durch ein massives Gewölbe geschlossen wird, wie etwa beim Pantheon □2. Mit dem ›Goldenen Haus‹ des Nero, der *Domus Aurea* (64-68), taucht eine mehr kosmopolitische, das heißt auf verschwenderische und illusionistische Wirkungen gerichtete Baukunst auf; diese findet ihre höchste Ausformung dann in den Thermen des Caracalla (211-217), die von einer Kuppel mit einem Durchmesser von fünfunddreißig Metern bedeckt waren. Vor der durch die Kaiserin Helena, der Mutter Konstantins, gegründeten Kirche des Heiligen Grabes in Jerusalem (335) – diesem Rundbau der ›Anastasis‹, bei dem es im übrigen fraglich ist, ob er ursprünglich nicht ›hypethral‹, das heißt ungedeckt, gewesen ist – hat es im Orient derartige Gebäudeformen kaum gegeben[26]. Hierin liegt ein interessanter Tatbestand für die Architektur des hohen Mittelalters.

Es ist ratsam, die offizielle oder ›aulische‹ Kunst in Rom, Mailand, Ravenna – und in Konstantinopel – von der provinziellen Kunst zu scheiden, denn letztere verfährt freizügiger mit den antiken Vorbildern und zeigt oftmals mehr eigene Initiative. Diese Kunst der römischen Provinzen nun, da sie mehr sich selbst überlassen blieb als die Kunst des Ostens, die unter der byzantinischen Autarkie stand, entwickelte sich in Gallien, im Rheinland, an der Donau, aber auch in Italien – wie in der Lombardei und der Toskana – langsam zu dem, was man dann später die ›romanische Kunst‹ genannt hat. In der römischen Provinzialkunst vollzog sich der Verfall des Figürlichen zugunsten des ornamentalen Effekts, der Verlust des Monumentalen zugunsten der Kleinkunst unter Verwendung

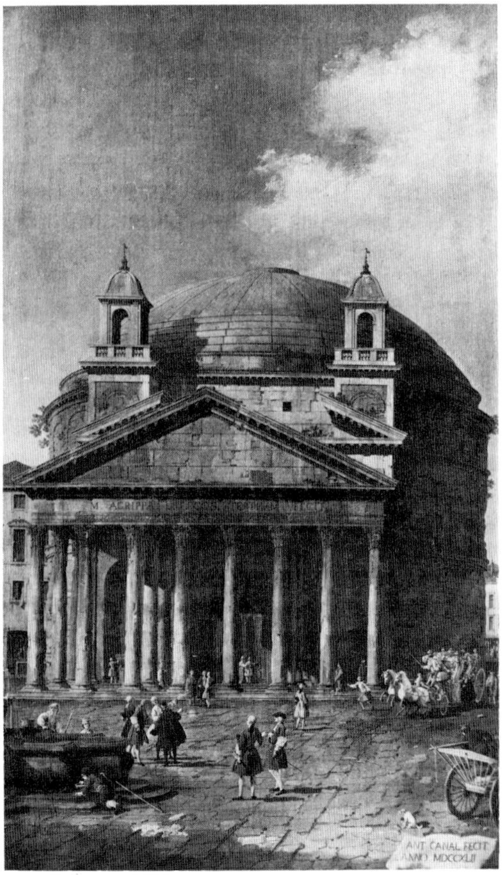

2 Rom, Pantheon, Gemälde von Antonio Canal, 1742

kostbarer Materialien. Manchmal wirkte diese auch unmittelbar auf die große offizielle Kunst ein. Vielleicht ist dies schon in den Reliefs des *Triumphbogens des Konstantin* (312 bis 315) der Fall, wo die steife und eintönige Anordnung rings um die Figur des Kaisers stark mit den wiederverwandten Bruchstücken aus dem 2. Jahrhundert kontrastiert.

Die berühmten *Porphyr-Tetrarchen* (etwa 300), die man an einer Ecke an San Marco in Venedig eingesetzt hat, haben schon fast überhaupt nichts Römisches mehr: Die gedrungenen Gestalten mit ihren schweren Mänteln und ihren Schwertern mit Adlerknäufen sind in ihrer ganzen schwerfälligen Haltung zurückzuführen auf die neue Art der Porträtkunst, die deutlich Einflüsse von Bildhauern aus Palmyra zeigt[27]; in jedem Fall sind sie ein Beweis dafür, daß die Herren der Welt sich hier schon von dem überlieferten Schönheitskanon abgewandt haben. Dieses starke Schwanken, diese ausgesprochene Unentschiedenheit des römischen Geschmacks zwischen seinen akademischen und seinen Provinzialformen ist schon ein Vorstadium jener Hinwendung zum Hieratischen und zur starren Maskenhaftigkeit des Mittelalters.

In der konstantinischen Zeit scheinen die noch sehr häufig vorkommenden Marmorbüsten mit Farbe gehöht, die Sarkophage polychrom und vergoldet gewesen zu sein und dadurch manchmal an das Aussehen byzantinischer Emails erinnert zu haben[28]. Das Italien des 4. Jahrhunderts, wie es von den Völkern des Nordens entdeckt wurde, zeigte also im Bereiche der Skulptur zwei einander beinahe entgegengesetzte Tendenzen, einmal das Großartige der Form in edlem und haltbarem Material, das heißt in Marmor gehauen oder in Bronze gegossen, zum anderen eine vielfarbige Oberflächenbehandlung von schillerndem Glanz.

Schließlich bestand in der heidnischen Welt ein Bedürfnis nach subjektivem, irrationalem Ausdruck, den man lange durch das Auftreten des Christentums zu erklären pflegte. Es äußert sich besonders in der Neigung, das Bild nicht mehr nach einer ›objektiven‹, auf die Perspektive gegründeten Ordnung zu gestalten, die ein räumliches Hintereinander erlaubt, sondern die Formen übereinander anzuordnen, indem man sie auf der Fläche verteilt. Die dadurch bedingten Entstellungen sind bewußte Betonungen des geistigen Wertes des Bildwerkes[29].

Die Kunst der Katakomben

Während die Kunst der Antike auf diese Weise von sich aus ihre Umwandlung in eine neue Form der Kultur vorbereitete, machten die Christen sie sich schon im Verborgenen für ihre kultischen Gebräuche nutzbar. Die Katakomben – Grabanlagen außerhalb der Stadt längs der großen Straßen nach Rom, wie die der Domitilla an der Via Ardeatina, wie die von S. Agnese an der Via Nomentana und die des hl. Praetextatus an der Via Appia, schließlich noch solche an anderen Orten, wie die des hl. Januarius in Neapel und des hl. Antiochius in Sardinien – begnügten sich mit einer sozusagen ›summarischen‹ Architektur. Im 4. Jahrhundert wurden sie dann zu regelrechten Kultstätten, aber diese nur im Verborgenen blühende Periode der christlichen Kunst ist für die Anfänge der eigentlichen abendländischen Malerei und Plastik lediglich hinsichtlich ihrer Ikonographie und ihres Schmuckwerks von Bedeutung. Sie lehnt sich stilistisch völlig an die gleichzeitige heidnische Kunst an, außer, daß die Inbrunst des neuen Glaubens den in der Grabkunst üblichen Bildwerken, insbesondere den Marmor-Sarkophagen, ungewöhnliche Würde und Ernst verlieh. Hier bleibt eine Mythologie lebendig, die die alten Formen mit neuem Inhalt erfüllt: Prometheus und Orpheus bedeuten jetzt Gottvater und Christus. Häufig sind es Motive aus der Hirtendichtung: es tritt der *Gute Hirte* auf, den man von Merkur-Kriophorus, dem Lamm tragenden Merkur, ins Christliche übersetzt. Er erscheint zum Beispiel neben Oranten auf dem Widdersarkophag im lateranischen Museum, mitten unter Wein erntenden Eroten. Die *Geschichte der Psyche* als Abbild der Seele findet man als Wandmalerei in der Domitilla-Katakombe, weiterhin Darstellungen von Gastmählern, in denen sich unter dem weltlichen Brauch das eucharistische Liebesmahl verbirgt, so in der Callistus- und Priscilla-Katakombe. Oranten und Emblemata, so der Fisch (das Symbol Christi), die Taube (das Symbol des ewigen Lebens), der Ölzweig und ein Korb mit Broten, tauchen manchmal als ›Stilleben‹ geordnet auf.

Der Stil dieser Kunst, besonders der der Wandmalereien, ist oft ärmlich und beschränkt sich auf Andeutungen, die Ausführung auf wenige Farbstriche; dennoch sind darunter Werke von hoher Qualität zu erkennen, wie zum Beispiel die Apostel in der Gruft der Aurelier von fast klassischer Zeichnung und das Rundbild des *Daniel* in der

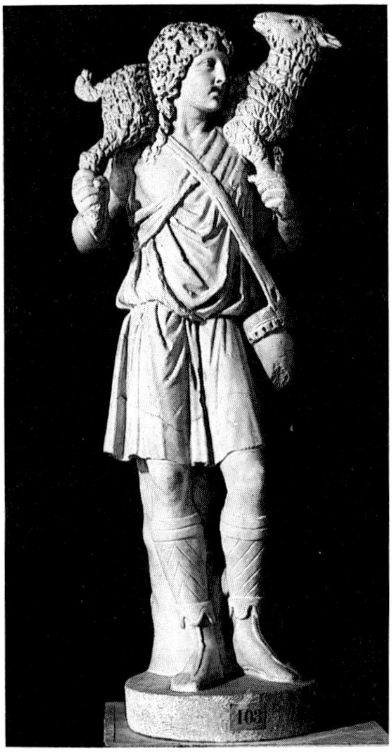

3 Der Gute Hirte, um 300, Vatikanische Museen, Rom

Praetextatus-Katakombe. Einzig in einer späteren Komposition, in der ›Betenden Madonna mit Kind‹ auf dem Begräbnisplatz in Ostia (um 350), wird das gleichartige Motiv aus der Priscilla-Katakombe aus dem 2. Jahrhundert mit solchem Nachdruck wieder aufgenommen, daß es unmittelbar die spätere Monumentalkunst vorzubereiten scheint[30].

In der Skulptur bemerkt man den Übergang vom plastischen Stil zur malerischen Wirkung noch deutlicher. Wo die Figur zunächst noch frei als Relief behandelt wird *(Widdersarkophag)*, erscheint sie jetzt in Arabesken eingeschrieben, umgeben von einem Spiel von Licht und Schatten, das eine differenziert behandelte Oberfläche hervorruft (*Sarkophage des Jonas* und *des Guten Hirten* im Lateran). Noch bezeichnender ist der Sarkophag des Junius Bassus in den Vatikanischen Grotten, der allerdings zeitlich später liegt (Bassus starb 352). Hier sind die sehr lebendigen Figuren in zwei Etagen übereinander angeordnet, oben zwischen Säulen und unten unter Arkaden. Unter den selten vorkommenden freiplastischen Werken (dem *Guten Hirten* im Lateran □ 3 und dem *Lehrenden Christus* des Thermenmuseums) ist die graziöse Modellierung von rein hellenistischer Art. Aber unter der heiteren Ausgeglichenheit zeichnen sich schon die sprechende Gestik und die träumerische Melancholie und Zartheit ab, die in den beiden folgenden Jahrhunderten vor allem die Elfenbeinkunst[31] beherrschen sollten.

Die Zeit Konstantins des Grossen

Nach ihrer offiziellen Anerkennung begann die Kirche überall Heiligtümer zu errichten; so wurde das 4. Jahrhundert zu einer an architektonischen Erfahrungen reichen Periode, und in dieser Zeit, als bestimmte Bautypen noch nicht festlagen, vermag keinerlei ungewöhnliche Lösung zu überraschen. Nur selten kam es vor, daß man schon vorhandene Bauten auf ihren neuen Zweck umstellte; ebensowenig haben die Bischöfe aber auch eine vollständige Neuplanung kirchlicher Bauten als Ersatz für heidnische Tempel und Säulenhallen vorgenommen. So findet man eine Reihe interessanter Versuche – zwar häufig ohne Folgen für die Zukunft –, die alle der Bemühung galten, die vertrauten Elemente der religiösen und profanen Baukunst ihren neuen Aufgaben anzupassen[32]. Eine große Anzahl dieser hastig entstandenen Bauten des 4. Jahrhunderts wurde später zerstört oder mußte in den folgenden Jahrhunderten erneuert werden, was ihre Rekonstruktion nicht gerade erleichtert. Zunächst gilt es, den Bautyp der ›Basilika‹ zu untersuchen. Die große Säulenhalle der hellenistischen Städte *(basilikê stoa)* wird in Rom zu einer Folge gedeckter Säulengalerien – einer Art ›Quadriporticus‹ –, die einen offenen Raum umschließen; manchmal haben sie die Form eines Rechtecks, wie bei der Anlage eines Kreuzgangs, bald sind sie mit deutlich erkennbarer Achse und Apsis ausgestattet. Dieser Hof (Atrium), wie er bei vornehmen Wohnhäusern – der Villa des Hadrian zum Beispiel – üblich war, verwandelt sich in einen hypethralen, das heißt ungedeckten, Bau unter offenem Himmel, der dazu diente, bei den kaiserlichen Zeremonien den architektonischen Rahmen abzugeben, wie es im Palast des Diokletian in Spalato und viel später in dem des Theoderich in Ravenna der Fall ist. Mit Dachsparren überdeckt, wird der Mittelraum später zum ›Schiff‹. Die Herrichtung der Hausanlage für die Zwecke einer christlichen Gemeinschaft scheint seit dem Ende des 3. Jahrhunderts versucht worden zu sein, zum

Beispiel durch den Bischof Theodorus in Aquileia. Aber erst unter Konstantin und seiner Mutter Helena wurde es üblich, für die Kirche diesen repräsentativen architektonischen Rahmen zu verwenden, der einen doppelten Zweck erfüllte, nämlich als Versammlungsraum und als Ort zur Verherrlichung Gottes. Das Wort ›Basilika‹ sollte trotz seines griechischen Ursprungs im Westen nur als Bezeichnung für die neuen konstantinischen christlichen Bauten in Umlauf kommen[33]: nämlich für die ›aula dei‹.

Das alte *Sankt Peter* (324-344) erhob sich auf dem vatikanischen Hügel an der Stelle des Grabes des hl. Petrus, das verloren in einem gemischt heidnisch-christlichen Begräbnisplatz an der Via Cornelia gelegen haben muß, wie es die neuesten Ausgrabungsforschungen erbracht haben □4,5. Diese Basilika war in Wahrheit ein Doppelbau, und zwar bestand sie aus einem rechteckigen Portikus, der den Hof (das Atrium) bildete, die an die Fassade angelehnte Arkadenreihe bildete den Narthex; ferner aus einem von Sparrenwerk bedeckten Saal, zu dem fünf Portale Einlaß gaben, die sich in fünf Schiffe fortsetzten, deren jedes sein Licht durch eigene Fenster empfing. Diese fünf Schiffe führten auf einen querrechteckigen Raum zu, der nach außen leicht vorsprang, also eine Art Querhaus, vom Hauptschiff durch einen halbkreisförmigen Triumphbogen getrennt. Die Achse des Bauwerkes lief in einer ziemlich tiefen Nische aus, die mit einer Halbkuppel überdeckt war. Vor dieser Apsis, in der der Thron des Pontifex seinen Platz hatte, befand sich der Altar, über dem sich ein auf Säulen ruhender Baldachin erhob. Diese Ausstattung war reich mit Schmuckwerk versehen und wurde vervollständigt durch eine Schranke von Marmorsäulen, zwischen denen Ampeln und Heiligenbilder angebracht waren, *die Ikonostasis*, ferner durch die Ambonen oder Lesepulte, so daß der für die Geistlichkeit vorbehaltene Raum vom Ganzen abgetrennt blieb.

Dieser gewaltige Bautyp wurde in der ab 386 wieder aufgebauten Basilika *S. Paolo fuori le mura* wiederholt □6. Sie bestand bis zum Brande von 1823; ihre heutige rekonstruierte Gestalt kommt dem alten Bau nur annähernd nahe. Weiterhin wurde der Typ angewandt bei *S. Giovanni in Laterano*, das im 10. Jahrhundert wiederhergestellt und im 17. von Borromini grundlegend umgestaltet wurde, und schließlich ein wenig später in *S. Maria Maggiore*, errichtet unter dem Pontifikat des Liberius (352-366) und oftmals überarbeitet. Dennoch ist sie mit ihren drei Schiffen heute das Bauwerk, das am besten den Eindruck der großen frühchristlichen Basiliken wiedergibt. Das von korinthischen Säulen getragene Gebälk erzeugt eine eindrucksvolle geradlinige Perspektive, die durch die beiden Säulenreihen der Seitenschiffe noch verstärkt wird. Der ganze Bau ist auf einen Zentralpunkt ausgerichtet, nämlich auf den Altar, den Ort der Opferhandlung. Ebenso wie in Sankt Peter und S. Paolo befindet sich hier die ›Confessio‹, wo das Grab des Heiligen verehrt wird.

Die architektonische Wirkung ist darauf abgestellt, den Zuschauer in die mystische Handlung einzubeziehen. Auf den Wänden entfaltet sich ein reicher Schmuck von Mosaiken und Malerei, der das Gefühl des Beschauers völlig gefangen nimmt durch ein Schauspiel, das ohne jede präzise Gliederung und Begrenzung sich ganz dem Licht und der

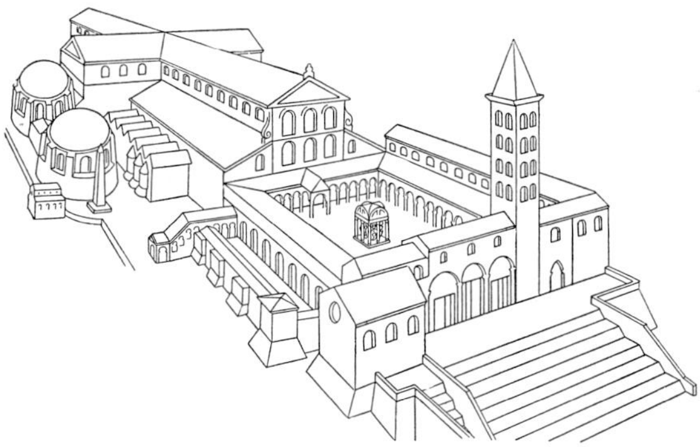

4 Rom, Alt-St.-Peter, 324-344. Rekonstruktion

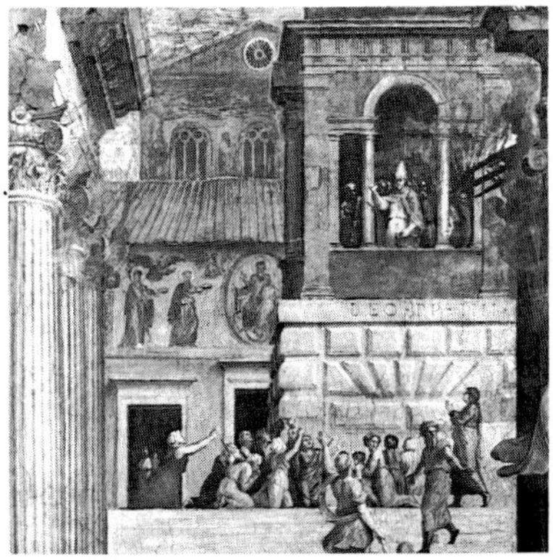

5 Fassade der alten Peterskirche in Rom, Detail des Freskos ›Brand in Borgo‹ von Raffael und seinen Schülern, 1517, Vatikan

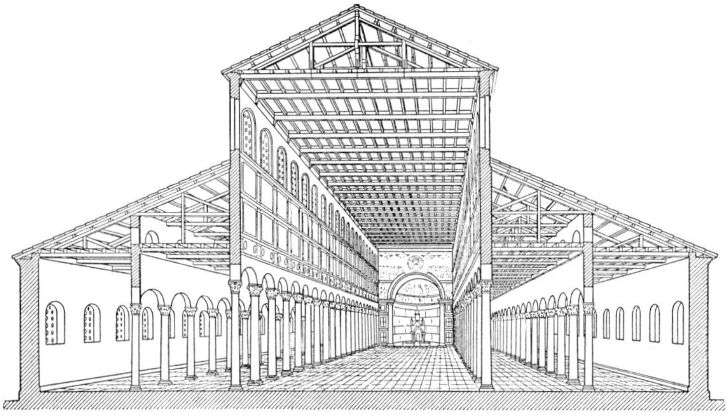

6
Rom
S. Paolo fuori le mura
4. Jahrhundert

Farbe überantwortet, kurz, der schrankenlosen Suggestion des Unendlichen. Auf diese Weise erfüllt sich hier die Kraft der Raumillusion, die die römische Welt immer wieder gesucht hat. So ist man nicht überrascht, in zeitgenössischen Texten zu lesen, daß der Kirchenraum, vor allem aber seine von Mosaiken schimmernde Apsis, als das ›Paradies‹ aufgefaßt wird, wo in der durch Gold und Licht hervorgerufenen Erhebung sich unmerklich der Aufstieg der frommen Seele zum Himmel vollzieht. Die im 6. und 7. Jahrhundert häufig die Mosaiken umrahmenden Inschriften feiern in diesem Sinne »den Glanz des Tempels Gottes«. In S. Agnese kann man sogar lesen, daß diese Farben dem flüchtigen Morgenrot gleichen und dem wunderbaren Pfau, der die Ewigkeit symbolisiert.

Aber neben diesen weiten Raumgebilden gibt es in Rom noch andere Bauten kleineren Ausmaßes mit nur einem einzigen Schiff: so S. Agnese und SS. Nereus und Achilles. In S. Sebastiano hat man sogar eine Basilika mit Umgang vor sich, in S. Croce einen Saalbau mit querdurchlaufenden Bogenstellungen. Es ist also kaum anzunehmen, daß sich der endgültige Bautyp für Alt-Sankt Peter und S. Maria Maggiore mit einemmal ausgebildet hat. Bei den Ausgrabungen und Wiederherstellungsarbeiten an den Fassaden von S. Clemente, SS. Giovanni e Paolo, sogar von S. Maria Maggiore hat sich herausgestellt, daß die ältesten Basiliken ›offen‹ gewesen sind, das heißt, daß sie nicht durch eine Fassadenwand, die mit Portalen durchbrochen war, abgeschlossen waren, wie zum Beispiel Sankt Peter, sondern daß sie sich durch Kolonnaden, manchmal sogar in zwei Etagen übereinander öffneten, die drei bis fünf Zwischenräume freiließen, was man auf Sarkophagreliefs noch sehen kann.

Ebenso wichtig ist die Variante, wie sie der delikate Bau von *S. Sabina* darbietet □9; er stammt aus dem Pontifikat Coelestins I. (422-432). Diese Kirche ist über einem heidnischen Tempelbezirk errichtet und besitzt drei Schiffe. Ihre bewundernswerten Proportionen und die weit geöffnete Apsis erhalten ihren besonderen Charakter durch die Wiederverwendung antiker kannelierter Säulen, die hier nicht von einem Gebälk, sondern von Ar-

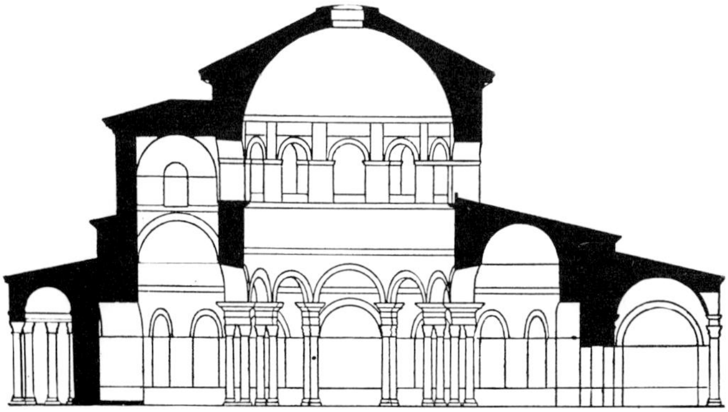

7
Rom
Mausoleum der hl. Constanze
4. Jahrhundert

kaden bekrönt sind. Der hohe architektonische Wert dieses Bauwerks liegt in der Wirkung der Lichtführung und der Reinheit seiner Maße. Die holzgeschnitzten Türen, aus einzelnen Relieftafeln zusammengesetzt, zeigen zum erstenmal Motive, die aus Syrien und Palästina stammen (Kreuzigung, Elias etc.) und eine Art von Konkordanz des Alten und des Neuen Testaments bilden. Unter den Künstlern sind sowohl Römer als Orientalen, vielleicht auch Nordländer gewesen; das Ganze ist sehr ungleichmäßig: gewisse Tafeln sind schwerfällig, andere wieder freier. Jedenfalls handelt es sich hier um ein einzigartiges Zeugnis[34].

und es scheint keineswegs übertrieben zu behaupten, daß diese Bauart als Erbe des antiken Totenkults eine mindestens so bedeutende Rolle für die christliche Kunst gespielt hat wie die Basilika[35]. An dieser Stelle wird man sich wiederum vergeblich fragen, ob der Anstoß hierzu von Italien ausging oder vom Orient. Jedenfalls erscheinen die großen Märtyrerkirchen in Asien im 6. Jahrhundert, und es wäre entscheidend zu wissen, ob die Vierkonchenanlage von S. Lorenzo in Mailand (von der noch die Rede sein wird) – vorausgesetzt, sie stammt wirklich aus dem Ende des 4. Jahrhunderts – als Märtyrerkirche angesprochen werden

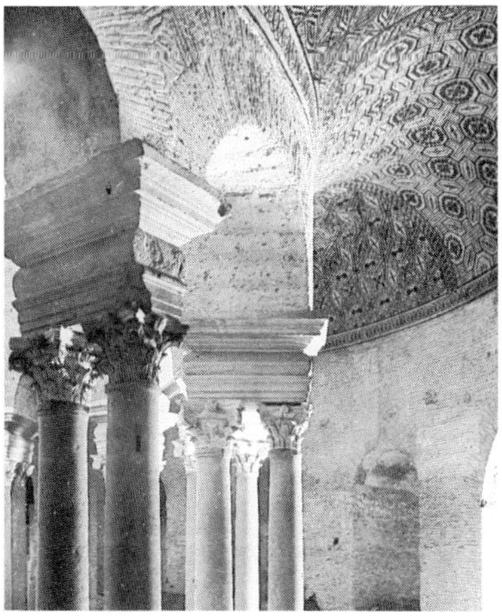
8
Rom
Mausoleum der hl. Constanze

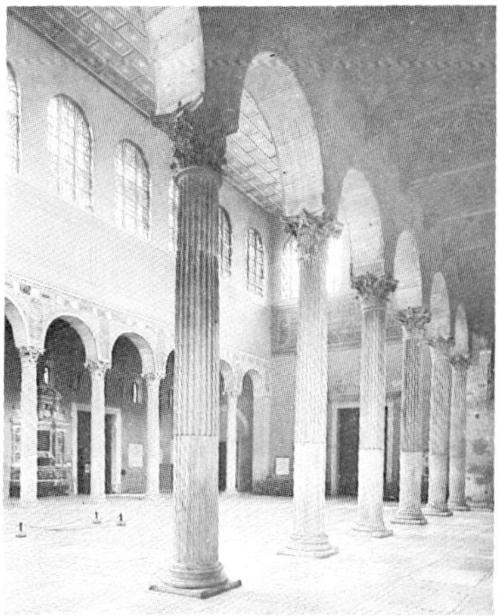
9
Rom
S. Sabina
422-432

Wurden bei diesen Bauten Säulen und andere schmückende Details aus heidnischen Tempeln wiederverwandt, so entlieh die Basilika auch Teile aus der Profanarchitektur und den offiziellen Bauten der Kaiserzeit. Darüber hinaus bezieht sich die christliche Kunst auf einen weiteren wichtigen Ausgangspunkt, nämlich die Märtyrer- oder Gedächtnisstätten. Es waren Rundbauten, die sich entweder über einem durch das Gedächtnis an einen Heiligen geweihten Ort oder einfach über seinem Grab befanden. Dieser Bautyp, der später seine größte Verbreitung im Orient finden sollte, wo er fast gradlinig zur byzantinischen Zentralanlage führt, wurde aber auch im Abendland schon sehr frühzeitig angewandt. Als abgeschlossener Tempelhof, ursprünglich ohne Dach, nahmen diese Bauten sehr bald die Form von Mausoleen oder antiken *Heroa* an und wurden so dem christlichen Kult dienstbar gemacht. Die Verwendung eines antiken Bautypus für christlichen Kultgebrauch erklärt zweifellos die Eigenart dieser Rundbauten,

kann. Aber wie es scheint, existiert keinerlei alte Überlieferung, die sich auf Reliquien bezieht. Gewisse Züge der ältesten Peterskirche weisen auf eine Märtyrer-Gedächtnisstätte, so könnte die Krypta von einem römischen Mausoleum beeinflußt sein. Auf jeden Fall sollte dieser Typus im Westen seine volle Entfaltung und vor allem in Italien im 7., 8. und 9. Jahrhundert weitgehend Anwendung finden. Mit dem Mausoleum der hl. Helena (etwa 350) und dem der hl. Constanze, der Tochter Konstantins (diese starb 354) – heute eines der eindrucksvollsten Bauwerke Roms –, schuf das 4. Jahrhundert in Italien die großen architektonischen Musterbeispiele für den Zentralbau □ 7,8. Der erstgenannte Bau, den man nach den im Mittelalter vorgenommenen Veränderungen *Torre Pignattara* nennt (der Name ist abgeleitet von den ›pignatte‹ oder hohlen Amphoren, die die Kuppel stützen), ist ein Oktogon mit Wandnischen. Der zweite ist ein Bau mit doppeltem Umgang, dem ein kleines Atrium mit zwei Apsiden

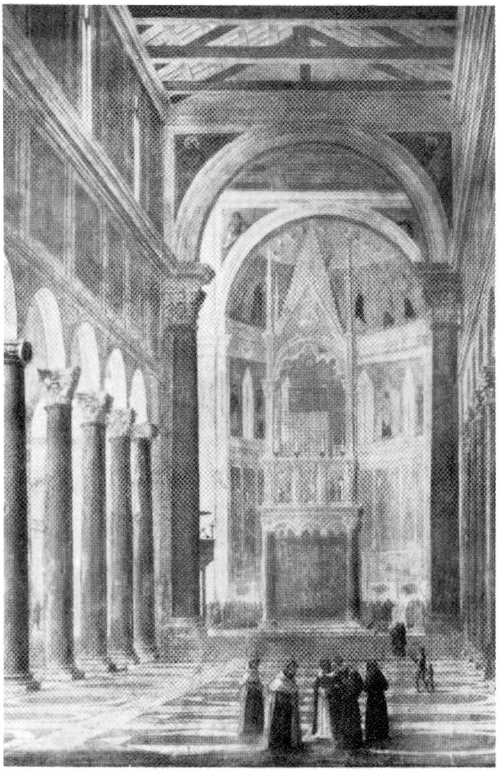

10 Rom, S. Giovanni in Laterano vor dem Umbau, Fresko von Poussin in S. Martino al Monti

vorgelagert ist. Die kassettierte Kuppel überwölbt einen riesigen Rundraum und erhält ihr Licht durch die hohen Fenster des Tambours. Hieran fügt sich ein Zwischengeschoß mit Mosaiken, das Ganze wird von zwölf gekoppelten Säulen getragen, die durch Arkaturen miteinander verbunden sind; ihr Gebälk erzielt eine leichte perspektivische Wirkung, konvergierend nach dem Mittelraum hin. Der Ring des Umgangs bildet einen tonnengewölbten Reif, der die Masse der Kuppel abstützt. Die kreisförmige Mauer ist mit Nischen gegliedert. Daraus resultiert ein eindrucksvoller Kontrast zwischen glatter und durchbrochener Wand, der noch betont wird durch den Bezug der Säulen zu den von ihnen getragenen Wandteilen dort, wo der Lichteinfall aufhört. Alle Gewölbe waren ursprünglich mit Mosaiken bedeckt; dank den auf dem Tonnengewölbe des Umgangs erhalten gebliebenen hat man noch eine ungefähre Vorstellung davon, welch magische Verklärung dieser funkelnde und anmutige Schmuck hervorgerufen haben muß. Das auf hellen Grund gestellte verschlungene Laubwerk mit Szenen aus der Weinernte läßt ein Bacchusheiligtum vermuten. Tatsächlich handelt es sich hier um die Übertragung von Motiven der Katakombenmalerei ins Große, und zwar in der üppigen Technik hellenistischer und römischer Mosaikkünstler. Die gleichen Formen, jedoch in einer stilisierteren und starreren Auffassung in Halbrelief ausgeführt, finden sich auf den Stirnseiten des großen Porphyrsarkophags wieder, der ehemals in der Mitte des Mausoleums seinen Platz hatte und der die sterblichen Überreste der Heiligen barg (heute im Vatikan). Alle Kunstarten wirkten hier gemeinsam, um eine einzigartige Raumwirkung aus Kontrast und Bewegung zu schaffen.

Die gleichen Bestrebungen kann man an den *Taufkirchen* erkennen, von denen das von Konstantin d. Gr. gegründete Baptisterium von *S. Giovanni in Laterano* das bedeutendste ist □ 10,11. Es wurde ein Jahrhundert später als Oktogon erneuert. Von der ursprünglichen Anlage sind die schönen dünnen Säulen aus schwarzem Porphyr erhalten geblieben, die ein Gebälk – keine Arkaturen – tragen und von einem Galeriegeschoß überragt werden, das von kleineren Porphyrsäulchen rhythmisch gegliedert wird. Der eigentliche Taufbrunnen befand sich genau in der Mitte dieses ganz flächenhaft-linearen Raumgebildes, in dem der Polychromie der Wandverkleidungen das gesamte Gewicht zufällt. Das Werk wurde im 16. Jahrhundert unter Paul III. überarbeitet, was bei der Rekonstruktion zu berücksichtigen ist. Gleichzeitig wird hierdurch noch einmal bewiesen, daß diese römischen Bauten für die ganze spätere italienische Kunst niemals an Interesse eingebüßt haben.

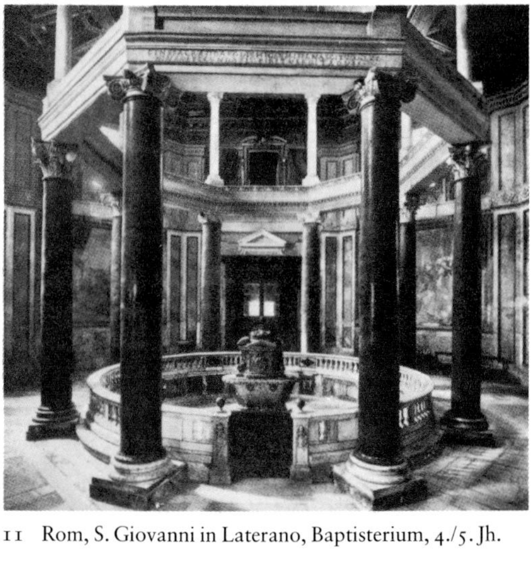

11 Rom, S. Giovanni in Laterano, Baptisterium, 4./5. Jh.

Der Zentralgrundriß blieb nicht etwa beschränkt auf Bauten gesonderter Bestimmung, wie es Mausoleen und Baptisterien sind; im übrigen waren die Baptisterien zugleich Johannes-Kirchen. S. Stefano Rotondo wurde unter dem Pontifikat des Simplicius (468-483) errichtet, also zu dem Zeitpunkt, als der letzte weströmische Kaiser abtrat. Dieser Bau □12 besteht aus einem Zentralraum mit doppeltem Umgang und starken ionischen Säulen, die hier ihre Wiederverwendung fanden und auf eine ehemalige Kuppelanlage hin-

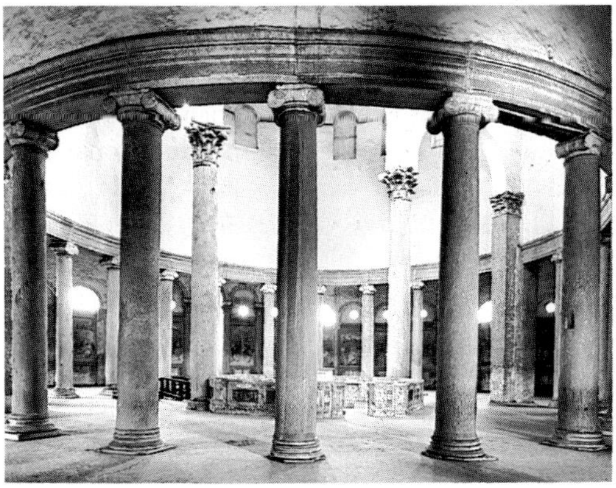

12 Rom, S. Stefano Rotondo, 468-483

deuten. Er hat ganz genau die gleichen Maße wie der Rundbau der Grabeskirche in Jerusalem, nämlich 20 m Höhe bei 12 m Durchmesser im inneren Säulenkranz, womit er annähernd das Vorbild wiedergibt. Diese Nachahmung ist aus mehreren Gründen interessant: Nicht allein, daß der Typus der mit einer Kuppel überwölbten Taufkirche in der romanischen Kunst mit der Erinnerung an den Rundbau der Auferstehungskirche verbunden bleibt, wie es in Pisa (1153) und überhaupt in der ganzen Toskana der Fall ist, sondern daß die symbolische Thematik der Kirche des Hl. Grabes auch in die Grundrißdisposition anderer Kirchen eindrang. Dies wird an der Gruppe der drei Stefanskirchen in Bologna deutlich, die eine ›Kopie‹ der Anlage von Jerusalem darstellt und sicherlich mindestens auf das 9. Jahrhundert zurückgeht, wenn sie auch in ihrer heutigen Gestalt aus dem 11. und 12. Jahrhundert[36] stammt.

Diese ›vor-bildhaften‹ Formen waren also von Bedeutung; indessen muß man sich zu den ersten christlichen Gotteshäusern noch die Schönheit der neuen Kulthandlungen hinzudenken sowie die überwältigende Anteilnahme der Gemeinde, die sie allenthalben ausschmückte und ihnen Farbe und Glanz verlieh. So beschwört der hl. Paulinus von Nola, jener zum Eremiten gewordene Patrizier, um das Jahr 400 das schillernde Gesamtbild einer Kirche am Tage eines ihrer großen Feste: »Und andere wiederum ... eilen herbei, um an den Portalen kostbare Tücher auszubreiten, die im reinen Weiß feinsten Linnens erglänzen oder mit bunten Figuren bestickt sind; andere hingegen bearbeiten und polieren silberne Platten, womit sie den Eingang zum Heiligtum verkleiden und dort ihre Votivbilder anbringen; wieder andere entzünden bemalte Kerzen und hängen in die Kassetten der Decke Ampeln, deren Flammen beim Auf- und Niederschwanken der Ketten ein vielfaches, flimmerndes Licht verbreiten ... «

Die Kunst der Völkerwanderung und byzantinische Kunst 5. und 6. Jahrhundert

Auf die unter Theodosius (395) vollzogene Teilung des Imperiums in zwei Hälften, nämlich in Ostrom und Westrom, erfolgte alsbald das schnelle Verlöschen des weströmischen Zentrums. Syrische oder griechische Päpste und unbedeutende, schwächliche Kaiser lösten einander ab, bis Odoaker, der König der Heruler, im Jahre 476 die kaiserlichen Insignien durch einen Gewaltstreich an sich brachte und an Byzanz zurückgab. Gleichzeitig erschütterte der arianische Irrglaube, der auf dem Konzil von Nicäa (325) verworfen worden war, aber von mächtigen Barbarenvölkern wie den Westgoten übernommen wurde, den Primat des Heiligen Stuhls in Rom ernstlich. Die alte Hauptstadt der Welt war bis zu Gregor d. Gr. (600) nichts anderes mehr als eine berühmte Provinzstadt, die dem Ansturm der Italien vom Norden bis zum Süden durchstreifenden Völkerhorden schutzlos preisgegeben war.

Doch im Norden sollte die alte Kultur wieder aufleben: Unter Theodosius wird Mailand zur Hauptstadt des Kaiserreichs und mit dem hl. Ambrosius, dem hl. Augustinus und Stilicho wird es am Ende des 4. Jahrhunderts zu einem wichtigen geistigen Zentrum. 404 jedoch wird der Regierungssitz durch Honorius, dem Kaiser von Westrom, nach Ravenna verlegt. Mit seinem Adriahafen Classe, der von der Landseite her durch Lagunen gute Verteidigungsmöglichkeiten bot, gewährte die Stadt größere Sicherheit als Rom. Ravenna verdankt seine Größe jener erstaunlichen Schwester des Honorius, Galla Placidia, die, nachdem sie jahrelang als Geisel der Vandalen in Aquitanien festgehalten worden war, wo sie den Ataulph heiratete, später nach Konstantinopel floh und schließlich ihre triumphale Rückkehr nach Ravenna feierte. Sie verwaltete das Reich für ihren Sohn Valentinian III. von 425 bis 450, ohne von der römischen Größe und Würde das Geringste aufzugeben. Es gilt nun zunächst einmal die Eigenart des 5. Jahrhunderts herauszustellen, das, wenn auch fern von dem in Verfall geratenen Rom, in Ravenna in ganz ähnlicher Richtung verlief wie zur Zeit Konstantins.

Mailand im 4. Jahrhundert

In Mailand gab es wie in Rom vom 4. Jahrhundert an eine große Anzahl christlicher Bauten, unter ihnen solche von höchster Bedeutung. Sie wurden allerdings oftmals verändert, und einige sind ganz verschwunden, wodurch die Datierung häufig großen Schwierigkeiten begegnet.

Zwischen 379 und 386 errichtete der hl. Ambrosius zu Ehren der Heiligen Gervasius und Protasius eine dreischiffige *Märtyrerbasilika* mit Arkaden und Apsis. Der Altar befand sich unter einem *Ziborium* mit vier Porphyrsäulen, das heute von der ursprünglichen Kirche ungefähr das einzige Überbleibsel darstellt. Denn in der karolingischen Zeit wurde der ganze Komplex völlig neu erbaut. Das vorspringende Querhaus gab für andere Bauten den kreuzförmigen Grundriß an mit dem Altar unter der Vierung; so für die Basilika der hl. Apostel (oder S. Nazzaro Maggiore), für die *Basilika der Jungfrauen* (S. Simplicius) und für die Basilika der hl. Thekla, an die sich ein achteckiges Baptisterium mit acht Nischen anschloß. Der hl. Ambrosius selbst scheint diese Art der Anlage wegen des symbolischen Gehalts der Zahl Acht besonders hoch bewertet zu haben.

Da Mailand als Hauptstadt des Reiches unter Theodosius den äußeren Provinzen näher benachbart war als Rom, offenbarte sich dort, insbesondere in der ambrosianischen Liturgie, ein ausgesprochen ›ökumenisches‹ Bedürfnis, das zu einer Kultur führte, die alle Überlieferungen aus Rom, aus dem Orient und vor allem aus Syrien umschloß. Auf der Grundlage dieser griechisch beeinflußten Latinität, die mehr von der Farbe und dem Malerischen her bestimmt wird, sollte sich zuerst in Mailand und von dort aus in Ravenna – und nicht umgekehrt, wie man lange Zeit gedacht hat – der neue Stil Italiens ausbilden.

Zweifellos das bedeutendste Bauwerk ist hier S. Lorenzo □ 13, dessen Gestalt durch die Ausgrabungen der jüngsten Zeit festgestellt werden konnte[37]. Die alte Basilika bestand aus einem mittleren Quadrat mit vier Exedren, umrahmt von einem ›tetrakonchischen‹ Umgang, Emporen, vier Ecktürmen und einem geräumigen Atrium in Form eines rechteckigen Portikus mit sechzehn Säulen auf jeder Seite. Die ganze Anlage war mit Wandmalereien und Mosaiken verkleidet. Offen steht noch die Frage, wie einerseits der Chorumgang und die Emporen bedeckt gewesen sind – ob mit flacher Decke oder Halbtonnengewölbe – und andererseits der Mittelraum – ob mit Rippengewölben oder Kuppel? Da im 12. sowie im 16. Jahrhundert Umarbeitungen vorgenommen wurden, ist die Beantwortung schwierig. Die außerhalb der Porta Ticinensis gelegene Kirche hatte keine Vorläuferin aus heidnischer oder frühchristlicher Zeit, wenn sie in ihrer ersten Gestalt wirklich auf den

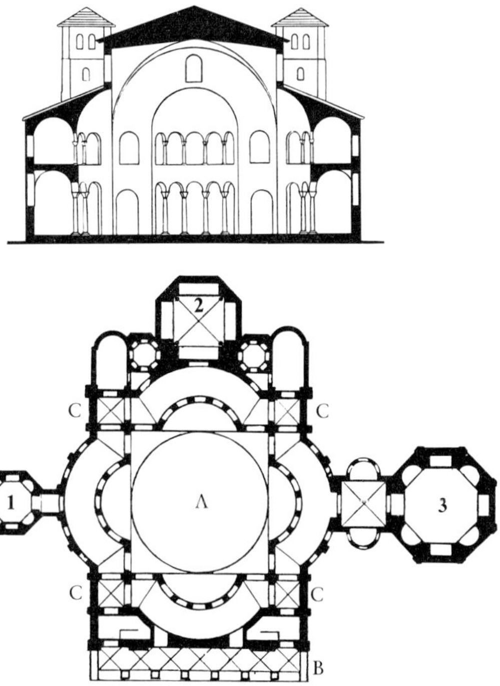

13 Mailand, S. Lorenzo, 4. Jh.
A Quadrat mit vier Exedren
B Portikus
C Ecktürme
1 Kapelle des hl. Sixtus
2 Kapelle des hl. Hippolyth
3 Kapelle des hl. Aquilinus

arianischen Bischof Auxentius (355-372) zurückgeht. Gleichartige Bauten sind im 6. Jahrhundert vom Balkan bis nach Mesopotamien häufig anzutreffen. Diesem Bautypus sehr nahestehende Bauwerke finden sich in der Umgebung von Antiochia; ein solches Zusammentreffen berechtigt zu der Annahme, daß die Baukunst des römischen Imperiums vom 4. bis 6. Jahrhundert als eine Art gemeinschaftlicher Ausgangspunkt für alle Neuerungen zu gelten hat, ebenso ist es möglich, daß in den kaiserlichen Residenzen Parallelentwicklungen stattfanden, die auf dem Bedürfnis nach großartigen Kirchenbauten beruhten.

Auf jeden Fall scheint die Mailänder Kirchengruppe, zu der noch die achteckige Kapelle des hl. Aquilinus (in S. Lorenzo) und die Märtyrerkirche des hl. Viktor (bisher schlecht identifiziert) hinzugerechnet werden müssen, typisch römisch empfunden zu sein; es liegt kein Grund vor, sie von der Baukunst Ravennas abzuleiten, da sie zeitlich dafür zu früh liegt. Nach dem Einfall der Langobarden hat diese Kunst während des 7. und 8. Jahrhunderts in der Poebene eine so starke Wirkung ausgeübt, daß es sich erübrigt, unnütze Hypothesen über das konstruktive Genie der Barbarenvölker aufzustellen, die ganz einfach nur das Erbe einer großen Baukunst übernommen haben.

Bei den bedeutendsten Werken der frühchristlichen Architektur im übrigen Italien bleiben nicht weniger Fragen offen. So ist es durchaus möglich, daß das im 13. Jahrhundert ausgeschmückte Baptisterium in Florenz auf einen Bau des 5. Jahrhunderts zurückgeht und der merkwürdige Rundbau von S. Salvatore in Spoleto auf das Jahr 400 datiert werden muß. Hier taucht übrigens zum erstenmal der Gedanke auf, den der Geistlichkeit vorbehaltenen Teil der Kirche ganz offenkundig von dem übrigen Kirchenraum abzutrennen, wodurch sozusagen ein Chor entsteht. Der Schlußteil ist hier in der Tat von einer Kuppel bedeckt, so daß dieser Komposit-Bau das Gewicht des Gewölbes und des Rundbaus zu einer Zeit aufzeigt, in der die Basilika keineswegs mehr das bevorzugte Vorbild ist[38].

Ravenna im 5. Jahrhundert

Die fremdartige Schönheit der Hauptstadt des Honorius, die auf die römisch gewordenen Goten und dann auf die Byzantiner einen so großen Reiz ausgeübt hat, ist von Sidonius Apollinaris (gest. um 489) in Worten festgehalten worden, die ihre Eigentümlichkeit und ihre von üppigster Dekadenz gekennzeichnete Atmosphäre folgendermaßen rühmen: »Die Lebenden sterben vor Durst und die Toten schwimmen im Wasser..., die Priester frönen dem Wucher und die Syrier singen Psalmen..., die Eunuchen lassen sich in die Kriegskunst einweihen und die barbarischen Söldnertruppen studieren Literatur...«

Wenn man den Dom ausnimmt – eine fünfschiffige Basilika ohne Querhaus und von Bischof Orso 390 errichtet –, so liegt die Entstehung der ersten Gruppe der ravennatischen Bauten im fünften Jahrhundert. Hierzu gehören: *S. Giovanni Evangelista* (425), die mit ihrer niedrigeren Apsis bis zu einem gewissen Grade den reinen Rhythmus von S. Sabina wiederholt, die Mosaiken im Baptisterium der Orthodoxen, vor allem aber das *Mausoleum der Galla Placidia* □ 1, dessen Benennung allerdings erst im 14. Jahrhundert aufkam. Diese bewunderungswürdige architektonische Schöpfung hat die Form eines griechischen Kreuzes mit gleichlangen Armen. Letztere sind mit Tonnengewölben bedeckt, die Vierung mit einer Pendentivkuppel, deren Masse durch ein Füllwerk aus Amphoren aufgefangen wird. Am Außenbau ist das anspruchslose, aus Ziegeln bestehende Mauerwerk durch breite Blendarkaden belebt – ein Motiv, das eine große Zukunft haben sollte –, und die Giebelfelder werden durch kleine Konsolen unterbrochen.

Der Innenraum dieser Kapelle, in der die Verkleidung mit Mosaiken noch vollständig erhalten ist, ist eine der schönsten Schöpfungen spätrömischer Kunst. Im dunklen Nachtblau der Kuppel schimmern goldene Sterne auf, in ihrem Scheitelpunkt steht ein großes Kreuz; in den ebenfalls nachtblauen Gewölben der Kreuzarme rankt sich zwischen Lilien und Rosen dunkles Weinlaub; an den Lünetten stehen die goldenen Gestalten der Apostel, und von beiden Seiten kommen Hirsche zum göttlichen Quell. Das Tympanon der Eingangswand zeigt den ›Guten Hirten‹ in einer Felsenlandschaft; auf dem der Abschlußwand spielt sich eine rätselhafte Szene aus einem Martyrium oder dem Jüngsten Gericht ab[39]. Dieser tiefsinnige, heitere Schmuck, ganz und gar von klassischem Geiste getragen, mitten in einer Atmosphäre stiller Pracht, die nirgendwo etwas Düsteres hat, hätte allein schon ausgereicht, um den Ruhm Ravennas und die Legende um die Gestalt der Kaiserin Galla Placidia zu rechtfertigen. Es ist nur Legendäres, was wir von ihr wissen; nirgendwo konnte bisher nachgewiesen werden, daß die drei Sarkophage, die diese Kapelle birgt, die der Kaiserin, ihres Bruders und ihres Gatten sind, nicht einmal, ob sie dort tatsächlich begraben wurde.

In dem um 450-452 unter Bischof Neon erbauten *Baptisterium der Orthodoxen* vollzieht sich dieselbe Anpassung an römische, sich so gern illusionistisch und pittoresk gebende Schmuckformen. Die Verwendung leichten Materials ermöglichte die Anbringung einer achtteiligen Kuppel, die auf Bögen ruht, in die wie in eine Art Scheinarchitektur schmückende Loggien hineingestellt sind. Musivische Darstellungen beleben die übereinandergestellten Ringzonen der Kuppel: in der Mitte Christus im Jordan, in der zweiten Zone in feierlicher Starre die Apostel, durch Akanthusstauden voneinander getrennt, unter ihnen abstrakte Architekturgebilde wie Thronsessel, Altäre und dergleichen. Die Fensterzone enthält, allerdings in schwächerer Ausführung, große Halbreliefs aus Stuck, die ursprünglich bunt gefaßt waren. Diese Verbindung von Architektur und Farbe, von strenger Anordnung und Bildlichem, die sicherlich durch hellenistischen Geschmack und orientalische Modeströmungen begünstigt wurde, entsprach letztlich dem, was seit dem 3. Jahrhundert die römische Kunst ausmachte. Derartige Bestrebungen sollten in gewissen Zeitabständen immer wieder während des Mittelalters und im Barock auftauchen; immerhin war es aber zuerst in Ravenna selbst, wo im Laufe des nächsten Jahrhunderts die gotischen und dann die byzantinischen Herrscher diese Kunst bis zu ihrer höchstmöglichen Verfeinerung ausgeformt haben.

Ravenna im 6. Jahrhundert

Zwischen den Heerführern der germanischen Stämme, die den Untergang des Römischen Reiches vollendeten, wie Odoaker der Heruler und der Ostgote Theoderich, ging es nicht mehr um den Besitz von Rom, sondern um den von Ravenna. Und Theoderich war es, der, von der byzantinischen Politik auf geschickte Weise von der Do-

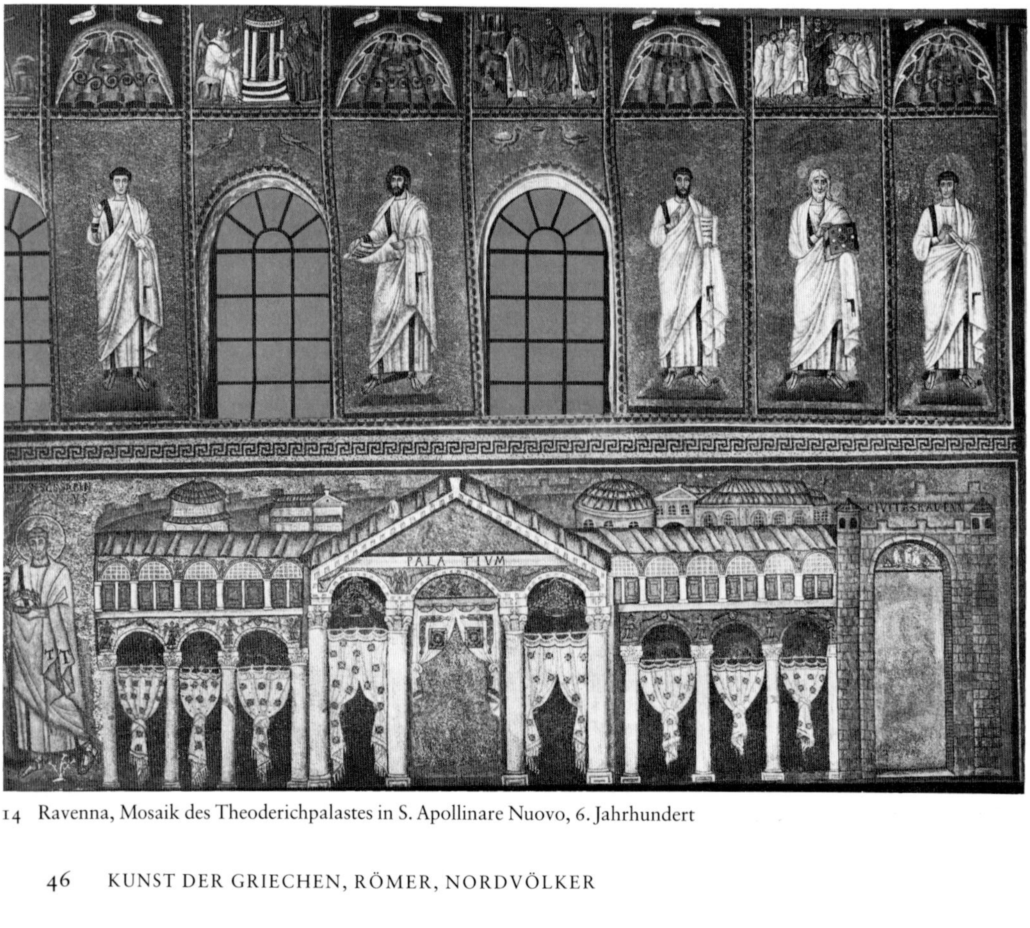

14 Ravenna, Mosaik des Theoderichpalastes in S. Apollinare Nuovo, 6. Jahrhundert

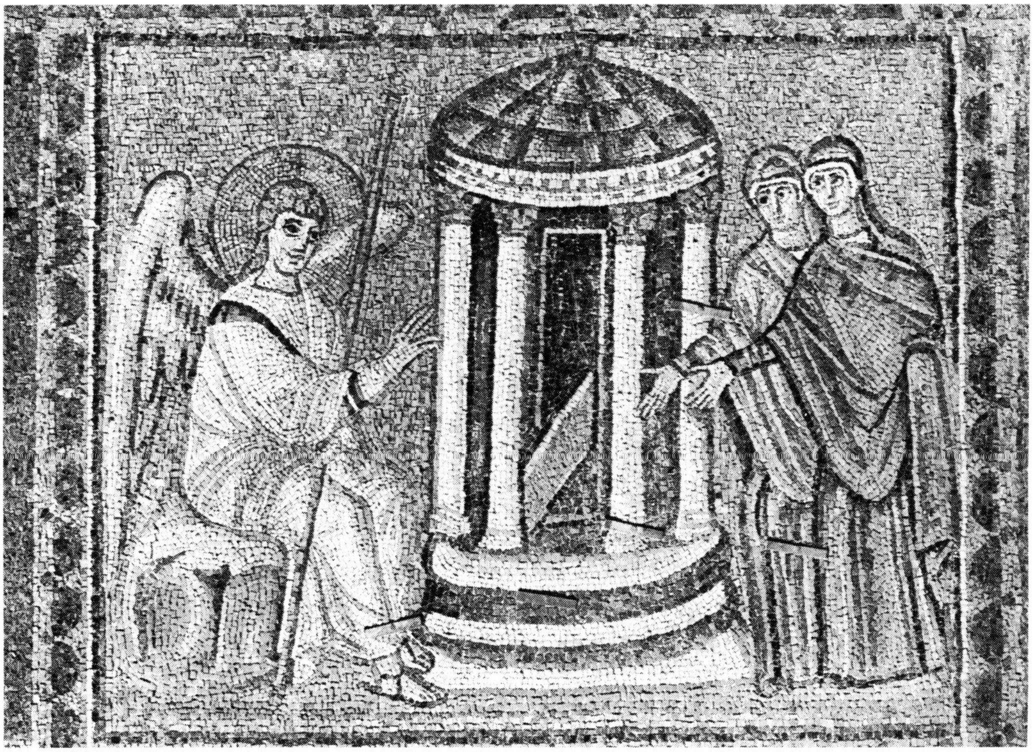

15 Ravenna, Die beiden Marien am Grabe, Mosaik in S. Apollinare Nuovo, 6. Jahrhundert

nau zum Po abgelenkt, hierbei den Sieg davontrug. So formte sich dank der arianischen Goten in dieser Stadt von 493-526 eine höchst kultivierte, von dem Römer Cassiodor beherrschte kaiserliche Hofhaltung, unter der eine Reihe aufwendiger Bauten entstand. Bald darauf jedoch wurde die zum Exarchat erhobene Provinz ein Spielball des Streites zwischen Goten und Byzantinern, wobei es um die Herrschaft in Italien schlechthin ging. Mit Hilfe seiner Generäle Belisar und Narses überwältigte Justinian den Erben des Theoderich, Totila, und nun wurde Ravenna zum erstenmal die Hauptstadt des Oströmischen Reiches (540-565). Bis zu dem Augenblick, als zwei Jahrhunderte später, 751, Byzanz endgültig verdrängt wurde, hatte die Stadt Ravenna eine Ausnahmestellung in ganz Norditalien inne, denn in ihr erstand noch einmal die Größe von Rom und Byzanz doppelt glanzvoll. Unter Theoderich, der glühender an allem Römischen hing als die Römer selbst, fehlte es nicht an dreischiffigen Basiliken des konstantinischen Typus, hierunter S. Teodoro oder S. Spirito, der Dom der Arianer, vor allem aber *S. Apollinare Nuovo* (519). Die Überhöhung des Schiffs, der Verlust der alten Apside und der Einbruch von Kapellen im 16. Jahrhundert haben zwar das Raumbild verändert, aber auf den Seitenwänden des Langhauses ist der Mosaikenzyklus bis heute als Ganzes fast vollständig erhalten geblieben □ 14,15. Es fehlt jetzt die goldschimmernde Dekke, die ihr den Namen ›St. Martin im Goldhimmel‹ eingebracht hatte.

Die makellose Reihe der korinthischen Säulen mit ihren Marmorbasen wird in den oberen Zonen gleichsam wiederholt in der Aufreihung der funkelnden Mosaik-Figuren; Rahmungen, Friese und all der vielfarbige Schmuck sind aus demselben Material wie die heiligen Gestalten unter ihren Goldbaldachinen, die die Fenster einrahmen; auf den sechsundzwanzig kleinen Feldern darüber ist das Leben Christi dargestellt. Überall lösten die Goldgründe die blauen Gründe aus dem vorhergehenden Jahrhundert ab. Diese verschwenderische Fülle des Lichtes verleiht allen Bildgegenständen die Würde des Übernatürlichen, was sich sogar auf die architektonische Symbolik erstreckt. Die gleiche Beobachtung ergibt sich an der Fassade des Theoderich-Palastes, wo die Säulenabstände mit Girlanden und Stoffdraperien verziert sind, und schließlich am Mauerring des Hafens von Classe.

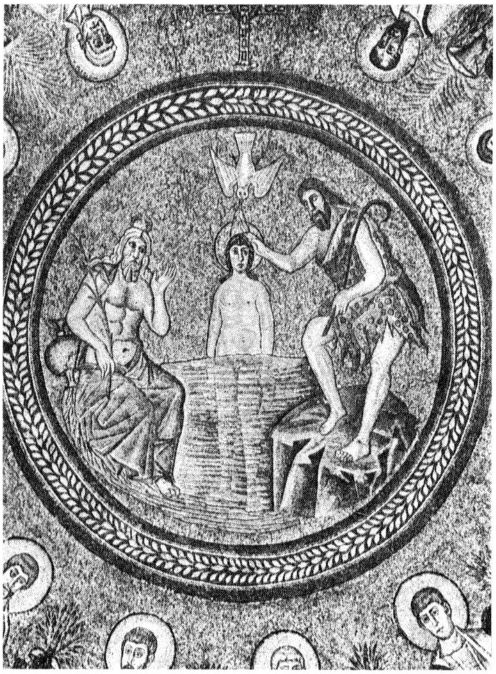

16 Ravenna, Taufe Christi, Mosaik im Baptisterium der Arianer, 6. Jahrhundert

Die Prozession der Jungfrauen und Heiligen auf der unteren Zone der Mittelschiffswand in S. Apollinare Nuovo ist eine Hinzufügung aus der Zeit Justinians (unter Agnellus, 556-569). Hier ist die Zeichnung dürftiger, unter die farbigen Mosaiksteinchen sind perlmutterne gemischt, und in den Gewändern verbindet sich Gold mit Weiß.

In der Anlage von Zentralbauten ist diese Zeit nicht sehr glücklich gewesen; so ist das *Baptisterium der Arianer,* ein achteckiger Kuppelbau, ursprünglich mit Umgang, eine ziemlich dürftige Nachahmung seines orthodoxen Vorgängers, besonders was die Mosaikarbeiten in der Kuppel anlangt □16. Von dem Palast des Theoderich sind nur noch geringe Spuren vorhanden; er läßt sich in ungefähr rekonstruieren, da ihn die Mosaiken in S. Apollinare in ›Flachperspektive‹ darstellen. Von ihm selbst existieren nur noch Reste. Ein später Nachklang dieses Baus findet sich in der Fassade des *Palastes der Exarchen* mit ihren Arkaturen und den aufwendigen Balkonen[40]. Sie ist im 9. Jahrhundert in das Atrium von *S. Salvatore a Calchi* eingebaut worden.

Ein wenig außerhalb der Stadt befindet sich das *Grabmal des Theoderich,* ein zweistöckiger Bau, dessen Inneres eine kreuzförmige Cella bildet, über der ein runder Saal liegt. Von außen zeigt der Bau mit seiner riesigen monolythischen Bekrönung und kräftigen Gliederung eine fast römische Geschlossenheit. Nur der Schmuckfries unter dem Abschluß weist nordische Züge auf, denn seine Ornamentik ähnelt der, die sich auf dem Panzer des gotischen Fürsten befindet.

Als zwanzig Jahre später Ostrom die Herrschaft des Exarchats antrat und Justinian nach Ravenna kam, befand sich Konstantinopel, das dem wechselnden Schicksal der italienischen Städte nicht unterworfen war, gerade auf dem Höhepunkt seiner künstlerischen Blüte. Hierdurch angeregt, sollte die ravennatische Kunst ihren voraufgegangenen Schöpfungen die Krone aufsetzen mit der Errichtung eines wahrhaften Meisterwerkes der Architektur der ausgehenden Antike, nämlich der Kirche *S. Vitale* □17. Sie wurde 547 von Erzbischof Maximian geweiht; den eigentlichen Anstoß dazu jedoch hatte zwanzig Jahre früher Giuliano Argentario gegeben, und es kann kein Zweifel darüber bestehen, daß der Plan unabhängig von dem der Hagia Sofia in Konstantinopel entstand, mit deren Bau erst 532 begonnen wurde. Diese gleichzeitigen Bauwerke sind ein letzter Ausdruck jener kaiserlichen Hofkunst, die mit immer mehr sich steigernder Vorliebe für Prunk und Kostbarkeit den Innenraum noch stärker zu beleben und noch farbiger und weiträumiger auszugestalten suchte.

In S. Lorenzo in Mailand war man auf diesem Wege schon sehr weit gegangen, hatte aber dabei eine gewisse geometrische Sprödigkeit beibehalten. In S. Vitale nun sind die Raumverhältnisse eleganter, der Rhythmus nerviger, die Verteilung von Farbe, Licht und Schatten von einer poetischen Fremdartigkeit ohnegleichen. Den acht Flächen des Oktogons am Außenbau entsprechen die acht kannelierten Wandpfeiler, auf denen die Kuppel mit ihrem von Fenstern durchbrochenen hohen Tambour ruht. Der Eindruck wird hier von zwei wesentlichen Neuerungen bestimmt: Die Arkaden scheiden sich in zwei konkav ausschwingende Geschosse, deren jedes durch drei Öffnungen unterteilt ist; diese halbkreisförmigen Exedren teilen dem Baugefüge eine zarte Geschmeidigkeit mit, die sich bis in die überraschende Tiefe der Apside ausdehnt. Eine Ausstrahlung von Kräften, ähnlich einem Zentrifugalspiel, erfüllt den Raum, von dem der Geist unwiderstehlich ergriffen und fortgetragen wird. Da der Umgang weit zurückweicht, wird ein starker Kontrast von Schatten und Helle erzeugt, den plastische Elemente auf geschickte Weise differenzieren.

Die eigentliche Form der Wandpfeiler vervielfältigt die Kanten, die Kapitelle werden von einem Spitzenmuster überzogen, hinter dem der dunkle Grund geheimnisvoll hervortritt. Die ganze Rundung der Apsis ist mit Mosaiken verkleidet, so daß sie den Besucher, der in die Vorhalle tritt, die der Apsis schräg gegenüber etwas seitlich der Kirchenachse liegt, beim Betreten des Kultraumes sogleich in ihren Bann zwingen. In der Kuppelrundung entfaltet sich die ›Theophanie‹: Dort oben thront ein bartloser Christus über einem blauen Universum inmitten einer Traumlandschaft. Auf den Seitenwänden der hl. Vitalis und der Bischof Ecclesius und die beiden großen höfischen Aufzüge der Stifter. Hier sieht man auf der einen Seite Kaiser Justinian, in die weite römische Toga gehullt, umgeben von seinen Würdenträgern und dem Erzbischof Maximian. Die machtvollen Porträts zeigen zwingende Züge, die in die frontalen Gesichter streng zeichnerisch eingeschrieben sind. Auf der anderen Seit erscheint Kaiserin Theodora mit ihrem Gefolge; sie hat einen Nimbus und trägt funkelnde Schmuckgehänge und einen violetten Mantel. Es sind mächtige, hieratische Bildwerke, deren Umrisse wie erstarrt erscheinen in flüssigem Gold und orientalischem Balsam. Das Herrscherpaar trägt die eucharistische Opfergabe in Händen; diese beiden höfisch-offiziellen Bildnisse, die wohl mit der Stiftung des Baus in Verbindung stehen, sind in der Art von Weihebildern dargestellt. Auf jeden Fall gilt die Verehrung diesen Theokraten genauso wie der Gottheit selber, und die Arbeiten sind direkt aus Konstantinopel importiert[41].

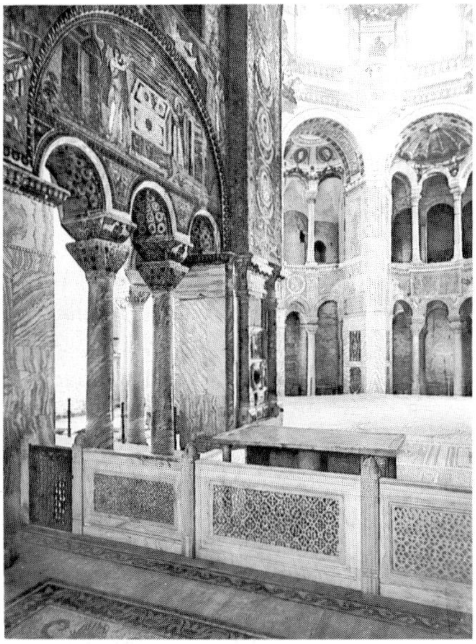

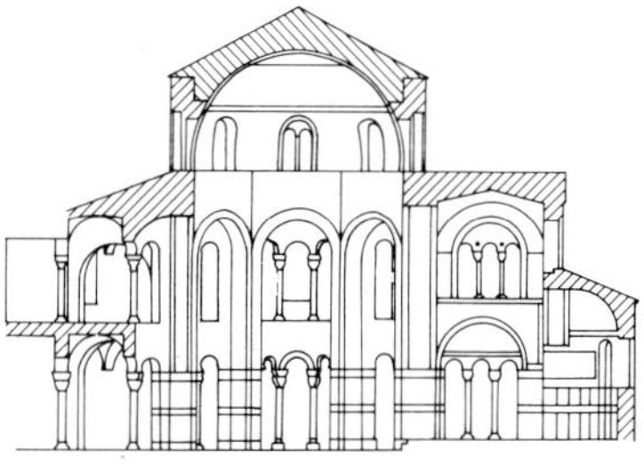

17 Ravenna, S. Vitale, 6. Jahrhundert

Am Außenbau von S. Vitale findet sich die Rahmung mit Lisenen wieder, die später durch Strebepfeiler ergänzt wurde; die ursprüngliche Säulenhalle ist verschwunden, und die ein wenig eintönige Gliederung sowie die Anfügung der Apsiden lassen keineswegs auf die Vollkommenheit des Innenraums schließen. Es ist dies ein sehr wesentliches Merkmal aller von uns bis dahin behandelten Bauten; im Mittelalter sollte sich das dann gänzlich ändern. Das letzte der großen ravennatischen Bauwerke ist *S. Apollinare in Classe* (549 geweiht). Im 15. Jahrhundert ihrer Marmorverkleidungen beraubt, hat diese Basilika mit ihren vierundzwanzig Säulen aus griechischem Marmor auf hohen Sockeln, mit ihren seltsam gearbeiteten Kapitellen ganz ihre Großartigkeit bewahrt □ 18. Nirgendwo ist die Einheitlichkeit von Schmuck und architektonischem Raum stärker spürbar als hier. Alles ist ausgerichtet auf den Glanz des ungeheuren Apsismosaiks, auf dem eine sich mehr und mehr dem Symbol und der Erhabenheit zuwendende Ikonographie ein großes mit Edelsteinen geschmücktes Kreuz über der anbetenden Heiligenfigur zeigt, die von weißen Lämmern und einer seltsam unwirklich schimmernden Landschaft umgeben ist. Die Umrisse des Außenbaus heben sich klar aber ohne jedes Raffinement von der flachen ländlichen Umgebung in Classe ab, und die Mauerflächen werden nur andeutungsweise durch Lisenen betont. Der allerfrühestens im 7. Jahrhundert errichtete zylindrische Campanile gibt dem Bauwerk von außen eine letzte Abrundung, was übrigens ebenfalls für S. Vitale zutrifft[42].

Mit der ravennatischen Kunst findet ein ganzes Zeitalter seinen Abschluß; ihr Einfluß hat auf die Lombardei übergegriffen, sich aber auch auf die Ostküste des Adriatischen Meeres ausgedehnt, wovon der *Dom von Parenzo* (530-560) mit sei-

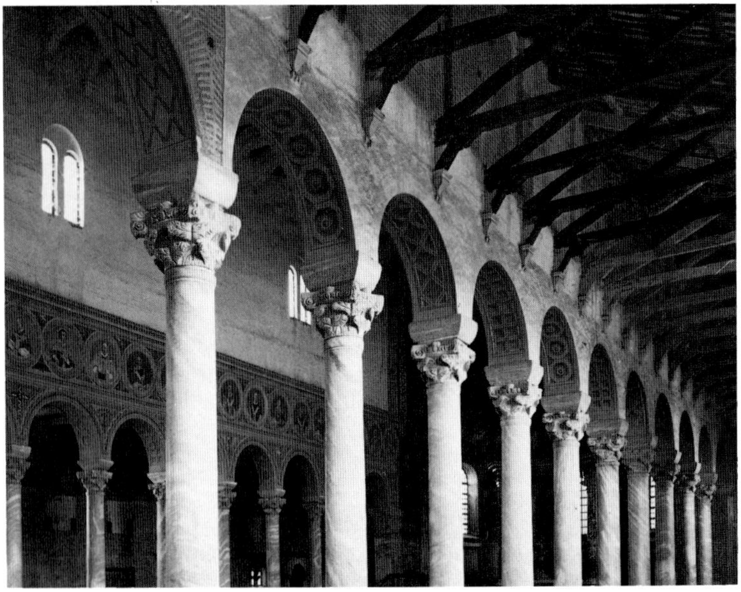

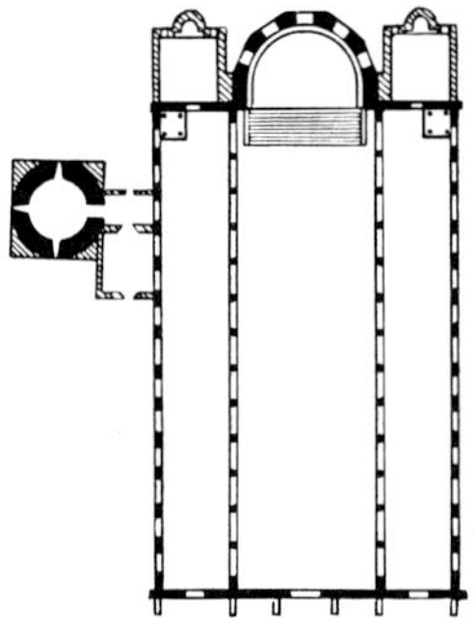

18
Ravenna
S. Apollinare in Classe
6. Jahrhundert

nem Mosaikschmuck und seinem achteckigen Baptisterium – das im übrigen einen wichtigen Richtpunkt in der Entwicklung des Zentralbaus darstellt – sowie die etwas später (um 580) entstandene Anlage von *Grado* zeugen. Aber diese Kunst stellt keine endgültige Lösung dar, sondern, wenn man so sagen kann, eher den Rohzustand zweier Grundfragen, mit denen sich die mittelalterlichen Baumeister dann beschäftigen werden: zunächst mit der Frage, ob die um die Kirche herum zu gruppierenden Nebenbauten wie Taufkapelle, Altarraum, Glockenturm, der nun bald schon zur Regel werden soll, ja sogar Grabkapellen, die alle keine getrennten Baukörper mehr sind, auf die Kirche selbst aufgepfropft oder als Einzelbauten zu behandeln sind. Tatsächlich stand auch das sogenannte ›Galla-Placidia-Mausoleum‹ ursprünglich mit der heute nicht mehr vorhandenen Vorhalle der Basilika von S. Croce in Zusammenhang, und das Atrium von S. Vitale ist absichtlich schräg davor gesetzt worden, um die früher vorhandenen vier kleinen Kapellen einzubeziehen. Das Zusammenführen und Verbinden dieser verschiedenen Zweckbauten sollte allmählich mehr und mehr den baulichen Kern aller italienischen Städte bilden.

Aber ein zweites, noch schwierigeres Problem sollte sich in Zukunft dort ergeben, wo man gezwungen war, den basilikalen Grundriß des konstantinischen Typs umzuformen. Der Zentralbau – mit Ausnahme der Taufkirchen – war anfänglich nur den Kirchen vorbehalten gewesen, die als Gedächtniskirchen für die Blutzeugen des Christentums galten. Im Westen dagegen sollte das Heiligtum der Märtyrer in die Gestalt der Basilika mit einbezogen werden. Der entsprechende Bereich der Altarschranken und der Apsis erhielt somit neue Entwicklungsaufgaben, die die Anordung des gesamten Bauwerks grundlegend verändern sollten. Dem Grundrißtyp des lateinischen Kreuzes wird künftig die griechische und syrische Form gegenüberstehen, die hartnäckig auf dem Zentralbau besteht. Die Frage des oberen Raumabschlusses spielte in Italien nicht immer eine so bedeutsame Rolle wie im übrigen Abendland, denn die Erben der römischen und ravennatischen Kunst waren stets versucht, ihre Zuflucht zur ausgeschmückten Decke zu nehmen und die Wand als solche nicht als architektonisches Glied, sondern als dekorative Trennmauer zu behandeln.

Skulptur

Man hat eine große Anzahl elfenbeinerner Diptychen (zweiteilige Klappaltärchen) oder sogenannter ›Konsulardiptychen‹ als Deckelplatten für Bucheinbände verwandt, wie das des Stilicho (um 400), oder auch für liturgische Zwecke benutzt, wie das des Boëtius. Das erstere der beiden genannten Stücke zeugt in seiner gestreckten Form und feinen Ausarbeitung durchaus von ausgesucht hellenistischer Eleganz; das letztere wirkt etwas unsicher und schwerfällig – aber beide sind echte römische Elfenbeinarbeiten[43]. Ein ähnlicher Vergleich ist angebracht für das *Diptychon der Symmacher* (um 400), auf dem nach hellenistischem Vorbild eine Opferszene dargestellt ist, sowie die beiden gedrungenen und wie eingepreßt erscheinenden Allegorien der Städte Rom und Konstantinopel (um 450).

Die Entwicklung der Skulptur in Ravenna ist dagegen viel überschaubarer, denn hier liegt in der Sarkophagplastik eine besonders geschlossene Folge vor[44]. Angelegt wie kleine Tempel, sind diese hier nicht wie die heidnischen Vorgänger an die Mauer gelehnt, sondern wie ein Gebäude behandelt und auf eine Basis gestellt. Ihr Skulpturenschmuck ist weniger dicht, sie sind nicht mit Figuren überladen, und die Reliefs sind flacher gehalten.

Einer der ältesten von ihnen (5. Jahrhundert) hat die Form einer regelrechten Aedikula mit Acroterien, an den Seiten Arkaden, und zeigt zwischen Nischen die *traditio legis;* die Anordnung ist klar und locker wie in S. Francesco. An folgenden Typen sieht man deutlich das Bestreben, noch mehr zu vereinfachen und fortzulassen, so an dem *Sarkophag des hl. Rinaldo* (erste Hälfte des 5. Jahrhunderts) mit seinem gewölbten Deckel, auf dem sich eine symbolische Darstellung befindet: Christus mit zwei Apostelfiguren zwischen Palmen (Dom); auf dem Sarkophag im Mausoleum der Galla Placidia (2. Hälfte des 5. Jahrhunderts) ist das Lamm zwischen Palmen auf dem nackten Grunde angebracht. Jedoch setzt sich die Reihe der Sarkophage mit figürlichen Darstellungen noch lange Zeit nach dem Auftauchen der symbolischen fort. Erst Ende des 6. Jahrhunderts haben dann die Lämmer und Pfauen die menschliche Gestalt völlig verdrängt; im 7. und im 8. Jahrhundert werden sie mit der Kreuzdarstellung vereinigt, und zwar auf Reliefs von einer gewissen Dürre, wie zum Beispiel an dem Sarkophag des Erzbischofs Felix in S. Apollinare in Classe □ 19.

Ganz der Ausformung der italienischen Kunst in Ravenna zugehörig sind die herrlichen *Kapitelle* und *Brüstungsplatten* in den Kirchen. Den weichen korinthischen Kapitellformen in S. Apollinare Nuovo stehen die Kompositformen der eingerollten, knorrigeren Kapitelle von S. Apollinare in Classe gegenüber. Die bei weitem schönsten befinden sich aber in S. Vitale; dort zeigen sie nach byzantinischem Muster einen auf den Kopf gestellten Pyramidenstumpf und sind von Blattwerk überzogen, das mit dem Steinbohrer ausgeschnitten ist und so wie durchbrochen wirkt, wodurch äußerst raffinierte Lichteffekte erzielt werden. Brüstungsplatten schließlich, die in der Erbauungszeit von S. Apollinare Nuovo eher eine geschlossene Form

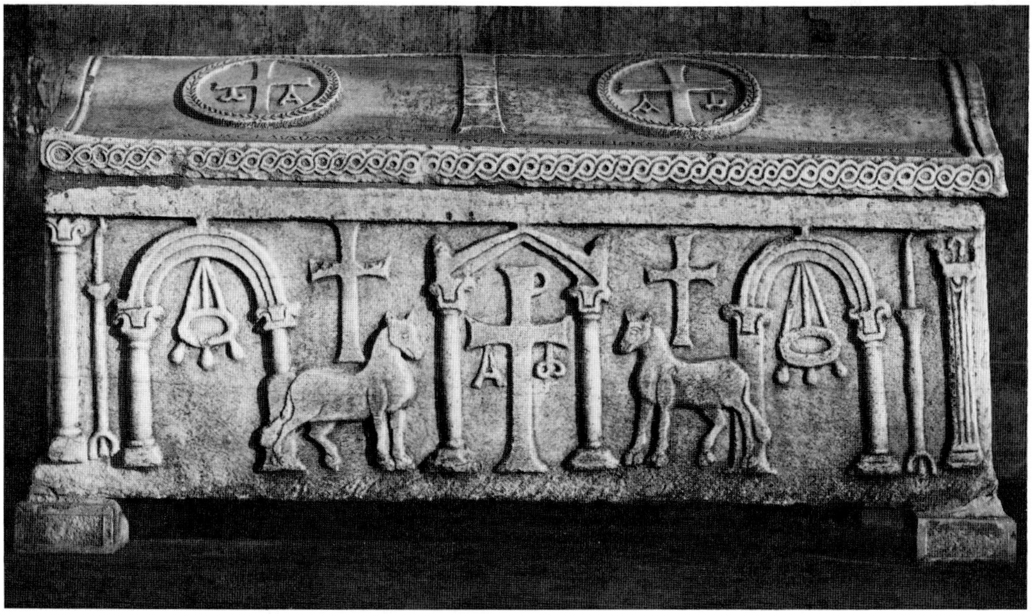

19 Sarkophag in S. Apollinare in Classe, Ravenna, 7. Jahrhundert

zeigen, werden in S. Vitale durchsichtig und gleichsam fadendünn ausgewalzt. Sie bilden mit ihren abstrakten Flechtmustern, in die sich mitunter überraschend ein Palmetten- oder Vogelmotiv verirrt, einen der wichtigsten Verbindungspunkte zwischen dem Raffinement der Antike und dem neuen Bedürfnis nach einer ganz und gar unsinnlichen Kunst. In einigen Fällen, wie zum Beispiel an dem um 540 entstandenen *Sarkophag des Barbatianus* – dieser war der Beichtvater der Kaiserin Galla Placidia –, ist hingegen die Anpassung an östliche Schmuckvorstellungen noch stark vorhanden.

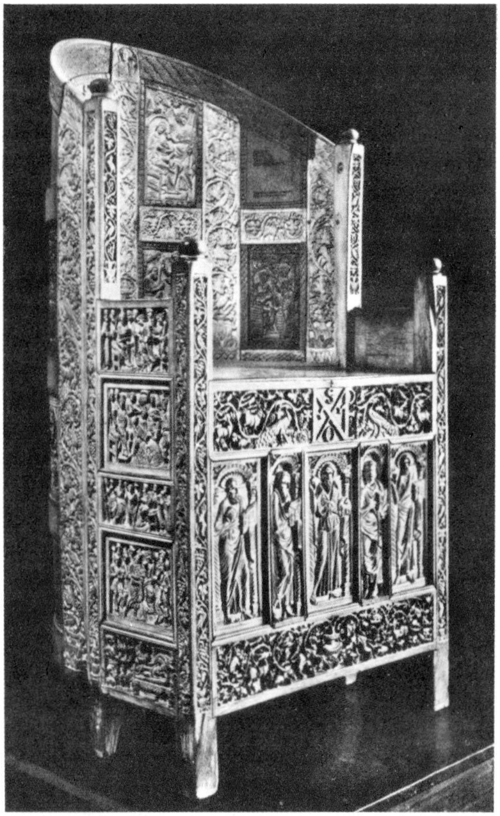

20 Bischofsstuhl, Ravenna, 4. Jahrhundert

Der zur Zeit des Bischofs Agnellus (556-569) errichtete Ambo des Domes ist in einzelne Felder aufgeteilt, in die jeweils eine symbolische Tierfigur in einem etwas matten und aktzentlosen Reliefstil eingeschrieben ist. Der *Bischofsstuhl* im bischöflichen Palast, etwa aus der Zeit des Maximian, ist dagegen eine Importarbeit und zeigt eine geschickte Verschmelzung von syrischen und hellenistischen, orientalischen, ja sogar ägyptischen Motiven, was dem byzantinischen Synkretismus besonders entgegenkam. Dieser eigenartige sakrale Gegenstand besitzt allein durch die Bearbeitung des Elfenbeins eine Art Leuchtkraft ☐ 20.

Italien während der Herrschaft der Karolinger 8. bis 10. Jahrhundert

Während des 7. Jahrhunderts waren es drei Ereignisse, die die Lage Italiens vollkommen umwälzen und seine Abkehr von der Welt der Antike endgültig besiegeln sollten. Ab 568, drei Jahre nach dem Tode Justinians, verließen die Langobarden Pannonien (die Donauprovinzen), wo der Kaiser sie festgehalten hatte, und drangen in die Halbinsel ein. Im Besitz des allmählich zurückweichenden Byzantinischen Kaiserreichs blieb nur noch das Exarchat. Diese Barbarenhorden, die unkultivierter waren, als man es bis dahin je erlebt hatte, bekannten sich jedoch sehr bald zum christlichen Glauben. Gregor der Große (540-604), der über die Verteidigung Roms wachte, betrieb eine Abwehrpolitik größten Ausmaßes. Dennoch konnte er es nicht hindern, daß die langobardischen Eindringlinge überall Niederlassungen begründeten und sich ihrerseits anglichen. Schließlich führte das Bündnis zwischen dem Heiligen Stuhl und den Frankenkönigen Pippin und Karl dem Großen im Jahre 773 im Bereiche des Politischen die Ausschaltung der langobardischen Herrschaft herbei. In den Mittelmeer-Ländern war durch den Einbruch der Araber das Gleichgewicht längst schon untergraben. Sogar Italien war davon nicht verschont geblieben. 638 hatte Omar Jerusalem besetzt, Ägypten und Afrika wurden erobert, Sizilien fiel in die Hände der Araber, Rom wurde 646 von ihnen angegriffen und entweiht. 680 gelang es Ostrom zwar, Tarent zurückzuerobern, nicht aber Sizilien. So vollendete also, nachdem die Langobarden sich im Norden niedergelassen hatten, der Druck der Sarazenen im Süden des Landes den kulturellen und politischen Zerfall Italiens. Der Kampf, den die Christenheit nun unter Führung der Karolinger gegen den Islam führte, das Ausscheiden der Langobarden als politischer Faktor, die Befestigung des Heiligen Stuhls in Rom, seitdem dieses Kirchenstaat geworden war (756), sind um so höher zu werten, als die Bestrebungen der Karolinger die Rückkehr zu Ordnung und Kultur der Antike zum Ziele hatten; diese Bemühungen gingen also ganz Italien an und fanden zumindest ein Echo in den Kreisen, die sich ihrer geistigen und künstlerischen Sendung bewußt waren. Diese Erneuerung war jedoch keine Renaissance im Sinne einer Wiedergeburt der Antike; denn hier wirkten als Vorbilder ebensogut Byzanz wie Rom, vor allem aber fiel sie mit der einschneidenden Krise des Bildersturms zusammen, die zu der endgültigen Aufspaltung der Christenheit in zwei Hälften führte. Als 726 der Isaurier Leo III. von Byzanz den Anfang mit der Zerstörung religiöser Bildwerke machte, stellte sich Rom sofort gegen eine solche Maßnahme. Die grausamen Verfolgungen setzten dann im 9. Jahrhundert mit einer unerhörten Leidenschaftlichkeit wieder ein. Ebenso wie die durch den Islam geängstigten syrischen und ägyptischen Mönche suchten nunmehr die Maler und Bildhauer des Vorderen Orients Zuflucht im Abendland. Der Flüchtlingsstrom ergoß sich besonders nach Rom und den an der Adria gelegenen Städten, so nach Venedig, das zu dieser Zeit zum erstenmal in die Geschichte tritt. Auf das bilderstürmerische Wüten des Konstantin Kopronymos, durch den 754 die »verbrecherische Kunst der Malerei« verdammt wurde, antwortete Rom mit der Bestimmung, die religiösen Bildwerke an den heiligen Stätten zu mehren. Daraufhin wurden die Kirchen S. Maria in Cosmedin, SS. Nereus und Achilles und S. Prassede wiederhergestellt und vergrößert. Somit fand offenbar die griechische Mosaikkunst ein Asyl in Italien.

Diese Bewegung, die zum Synkretismus des 5. Jahrhunderts zurückführte, traf gleichzeitig mit einem Reliquienkult zusammen, der ausgeprägter war denn je. Zu diesem Zeitpunkt fanden zahllose Überführungen von Reliquien statt, und es entstanden damit all die frommen Legenden um so tief verehrte Kunstwerke wie z. B. das sogenannte *Wahre Bildnis Christi* in S. Maria Maggiore, das der hl. Lucas mit Hilfe von Engeln gemalt haben soll, oder um den *Volto Santo* in Lucca.

Seit dem Ende des 9. Jahrhunderts vollendeten die verschiedenen Reichsteilungen den Untergang der karolingischen Herrschaft; immerhin hatte diese vor allem ein Ergebnis gehabt: gewisse ›kunstvolle‹ Bestrebungen auf dem Gebiete der Skulptur und Malerei angesichts der üblichen Volkskunst mit neuem Leben zu erfüllen. Lange Zeit werden nun die italienische Kultur und Kunst zumindest im Tale des Po in Verbindung bleiben mit den nördlich der Alpen heimischen Zivilisationskreisen, während die südlichen Provinzen sowie die am Meere gelegenen Städte auf ihre Weise an der byzantinischen und islamischen Kultur teilhaben.

Ein solches Ineinandergreifen von Besonderheiten und Strömungen aller Art, dieses Zusammentreffen verschiedenster Stile, führte zwar einerseits zu Verlusten, aber auch zu entscheidenden Gewinnen. Das 7. Jahrhundert war arm an eigenen künstlerischen Äußerungen, das 10. Jahrhundert sollte es nicht weniger sein, aber zwischen beiden, also von 730 bis 840 etwa, haben die Aufnahme, die die römische Kirche den Künstlern aus dem Osten bereitete, wie auch das Interesse der Karolinger für alles, was man unter großer Kunst und klassischen Formen versteht, so günstige Bedingungen geschaffen, daß in diesen Jahren ein wichtiger Abschnitt innerhalb der italienischen Kunstgeschichte erblickt werden muß.

Kunsthandwerk

Die Langobarden waren wie die Merowinger Goldschmiede. Was ihre Schmuckstücke und Ziselierungsarbeiten, ihre Ornamentik und dergleichen anlangt, so hatten sie nicht nur mit dem Orient, sondern auch mit Asien Verbindung. Hierzu gehören zum Beispiel die aus dem 5. und 6. Jahrhundert stammenden Gefäße und Platten aus dem *Schatz von Canoscio* (Umbrien) mit ihren Flechtwerkmustern und den mit Edelsteinen geschmückten Kreuzen; dagegen sind die Fibeln, Plaketten und der Halsschmuck aus Castel Trosino (Ascoli) und aus Nocera Umbra (Umbrien, 6. und 7. Jahrhundert) über und über mit eingepreßten Bandmotiven, ornamentalen Knoten und Zellenschmelz bedeckt – Ausschmückungen, die der Oberfläche etwas Vibrierendes geben. Jedoch liebte der akklimatisierte Nordländer es vor allem, in seine eigenen Kompositionen Einlagen antiker Elemente einzuarbeiten, so zum Beispiel römische Kameen zwischen Capuchons (rund geschliffene Edelsteine) auf dem *Buchdeckel der Königin Theodolinde* aus dem 7. Jahrhundert in Monza, oder aus der Antike entnommene figurative Szenen zurückzuübersetzen, wie es in dem bronzenen *Stirnband des Agilolf* (um 600, Bargello) der Fall ist, auf dem die Figuren wie durcheinander geschüttelt und verrenkt wirken. Immerhin ist es möglich, daß der langobardische Kunsthandwerker sich hierbei ganz an den kunstlosen und naiven Stil der römischen Provinz hat halten wollen.

Jedenfalls war es diese Verwendung von eher ungelenken und volkstümlichen Formen – unter völligem Ausschluß der sogenannten ›aulischen‹ oder höfischen Kunst –, die den Langobarden eine ganz entscheidende künstlerische Rolle zuwies. Auf einem sonderbaren Stück aus kampanischem Marmor aus dem 9. Jahrhundert befindet sich ein Drachenungeheuer □21, dessen Mähne kleine Kreise bildet, während es sich über einer stilisierten Reiterfigur windet; dieses Relief ist ganz flach gehalten, lediglich der äußere Kontur erhaben gearbeitet. Vielleicht handelt es sich hier um die Figur eines hl. Georg, jedoch von einem Künstler geschaffen, dessen Stil all dem fernsteht, was das Relief bis dahin in Rom und Byzanz ausgezeichnet hatte. Eine derart barbarische Äußerung ist sehr selten in Italien anzutreffen. Hier herrschen vielmehr sorgfältig über die Oberfläche verteilte Ornamente wie Arabesken und Flechtwerk, Schnörkel und Palmetten, die in ihrer Kalligraphie dem Auge fast Schwindel bereiten.

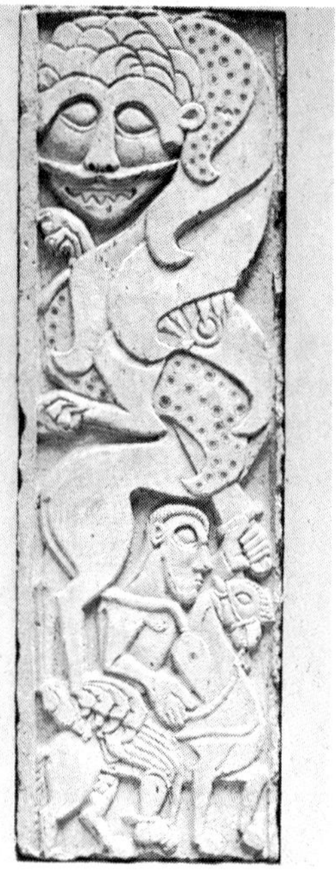

21
Relief aus kampanischem Marmor, Dom zu Aversa
9. Jahrhundert

Zahlreiche Chorschranken, auf denen als Zierat vorwiegend byzantinische oder einfach frühchristliche Motive, aber auch sassanidische Ungeheuer vorkommen, bezeugen dies. Ein Beispiel hierfür sind die *Taufbrunnen* in Cividale im Friaul und der sogenannte *Ratchis-Altar* mit seiner fast roh zu nennenden Formengebung. Ganz im Gegensatz dazu steht vor allem der schöne *Sarkophag der Teodota*, einer Konkubine König Kuniberts (720), auf dem das Motiv der beiden einander zugewandten Pfauen inmitten reichen Flechtwerks in Halbrelief die hochstehenden künstlerischen Gedanken Ravennas übernimmt (Museum in Pavia). Aber nunmehr sollten dann ganz allgemein die Schmuckformen ihre festen, unverkennbaren architektonischen Merkmale verlieren zugunsten von Flecht- und Bandwerk und damit den Sinn für das Unbestimmte, Bewegte wecken und durch verschwenderische Anwendung von Edelsteinen ein verzücktes Staunen beim Beschauer hervorrufen.

Das Gefühl für Ausgewogenheit, das sich in Rom im 5. Jahrhundert noch erhalten hatte, ging somit verloren; denn der durch alle künstlerischen Mittel gesteigerte Charakter des Kostbaren setzt sich über die Qualität des Bildwerkes hinweg, Material und Ornament bewirken den Verlust der monumentalen Wirkung. Das, was während der nächsten Generationen entsteht, bedeutet die Auflösung der Einheit des architektonischen Raumgefüges und der farbigen Verkleidung, ferner den Verlust der kontinuierlichen und strahlenden Struktur des Dekors, der das ganze Bauwerk in eine Art Schatzkammer verwandelt hatte und vor allem in Ravenna das letzte Wort der antiken Kunstäußerung darstellt. Fortan sollte die Architektur nur noch nackte und massive Form sein; die Schönheit des Kostbaren geht auf den Gegenstand über. Hierin liegt eine tiefe Erschütterung des künstlerischen Empfindens.

Diese Umwandlung wurde noch gefördert durch die zunehmende Trennung zwischen der Kunst in den Städten und der auf dem Lande, die sich gleichlaufend mit der Trennung der lateinischen Gelehrtensprache und der Umgangssprache vollzog. Ebenso hat die Gleichgültigkeit, die man den klassischen Regeln der figürlichen Skulptur entgegenbrachte, ihre Parallele in dem langandauernden Verzicht auf alles Geschriebene und auf jegliche Art von Literatur. Es ist dabei nur zu beachten, daß dieser Auflösungsprozeß die Möglichkeiten schuf, sich mit einem Mal an alle vorhandenen Quellen zu wenden und sich die ungewöhnlichsten Vorwürfe anzueignen. Das Ungeordnete dieser Zeitspanne beschleunigte dazu noch ihren Umlauf, und so wird es in vielen Fällen unmöglich, die genaue Herkunft der Einflüsse festzustellen. Dafür gibt es ein amüsantes Beispiel, nämlich jene *Henne mit den sieben Küchlein* in Silber vergoldet mit Saphiraugen und Granaten im Domschatz von Monza, die als eine Stiftung der Theodolinde gilt.

Ist sie nun ein Original aus dem 7. Jahrhundert oder eine Kopie aus dem 11. oder gar eine sarazenische Arbeit aus dem 10. Jahrhundert?

Architektur

Was die Baukunst anlangt, so sind Datierungen und Zuschreibungen hier außerordentlich schwierig; diese Schwierigkeiten werden noch verstärkt durch die zahlreichen Umbauten. Wenn diese auch ein Beleg für die große historische Lebensdauer der Architektur darstellen, so werden durch sie andrerseits die ursprünglichen Formen verwischt. Wenn man nun auch nicht gerade von Schulen sprechen kann, bewahren sich die großen Zentren der früheren Jahrhunderte, wie Rom, Mailand und Ravenna, auch weiterhin eine gewisse Vorherrschaft, zumindest aber insoweit, als bestimmte Bauwerke ganz mechanisch immer wieder nachgeahmt oder durch Anbauten erweitert werden.

Rom

In Rom wurde die Form der Basilika recht charakteristischen Veränderungen unterworfen. So wurde *S. Lorenzo fuori le mura* unter Pelagius II. (579-590) im byzantinischen Stil wieder aufgebaut; das gleiche trifft für *S. Agnese fuori le mura* (625-638) zu, wo man im Langhaus ein Emporengeschoß mit eleganten Säulchen anbrachte, in dem die Bewegung der großen Arkaden wiederholt und das Aufwärtsstreben des Gebäudes betont wird.

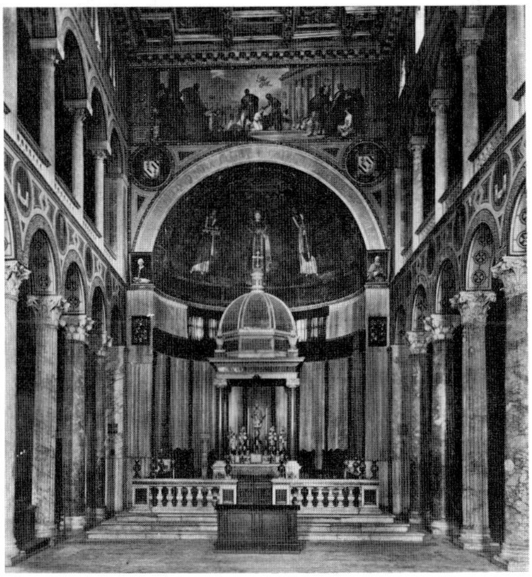

22 Rom, S. Agnese fuori le mura, 625-638

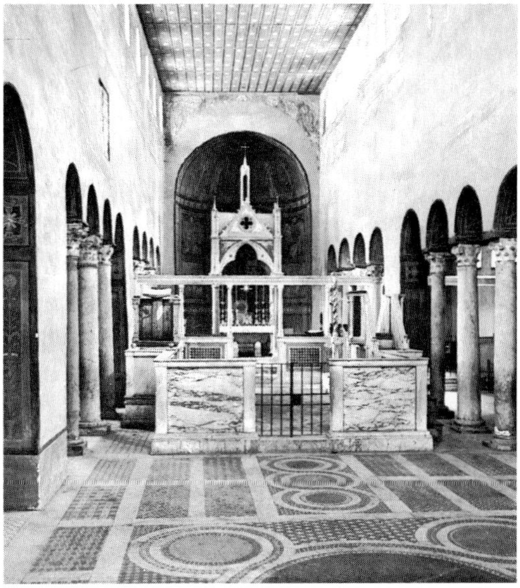

23 Rom, S. Maria in Cosmedin, um 795

Dies geschah wahrscheinlich, um die Wirkung des Apsismosaiks zu steigern, in dem die Heilige wie ein leuchtendes Idol emporzuschweben scheint □22. In *S. Giorgio in Velabro* wurde während des Pontifikats Leos II. (682/3) hingegen das Langhaus verengt; dabei wurden verschiedene Materialien verwandt. Mit der im 9. und 12. Jahrhundert umgebauten Kirche *SS. Quattro Coronati* wurde durch die Abstützung des Schiffs durch zwei Endpilaster eine neue Entwicklung eingeleitet.

Im 8. Jahrhundert ließ Papst Hadrian I. (772 bis 795) die Aurelianische Mauer wiederherstellen und mit Verteidigungstürmen versehen sowie den Lateranspalast aufführen. Unter seinem Pontifikat wurde auch *S. Maria in Cosmedin* gegen Ende des 8. Jahrhunderts vergrößert, indem man der großen Apsis seitlich, wie in den byzantinischen Basiliken, je eine kleinere Apsis anfügte. Eine andere Neuerung sind die riesigen Pfeiler, die, jeweils zwischen drei Säulen gestellt, den ausdrucksvollen Ablauf der früheren Säulenperspektive unterbrechen □23. Mit dem breiten, unter Paschalis I. (817 bis 824) entstandenen Schiff von *S. Maria in Domnica* mit seinen weiten Arkaden bekommt die Wirkung der herkömmlichen Form des basilikalen Gefüges etwas Schwerfälliges und Auseinanderfließendes. Die in der gleichen Zeit entstandene Kirche *S. Prassede* besitzt ein Querhaus und wird von einer Kapelle flankiert, die ganz im byzantinischen Stil gehalten ist, mit einer Kuppel, deren Mosaik Christus am Tage seiner Wiederkehr beim Jüng-

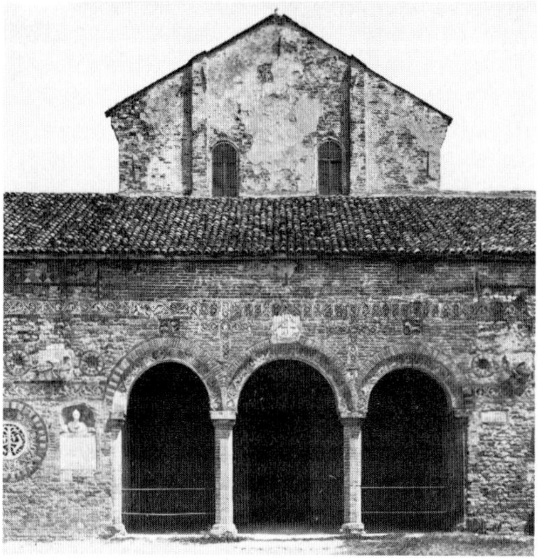

24 Pomposa, Vorhalle der Abteikirche, 9. Jahrhundert

sten Gericht zeigt. Diese, dem hl. Zeno geweihte Kapelle, ist eine Zutat im rechten Seitenschiff und wurde durch Papst Paschalis gestiftet. Mit ihrer Kuppel über dem Kubus stellt sie ein Musterbeispiel der kanonischen Formregeln der byzantinischen Monumental-Symbolik dar, wie wir sie in Edessa und Saloniki ausgebildet finden.

Wie man aus schriftlichen Quellen, Kirchengesängen und Miniaturen entnehmen kann, hat das Innere der Kirchen mit ihren zwischen die Säulen gehängten Wandteppichen und mit Seidengeweben ausgeschlagenen Chorpartien, ihren aufgehängten Kelchen und unzähligen Silberampeln niemals mehr Aufwand gezeigt als gerade zu dieser Zeit, während der die gesamte Christenheit mitsamt ihren Künstlern und Reliquien in die Hauptstadt zurückströmte.

Norditalien: Lombardei

Nördlich von Ravenna, in den einsamen Niederungen, wo die Malaria der Lagune herrschte, errichteten im 9. Jahrhundert die Benediktiner die *Klosterabtei Pomposa* □ 24. Diese ist eine getreue Nachbildung des Mustertyps von S. Apollinare in Classe, ja vielleicht benutzten die Mönche sogar Kapitelle und Marmorbruchstücke aus dieser Kirche. Der Außenbau wiederholt den Dekor der langen ravennatischen Blendarkaden, die dann in die Architektur der frühen Romanik eingehen; bei dem gleichzeitig wiederhergestellten Baptisterium wird dieses architektonische Element besonders hervorgehoben. In demselben Zeitabschnitt übernimmt der Rundbau von *S. Donato* in Zara in Dalmatien, wenn auch etwas schmuckloser, starrer und kühler wirkend, die Struktur von S. Vitale, wobei es nicht notwendig ist, ihn unmittelbar davon abzuleiten. Ravennatische Vorbilder wie S. Apollinare sind auch an der aus dem 8. Jahrhundert stammenden Kirche *S. Maria in Valle* in Cividale im Friaul festzustellen, das eine elegante Wiedergabe im kleinen davon darstellt.

Die Langobarden scheinen als Baumeister großen Ehrgeiz entwickelt zu haben. Alte Quellen erwähnen die Bauten des Liutprand (712-744). Vor allem ist sein Edikt bekannt, das ältere Bestimmungen ergänzt; hierin werden die Comasken – ›maestri comacini‹ – erwähnt und ihre Privilegien festgelegt. Man glaubte, daß mit diesem Ausdruck Bautechniker, die ›cum machina‹ arbeiten, gemeint seien; es scheint jedoch eher eine Beziehung zu den Sippen und Verbänden begabter Baumeister aus Como vorzuliegen und nicht die widersinnig klingende Annahme, als handele es sich um eine Anspielung auf das weitabliegende Commagene. Die Erwähnung als solche ist wichtig, selbst wenn ihre historische Herkunft dunkel bleibt, denn sie trägt zur Darstellung einer Entwicklung bei, in deren Verlauf Rom und Ravenna endgültig voneinander getrennt werden sollten.

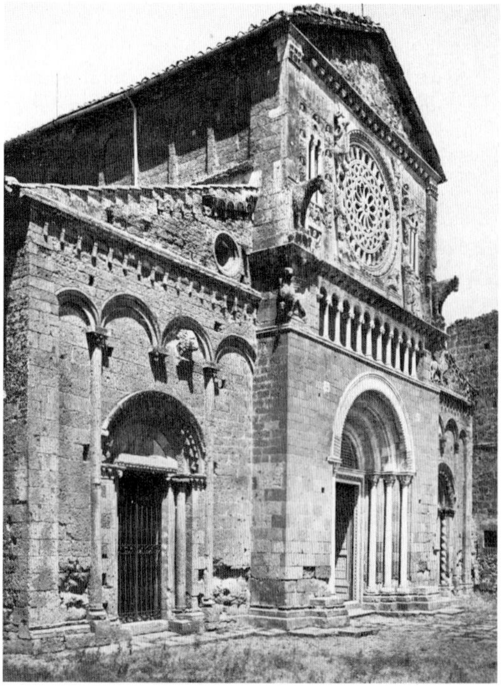

25 Toscanella, S. Pietro, 8. Jahrhundert

Was die Bedeutung eines Bauwerks wie *S. Pietro in Toscanella* (Tuscania bei Viterbo) ausmacht □ 25, erhellt eine Urkunde aus dem Jahre 739, in der ein ›Rodbertu magister comacinus‹ erwähnt wird. Überall machen sich nun freie Veränderungen der römischen Vorbilder bemerkbar. Die Mauern der Schiffe sind massiv und werden von weit geöffneten Arkaden getragen, die mit grobem Zahnschnitt verziert sind und auf Säulen mit kunstlosen Kapitellen ruhen. In der Chorpartie erscheinen kreuzförmige Stützen. Jede Geschmeidigkeit ist hier geschwunden und an ihre Stelle eine gewisse Schwerfälligkeit getreten, die alles dumpf und düster erscheinen läßt. Immerhin findet sich ab und zu noch die Form der Basilika, wenn auch in dürftigerer Art, so an *S. Salvatore* in Brescia (753) und *S. Pietro* in Agliate. Mit dem Aufkommen dieser Baumeister wird die höfische Kunst Ravennas ihres üppigen Glanzes entkleidet, sie verliert ihren kostbaren Schmuck und die wunderbare Fülle ihrer musivischen Heiligengestalten; auch die klassische Kunst Roms büßt ihre Eleganz und Präzision ein. Man liebt fortan nur noch Kahlheit und Kraft.

Pavia und Monza hatten die Langobarden zu ihren Lieblingsstädten erwählt, jedoch hatte Mailand seit dem 8. Jahrhundert seine einstige Bedeutung zurückgewonnen. Seit Karl dem Großen gehörte es zur Überlieferung, daß dort die Könige von Italien gekrönt wurden, der Kaiser des Abendlandes empfing allerdings seine Krone in Rom.

An interessanten Kirchenbauten fehlt es auch im 9. Jahrhundert keineswegs, darunter gibt es dreischiffige Basilika-Bauten mit Nischen-Apsiden, Bandornamenten und Wandarkaturen wie in *S. Vincenzo in Prato*; ferner auch Kirchen über einem vielpässigen Zentralgrundriß, die wie das *Oratorium des Ansperto* in Mailand (861 bis 881) mit ihren drei kleinen Apsiden und acht Nischen an S. Lorenzo erinnern. Dieser köstliche Bau wurde später unter dem Namen ›Friedenskapelle‹ mit S. Satiro verschmolzen und seine von vier Säulen getragene Kuppel von Bramante mit einer umgebenden Mauer vervollständigt. Das Hauptwerk aus dieser Zeit ist jedoch die neue Basilika *S. Ambrogio* in Mailand. Die Umwandlung dieses auf das 4. Jahrhundert zurückgehenden Baus fand unter Erzbischof Angilbert II. (824-859) statt. Man erweiterte die Apsis, indem man an sie gemäß dem neuen Kanon nach beiden Seiten hin parallel laufende kleinere Apsiden anbaute. Am Außenbau tauchen nun als Bekrönung Zwerggalerien auf. Das Atrium wurde unter Bischof Anspert vergrößert. Die lombardische Kunst schwingt sich hier zu einem organischeren, mächtigeren Stil auf, wie diesen die neue Kulturepoche unter den Karolingern erforderte. Der stark verbreiterte Chor der Basilika scheint geschaffen zu sein, um den *Altarschrein des Meisters Volvinius,* ein Hauptwerk der karolingischen Goldschmiedekunst (835), aufzunehmen.

Bei der regen Bautätigkeit der Langobarden wurden Änderungen üblich, gegen die die klassischen Kunstprovinzen sich nur schlecht zu verteidigen vermochten. Aber aus dem Verfall der alten Bauordnung lösten sich einige für die Zukunft sehr bedeutsame bautechnische Gedanken ab. Zunächst einmal gehören hierzu die drei Apsiden des Chorschlusses, die am Außenbau durch Nischen gegliedert sind. Die Wände des Schiffs haben Arkaden, die manchmal in einfacher, manchmal in gekoppelter Form vorkommen, gelegentlich aber auch als Schmuckmotiv mit zwei oder drei Auffangkonsolen. Auf diese Weise wird eine neue Einheit erzielt und ein neuer Rhythmus geschaffen, der weniger auf der Ornamentik beruht als auf der Betonung architektonischer Elemente wie Baumasse und Mauerwerk. Das sich hier abzeichnende neue System umfaßt ein römisches Schiff mit byzantinischer Apsis, die ravennatischen Lisenen werden zu langobardischen.

Hinzu kommt weiterhin noch der quadratische oder runde Glockenturm – in den Marken hat er zylindrische Form, in der Toskana wird er zu einem viereckigen Bau, der in der Ebene von Padua dank des dekorativen, alle Öffnungen umrahmenden Bandwerks in Geschosse unterteilt wird. Der *Glockenturm von S. Satiro* in Mailand, den man ins 9. Jahrhundert datiert, ist das Musterbeispiel einer langen Reihe gleicher Turmbauten. Indessen nimmt das Interesse an Zentralbauten keineswegs ab. Strebepfeiler verstärken die Mauern, welche bei dem über einem Vierpaßgrundriß erbauten *Baptisterium von Biella* (10. Jahrhundert) wie auch an der *Taufkirche von Galliano* bei Cantù (Anfang 11. Jahrhundert) mit Zwerggalerien bekrönt sind. Die Errungenschaften im lombardischen Raum im 11. Jahrhundert sollten in Europa fast einzig dastehen. Die Rolle als großer Anreger, die der Benediktinerabt Wilhelm von Volpiano in der Normandie und in Burgund nach dem Jahr 1000 spielte, ist hierfür der augenfälligste Beweis. – Und damit haben wir den Beginn der romanischen Kunst erreicht.

Venedig und Süditalien:
Zentren des byzantinischen Einflusses

Zwei Kunstlandschaften wichen diesem langsamen Reifeprozeß einer neuen Ordnung aus, ja, stellten sich diesem in der darauffolgenden Zeit sogar mit einigem Erfolg entgegen: das ist das Gebiet der adriatischen Lagune und der Süden der Halbinsel. Im Umkreis des heutigen Venedig hatte sich im 6. und 7. Jahrhundert eine kleine, in engen Beziehungen zu den ravennatischen Byzantinern stehende Kolonie gebildet, die gegen den Ansturm der Langobarden durch die Lagune geschützt war.

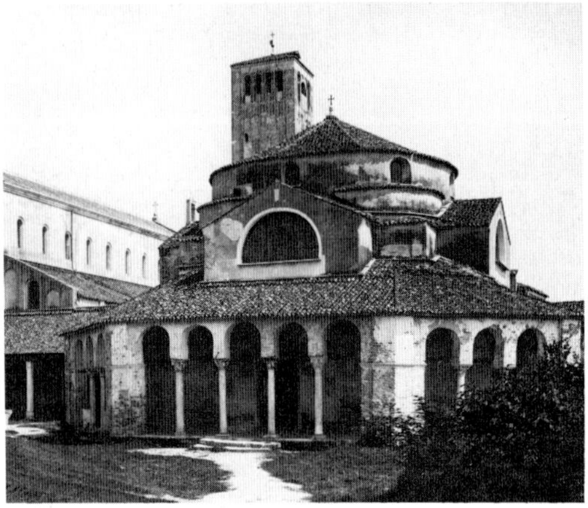

26 Torcello, S. Fosca, 11./12. Jahrhundert

Damals lag das Zentrum der Inseln in Torcello; sein heute nicht mehr vorhandenes Baptisterium entstand etwa um 640 und war ein Rundbau mit acht Säulen. Ebenfalls im 7. Jahrhundert wurde der Dom auf basilikalem Grundriß mit Krypta gegründet und 1008 erneuert und geweiht □26. Lange Zeit nahm man an, daß die erste Basilika S. Marco, die 529 auf einer Insel angelegt worden war, die schon zu dieser Zeit unter der politischen Führung eines Dogen stand, den gleichen Bautyp wie Torcello aufgewiesen habe. Giustiniano Partecipazio ließ das neue *S. Zaccaria* von byzantinischen Werkstätten aufführen, nachdem die Reliquien des Heiligen von Reisenden aus Alexandria mitgebracht worden waren. Es handelte sich also bei dieser Kirche um ein Märtyrer-Heiligtum, und die Annahme ist berechtigt, daß sie von Anfang an die Form eines griechischen Kreuzes gehabt hat[45].

Im Süden der italienischen Halbinsel wären als Zeugen für die Vorherrschaft der byzantinischen Stilelemente *S. Sofia* in Benevent über achteckigem Grundriß mit Säulenordnungen im Innern und *S. Maria di Monte-Cassino* (beide 8. Jahrhundert) über griechischem Kreuz mit drei Apsiden, vier Ecktürmen und einem Vierungsturm zu nennen.

Der hl. Benedikt von Nursia, aus Kampanien gebürtig, hatte 528 das Kloster Monte-Cassino gegründet und damit das Leben der Mönche auf die neuen Grundlagen von Gehorsam und Arbeit gestellt. Diese Bewegung war ihrem Ursprung nach östlicher Herkunft. Daß der hl. Benedikt einen so großen Erfolg mit seinen Ideen haben sollte, ist für die bewegte und zerrissene Zeit zwischen dem 6. und 11. Jahrhundert sehr bezeichnend. Denn es war die benediktinische Regel, durch die das Mönchstum des Abendlandes seine Ausprägung in einer gesteigerten Aktivität erhielt.

Nun verlieh diesen Ausstrahlungspunkten im Süden in dieser vorromanischen Epoche weniger ihre bauliche Tätigkeit Bedeutung als das, was in den klösterlichen Schreibstuben (scriptoria) hergestellt wurde, von denen die Kunst der Handschriften ihren Ausgang nahm, die dann einen so immensen Einfluß ausübte. Da jedoch diese Werkstätten ganz von der byzantinischen Kultur abhängig waren, erfolgte auf jeden neuen Impuls, der von Monte-Cassino ausging, ein neuer Zustrom von Künstlern und Anregungen aus dem Orient.

Malerei

Die Innenräume fast aller römischen Basiliken vom 6. bis zum 9. Jahrhundert werden in ihrer Wirkung durch Mosaiken auf Goldgrund gestei-

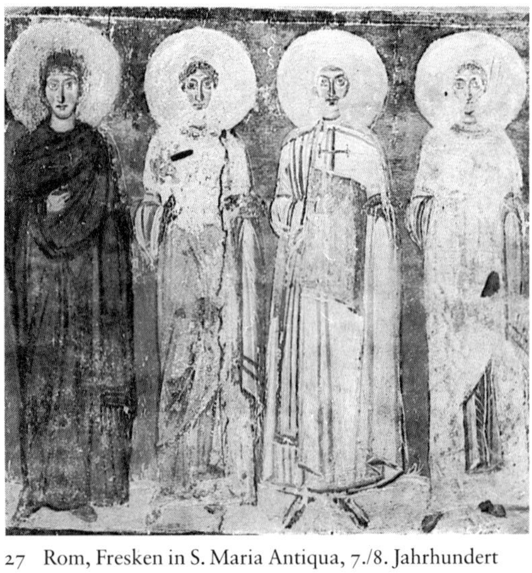

27 Rom, Fresken in S. Maria Antiqua, 7./8. Jahrhundert

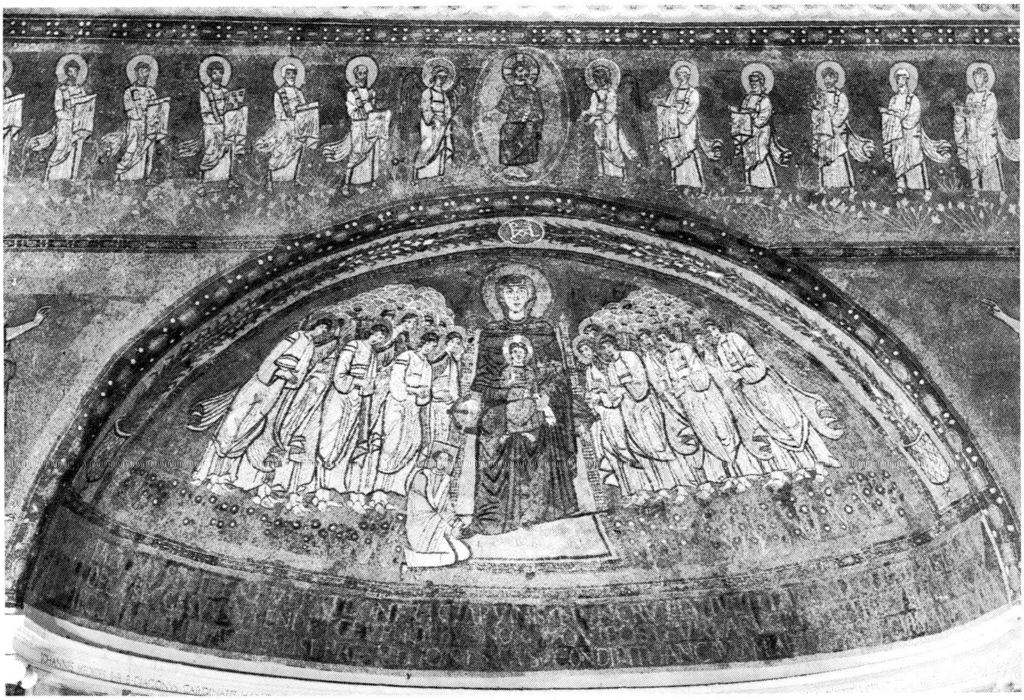

28 Rom, Apsismosaik in S. Maria in Domnica, 817-824

gert, die sich über den Triumphbogen und die Gewölbe der halbkugelförmigen Apsiden ausbreiten. In *S. Agnese* gleicht das Mosaik einem riesigen Goldkelch, aus dem die Heilige mit ihrem edelsteingeschmückten Gewand und ihren zinnoberroten Wangen emportaucht; es stammt aus dem 7. Jahrhundert. Dasselbe trifft auf die Prozession der rötlich schimmernden, steifen Heiligenfiguren zu, die am *Oratorium S. Venanzio* (entstanden unter Johannes IV., 640-642) aufmarschieren. Und diese Tradition bricht auch im 8. Jahrhundert nicht ab; da ist die *Hauskapelle Johannes* VII. (705-707) im Vatikan, von deren ursprünglichem Mosaikschmuck noch einige Fragmente existieren – eine Anbetung der Hl. Drei Könige in S. Maria in Cosmedin –, auf denen sich mit der Zartheit der Farben eine ausdrucksvolle Zeichnung verbindet.

Nun kann man unmöglich all diese Werke aus jener Zeit einfach als Erzeugnisse byzantinischer Kunstäußerungen in Italien ansehen; denn in *S. Maria Antiqua* zum Beispiel blieben zu seiten der Bildfelder des Schiffs, die mehr in Fresken übertragenen Ikonen gleichen (7. und 8. Jahrhundert □27), ganz andersartige Kompositionen erhalten, welche in der Geschlossenheit ihrer Formen mehr an römische Vorstellungen anknüpfen. So ist der Gekreuzigte auf diesen Mosaiken mit der Tunika oder dem ›colobium‹ bekleidet, und die ihn umgebenden Figuren sind in die Landschaft verteilt. Der Erzengel auf der Verkündigung erinnert mit seinem massigen Typus und den großzügigen Gewandfalten mehr an die kaiserliche Hofmalerei.

Der zu Anfang des 9. Jahrhunderts entstandene Mosaikschmuck in *S. Maria in Domnica* □28 und *S. Prassede* ist ausgesprochen östlich-byzantinisch. Engel- und Heiligenfiguren sind in den Goldgrund eingeschrieben, ihre Gesichter werden von Nimben beschattet, und dünngezeichnete Bilder schmücken den Himmel.

Die Freskomalerei bewahrt neben den Ausstrahlungen griechischer Formelemente offenkundig das römische Erbe, wie zum Beispiel in der *Unterkirche von S. Clemente* (869), wo die Himmelfahrt es durchaus verdient, den karolingischen Miniaturen an die Seite gestellt zu werden. Dagegen entfaltet sich auf dem Triumphbogen ein mit Edelsteinen übersätes himmlisches Jerusalem, auf dem die Heiligen und Bekenner goldene Kronen tragen und die Seligen in der darunterliegenden Zone in schneeweiße Gewänder gehüllt sind. Das gleiche trifft für die *S. Zeno-Kapelle* in S. Prassede zu, wo die Engel auf blauen Globen, die Medaillons mit Heiligen, die Darstellung der Deesis mit dem Thron einen Stil aufweisen, wie er sich in östlichen Miniaturen wie denen des hl. Gregor von Nazianz in der Bibliothèque Nationale spiegelt.

Mit den in jüngster Zeit entdeckten Fresken in der kleinen Kirche von *Castelseprio* □ 29 nördlich von Mailand hat dieses Problem erneut an Bedeutung gewonnen. Dieser Evangelienzyklus von der Verkündigung bis zur Darstellung im Tempel hat die reiche ikonographische Tradition von Byzanz und dem christlichen Osten zur Voraussetzung, zeigt aber in seinen dekorativen Elementen, seinen Landschaftsdarstellungen und in der Gestik seiner Gestalten eine bemerkenswerte klassische Lebendigkeit. Auf dem Triumphbogen erscheinen ein Medaillon mit Christus in Halbfigur und die Szene der *Hetoimasia* (die Engel umgeben den Thron des Erlösergottes); sie besitzen eine großartige optische Wirkung und beherrschen das Ganze. Auf der

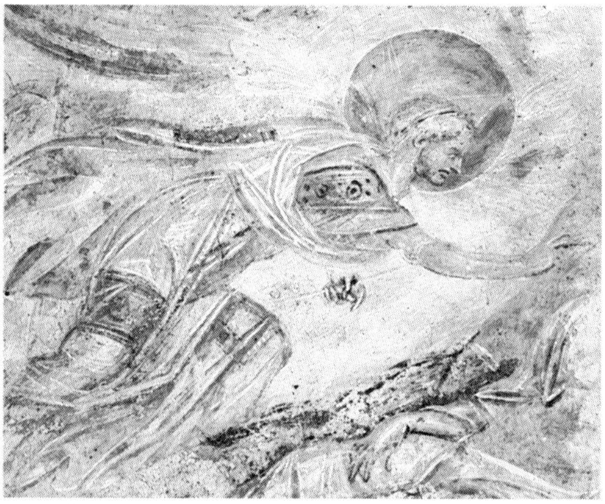

29 Castelseprio, Josephs Traum, Fresko

unteren Zone der Wand läuft ein gemalter Schmuckstreifen mit vorgetäuschten Nischen und Vorhängen unter einem tief gegliederten Mäanderband. Datierung und Herkunft dieses Zyklus geben zu den widersprechendsten Meinungen Anlaß; hierzu wäre es nötig, die gesamte Geschichte der Malerei in den beiden Teilen des Römischen Reiches in der Zeit vom 6. bis zum 10. Jahrhundert vor sich abrollen zu lassen. Sind sie zwischen 650 und 700 entstanden, so können diese Fresken nur das Werk von Künstlern sein, die von der syrisch-palästinensischen Küste stammten und vor dem Einfall der Araber geflohen waren; dann wären sie nichts anderes als eine der zahlreichen exotischen Einsprengsel, die man während des 7. und 8. Jahrhunderts in Italien antrifft. Gehören sie dagegen dem 10. Jahrhundert an, und darin genauer noch der Zeitspanne zwischen 925 und 950, so erklärten sich ihre klassischen Züge aus ihrer byzantinischen Herkunft. Es würde sich dann um eine Episode der mazedonischen Renaissance auf dem Boden der Lombardei handeln, was durch die Übereinstimmung der Malereien in Castelseprio mit zwei aus Konstantinopel stammenden Handschriften bestätigt zu sein scheint, nämlich dem *Psalter von Paris* und der *Joshua-Rolle* im Vatikan. In beiden Fällen hat dieser ungewöhnliche Zyklus in der lombardischen Kapelle mit der italienischen Kunst im eigentlichen nichts zu tun.

Immerhin verdient er erwähnt zu werden, da keine der beiden genannten Annahmen vorbehaltlos hierauf angewandt werden kann, weil sicher zu datierende Werke der Malerei, der Mosaik- und der Handschriftenkunst in der Zeit vom 6. bis zum Ende des 9. Jahrhunderts aus Byzanz und den Zentren des Nahen Orients fast völlig fehlen. Berühmte Handschriften, denen dieser Zyklus in etwa nahesteht, sind den Datierungsschwierigkeiten dieser drei Jahrhunderte ebenso ausgesetzt. Nun gibt es in Italien aber Anzeichen einer stark durch den Kunstkanon des Orients und des christlichen Byzanz beeinflußten Kunst, die auf das Vorhandensein einer ziemlich verbreiteten Malerei vom 7. bis zum 9. Jahrhundert hindeuten, so daß die Fresken in Castelseprio schlechterdings nicht ein fremdes Element darzustellen brauchen. Denn die Monumentalmalerei des 9. Jahrhunderts bleibt nicht etwa auf die römischen Beispiele beschränkt; so gibt es in dem durch die Erwähnung bei dem Priester Epiphanias ganz sicher zwischen 843 und 846 zu datierenden, heute stark beschädigten Oratorium *S. Lorenzo in S. Vincenzo al Volturno* einen Freskenzyklus, auf dem die Dargestellten mit einer Großzügigkeit und Belebtheit aufgefaßt sind, die eher auf karolingische als auf byzantinische Einflüsse schließen lassen.

Endlich findet sich ein Abriß dieser ganzen Epoche in der Miniaturenmalerei; hier verdrängen der feste Kontur und eine gesteigerte Farbigkeit das Gewicht des Erzählerischen. Das irische Flechtwerk wird nicht nur in der Lombardei üblich, sondern gelangt sogar von dort bis nach Bobbio, einem von dem hl. Columban gegründeten Kloster. Ebenso findet man es im 8. Jahrhundert in den Handschriften des hl. Gregor mit ihren in lebhaften Farben gehaltenen und mit Tierdarstellungen versehenen Initialen. Im 9. Jahrhundert tauchen in den Sammelwerken des Terenz Szenen im ›antiken Stil‹ auf, sehr wahrscheinlich nach älteren

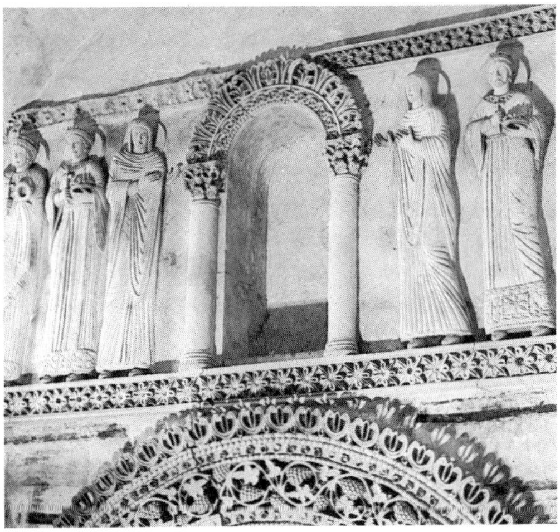

30 Cividale, Stuckfiguren in S. Maria in Valle, 8. Jh.

Handschriften kopiert, die durch die Lebhaftigkeit ihres Ausdrucks und einen Zug ins ›Impressionistische‹ besonders bemerkenswert sind.

Dieses Wiederaufleben der Antike, das allerdings vorübergehender Art war, machte nun nicht etwa andere Stilarten zunichte; diese bestehen alle nebeneinander weiter. Aus den benediktinischen Skriptorien von Monte-Cassino, Nonantola und Subiaco gingen während des 9. und 10. Jahrhunderts Arbeiten vorwiegend byzantinischer Prägung hervor, die manchmal von koptischen oder syrischen Vorbildern beeinflußt sind; vor allem aber entstanden hier die in der Liturgie des Karsamstags gebräuchlichen *Exultet-Rollen*, auf denen gleichförmig aquarellierte Figuren Ton und Text mit einer fast volkstümlichen Munterkeit begleiten.

Skulptur

Im plastischen Schmuck der Chorschranken finden sich oftmals Greifen-, Pfauen-, Palmetten-Motive oder Rankenwerk, deren byzantinische Vorbilder durch Elfenbeinarbeiten (S. Maria in Trastevere, Bobbio) oder orientalische Stoffe (Oratorium S. Aspreno in Neapel) übertragen wurden.

Die Stuckfiguren in Cividale □ 30 und vor allem das *Ziborium aus San Ambrogio* in Mailand (10. Jahrhundert) entsprechen einem neuen Aufleben antiker Formvorstellungen, die für den ›karolingischen Geist‹ in der Kunst bezeichnend sind. Das bedeutendste Werk ist nun zweifellos der berühmte *Goldaltar*, der die Signatur ›Vuolvinius magister phaber‹ trägt □ 31. Dieser Schrein zeigt auf seinen Längsseiten aneinandergefügte Bildfelder, die teils Szenen aus dem Evangelium, teils Szenen aus dem Leben der Heiligen aufweisen, insbesondere auf der Rückseite solche aus dem Leben des hl. Ambrosius, auf der Vorderseite Christus unter den Aposteln mit den Evangelistensymbolen. Die Rahmungsleisten bestehen aus goldenen und silbervergoldeten Bändern, die mit Gemmen und Perlen aufs verschwenderischste besetzt sind. Dieser gewaltige goldgetriebene Schrein, dessen gleißende Masse eine ganz andere Welt von Bildern und Symbolen umschließt, bildet gleichsam eine Zusammenfassung der gesamten karolingischen Kunst[46]. In der Ziselierung dieses goldenen Reliquiars findet man sowohl die aus der Welt der Antike stammende Qualität des Figurativen wie die Prachtliebe der Barbaren, die sich hier der strengen Anordnung der Bildfelder anpaßt.

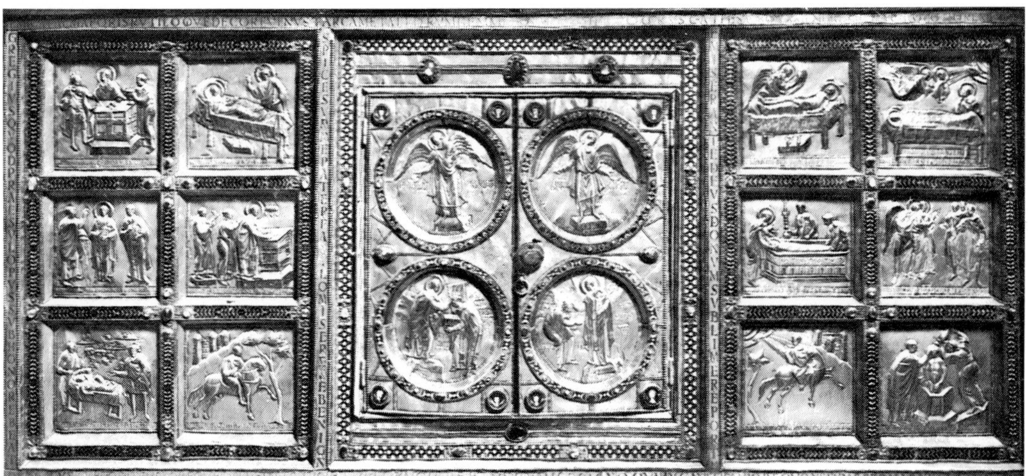

31 Goldaltar des Vuolvinius in S. Ambrogio, Mailand, 9. Jahrhundert

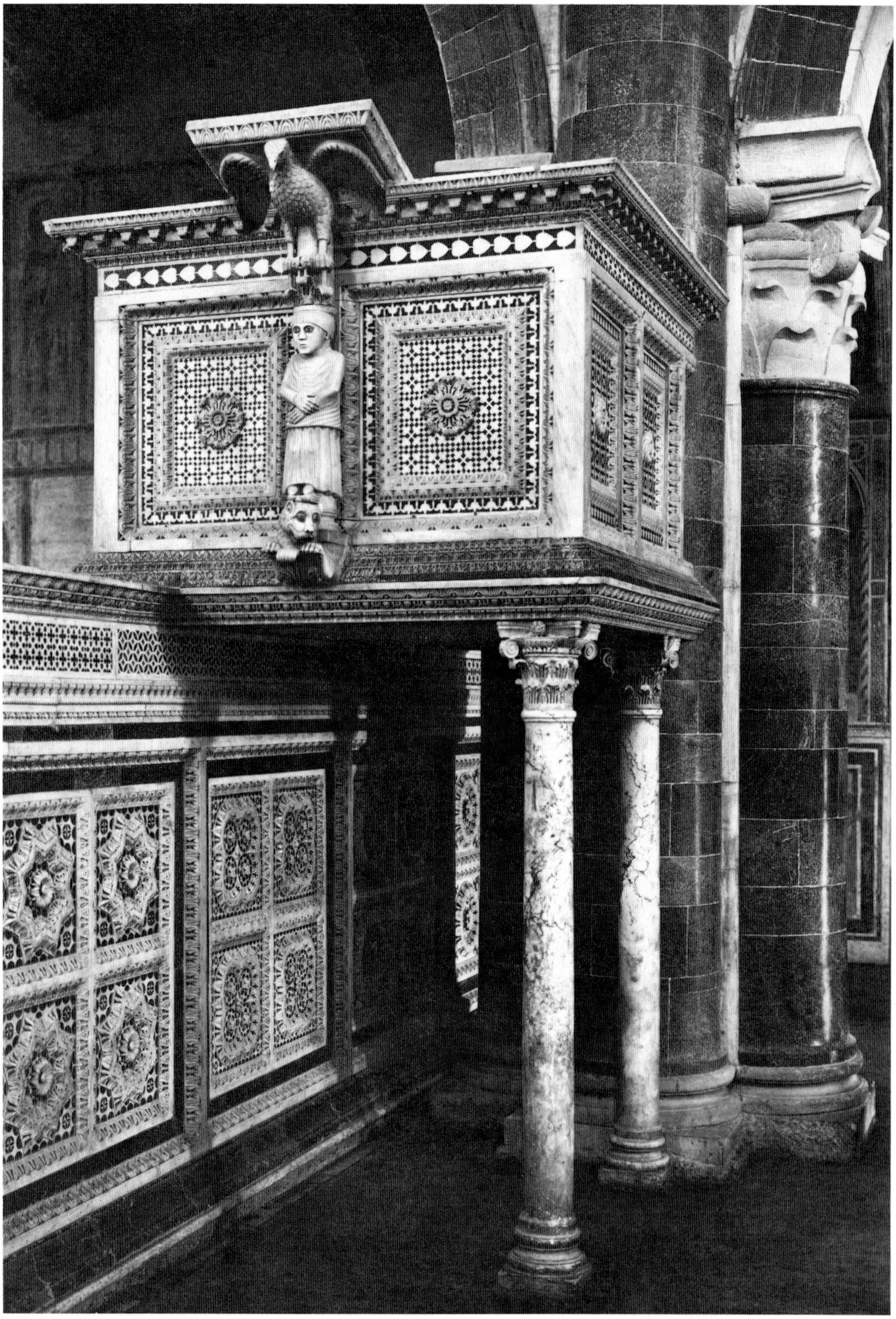

32 Florenz, S. Miniato al Monte, Kanzel und Chorschranke, um 1200

DIE ROMANISCHE UND BYZANTINISCHE KUNST

11. bis 13. Jahrhundert

Einführung: Papsttum und Kaiserreich

Nach der Aufteilung des karolingischen Reiches gelangte die Krone Italiens schließlich im Jahre 962 an den deutschen König Otto den Großen, der zum Begründer des ›Heiligen Römischen Reiches Deutscher Nation‹ wurde und für drei Jahrhunderte – eben genau die Zeitspanne, die der romanischen Kunst entspricht – die italienische Halbinsel zum kaiserlichen Wunschtraum der deutschen Fürsten machte. Italien wurde zum Schauplatz und Hauptgegenstand der Begehrlichkeit dieser unvorhergesehenen Erben Roms. So hatte die Ewige Stadt im Jahre 1000 keinen leidenschaftlicheren Bewunderer als den jungen Otto III., Sohn einer byzantinischen Prinzessin (Theophanu) und Schüler eines aus der Auvergne stammenden Mönches Gerber, des späteren Papstes Sylvester II.[47].

Auf diese Weise wurde Italien zum Spielball der Auswirkungen des mittelalterlichen Lieblingsgedankens von einem universalen Imperium; einer Vorstellung, die zwar aus seiner eigenen Geschichte Nahrung schöpfte, der es sich jedoch mit allen seinen Kräften widersetzte. Dies geschah einmal durch die Feudalherren, die sich während der Zeit des Zerfalls im Apennin, der Toskana und Rom selbst niedergelassen hatten; zum anderen durch die feindliche Einstellung der heranwachsenden Stadtrepubliken wie der Stadtgemeinden der lombardischen Tiefebene: Brescia, Mailand, Piacenza, Como, Parma, Lodi, die sich viele Male den Kaisern auf ihren Romfahrten in den Weg stellten, so daß Friedrich Barbarossa sich genötigt sah, sie aufs grausamste niederzuzwingen (1158). Schließlich aber auch durch die Haltung, die das Papsttum einnahm, das sich mit der Unterstützung der cluniazensischen Benediktiner von 1073 an offen gegen das Reich stellte; in diesem Kampf wurde das Abendland vor die Alternative gestellt, sich zwischen den beiden großen ›Machtblöcken‹ – der geistlichen oder der weltlichen Obrigkeit – zu entscheiden. Bis zu dem Triumph Innozenz' III. (1198-1216) hielten die Deutschen nach Barbarossas Tod (1190) ununterbrochen die Straßen und Burgen des Apennin besetzt. Italien stand nun ganz im Mittelpunkt westlicher Interessen; seine Baukunst und seine Skulptur – vorzüglich im Norden des Landes und ganz besonders während des 12. Jahrhunderts – zeugen weitgehend von jenen ständigen Kontakten mit der Provence und den Ländern nördlich der Alpen. Diese fruchtbaren Verbindungen wurden außerdem mitbewirkt durch die ständigen zahllosen Pilgerfahrten vom Norden nach Italien, wobei das Ziel der Pilger S. Nicola in Bari (Auffindung der Reliquien des hl. Nikolaus 1087) oder die vielen Michaelsheiligtümer waren.

Das große Unternehmen des Papsttums, nämlich der 1095 von Urban II. ausgerufene Kreuzzug, trug nicht nur dazu bei, daß Italien und seine Häfen während dieser zwei Jahrhunderte mit dem westlichen Leben verbunden blieben, sondern bewirkte außerdem, daß dieses Land in den Blickpunkt mittelmeerischer Politik gerückt wurde, so daß die Bande, die es mit dem Balkan und Kleinasien verknüpften, niemals stärker gepflegt wurden als zu dieser Zeit[48]. In Italien gab es nicht so viele mächtige Feudalherren – es sei denn in Süditalien, seitdem es unter normannischer Herrschaft stand –, daß die italienischen Fürsten eine Rolle im Heiligen Lande hätten spielen können; dagegen sind die an der Adria oder am Tyrrhenischen Meere gelegenen Republiken zu dieser Zeit außerordentlich aktiv gewesen. Noch vor Venedig, das aus der tragischen und beschämenden Einnahme von Konstantinopel während des vierten Kreuzzuges (1204) so großen Nutzen ziehen sollte, waren es vor allem Genua, das die Sarazenen seit dem 10. Jahrhundert bekämpft hatte, weiter das mächtige Pisa, das Sardinien und Korsika sowie die Balearen eroberte und im 13. Jahrhundert gegen Genua Krieg führte, ferner in Süditalien Amalfi, das erst im Jahre 1131 von den Normannen und 1137 von den Pisanern unterworfen wurde, und schließlich das am adriatischen Meer gelegene Bari, das 999 zur Residenz des byzantinischen ›Reichsverwesers‹ in Apulien geworden war.

Byzanz befand sich politisch im Rückzug. Das 1056 vollzogene griechische Schisma ist bezeichnend für seine Abwendung vom Westen. Das Exarchat Ravenna war Byzanz schon im 8. Jahrhundert verlorengegangen, im Süden besaß es noch Apulien, die Länder um Otranto und Kalabrien. Seine Herrschaft stand aber nur noch auf recht schwachen Füßen, und Apulien, das sich ihm widersetzte, scheint schon sehr frühzeitig die normannischen Abenteurer, die Italien durch die Pilgerzüge angelockt hatte, zu Hilfe gerufen zu haben. Ab 1021 bzw. 1030 sind die Spuren der Normannen in Apulien und der Terra di Lavoro zu finden. 1057 eroberte sich Robert Guiscard ein Herzogtum, nämlich Benevent. Von diesem Zeitpunkt an beginnen die Normannen in dem Hin und Her der italienischen Interessenkämpfe mitzuzählen: Auf einen Hilferuf Gregors VII. gegen den Kaiser fallen sie 1054 in Rom ein, 1060 stoßen sie bis nach Sizilien vor, und zwanzig Jahre später vertreibt Roger, der 1072 in den Grafenstand erhobene Bruder Guiscards, die Sarazenen endgültig von der Insel. Am Mittelmeer werden Sizilien und das Königreich Neapel in Zukunft zwei Jahrhunderte lang Schauplatz einer großen Expansionsbewegung des Westens nach dem Orient, und hier findet eine Begegnung aller Kulturen statt.

Aus der Heirat der Constanze, einer Tochter Rogers II., mit Heinrich, dem Erben Barbarossas (1186), ergab sich nun nach kurzem Kampf zwischen der normannischen Dynastie und den hohenstaufischen Fürsten eines der interessantesten und widersprüchlichsten Ereignisse der mittelalterlichen Geschichte, nämlich die Krönung eines Hohenstaufen zum König von Sizilien (1194) und einige Jahre später dann die Thronbesteigung eines deutschen Kaisers, der seinen Hof in Palermo hatte und dessen Herz mehr dem Süden als der germanischen Welt zugetan war, nämlich der erstaunlichen Erscheinung Friedrichs II. von Hohenstaufen. Der neue, durch ihn eingeleitete Kulturabschnitt soll erst später behandelt werden, aber die Tatsache als solche verbietet schon von selbst den Schluß, das ›romanische‹ Italien sei während des 10. bis zum 13. Jahrhundert einfach als ein Gegenüber von zwei unterschiedlichen Landesteilen aufzufassen, von denen der eine aus dem Geist des Heiligen Römischen Reiches herkommt und damit, vor allem über die Lombardei, dem westlich-abendländischen Kulturkreis zugehört, während der andere, nämlich das Königreich Neapel und Sizilien im engeren Sinne, an den mittelmeerischen und byzantinischen Kulturkreis gebunden bleibt.

Die Zusammenhänge liegen jedoch nicht so einfach. Italien hat durch seine ununterbrochene Verbindung mit den alten und neuen Stilen der gesamten Christenheit teil an der Entfaltung der neuen Kunst- und Kulturformen des Abendlandes. Auf der anderen Seite ist Italien das Land, das sie mit denen des Orients verknüpft, was oftmals zu sonderbaren Kompromißlösungen führt. Hier und da lassen sich reine und einfache Einsprengsel fremder Stilarten ablesen, und meistens handelt es sich dabei um sehr bemerkenswerte Bauten, wie zum Beispiel San Marco in Venedig, das sich aus Konstantinopel herleitet, oder die Abtei S. Antimo (bei Montalcino), die hingegen auvergnatischer Herkunft ist, oder die Martorana oder S. Cataldo in Palermo, die wiederum auf byzantinische Vorbilder zurückgehen, oder das in verschiedenen Stilen erbaute S. Nicola in Bari, das eine normannische Fassade mit einer byzantinischen Apsis vereinigt; aber derartig klare Mischformen sind ziemlich selten. Sehr bald schon kann man in den Schöpfungen, die sich aus diesen Bautypen herleiten lassen, charakteristische Abwandlungen, Schwächen, aber auch Verbesserungen bemerken, die ein Zeichen von Eigenständigkeit sind.

Bemerkenswert ist, daß in dieser gleichen schwankenden Epoche des 11. und 12. Jahrhunderts in Italien Bauten von einer verblüffend neuartigen und machtvollen Prägung erscheinen, die man Teil für Teil den Baudenkmälern fremder Herkunft gegenüberstellen müßte, um die richtige Vorstellung von der ungeheuren Produktivität dieses Landes zu erhalten. Hierunter wären vor allem die neue Basilika S. Ambrogio in Mailand, die große Baugruppe in Pisa, das Baptisterium in Parma, S. Miniato in Florenz und in gewissen Punkten auch Monreale und Cefalù zu rechnen. Die Auseinandersetzung mit all diesen Formen hat sich für die italienische Kunst als äußerst segensreich erwiesen; ließe man, was mitunter versucht worden ist, diese lange mittelalterliche Zwischenzeit weg und setzte den eigentlichen Beginn der italienischen Kunst erst um 1300 an, so würde man die eigenständigen Reaktionen mißverstehen, die es ihr ermöglicht haben, zu ihrer Form zu finden.

Das romanische Italien gibt, zusammengefaßt, in kleinerem Maßstab das Bild des christlichen Abendlandes wieder, wo die westlichen Kunstgesetze, die sich so machtvoll am Rhein, in Burgund, in Aquitanien und bis zur Normandie hin ausgeformt hatten, mit denen der griechischen Welt zusammentrafen. Diese hatte während des 10. und 11. Jahrhunderts ihren höchsten Stand an Reichtum und Fülle erreicht, was die Bezeichnung ›mazedonische Renaissance‹ erhellt. In Konstantinopel gab es zu dieser Zeit wieder eine Hofkunst, die zugleich weltlich und kirchlich war. Und in der Architektur fanden die kanonischen Formen in der Kreuzkuppelkirche ihre letzte Ausreifung zu einer Zeit, als in Frankreich das System des basilikalen Grundrisses mit gegliederter Apsis entwickelt und vervollkommnet wurde. Keine dieser Entwicklungsformen ließ die italienische Halbinsel unberührt. Auch auf dem Gebiete der Skulptur waren die antiken Vorbilder nicht vergessen. Dank den Elfenbeinarbeiten zum Beispiel fanden die Bilder von Heroen und Kaisern nicht nur in Italien, sondern im ganzen christlichen Abendland Verbreitung. So erscheint Herkules an der Fassade von San Marco. War man auf der Suche nach großer Kunst, galt es sich stets nach Byzanz zu wenden.

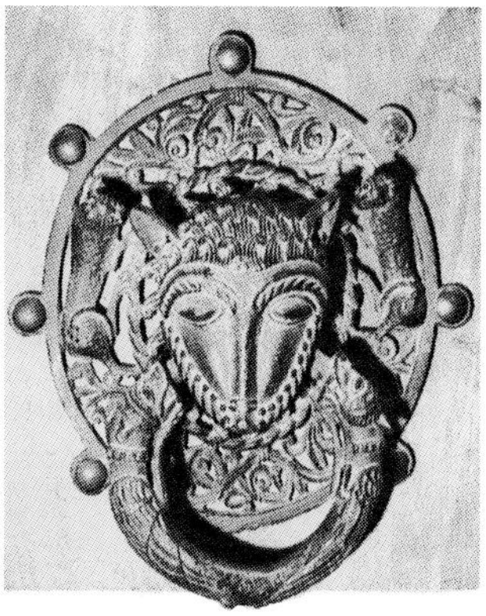

33
Bronzener Türklopfer
11. Jahrhundert

Die Bronzetüren in Amalfi (1066) sowie die in Monte-Cassino, beides sehr edle Arbeiten, wurden deshalb in Konstantinopel in Auftrag gegeben. Eine geläufigere und mehr volkstümliche Form der Kunst, die ihren Ausdruck in der Malerei der Mönche fand, suchte sich als Betätigungsfeld die Provinz □33. Sie wurde vor allem von Syriern, Kopten und Afrikanern eingeführt, die durch die Eroberungen des Islam über ganz Europa verstreut worden waren. Diese Kunst folgte ihrer eigenen Entwicklung; an festen Plätzen, wie in den Werkstätten von Monte-Cassino, erstarrte sie; griff sie jedoch auf weltliche Stätten über, wie im 13. Jahrhundert in der Toskana, so gelang es ihr, den alten frühchristlichen Grund wieder zum Aufleben zu bringen, der ehemals beiden Bereichen gemeinsam gewesen war. Hier sind wir nun an einem Punkt angelangt, wo die italienische Malerei am Ende des 13. Jahrhunderts von sich aus die Loslösung von ihrem byzantinischen Erbe vornimmt: Jetzt ist die Zeit Cimabues, Cavallinis und Giottos gekommen.

Die Verbindung mit dem Westen war jedoch nicht weniger dauerhaft. Meister aus der Lombardei überquerten die Alpen, normannische Geistliche kamen in die Provinzen Süditaliens. Etwas später noch sorgten die Cluniazenser und Zisterzienser für einen regelmäßigen Austausch, und das Wiedererwachen der Monumentalskulptur wurde in Italien mit demselben Interesse verfolgt wie in der ganzen sonstigen Christenheit, ja es verrät sich hier sogar eine gewisse Ungeduld, sich ihrerseits daran zu beteiligen.

Die Kunst nördlich des Apennin 11. und 12. Jahrhundert

Architektur

Das 11. Jahrhundert ist in Italien, wie in ganz Europa, den Orient mit inbegriffen, eine Blütezeit der Baukunst. Doch bleiben der Reichtum der Innenausstattung, die Apsismosaiken, Ambonen und Wandverkleidungen, sowie am Außenbau die Fassadenskulpturen engstens an das Bauwerk gebunden, so daß es immer schwierig bleibt, die so ganz miteinander verschmolzenen Künste auseinanderzuhalten.

Die künstlerische Kraft der Lombardei beweist sich vor allem in der zweiten Wiederherstellung der *Basilika S. Ambrogio in Mailand;* die erste geht auf die Karolingerzeit zurück. Dieser Bau bedeutet für die Zeit um 1100 einen äußerst wichtigen Beitrag in der Ausformung der gesamten romanischen Architektur. Das Atrium wurde im Geiste des 9. Jahrhunderts wiederhergestellt, die Fassade mit drei großen Fensteröffnungen durchbrochen. An den Chor mit drei Apsiden schließen sich drei Schiffe ohne Querhaus. Die wesentlichste Neuerung bestand in der Art der Einwölbung. Hierbei haben sich die Baumeister der Lombardei, was ihnen zur Ehre gereicht, zur Übernahme des Rippengewölbes am gesamten Bau entschlossen, und zwar über einer Folge von quadratischen Jo-

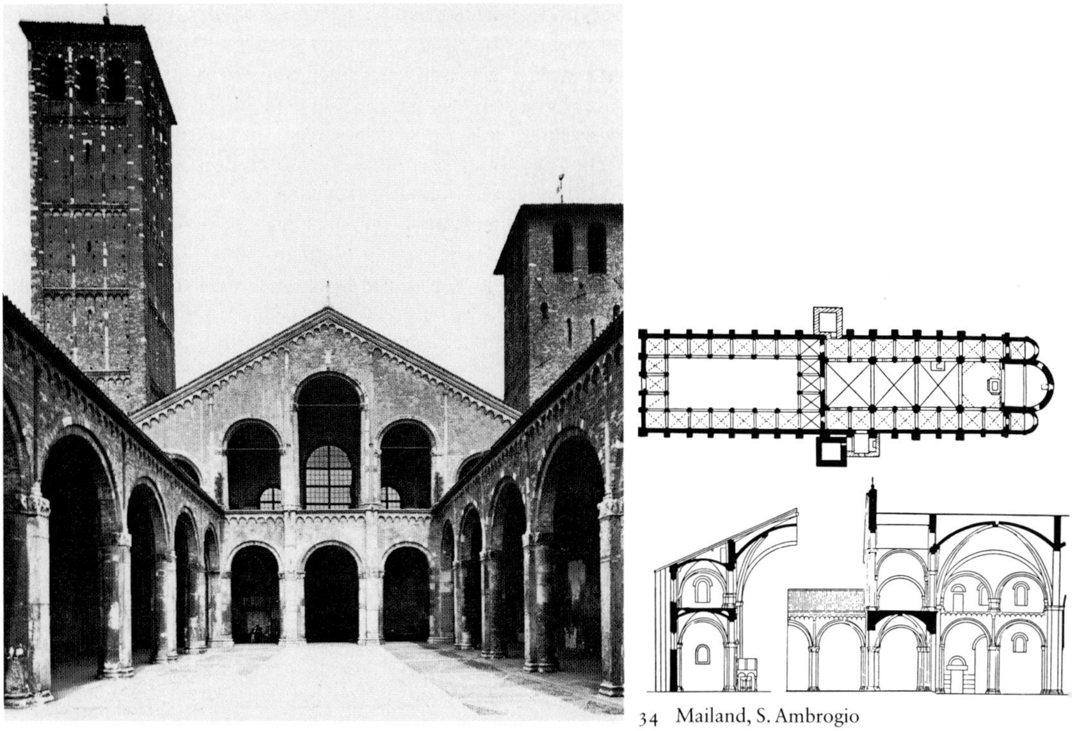

34 Mailand, S. Ambrogio

chen im Mittelschiff, denen im Seitenschiff je zwei Quadrate entsprechen. Die Stützen wurden demgemäß verstärkt durch die Anwendung kräftiger kreuzförmiger Pfeiler mit vorgelagerten Halbsäulen, die Gurt- (den senkrecht zum Schiff verlaufenden Bogen) und Schildbogen (den parallel zum Schiff verlaufenden Bogen) auffangen. Über den Seitenschiffen befindet sich ein Emporengeschoß, und zwischen die massigen Pfeiler sind kleinere Pfeiler eingeschoben, deren Funktion es ist, jedes der Hauptjoche mit den kleineren Jochen der Seitenschiffe zu verbinden. Die Formen sind gedrungen, die Baumasse lastend, das System kraftvoll erfunden. Es fragt sich, ob diese Raumgestaltung – auf jeden Fall liegt sie sehr frühzeitig – noch vor 1098, dem Zeitpunkt der Auffindung der Gebeine der beiden Heiligen Gervasius und Protasius, stattfand, oder nach 1117, dem Jahr des verheerenden Erdbebens. Jedenfalls kann man hier nicht im eigentlichen Sinn von einer Vorwegnahme des Gotischen sprechen: denn die Kreuzrippen von S. Ambrogio stellen mehr einen architektonischen Kunstgriff dar, der auf ein romanisches Baugefüge Anwendung findet, das heißt, der dazu bestimmt war, die Mauermassen und Wände zur Geltung zu bringen, nicht aber um sie aufzuheben (wie es bei der Gotik geschieht). Am Außenbau vervollständigen Strebepfeiler von unterschiedlicher Stärke, alternierend wie die Pfeiler im Innenraum, das Baugefüge. Das Langhaus hat keine Fenster, das Licht findet nur durch die geräumigen Öffnungen in der Fassade und durch die der Kuppel Einlaß und unterstreicht die Vielfalt der Konturen, die Beziehungen zwischen Pfeilern, Gesimsen, Kapitellplastik und dem horizontalen Bogenfries der Empore, der mit Rundbogenfriesen verziert ist, und den man im übrigen an dem schmalen Kranzgesims der Eingangshalle und unter dem Fassadengiebel wiederfindet. Der Einsturz des dritten Jochs im Jahre 1126 machte die Wiederherstellung der Kuppel über Trompengewölben notwendig; diese öffnet sich auf einen von offenen Loggien umgürteten Tambour. Zur gleichen Zeit, etwa zwischen 1128 und 1144, hatten die Domherren zur Linken einen Campanile aufrichten lassen, der ebenfalls durch horizontale Bogenfriese und lange vertikale Bänder gegliedert ist □ 34.

S. Ambrogio stellt in keiner Weise einen Schulbau dar, da hier eine gewisse Abhängigkeit durch den vorherigen Bau gegeben war: das Fehlen des Querhauses und die besondere Art des Lichteinfalls. Immerhin zeigt diese zweifellos rein lombardische Bauschöpfung, worin die neuen ›romanischen‹ Lösungen bestehen sollten. Der vom

Westportal zum Hauptaltar durchlaufende und in gewisser Weise grenzenlose Raum der frühchristlichen Basilika wird nun durch plastische und dekorative Elemente rhythmisiert, unterteilt und gegliedert. Die architektonische Struktur des Bauwerks wird betont und bewirkt stärkere, dramatische Spannungen, den Wechsel von Licht und Schatten, Tiefe und Fläche, die jetzt an die Stelle des ehemaligen Farbenspiels treten. Aber all dies sollte im übrigen Italien nur selten so gut begriffen werden.

Die direkte Nachfolge trat das südlich von Mailand gelegene Pavia an, wozu Anfang des Jahrhunderts *S. Michele Maggiore* die Grundgedanken von S. Ambrogio in etwas freierer Form wiederaufnahm □35. Allerdings fügte der Baumeister ein Querhaus mit Tonnengewolben an, das den Charakter seines Vorbildes verleugnet. Vor allem erhöhte er die Chorpartie und versuchte, den Eindruck von Schlankheit zu erwecken; auch war er sichtlich bemüht, die notwendigen Bauelemente mit der Dekoration in Einklang zu bringen. Die Fassade wird durch profilierte Strebepfeiler in drei vertikale Zonen unterteilt. Ihre große Neuerung ist die kleine Zwerggalerie, die unter den Giebeln verläuft. Unregelmäßig in die Mauer eingesetzte Reliefstreifen geben dieser eine Art malerische Oberfläche, ohne daß sie als eigentliche Gliederung angesprochen werden könnten. Die Portale, besonders das rechte, haben Bogenläufe, in denen eine Fülle von Rankenwerk und Pflanzenmotiven ihr Wesen treibt, das Medaillon des Türsturzes zeigt Christus zwischen zwei Heiligen. An diese Kirche knüpfen zum großen Teil die Paveser Bauten des 12. Jahrhunderts an: Das sind vor allem *S. Pietro in Ciel d'Oro* (1132), das die Gräber des hl. Augustinus, des Boëtius und des Liutprand enthält – ursprünglich befand sich vor ihrer mit einem einzigen Giebel bekrönten und mit Majoliken besetzten Fassade eine Vorhalle –, ferner S. Teodoro, S. Lazzaro und die zerstörten Kathedralen S. Stefano und S. Maria del Popolo.

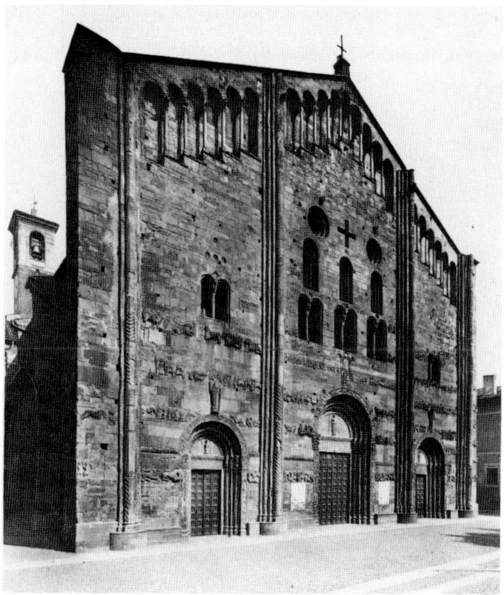

35 Pavia, S. Michele Maggiore, 12. Jahrhundert

Die Klosterkirche *S. Abbondio* (1013 bis 1095) in Como ist eine originelle Abwandlung dieses Typs: fünfschiffig, mit Sparrenwerk gedeckt und einer Folge von Säulenarkaden sowie einem weiten Chor burgundischen Typus: Die Fassade wiederholt die Anordnung der Geschosse mit einer wirkungsvollen, eleganten Gliederung durch Bänder und Pilaster. An dieses Bauwerk schließen sich *S. Giacomo* in Como und vor allem auf der Insel Comacina das heute nicht mehr existierende *S. Eufemia* an. Die Anlage von *S. Fedele,* ebenfalls in Como, bestätigt, daß die lombardischen Meister die zentralen Grundrisse erst spät übernahmen. Bei diesem Bau wurden an eine Dreikonchenanlage, die eine Kuppel über Trompen trägt, vier Joche angefügt. Das Zusammengesetzte des Innenraums wird verstärkt durch die Emporen, die die breiten Joche noch breiter erscheinen lassen. Kantige Strebepfeiler betonen die Gliederung des Außenbaus, und die Loggia der Apside mit dünnen Säulchen scheint diese ganz dem Licht öffnen zu wollen. Das Portal in Mitraform ist gerahmt von Reliefdarstellungen. Diese Kirche hat Beziehungen zu der Dreikonchenanlage von St. Maria im Kapitol in Köln. Ob rheinische Meister an ihrem Bau beteiligt gewesen sind? Oder sollte dieses Zusammentreffen nur ein Hinweis sein, daß die Lombardei und das Rheinland sich an die gleichen Vorbilder hielten und dadurch eine Art von Übereinstimmung aufweisen?

Der romanische Bautypus der italienischen Kirchen ist eindeutig zu erkennen, aber er ergibt sich mehr aus der Beständigkeit gewisser Einzelzüge als aus der genauen Befolgung eines Bausystems. Beim basilikalen Grundriß wird das Querhaus im allgemeinen fortgelassen; wenn es vorkommt, ist es wie in Piacenza breit gelagert und von Seitenschiffen flankiert. Dieser Grundriß umfaßt meistens drei Schiffe: *Dome von Modena, von Piacenza und Parma*; kleine Außengalerien umspielen die Apsis in der Form von Loggien *(S. Maria Mag-*

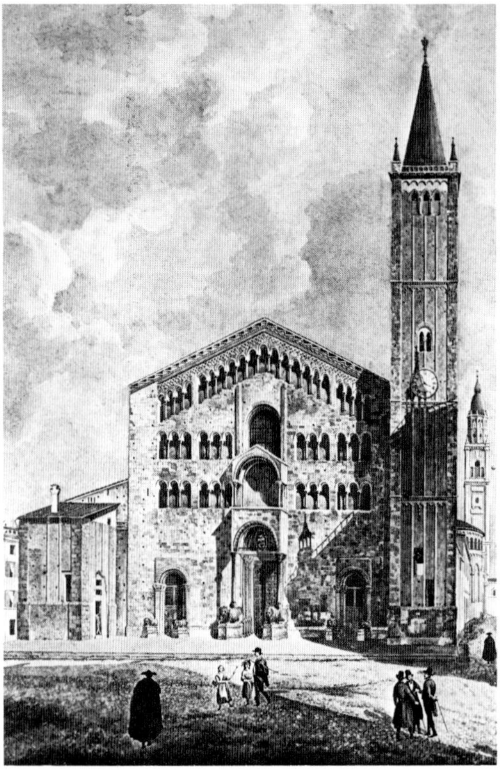

36 Parma, Dom, 12. Jahrhundert, Gemälde von Minetti, 1780 (Detail)

giore in Bergamo, Dom von Modena). Zwischen die Strebepfeiler der Fassade, die ihren Sinn mehr im Malerisch-Dekorativen haben, sind Reliefs eingelassen. Der Dom von Modena ist die Schöpfung eines Meisters namens Lanfranco, jenem ›mirabilis artifex‹, der hier 1099 mit der Arbeit begann. Der Bau konnte jedoch erst 1184 vollendet werden, die gotischen Gewölbe sind eine Hinzufügung des 15. Jahrhunderts. Seine Fassade mit ihren hohen Blendarkaden, die im oberen Geschoß Säulengruppen mit je drei Öffnungen zu einer Zwerggalerie zusammenfassen, ist in ihrem Eindruck durchaus harmonisch □ 36. Dasselbe Motiv erscheint auch auf der Südseite der Kirche, hier aber bereichert von zahlreichen Skulpturen und einem köstlichen Portal; auch im Innern des Bauwerks taucht es wieder auf. Ehemals gehörte der Dom des Lanfranco zu den in Italien selten vorkommenden befestigten Kirchenbauten[49]. Ähnliche Stilelemente findet man in Cremona und Ferrara (1135). Das bezeichnendste Beispiel ist jedoch Parma. Hier hat der Dom die Form eines lateinischen Kreuzes mit Rippengewölben über rechteckigen Jochen. Der Aufriß umfaßt drei Geschosse, die Empore gleicht mit ihren durchgehenden Öffnungen einem Triforium. An der Fassade begegnet man der gleichen Großzügigkeit der Gestaltung; diese wird von zwei Türmen flankiert, von denen der eine unvollendet blieb; zwei Reihen horizontaler, zu Dreiergruppen zusammengefaßter Arkaturen und die typische Zwerggalerie unter dem Giebel lockern die Mauerfläche zur Tiefe hin auf, als ob sie sozusagen die Bauglieder mit dem Luftraum in Verbindung bringen wollten □ 37.

Züge der französischen Baukunst sind in dieser Kirche also verhältnismäßig zahlreich; sie gehört übrigens zu den am besten erhaltenen in der Emilia. Sie erhebt sich auf einem rechteckigen Platz, der zur Rechten durch ein Baptisterium abgeschlossen wird. Hier offenbart sich der Wunsch, ein städtebauliches Ensemble zu schaffen, das einer unabhängigen Stadtkommune würdig ist; ein Bestreben, das nunmehr immer häufiger anzutreffen ist. Von allen polygonalen oder zylindrischen Baptisterien Norditaliens – wie Biella, Asti, Cremona, Parma – ist das letztere die großzügigste

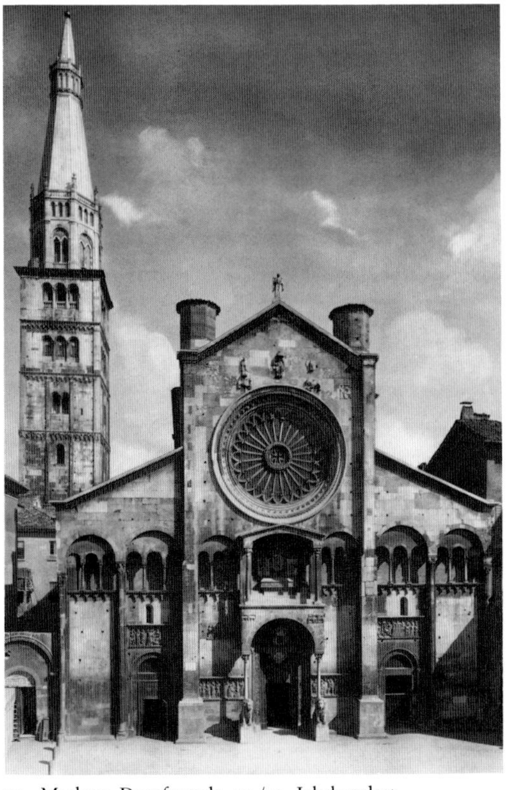

37 Modena, Domfassade, 11./12. Jahrhundert

Anlage. Die Strebepfeiler in den Ecken des Außenbaus sind im Erdgeschoß durch weite Arkaden miteinander verbunden, in den Etagen darüber durch fünf Reihen kleiner Loggien unter Architraven, wodurch der Eindruck einer gewissen Leichtigkeit entsteht und die Massigkeit des Gesamtbaus ausgeglichen wird. Die Kuppel dieser Taufkirche wurde 1260 mit einer Folge sehr bedeutender Fresken ausgeschmückt, von denen später noch gesprochen werden wird. Mit diesem 1196 ausgeführten Bau ist der Name des Bildhauers Benedetto Antelami eng verbunden. Hier muß nun auch die Rolle des Bildhauers an den Bauschöpfungen des 12. Jahrhunderts näher betrachtet werden.

Skulptur

Auf dem Gebiete der Skulptur ist eine ähnliche Blüte zu verzeichnen wie in der Baukunst: die eine hat die andere nach sich gezogen. In Frankreich teilt das strenge Gefüge des Bauwerks der Kunst des Bildhauers ihren Wirkungsbereich zu und grenzt ihn ein (an den Kapitellen, Tympana und Bogenläufen). In Italien besitzt der Architekt dagegen ein geringeres Gewicht. Im 11. und 12. Jahrhundert standen alle bildhauerischen Arbeiten vorwiegend im Dienste der Liturgie; man kann dabei zwei Richtungen deutlich unterscheiden. Die eine gibt sich rustikal und bleibt dem Tierornament, dem Flechtmuster und den abstrahierenden und phantastischen Vorstellungen der alten Langobarden treu. Sie ist besonders im 11. Jahrhundert sehr stark ausgebildet, und man kann ihren Einfluß in Como, Mailand, Pavia verfolgen. Dort hat sie auch die so merkwürdig angebrachten Fabelwesen an der Fassade von S. Michele inspiriert, die den Eindruck erwecken, als steckten sie wie Fossilien in den lebenden Schichten des Steins. Derartige Motive geisterten schon seit langem durch ganz Europa, wohin sie von Asien aus gelangt waren, und gerade die langobardischen Meister waren ja solcher Verführung besonders zugänglich.

Dieser Einfluß sollte jedoch nicht von langer Dauer sein; er kreuzt sich dann (um 1100) mit einer anderen Richtung, die gesuchter und anspruchsvoller wirkt. Eine erste Äußerung hiervon finden wir in den Stuckreliefs des *Ziboriums* □ 38 von S. Ambrogio (10. Jahrhundert). Während des 11. Jahrhunderts taucht sie erneut wieder auf,

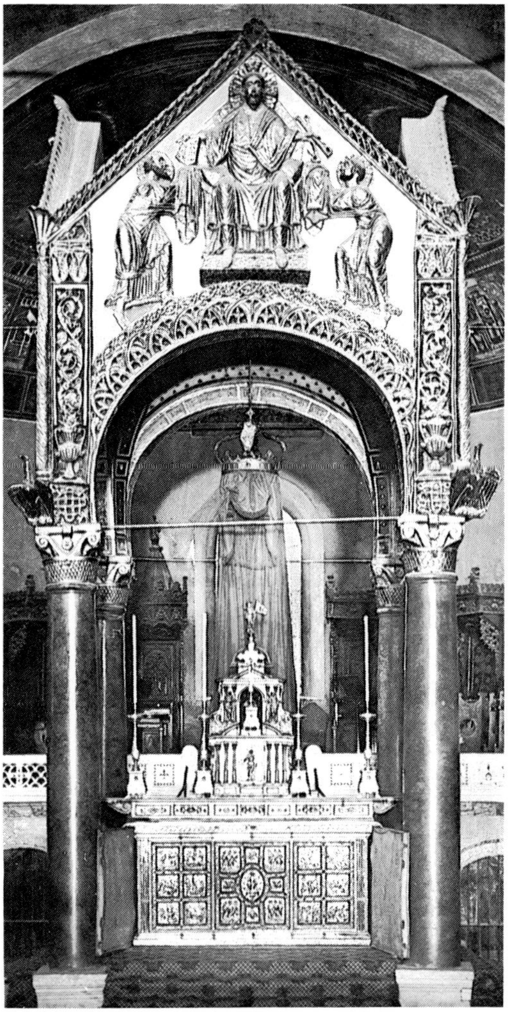

38 Mailand, Ziborium in S. Ambrogio, 10. Jahrhundert

nunmehr jedoch bereichert durch das Erwachen der Skulptur im Languedoc, wo ein neues Streben nach plastischem Ausdruck aufgeblüht war. Ihre Auswirkungen werden deutlich repräsentiert durch Meister Wiligelmus, der 1099 ein Mitarbeiter des Lanfranco in Modena war. Sein Name wurde bekannt durch seine Signatur an den Fassadenreliefs, die in Form eines Frieses die Schöpfungsgeschichte darstellen. Der mit Arkaden besetzte Hintergrund betont das Heraustreten der gedrungenen, kraftvollen Formen; die Zusammenhänge mit rheinischen Elfenbeinschnitzereien und Arbeiten aus der Gegend von Toulouse sind offensichtlich, obgleich die Geschichte von Kain und Abel zum Beispiel von einer ganz selbständigen Einfallskraft zeugt.

Man kann die Werkstatt des Meisters Wiligelmus in Pieve di Quarantoli, Cremona, Piacenza und schließlich in der alten Abtei von Nonantola (1121) verfolgen. Sein Erfolg war es wohl vor allem, der die große Aufnahmebereitschaft für burgundische Einflüsse um 1130 bewirkte – wie die *Karyatide* aus der Kirche in Portile (jetzt im Este-Museum in Modena) zeigt –, aber auch für solche

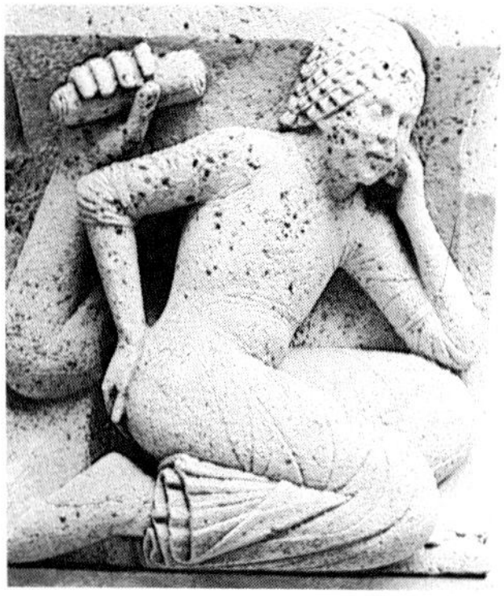

39
Modena
Metope an der
Domfassade
12. Jh.

aus der Provence, da die Schranken in der Krypta von Modena sicherlich unter dem Einfluß von Saint-Trophime in Arles entstanden sind. Von dorther erklären sich auch die zugleich archaischen wie kühnen Metopen von Modena mit ihrer kraftvollen Modellierung □39. So wird allmählich die volle Ausreifung der lombardischen Skulptur vorbereitet, wie sie sich ein Jahrhundert nach Wiligelmus in dem künstlerischen Werk Benedetto Antelamis ausdrückt, dessen Wirkungsbereich von 1177-1223 in der Gegend von Parma und Vercelli nachweisbar ist. Er signierte 1178 die *Kreuzabnahme* des Domes von Parma □40. Von einem mit schwarzem Schmelz ausgefüllten, mit Rankenwerk geschmückten Grund heben sich hier die kleinen Figuren mit ihren engen Gewandfalten in einer ganz und gar byzantinischen Kompositionsweise ab. Sein Namenszug neben der Jahreszahl 1196 findet sich auch auf dem Architrav des Portals am Baptisterium in Parma wieder, dessen Meister er vielleicht war. Zum erstenmal hält sich hier ein Bildhauer an den gegebenen Rahmen und füllt das Tympanon mit den Figuren der Muttergottes mit dem Kinde zwischen den Weisen aus dem Morgenlande und dem Traume des Joseph aus, wobei er die Archivolte auf geschickte Weise mit dem *Stammbaum der Könige von Juda* überzieht. Es sind geschlossene, schwere, derbe Gestalten, die Antelami hier geschaffen hat, aber mitunter wirkt ihre Sprödigkeit geradezu aufgelockert, wie zum Beispiel an den beinahe freiplastischen Figuren des sogenannten ›Frühlings‹. Sein Stil zeigt einen noch größeren Einfallsreichtum in den zahlreichen Szenen aus der Heilsgeschichte (zum Beispiel die *Flucht nach Ägypten*) und in seinen allegorischen Darstellungen (zum Beispiel die *Fabel von Bileam*), wie sie nach dem Muster der französischen Kathedralbauten von der Bauhütte des Baptisteriums in großer Anzahl gefertigt wurden. Nach 1200 trifft man nördlich des Apennin überall auf den Einfluß des gediegenen, kultivierten Meisters.

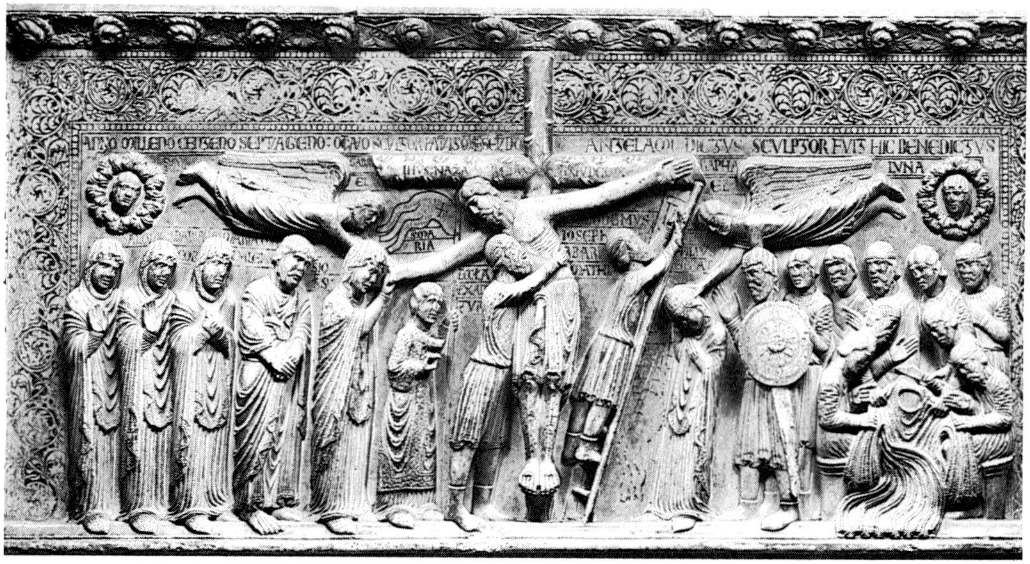

40 Benedetto Antelami, Kreuzabnahme, 1178. Dom zu Parma

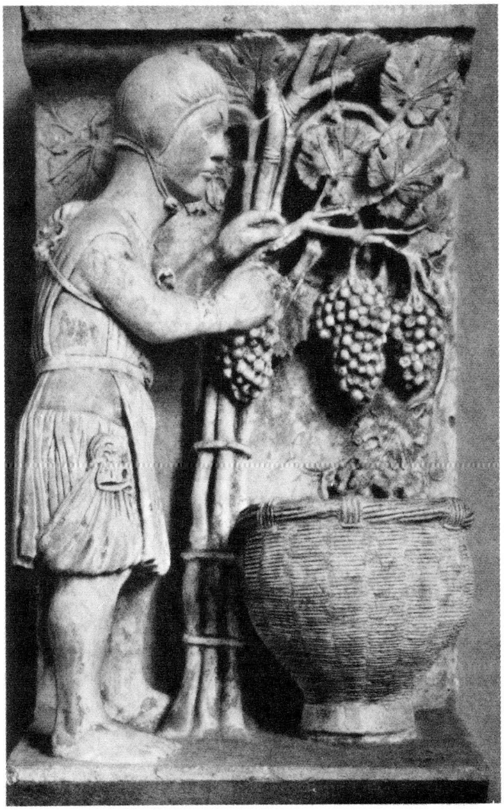

41 Monatsdarstellung, um 1220. Dommuseum, Ferrara

Von daher erklärt sich auch die lebendige und gleichsam humorvolle Weise eines anonymen Künstlers, der um 1220 für den Dom von Ferrara am Südportal (heute entfernt) sechs fast vollplastische Gruppen der *Monatsdarstellungen* geschaffen hat. In seinen gedrungenen, ganz römisch empfundenen Figuren zeigt er Bilder aus dem Alltagsleben □41.

Malerei

Die Fresken von S. Vincenzo in Galliano (1007) bewahren anscheinend noch etwas von ihren karolingischen Vorfahren aus der Lombardei. Die *Christusdarstellung* in der Apsis zwischen Jeremias und Ezechiel sowie die der Fauna des Meeres entlehnten Motive auf den Bordüren und die blauen Schatten in den Szenen des Mittelschiffs gehören ganz der Welt der ottonischen Buchmalerei an. In der Darstellung der *Apokalypse* (12. Jahrhundert) in S. Pietro al Monte in Civate beweist die Bewegung der vielfarbigen Engel schon ein Vorherrschen byzantinischer Vorstellungen, wie sie zu dieser Zeit in Venedig wieder auflebten. Das 13. Jahrhundert war auf dem Gebiete der Malerei im ganzen nicht sehr ergiebig; immerhin enthält die Nuancierung der starken roten und blauen Farbtöne ein überraschendes Leben, so zum Beispiel in der *Ikone der hl. Agathe* in Cremona; andere aufschlußreiche Spuren sind an der oberen Etsch sowie in der Gegend um Trient zu finden. Aber das bemerkenswerteste Zeugnis bleibt doch die um 1260 entstandene Kuppel des Baptisteriums in Parma. In ihrem Scheitelpunkt befindet sich ein sternförmiges ›Velarium‹, von dem aus sich fünf konzentrische Zonen abstufen, die die Evangelistensymbole und die Gestalten der Apostel zeigen, ferner die Deesis und die Propheten sowie das Leben des hl. Johannes des Täufers, in den Lünetten schließlich und den Gewölbezwikkeln sehr eigenartige allegorische Darstellungen (Jahreszeiten, Tugenden etc.). Zweifellos ist in diesem ungeheuren Gebilde noch viel Konventionelles enthalten, aber in der dritten Zone, nämlich in der der Deesis, die wohl die kraftvollste ist, spiegeln die Köpfe der Hl. Jungfrau und Bileams einen solch ungewöhnlichen Ernst wider und zeugen von so großem zeichnerischen Können, daß man darin mühelos das Wiedererwachen eines klassischen Gefühls entdecken kann, wie es sich zur gleichen Zeit in der römischen Atmosphäre kundtut.

Verona und Venedig

Architektur

Die baulichen Veränderungen der Benediktinerabtei von Pomposa, unweit der Lagune von Comacchio, sind aus zwei Gründen interessant: Dort öffnet sich eine Vorhalle mit drei Arkaden, deren Mauer mit Terrakotta-Ornamenten, gleichsam ornamentierten ›Scheiben‹, bedeckt ist. Daneben erhebt sich ein mächtiger Campanile aus dem Jahre 1063 mit neun Geschossen, bei dem die Anzahl der Öffnungen von Etage zu Etage zunimmt, dergestalt, daß die hohe viereckige Silhouette zunehmend aufgelöst wird. Die Bedeutung dieser Kirche liegt hauptsächlich in dem Außenbau.

Südlich davon, in den Marken, machte sich ein mehr eklektizistisches Hinundherschwanken zwischen den überkommenen byzantinischen Vorstellungen und langobardischen Gebräuchen geltend. Daraus entstanden Bauwerke ohne besonders charakteristische Züge wie die Kirchen von Ancona. Der alte Dom *S. Cyriacus*, ursprünglich eine Basilika, wurde im 13. Jahrhundert zu einer Anlage über griechischem Kreuz mit polygonaler Kuppel umgestaltet; zum Portal führt eine Freitreppe. *S. Maria della Piazza* zeigt ein typisch lombardisches Portal von der Hand des Meisters Filippus (1210).

Die Grenze zwischen der Kunst der Lombardei einerseits und der ravennatischen Tradition andererseits (letztere zu dieser Zeit von Venedig abgelöst) verläuft seit dem Jahre 1000 durch Verona. Hier entstand um 1100 *S. Lorenzo* über einem benediktinischen Grundriß, der ein Querhaus mit kleinen geosteten Apsiden vorsieht, und dessen Chor von zwei weiteren Apsiden flankiert ist. Der Raum ist gewölbt, hat Stützenwechsel und einen einfachen Obergaden. Seine Hauptwirkung aber wird von der zweifarbigen Steinschichtung bestimmt – Ziegel und Haustein –, die, Zebrastreifen gleich, horizontal verläuft. Dieser ganze Bau fällt aus dem Rahmen des Üblichen. Die Fassade und die Apsis der Kathedrale, die im 14. Jahrhundert erneuert wurde, zeigen ein sehr wirkungsvolles Muster langer schmaler Bänder – ein letztes, ins Ornamentale verwandeltes Stadium der langobardischen Lisenen. Dasselbe Schmuckmotiv findet man an der Fassade von *S. Zeno* wieder, die im wesentlichen wohl in der Zeit zwischen 1120 und 1138 entstand. Offenbar hat dabei wohl Modena das Vorbild abgegeben, aber die Behandlung der Fassade von San Zeno ist von einer unübertroffenen Feinheit: Eine Galerie kleiner Bogenreihen läuft in halber Höhe beiderseits der auf Säulen ruhenden Portalvorhalle; zwei dreieckige Strebepfeiler stützen den überhöhten Teil der Fassade, der dem Giebel entspricht und durch ein schmales Bandgesims auf Kragsteinen abgetrennt ist. Das Innere bestizt kein Gewölbe, statt dessen ein kielförmiges Sparrenwerk und Stützenwechsel, dessen Pfeiler vermittels hoher Dienste die Mauermasse ruhig aufteilen. Rechts außen vor der Kirche erhebt sich der Campanile mit seinen farbigen Mauerschichten; seine glückliche Ausgewogenheit mit dem warmgetönten Stein gestaltet das Ganze zu einem unvergleichlichen Bauwerk. Einen besonderen Zauber verdankt der Bau seinen Fassadenreliefs, die wie schmückende Edelsteine rings um die Eingangshalle eingelassen sind. Ihr Schöpfer ist ein gewisser Niccolò, der ein Schüler des Wiligelmus in Modena gewesen sein muß; seine Signatur findet sich schon an einem Gebälkträger des Domportals von Ferrara (1135, □42). Niccolò besitzt nicht das lebhafte Temperament seines Lehrers; der Umriß seiner Figuren ist weichlicher, aber er hat ein besonderes Gefühl für ornamentale Kompositionen. Die *Erschaffung der Eva* hebt sich von einem geometrischen Muster ab; auf der rechten Seite werden Szenen aus dem Alten Testament geschildert, auf der linken solche aus den Evangelien, die jedoch von einem gewissen Guglielmo stammen, der seine Figuren recht hübsch zwischen den Bögen einer Säulenhalle anordnet. Auf der Bronzetür finden sich nervös belebte Reliefs mit Figuren von einer unvergleichlichen Ausdruckskraft; sie sind auf einem Grund verteilt, dessen einzelne Felder durch Bogenstellungen und dünnes Bandwerk zusammengefaßt werden. Diese Tür ist aber eine frühere Arbeit (Ende 11. Jahrhundert) und deutschen Ursprungs; sie schließt sich eng an die Kunst von Hildesheim und rheinische Bronze-

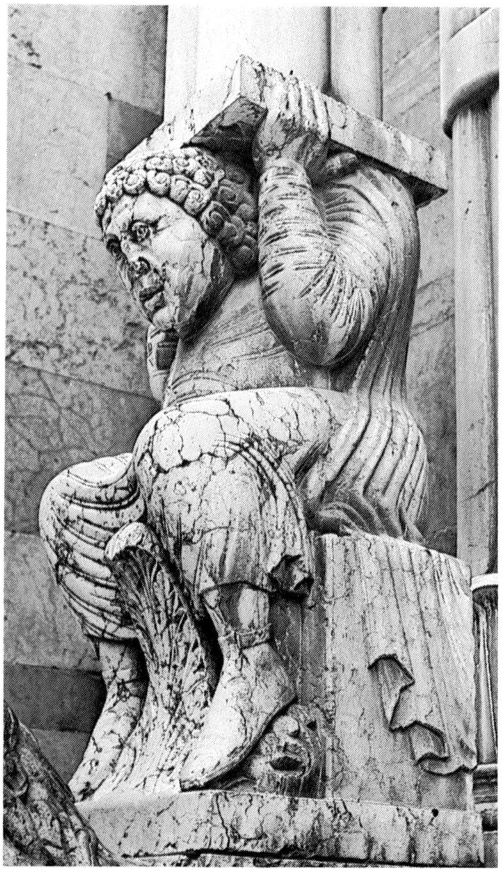

42 Niccolò, Telamon am Domportal, Ferrara, 1135

arbeiten an, doch hatte sie in Italien eine Nachfolge in den Portalen des Bonanus in Pisa und in Monreale. Das Ende des 11. Jahrhunderts stand in Venedig im Zeichen des Aufbaus des alten *Markusdomes* von 829, der wahrscheinlich auch früher, wie wir schon gesehen haben, über einem griechischen Kreuz erbaut war. Allzu bescheiden, zudem durch eine Feuersbrunst verheert, ersetzte man ihn auf dem gleichen Grundriß durch ein prunkvolleres Gebäude □43. Das Vorbild für diesen Neubau war die Apostelkirche in Konstantinopel, ein Werk des Anthemius von Tralles, der auch der Baumeister der Hagia Sophia war. Dies ›Apostolium‹ ist genau wie die berühmte Sophienkirche ein außergewöhnlicher Monumentalbau. Seine weiten Raumverhältnisse (zwischen 536 und 546 errichtet) entwickelten sich aus einer alten Märtyrerkirche über griechischem Kreuz mit fünf Kuppeln über zylindrischen Tambouren; der Bau besitzt einen Narthex und ein Atrium mit Säulenhalle. Das eigentliche Modell für San Marco war jedoch ein zwischen 930 und 940 unter der Regierung Kaiser Konstantin VII. erneuerter Bau des Architekten Belona, wodurch auch gewisse Unterschiede zwischen San Marco und dem ›Apostolium‹, soweit man es heute noch rekonstruieren kann, zu erklären sind. Als Grabeskirche des hl. Lukas und kaiserliches Mausoleum schien es ein besonders geeignetes Vorbild für das Grab des hl. Markus und die Begräbniskirche der Dogen[50].

Der neue Dom wurde 1094 geweiht. Die vier Kreuzarme, über denen sich je eine von Fenstern durchbrochene Kuppel erhebt, bilden rings um die Zentralkuppel fließende weite Räume, deren vollständige Auskleidung mit Mosaiken zu ihrer ›Entmaterialisierung‹ beiträgt. Die riesigen Eckpfeiler sind von zweigeschossigen Arkaden durchbrochen, was zusammen mit den Säulen der Joche – diese trugen bis zu dem Brande von 1145 eine Frauenempore – dem Innenraum äußerste Belebtheit verleiht. Am Außenbau wird die architektonische Hülle von unzähligen Aufbauten, Nischen, Säulchen, ja sogar von kleinen Kuppeln geziert, die sich über einer als Atrium dienenden Säulenhalle verteilen. Die eigentliche Fassade wurde nach 1419 noch einmal erneuert, behielt aber ihre kleinen runden Giebelfelder, ihre Zweigeschossigkeit mit den Säulenbündeln, die im Erdgeschoß die Portale und die mit Mosaiken geschmückten Tympana einrahmen. San Marco sollte zu einer der reichsten ›Schatzkammern‹ der Christenheit werden. Der Campanile, der nach dem Einsturz im

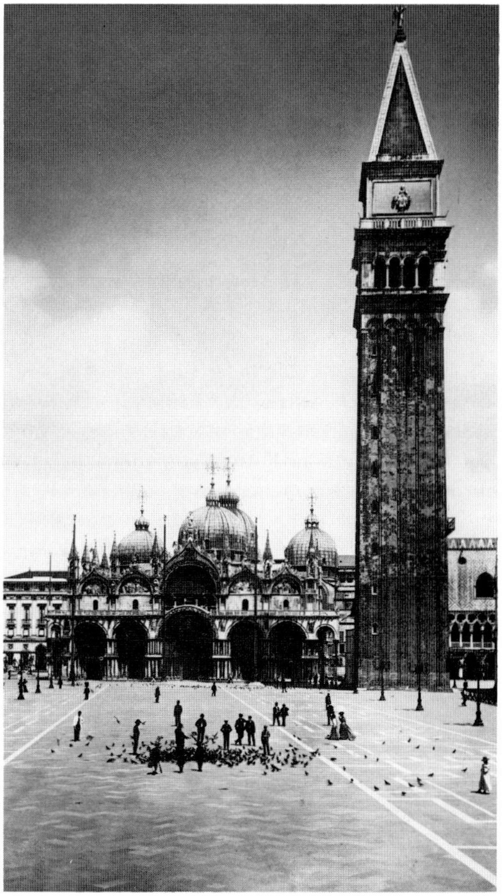

43 Venedig, S. Marco und Campanile

Jahre 1902 wiederaufgebaut wurde, stellt mit seinen vertikalen Bändern ein ausgesprochen abendländisches Gegenstück dar. Ein Umstand, der keineswegs belanglos ist; denn da es mittels des byzantinischen Vorbilds den Typus der frühchristlichen Basilika mit Narthex und Atrium wiederaufgreift, wurde es nie als isoliertes Bauwerk behandelt, sondern als der Mittelpunkt einer weitläufigen Stadtplanung; und die ›Piazza di San Marco‹ sollte in der Renaissance dann die natürliche Weiterentwicklung dieses Gedankens werden. Alle anderen während dieser Zeit auf der Lagune entstandenen Kirchen sind mehr eklektische Zusammenstellungen. So wiederholt der *Dom von Murano* die Form des griechischen Kreuzes von San Marco mit einem schönen Mosaik-Fußboden (1140). Um das Äußere seiner Apsis ziehen sich zwei Loggienreihen – unzweifelhaft langobardischen Ursprungs –, die jedoch durch einen Fries mit byzantinischen Zierleisten voneinander getrennt werden. Der Wiederaufbau des Domes in *Torcello* folgte dem basilikalen Schema; in *S. Fosca* wird ein Jahrhundert später das kleine griechische Kreuz kopiert, doch die Kuppel fehlt; ihre Vorhalle hat einen Hufeisenbogen sarazenischen Typs.

Ausstattung und Mosaiken

San Marco bildete in Venedig ein Sammelbecken für Kostbarkeiten aller Art. Seit dem 12. Jahrhundert hat es nicht mehr aufgehört, eine höchst aktive Werkstätte für Bildhauer und Maler zu sein; darunter waren solche, die mehr der byzantinischen Kunst nahestanden, wie etwa die Schöpfer der Legende des hl. Demetrius, und solche, die mehr der langobardischen Schule angehörten, wie die Meister des Traums des hl. Joseph am Mittelportal. Die Meister, von deren Hand dieses Portal stammt, verraten in den Monatsdarstellungen, in denen die Figuren aus großem Blätterwerk hervortauchen, schon eine ganz gotische Sensibilität.

An der im Chor aufgestellten sogenannten *Pala d'Oro*, einem gewaltigen goldenen Altaraufsatz mit achtzig Emailplatten, haben vier Jahrhunderte gearbeitet. Die bedeutendsten Emails sind byzantinische Arbeiten und gehören dem 5. Jahrhundert an. Das Ganze ist oftmals überarbeitet worden, so 1105 und dann nochmals um 1200, bis es 1345 seine endgültige gotische Montierung durch einen sienesischen Goldschmied, Giovanni Boninsegna, erhielt □44.

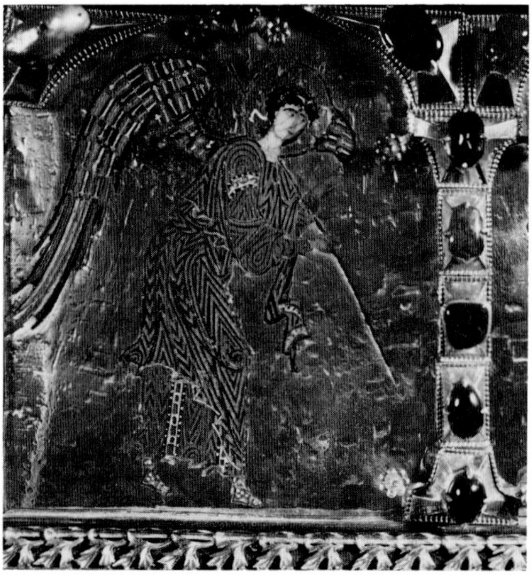

44 Detail aus der ›Pala d'Oro‹ in S. Marco, Venedig

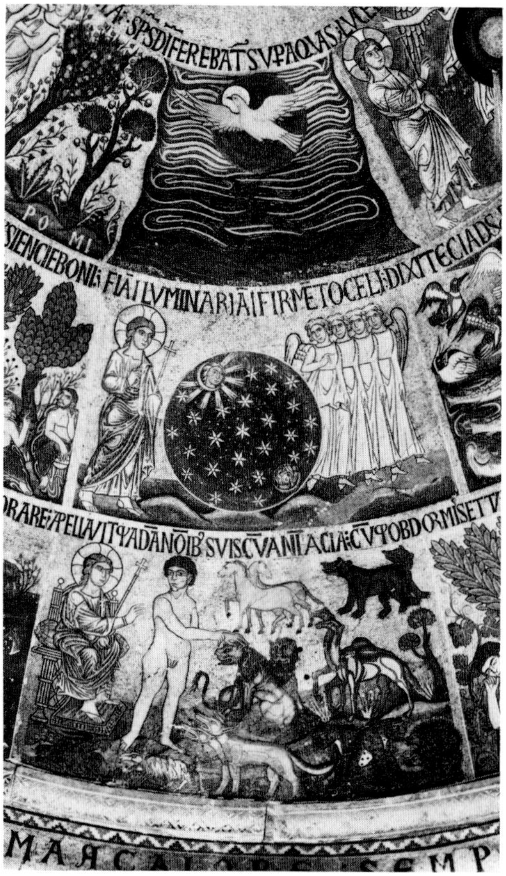

45 Venedig, Die Sintflut, Mosaik im Atrium von S. Marco, 13. Jahrhundert

Die berühmten Mosaiken von San Marco sind ebenfalls dauernd vervollständigt und erneuert worden, und zwar bis ins 19. Jahrhundert hinein. Das ›Goldene Zeitalter‹ der byzantinischen Welt hatte im 10. Jahrhundert ein ›klassisches‹ System für den Mosaikenschmuck ausgearbeitet[51], das sich dem Zentralbau anpaßte: Hauptmerkmal ist die hierarchische Anordnung der heiligen Themen. Sehr genau zeigen das zum Beispiel die Mosaiken in Hosios Lukas: Christus als Weltenherrscher, von Engeln angebetet, weiterhin die Jungfrau mit dem Kinde und die Figuren der Heiligen an dem jeweils genau für sie vorgesehenen Ort. Die gleiche Anordnung findet sich in der Hagia Sophia von Kiew (vor 1054). Wenn man die Gesamtwirkung dieser Kirchen betrachtet, so verwandeln sie sich gleichsam in riesenhafte Ikonen. In dem Augenblick, als auf dem Balkan das Fresko die Mosaiken zu verdrängen begann, boten sich ihm in Italien neue Entwicklungsmöglichkeiten, nämlich in den alten byzantinischen Provinzen im Norden und im Süden, in Venedig und in Sizilien.

In San Marco ist die Gesamtanlage genau nach diesen Prinzipien gestaltet: In der Apsis befindet sich Christus als Weltenherrscher, während die übrigen Hauptthemen der christlichen Lehre sich auf die anderen Kuppeln verteilen. In den ältesten Partien herrscht eine bemerkenswerte Virtuosität der Rhythmisierung und der Farben; die Komposition der zweiten Kuppel mit der Himmelfahrt Christi und der Passion ist dagegen etwas unübersichtlicher.

Im Atrium sind die Darstellungen aus der Genesis das Werk venezianischer Künstler, deren Gestaltung mitunter etwas Ungeschicktes hat, manchmal jedoch eine erzählerische Frische aufweist und so reizende Details wiedergibt, daß sie an die romanische Kunst erinnern □45.

Schließlich wären noch die erst kürzlich entdeckten Fresken von *San Zan Degola* (San Giovanni Decollato) zu erwähnen. Ein Teil von ihnen ist zeitgenössisch mit San Marco (Ende 11. Jahrhundert); sie zeigen die Figuren der Apostel unter einem Ehrenbalkon, wo die hl. Helena im kaiserlichen Ornat erscheint. Die anderen dagegen sind offensichtlich späterer Herkunft und stellen die Verkündigung dar, deren Figuren an den beiden Außenseiten einer Arkade angeordnet sind. Sie sind in Form und Geist jedoch rein byzantinischer Prägung[52].

Die Toskana

Architektur

San Miniato trägt den Namen eines Heiligen aus dem 3. Jahrhundert, dem seit der karolingischen Zeit ein Martyrium an diesem bezaubernden Hügelplatz auf den Höhen über Florenz das Andenken bewahrte. Die Neugründung von 1018 wurde erst in der zweiten Hälfte des Jahrhunderts fertiggestellt. Die Umgestaltung des basilikalen Systems ist interessant: Starke Gurte, die den Schwibbogen tragen und auf kreuzförmigen Pfeilern ruhen, gliedern das Langhaus und unterbrechen den Rhythmus der Säulenarkaden. Eine kreuzgratgewölbte Krypta befindet sich in der Apsis, wodurch der weiträumige Chor ungewöhnlich erhöht wird. Ein warmes Licht, das durch rosa Alabasterplatten einfällt, betont die Polychromie der weißen und dunkelgrünen Marmorverkleidungen □32,46. Der schwarz-weiß inkrustierte Fußboden mit zahlreichen Darstellungen, unter anderem des Tierkreises, gleicht einem Spitzengewebe, dessen Zeichnung in Stein übertragen wurde; er trägt das Datum 1207. Das Apsismosaik aus dem Jahre 1297 wurde, wie auch der später entstandene Ambo und viele Teile der Marmorausstattung, überarbeitet. Trotzdem paßt es sich vollkommen der Gesamtwirkung an. Hier hat der florentinische Geschmack sein Wesen ein für allemal auf harmonischste Weise ausgedrückt. Diese Harmonie verleiht auch der Fassade, die im Laufe des 12. Jahrhunderts errichtet wurde, ihre große Bedeutung. Die Aufteilung des Innenraumes spiegelt sich in ihrer Gliederung wider, und die Hinzufügung eines Frieses betont die klare Trennung der Geschosse. Die fünf Bögen des Untergeschosses wiederholen die Arkaturen der Apsis, in ihre Rahmung sind geometrische Vierecke eingeschrieben. Das wahrscheinlich etwas später entstandene obere Geschoß zeigt ein Mosaik; hier ist die Zeichnung der Motive etwas kleinlicher. Was an dieser Fassade besonders bemerkenswert ist, ist ihre ausgesprochen abstrakte Form, die jede Wirkung auf die Mauerfläche überträgt, auf der Linie und Farbe mit Zurückhaltung und Klarheit gegeneinander ausgespielt werden.

Diesem ausgewogenen und köstlichen Bauwerk, das allein schon die Summe romanischer Architektur in Florenz darstellt, entsprechen andere Bauten. So zum Beispiel *S. Pietro Scheraggio*, das

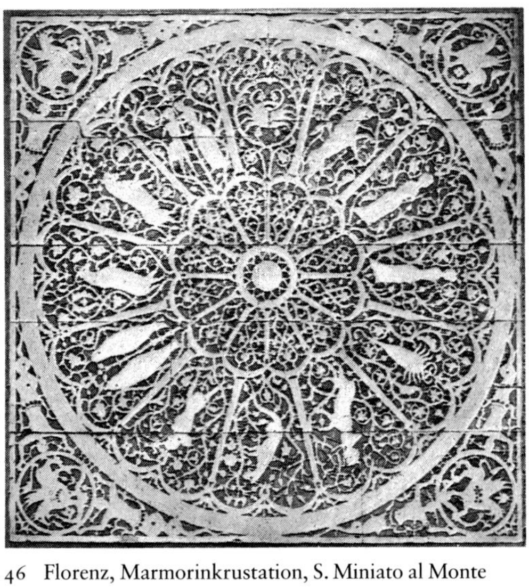

46 Florenz, Marmorinkrustation, S. Miniato al Monte

später in dem Bau der Uffizien aufging, und die *Stiftskirche von Empoli,* die nach 1093 entstand, vor allem aber die *Badia von Fiesole* auf dem San Miniato gegenüber liegenden Hügel. Die Arkaden an ihrer Fassade und die Fenster mit ihren dreieckigen Giebelfeldern haben polychrome Einfassungen, die, im Gegensatz zu dem abstrakteren San Miniato, stärkere Effekte erzielen. Alles in allem unterwarf Florenz die langobardischen Architekturformen der ruhigen Würde einer farbigen Wandaufteilung, aber seine Kunst dehnte ihre Wirksamkeit nicht auf die weitere Toskana aus. Auch die Kirche *SS. Apostoli,* die schon 1075 erwähnt wird, sollte wahrscheinlich eine solche polychrome Verkleidung erhalten; die Säulen aus grünem Marmor in dem von Arkaden getragenen Schiff scheinen darauf hinzuweisen. Doch die Bedeutung dieses Bauwerks, besonders aber die Rolle, die es dann im 15. Jahrhundert für Meister wie Brunelleschi spielen sollte, sind eindeutig auf die Reinheit seiner Profile und die Sparsamkeit seiner Formen zurückzuführen, die ihren ganzen Wert

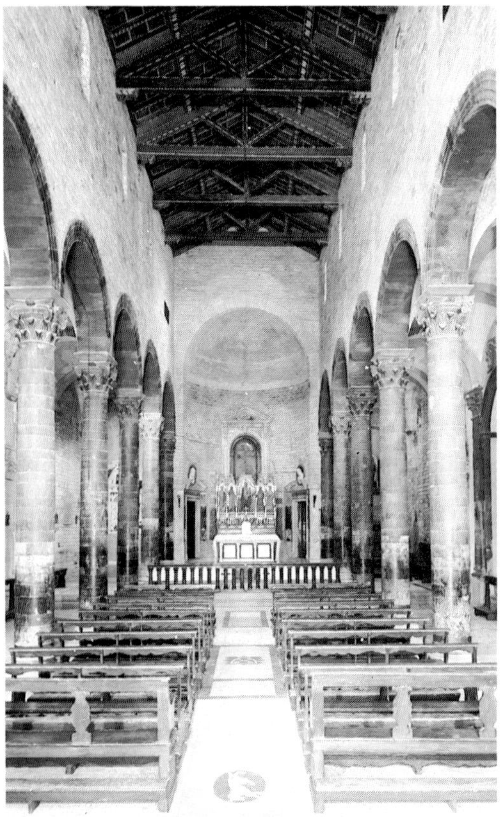

47 Florenz, SS. Apostoli

von der Kurvatur der Arkaden, der nackten Schale der Apside und der Klarheit der Proportionen erhalten. Es handelt sich hier um typisch romanische Werte und nicht mehr um frühchristliche; die architektonische Struktur liegt klar zutage ☐ 47.

Im Hügelland der Toskana gab es zahlreiche Klöster, die oftmals unter dem direkten Einfluß französischer Abteien, wie zum Beispiel Cluny, standen. Anders ließe sich der Chor mit Kapellenkranz in *S. Antimo* (12. Jahrhundert, bei Montalcino, Siena), der sich übrigens an ein Schiff mit offenem Dachstuhl anschließt, nicht erklären. In Umbrien sind es eher lombardische Beispiele, von denen sich die Kirchen von Spoleto, zum Beispiel *S. Eufemia* – mit Emporengeschoß analog S. Lorenzo in Verona –, und die *Kathedrale von Todi* herleiten lassen. Der Dom von Spoleto folgt, wie die Dome von Narni und von Assisi – letzterer ein Werk des Giovanni da Gubbio (1140) – dem basilikalen Schema der Toskana unter Betonung der Baumasse in dem Bestreben, den Fassaden eine beinahe malerische Wirkung zu verleihen oder sie wie ein Werk der Goldschmiedekunst mit zahlreichen Skulpturenfeldern zu versehen.

Seit 1228 begann man nun mit dem Bau der *Basilika des hl. Franziskus.* Von gotischen Vorbildern angeregt, wurde mit ihm in Umbrien eine Architektur aus einem ganz anderen Geiste eingeführt, die für die zahlreichen Klostergründungen in der übrigen Toskana dann zur Regel werden sollte. Hieraus leitet sich auch die Schwierigkeit ab, eine große Anzahl wichtiger Kirchen, mit deren Bau in der romanischen Zeit begonnen worden ist, zeitlich zu fixieren, weil sie sehr rasch unter gotische Einflüsse gerieten – wobei wir sehen werden, daß die Gotik in Italien niemals dieselbe Kraft besessen hat wie in Frankreich. Der Dom von Siena, der Ende des 11. Jahrhunderts begonnen wurde und dessen Kuppel 1264 vollendet war, hatte zwei Vorgänger, die es wert sind, erwähnt zu werden. Einmal die kleine Kathedrale von Sovana mit ihren drei mit lombardischen Rippengewölben gedeckten Schiffen und einer Kuppel über dem Chor, zum anderen die neuen Zisterzienserkirchen, unter ihnen zum Beispiel S. Galgano. Die vielfachen Umwandlungen des Grundrisses, die Erweiterung des Chorumgangs, das Zurücktreten der Fassade zeigen an, wie groß das Bedürfnis nach einer grundlegenden Veränderung war, und zwar gerade zu dem Zeitpunkt, als sich Siena zu einem der großen Zentren der italienischen Malerei entwickelte.

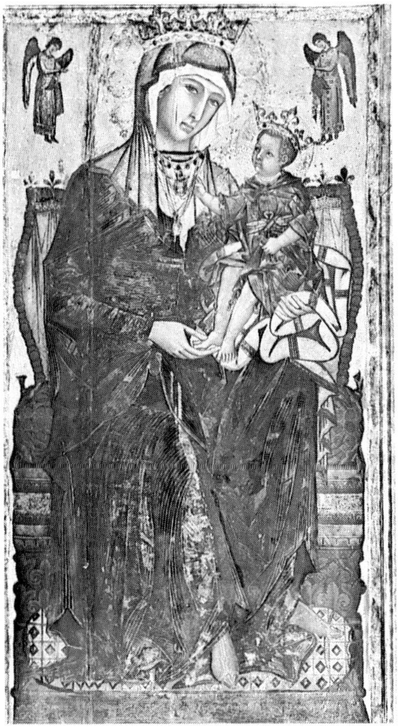

48 Coppo di Marcovaldo, Madonna, 1261. Servitenkirche, Siena

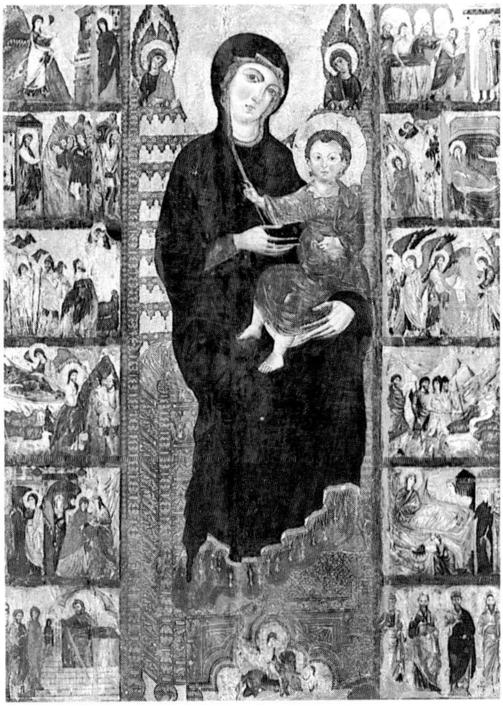

49 Meister von San Martino, Maestà, 1270. Museum Pisa

Malerei und Mosaiken

Wenn in der Malerei von Lucca und Pisa der Gekreuzigte das Hauptthema bleibt, so in Florenz und Siena vor allem die Gestalt der Muttergottes, das Madonnenbild. Dort boten noch die griechischen Ikonen und darunter hauptsächlich die vom Typus der *Hodegetria* – die stehende Muttergottes mit dem Kind auf dem linken Arm – den Anlaß zu einer genauen Zeichnung des Faltenwurfes in ornamentalem Sinn.

Die berühmte *Tafel des Guido da Siena* (im Palazzo Pubblico in Siena) ist insofern kein sehr zuverlässiges Beispiel, als ihre Datierung von 1221 wahrscheinlich einem älteren Bilde zugehört, das man ein halbes Jahrhundert später wiederholt hat. Nach 1250 zeigen sich dann die Bilder mitunter zartfarbig und von einem graziösen Schwung beseelt, wie zum Beispiel der Altarvorsatz von S. Pietro in der Galerie von Siena. Der bedeutendste Künstler im pisanischen Bereich ist dagegen der sogenannte ›Meister von San Martino‹, der zwischen 1260 und 1270 ein schönes Tafelbild der *Maestà* – der thronenden Muttergottes – ausgeführt hat, das von zwölf Szenen aus dem Marienleben umrahmt ist (heute im Museum in Pisa). Diese Tafel besitzt eine solche Lebhaftigkeit und Qualität der Farbe, daß man sich versucht fühlt, diesen für seine Zeit ungewöhnlichen Meister als einen direkten Vorläufer Duccios anzusehen. Kürzlich hat man in diesem Künstler einen gewissen Ranieri d'Ugolino erkennen wollen[53] □ 49.

Die florentinischen Kruzifixe stehen der pisanischen Kunst viel näher als der von Lucca. Drei aus dem Anfang des Jahrhunderts haben sich in San Gimignano erhalten; unter der Stuck-Madonna in S. Maria Maggiore in Florenz befinden sich auch gemalte Teile – *die Verkündigung, die heiligen Frauen am Grabe* – von äußerst verfeinerter Qualität. Hier liegt schon eine ganz manieristische Tendenz und die Vorliebe für das Liebliche vor. Bei Coppo di Marcovaldo, dessen Werk zwischen 1260 und 1274 zu datieren ist (Madonnenbilder in der Servitenkirche in Orvieto und in Siena), ist im Gegensatz hierzu die Form wesentlich bestimmter □ 48. Der Meister der Magdalena (zwischen 1250-1270) ist in dieser Hinsicht auch von Interesse; er fällt durch seine roten und braunen Farbtöne auf goldenem Grund auf, gibt sich aber etwas volkstümlicher. Immer augenscheinlicher

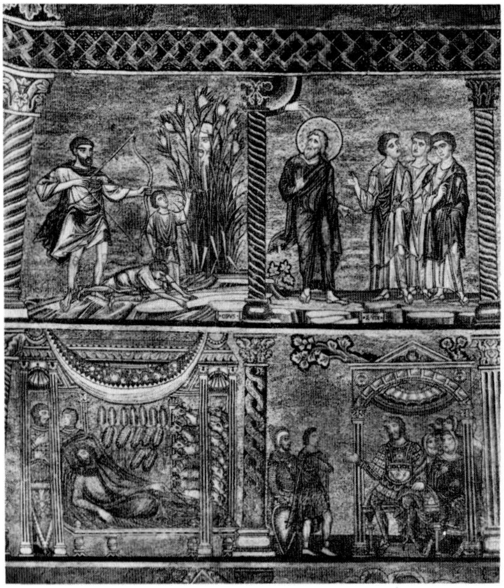

50 Florenz, Detail des Kuppelmosaiks im Baptisterium, 12. Jahrhundert

wird der gegenseitige Austausch zwischen Italien und der byzantinischen Welt, der im Laufe des 13. Jahrhunderts die Emanzipation der italienischen Kunstzentren erlaubte, allen voran Rom mit seinen Mosaizisten, Siena mit Guido da Siena und Duccio, Florenz mit Cimabue[54].

Das größte malerische Ereignis dieser ganzen Zeit aber war in Florenz die Ausschmückung des Baptisteriums □ 50,51. Die Florentiner hielten es immer für eine frühchristliche Gründung, und man kann zugeben, daß seine oktogonale Form und seine auf Säulen ruhenden Architrave eine solche Überlieferung bestätigen mögen. Die Ausbildung des Emporengeschosses, die hohen Arkaden, die den Außenbau rahmen, und die in geometrische Felder eingeteilte Attika, die ihn nach oben zu abschließt, die achtteilige Kuppel aus leichtestem Material, deren Streben von der Bedachung verdeckt sind, gehören der romanischen Zeit an. Die Weihe des Bauwerkes fand im Jahre 1059 statt, jedoch die Verkleidung mit weißem und grünem Marmor an der Außenseite, die Eckpfeiler mit ihren wechselnden Steinlagen, die Fenster mit ihrer geometrischen Zeichnung, die strenge Entfaltung des Dekors müssen dem 12. Jahrhundert angehören. Die rechteckige *Scarcella* wurde erst 1202 an die Stelle der Apside gesetzt. Dieses Monument, ursprünglich eine Kirche, besaß Taufbecken, die Dante (Inferno, XIX 16-18) in seiner Hölle besingt, indem er sie mit den Löchern vergleicht, in denen die Simonisten das ewige Feuer erleiden:

(ne) men ampi né maggiori
che que' che son nel mio bel san Giovanni
fatti per luogo de' battezzatori

Der »bel san Giovanni« ist demnach eine Art Mischung aus spätrömischen, frühchristlichen und byzantinischen Elementen, aber er hat mehr vom Wesen, der Weite und der Würde der Raummaße seiner Vorbilder bewahrt als irgendwelche Einzelheiten.

Die Mosaiken der *Scarcella* oder Chornische von 1225 schreibt man ebenso wie das Fassadenmosaik von San Miniato einem gewissen Jacopo Francescano zu, der wahrscheinlich aus dem Venezianischen stammte. Mit der Ausschmückung der Kuppel war das ganze 13. Jahrhundert befaßt; sicherlich sind auch die ersten großen Geister der toskanischen Malerei, darunter wohl auch Cimabue, in dieser Werkstatt herangebildet worden, in der sich im Laufe der Jahre die verschiedenartigsten Meister betätigt haben. Der Meister der Höllendarstellung zeigt sich durch seine im höchsten Grade gesteigerten Wirkungseffekte der Art des Giunta und der des Coppo verwandt. Der Meister der Josephslegende kündigt bereits Giotto an. Nach byzantinischem Muster ist hier die Komposition hierarchisch aufgebaut und zeigt in überein-

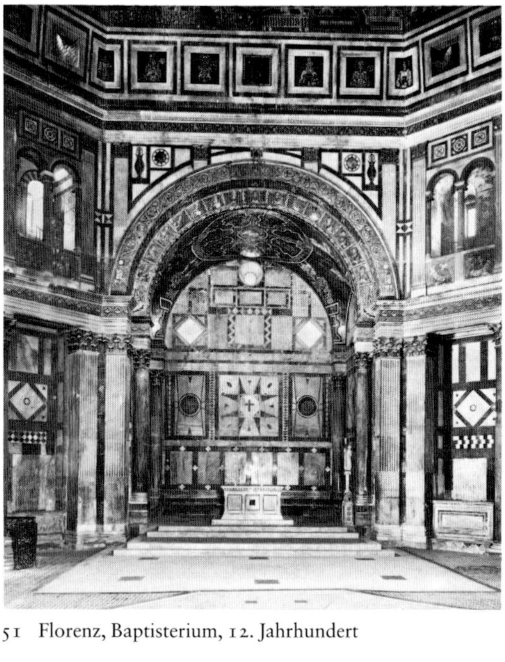

51 Florenz, Baptisterium, 12. Jahrhundert

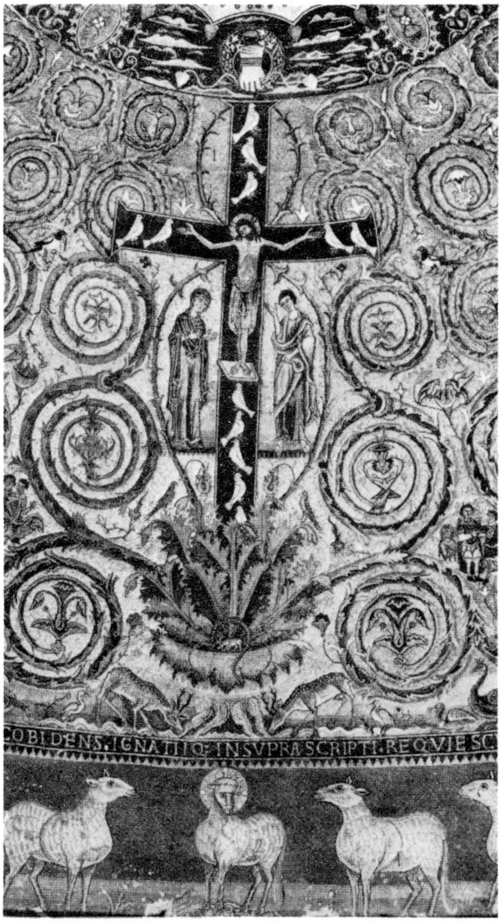

52 Rom, Apsismosaik in S. Clemente, 13. Jahrhundert

anderliegenden Zonen eine gewaltige Anhäufung von Themen. Oben in der Mitte erscheinen die Engelschöre. Über der *Scarcella* thront der Pantokrator in einer kreisförmigen Mandorla, drei der ringförmigen Bildstreifen zusammenfassend. Zu seiner Linken sieht man eine von Figuren wimmelnde Hölle und zu seiner Rechten das himmlische Jerusalem, an westromanische Bildtypen erinnernd. Die übrigen Felder der Kuppel sind in vier Geschosse geteilt, deren jedes einen Zyklus aus dem Alten Testament enthält. Ihre Trennung geschieht durch übereinander angeordnete Säulen, die konvergierend zu dem himmlischen Baldachin des Gewölbes aufzusteigen scheinen, dorthin, wo sich der wirkliche Raum in dem unwirklichen Goldgefunkel verliert. Das Ganze mag einem ein wenig wirr vorkommen, jedoch besitzt es eine solche dekorative Kraft, daß es sich dem gesamten Gefüge dieser Taufkirche auf das wunderbarste anpaßt. Für die Künstler der Toskana, Giotto inbegriffen, sollte das Baptisterium für lange Zeit eine ikonographische Quelle ohnegleichen werden. Der Meister der Legende des hl. Joseph und des hl. Johannes des Täufers, konnte auf Grund seines Einfallsreichtums und seiner Modernität mit den lothringischen Emailkünstlern in Verbindung gebracht werden[55].

Rom

Architektur, Inkrustationen, Mosaiken

In den hundert Jahren, in denen der Kampf zwischen Sacerdotium und Imperium ausgetragen wurde, verödete Rom in künstlerischer Beziehung auf das erschreckendste. Die großen Basiliken zerfielen, und es fehlte ebensosehr an Geld wie an geeigneten Künstlern, um sie wiederherzustellen. 1045 wurde in der Christenheit eine Sammlung für Sankt Peter in Rom veranstaltet, 1050 für S. Paolo fuori le mura. 1084, auf dem Höhepunkt des Streites zwischen Gregor VII. und Heinrich IV., wurden die kaiserlichen Truppen durch Robert Guiscard aus Rom verjagt, aber die normannischen Krieger zerstörten bei dieser Gelegenheit mehrere Stadtteile samt ihren Kirchen, so auch die alte Kirche S. Silvestro, die von Stephan II. dem hl. Dionysius geweiht worden war. S. Clemente und die Kirche SS. Quattro Coronati wurden niedergebrannt und in verkleinerter Form wieder aufgebaut. »Rom, du bist nur noch eine Ruine, und dennoch kann sich nichts mit dir vergleichen!« schrieb 1107 der französische Bischof Hildebert de Lavardin in einem romantischen Gedicht.

Paschalis II. (1099-1118) und seine Nachfolger bemühten sich von dem Augenblick an, als der Sieg des Heiligen Stuhles sich ankündigte, auch Rom seine monumentale Größe und Würde zurückzugeben. So erstand über den Trümmern der alten Kirche *S. Clemente* zu dieser Zeit (1108) eine zweite Kirche, an die sich ein Vorhof mit Säulenumgang anschließt □52. Mit ihren drei Schiffen ist sie ein wichtiges Beispiel für das Bestreben, den frühchristlichen Stil mit seiner kostbaren und schimmernden Atmosphäre wieder aufleben zu lassen. Genau wie in S. Maria in Cosmedin unterbrechen Pfeiler die Abfolge der sechzehn Säulen des Schiffes; die Chorschranken, die Brüstungsplatten, der Marmorfußboden mit seiner geometrischen Zeichnung – all dies sind regelrechte Rekonstruktionen unter Verwendung alter Teile. Besonders wiederholen die Mosaiken das alte Motiv des Weinstocks aus dem Baptisterium des Lateran mit großer Kraft.

Rom nahm also die eigentliche romanische Kunst ebensowenig zur Kenntnis, wie es später auch an der gotischen – bis auf eine einzige Ausnahme – vorübergehen sollte. Das Volk, das den feierlichen Ansprachen eines Arnold von Brescia tief interessiert lauschen wird, hatte nur für die Antike Sinn. Nach S. Clemente war es *S. Maria in Cosmedin*, mit deren Wiederaufbau man 1119 begann. Sie erhielt eine Vorhalle, drei Schiffe und Ambonen, dazu – wie üblich – eine flache Decke. 1140 führte man an *S. Maria in Trastevere* in einer Art von neoklassischem Purismus den Architrav über ionischen Säulen wieder ein, was schon an früheren kleinen Bauten, wie in S. Chrysogonus, geschehen war – ein Gedanke, der übrigens an S. Lorenzo fuori le mura wieder aufgenommen werden sollte. In all diesen Bauten erscheint auch die Säulenhalle vor dem Eingang wieder, vor allem aber werden sie in der Apsis und an der Fassade durch Mosaikenschmuck ergänzt und ihre Fußböden verschwenderisch mit Marmorbelag ausgestattet. Hier ist man so weit wie nur möglich entfernt von der modernen Architekturbewegung des Nordens, die sich in geschlossenen Baumassen, Mauern, Gewölben und Skulpturenschmuck gefällt. Zur farbigen Ausgestaltung der Sakralbauten bediente man sich der traditionellen Polychromie der Steine, nicht jedoch des Freskos oder des Glasgemäldes. Hier in Rom war es aber nicht mehr das antike Vorbild, sondern vor allem die Verbindung mit Byzanz, auf die man zurückgriff. Die Päpste wandten sich mit ihren Wünschen daher an die Werkstatt von Monte-Cassino, die kurz zuvor dank dem Zustrom von Künstlern aus Byzanz wiedererstanden war; damit gelangten die alten Techniken wieder nach Rom.

Es scheint tatsächlich, als seien in Rom seit der unter Gregor IV. (827-844) erbauten karolingischen Kirche San Marco und dem Wiederaufbau S. Clementes, denen die Kirchenanlagen S. Maria in Trastevere und S. Maria Novella (1161) gefolgt waren, Mosaiken nicht mehr verwandt worden. Die traditionell gebundenen Kunsthandwerker entfalteten bei der Ausschmückung der Apsis den üblichen Lämmerfries und darüber eine Gruppe von Heiligen, die Christus und seine Mutter von beiden Seiten her einrahmen, am Scheitelpunkt eine Art von vielfarbigem Pavillon. Immerhin wurde etwas Zeitgemäßes hineingebracht: So befinden sich neben den Propheten, die den Triumphbogen flankieren, Vögel in Käfigen, die die Gefangenschaft Christi im Fleische versinnbildlichen sollen – vielleicht ein neuer ikonographischer Einfall! Vor allen Dingen aber muß die Krönung Mariens in der Apsis von S. Maria in Trastevere, die eher elegant als hieratisch aufgefaßt ist, von einem Glasgemälde abgeleitet werden, das von dem französischen Abt Suger der ersten Kathedrale von Paris gestiftet worden war[56]. Die Kunst des Mosaiks, die jetzt in Rom eine neue Blüte erlebte, sollte hier eine größere Bedeutung als anderswo erlangen. Die benediktinische Werkstatt von Monte-Cassino war schon in voller Auflösung begriffen, als mitten im 13. Jahrhundert die römische Schule Meister hervorbringen sollte, die unabhängig von den rein byzantinischen Formen waren, wie sie noch in der Abtei von Grottaferrata zu Ende des 12. Jahrhunderts zu beobachten sind, und die jetzt danach strebten, sich den großen Bildzyklen des Westens anzugleichen.

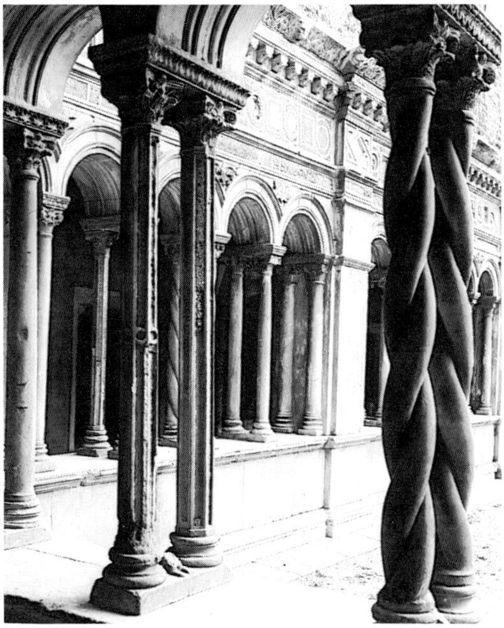

53 Rom, Kreuzgang von S. Giovanni in Laterano, 1225-1235

Die gleiche Beobachtung kann man in bezug auf die Marmorarbeiten machen; die reichen geometrischen und vielfarbigen Ornamente, die auf den Fußböden in S. Maria in Trastevere und einigen fünfzehn anderen Kirchen wie S. Clemente, Ara

Coeli etc. sich finden (alle im 12. Jahrhundert erbaut oder wiederaufgebaut), stammen aus Monte-Cassino. Man tritt auf sie wie auf Teppiche, auf denen große Radformen aus Marmor mit Flechtwerk verknüpft sind; es sind vielfarbige Gebilde, die zweifellos an die schimmernden Marmorfußböden byzantinischer Paläste erinnern, wenngleich in ihnen irgendwo immer das römische Erbe spürbar bleibt. Nun bildeten sich ganze Handwerker-Dynastien, die man allgemein mit dem Namen ›Cosmaten‹ bezeichnet. Es gibt übrigens mehrere Meister, die unter dem Namen ›Cosmas‹ gehen, andere, die Vassalletto heißen, und zwar seit etwa 1150. Durch die Entwicklung der Inkrustation an den Fassaden und an den Windungen der Säulen boten sich nun neue dekorative Themen an, und ihre Anwendung führte schließlich zu einer Verbindung mit den ornamentalen Vorstellungen der romanischen Kunst. Der zierliche Kreuzgang Vassallettos an S. Giovanni in Laterano □ 53, der heute noch so geordnet und strahlend wirkt (1225 bis 1235), sowie der Ambo von S. Lorenzo fuori le mura (um 1220) und der prächtige Osterleuchter in St. Paul vor den Mauern, gehören zu den reifen Spätwerken dieser Kunst. Einige dieser Meister des Ornaments, die sich auch als Architekten betätigten, wie Jacopo di Lorenzo und sein Sohn Cosmas, haben diese Kunst an der Fassade des *Domes von Civita Castellana* zwischen Rom und Viterbo (1210) zu klassischen Formen verfeinert. Die ganze Anlage – die ionischen Säulenhallen mit ihrem Gebälk und großer Mittelarkade, die zarten Inkrustationen an den Friesen – nimmt die Reinheit der Pazzi-Kapelle Brunelleschis schon deutlich vorweg. Die gleiche Vorliebe für farbig-leuchtende Elemente in der Architektur äußert sich auch an den Glockentürmen. Sie wurden während des 12. Jahrhunderts in großer Zahl in Rom erbaut und immer mit Marmorkreuzen und weißen, mit den rötlichen Ziegelsteinen stark kontrastierenden Kragsteinen und kleinen Tabernakeln verziert. Diese hohen, ein wenig wie Feudalbauten wirkenden Türme kamen zu dieser Zeit stark in Aufnahme und sind eigentlich die einzige bedeutsame Spur von Einflüssen aus der Lombardei beziehungsweise aus dem Norden, ja offenbar die einzige sichtbare Konzession Roms an die romanische Kunst. Man findet darunter alle Arten, so den archaischen Typ mit je zwei Öffnungen in jedem Geschoß (*S. Maria in Cappella,* 1290), den mit kleinen Mittelsäulchen in den Fensterhöhlen (*S. Bartolomeo auf der Tiberinsel,* um 1110) oder den noch weiter entwickelten mit drei Öffnungen und zwei Säulchen, die von Pilastern gerahmt sind: so zum Beispiel bei *S. Maria in Cosmedin* und bei *S. Pudenziana,* 12. Jahrhundert; vielleicht stammt die letztere Form von dem runden Glockenturm an S. Apollinare Nuovo in Ravenna ab. Schließlich gibt es den noch reicher durchbrochenen Typ mit vier Öffnungen und drei Säulchen (*S. Francesca Romana, S. Alessio*), den man zu Unrecht geglaubt hat, von der alten Peterskirche herleiten zu können[57].

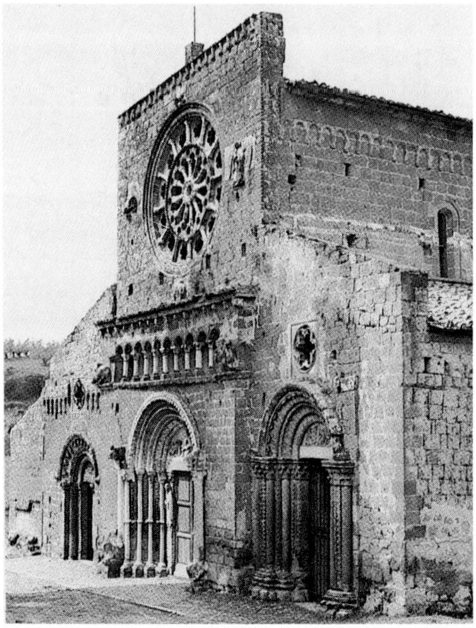

54 Toscanella, S. Maria Maggiore, 12. Jahrhundert

Die Originalität der zahlreichen romanischen Basiliken in Latium hängt also mit der harmonischen Assimilierung lombardischer Formen zusammen; diese sind unverkennbar in *S. Maria di Castello* in Tarquinia (begonnen 1121, mit drei Schiffen und Rippengewölben) sowie in den Kirchen von Viterbo, nämlich S. Sisto und S. Giovanni in Zoccoli. Ihre Begegnung mit der Überlieferung des römischen Basilikatyps wird an der schönen Baugruppe von Tuscania oder Toscanella klar: *S. Maria Maggiore* (12. Jahrhundert) besitzt eine reiche Fassade mit Rose und einer Zwerggalerie darunter □ 54, das Innere zeigt einen mit Flechtwerk überzogenen Ambo und Fresken mit dem Jüngsten Gericht am Triumphbogen. *S. Pietro Maggiore,* das Ende des 11. Jahrhunderts erneuert wur-

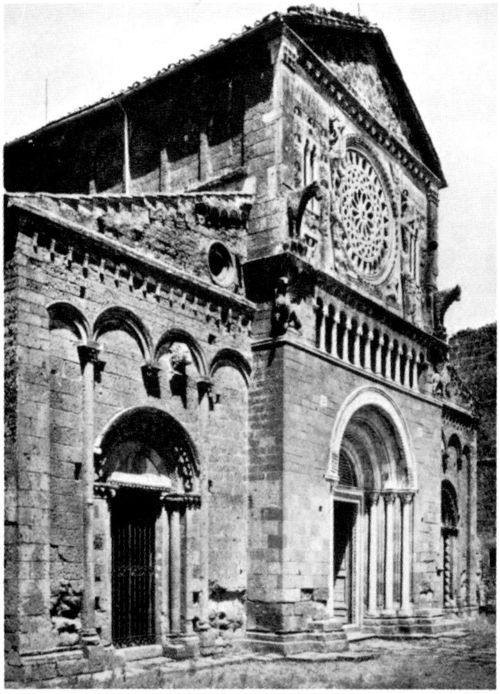

55 Toscanella, S. Pietro Maggiore

de, 1870 ziemlich verrestauriert, besitzt aber als Abschluß seines aus dem 8. Jahrhundert stammenden Langhauses eine elegante Fassade mit drei Portalen pisanischer Art, einer feinen Zwerggalerie und zahlreichen Bruchstücken älterer Herkunft □ 55.

Die Wandmalerei schließlich erfuhr im ganzen römischen Bereich zu dieser Zeit ein interessantes Wiederaufleben, worunter die bemerkenswerteste zweifellos der Freskenzyklus in der Krypta der Kirche von *Anagni* (zwischen 1231 bis 1251) ist. Man hat hierbei drei Werkstätten unterschieden, in denen gleichzeitig die römische Tradition des Grandiosen (die Greise der Apokalypse) und die zarte Beseelung der Zeichnung wieder auflebten.

Die Seerepubliken: Pisa und Bari

Pisa: Architektur

Pisa kann nicht im eigentlichen Sinne als toskanisch gelten; es geriet erst im Jahre 1405 in Abhängigkeit von Florenz. Seine große Zeit war das 11. Jahrhundert bis zu der Niederlage von La Meloria (1284), in der Pisa die Herrschaft über das Tyrrhenische Meer einbüßte.

Die siegreichen Eroberungszüge nach Reggio di Calabria (1005) und nach Palermo (1063) wurden an der Fassade des Domes in einer Inschrift festgehalten, wobei der Architekt nicht vergaß, seinen eigenen Namen ›Buschetos‹ hinzuzufügen und den stolzen Zusatz machte: *non habet exemplum niveo de marmore templum* – dieses ist ein Gotteshaus, das seinesgleichen nicht hat. Im Gegensatz zu den Toskanern brüsteten sich die Pisaner damit, Neuerer zu sein, und in der Tat gibt es nichts, das diesem ungewöhnlichen Meisterwerk irgendwie vergleichbar wäre, das durch seine Beziehungen zu S. Demetrius in Saloniki aus allem, was in der Toskana gebräuchlich war, ganz herausfällt. Unvergleichlich ist auch die szenische Vereinigung von Dom (1063-13. Jahrhundert), Baptisterium (1153 bis 14. Jahrhundert), Campanile – der sogenannte schiefe Turm von Pisa – (1173-1350) und Campo Santo (1278 bis 15. Jahrhundert) an einem Platz. Die drei Teile der Kirche sind zwar wie drei getrennte Monumente behandelt, aber zu einer feierlichen Gruppe von höchstem Reiz zusammengefaßt □ 56.

An dem 1118 geweihten *Dom* baute in der zweiten Hälfte des gleichen Jahrhunderts ein Meister namens Rainaldus, der das Langhaus verlängerte und eine neue Fassade hinzufügte. Man hat dabei unter den traditionellen Motiven eine überzeugende Wahl getroffen: Der Grundriß über einem lateinischen Kreuz wird durch ein weit herausspringendes Querhaus mit Seitenschiffen bestimmt. Es sind fünf Schiffe vorhanden, aber die Chorapside ist nur an das Mittelschiff angefügt. Eine ovale Kuppel krönt die Vierung. Auf das Hauptschiff, das von achtundsechzig starken korinthischen Säulen begrenzt wird, die die Arkaden tragen, öffnen sich Emporen, deren Pilaster mit wechselnd weißen und schwarzen Steinschichten ein farbiges Element hineinbringen. Der spitzbogig gebrochene Triumphbogen verleiht dem Ganzen den Eindruck großer Höhe. Die Außenmauern sind mit einer ungewöhnlichen Sorgfalt behandelt, so daß das Bauwerk gleichsam einem von allen Seiten sichtbaren köstlichen Reliquienschrein ähnelt: Lisenen, Blendarkaden und Fensterumrahmungen verbinden sich in allen drei von Gesimsen deutlich getrennten Geschossen. Die Wirkung des Kostbaren wird noch gesteigert durch Rosetten und mehrfarbige Inkrustationen. Im Gegensatz hierzu ist an der Fassade die ganze Wirkung auf das Spiel der vier Loggiengalerien abgestellt, die die Mauer hinter eleganten Säulchen tief aushöh-

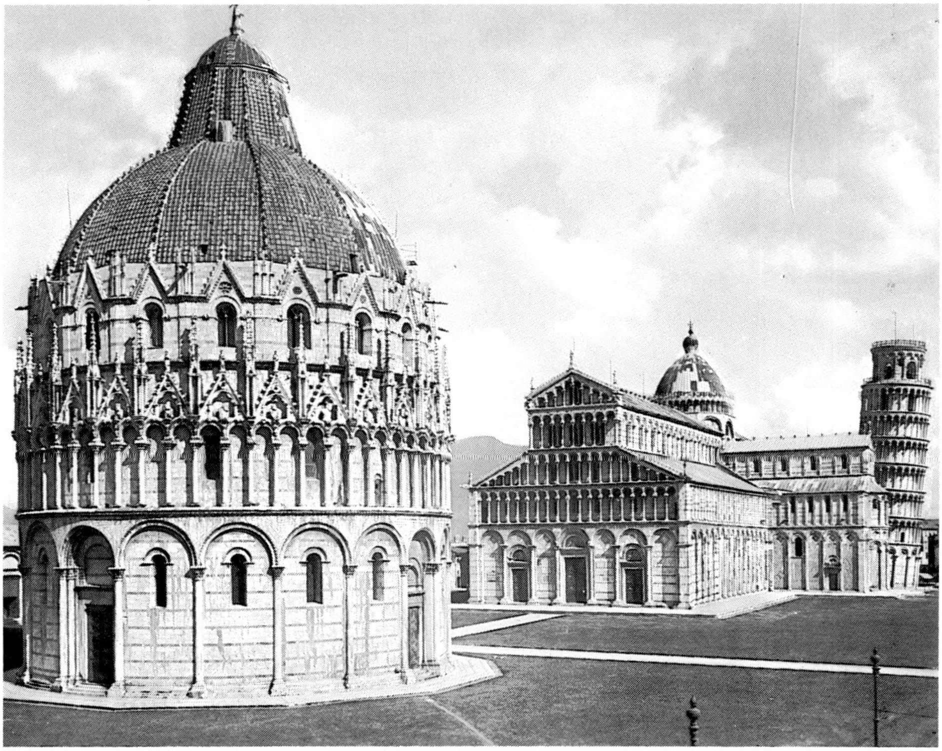

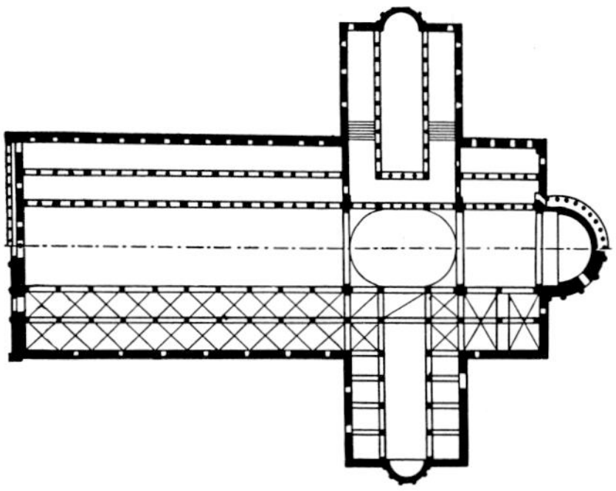

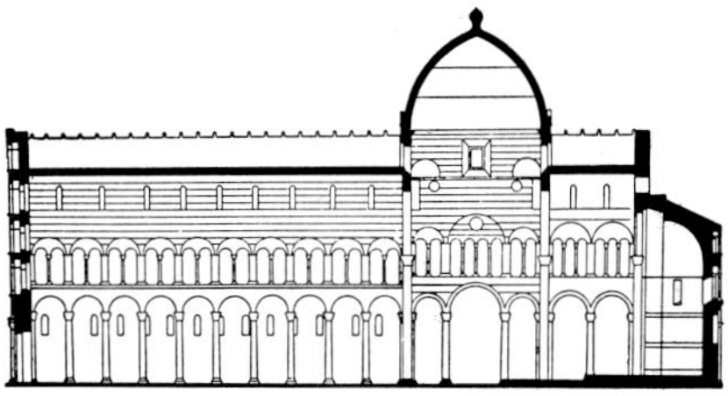

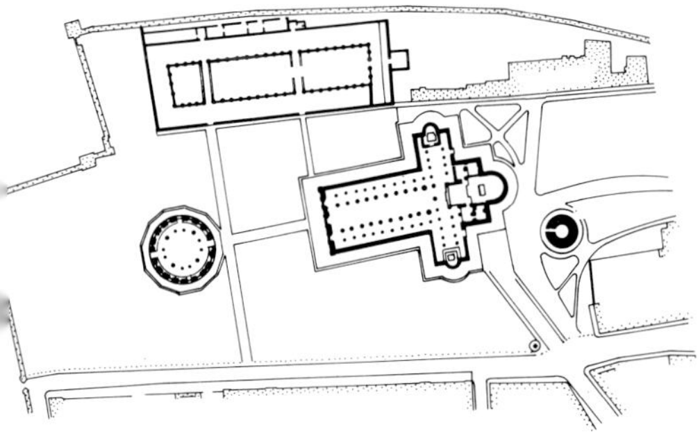

56
Pisa
Baptisterium, Dom und Campanile
1063-14. Jahrhundert
Plan des Campo Santo
Dom, Längsschnitt und Grundriß

len und ihr eine bemerkenswerte Bewegtheit und ausgewogene Einheitlichkeit verleihen. Im Erdgeschoß umziehen die hohen Blendarkaden den ganzen Bau, an der Fassade werden sie von drei Portalen durchbrochen. Das Hauptportal ist umrahmt von zwei Säulen, die von einem antikisierenden Laubwerk umwunden sind, seine bronzenen Türflügel (1180) sind dem Brande von 1596 zum Opfer gefallen. So blieben nur die Türen des Querhauses erhalten, die von dem gleichen Meister Bonanus von Pisa stammen, der auch das Portal von Monreale in Sizilien geschaffen hat. Man steht voller Bewunderung vor der gestreckten Feinheit dieser Formen, die bis zur Überschlankheit getrieben wird[58].

Das *Baptisterium* wurde von Diotisalvi 1153 über einem zentralen Grundriß entworfen, sein architektonischer Schmuck entspricht dem des Domes. Die Giebel und gotischen Ornamente stammen aus der Zeit des Giovanni Pisano, sind also hundert Jahre später entstanden; die Kuppel ist aus dem 14. Jahrhundert. Den *Campanile* schließlich hat der Hüttenmeister Bonanus geschaffen; es ist ein zylindrischer Turm, der wie der Dom von Loggiengalerien umzogen wird. Die starke Neigung, die er schon bald nach Baubeginn aufwies, durch die aber die Arbeiten an ihm nicht unterbrochen wurden (1301 wurden im sechsten Geschoß die Glocken aufgehängt und etwas später errichtete man das siebente Geschoß in 55 m Höhe), vermittelt den Eindruck einer Spirale.

Dieser eigenartige Dekor ist das letzte Wort des malerischen Stils von Pisa, der über die Mauerfläche eine ziselierte Fassung legte, die im Lichte zu funkeln scheint. Der Schmuck der Türen des Baptisteriums scheint von sizilianischen Händen herzurühren; er verbindet mit kräftigem Laubwerk Felder, die von byzantinischen Elfenbeinen auf den Türsturz übertragen zu sein scheinen und in freierer Weise dann auf das Gewände.

Fast alle Pisaner Kirchenbauten sind diesen Vorbildern treu geblieben, so *S. Frediano*, das vielleicht dem ursprünglichen Bau des Buscheto am nächsten kommt; *S. Paola a Ripa d'Arno* (1148) scheint eine reduzierte Form der Schöpfung Rainaldos. Die Ausstrahlung der pisanischen Kunst, worunter der Dom des Buscheto ein mittelmeerisches Paradox am Rande der Toskana darstellt, griff auch auf die von Pisa beherrschten Inseln und Häfen über. In Sardinien zum Beispiel läßt sich die Basilika S. Gavino in Porto Torres aus dem Anfang des 12. Jahrhunderts mit ihrer doppelten Apsis, ihrem Langhaus mit Stützenwechsel und ihrem glanzvollen Dekor von dorther ableiten und gibt ihrerseits wiederum den Anlaß für eine ganze Gruppe weiterer Bauten, nämlich S. Maria di Silano und S. Giusta d'Oristano. Aber ihr Radius erstreckte sich auch ins Hinterland von Pisa, wie in das Val de Nievole, vor allem aber nach Lucca und Pistoia. Ja, sogar über Florenz hinaus macht sich dieser Einfluß bemerkbar, denn man findet die pisanischen Galerien auch an der Fassade der Pieve-Kirche in Arezzo wieder.

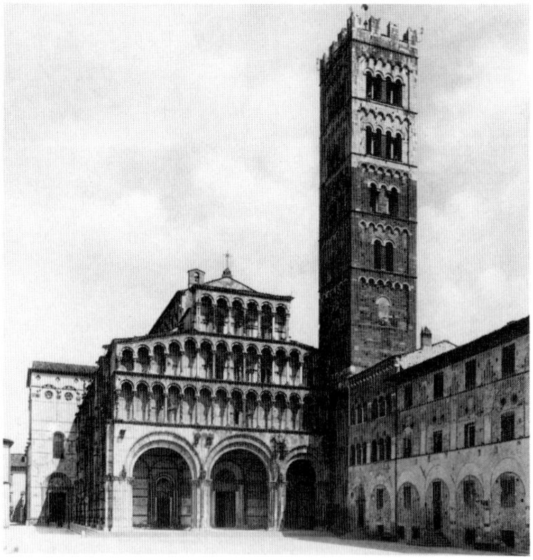

57 Lucca, Dom S. Martino, 1204

Die Baumeister von Pistoia sollten bald darauf dem pisanischen Stil eine noch farbigere Note geben. So verbinden sich in der 1156 entstandenen Kirche S. Andrea die zweifarbigen Steinschichten außerdem mit großen und kleinen Arkaden, nicht ohne dadurch ihren Ausdruckswert zu wandeln. Der grün und weiß gemusterte Fußboden in *S. Giovanni Fuorcivitas* (Ende des 12. Jahrhunderts) erhält durch diese Zweifarbigkeit eine ungemeine Leuchtkraft und Intensität.

In Lucca sind die Langhäuser von *S. Alessandro* und *S. Frediano* (1147) direkt von Pisa inspiriert, allerdings nicht ihre Fassaden, weil an ihnen Säulchen unter Architraven dazutreten. Im *Dom S. Martino*, den Guidetto 1204 erbaute □ 57, öffnet sich unter den Säulengalerien der Fassade eine tiefliegende Vorhalle, und in *S. Michele in Foro* wiederholen sich in den oberen Teilen die gestreckten Blendarkaden der Portalzone in Form von kleinen Säulengalerien, die durch die Höhe des Giebels noch schlanker und kapriziöser wirken.

Pisa: Skulptur

Pisa, als Seefahrerstadt, liebte es, auf den Chorschranken und dem farbigen Marmor der Wände Rosettenschmuck und allerlei Muster aus dem Orient anzubringen. Von der Mitte des 12. Jahrhunderts an jedoch fühlten sich die pisanischen Künstler veranlaßt, auf die Anregungen der lombardischen Skulptur einzugehen. Der erste bedeutende Meister unter ihnen, Guglielmo, schuf zwischen 1159 und 1162 einen großen *Ambo* (dieser wurde 1311 abmontiert und in Cagliari in Sardinien wieder aufgestellt). Auf seinen Friesen reihen sich auf mosaiziertem Grunde erzählende Motive, die aus der Sarkophagplastik übernommen sind. Auf ihn sind wohl auch die Architrave mit den nach römischem Muster gedrungenen kleinen Gestalten zurückzuführen, wie der des Gruamonte in S. Giovanni Fuorcivitas in Pistoia, der noch flacher wirkt, ferner die Reliefs des Biduinus (1130) in S. Cassiano in Pisa und in der Misericordia in Lucca. Die Kunst der monumentalen Ambonen findet ihre Fortsetzung in der Kirche des hl. Januarius in Capannori (1162) und in S. Michele in Groppoli in der Nähe von Pistoia (1194). Nach 1200 verraten die bildhauerischen Werke eine genauere Kenntnis der Meister der Lombardei, was vor allem in S. Martino in Lucca festzustellen ist. Hier schmückte Guidetto die Vorhalle mit großblättrigem Laubwerk, und ebendort schuf ein von Antelami ausgegangener Meister rings um das Mittelportal mit sicherer Hand die *Szenen aus dem Leben des hl. Regulus.* Auf dem rechten Tympanon heben sich die vornübergebeugte Gestalt des hl. Regulus und die seines Henkers gegen den glatten Hintergrund klar ab. Ebenfalls im 13. Jahrhundert hat ein unbekannter Luccheser Bildhauer die berühmte Gruppe mit dem *hl. Martin zu Pferde* geschaffen, der seinen Mantel mit dem Bettler teilt; sie steht auf Konsolen an der Fassadenwand (jetzt durch eine Kopie ersetzt, das Original befindet sich im Innern des Domes). Diese Reiterfigur in ihrem weiten Mantel könnte nach irgendeinem klassischen Vorbild gestaltet sein, der große zitternde Bettler ist wohl mehr eine eigene Erfindung. Aber ganz besonders ist es die Kunst der großen *Kanzeln,* durch die Pisa und sein Einflußbereich einen gewaltigen Beitrag zu der mittelalterlichen Kunst der Skulptur in der Mitte des 13. Jahrhunderts leisteten. Sie entstanden nun Schlag auf Schlag: 1250 nimmt in S. Bartolomeo in Pantano in Pistoia ein aus Como stammender Meister namens Guido Bigarelli den Gedanken des Guglielmo wieder auf, ordnet jedoch seine Reliefs auf glatten Gründen in strenger Felderaufteilung an. In Barga bei Pisa errichtet eine Werkstätte aus der Schule des Guidetto, die auch an S. Michele in Lucca gearbeitet hat, um die Mitte des Jahrhunderts eine Kanzel mit Inkrustationen und figürlichen Darstellungen. Im Jahre 1260 schließlich schafft Niccolò Pisano seine berühmte große Kanzel im Baptisterium von Pisa, mit der eine neue Aera der Skulpturenkunst eingeleitet wird □ 58.

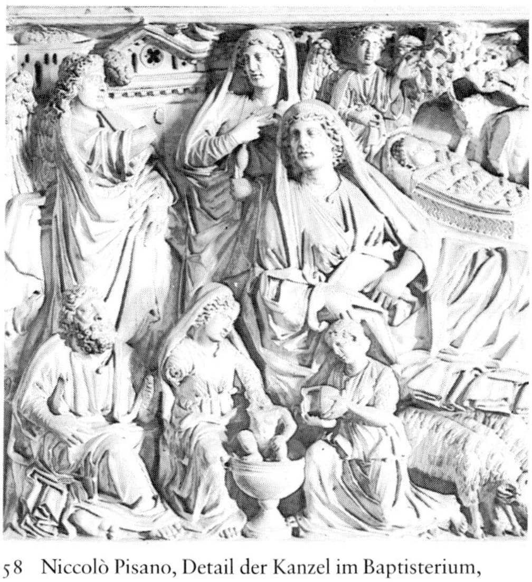

58 Niccolò Pisano, Detail der Kanzel im Baptisterium, Pisa, 1260

Pisa: Malerei

Im romanischen Italien übernehmen die Marmorverkleidungen, die Mosaiken und, seltener, die Fresken in Wahrheit die Rolle der Malerei. Eine weitere Ergänzung findet sie in den Werken der Goldschmiedekunst, der Email- und Elfenbeinarbeiten am liturgischen Gerät. Aus dieser doppelten Quelle, sei sie nun monumentaler oder kunsthandwerklicher Art, wie sie Byzanz und die karolingische Kunst geprägt hatten, sollte sich im Verlauf des 12. Jahrhunderts langsam eine unabhängige Malerei ablösen.

Diese Produktion stand ganz im Zeichen der geistlichen Bedürfnisse und nahm ihren Anfang in Pisa und Lucca. Es handelt sich hier vor allem um die großen Kruzifixe, die auf Holz oder auf gespanntes Leder gemalt wurden und für die Ikonostasis oder den Triumphbogen bestimmt waren.

Eigentümlich sind ihnen die kleinen Szenen aus dem Leben der Heiligen, aus den Evangelien oder der Passion, die den Körper Christi einrahmen. Daneben entstanden Malereien für Tabernakel und Antependien, die sich dann später zu den großen Altarbildern entwickelten. Man sollte übrigens nicht die sogenannte ›Leidensikonographie‹, die dem *Christus triumphans* der Tradition (Kathedrale von Sarzana, *Kreuz* von A. Sotio im Dome von Spoleto, 1187) den schmerzverzerrten oder in S-Form zusammengezogenen Körper Christi gegenüberstellt (*Kruzifix* im Dom von Pisa, heute Museum), für die freiere und abendländischere Lösung halten.

In Lucca war es Berlinghieri, der 1228 als Leiter einer Werkstatt erwähnt wird, die den Typus des starren Christus mit offenen Augen, leicht gemildert mit einer kleinen Anzahl von Figuren wie Maria und Johannes, in einem linearen Stil von schöner Gespanntheit übernahm. Seinem Sohne Bonaventura wird ein 1235 signiertes Bild zugesprochen, das den *hl. Franziskus* darstellt (Kirche in Pescia); es umfaßt je sechs kleine Bilder zu beiden Seiten des Heiligen, deren Stil unpersönlich, streng frontal ausgerichtet und wie auf den Goldgrund aufgewalzt wirkt; hier ist der Heilige als ein orientalischer, übermenschlicher Asket dargestellt. Die kleinen Szenen sind zwar von unterschiedlicher Qualität, aber das Ganze bleibt ausgesprochen graphisch und ist von fast orientalischer Phantastik erfüllt. Wie in der Szene der Vogelpredigt offenbaren die Bilder einen erstaunlichen Sinn für den Wirklichkeitsgehalt der Lebewesen (Blumen und Tiere)! Es ist eine der Schöpfungen, die man oftmals für den Wandel der Kunst unter dem Einfluß der neuen franziskanischen Empfindsamkeit angeführt hat □ 59. Dasselbe trifft in Pisa für Giunta Capitini, gen. Pisano (nachgewiesen 1241 bis 1254), zu, der als Vertreter des byzantinischen Expressionismus mehr den ›pathetischen‹ Typ anwandte und dadurch der allgemeinen Erschütterung durch die franziskanische Bewegung genau entgegenkam. Es handelt sich hier, wie in den Vorstellungen des Bonaventura, um die gleiche Vision von Schmerz und Schrecken. Der Körper dieses *Leidenden Christus* bildet eine Art schematischen Bogen, bei dem das Heraustreten der Rippen und die Verzerrung des Gesichtes durch Schatten und aufgesetzte Lichter betont werden. Der Kruzifixus, der 1236 für den Bruder Elias gemalt wurde, ist verlorengegangen, dafür ist aber der von S. Maria degli Angeli in Assisi aus dem Jahre 1241 noch vorhanden. Der Art des Giunta kann man in Pisa die des Enrico di Tedice, der 1254 erwähnt wird, als lebhafter und bewegter gegenüberstellen, wenn dieser wirklich der Meister der Madonna mit den Szenen aus dem Leben Jesu (im Bargello) ist. Ferner fand die Kunst des Giunta in Umbrien ihre Weiterentwicklung in einem Maler, der als der ›Meister des hl. Franziskus‹ bezeichnet wird. Seine Tätigkeit fiel jedoch mit dem Beginn der Ausschmückung der Basilika S. Francesco in Assisi zusammen, wo die Zusammenarbeit toskanischer und römischer Künstler eine rasche Überwindung des romanisch-byzantinischen Formalismus zur Folge haben sollte.

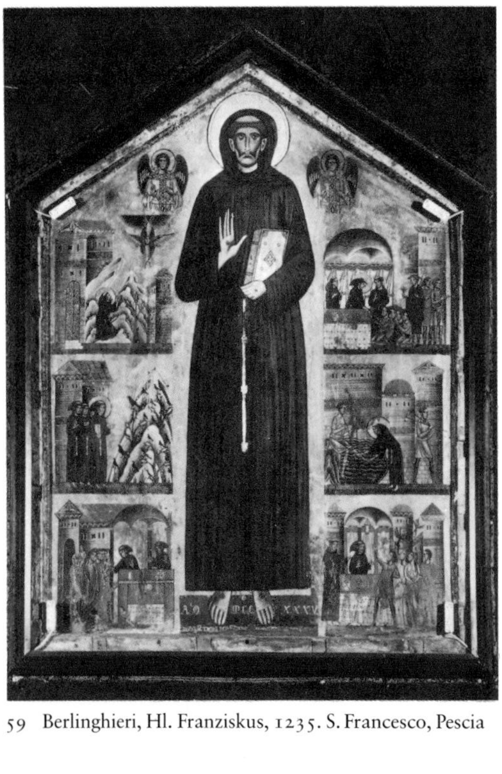

59 Berlinghieri, Hl. Franziskus, 1235. S. Francesco, Pescia

Bari: Architektur

Die *Kathedrale von Troia* (1093-1125) ist eine direkte Nachahmung derjenigen von Pisa, zum mindesten im unteren Geschoß, das mit hohen Arkaden und eingeschriebenen Rautenmustern dekoriert ist. Die Giebelpartie mit der Rose dagegen zeigt andere stilistische Elemente. Die Fassade von *S. Maria di Siponto*, die ihrerseits von Troia abhängt, ist unvollendet geblieben. Der pisanische

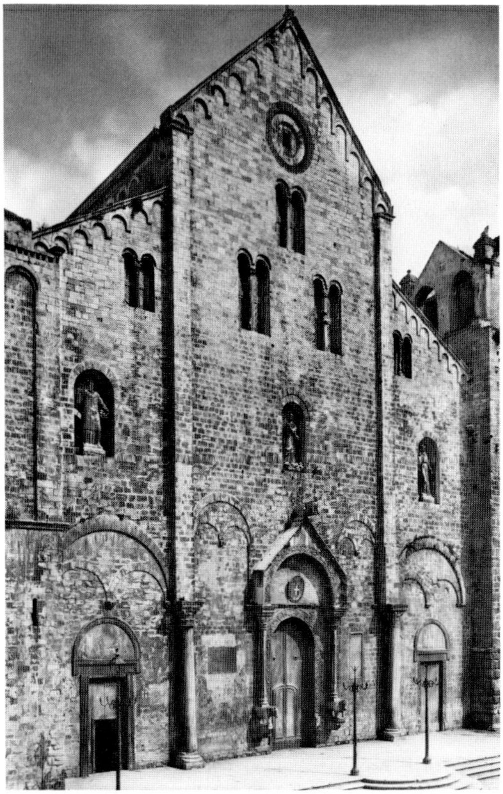

60 Bari, S. Nicola, 1105-1132. Mittelteil der Westfront

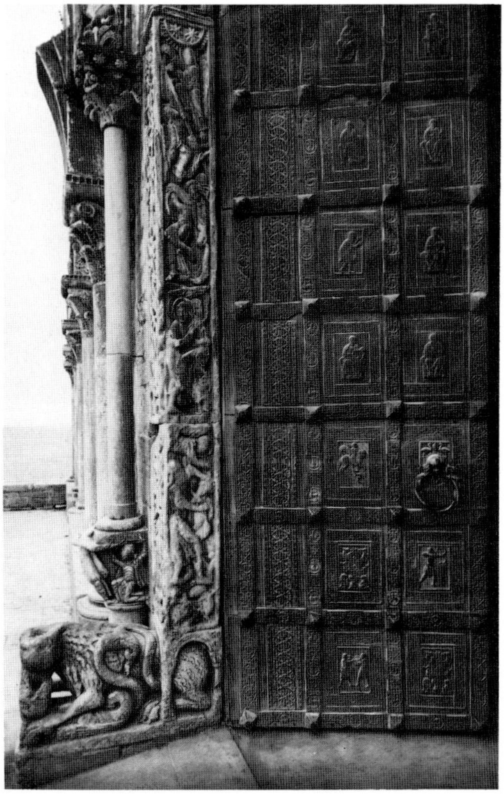

61 Trani, Dom, Bronzetür des Barisanus, 13. Jahrhundert

Einfluß vermischt sich mit lombardischem Schema in Kirchen wie der von Trau und der Kathedrale von Zara. Wenn man von den großen Häfen des Tyrrhenischen Meeres zu denen der adriatischen Küste kommt, spürt man kaum einen Unterschied. Bari spielte hier im 12. Jahrhundert fast die gleiche Rolle wie Pisa. Ein sehr qualitätvoller Kalkstein, der hier gefunden wird, erlaubte genau wie in Pisa, wo die Marmorbrüche von Carrara zur Verfügung standen, immer feinere Profile und Reliefierungen. Ab 1087 wurde die bedeutende Pilgerkirche *S. Nicola* in Bari erbaut □60, um die sich die ganze Stadtanlage gruppiert. 1105 geweiht, war ihr Bau 1132 beendet. Drei Schiffe, Seitenschiffe mit Kreuzgratgewölben, ein Querhaus, drei Geschosse, zwei Fassadentürme – die unvollendet blieben –, all dies beweist zweifellos ihre lombardisch-romanische Herkunft. Eine Art Mauerumfassung schließt das Volumen der Apsis in einen geometrischen Rahmen von östlichem Typus ein. Dieses vielbewunderte, starkbesuchte Bauwerk hatte eine große Wirkung und erklärt bestimmte Phänomene der Kathedralen in Bari, Ruvo, Bitonto und Trani. Letztere ist schlanker in den Proportionen und wird von einem Campanile flankiert.

Bei den Bodenmosaiken wird ein vorzugsweise vereinfachter Dekor eingeführt, der, die Darstellung von Heiligen vermeidend, unter den Füßen der Gläubigen ein reiches Geflecht aus biblischen und profanen Szenen, die die Menschheitsgeschichte und die Erbsünde in Erinnerung rufen, ausbreitet. Eines der bemerkenswertesten Mosaiken ist der großartige Baum, dessen Äste und Zweige wie ein Teppich den Fußboden der Kathedrale von Otranto bedecken: ein Werk von Pater Pantaleone (1163/65)[59].

Da Bari während der Zeit der Pilgerfahrten und Kreuzzüge als Durchgangshafen diente, erhielt es sehr rasch Kenntnis von der lombardischen Skulptur, wie es die vier Karyatiden an der mit Niello-Inkrustationen versehenen Kanzel und die Löwen bezeugen, die die Portalsäulen tragen.

In der Kathedrale *S. Nicola* in Trani werden die Portalgewände von wimmelnden und kriechenden Ungeheuern umrahmt wie in Souillac. An der Kirche von Ruvo sind Bestien und grinsende Köpfe

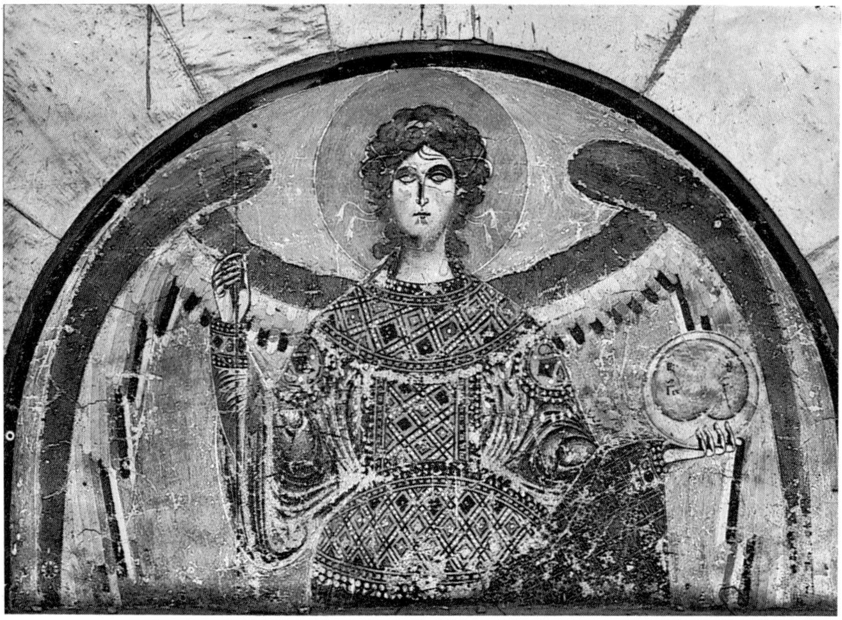

62 S. Angelo in Formis, Fresko, 12. Jahrhundert

angebracht, die eigentlich eher antik wirken. Die in Felder aufgeteilten Portalflügel von Troia zeigen dieselbe ungewöhnliche Vielfalt der Darstellungen wie die von Trani; letztere sind eine Schöpfung des Barisanus □61. Ihre Felder sind im Relief flacher gehalten und von ziselierten Bandstreifen eingefaßt, deren Spitzenmuster ganz muselmanisch aussehen. Man findet dieselben Formen, nämlich flache Kranzgesimse mit groben Ecknägeln, schwaches Relief, das fast bis zur Graphik geht, nebst ornamentalen Einfällen der sonderbarsten Art an den Türen von Ravello und Monreale.

Süditalien und Sizilien

Architektur

Die *Abtei von Monte-Cassino* besaß eine dreischiffige Kirche mit einem nicht vorspringenden Querhaus und einer dreifachen Apside. Ihre Weihe fand 1071 statt. Sie war eine Schöpfung des Abtes Desiderius (1058-1087), der zu ihrer Ausschmückung Maler und Mosaizisten aus Konstantinopel kommen ließ, wo er auch ihre gesamte liturgische Ausstattung in Auftrag gab. Ein Mönch der Abtei, Leo von Ostia, hat diesen Plan, mit dem Desiderius aus seinem Kloster »das Wunder des Abendlandes« machen wollte, überliefert. Zu dieser Zeit gab es für die kunstbegeisterten und -beflissenen Äbte nur ein Vorbild: nämlich Byzanz.

Die Abtei wurde bei der Erdbebenkatastrophe von 1349 zerstört. Aber man kennt ihren Plan durch die Bauten, die von ihr ausgingen, vor allem durch die Kirche *S. Angelo in Formis,* die der gleiche Desiderius nahe bei Capua hatte errichten lassen. In ihr ist ein Ensemble von bemerkenswerten Fresken (12. Jahrhundert) erhalten: der Pantokrator in der Apsis, ein großartiges Jüngstes Gericht in der Vorhalle und ein Zyklus mit Szenen aus dem Neuen Testament im Mittelschiff, während die Seitenschiffe Szenen aus dem Alten Testament vorbehalten sind □62. Das Atrium hat Spitzbögen von arabischem Typ[60]. Das basilikale Schema erscheint nochmals in *Carinola* und *Sessa Aurunca* (1113) bei Formia, ferner im *Dom von Salerno* (1085) mit seinem herrlichen Säulenhof, weiter in denen von *Capua* (um 1120) und *Caserta Vecchia* (Weihe erst 1153). Die Hufeisenbögen und Gewölbe deuten auf arabische Einflüsse hin. Im Mittelpunkt dieser Stiltendenzen steht die kleine Stadt *Amalfi*; der dortige, 1103 von Giulio di Stefano erbaute Kreuzgang ist durch die Schlankheit seiner Säulen und die verschlungenen Bogenstellungen – jeweils drei zu drei – bemerkenswert; dieses Thema wurde übrigens in S. Domenico in Salerno entwickelt. Das Motiv, die Arkaden rautenförmig verzerrt erscheinen zu lassen, wodurch leere Räume mit gefüllten spielerisch miteinander abwechseln, ähnlich wie an Brüstungsplatten, ist eine der hübschesten Erfindungen des Mittelalters □ 63.

Der gleiche Einfall taucht im 13. Jahrhundert an dem Glockenturm in Amalfi und in Gaeta noch einmal auf. Weitere arabische Züge kommen an den Bauten Ravellos vor. So in der 1036 erbauten Kathedrale, ferner in der Kirche *S. Maria a Gradillo* und im *Palazzo Rufolo*. Letzterer besitzt mit seinen typischen Gewölben einen Säulenhof, dessen üppig wucherndes Schmuckwerk an gewisse venezianische Fassaden denken läßt. Nun muß man sich bei all diesen Bauten immer die Farbigkeit und die Pracht des Dekors vor Augen halten, wofür die Abtei von Monte-Cassino stets das Vorbild geliefert hat. Da sind zum Beispiel die Mosaikfußböden von Kirchen wie *S. Demetrio Corone* bei Cosenza, die Ambonen mit ihrer geometrischen Zeichnung wie der in Salerno und vor allem der von Ravello mit seinen beiden Treppenrampen und seinen großen, symmetrisch angeordneten Mustern – 1272 wurde ihm gegenüber ein anderer, noch größerer in einem eher klassischen und etwas schwerfälligeren Stil aufgestellt –, weiter die hölzernen Bischofsthrone, die häufiger noch in Marmor ausgeführt wurden, wie etwa der von Bari, wobei die Löwen oder Elefanten, von denen sie getragen werden, ihre Herkunft aus der höfischen Kunst des Iran herleiten[61]. Ebenfalls muß man an dieser Stelle die *Paliotti* (Altarvorsätze) in Elfenbein, wie zum Beispiel den im Dom von Salerno, und die großen Bronzetüren von Benevent (Anfang 13. Jahrhundert) erwähnen, auf denen man, kraftvoll modelliert, die gleichen Themen wiederfindet.

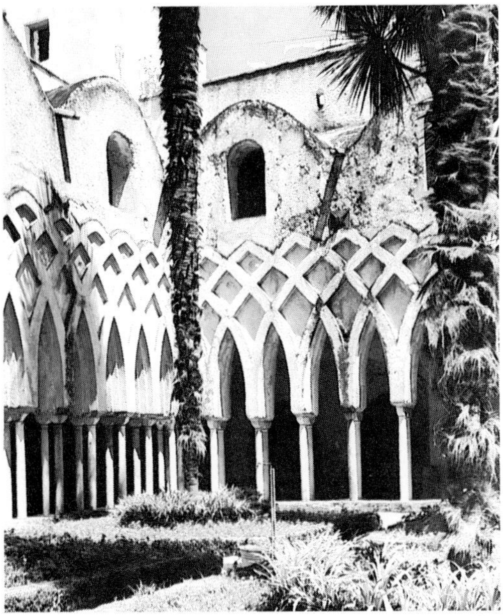

63 Amalfi, Kreuzgang von Giulio di Stefano, 1103

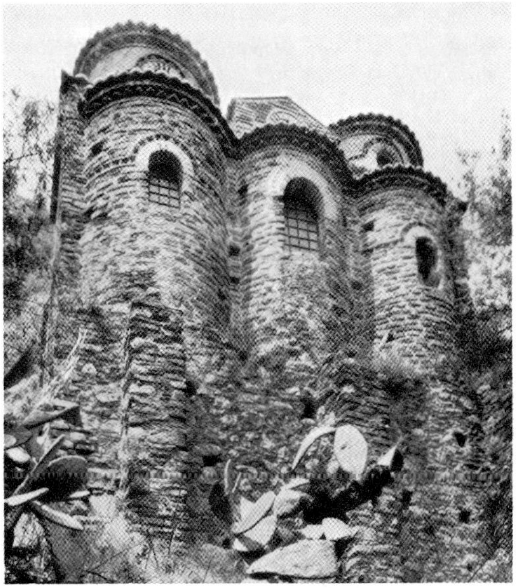

64 Stilo, Apsiden der ›Cattolica‹, 11. Jahrhundert

Die Architektur an der tyrrhenischen Küste ist also manchmal ganz unauffällig, manchmal aber auch sehr ins Auge springend von sarazenischen Einflüssen geprägt. Im südlichen Kalabrien und in Apulien ist das Byzantinische dagegen stärker verwurzelt. Die *Kathedrale von Canosa* in Apulien zum Beispiel zeigt über lateinischem Kreuz fünf Kuppeln; neben ihr befindet sich das seltsame *Mausoleum des Boemund* (gest. 1111), das seinerseits eine Art Kubus bildet mit Arkaden in pisanischem Stil und einer arabischen Kuppel über einem Oktogon, was jedoch durchaus alles miteinander harmoniert. Die gleichen Stilelemente findet man in der Kathedrale in Molfetta. Etwas später, aber ungewöhnlich durch die Verbindung arabischer Formen an der Kuppel mit romanischen Baugedanken, ist *S. Cataldo in Lecce*, das 1180 von Tankred gegründet wurde, dann aber 1716 barock überarbeitet worden ist. Es liegt mitten in einem Landstrich, wo der Stein hervorragende Qualitäten besitzt.

Kalabrien wurde zum Zufluchtsort der verfolgten Basilianer-Mönche. Diese haben zahlreiche kleine byzantinische Kreuzkuppelkirchen erbaut, entsprechend dem im 9. Jahrhundert klassischen

Typus der byzantinischen Kirche. Die bekanntesten sind *S. Marco* in Rossano und *La Cattolica* in Stilo □ 64 mit ihren drei Apsiden und fünf Kuppeln. Aber von der Mitte des 11. Jahrhunderts an zeichnen sich nach und nach die Einflüsse aus dem Norden auch an diesen kleineren Bauten ab.

Die ungeheure unvollendete Klosteranlage bei Venosa auf den Ausläufern des Apennin über dem Golf von Manfredonia – sie ist der *Hl. Dreifaltigkeit* geweiht – ist aller Wahrscheinlichkeit nach eine Gründung Robert Guiscards und des Mönches Berengar aus dem Jahre 1063. Der Grundriß wurde dem cluniazensischen Schema entnommen und sah – was in Italien eine Ausnahme darstellt – einen Umgang mit Kapellenkranz vor. Die Kathedralen von Acerenza und Aversa, die diesen Typus nachahmten, hielten sich wohl an das Beispiel von Venosa[62]. Es gibt aber auch andere ähnliche Anlagen, z. B. *S. Eufemia* (Kalabrien), und es ist durchaus möglich, daß Kirchen wie die merkwürdige *Roccelletta* in Squillace mit ihrem ausgebildeten Chor, der dem der normannischen Kirchen vom Typ von Bernay ähnelt, eher von den heute zerstörten Klöstern in Kalabrien abzuleiten sind als von den sizilianischen Vorbildern wie Cefalù.

Diese Anklänge an die normannische Kunst in den Grundrissen und bei der Anwendung von Gewölben sind mit ein Grund für die erstaunliche Vielseitigkeit dieser Bauten. Doch dürfen diese ›importierten‹ romanischen Elemente nicht darüber hinwegtäuschen, daß die Mauertechnik ganz anders und die Ausschmückung neuartig ist. In *S. Giovanni di Stilo* (vor 1101) und an der Nordseite von *S. Pietro di Agro* in Kalabrien (1117) findet man nämlich einander überschneidende Arkaden, die weder etwas mit dem Romanischen noch etwas mit dem Byzantinischen zu tun haben. Höchstwahrscheinlich sarazenischen Ursprungs, sollten sie zudem für die Zukunft große Bedeutung haben, denn gleichzeitig treten sie in Durham in England auf. Sie wurden von uns schon bei den amalfitanischen Bauten erwähnt.

In Sizilien, wo auf die byzantinische Herrschaft die der Araber (827) und dieser dann die normannische (1072) folgte, erreichte das Formenkonglomerat seinen Höhepunkt. Die Christen hatten sich hier für ihre Zwecke der antiken Bauten bedient: So wurde der griechische Minervatempel in Syracus im 7. Jahrhundert in eine Kathedrale umgewandelt (Wiederherstellung nach 1693), und in Agrigent sind *S. Biagio* und *S. Maria dei Greci* in die Ruinen des Demeter- beziehungsweise Minerva-Tempels hineingestellt worden. Der beherrschende Eindruck im 11. Jahrhundert ist eine unerhörte südliche Fülle von Formen, was in genauem Gegensatz zu dem synthetischen Gestalten der Lombarden steht, denen es in erster Linie um die Struktur des Gesamtbaus ging. Arabische Bauten sind vor allem im Westen der Insel häufig anzutreffen; so gibt ein muselmanischer Reisender des 10. Jahrhunderts eine Beschreibung der schönen Steinarten in Palermo, auch erzählt man sich, daß Robert Guiscard voller Unwillen sich über den Gegensatz der ärmlichen Kirche *S. Maria delle Grotte* in Palermo zu den sarazenischen Bauten entrüstet habe und sie in Haustein und Marmor alsbald neu erbauen ließ.

Die älteste normannische Gründung, deren Datum 1081 wir durch eine ›Stiftungsurkunde‹ Herzog Rogers kennen, ist die Kirche von Troina in der Mitte der Insel. Im 16. Jahrhundert umgestaltet, stellt sie ein recht bescheidenes dreischiffiges Sanktuarium mit Querhaus dar. Sie war ebenso wie die benachbarte Klosterkirche von Piazza Armerina (Anfang 12. Jahrhundert) ein Bau aus Stein und Mörtel. Im Westen, wo die arabische Bevölkerung überwog, benutzte man für die Bauten mehr den behauenen Stein beziehungsweise Quadersteine; im Osten der Insel, wo es viele Klostergemeinschaften gab, die aus dem Orient dorthin gekommen waren, bevorzugte man den Ziegelstein[63].

Bedeutender jedoch ist noch eine andere Gründung Rogers, nämlich der erste *Dom von Catania*, der noch vor Ende des Jahrhunderts entstand. Nur die mächtige, aus Lavablöcken aufgeführte Apsis hat den Erdbebenkatastrophen von 1169 und 1693 teilweise standgehalten, die einen Neubau des Bauwerks zur Folge hatten. Die ursprünglichen Säulen hat Vaccarini im 17. Jahrhundert mit riesigen Pfeilern ummantelt. Bemerkenswert ist vor allem die Entwicklung des Querhauses; sie weist auf normannische Einflüsse hin, wenn auch mit zwei Besonderheiten, die sein eigenartiges Aussehen bestimmen: Einmal nämlich waren die kleinen Apsiden vom Querhaus durch eine durchbrochene Mauer getrennt und mit der Apsis durch Durchgänge verbunden. Man kann also hier von einem ›abgetrennten‹ Chorteil sprechen – demnach ein orientalischer Gedanke. Zum anderen wurde das Querhaus auf jeder Seite durch quadratische Bautrakte verlängert, die den Türmen als Unterbau dienten. Die Türme flankierten beide Seiten des Bauwerks, das höchstwahrscheinlich im Chorumgang mit einer Schutzmauer umgeben war, da die Kirche ursprünglich befestigt gewesen ist. Nur der Dom von Modena besitzt noch diesen militärischen Charakter. In Catania erklärt er sich aus der Ende des 11. Jahrhunderts noch recht unsicheren Lage der Eroberer.

Im westlichen Teil Siziliens ist uns eine ganze Gruppe von Kirchenbauten aus dem 12. Jahrhundert erhalten geblieben, die anstelle eines offenen Dachstuhls Kuppeln von sarazenischem Typ haben und deren Apsiden häufig zu Wandnischen reduziert wurden. Die Kirche *S. Trinità di Delia* bei Castelvetrano mit einer kleinen Kuppel über griechischem Kreuz zeigt an ihrem Außenbau durch Arkaden und Bandgesimse betonte, sorgfältig gegliederte Baumassen. Dieser gleiche exotisch wirkende Umriß findet sich auch an *S. Giovanni degli Eremiti* in Palermo (1132) wieder, und zwar in äußerster geometrischer Strenge. In dieser Kirche sind über lateinischem Kreuz die Reste einer arabischen Moschee verbaut □65. Ferner zeigt ihn *S. Cataldo* in Palermo (vor 1160), dessen Außenbau die Form eines Parallelepipedons hat, das von drei erhöhten Kuppelchen bekrönt wird □66.

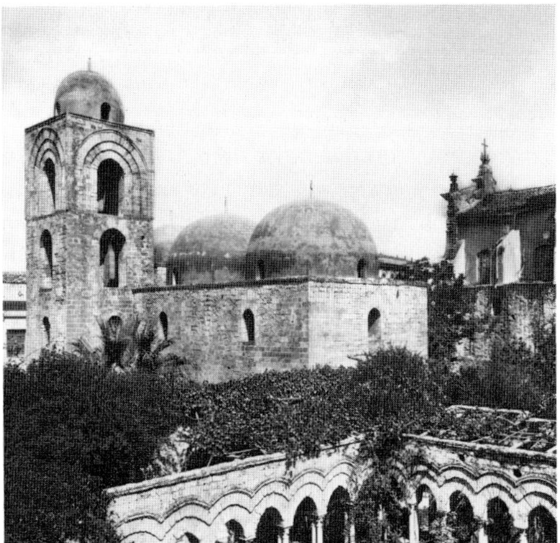

65 Palermo, S. Giovanni degli Eremiti, 1132

Die bedeutendste unter diesen greco-arabischen Mischbauten ist *La Martorana* (S. Maria dell' Ammiraglio), die von Georg von Antiochien noch vor 1143 gegründet wurde. Sie hat einen quadratischen Grundriß mit Säulenvorhof, im Innern Säulen, Spitzbogen und stützende Nischen; das Ganze ist mit byzantinischen Mosaiken ausgestattet. Dieses Meisterwerk wird vervollständigt durch einen Campanile, der zwei Geschosse mit großen Arkaden sowie zwei weitere mit Säulchen hat, die letzteren erscheinen wie zum Himmel geöffnet.

Nach der Umwandlung der Grafschaft Sizilien in ein Königreich durfte es an aufwendigen Stiftungen natürlich nicht fehlen. Sie umfassen vor allem die *Kathedralen von Cefalù* (1131-1148) und den *Dom von Palermo* (1185), dessen Bau unter Roger II. begonnen wurde, weiterhin den *Dom von Monreale* (1172 bis 1189), der eine Gründung Wilhelms II. ist. All diese Bauten besitzen eine ausgebildete Chorpartie, ein basilikales Langhaus und zeigen eine ungewöhnlich reiche Ausstattung. In Cefalù erhebt sich die Kirche unmittelbar am Berghang auf einer erhöhten Felsplatte. Die Kirche hat riesige Ausmaße (74 m), und ihre sechzehn Säulen mit gestelzten Bögen vermitteln hier den Eindruck großer Höhe. Das Querhaus ist vom Hauptschiff und der Chor wiederum vom Querhaus durch Stufen abgetrennt; die Bemalung des Dachstuhlgebälks stammt aus dem 13. Jahrhundert. In der Apsis erstrahlen die herrlichsten Mosaiken (von 1148). Am Außenbau bringen herausspringende Strebepfeiler, die durch

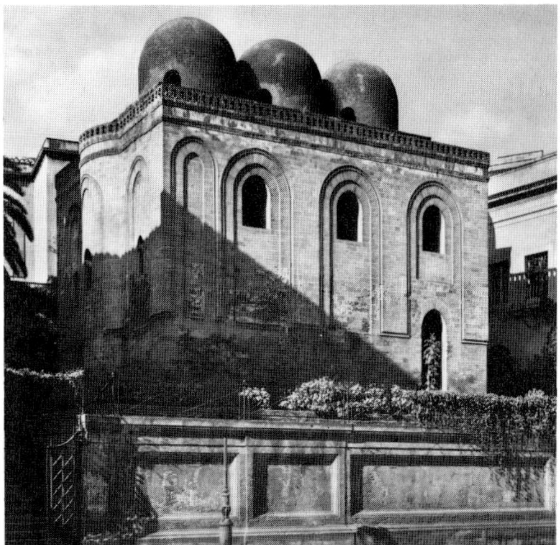

66 Palermo, S. Cataldo, vor 1160

Arkaden verbunden sind, die Mauermassen in besonderer Weise zur Geltung. Zwei massige Türme flankieren die von einer Säulenvorhalle durchbrochene Fassade, die im 15. Jahrhundert erneuert wurde. Der *Dom von Palermo* hat aus dem 12. Jahrhundert einzig und allein seine weite Apside behalten, alles andere ging bei den Überarbeitungen des 15. Jahrhunderts (rechtes Portal) und vor allem bei den im 19. Jahrhundert von Fuga vorgenommenen Restaurationen (Kuppel, Fassade) verloren. Der vollendetste Bau, an dem alle früheren Erfahrungen genutzt wurden, ist der *Dom von Monreale*. Hier hat die Mischung der verschiedenartigsten Stilelemente eine Schöpfung von einmaliger Kraft und Fülle hervorgebracht. Die beiden quadratischen Türme der normannischen Fassade schließen eine Vorhalle ein. Das Innere mit einer Länge von hundert Metern hat drei Schiffe und drei Apsiden. Das Hauptschiff – dreimal so breit wie die Seitenschiffe, was sehr ungewöhnlich ist – umfaßt Arkaden über korinthischen Säulen, teilweise antiker Herkunft, jedoch mit Kapitellen byzantinischer Art. Die spitzbogigen Triumphbögen geben dem Bau einen kräftigen Höhendrang, der durch die in Reihen übereinander angeordneten strahlenden Figuren des Mosaiks noch verstärkt wird.

Am Außenbau werden die Risalite und Gliederungen des Baukörpers ganz im Geiste abendländischer Romanik unterstrichen, doch gehören die Geschosse mit ihren sich überkreuzenden Bögen, die mit runden Scheiben und geometrischen Formen geziert sind, ganz dem maurischen Formenschatz an. Hier ist ein ununterbrochenes, beschwingtes Spiel auf den Flächen wirksam. Der köstliche Kreuzgang mit seinen spitzbogigen Arkaden, seinen graziös gekoppelten Säulchen, seinen Risalitstützen in den Ecken vervollständigt in seiner außerordentlichen Lebendigkeit ein Ensemble, das seinesgleichen nicht hat. Die Zwillingskapitelle zeigen über korinthisch verzierten ›Krausen‹ Szenen aus der byzantinischen Ikonographie, die mit einer Leichtigkeit und einem so zarten Relief ausgeführt sind, daß sie oftmals an die Kunst im Languedoc erinnern □ 67.

Die 1140 geweihte *Cappella Palatina* wirkt wie eine zum Heiligtum umgewandelte Schatztruhe aus ›Tausend und eine Nacht‹. Ihr Grundriß enthält übrigens, in verkleinertem Maßstab, schon den des Domes: drei Schiffe mit Holzdecken und einer Apside mit Kuppel. Die Verschwendung und der faszinierende Glanz ihres Dekors, der in verschiedenen Zeitabschnitten im Laufe des Jahrhunderts entstand, sind unerreicht. Die Decke ist in arabischer Art mit Stalaktiten behängt, der Boden mit vielfarbigem Stein bedeckt, die Wände sind mit Marmor verkleidet, die Kuppel und inneren Gewölberundungen mit Mosaiken geschmückt. Hier ist wahrhaft der ganze ornamentale Formenschatz des christlichen und arabischen Orients in seiner Quintessenz vorhanden! Ein herrlicher Leuchter aus Marmor enthält sogar hellenistische Figürchen.

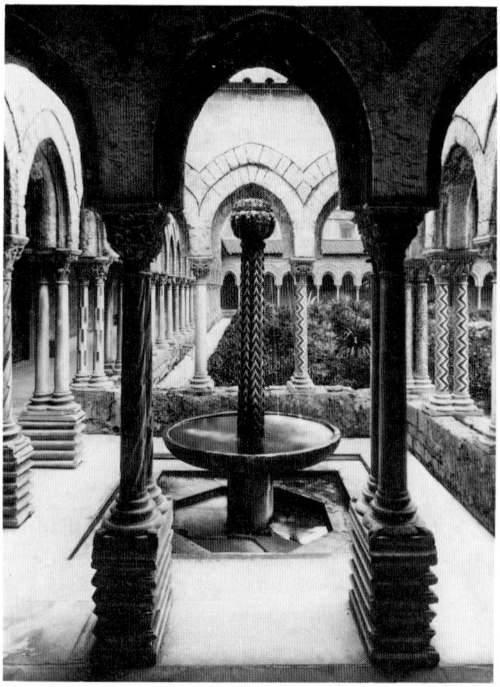

67 Monreale, Kreuzgang am Dom, 1172-1189

Bei den Palästen der normannischen Könige tritt der Kontrast zwischen der geometrischen Form des kubischen Außenbaus mit seiner strengen Arkadengliederung und den kostbaren, mit Mosaiken verkleideten Innenräumen noch klarer zutage. Als Beispiele wären der sogenannte ›Pisanische Turm‹ im Palast Rogers II. in Palermo zu nennen, ferner die *Zisa* (vom arabischen *asiz*, was ›glänzend‹ heißt) Wilhelms I. mit ihren Treppenanlagen, ihren Nischen, Stalaktiten und Brunnen und schließlich die unter Wilhelm II. entstandene *Cuba* (1180). Die Gemächer Rogers II. im königlichen Palast sind mit Jagdszenen, Palmenhainen und einander gegenüberstehenden Tieren geziert, die im Glanz ihrer Mosaiken an orientalische Miniaturen erinnern. Die Schlösser in Trani und Bari zeigen geringere islamische Einflüsse und gleichen eher starken Befestigungswerken; mit ihren Ecktürmen betonen sie mehr die Verkörperung der kaiserlichen Macht. Sie folgten zunächst noch der ortsgebundenen romanischen Tradition; unter der Herrschaft Friedrichs II. von Hohenstaufen jedoch mischten sich schon klar erkennbare gotische Formeneinflüsse ein.

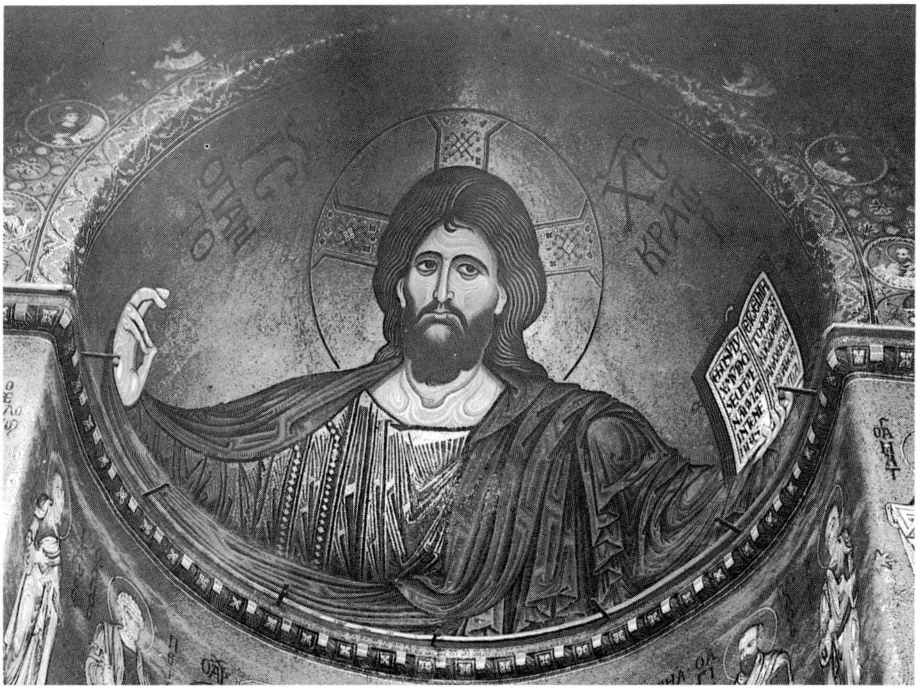

68 Monreale, Christus als Pantokrator, Apsismosaik im Dom, 1176

Mosaikkunst

In Sizilien mußten die byzantinischen Mosaizisten mehr noch als in Venedig ihre Kunst den ihnen fremden Bauwerken anpassen und sich ganz neuartigen Bedingungen unterwerfen, was eine Menge Abweichungen vom griechischen Kanon mit sich brachte. So übertrugen sie in Cefalù die Bildthemen aus der Kuppel in die Schale der Apsis (1148). Dort nimmt nun die Riesendarstellung des *Pantokrator* die Mittelachse ein, und der Kreis der Heiligen und Apostel ist in hierarchisch geordneten Streifen im Chor verteilt (um 1270). Das gleiche Schema wurde in der Cappella Palatina wieder aufgenommen, deren Mosaikschmuck in zwei deutlich unterschiedenen Phasen entstanden ist (1140 und dann 1160), ferner findet man es in Monreale wieder □68. Sogar in der Martorana, wo sonst alles byzantinischen Geist atmet, verrät das Mosaik provinzielle Abweichungen, so in den Gewölben der Kreuzarme, wo sich die Apostelfiguren die allzu gewichtigen Maße ihrer Vorbilder aus Cefalù bewahrt haben, von denen sie abzuleiten sind. Die perspektivischen Korrekturen, durch die der Umriß der Engel in der unteren Partie stark zusammengedrückt wurde, sind jedoch nicht mit übernommen worden. Die großzügigste Komposition, die das 12. Jahrhundert hervorgebracht hat, ist Monreale. Der ganze Chor ist dort als Einheit behandelt, und gewisse Figuren werden sogar im Profil gezeigt. Einen starken Gegensatz zu dieser Simultanvision bildet die erzählerische Anordnung im Langhaus, was sich aber bei einem basilikalen Grundriß eher verhängnisvoll auswirkt. Die Zuflucht zu einem landschaftlichen Hintergrund – Bergsilhouetten, Zwergbäumchen etc. – wurde zu einem Mittel, die Szenen des Alten Testaments miteinander zu verbinden und der Bilderzählung (zum Beispiel der Geschichte von Jakob) eine belebende Begleitung zu verleihen – ein völlig neuartiger Zug! Trotz dieser neuen Anregungen und trotz seiner späten Entstehungszeit steht der Mosaikschmuck von Monreale, sowohl was die Zeichnung wie auch die Reinheit der Farben anlangt, den großen byzantinischen Stilüberlieferungen am allernächsten. Hier wurde wie in Venedig die Entwicklung dieser Kunst, die eine gewisse Loslösung von dem byzantinischen Formenkanon anzukündigen schien, durch den ständigen Zustrom von Künstlern aus Konstantinopel immer wieder unterbrochen, denn diese führten sie zu den alten Normen zurück. So hat sich also um das Jahr 1200 der byzantinische Einfluß eher verstärkt als abgeschwächt[64].

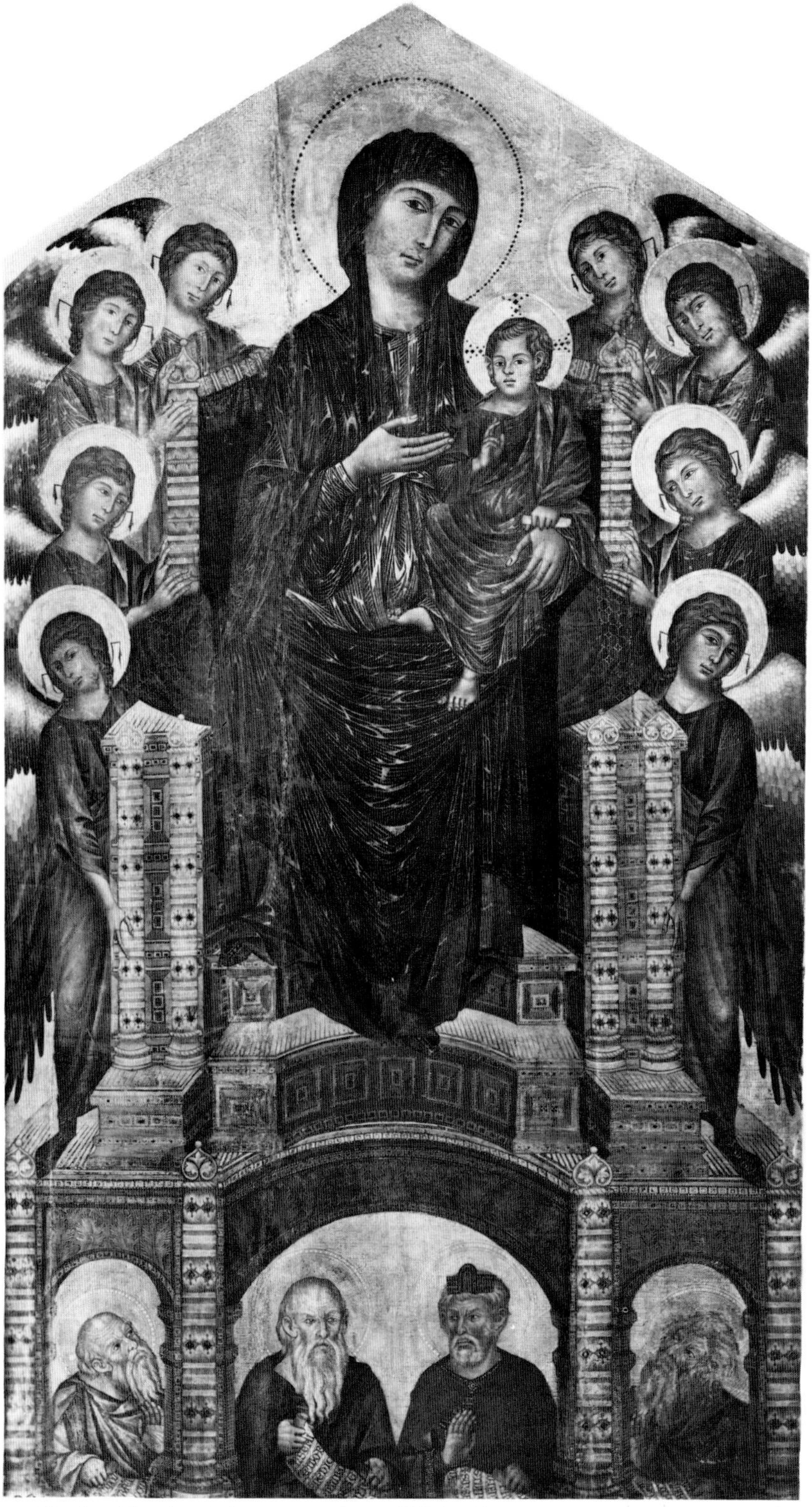

69 Cimabue, Maestà, zwischen 1280 und 1290. Uffizien, Florenz

DAS DREIZEHNTE JAHRHUNDERT

Einführung: Friedrich II. und der hl. Franziskus

In sämtlichen Provinzen Italiens ereignete sich während der zweiten Hälfte des 13. Jahrhunderts eine entscheidende Umformung aller Stilelemente. Sie wurde begleitet von Rückgriffen und Archaismen. Gleichwohl handelte es sich hier keineswegs um eine plötzliche Revolution, die eine entschiedene Ausrichtung Italiens auf die Gotik in ihrer höchsten Form hin bedeutet hätte, aber auch noch nicht um die Rückkehr zum Naturalismus der Antike, also nicht etwa um eine erste Morgenröte renaissancistischer Ideen! Beide Interpretationen haben abwechselnd ihre Gültigkeit gehabt und haben auch heute noch etwas Bestechendes. Die erstere findet ihre Argumente in dem erstaunlichen Erfolg der franziskanischen Prediger-Bewegung (der hl. Franziskus starb 1226) sowie in der Bedeutung der Malerwerkstatt von Assisi um 1290; die andere in der außergewöhnlichen Wirkung der Herrschaft Kaiser Friedrichs II. von Hohenstaufen, König von Neapel und Sizilien (gest. 1250), sowie in der eminent wichtigen Rolle, die die Bildhauerwerkstätten der gibellinischen Stadt Pisa seit 1270 gespielt haben[65]. Auf der einen Seite also die von Cimabue und Giotto ausgehende mystische Erneuerung, auf der anderen die Erneuerung der Klassik bei Giovanni Pisano. Die eine ging von Umbrien, die andere von Apulien aus. Nun kann man aber die eine Bewegung von der anderen nicht trennen, vor allem nicht die für Italien charakteristische Entwicklung schematisieren, denn gerade in ihrer umfassenden Fülle liegt das Interessante. Die ›gibellinische‹ Kultur stellt für Italien eine neue und letzten Endes ›progressive‹ Synthese dar, in der byzantinische Strömungen, gotische Neuerungen und ein gewisser Formenschatz aus der romanischen Zeit miteinander verschmelzen. Die von den franziskanischen Prediger-Orden ausgehende künstlerische Bewegung, deren Tragweite übrigens oft übertrieben wird, hat auf dem Gebiet der religiösen Kunst eine ganz ähnliche Synthese herbeigeführt. Das schließlich erfolgte Zusammenwirken dieser doppelten Bemühungen wäre auch vor allem deswegen wichtig aufzuzeigen, weil nur dadurch die erste vollkommene Aussage der Kunst Italiens verständlich wird. Nur muß man sie im Zusammenhang mit dem umreißen, was an romanischen Elementen in Pisa und Assisi und später in Siena und Florenz seinen letzten Ausdruck gefunden und das 13. Jahrhundert eigentlich geprägt hat; vollzog es sich doch weitgehend auf Grund der Anregungen aus den beiden künstlerischen ›Einbrüchen‹ in diesem Jahrhundert: aus dem byzantinischen Einfluß und der Einführung der französischen Gotik.

Die Reaktion auf den byzantinischen Einfluß: Malerei

Die Einnahme von Konstantinopel durch die Kreuzfahrer im Jahre 1204 stellt einen Triumph der venezianischen Politik dar, und ihre Folge sind die italienischen Handelsbeziehungen nach dem Orient sowie umgekehrt der starke Zustrom byzantinischer, in den dekorativen Künsten und der Kunst des Mosaiks bewanderter Künstler nach Italien. Diese drängten natürlich vor allem nach Venedig, und von dorther ließ sich auch im ersten Jahrzehnt des Jahrhunderts Papst Innozenz III. die Mosaizisten kommen, die mit den Arbeiten an Sankt Peter betraut wurden. Sein Nachfolger Honorius III. verfuhr ebenso bei S. Paolo fuori le mura. Wenn auch von diesen Arbeiten nicht mehr viel vorhanden ist, so weisen doch aus der gleichen Zeit stammende Tafelbilder, wie die allerdings schlecht erhaltene *Madonna* in S. Maria in Trastevere, auf den starren Duktus byzantinischer Formgesetze hin. Aus der Mitte des Jahrhunderts besitzen wir in der *Kapelle von S. Silvestro* an der Kirche *SS. Quattro Coronati* ein rein byzantinisches, wenn auch stark schablonenhaftes Fresko.

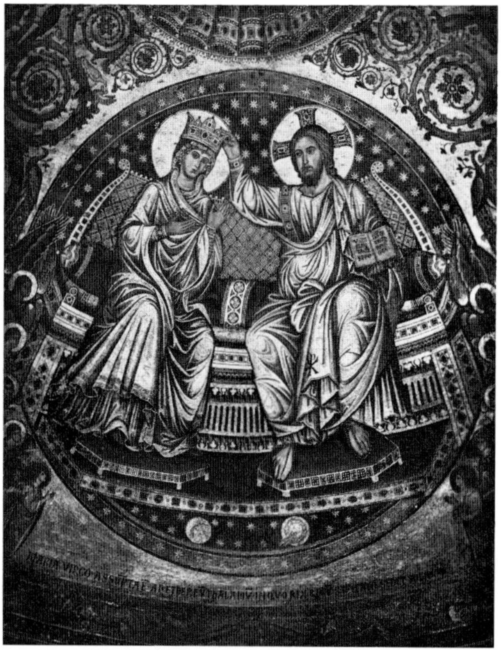

70 Jacopo Torriti, Krönung Mariens, Apsismosaik in S. Maria Maggiore, Rom, 1295

Dennoch bildete sich nun in Rom selbst im engsten Anschluß an byzantinische Werke – diesmal aber solche höchster Qualität – am Ende des Jahrhunderts eine unerhört fruchtbare Schule italienischer Mosaikkünstler und Freskenmaler. Sie gipfelt in Namen wie Pietro Cavallini und Jacopo Torriti.

Das Mosaik des *Pantokrator,* das Torriti zusammen mit dem Fra Jacopo da Camerino in der Apsis von S. Giovanni in Laterano (1291) ausgeführt hat, zeigt ihn schon als einen Meister des klassischen byzantinischen Stils. Die berühmte *Krönung Mariens* in der Apsis von S. Maria Maggiore (1295) ist gleichfalls eine Schöpfung Torritis. In diesem Werk findet man alle byzantinischen Finessen der Farbgebung und des Arrangements wieder, wie der elfenbeinerne Thron es zeigt. Anderseits erkennt man an gewissen Motiven wie den geflügelten Genien und Flußgottheiten sowie der Großartigkeit des Faltenwurfs die Beobachtung antiker Vorbilder □70.

Mit Pietro Cavallini finden dann die Beherrschung der traditionellen Mittel, die Ausrichtung nach den Vorbildern der Antike und der großzügige und etwas ›rhetorische‹ Stil eine entscheidende Ausformung. Zwar ist die Ikonographie der Mosaiken mit der *Geschichte der Heiligen Jungfrau* in S. Maria in Trastevere (um 1291) ausgesprochen byzantinisch, jedoch einfacher und geschmeidiger im Ausdruck, wie das Beispiel der Geburt Christi zeigen mag □71. Mächtiger und von einer unleugbaren Großartigkeit geprägt, bilden die leider stark überarbeiteten Fresken in S. Cecilia in Trastevere eine Art Endphase dieser Entwicklung. Hier sind die byzantinischen Typen der Figuren durch die Kraft und Größe einer klassischen, feierlichen, doch fortschrittlichen Interpretation weit überholt. Das große Bildnis Christi als Weltenrichter ist nicht mehr das des Pantokrator; es besitzt schon die eindringliche Größe eines Werkes von Giotto. Die Fresken im Atrium von Sankt Peter, die die Evangelisten zusammen mit den Heiligen Petrus und Paulus darstellten, sind heute zwar verschwunden, doch waren sie sicherlich vom gleichen, zugleich ›modernen‹ und klassischen Gefühl getragen, der gleichen Hinwendung zu den Ursprüngen □72, 73.

Eine weitere Rückkehr der monumentalen Kunst zur ›römischen Größe‹ brachten das Pontifikat Bonifaz' VIII. und das erste ›Heilige Jahr‹, das die Kirche im Jahre 1300 feierte. Die italienischen Künstler besaßen damit etwas, was sie der Erhabenheit der byzantinischen Schöpfungen entgegenstellen konnten. Eine solche Vervollkommnung ist

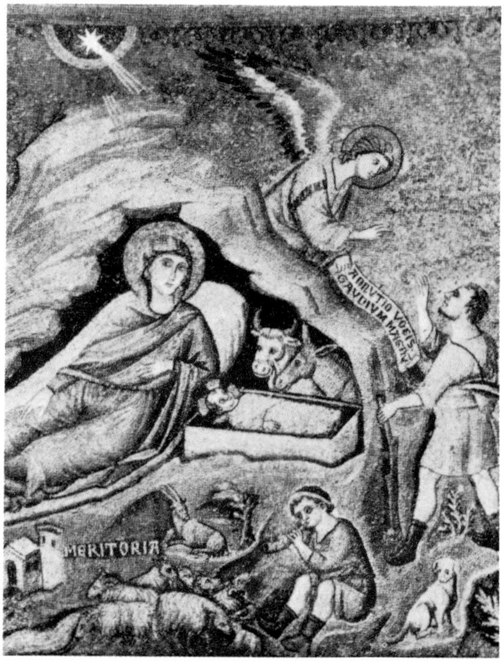

71 Pietro Cavallini, Geburt Christi, Mosaik in S. Maria in Trastevere, Rom, 1291

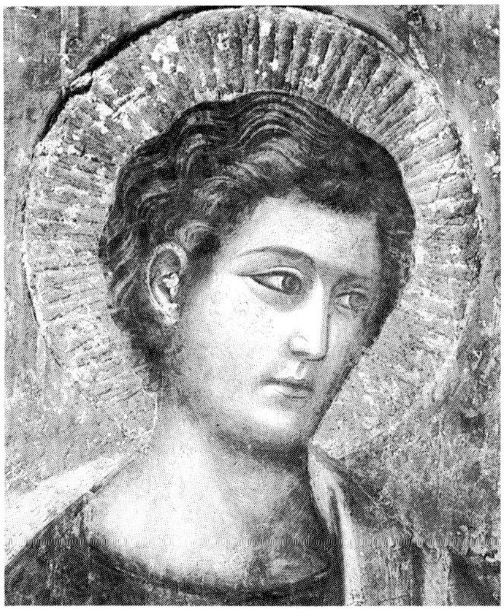

72
Pietro Cavallini,
Detail aus dem
Jüngsten Gericht,
Fresko in
S. Cecilia in Trastevere,
Rom, 1293

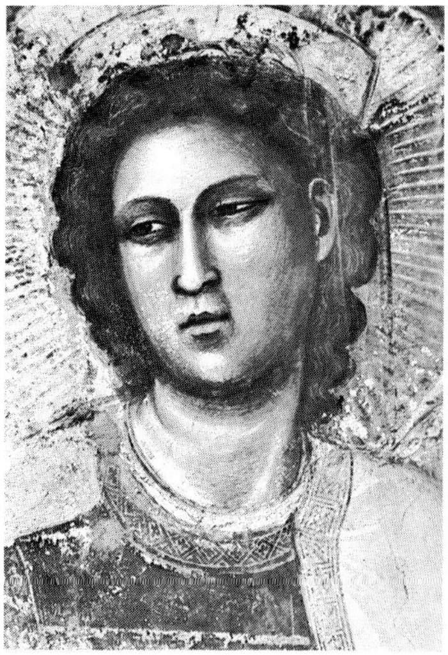

73
Giotto
Detail aus dem
Jüngsten Gericht
Fresko in der
Cappella degli Scrovegni
Padua, 1303-1305

um so wichtiger, als Rom zu dieser Zeit wieder ein Hauptanziehungspunkt geworden war. Ein namhafter florentinischer Bildhauer, Arnolfo di Cambio, arbeitete zur gleichen Zeit in S. Paolo und S. Cecilia, als Cavallini dort tätig war. So scheint sich also Ende des Jahrhunderts zwischen den römischen und den toskanischen Meistern eine Art Zusammenarbeit anzubahnen. Die neue Bauhütte von Assisi vollends wurde zu einem Sammelbekken für derartige Begegnungen, die alle auf eine Überwindung der Kunst von Byzanz abzielten. Im Grunde war dieses Problem für ganz Italien mehr oder weniger das gleiche. Wir haben schon gesehen, wie es damit in Pisa, Lucca und der übrigen Toskana stand. Mit Giunta Pisano hatte sich in der Malerei der Kruzifixe und Ikonen eine maßvolle Anpassung an die byzantinische Überlieferung vollzogen. Von einigen empfindsameren Arbeiten wie denen des Margaritone von Arezzo abgesehen □ 74, bleiben unzählige von trockenen und steifen Malereien, selbst die von Coppo di Marcovaldo, bis in die zweite Hälfte des Jahrhunderts in der Abhängigkeit vom byzantinischen Stil. Die von der *Theotokos* des Baptisteriums von Florenz sich ableitenden Ikonendarstellungen bestätigen diesen unangenehmen Eindruck. Gerade die Ausschmückung des Baptisteriums wurde für die Florentiner der Anlaß, daß sie sich ihrerseits der

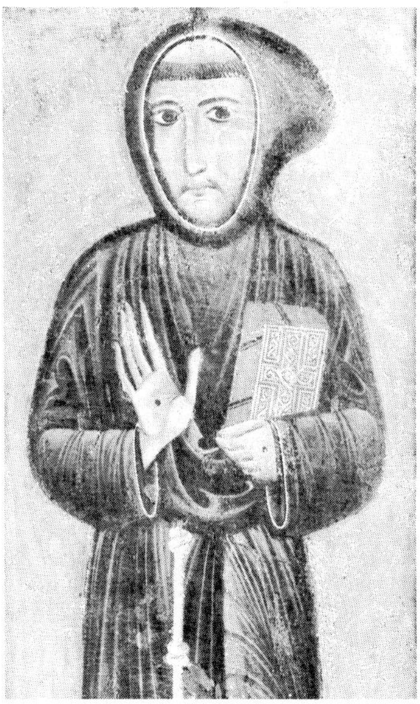

74
Margaritone von Arezzo
Der hl. Franziskus, 13. Jh.
Pinakothek, Siena

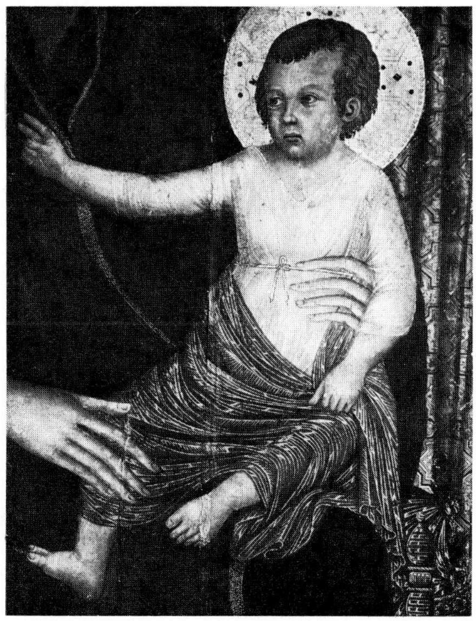

75
Cimabue
Detail der ›Maestà‹, 1280
S. Maria Novella
Florenz

Notwendigkeit bewußt wurden, eine selbständige und echte Form der Darstellung zu finden. Die Überlieferung pflegt in Cimabue den Vorkämpfer solch segensreichen Neubeginns zu erblicken. Seine Mitarbeit an den *Szenen aus dem Leben Josephs* im Baptisterium ist erwiesen; 1272 befand er sich in Rom, später arbeitete er in Assisi in der Unterkirche (*Madonna mit den Engeln und dem hl. Franziskus*) und dann im Querhaus der Oberkirche, wo man ihm die Szenen aus der Apokalypse und dem Leben der Jungfrau Maria zuschreibt. Zwar ist der Entwicklungsgang dieses Künstlers nicht immer klar erkennbar, jedoch stammen der *Kruzifixus* in S. Croce, die *Madonna* aus S. Trinità (jetzt Uffizien), deren dunkles Gewand zur besonderen Betonung der Faltengebung von zahllosen Goldakzenten übersät ist, sowie das *Mosaik mit dem hl. Johannes dem Täufer* in der Apsis des Pisaner Domes sicher von seiner Hand. In all diesen Werken sind die gleichen Bemühungen zu erkennen wie bei den römischen Meistern, nämlich eine vorsichtige Anwendung der traditionellen Formgesetze ›griechischer Manier‹, die mit einer zurückhaltenden ›Gravitas‹ neu belebt wurden □69,75.

Dies geschah nun nicht etwa, indem man sich von einer als veraltet angesehenen Kunst abrupt abwandte; das Bemühen dieser Erneuerer richtete sich vielmehr auf eine Kristallisation ihrer wesenhaften Qualitäten. Oftmals hat man gerade bei Giunta und Cimabue geglaubt, die franziskanische Empfindsamkeit zur Erklärung heranziehen zu müssen, weil diese sich den Gestalten der Heiligen mit einer bis dahin unbekannten Innigkeit und Glut zuwendete. Aber hier liegt offenbar ein Mißverständnis vor.

Die rührenden und erhabenen Themen, wie die Pietà und der Erbärmde-Christus, die leidvollen Bilder der Passion oder solche, die auf die innere Teilnahme des Gläubigen direkt einwirken – Maria unter dem Kreuz zusammenbrechend –, aber auch solche, die darauf hinzielen, durch ihre Anmut zu rühren – die Hirten bei der Geburtsszene –, tauchen durchweg alle in der byzantinischen Kunst des 12. Jahrhunderts auf und sind von dorther in die Kunst der Miniaturmalerei und der Ikonen gelangt. Sie kommen aber auch sonst in der Malerei dieser Zeit vor, besonders in den Felsenkirchen von Kappadozien. Der Erfolg dieser Thematik in Italien ist sicherlich, wenigstens zu Anfang, noch als eine Form des byzantinischen Einflusses anzusehen[66].

Diese Neigung zu Bildthemen, die mehr einen intimen, das Gefühl anrührenden Charakter aufweisen, besaß übrigens ihr Gegenstück auch in den Ländern des Westens. So hatte denn die französische Kathedralplastik, die nun schon beinahe ein ganzes Jahrhundert lang sich überall hin ausbreitete, eine große Kunst hervorgebracht, deren ganzes Anliegen das Menschliche war. Italien nahm von ihr mit einem gewissen Zögern Kenntnis. Es nahm diese Art Motive von zwei Seiten her auf, nämlich einmal über die mit Frankreich in engem Kontakt stehende Lombardei und andererseits über Apulien und Kampanien, die beide seit jeher Verbindungen zum griechischen Osten unterhielten. Durch ihre Lage im Kreuzungspunkt dieser Einflüsse und ihre lange romanische Tradition gereift, blieb es der Toskana und Umbrien vorbehalten, um 1300 am ungeduldigsten mit einer selbständigen Kunstform auf diese beiden fremden Einflußsphären zu reagieren – die übrigens keineswegs so unvereinbar waren, wie man hätte annehmen können. Denn die gotische Kunst der Ile-de-France ist ja selber so etwas wie eine Antwort auf die Welle des byzantinischen Einflusses, die sich um 1200 im ganzen Abendland auswirkte[67]. Die Lage Italiens stand also nicht im Widerspruch zu der Situation im übrigen Europa, vielmehr hat es all diese Strömungen zusammengefaßt und in einer selbständigen Form zum Abschluß gebracht.

Die Reaktion auf die Gotik: Architektur

Die gotische Baukunst gelangte über zwei Landschaften nach Italien, die beide dafür am wenigsten geeignet schienen, nämlich über Latium und Sizilien.

Die in den Volskerbergen über den Pontinischen Sümpfen gelegene *Abtei von Fossanova* ist von Innozenz III. 1208 geweiht worden. Die ganze Klosteranlage (Kirche, Kapitelsaal, Kreuzgänge, Zellenanordnung usw.) entspricht genau wie etwa Fontenay den Bauvorschriften der Zisterzienser. Diese Klosterkirche, mit deren Bau 1187 begonnen wurde, ist hoch, hell und schmucklos; sie hat mit Ausnahme der Vierung Kreuzgratgewölbe über rechteckigen Jochen, die durch spitzbogige Gurtbögen voneinander getrennt sind und auf den den Pfeilern angehefteten Kämpfern ruhen. Ein dünnes Bandgesims trennt das Arkadengeschoß von dem Fenstergeschoß. Die Apsis hat geraden Chorschluß und ist von Kapellen über quadrati-

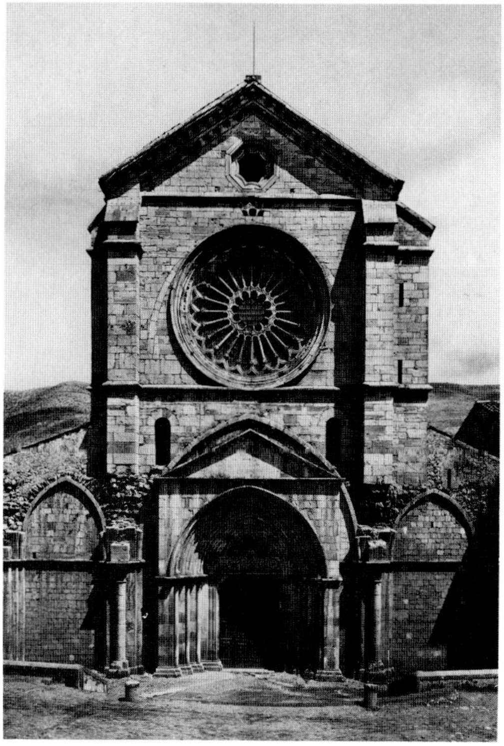

76 Fossanova, Fassade der Abteikirche, 1187-1208

schem Grundriß flankiert. Die Fassade wird von einer Fensterrose durchbrochen, eine andere Rose befindet sich in der Stirnwand des Chorschlusses. Diese burgundischen Formen des Bauwerks, bei denen die äußerste Schlichtheit sich zugunsten des Baugefüges und der Ausgewogenheit der Baumassen auswirkt, waren für Italien etwas völlig Neues. Infolge des frühen Baubeginns besitzt der Außenbau nur Strebepfeiler und noch keine Strebebögen. Von der Regel abweichend behandelt sind allein der achteckige Glockenturm über der Vierung und insbesondere der kleine, an der Fassade in den Entlastungsbogen des Portals eingeschriebene Dreiecksgiebel sowie das ihm korrespondierende Giebelfeld über der Fensterrose. Der Türsturz enthält ein Mosaik in Cosmatenarbeit □76,77.

Einige Jahre später – 1217 durch Papst Honorius III. geweiht – entsteht in den Bergen der Marken östlich von Rom eine weitere burgundische Abtei, Casamari. Um die Mitte des Jahrhunderts ist der französische Bautypus in ganz Latium gebräuchlich geworden, so zum Beispiel in *S. Martino al Cimino* bei Viterbo, wo man schon den Stützenwechsel findet, jedoch noch keine Strebebögen; weiter im Süden in Piperno und in Terracina; im Südosten sind es *S. Maria d'Arabona* bei Chieti und Kirchen in Subiaco und Sulmone, die diesen Einfluß bis in die Abruzzen ausweiten. Immer zahlreicher auftretende Abweichungen zeigen an, daß die Hüttenmeister sich jetzt aus Italienern zusammensetzen. Aber eine bedeutungsvolle Tatsache ist und bleibt der Widerstand, den Rom dieser Architektur entgegensetzt; denn Rom ist, wie wir sahen, auch weiterhin der Sitz einer entschiedenen Rückkehr zum Idealtypus der konstantinischen Basilika und zum byzantinischen Dekor. Die einzige gotische Kirche Roms ist die 1280 begonnene *S. Maria sopra Minerva,* die man als Schwesterkirche von S. Maria Novella (1278) in Florenz bezeichnen könnte, da sie diese in den Hauptzügen nachahmt. Ihr ›fremdartiger‹ Stil erklärt sich daraus, daß sie eine Dominikanerkirche ist – waren es ja die Bettelorden gewesen, von denen die zisterziensische Gotik von Anfang an übernommen wurde.

Bis zum Jahre 1250 etwa bleiben gotische Bauten in Italien jedoch Einzelerscheinungen; ihre Herkunft erklärt sich durch die lange Verbindung der einzelnen Mönchsorden untereinander, was nicht nur für die Klöster in Latium, sondern auch für den Bereich der Toskana und den Norden zutrifft. Die Gründer von *S. Andrea in Vercelli* (1219) waren die Domherren von Sankt-Victor in Paris, und der erste Abt dieses Klosters war ein Franzose. Aber man begnügte sich offenbar mit einigen allgemeinen Vorschriften. Man findet hier

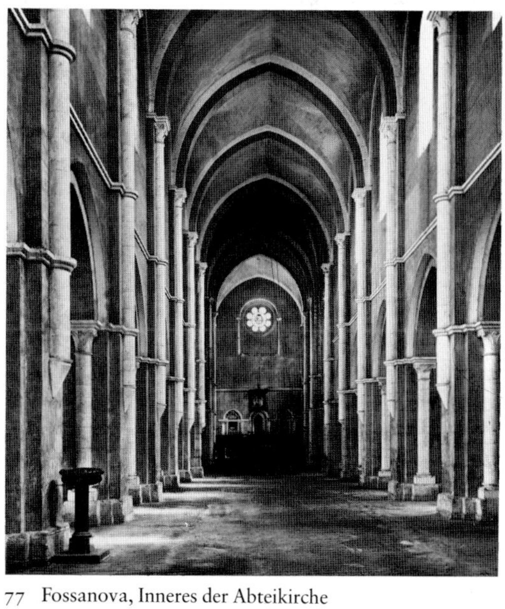

77 Fossanova, Inneres der Abteikirche

den Grundriß, die beiden die Fassade einrahmenden quadratischen Türme, den Vierungsturm, die Strebebögen, die kleinen Fialen an den Gibelfeldern und im Innern des Baus starke Rippen, die durch Säulchen verlängert sind – also sämtlich der sogenannten ›Ile-de-France-Gotik‹ zugehörige Stilelemente. Ihre Anwendung ist jedoch unsicher und zaghaft und ohne die für die Gotik so charakteristische Kühnheit. Man müßte von einer sehr linkischen und archaisierenden Form dieses Stils sprechen, wenn diese Unzulänglichkeiten sich nicht aus der noch romanischen, ja lombardisch geprägten Empfindung erklären ließen, wobei man eine Auflösung der Wände vermeiden wollte. Einem schwingenden Spiel der Linien und Volumen zog man die Kontrastwirkung des Lichts vor, die das eigentliche Baugefüge nicht antastet. Am besten sieht man das an der mächtigen Fassade, die in ihrem oberen Teil von einer doppelten Galerie und nach unten zu durch den Einzug von drei Portalen belebt und durch gewichtige Strebepfeiler hervorgehoben wird.

Seit dem 12. Jahrhundert hatten die ultramontanen Zisterzienser im Norden des Apennin einige Abteien nach dem Muster und dem Namen von ›Clairvaux‹ (*Chiaravalle*) errichtet, die eine in den Marken, eine andere in der Nähe von Piacenza, eine dritte bei Mailand. Diese Klosterkirchen zeigen im Anfang des Jahrhunderts alle denselben gotischen Mischstil, wie man ihn zum Beispiel bei der mailändischen Klosteranlage (geweiht 1221) vorfindet: Die Stützen sind noch rund und schwerfällig, bei den Rippen wird das quadratische Profil der lombardischen Spitzbogen gewahrt, und der Vierungsturm hat die Gestalt eines romanischen Glockenturms. Deutlicher zeichnen sich die Absichten der Baumeister der *Zisterzienserabtei S. Galgano* bei Siena ab, die heute ganz verfallen ist □78. Wahrscheinlich waren sie aus der Bauhütte von Casamari gekommen, denn hier war die Bedeutung des gotischen Raums, sowohl was seinen Ausdruck wie seine Gliederung betrifft, schon klar erkannt. Trotzdem verrät die Ausführung, daß einheimische Arbeiter am Werk waren. Man sieht das insbesondere an der Benutzung von Ziegeln an den oberen Teilen des Baus. Vor den Toren von Florenz in Settimo haben die Zisterzienser im Jahre 1237 ein weiträumiges und sehr lebendiges Ensemble in dem von S. Galgano angeregten Refektorium, Gästehaus und so weiter geschaffen. Damit war die Gotik auch in die Toskana eingedrungen. Dort sollte ihre Aufnahme sich sehr entscheidend und befruchtend auswirken. So erkennt man an den Domen von Siena und Florenz eine gewisse Abhängigkeit von der Abtei S. Galgano, was wohl auf die Tätigkeit der Bettelorden dortselbst zurückzuführen ist. Aber es bedurfte noch einer Atmosphäre von künstlerischer Erfindungskraft und Kühnheit, wie sie sich um so starke Persönlichkeiten wie Giovanni Pisano in Siena und Arnolfo di Cambio in Florenz in der zweiten Jahrhunderthälfte entfaltete.

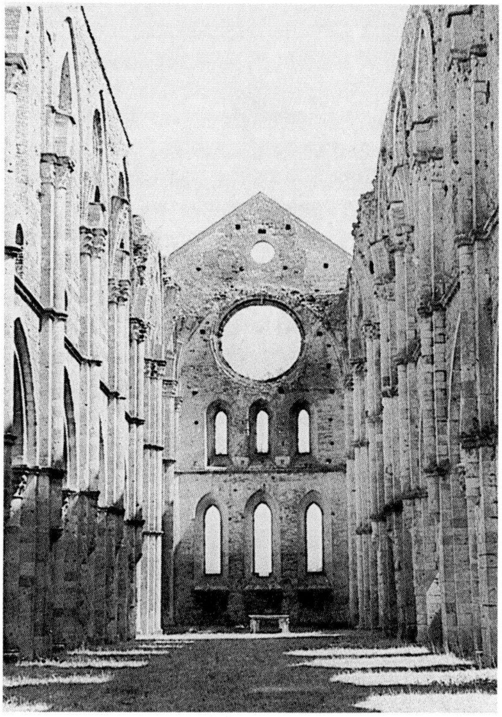

78 Zisterzienserabtei S. Galgano bei Siena, 1224-1288

Noch vor fünfzig Jahren hat man angenommen, daß die Gotik in Süditalien erst am Ende der Stauferzeit durch einen Baumeister aus Zypern mit dem französischen Namen Philippe Chinard eingeführt worden sei. Heute dagegen besteht kein Zweifel mehr darüber, daß es die Zisterzienser waren, die um das zweite Jahrzehnt des 13. Jahrhunderts jene elegante und strenge Kunst in die von den Hohenstaufen beherrschten Gebiete brachten. Ein schönes Beispiel hierfür ist die unvollendet gebliebene *Basilika von Morpurgo* bei Lentini (Provinz Syracus). Dieser Bau wurde 1225 nach streng zisterziensischen Bauregeln, nämlich denen von Clairvaux, begonnen. Wie aus dem berühmten Skizzenbuch des Villard de Honnecourt hervorgeht, stellte Clairvaux damals eine Art internationalen Mustertypus dar. Im Jahre 1224 ließ Friedrich II. von Hohenstaufen sich aus den Zisterzienserabteien von Sizilien, Apulien und der Provinz Terra di Lavoro in Unteritalien Laienbrüder kommen, um von ihnen *castra et domicilia* (Burgen und Schlösser) errichten zu lassen. Und so sind in der Tat bei einem Vergleich zwischen den Gesimsprofilen, den Maßen der Grund- und Aufrisse, der Anordnung der Bauglieder der bei den Bauten der Zisterzienser üblichen Architektur und dem Typus der hohenstaufischen Schlösser in Syrakus *(Castello Maniace)*, in Augusta, in Catania *(Castello Ursino)* – von denen noch später die Rede sein wird – fast genaue Übereinstimmungen zu finden.

Die Gotik war nicht nur eine architektonische Form, sondern eine Zeitströmung. Die meisten der angegebenen Bauten besitzen in ihrem Dekor, besonders in ihren Kapitellen, dieselbe Lebendigkeit und Leichtigkeit, die den französischen Stil auszeichnen. Ausgehend von den romanischen Formen und dem Stil des Antelami vollzog sich der Übergang zur gotischen Kraft und Präzision mit dem Jahre 1210 in den reizvollen Monatsdarstellungen in Ferrara □ 80 oder, um in Mittelitalien zu bleiben, in der diesen sehr ähnlichen, allerdings noch lebhafter gestalteten Folge in der ›Pieve‹ in Arezzo. Auf dem Gebiet der Holzskulptur sind die Madonnen von Vico in Latium und Mentorella (um 1220), die das Kind eng an den Körper pressen, noch regungslos, wie erstarrt. Auch die gleichzeitigen monumentalen Kreuzigungsgruppen mit mehreren Personen, die in Mittelitalien verbreitet sind – man kennt mindestens zwanzig Kreuzabnahmen[68], von denen die besterhaltene die der Kathedrale von Tivoli ist – sind eindrucksvoll, aber ohne Leben. Diese Gruppen wurden auf den Chorschranken aufgestellt und gaben dem Platz vor dem Hochaltar eine bühnenähnliche Note □ 79.

Die italienische Kunst der Skulptur konnte also nur durch stark ausgeprägte künstlerische Persönlichkeiten, die auf der Höhe ihrer Zeit standen, erneuert werden. Und das geschah im Werk des Niccolò Pisano und in dem seines Sohnes Giovanni seit 1270. Ihr Schaffen muß jedoch, genau wie die Schlösser Süditaliens, im Rahmen der sogenannten ›gibellinischen Proto-Renaissance‹ betrachtet werden.

Die Kunst der Miniaturen

Die vielseitige Zusammensetzung der italienischen Kunst des 13. Jahrhunderts wird vorzüglich erhellt, wenn man den bescheidenen Bereich der Miniaturen betrachtet, der für die Verknüpfung fruchtbarer Beziehungen besonders geeignet war und dadurch manchen Aufschluß gibt. In den

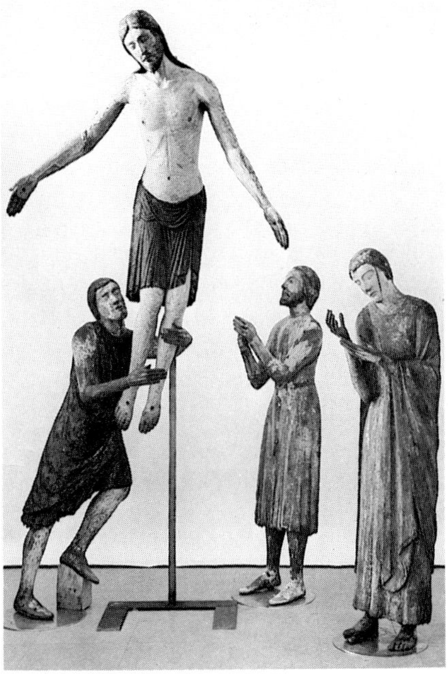

79
Kreuzabnahme
Holzskulptur, Tivoli
Louvre, Paris

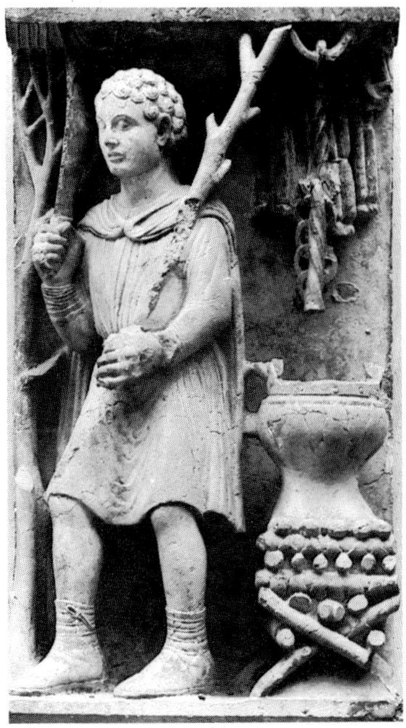

80
Monatsdarstellung
Dezember, um 1220
Dommuseum, Ferrara

Schreibstuben der Klöster in Benevent, in Monte-Cassino und in Subiaco wurden weiterhin *Exultet-Rollen* hergestellt. Man gab ihnen Vignetten bei, deren Motive oft einen volkstümlichen und etwas gleichförmigen Charakter zeigen. Die gleiche Vorliebe für eine lebhafte Kolorierung tritt in den realistischen Illustrationen profaner Lehrbücher auf, wie zum Beispiel in denen der medizinischen Fakultät von Salerno. Dort war der Einfluß der byzantinischen Kunstzentren in diesem Jahrhundert noch keineswegs verblaßt. Stärker denn je wirkte er sich in der Lombardei aus, wo er sich mit der Mode gotischer Darstellungen auf ornamentalem Grunde und emailhafter Farbigkeit vereinte. Ein solches Zusammentreffen ist in dem *Sakramentar des hl. Benedikt in Polirone* (in der Bibliothek von Mantua) ganz offensichtlich. Häufig ist es fast unmöglich, die genaue Provenienz derartiger Arbeiten festzulegen. Mitunter verrät sich die gotische Herkunft durch die Eleganz und Schärfe der Zeichnung, wie in der Handschrift *De arte venandi* □81, die zwischen 1258 und 1266 für König Manfred illuminiert wurde. Dann wieder läßt der auf Byzanz deutende hieratische Formenschatz Rückschlüsse zu, wie in den von Giovanni di Gabaina 1259 illustrierten *Episteln* in der Kathedrale von Padua, die vielleicht aus einer venezianischen Werkstatt stammen.

Zu einem Mittelpunkt dieser Kunst, wo man sich am empfänglichsten für Neues zeigte und von wo das selbständige Verhalten einer spezifisch italienischen Formgebung Ausgang nahm, wurde Bologna. In dieser internationalen großen Universitätsstadt war die Nachfrage nach Büchern besonders stark. Lange Zeit war die Buchproduktion durch eine verwirrende Vielfalt gekennzeichnet: Die berühmten *Statuten der Tischlerinnung* (Falegnami) tragen das Datum 1248; eine weitere Handschrift von 1264-1265 zeigt die kräftigen romanischen Figuren mit Wasserfarben gehöht; die Sammelbände aus dem Jahre 1270 wirken in ihrer Farbgebung weniger ungezwungen und scheinen eher byzantinisch beeinflußt.

Dante erwähnt zwei Maler, die wahre Meister auf dem Gebiet der Pariser Buchmalerei waren: Oderisi da Gubbio und Franco Bolognese. Ihr Werk ist schwer zu identifizieren. Man hat versucht, in der kräftigeren und minutiöseren Arbeit der Initialen in den *Digesten* des Justinian (Bibliothek von Turin) die Hand des ersteren zu erkennen, da die dort benutzten Grotesken und die reizvolle Stilisierung vegetabiler Formen einen Schüler der Gotik verraten, oder auch in dem mit schönen filigranhaften Umrahmungen ausgestatteten dominikanischen Graduale, das sich in der Bibliothek von Modena befindet. Immerhin weisen der Typus der Medaillons, das Kompositionsschema und der mitunter emailhafte Glanz der Farbtöne noch auf das Wissen um die byzantinische Kunst hin. In der Manier des Franco Bolognese, mit dem sich das 14. Jahrhundert schon ankündigt, sind die Kontraste plastischer und bildhafter empfunden (Bibliothek von Modena).

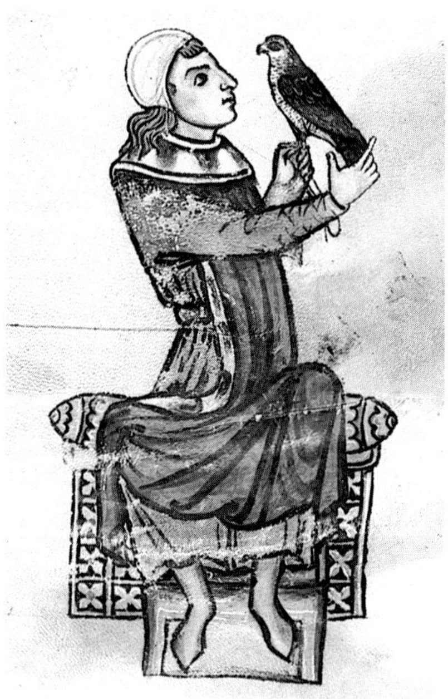

81 Aus ›De arte venandi‹. Vatikanische Bibliothek

Die franziskanische Bewegung

Das endgültige Erwachen einer eigenen italienischen Geistigkeit wurde durch die Erscheinung des hl. Franziskus von Assisi (1182-1226) bestimmt. Die unausgesetzten politischen Rangstreitigkeiten zwischen dem Heiligen Stuhl und dem Kaiser hatten eine Flucht in die Mystik zur Folge. Man sehnte sich nach einer innigeren Form der Religion. Die erstaunliche Botschaft aus Assisi verbreitete diese Ideen über ganz Italien, vor allem aber in die Gegend von Umbrien und der Toskana, wo nach und nach alle geistigen Erkenntnisse des gesamten Mittelalters fruchtbringend zusammentrafen. Die sanfte und betont volkstümliche Gestalt des Heiligen, sein beinahe vertraut zu nennender Umgang mit den göttlichen Personen brachten es fertig, daß das gesamte religiöse Empfinden Italiens völlig aufgewühlt wurde und sich verjüngte. Bis hierher ist das Werk des hl. Franziskus dem jener byzantinischen Mönche des 12. Jahrhunderts vergleichbar, die ihre Klöster verließen, um sich an die Menschen selbst zu wenden und ihr frommes Anliegen der Nächstenliebe mitten in das öffentliche Leben hineintrugen. Das unwillkürliche Mißtrauen, das der hl. Franziskus allen künstlich eingeengten Andachtsübungen entgegenbrachte, die Unabhängigkeit, mit der er der übrigen Geistlichkeit gegenübertrat, seine Bemühungen um Einfachheit und Natürlichkeit innerhalb des Christentums ähneln mitunter in gewissen Zügen dem, was die ›Katharer‹ (die Reinen, später wurden daraus die ›Ketzer‹) aus dem Languedoc erstrebten. Kurze Zeit betrachtete daher die Kirche die franziskanische Bewegung mit Mißtrauen, denn sie schien den Aufbau der kirchlichen Hierarchie zu gefährden. Es ist viel über die Liebe des hl. Franz zur Natur geschrieben worden, über seinen berühmten *Sonnengesang* und seine Predigten an die Vögel, und man hat geglaubt, in dem Sohn des Tuchhändlers den Begründer eines neuen ›Naturalismus‹ in der Kunst erblicken zu müssen. In der Tat haben die Lehren des ›poverello‹ tiefen Einfluß auf die Herzen der Menschen gehabt, aber erst später sollte seine Legende durch den hl. Bonaventura ihre große und eigentliche Wirkung auf die Kunst zeitigen.

Gewiß, die Visionen dieses Heiligen strömen die ganze wunderbare Reinheit und Innigkeit gotischer Bildwerke aus, und eines seiner Geheimnisse wird uns im *Speculum perfectionis* verraten: »Der selige Franziskus trachtete vor allem danach, wenn er nicht gerade dem Gebete oder dem Dienste an Gott oblag, außerhalb wie innerhalb seiner selbst eine fortwährende geistige Freude zu bewahren. Und eine solche wollte er am liebsten auch bei seinen Brüdern antreffen; so machte er ihnen oftmals ihre Äußerungen von Traurigkeit und Schwermut zum Vorwurf...« Der neue Orden wollte die Härte der mönchischen Askese durch die demütige und zugleich großherzige Hinnahme alles dessen, was die Beschaffenheit des Menschen und die Gegebenheiten der Natur ausmacht, überwinden. Nach seiner Auffassung sind die Brüder das große Werkzeug der ›laetitia spiritualis‹ (der göttlichen Freude), die alles auf der Erde überstrahlen muß. Bruder Jacopone de Todi (1306), der ›Spielmann Gottes‹, jener verzückte Troubadour, hat dieser neuen Spiritualität dichterischen Ausdruck verliehen. Zunächst allerdings wirkte sich die franziskanische Bewegung auf alles, was Kunst war, hemmend aus. Das strenge Porträt des Heiligen im Kloster von Subiaco ist wahrscheinlich vor 1228 und im Anschluß an eine persönliche Begegnung entstanden; das große Gemälde von Berlinghieri (1235) dagegen gibt eine dunkle, ganz unpersönlich aufgefaßte Mönchsgestalt wieder, die mehr dem orientalischen Schönheitskanon entspricht. Das Testament des hl. Franziskus befahl, »große, reichausgeschmückte Tempel« zu verwerfen, und dies war auch der Grund dafür, daß das Kapitel von Narbonne 1260 genaue Richtlinien für Raummaße und dekorativen Schmuck festsetzte. Praktisch wurde hierbei das zisterziensische Vorbild zugrunde gelegt, das als das schmuckloseste und nüchternste der ganzen Christenheit galt. Also in der Mitte des Jahrhunderts, etwa eine Generation nach dem Tode des Heiligen, bekannte sich der neue Orden zu einer sehr vereinfachten Architektur und ganz bescheidenen Ikonographie. Als aber die Bauhütte von Assisi zum Sammelplatz der römischen und florentinischen Baumeister geworden war, die alle

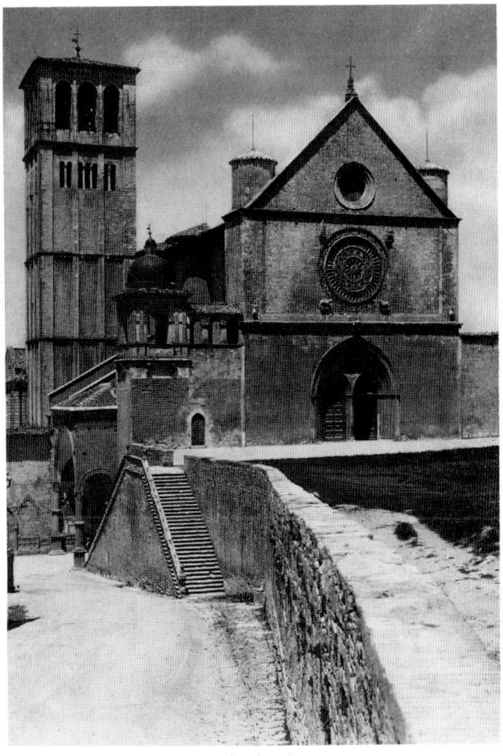

82 Assisi, S. Francesco, Oberkirche

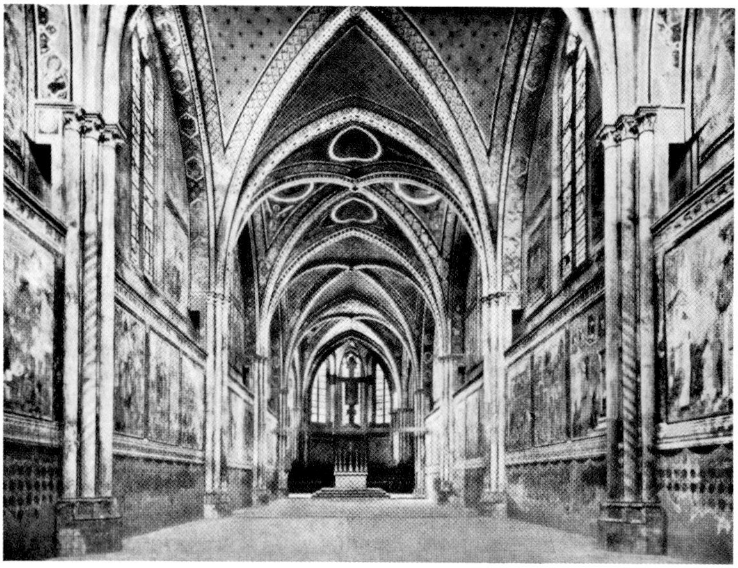

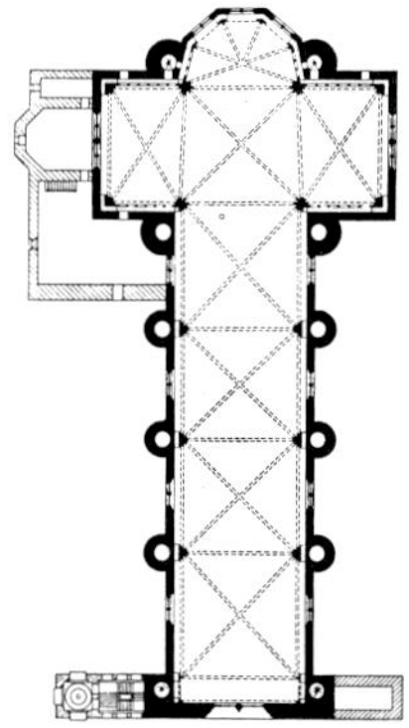

83
Assisi, S. Francesco
Oberkirche

dort zusammenströmten, wurde diese franziskanische Konzeption einer starken Wandlung unterzogen. Man begann sich auf eine eher theatralische und pomphaft-pittoreske Form der Kunst umzustellen. Diese Schwenkung verlief in der gleichen Richtung, die die ganze zeitgenössische Kunst Italiens damals prägte, und es wäre verfehlt, wollte man hier von der franziskanischen Kunst im engeren Sinne sprechen, denn die Dominikaner übernahmen später ihrerseits ganz ähnliche Grundsätze[69].

Die Basilika *S. Francesco in Assisi* wurde 1228 von Papst Gregor IX. gegründet; seit 1230 befindet sich dort in der Krypta der Unterkirche die Grabstätte des hl. Franziskus. Diese gewaltige, auf riesigen Bögen ruhende Klosteranlage erhebt sich mit ihren aufeinander getürmten Bauten auf dem äußersten Felsengrat des Berges Subasio. Sie ist ein Werk des Bruders Elias, durch den der Orden in die neue Richtung gewiesen wurde, sich macht- und prunkvoll zur Schau zu stellen. Das Zeichen dafür gab er mit dem *Kreuzigungsfresko*, mit dem Giunta Pisano 1236 beauftragt wurde: Auf diesem ließ er sich kniend neben Christus darstellen[70]. Die einschiffige Unterkirche mit dem ihr vorgelagerten länglichen Narthex umfaßt vier quadratische Joche, die von starken halbkreisförmigen Rundbögen überspannt sind; im folgenden Jahrhundert wurden zwischen die Strebepfeiler Seitenkapellen eingebaut. Die gedrungene, kraftvolle Raumgestaltung wird noch betont durch den reichen Freskenschmuck aus dem 13. und 14. Jahrhundert. Die Malereien überziehen alle Wände und Gewölbe des Raumes □ 84.

Die 1253 geweihte Oberkirche hat gleichfalls nur ein einziges Schiff und macht einen vollkommen gotischen Eindruck, dessen Wirkung durch die spitzbogigen Gurtbögen und den Schwung der Gewölberippen und Säulchen noch eine besondere Betonung erhält. Hier erblickt man auf den Wänden und unter den hohen Fenstern den gegen Ende des Jahrhunderts unter der Leitung Giottos entstandenen Freskenzyklus aus dem Leben des Heiligen. Die Fassade, die noch nach romanischem Muster in zwei große Querflächen mit Dreiecksgiebel aufgeteilt ist, zeigt ein Doppelportal, über dem sich eine Rose öffnet. An den Seitenwänden des Bauwerks wechseln halbzylindrische Strebepfeiler mit Fenstern ab und erzeugen ein farbiges Spiel von Weiß und Rosa, was dieser Konstruktion ohne Strebebögen einen spezifisch italienischen Charakter verleiht □ 82, 83.

Die zeitliche Abfolge der in Assisi befindlichen Wandmalereien konnte bisher nicht genau festgestellt werden; unzählige Hinzufügungen während des 14. und 15. Jahrhunderts sowie die fortlaufend vorgenommenen Restaurierungen machen eine genaue Datierung oftmals fast unmöglich. Aber daß diese große Maler-Werkstatt zwischen 1280 und 1300 eine unerhörte Bedeutung besaß, ist offensichtlich. Es war nun Cimabue, der mit Hilfe eines römischen Meisters namens Torriti ab 1277 begann, die Ausschmückung des Heiligtums in einem neuen Stil zu gestalten, der auf Byzanz hin-

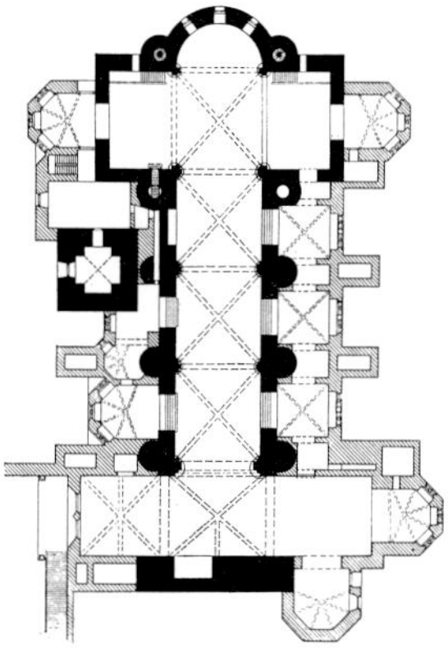

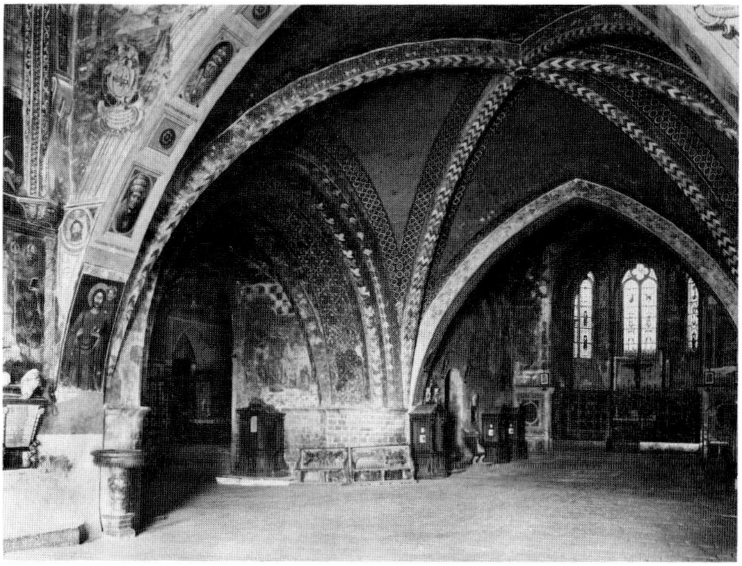

84
Assisi, S. Francesco
Unterkirche

deutet, dessen stark ›abendländische‹ Abwandlung jedoch nicht zu leugnen ist. Die Fresken der Unterkirche, die die *Madonna mit dem hl. Franziskus* zum Thema haben, sowie die Zyklen in der Apsis und im Querhaus der Oberkirche gehen auf diesen Meister zurück □85. Sein Aufstieg vollzieht sich rasch und sicher, die Großzügigkeit der *Kreuzigungsszene* mit ihren geschickt angeordneten Menschenmassen und dem feierlichen Engelreigen läßt darüber keinen Zweifel offen. Auch das eindrucksvolle Bildnis des Heiligen in S. Maria degli Angeli in Assisi ist Cimabue zugeschrieben worden. Es war wohl so, daß alle Künstler aus der Generation um 1300, die später in Mittelitalien etwas gelten sollten, nach Assisi kamen, um sich dort an Cimabue zu orientieren. Vielleicht befand sich sogar Duccio, der Begründer der sienesischen Malschule, unter ihnen[71]. Ähnlich war es Giotto ergangen, der nach seiner Ausbildung in Rom von dem Franziskanergeneral Fra Giovanni di Muro nach Assisi gerufen worden war; die ganze Serie der achtundzwanzig Fresken aus dem *Leben des hl. Franziskus* □86 dürfte zwar kaum nur von seiner Hand stammen. Wahrscheinlich hatte man, um für das große Jubiläumsjahr 1300 die Fertigstellung der neuen Ausgestaltung der heiligen Stätten voranzutreiben, zahlreiche Hilfskräfte angefordert.

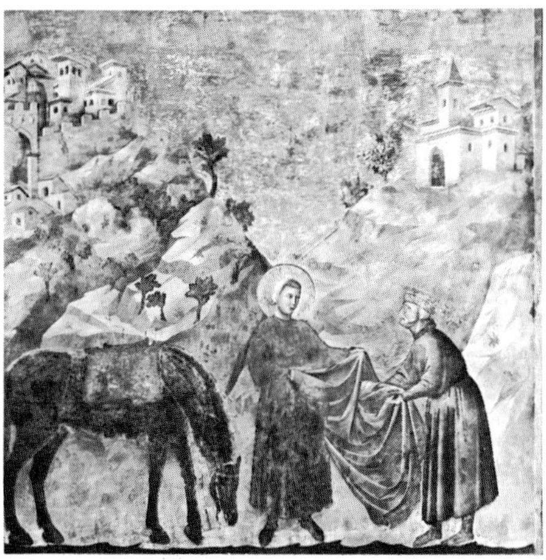

85 Meister des hl. Franziskus, Fresko in S. Francesco, Assisi, 1280-1300

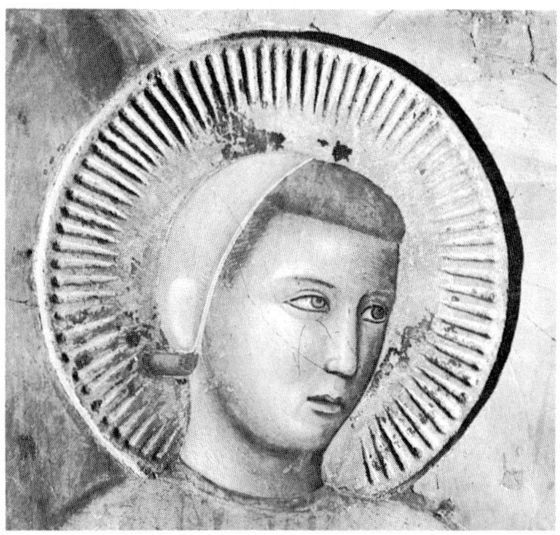

Detail aus Abbildung 85

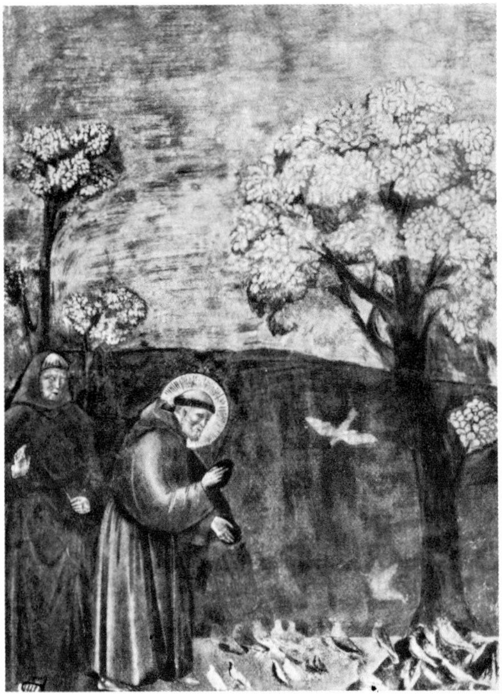

86 Giotto, Der hl. Franziskus predigt den Vögeln
Fresko in S. Francesco, Assisi, um 1300

Im ganzen gesehen ging Ende des 13. Jahrhunderts mit der franziskanischen Reform dasselbe vor sich, wie drei Jahrhunderte später mit der ebenfalls zunächst sich als erneuernd auswirkenden Bewegung durch das Tridentiner Konzil. In der ersten Zeit jedenfalls machte sich ein Wiederaufleben von Geistigkeit und Würde in der christlichen Kunst bemerkbar; offensichtlich war man bemüht, die Bauformen zu vereinfachen und strenger zu gestalten. Dann aber, mit zunehmender Frömmigkeit und mit dem Auftreten zahlloser Mystiker, konnte die wiedererstarkte Kirche es sich leisten, zu den neuen Heiligen ihre Zustimmung zu geben, denn diese brachten ihr neue Ehren ein. Um aber diese großen Gestalten noch würdiger verehren, den Glauben noch stärker befestigen und die Gläubigen wahrhaft um sie versammeln zu können, ließ man im Kampfe gegen Freidenkerei und Häresie Reichtum und Pracht des Dekors erneut wieder zu – das Gemüt, das sich nach innen gewandt hatte, wendet sich nun gleichsam wieder nach außen. Von diesem Standpunkte aus müssen auch die schmückenden Fresken-Zyklen in Assisi betrachtet werden, denn nur so erklärt sich die Stellung, die sie in der großen Zeitenwende des italienischen Mittelalters einnahmen. Die sittliche Strenge der Spiritualisten, wenn auch von den offiziellen Stellen mit der Zeit eingedämmt, wehrte sich jedoch immer wieder aufs heftigste gegen eine solche Abirrung vom eigentlich franziskanischen Geist; so wurde Ubertino de Casale 1310 zum Ankläger der recht kostspieligen Prachtentfaltung in der neuen Kirche S. Croce in Florenz.

Die ›Proto-Renaissance‹ in Unteritalien

Im Herzen von Apulien, etwa fünfundzwanzig Kilometer von Barletta entfernt, erhebt sich auf einem hügelartigen Aussichtspunkt das *Castel del Monte,* das 1240 als Jagdschloß für Friedrich II. von Hohenstaufen erbaut wurde □ 88. Der Bau hat die Form eines regelmäßigen Oktogons von unvergleichlichem Adel, die Ecken sind jeweils betont von einem 24 m hohen, wiederum achteckigen Turm. Der Innenhof hat ebenfalls die Form eines Achtecks; durch diese Anordnung entstanden acht große Räume in Trapezform mit Rippengewölben im Erdgeschoß und ebenso viele im Obergeschoß. Das Portal hat die Gestalt eines Triumphbogens □ 87. Bemerkenswert ist die Ein-

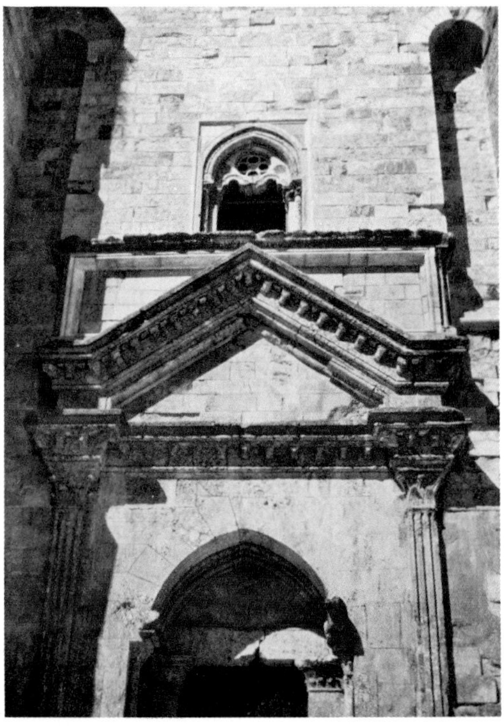

87 Castel del Monte, Portal

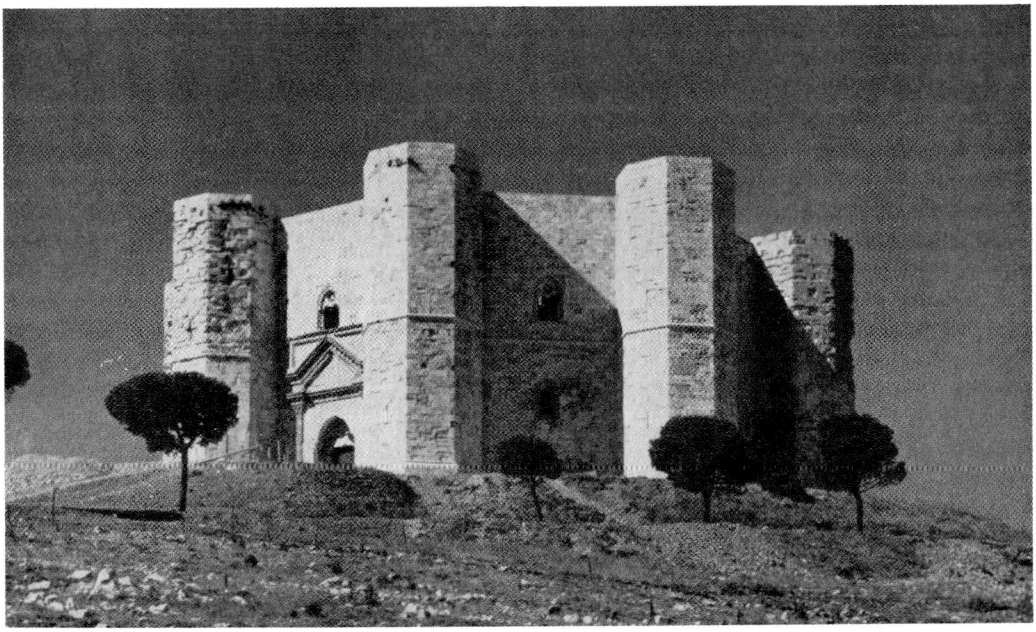

richtung der Wasserzuführung. Man hat dabei an eine arabische Konstruktion gedacht, aber das Problem war dadurch noch nicht gelöst. Ähnliche Raffinessen des Komforts finden sich in den Schlössern von Syrakus und Catania, Castel Maniace und Castel Ursino, die ebenfalls beide um 1240 erbaut wurden. Diese zeigen einen quadratischen Grundriß, dessen Ecken Rundbauten bilden; die Türme des letztgenannten weisen doldenförmige Rippen von einer unvergleichlich feinen Zeichnung auf. All diese Bauwerke haben eine stark geometrisch betonte Flächeneinteilung. Die Ausstattung dieser Schlösser besitzt mit ihrer klaren Gliederung und den Gewölbeformen eine verblüffende Ähnlichkeit mit den Kapitelsälen, den Zellen und Nutzräumen der zisterziensischen Klöster. Wir wissen, daß Friedrich II. seit 1224 wichtige Arbeiten den Zisterziensermönchen übertragen hatte, die ja die eigentlichen Träger der Gotik in Italien waren. Indessen handelt es sich hier nicht um Sakralbauten. Die Burg Castel del Monte beispielsweise war trotz ihres düster-strengen Äußeren ein regelrechtes Lustschloß, ein wahrhaft fürstlicher Aufenthalt. Säulen aus rosigem Marmor und Cipolino, höchst delikate Fensterumrahmungen und Mosaiken arabischer Herkunft finden sich hier dicht neben gotischen Knospenkapitellen, kurzum: Der gotische Rahmen umschloß die Atmosphäre eines orientalischen Herrschers. Zwischen den genannten Residenzen des Kaisers

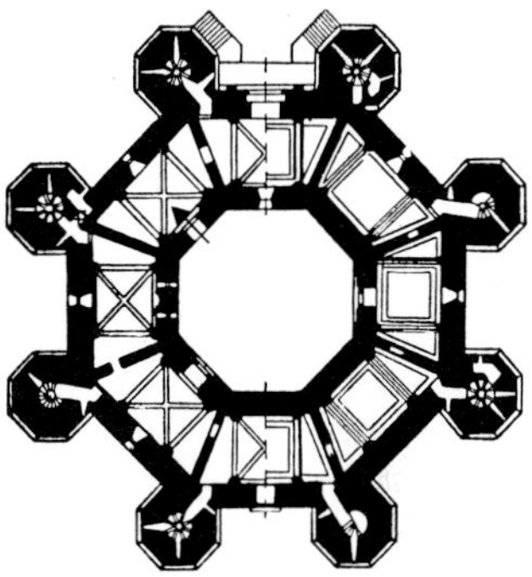

88 Castel del Monte, Jagdschloß erbaut für Friedrich II. von Hohenstaufen, um 1240

und gewissen Schlössern in Syrien oder den *castra* der Omaijaden, die alle vor dem 9. Jahrhundert entstanden waren, und die Friedrich II. auf seinen Reisen durch Kleinasien Gelegenheit gehabt hatte kennenzulernen, gibt es ganz bestimmte Ähnlichkeiten in Grundriß und Ausstattung, die übrigens von sarazenischen Baumeistern schon während der Normannenzeit übernommen worden waren.

Aus alledem ist zu schließen, daß, wenn zur Zeit der Normannen Grundrisse des cluniazensischen Bautyps von arabischen Steinmetzen abgewandelt und farbiger gestaltet wurden, umgekehrt zur Zeit der Hohenstaufen bei Bauten sarazenischen Typs gewisse Einzelheiten von Meistern abgewandelt wurden, die wiederum bei den Zisterziensern ausgebildet worden waren[72]. Gerade diese echte Zu-

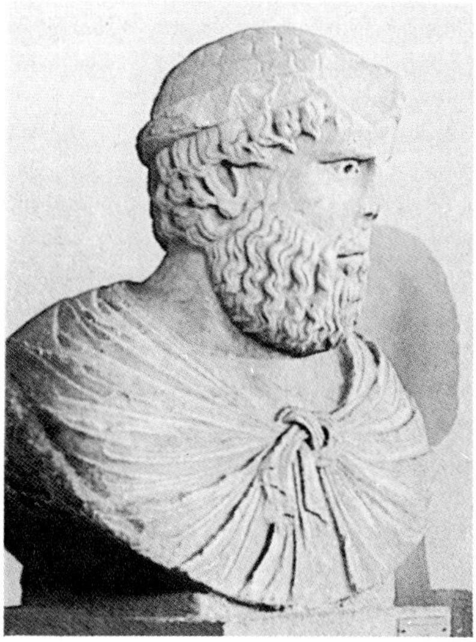

89
Kopf des ›Capua fidelis‹
um 1240
Museo Campano, Capua

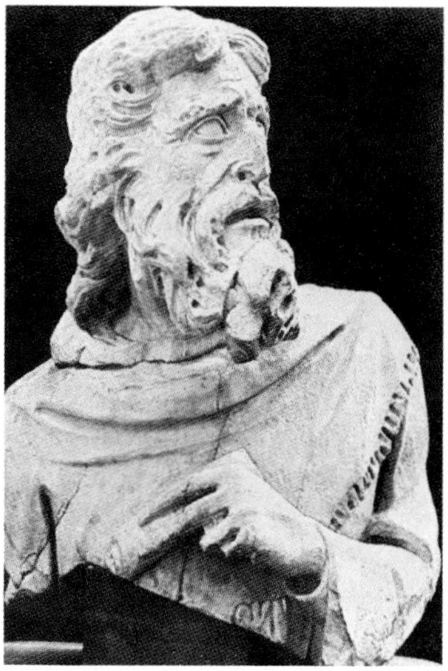

90
Giovanni Pisano
Büste eines Propheten
um 1300
Victoria and Albert Museum
London

sammenfassung aller zeitgenössischen Arbeitsverfahren unter einem ganz und gar kaiserlichen Machtideal gibt der Regierungszeit Friedrichs II. ihre Bedeutung. Vor allem aber wirkte sich dies auf dem Gebiete der Plastik aus. Das Triumphtor von Capua (1234-1239), das als ein Wahrzeichen beim Eintritt in das Königreich gedacht war, bestand aus einem Rundbogen zwischen zwei achteckigen Türmen und war von Löwen flankiert, über denen die Büsten von Mitgliedern des Kaiserhauses standen, weiterhin trug es allegorische Statuen wie den riesenhaften *Capua fidelis,* von dem nur noch der 80 cm hohe Kopf existiert □ 89. Der kraftvolle Grundgedanke eines solchen Bauwerks läßt einen an ein Wiederaufleben der Antike denken; aber die Dinge liegen komplizierter und lohnen eine genauere Untersuchung. Zwar zeigte dieses Triumphtor die Statue des Kaisers in Tunika und Chlamys, was sicherlich auf eine Rückkehr zum Stil der Römer schließen läßt, doch war diese Latinität ganz und gar gefärbt von byzantinischen Herrschaftsideen, und man tut gut daran, sich ins Gedächtnis zu rufen, daß der berühmte 5 m hohe Koloß aus Marmor (Theodosius?), der den starren Stil des oströmischen Reiches treffend kennzeichnet, im Laufe des gleichen Jahrhunderts von den Venezianern herangebracht und in Barletta aufgestellt wurde.

Nur aus italienischer Sicht erscheinen die Schöpfungen Friedrichs II. als Vorspiel zum Wiederaufleben der Antike – eine Art Präludium zur Renaissance des 15. Jahrhunderts. Vom mediterranen Mittelalter und dem Italien der romanischen Epoche aus betrachtet, stellt das Werk dieses Fürsten jedoch eher die Infiltration der heidnisch-höfischen Vorstellungen von Byzanz inmitten einer zugleich ganz italienischen und kosmopolitischen Form der Gesellschaft dar, deren Absonderlichkeiten über den Rahmen der abendländischen Welt zwar hinausragen, ohne aber aus ihrer Zeit zu fallen. Das läßt sich nirgendwo besser feststellen als an der eigenartigen Kanzel-Ausschmückung – die Kanzel auf der rechten Seite – im Dome von Ravello. Die dort befindliche Büste, die mit der Jahreszahl 1272 den Namen des Niccolò da Foggia trägt, zeigt eine Allegorie auf die Kirche. Hier ist eine Art Kaiserin dargestellt, mit den schweren Augenlidern und der Fülle gewichtigen Schmucks, die für Byzanz so charakteristisch sind; ihr Haupt trägt eine edelsteinüberladene Krone, und alles an ihr wirkt hieratisch streng.

Hier lagen die künstlerischen Voraussetzungen des um 1220 geborenen Niccolò Pisano, des letzten großen Bildhauers, den die romanische Epoche hervorgebracht hat. Mit ihm vollzog sich der Übergang zu einer neuen Ordnung, deren Spuren zur gleichen Zeit in Rom, in der Toskana und in Umbrien zu finden sind. Niccolò Pisano war seiner Herkunft nach Apulier und somit mittelmeerischer Abstammung, kam jedoch in Pisa zur Welt, wo er 1260 die berühmte *Kanzel des Baptisteriums* schuf. Diese Kanzel ist aus den verschiedenartigsten Stilelementen zusammengesetzt: Löwenbasen aus romanischen Portiken, gotische Arkaden- und Dreipässe, byzantinische Motive und Flachreliefs, die eine unmittelbare Nachahmung antiker Sarkophage darstellen. Durch die Dichtigkeit der wohlgegliederten Komposition und die Verteilung der Falten, die die Lichteffekte zu variieren sucht, gelingt dem Künstler eine unerhörte Kraft der Gestaltung. Immerhin arbeitet er hier noch mit Anklängen an schon Vorhandenes: In diesem Werk scheint die ganze Fülle der Kultur seiner Zeit, wenn auch noch zögernd, zusammenzuströmen. Erst mit der *Kanzel in Siena* (1266 bis 1268) sollte der große Schritt getan werden □91. Dort halfen dem Künstler vier seiner Schüler, deren Namen die gesamte Zukunft bestimmen. Es sind dies sein Sohn Giovanni, der Florentiner Arnolfo di Cambio, die Sieneser Donato und Lapo. Diese drücken sich aber nicht mehr in einem neo-klassischen Stile aus; ihre Sprache sollte sich der nachdrücklichsten und stärksten Form der Gotik bedienen □90.

Am Ende des 13. Jahrhunderts kündigte sich also auf allen Gebieten der italienischen Kunst die große Wende an: 1268 treten bei der Vollendung der Kanzel in Siena die neuen Meister zum erstenmal hervor. 1272 arbeitet Cimabue neben Torriti und Cavallini in Rom. Zwischen 1280 und 1285 kommt Arnolfo, der Schüler des Niccolò Pisano, ebenfalls nach Rom, wo er die Mosaizisten und Bildhauer der dortigen Schule kennenlernt, und seit 1280 bestehen die Werkstätten von Assisi. Auf Grund dieser außerordentlich lebhaften Aktivität richtete sich nunmehr die Aufmerksamkeit aller auf das Herz Italiens. Die Wirkung der Meister, die hier am Werk waren, strahlte alsbald auf alle anderen Provinzen aus. Durch ihr Beispiel gereift und angespornt, vermochte Italien nunmehr selbständig handelnd an der Formung der gotischen Kunst des Abendlandes teilzunehmen.

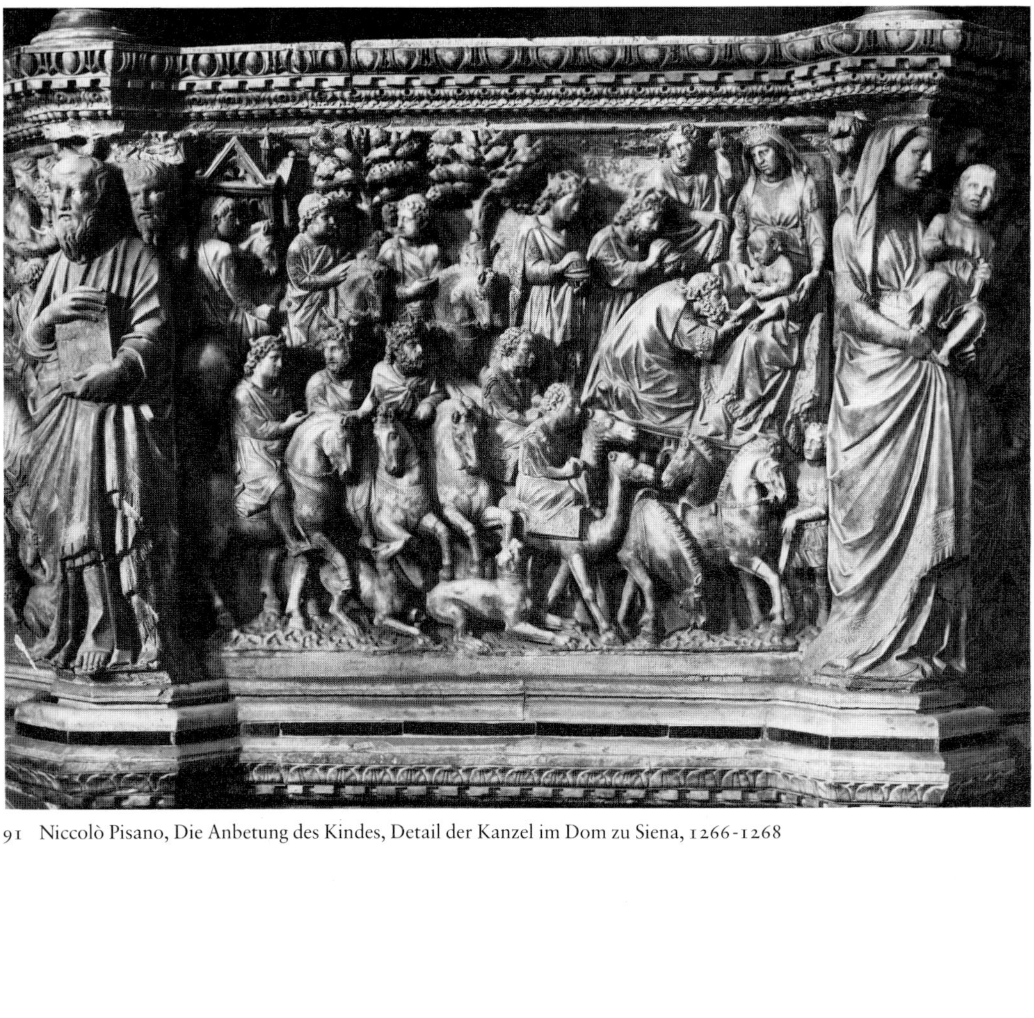

91 Niccolò Pisano, Die Anbetung des Kindes, Detail der Kanzel im Dom zu Siena, 1266-1268

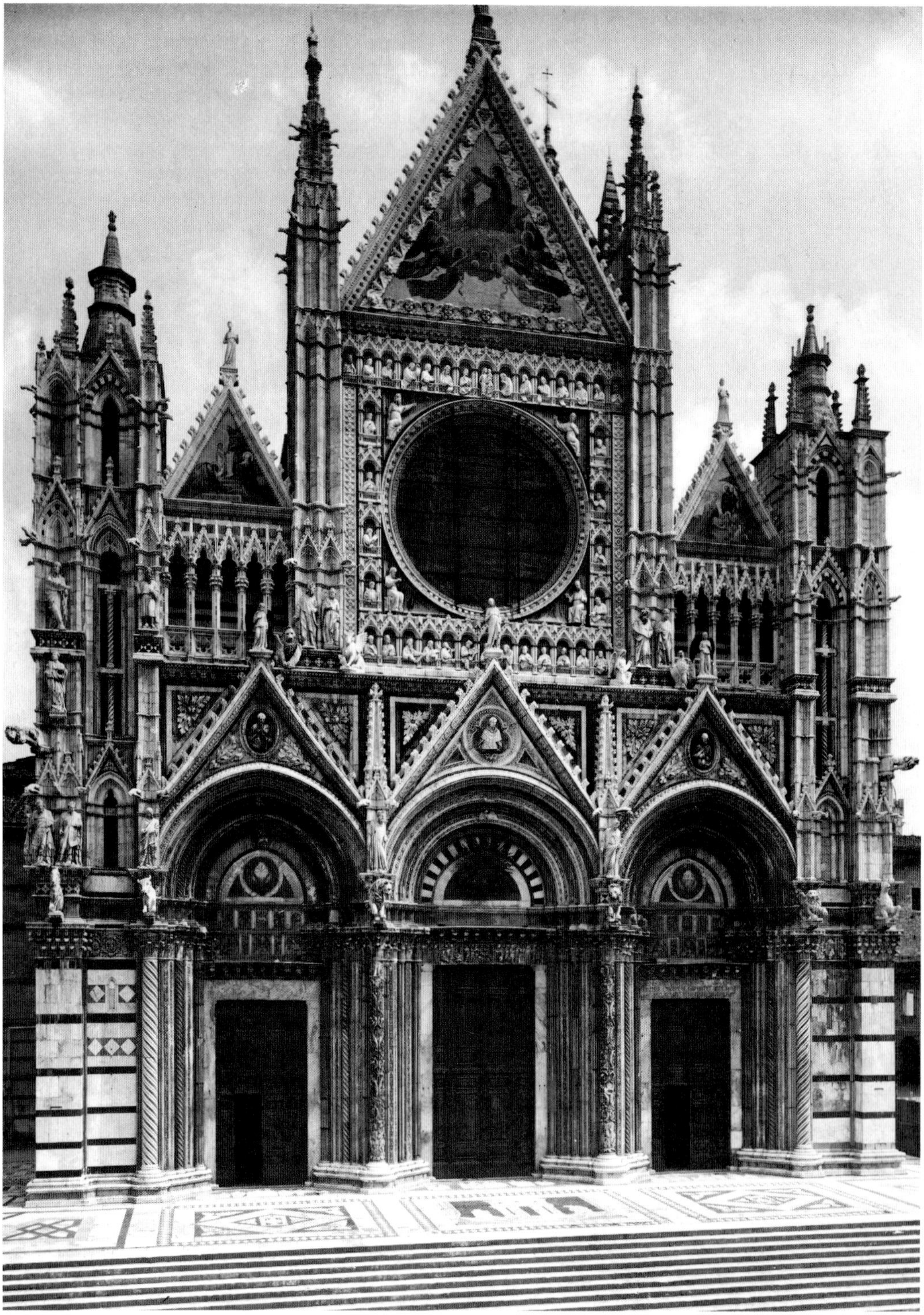

92 Siena, Dom, Anfang 13. Jahrhundert bis 1366

DIE KUNST DER GOTIK

14. bis 15. Jahrhundert

Einführung: Das Regiment der Städte

Das Jahr 1300 wurde zu einem der denkwürdigsten Jubiläen der römischen Kirche. Die Macht des Kaisers, die seit der Vernichtung der Hohenstaufen durch Karl von Anjou stark geschwächt war, erlebte das große Interregnum. Der Staatsstreich Heinrichs von Luxemburg (Kaiser Heinrich VII.), der im Januar 1309 in Aachen zum König gekrönt worden war und um 1312 in Rom die Kaiserwürde empfing, erfüllte die gibellinische Partei des Landes, vor allem in Siena und in Pisa, mit neuen Hoffnungen. Nach seinem Tode (1313) zeichnete sich jedoch alsbald der endgültige Zusammenbruch ab. Bis zu den Kriegszügen am Ende des 15. Jahrhunderts sollten nun keine fremden Truppen mehr die Alpen überschreiten, um in Italien eine Fremdherrschaft aufzurichten. Damit war der Zeitpunkt für die Macht der Guelfen gekommen. In Rom versammelte Papst Bonifaz VIII. alle frischen Kräfte der Christenheit um sich. In ganz Italien drängte man die Bauhütten, insbesondere die von Assisi, um die Kirchen für die Pilger des Heiligen Jahrs entsprechend zu erneuern. Dieser Papst schien den theokratischen Traum in die Wirklichkeit umzusetzen, den ein Jahrhundert früher Innozenz III. gehabt hatte. Denn auch die Macht des Heiligen Stuhls sollte bald verlöschen. Zwischen dem König von Frankreich, Philipp IV., dem Schönen, und dem Heiligen Stuhl war seit 1300 ein Konflikt entstanden. Der unter dem Namen Clemens V. zum Papst gewählte Erzbischof von Bordeaux unterwarf sich jedoch den Kapetingern, und so entstand von 1309-1376 das Exil von Avignon, welches durch die Krise des Großen Schismas von 1378-1417 verlängert wurde. Für Italien wurde das Trecento somit nicht nur zu einem Jahrhundert ohne Kaiser, sondern auch ohne Papst. Seit Konstantin hatte es eine solche Situation nicht gegeben, eine Sonnenfinsternis der beiden großen Mächte, der weltlichen und der geistlichen Obrigkeit. So blieb die Halbinsel, was die politische Ordnung anlangt, sich selbst überlassen. Dies führte zu partikularistischen Bestrebungen aller Art und zu einer mächtigen Entfaltung des Geld-, Handwerks- und Städtewesens.

Die französischen Kapetinger, die unter Ludwig IX. auf dem Weg ins Heilige Land bis Tunis vorgedrungen waren und in Unteritalien Fuß gefaßt hatten, konnten nunmehr scheinbar die Nachfolge des Kaiserreichs antreten. In Wirklichkeit aber sollte ihnen die völlige Beherrschung der italienischen Halbinsel nicht gelingen. 1282 unterhielten die Anjou, die durch die Intrigen des am Tyrrhenischen Meer die Herrschaft ausübenden Hauses Aragon aus Sizilien verjagt worden waren, unter der Regierung König Roberts I. von Neapel (1309-1343) mehr einen glänzenden Hofstaat, als daß sie eine politische Rolle spielten. Dieser Zustand blieb bestehen, bis 1435 der letzte Kronprätendent, König René, von Alphons von Aragon vertrieben wurde. Während des 14. Jahrhunderts wurde dann die französische Expansionspolitik durch den Kampf Frankreichs gegen das englische Königshaus gänzlich lahmgelegt. Die Könige von Neapel blieben aber weiterhin Werkzeug eines kulturellen Einflusses, der um so interessanter wurde, als die Verbindungen mit der Toskana über Rom nicht abbrachen. Auf der anderen Seite unterhielt Siena lebhafte Beziehungen zu Avignon, wo auch seine Maler tätig waren. Die Lombardei endlich war engstens liiert mit der Kunst Nordfrankreichs und des Rheinlands.

Das byzantinische Kaiserreich besaß zu dieser Zeit keine Kraftreserven mehr, um sich der Ausbeutung durch die westlichen Völker, vor allem seitens der großen italienischen Herren und Kaufleute, zu erwehren. Die Handelsrepubliken Genua und Venedig entstanden durch die verschiedenen Niederlassungen und Comptoirs, die von ihnen im ganzen östlichen Teil des Mittelmeeres errichtet wurden. So war Euböa von 1204-1470 im Besitz von Venedig, und die Gazarie oder Krim gehörte den Genuesen. Auf dem Balkan wurden italienische Fürstentümer als französische Lehen vergeben. Ein zum ›Herzog von Athen‹ aufgestiegener Adliger herrschte 1343 sogar einige Monate in Florenz. Die Entwicklung der Malerei beiderseits der Adria bis in die serbischen Provinzen hinein, von der man außer den schönen Fresken-Zyklen von Mileseva (1235) und Sopocani (1265) noch die geglückten Wandmalereien in Gracanica (um 1320) und die von Mistra (14. Jahrhundert) in den griechischen Provinzen als Beispiele kennt, ist nur von diesen unausgesetzten Verbindungen her zu erklären.

Im 14. Jahrhundert fanden die Bürgerkriege in den Stadtgemeinden und die Rivalität der Städte untereinander ihre größte Ausweitung, doch sollten diese hinwiederum auch eine große Blütezeit zur Folge haben. Denn nun brach die Zeit der Schöpfung großer Stadtanlagen an. Florenz, Siena, Bologna, Verona, Mailand erhielten ihre endgültige Gestalt mit einer Reihe monumentaler Bauwerke, für die ein ungeheurer finanzieller Aufwand nötig wurde. Das, was für Frankreich im 13. Jahrhundert die Kathedralen bedeuteten, wurden für das Italien des 14. Jahrhunderts nun diese großen Stadtplanungen, hier mit größerer Sorgfalt ausgeführt als irgendwo anders. Jetzt war das Zeitalter der großen Städte gekommen, die Landgemeinden und kleinen Republiken verloren ihre Bedeutung.

Abgesehen von Florenz, wo alle Versuche zur Errichtung einer Diktatur scheiterten, um schließlich nach dem großen Volksaufstand der ›ciompi‹ (1378) mit einer Regierung der Innungen und des Bürgertums zu enden, traten in vielen anderen Provinzen die großen Feudalherren ihre unumschränkte Herrschaft an: die Visconti in Mailand und die Scaliger in Verona. Selbst Venedig erlebte 1355 den Versuch des Marino Faliero, eine Art persönliches Regiment aufzurichten. Diese zahlreichen politischen Kämpfe wurden mit größter Heftigkeit geführt, aber sie vermochten keineswegs den Gang der Entwicklung aufzuhalten, wobei auf sozialem Gebiete sehr bald die Gegensätze zwischen den Klassen gemildert und auf politischem das Wachstum der vier oder fünf großen Hauptzentren von Handel und Kultur – nämlich Mailand, Genua, Venedig und Florenz – gestärkt wurden. Der Norden erlangte gegenüber dem Süden des Landes eine neue Bedeutung, da letzterer ganz unter die Willkür-Herrschaft der Feudalherren geriet. Das von den Päpsten verlassene Rom befand sich zu dieser Zeit in völliger Auflösung, erlebte jedoch 1347 noch das denkwürdige, seltsame Abenteuer des Cola di Rienzo. Diesem gelang es, die Einrichtung der antiken Tribunen wieder ins Leben zu rufen, um Italien aus seinem politischen Schlummer aufzurütteln; er wollte in der Hauptstadt die Republik des Cicero erstehen lassen, wozu ihm Petrarca und die Literaten ihren Beifall spendeten. Sein Siegeszug aufs Kapitol und den Lateran, der von verworrenen Proklamationen an die Fürsten seiner Zeit begleitet war – was seinen Fall rasch herbeiführte –, stellt die letzte Phase des Traumes dar, den das Mittelalter von der Rückkehr zur römischen Ordnung gehabt hat. Nur im kulturellen Bereich sollte er weiterleben, gleichsam als Lebensspender voller Poesie und Symbolkraft, wie Petrarca es selber bezeugt.

Im Jubiläumsjahr 1300 war Dante ›Prior der Künste‹ in Florenz. Im Januar 1302 wurde er aus seiner Vaterstadt verbannt, als die von Karl von Valois unterstützten schwarzen Guelfen wieder an die Macht kamen. Der ins Exil getriebene Dichter verbrachte sein Leben von da ab bei den gibellinischen Fürsten Norditaliens in Verona und Ravenna; dort verfaßte er auch jenes umfassendste und am strengsten gebaute Gedicht des ganzen Mittelalters, die ›Göttliche Komödie‹, die in Form einer Vision genau den geschichtlichen Augenblick der Heiligen Woche des Jahres 1300 festhält. Diese erste großartige Aussage der italienischen Landessprache ist gleichzeitig ein zutiefst gotisches, ja mittelalterliches Meisterwerk. In seiner innigen Ausdrucksweise, seinem mutigen Nationalgefühl gibt es alle Leidenschaften, Erfahrungen und Erregungen eines Italieners wieder, der sich der Schönheit seines Landes und seines klassischen Erbes voll bewußt ist. Was man den ›Humanismus‹ Dantes genannt hat, ist vielmehr eine Zusammenfassung der Vorstellungen der Antike und der Eigentümlichkeiten der christlichen Welt und stellt einen wesentlichen Beitrag dar zum Verständnis jenes Wandels der italienischen Kultur, der genauso stark in den Skulpturen Giovanni Pisanos, Arnolfo di Cambios und den Freskenzyklen Giottos zum Ausdruck kommt. Es waren also diese genialen Geister, die die Dichtung und die bildende Kunst Italiens unaufhaltsam ihrem Gipfelpunkt entgegenführten und aus allem bis dahin Geschaffenen die Quintessenz zogen. Die auf sie folgende Generation war wesentlich dünnblütiger, aber zu gleicher Zeit viel feinnerviger. In der Literatur sind es Boccaccio und Petrarca, die, in engster Verbindung mit der französischen Kultur, deren höfische Formen übernahmen – der eine mit lächelnder

Anmut und Klarheit, der andere mit der zarten Empfindsamkeit eines Ästheten. Die italienischen Erzähler und Dichter sind bis heute noch immer davon besessen. Diese Männer kann man die Repräsentanten einer gequälten Generation nennen, denn sie waren zwischen den Vergnügungen der Welt und der Stille der Studierstube hin und her gerissen. Weltoffene Neugier auf Menschen und Dinge wechselt bei ihnen ständig mit Traumbildern aus der Geschichte und einsiedlerischer Melancholie ab. Langsam aber sicher wurde so bei den italienischen Literaten jene menschliche und persönliche Note zur Reife gebracht, die bis heute ihr besonderes Kennzeichen geblieben ist. Dieses gotisch Preziöse und den Hang zur Gefühlsbetontheit findet man auch bei den bildenden Künstlern wie Simone Martini und Daddi wieder. Gleiche Bestrebungen also hier wie da!

Demnach sind um das Jahr 1300 eine Reihe führender Persönlichkeiten festzustellen, deren Wirkung sich über ganz Italien erstreckt hat und die dem Lande zum erstenmal das Gefühl einer Einheit gaben. Etwa um 1360 traten dann die schwächer und zarter angelegten Charaktere auf; sie trugen mehr zur Verfeinerung des Stils bei, wobei sie ihn auf die italienische Sensibilität abstimmten. Damit haben wir die beiden Formen der italienischen Gotik vor uns: die erstere könnte als die heroische, die letztere als die elegante und höfische Form bezeichnet werden. Eine solche Auffassung widerspricht aber der herkömmlichen Interpretation, die im allgemeinen mit Dante, den Pisani und Giotto die Renaissance um 1300 beginnen läßt. Ende des 14. Jahrhunderts erklärte Filippo Villani, daß die Malerei mit Cimabue wieder zur Natur zurückgekehrt sei, und Giotto bezeichnete er als einen Meister, der sich nach der Antike ausgerichtet habe. Humanisten wie Boccaccio und später Landino und Poliziano sollten sich auf Giotto berufen, dessen Name den ganz natürlichen Platz an der Spitze aller künstlerischen Genealogien fand, die sich von Plinius herleiten und vom 15. Jahrhundert an den Ablauf der modernen Kunst überhaupt bestimmen. Der Historiker Vasari hat diesen Standpunkt übernommen und in seinem umfassenden Sammelwerk über das *Leben der Künstler* (1550) schließlich vielstimmig zur Ausdeutung gebracht. In Wahrheit rührt aber der Stil Niccolò Pisanos von einer stark byzantinisch gefärbten Interpretation der Sarkophagkunst her, auch sahen wir, inwieweit die Antike Torriti und Cavallini noch bestimmt hat, die ja die direkten Vorläufer des Giotto gewesen sind. Die Erinnerung an die Werke der Antike wurde also auf zweifache Weise wieder heraufbeschworen, einmal durch die Berufung auf Byzanz und zum anderen auf die Gotik. Die um 1300 geleistete Arbeit fand ihren eigentlichen Sinn nicht darin, daß sie die antiken Formgesetze wieder aufleben ließ, sondern daß sie alle Elemente dieser zugleich großartigen und in sich geschlossenen Kunst zu vereinigen suchte. Die vielen gleichzeitig entstandenen Schöpfungen so starker künstlerischer Persönlichkeiten gaben Italien schließlich die Gewißheit seiner eigenen künstlerischen Genialität, und diese Erscheinung einer wahrhaft nationalen Kultur sollte in Zukunft so stark im Vordergrund stehen, daß man zwei ganz verschiedene Phänomene – nämlich die Aussage der italienischen Kunst um 1300 und die spätere antigotische humanistische Erneuerung im 15. und 16. Jahrhundert – in eins zusammengefaßt hat.

Zu dieser irreführenden Vereinfachung fügte die ›klassische Legende‹ noch eine weitere hinzu, nämlich die These, die ausschließlich an der künstlerischen Filiation in der Toskana, die von Giotto zu Masaccio und von Masaccio zu Leonardo und Michelangelo führt, festhält. Nun kann aber unmöglich alles aus dem Einfluß, den die florentinischen Meister gehabt haben, erklärt werden. Giotto und dem ›Giottismus‹ muß man im 14. Jahrhundert die Eigenart der Sienesen, nämlich die Kunst eines Duccio und Simone Martini, entgegenhalten. Wenn auf der einen Seite Giotto der römischere Meister ist, so ist Duccio der byzantinischere, aber beide Kräfte waren bis tief ins 15. Jahrhundert hinein gleichzeitig wirksam. Übrigens haben die norditalienischen Maler in Bologna oder Verona vom toskanischen Stil zwar Kenntnis genommen, ihn aber fast immer nach ihrer eigenen Auffassung abgewandelt, ja mitunter ganz und gar abgelehnt.

Außerdem handelt es sich auch keineswegs um einen ununterbrochenen Fortschritt der Entwicklung. So wurden zum Beispiel die großen Meister um 1300 von den späteren Generationen gar nicht immer verstanden oder als Vorbilder benutzt. Die Künstlergeneration, die sich nach 1330/1340 an den Baptisteriumstüren des Andrea Pisano in Florenz und später an dem Tabernakel des Orcagna betätigt hat, neigte auffallend rasch dazu, dünnere, spitzere, im engeren Sinne gotische Formen zur Anwendung zu bringen, die eher direkt von westlichen Beispielen inspiriert scheinen. Die Erben des

Giovanni Pisano und des Giotto haben die Vorbilder ihrer Meister nur unter dem Aspekt der französischen Modeströmungen angesehen und sie in diesem Sinne umgedeutet. Im übrigen ist es durchaus möglich, daß die entsetzlichen Epidemien, die um die Mitte des Jahrhunderts auftraten – der Pest von 1348 fiel fast die Hälfte der Einwohnerschaft der Toskana zum Opfer –, ebenfalls ein Grund für dieses Durcheinander von Stilen gewesen ist, da durch ein solches Ereignis die Kühnheit jeder künstlerischen Aussage für eine Zeitlang gestört oder geschwächt sein mochte. Aber schließlich sollte Italien, in engster Verbindung mit Avignon, Prag und Paris, durch die Vermittlung Sienas und der Lombardei am Ende des Jahrhunderts an der Entfaltung dessen teilhaben, was die Gotik an Zartestem hervorzubringen imstande war, nämlich am sogenannten ›internationalen Stil‹, zu dem auch dieses Land Entscheidendes beitrug. Auch hier entstanden allmählich große Dombauhütten. Im allgemeinen geben sich in Italien Baukunst, Bildhauerkunst und Malerei um 1440 ›gotischer‹ als um 1300. Die Toskana, die bis 1340 dabei die Führung hatte, trat sie nunmehr an die nördlichen Gebiete der Lombardei und Verona ab. Der Verlauf dieser Entwicklung macht aber eine besondere Untersuchung gerade dieses Jahrhunderts erforderlich.

Die Toskana (1280-1340)

Architektur

Das zu Anfang des 13. Jahrhunderts durch die Zisterzienser eingeführte und von den Franziskanern übernommene gotische Architektursystem hat sich in Italien mehr in seiner einfachsten Form als in der Fülle seiner monumentalen und dekorativen Möglichkeiten durchgesetzt. Die Predigerorden, vom hl. Dominikus unter Innozenz III. gegründet, schufen sich die gleichen einheitlichen architektonischen Vorbilder. Es ging ihnen vor allem darum, die neuen Gotteshäuser so auszugestalten, daß sie für die Predigertätigkeit besonders geeignet waren. Im Laufe des 13. und 14. Jahrhunderts entstand in vielen italienischen Städten an ihren äußersten Punkten je ein Kloster des Bettel- und eines des Predigerordens.

S. Francesco in Assisi war zu einer der bewundertsten Kirchen Italiens geworden; dies sollte für ganz Umbrien maßgeblich werden. *S. Chiara*

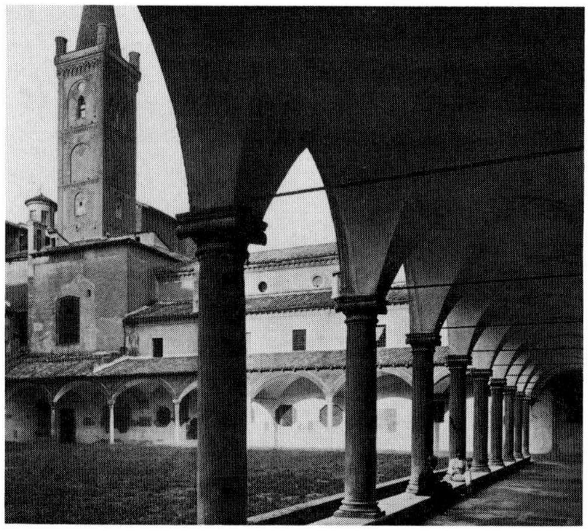

93 Bologna, S. Domenico, 1233

(ebenfalls in Assisi, 1265) und die Kirchen in Gualdo, Terni, Narni sowie S. Francesco in Perugia geben hiervon Zeugnis. In Perugia wurde indessen mit der 1305 gegründeten Kirche S. Domenico – sie wurde im 17. Jahrhundert durch Maderna erneuert – die im Süden Frankreichs so verbreitete Variante der gotischen Kirchen mit drei gleich hohen Schiffen eingeführt, durch die der Innenraum eine starke Erweiterung erfährt. Dieses Vorbild wurde dann auch beim Dom von Perugia benutzt sowie in S. Fortunato in Todi, dessen Bau mehr als hundertfünfzig Jahre in Anspruch nahm.

Während der Ruhm des Heiligen von Assisi Umbrien einige Jahrzehnte lang zu einem künstlerischen Brennpunkt ersten Ranges machte, wurde in Bologna die Kirche *S. Domenico* errichtet □ 93, die als Begräbnisstätte des Gründers des Predigerordens bestimmt war (1233). Die Dominikaner richteten sich nach den gleichen gotischen Regeln wie die Franziskaner und wandten auch die gleichen Vereinfachungen an wie diese. S. Domenico, das 1298 erneuert wurde, hat einen von zwei Kapellen flankierten flachen Chorschluß und drei Schiffe mit rechteckigen Gewölben. Die 1251 geweihte Kirche S. Francesco (1236 begonnen und 1263 vollendet) steht den französischen Typen noch näher: Das Mittelschiff mit seinen sechsteilig eingewölbten Jochen ist deutlich höher als die Seitenschiffe und am Außenbau durch einfache Strebebögen abgestützt; dem Chorumgang sind neun Kranzkapellen angefügt. Im Gegensatz hierzu gehört die Giebelfassade dem lombardischen Typ an.

Die gleiche Choranlage mit neun Kranzkapellen, jede über quadratischem Grundriß, findet sich im *Santo* in Padua wieder, 1232 zur Aufnahme der Gebeine des hl. Antonius errichtet. Doch entwikkelt dieser Bau eine Folge von Kuppeln nach dem Muster von S. Marco in Venedig und zeigt an der Fassade und am Außenbau lombardische Motive. Durch den Untergang der Hohenstaufen nach dem Tode Friedrichs II. und den Aufstieg Karls von Anjou, des Bruders Ludwig IX. von Frankreich, erhielt in Süditalien einige Generationen lang Neapel die Bedeutung eines Zentrums erster Ordnung, und die französische Gotik wurde dort zur offiziellen Kunst. Man ließ sich Hüttenmeister direkt aus Frankreich kommen: So erbaute Tibaud de Saumur die Abtei Valreale; die Franziskanerkirche S. Lorenzo wurde mit einem Chorumgang und

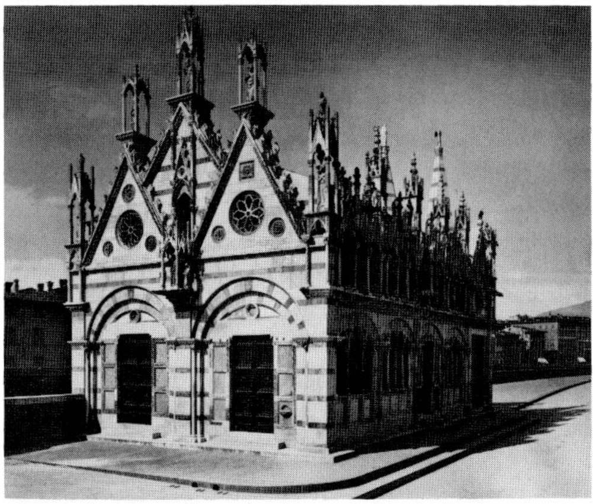

94 Pisa, S. Maria della Spina, 1322-1335

Strebewerk ausgestattet. Die ab 1239 erbaute Kirche *S. Domenico Maggiore* – dreischiffig mit Querhaus – hatte eine ganz und gar gotische Wandgliederung. Zwar sind die meisten dieser Bauten heute verschwunden, aber das Portal von S. Eligius und Reste in *S. Maria Donna Regina* geben davon noch Zeugnis.

In Norditalien entschloß man sich im ganzen genommen nur sehr langsam, die gotischen Architekturformen weiterzuentwickeln. Im Süden dagegen wurden sie, wenn man von dem neapolitanischen Abenteuer absieht, überhaupt nur für die profane Baukunst und die Monumentalskulptur angewandt. Nur in der Toskana sollte die Gotik zwischen 1250 und 1300 eine zusammenhängende und dauerhafte Entfaltung zeigen. Hier setzten vor allen Dingen zwei Zentren die vollständige Adaption der Gotik für italienische Zwecke durch: Siena und Florenz.

Siena

Siena war es also, das Pisa und Lucca, wo man der Gotik nicht bis in ihre letzte Konsequenz zu folgen vermochte, verdrängt hat. Im *Campo Santo* von Pisa, der um 1278 von einem gewissen Giovanni di Simone[73] erbaut wurde, sind die Arkaden des Umgangs, der die Form eines rechteckigen Kreuzgangs hat, rundbogig gerahmt, doch sind diese nochmals in schlanke Öffnungen mit Drei- und Vierpässen unterteilt. Die bezaubernde Kapelle am Ufer des Arno, *S. Maria della Spina* □94, ist nichts anderes als ein Reliquienschrein, der ›gotisch ausgeschlagen‹ hat (1322-1335). In dem 1308 begonnenen Anbau des Domes von Lucca können die schmückenden gotischen Zutaten die im Grunde romanische Baustruktur nicht antasten. In Siena dagegen zeugen die neuen Formen am Dom von dem ausgesprochenen Willen, eine ganz selbständige, ganz gotische Lösung zu erreichen. Auf dem höchsten Hügel der Stadt stand seit dem Anfang des 13. Jahrhunderts an seiner Stelle ein dreischiffiger romanischer Bau. Der gegenwärtige Dom □92, 95 verdankt im wesentlichen sein Aussehen dagegen den im zweiten Drittel des Jahrhunderts ausgeführten Arbeiten unter der Leitung von Mönchen, die aus der Abtei S. Galgano gekommen waren, wie beispielsweise jener Bruder ›Vernaccio‹, den eine Urkunde von 1259 erwähnt.

1264 beschäftigte man sich vor allem mit der Vollendung der sechseckigen Kuppel. Ihre Konstrukteure zogen offensichtlich aus den gotisch gegliederten Pfeilern Vorteile. Ferner haben sie ein Querhaus entwickelt und der Apsis eine rechteckige Form gegeben, was an zisterziensische Vorbilder denken läßt. Aber die Zeichnung der Bogenläufe ist halbkreisförmig; die systematische Anwendung von abwechselnd schwarzen und weißen Marmorschichten, ferner die Montierung der Kuppel auf Trompen und die Anlage einer Art umlaufenden Loggia im Tambour lassen nicht zu, hier einfach eine Übernahme der zisterziensischen oder einer anderen Form der Gotik zu erblicken.

1284 wurde Giovanni Pisano mit dem Bau der Fassade betraut, und mit ihr hat sich die Umwandlung zu einem komplizierteren Stilempfinden vollends durchgesetzt. Die tiefeingeschnittenen Portale sind von dreieckigen Wimpergen bekrönt und von kleinen, geschickt gegliederten, strebepfeilerartigen Türmchen flankiert und mit Fialen geschmückt. Giovanni hat es jedoch vermieden, wie es das westliche Beispiel vorschrieb, diese Portale mit Monumentalplastiken zu besetzen und hat den

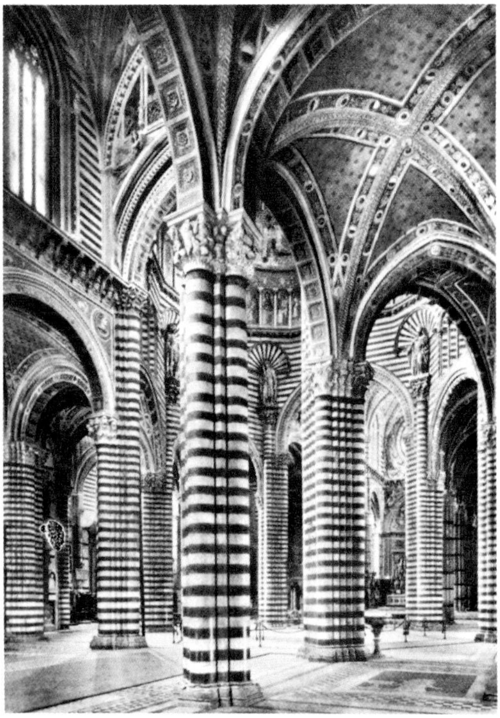

95 Siena, Dom, Blick in das Oktogon

Skulpturen ihren Platz in den oberen Geschossen angewiesen. Dagegen behielt er die farbige Wirkung bei und griff auf die Marmorinkrustationen zurück, die dem romanischen Stil in der Toskana entsprachen, nun aber in einem neuen und fast überquellenden Formenreichtum, der seine persönliche kraftvolle Interpretation des Gotischen darstellt.

Hiermit war der Ausgangspunkt für eine Reihe von Umformungen geschaffen, die die sienesischen Meister ein Jahrhundert lang beschäftigen sollten: 1317 wurde die Apsis nach Osten weit vortretend ausgedehnt und unter ihren Fundamenten die Taufkapelle S. Giovanni eingebaut. Diese ist eine Krypta mit gotischen Rippengewölben, mit schimmerndem Marmor verkleidet.

Der gotische Traum Sienas hatte damit Gestalt angenommen, aber alsbald nahm er größere Formen an: 1339 erhielt Lando di Pietro den Auftrag zum Umbau des Domes. Er sollte zu einem gewaltigen Bauwerk erweitert und dabei das alte Langhaus zum Querhaus des neuen Baus werden. Zwar wurden die Arbeiten in Angriff genommen, aber es erwies sich, daß dieses Projekt die Grenze des Möglichen überschritt. Übrig blieben nur die Anlage und ein charakteristisches Portal. Ab 1357 wurden die Gewölbe des Mittelschiffes erhöht und die Fassade Giovanni Pisanos nach 1366 von Giovanni Cecco vollendet.

Bei dieser Arbeit berücksichtigte man die Erfahrungen, die man beim Dom von Orvieto gemacht hatte. Dieser war um 1288 auf dem Grundriß einer römischen Basilika mit drei Schiffen, Arkaden in Rundbogenform und offenem Dachstuhl begonnen worden; er erhielt Ende des Jahrhunderts Kreuzrippengewölbe im Chor und im Querhaus. 1309 entwarf der Sienese Lorenzo Maitani seine Fassade und leitete den Bau bis zu seinem Tode (1330); seine Vollendung (1369) erlebte er nicht. Die drei Fassadenportale unter hohen Wimpergen mit ihren Bogenläufen und tiefen Gewänden erinnern stark an westliche Vorbilder. Die Galerie mit den kleinen Arkaturen darüber, die hohen Fialen, von denen die Strebepfeiler bekrönt sind, unterstreichen diesen Eindruck. Die heitere Fülle der Verhältnisse wird durch das quadratische Rahmenmotiv der Mittelrose betont. Aber der verschwenderische Überfluß an Inkrustationen und auf die Strebepfeiler verstreuten Reliefs sowie der Mosaiken – die übrigens meist erneuert sind – verwandeln diese Fassade in einen funkelnden und bunten Wandschirm, wobei das Architektonische zurücktritt □96.

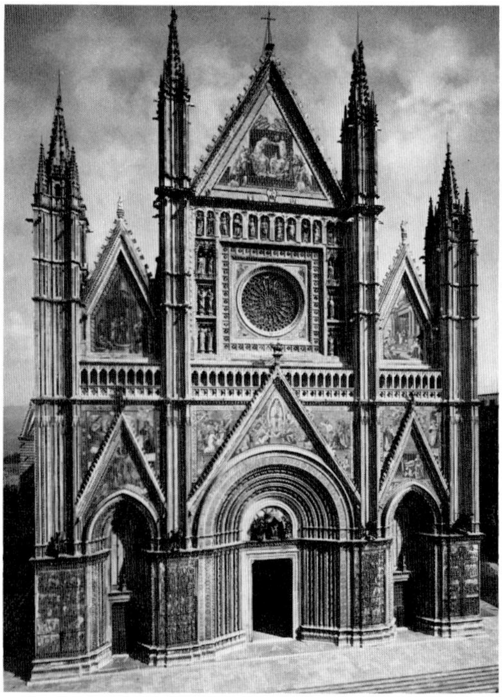

96 Orvieto, Dom, 1288-1369

Der Neubau des Sieneser Doms stellte alsbald die Bettelordenskirchen der Stadt in den Schatten. Die eine, nämlich *S. Francesco* (begonnen 1326), erhebt sich im Osten, die andere, *S. Domenico* (1293-1391), im Westen. Beide sind einschiffig, weiträumig und von schlichtem Äußeren – ganz anders als in Florenz.

Florenz

Von der Mitte des 13. Jahrhunderts an entschlossen sich hier die großen Ordensgemeinschaften, ihre Kirchen im neuen Stil zu bauen. Um 1246 begannen die Dominikaner unter ihrem Ordensgeneral Peter von Verona – dem späteren hl. Petrus Martyr – den Bau ihres Klosters S. Maria Novella. 1250 wurden S. Annunciata für die Serviten, Ognissanti für die Humiliaten und schließlich S. Spirito für die Augustiner erbaut. Etwas später begannen die Franziskaner mit S. Croce, die Mönche von Vallombrosa mit S. Trinita und die Carmelitermönche mit der Carminekirche.

An *S. Maria Novella* sind der basilikale Grundriß mit dem vier quadratische Kapellen einbeziehenden flachen Chorschluß und die Joche mit Spitzbogengewölben sowie die ausgeprägten Pfeiler unzweifelhaft zisterziensischer Herkunft □97. Aber im Verlauf der langen Bauzeit, für die zwei Daten von besonderer Wichtigkeit sind – 1279, als das Langhaus und 1348, als der Campanile aufgerichtet wurden –, fand die Entwicklung, die zur Schaffung einer speziell florentinischen Form der Gotik führte, ihren Abschluß. Denn nicht nur das Verhältnis der Joche des Langhauses zu denen der Seitenschiffe trägt dazu bei, den Innenraum im Geiste romanischer Bauwerke einheitlich zur Entfaltung zu bringen, sondern auch die Wandgliederung, die nur eine hohe und breite Arkade unter einem Rundfenster zeigt, hat nichts eigentlich Gotisches im westlichen Sinne; und der Schmuck der Kapitelle und Bandgesimse ähnelt eher dem der toskanischen oder pisanischen Kirchen des 12. Jahrhunderts. Mit seinen Kreuzgängen und Kapitelräumen sollte das Dominikanerkloster, das noch lange Zeit am Rande der Stadt lag, zu einem ihrer großen Baudenkmäler werden. Übrig blieb die unvollendete Fassade, die L. B. Alberti 1470 mit weißen und grünen Marmorinkrustationen in harmonisch geordneten Feldern ergänzte.

Die Kirche *S. Trinita,* die man als ein Werk Niccolò Pisanos ansehen kann, entstand zwischen 1258 und 1280 nach dem gleichen Schema und aus demselben Geiste; an ihr drückt sich jedoch

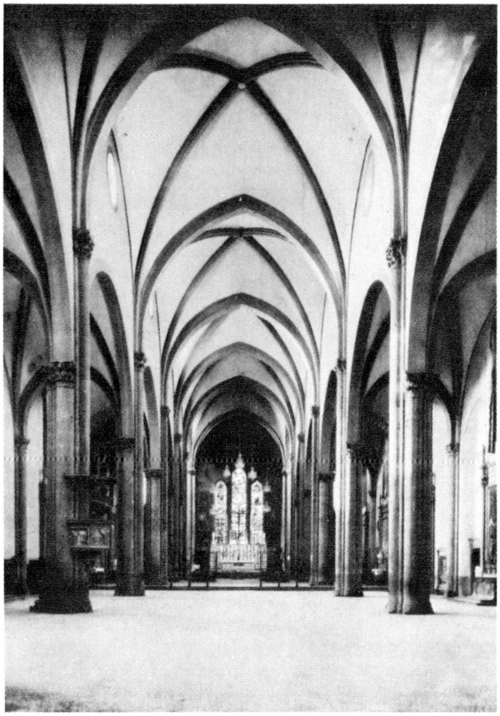

97 Florenz, S. Maria Novella, 1279-1360

das ausgesprochene Bedürfnis noch klarer aus, zwischen dem vertikalen Höhendrang des Gotischen und der bis dahin gewohnten Horizontale eine harmonische Beziehung herzustellen. Der Bau der Franziskanerkirche *S. Croce* wurde 1252 begonnen und 1295 umgestaltet – geweiht wurde sie erst 1443 von Kardinal Bessarion. Das Innere atmet klassische Hoheit. Die achteckigen Pfeiler und das Verhältnis der Joche des Mittelschiffs zu denen der Seitenschiffe bewirken ein leichtes und weites Raumgefühl. Aber dadurch, daß der Baumeister eine offene Balkendecke einzog, wodurch die Aufwärtsbewegung der architektonischen Glieder jäh unterbrochen wird, was die horizontal umlaufende Galerie über den großen Mittelschiffsarkaden noch unterstreicht[74], riskierte er, das Schiff in ein disharmonisches Verhältnis zu den hohen Fenstern und der Lichtwirkung der polygonalen Apside zu bringen, die von acht Kapellen flankiert wird. Er hat seine ganze Geschicklichkeit darauf verwandt, dem Bauwerk einen Zusammenhang zu geben, der nicht mehr auf den Formenprinzipien der Romanik oder der Gotik beruht, sondern vielmehr auf der Beziehung von Maueröffnungen und Mauerwänden, auf Tiefen- und Flächenwirkungen □98.

Man hat festgestellt, daß man sich bei den Raummaßen dieser Kirche im allgemeinen an die alte Sankt Peters-Basilika gehalten hat. Das Langhaus von Alt-Sankt-Peter war 89 m lang, in S. Croce 90,5 m; in Sankt Peter 21 m breit, in S. Croce 19,5 m; in Sankt Peter 38 m hoch, in S. Croce 34. Zusammen mit S. Maria Novella, von der die gotische Formsprache stammt, haben die frühchristlichen Bauten Roms eine entscheidende Rolle bei der Konzeption dieser Kirche gespielt, so daß es wohl erlaubt ist, in ihr eine Erscheinung der antiken Proto-Renaissance des 13. Jahrhunderts zu erblicken. Der Architekt scheint sich hier eine Zusammenfassung aller bis dahin bekannten Bauformen vorgestellt zu haben, sozusagen eine Art Bautypus der christlichen Kunst überhaupt! Daher erklärt sich auch das Interesse, das die Florentiner diesem Bauwerk, das keine Vorläufer hatte, entgegenbrachten und das Vasari glaubte, dem größten Baumeister jener Zeit zuschreiben zu müssen, nämlich Arnolfo di Cambio. Die 1863 von Mattas angefügte moderne Fassade – angeblich eine Wiederherstellung – stört bedauerlicherweise den Gesamteindruck.

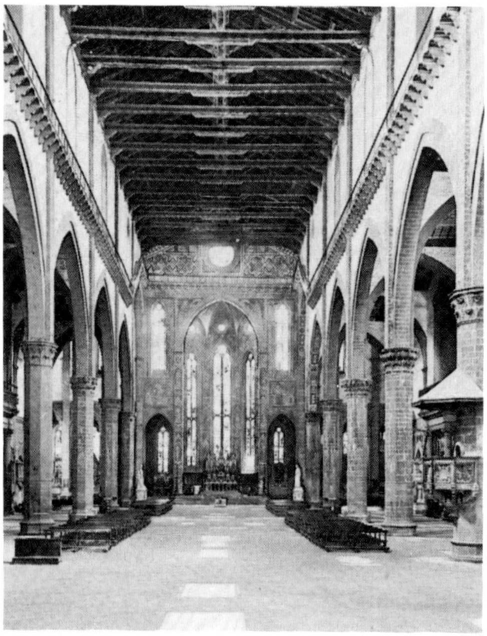

98 Florenz, S. Croce, 1252-1413

Das merkwürdigste Bauwerk aus dieser Zeit ist indessen der neue *Dom von Florenz* □99, 100. Die alte, im 11. Jahrhundert erneuerte Kirche S. Reparata erschien für eine so blühende Stadt wie Florenz jetzt unwürdig und zu klein. So beschloß man 1294, sie durch einen Bau großen Stils zu ersetzen. Die Leitung dieses Neubaus vertraute man Arnolfo di Cambio an, dem im Jahre 1300 als Hüttenmeister sogar eine generelle Steuerbefreiung gewährt wurde, denn seine »Geschicklichkeit, Erfahrung und Begabung« sollten Florenz mit der »schönsten und edelsten Kirche der ganzen Toskana« schmücken. Insoweit sich der Plan der Domfassade erraten läßt, muß es sich ursprünglich um eine stark toskanisch ausgedeutete Form der Gotik gehandelt haben, mit breiten horizontalen Bandinkrustationen, mit Seitenportalen, die wesentlich kleiner waren als der Haupteingang, und mit Statuen in Nischen[75]. Aber der plötzliche Tod Arnolfos um 1302 unterbrach die mit so großem Kostenaufwand begonnenen Arbeiten. Dieser Zwischenfall erklärt auch die sehr langsame Verwirklichung des Projekts und die vielen Abänderungen, die eine Rekonstruktion des anfänglichen Entwurfs so erschweren. In der ersten Hälfte des 14. Jahrhunderts wurden die Arbeiten nur während zweier kurzer Zeitabschnitte fortgesetzt, von 1318 bis 1323 an der Fassade, ferner von 1331 bis 1333, wo man sich zur Errichtung eines Glockenturms entschloß, mit dem man Giotto betraute. Nachdem dieser 1355 fertiggestellt war, wandte man sich wieder dem Hauptbau zu, für den jetzt der neue Plan von Talenti zugrunde gelegt wurde. Dieser Baumeister veränderte vor allem die Höhe der Kirche und sah ein Attikageschoß über den Außenseiten vor. Unter ihm wurde der Rohbau der Fassade über dem von Arnolfo erbauten Geschoß errichtet. Talenti legte die Leitung 1365 nieder. Während der nächsten fünfzig Jahre war es eine ganze Kommission, die die Arbeiten leitete und von der die Veränderungen stammen, die je nach dem Fortschreiten des Baus erforderlich wurden. So wurden die am oberen Geschoß ursprünglich vorgesehenen gotischen Fenster durch Rundfenster ersetzt. Im dritten, entscheidenden Bauabschnitt wurden die Verbreiterung des Chores und die Konstruktion der Kuppel unter Leitung von Brunelleschi (1420 bis 1436), auf die wir später zurückkommen werden, vorgenommen. Die Entwürfe für die Ausschmückung der Fassade zogen sich noch weiter hin, bis sie mit der neugotischen Komposition von de Fabris (1871-1887) ein Ende fanden.

Die Kirche, wie sie Arnolfo geplant hatte, umfaßte die drei heutigen Schiffe, wobei das Haupt-

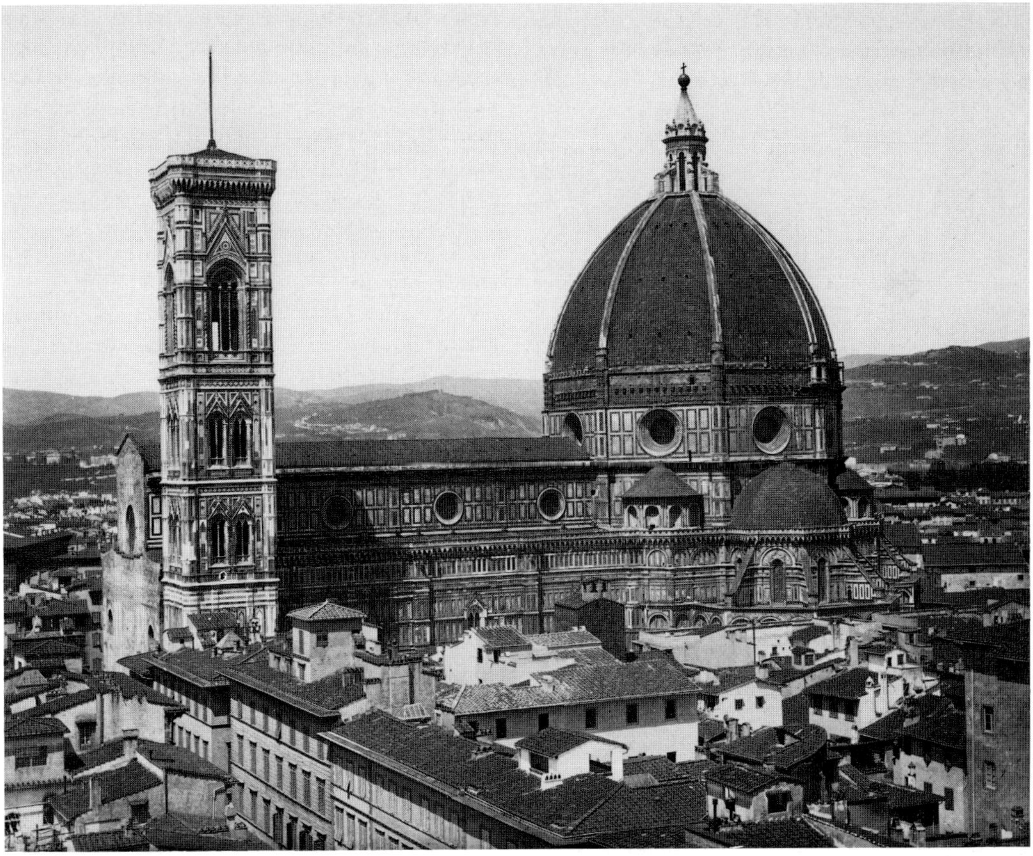

99 Florenz, S. Maria del Fiore, 1296-1436

schiff ein wenig breiter und das Ganze etwas niedriger gehalten war. Er hatte nur vier Joche und eine Galerie über den Arkaden vorgesehen. An diese breitgelagerte Basilika sollte sich ein Dreikonchenchor anschließen, der aber wesentlich kleiner gedacht war als der heutige, wenn auch von gleicher Gestalt. Jede Konche umfaßte fünf Kapellen, die ihrerseits fünfseitig geschlossen sind. Die riesenhafte achteckige Kuppel machte auf jeder Seite des Langhauses zwei starke Pfeiler erforderlich, um die hinreichende Abstützung ihres Schubs zu ermöglichen. Die Gesamtanordnung sowie die Galerie des Mittelschiffs und das ganze Schmucksystem gehen wohl auf Anregungen des sienesischen Vorbildes zurück. Jedoch spielte hierbei die Erfahrung des Eklektizismus von S. Croce eine nicht unerhebliche Rolle. Zudem läßt sich leicht erraten, daß bei diesem Bauwerk die methodische Wiederaufnahme alter toskanischer Baugedanken mit der Kenntnis antiker Bauwerke gekoppelt wurde, welch letztere Arnolfo wohl in Rom gesehen hatte. Die Kunst der Cosmaten trug dazu bei, daß er den alten Brauch der Marmorinkrustation wieder aufgriff; und wahrscheinlich liegen auch dort die Ursprünge für die kleinen gedrehten Säulchen, die in den Fenstern der Seitenschiffe als Fensterkreuze angebracht sind. Auf den ersten Blick könnte die achteckige Kuppel, mit der der Bau bekrönt wurde, wie eine Übernahme derjenigen des Baptisteriums erscheinen, die ebenfalls eine oktogonale Form und ein ovales Profil hat. Aber diese kraftvoll modellierte Masse, die über dem Chore aufsteigt und dem weitgespannten Innenraum einen so außergewöhnlichen Ausdruck nach außen verleiht, ja auch die Art der Verteilung der rechteckigen Kapellen unter den Apsiden sowie ganz bestimmte dekorative Details lassen uns eher an Vorbilder (damals noch bestehender) römischer Bauten – zum Beispiel an den Palast des Augustus auf dem Palatin – denken. Man muß also Arnolfo zubilligen, daß er sich als erster um die Schaffung einer nicht nur typisch toskani-

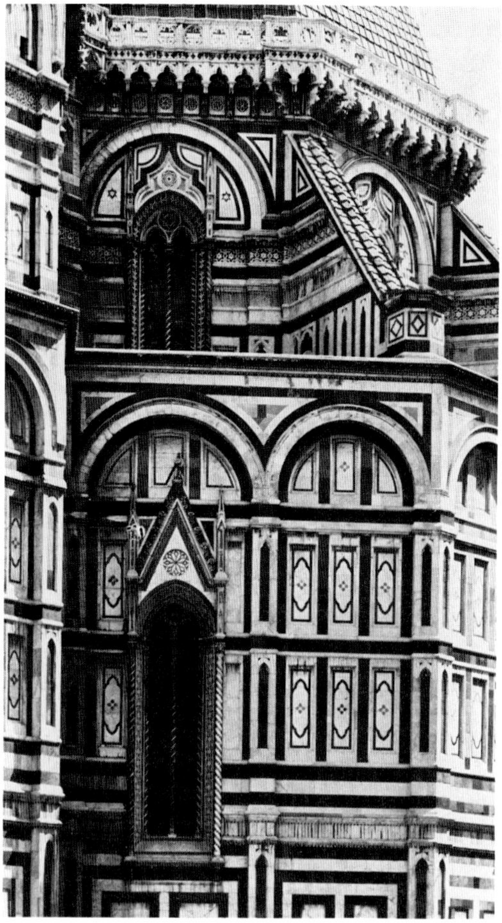

100 Florenz, S. Maria del Fiore, Marmorinkrustation

schen, sondern zugleich römischen, ja sagen wir einfach italienischen Form der Architektur bemüht hat, worüber sich die Nachwelt übrigens immer einig war.

Die Profanbauten

Zu jener Zeit, der Zeit Dantes, war Florenz eine befestigte Stadt und mit einem schützenden Mauergürtel von hundertfünfzig Bastionen umgeben, woran die *Torre S. Niccolò* heute noch erinnert. Schon damals bot sie einen außerordentlich prächtigen Anblick »mit ihren schönen Häusern, die mit nützlichen Kunstgegenständen aller Art angefüllt sind wie nirgend sonst in Italien« (Dino Compagni). Viele dieser Häuser, deren Innenhöfe sich in Arkaden öffneten, waren nach der Art feudaler Burgen mit Kranzgesimsen und Zinnen bekrönt *(Palazzo Spini)*. Die geschlossenen Häuserzeilen mit ihren Vorkragungen erlaubten bereits regelrechte Straßenzüge wie zum Beispiel die Via Maggio (1295); zahlreiche und genau formulierte Bauvorschriften machten den Bauherren die Berücksichtigung ästhetischer Gesichtspunkte zur Vorschrift[76]. Eine derartige Verordnung aus dem Jahre 1325 schreibt *pro majore pulcritudine civitatis* vor, daß alle Häuser bis zur Höhe von vier Ellen (2,36 m) in Stein erbaut werden mußten.

Die zunehmende politische Macht der Innungen und Zünfte ließ die neuen Prioren (Zunftvorsteher) 1293 den Beschluß fassen, ein großes öffentliches Bauwerk zu errichten[77]. Aus diesem Plan entstand der *Palazzo Vecchio,* Sitz der Signoria, der auf profanem Gebiet die gleiche beispielhafte Bedeutung bekam, wie der Florentiner Dom für die Kirchen der Toskana. Der Kern des heutigen Mittelbaus entstand zwischen 1299 und 1304, wahrscheinlich noch unter der Leitung Arnolfo di Cambios. Er wirkt wie eine Festung, und der fast ohne Öffnungen gebliebene und mit schwerer Rustika versehene Unterbau unterstreicht noch diesen Eindruck. Die Geschosse sind jeweils durch ein umlaufendes Gesims markiert, das die doppelten Fensteröffnungen unter einem sichtbaren Entlastungsbogen trägt. Das Ganze wird überragt von einem gewaltigen Wehrgang auf vorkragenden Pechnasen, der ein eigenes, mit Fenstern ausgestattetes Geschoß bildet, aus dem der von 1310 bis 1314 errichtete hohe Turm mit seiner glatten Mauermasse emporschießt. Seine Spitze trägt nochmals ein Geschoß auf Pechnasen und wird mit einem Helm in Form eines Baldachins bekrönt, der zur Aufnahme der Stadtglocken bestimmt war. So wurde dieses Bauwerk zu einem einprägsamen Bild florentinischer Kraft und Klarheit. 1306 entwickelte man den Plan eines kleinen Platzes vor der Fassade – 1319 wurde er vergrößert □ 101.

Nach dem Sieg der Guelfenpartei und der Kaufmannschaft wurde der ursprünglich für den ›Volkstribun‹ bestimmte Palast *(Bargello)* zum Sitz des Bürgermeisters; er wurde im 13. Jahrhundert begonnen und ist Mitte des 14. Jahrhunderts nach einem Bautypus, der seinerseits an das Schloß von Poppi und andererseits – allerdings einfacher und schmuckloser – an den Palazzo Vecchio erinnert, vollendet worden. In seinem Innenhof führt die berühmte schöne Freitreppe zu einer eleganten Loggia empor. Der wesentlichste Raum dieses Baus ist der große Gewölbesaal von 1254, dessen Wiederherstellung nach einem Brand die Dombaumeister vornahmen (1332-1345).

Dieser Eingriff zeigt deutlich, daß alle offiziellen Bauvorhaben – gleichviel ob profaner oder kirchlicher Art – seit 1330 unter der Leitung der Dombaukommission standen. Hierin liegt ein sehr bezeichnendes Moment, aus dem man entnehmen kann, daß die Hauptsorge der Florentiner der Vermehrung und der Vereinheitlichung der städtischen Bauwerke galt. Und wenn die Arbeiten am Dom so oft unterbrochen worden sind, so lag es daran, daß die dort tätigen Arbeitskolonnen zwischendurch an anderen öffentlichen Bauplätzen beschäftigt wurden. Das völlig neue Bewußtsein der Gegenwart urbanen Lebens drückt sich auch in dem Beschluß vom April 1334 aus, durch den Giotto als dem *accipiendus in patria velut magnus magister* eine Art ›Generalbaudirektion‹ anvertraut wurde, die ebenso die Befestigungsbauten und die Brücken wie den Dombau und den Bau der öffentlichen Gebäude umfaßte[78].

Das Ergebnis war im übrigen sein Plan für den Campanile; dieser sollte dem alten Turm der S. Reparata gegenübergestellt werden, der erst 1357 eingerissen wurde. Giottos Turm stellt einen besonderen Beitrag des 14. Jahrhunderts zu der großen städtebaulichen Planung dar, denn er bestimmte die Richtung der neuzeitlichen Achse, die im Laufe des 14. Jahrhunderts durch *Or San Michele* vervollständigt werden sollte. Dieser Bau – sowohl zu profanen als auch zu religiösen Zwekken bestimmt – war seit 1297 vorgesehen, wurde jedoch erst 1336 in Angriff genommen. Die dem Palazzo benachbarte Loggia, später ›Loggia dei Lanzi‹ benannt, setzte die Achse weiter fort.

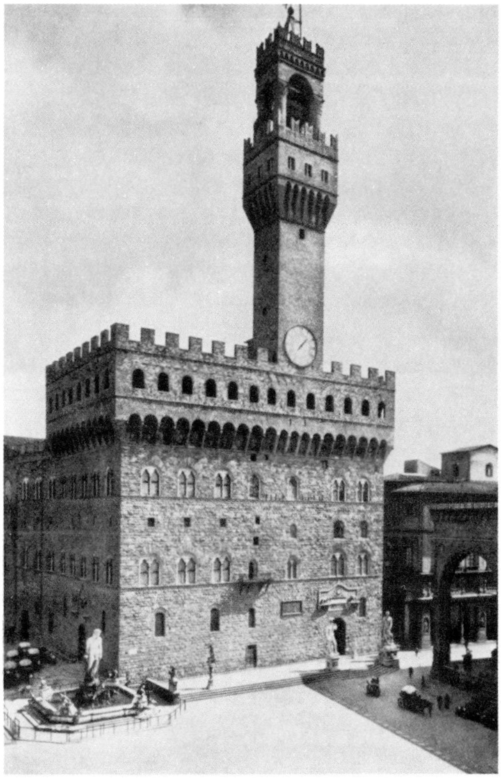

101 Florenz, Palazzo Vecchio, 1299-1314

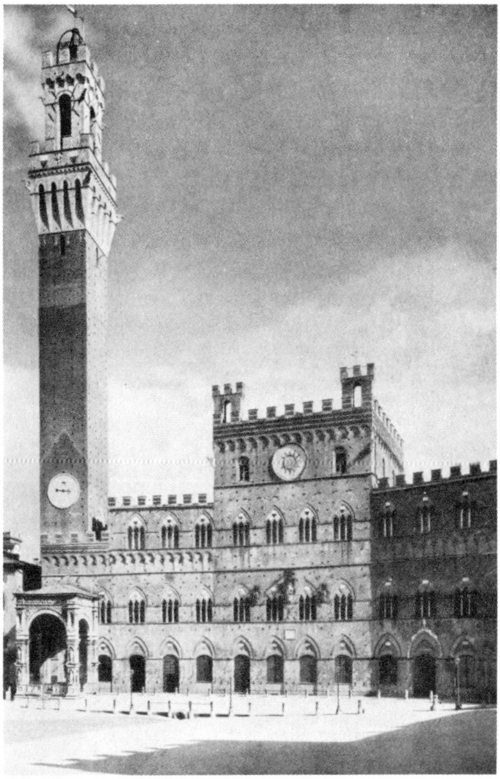

102 Siena, Palazzo Pubblico, 1297-1348

Ähnliche Gegebenheiten finden sich auch im 14. Jahrhundert in Siena: Der wie ein Meisterwerk geplante Stadtkern enthält die öffentlichen Bauten als Grundelemente. Auch hier ist das Bestreben deutlich spürbar, die kostspielige Dombauhütte für die städtischen Bauaufgaben in Anspruch zu nehmen und den Hüttenmeister beziehungsweise die Dombaukommission mit städtebaulichen Aufgaben zu betrauen[79].

Der Stadtkern von Siena hat sein typisches Aussehen besser bewahrt als der im vorigen Jahrhundert allzu sehr verrestaurierte von Florenz. Die Straßenzüge der Stadt laufen von allen Seiten auf das Halbrund des ›Campo‹ zu, der seinen alten Umriß eines antiken Theaters beibehalten hat. Das

1297 von der Oligarchie der Neun errichtete Stadthaus (Palazzo Pubblico □102) umfaßt drei Trakte; seine Flügelbauten wurden im 17. Jahrhundert überhöht. Die Unterbrechung der Domarbeiten im Jahre 1297 und die damit zusammenhängende Abreise Giovanni Pisanos ist zweifellos auf den Wunsch zurückzuführen, den Bau dieses Rathauses zu beschleunigen. Seine Fenster zeigen drei Öffnungen unter einem Spitzbogen; die Arkaturen des Erdgeschosses, die Leichtigkeit des oberen Abschlusses und vor allem der riesige und schlanke Turm, die *Torre del mangia* (begonnen 1325 und zwischen 1338 und 1348 nach dem Entwurf von Lippo Memmi vollendet), lassen es sehr viel reizvoller, farbiger und weniger trotzig erscheinen als das von Florenz, das allerdings auch früher zu datieren ist. Durch den Bau des Palazzo Sansedoni wirkt dieser edle Platz noch harmonischer. Die Fenster des Palastes zeigen einen ähnlichen Stil wie das Stadthaus, denn für beide galten die gleichen Bauvorschriften. In der ganzen Stadt findet man derartige Palastbauten, so zum Beispiel die Palazzi Tolomei und Chigi-Saracini. Auch die Torbauten Sienas (Porta Ovile, Porta Pispini) sind von der gleichen architektonischen Sorgfalt gekennzeichnet, und dasselbe gilt für die Monumentalbrunnen.

Im Rahmen der städtischen Bauaufgaben haben die Monumentalbrunnen eine Bedeutung ersten Ranges; man gab ihnen ihren Platz an Straßenkreuzungen und anderen ausgesuchten Stellen in der Stadt. Man darf sie mit Recht als Symbole der Lebenskraft und der Macht der Stadt ansehen, da sie für deren Hygiene und die anwachsende Bevölkerung unbedingt notwendig waren.

Die große Brunnenschöpfung in Perugia, die Niccolò Pisano begonnen und Giovanni vollendet hat, feiert auf zwei übereinander gelagerten Reliefbändern den Ruhm der menschlichen Kultur. Der gleiche Giovanni Pisano gehörte 1295 in Siena, wo auf die Brunnenanlagen ganz besonderer Wert gelegt wurde, der dafür verantwortlichen Kommission an. Ähnlich wie die im vorhergehenden Jahrhundert entstandene *Fonte Branda* sollte der neue Brunnen im 14. Jahrhundert wiederum die Form eines Portikus erhalten, diesmal in gotischer Gestalt. Diese *Fonte Gaia* wurde 1343 eingeweiht. Nach der Mitte des Jahrhunderts wurde hier auch noch eine Muttergottesstatue aufgestellt, und für sie hat Jacopo della Quercia dann 1409-1419 die große Anlage geschaffen, deren Sinn die Verherrlichung der Stadt ist.

Eine ganz ähnliche Funktion wie die Brunnen, nämlich eine zugleich nützlich-profane und kirchliche, nehmen die Brücken ein. In Florenz stammen die meisten aus dem 13. Jahrhundert, unter anderen der *Ponte alla Carraia* (1220), der *Ponte delle Grazie* (1237) und der *Ponte S. Trinita* (1252). Dem furchtbaren Hochwasser von 1333 fielen allein drei davon zum Opfer und machten den schnellen Wiederaufbau eines neuen Ponte alla Carraia (1346) und des *Ponte Vecchio* □103 mit seinen Läden (1345) erforderlich. Die letztgenannte Brücke ist heute die einzige alte Brücke der Stadt. Die Brücken trugen manchmal eine Andachtsstätte – so die Dreifaltigkeitsbrücke eine zu Ehren des hl. Michael –, manchmal Einsiedlerklausen, wie zum Beispiel der Ponte delle Grazie, in dessen erstem Strompfeiler von 1390-1396 die fromme Apollonia hauste.

In Pisa errichtete man 1322 die Kapelle S. Maria del Ponte Vecchio und 1323 die Kirche S. Maria della Spina, die man 1871 auf das heutige Niveau des Arnoufers übertrug. Letztere steigt über dem Flußufer auf wie ein Reliquienschrein und war dafür bestimmt, dem Wanderer und Reisenden den Schutz angedeihen zu lassen, der für eine Brücken-Überquerung anscheinend immer für nötig erachtet wurde □94.

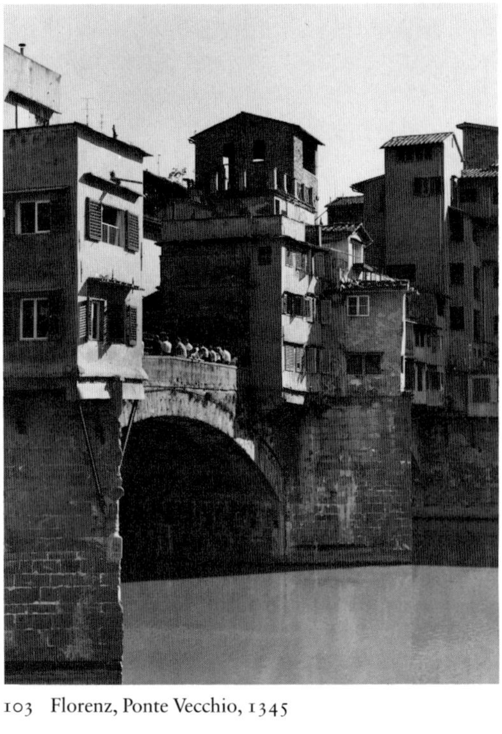

103 Florenz, Ponte Vecchio, 1345

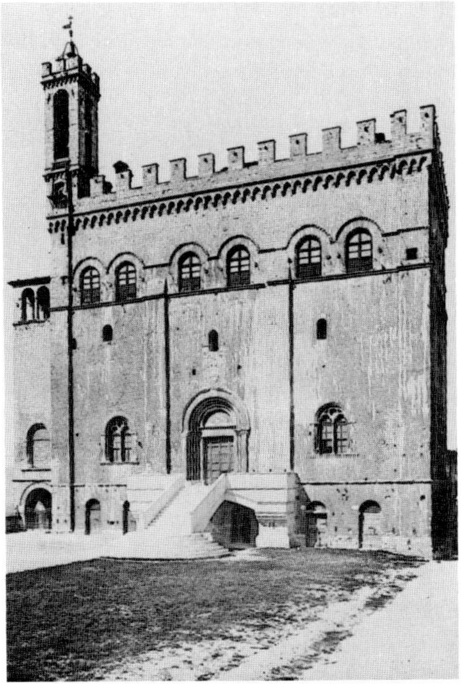

104 Gubbio, Palazzo dei Consoli, 1333, Fassade

In ganz Mittelitalien ist seit der Mitte des 13. Jahrhunderts gleichfalls eine neue Entfaltung der profanen Baukunst festzustellen. Zu nennen sind das Rathaus von Massa Marittima, dessen hohe Fassade zinnenbewehrt ist (vor 1250), ferner der *Palazzo degli Anziani* in Pisa (1286). Zu den Reihenhäusern mit ihren Vorkragungen gesellen sich Geschlechtertürme mit reich geschmückten Tür- und Fensteröffnungen. Jetzt erhalten die Städte ihr charakteristisches Gesicht, so wie es heute noch die Stadt der Türme, S. Gimignano bei Siena, präsentiert. Aber das 14. Jahrhundert ist auch hier das große Jahrhundert der Kommunalbauten. Die bemerkenswertesten umbrischen Rathäuser sind der Palazzo del Capitano (1296) und der dei Priori in Todi. Das Stadthaus von Perugia (1292-1297) ist ein etwas schwerfälliges Bauwerk von Servadio und Benvenuto; später hat man es durch eine Reihe dreiteiliger gotischer Fenstereinbrüche und ein monumentales Portal ergänzt. Der Papstpalast in Orvieto mit seinem großen Saal und seiner Loggia ähnelt dem von Viterbo (begonnen 1266). In Gubbio entstand 1333 der Palazzo dei Consoli □ 104, eine Schöpfung des Angelo da Orvieto. Seine hohen Arkaden stützen ihn gegen den Felsen ab. Schließlich wurde dort 1349 mit dem Bau des Palazzo del Podestà begonnen.

In Norditalien ist der sogenannte *Palazzo della Ragione* in Padua aus dem Jahre 1219 zu erwähnen, der Bau des ›Salone‹, eines großen hallenartigen Saals; mit seinem eigenartigen kielförmigen Dach (wiederhergestellt im 18. Jahrhundert) wurde 1306 begonnen. In Cremona weist der *Torrazzo,* ein hoher Glockenturm von 1250, eine achteckige, etwas später entstandene anmutige Bekrönung auf. Er gehört zu dem gotischen Dom, dessen drei Schiffe in drei Apsiden auslaufen; seine Querarme wurden während des 14. Jahrhunderts erweitert. In Venedig bildet der Dogenpalast mit San

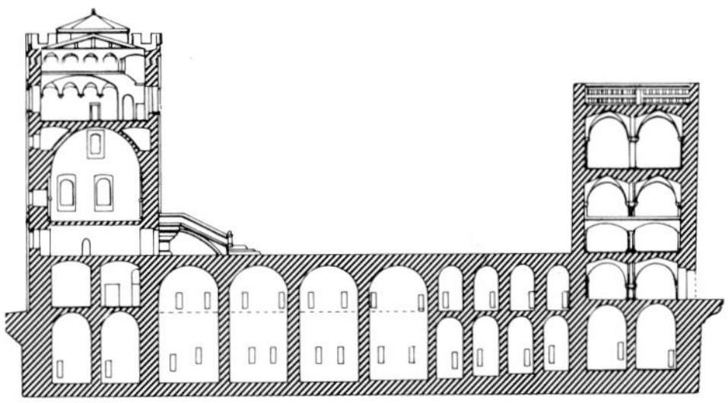

Längsschnitt (mit Palazzo del Podestà)

Marco einen städtebaulichen Mittelpunkt ohnegleichen. Die Arbeiten an ihm nahmen das ganze 14. Jahrhundert in Anspruch, erreichten aber ihren Höhepunkt um das Jahr 1400, von dem man bei einer Untersuchung dieses höchsten Meisterwerks italienischer Gotik stets ausgehen muß.

Skulptur

Den zahlreichen im letzten Drittel des 13. Jahrhunderts errichteten Bauwerken in der Toskana entsprechen die großen Programme auf dem Gebiete der Skulptur. Sie stehen mit ihnen in enger Verbindung. Als die führenden Meister gelten hierin vor allem Niccolò und Giovanni Pisano sowie der aus der gleichen Werkstatt hervorgegangene Arnolfo di Cambio, die zugleich Bildhauer, Ornamentisten und Baumeister waren. Es ist durchaus möglich, daß, was schon Vasari behauptet hat, die Kirche S. Trinita in Florenz (1258-1280) und das Schloß in Prato auf den Einfluß des Niccolò Pisano zurückgehen; letzteres zeigt eine süditalienische Bauweise. Noch vielseitiger und fortschrittlicher erscheint Giovanni Pisano, der Schöpfer des Chores von Massa Marittima (1287), der Fassade des Domes von Siena (nach 1284) und des Chores von Prato (1317). Hier finden sich auch die Kapellen über quadratischem Grundriß wieder, die eine ausladende Apsis flankieren. Arnolfo endlich krönt am Ende des Jahrhunderts seine bildhauerische Tätigkeit durch eine Reihe höchst bedeutender architektonischer Werke.

Gleichwohl bleibt die Kunst der Bildhauer in Italien von der des Architekten getrennt; abgesehen von zwei oder drei Fällen werden die großen Fassaden davon nicht berührt. Die Baukunst strebt nach Weiträumigkeit, wodurch sie an Vielfältigkeit verliert. Die Skulptur, die nicht als Wandskulptur behandelt wird, sucht sich ihren Rahmen durch Säulen oder Bogenstellungen; sie drängt zur Gruppenbildung und zur Freifigur. Niccolò Pisano starb um 1280, nachdem er die Bildhauerschule ins Leben gerufen hatte, die eine ganze Epoche beherrschen sollte. Von ihm stammt die Lehre, daß die plastische Kunst, wie in der Antike, durch Überfluß und Fülle des Figürlichen eine gewaltige Steigerung des Ausdrucks erreichen kann. Es sollte im ganzen Mittelalter keine anspruchsvollere und überzeugendere Skulptur geben. Die fruchtbare Entwicklung seiner Schüler zeigt, daß sie seine Lehren verstanden und befolgt haben. Ihr Stil verbreitete sich rasch über ganz Italien. Aber nur durch eine Gegenüberstellung mit den gotischen Meisterwerken des 13. Jahrhunderts in Frankreich und Deutschland vermag man ihr Werk richtig zu beurteilen. Die Selbständigkeit ihrer Leistungen geht schon aus den Programmen hervor.

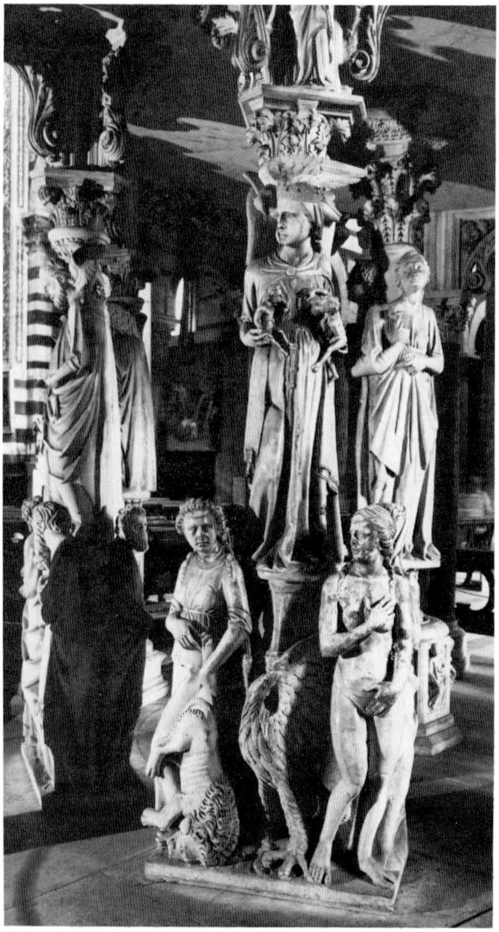

105 Giovanni Pisano, Kanzelfuß, 1302-1312. Dom, Pisa

Die großen Kanzeln

Nach der von Niccolò Pisano geschaffenen Kanzel im Baptisterium von Pisa (1255-1260), mit der er den kraftvollen, aus antiken Reliefs entnommenen Stil einführte, und der Kanzel im Dom von Siena (1266-1268), deren Manier wesentlich stärkere gotische Züge aufweist, fanden in der ganzen Toskana große Anlagen dieser Art ihre Verbreitung. Hierzu gehören die Kanzel des Fra Guglielmo in S. Giovanni Fuorcivitas in Pistoia (1270) – vorn auf zwei Säulen gestützt und hinten an die Wand gelehnt –, ferner, ebenfalls in Pistoia, die sechseckige Kanzel von Giovanni Pisano in S. Andrea (1301) – mit einem Statuettenkranz an der Brüstung – und schließlich die berühmte Kanzel des gleichen Meisters im Dom zu Pisa (1302-1312). Diese ruht auf einer kreisförmigen Basis und wird von zehn Säulen und einem von Figuren umringten Mittelpfeiler getragen. Auf der Kanzelbrüstung sind neun Reliefs angebracht, zwischen ihnen jeweils eine Prophetenfigur, über den Säulen zwischen den Bögen die Sibyllen □ 105.

Die großen Grabmonumente

Das Grab des hl. Dominikus, die *Arca*, wurde zwischen 1264 und 1267 in der ihm geweihten Kirche in Bologna errichtet. Wir verdanken es Niccolò Pisano und einer Gruppe seiner Schüler, unter ihnen befand sich auch der junge Arnolfo. Der Sarkophag wurde ursprünglich von Karyatiden oder Gruppen von Wandfiguren getragen; sie sind heute in alle Welt verstreut. So könnte die Gruppe der drei Engel in Diakongewändern (jetzt im Bargello) gut ein Werk des Arnolfo sein[80]. Ebenso wie das Grabmonument des Kardinals Annibaldi (gestorben 1276) in S. Giovanni in Laterano, von dem noch ein Fries auf Mosaikgrund existiert, stammt das Grabmal des Kardinals de Braye in Orvieto (1282) von der Hand Arnolfos. Mit die-

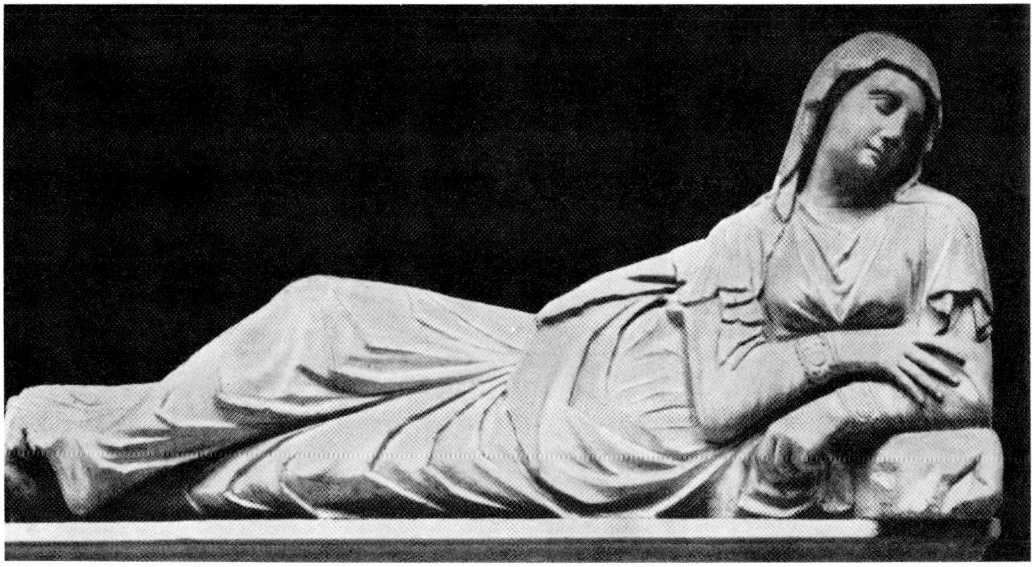

106 Arnolfo di Cambio, Maria der Geburtsszene, um 1300. Dommuseum, Florenz

sem wurde das zweigeschossige Grabmal eingeführt: Über dem Sarkophag, auf dem zwei Diakone einen Vorhang zur Seite ziehen, hinter dem das Abbild des Toten erkennbar ist, wird der Verstorbene zwischen zwei Engeln der Mutter Gottes vorgeführt[81]. Bei dem Grabmal von Bonifaz VIII. (um 1295) in der Sankt-Peters-Basilika in Rom wurden die Diakone durch Engel ersetzt, und dieses Modell wird weitgehend nachgeahmt. 1312 entwarf Giovanni das Grabdenkmal für Margarete von Luxemburg; die Ausführung erfolgte ganz nach dem gotischen Formenkanon, und zwar durch Tino da Camaino, einen sienesischen Schüler des Giovanni. Das Grabmal des Dantekaisers Heinrich VII. in Pisa (1313) sah eine auf einem Sarkophag liegende Figur vor, die in feierlichem Zuge von den kaiserlichen Würdenträgern zu Grabe getragen wird, deren Anordnung man allerdings nicht mehr kennt. Das Grabmal des Kardinals Petroni in Siena (1317 bis 1328) entwickelt den Typus des Arnolfo in Orvieto, indem die einzelnen Geschosse noch mit Statuetten besetzt wurden. In diesem Zusammenhang wäre schließlich noch das viergeschossige Grabmonument des Bischofs Orso im Dom von Florenz zu nennen (um 1325), dessen Bestandteile heute verstreut sind; dieses Bauwerk stellte ehemals ein geschickt konstruiertes, zusammenhängendes architektonisches Gebilde dar. Der Verstorbene sitzt wie schlafend auf seinem Sarkophag, den kunstvoll ausgeführte Karyatiden tragen. Der Typ dieses Grabmonuments gelangte durch Florentiner Künstler und durch Tino auch nach Neapel, denn dieser schuf dortselbst hintereinander die allerdings einfallslosen Gräber für Maria von Ungarn in S. Maria Donna Regina (1324-1325) und für Karl von Kalabrien und Maria von Valois in S. Chiara.

Arnolfo di Cambio

Der Künstler begann seine Laufbahn in Siena und Bologna im Schatten Niccolò Pisanos und kam dann nach Rom, wo er in die Dienste Karls von Anjou trat. Von diesem Fürsten schuf er eine Skulptur in kantigem Stil (Konservatorenpalast). 1308 arbeitete er an einer zerstörten Brunnenanlage in Perugia, von der nur einige merkwürdige »dürstende« Figuren erhalten sind. In S. Paolo fuori le mura (1285) und S. Cecilia (1293) errichtete er große quadratische Tabernakel auf spitzbögigem Unterbau, bekrönt von Fialen und Figuren in den Ecken. Hier zeigt sich sein Streben nach geometrischer Klarheit, das den späteren Architekten verrät. Es waren also sienesische und römische Werkstätten, an die er sich anschloß, aber an einem fast archaisierenden Zug erkennt man schon jetzt die nur ihm eigene gewisse Zurückhaltung. Als Hüttenmeister des Florentiner Doms hatte er auch die Oberleitung über die Planung der Fassade, und aus dieser Zeit sind einige Bruchstücke erhalten, darunter eine *thronende Muttergottes* zwischen zwei Heiligen, bei der die Behandlung des freien plastischen Volumens noch eine gewisse Schwere besitzt, und die *Maria der Geburtsszene* □106, die durch die Freizügigkeit der Gestaltung wie durch ihren reinen und zarten Ausdruck bemerkenswert ist (Dommuseum)[82].

Der frühe Tod Arnolfos hat Florenz um die Chance gebracht, eine Bildhauerschule zu erhalten, die der Malschule des Giotto ebenbürtig gewesen wäre. Es trat eine Unterbrechung von dreißig Jahren ein, während der man Meister von auswärts, z.B. Tino de Camaino, heranziehen mußte. Die Toskana wurde in dieser Zeit von den Meistern aus Pisa beherrscht, und die Kunst eines Giovanni Pisano stand nunmehr im Mittelpunkt allen bildhauerischen Schaffens.

Giovanni Pisano

Oft findet man die Ansicht vertreten, daß Giovanni Pisano zwischen 1270 und 1275 eine Reise nach Frankreich unternommen haben muß, man erblickt hierin die Erklärung für seine großen Fähigkeiten als Baumeister und die breite Basis seiner bildhauerischen Qualität. Ganz offensichtlich ist diese an der Skulpturenkunst der französischen Kathedralen geschult, aber unverkennbar auch an Vorbildern antiker Reliefarbeiten, was nach Vasari schon allein hingereicht hätte, um sein Genie auszumachen. Das erste ihm zugeschriebene Werk ist die *Halbfigur einer Madonna* (heute im Museum in Pisa). Hier vermischt sich die gotische Interpretation der Faltengebung und des Gesichts- und Mundschnitts mit einer seit dem 10. Jahrhundert verbreiteten byzantinischen Manier, die auf die Vorbilder der Elfenbeine und Mosaiken zurückgeht, obschon diese in der pisanischen Malerei erst seit 1271 festzustellen sind. Niccolò hatte seinen Sohn mit der Fertigstellung des großen Brunnens in Perugia (um 1277) betraut. Hier stammen die zarten Reliefs mit den Monatsdarstellungen und den freien Künsten wohl zum größeren Teil von der Hand des Vaters, die allegorischen Statuetten dagegen, mit denen der Brunnen bekrönt ist, von Giovanni[83].

Zwischen 1284 und 1299 betätigte sich der Meister teils an der Fassade des Doms von Siena und teils am Baptisterium von Pisa. Für letzteres schuf Giovanni die für den Abschluß der Außenseite bestimmten Büsten und Figuren. Von ihnen sind im Dommuseum heute noch einunzwanzig Stück vorhanden, alle etwa 1,50 m hoch. Obgleich sie durch Witterungseinflüsse stark gelitten haben, erkennt man immer noch ihre überraschende Ausdruckskraft in Haltung und Faltenwurf. Für Siena schuf er eine Fülle von Figuren von fast 2 m Höhe; sie waren für die Wimperge und Strebepfeiler des Doms bestimmt. Die Pläne waren jedoch allzu weit gespannt, und als Giovanni Siena verließ, gerieten die Arbeiten ins Stocken, und das obere Geschoß des Domes konnte erst 1377 beendet werden. Dieser Pisaner besaß als einziger unter den italienischen Dombaumeistern die Fähigkeit, das gesamte Programm einer Fassade nach dem Vorbild großer Kathedralbauten des Nordens zu entwerfen. Siena entsprach dabei seinem Geiste nach am ehesten wohl Reims. Nur wenige Bildhauer haben die Möglichkeiten ihrer Kunst so kühn erfaßt und ausgeschöpft wie er, und zwar in der ganzen Skala von klassischer Spannkraft bis zu gotischer Biegsamkeit; ja, in seinen späteren Arbeiten ist sogar eine fast barocke Bewegtheit zu spüren, die an Sluter und an Rodin denken läßt.

Giovanni ging, je mehr er sich entwickelte, auf immer heftigere Effekte aus; in seinen Kompositionen strebte er eine immer umfassendere Fülle an, fast einem Schlachtgetümmel vergleichbar. Es hat fast den Anschein, als wollte er eine ganze

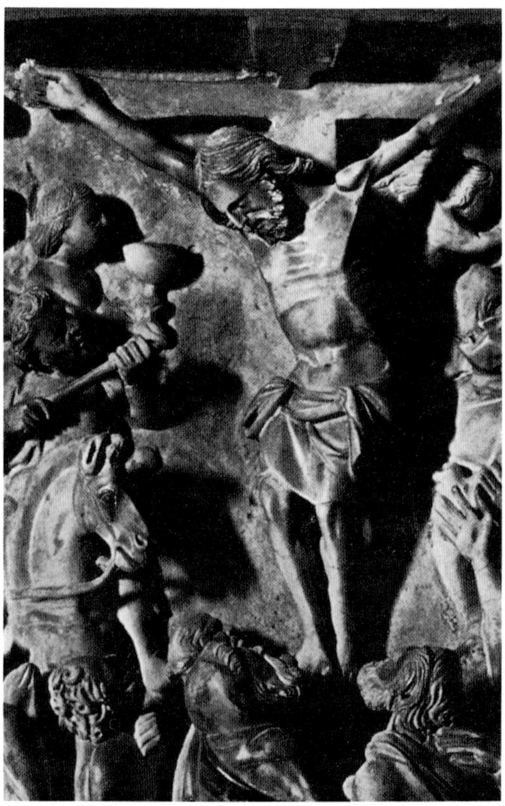

107 Giovanni Pisano, Kanzeldetail. Dom, Pisa

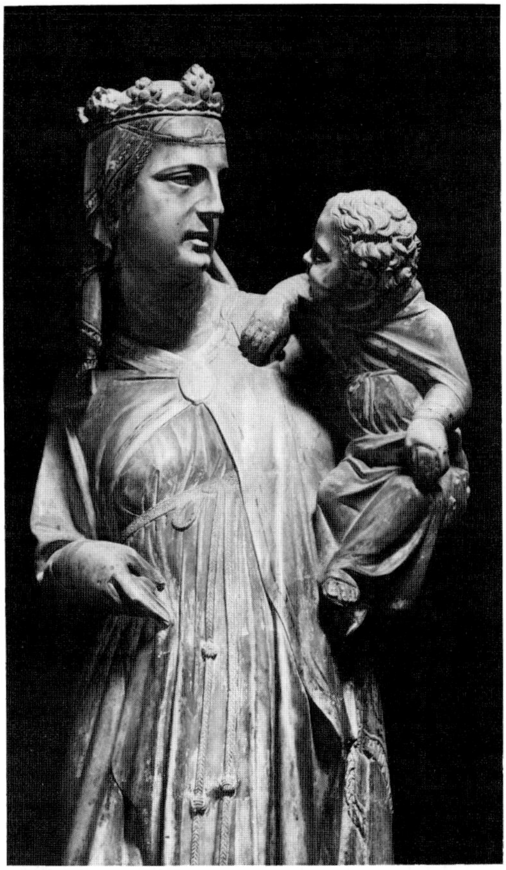

108 Giovanni Pisano, Madonna. Arenakapelle, Padua

Welt voll Leid und Unrast in einen allzu engen Rahmen pressen. Vergleicht man die Reliefs von Pistoia (1301) mit ihren qualvoll verrenkten und ausgehöhlten, ja nervös verzerrten Formen mit den vierzig Jahre früher entstandenen wohlgeordneten Bildfeldern seines Vaters Niccolò – zum Beispiel den Reliefs mit der *Anbetung der Heiligen Drei Könige* oder der *Kreuzigung* –, so genügt dies, um aufzuzeigen, was das unruhige, ungestüme künstlerische Temperament Giovannis an Leidvollem, ja sogar an Verquältem neu in die Kunst eingeführt hat. Mit entstellten Gesichtern winden sich seine Atlanten, und die Löwen unter den Säulen scheinen zu brüllen... Hier vernimmt man die Sprache des Genies, das keine Schule zu schaffen vermag: Ganz allein schreitet es voran, ohne ein Hindernis zu finden, das ihm gewachsen wäre.

Der *Kanzel in Pisa* hat Giovanni zwölf Jahre seines Lebens gewidmet. Zwei lateinische Inschriften, die er an seinem Selbstporträt zu Füßen des hl. Johannes angebracht hat, künden aufs eindringlichste von seinem Ruhm und seiner Qual. In diesem Werk hat der Künstler den Gipfelpunkt seiner hochgespannten genialen Begabung erreicht. Die mehr als 4 m hohe Kanzel, auf rundem, nicht mehr sechseckigem Grundriß, ist genauso umfassend und vielfigurig wie ein Kathedralbau. Auf dem Sockel ruhend, steigen die glatten Säulen auf und wechseln im äußeren Ring mit säulenartigen Figuren ab, als weitere Stützen sind Figurenpyramiden unter den Boden des Kanzelstuhls geschoben. In diesem Werk ist alles Bewegung, alle Formen sind miteinander vermengt, und die auf den neun Reliefs der Brüstung sich abspielende Handlung zeigt einen fast ausschweifenden Reichtum der Gestaltung. Hier häufen sich Szenen wie der Bethlehemitische Kindermord, die Leidensgeschichte Christi und das Jüngste Gericht auf so engem Raum, daß er fast davon gesprengt zu werden scheint. In die überaus ausdrucksvollen Köpfe von Heiden, Hirten, Kriegsknechten, in die Gesichter der Engel und Heiligen mischen sich Anklänge an die antike Sarkophagkunst und an französische Portalarchitrave: Diese Schöpfung ist wahrhaft eine ›Fundgrube‹ bildhauerischen Schaffens überhaupt! □ 105, 107.

Wir besitzen weiterhin von Giovanni noch die Madonnen in der Arenakapelle in Padua □ 108 sowie die herrliche Marmorfigur der *Madonna della Cintola* in Prato und Bruchstücke von einer für das Tympanon des S. Ranieri-Portals im Dom von Pisa bestimmten Gruppe, die dort 1312 zur Feier des Einzugs Kaiser Heinrichs VII. in seine getreue Stadt Aufstellung finden sollte (heute Pisa, Dommuseum). Auf diesem Tympanon war, von Engeln, einer Allegorie der Stadt Pisa und dem Kaiser umgeben, die thronende Muttergottes dargestellt, deren Faltengebung eine so edle und schöne Fülle zeigt, wie es bis dahin in der toskanischen Skulptur unbekannt war.

Die Schüler

Zahlreiche Schüler, die Giovanni herangebildet hatte, verbreiteten das, was von seiner Kunst erlernbar war, bald überall im Lande: Giovanni di Balduccio in den norditalienischen Provinzen, in der Toskana selbst und in Neapel Tino da Camaino □ 109, 110. Letzterer, ein gebürtiger Sienese, war sein begabtester, wenn auch nicht der seinem Stil am nächsten stehende Schüler. Da ihm die nervöse Sensibilität seines Meisters abging, bewahrte er anfangs statuarische Schwere. Das *Grabmal*

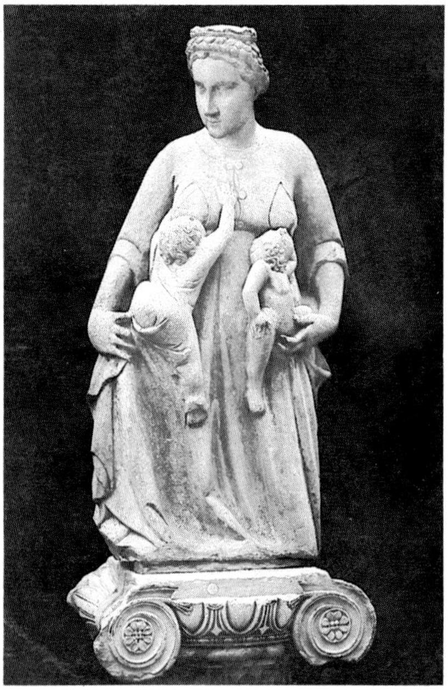

109 Tino da Camaino, Barmherzigkeit, um 1320

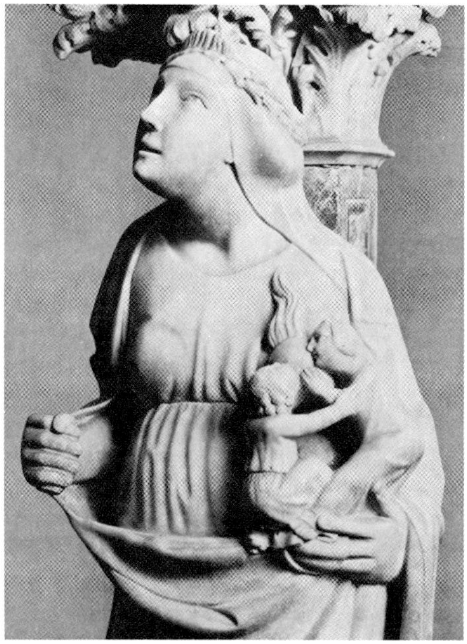

110 Giovanni di Balduccio, Caritas, 1335-1339

Heinrichs VII. (1315) behandelte er in einer breiten und massigen Art ebenso wie das Grabmal des *Kardinals Petroni* (1317) im Sieneser Dom, wo stämmige Engelsfiguren den Vorhang des Baldachins beiseite raffen. Beim *Grabmal des Kardinals Orso*, das Tino während seines Aufenthalts in Florenz (1321-1323) ausführte, schritt der Künstler mit der Figur des schlafenden Prälaten in seinen reich gestickten Gewändern zu einer höheren Form der Gestaltung fort. Die Baldachinengel schließlich, heute im Victoria und Albert-Museum in London, sind von äußerster Feinheit und einer weichen, malerischen Modellierung. Als Tino Pisa verließ, verlor er seine künstlerische Sicherheit. In Neapel, wo er zum offiziellen Hofbildhauer der Anjou wird, hat er keine neuen künstlerischen Einfälle mehr. Seine Königsgräber sind hohe Katafalke, an denen die Details einförmig wirken.

Mit Goro di Gregorio, der 1324 an der *Arca von S. Cerbone* (Massa Marittima) und 1333 am *Grabmal des Guidotto di Tabiati* (Messina) arbeitete, wird die Kunst des Giovanni gewissermaßen ins Erzählerische umgebogen. Agostino di Giovanni und Agnolo di Ventura ordneten am *Grabmal des Guido Tarlati* in Arezzo (1330) kleine erzählerische Bildfelder in vier Streifen an, durch Statuetten voneinander getrennt; die Liegefigur ist in einer besonderen Zone auf Konsolen angebracht. Jede kraftvolle Wirkung ist verflogen.

Der Tod Giovannis 1317, die Auflösung seiner Schule, die endgültige Abwanderung Tinos an den Hof der Anjou im Jahre 1323 rissen eine Lücke, die auch die Tätigkeit des einzigen erwähnenswerten Sienesen, Lorenzo Maitani, nicht auszufüllen vermochte. Immer mehr entfernte man sich nun von dem großen Stil der Pisani. Mit Hilfe einer Zierkunst, flachen, mit Festons geschmückten Reliefs, delikaten Girlanden und meist im Profil gesehenen Figuren wurde man dem Zeitgeschmack gerecht und übernahm die Eleganz der westlichen Gotik. Das schönste Beispiel dafür ist der Schmuck der *Fassade des Doms von Orvieto*, der bis 1330 unter der Leitung von Maitani ausgeführt wurde □96. Hier herrscht ein dekorativer Stil mit Bandwerk, Medaillons und kleinteiligen Reliefs, in denen reizend stilisierte Landschaftsmotive mit der die sienesische Kunst kennzeichnenden Vorliebe für das Malerische auftreten, so in den Szenen aus dem Neuen Testament, aber auch in den in fünf Zonen angeordneten Szenen des Jüngsten Gerichtes, die auf beiden Seiten die vier Abschnitte des Sockelgeschosses bedecken. Man muß hier mehrere Hände unterscheiden, und zwar zeitlich vor und nach Maitani. Dieser anmutige und liebenswürdige Dekorationsstil sollte lange Zeit die Tätigkeit der sienesischen Werkstätten bestimmen und ihre ursprüngliche Leidenschaft dämpfen. Nichts zeigt deutlicher die Spaltung zwischen Architektur und Skulptur, unter der im Grunde schon das Werk des Giovanni gelitten hatte. Von jetzt ab führen die Goldschmiede und Ziseleure das Wort; das wird besonders deutlich, als Pisano 1330 an das Baptisterium in Florenz berufen wird. Damit beginnt jedoch schon eine neue Phase der italienischen Gotik.

Malerei

Es wäre allzu einfach, die ›römische Manier‹, die sich um 1300 herausbildete, und die ›griechische Manier‹ wie Wahrheit und Irrtum einander gegenüberzustellen, denn heute weiß man, daß das Wiederaufleben der byzantinischen Malerei genau um das Jahr 1300, deren herausragendstes Zeugnis die Fresken und Mosaiken von Kahriè Djami sind, die Erneuerung der römischen und der toskanischen Kunst begleitet hat. Außerdem begünstigten die wechselnden Geschicke Ostroms, die Seeherrschaft Venedigs und die Forschungsreisen auf dem griechischen Festland und den Inseln den Austausch transportabler Kunstwerke wie Miniaturen, Ikonen usw., deren Identifizierung aufschlußreiche Vergleiche zwischen den beiden ›Zweigen‹ der christlichen Kunst ermöglicht haben[84]. Die italienischen Meister entlehnten auf ganz selbstverständliche Weise den neuesten byzantinischen Schöpfungen, was der monumentalen oder malerischen Qualität ihrer Kunst dienlich sein konnte. Wenn Italien diese Verwandschaft verleugnen konnte, so dadurch, daß es das Beste aus einem Formen- und Bilder-›Schatz‹ absorbierte, der im wesentlichen auf die Spätantike zurückgeht.

Die ›Verselbständigung‹ vollzog sich bei den großen Mosaik- und Fresken-Dekorationen. Sie setzte jedoch technische Innovationen voraus[85]. In der Wandmalerei begann man, anstelle von horizontalen Streifen übereinander eine rationellere und dem Handwerk besser angepaßte Aufteilung der zu behandelnden Flächen, jeweils nach den Erfordernissen eines Tages *(giornate)*, vorzunehmen und abends den frischen, aber nicht übermalten Putz wieder abzuklopfen. Der Übergang von einer Methode zur anderen ist in der Unterkirche von Assisi zu sehen. Die von Giotto und seiner Schule eingeführte neue Methode ist in einem Traktat von Cennino-Cennini (um 1430) beschrieben.

Die schrecklichen Kriegszerstörungen in den Jahren 1944-45 haben neue Erkenntnisse über die Vorbereitung der Wandmalerei möglich gemacht: Die Notwendigkeit des *strappo* (des Abreißens der bemalten Schicht) im Campo Santo von Pisa im Jahre 1946 hat zu der Entdeckung von darunterliegender rötelfarbener Zeichnung *(sinopia)* geführt, deren häufiges Vorkommen in der Folge ein quasi durchgehendes Vorhandensein bestätigte. Diese Praxis der Vorzeichnung geriet im Laufe des 15. Jahrhunderts nach und nach in Vergessenheit, als man dazu überging, die Zeichnung auf Pappe zu skizzieren, ihre Konturen durch Löcher oder Einschnitte zu markieren, um sie sodann unter Verwendung von Kohlenstaub auf die Wand zu übertragen. So wurden zu Beginn des 14. Jahrhunderts die handwerklichen Hilfsmittel entwickelt, die, zumindest bis ins 16. Jahrhundert, der ›Hohen Kunst‹ in Italien dienlich sein sollten[86].

Giotto

Giottos Erscheinung mutet weniger geheimnisvoll an, seit man Cimabue, seinem Meister und Lehrer, dessen Name uns überliefert ist, ja, der sogar bei Dante vorkommt, die Namen von Cavallini und Torriti hinzufügen kann, also weiß, daß sich zu seiner florentinischen Herkunft Einflüsse aus Rom und Assisi gesellten. Für das aus dem Mugello-Tal stammende begabte Kind – das vielleicht, wie die Legende es will, ein Hirte war – bedeutete die Mosaikwerkstatt des Baptisteriums in Florenz um 1280 die allerbeste Ausbildungsmöglichkeit. Schon bei dem Meister der Josephslegende ist jene plastische Freiheit erkennbar, die genau auf Giotto hinweist. Wie Cimabue hatte er seinen Weg nacheinander von Florenz nach Rom und von Rom nach Assisi genommen. Über die Mosaikmaler wurde der neu heranwachsenden Generation das letzte Stadium des neoklassischen und romanisierten Byzantinismus vermittelt. Es ist gekennzeichnet durch festere Formen, eine offenere Zeichnung und ein Streben nach Würde und Feierlichkeit, die durch eine kraftvolle geschlossene Kompositionsweise mit einem Minimum an Konvention erreicht wurden. Diese Schulung erwies sich sowohl für die Bildhauer als auch für die Maler gleich wertvoll. Aber das einzige Werk, das noch von der Tätigkeit Giottos in Rom zeugt, die *Navicella* oder das Apostelschiff, ein Mosaik in Sankt Peter, das im allgemeinen um 1300 datiert wird[87], überraschte die Nachwelt durch ganz andere Züge. Hier sind es die Lebhaftigkeit des Ausdrucks und die gleichsam sprechenden Physiognomien, die die Bewunderung seiner Zeit fanden, wie Alberti es noch im 15. Jahrhundert bestätigt hat.

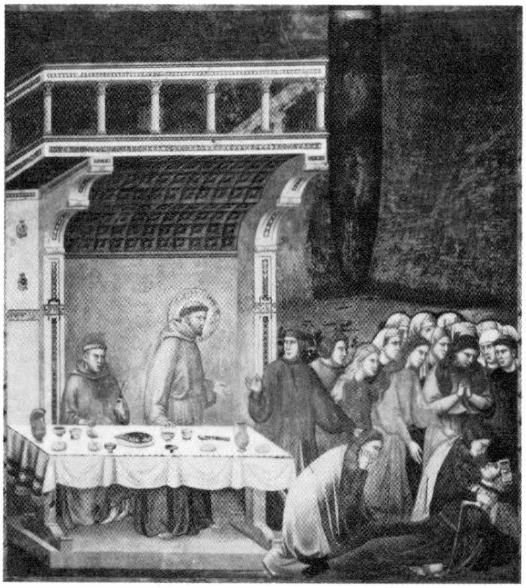

111 Giotto, Tod des Grafen von Celano, um 1300. Assisi

Zu den monumentalen Qualitäten seines Stils gesellt sich also noch die Qualität des Ausdrucks, die schon das Anliegen ganz bestimmter byzantinischer Künstler gewesen ist, zu Anfang des 13. Jahrhunderts aber die eigentliche Stärke der französischen Gotik ausmachte. Giotto spürte genau wie Giovanni Pisano die Notwendigkeit, den plastischen Stil der Figuren ganz zu entfalten, und zwar unter Einbeziehung aller schon bis dahin gemachten Erfahrungen.

Der Mut zu dieser Konsequenz und seine Geschicklichkeit bei ihrer Verwendung treten schon in Assisi sehr deutlich in Erscheinung, und zwar in den Fresken der Oberkirche □ 86. Ihre Entstehung hat man begründetermaßen in die letzten Jahre des 13. Jahrhunderts verlegt, und sie werden zumindest teilweise Giotto zugeschrieben. Dieser große Zyklus ist der erste, der der Legende des hl. Franziskus gewidmet ist. Er hält sich genau an die nunmehr seitens des Ordens festgelegten Texte, im einzelnen aber an die Lebensgeschichte des Heiligen, wie sie der hl. Bonaventura niedergeschrieben hat. Man erkennt deutlich, daß hieran Maler tätig waren, die aus der römischen Schule hervorgegangen sind. Allerdings ist die Rolle, die Giotto dabei gespielt hat, nach dem heutigen Stand unserer Kenntnis nicht ganz festzulegen[88]. In dem möglicherweise von seiner Hand stammenden ›Traum Innozenz III.‹ und dem ›Tod des Grafen von Celano‹ fallen vor allem die architektonischen Elemente, wie Baldachine, Tempelfassaden und dergleichen, ins Auge. Die Figuren neigen dazu, sich voneinander abzusetzen; ihr Umriß bleibt immer ganz eindeutig und gibt ihnen einen plastischen Einzelwert, wobei die Farbe die Dichte der Darstellung steigert □ 111.

Wenn es auch klar ist, daß die Werkstatt von Assisi, die ganz im Dienst der Verherrlichung der historischen Persönlichkeit des ›Poverello‹ stand, für die junge Schule von entscheidender Bedeutung war, so darf man sich jedoch bei Giottos Formsprache nicht allzu sehr auf ›Franziskanismus‹ berufen. Zwanzig Jahre später (zwischen 1317 und 1322) sollte Giotto nämlich in der Bardi-Kapelle in S. Croce der Legende von Assisi seine endgültige Gestaltungsform geben, und sie wird hier zu einer zwar feierlichen und machtvollen Beschwörung des Gegenstandes, gibt jedoch nunmehr eine vollständig ausgewogene und gleichsam ›bürgerliche‹ Auffassung wieder. Giotto ist eben in erster Linie ein Künstler mit einem eigenen Stil.

Der Freskenzyklus in der *Cappella Scrovegni* in der Arena von Padua (1303 bis 1305) offenbart in seiner Wirkung eine große Bestimmtheit im Sinne einer strengen Komposition. Das Gebäude ist ein einfacher Raum mit einem Tonnengewölbe. Es hat an der Südseite sechs Fensteröffnungen und ist zur Aufnahme von Wandmalereien wie geschaffen; vielleicht ist sogar Giotto selbst der Baumeister gewesen. Die Malerei bedeckt hier die Wände in ihrer ganzen Ausdehnung und unterwirft sie vollkommen ihren eigenen Gesetzen. Über einem mit Nischen in Grisaille ausgemalten Sockelgeschoß sind je drei Reihen von Bildstreifen angebracht, die voneinander durch breite Bänder getrennt

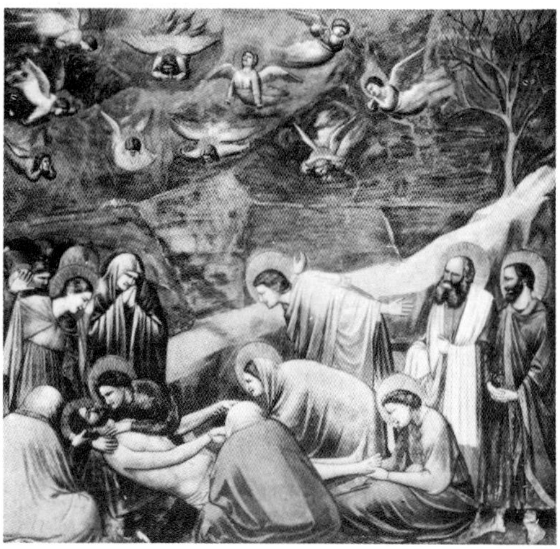

112 Giotto, Beweinung Christi, 1305. Padua

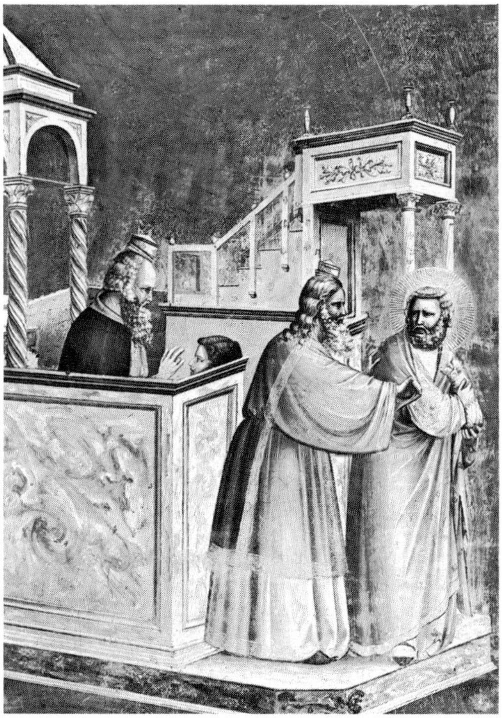

113 Giotto, Zurückweisung Joachims, 1305. Padua

sind. Sie zeigen Szenen aus dem Leben Christi und der Jungfrau Maria und halten sich dabei auf das genaueste an die offizielle Ikonographie. Was diese anbelangt, hat Giotto nichts hinzugefügt. Auf dem Triumphbogen ist die Verkündigung in zwei Teilen dargestellt, und darunter geben sehr eigentümliche, nahezu ›abstrakte‹ Bilder leere Innenräume wieder. Auf der Eingangswand das Jüngste Gericht.

In jedem dieser Bildfelder herrscht eine bewundernswerte Ordnung, wozu alle Einzelheiten beitragen. Dazu gehören die Sparsamkeit des Beiwerks (die architektonischen Gehäuse und die plastischen Felspartien); die Zusammenfassung der Figurengruppen zu einem geschlossenen Ganzen, wodurch die Einzelgeste um so beredter hervortritt; die restlose Ausnützung des Faltenwurfs, der den Körper der Figuren verhüllt wie bei einer klassischen Statue, und zwar derart, daß das Wesentliche zur Geltung kommt; schließlich die geniale Erfindung des Künstlers, der die gesamte Aufmerksamkeit des Beschauers voller Nachdruck auf den dramatischen Augenblick des Geschehens lenkt, wie es zum Beispiel in der Szene im Garten Gethsemane geschieht, wo Jesus und Judas sich in die Augen blicken.

Die byzantinische Regel, die sich damit begnügte, die Wandfläche rein flächenhaft zu beleben, erscheint nun wie eine nutzlose Beschränkung: denn die Figur soll sich ja gleichsam um sich selbst drehen. Der Bildraum öffnet sich, aber es ist noch nicht der perspektivisch konstruierte, der eine illusionistische Tiefe hinter den Figuren erzeugen würde, vielmehr handelt es sich um einen schmal gespannten Bühnenraum, auf dem sich die kubisch-massiven Formen entwickeln. Die agierenden Personen erlangen dadurch die Möglichkeit der Bewegung und des mimischen Ausdrucks, aber nicht, um ihr eigenes Wesen zur Schau zu stellen oder ihre Besonderheit aufzuzeigen, sondern einzig und allein, um ihre völlige Teilnahme an der Handlung zu demonstrieren. Der sogenannte ›Naturalismus‹ Giottos findet somit eine doppelte Begrenzung: Weder der Bildraum noch der Ausdruck werden um ihrer selbst willen gesucht; ersterer bildet nur die Grundlage für eine hinreichend kraftvolle und überzeugende Entfaltung der Formen, letzterer wird nur um des dramatischen Effektes willen angestrebt.

Bei Giovanni Pisano ist die Verknäuelung der Figuren und die Vielfalt der Szenen auf ein und demselben Relief die Regel. Bei Giotto ist genau das Gegenteil der Fall; hier ordnet sich die Komposition in einem Fries auf engem Raum an, parallel zum Hintergrund und für das Auge des Beschauers leicht einsehbar. Die auf dem Bildfries abrollende Erzählung wird nicht wie auf den Reliefs der Antike ohne Unterbrechung fortgesetzt, sondern vielmehr so oft unterbrochen, wie es die Klarheit für den Inhalt erfordert. Giottos Kunst besteht also in der richtigen Aufteilung und der übersichtlichen Ordnung. Das kann man zum Beispiel besonders gut an der Art sehen, wie die Geschichte Joachims skandiert ist. Wenn diese Kunst in ihrer Erhabenheit und Kraft auch dem ›heroischen‹ Stil Giovanni Pisanos in etwa entspricht, so wird sie doch von einer volkommen andersartigen Spannung belebt: Sie besitzt eine großartige Feierlichkeit, die aber eher aus der Vernunft als aus der Leidenschaft stammt. Die Szene mit der *Beweinung Christi*, zugleich hinreißend und verhalten, ist dafür der beste Beweis □ 112, 113.

Dieser ›Naturalismus‹ ist also nicht das letzte Wort Giottos, dessen Bestreben sich in Wahrheit auf einen Gesamtstil richtet, der der großen Bildhauerkunst der Kathedralen fünfundsiebzig Jahre früher entspricht oder auch der Poesie Dantes, deren strenge Ordnung den sinnlichen Reichtum der westlichen Lyrik übertrifft[89]. Der Künstler ist nach scholastischer Lehre bemüht, aus jedem Einzelwesen die ihm innewohnende eigene Kraft herauszuholen und sich ihrer zu bemächtigen, entsprechend dem, was der hl. Thomas »das Prinzip der Individuation« genannt hat. Jedes Wesen ist gesetzt nach nur ihm allein eigenen Bestandteilen; daher stammt auch die offensichtliche Freude des Künstlers, alle diese Kräfte aktiv zur Entfaltung zu bringen. Aber gleichzeitig gibt es noch ein höheres Prinzip, auf das letzten Endes alles bezogen werden muß: das Gesetz eines Kosmos, dessen Ordnung durch die Manifestation eines göttlichen Planes geschaffen wird, der sich in bestimmten Handlungsmomenten kundtut. Von daher stammt jene wunderbare Gabe der Objektivität und der gelassenen Bejahung der Dinge, zu der allein die großen Meister des Abendlandes gefunden haben, wie ein Piero della Francesca und ein Poussin.

Giotto war also, als er nach Florenz kam, bereits vollkommen Herr seiner künstlerischen Möglichkeiten. Unter den vielen Tafelbildern, die man ihm seither zugeschrieben hat, bleibt vor allem die für die Kirche Ognissanti gemalte *Thronende Madonna* (heute in den Uffizien) erwähnenswert; sie steht in äußerstem Gegensatz zu den lieblichen, starren Madonnenbildern des Duecento □114. Mit diesen kraftvollen Äußerungen seines Geistes bewirkte Giotto, daß alle am neuen Florenz aktiv tätigen Künstler sich ihm anschlossen. 1337 malte er für die Kapelle des Bargello ein *Jüngstes Gericht*, das heute leider unkenntlich ist. Schließlich wurde er mit der Leitung der Ausmalung mehrerer Kapellen in S. Croce betraut: der Bardi-Kapelle mit dem Freskenzyklus aus dem *Leben des hl. Franziskus* (1320) und der Peruzzi-Kapelle mit den *Szenen aus dem Leben Johannes des Täufers und Johannes des Evangelisten*[90]. Sie sind in jüngster Zeit von den entstellenden Restaurationen des 19. Jahrhunderts befreit worden. Die geniale Ausgeglichenheit Giottos und seine Gabe, das Erhabene auszudrücken, erreichen hier ihre höchste Vollkommenheit. Das Begräbnis des hl. Franz aus dem erstgenannten Zyklus und die Szenen auf Pathmos im zweiten sind geradezu klassisch dank der Sicherheit ihres Gleichgewichts. Zudem deuten gewisse Lichteffekte in der Stigmatisationsszene und bestimmte architektonische Gewagtheiten in der Darstellung des Festes bei Herodes auf eine Könnerschaft, die durchaus fähig scheint, sich auf weitere Neuerungen einzulassen. Das bestätigt sich auch in der schönen glanzvollen Farbgebung und

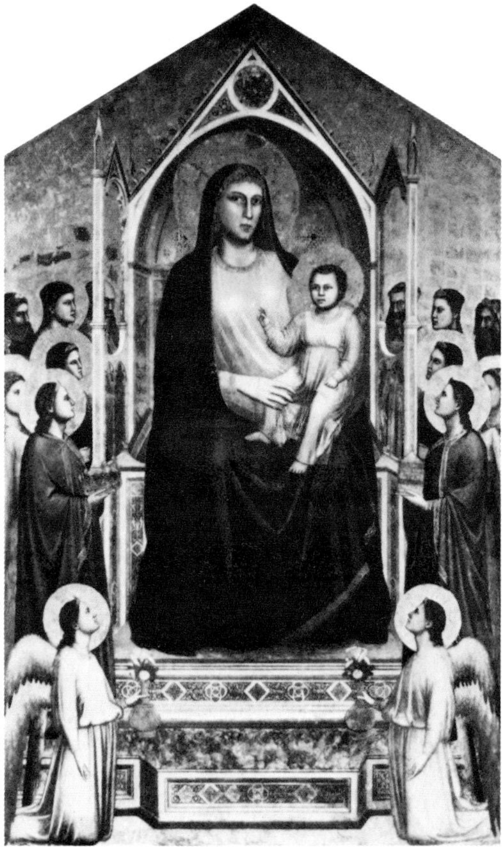

114 Giotto, Thronende Madonna, 1306-1308

in der noch raffinierteren Zeichnung gewisser Arbeiten aus der gleichen Zeit, wie zum Beispiel in dem leider auseinandergerissenen *Flügelaltar des hl. Stephanus*, von dem sich zwei Fragmente im Museum von Chaalis befinden.

Der Ruf Giottos war weit über die Toskana hinausgedrungen. Seine Arbeit hatte ihn zu einem reichen Mann gemacht. 1330 folgte er einer Einladung König Roberts von Anjou nach Neapel; dort malte er Bilder, die heute verloren sind, darunter befand sich eine *Galerie berühmter Männer* im Palazzo del Uovo. Dann zogen ihn die Visconti an ihren Hof nach Mailand. Um Giotto schließlich ganz fest an Florenz zu binden, stimmte der Rat dieser Stadt 1334 jenem schon erwähnten wichtigen Erlaß zu, der den Künstler mit der Oberleitung aller offiziellen architektonischen und städtebaulichen Aufgaben betraute. Aber 1337 schon erreichte den Künstler der Tod. Seine Hinterlassenschaft an die Stadt Florenz war eine bis ins letzte organisierte Werkstatt.

Früher hat man vermutet, er sei nach Assisi zurückgekehrt, und noch Vasari hat ihm den berühmten Freskenschmuck der Unterkirche zugeschrieben, besonders die *Allegorie auf die Tugenden des hl. Franziskus* im Chor, die *Heirat mit der Frau Armut* und die Apotheose des Heiligen als Bannerträger Christi. In Wirklichkeit sind sie aber Arbeiten eines seiner Schüler, der um 1330 den Giotto-Stil schon ins betont Malerische und Farbig-Reiche veränderte. Andere florentinische Maler blieben hinter Giotto zurück, so der bisher nicht identifizierte Meister der *Tafel mit der hl. Cäcilie* (Uffizien), der auch in der Oberkirche in Assisi gearbeitet hatte und dessen Manier trockener, grober und oftmals volkstümlicher ist als die seines Meisters.

Genau wie Giovanni Pisano blieb Giotto alles in allem genommen eine Einzelerscheinung. Er hinterließ alles verändert, aber niemand vermochte sein Werk fortzusetzen. Seine Nachfolger, die schon zu seinen Lebzeiten seine Mitarbeiter gewesen waren, ja sogar einige seiner Arbeiten zu Ende führten, zehrten irgendwie alle von seinem Ruhm. Im übrigen bleibt ihre Geschichte ziemlich im Dunkeln. Um 1400 erwähnt ein Chronist drei große ›Erben‹ des Giotto: Taddeo Gaddi, der vierundzwanzig Jahre lang in seinem Atelier gearbeitet hatte, ist der Meister der *Baroncelli-Kapelle* in S. Croce (1332-1338), des Meisterwerkes des sogenannten ›Giottismus‹ □115. Dieser, zwar eleganter, aber kleinlicher, sollte dann das ganze Jahrhundert beherrschen. Ferner Maso di Banco, sehr wahrscheinlich identisch mit dem ›Giottino‹ der Überlieferung, von dem Vasari spricht, nicht zu verwechseln mit dem ›echten Giottino‹ (Tommaso di Stefano), der 1369 als im Vatikan tätig erwähnt wird. Maso di Banco ist der Schöpfer des *Zyklus aus dem Leben des hl. Sylvester* in der zweiten Bardi-Kapelle in S. Croce, bei dem die Kraft der Farbtöne an die Seite des Gefühls für plastischen Wert tritt. Als letzter der drei Genannten endlich ein gewisser Stefano, dessen Malerei, wie Vasari erklärt, durch eine neue Einheit von Farbe und Zeichnung und einen größeren Schmelz sich auszeichne. Man hat kürzlich versucht, Näheres über die Persönlichkeit gerade dieses Meisters aufzudecken; er hat wohl entscheidend mit zu jenem Stilwandel beigetragen, der sich zwischen 1330 und 1340 vollzog. Vielleicht kann man ihn in der *Kreuzigung* des Kapitelsaals in Assisi und der *Krönung Mariens* in der Unterkirche sowie der *Muttergottes mit den vier Heiligen* in S. Chiara erkennen. Aber die ihm eigene besondere Begabung für die zarte Leuchtkraft der Farbe hat im großen und ganzen bei den florentinischen Künstlern kein Echo gefunden, selbst nicht in späteren Jahren[91].

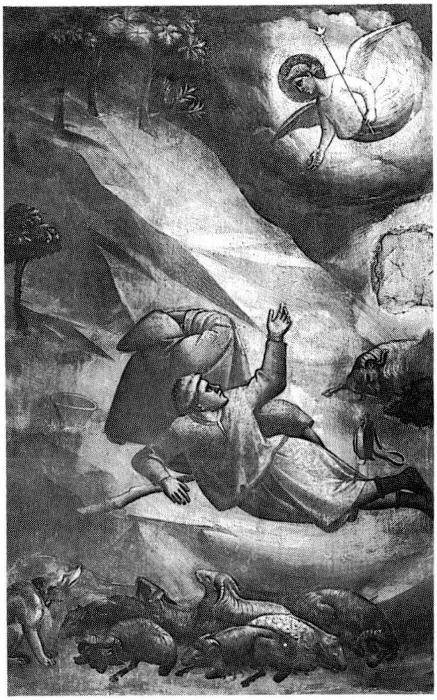

115 Taddeo Gaddi, Fresko in S. Croce, Florenz

Zu den Namen dieser ersten Giotto-Nachfolger tritt der des Bernardo Daddi; er ist vornehmlich durch sein *Marien-Triptychon* (1328, Uffizien) bekannt und ferner durch die Fresken in der Pulci-Berardi-Kapelle in Santa Croce, die sich von dem giottesken Vorbild durch stärkere Farben und einen größeren Reichtum an kleinteiligem Beiwerk unterscheiden. Die Künstler aus der Giotto-Schule finden sich vor allem also in S. Croce und in Assisi, und zwischen diesen beiden künstlerischen Hochburgen entwickelte sich nun während des nächsten halben Jahrhunderts die toskanische Malerei. Nun wären aber die Abschwächung des ›heroischen‹ Stils von Giotto bei seinen Schülern und ihre mehr und mehr gefällige, anekdotische Manier sowie der Wert, den sie auf eine größere Farbigkeit legten, kaum erklärlich ohne den Einfluß der zeitgenössischen sienesischen Meister. Dieser Einfluß ist um so verständlicher, als die Verbindung zwischen beiden Schulen in der ersten Hälfte des 14. Jahrhunderts ohne Unterbrechung fortbestand. Alle großen sienesischen Maler pflegten irgendwann auch nach Assisi zu kommen, nicht selten auch nach Florenz, um sich auf dem laufenden zu halten. Die geistige Verschiedenheit dieser beiden

Kunstzentren ist um so interessanter, als sie im Laufe einer schnellen Parallelentwicklung immer fühlbarer wird.

Am Rande des ›Giottismus‹ kommt Neapel eine gewisse Bedeutung zu. Cavallini hatte dort, wie auch Giotto, zu Anfang des Jahrhunderts gearbeitet. In dem geräumigen Chor der Nonnen von S. Maria Donna Regina befinden sich zahlreiche Fresken (das *Jüngste Gericht,* die *Passion,* das *Leben der Heiligen Katharina und Elisabeth* und so fort), an deren prunkvollen Engelschören vielleicht Cavallini und vor allem nach ihm seine Werkstatt beteiligt waren.

Von den dekorativen Wandmalereien, die Giotto im Schlosse Karls von Anjou ausgeführt hat, ist nichts erhalten geblieben. Immerhin hat der Aufenthalt dieser beiden Meister jenen ortsansässigen Künstlern starke Anregungen vermittelt, die um die Jahrhundertmitte an S. Maria Incoronata gearbeitet haben. Diese Kirche war 1350 von der Königin Johanna gegründet worden und enthält in ihrem Gewölbe ein Fresko mit der *Triumphierenden Kirche* und einer *Allegorie der Sakramente,* die Vasari noch dem Giotto zugeschrieben hat, von denen man aber heute weiß, daß sie ein gewisser Oderisio geschaffen hat. Dasselbe gilt für S. Lorenzo, wo Karl von Anjou den Altar des Simone Martini hatte aufstellen lassen. Neapel, als Hauptstadt von Süditalien, sollte über hundert Jahre hin der Ort sein, an dem viele fremde Kunstströmungen der Zeit zusammentreffen, darunter französische, provençalische und schließlich auch flämische; eine Tatsache, über deren Tragweite man sich jedoch erst Mitte des 15. Jahrhunderts klar wurde.

Duccio

Im Jahre 1285 bestellte die florentinische Bruderschaft von S. Maria Novella ein großes Bild der Muttergottes bei einem Maler, in dem wir nach vielem Für und Wider wohl den Sienesen Duccio zu erkennen haben, und zwar handelt es sich dabei um die *Madonna Rucellai* □ 116, die lange Zeit dem Cimabue zugeschrieben worden ist. Die gemeinsamen Ursprünge beider Meister sind offenkundig, ebenso wie ihr Bestreben, die byzantinische Konvention zu sprengen und sich das gotische Empfindungsvermögen anzueignen. Aber der künstlerische Weg des Duccio zielt auf die Wirkung des Kostbaren ab, auf Farbtöne von edelsteinhaftem Glanz, auf elegante und feinlinige Motive und vielfarbige Lichter.

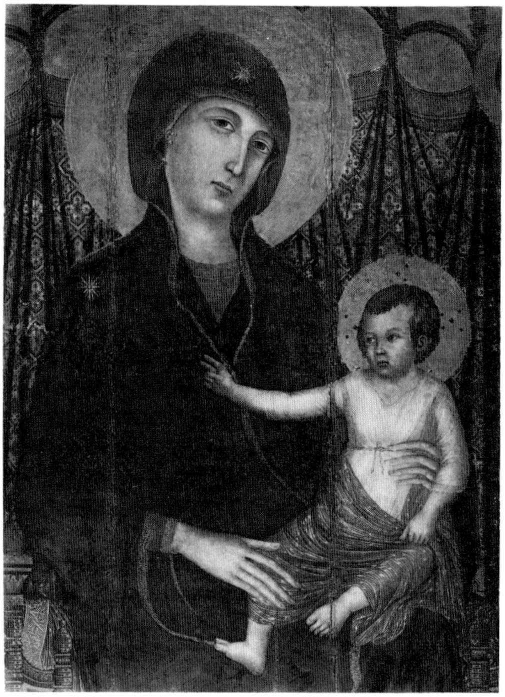

116 Duccio, Madonna Rucellai, 1285. Uffizien, Florenz

Man kennt vor diesem bedeutenden Werk von Duccio nichts anderes – er muß um 1250 geboren sein –, aber aus dem, was von ihm bekannt ist, kann man erkennen, daß er sich mit der Bildhauerkunst eines Niccolò Pisano ernsthaft beschäftigt hat und insbesondere mit der Sieneser Domkanzel, da er gewisse Motive daraus in seine Geburts- und die Anbetungsszenen mit den Hl. Drei Königen übernommen hat. In den Jahren nach der Schöpfung der Madonna Rucellai schreibt man ihm die Entwürfe für das Rundfenster in der Fassade des Domes zu (1287-1288) und auch eine *Madonna mit drei knienden Franziskanermönchen* (1290). Er scheint eine lebhafte und stark beachtete Persönlichkeit gewesen zu sein. 1308 bestellte die Stadt Siena auf Grund eines bis ins einzelne gehenden Vertrages bei dem Künstler einen doppelseitig bemalten großen Marienaltar, die *Maestà* genannt. Er zeigt auf der einen Seite die thronende Madonna inmitten von Heiligen, auf der anderen eine kunstvolle Zusammenstellung von vierzig Bildtäfelchen aus dem Leben Christi □ 117. Dieses Meisterwerk ist, mit Ausnahme einiger verstreuter Bruchstücke aus der Predella und des oberen Abschlusses, uns im Dom-Museum in Siena erhalten geblieben – nur sind die beiden Seiten voneinander getrennt worden. Das fertige Bild wurde am

9. Juni 1311 unter der begeisterten Teilnahme des Volkes in den Dom überführt. Die traditionelle Marienverehrung der Sienesen vereinigte sich mit dem Stolz der ganzen Stadt, ein solches Meisterwerk in ihren Mauern zu besitzen.

Mitten in dieser dichtgefügten subtilen und stark farbigen Welt höchster byzantinischer Tradition vollzog nun Duccio eine allgemeine Umgestaltung der künstlerischen Mittel der Malerei. Die einfache und wirkungsvolle Kompositionsweise, die Giotto auf dem Wege zum Monumentalen einsetzte, findet sich auf Goldgrund und, wie verkleinert, auch auf den Bildtafeln der *Maestà*. Die Heiligen Frauen am Grabe, die Jünger bei der Erscheinung Christi und jene des Gartens Gethsemane bilden ausgewogene und klare Figuren-Gruppen. Das Geschehen spielt sich, ebenso wie bei Giotto, vor den gleichen felsigen oder architektonischen Hintergründen ab. Die Figuren entsprechen einander, aber in der Szene mit dem ungläubigen Thomas zum Beispiel (ein kleines Bildfeld aus dem oberen Abschluß des Altars) wird die dramatische Spannung des Augenblicks und der innerliche Vorgang durch die Feinnervigkeit des Liniengefüges bis in die Umrisse der Figuren hinein deutlich. Oftmals, wie in der Szene ›Christus vor Kaiphas‹, erinnert die vollrunde Plastizität des Figürlichen an Niccolò Pisano. Kurzum, diese Kunst besitzt, wie die der Pisani, eine in höherem Sinne erzählerische Kraft und vermag den gefühlsmäßigen Eindruck des Geschehens zu vermitteln.

Aber diese starke Ausdruckskraft, die Begabung, mit der der Künstler eine ehrwürdige Begebenheit aus dem Evangelium in eine mit Aktualität geladene Szene verwandelt, waren für Duccio von geringerer Bedeutung als die Verwandlung des Bildes durch die Farbe. Niemals zuvor hatte diese eine derartig treffende Feinheit erreicht: Der auf dem lachsrosa Grabe Christi sitzende Erzengel trägt rotes Schuhwerk, und die Schleier der drei Marien sind bei der einen violett, bei der anderen grün und bei der dritten rot, dahinter eisengraue Felsen mit aufgesetzten Lichtern. Auf jeder Bildtafel verbinden sich die satten Farbtöne miteinander und tauchen das Bild in ein Spiel von rieselndem Licht. Die Raumgliederung ist lediglich als Stütze

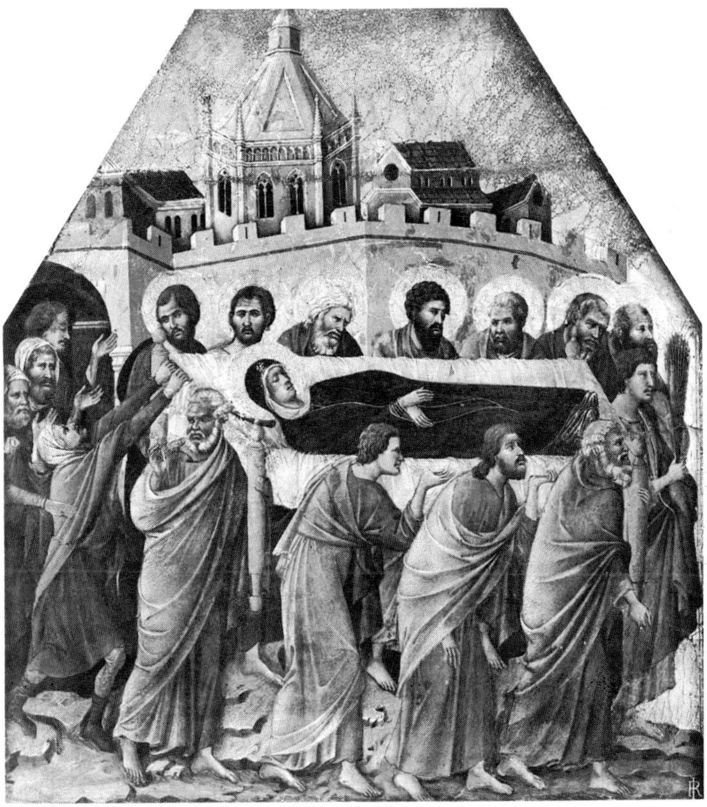

117 Duccio, Beisetzung der Hl. Jungfrau, Bildtafel der Rückseite der ›Maestà‹, 1308

für das Fließende und Kostbare des Bildraums gedacht, dessen Zauber durch den Goldgrund noch verstärkt wird. So blieb das Geheimnis byzantinischer Schönheit in der Kunst dieses Sienesen voll erhalten, trotz seiner Bemühungen um plastische Ordnung und seine durch die Gotik geschmeidig gewordene elegante Handschrift. Duccios Beispiel wurde ausschlaggebend und bestimmte jenen vollendeten Stil, der unmittelbar im Werke seines Schülers Segna di Bonaventura und weiterhin in dem des kraftvollen, mindestens bis 1339 tätig gewesenen Malers Ugolino di Neri (Flügelaltar aus S. Croce, Berlin) seine Fortsetzung finden sollte.

Duccio starb um 1318, bald nach Vollendung seines Hauptwerks. Jedoch blieb Siena ein anderer großer Meister erhalten, dessen Könnerschaft vielleicht noch glanzvoller, noch ungezwungener war und daher noch mehr zur Ausbreitung der sienesischen Schule beitrug. Das, was Giotto für Florenz als Anreger und Vorbild zugleich war und dieser Stadt vermittelt hat, nämlich einen fertigen Stil und eine feste Grundlage für künftige Generationen, hat das Doppelgestirn Duccio–Simone Martini für Siena geleistet. Duccio und Giotto gingen in etwa von den gleichen Voraussetzungen aus, nämlich vom Byzantinismus des Cimabue, zogen daraus aber fast entgegengesetzte Folgerungen: Giotto betonte die seit der Antike bewährten Werte der Komposition und der Plastizität, Duccio dagegen die ›Zwischentöne‹ der Farbe. Ein wirklicher Gegensatz zeichnet sich aber erst zwischen Giotto und Simone ab, die seit 1320 als die ›polaren‹ Führer der toskanischen Malerei zu betrachten sind. Beide müssen der Gotik zugeordnet werden, Giotto im Sinne des monumentalen ›Bildners‹ des 13. Jahrhunderts, Simone im Sinne des eleganten Miniaturisten des Trecento.

Simone Martini

Die künstlerische Laufbahn des Simone beginnt mit der 1315 entstandenen *Maestà* im Palazzo Pubblico von Siena, einem subtilen Meisterwerk, in dem der Stil Duccios richtig verstanden und noch ins Dekorative gesteigert wird. Für das Rathaus malte Simone ferner das Reiterbildnis des *Condottiere Guidoriccio,* der die sienesische Streitmacht 1328 zum Sieg führte. Die ornamentartige Silhouette des Reiters hebt sich von einer fahlen Landschaft ab, die mit graufarbenen Schemen von Befestigungsbauten übersät ist □119. Die Kunst des Simone ist ganz der weltlichen Festlichkeit, der Ritterlegende gewidmet. Des Meisters geschichtlicher Platz wird durch seine Tätigkeit in Assisi und seine Bedeutung außerhalb der Toskana bestimmt. Kurz vor 1330 hat er in der Unterkirche von San Francesco in Assisi die *Martinskapelle* ausgemalt. Die ein wenig konventionell empfundenen Figuren entwickeln sich weniger geord-

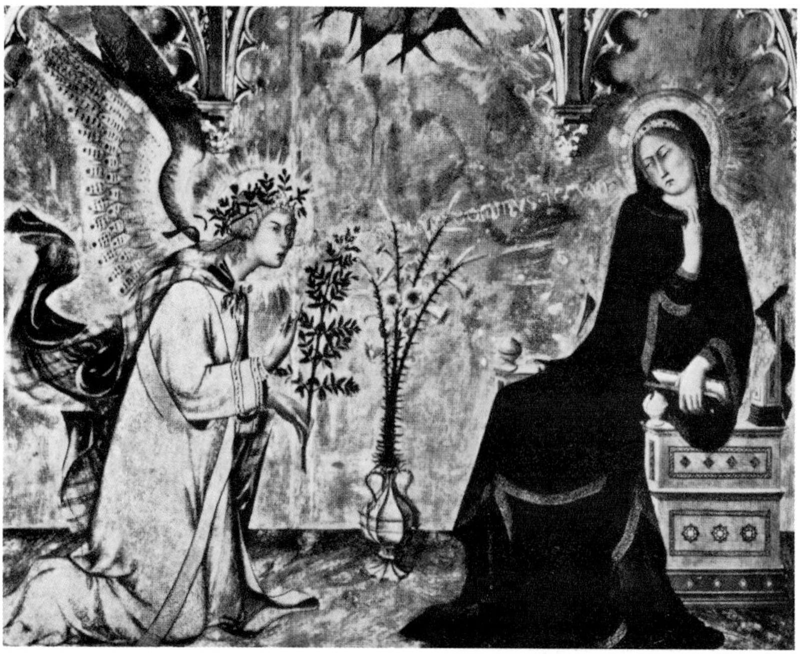

118
Simone Martini
Verkündigung (Detail), 1333
Uffizien, Florenz

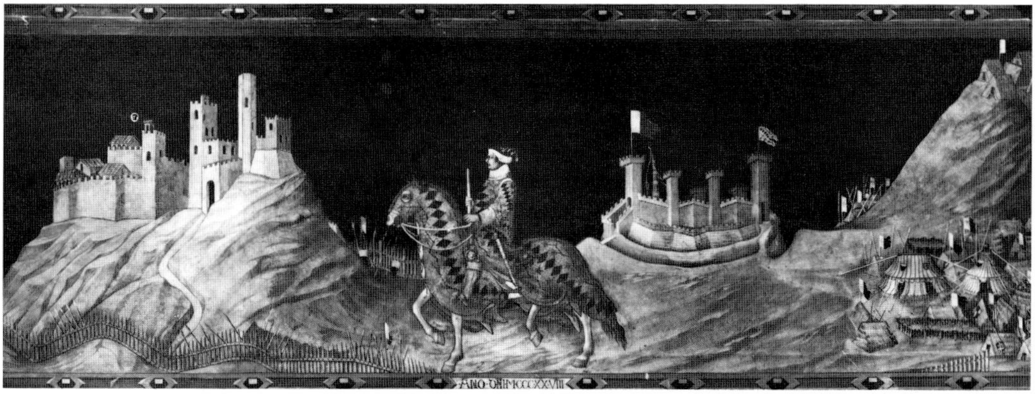

119 Simone Martini, Reiterbild des Condottiere Guido Riccio im Palazzo Pubblico, Siena

net als bei Giotto; die Stoffe, die besonderen Einzelheiten haben dagegen an Bedeutung gewonnen. Auf diese Weise offenbart sich die gotische Richtung der sienesischen Kunst.

Siena unterhielt als gibellinische Stadt enge Beziehungen zu Neapel, Mailand und zu Frankreich. Seit 1317 stand Simone mit dem Hof der Anjou in Verbindung, und vielleicht begab er sich nach Neapel, um das große Tafelbild zu Ehren des hl. Ludwig von Toulouse zu malen. 1339 ging er nach Avignon; dort malte er die *Madone des Doms* und einen *hl. Georg* (verlorengegangen). Den höchsten Ausdruck aber hat er der sienesischen Gotik mit seiner *Verkündigung* aus dem Jahre 1333 (Uffizien) verliehen □118. Vor einem zart gemusterten Goldgrund schreckt die Heilige Jungfrau in ihrem blauen Mantel vor der Erscheinung des Engels zurück, der von den graziösen Kurven seiner weißen Dalmatika verhüllt ist. Alles in diesem Meisterwerk trägt in höchstem Maße zu dem einzigartigen Zauber bei, den die sienesische Kunst durch ihre erlesene Präzision und ihren Sinn für einen hinreißenden Reichtum der Farbe auf Herz und Gemüt des Beschauers ausübt. Ähnlich verhält es sich mit der Dichtung Petrarcas, deren Kennzeichen ihre harmonische Ausgewogenheit und eine gewisse Überempfindlichkeit sind. Für ihn schuf Simone, mit dem er in Avignon befreundet war, auf einer Miniatur als Titelblatt eines ›Vergil‹ die Vision der Welt der Antike, wie ein überfeinerter Geist des Trecento sie sich vorstellte. Simone starb 1344.

Pietro und Ambrogio Lorenzetti

Mit dem wesentlich jüngeren Pietro Lorenzetti erfüllte sich die große schöpferische Periode der toskanischen Kunst selbst in Siena unter giottesker und florentinischer Führung. Auch die Werkstatt von Assisi fand mit ihm ihr Ende. Der Künstler schmückte mit fünf großen Szenen, darunter einer *Kreuzigung*, den rechten Arm des Querhauses der Unterkirche. Man spürt hier immer noch die tragischen Themen der byzantinischen Malerei, zum Beispiel in der *Kreuzabnahme*, wobei der Ausdruck an Lebhaftigkeit, die Formen an Fülle, der Faltenwurf an Würde gewonnen haben.

Das genaue Datum, an dem dieses große leidenschaftliche Werk entstand, kennt man nicht. Die Verwandtschaft mit dem *Flügelaltar der Madonna* in Arezzo, der die Jahreszahl 1320 trägt, legen eine Datierung zwischen 1320 und 1330 nahe. Der *Altaraufsatz der Carminekirche* (1329) besitzt von ihm eine Predella mit Szenen aus dem Leben der Eremiten, die von einer bemerkenswerten Vielfältigkeit und besonderem Ausdrucksreichtum gekennzeichnet sind. Die gleichen Züge findet man in der *Geburt Mariens* (1342), vor allem im Fliesenboden, den Stoffen und Drapierungen wieder, deren Farbwirkung zugleich gesteigert und dicht erscheint.

Leider ist es sehr schwierig, dem künstlerischen Entwicklungsgang dieses kraftvollen Meisters nachzugehen. 1335 arbeitete er mit seinem Bruder Ambrogio an den Fresken des Hospitals in Siena, um 1320 muß er Giotto nahegestanden haben, 1340 geriet er unter den Einfluß seines Bruders, der seinerseits zwischen 1327 und 1334 in den Zunftlisten der florentinischen Maler geführt wurde. Dieser hatte sich von der strengen Geschlossenheit Giottos entfernt und eine Kunst entwickelt, die gefühlsbetonter, blühender, kurz ›gotischer‹ wirkt. Die Entwicklung des Ambrogio scheint seit der Entstehung der *Madonna von Vico l'Abate* (1319) und den zwei noch vorhandenen

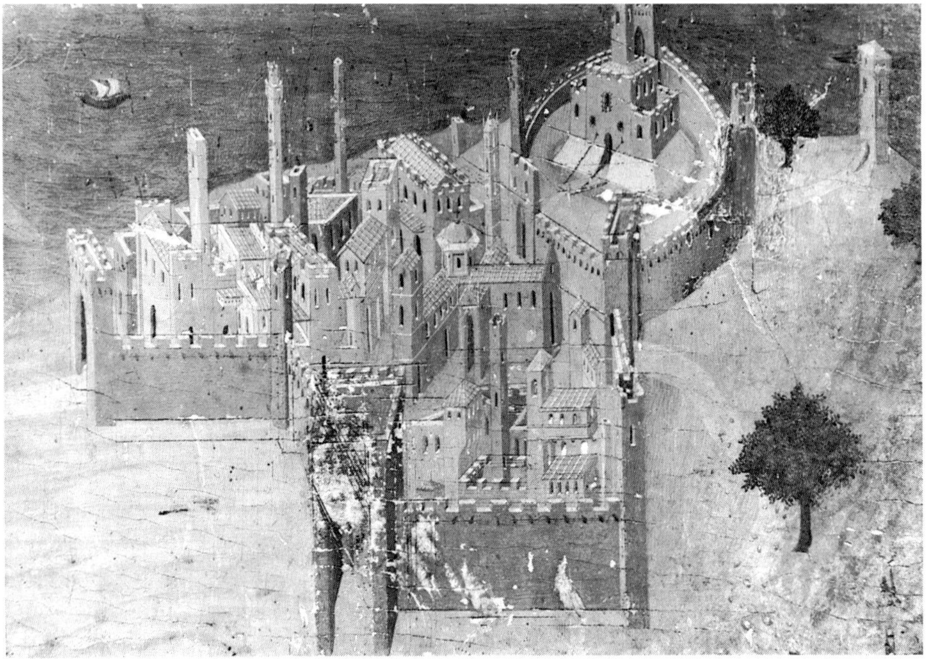

120 Ambrogio Lorenzetti, Ansicht eines befestigten Hafens, 1337-1339. Pinakothek, Siena

Fresken in S. Francesco in Siena sowie dem *Triptychon mit dem hl. Nikolaus von Bari* (heute in den Uffizien, um 1332) bis zu dem *Flügelaltar mit der Kreuzigung* (Frankfurt), den Fresken von Montesepio und dem erstaunlichen gotischen Krieger in der Badia von Rofeno durchaus gleichmäßig. Dieser *hl. Michael* zeigt einen bewegten Umriß, Goldhöhungen und tritt auf ein verknäueltes Ungeheuer. Aus dem Bild der *Madonna mit den sechs Engeln und den vier Heiligen* der Pinakothek in Siena (um 1340) wird deutlich, daß der kraftvolle Ausdruck nach und nach dem Farbreichtum geopfert wird. Aber es wäre ein Irrtum, darin eine Neigung zum Unwirklichen erblicken zu wollen; niemals ist die Beobachtung der Wirklichkeit auf intensivere Weise vorgenommen worden als hier. Allein der berühmte Freskenschmuck im Palazzo Pubblico mit den beiden *Allegorien des guten und des schlechten Regiments* (zwischen 1337 und 1339) würde als Beweis dafür genügen □121. Hier haben wir das beste noch vorhandene Beispiel vor uns von jener Malerei in ›städtischem Auftrag‹, für die Giotto im Palazzo del Podestà in Florenz richtunggebend wurde. Die allegorischen Figuren, die das Ganze beherrschen, lassen noch eine Neigung zur Harmonie, die gute Schule der Scrovegni-Kapelle spüren, aber Ambrogio will hier offenbar mehr in die Einzelheiten gehen, sich ganz bestimmten amüsanten oder poetischen Details zuwenden, die den Schwung eines großen Erzählers und die Genauigkeit eines Kartographen erfordern. Daraus entsteht nun aber ein höchst verwickeltes Schauspiel, aus dem man Einzelheiten, wie die Stadtansicht oder den Weinberg oder irgendeine Gruppe aus dem Volksleben, herauslö-

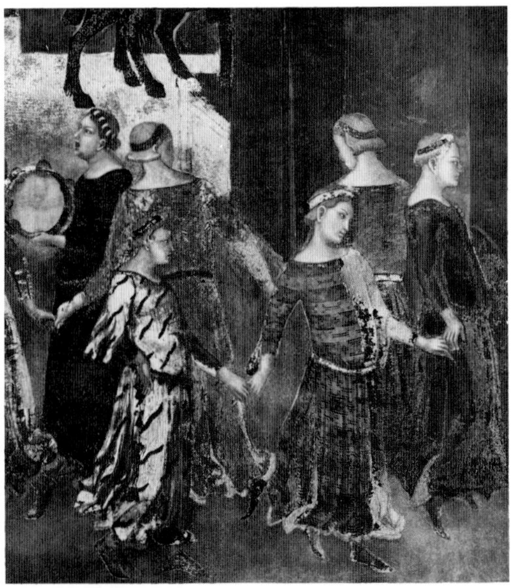

121 A. Lorenzetti, Detail aus dem ›Guten Regiment‹

sen muß. In die gleiche Zeit gehören die beiden kleinen Panorama-Ansichten von Ambrogio, Überbleibsel einer Serie sienesischer Stadtansichten: die eine zeigt eine befestigte Hafenstadt □ 120, vielleicht Talamone, die andere die Piazza Montepulciano (Pinakothek in Siena). Diese minutiösen Wiedergaben könnten Teile von Cassones sein. Sie zeigen, wie dieser Sienese es verstand, der Wirklichkeit entnommene Bilder in ein Spiel seltener Farbigkeit zu verwandeln, die vor einem hochgezogenen Horizont ein entzückendes Schauspiel bieten. Die Begegnung mit den Feinheiten des Duccio-Stils, den Ugolino di Neri fortsetzte, und der neuen Derbheit des Pietro Lorenzetti hat zweifellos die interessante Entwicklung eines anderen Meisters aus der ersten Hälfte des Jahrhunderts bewirkt, dem man aus diesem Grunde einen provisorischen Namen gab, nämlich Ugolino Lorenzetti (nach B. Berenson). Er war der Schöpfer der reizenden *Geburt Christi* (Museum Fogg, Cambridge, USA) und des großzügigen Altars in S. Pietro a Ovile (Siena) und ist wohl zweifellos mit einem gewissen Bartolommeo Bulgarini identisch[93].

Die Toskana (1350-1410)

Architektur in Florenz

Die zu Anfang des Jahrhunderts entwickelten städtebaulichen Planungen geschahen auf Veranlassung der einander folgenden ›Signorien‹ und wurden nach und nach immer mehr bereichert. Darunter befanden sich der große Innensaal des Bargello und das Zunfthaus der Kaufleute auf der Piazza della Signoria. Der schon seit 1323 geplante Bau der Loggia dei Lanzi sollte erst 1376 nach den Plänen von Benci di Cione und Francesco Talenti – beide Architekten am Dombau – ausgeführt werden. Die Pfeiler dieser offenen Halle sind sicherlich von denen in S. Maria dei Fiori (Dom) abzuleiten. Während dieser ganzen Zeit benutzte man für die öffentlichen Gebäude die in der Hauptbauhütte des Domes entwickelten Methoden – und oftmals zu ihrem Schaden.

Doch bei der Ausbildung einer allein dem Prestige geltenden Architektur war man vor allem darauf bedacht, die dekorative Wirkung zu erhöhen. So findet man denn hier ein Abgleiten in das Primat des Schönen über das der Zweckmäßigkeit, wodurch noch mitten in der gotischen Ordnung der Weg zu den Repräsentationsbauten des nächsten Jahrhunderts angebahnt wird. Das ist schon bei der *Loggia dei Lanzi* festzustellen, deren drei hohe Rundbogenarkaden eine neue Note von Eleganz und Klarheit in die Architektur hineinbringen. Auch in S. Michele ist dies bemerkbar, dessen Bauhütte gerade zu dem Zeitpunkt eingerichtet wurde, als die neue Loggia zu einem besonderen Akzent des neuen Stadtzentrums geworden war.

Der ›Herzog von Athen‹ wurde 1343 vertrieben. Einige Jahre später ließen die wieder zur Regierung gelangten Zunftvorsteher in den vier Ekken des Palazzo Pubblico von Florenz vier steinerne Löwen, die ›marzocchi‹, aufstellen, die zum Stadtsymbol werden sollten. Dieses Besorgtsein um das Prestige, dieser Bürgersinn drückt sich am besten aus in dem bedeutendsten Bauwerk dieses Jahrhunderts, nämlich *Or San Michele* □ 122. Von 1336 an hatte die Signoria einen ›templum in statura et forma palatii‹ als Ersatz für das alte Kornhaus auf jener Achse vorgesehen, die den Dom mit dem Signorienpalast verbindet – heute ist sie die Hauptstraße von Florenz. Dieser ›Tempel‹ sollte zweierlei Funktionen erfüllen: Einmal sollte er zu einer besonderen Verehrung der Jungfrau Maria dienen, zum anderen zur besseren Aufbewahrung der Getreidevorräte. Für den Bau wurde ein Betrag von 80000 Goldstücken bereitgestellt. In der Tat ist er das originellste Bauwerk von Florenz, durch das die Zünfte, die Garanten des städtischen Wohlstandes, verherrlicht wurden. Der eigentliche Schöpfer dieses Meisterwerks der Baukunst ist bisher unbekannt geblieben. Vasari erwähnt einmal den Namen Taddeo Gaddi; dieser Hinweis erlaubt, das Projekt vielleicht mit der ›Generalintendanz‹ Giottos (gest. 1337) in Verbindung zu bringen, dessen ausführendes Organ dann Taddeo gewesen wäre. 1343 wurde dem Bau zum Dank für die Befreiung der Stadt die St. Annen-Kapelle angefügt. Neri di Fioravanti und Benci di Cione erhielten ab 1349 die Leitung der Arbeiten. 1352 ist von Orcagna das für die untere Halle bestimmte Tabernakel nach einem kunstvollen und komplizierten Plan begonnen worden; ihm hat man auch zuweilen geglaubt, die Ausführung zuschreiben zu müssen. Die Arbeiten am Außenbau, an der Marmorverkleidung und an den Nischen des Umgangs zogen sich lange hin, bis über das Jahr 1380 hinaus. Mit seinem fast quadratischen Grundriß bedeutet Or San Michele eine einzigartige Bauschöpfung; es hat die Form eines Kubus, drei große gotische Arkaturen auf jeder Seite und im Obergeschoß hohe zweiteilige Fensteröffnungen.

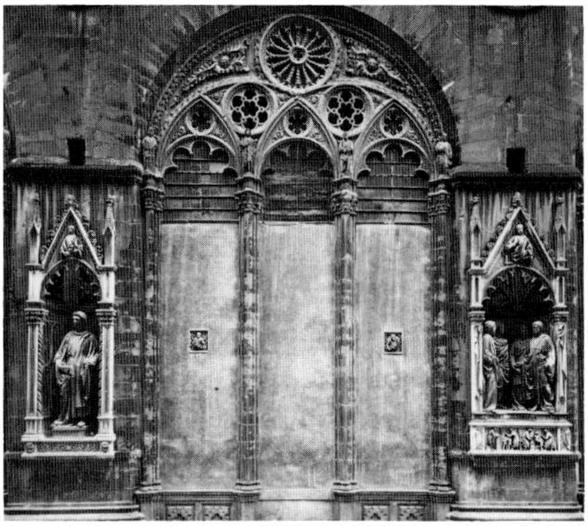

122 Florenz, Or San Michele, 1336 - um 1400

Was den Dom anlangt, so schritten die Arbeiten daran nur sehr langsam fort. Das große Werk der Fassade und das Obergeschoß wurden unter der Leitung von Francesco Talenti (von 1355-1365) weitergeführt; dieser hatte sich 1357 gegenüber dem alten Plan des Arnolfo zu einer Reihe von Veränderungen entschlossen, besonders was die äußere Wandgliederung der Seitenschiffe betrifft. Aber die größte Schwierigkeit bestand in der Ausführung des Tambour und der Kuppel. Ehe das vierte Joch beendet wurde, schrieb die Dombaukommission 1367 einen neuen Wettbewerb aus. Es wurden neun Pläne eingereicht, der des Andrea Orcagna und drei seiner Mitarbeiter wurden angenommen. Dieser sah eine nochmalige Erweiterung der Raumverhältnisse vor und erhöhte vor allem die Kuppel um einen riesenhaften Tambour. Hierdurch wurde der Baugedanke des Arnolfo, der vornehmlich auf die innere Raumwirkung abgestimmt war, zugunsten einer neuen Konzeption geopfert, die auf die äußere Wirkung des Baukörpers innerhalb des Stadtbildes abzielte □ 99.

Skulptur und Goldschmiedekunst

Florenz

Seit dem Tode des Arnolfo di Cambio besaß Florenz keinen eigentlichen Bildhauer mehr. So forderte man Tino da Camaino auf, das Grabmal des Bischofs Orso, der 1321 gestorben war, auszuführen und betraute zehn Jahre später Andrea da Pontedera, mit dem Beinamen Pisano, mit dem Bronzeguß der *Türe des Baptisteriums* (1336 vollendet). Die Türe enthält achtundzwanzig Bildfelder, die voneinander durch Bänder getrennt und mit Knöpfen und Rosetten geschmückt sind; jedes der Bildfelder umschließt einen Vierpaß wie an den Portalen von Lyon, von Rouen und mancher anderen Kathedrale, und in den gotischen ›Kartuschen‹ wird die jeweilige Szene so klar und elegant wie irgend möglich zur Geltung gebracht. Diese Reliefs haben nicht das geringste mehr mit der Kunst eines Giovanni Pisano zu tun; sie bedeuten vielmehr einen ganz neuen Ausgangspunkt der Entwicklung □ 123.

Das Grundschema ist das des Bonanus in Pisa (1180): Die Türflügel sind in viereckige Bildfelder eingeteilt und mit einer Umrandung versehen. Das Hauptthema, die Szenen aus der Geschichte des hl. Johannes des Täufers, ist unmittelbar von den Mosaiken im Baptisterium selbst abgeleitet. Ein Vergleich ist für die meisten Motive aufschlußreich, so zum Beispiel für den Aufbruch des hl. Johannes in die Wüste, für die Predigten des Heiligen etc., aber der Bildhauer unterzieht sie der gleichen Durcharbeitung, wie es Giotto bereits in der Peruzzi-Kapelle in S. Croce getan hatte. Andrea greift also auf byzantinische Quellen zurück, um deren moderne Fassung weiterzuführen. Als Giotto-Schüler leistet er im großen und ganzen in seinen Kompositionsmethoden, seiner klaren Zeichnung und seinem Sinn für Massenwirkung auf dem Gebiete der Bronzeskulptur das, was der Maler für die Malerei getan hat. Nur daß das Endergebnis manierierter wirkt, eher gefällig als monumental. Das kommt daher, weil Andrea sich schon nach einem preziöseren Ideal ausrichtet, das sich nur aus Vorbildern der Pariser Gotik ableiten läßt, die durch Miniaturen und Elfenbeine vermittelt wurden. Die Figuren haben das Langgezogene, die leichte Faltengebung in Y-Form, die stille Anmut, kurzum das Verfeinerte, das diesem Künstler einen so hervorragenden Platz unter den Vertretern der Spätgotik in Florenz einräumt[94].

Vasari zufolge war Andrea schon ein Mann von sechzig Jahren, als man ihn mit den Bronzetüren betraute. Nach dem Tode Giottos wurde ihm die Leitung der Ausführung und Ausschmückung des Campanile im zweiten und dritten Geschoß (1337-1343) übertragen; er ist es also gewesen, der nach den Entwürfen des Meisters im ersten Geschoß die Reihe der sechseckigen Medaillons beendete und sie im zweiten selbständig ausführte. Sie zeigen die Allegorien der technischen Künste und im zweiten Geschoß die Planeten, die Tugenden, die Sakramente und die freien Künste. Hier hat man eine regelrechte Enzyklopädie des menschlichen Könnens und Wissens vor sich, die dem berühmten Freskenzyklus in der Spanischen Kapelle vergleichbar ist, was ihr in der Geschichte der italienischen enzyklopädischen Zyklen einen hervorragenden Platz im Gefolge der großen abendländischen, programmatischen Darstellungen zuweist.[95]

Die plastische Kraft einiger dieser Medaillons läßt, wie bei der Allegorie auf die Jagd und die Landwirtschaft, auf einen Einfluß Giottos schließen. In der Reihe, die die Genesis behandelt, ist dagegen der graziöse Einfallsreichtum des Andrea wiederzufinden. Andere Darstellungen wiederum sind Arbeiten aus der Werkstatt der Dombauhütte, die unter der Oberleitung von Talenti von 1343 bis 1357 fortbestand, so vor allem am zweiten Geschoß, wo die Figuren der Planeten und der Sakramente sich höchst elegant von der leeren Bildfläche des Sechsecks abheben. Die kräftigsten unter ihnen stammen von der Hand des Arnoldi, dessen etwas archaisierende Derbheit vielleicht aus lombardischen Ursprüngen erklärt werden kann. Er wurde 1361 mit der Ausführung der Lünette der Loggia del Bigallo beauftragt. In den hohen Nischen des dritten Geschosses sollten im 15. Jahrhundert die Prophetenfiguren ihren Platz finden.

Bis zu seinem Tode im Jahre 1349 wurde Andrea zusätzlich noch mit dem Amt eines Hüttenmeisters in Orvieto betraut, wo er die Errichtung der farbigen Fassade des Domes über den delikaten Verzierungen von Maitani fortführte. Sein Nachfolger in dieser Stellung war sein Sohn Nino. Dieser ist übrigens auch der Meister jener geschmeidigen, lächelnden und biegsamen Madonnenfiguren ›nach französischer Art‹, mit denen er vornehmlich Grabmonumente schmückte, so beispielsweise das von Andrea Cavalcanti in S. Maria Novella und das des Dogen Marco Cornaro in Venedig (1368). Ein besonders typisches Werk von ihm ist die *Stillende Madonna* in S. Maria della Spina in Pisa; sie leitet sich ebenso von einer Komposition Ambrogio Lorenzettis her wie von Madonnenfiguren der Ile-de-France, die man von Alabaster- und Elfenbein-Statuetten her kannte.

Eine der abgerundetsten Künstlerpersönlichkeiten dieses Jahrhunderts ist Andrea di Cione, genannt Orcagna. Dieser war gleichzeitig Baumeister, Bildhauer, Goldschmied und Maler. Von 1352-1359 schuf er den vielfarbigen *Tabernakel* für *Or San Michele* □124. Seine Rückseite zeigt ein reiches Relief, üppig und wuchernd, auf dem Tod und Himmelfahrt Mariens wiedergegeben sind, eine Art gotisches Tympanon, in dessen Stil sich die Manier der Kleinkunst der Goldschmiede ausdrückt. Beim Vergleich dieses ganz mit Wimpergen, Fialen und kostbaren Verzierungen übersäten Schreins mit den siebzig Jahre früher ent-

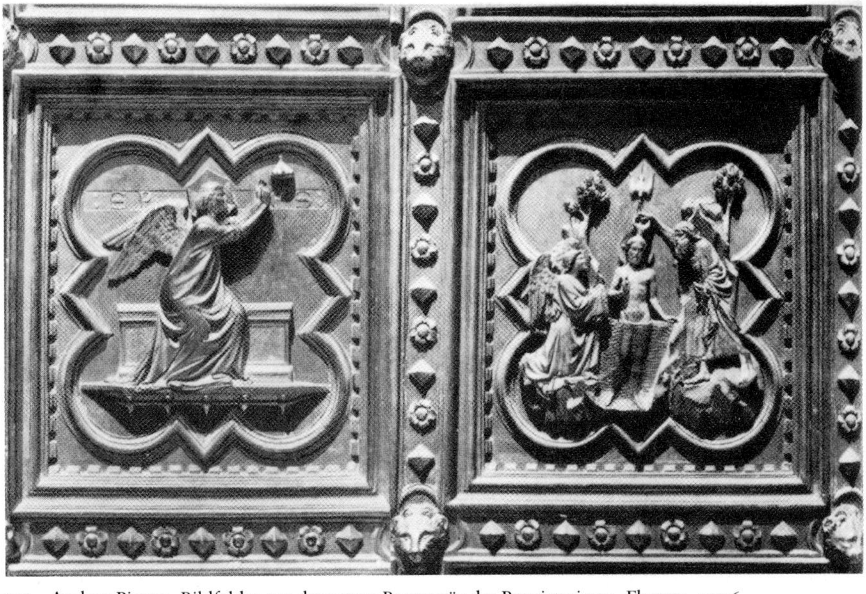

123 Andrea Pisano, Bildfelder aus der ersten Bronzetür des Baptisteriums, Florenz, 1336

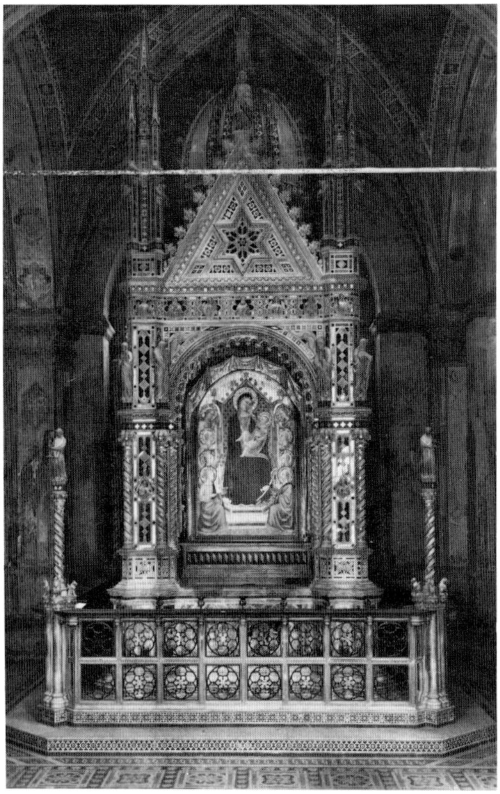

124 Orcagna, Altartabernakel, 1352-1359. Or San Michele

standenen Tabernakel-Schöpfungen des Arnolfo erhält man den rechten Eindruck von seiner Vorliebe für das Verwickelte und Kunstvolle, wobei er jedoch niemals den Zusammenhang und die Festigkeit der Form aus dem Auge verliert. So wird man nicht überrascht sein, daß dieser Künstler in der großen Auseinandersetzung von 1367 über die endgültige Ausformung der Pläne für den Dom sich zugunsten der äußeren Wirkung einschaltete und vor allem die Schönheit des Chorschlusses im Stadtbild bewahrt wissen wollte. Als Maler wird ihm der große *Flügelaltar* der *Strozzi-Kapelle* in S. Maria Novella verdankt, der gegen 1354 bis 1357 entstanden ist □ 125. Hier erscheint Christus als Weltenherrscher wieder, ein Motiv, das seit 1300 in Vergessenheit geraten war. Dies Werk ist voller Kraft und Spannung, die Faltengebung von wirkungsvoller Breite, die Farbe jedoch trocken. Der Ausdruck der Köpfe weist in seiner Starre auf das Wiedererwachen eines hieratischen Gefühls mitten in der so ganz zur Regel gewordenen Giottonachfolge hin. Nach Ghiberti sind die drei Fresken in derselben Kapelle, die recht geschickt Hölle, Fegefeuer und Paradies behandeln, seinem Bruder Nardo di Cione zuzuschreiben. Sie sind allerdings ein wenig einfallslos, sowohl bei der Schilderung des Schönen wie des Schrecklichen.

Filarete verwarf um 1460 die gotische Kunst, weil er ihr zum Vorwurf machte, daß ihre Architektur die von Goldschmieden und Malern sei. Das Ableiten vom Monumentalen ins Kostbare, das das 14. Jahrhundert kennzeichnet, und das Beispiel eines Orcagna sind im großen und ganzen in diesem Urteil gut beobachtet. Tatsächlich befand sich die Goldschmiedekunst in Florenz und Siena in vollster Blüte, und ob Kapelle oder Reliquiar, überall wurde derselbe Stil angewendet.

Das dem Ugolino di Vieri (1338) zugeschriebene *Corporale von Bolsena* hat bereits die Form einer Kathedrale im kleinen mit drei Wimpergen und ist mit erzählerischen Themen in Schmelzarbeit geschmückt □ 126. Ein anderes, ebenfalls in Orvieto befindliches *Reliquiar* ist das des hl. Juvenal, dieses hat die Form eines Sechsecks. Ein drittes Reliquiar, der Schädel des hl. Savinius, ist ein Werk des Viva di Lando und des Ugolino di Vieri. Es ist in der zweiten Hälfte des 14. Jahrhunderts entstanden, in Kupfer vergoldet, mit Bergkristall und Schmelzarbeit reich geschmückt und als eine Arbeit von preziöser Architektonik ebenfalls von Bedeutung.

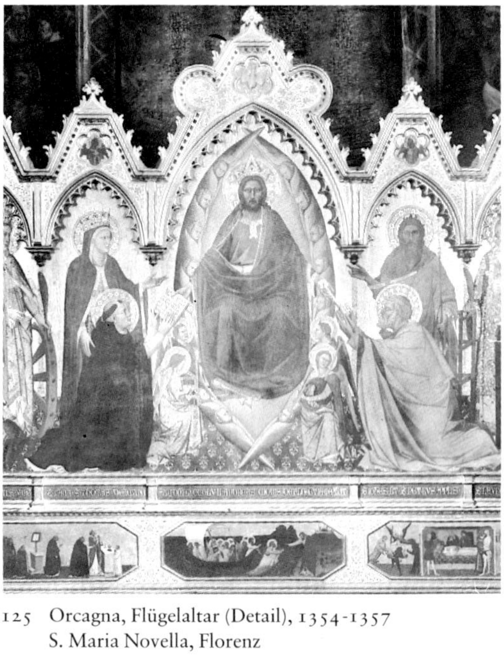

125 Orcagna, Flügelaltar (Detail), 1354-1357
S. Maria Novella, Florenz

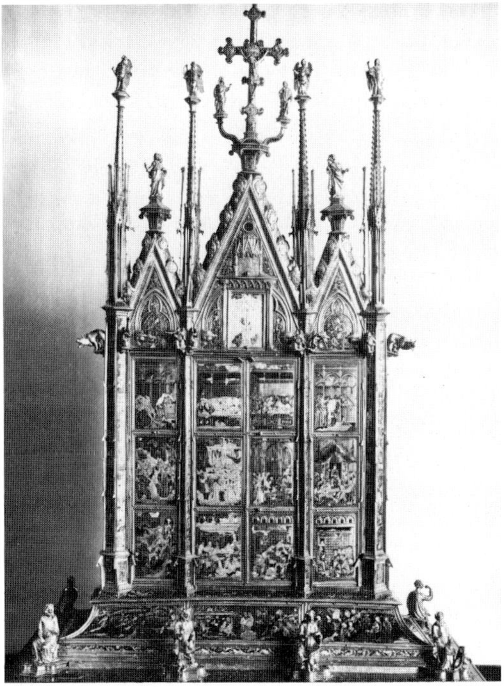

126 Ugolino di Vieri, Corporale von Bolsena, 1338
Dom, Orvieto

Die toskanische Goldschmiedekunst erstreckte sich auch auf das Gebiet der Skulptur. Zwischen 1368 und 1372 entstanden zwei silbervergoldete *Büsten* der Heiligen Petrus und Paulus in natürlicher Größe; sie weisen eine so brutale Lebendigkeit auf, daß sie von höchster Eindruckskraft sind. Dasselbe gilt für die Büste des hl. Zanobis, die mit transluziden Schmelzarbeiten besetzt ist, deren Erfindung man italienischen Werkstätten zuschreibt.

Eine der Spezialitäten dieser Werkstätten bilden schließlich die *Altarvorsätze* (oder ›paliotti‹) sowie vollständige Altaraufbauten. Dazu gehört zum Beispiel der Altar des hl. Jakobus in Pistoia, ein Werk des Andrea d'Ognabene aus dem 13. Jahrhundert, das erst im 14. beendet wurde. Arbeiten gleichen Stils finden sich sogar in der Provinz: So wird im Dom von Ascoli Piceno ein Paliotto mit siebenundzwanzig von Laubwerk gerahmten Szenen aufbewahrt, in denen man eine provinzielle Nachahmung toskanischer Vorbilder erkennt.

Aber der große, 1366 in Auftrag gegebene *Silberaltar im Baptisterium* von Florenz muß gesondert behandelt werden. Damals kamen nur acht seiner Bildfelder durch Betti di Geri und Leonardo di Giovanni zur Ausführung. Die vier Seitenreliefs wurden ein Jahrhundert später von Antonio Pollaiuolo, Verrocchio und zwei anderen Goldschmieden hinzugefügt. Er hat die Form eines breiten Schreins, an dem unter einem kräftigen horizontalen Kranzgesims Pilaster, die mit Nischen und Wimpergen geschmückt sind, die großen Bildfelder mit der Geschichte von Johannes dem Täufer rahmen. Dieser kurze Abriß der virtuosen florentinischen Kleinkunst verbindet ohne ausgesprochenen Gegensatz den weichen und durchgearbeiteten Stil der Spätgotik mit dem nervigeren Schwung des Quattrocento.

Seit Orcagna herrschte in der Monumentalskulptur der florentinischen Bauhütten, insbesondere in der des Doms, der gotische Einheitsstil. Seine Fassade erhielt nun Statuenschmuck, ebenso wie die Loggia della Signoria, die von Giovanni d'Ambrogio und anderen mit Figuren nach Modellen des Agnolo Gaddi versehen wurde. An Or San Michele standen die Nischen für die großen, von den Zünften in Auftrag gegebenen Figuren bereit. Auch das Obergeschoß des Campanile verlangte nach seinen mächtigen Prophetenfiguren. Aber erst seit 1415-1430 sollten wieder neue Künstlerpersönlichkeiten auftreten. Niccolò Lamberti war der Leiter der am besten geführten Werkstatt und zugleich der Schöpfer des *Hl. Lukas,* den die Richterzunft für Or San Michele bestellte (1403-1406), ferner eines *Hl. Markus* für den Dom. Bald darauf ging er jedoch mit Piero di Niccolò nach Venedig, wo er sich mit dem Fassadenschmuck an San Marco beschäftigte. In Florenz ließ er Nanni di Bartolo, genannt ›Il Rosso‹ zurück; dieser war um 1420 der Mitarbeiter Donatellos am Campanile, und zwar für die Figuren des *Hl. Johannes des Täufers* und *des Abdias,* verfügte aber ebensowenig über einen persönlichen Stil wie Bernardo Ciuffagni, ein anderer späterer Mitarbeiter Donatellos für die *Josuafigur* am Dom. Die einzige künstlerische Persönlichkeit von bleibendem Wert ist Nanni di Banco. 1380 geboren, gehörte er der jungen Generation an, starb aber schon um 1420. Er hat das Maß seiner künstlerischen Absichten nicht ganz erfüllen können, denn seine Arbeiten verraten eine gewisse Unsicherheit. Der jugendliche *Isaias* am Dom mit seinem viereckigen Gesicht und dem festen Faltenwurf sowie die Bronzegruppe der *Vier gekrönten Heiligen* (Quattro Coronati) für Or San Michele (etwa 1410) sind imponierende Plastiken mit antiken Zügen, aber stilistisch nicht ganz einheitlich. Im Tympanon der ›Porta della Mandorla‹ am

Dom (1414-1421), die ihren Namen von der von Engeln getragenen *Muttergottesfigur* in der Mandorla hat, wird seine Art dann schwächlicher, und die Wirkung der auseinanderfließenden Darstellung bleibt ganz an die Oberfläche gebunden.

Siena

Das gleiche Nebeneinander von verschiedenartigen Richtungen ist in der sienesischen Skulptur zu beobachten. Die Erinnerung an Nino Pisano und seine lächelnden, biegsamen Madonnen bleibt hier besonders in der bemalten Holzskulptur lebendig. Unzählige Kirchen wurden nun mit der Madonna mit dem Kinde und der Verkündigungsgruppe – Maria mit dem Engel – ausgestattet. Die Engel haben immer große blaue oder rote Flügel und eine stereotype Gestik. Hierbei handelt es sich um bescheidenere Arbeiten, die eine ununterbrochene handwerkliche Tradition fortsetzten: so die *Verkündigungsgruppe* in Montalcino (1369-1370), das Werk eines Meisters Angelo, und die des Domenico di Niccolò (um 1400), ebenfalls in Montalcino. Dieser fruchtbare Bildhauer (geboren 1363) war bis 1450 tätig. Seine Berühmtheit und seinen Beinamen ›Meister des Chors‹ verdankt er vor allem der Holzintarsienarbeit, die er zwischen 1415 und 1428 zur Ausschmückung der Kapelle im Palazzo Pubblico schuf. Beim Vergleich mit ähnlichen Arbeiten von seinem Schüler Mattia di Nanni, ebenfalls im Palazzo Pubblico (1425), erkennt man deutlich die dürftige Zeichnung dieser Holzmosaiken. Unter den zu Anfang des 15. Jahrhunderts in Siena so zahlreich auftretenden Handwerkern wäre noch der Goldschmied und Bildhauer Giovanni di Turino zu nennen (geboren etwa 1385), der am Taufbecken des Baptisteriums (1417) gearbeitet hat.

Jacopo della Quercia dagegen nimmt eine Sonderstellung ein. Wir finden ihn 1407, damals schon über dreißig Jahre alt, in Lucca, wo er zusammen mit Francesco da Valdambrino das *Grabmal der Ilaria del Carretto* schuf. Die liegende Figur der Toten mit ihrem in lange, regelmäßige Falten geordneten Gewand ruht auf einem Sarkophag, den als Schmuck eine riesige, von Putten gehaltene Girlande umschlingt – ein Werk von wunderbarer Würde □ 127. Diese für Siena ganz ungewöhnliche Kraft rückt den Künstler fast in die Nähe der Kunst eines Giovanni Pisano. Unter den Resten der *Fonte Gaia,* jener monumentalen städtischen Brunnenanlage (heute im Palazzo Pubblico), die Jacopo in Siena 1409-1419 beschäftigte, findet man die Figur einer ›Justitia‹ und eine Madonnengruppe, die sich in ihrem Stil durch großen Einfallsreichtum und eine ganz neue Eindringlichkeit auszeichnen. Aber hiermit befinden wir uns schon in dem Jahrzehnt, in dem die Skulptur in Florenz ebenso wie in Siena, ja im ganzen westlichen Abendland in einer rapiden Entfaltung begriffen ist.

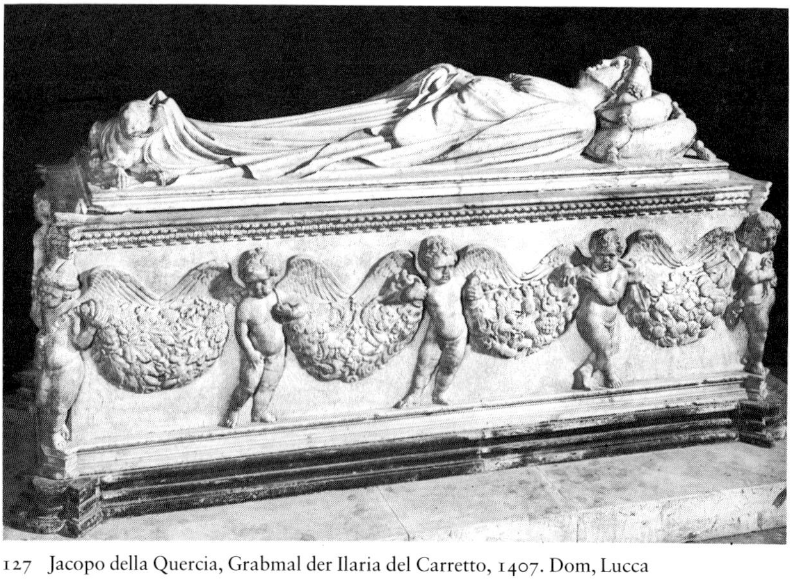

127 Jacopo della Quercia, Grabmal der Ilaria del Carretto, 1407. Dom, Lucca

Die Krise in der florentinischen Malerei

Wenn man einer Erzählung des Sacchetti Glauben schenken will, waren die florentinischen Maler um 1360 der Auffassung, daß ihre Kunst mitten im Verfall begriffen sei. Die erste Generation der Giotto-Schüler hatte nicht so viele starke künstlerische Persönlichkeiten hervorgebracht wie die des Simone in Siena. Mit den Lorenzetti schien eine Art von Ausgleich für die ganze toskanische Kunst hergestellt. Aber Pietro und Ambrogio Lorenzetti verschwanden 1348 ganz plötzlich von der Bildfläche, wie man vermutet, als Opfer der Pest. Nun war die sienesische Kunst führerlos. Man kann in die Nachfolge des Ambrogio den Lippo Vanni einordnen, Autor der kostbaren Miniaturen des Stundenbuchs von 1345 (Opera del Duomo). In seinen Flügelaltären und den Fresken im Kreuzgang von S. Domenico in Siena (1372) neigt er mehr der Kunst des Simone zu. Die Epigonen Simone Martinis sind überhaupt sehr zahlreich; darunter sind zu nennen: Andrea Vanni, der die *Hl. Katharina von Siena* gemalt hat (Pinakothek in Siena), Luca di Tommè oder Bartolo di Fredi als Schöpfer der Fresken der *Collegiata* (Dom) in San Gimignano (1367). In derselben Collegiata findet man, nur ein wenig später zu datieren, einen noch wenig bekannten, aber recht originellen Meister namens Barna da Siena, dessen Empfindung krampfhafte und leidenschaftliche Züge aufweist. Sein *Gang zum Kalvarienberg* zum Beispiel offenbart eine ganz merkwürdige Herbheit. Man sieht hieraus, daß einige Maler auf die Harmonie zugunsten einer Art ausdrucksvoller Häßlichkeit verzichteten, andere, wie Orcagna, auf bestimmte vorgiotteske Kompositionsvorstellungen zurückgriffen.

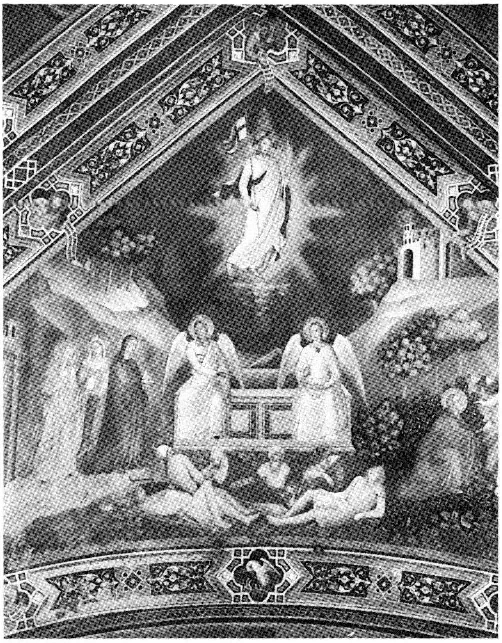

128 Andrea di Bonaiuto, Fresko in der Spanischen Kapelle, Florenz, 1365

1365 bestellte der Prior von S. Maria Novella, Fra Zanobi dei Guasconi, bei einem Maler namens Andrea di Bonaiuto (da Firenze) die Ausschmükkung einer Kapelle mit quadratischem Grundriß und Kreuzrippengewölbe, die kurz vorher (1350 bis 1355) in den Kreuzgang der Kirche eingebaut worden war. Heute kennt man sie unter dem Namen *Spanische Kapelle* □ 128, 129. Ihrem ikonographischen Schema nach, dessen Geist man im ›Bußsiegel‹ von Guido Passavanti findet, zeigen diese Fresken auf den Seitenwänden die Verherrlichung des Dominikanerordens, seinen Triumph in Theologie und Kirche; an der Mittelwand befindet sich eine Kreuzigung, in den vier Gewölbefeldern die Allegorien auf die Kirche. Diese Entfaltung ei-

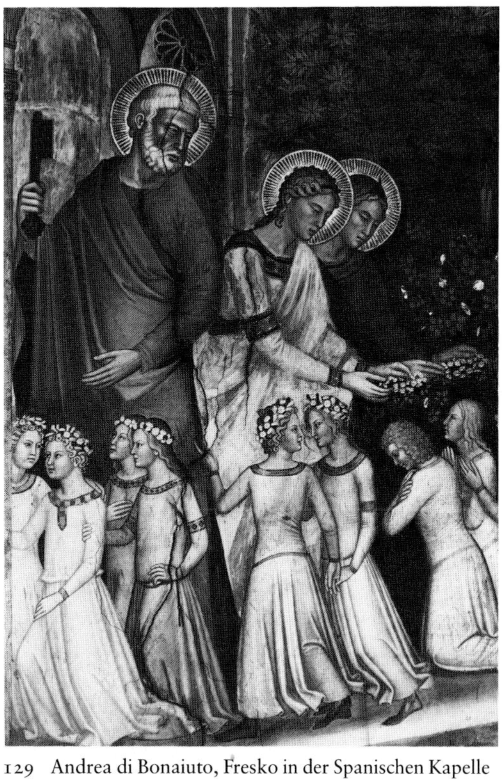

129 Andrea di Bonaiuto, Fresko in der Spanischen Kapelle

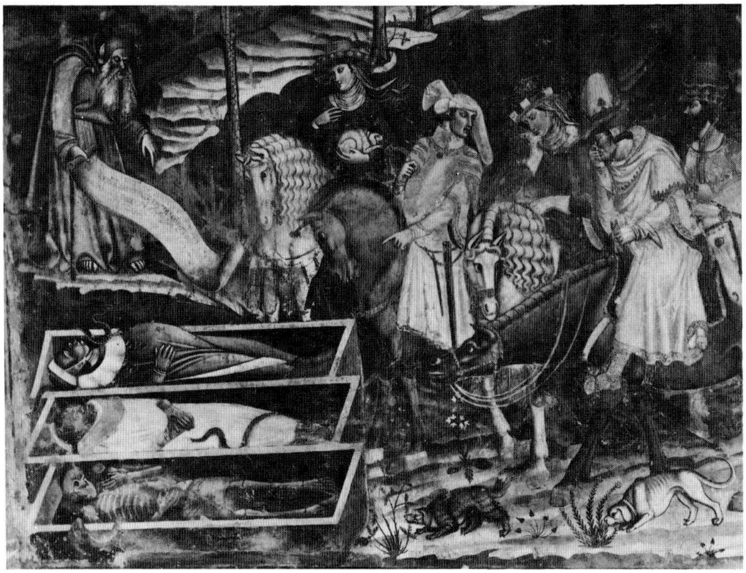

130
Traini (zugeschrieben)
Detail aus den Fresken
im Campo Santo, Pisa
um 1350

ner belehrenden Bildwelt ist zwar geistvoll behandelt, zeichnet sich aber mehr durch dogmatischen Eifer als durch Feinfühligkeit aus. Die Gestalten der Künste thronen auf der linken Wand unter dem hl. Thomas von Aquin; auf der rechten ist die Vision der *domini canes* (die Dominikaner als ›Hunde Gottes‹) geschildert, die zwischen der Volksmenge vor dem Florentiner Dom herumlaufen. Dieser Zyklus ist der bewundernswürdige Einfall eines neubekehrten Geistes – eine Erscheinung, die in der allgemeinen Krise der religiösen Sitten und Einrichtungen recht aktuell war.

Mitte des Jahrhunderts gab es in der Tat in der Toskana eine starke Entwicklung der programmatischen Malerei, die jetzt nicht mehr nur erzählenden Inhaltes wie zur Zeit des Giotto, sondern lehrhafter Art war. Sie wurde von einer Rückkehr zu den feierlicheren Stilformen des 13. Jahrhunderts begleitet. Alle diese Bildzyklen, so der über die *Letzten Dinge* in der Strozzi-Kapelle, die verschwundenen Werke des Orcagna im Schiff von S. Croce und die berühmte, dem Meister Traini zugeschriebene Bildfolge im Campo Santo in Pisa, der sogenannte *Triumph des Todes* □ 130, stammen ungefähr aus der Zeit um 1350. Die *Begegnung der drei Toten mit den drei Lebenden* in Pisa ist eine von einem heiligen Eremiten beschriebene Vision, um das Gewissen der Lebewelt zu ihrem Heile aufzurütteln. Man sieht deren angenehme Vergnügungen in einem Lustwäldchen geschildert, Szenen, die des ›Decamerone‹ würdig sind. Die Kraft des Einfalls, der Farbe und der Zeichnung machen diese Darstellung zu einem der vollendetsten Dokumente des 14. Jahrhunderts. Durch die im Juli 1944 erfolgten Zerstörungen wurden auf der Wand wie an anderen beschädigten Stellen im Campo Santo die schönen Vorzeichnungen (›sinopie‹) aufgedeckt[96]. Traini ist kaum bekannt, außer durch das Altarbild zu Ehren des hl. Dominikus (1344-1345). Seine Schöpfungen in Pisa haben eine höhere stilistische Qualität als die des Orcagna und beruhen auf der allerbesten Tradition aus dem Anfang des Jahrhunderts. Das Thema zeigt jedoch sehr genau, wie sehr man zu dieser Zeit durch die Vorstellungen des Todes und die Bußpredigten ergriffen war, die in der Toskana während der Pestzeit immer größere Ausmaße annahmen.

Die Geißel der Pest trat das erste Mal 1340 auf und raffte 1348 zwei Drittel der Einwohner von Siena und die Hälfte der Einwohner von Florenz hinweg; sie flackerte dann noch einmal 1363 und 1374 auf. Man muß sich dieser Tatsachen bewußt werden, um zugleich die Geisteskrise und die Aktivität der religiösen Ordensgemeinschaften verstehen zu können, ferner das Wesen der Auftragserteilung und die damit bedingten Wandlungen in der Kunst[97]. Die Personen der Heilsgeschichte bestätigen sich erneut in ihrer hierarchischen Stellung und verlieren an Menschlichkeit. Hierfür stellt das große Altarbild des Orcagna für die Strozzi-Kapelle □ 125 den bedeutendsten Beitrag dar. Die ikonographischen Neuerungen, die im Laufe dieses Zeitabschnitts immer mehr zunehmen (Maria in der Demut, der Triumph der Dreifaltigkeit, die in den Himmel verlegte Krönung Mariens), zeigen eine deutliche Anpassung an die Bedürfnisse einer beunruhigten Frömmigkeit und die dadurch erforderlich gewordenen neuen Richtlinien der Kirche auf.

Das allgemeine Bedürfnis nach Bildern äußerte sich auch in der Vielfalt der kleinen, der privaten Frömmigkeit gewidmeten Gemälde, deren Haupttypen am Ende des 13. Jahrhunderts auftauchten. Mitte des 14. war ihre Form festgelegt und sollte noch bis ins 16. und 17. Jahrhundert hinein immer wieder in den Malerwerkstätten bestellt werden, als da sind Christus als Schmerzensmann, die Pietà, die sogenannte Maria in der Demut – Andachtsbilder, die ihren Erfolg oftmals der Gestaltung eines großen Meisters verdankten. So ist zum Beispiel die Gestalt der Jungfrau Maria, die die Überhöhung christlicher Tugend mit dem rührenden Schauspiel der Mütterlichkeit vereinigt, aller Wahrscheinlichkeit nach eine Erfindung Simone Martinis und ein Zeichen sienesischer Anmut; in einer triumphalen Form werden wir sie dann in der Madonna di Foligno von Raffael wiederfinden.

Der Ursprung dieser kleinen Bilder ist oftmals ein Teil einer geschichtlichen Darstellung; in ihnen wird der rührendste Augenblick herausgelöst und die Aufmerksamkeit des Beschauers auf die Gestik und den pathetischen Ausdruck konzentriert. Hier waren vor allem das Thema der Pietà und der Madonna in der Demut geeignet, eine intensive direkte Beziehung zwischen dem Betrachter und der heiligen Figur herzustellen[98]. Im dritten Viertel des Jahrhunderts wandelte sich jedoch der Geist der großen Zyklen ebenso wie der der kleinen Andachtsbilder.

Die Malerei um 1400: ihre sienesische Blüte

Am Ende des Jahrhunderts machten sich neue Bestrebungen bemerkbar. Der 1347 geborene Spinello Aretino, der zunächst mit dem Freskenzyklus in der Sakristei von S. Miniato und dann mit dem der Geschichte Sienas im Palazzo Pubblico (1407) betraut wurde, strebte eine sorgfältige, aber manchmal etwas kühle Rückkehr zur Manier des Giotto an. Gherardo Starnina, den Vasari als den Lehrer Masolinos bezeichnet, ist vor allem berühmt für die Beziehungen, die ihn mit Kastilien verbanden. Er wird jetzt mit dem anonymen ›Meister des Bambino Vispo‹[99] identifiziert, kann aber keinesfalls der Schöpfer der grandiosen Thebaisfresken im Campo Santo in Pisa gewesen sein, wenngleich sie ihm gelegentlich zugeschrieben wurden. Agnolo Gaddi, Sohn des Taddeo, malte um 1390 die Fresken von der Auffindung des Heiligen Kreuzes in S. Croce, es handelt sich um dasselbe legendenhafte und malerische Thema, das von Piero della Francesca in Arezzo wieder aufgegriffen wurde, und schmückte schließlich den Dom von Prato aus. Agnolo hatte die Begabung, den erzählerischen Kern einer Komposition mit großer Unbefangenheit wiederzugeben. Dasselbe war bei Antonio Veneziano der Fall, der aus dem Norden kam. Er arbeitete zunächst bei Taddeo und vollendete dann mit realistischem Schwung im Campo Santo in Pisa die *Szenen aus dem Leben des hl. Rainer,* des Stadtpatrons, die Antonio Bonaiuti begonnen hatte. So bekamen also die Lehren Giottos, durch die des Simone begriffen, und die gotische Kunst des Erzählerischen um 1400 neue Kraft, und zwar mitten in einem Stil, dessen Dominante durch die sogenannte ›internationale Manier‹ zu umreißen wäre, nämlich die von Paris, Köln und Prag.

Zu diesem Zeitpunkt legte ein Schüler der Gaddi, Cennino Cennini, in einem Lehrbuch die Kunst des Malens nach der akademischen Regel nieder. Diese Anleitungen bildeten viel später das ganze Entzücken der sogenannten ›Nazarener‹ und Präraffaeliten des vergangenen Jahrhunderts. Cennino war bei Agnolo, dem Sohne des Taddeo, ausgebildet worden, welch letzterer von Giotto selber in die Kunst eingeführt worden war, dessen Schüler er vierundzwanzig Jahre lang gewesen ist. Sein Ziel war »die umfassenste Kunst, die jemals jemand besessen hatte«, nämlich jene, die in der Malerei »von der griechischen zur lateinischen Form« geführt hat, kurz die Kunst des Giotto! Er vermochte jedoch nur Atelierrezepte zu bieten: das Reiben der Farben, die Herstellung des Bolus (des Malgrundes), die Kolorierung von Buchseiten, die Vorbereitung der Grundierung für Tafelbild und Fresko, die Weise der verschiedenen Arten der koloristischen Behandlung von Haar- und Faltengebung – also wertvolle Auskünfte über das handwerkliche Können seiner Zeit. Aber seine Ratschläge für die Kunst selbst sind ziemlich dürftig; denn hier geht es nur darum, sich den besten Meister auszuwählen, seine Zeichnungen zu kopieren und ja nicht die Natur außer acht zu lassen; so heißt es zum Beispiel: »Wenn du Berge in einem guten Stil machen willst, die natürlich aussehen sollen, so nimm große Steine voller Brüche und Unebenheiten und kopiere sie ...«

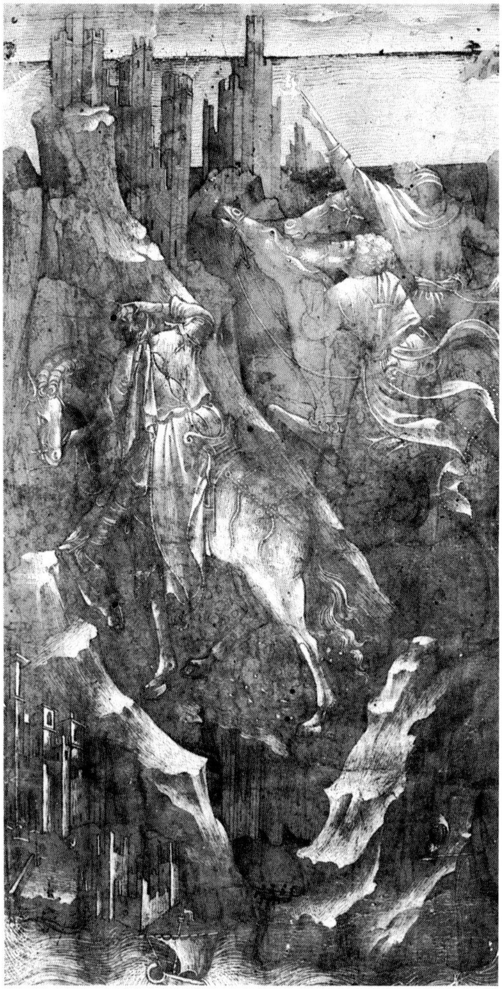

131 Lorenzo Monaco, Zug der Hl. Drei Könige (Detail)
Zeichnung Anfang 15. Jh., Kupferstichkabinett, Berlin

Nach diesen Anleitungen haben sich eine große Anzahl von Handwerkern gerichtet, und überall in Italien fanden sich jetzt allerorten mehrere Werkstätten in voller Tätigkeit. Ein Gebiet ist es vor allem, in dem die Italiener, besonders die Toskaner, sich als Meister bewährten, nämlich die Wandmalerei, die Arbeit *al fresco,* die, wie Cennino vermerkt, ein schnelles Arbeiten und feste Schablonen erfordert. Auf diesem Gebiete entstand nun so etwas wie ein Massenangebot, und alles was in den westlichen Ländern an Neuem produziert wurde, wurde genauestens beobachtet, um ihm dann die glanzvollste Fassung zu geben. Das Jahr 1400 war der Zeitpunkt, zu dem die Toskana unter der Führung von Siena mit dem ganzen Westen in Verbindung stand.

Diese letzte Blüte des 14. Jahrhunderts befand sich demnach in Übereinstimmung mit dem, was man als den ›Internationalen Stil‹ bezeichnet.

Mit der Figur eines Künstlers wie Lorenzo Monaco wurde die stilistische Vorherrschaft Sienas auch für Florenz verbindlich. Als Kamaldulenser kam er in das Kloster S. Maria degli Angeli und arbeitete für die Carminekirche, später für S. Maria Novella (1404-1456). Seine *Verkündigung* in S. Trinita ist ein erlesenes Werk und die *Anbetung der Heiligen Drei Könige* (heute in den Uffizien) voll Lieblichkeit und Zauber, die *Krönung Mariens* von 1413 dagegen (gleichfalls in den Uffizien) voller Kraft. Der Charme Lorenzos verdankt vieles seiner Tätigkeit als Miniaturist. Allmählich sollte ganz Florenz von seiner Gabe, den Farbenglanz der Buchmalerei über die ganze Komposition auszubreiten, hingerissen werden: sein Schüler war Fra Angelico! Dieser Hang für das Erlesene, schwingende Linien und lebhafte Farben erklärt auch die Anziehungskraft, die die Toskana für einen aus dem Norden kommenden Meister gehabt hat, in dem die ganze gotische Feinheit in all ihrer juwelenhaften Kostbarkeit zusammengefaßt scheint: Gentile da Fabriano. Seine *Anbetung der Heiligen Drei Könige* (1423) für S. Trinita, gleichsam wie eine sonderbar überladene Beschwörung aufgefaßt, markiert den Gipfel dieser ebenso köstlichen wie zugleich wenig beständigen Kunst □ 132. In Florenz sollte er bald auf Feind-

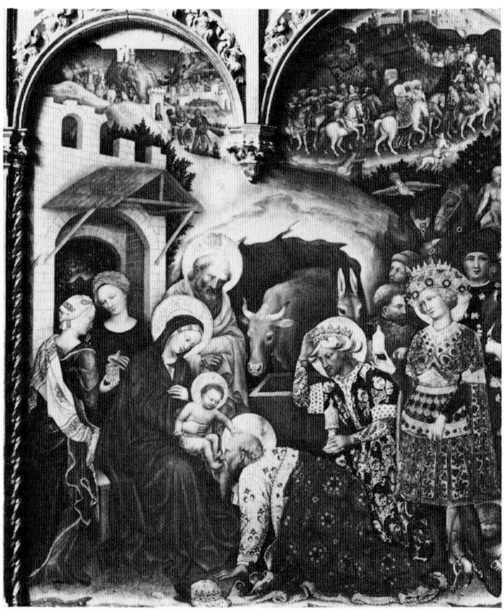

132 Gentile da Fabriano, Anbetung (Detail), 1423

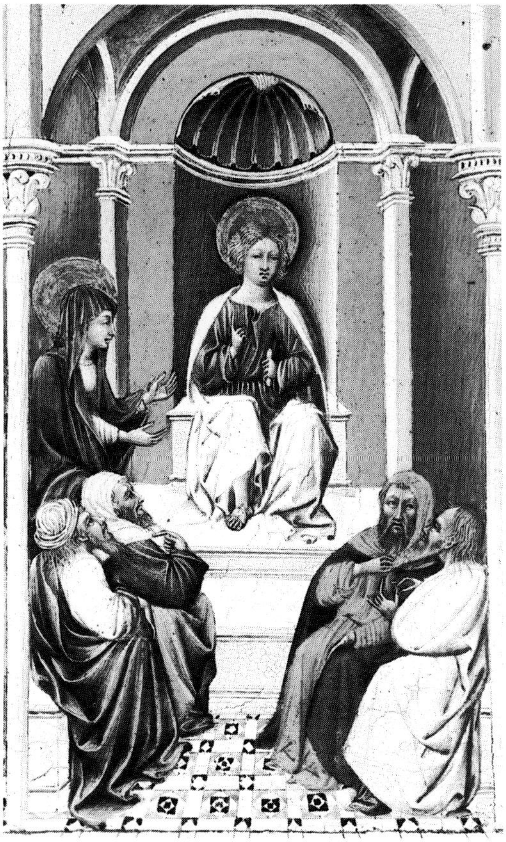

133 Giovanni di Paolo, Jesus unter den Schriftgelehrten, (Detail), Isabella Stewart Gardner Museum, Boston

seligkeit stoßen, und doch übernahm Masolino etwas von seiner Manier, als er 1435 das Baptisterium von Castiglione d'Olona ausschmückte. Die Stadt jedoch, in der diese gotische Empfindsamkeit mit ihren unwirklichen Landschaften, ihren langgezogenen, gewichtlosen Gestalten, ihren mit Gold- und Blütengründen ausgestatteten Bildern und lieblichen oder verzerrt lächelnden Heiligen, die in auserlesene Stoffe gehüllt sind, Zuflucht fand, sollte Siena sein. Wie Ghiberti Mitte des 15. Jahrhunderts berichtet, sahen die Sienesen als ihren größten Meister Simone Martini an, dessen Verkündigung □118 immer wieder nachgeahmt wurde. In dieser Atmosphäre voller Naivität und Frömmigkeit traten dann Künstler auf, die als höchste Repräsentanten sienesischer Anmut erscheinen: Stefano di Giovanni (oder Sassetta), der Meister der geschmeidigen Konturen, der 1437 bis 1444 die Tafeln mit der *Franziskuslegende* schuf, darunter die drei Tugenden (jetzt im Museum von Chantilly), und Giovanni di Paolo □133.

Miniaturen und Bucheinbände

Die Kunst des anonymen Meisters der reizvollen St. Georgs-Handschrift (Archiv von Sankt Peter, Vatikan), gemalt um 1300 für den Cal Stefaneschi, läßt sich vom Spätstil Simone Martinis ableiten, zeigt aber eine so lebhafte gotische Tendenz, daß man sich gefragt hat, ob nicht ein französischer Meister der Autor war. Fast mit Sicherheit ist dem gleichen Meister das Tafelbild mit einer *Madonna zwischen Heiligen und Engeln* (im Louvre) zuzuschreiben, das aber seinerseits mehr auf Florenz deutet. Von 1334-1363 entstand das herrliche Frontispiz für das *Caleffo dell'Assunta* (Archiv in Siena), das dem Niccolò di ser Sozzo Tegliacci (gest. 1363) verdankt wird; in dem Flügelaltar von 1361, an dem Luca Tommasius in beschränktem Maße mitgearbeitet hat, zeigt er sich weniger sicher und weniger einfallsreich (Pinakothek in Siena).

Die ›Göttliche Komödie‹ hat viele illuminierte Handschriften angeregt, aber oft mit recht zweifelhaften Resultaten. Die Hölle wird meistens wesentlich ausführlicher behandelt als die übrigen Gesänge; die Szenen verlieren sich in kleinliche Details, die kraftlos zwischen ein Streumuster von Blumen und Sternen verteilt wurden (Ms. 1387, Bibl. Nat. Florenz). Die Buchmalerei in Oberitalien, wie zum Beispiel in einer Handschrift in Venedig, deren Illustration man der Schule von Altichiero (ca. 1400) zuschreibt, vergrößerte zwar die Figuren, doch bleibt das Ergebnis gleichfalls dürftig.

Die florentinische Buchmalerei besitzt in ihren genauen und fast ein wenig banal wirkenden Schilderungen des Alltagslebens sowie in ihrem Schmuckwerk mehr Charme, so zum Beispiel im ›Biadziolo‹, der von 1320-1330 illustriert worden ist (Bibl. Laur. Florenz). Die für die Liturgie bestimmten Arbeiten enthalten oftmals ein wenig allzu gewollte Verzierungen im Geiste der Meister der Giottonachfolge, so besonders das Antiphonar aus der Werkstatt des Jacopo del Casentino aus der Mitte des 14. Jahrhunderts (Dom von Impruneta). Am Ende des Jahrhunderts beherrschte die Miniaturwerkstatt des Kamaldulenser-Klosters diesen Bildtyp vollständig; hier vermischt sich eine entfernt noch von Giotto herstammende gewisse Robustheit mit sienesischer Eleganz, die nun mit Don Simone Camaldolese, vor allem aber mit dem liebenswürdigen Lorenzo Monaco immer mehr in den Vordergrund trat. (Choral., 1409, Bibl. Laur. Florenz).

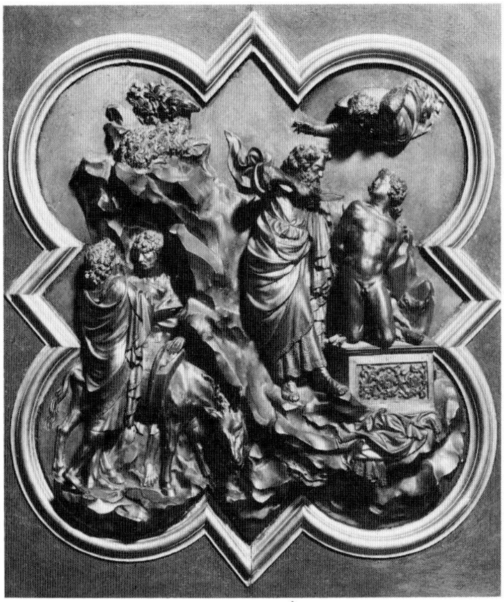

134 Ghiberti, Opfer Abrahams, 1401. Bargello, Florenz

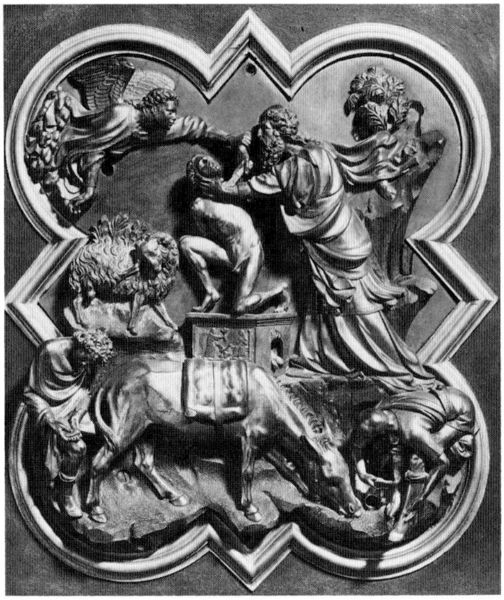

135 Brunelleschi, Opfer Abrahams, 1401. Bargello, Florenz

Der auf die Mitte des 13. Jahrhunderts zurückgehende Name ›Biccherna‹ (Buchdeckel) stammt von dem Sitz der Rechnungsmagistratur, dessen Neubesetzung alle halbe Jahr regelmäßig die Herstellung von Registern erforderlich machte. Diese Register wurden mit einer Holzplatte zusammengebunden, die mit Malerei bedeckt war, zumindest seit 1258. Man findet darunter Schreiber, Magistratspersonen, Handelsszenen und Allegorien im Geiste Lorenzettis (Tafeln von 1340-1344), fromme Szenen wie die Beschneidung Christi im Stile Lippo Vannis (1357), Szenen aus dem politischen Leben wie die Krönung des Kaisers Sigismund von der Hand eines Schülers Giovanni di Paolos (1433). Die Reihe wurde bis ins 18. Jahrhundert hinein fortgeführt und reicht oft in unmittelbare Nachbarschaft berühmtester Namen. Sie beweist aufs bewundernswerteste die sienesische Treue zu einer Malerei in hellen Farbtönen wie Rot und Gold, wodurch das Alltags-Bild immer auf die Ebene des Sinnbildhaften erhoben wird[100].

Der Wettbewerb des Jahres 1401

1401 wurde in Florenz für die zweite Türe des Baptisteriums ein großer Wettbewerb ausgeschrieben, an dem sich alle bekannten Bildhauer der Toskana beteiligten; darunter waren Jacopo della Quercia (geb. 1374) und Francesco da Valdambrino (1363-1435), beide aus Siena, die florentinischen Goldschmiede Brunelleschi □ 135 (geb. 1377) und Lorenzo Ghiberti □ 134 (geb. 1378) sowie die älteren Meister Simone da Colle Valdelsa und Niccolò von Arezzo. Aber auch der wesentlich jüngere Donato (geb. 1386) durfte sich beteiligen. Diese allgemeine Gegenüberstellung kann als der Abschluß des gotischen Zeitalters betrachtet werden, dem alle diese Meister noch angehörten. Es ging darum, ein Gegenstück zu dem siebzig Jahre früher entstandenen Portal des Andrea da Pisano zu schaffen □ 123. Der Sieger in dem Wettbewerb war Ghiberti. Er ahmte aufs sorgfältigste die Anordnung des Vorbildes mit Vierpässen nach, wobei er die Ausgeglichenheit und zarte Silhouettierungskunst des Andrea noch zu übertreffen suchte. Hier wurde die feine, mit einem Wort klassische Tradition des italienischen Mittelalters fortgeführt, ja, wenn möglich, sogar noch vertieft. Das Werk Ghibertis wurde erst 1425 vollendet. Die dritte Türe des Baptisteriums sollte dann einen ganz anderen Geist atmen.

Das den Konkurrenten von 1401 gestellte Thema war ›das Opfer Abrahams‹. Die Fassung Quercias scheint, so wird behauptet, »der Feinheit ermangelt zu haben«. Der in ihm wieder auflebende kraftvolle Stil der großen Kontraste und klaren Reliefwirkung, den man auf diese Weise beiseite schob, enthielt zwar ein gut Teil der gotischen Errungenschaften, hatte sich aber offenbar im Laufe des Jahrhunderts erschöpft. Die zurückgewiesene Fassung Brunelleschis, den die Schlappe übrigens veranlaßte, die Bildhauerei aufzugeben, zeigte in Hochrelief die verschiedenartigsten Akzente und ein Bedürfnis nach Bewegung und Handlung, das bis zur Zusammenballung der Figuren ging. Diesen Weg sollte erst Donatello wieder beschreiten. Es handelt sich also hier keineswegs um eine künstlerische Leere, in die die großen Schöpfungen des neuen Jahrhunderts in Florenz unvermittelt hineinversetzt worden wären, sondern ganz im Gegenteil: sie entstanden erst aus jener anregenden Atmosphäre des Wettbewerbs, die während der ersten Hälfte des Quattrocento durchaus anhielt. Das große Anliegen dieser Zeit war es, die Bauten der vorhergehenden Epoche zu vollenden und nicht etwa mit der Vergangenheit zu brechen.

Norditalien (1350-1430)

Malerei

Cimabue und Duccio sind toskanische, Giotto und Simone Martini italienische, ja im eigentlichen Sinne abendländische Maler. Giotto hat in Padua und Neapel, Simone in Neapel und Avignon gearbeitet. Ihre Kunst erregte überall Aufsehen, und, begünstigt durch die Unterstützung der aufblühenden Städte, machten sich die provinziellen Schulen diesen neuen Stil auf ihre Weise zu eigen. Ihre Entwicklung hing meistens von der Ankunft eines neuen Meisters ab, nach ihm erstarrte der Stil wieder. Die bemerkenswerteste Tatsache aber ist das leidenschaftliche Streben, mit dem man sich in ganz Italien plötzlich bewußt wurde, eine Kunst gefunden zu haben, die zu diesem Lande gehört: das Fresko. Es schmückt die Mauern der Kirchen mit Heiligengeschichten und die Rathäuser mit bürgerlichen Allegorien oder Galerien berühmter Männer.

Die Marken und die Emilia

Wahrscheinlich war es die Bauhütte von Assisi, aus der sich die sogenannte ›Schule von Rimini‹ herleitet. Nach 1307 geben das ›Dossale‹ oder der ›Paliotto‹ des Giuliano da Rimini mit Madonna und Heiligen (Sammlg. Gardner, Boston) und ein wenig später die kleinen Tafelbilder Giovannis (Palazzo Venezia in Rom) einen Begriff von der eigenständigen Veränderung, die die Giottoschule mit den ausdrucksvollen Übersteigerungen und den Archaismen des byzantinischen Stils vorgenommen hat. Diese Art Mischung wird ganz deutlich in dem kleinen anonymen Triptychon mit der hl. Clara (1330). Pietro da Rimini, von dem aller Wahrscheinlichkeit nach das große Kruzifix mit dem leidenden Heiland in Urbania stammt, malte zwischen 1330 und 1340 die Gewölbe in S. Chiara in Ravenna aus. Ein wenig später schmückte Baronzio, dem man einen handfesten Altar mit dem Datum 1345 (in Urbino) verdankt, *S. Maria in Porto Fuori* bei Ravenna mit Fresken aus (zerstört 1944). Alle beide gaben den Gesichtern ihrer Heiligen eine gesteigerte Mimik und scheuten sich auch nicht vor einer etwas derben Gestik, die in den Marken lange Zeit Mode bleiben sollte. Das Band, das diese Landschaft mit den florentinischen Kunstzentren verband, wurde Mitte des 14. Jahrhunderts durch Alegretto Nuzi di Fabriano hergestellt (zuerst erwähnt 1346, gestorben 1373), dessen Stil in seiner höchst persönlichen Feinheit dem des Nardo di Cione ähnelt, so zum Beispiel in dem Triptychon mit der hl. Ursula (1365, im Vatikan). Von gleicher Anmut sind auch die Bildkompositionen der Brüder Lorenzo und Jacopo Salimbeni da Sanseverino, besonders die in ihrer Farbigkeit außergewöhnlichen Fresken von 1416 im Baptisterium von *S. Giovanni Battista* in Urbino. Das Anekdotische und Ungezwungene darin ist von der französischen Kunst und von Miniaturen her angeregt worden □ 136.

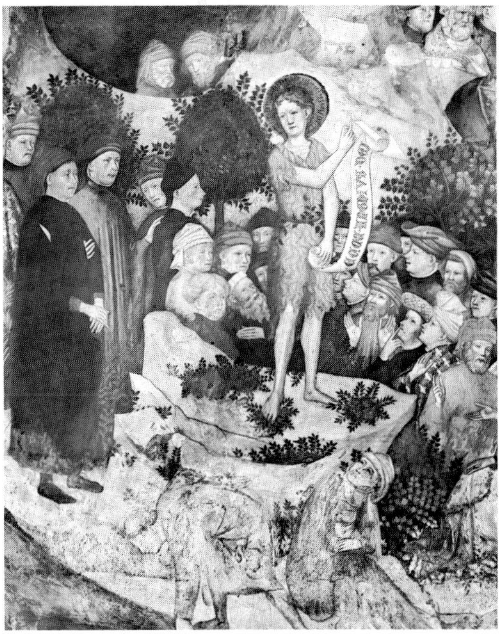

136 Salimbeni, Fresko in S. Giovanni Battista, Urbino, 1416

Das Zentrum, das diese Neigung zum Realismus am klarsten zur Schau stellte, war Bologna. Die große Blütezeit, die die Illustration der juristischen und klassischen Literatur um 1300 besaß, blieb auch im Laufe des Jahrhunderts erhalten.

In der zweiten Hälfte dieses Jahrhunderts zeigt Niccolò di Giacomo, der unter dem Einflusse Orcagnas stand, einen großzügigen Stil, den man in den ›Decretalen‹ von 1354 im Buche des Pfandhauses von 1394 verfolgen kann.

Schließlich aber trat zwischen 1330 und 1350 in der Malerei die gewichtige Figur des Vitale Cavalli auf, der, in den Fresken in Udine noch zurückhaltend und dem Daddi nahestehend, in seinem *Hl. Georg* dagegen schon einen kraftvollen und gleichsam volkstümlichen Stil zeigt. Dieser Zug scheint übrigens für die ganze Schule kennzeichnend. Nach 1350 trat ein gewisser Dalmasio auf, der auch in der Toskana arbeitete, sowie Jacopino di Francesco de'Bavosi, Schöpfer der ausgeprägten Figuren aus der *Krönung der vier Heiligen* (Bologna, Pinakothek). Nach 1400 vervollständigten Giovanni da Modena, der ebenfalls zu kräftigen, ja fast grimassierenden Akzenten neigte (Cappella Bolognini in S. Petronio), und die Gruppe der in der Werkstatt von S. Petronio in Bologna tätigen Künstler den Rahmen dieser ungleichen und impulsiven Schule, die reich an kleineren, aber eigenwilligen Künstlerpersönlichkeiten war. Alle aber waren von der Würde Giottos und der Ritterlichkeit Sienas gleich weit entfernt.

Mit dieser Kunstströmung, so scheint es, steht wohl auch der Schwung eines Tommaso Barisani aus Modena in Zusammenhang, der die Wände des Kapitelsaals von S. Niccolò in Treviso (1351) mit vierzig höchst charakteristischen Porträts heiliger Dominikaner schmückte. In einer etwas zurückhaltenderen Form und noch ganz belastet mit der Schwere der Emilia, gehört auch Barnaba da Modena dazu, der zwischen 1360 und etwa 1380 tätig war. Er aber blieb der sienesisch-byzantinischen Anmut treu.

Die Lombardei

Das Land an den Alpen stand naturgemäß unter dem Einfluß französischer und rheinischer Gotik. Die Kirchen im Piemont wie S. Andrea di Vercelli, Abteien wie Vezzolano, Schlösser wie Montiglio wurden um die Mitte des Jahrhunderts mit Ausschmückungen ausgestattet, die die Fresken von Giacomino Jacquerio aus Turin in S. Antonio in Ranverso an Brio und Zugespitztheit noch übertreffen. Die reizenden und im eigentlichen Sinn höfischen Freskenfolgen im Schlosse La Mantu *(Die neun Helden und die neun Heldinnen* sowie der *Jungbrunnen* aus dem Jahre 1420), gehen zurück auf einen engen Mitarbeiter von Jacquerio; sie beruhen genauso auf der französischen Kunst wie die zeitgenössischen Heiligenfiguren im Schlosse von Fénis bei Aosta.

Im Mailand, wohin Giotto vielleicht auch einmal gekommen ist, schritt die Entwicklung nur langsam fort. Giovanni da Milano stellte die Verbindung mit Mittelitalien her. 1365 malte er die Cappella Rinuccini in S. Croce in Florenz aus, 1369 wurde er von Urban V. nach Rom berufen. Es ist schwer zu sagen, ob Giovanni aus der Lombardei kam und die florentinischen und sienesischen Vorbilder schon kannte, oder ob er erst an Ort und Stelle auf ihre Kunst reagiert hat, da er kompositorische Einfälle und Helldunkelwirkungen entwickelte, die bis dahin in Florenz unbekannt waren. Sein Werk in der Lombardei ist noch schwieriger zu rekonstruieren. Zahlreiche Maler, deren Namen man nicht kennt und in denen sich die toskanische Strenge durch die Verbindung mit

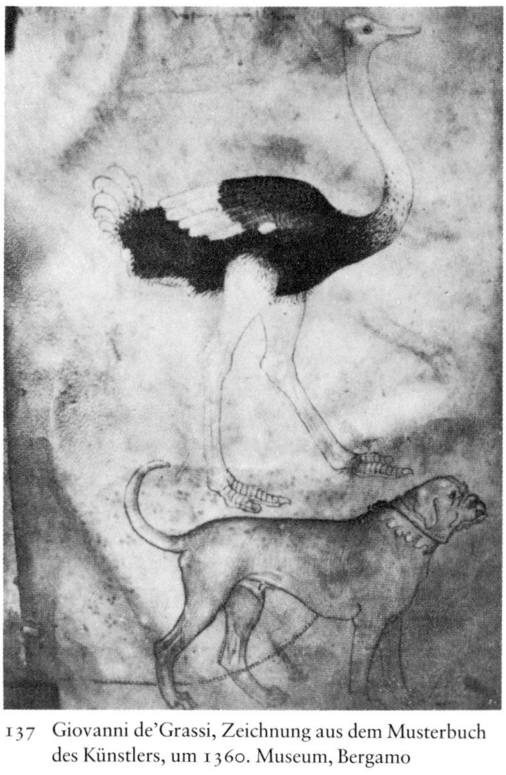

137 Giovanni de'Grassi, Zeichnung aus dem Musterbuch des Künstlers, um 1360. Museum, Bergamo

der gefälligeren Pariser Manier abschwächt, schufen den Schmuck für Abteien, wie zum Beispiel die von Viboldona in Mailand. Das interessante Ergebnis dieser ›Begegnungen‹ wird mit dem Namen ›lombardische Arbeiten‹ bezeichnet, das heißt die Art der lombardischen Miniaturisten; sie stellt einen der wichtigsten Beiträge Italiens zu den internationalen Modeströmungen in der Kunst um 1400 dar.

Die ältesten bekannten Tierstudien finden sich in einer Sammlung von Zeichnungen des Meisters Giovannino de'Grassi (um 1360) in Bergamo □ 137 und etwas später in denen des Michelino da Besozzo (um 1400), einem Meister, der über einen so feinen und genauen Strich verfügte wie orientalische Kalligraphen. Seine Umrißzeichnungen von Hunden und Vögeln besitzen eine solche Sicherheit und solch reine Konturierung, daß man an Musterzeichnungen für naturgeschichtliche Werke denken könnte, sie sind so sauber und exakt ausgeführt wie Emblemata. Hier hielt man sich ganz genau an das Vorbild, wie in der zeitgenössischen Porträtkunst, und diese Studien sind nicht als Impressionen aus dem Tierleben aufzufassen, sondern als Vorstudien, die dazu dienten, um in größeren Kompositionszusammenhängen in Buchmalereien oder Tafelbildern Verwendung zu finden[101] □ 138.

Die Vielfalt dieser Tiere, die Sorgfalt, mit der das Charakteristische ihrer Stellung, ihr Gefieder oder ihre Klauen wiedergegeben sind, sind Anzeichen einer neuartigen Wißbegier und zugleich auch eine Erscheinungsform gotischer Lebenstreue. Realistische Einzelheiten dieser Art sollten den religiösen und höfischen Darstellungen eine außergewöhnlich phantastische Atmosphäre mitteilen. Der Erfolg dieser ›lombardischen Arbeiten‹ war um 1400 im ganzen westlichen Abendland gesichert, also auch in Frankreich und England, und leitete die Herstellung der ›Herbarien‹ ein, der medizinischen Pflanzenwerke oder *Taccuinium sanitatis,* sowie der großen zoologischen Tafelbände. Indessen sah die Mehrzahl der italienischen Künstler in diesem neuen Material mehr eine Kuriosität, geeignet, um sie im Beiwerk und im ornamentalen Schmuck zu benutzen.

Den flämischen Malern sollte es überlassen bleiben, das Gebiet des natürlichen Raumes, in dem Blumen und Vögel ihr Leben führen, zu entwickeln, mit einem Wort: die Landschaftsmalerei. Aber dieser Schritt setzte die italienischen Erfahrungen voraus. Die große Landschaft des *Ager*

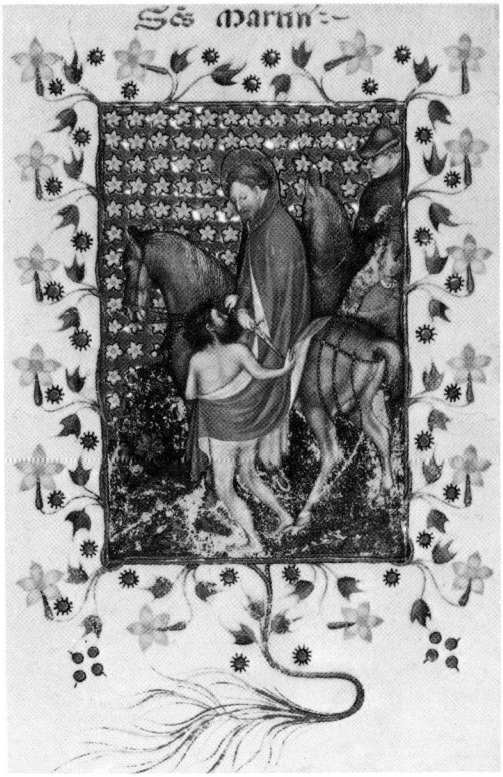

138 Michelino da Besozzo, Miniatur aus dem Gebetbuch um 1410, Piermont Morgan Library, New York

senensis der Lorenzetti mit ihrer topographischen Weiträumigkeit und ihrem Reichtum an Beiwerk, wie man lange Zeit nichts dergleichen sah, ist eine der Quellen, aus denen die Brüder Limburg ihre Einfälle schöpften, und die um 1390-1400 entstandenen Fresken im Adlerturm in Trient entwickeln bereits das Thema der ›Monatsbilder‹, die den Ruhm der Niederländer ausmachen sollten[102].

Padua und Verona

Neben Giovanni da Milano repräsentieren die aus der Toskana kommenden Altichiero und Giusto de'Menabuoi die Monumentalmalerei am besten. Letzterer bedeckte um 1380 das Innere des Baptisteriums von Padua ganz mit Fresken. In der Reihe mit den Bildern aus dem Alten Testament ist die Anlehnung an die Arenafresken offensichtlich. Die beschreibende Fülle der Kreuzigungsszene und der Paradiesszene im Gewölbe ist um so interessanter, als der Künstler immer im Rahmen der byzantinischen Kompositionsgesetze bleibt.

Eine herausfordernd ausdrucksvolle Zeichnung, untersetzte gewöhnliche Typen, hervorgehoben durch weiße Pinselstriche, und lebhafte Gesten sind charakteristisch für diese intuitive und ein wenig verworrene Malerei. Neben Jacopino di Francesco findet man Andrea de'Bruni, der um 1370 an der Abtei von Pomposa arbeitete, als Maler von Andachtsbildern (Chicago; Bologna). Er wird Simone de' Crocifieri († 1399) genannt[103].

Ein 1360 in Verona auftretender Maler namens Turone kümmerte sich nicht um den Giottostil. In seinem *Jüngsten Gericht* im Chor von S. Anastasia begnügte er sich damit, die byzantinische Manier geschmeidiger zu gestalten. In seiner großen Bildtafel mit vielen Einzeldarstellungen aus dem Kloster S. Caterina (jetzt im Museum in Verona) hielt er sich an deutsche Miniaturisten.

Der wahre Gründer der ortsansässigen Schule war jedoch Altichiero, der nach Vasari in der Skaligerburg tätig war, ehe er sich nach Padua begab, wo er gemeinsam mit Avanzo an der S. Felice-Kapelle in der Kirche des Santo (1379) arbeitete. Das Oratorium S. Giorgio malte er in kraftvollem Stil mit der *Geschichte der hl. Lucia* aus. Fernerhin hat man Fresken von seiner Hand, nämlich eine *Madonna mit vier Heiligen,* im Castelvecchio in Verona aufgedeckt. Ohne das Vorbild Giottos, den er von Padua her kannte, ermangelte sein Stil an Festigkeit; innerhalb des ihm von dem toskanischen Meister zugewiesenen strengen Rahmens neigt er jedoch zu dem im Norden beliebten Realismus, seine Linie bemüht sich sichtlich um reizvolle Biegsamkeit, aber seine Formen quellen über.

Ende des 14. Jahrhunderts nahm er seinen Wohnsitz in Verona, in einem milden, fast romantischen Klima, das durch die Beziehungen zum Norden und insbesondere durch die gesicherte Verbindung mit der Kölner Malerschule noch gefördert wurde. Durch das Etschtal wurde ihm der Weg zum Norden und zu Abirrungen ins Schwärmerische gewiesen.

Bei Stefano da Zevio, einem Schüler Altichieros, verliert der Bildhintergrund ebensosehr an Tiefe wie in der Miniaturenmalerei oder Webkunst; allerlei reizvolle Motive, wie Engel, Blumen, Fabeltiere, in subtilen Farben ausgeführt, umhüllen die Figuren, so in der *Madonna im Rosenhag* des Klosters S. Domenico, heute im Museum □ 140.

Diese Paradiesgärtlein voller Turteltauben, in deren Hintergrund wundersame Schlösser aufsteigen und in welchen Gewänder von einer auserlesenen Pracht auftauchen, waren in den ersten Jahren des 15. Jahrhunderts ganz besonders in Mode. Aber dieser kostbare Stil dient hier nicht mehr nur

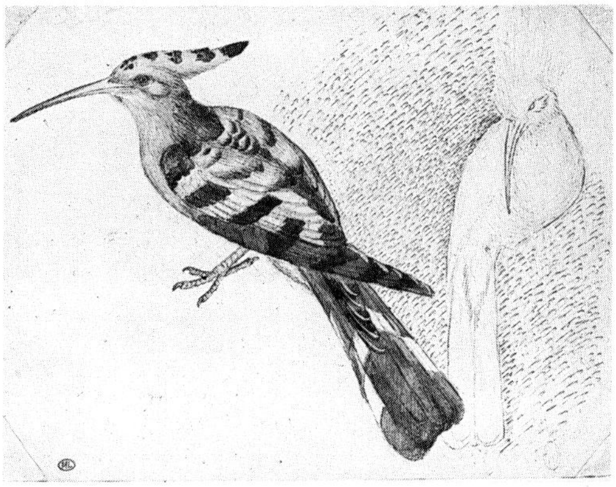

139 Pisanello, Vogel, Zeichnung um 1440. Louvre, Paris

der Verherrlichung religiöser Vorstellungen, sondern wird auch für profane Zwecke verwandt, wie zum Beispiel im Fürstenporträt. Öfter noch mischen sich diese beiden Welten – die des Sakralen und des Profanen –, wie es in den zarten Kompositionen so großer Meister wie Gentile da Fabriano (1360-1428) und Pisanello (vor 1395 bis nach 1450) der Fall ist. Der erstere, der Altichiero und Tommaso da Modena sowie die gotischen Meister

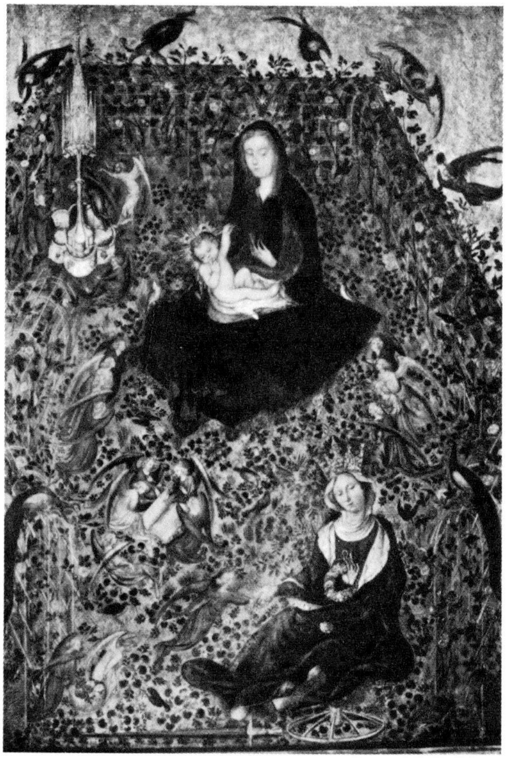

140 Stefano da Zevio, Madonna im Rosenhag. Verona

der Pariser Schule und, über Venedig, den letzten Glanz der Miniaturenmalerei und die byzantinischen Ikonen kannte, fügte der Biegsamkeit der Linie den noch eindringlicheren Zauber tiefen Blaus und feiner Schatten hinzu. 1408 malte er die verlorengegangenen Fresken in Venedig, dann begab er sich nach Rom, um dort am Schmucke von S. Giovanni in Laterano zu arbeiten, hielt sich dann in Florenz auf, wo er zwei Werke zurückließ, die es uns ermöglichen, sich ein Urteil über seinen ›schönen Stil‹ zu bilden, nämlich die *Anbetung der Heiligen Drei Könige* aus S. Trinità (1423) und den *Quaratesi-Altar* (1425). In Verona hinterließ er einen genialen Nachfolger in Antonio Pisano, genannt Pisanello. Dieser vermochte es, den höfischen Manierismus zu überwinden und aus dessen Kalligraphie der bis ins einzelne detaillierten Formen die Grundlage eines großen Stils zu gewinnen. Seiner Veroneser Zeit schreibt man die *Madonna mit der Wachtel* (Verona) zu, bei der die Aufmerksamkeit des Beschauers ebenso vom leuchtenden Gold und Purpur des Brokats gefangengenommen wird wie von den durchsichtigen Schleiern und zarten Konturen der Vögel. *Der Engel der Verkündigung* über dem Grab Brenzoni in S. Fermo Maggiore ist mit seinen Pfauenaugenflügeln selber so etwas wie ein vogelhafter Page. In S. Anastasia schmückte Pisanello um 1436 den oberen Bogen der Cappella Pellegrini mit einem Fresko: Der *hl. Georg befreit die Prinzessin von Trapezunt* aus den Klauen des Drachens – sein Meisterwerk! Alles findet sich hier zusammen: die phantastische Architektur, die launischen Einfälle eines kühnen und neugierigen Realismus, ein Galgen, Mongolen, das Hinterteil eines Hengstes und eine mit letzter höfischer Eleganz gekleidete edle Dame □ 141. Zwischen 1420 und 1430 kann Pisanello als der reinste Vertreter der preziösen Spätgotik gelten. Aber das von ihm verwendete Formsystem ist so kunstvoll artikuliert und so dicht, daß es ihm erlaubt, eine Fülle neuer Beobachtungen damit zu vereinigen. Es gibt also eine Seite bei Pisanello, die nur verstanden werden kann, wenn man sie unter dem Gesichtspunkt der neu heraufkommenden Künstler-Generationen des 15. Jahrhunderts betrachtet.

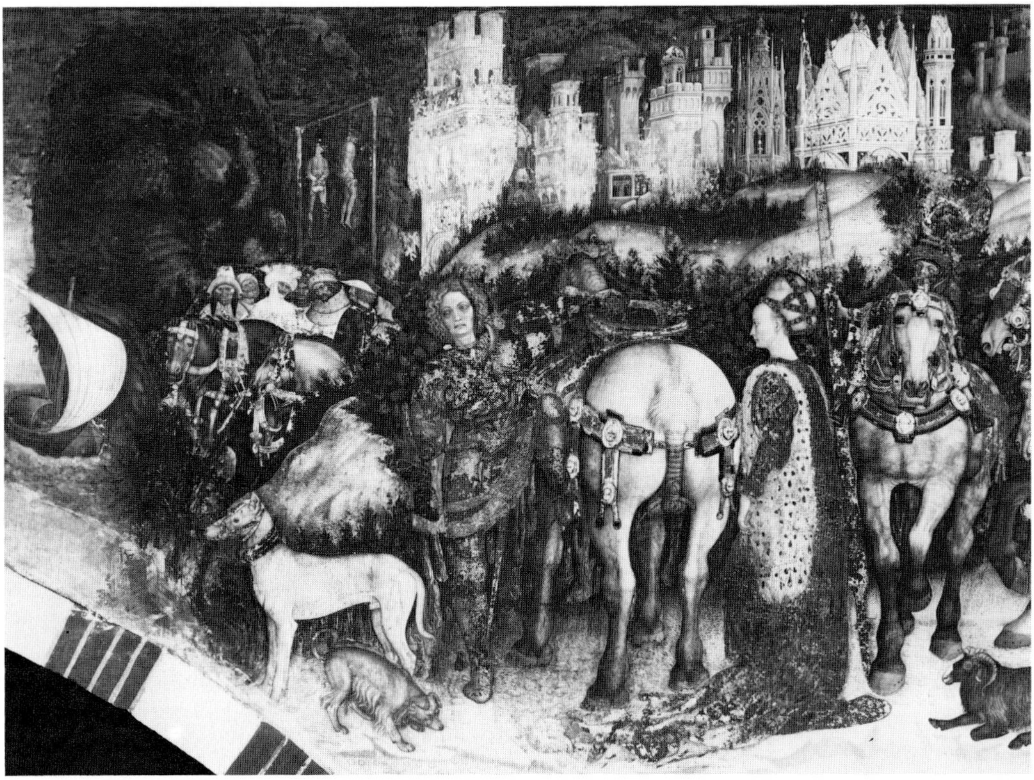

141 Pisanello, Der hl. Georg, um 1436. Cappella Pellegrini in S. Anastasia, Verona

Die Bauhütte von San Marco, die eigentlich ständig in Tätigkeit war, ersetzte für Venedig lange Zeit die Malerei. Der erste namentlich bekannte Maler ist Paolo Veneziano, dessen *Marienkrönung* (Privatbesitz, Washington) 1323 datiert ist und der um 1360 starb. Wie nicht anders zu erwarten, orientierte er sich nach Konstantinopel, wo er sich einige Zeit aufgehalten hat. Er schließt sich an die Fresken- und Ikonenmalerei der Paläologen-Zeit an, zeigt aber eine Schärfe der Profilierung, eine gleichsam ›gotische‹ Eleganz, die sich immer deutlicher abzeichnet[104]. In seinem *Marientod* (Vicenza), dem Fragment eines Flügelaltars von 1333, verfügt er über große Delikatesse und fast griechische Strenge und Reinheit; die goldenen Heiligenscheine flimmern wie Diskusscheiben zwischen den Figuren hin und her, die übrigens in ihrer Modellierung ziemlich flüchtig und einförmig sind. An den Malereien an den Außenseiten der Pala d'Oro (1345) und dem Flügelaltar mit der ›Krönung Mariens‹ (Accademia, Venedig) zeichnet sich ein plastischer, mehr ins Trecento weisender Stil ab. Dieser fruchtbare Meister machte Schule und gab zu seiner Zeit den Ton an. Venedig berief sich um 1340 in seiner Malerei ausdrücklich auf Byzanz, zu einem Zeitpunkt also, als das übrige Italien sich um die Ausformung des gotischen Stils bemühte. Das will besagen, daß man das von Giotto in Padua Neugeschaffene hier nicht beachtete; keiner der Schüler Paolos konnte sich dazu durchringen. Lorenzo Veneziano, der 1356 bis 1379 erwähnt wird, blieb trotz der von ihm unternommenen Reisen an die zurückhaltenden, goldglänzenden, prunkliebenden Stilformen seines Meisters gebunden, wie man es zum Beispiel am Flügelaltar von Vicenza (1366) sieht.

Mit Guariento, der seine Ausbildung in Padua empfing und dort von 1335 bis 1365 tätig war, drang eine anspruchsvollere Form der Kunst nach Venedig, wohin man ihn 1368 berief, um dort die Sala del Gran Consiglio auszumalen.

Niccolò di Pietro, von 1394-1430 tätig, zeigt sich in seiner *Krönung Mariens* (Rovigo) im Besitz der Kenntnis rheinischer Kunst. Die venezianische Malerei war aber damals noch nicht mit dem exotischen und kostbaren Geist des Flamboyant in Einklang gebracht worden. Sein Stil, der Weltstil der Gotik von Köln bis Siena, konnte dem nur entgegenkommen. Das letzte Wort darüber sollte jedoch erst von Gentile da Fabriano gesprochen werden, der 1408 nach Venedig kam □ 132, 142.

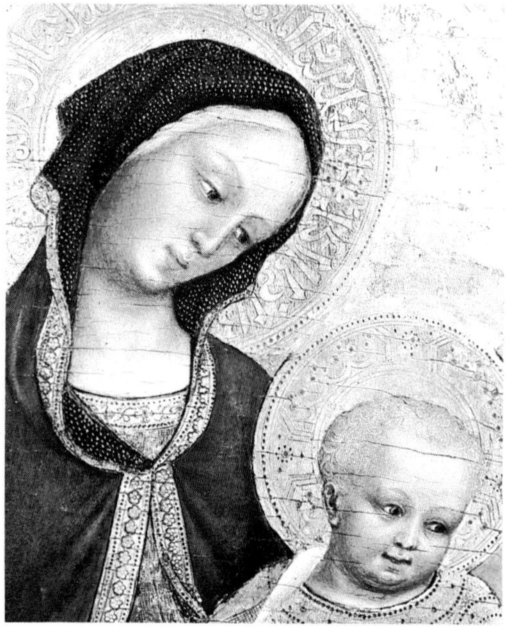

142 Gentile da Fabriano, Maria mit Kind (Detail)

Er wurde der Lehrer von Jacopo Bellini, nach diesem der des überzarten und sensiblen Jacobello del Fiore (gestorben 1439) und zuletzt des ausgezeichneten Michele Giambono (gestorben 1462). Die üppige Fülle und ausgesuchte Subtilität in der Verwendung des Goldes und der Ornamentik bei dem Letztgenannten scheinen ganz durchdrungen vom orientalischen Geschmack, wie es das Bildnis des *Hl. Chrysogonus* in S. Trovaso zeigt.

Gentile ist auch als Porträtist hervorgetreten und besaß die Gabe, den Charakter des Dargestellten freizulegen wie auf dem Triptychon mit der Madonna und dem Stifter (Berlin). Doch noch eine andere Seite seiner Kunst gibt es, über die man sich heute kein Urteil mehr bilden kann, weil die Beispiele dafür nicht mehr existieren: die Fresken im Dogenpalast in Venedig (1409), die im Stadthaus (Broletto) in Brescia und die Wandmalereien in S. Giovanni in Laterano (begonnen 1427, vollendet von Pisanello, zerstört im 17. Jahrhundert). Für seine Auffassung der Anfang des 15. Jahrhunderts sich vollziehenden Wiedergeburt der Gotik stellen die eben erwähnten und die während seiner Anwesenheit in Florenz 1423-1427 entstandenen Arbeiten ein gutes Beispiel dar. In Venedig selbst wurde das Verführerische dieser Kunst zutiefst empfunden; sie geriet erst gegen die Mitte des Jahrhunderts bei Jacopo Bellini und später bei Antonio Vivarini ins Wanken.

Durch den Kreis um Giovanni Pisano war der gotische Geist seit der Mitte des 14. Jahrhunderts auch in Mailand zum Durchbruch gelangt. Giovanni di Balduccio, Schöpfer des um 1335 entstandenen *Grabmals von Castruccio Castracani* in Sarzana, vollendete 1339 den *Reliquienschrein* (oder ›Arca‹) *des hl. Petrus Martyr* in der Kirche S. Eustorgio in Mailand. Dieses Grabmal hat acht Pfeiler, vor denen Figuren stehen; sie tragen einen Sarkophag mit acht Hochreliefs erzählenden Inhalts, in dessen Dachzone acht freistehende Figuren hineinragen. Die ganze ruhig lastende Masse des Schreins wird von einem steinernen Baldachin bekrönt, der seinerseits wiederum Statuetten trägt. Dieser überdacht die Figuren der Hl. Jungfrau und zweier Heiliger. Giovanni di Balduccio arbeitete weiterhin am *Grabmal der Visconti,* ehemals in der Kirche S. Gottardo (heute im Museum der Sforzaburg) und am *Reliquienschrein für den hl. Augustinus* in der Kirche S. Pietro in Ciel d'Oro in Pavia (um 1370), einer etwas schwerfälligeren Wiederholung seines Meisterwerks.

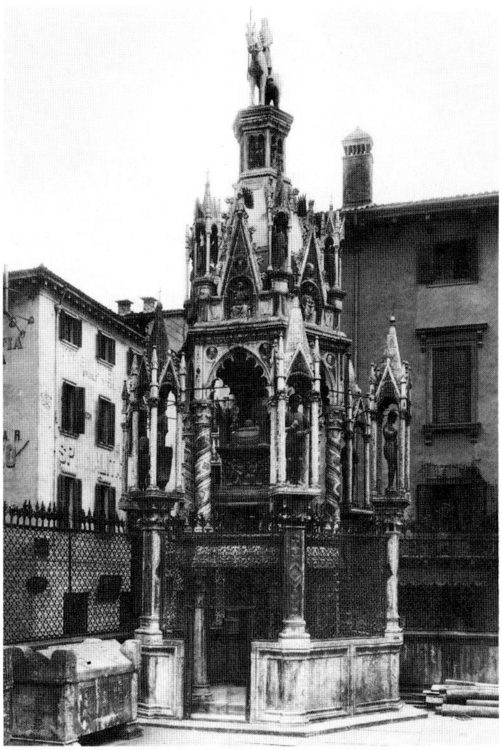

143 Bonino, Grabmal des Cansignorio della Scala, 1375 Verona

Giovanni di Balduccio sollte in der ganzen Poebene Schule machen. Bonino, der aus der kleinen Stadt Campione bei Lugano kam, verbreitete seine Formsprache, und die sich ihm anschließenden Künstler werden die ›maestri campionesi‹ genannt. Sie hatten vor allem in Verona Erfolg, wo Bonino 1375 das *Grabmal des Cansignorio della Scala* schuf □ 143. Sein Aufbau ist höchst eigenartig: Ein gewaltiger Baldachin, von einer Reiterstatue bekrönt, umfängt den Sarkophag. Gotische Tabernakel mit allegorischen Figuren flankieren das Gehäuse, das gleichzeitig kompliziert und romantisch wirkt. Ein ausgesprochen ritterlicher Zauber geht von dem Vorbild dieser Grabmäler, nämlich von dem noch etwas rohen Standbild des 1329 gestorbenen Cangrande, einem Freunde Dantes, aus. Er repräsentiert auf seinem schwer gepanzerten Pferd mit gezogenem Schwert in der Hand das Urbild eines gibellinischen Feudalherrn.

Am Portal des Querhauses von S. Maria Maggiore in Bergamo arbeitete um 1375 Giovanni da Campione; zwanzig Jahre später sollte er dort seine Statue der hl. Alexandra aufstellen. In Mailand schuf Giacomo da Campione einen *Christus in der Herrlichkeit,* und zwar für die südliche Sakristei des Domes.

Eine andere bemerkenswerte Künstlerfamilie sind die Massegne in Venedig. Sie entwickelten auf dem Hintergrund des byzantinischen Erbes eine durch den weichen gotischen Stil des Nino Pisano gleichsam verjüngte Form ihrer sehr gefälligen Kunst. In den komplizierten Aufbauten ihrer marmornen Flügelaltäre werden in mehreren Abstufungen Figuren von durchbrochenen Nischen umschlossen. Am *Lettner von San Marco* (1394) und am *Franziskus-Altar* in Bologna (1388-1392) ist das gleiche der Fall. Der 1403 gestorbene Pier Paolo ist in seiner Ausdrucksfähigkeit vielleicht zarter, Jacobello (gestorben 1409) dagegen eher kräftiger. Man kann beide Richtungen, die sowohl in Florenz wie in Siena in der gotischen Skulptur zu beobachten sind, in Venedig wiederfinden. Die Verbindung mit der Toskana ist übrigens nie abgerissen; so ging Niccolò Lamberti von dort nach Venedig, wo er an der Fassade von San Marco und am Dogenpalast arbeitete. Das Relief mit dem *Salomonischen Urteil* an der Ecke des Dogenpalastes hat man einem anderen Florentiner, dem Nanni di Bartolo, zugeschrieben, der ein Mitarbeiter des Lamberti war.

In ganz Norditalien herrschte am Ende des 14. Jahrhunderts entsprechend dem westlichen ›Flamboyant-Stil‹ eine immer stärker werdende Vorliebe für gotische Formen vor, die schlanker, gekünstelter und pittoresker wirken denn je. So war also die Situation, als in der großen Universitätsstadt Bologna – Zentrum einer nun wieder zu Ehren gekommenen Malerschule – der Wunsch nach einem ihres Ruhmes würdigen Dom entstand. S. Petronio wurde 1390 begonnen, und Antonio di Vincenzo (1340-1402), ein außerordentlich tatkräftiger Meister, entwarf den Plan. Der Bau zog sich endlos in die Länge, und die Gewölbe wurden erst im 17. Jahrhundert eingezogen[105]. Der Grundriß ist vom Dom von Florenz beeinflußt, wo Antonio im Jahre 1393 gewohnt hatte. Aber er wiederholt ihn in einer freieren gotischen Fassung, mit drei säuberlich voneinander getrennten Schiffen, erweitert durch Seitenkapellen zwischen den Strebepfeilern, und zwar derart, daß der Querschnitt ein gleichseitiges Dreieck bildet, eine Form, die in Mailand dann noch ausgeprägter in Erscheinung treten sollte. Die achteckigen Bündelpfeiler entwickeln sich ähnlich wie die im Florentiner Dom, sind aber in der Anlage der Pilaster und Kapitelle nicht ohne Beziehung zur lokalen Tradition, wie etwa S. Francesco. Durch den Verzicht auf die Kuppel verlieh man dem Bau eine weniger klassische, weniger schwere Gestalt, was durch die Leichtigkeit der Rippen und Profile noch unterstrichen wird.

Die Lombardei

In der Lombardei findet man die Campione, in Venedig die Massegne als Architekten wieder. Eine solche Identität von Bildhauer und Hüttenmeister war in Italien seit der Zeit Arnolfo und Giovanni Pisanos gang und gäbe. In Zeiten, wo ein gewisser Manierismus vorherrscht, kommt dieser Tatsache besondere Bedeutung zu. Giovanni di Balducci hatte die Fassade der heute nicht mehr vorhandenen Kirche S. Maria di Brera polychrom verkleidet; Matteo da Campione nahm dieses Thema am Dom von Monza (1390-1396) wieder auf. Der Campanile von S. Gottardo (1333) in Mailand entwickelt mit seiner oberen Zwerggalerie und seinen herausspringenden Kanten romanische Formen; dagegen hat man den Glockenturm in Cremona, den sogenannten *Torrazzo* von 1250, Ende des 14. Jahrhunderts mit einer achteckigen Bekrönung versehen, die einem gotischen Schmuckstück gleicht.

Zwischen 1280 und 1380 scheint in der Lombardei ein Stillstand eingetreten zu sein. Die bedingt authentische Gotik von S. Andrea in Vercelli (1219) blieb ohne Echo. Im 14. Jahrhundert war es allgemein üblich geworden, auf einen toskanischen Baukörper eine romanische Fassade aufzupfropfen, wie es an den Kirchen von Piacenza oder an S. Maria del Carmine in Pavia zu sehen ist. Damals regierte Giangaleazzo Visconti (1347-1402), der die politische Macht der Provinz erneuerte und bis an die Grenzen Venedigs und der Toskana ausdehnte. Seine letzten Lebensjahre sind durch bedeutende architektonische Gründungen gekennzeichnet, deren Verwirklichung noch das ganze darauffolgende Jahrhundert in Anspruch nahm:

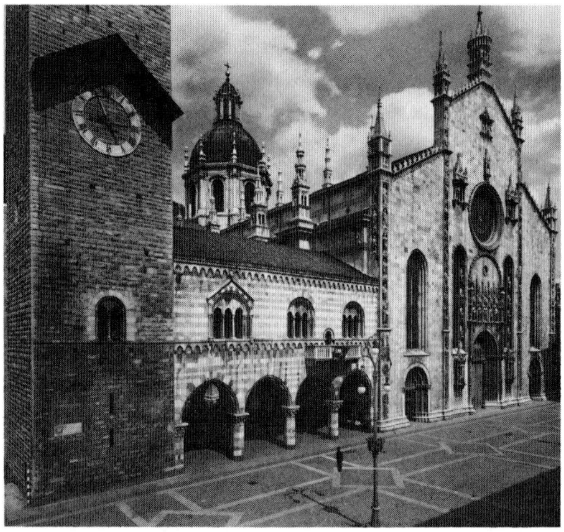

144 Como, Dom, 1396-1519, mit Torre und Broletto

Der *Mailänder Dom* wird 1386 gegründet, die *Kartause von Pavia* 1396 und schließlich der *Dom von Monza,* dessen Rekonstruktion im gleichen Jahr begonnen wurde wie der *Dombau in Como.* Jedes dieser Bauwerke wurde jedoch in einem anderen Geist begonnen, zumal es bei den Hüttenmeistern offenbar an Tradition und einer einheitlichen Führung fehlte. Die bewegte Geschichte des *Mailänder Doms* beleuchtet diese ihre Unsicherheit deutlich, die soweit ging, daß man ausländische Meister zu Hilfe rief und sich in allerlei gelehrten theoretischen Auseinandersetzungen um so eifriger erging, je begieriger man darauf aus war, ein Heiligtum zu errichten, das seinesgleichen nicht hatte[106].

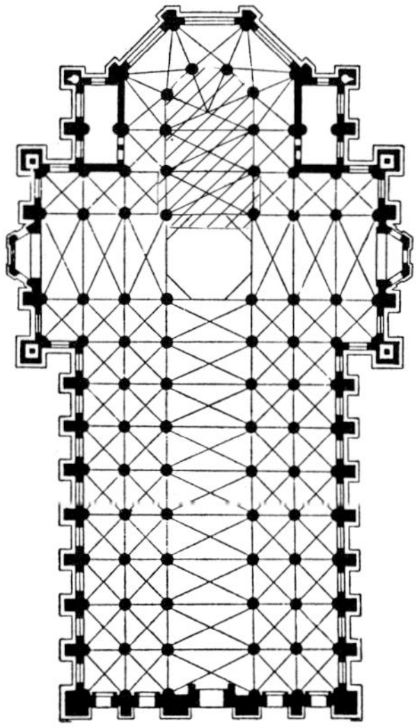

145
Mailand, Dom
begonnen 1389

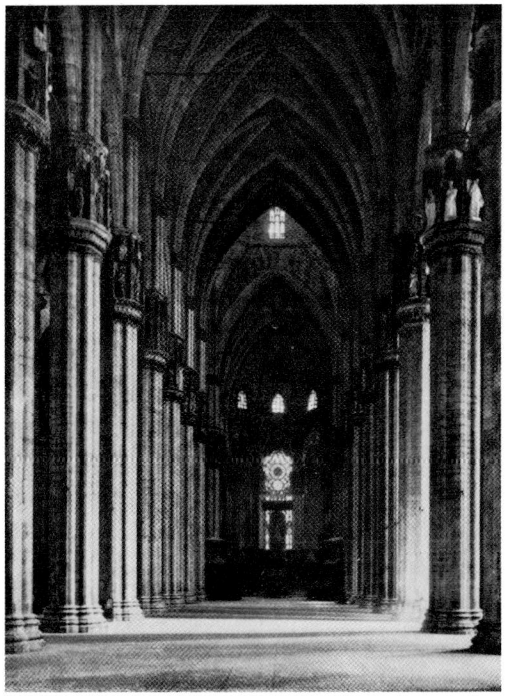

Alle Stadien der zwischen den ortsansässigen Ingenieuren und den nach und nach herbeigerufenen französischen und deutschen Spezialisten stattgefundenen Verhandlungen sind uns genauestens überliefert. Sie zeigen deutlich, auf welche Art man den technischen Problemen zu Leibe rückte. 1391 beispielsweise schlug der Mathematiker Stornacolo vor, ein Schema anzuwenden, das sich auf der Einschreibung von gleichschenkeligen Dreiecken aufbaute. Er legte damit die Hauptpunkte der Höhenentwicklung bis zu einer totalen Höhe von 84 Faden (162 m) fest. Daß die Mailänder auf einer für diese Zeit ungewöhnlichen Breitenwirkung bestanden, ist sehr bemerkenswert. Alle mailändischen Renaissance-Baumeister sollten sich noch in diese Planung einmischen, so daß der Ausbau unendlich mühsam vor sich ging. Bei seiner Weihe 1577 war der Bau noch keineswegs vollendet. Apsis und Turmhelm sind viel später vollendet worden, ganz zu schweigen von der Fassade, die, 1567 von Tibaldi entworfen, erst 1858 zur Ausführung kam.

Die Kathedrale wurde auf fünf Schiffe mit stark herausspringendem Querhaus und Chorumgang angelegt. Die Gewölbe sind hoch genug gezogen, daß der ganze Innenraum den Eindruck einer großen Weite vermittelt □ 145. Die Bündelpfeiler haben mächtige Ausmaße; da sie aber in der Zone der Kapitelle mit einer Bekrönung aus Nischen und Figuren geschmückt sind, wird der Höhendrang unterbrochen. Der Innenraum hat riesenhafte Ausmaße, nämlich 148 zu 87 m. Trotz des Bestrebens, im Sinne des Gotischen so weit wie irgend möglich zu gehen, haftet dem Dom etwas Kaltes an, und das besonders in seinem Äußeren. Hier scheint die überreiche Fülle von Fialen und Statuetten bei der sonst wenig geschmeidigen Gliederung des Bauwerks nicht gerechtfertigt. Immerhin aber kann es als ein Meisterwerk des Flamboyant der späten Gotik gelten und übertrifft darin alle gleichzeitigen französischen Kathedralen. Was hier die Baumeistergeneration von 1400 glaubte geschaffen zu haben, meinte Italien seit langem zu besitzen.

Die *Kartause von Pavia* wurde ebenfalls sehr langsam im Laufe des neuen Jahrhunderts erbaut. Zuerst wurde das Klostergebäude errichtet, und zwar um 1450 durch Bernardo Veneziano und Giacomo da Campione, anschließend dann die Kirche von den Brüdern Solari und schließlich von Amadeo. Diese Bauverzögerungen ermöglichten die Gestaltung der Fassade nach der Art einer Goldschmiedearbeit, also ganz im Sinne der Renaissance.

Die ›gotische‹ Richtung, die Venedig am Ende des 15. Jahrhunderts einschlug, ist noch eklatanter. Die ganze Stadt wurde zum Meisterwerk eines neuen Flamboyant. Im Laufe von hundert Jahren, von 1340 an, entstand die Franziskanerkirche *S. Maria dei Frari* im Westteil der Stadt. Sie hat drei Schiffe, Querhaus und eine tiefe Apsis, die

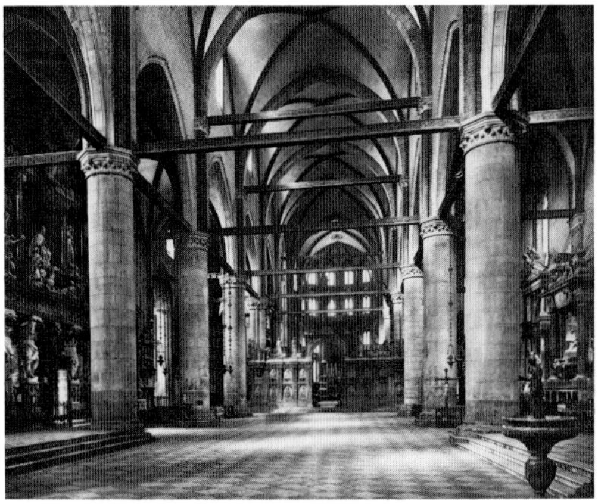

146 Venedig, S. Maria dei Frari, 1340-1443

von sechs geosteten Kapellen flankiert wird. Die Gewölberippen ruhen auf kräftigen runden Pfeilern □ 146. Die Fassade ist ungemein einfach gehalten. Der aus Ziegelsteinen erbaute Glockenturm entstand Ende des 14. Jahrhunderts. Die im Osten liegende Dominikanerkirche *SS. Giovanni e Paolo* (oder *Zanipolo*) ist nicht weniger geräumig; mit der Zeit wurde sie mit zahlreichen Ehrengräbern ausgeschmückt. 1390 begonnen, blieb ihre Fassade unvollendet. Die im nördlichen Stadtteil 1388 errichtete Kirche *S. Alvise* ist nur einschiffig, und die im Laufe des 15. Jahrhunderts entstandene Kirche *Madonna dell' Orto* besitzt drei Schiffe, die durch Säulen getrennt sind; beide sind in ihrem Schmuck, dem Profil ihrer Bögenläufe und dem Typ ihrer Kapitelle ausgesprochen gotisch.

1419 wurde anläßlich einer Feuersbrunst die Wiederherstellung der Fassade von *San Marco* in Angriff genommen. Wie wir schon gesehen haben, wurde ihre Bekrönung von toskanischen und lombardischen Werkstätten verschwenderisch mit gotischen Fialen und Tabernakeln ausgestattet, die sozusagen ein letztes Stadium des spätgotischen Schmuckstils darstellen. Doch erst an den Fassaden der Paläste sollte dieser Spätstil zu einem leidenschaftlichen Spiel des Ornaments getrieben werden und, noch gesteigert durch die an der Lagune üblichen Elemente von Farbe und Helldunkel, seinen eklatantesten Ausdruck finden. Hier wird der schönste Schlußakkord des ganzen Mittelalters angeschlagen in der tiefen und überzeugenden Verbindung zwischen dem Flamboyant, bei dem die Mauer aufgelöst und die ganze Oberfläche in Arabesken und Rhythmen verwandelt wird, und dem römisch-byzantinischen Stil, bei dem der Raum in einem funkelnden lebendigen Schmuck aufgeht. Es ist, als wäre der Luxus von Küstenstädten wie Pisa und Amalfi, wo man durchbrochene Bögen findet, wie sie der Orient kennt, hier am Rande der Lagune wieder aufgelebt, jedoch bereichert durch zwei Jahrhunderte

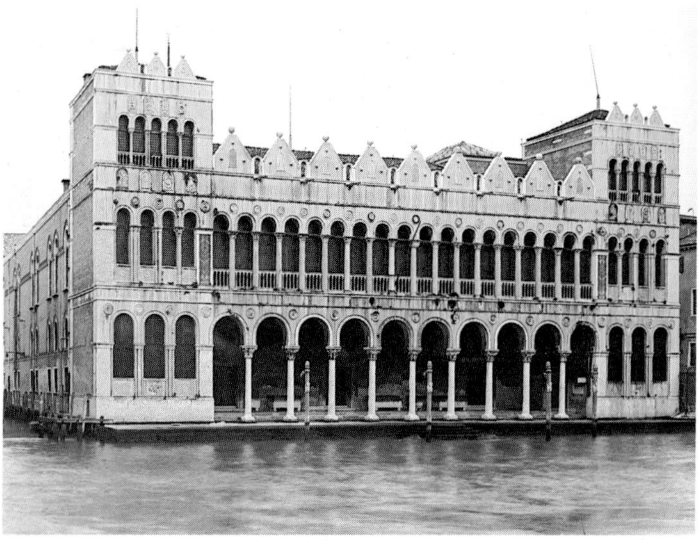

147
Venedig
Fondaco dei Turchi
13. Jahrhundert

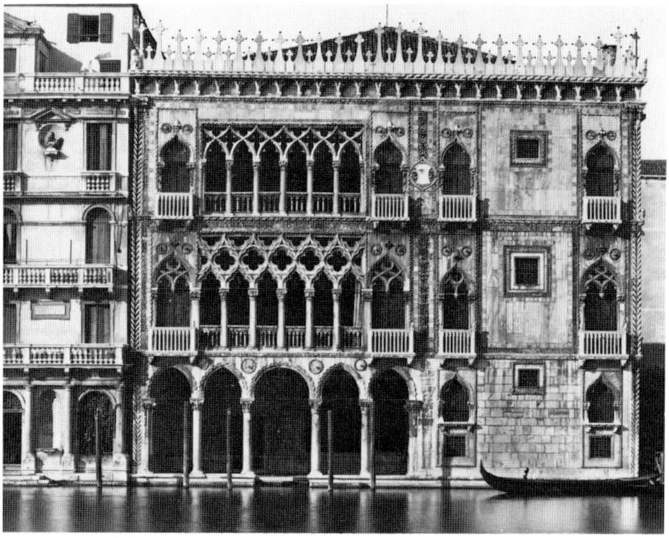

148
Venedig
Ca' d'Oro
1421-1440

der verschiedenartigsten Errungenschaften. Der *Fondaco dei Turchi* □ 147, der mit seiner doppelten Galerie aufs 13. Jahrhundert zurückgeht, der *Palazzo Pisani* bei S. Maria Formosa und der *Palazzo Foscari* am Canal Grande weisen noch ältere Teile auf. Aber das Bauwerk, das am besten einen Eindruck von der Ausweitung der venezianischen Gotik ins Theatralische wiedergibt, ist die *Ca' d'Oro* □ 148. Dieser Palast wurde von 1421 bis 1440 von Marco d'Amadio und der Familie Bon für Marco Contarini gebaut; der Portikus und die doppelte Galerie waren ursprünglich vergoldet, der Innenhof besitzt eine Freitreppe und einen Brunnen von Bartolomeo Bon (1427).

Der Plan zum *Dogenpalast* wurde Anfang des 14. Jahrhunderts entworfen. Seine Frontseite wurde noch in der zweiten Hälfte des Jahrhunderts erbaut und anschließend der Trakt an der Piazzetta, nachdem der alte romanische Bau, um eine Vereinheitlichung des Ganzen zu erreichen, abgerissen worden war. Der Ostflügel stammt aus dem Ende des 15. Jahrhunderts. Und auch da ist die Verbindung zum Hohen Mittelalter noch ganz lebendig. Es erscheint wie ein Paradox, daß man über eine Säulenhalle, über der sich eine Galerie befindet, das heißt also über Hohlräume, die geschlossene Masse des obersten Geschosses getürmt hat, die unregelmäßig von Fenstern durchbrochen ist. Diese Maßnahme rechtfertigt sich nur aus der farbigen Musterung dieser Mauerfläche; diese besteht aus rosa- und ockerfarbenen Streifen, die auf eine doppelte Dominante aus Schwarz gestellt sind. Und zu diesem ins Auge fallenden Zusammenklang kommt noch der kunstvoll gearbeitete Balkon, der für die Dogen bestimmt war; Massegne pfropfte ihn auf die Seeseite der Fassade auf, so als ob er den Goldschmiedestempel einer Komposition hätte aufdrücken wollen, die eher der Einfall eines Malers ist □ 149.

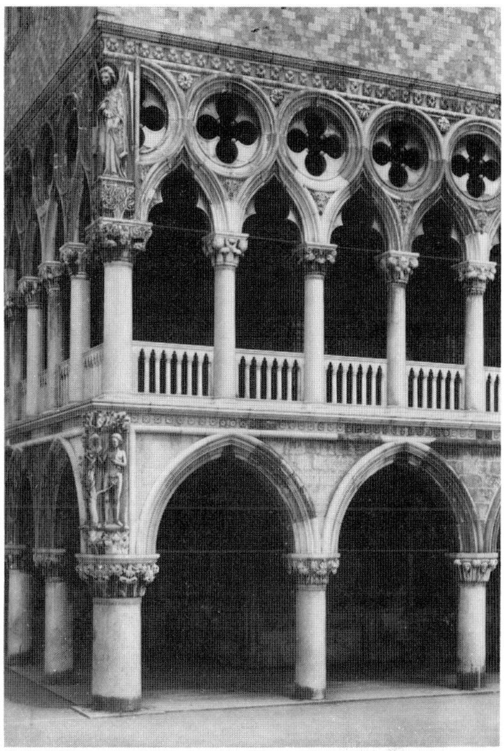

149 Venedig, Westecke des Dogenpalastes, 14. Jahrhundert

DIE RENAISSANCE

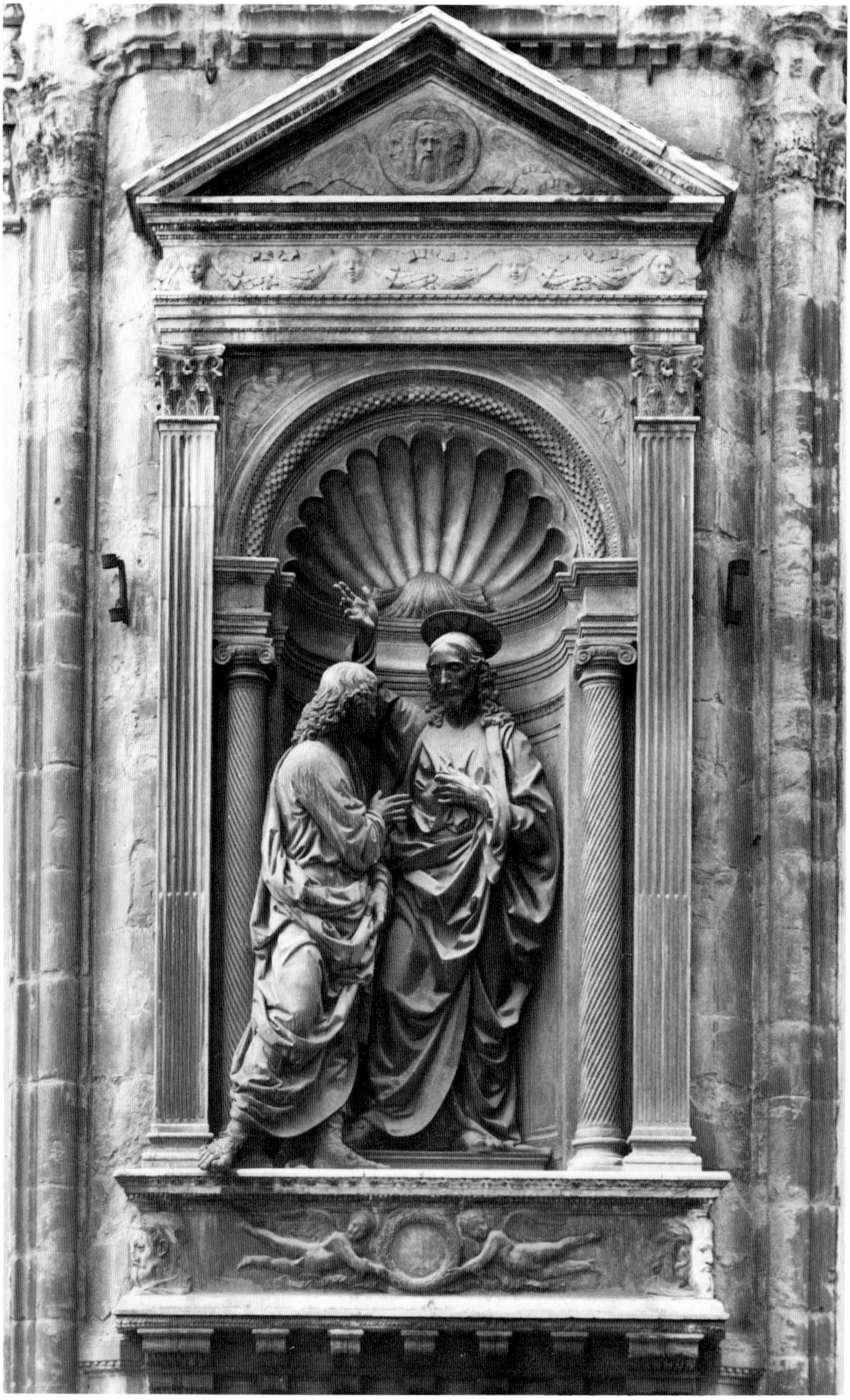

150 Florenz, Nische an Or San Michele von Donatello und Michelozzo, Figuren von Verrocchio, 1461-1482

DAS QUATTROCENTO

Einführung: Die italienische Kultur und die nordische Welt

Mit dem Anfang des 15. Jahrhunderts wurde Italien mehr und mehr in die politischen Geschehnisse des Westens einbezogen. Nach Beendigung des Großen Schismas (1378-1417), das auf das Exil der Päpste in Avignon folgte, kehrten diese endgültig nach Rom zurück. Die Wiederherstellung der Stadt begann mit Nikolaus v., auf dessen Initiative die glanzvollen und einträglichen Jubiläumsfeierlichkeiten von 1450 zurückgehen. Sein Nachfolger Sixtus iv. ging dann unverzüglich an die planmäßige Schaffung eines großen Kirchenstaates, der in den Kriegen und dem allgemeinen Ränkespiel um die Jahrhundertwende eine wichtige Rolle spielen sollte. Um ihn herum festigte sich nun die Macht der Stadtstaaten, die sich gegenseitig im Gleichgewicht hielten: vor allem *Florenz,* das von dem Bankier Cosimo de' Medici beherrscht wurde, der nach seiner Rückkehr aus der Verbannung (1434) bis zu seinem Tod 1464 Herr der Signoria war. Ihm folgten Piero (1464 bis 1469) und Lorenzo der Prächtige – Il Magnifico – (1469-1492), der Italien durch seine geschickte Politik befriedete. Weiterhin gehörte *Mailand* dazu, wo die 1395 zu Herzögen erhobenen Visconti herrschten, bis sie 1447 durch einen der großen Condottiere, Francesco Sforza, verdrängt wurden; ferner *Ferrara,* das Borso und nach ihm Lionello d'Este zu einem der originellsten Kulturzentren der Zeit machten, und schließlich *Neapel,* das René d'Anjou 1435 vergeblich zurückzuerobern versuchte und wo sich seit 1458 das Haus Aragon mit Ferdinand gesicherter denn je festgesetzt hatte; nicht zuletzt aber auch *Venedig,* dessen Herrschaftsbereich sich – nachdem es sich das, was von Byzanz übrig geblieben war, einverleibt hatte – bis nach Kreta und dem 1489 erworbenen Zypern erstreckte.

Zu keiner Zeit ist das diplomatische Spiel klüger und listenreicher getrieben worden, niemals die Rolle der Staatssekretäre spannender gewesen als damals; das geht aus den Aufzeichnungen eines Machiavelli und denen des Franzosen Commines deutlich hervor. Gewalttätigkeiten waren zwar seltener geworden, dafür herrschte die Grausamkeit. Ein schlagender Beweis dafür sind die völlige Vernichtung Volterras nach seiner Auflehnung durch Lorenzo de' Medici und die Niederwerfung des Pazzi-Aufstandes (1478). Die Kriegführung wurde Glücksrittern anvertraut, die mitunter zu Staatsoberhäuptern aufstiegen; manchmal waren es absonderliche Tyrannen wie Sigismondo Malatesta, der Herr von Rimini (1417-1468), dann aber auch wieder gerechte und aufgeklärte Fürsten wie sein Feind Federigo da Montefeltre, der Urbino zu einem der interessantesten und fortschrittlichsten Zentren der Zeit machte (1422-1482).

Die Vorliebe für den Pomp, der Sinn für Großartigkeit und Schönheit, Aufwand in Kleidung und Wohnkultur war an allen diesen Höfen sehr ausgeprägt; ein Fest jagte das andere, man überbot sich in Neugründungen und der Verteilung großzügiger Aufträge. Diesem gegenseitigen Wettstreit verdankt Italien seinen bemerkenswerten Vorsprung auf künstlerischem Gebiet. Die Heere der europäischen Großmächte – Frankreich, die Habsburger, Spanien –, die seit dem Einfall Karls viii. (1494) die italienische Halbinsel heimsuchten, waren von dem Glanz der italienischen Kultur überrascht und wie geblendet. In diesem Sinne ist das 15. Jahrhundert das Zeitalter der Früh-Renaissance.

Inzwischen war jedoch die Krise der Kirche offenkundig geworden. Auf dem Konzil von Konstanz (1414-1418) und dem von Basel (1431 bis 1443) wurden Reformpläne erwogen und die Frage eines einheitlichen Königreichs Italien wieder aufgerollt. Mit Papst Pius ii. Piccolomini erhielt ein Humanist die Tiara (1458-1464), worin die Verbindung des Heiligen Stuhls mit den modernen Zeitströmungen in Kultur und Kunst deutlich zutage trat. Diese höchst bedeutsame Tatsache erklärt auch die zunehmenden Angriffe, welche seitens der italienischen, später auch der ausländischen Prediger gegen die römische Obrigkeit und ihre ›Skandale‹ vorgebracht wurden. Die Bemühungen, eine Verschmelzung der griechischen und römischen Kirche *in extremis* zu erzwingen, führten auf dem Konzil von Florenz (1439) nur zu einer illusorischen Einigung und scheiterten schließlich ganz, obwohl die Ungläubigen immer weiter vordrangen, sich 1453 Konstantinopels bemächtigten und erst vor den Toren Ungarns durch die Tatkraft des ganz der italienischen Kultur verhafteten Fürsten Matthias Corvinus (1458-1490) aufgehalten wurden.

Die Probleme des Kirchenstaates, seiner Verteidigung und Vergrößerung, beschäftigten Sixtus IV. und nach ihm Alexander VI. in unverhältnismäßig starker Weise. Es wäre jedoch falsch, daraus auf eine Schwächung des christlichen Glaubens schließen zu wollen. Die Tätigkeit der religiösen Orden war reger denn je zu dieser Zeit: Der hl. Bernardin von Siena, ein Franziskaner, und der hl. Antonius, ein Dominikaner in Florenz, der sogar Erzbischof wurde (1389-1459), übten einen nahezu unbegrenzten Einfluß aus. Mit Savonarola schließlich erlebte Florenz die Erneuerung einer aufwühlenden Frömmigkeit. Die Zahl der Bruderschaften in den Städten ging ins Unermeßliche, auch die Vornehmen schlossen sich ihnen an; und wenn auch die großen Herren, die Kaufleute und Bankiers den irdischen Genüssen und dem Luxus frönten, so blieben sie dabei doch immer um ihr Seelenheil besorgt. In Florenz waren die Humanisten der alten Schule, die Schüler des Salutati, des Niccolò Nicoli und Leonardo Bruni in erster Linie Gelehrte und Moralisten, die ihre Argumente zugunsten einer edlen und weisen Lebenshaltung den Stoikern der Antike entlehnten. Zur Zeit Lorenzos sollte das Gefühl für eine grundlegende Übereinstimmung zwischen den Lehren des Altertums und der christlichen Ordnung zur starken Triebfeder der noch anspruchsvolleren Bewegung der neuplatonischen Humanisten werden. Die platonische Theologie des Marsiglio Ficino (1452) ist eine neue Apologetik; so ordnet sich die Mystik Platos und Plotins über den hl. Augustinus und Dante dem christlichen Denkgebäude ein. Die großen Dichter waren zugleich Theologen. Dank der Begeisterung, mit der die verschiedenartigsten Geister sich einer höheren Ordnung zuwandten, verloren die moralischen Konflikte an Schärfe, und die Freude am Schönen spielte im spekulativen Denken eine ganz neue Rolle. Während der dreißig Jahre bis zum Tode Lorenzos (1492) und der französischen Invasion (1494) wurde die italienische Geisteswelt von einem hochgemuten Vertrauen in den Menschen und die Totalität seiner Machtvollkommenheit beherrscht, ohne die sich das Auftauchen einer neuen Klassik schwerlich begreifen ließe. Gleichzeitig fand die in der Volkssprache abgefaßte Literatur, lebhaft begünstigt von Fürsten wie Lorenzo de' Medici, der selbst Dichter war, und Alfons von Aragon, in den unvollendeten, von Polizian zwischen 1475 und 1478 verfaßten *Stanze per la Giostra* Töne von entzückender Anmut und verlieh der mythologischen Hirtendichtung in den *Arcadia* des Sannazar (entstanden von 1481 bis 1496) eine ganz neue Ausdrucksfülle. Die Liebe zur antiken Fabel schloß jedoch das sehr bezeichnende Zurückgreifen auf epische Themen ritterlichen Ursprungs nicht aus, wie im *Orlando innamorato* des Boiardo in Ferrara (1476-1484) und, ins Burleske abgewandelt, in dem 1483 in Florenz veröffentlichten *Morgante* des Luigi Pulci, ganz zu schweigen von der Freude am typisch Volkstümlichen bei Erzählern wie Burchiello oder Lorenzo.

Das 15. Jahrhundert war eine Zeit der Unruhe, es kannte keine Skepsis, sondern war voll von furchtlosem Wissensdrang, ohne dabei aufrührerisch zu sein. Die neu entstandene Herrschaft der weltlichen Kultur wollte nicht etwa die Tradition zerstören, sie beabsichtigte vielmehr, auf allen Gebieten eine größere Stoßkraft zu entwickeln. Die Grabschrift für Fra Angelico verfaßte Lorenzo Valla. Dieses Streben nach einer Erneuerung des Menschen schloß eine Reform der Moralbegriffe und ein Umdenken auf allen Wissensgebieten ein. Im Norden des Landes überwogen mit dem großen Pädagogen Guarino von Verona (1370 bis 1460), dem weitgereisten Archäologen Cyriacus von Ancona (1391-1455), gelehrten Epigraphikern wie Felice Feliciano von Verona, Novellist und Dichter sowie Freund Mantegnas[107], und den verschiedensten Mathematikern und Astrologen in Padua vor allem philologische und geisteswissenschaftliche Probleme. Auch in der Toskana setzte sich mit Poggio und den Griechen des ›Studio‹ die Philologie auf gediegene Weise durch; Leon Battista Alberti (1404-1472) fügte dieser Wissenschaft jedoch eine neue Dimension hinzu, als er seine ausschlaggebenden Veröffentlichungen über die *Malerei* (1435) und die *Skulptur* sowie schließlich sein großes, 1485 erschienenes Werk über die *Architektur* (1460-1472) herausgab, worin er die Gedanken Vitruvs frei verarbeitet hat. Die *Commentari* des Ghiberti erschienen in dem Augenblick, als Filarete und Francesco di Giorgio *Lehrbücher der Archtitektur* verfaßten. Piero della Francesca schrieb eine *Abhandlung über die Perspektive.* Das 15. Jahrhundert ist das Zeitalter der theoretischen Spekulation. In Mantua war ihr Vertreter Mantegna, in Florenz die Werkstatt des Verrocchio, aus der Leonardo hervorgehen sollte, in Mailand war es Bramante; von diesen Künstlern, die zugleich Theoretiker waren, wurde auf durchaus eigenen Grundlagen ein Lehrgebäude aufgebaut, das den alten ›freien Künsten‹ den Rang streitig machen konnte und in dem das Beste aus dem lehrhaften Gedankengut der Antike übernommen wurde.

Natürlich kam der Archäologie mit Prüfung, Inventarisierung und Vergleich antiker Formen bei Sarkophagen, Bauwerken und Münzen sowie mit dem Studium von Inschriften jetzt eine entscheidende Bedeutung zu: Ein Skizzenbuch mit Zeichnungen nach römischen Reliefs scheint aus dem Atelier Gentile da Fabrianos in das Pisanellos gelangt zu sein[108]; der Abenteurer Ciriaco d'Ancona brachte aus der Ägäis Verzeichnisse antiker Monumente mit, aus denen die Gelehrten von Padua und Verona und sogar Mantegna Nutzen zogen[109]. Der Formenschatz der heidnischen Welt erregte bei den Medailleuren, Stukkateuren und Miniaturmalern des Nordens ein nicht nachlassendes Interesse und fand vor allem im letzten Drittel des Jahrhunderts eine Entsprechung in Florenz. Die Fassade von Santa Maria Novella in Florenz, der Palazzo Ducale in Urbino (1470) und das Gemälde *Santa Eufemia* von Mantegna (1454, Neapel) tragen schöne Inschriften »nach der Antike«[110]. Ein weiterer, nicht unbedeutender Aspekt der ›Antikenmanie‹ war die neue Richtungsweisung durch das Sammlertum: Medaillen und Steinfragmente, die in den Zentren Norditaliens, vor allem in Padua, immer eifriger gesammelt wurden, gaben dort der Herstellung von Kleinkunst und Medaillen Impulse, deren Tradition Pisanello mit sofort einsetzendem Erfolg begründet[111]. In der Toskana und in Rom sammelten die großen Kunstliebhaber nach dem Vorbild und beraten von Humanisten wie N. Niccoli Gemmen und Münzen, die mitunter den Besitzer wechselten: So ging die Sammlung des venezianischen Papstes Paul II. in den Besitz der Medici über und wurde, in ihrem Palazzo an der Via Larga bewahrt, von den Künstlern oft zu Rate gezogen[112].

Das Vorbild der Länder von jenseits der Alpen, unter der polemischen Bezeichnung ›gotisch‹ geschmäht, sollte in der Architektur alsbald bedeutungslos werden, bewahrte sich seinen Einfluß jedoch im Bereich der Skulptur und der Malerei. Der italienischen Erneuerungssucht entsprach nämlich die bedeutsame Bewegung, die von Sluter in Burgund (Champmol, 1411) und Jan van Eyck in Flandern (Altartafelbild mit dem *Mystischen Lamm,* 1425-1431) ausgegangen war; beide Künstler entfernten sich von der Lieblichkeit des ›gotischen Weltstils‹ und fanden dafür in Italien Verständnis. So preist der Florentiner Ghiberti einen Bildhauer aus Köln (›namens Gusmin‹, wie ein Florentiner Anonymus, der Verfasser eines Verzeichnisses berühmter Künstler, später angab) als *di excellentissimo ingegno,* gestorben unter dem Pontifikat Martins V. († 1431); dieser sei Goldschmied und der Schöpfer von sehr zierlichen Statuetten gewesen, die der griechischen Kunst an die Seite zu stellen seien[113].

Eine der bemerkenswertesten Entdeckungen der letzten Jahre sind die freigelegten eindrucksvollen Freskenfragmente im Schloß von Mantua nach Wandteppichen von Pisanello, die Ritterepen und höfische Romane zum Thema haben. Der vorgeschrittene Zeitpunkt der Ausführung (um 1400), ihr Charme und ihre kraftvolle Ausstrahlung legen die Feststellung nahe, daß um die Mitte des 15. Jahrhunderts Originalität nicht notwendigerweise Sache der toskanischen Wegbereiter oder, wenn man so will, Reformatoren war. Übrigens fand die von Beobachtungsschärfe und Erfindungsreichtum erfüllte Kunst Pisanellos bei beschlagenen Humanisten wie Guarino begeisterte Aufnahme[114].

Die Höfe von Verona, Mantua und Ferrara zogen das ›Wunderbare‹ der strengen und »vorgeschriebenen« Kunst, wie sie sich, allerdings nicht ohne Rückschläge, in Florenz durchsetzte, vor. Die Bildwelt des 15. Jahrhunderts muß heute von daher differenziert gesehen werden, da viele ergänzende Phänomene in der Ausstattung und in der Auswertung sogar von antiken Vorlagen diese Hinwendung zum Imaginären und Unerwarteten, die oft mit der neuesten Entwicklung jenseits der Alpen übereinstimmte, unterstützten[115].

Übrigens war van Eyck bekannt und geschätzt: Der Kardinal Ottaviano besaß sein *Frauenbad,* das der Humanist Facius, Geschichtsschreiber am Hofe von Neapel, der dort eine ausschlaggebende Rolle spielte, voller Bewunderung erwähnt. Diese um 1450 bestehenden Beziehungen werden noch durch drei wichtige Besuche verdeutlicht, nämlich den Besuch des Rogier van der Weyden in Ferrara, den des Petrus Christus, der van Eyck bekannt machte, in Mailand[116] und schließlich den Besuch Jean Fouquets in Rom. Das greifbare Ergebnis dieses Austausches offenbart sich im Werke von Antonello, mit dem sich die Geschichte der italienischen Malerei der Entwicklung der gesamten abendländischen Kunst eingliedert. Antonello eignete sich die neue Technik der Ölmalerei so vollständig an, daß man intensive Kontakte mit einem Fachmann voraussetzen muß. Eine Reise nach Flandern war in den Jahren um 1455 keineswegs unmöglich[117]. Um 1480 wird ein weiterer Abschnitt auf dem Wege dieser Wechselwirkungen markiert durch die Ankunft von Joos van Wassenhoove (Justus von Gent) und Pedro Berruguete in Urbino sowie das Eintreffen des Portinari-Triptychons von van der Goes in Florenz, schließlich durch die Kenntnis Memlings, aus der die Werkstätten des Verrocchio und des Ghirlandaio ihren Nutzen zogen.

Zwei Seiten des Problems Italien lassen sich nur von der Gesamtentwicklung her erfassen. Erstens äußerte Italien zwischen 1420 und 1440 – unter Führung von Florenz – seine ihm gemäße Reaktion auf den höfischen und blumigen Stil von 1400 und zeigte, daß es in der Lage ist, ein Gegengewicht gegen die Kunst der nordischen Länder aufzustellen. Zweitens wurden die von dieser großen Bewegung übernommenen Errungenschaften in den folgenden Generationen gefestigt, abgewandelt, ja sogar mitunter zurückgewiesen. Aber gerade das so Erworbene sicherte der Halbinsel Italien die führende Stellung im ganzen Abendland.

Florenz 1420-1470

Die öffentlichen Bauhütten

Zu Beginn des Jahrhunderts richtete sich das Interesse der Florentiner weniger auf den Signorienpalast und seine unmittelbare Umgebung, als vielmehr auf den zweiten wichtigen Mittelpunkt der Stadt, den – trotz der Beschlüsse von 1368 noch immer unvollendeten – Dom und den Campanile, dessen Nischen noch leer und an dem die unteren Medaillons noch unvollständig waren, sowie das Baptisterium, das noch immer nur eine einzige Bronzetür aufwies, nämlich die des Andrea Pisano (1336). Um diese Hauptzentren herum entfaltete sich nun ungefähr von 1400-1425 eine großartige künstlerische Aktivität. Der 1401 für die Ausführung der zweiten Tür veranstaltete Wettbewerb ist für den Beginn einer neuen Ära bezeichnend. In den zwanzig Jahren von 1403-1424 hatte Ghiberti die Leitung einer mächtigen Werkstatt inne, in der viele bekannte Künstler – Bronzegießer, Dekorateure, ja sogar zukünftige Maler wie Uccello – arbeiteten. Mit der dritten Baptisteriumstüre (1425-1452) hätte Lorenzo Ghiberti bis zu seinem Tode eine Art offizielle Vorrangstellung behauptet, wenn seine beiden Rivalen, Brunelleschi und Donatello, sich nicht gegen ihn verbündet, ihm diesen Vorrang streitig gemacht und schließlich geraubt hätten. Nicht übersehen werden darf die in den letzten Jahren des 14. Jahrhunderts entstandene kleine Bauhütte der Porta della Mandorla an der Nordseite des Domes; hier traten Repräsentanten einer Bildhauerkunst auf, die wesentlich kraftvoller ist als die zarte Kunst eines Ghiberti: Wahrscheinlich befanden sich unter ihnen Jacopo della Quercia, von dem die kleinen Figuren der Türpfosten stammen[118], Nanni di Banco, der am oberen Tympanon (1414-1421) gearbeitet hat, wo sich eine gewisse Freude am Gefälligen bemerkbar macht, sowie der junge Donatello, der einen kräftigen kleinen Propheten dafür schuf (1406-1408).

In den gleichen Jahren wurden teils für den Dom, teils für den Campanile eine stattliche Anzahl von Statuen in Auftrag gegeben. So waren der *Isaias* von Nanni di Banco (1408), der erste *David* von Donatello (1408-1416) mit seinem über die Hüfte stark gerafften Faltenwurf ebenso für den Dom bestimmt wie die *Prophetenfiguren,* die Bernardo Ciuffagni zusammen mit Nanni di Bartolo (Il Rosso), einem Mitarbeiter Donatellos, ausführte. Dieser schuf die großartige Figur *Johannes des Evangelisten* und stattete schließlich die Nischen des Campanile mit den wuchtigen Gestalten des *Jeremias* (1423-1426) und *Habakuk* (1427 bis 1436) aus, während Il Rosso an der Figur des *Abraham* (1421) mitgearbeitet hat.

Gleichzeitig wurden die Arbeiten an Or San Michele erfolgreich fortgeführt; hier entwarf Nanni di Banco die halbkreisförmig angeordnete Gruppe der *Quattro Coronati* mit ihren togaartigen Gewändern (etwa 1410). Die Bildhauer fühlten sich

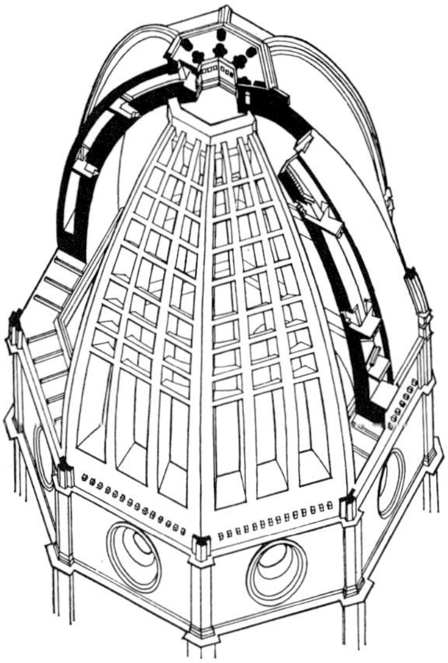

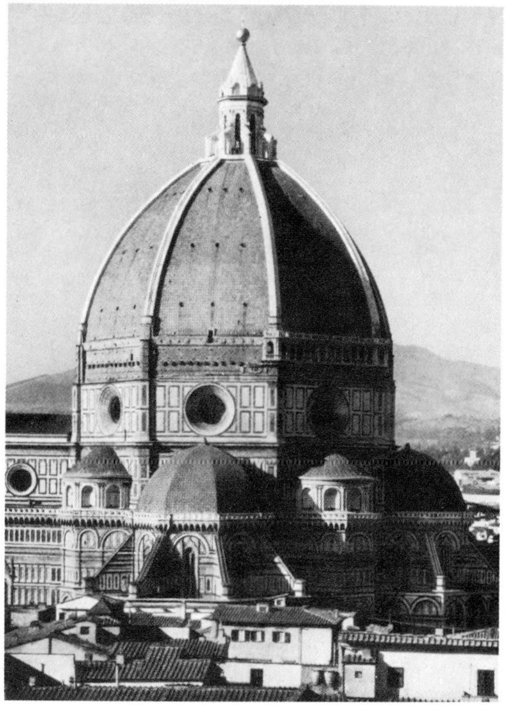

151 Brunelleschi, Domkuppel, Florenz, 1421-1436

durch den Wettstreit angeregt: 1414 wurde der *Hl. Johannes der Täufer* von Ghiberti in einer typisch gotischen Nische aufgestellt; 1419 die Figur seines *Matthäus* einer gleichmäßigeren Komposition eingefügt, deren Spitzbogen von einem Dreiecksgiebel überragt wird. Donatello, der bereits seinen *Hl. Georg* (1416) und seinen Evangelisten *Markus* (1421) ganz in dem ihm eigenen ausgesprochenen Stil geschaffen hatte, sollte dann die endgültige Nischenform ausprägen; so erhielt 1423 die Nische mit dem *Hl. Ludwig von Toulouse* – er wurde später durch die Figurengruppe *Christus und Thomas* von Verrocchio ersetzt – die Form einer kleinen Fassade zwischen zwei korinthischen Pilastern mit einer muschelförmigen, von zwei ionischen Säulchen flankierten Apsidiole.

Der Hauptstolz der Florentiner galt aber der Ausführung der Domkuppel; und die neue Zeit zeichnete sich zunächst klar erkennbar durch die durchdachte Verwirklichung dessen ab, wonach die Meister um 1300 tastend gestrebt hatten.

Derjenige nun, dem es gelang, das von den ›gotischen‹ Hüttenmeistern in der Schwebe gelassene Problem zu lösen, war Brunelleschi. Inmitten unzähliger Intrigen und Auseinandersetzungen erreichte er 1420, daß sein Plan angenommen wurde und 1421-1436 zur Ausführung gelangte; einem anonymen Biographen zufolge verdankte er dies der Hartnäckigkeit und Unterstützung seiner Freunde, gebildeter, man könnte sagen humanistischer Kreise also. Man hat häufig angenommen, daß der von den Künstlern 1366 unterbreitete und 1367 akzeptierte Plan schon die endgültige Form der Kuppel enthalten hatte, anscheinend beschränkten sich seine Angaben jedoch darauf, die Anwendung sichtbarer Strebepfeiler auszuschließen und dafür unsichtbare Stützen zu empfehlen. Und genau das hat Brunelleschi verwirklicht, als er der Kuppel mit dem achteckigen Tambour ihren eigenen Umriß gab. Die Annahme, das neue Modell von 1419 sei ein Gemeinschaftswerk von Brunelleschi, Ghiberti und Battista d'Antonio gewesen, wie die etwas verworrenen Angaben des zeitgenössischen Schrifttums es mitunter vermuten ließen, braucht nicht zuzutreffen. Bereits 1423 wird Brunelleschi als *inventor et gubernator cupulae* bezeichnet, was nicht nur dem Sieg seiner Partei allein verdankt zu werden braucht. Ghiberti wirkte auch weiter an dem Bau mit, allerdings hatte Brunelleschi, vor allem nach 1426, als die Vorarbeiten beendet waren, die Oberleitung inne.

Die Kuppel ist als doppelte Schale konzipiert, deren Wände aus übereinander liegenden Platten gefügt sind; sie wird abgestützt von den mächtigen

Verankerungen im Innern, teils aus Ziegeln, teils – und wohl die wichtigeren – aus Stein; ihnen entsprechen die starken, hervortretenden Rippen auf der Außenseite der Schale. Auf diese Weise ließen sich hindernde Gerüste vermeiden; offenbar tastete man jedoch vermittels hölzerner Stützen die Widerstandsfähigkeit des Materials in dem Maße ab, in dem der Bau in die Höhe wuchs. Unter den technischen Erfindungen, die bei der Arbeit gemacht wurden, sei die Verwendung einer Hebemaschine besonders erwähnt[119]. So wuchs zur Verwunderung des Volkes die Kuppel ohne Außenstützen und irgendwelche sichtbare Befestigungen empor □ 99, 151.

Der Plan Arnolfo di Cambios war erweitert worden; da der endgültige Durchmesser der Kuppel 42 Meter betrug, hatte sich das Verhältnis zwischen dem Chor, den sie bekrönt, und dem Langhaus geändert. Am Äußeren hat der eiförmige, in acht durch starke Rippen voneinander getrennte Abschnitte gegliederte Umriß einen Umfang, der nicht mehr gotisch ist, aber auch nichts mehr gemein hat mit den massiven Kuppeln der römischen Architektur. Dieser Kuppelbau, der an der Basis durch einen Tambour mit weiten Rundfenstern aufgelockert wird, erhebt sich schwerelos über den gekrümmten Rippen in einer neuartigen Mischung von Energie und Eleganz.

Was aber vor allem seine Besonderheit ausmacht, ist seine Lage inmitten der Stadtlandschaft, nicht nur weil die Perspektive der Straßen und Dächer durch diese Kuppel besonders reizvoll gestaltet wird, sondern mehr wohl noch, weil sie als Mittelpunkt des weiten, muschelförmigen Arnotals zwischen den Hügeln von Fiesole und den Hängen von Galluzo einen einzigartigen Zusammenklang von Architektur und Landschaft vollzieht.

Als Brunelleschi starb, fehlte noch die Laterne, doch wurde sie von seinen Nachfolgern genau so ausgeführt, wie er sie vorgesehen hatte, mit Bögen durchbrochen und von einem komplizierten Rippenwerk abgestützt. 1507 begann Baccio d'Agnolo mit dem Umgang unterhalb der Kuppel, doch wurde er so heftig kritisiert, daß die Arbeiten daran abgebrochen wurden. Immer noch unvollendet blieb die Domfassade, für die eine beträchtliche Anzahl der zwischen 1410 und 1420 in Auftrag gegebenen Statuen bestimmt war. Nachdem die Kuppel vollendet war, wurde diese Frage wieder dringlich, doch die leidenschaftliche Anteilnahme der Bevölkerung erschwerte die Sache. Als 1490 Lorenzo de' Medici einen Wettbewerb für die Fassade ausschrieb, meldeten sich mehr als vierzig Teilnehmer, darunter waren Maler, Goldschmiede, Schreiner, Schmiede, Heraldiker und Musiker. Jeder wollte mitreden, die Sachverständigen kamen zu keinem Entschluß, und am Ende kam nichts dabei heraus.

Diese für Florenz so typische Atmosphäre, wobei, um mit Donatello zu sprechen, die Kritik mehr galt als die Bewunderung, erklärt auch die Erscheinung einer Art künstlerischer Werbeliteratur. So begann Ghiberti um 1450 mit der Veröffentlichung seiner Memoiren, in denen er seine Kunst als eine Kunst der wahren Kultur rechtfertigte und auf seinen Anteil an allen bedeutenden zeitgenössischen Kunstwerken hinwies. Die humanistische Partei dagegen versuchte den Ruhm Brunelleschis herauszustellen, indem sie amüsante und volkstümliche Geschichtchen verbreitete, wie etwa die Novelle vom ›fetten Schreiner‹. In der dem Antonio Manetti zugeschriebenen Biographie des Künstlers wird schließlich der Architekt als der Bahnbrecher eines neuen Zeitalters bezeichnet. In seiner Vorrede zu der Ausgabe der ›Göttlichen Komödie‹ von 1481 schließlich weist Landino auf den hervorragenden Platz hin, den Brunelleschi unter den Künstlern einnimmt, die für die neue Kultur richtunggebend wurden.

Architektur

Der Erneuerer: Brunelleschi

Filippo Brunelleschi, zunächst Goldschmied und Bildhauer, war erst mit etwa vierzig Jahren Architekt geworden. Dann aber entfaltete er auf diesem Gebiet ein Vierteljahrhundert lang eine so große Aktivität, daß sie sich auf die Geschichte der abendländischen Baukunst umwälzend auswirken sollte. An S. Maria del Fiore, dem Florentiner Dom, gelang ihm die glanzvolle Lösung des Problems, um das sich die toskanischen Meister seit 1300 bemüht hatten. Aber auch überall sonst wirkte er als Erneuerer; 1418 errichtete er am *Palast der Guelfenpartei* über einem Fundament des 14. Jahrhunderts einen kraftvoll zwischen Pilastern gefaßten Bau, der von hohen Bogenfenstern unterteilt wird, über denen Rundfenster eingelassen sind. Das *Findelhaus* (Ospedale degli Innocenti) erhielt 1419 im Innern eine klare Aufteilung in zwei Kreuzgänge und als Fassade einen langen Portikus mit neun Arkaden □ 153. Diese ruhen auf schlanken, vollkommen ebenmäßigen Säulen; der Rundbogen jeder Arkade steht über einem Quadrat, dessen Seiten die Säulen bilden. Die Arkaden werden an beiden Enden von je zwei Pilastern gerahmt, den oberen Abschluß bildet ein über den Bögen laufendes langes Bandgesims. Die Zwickel sind mit Rundmedaillons geschmückt. Auf diese Weise wird alles der Gesamtordnung unterstellt. Hier erlebt man das Wachstum eines klar gegliederten Organismus, an dem alles in meßbare Beziehungen aufgelöst ist. Die Baumasse wird wie eine Flächengliederung aufgefaßt und die Flächen ihrerseits als Funktion der Hauptlinien behandelt, deren Spannung eine ganz neue Schönheit schafft. Diese findet ihren endgültigen Ausdruck in den beiden Meisterwerken des Künstlers, nämlich der alten, 1420 begonnenen *Sakristei von S. Lorenzo* □ 152 und der Kirche selbst (1421), die beide etwa 1429 vollendet wurden. Die Sakristei hat eine halbrunde Kuppel, die mittels vier Hängezwickeln auf einem Würfel ruht. Hier vollzieht sich die entschlossene Rationalisierung eines quadratischen gotischen Raumschemas mit Kreuzrippen, wie es die Spanische Kapelle in S. Maria Novella (1350) zeigt. Die Bauglieder besitzen höchste Präzision (klar gezeichnete Bogenläufe, die umlaufenden Gesimse werden von Eckpilastern getragen und unterstreichen die Horizontale), und – ebenso bedeutsam wie folgenschwer – das Beiwerk (Tür- und Fensterumrahmungen) wird zum wesentlichen Bestandteil der Komposition. Der Mensch als Maßstab wird durch Wiederholung der den Hauptgliedern entsprechenden Motive eingeführt, indem in jedem Bildfeld, wo sie vorkommen, harmonische, auf die Gesamtwirkung abgestimmte Unterteilungen geschaffen werden. Um jedoch diesen auf ein gemeinsames Maß begründeten Zusammenklang zu erzielen, bedarf es sorgsam ausgewählter, möglichst einfacher Grundelemente. So verwendete Brunelleschi denn auch ganz methodisch die wohlbekannten Einzelheiten der antiken Architektur, wie Säulen, kannelierte Pilaster, Kranzgesimse mit verschiedenartigen Rundprofilen, Giebel etc. Der Architekt hatte, nach seinem Mißerfolg von 1401, die Quellen der römischen Baukunst während eines langen, zusammen mit Donatello verbrachten Aufenthaltes in Rom genauestens studiert und sich auf diese Weise den Formenschatz verschafft, den er für seine weiteren Pläne brauchte.

Es wäre jedoch falsch, ihm archäologische Absichten zu unterstellen: Weder seine kirchlichen noch seine weltlichen Planungen haben etwas mit den Tempel- oder Thermenbauten Roms zu tun, noch enthält ihre Ausführung Römisches oder Antikes. In gewissem Sinne haftet der Klarheit und Eleganz Brunelleschis noch eine Spur Gotik an durch die Betonung der Linien, die Gliederung der Flächen, die freiliegenden Rippen, das Spannungsverhältnis zwischen den Hauptgliedern, das Zurückdrängen der Mauerwände. Seine eigentliche Formsprache jedoch ist der romanischen Kunst entlehnt und geht auf Vorbilder des 11. und 12. Jahrhunderts zurück: Kirchen wie SS. Aposto-

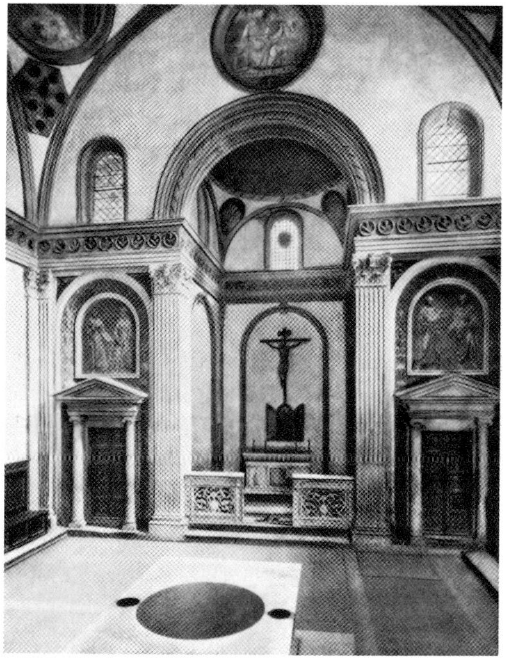

152 Brunelleschi, Alte Sakristei, Florenz, 1420-1429

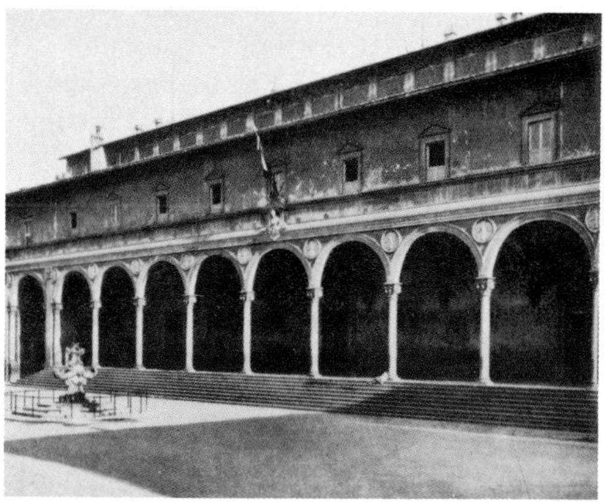

153 Brunelleschi, Findelhaus, Florenz, 1419-1421

li, S. Pietro in Scheraggio oder San Miniato – solchen also, die gelegentlich unter der Bezeichnung toskanische ›Protorenaissance‹ zusammengefaßt werden. Typisch für sie ist der Rundbogen, fortlaufende regelmäßige Bogenstellungen, die geometrisch klar behandelte Baumasse sowie die Aufteilung der Flächen in Felder. Das erste große Beispiel dieser Richtung ist die dreischiffige *Basilika S. Lorenzo* (in Florenz) mit ihrem breiten Querschiff und flachem Chorschluß. Das Hauptschiff hat, wie in den frühchristlichen Basiliken, eine flache hölzerne Decke, und die Vierung wird von einer Kuppel bekrönt. Die Rückkehr zu den Formen des 4. und 5. Jahrhunderts, die eines der wichtigsten Anliegen des Quattrocento werden sollte, vollzog sich rückgreifend über die Romanik, die – ob zu Recht oder zu Unrecht – noch immer zur ›guten Architektur‹ gerechnet wurde. Nur liegt der Schwerpunkt nicht mehr auf dem massiven Mauerwerk und den spärlichen Öffnungen der romanischen Kunst, sondern vielmehr ist das Ideal hier der einheitliche, begrenzte und geordnete Raum, der im Gegensatz steht zu den aufgesplitterten, langgezogenen und ineinander verschlungenen Raumvorstellungen der Gotik. Brunelleschi legte den Hauptakzent auf Einheit, Geschlossenheit und eine heitere Klarheit. So wird hier die schöne Abfolge der Bögen über korinthischen Säulen an beiden Enden noch begrenzt von Pilastern und einem horizontalen fortlaufenden Kranzgesims, das die Fenster trägt.

Seine Sicherheit verdankt Brunelleschi der Perspektive; mit ihr wurde ihm das Mittel an Hand gegeben, ein Gebäude mathematisch genau zu berechnen und das Spiel der Raumverhältnisse zu entwickeln, die es bestimmen, die seine ›Idee‹ ausmachen. Er hat perspektivische Modelle von den Plätzen vor dem Baptisterium und vor dem Palazzo Vecchio angefertigt. Jedes neue Bauwerk wurde von ihm mit einer so wunderbar ausgewogenen Klarheit vorgetragen, wie sie bis dahin noch niemals angestrebt worden war; einem feinnervigen Organismus, einem harmonischen Körper gleich, weist es sich eindeutig als Kunstwerk aus. Die bezaubernde kleine *Pazzi-Kapelle* neben S. Croce (1429-1446) zeigt, wenn auch mit unvollendeter Fassade (es fehlt ein Dreiecksgiebel), bis zu welcher Meisterschaft es der Künstler in der Verwendung der schlanken korinthischen Säulen (außen) und der Pilaster aus dunkler ›pietra serena‹ (innen) gebracht hatte, womit er die tragenden Elemente und die Feingliedrigkeit des Baus betont. In verkleinerter Form begegnen wir hier den Baugedanken der Sakristei von S. Lorenzo wieder, vor allem bei der Gestaltung des Eingangsportikus, der korinthischen Säulen, der eleganten Rahmungen mit ihren ornamentalen Einfällen, die, um die Wirkung zu erhöhen, bis zur Verwendung von Terrakotta-Medaillons geht. So verbinden sich Maß und Zurückhaltung im neuen Stile Brunelleschis mit einer beinahe attisch wirkenden Anmut □ 154, 155.

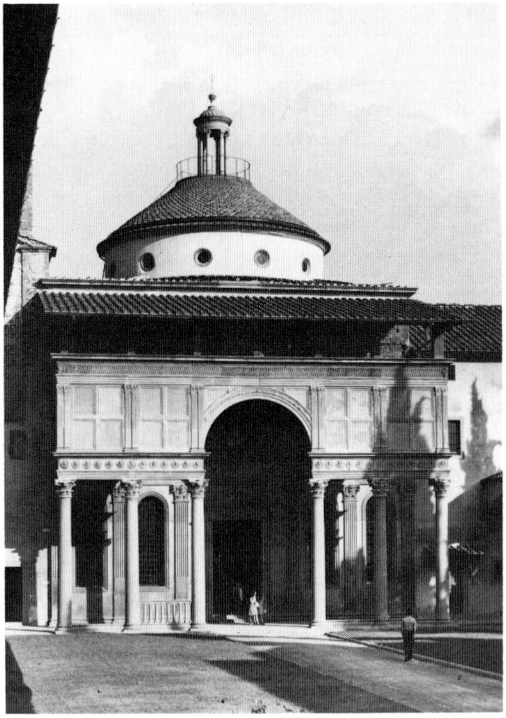

154 Brunelleschi, Pazzi-Kapelle, Florenz, 1429-1446

Brunelleschi war es zeitlich vergönnt, seinen Wissensdrang noch auf andere Aufgaben auszudehnen. Neben dem basilikalen Grundrißschema trachtete er gleichzeitig danach, den in der christlichen Antike beliebten Zentralbau wieder zur Geltung zu bringen. Die leider unvollendet gebliebene Kirche *S. Maria degli Angeli* (nach 1434) hat die Form eines Achtecks. Tiefe Nischen höhlen die Mauer aus, die sich übrigens außen als sechzehnfach gebrochenes Polygonal erweist, und werden von betonten Pilastern begrenzt, so daß in jeder Höhlung eine doppelte Apsis entsteht. Eine sogenannte Melonenkuppel krönt, wie in der Sakristei von S. Lorenzo, diesen abwechslungsreichen Bau, der, wenn er vollendet worden wäre, sicherlich höchst eindrucksvolle Helldunkel-Wirkungen aufgewiesen hätte. Diese beharrliche Vorliebe für Nischen und Lichteffekte, durch die die Mauer eine neue Bedeutung bekam, hat man mitunter durch eine abermalige Berührung des Künstlers mit Rom im Jahre 1433 erklären wollen. Zweifellos ist hier jedoch in Betracht zu ziehen, daß es sich bei Brunelleschi um ein besonders schöpferisches Talent handelt, das es verstanden hat, sich von den ein wenig trockenen Entwürfen seiner Anfänge zu lösen, um sich einer immer stärker werdenden Ausdruckskraft zuzuwenden. Brunelleschi setzte sich in seiner leidenschaftlichen Suche nach einer von Grund auf erneuerten Form der Kunst mehr und mehr über die Zufälligkeiten des Augenblicks hinweg und zwang seinen ganz unter seinem Einfluß stehenden Auftraggebern seine sublime Auffassung auf.

Der alte Brunelleschi erweiterte den Bereich der reinen Architektur weit über seine Grenzen hinaus. Die Art, wie er die Kuppellaterne des Domes gleichsam als riesenhaftes, in den Himmel eingefügtes Schmuckstück behandelte, ist hierfür ein neuer Beweis[120]. Zwei Jahre vor seinem Tode begann er mit dem Bau von *S. Spirito* südlich des Arno; er bedeutet eine Revision der Lösung des basilikalen Schemas, wie es sich ihm in S. Lorenzo

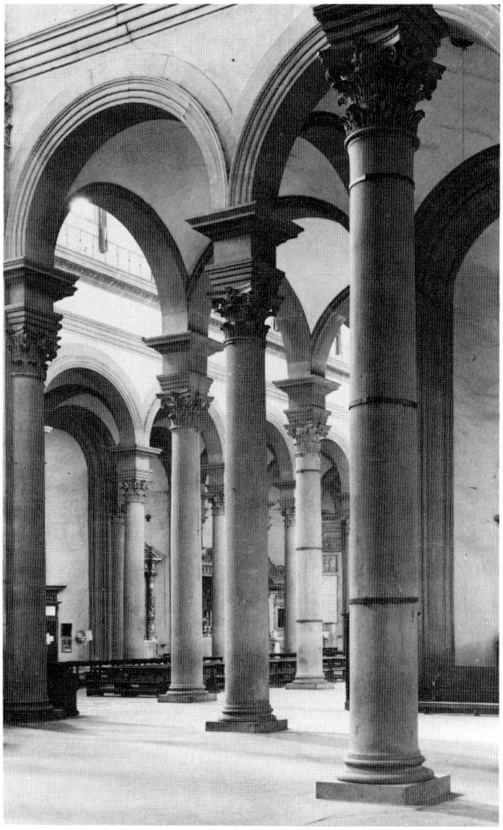

156 Brunelleschi, S. Spirito, Florenz, 1444-1487

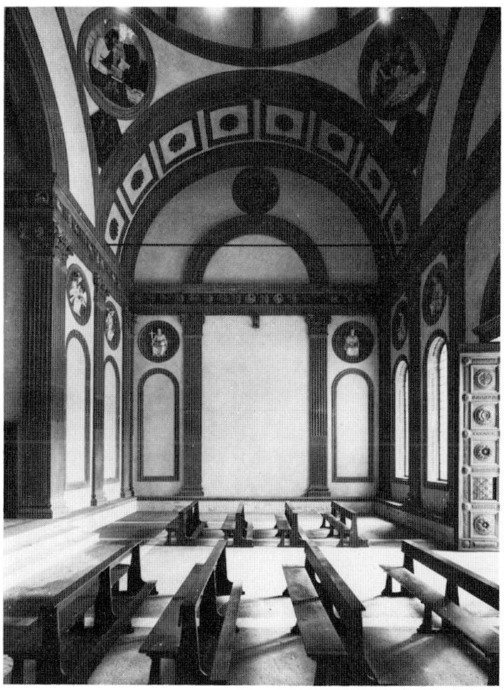

155 Brunelleschi, Pazzi-Kapelle

gestellt hatte. Inzwischen war die Kuppel des Domes errichtet worden, nun wollte der Architekt einem Langhaus ein Querhaus mit lichter Kuppel auf eine nahtlose Weise angliedern. In S. Spirito ist das auf drei Quadraten gegenüber den vier des Langhauses errichtete Querschiff mit letzterem durch fortlaufende Arkaden verbunden, die den Innenraum vereinheitlichen und dabei die perspektivischen Wirkungen vervielfachen □156. Noch bedeutsamer ist die Einführung ziemlich tiefer Nischen in die Kapellenwände, und zwar derart, daß eine Wellenbewegung an der Mauer entlang zu laufen scheint. Damit hört sie auf, nur aus von Hauptgliedern zusammengehaltenen Flächen zu bestehen und gewinnt an Bedeutung. Die früher etwas einförmige Lichtführung bekommt hierdurch zum erstenmal etwas Ausdrucksvolles.

Brunelleschi hinterließ eine große Anzahl unvollendeter Werke. Seine Gegner konnten daher leicht sagen, er habe mehr geplant als verwirklicht, und seine Verteidiger einwenden, daß seine ausführenden Organe ihn beim Welfenpalast, bei

S. Maria degli Angeli und bei S. Spirito im Stich gelassen hätten. Wegen der in die Fassade einzulassenden Öffnungen an S. Spirito stritt man sich noch 1484 herum. Aber gerade die Leidenschaftlichkeit, mit der diese Diskussionen geführt wurden, zeugt davon, welche Wichtigkeit man all diesen Problemen beimaß.

Die Übernahme in den Profanbau: Michelozzo

Auf dem Gebiet der Zweckbauten galt es nun, die Kunst des Brunelleschi den Bedürfnissen der Florentiner Gesellschaft anzupassen. Dieser hatte 1440 einen Plan für den Palazzo Pitti entworfen, der mit seiner Rustika und den beiden siebenfenstrigen Geschossen in seinem strengen Äußeren noch ganz dem Trecento verhaftet war. Eine Anpassung an die Zeit sind die stark hervorgehobenen Bandgesimse, die Zeichnung der Fenster- und Türöffnungen und die kräftig betonte Horizontale. Aber der Palastentwurf, der dem Cosimo de' Medici gleichzeitig auch für die Front an der Via Larga vorgelegt wurde, stieß auf erschrockene Ablehnung. Michelozzo (1396-1472), ein Freund Donatellos, hatte mit diesem zusammen an der Nische für Or San Michele gearbeitet (um 1423), in deren Dreiecksgiebel auf Pilastern sich eine ganz neue Richtung des Dekors abzeichnet □150. Er hatte ferner die kleine Kirche Bosco ai Frati im Mugellotal erbaut sowie in Venedig auf Cosimo de' Medicis Veranlassung, dem er ins Exil gefolgt war, die *Bibliothek von S. Giorgio Maggiore* (1433, zerstört 1614). Der gleiche Mäzen bestellte bei ihm für das *Kloster S. Marco* die Kreuzgänge mit ihren ziemlich kräftigen Arkaden, die Kirche mit ihrer fünfeckigen Apside sowie die dreischiffige, angenehm klar konzipierte Klosterbibliothek (1437-1452). Dieser Künstler war es also, der 1444-1459 den stattlichen Palastbau für die Medici errichtete, der im 17. Jahrhundert vergrößert und zum Palazzo Riccardi wurde. Hier findet man die für Florenz charakteristische Blockform wieder; aber die Rustikalagen, die am Untergeschoß stark hervortreten, verlieren in den oberen Baupartien an Schwere. Das oberste Geschoß weist eine beinahe glatte Oberfläche auf, während ein riesiges, vorkragendes Kranzgesims die Baumasse abschließt und ihr eine unwiderstehlich plastische Wucht verleiht. Gekoppelte Fenster unter einem gemeinsamen Rundbogen lockern diese ›burgartigen‹ Mauern auf. Die eigentliche Neuerung besteht im Innenhof, der als quadratische Säulenhalle mit drei Bogenöffnungen auf jeder Seite behandelt ist; über einem breiten antikisierenden, mit Medaillons geschmückten Sims wiederholt sich das Fenstermotiv der Fassade. Dieser Hof ist eine Art weltlicher Kreuzgang: der Frieden klösterlicher Abgeschiedenheit auf ein städtisches Wohnhaus übertragen. Die glückliche Verteilung der Baumassen wird besonders durch die Achsenperspektive zur Geltung gebracht, die vom Torbogen über den Innenhof zu dem lichtüberfluteten, blumengeschmückten Garten an der Rückfront führt. So hatte Michelozzo genau den Gebäudetyp geschaffen, wie ihn der Zeitgeschmack verlangte □157, 158. Die von der Familie Medici in der Umgebung von Florenz erworbenen vornehmen Villen wurden von Michelozzo umgebaut und modernisiert: so die Villa in Careggi (seit 1434) und die Villa Cafaggiolo (1451). Mit ihren Wehrgängen glichen sie kleinen Festungen; Michelozzo zerstörte diesen Eindruck keineswegs, ja er behielt die Krönung durch Pechnasen, die die Funktion eines Kranzgesimses erhielten, bei und durchbrach die Einförmigkeit der Mauer durch ausgewogene, auf Konsolen ruhende Fenster. Bei der Nüchternheit dieser Bauten waren nur geringfügige Zutaten möglich; so fügte er in Careggi an der Fassade seitlich eine Loggia über einem Portikus an, die

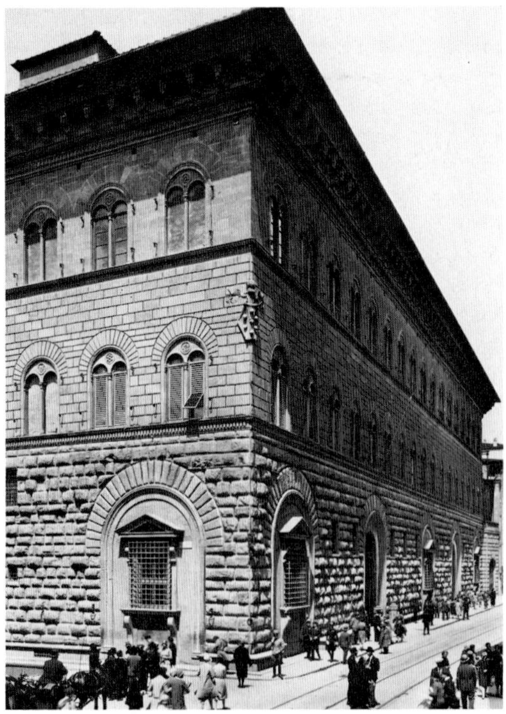

157 Michelozzo, Palazzo Medici, Florenz, 1444-1460

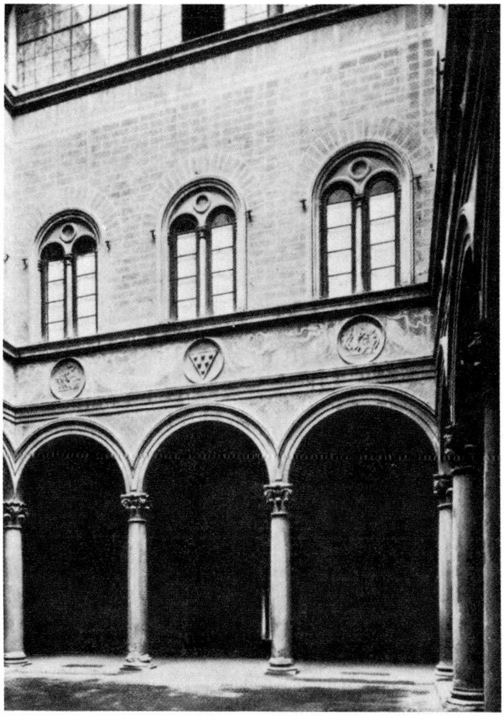

158 Michelozzo, Hof des Palazzo Medici

Anfang des 16. Jahrhunderts erneuert wurde. Die derben Innenfronten erhielten, wie in Careggi, geschickt in die Schutzmauer eingefügte Teilstücke von Säulenhöfen. Schließlich wurde Michelozzo auch damit beauftragt, dem Palazzo Vecchio einen derartigen Arkadenhof mit dem entsprechenden Obergeschoß (1454, geändert 1565) einzufügen. Diese Villen entbehren scheinbar jeder Anmut, doch was ihren Reiz ausmachte, waren ihre Ausblicke, die sie umgebenden Terrassen, ihre gärtnerischen Anlagen und schattenspendenden Haine.

Dem neuen Typ des Stadthauses war bei den vornehmen Bürgern von Florenz ein sicherer Erfolg beschieden. Ein Florentiner Chronist berichtet, daß zwischen 1450 und 1478 in Florenz mindestens dreißig derartige ›Palazzi‹ errichtet worden seien.

Alle reichen Familien sicherten sich damals eine ansehnliche Stadtwohnung sowie ein bequemes Landhaus, das oftmals mit einem Gutsbetrieb gekoppelt war, mitunter aber auch die Ausmaße eines regelrechten Herrensitzes inmitten eines Parkes hatte, wie das, welches Giovanni Rucellai in seinem ›Zibaldone‹ (1464) beschrieben hat.

Die persönlichsten Werke Michelozzos, wie etwa die *Noviziat-Kapelle* in S. Croce (1445), der *Kreuz-Tabernakel* in S. Miniato (1447-1448) und der in der Annunziata (1448-1464), den Pagno di Lapo Portigiani ausgeführt hat, verraten das Bestreben, durch die Fülle und Vielfalt des Dekors (Girlanden, Medaillons, Friese) eine donatelleske Ausdruckskraft zu erreichen, wobei allerdings die Struktur verdeckt wird. Mitte des Jahrhunderts wurde also der Stil Brunelleschis weder immer begriffen, noch regelmäßig befolgt.

Etwa ab 1460 unternahm es Michelozzo, zusammen mit einem anderen Florentiner Bildhauer-Architekten, Averlino (Filarete), den neuen Stil in der Lombardei einzuführen. So entstanden in Mailand die zweigeschossige *Casa Portinari,* deren reichgeschmücktes Portal sich im Sforza-Schloß befindet, nach einem später im *Palazzo del Rettore* (1464) in Ragusa wiederholten Entwurf sowie vor allem die *Cappella Portinari* in S. Eustorgio (1462), eine lombardisch beeinflußte, schwungvollere und reicher ornamentierte Nachbildung der Sakristei von S. Lorenzo.

Die Systematisierung des neuen Stils: Alberti

Mit Brunelleschi wurde die Architektur recht eigentlich zur Kunst im höchsten Sinne erhoben, mit Alberti wurde sie aufs innigste mit allen Problemen der humanistischen Kultur verknüpft. Leon

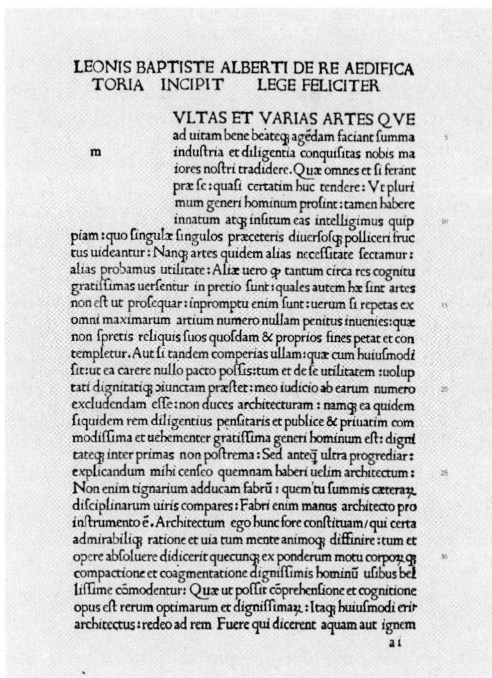

LEONIS BAPTISTE ALBERTI DE RE AEDIFICA
TORIA INCIPIT LEGE FELICITER

m VLTAS ET VARIAS ARTES QVE ad uitam bene beateq; agẽdam faciant ſumma induſtria et diligentia conquiſitas nobis maiores noſtri tradidere. Quæ omnes et ſi ferant præ ſe: quaſi certatim huc tendere: Vt plurimum generi hominum proſint: tamen habere innatum atq; inſitum eas intelligimus quippiam: quo ſingulæ ſingulos præceteris diuerſoſq; polliceri fructus uideantur: Nanq; artes quidem alias neceſſitate ſectamur: alias probamus utilitate: Aliæ uero q tantum circa res cognitu gratiſſimas uerſentur in pretio ſunt: quales autem hæ ſint artes non eſt ut proſequar: inpromptu enim ſunt: uerum ſi repetas ex omni maximarum artium numero nullam penitus inuenies: quæ non ſpretis reliquis ſuos quoſdam & proprios fines petat et contempletur. Aut ſi tandem comperias ullam: quæ cum huiuſmodi ſit: ut ea carere nullo pacto poſſis: tum et de ſe utilitatem: uoluptati dignitatiq; ɔiunctam præſtet: meo iudicio ab earum numero excludendam eſſe: non duces architecturam: namq; ea quidem ſiquidem rem diligentius penſitaris et publice & priuatim commodiſſima et uehementer gratiſſima generi hominum eſt: dignitateq; inter primas non poſtrema: Sed anteq̃ ultra progrediar: explicandum mihi cenſeo quemnam haberi uelim architectum: Non enim tignarium adducam fabrũ: quem tu ſummis cæterarum diſciplinarum uiris compares: Fabri enim manus architecto pro inſtrumento ẽ. Architectum ego hunc fore conſtituam/qui certa admirabiliq; ratione et uia tum mente animoq; diffinire: tum et opere abſoluere didicerit quecunq; ex ponderum motu corporumq; compactione et coagmentatione digniſſimis hominũ uſibus belliſſime cõmodentur: Quæ ut poſſit cõprehenſione et cognitione opus eſt rerum optimarum et digniſſimarum: Itaq; huiuſmodi erit architectus: redeo ad rem Fuere qui dicerent aquam aut ignem

a i

159 Alberti, Anfangsseite von ›De re aedificatoria‹, 1485

Battista Alberti (1404-1472) entstammte einem mächtigen, reichen Florentiner Geschlecht, war jedoch in Genua geboren und hatte seine Kindheit in Venedig zugebracht. In Padua studierte er die Rechts- und Geisteswissenschaften und kam erst mit dreißig Jahren nach Florenz, wo er sich meistens nur kurz aufhielt, da er dem päpstlichen Hof angehörte. Alberti war kein Architekt im eigentlichen Sinne, sondern Schriftsteller und Theoretiker, im übrigen in allen Techniken zu Hause. Erst als Vierzigjähriger sollte er sich mit der Baukunst beschäftigen; so wurde seine große Abhandlung ›De re aedificatoria‹ (begonnen ungefähr 1450), die eine moderne Fassung und kritische Ausdeutung Vitruvs darstellt, gleichzeitig von einigen praktisch ausgeführten Beispielen begleitet □ 159.

Alberti zieht hier einen Trennstrich zwischen geistig-schöpferischer Tätigkeit und ihrer Ausführung, zwischen Künstler und Arbeiter, dem Bauhüttenleiter, und erhebt so die Baukunst vollends zum Rang der ›freien Künste‹. Das Wesentliche besteht für ihn im schöpferischen Einfall und den Entwürfen, die ihn anschaulich machen. Es ist zu bezweifeln, daß Leon Battista je etwas anderes getan hat, als Anleitungen und Modelle zu schaffen. Nach seinen Angaben baute Bernardo Rossellino den *Palazzo Rucellai* in Florenz (etwa 1446 bis 1451), Matteo dei Pasti den *Malatesta-Tempel* in Rimini (um 1447). Zu dieser Vergeistigung, die eine notwendige Entwicklungsstufe war, gesellt sich eine bis ins letzte durchgeführte Rationalisierung: Jedes einzelne Bauglied läßt sich berechnen und analysieren, das Schöne ist der absolute Wert eines ästhetischen Organismus, an dem nichts verändert werden kann. Diese Schönheit erzeugt in der menschlichen Seele eine reine Freude, bewirkt einen durch nichts zu ersetzenden Einklang zwischen Mensch und Universum. Durch die mathematische Berechnung, das Zusammenspiel der Raumverhältnisse oder, um mit Platos *Timäus* zu reden, der *médiétés,* erweckt das ganz und gar harmonische Bauwerk ein eigentümliches Glücksgefühl, das die wohltätige Macht seiner zweckentsprechenden Anordnung bestätigt. Die *firmitas* (Sicherheit) und *utilitas* (Brauchbarkeit) gehen in der *venustas* (Schönheit) auf; die Architektur ist ›funktionell‹ in des Wortes höchster Bedeutung. Diese einleuchtende Beweisführung sollte die ganze Epoche beherrschen.

Durch seine Kenntnis ganz Italiens entging Alberti den Begrenztheiten der florentinischen Kultur; seiner Synthese liegt zum erstenmal die grundlegende Beziehung zur antiken Kunst zugrunde, von der man sich in Florenz bis dahin nur eine unbestimmte oder phantastische Vorstellung hatte machen können. Daraus ergab sich zunächst eine Vielfalt von Bauvorhaben, die dem Bedürfnis der Zeit nach Entfaltung und schöpferischer Tätigkeit nur entgegenkam. Es entstanden Stadtanlagen, Paläste, monumentale Plätze, Kirchen, Aquädukte und Festungen. Die Architektur betätigte sich überall und unterwarf allenthalben die Natur dem Menschen und das Ungeordnete der Schönheit. Aber die gründliche Kenntnis der römischen Ruinen und Schrifttexte führte zum genauen Gegenteil des Stils von Brunelleschi. Die Betonung liegt jetzt wieder auf der Mauer und den ihr zugeordneten Baugliedern, die sie beleben ohne sie aufzusplittern, wie zum Beispiel durch eine Folge antiker Säulenordnungen, die an den Fassaden übereinandergestellt werden (zu unterst im Erdgeschoß die dorische, darüber die ionische und schließlich die korinthische). Eine weitere Folge ist das Verbot, einen Bogen unmittelbar auf eine Säule aufzusetzen, diese darf nur einen Architrav tragen. Der immer größer werdenden Zahl der Bauvorhaben entspricht eine um so strengere Anwendung der Mittel.

Der Entwicklungsgang Albertis läßt durchaus die Kraft seines kritischen Denkens erkennen. Während eines Zeitraums von zwanzig Jahren sollte sich sein Verhalten der antiken Architektur gegenüber mehrmals ändern: In Florenz vermischt er unbekümmert römische Schmuckelemente mit gotischen Formen, in Rimini bemüht er sich um objektive Genauigkeit und macht an der Fassade den Versuch einer regelrechten Rekonstruktion, aber es handelt sich um eine freiwillige Beschränkung, die er in Mantua wieder aufgibt zugunsten von Neuschöpfungen in ›antiker Manier‹.

Der *Palazzo Rucellai* mit seinen drei Pilasterordnungen, die zurückhaltend durch Fenster untereinander verbunden sind, und seinen drei horizontalen, ein harmonisches Maßwerk bildenden Bandstreifen ist in Florenz einzig in seiner Art geblieben □ 160. In der engen Via della Vigna kommt er nicht recht zur Entfaltung, aber die Loggia im antiken Stil, die diesem gegenüberlag, unterstrich seine ganze Eigenart. Giovanni Rucellai war außerdem der Geldgeber für die Modernisierung der Fassade von *S. Maria Novella.* Hier behielt Alberti die mittelalterlichen Wabenfelder bei, rahmte sie jedoch ein, indem er das Motiv der farbigen Marmorflächen weiterentwickelte;

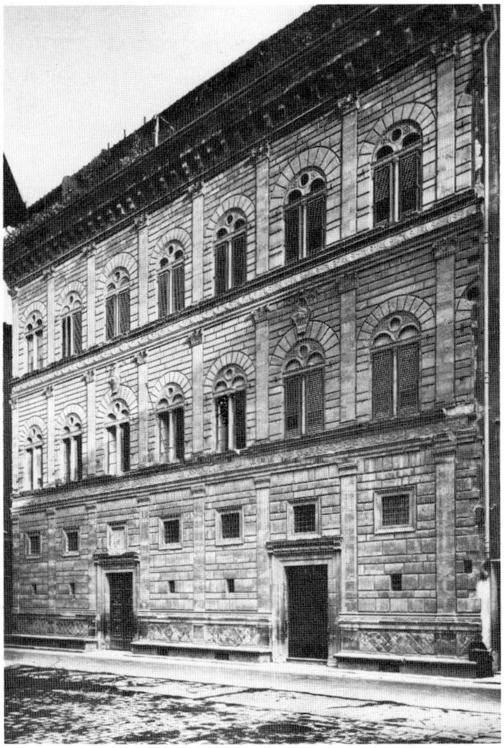

160 Alberti, Palazzo Rucellai, Florenz, 1446-1451

schließlich spannte er über das Portal einen großen, auf Pilastern ruhenden Bogen. Etwas später, 1470, fügte er einen Dreiecksgiebel zwischen zwei großen Voluten hinzu, eine bemerkenswerte Vorwegnahme gewisser Motive der Zeit der Gegenreformation. Das besondere Kennzeichen für Alberti ist das harmonische Schema der Proportionen auf Zweidrittel-Basis sowie die unvergleichliche Ausgewogenheit der Gesamtanordnung.

Ungefähr zur gleichen Zeit leitete Alberti die Wiederherstellung der *Kirche von Rimini*, einer franziskanischen Gründung aus dem 13. Jahrhundert. Durch die Hinzufügung von unregelmäßigen Seitenkapellen war sie im Laufe des 14. Jahrhunderts schon zum Mausoleum der Malatesta geworden. 1447 wurde der Umbau des Gebäudes mit den auf das Schiff durch weite Arkaden geöffneten Innenkapellen begonnen. Die Gedenkmünze von 1450 von Matteo dei Pasti, dem verantwortlichen Leiter der Bauhütte, zeigt den großen, von Alberti entworfenen Plan für eine Außenverkleidung, eine Fassade nach Art eines antiken Triumphbogens mit rundbogigem, durch ein Fenster unterbrochenen Giebel □161. Hinter dem Langhaus war darin ein kurzes Querhaus vorgesehen sowie eine erweiterte, von einer mächtigen Kuppel überdeckte Apside. Die Seitenwände sollten mit Nischen geschmückt und mit einer Marmorverkleidung ausgestattet werden, deren Platten von antiken Bauten – größtenteils aus Ravenna – stammten. Mit dem Tode von Sigismondo Malatesta, 1468, erfuhren die Arbeiten eine Unterbrechung, und der ›Tempel‹ blieb ohne Giebel. Im 16. Jahrhundert wurde die Apsis ohne Rücksicht auf den Plan umgebaut, 1501 ein Campanile errichtet. Eine seitliche Außenmauer wurde durch rundbogige Nischen gegliedert, um dort Sarkophage von Persönlichkeiten wie Basinius und G. Pléthon aufzustellen. Nach seiner fast vollständigen Zerstörung durch die Kriegseinwirkungen im Jahre 1945 wurde der Bau 1950 wiederhergestellt[121].

Die Bauanweisungen, die Alberti zu der Umgestaltung erlassen hat, stellen recht bemerkenswerte Dokumente dar. Im Inneren wünschte der Architekt klare Proportionen (das Langhaus ist dreimal so lang wie breit, wie in S. Andrea in Mantua) und einen stark betonten Wechsel zwischen Mauerflächen und Maueröffnungen. Am Außenbau widersetzte er sich dem Bestreben Matteo dei Pastis,

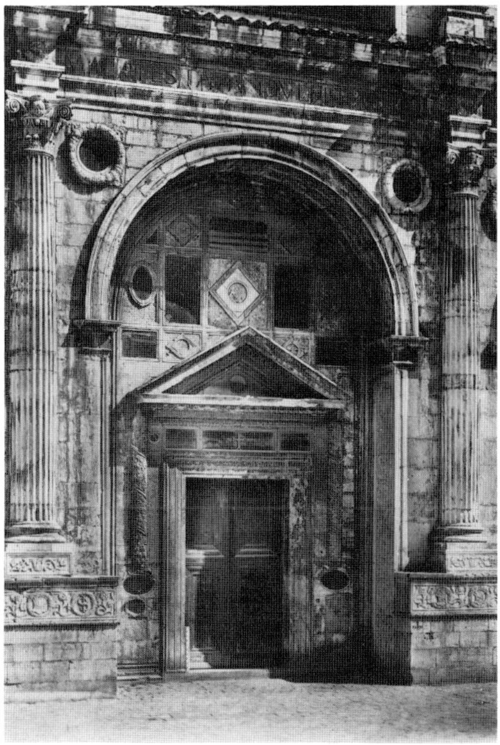

161 Alberti, Tempio Malatestiano, Rimini, 1447-1468

Pflanzenmotive und andere Ornamente miteinander zu verquicken: »Denke daran, was ich Dir gesagt habe, diese Fassade soll ein in sich geschlossenes Werk sein«; – damit meinte er, ohne Beziehung zu den Formen der gotischen Kapellen. Man mußte den Gewölbedruck berücksichtigen, die Decke durch Sparrenwerk entlasten; für die Fassade waren jedoch »die Maße und Proportionen der Pilaster beizubehalten: sie abzuändern hätte einen Mißklang in die Harmonie gebracht«.

Bei den beiden großen Entwürfen für Mantua haben die Pläne Albertis schwerwiegende Abänderungen erfahren. Es handelt sich einmal um *S. Sebastiano* (1460, Weihe erst 1529), einem Rundbau über einer Krypta mit einem Portikus im Erdgeschoß, sowie um *S. Andrea* (1470 ff.) über basilikalem Grundriß, dessen Kuppel von Filippo Juvara ausgeführt worden ist □ 162. In beiden Fällen war der Gesamtplan imponierend, und die Mauern müssen kraftvoll gegliedert gewesen sein. In S. Andrea nimmt der Aufriß der Seitenkapellen das Hauptmotiv der Fassade wieder auf, so daß die Gesamtstruktur auf ein und demselben großartigen Rhythmus beruht: a B a, zwei Pilaster auf ihrem Sockel, ein Bogen, zwei Pilaster. Der Innenraum stellt ein abgeschlossenes Ganzes mit strengen Wechselbezügen dar und enthält keine empirischen Restbestände mehr; klar und hell, wird er zu einem erhebenden ›heroischen‹ Raumgebilde.

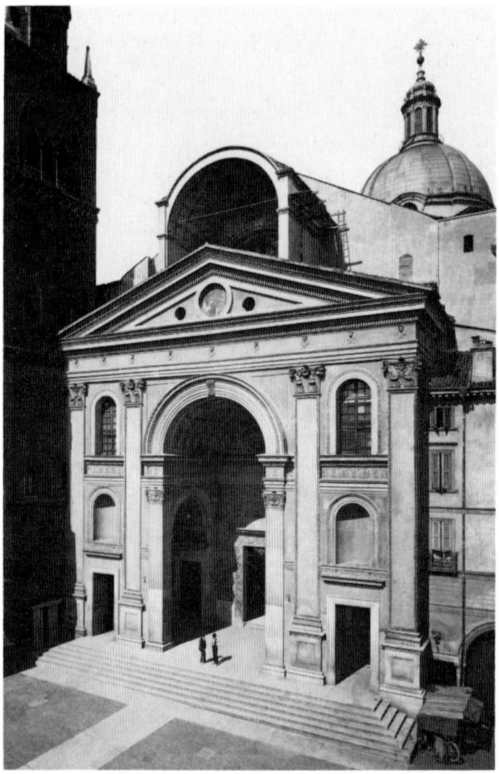

162 Alberti, Fassade von S. Andrea, Mantua, ab 1470

Mitten im Herzen des Quattrocento hat also Alberti Regeln und Beispiele aufgestellt, denen sich fortan kein Architekt zu entziehen vermochte. Aber es dauerte eine Weile, bis manche seiner Lösungen richtig verstanden und verarbeitet wurden. Und es war nicht etwa Florenz, wo Albertis persönlicher Stil den größten Widerhall fand. Urbino, eine aufgeschlossenere Stadt, sollte viel weiter gehen. Rom dagegen, wo Bernardo Rossellino die Arbeiten am Palazzo Venezia leitete und zum Repräsentanten der Baukunst Albertis wurde, stand noch ganz am Anfang derartiger Bemühungen. Agostino di Duccio (1418-1481), der Bildhauer von Rimini, entwickelte Albertis monumentale Formen an *S. Bernardino in Perugia* (1457-1461); diese Kirche erhielt als Fassade einen stattlichen, von einem Giebel bekrönten Triumphbogen. Aber durch ihren Nischenschmuck verloren die Seitenpfeiler und die übrigen Bauglieder durch ihren Terrakottadekor an architektonischer Bedeutung. Auch in Florenz wurde um 1460 diese Tendenz, die Ausdruckskraft abzuschwächen, offensichtlich, und zwar gleichzeitig mit der negativen Einstellung der Bildhauer zur Kunst Donatellos. Zu einem Meisterwerk der florentinischen Überfeinerung wurde die *Grabkapelle des Kardinals von Portugal* in San Miniato, die 1460 von Antonio Rossellino, dem Bruder Bernardos, geschaffen wurde. Seine Mitarbeiter waren Luca della Robbia für den Fayence-Schmuck sowie mehrere Maler. Ihr Grundriß über griechischem Kreuz mit kurzen Armen unter einer kleinen Kuppel atmet Albertis Geist, aber die Verkleidungen aus farbigem Marmor, die Feinheit der Grabreliefs lösen die Strenge der Linie auf, um desto mehr das Empfinden des Beschauers anzusprechen. Die Vorliebe der Toskaner für die polychrome Architektur, die in der Romanik so stark ausgeprägt war, ließ sich durch die Neuerungen Brunelleschis und Albertis nicht unterdrücken.

Skulptur

Donatello

Wie sein Freund Brunelleschi war Donatello eine Ausnahmeerscheinung, ein unermüdliches und anspruchsvolles Genie. Während seiner langen

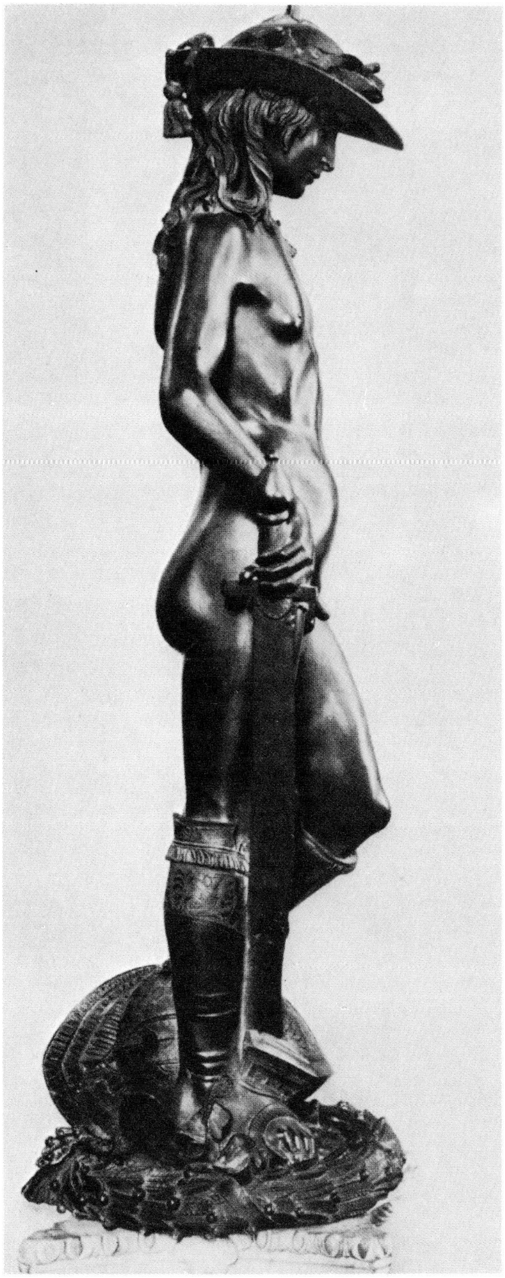

163 Donatello, David, um 1440. Bargello, Florenz

künstlerischen Laufbahn (1386-1466) hat er sich in allen Kunstarten betätigt und auf Maler, wie Mantegna, auf Meister des Dekors und Architekten ebensosehr eingewirkt wie auf Bildhauer. In seinen Jugendwerken verrät sich seine Geringschätzung für die ›schöne‹ Form, die Drapierungskunst und die modische Kalligraphie. Der steinerne, für Or San Michele bestimmte *Hl. Georg* (1416) weist noch ›gotische‹ Züge, eine Drehung und Ausbalanciertheit, auf, aber die gefällige Heiterkeit ist hier bereits einer neuen Betonung des Kraftvollen gewichen, das in Haltung und Gesichtsschnitt deutlich zutage tritt (Bargello). Donatello hat bei den vier großen Projekten von 1420 und den folgenden Jahren eng mit Michelozzo zusammengearbeitet: bei dem Grabmal für Johannes XXIII. im Baptisterium, dem an Noblesse unübertroffenen Brancacci-Grabmal in S. Angelo a Nilo in Neapel, dem leider stark kriegsbeschädigten Aragazzi-Grabmal in Montepulciano und der monumentalen Außenkanzel des Doms zu Prato[122]. Es ist anzunehmen, daß Michelozzo die Gestaltungsweise seines Partners zu einer klassischen Form hin beeinflußte. Donatello erneuerte also das Vokabular der Kunst der Gebärde und lehnte die für den Faltenwurf überlieferten Regeln ab. Die Figur seines *Habakuk* am Campanile (1427 bis 1436) ist eine in die Länge gezogene, knochige Gestalt mit einem formlos über die Schulter geworfenen Mantel, die schwerfällig auf ihren Beinen steht (Dom-Museum). Alles an diesem Werk ist kühn, herausfordernd und energiegeladen; der gotische Schematismus ist vollständig verschwunden. Was wir hier vor uns haben, ist die unmittelbare Verherrlichung einer lebenden menschlichen Erscheinung voll interessanter, der Natur abgelauschter Einzelheiten. In diesem Sinne verstanden, handelt es sich durchaus um einen ausgesprochenen Realismus, der allerdings durch Ausdrucksmöglichkeiten abwechslungsreich gestaltet wird, die mit zunehmend berechnender Geschicklichkeit sich der blendendsten technischen Mittel bedienen. Der pathetische *Hl. Johannes* in der Frari-Kirche in Venedig, der übereinstimmend als Spätwerk eingestuft wurde, hat sich aufgrund der Signatur als ein 1438 vollendetes Werk erwiesen[123].

Um 1440 entstand der großartige nackte *Bronze-David* mit einem Hut aus Lorbeerblättern, der in einem geistvollen Gegensatz zu dem übergroßen Helm des enthaupteten Riesen steht. Der sehnige, schlanke und lässige junge Körper im ›Kontrapost‹ scheint ganz in Licht gebadet, Lichtreflexe spielen auf der glänzenden Haut, wobei die ziselierten Teile mit den glatten Stellen des Oberkörpers und der Beine kontrastieren (Bargello) □ 163.

In die Bronzetafeln für das Taufbecken in Siena (1421-1427), zum Beispiel beim *Fest des Herodes*, fügte Donatello einen architektonischen Hintergrund ein, der Abstufungen gestattet, in denen die Reliefform auf das mannigfaltigste zum Ausdruck kommt. Die sehr kunstvoll und sorgfältig in Stein gearbeitete *Verkündigungsgruppe* in S. Croce (1433) umschließt in einem reich gestalteten Tabernakel, der von Putten bekrönt ist, ein Gestenspiel von äußerster Sensibilität; der Hintergrund wird durch eine feine Musterung belebt. Auch hier erweiterte und variierte der Künstler die Beziehungen zwischen den Figuren und dem Ornament.

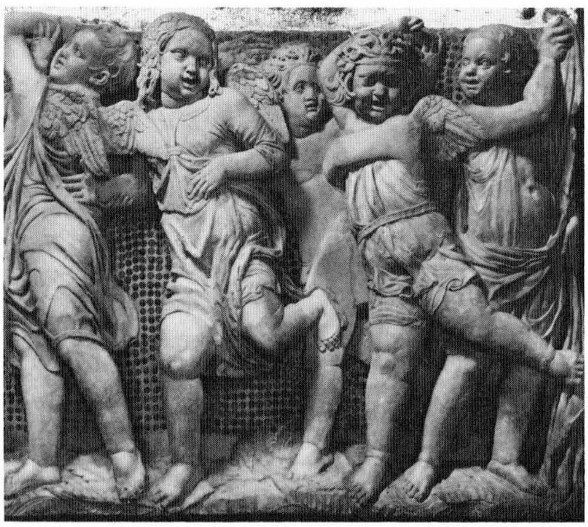

164 Donatello, Sängerkanzel (Detail), 1433-1439

Bei der *Cantoria* oder Sängerkanzel des Domes (1433-1439, Dom-Museum) reicht der Reichtum der Ausdrucksmittel von einer Architektur mit großen Konsolen bis zum Goldmosaik des Hintergrunds, von dem sich ausgelassene Gruppen tanzender Kinder plastisch abheben □164. Manche dieser Figuren sind antiken römischen, jedoch auf Praxiteles zurückgehenden Vorbildern entnommen, wie sie damals noch in den Kirchen Ravennas zu sehen waren. Diese Beispiele aus der Antike haben der Phantasie Donatellos ganz neue Wege erschlossen. Durch ihn wurde der ›Putto‹, das von Lebenslust und Übermut sprühende Kind, zu einer wesentlichen Figur der Bildhauerkunst. Manchmal ist er als lachender kleiner Faun allein für sich dargestellt, mitunter tritt er als Emblemträger vor Pilastern oder als Girlandenträger auf Kranzgesimsen und Friesen auf und gelangte so auch in die Malerei[124].

In Padua, wohin Donatello gerufen wurde (1443-1452), schuf er, angeregt von einem Milieu, das ›antikisierender‹ war als Florenz, nach dem Vorbild des Reiterstandbildes des Marc Aurel (in Rom) das erste Monumental-Werk der Frührenaissance: die Reiterstatue des *Gattamelata* (1444-1447). Der Sockel ist einem Grabmal ähnlich. In der Figur des Pferdes wurde unter vollkommener Bewältigung aller technischen Schwierigkeiten das verwirklicht, was Uccello mit seinem in Florenz gemalten Bildnis des Condottiere (John Hawkwood) beabsichtigt und angeregt hatte. Im Gegensatz dazu zeigt die Rüstung eine überreiche Ziselierung. Weiterhin schuf der Künstler in Padua jenen großen mit Reliefs und Statuen ausgeschmückten Aufbau für den *Altar der Basilika des hl. Antonius* (1447-1450). Hier ruft die sitzende Madonna die Erinnerung an einen archaisierenden Typus wach und gleicht einem Idol. Die Reliefs mit der Darstellung der Wunder des Heiligen verwenden in noch nie dagewesenem Ausmaß perspektivisch gesehene Architekturelemente wie Gewölbe, Portiken und dergleichen, die zur Kulisse für die bewegte Menschenmenge werden. Fast bis zur Unerträglichkeit wird die Verknäuelung der Körper in den späten Bronzewerken des Künstlers

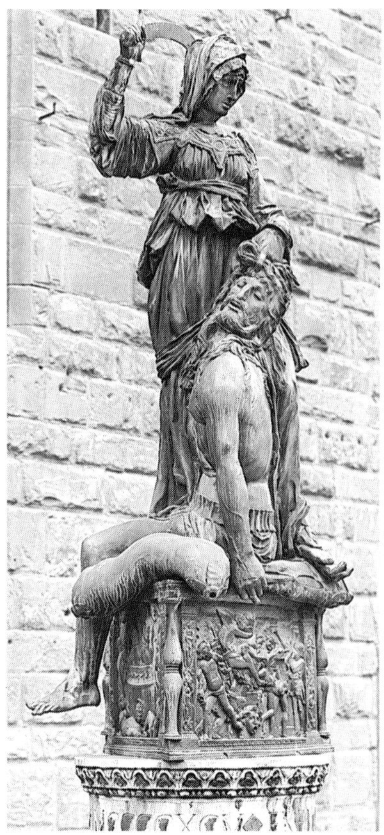

165 Donatello, Judith und Holofernes

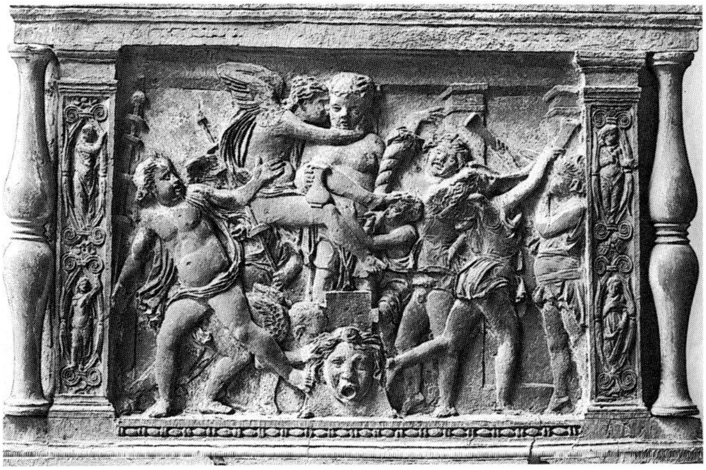

166
Donatello
Judith und Holofernes, 1456/57
Sockeldetail
Piazza della Signoria, Florenz

getrieben, so zum Beispiel in der Darstellung der *Kreuzigung* im Bargello, wo sich die Kühnheiten des ›schiacciato‹ oder Flachreliefs durchsetzen. Das gleiche gilt für die noch bewegteren und daher fast verworren wirkenden Platten der großen *Kanzeln für S. Lorenzo* (ab 1461), die jedoch von einer unerhörten Pathetik gekennzeichnet sind; auf letzteren ist übrigens die Hand der Mitarbeiter Bellano von Padua und Bertoldo spürbar. Die künstlerische Eigenwilligkeit des greisen Donatello bleibt ungebrochen in Figuren wie der zitternden *Maria-Magdalena* (Baptisterium) und der kleinen verträumten Heldin *Judith* – einer Art Gegenstück zum David –, die einen Brunnen krönen sollte (daher die bacchantischen Putti am Sockel); sie wurde 1495 zum Symbol der republikanischen Tugend erhoben □165, 166.

Das Unvergleichliche dieser Schöpfungen liegt in ihrer großen Ausdruckskraft; in ihnen werden die handwerklichen Möglichkeiten weit überschritten, durch die Gewalt der Form jedoch die Auflösung der plastischen Werte stets vermieden. Dieser Abwechslungsreichtum, in dem die kraftvolle Kunst von Giovanni Pisano und die dionysische Kunst antiker Reliefs sich miteinander vereinigen, sprengt jede Einordnung in Stilkategorien. Donatello, dessen Kunst turmhoch über der seiner Zeitgenossen stand, wurde aber in Florenz nicht immer vorbehaltlos anerkannt.

Ghiberti

Während der langen Abwesenheit Donatellos von Florenz hatte dort eine andere Kunstrichtung die Oberhand gewonnen: Mit der dritten Tür des Baptisteriums gelangte 1452 um die Mitte des Jahrhunderts ein anderer Stil zum Siege, der – weicher und heiterer sich gebend – den Florentinern nicht minder gefiel. Sein Urheber Ghiberti ließ die ›Commentari‹ verbreiten, in denen er sich als der in der Antike bewanderte Repräsentant der modernen Kunst bezeichnet. Aber seine Sehweise, ja selbst die Art, wie er Plinius heranzieht, blieben im Grunde mittelalterlich. Zwar gab es für ihn die Renaissance, aber seiner Meinung nach hat sie sich bereits im 14. Jahrhundert mit Giotto und Duccio vollzogen, die er außerordentlich hoch einschätzte, sowie mit Nino Pisano. Er wollte glauben machen, daß er eine ausgewogene und harmonische Kunst fortsetze, deren ›gotische‹ Substanz ihm um so weniger aufging, als er sie ständig um geringfügige Anleihen aus der Antike bereicherte, wobei er ›griechisch‹ all das nannte, was ihm erlesen vorkam. Im Grunde handelt es sich aber um die Weiterführung einer Entwicklung auf bereits vorhandener Grundlage; bezeichnend hierfür sind die sanfte Drehung und der überkreuz drapierte Faltenwurf seiner Figuren *Hl. Johannes der Täufer* und seines *Hl. Matthäus* (1422) an Or San Michele.

Ein Vergleich zwischen den beiden Hauptwerken dieses Goldschmiedes und Bildhauers macht deutlich, welch beträchtliche Stilwandlung stattgefunden hat. Die zweite Tür, deren Ausführung Lorenzo Ghiberti bei dem Wettbewerb von 1401 zugesprochen worden war, wurde noch, wie die des Andrea Pisano fünfundsiebzig Jahre früher, in vierundzwanzig Vierpass-Felder aufgeteilt, die die Szenen aus dem Leben Jesu enthalten □134. Die

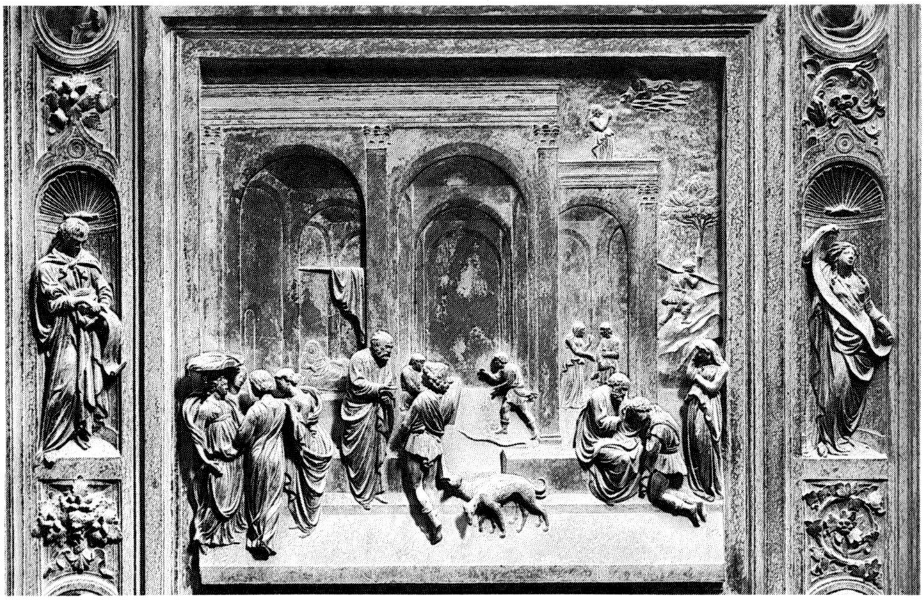

167 Ghiberti, Geschichte von Isaak und Jakob, Bronzefeld der Paradiestür, Baptisterium, Florenz, 1423-1452

Szene, wo Jesus auf den Wassern wandelnd den hl. Petrus emporhebt, erinnert an das gleiche Thema bei Giotto; auf der Geißelungsszene gleichen die erlesen gestalteten Figürchen in ihrer gewundenen Linienführung Pariser Elfenbeinarbeiten.

Bei der dritten Türe verfuhr Ghiberti ganz anders: die Flügel sind in zehn große Bronzefelder aufgeteilt; anstelle der ein wenig naiven Blumenrahmung treten Bandfriese mit Nischen (Propheten), voneinander getrennt durch Medaillons mit plastisch herausgearbeiteten Köpfen, von denen eine gewisse Schockwirkung ausgeht. Die großen Szenen aus dem Alten Testament verbinden auf gefällige Weise eine Fülle von Einzelheiten mit plastischen Wirkungen, als da sind Landschaften mit dekorativen Bäumchen und zart eingeschobenen architektonischen Motiven (wie zum Beispiel der Tempel von Jerusalem), aus denen sich die Figuren des Vordergrundes in glatter und zügiger Modellierung abheben. In dieser fast ›malerischen‹ Verschmelzung verlieren der für Ghiberti charakteristische melodische Faltenwurf sowie die geschmeidige Anordnung an Wert; die übergenaue Zeichnung kämpft gegen den Schimmer der vergoldeten Teile an, die bei den Restaurierungsarbeiten in jüngster Zeit aufgedeckt wurden. Es gelang Ghiberti nicht nur, das Neue in das Alte einzufügen, er bewahrte auch die Stileinheit des Goldschmiedes und Bildhauers □ 167.

Luca della Robbia

Die Werkstatt Ghibertis sollte eine sehr bedeutsame Rolle spielen. Die Nachdrücklichkeit, mit der hier das liebevoll ausgearbeitete Detail und die ausgesuchte Feinheit der Wirkung gepflegt wurden, findet sich in verstärktem Maße im Werke Luca della Robbias (1400-1482) wieder. Diesem Künstler, der seine Laufbahn ebenfalls als Goldschmied begann, gelang an der (gleichzeitig mit der des Donatello zwischen 1431 und 1438 entstandenen) *Sängerkanzel* eine ebenso lebendige wie zuchtvolle, ebenso echte wie idealisierte Darstellung, in der die Anstrengung, mit der sich die kleinen Sänger um die Wiedergabe des Psalms

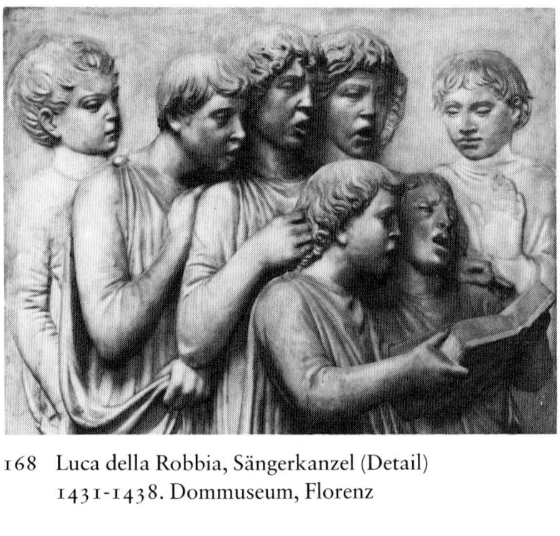

168 Luca della Robbia, Sängerkanzel (Detail) 1431-1438. Dommuseum, Florenz

›Laudate Dominum‹ mühen, offenbar wird □ 168. Für den Campanile schuf er fünf sechseckige Medaillons von reiner und harmonischer Gestaltungskraft (1437-1439), die neben denen des Andrea Pisano noch fehlten, ferner die Bronzetür für die Domsakristei, an der Michelozzo und Maso di Bartolomeo (1446) mitgearbeitet haben. Die klare Aufteilung der Szenen, das weiche Modelé der Figuren sind die Erklärung dafür, weshalb Luca sich schließlich der polychromen glasierten Terrakotta-Technik zuwandte, um seine Reliefs volkstümlicher zu machen. In den Giebelfeldern zahlreicher Tabernakel oder Nischen, oftmals in Form von Medaillons oder Rundbildern (›tondi‹), meistens von dicken Blumengirlanden umrahmt, verbreitet die Kunst Lucas allenthalben ihre ruhigen Madonnen mit ihren blauweißen Gewändern und wohlwollende Heiligenfiguren. Diese von den besten Meistern anerkannte Kunst, die sich bald großer Beliebtheit erfreute, fand eine zahlreiche Nachfol-

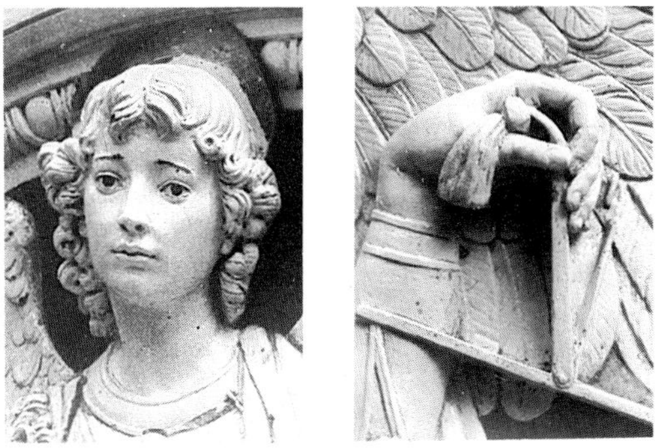

169 Andrea della Robbia, Der hl. Erzengel Michael als Seelenwäger (Details), um 1475. Museum, Faenza

ge: Andrea (1435-1525), dessen Darstellungen für aufwendige Altartafeln (La Verna, Assisi u. a.) komplizierter sind, und Giovanni (1446-1527) mit seinen raffinierten, jedoch was ihren Geschmack betrifft weniger sicheren Werken, wie etwa die *Madonna mit Heiligen* in Arezzo.

Angespornt vom Schwung Donatellos und der zuchtvollen Formsprache Ghibertis, entwickelte die florentinische Bildhauerkunst um die Mitte des Jahrhunderts zahlreiche dekorative Darstellungsschemen.

Donatellos Flachreliefs bestimmten die Kunst des Agostino di Duccio (1418-1481), ohne daß dieser freilich die unmittelbare und ausdrucksvolle Sensibilität dieses Meisters erreichte. Duccio war der Mitarbeiter Albertis in Rimini, und ihm sind die zahlreichen Schmuckplatten zuzuschreiben,

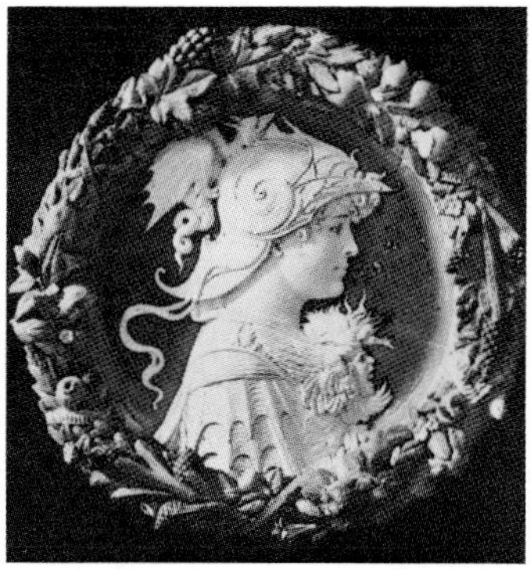

170
Giovanni della Robbia
Tondo
Kunsthistorisches Museum
Wien

auf denen mythologische Gottheiten, die freien Künste und Propheten auftauchen oder Putti mit runden Köpfen und molligen Körpern ihr Wesen treiben □ 171. In seiner Vorliebe für vielfigurige Gruppendarstellungen scheute der Bildhauer vor keiner ikonographischen Absurdität zurück; so häufte er Figuren an, wie beispielsweise die rätselhaften Allegorien der ›Tugenden‹, etwas heraldisch behandelt wie Emblemata, mit einer Ungezwungenheit, die letztlich eher graphisch als plastisch ist. Die marmorne *Muttergottesstatue* für den Dom von Florenz (heute im Bargello) ist feinfühliger und zeigt eine Entwicklung in Richtung auf die Kunst des Desiderio an. Unausgeglichener hinwiederum erweist sich der Künstler in S. Bernardino in Perugia, dessen ganze Fassade er gleichsam so wie ein Goldschmied ein Tabernakel ge-

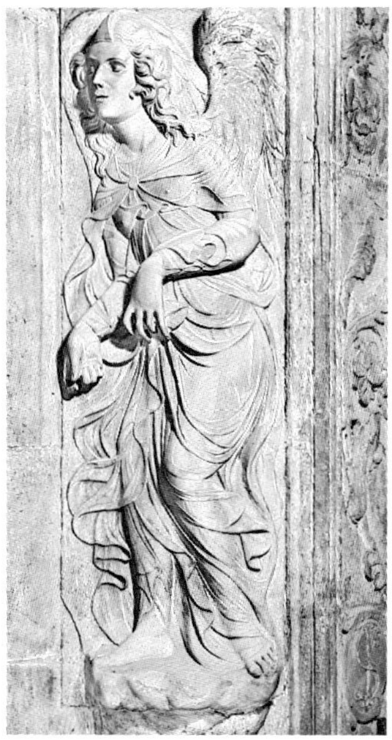

171
Agostino di Duccio
Engel
Schmuckplatte
um 1450
Tempio Malatestiano
Rimini

staltete; sie wird von einer heiteren *Verkündigungsgruppe* abgeschlossen. Die *Franziskanischen Tugenden* zwischen Pilastern im Innern der Kirche sind stilistisch weniger geglückt.

Die Grabdenkmäler

Der Mitarbeiter Albertis, Bernardo Rossellino (1409-1464), lieferte mit dem *Grabmal des Leonardo Bruni* in S. Croce (1444) ein bleibendes, dem neuen Geschmack angepaßtes Vorbild für den Typ des Grabdenkmals. Mit seinem weitgespannten Bogen in Einlegearbeit über kannelierten Pilastern stellt dieses großartige Werk eine genau berechnete Umgestaltung des alten gotischen mehrgeschossigen Grabmals dar: eine antikisierende Grabstätte ist hier mit zwei ein Spruchband tragenden Engeln nach ghibertischer Manier vervollständigt und zeigt eine auf dem Katafalk liegende Figur, im Tympanon eine Lünette mit einem anmutigen freundlichen Muttergottesbild. Einige Jahre später schuf ein Schüler Donatellos, Desiderio da Settignano (1428-1464), der einen besonders ausgeprägten Sinn für zarte Modellierungen hatte, mit dem *Grabmal für Carlo Marsuppini* (1455) eine reicher ausgeschmückte, durch die Feinheiten des Reliefs ›farbigere‹ Variante, jedoch dafür in der Zeichnung weniger großzügig. Desiderio liebte das Zarte; voller Zurückhaltung wandte er sich mehr der weiblichen Schönheit zu, in seinen Flachreliefs (schiacciato) erscheint der Kontur, wie bei der Madonna im Bargello, fadendünn umrissen, seine Porträts haben eine nahezu vollkommene Durchsichtigkeit. Sein von Donatello inspirierter Marmortabernakel für S. Lorenzo ist ein Musterbeispiel wohlgeordneter Pracht. Mit Desiderio erreichte der florentinische Geschmack einen unübertroffenen Höhepunkt. Das dritte Grabmal, das deutlich die rasche Entwicklung der Bildhauerkunst zu ›malerischen‹ Effekten aufzeigt, ist das bereits erwähnte *Grab des Kardinals von Portugal* (1459) von Antonio Rossellino in der Seitenkapelle von S. Miniato □ 172. Hier tritt die Arkatur zurück und wird durch einen Schleier verdeckt; vor der durch eine prunkvolle Alabasterplatte farbig getönten Wand scheinen der Tondo mit der Muttergottes in der oberen und der Katafalk in der unteren Etage in einer so lieblichen Ausgewogenheit gleichsam zu schweben, daß man den Tod darüber fast vergißt. Diesen Einfall sollte Antonio in Monte Oliveto bei Neapel wiederholen. In der *Porträtbüste des Matteo Palmieri* (Bargello) gibt er sich kraftvoller und unmittelbarer.

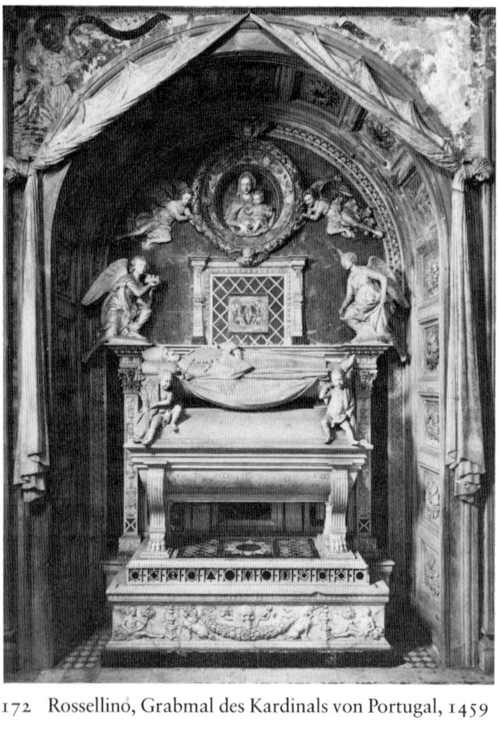

172 Rossellino, Grabmal des Kardinals von Portugal, 1459

Nach Desiderios frühem Tod trat um 1470 die Figur des Mino da Fiesole (etwa 1430 bis 1484) in den Vordergrund. Seiner Anlage nach etwas unsicher, zog er aus der stilistischen Auflockerung, die auf die angestrengte Anspannung der voraufgegangenen Generation folgte, Gewinn und fühlte sich von der geschmeidigen Kunst des Ghiberti angezogen. Vor allem meißelte er Porträtbüsten, so von *Piero de' Medici* (1453) und *Diotisalvi Neroni* (1467); bei dem *Grabmal für Leonardo Salutati* (Fiesole, 1464) versuchte er, sich von dem Schema Rossellinos freizumachen, indem er über dem Sarkophag eine anspruchslose Büste des Verstorbenen vor einen farbigen Marmorhintergrund anbrachte. Beim *Grabmal für den Grafen Hugo* in der Badia versuchte er das gleiche, vereinfachte jedoch den Aufbau und hob die sanfte Rundung der Figuren hervor, wie etwa der ›Caritas‹. Nach Rom berufen, näherte er sich in dem heute zerstückelten *Grabmonument Pauls II.* (1475) wieder dem Vorbild des genannten Grabmals des Leonardi Bruni. Dagegen unterlag er in den minutiös gearbeiteten Relief-Feldern an der Kanzel im Dome zu Prato schließlich ganz dem Einfluß Ghibertis.

Im Werke Benedetto da Maianos herrscht nach 1470 der Eklektizismus. Bald darauf aber kündigt sich in den einflußreichen Werkstätten der Maler-

Bildhauer Pollaiuolo und Verrocchio eine starke Gegenströmung an, durch die der Realismus und die großen Bronzezyklen wieder in Mode kamen.

Malerei

Masaccio

Mitten in der Zeit, als der weiche Stil von Lorenzo Monaco und die schillernde, mit allerlei naturalistischen Motiven durchsetzte Manier des Gentile da Fabriano sich größter Beliebtheit erfreuten, überraschte der junge Masaccio (1401-1428) mit einer neuen Malerei, die den gefälligen, verspielten Zierat des gotischen Stils kategorisch ablehnte. Alten Quellen zufolge war Masaccio ein Schüler des Masolino (1383 bis etwa 1447), und mit diesem zusammen findet man ihn im Februar 1426 damit beauftragt, die *Brancacci-Kapelle* in der Carminekirche in Florenz auszumalen. Es wird heute angenommen, daß er hier trotz seines jugendlichen Alters nicht als Gehilfe, sondern als Kollege Masolinos auftrat. Fast scheint es, als sei der ältere Meister zeitweilig von dem heraufkommenden Genie des jüngeren, den er ausbildete, beeinflußt worden, und es wäre unangebracht, die beiden radikal voneinander trennen zu wollen, so, als ob Masaccio sich in Gegensatz zu seinem Lehrer gestellt hätte. Wie Ghiberti in der Skulptur, neigte der Ältere dazu, den gotischen Schematismus geschmeidig zu machen, ihn jedoch als den tragenden Rahmen für Neuerungen beizubehalten, vor allem in Bezug auf die Perspektive und die Modellierung. Von den ersten Madonnen (1423) bis zu der Madonna in der Kirche S. Stefano in Empoli wird seine Zeichnung zunehmend kraftvoller. 1427 unterbrach Masolino seine Arbeiten in der Carminekirche und begab sich nach Ungarn, wohin er einem Ruf des Pippo Spano folgte, später nach Rom (1429), wo er die Arbeiten Masaccios in S. Clemente fortsetzte, dann nach Todi, wo er an S. Fortunato tätig war, und schließlich nach Castiglione d'Olona. An den Fresken im *Baptisterium* (dem *Gastmahl des Herodes*, der *Taufe Christi* etc.) erkennt man deutlich, daß ihm ein durch perspektivisch verkürzte Säulenhallen großzügig gegliederter Raum und derbe Formen nicht unvereinbar mit der einschmeichelnden Süße des Trecento dünkten. Sie erschienen ihm eher als eine reizvolle Erweiterung; Puttenfriese und das berühmte Panorama von Rom deuten sogar auf weitere Bereicherung hin und beweisen seine wache Sensibilität.

Masaccio ging dagegen von anderen Voraussetzungen aus. Seine Geistesverwandtschaft mit Donatello läßt vermuten, daß der Maler hier tatsächlich von dem Bildhauer angeregt wurde. Wie dieser benutzt er machtvolle Gestalten voller Menschlichkeit; gleichgültig gegen jede Form von Anmut, sind sie vielmehr von Stärke und heroischem Geist geprägt. Seine fast ausschließliche Betonung der Modellierung und der Tonwerte geht auf den tiefen Ernst und die plastische Strenge Giottos zurück. Diese mit einer beispiellosen Nachdrücklichkeit vorgetragene Lehre sollte von unübersehbarer Tragweite sein. Aber die Unterscheidung zwischen Masaccio und seinem Lehrer ist nicht immer leicht, und die zeitliche Abfolge dieser entscheidenden Jahre bleibt umstritten[125]. In der *Hl. Anna Selbdritt* (Uffizien, zwischen 1420 und 1424), die einen kanonischen Typus des Trecento wieder aufnimmt, zeigt die Madonna mit dem Kinde in ihrer großzügigen und sicheren Modellierung die Hand Masaccios ebenso wie der Engel zur Rechten, bei dem ausnahmsweise das

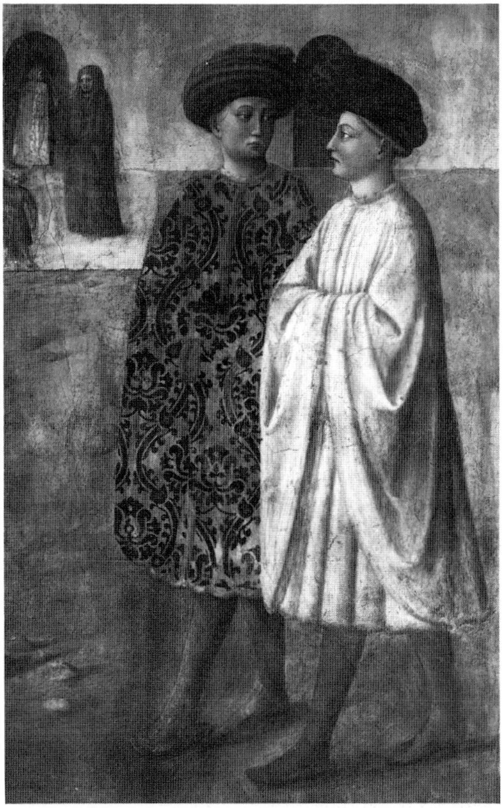

173 Masolino, Heilung des Kranken (Detail), 1426

Gefällige angestrebt wird. In dem heute auseinandergerissenen Flügelaltar von Pisa (1426) konzentriert sich die Aufmerksamkeit Masaccios auf die Wirkung des Lichts, das die derberen Formen der Komposition deutlich hervorhebt. Die stämmigen Heiligenfiguren haben die gebieterische Vitalität der Propheten Donatellos am Campanile. Die mit *Szenen aus dem Leben des hl. Petrus* ausgemalte Brancacci-Kapelle in der Carminekirche ist eines der am besten erforschten Kunstwerke Italiens. Die Wahl des Lebens des hl. Petrus ist nicht ohne Bezug zur florentinischen Politik, die den römischen Kirchenfürsten gewogen war[126]. Infolge der schwer zu erklärenden plötzlichen Abreise der beiden Maler (1527), bei denen diese Arbeit in Auftrag gegeben worden war, blieb das Werk jedoch unvollendet; es wurde 60 Jahre später durch Filippino Lippi vollendet: Von 205 Fresken-Tagen (*giornate*) gehen 131 auf das Konto von Masaccio und Masolino. Letzterem sind die *Predigt* und vor allem die *Heilung des Kranken* □173 mit der Staffage des berühmten, perspektivisch gesehenen Stadtplatzes mit den typisch florentinischen Häusern zuzuschreiben sowie am Eingangsbogen *Adam und Eva im Paradies;* im allgemeinen spricht für ihn die Entfaltung der Figuren in einem zusammenhängenden Raumgebilde. Masaccios Hand dagegen erkennt man an ihrer Fülligkeit und dem Bestreben, den Wahrheitsgehalt und die Eigenart der Gestalten herauszuarbeiten. Wie bei Dante unter den Toten der Hölle, ist die menschliche Realität jetzt an dem klaren abgezeichneten Schatten erkennbar, den die Gestalt wirft. In der Szene mit dem *Zinsgroschen* □174, die sich vor einer Landschaft abspielt, die nackt und felsig ist wie bei Giotto, sind die Apostelfiguren mit ihren gebräunten Gesichtern, ihren schweren Gewändern und würdevollen Gebärden von starker Wirkung. Auf dem zweiten Bildfeld mit der Szene der *Verteilung der Almosen* hebt die dramatische Beleuchtung mit ihrer ergreifenden Intensität das kargere bäuerliche Aussehen der Beteiligten ganz besonders stark hervor. Masaccio versteht es, seinen Bildvorgang so anzuordnen, daß er den Fluchtpunkt der Komposition in Augenhöhe des Beschauers legt, so daß sämtliche Köpfe, ob nah oder entfernt, sich auf der gleichen Höhe befinden (Regel der Isokephalie); freilich wird damit nur ein pathetisches Ineinandertauchen der Blicke erzielt, nicht aber ein malerisches Spiel der Figuren.

Masaccio starb ganz plötzlich mit siebenundzwanzig Jahren mitten in seiner vollen Schaffens-

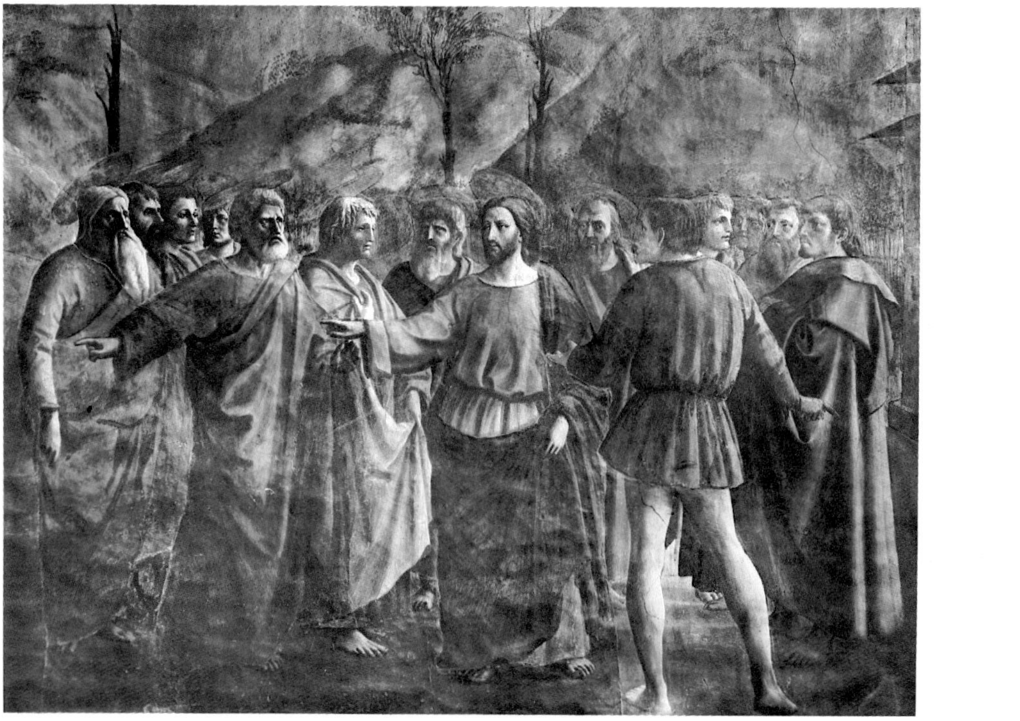

174 Masaccio, Der Zinsgroschen (Detail), 1426. Brancacci-Kapelle, Florenz

kraft in Rom, wo er wohl zu dieser Zeit an der Kreuzigung der Katharinen-Kapelle in S. Clemente und an einem Flügelaltar für S. Maria Maggiore gearbeitet haben muß, von dem kürzlich ein Bruchstück gefunden wurde. In Florenz hinterließ er außerdem in S. Maria Novella eine Kreuzigung zwischen zwei Stifterfiguren vor einer Bogenstellung in Tiefenperspektive. Die Stifter haben stark ausgeprägte Züge, das gleiche Licht und der gleiche Raum umfassen sie wie die Jungfrau Maria und den hl. Johannes. Die nun zur mächtigsten aller Sprachen erhobene Malerei teilt dem menschlichen Wesen soviel Größe, Ernst und eindringliche Würde mit, daß es in einem Selbstbewußtsein und einem Maß gipfelt, wie das Abendland es lange Zeit nicht mehr gekannt hatte.

Die Zeit zwischen 1430 und 1440 stellte für Florenz eine Art toten Punkt dar. Masaccio war tot, Masolino kehrte nicht zurück; die finanzielle Krise, eine Folge des Krieges gegen Mailand, sowie die Einrichtung des ›catasto‹, einer proportionalen Steuer, schränkte die öffentlichen Aufträge ein. Neue Künstler traten nicht auf. Einzig und allein die von den Medici nach ihrer endgültigen Rückkehr 1434 bestellten Arbeiten, sowie die der Dombauhütte, liefen weiter. Um diese Zeit veröffentlichte Leon Battista Alberti seine Schrift ›De pictura‹ (1436), in der er nach dem Muster der ›Rhetoriker‹ die Grundprinzipien der Kunst (Perspektive), des Kunstwerks (Zeichnung, Modellierung, Farbe) und des Künstlers (Kompositionsgesetze) untersucht. Diese denkwürdige Abhandlung umreißt nicht so sehr einen Überblick über den neuen Stil als vielmehr eine Vorschau auf die Malerei der Zukunft, eine aus der humanistischen Kultur und dem Vertrauen auf einige fortschrittliche Geister entstandene Vorwegnahme, die die Formeln der großen Kunst, die es wiederzufinden galt, in Plinius erblickte.

Meister der Farbe: *Domenico Veneziano, Fra Angelico, Filippo Lippi*

Im Jahre 1438 schrieb ein aus Venedig stammender Maler mit Namen Domenico Veneziano (etwa 1400-1461), der seine Vaterstadt jedoch lange verlassen hatte, an Piero de' Medici, er wolle es Fra Angelico und Lippi gleichtun, die er namentlich als die beiden größten Maler von Florenz bezeichnete. Es wäre interessant zu erfahren, ob Domenico damals schon einmal in Florenz gewesen und sein Einfluß dorthin gedrungen war. Als ein Meister der Öltechnik brachte Domenico den

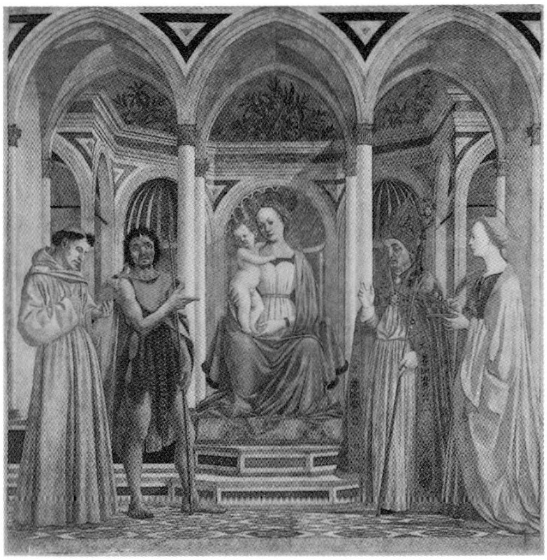

175 Domenico Veneziano, Madonna von S. Lucia dei Magnoli, um 1445. Uffizien, Florenz

Sinn für eine leichte, helle, gleichsam morgendliche Farbgebung mit. Den Bildraum beherrschte er ebenso wie das Helldunkel und stellte damit eine Art Gegengewicht zu Masaccio dar.

Von 1439-1445 arbeitete Domenico Veneziano am Chor von Sant' Egidio zusammen mit dem jungen Piero della Francesca, dessen Lehrer er wurde. Von 1451-1453 malte dort Andrea del Castagno drei Szenen aus dem *Leben der Jungfrau Maria.* Da diese Arbeiten verlorengegangen sind, fehlt uns die Möglichkeit des endgültigen Vergleichs. Das uns bekannte Werk Domenicos führt von dem noch von Figuren überhäuften ›gotisierenden‹ Bildraum der *Anbetung der Könige* (Berlin, entstanden vielleicht 1435) über das Bild der *Madonna von S. Lucia dei Magnoli* (heute in den Uffizien, etwa 1445), in dem Perspektive und Lichteinfall wohl geordnet sind, zum Freskenfragment mit dem hl. Franziskus und dem hl. Johannes dem Täufer in S. Croce (etwa 1460), das von einer eindrucksvollen realistischen Schärfe ist □ 175.

Zwischen 1420 und 1440 hatte also die Malerei mit einem Mal eine neue Daseinsberechtigung erhalten. So machten sich interessante Strömungen bemerkbar; der harmonisch angeordnete Bildraum wurde von allen Künstlern angenommen, aber gegenüber Malern, die empfänglicher für die farbigen Werte des Bildes waren, wie Fra Giovanni da Fiesole (Fra Angelico, um 1400-1455) und Filippo Lippi (1406-1469) wurde die Einstellung von Meistern der Zeichnung, wie Paolo Uccello (1397-1475) und Andrea del Castagno (1423 bis

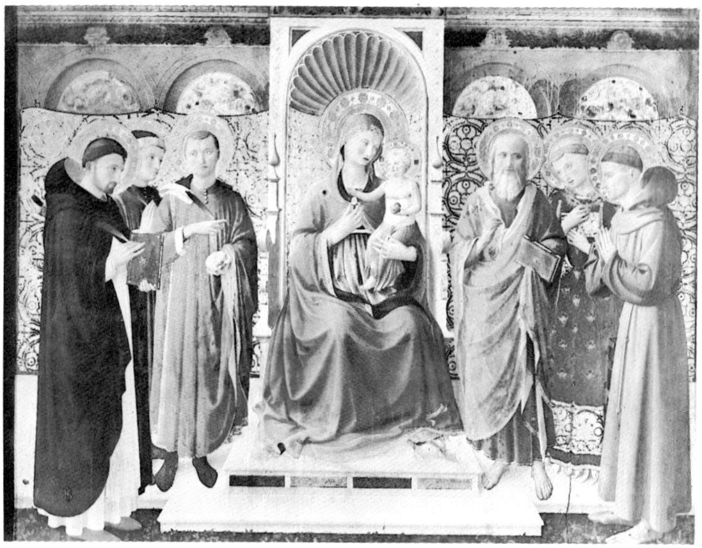

176
Fra Angelico
Madonna mit Kind und Heiligen
1437-1441
Museo di S. Marco, Florenz

1457), für die ganze Florentiner Malerei richtunggebend.

Die unter der Protektion von Cosimo de'Medici stehenden, ›Observanten‹ genannten, reformierten Dominikaner von Fiesole und dem Kloster von S. Marco in Florenz hatten als Prior einen Maler, der bald den Beinamen ›Angelico‹ (der Engelhafte) erhielt. Sein erstes bekanntes Werk ist das *Altarbild von Fiesole* (1428). Trotz seiner Vorliebe für Gold, perlmutterne Farben, Brokatstoffe und dergleichen, wie sie vor allem auf dem Tafelbild der *Madonna mit den Engeln* (Vatikan) vorkommen, ging bei ihm das reine Raumgefühl und die klare Modellierung der Figuren nicht verloren; sie sind auch auf der *Madonna dei Linaioli* (Uffizien, 1433) und sogar auf seiner *Kreuzabnahme* (Saint-Roch, Paris) noch zu finden. In der Übersichtlichkeit seiner Bildanordnung nahm der seliggesprochene Meister den neuen Stil durchaus an. Die Freude an leicht antikisierenden Architekturelementen à la Michelozzo bringt in all dies eine Art von humanistischem Ton hinein, wie zum Beispiel bei der *Madonna mit Heiligen* □176 und vor allem in der *Kapelle Nikolaus v.* im Vatikan (1447). Doch schon erscheinen wieder die schweren Damaststoffe und die dichten goldenen Heiligenscheine, und nach 1435 kann man bei Fra Angelico zunehmend Anleihen bei den frühen Bildentwürfen des Trecento wiederfinden, einen Hang zum Konservativen also, der bei einem Mönch nur allzu verständlich ist. Diese Geisteshaltung wird besonders deutlich in der *Ausschmückung des Klosters von S. Marco,* die allerdings durch die allzu große Zahl seiner frommen, unbedeutenden Mitarbeiter etwas beeinträchtigt wurde. Um 1440 entstand der Hauptaltar, dessen Predella (heute in alle Winde zerstreut) ein hohes Entzücken auslöste; ferner der sogenannte Annalena-Altar sowie der Altar in Bosco ai Frati und schließlich die große *Marienkrönung* (im Louvre), auf der eine glanzvolle Perspektive zusammen mit den lieblichen Farben Domenicos in den Dienst einer Art himmlischen Idylle gestellt sind, ohne jedoch damit neue Entwicklungen einzuleiten.

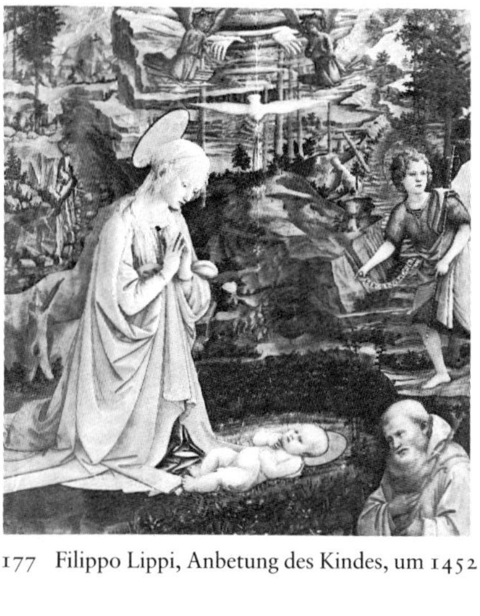

177 Filippo Lippi, Anbetung des Kindes, um 1452

Der für das Klosterleben wenig geeignete Karmeliterbruder Filippo Lippi stand zunächst ganz unter dem großen Eindruck des Masaccio, geriet dann jedoch unter den Einfluß der Koloristen;

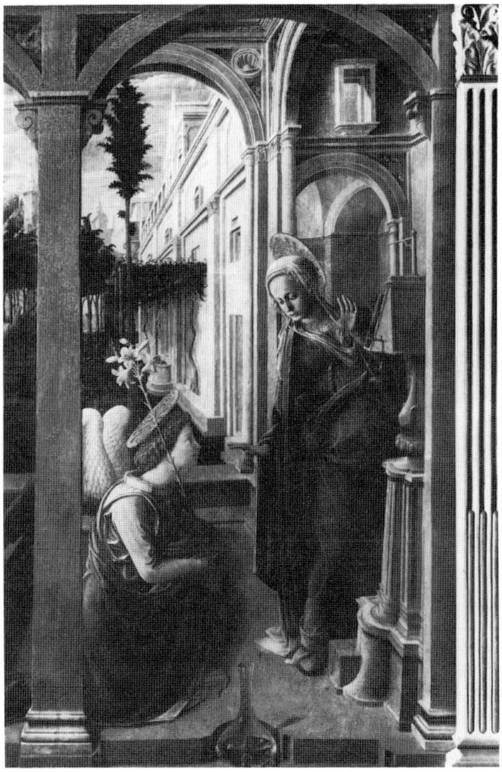

178 Filippo Lippi, Verkündigung. Uffizien, Florenz

aber er befand sich auch immer auf der leidenschaftlichen Suche nach eigenen Lösungen. Auf der *Trivulzio-Lünette* (Castel Sforzesco, etwa 1434) stellte er lebhaft bewegte Figuren auf einen himmelblauen Hintergrund; auf der *Pala Barbadori* (Louvre) gefällt er sich darin, einen ziemlich unzusammenhängenden Bildraum mit allerlei Gegenständen und lebhaften Formen auszustatten und erreichte in der *Krönung Mariens* (Uffizien, 1441-1447) durch die Vielfalt seiner Palette und die weichen Übergänge eine fast übersteigerte, doch geschickt zusammengefaßte Dichte. Jedes Detail ist von pulsierendem Leben erfüllt und mit Nuancen durchsetzt, die die Geschlossenheit der Komposition überall auflösen. Das schöne satte Grün, Braun und Gold auf der *Anbetung des Kindes* (Uffizien) enthält seinem Ausdruck nach so viele lyrische Züge, daß sie bei weniger gewissenhaften Malern Schule machen sollten □ 177. Kurze Zeit später jedoch raffte sich Lippi im Chor von Prato gleichsam zu einer letzten Anstrengung auf, um bei der Darstellung des *Lebens der Heiligen Stephanus und Johannes* (1452-1464) die Bildgestaltung perspektivisch sorgfältiger durchzuarbeiten. In der Ausmalung der *Apsis des Domes von Spoleto* – ein Werk, das ein Mitarbeiter, Fra Diamante, später vollendete – bricht bei der Beschwörung des himmlischen Hofstaates allerdings sein etwas ungezügelter Überschwang noch einmal durch.

Meister der Zeichnung: Uccello, Castagno

Die tiefe Erschütterung, welche die von Masolino und Masaccio herbeigeführten Neuerungen ausgelöst hatten, wirkte sich mit Paolo Doni, genannt Uccello, auf die kunsthandwerkliche Praxis aus. Zunächst arbeitete Uccello bei dem Erzgießer und Goldschmied Ghiberti; 1425 wurde er als Mosaizist nach S. Marco in Venedig gerufen; 1443 bis 1445 lieferte er für den Florentiner Dom die Entwürfe für die Glasgemälde; eines darunter, die Auferstehung, ist von einer bewundernswerten Dichte. Ehe er sich als Meister der Perspektive erwies, war Uccello ein ausgesprochener Handwerker, und alles in allem scheint seine Laufbahn als Maler ziemlich langsam und sprunghaft verlaufen zu sein. 1436 erhielt er den Auftrag, für die Nordwand des Domes ein Fresko mit dem *Reiterstandbild des Condottiere John Hawkwood* zu malen; dieses illusionistische Meisterwerk ist ganz in Grisaille ausgeführt. Vor einem dunklen Hintergrund

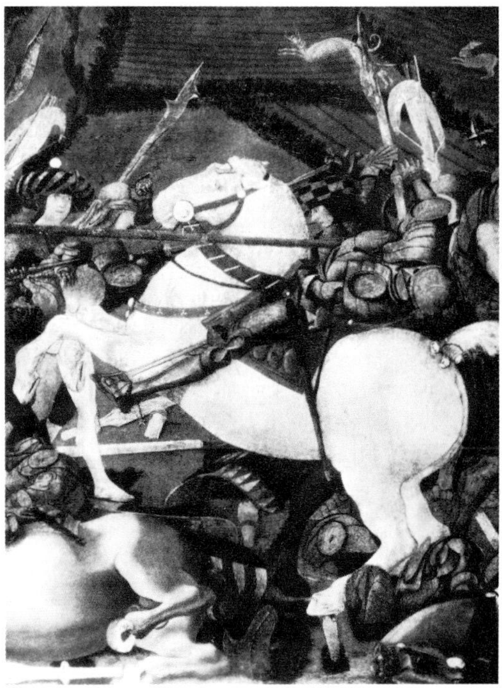

179 Uccello, Schlacht von S. Romano (Detail), 1456-1460

hebt sich ein mächtiges Pferd ab. Etwa 1439 bis 1440 malte Uccello für den Kreuzgang von San Miniato einige Szenen aus dem Klosterleben, von deren eindrucksvoller Perspektive heute nur noch einige lineare Andeutungen erhalten sind. Spätwerke von einer unerhörten Irrealität sind seine umfangreichen Kompositionen im ›chiostro verde‹ von S. Maria Novella, darunter vor allem die der *Schöpfung* und der *Sintflut* mit ihren Fluchtlinien und den merkwürdigen Figuren der Ertrunkenen (entstanden zwischen 1445 und 1450); hierzu gehören auch die drei Episoden aus der *Schlacht von San Romano* (Uffizien □179, Louvre, National-Gallery in London, entstanden zwischen 1456 und 1460). Nach diesen Schöpfungen zu urteilen, kann man Uccello kaum als den Nachfolger Masaccios und Erzvater der Perspektive bezeichnen. Hier erscheint er vielmehr als der spätgereifte, unausgeglichene und absonderliche Dichter, den die Legende in ihm sah, der das Universum auf ein geometrisches Modell reduzierte und sich unablässig in die Probleme der beschreibenden Mathematik vertiefte. Er ist es auch gewesen, der überall jenen rautenförmig geschnittenen Körper anzubringen pflegte, der ›mazzochio‹ genannt wird; auch scheute er sich nicht, gelegentlich die Wiesen rot und die Städte blau zu malen. Die Wirklichkeit jedoch sieht wesentlich vielseitiger aus, denn in Uccello steckt außerdem ein köstlicher gotischer Erzähler, der auf den Hintergründen seiner großen

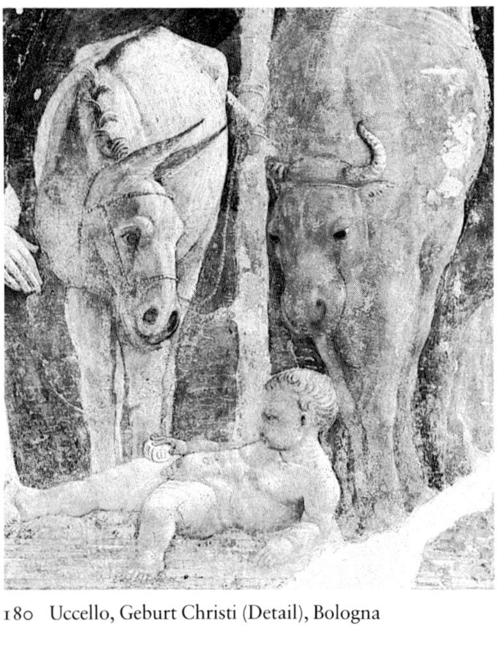

180 Uccello, Geburt Christi (Detail), Bologna

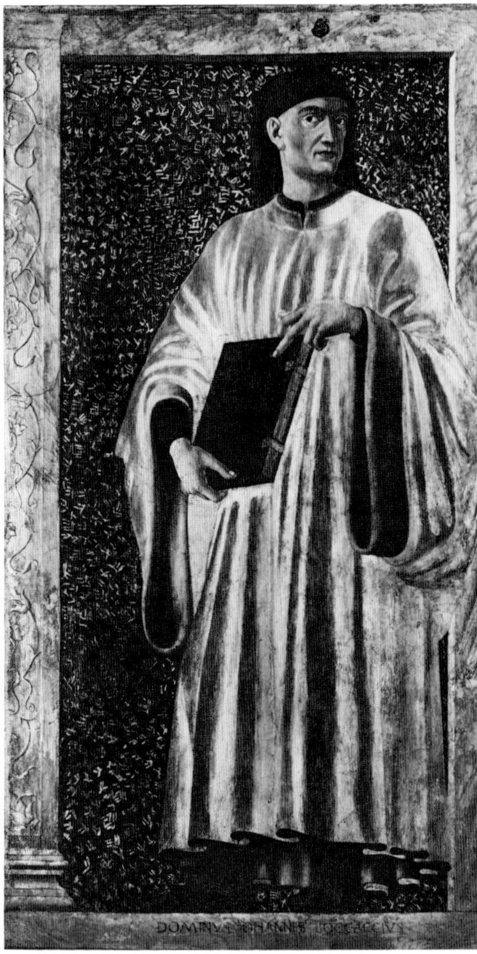

181 Castagno, Boccaccio aus der Folge ›Berühmte Männer‹, um 1450. Villa Carducci, Legnaia (b. Florenz)

Bildtafeln zu Worte kommt, wo die Unzahl der thematischen Einfälle an die großen Wandteppiche aus Frankreich und Flandern erinnert. Eine leider sehr beschädigte *Geburt Christi* □180, die unlängst in S. Martino Maggiore in Bologna entdeckt wurde[127], zeigt mit ihren Farben Ocker, Rosa, Braun und Rot wie durch ihre Verkürzungen ein hohes Maß an Ausgewogenheit und Erfindungsreichtum. Dieselben reizenden Details finden sich auch auf der *Jagd* (Oxford) und der *Geburt Christi* (Karlsruhe) – Bilder, die ihm mitunter zugeschrieben worden sind. Die gewundene gotische Linie vereint sich bei ihm mit den kunstvollen Schnörkeln der geometrischen Spiralform, die liebenswürdige Silhouette weicht allmählich einem mechanischen Schematismus. Hier wird die formelhafte Übersteigerung ad absurdum geführt, so daß die Kunst Uccellos zuletzt in die der Ornamentisten, Graveure und Kunsttischler einmündet.

Der sehr viel jüngere, aber früh verstorbene Andrea del Castagno hatte gespürt, daß es zu der männlichen Kunst Masaccios zurückzukehren galt. Nach einem kurzen Aufenthalt in Venedig, wo er die *Cappella di S. Tarasio* in S. Zaccaria ausmalte (1442), schmückte er das *Refektorium des Klosters S. Apollonia* in Florenz mit den riesigsten und am strengsten durchkomponierten Monumental-Fresken, die die florentinische Kunst jemals hervorgebracht hat (1445-1450). Ihre plastische Wirkung ist überwältigend, man vermag sich der heroischen Leidenschaftlichkeit, die sie ausstrahlen, nicht zu entziehen, aber die ernste Menschlichkeit Masaccios ist verloren gegangen. In der Villa Carducci in Legnaia (etwa 1450) beweist Castagno in seiner *Serie berühmter Männer und Frauen,* sein dekoratives Können, allerdings auf Kosten der Farbigkeit, denn die Malerei ist hier spröde und trocken □181. Die *Puttenfriese* scheinen eher von einem Bildhauer als von einem Maler zu stammen, ähnlich wie das zwanzig Jahre später gemalte *Reiterbild von Niccolò da Tolentino* im Dom von Florenz, das als Gegenstück zu dem von Uccello gedacht war. Die rohe Zeichnung beeinträchtigt mitunter den fast unerbittlichen Stil, aber hinter den wie aus Bronze gegossenen Gewändern, den gleichsam aus Buchsbaum gedrechselten Engeln und den verzerrten Gesichtszügen steht eine plastische Spannung, die innerhalb des Quattrocento einzig dasteht. Etwas davon ist bei dem Meister des Carrand-Triptychon (Bargello) wiederzufinden, der mit Giovanni di Francesco (gest. 1454) identifiziert wird.

Der Wendepunkt von 1460: Antonio Pollaiuolo

Im Jahre 1440 hatte Piero della Francesca Florenz auf Nimmerwiedersehen verlassen und kam für die Richtung der florentinischen Kunst nicht mehr in Betracht. In den Jahren zwischen 1460 und 1470, nach dem Tode aller Meister der großen Künstler-Generation, begann sich ein gewisser Stillstand abzuzeichnen. Sicherlich fehlte es in dieser Zeit in Florenz nicht an produktiven und amüsanten Illustratoren, die an die in die Volkssprache übersetzten höfischen Romane denken lassen; darunter befand sich Pesellino (1422-1457) mit seinen ›cassoni‹ oder bemalten Hochzeitstruhen, vor allem aber Benozzo Gozzoli (1420-1497), ein Mitarbeiter des Fra Angelico. Er ist der Schöpfer der bezaubernden und phantasievollen *Fresken in der Kapelle des Palazzo Medici-Riccardi* (1459), auf denen die blühende Landschaft der Toskana und ein Festzug von morgenländischer Prachtentfaltung wie eine Vergrößerung der Miniaturen um 1400 wirken □182. Denselben Eindruck erwekken die *Szenen aus dem Leben des hl. Augustinus* in S. Gimignano (1463-1465) und die *biblischen Geschichten im Campo Santo* in Pisa (1468 bis 1484). Hier bediente sich Gozzoli bedenkenlos und mit einer gewissen Naivität der zahllosen Errun-

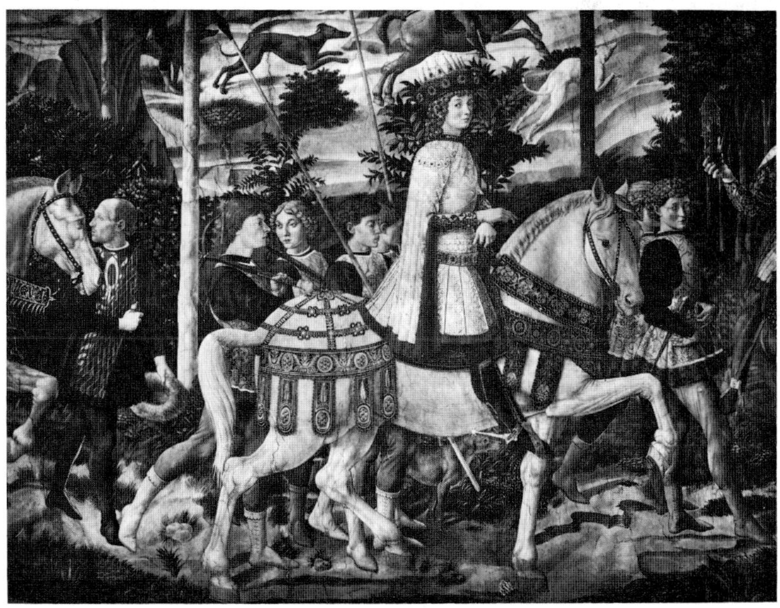

182
Benozzo Gozzoli
Zug der Hl. Drei Könige
(Detail), 1459
Palazzo Medici, Florenz

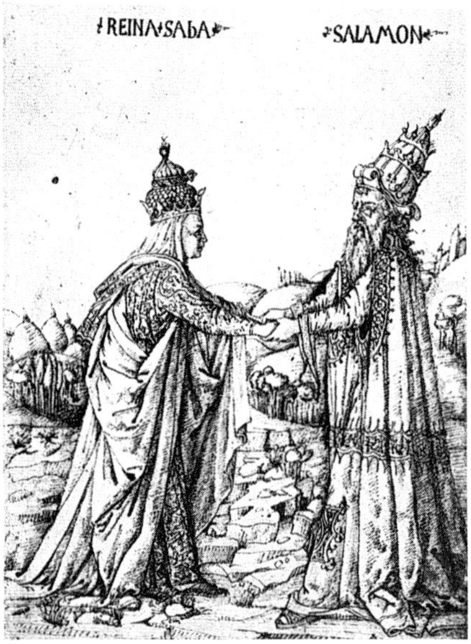

183 Finiguerra, aus: Illustrierte Chronik, 1460
British Museum, London

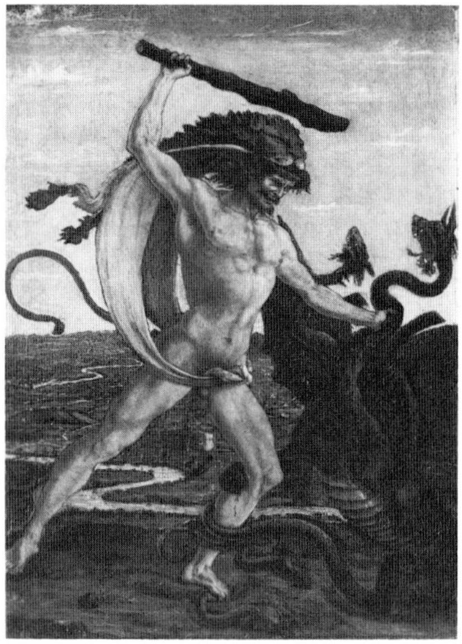

184 Pollaiuolo, Herkules, ab 1460. Uffizien

genschaften der zeitgenössischen Kunst. Auf diesem Wege drang die Vorliebe für ausgefallene Kleidung, für phantastische Rüstungen, wie sie auch am Hofe zu Burgund Mode waren, nach Florenz; die ›Illustrierte Chronik‹ um 1460 eines gewissen Goldschmiedes, der aller Wahrscheinlichkeit nach Maso Finiguerra selbst gewesen ist, ist mit ihrer Sammlung von romantischen, ja fast extravaganten Bildern hierfür ein weiterer Beweis □ 183.

Aber für den gehobenen Stil hatte die neue Generation weniger übrig. Domenico Venezianos einziger Nachfolger, Alessio Baldovinetti (1425 bis 1499), war durch die köstliche Heiterkeit seiner Farben (Madonna im Louvre), den feierlichen Reichtum seiner Vorstellungskraft (*Geburt Christi* im Innenhof der Annunziata-Kirche, 1450) und den Abwechslungsreichtum seiner Kompositionen (Kapelle in San Miniato) zu einer Art Piero della Francesca geworden; allerdings war er weniger aktiv und weniger einfallsreich als dieser, und irgendwie fehlt es ihm an Ausstrahlung, obgleich seine Werke ebenso zart und rein wirken.

Der Bronzegießer und Maler Antonio Pollaiuolo (1432-1498) endlich ist von Castagno herzuleiten. Er hat eine Zeitlang die florentinische Kunst in Richtung auf eine Besessenheit des bewegten Ausdrucks, eine zügellose Gebärdensprache und körperliche wie seelische Gequältheit hin beeinflußt. Sogar sein stillstes Werk, die Kartons für die Wandteppiche des Doms (Dom-Museum, 1466 bis 1480), ist immer noch wie aufgewühlt von unruhigen und heftigen Motiven. Durch seine anatomischen Studien und die Genauigkeit seiner Modellierung gibt Antonio einem halben Jahrhundert voll der Erforschung über die wahren Zusammenhänge des menschlichen Körpers seine letzte Ausformung; aber sie ist der äußerste Gegensatz zu dem festgefügten Menschenbild Masaccios. Die Harmonie des perspektivischen Raums wurde durch eine andere Leidenschaft dieses unruhigen Meisters, nämlich seine Vorliebe für den flämischen Landschaftstyp, nicht minder gefährdet. Diese herrscht in Bildern wie den Tafeln mit den *Arbeiten des Herkules* (1460 ff., verkleinerte Kopien in den Uffizien □ 184) und dem erstaunlichen *Raub der Dejanira* (Newhaven, USA) vor. Ohne die glückliche Anwendung zahlreicher Kompositionstricks würde der bis in die letzte Einzelheit ausgeführte menschliche Körper, der sich bei ihm von einem gleichsam wildwuchernden Hintergrund abhebt, zum erstenmal den Eindruck einer beschränkten, rein naturalistischen Auffassung erzeugen, wie zum Beispiel auf dem *Martyrium des hl. Sebastian* (1475, London). Für die florentinische Kunst gegen Ende des Jahrhunderts hieß es, sich hiergegen zur Wehr zu setzen.

Die Ausbreitung des neuen Stils

Die Ausbreitung der in der Toskana ausgebildeten Stilformen hat sich schnell und entscheidend vollzogen: Das beweist die Tätigkeit des Michelozzo in Mailand und die des Donatello und Uccello in Padua. Der florentinische Einfluß war mehrere Jahrzehnte lang so stark, daß sogar Venedig sich Maler wie Castagno, Bildhauer wie Donatello und selbst Mosaizisten wie Uccello aus der Toskana kommen ließ. Diese Vorherrschaft konnte jedoch nicht von Dauer sein; so entstanden in Mailand, Padua, Ferrara und Urbino Werkstätten, die, begünstigt vom Kommen und Gehen der verschiedensten Meister, ihre eigenen Stilformen entwikkelten, mit denen die Florentiner konkurrieren und sich oft genug auseinandersetzen mußten. Auf diese Weise bildet Florenz zwischen 1460 und 1470 nicht mehr ganz so den Mittelpunkt aller Kunstlandschaften, immerhin werden aber überall die Elemente aus florentinischen Kompositionstypen übernommen und verarbeitet. Einige davon sollen hier aufgezählt werden.

In der Malerei, für die Florenz weniger ins Gewicht fällt, hatte Fra Angelico mit der *Altartafel von S. Marco* (1437-1441) – vielleicht nach einem verlorengegangenen Vorbild von Masaccio – die erste ›sacra conversazione‹ geschaffen, also eine Versammlung von Heiligen rings um die Muttergottes inmitten eines Paradiesgärtleins. In der Skulptur setzten sich die typisch florentinischen Formen fast immer durch, so die individuelle Porträtbüste, wie der *San Rossore* von Donatello (1427) oder auch die zurückhaltenden feinen Plastiken nach dem Vorbilde Desiderios; das von Rossellino geschaffene monumentale Grabmal mit dem von Pilastern gerahmten Sarkophag gehören dazu, ferner der harmonische Tondo nach Luca della Robbia[128]. Nicht weniger bemerkenswert ist die von Donatello wieder zur Geltung gebrachte Form des Reiterstandbilds und die freistehende Säulenstatue, für die der Florentiner Meister zwischen 1428 und 1431 mit seiner verlorengegangenen *Dovizia* für den Mercato Vecchio ebenfalls das Beispiel gegeben hatte[129].

Ganz besonders stark wirkte sich der Einfluß der florentinischen Werkstätten durch ihre zwischen dem Monumentalen und dem Dekorativen liegenden Kompositionstypen aus. Überall waren sie die Veranlassung für gemeinsame Lösungen durch die allgemeine Anwendung der Aedikula mit Gesims, Giebel und Pilaster. Diesen Typ haben Donatello und Michelozzo 1423 für ihre *Monumentalnische an Or San Michele* benutzt und anschließend Donatello als Umrahmung eines Hochreliefs in seiner *Verkündigung* um 1434 in S. Maria Novella. Ghiberti tat ein Gleiches in dem *Altaraufsatz für die Linaioli* (1434) und schließlich Desiderio da Settignano in seinem *Tabernakel in S. Lorenzo* (1461). Diese Anordnung, die sich für alle kleineren Kompositionen eignete, konnte auch bei Fenstern, Portalen, Fassaden und Grabmonumenten Verwendung finden. Von dorther gelangte sie naturgemäß in die Malerei, die gern Prunkbauten, Throne, Nischen und dergleichen benutzte – angefangen mit dem *Dreifaltigkeitsfresko* von Masaccio und dem *Altarvorsatz der Magnoli* von Domenico Veneziano, auf dem noch Spitzbögen zu sehen sind.

Schließlich eroberten sich auch die graphischen Künste einen wichtigen Platz in Florenz, insbesondere die Radierung, die von dem Goldschmied Maso Finiguerra (1426-1464) verbreitet wurde. Im allgemeinen werden dem gleichen Meister auch Nielloarbeiten (gravierte Silberplatten, deren Vertiefungen mit schwarzem Email ausgefüllt werden) zugeschrieben; mit Hilfe von Abdrücken in Schwefelblüte erzielte man davon Abzüge auf Papier, wie zum Beispiel die *Marienkrönung* (etwa 1455). Hierin besaß besonders Antonio Pollaiuolo eine große Fertigkeit; er verstand es, in seinen Kupferstichen der Linie sowohl als Umriß als auch als Ausdrucksmittel ihren vollen Wert zu geben: Sein berühmter Stich mit der *Schlacht der nackten Männer* (um 1470) sollte sowohl Mantegna und – durch ihn – auch Dürer beeinflussen.

Siena und Umbrien

Skulptur und Architektur

Die Fonte Gaia in Siena ist 1419 von Jacopo della Quercia vollendet worden. 1417 hatte man Ghiberti dorthin berufen, um an dem monumentalen *Taufbecken* in S. Giovanni zu arbeiten (1416 bis 1424); es besteht aus einer sechseckigen Schale mit sechs Nischen, in deren Ecken sechs Statuen stehen, die später noch die Mitarbeit Donatellos erforderten. Auf dieses aus so vielen Elementen zusammengesetzte Meisterwerk folgten im Laufe des gleichen Jahrhunderts keine weiteren bedeutenden künstlerischen Vorhaben mehr. Das einzige Anliegen, womit die Dombauhütte sich in dieser Zeit beschäftigt zu haben scheint, war die Fertigstellung des 1372 begonnenen Marmorfußbodens mit Einfassungen, in denen schwarze und weiße Fliesen, ähnlich wie bei den Steinlagen der

Pfeiler, miteinander abwechseln. 1422 entstanden einige Sibyllen-Figuren im vorderen Teil des Langhauses; dort wurden 1426 historische Themen von Paolo di Martino und 1434 von Domenico di Bartolo geschaffen, worunter die bedeutendste die riesenhafte Darstellung der *Befreiung von Bethulien* ist, die – ebenfalls wiederum in schwarzweiß – Federighi 1473 nach einer Vorzeichnung von Urbano da Cortona anfertigte; ferner der *Bethlehemitische Kindermord* von Matteo di Giovanni Bartoli, der die schreckliche Szene unter einen feinen und eigenartigen Portikus verlegte.

Siena hat auf dem Gebiet der Architektur nichts aufzuweisen, was der florentinischen Bauschule irgendwie vergleichbar wäre; hier wurde im 15. Jahrhundert weder etwas vergrößert noch umgebaut. Der Architekt, Bildhauer und Maler Francesco di Giorgio beherrschte die ganze Epoche. Sein Beispiel ist ein Beweis dafür, welche Bedeutung gerade hier der Kunst der Holzschnitzerei zukam; diese Technik besaß in Siena Tradition, wo die Madonnen immer noch nach dem von Nino Pisano erdachten Typ von Meistern wie Francesco di Valdambrino (1363-1435) und Domenico di Niccolò, genannt dei Cori (1363-1453), geschnitzt und farbig gefaßt wurden. Antonio Federighi, von 1451 bis 1456 Hüttenmeister der Dome von Siena und Orvieto, arbeitete am Weihwasserbecken des Domes von Siena, entwarf, ohne sich vorbehaltlos dem florentinischen Stil anzuschließen, die Arkaden der Papstloggia (1460) und schuf einige etwas schwerfällige Statuen wie den *Hl. Nicolaus von Bari*.

Wichtiger ist die Persönlichkeit des Lorenzo di Pietro, genannt Vecchietta (etwa 1412-1480), eines temperamentvollen Malers, dessen bildhauerische Arbeiten von den Neuerungen des Donatello bestimmt wurden; seine Bronzeplastiken lösen sich allerdings kaum von der gotischen Linienführung, so zum Beispiel die *Auferstehung* (1472, Slg. Frick, New York) und der *Auferstandene Christus* (1476 für das Ospedale in Siena). Die von ihm stammenden Holzskulpturen, zum Beispiel das Relief mit der großen *Himmelfahrt* (S. Giorgio di Montemerano), der *Hl. Antonius Abbas* (1475, Narni), der *Hl. Bernardinus* (Bargello), besitzen nicht die Feinheit seiner Bronzeplastiken. Seine Schüler waren Nerocchio di Bartolomeo Landi (etwa 1447-1500), dem die rührende *Hl. Katharina* (1474, Siena) zugeschrieben wird, und bestimmt auch Francesco di Giorgio Martini (1439-1502), der anfangs eine Werkstatt zusammen mit Nerocchio unterhielt, ehe er sich nach Urbino und in die Marken begab. Auch er war Holzbildhauer, dem man die herbe Statue eines *Hl. Johannes des Täufers* in einer blauen Tunika (1464, Fogliano) sowie einen *Hl. Christophorus* (Louvre) mit einem schönen bäuerlichen Gesicht zugeschrieben hat. Vor allem aber zeigen unter seinen Bronzearbeiten das *Relief mit der Geißelung* (Perugia) wie auch die beiden stämmigen, kandelabertragenden Engel (1497, Siena) eine höchst differenzierte Ausführung. In fast allen seinen Bronzereliefs werden die zahlreichen Figuren vor einen architektonischen Rahmen gestellt, wie es die *Kreuzabnahme* in der Carminekirche in Venedig und die schon erwähnte *Geißelung* in Perugia zeigen. Aber seinen sensiblen Zügen stehen auch kräftigere gegenüber, denn Francesco ist eine sehr vielseitige künstlerische Persönlichkeit. In Siena wie auch in Urbino hat er außerdem eine große Anzahl von Entwürfen für dekorative Arbeiten wie Holz- und Steinintarsien, letztere für Fußbodenbeläge (St. Katharinen-Kapelle in Siena), geschaffen.

Auf dem Gebiete der Baukunst entstanden seine Hauptwerke in Umbrien und in den Marken, denn um diese Zeit (etwa 1460-1480) waren Siena, Perugia und Urbino unter Umgehung von Florenz durch einen unaufhörlichen gegenseitigen künstlerischen Austausch miteinander verbunden. Francescos Mitwirkung am Schlosse von Urbino wird später noch gewürdigt werden; er entwarf auch die Pläne für die Festung von Sassocorvaro bei Pesaro, zu einem Palasthof in Ancona (1486) und zum Rathaus von Jesi (1486). Auch ist er der Verfasser einer Abhandlung über Architektur, in der es um wissenschaftliche und technische Fragen geht unter besonderer Berücksichtigung von Festungsanlagen und Belagerungswerken. Seine geistige Eigenwilligkeit und sein hohes Bildungsniveau treten vor allem zutage an der auf dem Abhang über Cortona errichteten sogenannten ›Chiesa del Calcinaio‹ (1485). In diesem geräumigen Bau in Form eines lateinischen Kreuzes mit achteckiger Kuppel über der Vierung liegt die Betonung auf der geometrischen Reinheit der Raumverhältnisse, die dekorative Ausstattung bleibt auf Pilaster und Simswerk beschränkt. Allerdings sind sämtliche Fensteröffnungen, ob innen oder außen, je mit einem großen vorkragenden Dreiecksgiebel bekrönt. Der abstrakte Charakter dieses Bauwerks geht auf Alberti zurück; die Verwendung von dunkler ›pietra serena‹ für die Rahmungen, Pilaster und Kranzgesimse unterstreicht die tragenden

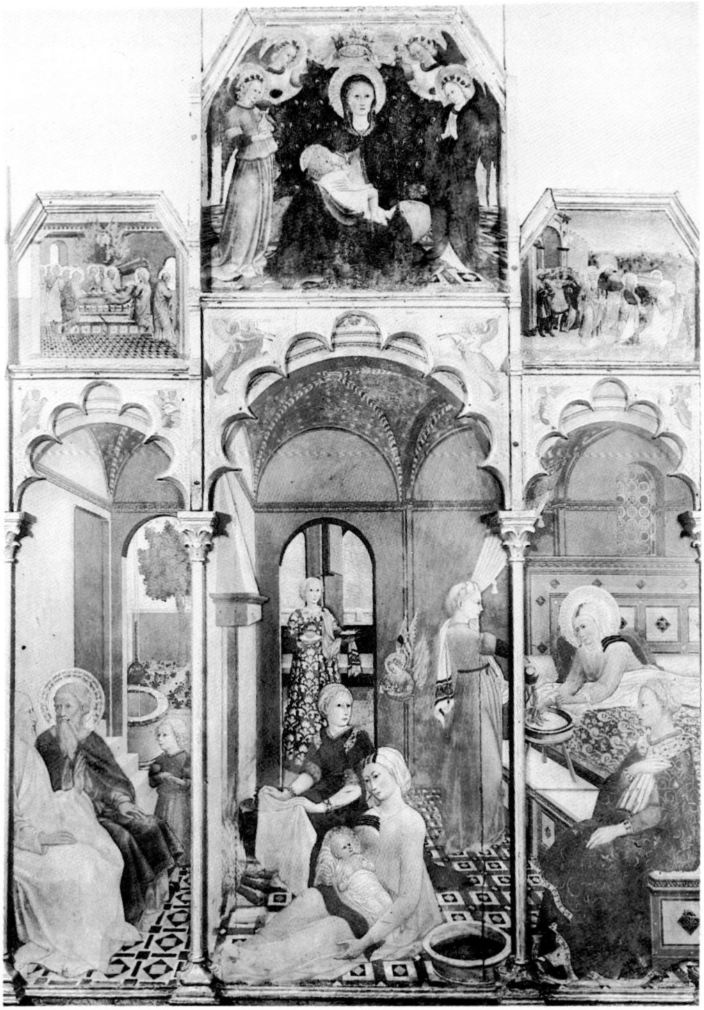

185 Sassetta, Triptychon mit dem Leben der Hl. Jungfrau, um 1430. Asciano

Glieder und verleiht dem Innenraum eine Spannkraft, die auf Brunelleschi hindeutet. Aber die ungewöhnliche Höhe der Gewölbe, der Höhendrang der Kuppel über den langen Hängezwickeln geben dem Raumeindruck beinahe etwas Phantastisches. Zwar hatte der Architekt sich bemüht, seine Einfallsfülle zu zügeln, konnte aber doch nicht verhindern, daß in die klassische Harmonie ein wenig von der fiebrigen Phantastik Sienas hineingeriet.

Der letzte interessante Künstler unter den sienesischen Bildhauer-Architekten ist Giacomo Cozzarelli (1455-1515), der die Kuppel der Observantenkirche in Siena entwarf und den Palast des Pandolfo Petrucci il Magnifico nach florentinischem Muster baute (etwa 1505). Unter seinen Schnitzarbeiten zeugen der *Hl. Vinzenz Ferier* (Siena, S. Spirito) und der *Hl. Nikolaus von Tolentino* (Siena S. Agostino) bereits von der weichen Manier, die mit den reichgeschmückten Figuren des Lorenzo Mariano il Marrina (1476-1534) ihren Höhepunkt erreicht.

Malerei

Siena ist lange Zeit das ›gotische Gewissen‹ von Florenz geblieben. Noch nach 1440 galt Simone Martini als ein Vorbild, dem es nachzueifern galt. Matteo di Giovanni verwendet noch um 1490 den Goldgrund, und die Sieneser Malerei bleibt weiterhin eine Tafelmalerei, eine Kunst des Andachtsbildes, die in einer ein wenig allzu leidenschaftlichen, von den Bußpredigten geschürten Atmosphäre der Frömmigkeit entstand. Die begabteren unter den Malern passen die florentinischen Neuerungen ihrer Phantasie an. Sassetta (etwa 1392-1450), der von Taddeo di Bartolo herkommt, gehört sowohl was seine Einfälle als auch Farbe anlangt dem Trecento an □185; zwischen 1423 und 1426 malte er das in sich völlig harmonische, ganz im Sinne des erstaunlichste Beispiel dieser sienesischen Poetik, die von den zeitgenössischen Neuerungen nur die Elemente aufnimmt, mit denen sie das beschränkt formale System, die Vertikal-Anordnung und die unwirkliche Farbgebung des Trecento bereichern konnte.

Während die Werkstatt Sano di Pietros (1406 bis 1481) die zarte Kunst eines Sassetta durch eine

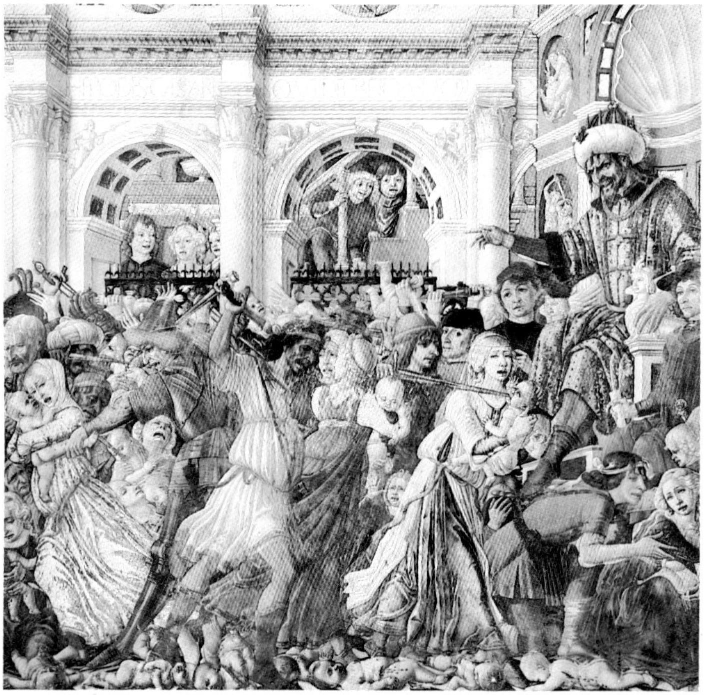

186
Matteo di Giovanni
Bethlehemitischer Kindermord
1482. S. Agostino, Siena

internationalen Stils der Gotik aufgefaßte *Linaioli-Triptychon*; in dem 1432 entstandenen Altaraufsatz mit der *Madonna delle Nevi* (Sammlung Contini-Bonacossi, Florenz) aber beweist er, daß er durchaus zu einer perspektivischen Wirkung in einem wohlangeordneten Dekor fähig ist. Sehr bald darauf, um 1434, bricht er in dem Flügelaltar mit dem *hl. Dominikus* in Cortona mit dieser konstruktiven Fülle und kehrt zur linearen Zeichnung zurück, und die eigenartige Folge aus dem *Leben des hl. Antonius* (etwa 1436) zeigt eine unterhaltsame kalligraphisch genaue Miniaturmalerei. Giovanni di Paolo (1403-1483), dessen Einfallsmöglichkeiten längst nicht so rein und zart sind, benutzt naturalistische Motive, die er vom Sinngehalt her umdeutet; genannt sei hier das *Paradies* (New York). Die zwanzig Jahre später gemalte *Predella mit der Geschichte des hl. Johannes des Täufers* (etwa 1445, Chicago und London) ist das bäuerliche Note einer weiteren Verbreitung zugänglich macht, und der Anonymus des Altaraufsatzes von 1436 in der Observantenkirche bei Siena noch immer dem ornamentalen Reichtum des 14. Jahrhunderts huldigt, zeigt sich dagegen Domenico di Bartolo (etwa 1400 bis 1447) gegenüber den florentinischen Neuerungen wesentlich aufgeschlossener und nähert sich mit seiner *Madonna von Siena* (1433) und den Fresken im Ospedale in Siena (1441-1444) der Kunst eines Lippi. Die anziehendsten Persönlichkeiten sind die beiden Malerbildhauer Lorenzo di Pietri, genannt Vecchietta (1412-1480), und sein Schüler, der vielseitige Francesco di Giorgio. Vecchietta steht in seinen Skulpturen ganz unter dem Einfluß Donatellos, aber nachdem er in Castiglione d'Olona bei Masolino gearbeitet hatte, wo er sich sehr bemühte, in Bezug auf die Zeichnung ›hypermodern‹ zu sein, bringt er mit seinen Fresken in der Alten

Sakristei des Ospedale in Siena (1436-1449) in die sienesische Malerei eine einfallsreiche und verwirrende Note; auf seiner *Madonna mit den sechs Heiligen* (1457, Uffizien) und der *Himmelfahrt* in Pienza (1461), die fast bildhauerische Qualitäten aufweist, zeigt er sich zwar kraftvoll, aber etwas beschränkt. Sein eigentlicher Nachfolger ist Matteo di Giovanni (1435-1495) aus Borgo San Sepolcro. In seiner Vielseitigkeit und voll ornamentaler Einfälle beherrschte er die zweite Hälfte des Jahrhunderts. Er liebte bewegte Szenen nach der Art des Pollaiuolo, was bereits eine kleine *Kreuzigung* (1460, Asciano), besonders aber seine *Himmelfahrt* (etwa 1475, London) zeigen; nordische Einflüsse dagegen sind auf seinem seltsam aufgefaßten *Bethlehemitischen Kindermord* □ 186 (Siena, S. Agostino, 1482) festzustellen. Neben ihm wäre noch Benvenuto di Giovanni del Guasta (1436-1518) zu nennen, der ebenfalls von Vecchietta herkommt. Sein Stil ist ungleich und enthält neben dem höfischen Anstand nach Art des Benozzo Gozzoli auch die Zugespitztheit der nordischen Meister, die er von dem zwischen 1475 und 1485 tätigen Liberale da Verona (*Madonna mit Heiligen*, 1483, S. Domenico in Siena) her kannte.

Als Maler verdient Francesco di Giorgio Beachtung; als einzigem Sienesen gelang es ihm, die Strenge der florentinischen Kunst aufzunehmen und sie dem poetischen Stil Sienas anzupassen. Seine kleine *Verkündigung* (etwa 1470, Pinakothek in Siena) ist ein Wunder an rosa und blauen Tönen, zarten Farbakkorden, eingespannt in einen Rhythmus von Schrägen, die eine unwirkliche Perspektive herstellen □ 187. Kleinere Profanbilder wie die *Schachspieler* (1485, New York) mit blonden, graziösen Figürchen stammen wohl von den ›cassoni‹. Die *Geburt Christi* (etwa 1490, S. Domenico) ist trotz ihrer wunderlichen Zeichnung mit den wellenförmigen Linien so kraftvoll konzipiert, daß sie für ein Werk von Signorelli gehalten werden konnte. Die Bande, die Siena mit Umbrien verbanden, rissen nicht ab und erzeugten neben der florentinischen Nüchternheit eine Art Phantasie-Renaissance.

Ein Zyklus mit berühmten Persönlichkeiten als Beispiele für eheliche Treue und Keuschheit, wie Scipio, Tiberius Gracchus, Alexander, Sulpicia, wurde gegen Ende des 15. Jahrhunderts für den Palazzo Piccolomini in Siena unter Mitwirkung von Neroccio, Francesco di Giorgio, Pacchiarotto und dem Meister der Geschichte von Griseldis, möglicherweise Bartolomeo della Gatta, gemalt[130]. Die Helden und Heldinnen sind je auf einem Sockel mit Inschrift vor dem Hintergrund einer Landschaft dargestellt.

Perugia hat als ein Kunstzentrum zu gelten, wo nacheinander Domenico Veneziano, Fra Angelico, Gozzoli und Domenico di Bartolo gewirkt und eine interessante Schule ins Leben gerufen haben.

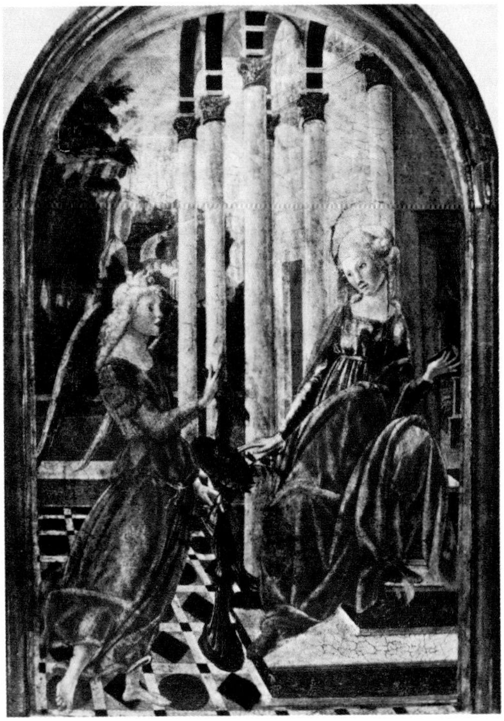

187 Francesco di Giorgio, Verkündigung, um 1470

Hier hat Benedetto Bonfigli (1420?-1496) nach etwas einförmigen Typen Bilder geschaffen, die wie in ein goldenes Licht getaucht erscheinen und eine mitunter bemerkenswerte Feinheit des Details aufweisen (*Triptychon* im Museum von Perugia, 1467). Weiterhin entstammt ihr Giovanni de Boccati (zwischen 1445 und 1480), der später in den Marken arbeiten sollte und sich um 1455 in Urbino aufhielt; er ist der Schöpfer eines elegant ausgeschmückten Altaraufsatzes im Museum zu Perugia (1447) und der *Madonna dell'Orchestra* (ebendort). Derselben Richtung gehören an: Caporali (1420-1505), Fiorenzo di Lorenzo (etwa 1440-1522), dessen Art Gozzoli etwas nahesteht, und Niccolò da Foligno (etwa 1430-1502), dessen recht ergreifende Vesperbilder schon weiträumig und voller Bewegung sind.

Hier in Umbrien entfaltet sich die Freude an der weiträumigen Schönheit der Szenerie, an der hellen, freizügig auf Phantasiearchitekturen verteilten Farbe, aber auch am lebendigen Detail und an ausdrucksvollen Köpfen, die die Aufmerksamkeit des Betrachters fesseln. Diese Züge prägen auch den ersten Stil des Perugino in seiner wie Bühnenmodelle wirkenden, dem *Leben des hl. Bernardinus* gewidmeten Folge (Perugia, 1473), an der übrigens Bonfigli und Pinturicchio mitgearbeitet haben □188. Unter diesen umbrischen, von Siena beeinflußten Malern muß sich auch der Schöpfer jener aufsehenerregenden und rätselhaften kleinen Bildkompositionen mit den lebhaft farbigen Architekturen befinden, die man die ›Barberini-Täfelchen‹ genannt hat und die ungefähr 1470 entstanden sind: *Mariä Geburt* (heute im Metropolitan-Museum, New York) und die *Darstellung im Tempel* (heute im Museum in Boston). Das Fresko in der Sixtina *Die Schlüsselübergabe Petri,* das Perugino 1481 gemalt hat, ist das einzige in der ganzen Kapelle, das von dem Atem umbrischer Weiträumigkeit erfüllt ist, die ohne die Wirkung eines Piero della Francesca unerklärlich wäre.

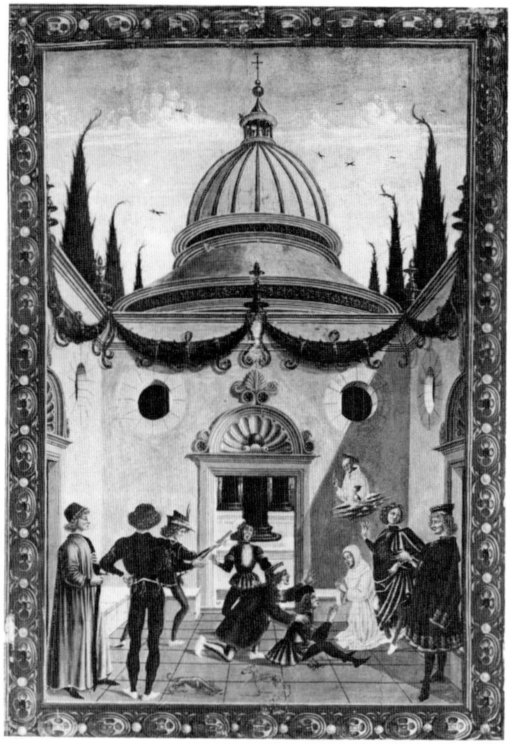

188 Perugino, Leben des hl. Bernardinus, 1473, Pinakothek, Perugia

Piero della Francesca

Der ›König der Malerei‹, wie ihn Pacioli nannte, war für die Künstlergeneration Mitte des 15. Jahrhunderts eine ebenso vollkommene Persönlichkeit wie Giotto und, wie dieser, nicht nur von provinzieller, sondern von nationaler Bedeutung. Sein Genie reichte weit über die Grenzen der Toskana und insbesondere von Florenz hinaus, wohin er nach seinen Jugendjahren, in denen er das Werk Masaccios kennenlernte und Gelegenheit hatte, mit Domenico Veneziano in S. Egidio (1438 bis 1440) zu arbeiten, nie mehr zurückgekehrt ist. Seine künstlerische Tätigkeit spielte sich in den kleinen Orten seiner engeren Heimat ab, in Borgo San Sepolcro und Arezzo, aber auch an den Fürstenhöfen jenseits des Apennin, zuerst in Ferrara und dann auch in Urbino, wohin er später berufen wurde. Die Anforderungen der modernen Geistigkeit sowie ein gewisser ererbter Archaismus, eine fast virgilische Liebe zur Natur und die Kenntnis des Hofzeremoniells haben in inniger Verbindung miteinander den Reichtum einer Kunst gefördert, die wie aus einem Guß entstanden und ihrem Wesen nach vollkommen natürlich scheint. In der *Taufe Christi* (London) und dem *Hl. Hieronymus* (Venedig) heben sich die Figuren auf einem wie getupft gemalten Landschaftshintergrund toskanischer Talgründe ab, und alles erstrahlt in dem gelben Licht und den hellen Farben des Domenico. Das wunderbare kleine Tafelbild mit der *Geißelung* (Urbino) enthält diese präzise Klarheit auf der Grundlage strenger perspektivischer Anordnung, jedoch weniger krampfhaft als bei Uccello. Auch die geometrisch gebändigte Einfallskraft und die Intensität seiner Farben sind gleichermaßen zu einem Höchstmaß an Wirkung gesteigert und verwandeln das Universum in ein leuchtendes Gehäuse ohne Bruchstellen, in dem die Menschheit nicht irregehen kann.

Der Adel dieser Kunst besteht aus ihrer Unpersönlichkeit; sie wird von zwei Erscheinungsformen gekennzeichnet: Einmal gibt sie sich rustikal und bäuerlich bis in die Menschentypen hinein, zum anderen ist sie vornehm, heroisch, voll Erzählerkraft – und aus dem Zusammentreffen dieser beiden Formen ist vielleicht die epische Grundhaltung seines ganzen Werks zu erklären. Besonders augenfällig wird das in seinem Zyklus von der *Legende der Kreuzauffindung* in S. Francesco in Arezzo (1452-1459), der wahrscheinlich im Zusammenhang mit dem Aufsehen, das der Kreuzzug unter dem Pontifikat Pius II. erregte, steht □ 189. Da findet man vollständige Schlachten dargestellt mit Helmen, Hörnern und Standarten, Landschaften voller Lichteffekte, deren Himmel und Blätterwerk sich in der Flußkrümmung spiegeln, von Türmen bekrönte Hügel, Pferde, die vor der edlen Säulenhalle eines Tempels halten – es gibt keine Seite des menschlichen Lebens, die hier nicht durch eine zu ihr passende Ausschmückung unterstrichen würde. Hier ist zu beobachten, wie trotz überraschender Vielseitigkeit die Geschlossenheit der Formen und die Größe der Typen zu voller Entfaltung gelangen. Gleichzeitig entstanden die *Madonna von Monterchi* und die *Auferstehung* (letztere in Borgo San Sepolcro). Der für die Kirche *S. Agostino* in Borgo San Sepolcro angefertigte, heute auseinandergenommene Flügelaltar (1454-1469, Teile davon befinden sich in Lissabon, London und in der Sammlung Frick in New York) zeigt mehrere Heilige; es sind ernste, gebieterische Gestalten nach der Art des Masaccio, aber wie in Edelsteinstaub und kostbare Farben getaucht.

Piero malte für Federigo da Montefeltre – den er in Profilansicht vor einer schimmernden Ferne zusammen mit Battista Sforza in einem *Doppelporträt* von 1465 (Uffizien) dargestellt hat □ 190 – ein Muttergottesbild, die sogenannte *Madonna di Sinigallia.* Der Innenraum dieses Bildes, über den sich das Licht wie ein feines Netz verteilt, hält den Vergleich mit flämischen Arbeiten der Zeit aus, deren Kenntnis angenommen werden darf. Um 1475 schließlich schuf der Künstler die ›Pala‹, auf der die Muttergottes inmitten eines Kranzes von Heiligen in einer Apsis thront, von deren Wölbung ein Straußenei herabhängt, das zugleich die mittelalterliche Symbolik von der Unbefleckten Empfängnis und das geistige Sinnbild des Kosmos

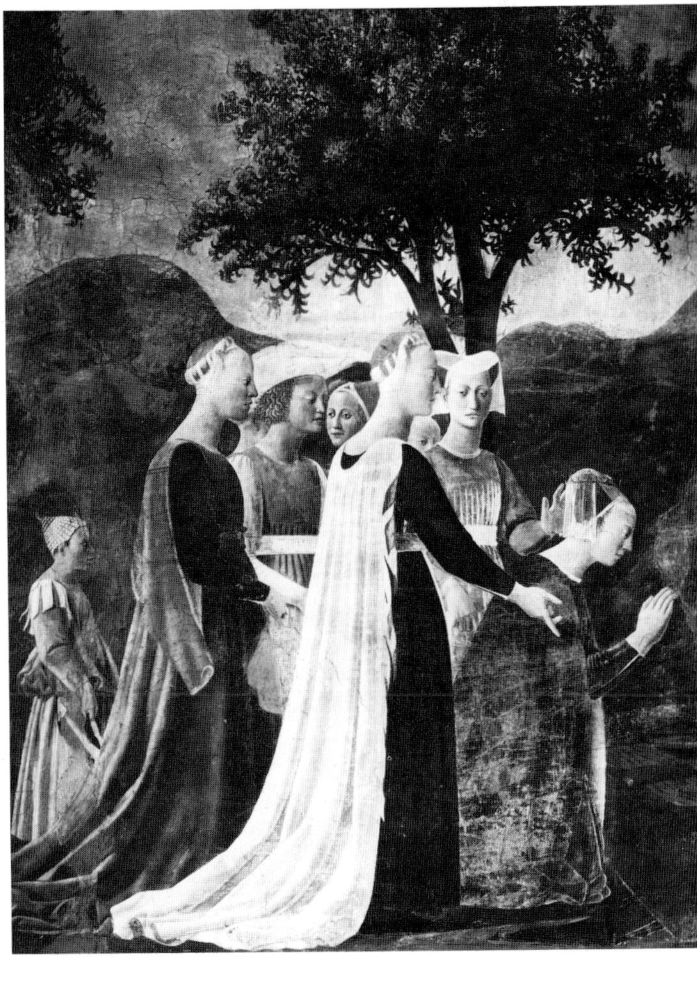

189
Piero della Francesca
Detail aus der Legende der Kreuzauffindung
1452-1459
S. Francesco, Arezzo

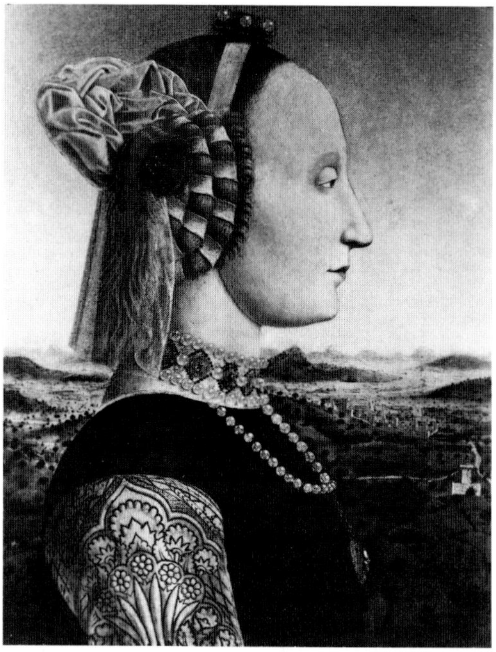

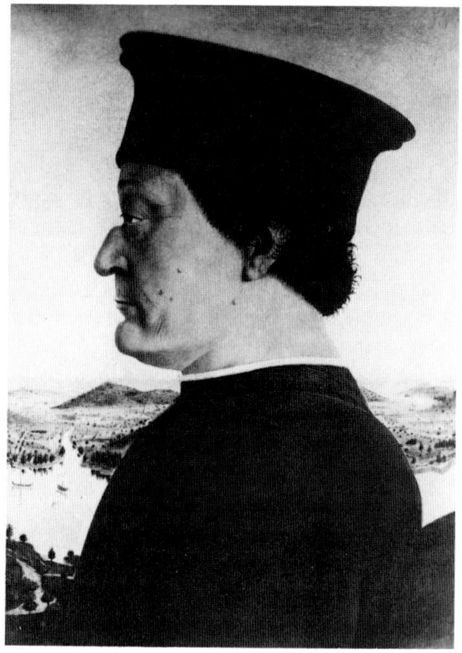

190 Piero della Francesca, Battista Sforza und Federigo Montefeltre, 1465. Uffizien, Florenz

wiedergibt[131]. Diese etwas ungewöhnliche Darstellung zeigt, daß Piero es verstand, eine großartige Ikonographie in seiner eigenen Auffassung wieder erstehen zu lassen. Auch verfaßte er für den Fürsten von Urbino eine bis ins einzelne gehende Abhandlung über die Anwendung der Perspektive als einen Leitfaden für Maler sowie eine kleine Untersuchung über die reinen Körper, in der es ihm gelingt, die Errungenschaften seiner Kunst nochmals darzulegen.

Wenn auch Lorenzo da Viterbo (1446-1470) in seinen Szenen aus dem *Leben der Jungfrau Maria* in Viterbo (1464) Piero sehr nahesteht, verblaßte der Widerhall dieses Meisters doch sehr bald. In Florenz hat er damals nur sehr wenig gegolten, in Venedig dagegen stieß er vor allem während der ersten Schaffenszeit von Giovanni Bellini auf größeres Verständnis. In Umbrien selbst machte er keine Schule, bestärkte aber Maler wie Perugino in der Vorstellung der ruhevollen Weiträumigkeit ihrer Bilder; im Gegensatz dazu beeinflußte er hinwiederum die ›heroische‹ Spannung der wie aus Bronze gegossenen Gestalten des Signorelli, und ohne sein Beispiel wäre die Geschicklichkeit, mit der die Figuren des Melozzo da Forlì (1438-1494) sich nach allen Richtungen hin im Raum zu bewegen wissen und die für diesen Maler so bezeichnend ist, unerklärlich. Dieser Künstler führte in Rom mit seinem Fresko *Sixtus IV. weiht die Vatikanische Bibliothek ein* (1474) den Rhythmus der großen Architekturen im Bilde ein, und in der Apsis von SS. Apostoli (1480) erscheint zum erstenmal ein Kranz aus Engeln in starker Verkürzung rings um eine *Himmelfahrt,* die später in den Quirinalspalast übertragen wurde. Die gleiche Meisterung der Perspektive findet man in der Schatzkapelle in Loreto (nach 1477) sowie in S. Biagio da Forlì, wo ihm Palmezzano (1456 bis 1517) als Mitarbeiter zur Seite stand. Um 1470 war also Urbino das eigentliche Zentrum all jener glänzenden, von Piero herzuleitenden Raumdarstellungen geworden.

Urbino

Die feste Stadt Urbino beherrschte die letzten Ausläufer des Apennin in Richtung auf das Adriatische Meer. Sie wurde in der Mitte des 15. Jahrhunderts zu einer der angesehensten Städte in den Marken dank der Tatkraft der Familie Montefeltre und der Geschicklichkeit des bedeutendsten Fürsten und Condottiere seines Jahrhunderts, Federigo da Montefeltre. Nachdem er gegen seinen Nachbarn Malastesta, den Herrn von Rimini, Krieg geführt hatte, befestigte er seine Macht, indem er Gonfaloniere des Heiligen Stuhls (1474) und Herzog von Urbino wurde.

Federigo bewährte sich eine ganze Generation lang als ein höchst aufgeklärter Mäzen der schönen Künste, so daß Urbino es ihm zu verdanken hat, daß es zu einem der glänzendsten Schauplätze neuzeitlicher Kultur werden sollte. Der Florentiner Buchhändler Vespasiano de'Bisticci wurde von ihm damit beauftragt, eine Bibliothek einzurichten, die ihresgleichen nicht hatte; Landino und Ficino erfreuten sich der Gunst des Herrn von Montefeltre. An seinem Hofe hielt sich Alberti auf, vor allem aber zog das nahe den Tälern von Borgo San Sepolcro und Arezzo gelegene Urbino einen Künstler wie Piero della Francesca an, der dort mehrere entscheidende Besuche vor 1450 und später um 1465 – machte. Man darf wohl annehmen, daß bei seinem ersten Aufenthalt der Gedanke entstand, den alten gotischen Palast der Montefeltre, der mit den Fresken von Boccati ausgeschmückt war, in einen geräumigen Renaissancebau umzuwandeln. In die Zeit seines zweiten Aufenthalts fällt der Plan zu der klaren Anordnung des Schloßhofs mit darüberliegenden Geschossen, mit deren Ausführung Federigo den Dalmatiner Luciano Laurana (1420-1479) betraute. Durch seine frühe Entstehungszeit und seine riesigen Ausmaße kann dieser Bau besonderes Interesse beanspruchen[132]. Der Innenhof, die monumentale Treppenanlage und die Portale weisen eine Klarheit des Umrisses, eine Schlichtheit der Anordnung und eine massige Strenge auf, die dem Purismus Albertis und Pieros zutiefst entsprechen. Daher kann er als dessen Meisterwerk angesprochen werden. Da das Schloß hoch auf steilem Felsen liegt, wurde eine dem freien Land zugewandte Fassade mit drei übereinander angeordneten Loggien errichtet, die zwischen den beiden Türmen und den dazugehörigen Geschossen angebracht sind □191. Zu dieser Zeit arbeiteten in Urbino schon zahlreiche Florentiner Dekorateure: So kam aus Perugia, wo er ein harmonisches *Ziborium* geschaffen hatte, Francesco di Simone Ferrucci (1437-1493) in die Marken, ferner Domenico Rosselli, der Meister schöner Gesimse und Puttenfriese. Der bedeutendste Bildhauer aber war Francesco Laurana (ein Landsmann des gleichnamigen Architekten), der schon in Neapel gearbeitet hatte, wo er die entzückende *Madonna di Santa Maria Materdomini* schuf. Von Piero della Francesca angezogen, arbeitete er hier die klare, eindrucksvolle *Porträtbüste der Battista Sforza.*

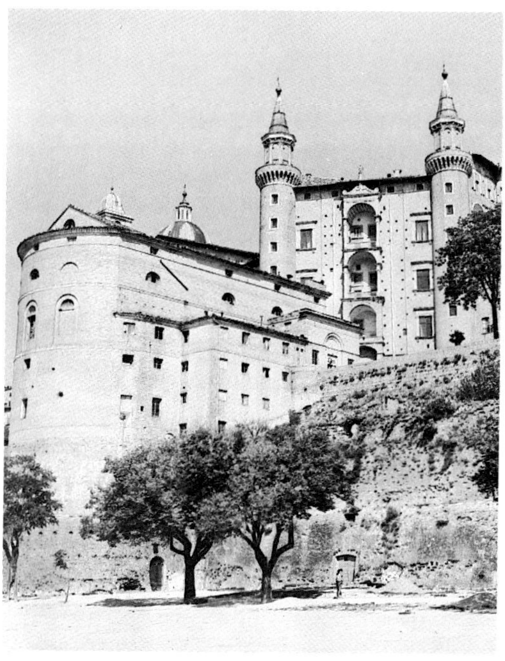

191 Urbino, Palazzo Ducale, 1470-1475

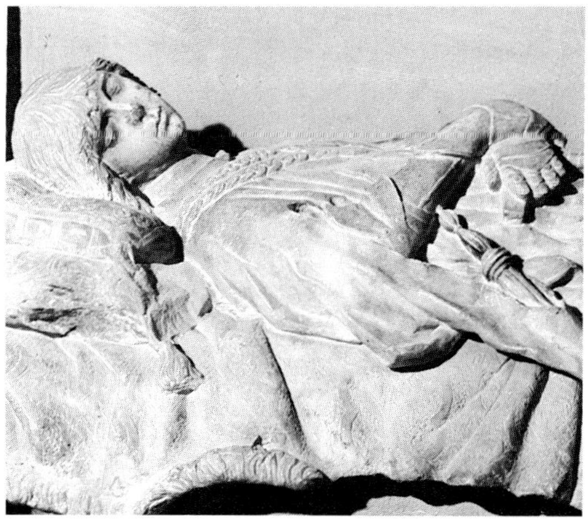

192 F. Laurana, Grabmal, um 1467. S. Francesco, Palermo

Während eines späteren Zeitabschnitts, zu dem Francesco di Giorgio in Urbino tätig war, entstanden neue Pläne auf der Südseite der Burg mit dem ›Pasquino‹ genannten Innenhof, außerdem wurden neue Säle, hängende Gärten, allerlei kunstvolle Arrangements und dergleichen in Angriff genommen, die zweifellos auf architektonische Einfälle des Sienesen hindeuten. Die Einrichtung der Innenräume ist nicht weniger bemerkenswert: Unter dem Arbeitszimmer *(studiolo)* des Fürsten, das

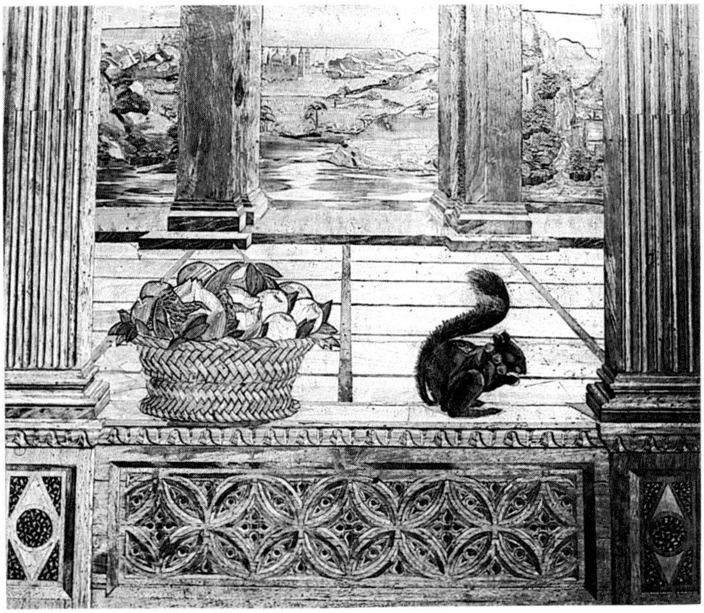

193
Francesco di Giorgio und Baccio Pontelli, Marketerie im ›studiolo‹ des Palazzo Ducale, Urbino, 1475

ganz mit Holzintarsien getäfelt ist und oben von einer Galerie berühmter Männer abgeschlossen wird, wurden nebeneinander zwei gleichartige kleinere Räume als eine Art Sanktuarium erbaut und von der lombardisch-venezianischen Werkstätte des Ambrogio Barocci ausgeschmückt; der eine war den Musen gewidmet und trug einen Schmuck von Giovanni Santi (1435-1494), dem Vater des Raffael, der andere war dem Heiligen Geist geweiht. Die darin befindlichen Holzintarsien umfassen ein ganzes Programm; ihre Scheinnischen mit Statuen, ihre vorgeblendete Loggia mit einer Landschaft dahinter □193, ihre gemalten Wandschränke mit Stilleben etc. wurden von der Florentiner Werkstatt des Baccio Pontelli nach Entwürfen von der Hand Botticellis und Francesco di Giorgios ausgeführt. An der Reihe der achtundzwanzig *Gelehrten und Dichter* von Homer bis Petrarca haben von 1476-1477 verschiedene Meister gearbeitet, darunter der Flame Justus von Gent, der Spanier Berruguete, ferner Melozzo da Forlì und vielleicht auch der junge Bramante (geboren 1444). Letzterer erhielt seine Ausbildung in der künstlerischen Atmosphäre Urbinos und seine ersten Eindrücke von den kraftvoll modellierten Kolossalstatuen der *Krieger aus dem Hause Panigarola* (1479) von Melozzo in Mailand, ehe er sich ganz der Architektur zuwandte. Der riesige Schloßbau von Urbino blieb nach dem Tode des Herzogs Federigo (1482), dessen Befestigungsingenieur mittlerweile Francesco di Giorgio geworden war, unvollendet.

Der Anwesenheit des letzteren kann noch die Entstehung anderer Bauarbeiten zugeschrieben werden, so das *Kloster S. Chiara* (vor 1472) und besonders die Kirche *S. Bernardino* (zwischen 1482 und 1491), als deren Urheber man Bramante vermutet. Sie ist auf einem Felsvorsprung mit der Fassade zur Stadt hin errichtet worden, und zwar als Grabkirche für Federigo. Sie hat ein einziges Schiff und eine Dreikonchen-Anlage von zentralem Grundriß, der an frühchristliche Märtyrerkirchen erinnert, und wird von einer Kuppel überwölbt, die ihrerseits durch einen doppelten zylindrischen Tambour umgürtet wird; horizontale Bandgesimse trennen wie in Cortona die einzelnen Geschosse voneinander. Das Ganze verrät eine Frische der Einfallskraft, in der sich die ganze reizvolle Originalität des Milieus von Urbino im letzten Drittel des 15. Jahrhunderts kundtut.

Die Majolika

Bereits im 14. Jahrhundert hatte die Kunst der italienischen Fayence (oder Majolika), die hauptsächlich in der Gegend von Faenza in der Romagna entwickelt wurde, sich die Technik der Zinnfarben angeeignet, bei denen ein zweiter Brand den charakteristischen Lüster erzeugt. Anfänglich hatte die Fayence des Apennin die islamische Keramik, die über die Insel Mallorca eingedrungen war – daher auch der Name Majolika – nachgeahmt. Ihre interessanteste Entwicklung liegt zwischen 1440 und 1530; in dieser Zeit entstanden zahlreiche Manufakturen auf den Hängen der Toskana in Cafaggiolo, vor allem aber in Deruta, Gubbio und Urbino.

Man stellte Fliesen für Fußböden her (Cappella Marsili in S. Petronio in Bologna, 1487), ferner Gebrauchsgegenstände und Luxusgeschirre wie Hochzeitsplatten, Prunkvasen mit dem passenden mythologischen oder heraldischen Dekor. Die blauen und gelben Ränder der Teller sind meist mit Blumenranken oder ornamentalen Mustern geschmückt, die Mitte bleibt oft Bilddarstellungen vorbehalten. Am Ende des Jahrhunderts erscheinen auch Grotesken auf dunklem Grund. Mit der Orpheusfolge in Pellipario (Museo Correr, Venedig) trug der umbrische Geschmack mit verhalteneren Farben und Formen den Sieg davon[133].

Rom

Stadtplanung, Architektur, Raumausstattung

Das Rom, das Anfang des 15. Jahrhunderts von Donatello und Brunelleschi besucht wurde, hatte als Stadt keine Gestalt mehr; es rechtfertigte durchaus den Ausspruch Platinas, demzufolge Martin v. 1420 »eine Stadt vorfand, die dermaßen zerstört war, daß sie nicht mehr als solche angesehen werden konnte«. In dem Maße, als es sich dann mit Hilfe der Päpste wieder bevölkerte und eine städtische Ordnung erhielt, wurde es auch wieder zum Mittelpunkt der Altertums-Wissenschaften, während bis dahin der Handel mit Altertümern vor allem in Padua und Venedig geblüht hatte. Diese zwiefache Bewegung sollte für die Entwicklung der Papststadt im Laufe des Jahrhunderts charakteristisch werden. So wurde während der zweiten Jahrhunderthälfte der Konservatorenpalast auf dem Kapitol in eine Art Museum umgewandelt, dessen Schaustücke unter Julius II. im Belvedere des Vatikan neu geordnet wurden. Pietro Barbo, der spätere Papst Paul II., wetteiferte bei der Sammlung von Altertümern mit den Medici; er war es auch, der den Sarkophag der hl. Agnes in den Palazzo Venezia überführen ließ.

Vor allem aber wollte Nikolaus v. (1447-1455) nach dem endgültigen Sieg über den Gegenpapst Felix und das Konzil von Basel (1449) dem Sitz der Christenheit durch ein umfassendes Wiederaufbauprogramm zu neuem Glanz verhelfen. Dieser Plan schloß die großen Bauten wie Sankt Peter, die vierzig sogenannten Stationskirchen, ja ganze Stadtviertel, so den zwischen dem Vatikan, der Engelsburg und dem Tiber gelegenen ›Borgo‹, ein[134]. Die Säulenvorhalle der Basilika sollte auf eine breite Treppe aus farbigem Marmor und einen Platz von 500 Ellen Länge führen und dieser durch drei parallel laufende, von Säulengängen eingefaßte Straßen verlängert werden, was im eigentlichen keine Neuerung, sondern die Fortsetzung einer mittelalterlich-römischen Tradition darstellte. Dieser Plan nahm genau das vorweg, was im darauffolgenden Jahrhundert in die Wirklichkeit umgesetzt werden sollte. Dem florentinischen Chronisten Giannozzo Manetti zufolge wurde Bernardo Rossellino mit der Ausführung betraut, woraus zu schließen ist, daß der Plan von Alberti angeregt worden war. Dieser Humanist gehörte damals dem päpstlichen Hofe an und sollte für ihn ein Memorandum über das Ausmaß der Ruinen anfertigen; Mitte des Jahrhunderts verfaßte er seine berühmte Abhandlung über die Baukunst.

Die Kunst der Toskaner sollte noch lange Zeit geschätzt werden: Aller Wahrscheinlichkeit nach

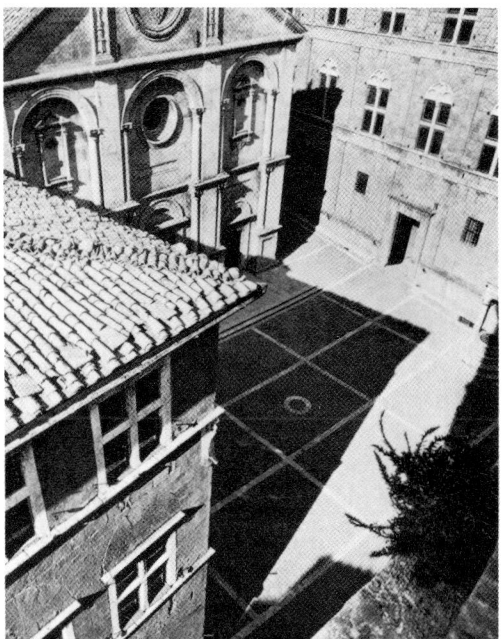

194 Pienza, Piazzo Pio II.

ist Bernardo Rossellino der Schöpfer des *Palazzo Venezia* (1455 ff.) gewesen, ein Gebäude, das für den Kardinal und Sammler Pietro Barbo bestimmt war. Äußerlich gleicht er fast ganz dem befestigten florentinischen Palasttyp des 14. Jahrhunderts, allein die großen rechteckigen Fenster am Obergeschoß bringen eine freundlichere Note hinein. Der Innenhof umfaßt zwei gewaltige Säulengänge mit Pilastern und Halbsäulen, womit benachbarte römische Vorbilder, wie das Marcellus-Theater, nachgeahmt wurden. Das Hauptwerk Rossellinos jedoch ist jene große Stadtanlage, mit der er von Papst Pius II. Piccolomini beauftragt wurde, um seinen Geburtsort Corsignano[135] in den Bergen südlich von Siena der neuen Zeit anzupassen, und die dann den Namen *Pienza* annehmen sollte □194. In seinen ›Commentarii‹ hat der Pontifex das Exposé des zu befolgenden Programms genauestens niedergelegt: Der vollständig gotische Dom mit polygonalem Chor, Glasgemälden und drei gleich hohen Schiffen vom Typ der ›Hallenkirche‹[136] wird von dem Papstpalast zur Rechten und dem Bischofspalast zur Linken umrahmt, die schräg gestellt sind, damit das Ganze wie eine Kulisse wirkt. Der letztere ist mit seiner regelmäßigen Fassade mit flacher Rustika, Simswerk und Pilastern unmittelbar vom Palazzo Rucellai beeinflußt; er besitzt einen Innenhof und öffnet sich nach der Talseite und auf das in Terrassen ansteigende Gelände mit einer dreigeschossigen Loggia mit übereinandergestellten Säulen.

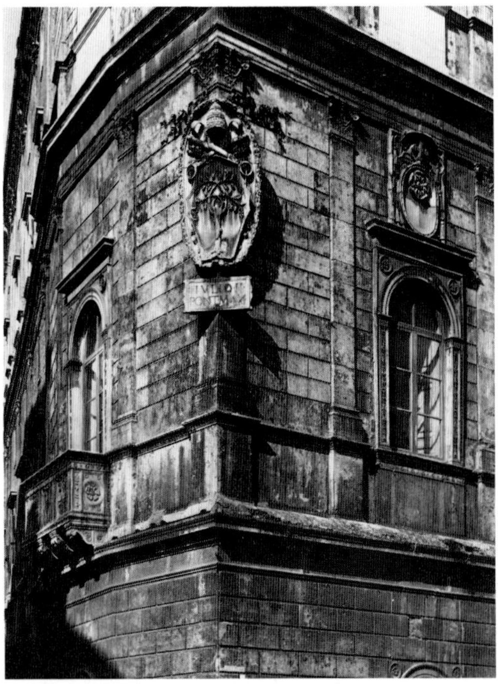

195 Rom, Cancelleria, 1489-1495

In manchen römischen Kirchen, zum Beispiel in S. Agostino (um 1480), ist die Fassade florentinisch nach der Art des Alberti; das Innere dagegen mit den dicken, gegliederten Pfeilern und seinen Gewölben ist weniger fortschrittlich. Die Ausstattung der Stadt war vor allem ein Anliegen von Sixtus IV., der den Beinamen ›restaurator urbis‹ erhielt. Er legte auf dem linken Tiberufer gegenüber von der Engelsburg das fächerförmige Netz der Straßenzüge an, das dann Julius II. durch die flußabwärts am Tiber entlang führende Via Giulia ergänzen sollte. Hier liegt der Ausgangspunkt für eine Verschiebung der Stadt nach Osten bis zum Corso und bis in die Nähe des Kapitols, wo später der Palazzo Venezia, der zunächst als Landsitz gedacht war, zu einem wichtigen Markstein der Innenstadt wurde. Unter den neuen Bauten befinden sich das *Ospedale di Santo Spirito* mit seinen Portiken und Rundbögen, vor allem aber der *Palazzo Riario* (später ›La Cancelleria‹ genannt □195), den der Neffe des Papstes errichten ließ. Die drei Geschosse der Fassade (1489-1495) besitzen eine starke rhythmische Gliederung, und auch durch den geräumigen rückwärtigen Innenhof mit zwei übereinandergestellten Loggien erhält das Bauwerk eine interessante architektonische Note. Die regelmäßigen Steinlagen, die flachen, die Joche nachzeichnenden Pilaster verraten noch die Grundvorstellungen des Palazzo Rucellai; aber der Typ der Fenster und die Feinheit der Komposition deuten auf Laurana und die Kunst von Urbino. Aus der ausgeprägten Weiträumigkeit der Baumasse geht schließlich hervor, inwieweit all diese Stilelemente sich den römischen Vorstellungen anpassen. Die alte Zuschreibung an Bramante wird durch nichts gerechtfertigt; sie ist wohl daraus zu erklären, daß man meinte, die Klarheit und Größe eines solchen Baus mit einem berühmten Meister in Verbindung bringen zu müssen. Die Ausführung könnte in den Händen eines Meisters wie Andrea Bregno gelegen haben, eines Lombarden, dessen Tätigkeit in Rom vor allem durch seine zahlreichen Grabmäler bekannt geworden ist.

Was die Monumentalplastik anlangt, so wandte sich Rom seit einem halben Jahrhundert vornehmlich an die Florentiner, doch zu Ende des Jahrhunderts sollten sie hier in Konkurrenz mit den Lombarden stehen. Von 1432 bis 1433 hatte Donatello kurze Zeit am Vatikan zugebracht; diesem Besuch wird ein Tabernakel von etwas verworrener Form in Sankt Peter zugeschrieben. Von 1439 bis 1445 hatte Filarete die Bronzeportale an Sankt Peter unter sehr eindrucksvoller Betonung des Archäologischen gegossen □ 196. Später hat dann

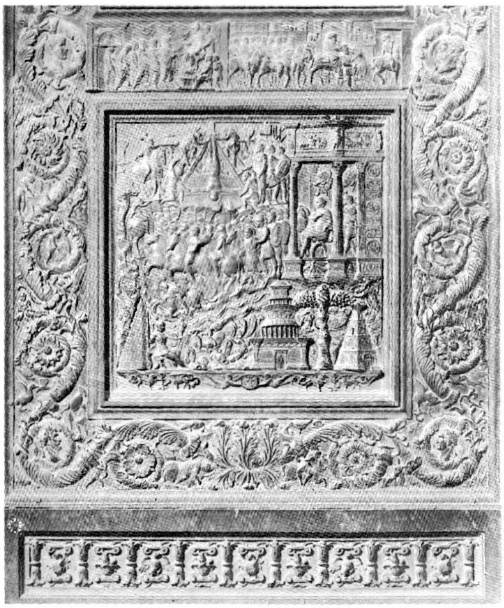

196 Filarete, Bildfeld eines Bronzeportals der Peterskirche, Rom, 1439-1445

Mino da Fiesole nach florentinischem Muster in Rom (1475) das *Grabmal Pauls II.* ausgeführt; weiterhin das der *Francesca Tornabuoni* in S. Maria sopra Minerva nach dem Vorbild in Sarkophagform des Desiderio da Settignano. Der Vatikan zog schließlich auch einen Meister der jungen Generation heran, nämlich Antonio Pollaiuolo. Dieser schuf in Rom sein Meisterwerk, das *Grabmal von Sixtus IV.* (1484-1494), das sowohl stilistisch wie in seiner Ikonographie und seiner Aufstellung in einer Grabkapelle in der Apsis von Sankt Peter den ehrgeizigen Wünschen eines großen modernen Papstes Rechnung trug[137]. Auf einer Art bronzenem Sarg, der einer erhöhten Grabplatte gleicht, liegt die Gestalt des Papstes, umgeben von Allegorien auf die freien Künste und die Tugenden; diese auf das sorgfältigste ausgeführten Figuren sind durch ein kräftiges Rankenwerk von Akanthusblättern voneinander getrennt. Bei dem *Grabmal von Innozenz VIII.* (1492-1498), das den Typ des Wandgrabmals wieder aufnimmt, wird der Sarkophag von der liegenden Papststatue bekrönt.

Andrea Bregno (etwa 1418-1506) stand mehr unter dem Einfluß der Kunst des Mino da Fiesole; auf seinen im Aufbau recht vereinfachten Grabmälern werden die Pilaster und Bildfelder von einem Überfluß an Kleinmotiven im nordischen Geschmack, wie Kandelabern, Rankenwerk und dergleichen, überschwemmt. Dazu gehören das *Grabmal für Kardinal Coca* in S. Maria sopra Minerva und das für *Kardinal Cristoforo della Rovere* in S. Maria del Popolo. Unter den örtlichen Werkstätten wäre besonders diejenige zu erwähnen, die unter Leitung von Paolo Romano das Ziborium für Sixtus IV. ausführte.

Wenn auch Rom ebensowenig wie in der Bildhauerkunst auf dem Gebiete der Malerei ein selbständiges künstlerisches Zentrum gewesen ist, muß dennoch hervorgehoben werden, inwieweit es die Arbeiten der Künstler durch klassische Fragmente inspiriert hat. Zwar hat sich Fra Angelico 1440 im Vatikan aufgehalten, um dort die entzückende *Cappella di SS. Lorenzo e Stefano* auszumalen (1447-1450), in der er eine klare und freie perspektivische Anlage der Bilder erreicht. Aber solche Besuche sollten ebensowenig zur Entstehung einer römischen Schule führen wie der von Jean Fouquet, der aufgefordert worden war, das Porträt Eugens IV. zu malen, noch der von Piero della Francesca im Jahre 1459. Sixtus IV. wandte sich der Reihe nach sowohl an die umbrischen wie an die florentinischen Meister. Melozzo da Forlì entwarf ihm zu Ehren die Szene mit der *Einweihung der Vatikanischen Bibliothek* (etwa 1477). Auf diesem Fresko entspricht die ruhige Geschlossenheit der Umrisse, deren Auffassung eher Mantegna als Piero della Francesca nahesteht, der Feierlichkeit des Raumgefühls. Außerdem malte Melozzo die Apside der Kirche SS. Apostoli (etwa 1480) aus.

Der glücklichste Einfall, den der Rovere-Papst gehabt hat, war, daß er 1481 zur Ausschmückung der neuen Vatikanskapelle, die seinen Namen tragen sollte, ein ganzes Künstler-›Team‹ berief, das von Signorelli bis zu Botticelli alle Maler umfaßte, die in Florenz Rang und Namen hatten. Wir werden sie noch später würdigen. In der Folgezeit gewannen jedoch die Umbrier mit den Arbeiten von Pinturicchio in den *Borgiagemächern* (1492 bis 1494) die Oberhand □ 197; hier sind die mit leichter Hand ausgeführte Zeichnung und die pittoreske Farbigkeit um zahllose hübsche Motive bereichert, als da sind Stuckarbeiten, Vergoldungen, Blindmusterdrucke, deren Endeffekt einen sowohl stili-

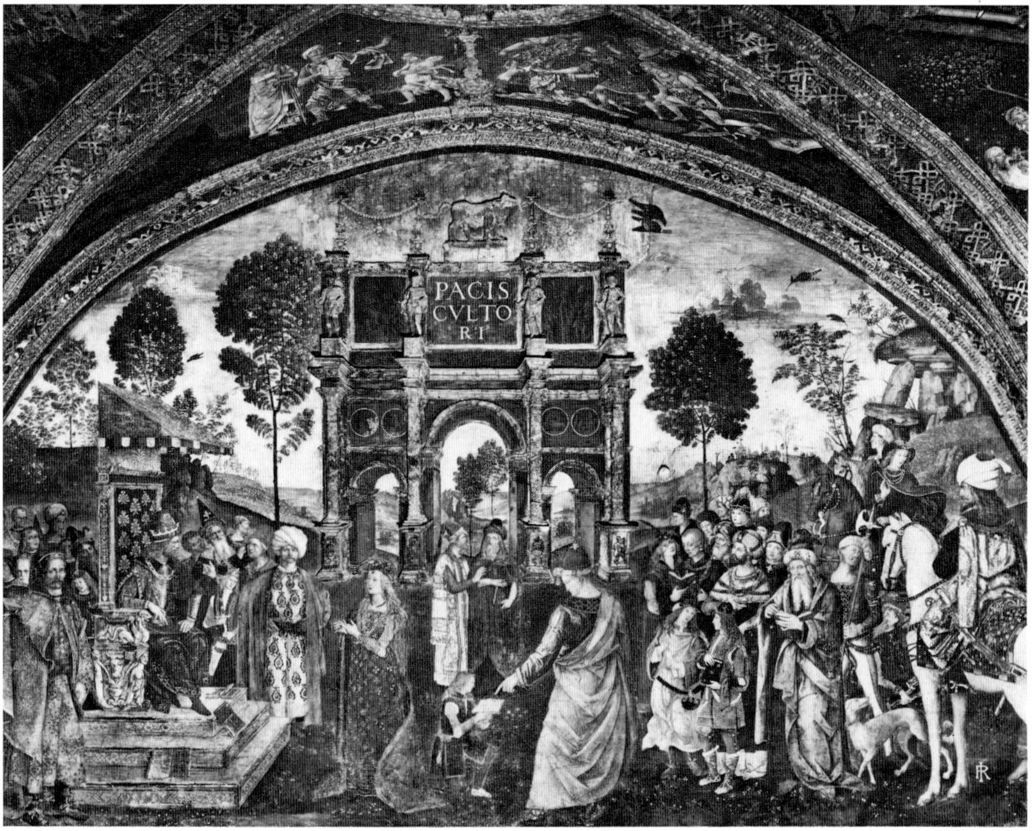

197 Pinturicchio, Die hl. Katharina vor Kaiser Maximian, Borgia-Appartement, Vatikan, um 1495

stisch wie inhaltlich pikant-bizarren Dekor ergibt. So mischt sich zu Ehren der Borgia beispielsweise der Stier Apis mitten unter das kirchliche Gepränge.

Neapel und Sizilien

Architektur und Malerei

In Süditalien, wo sich die spanische Macht immer mehr gefestigt hatte, und in Neapel, das trotz des erbitterten Widerstands der Anjou unter die Herrschaft der Fürsten von Aragon gekommen war, blieb die Kunst an Spanien gebunden; beide spielten eine wichtige Rolle in den Stilwanderungen, die im westlichen Mittelmeerraum für die Mitte des Jahrhunderts so bezeichnend sind. Hier wurden zwischen 1450 und 1460 drei große Künstler der Übergangszeit herangebildet: Antonello da Messina und die beiden Bildhauer Francesco Laurana und Niccolò dell'Arca.

Der Palast des Herzogs von Santo Stefano in Taormina weist gotisch-arabische Züge von stark sizilianischem Gepräge auf. Etwas fortschrittlicher wirkt der Palazzo Bellano in Syrakus mit seinen Spitzbögen und dem Hof mit Außentreppe. In Palermo erhielt der Dom an der Südseite eine Säulenhalle mit Dreiecksgiebel; der Mischstil bleibt. Im Jahre 1463 traf auf der Insel der Genuese Gagini ein, der an dem Portal von S. Agostino arbeitete. Nach ihm verbreitete sein Sohn Antonello den lombardischen Schmuckstil. Der einzige Meister, der sich ernsthaft die in Mittelitalien ausgebildete Kunst harmonisch aufeinander abgestimmter Baumassen zu eigen machte, war Matteo Carnelivari, von dem die *Paläste Aiutamicristo, Pietratagliata* und *Abbatelli* (um 1488) stammen. Seine Art des architektonischen Ausdrucks findet sich an *S. Maria della Catena* in Palermo; sie zeigt an der Fassadenseite ein Atrium mit drei überhöhten Arkaden, das von einer kräftigen, mauerartig durchbrochenen Balustrade bekrönt wird. Im großen und ganzen wurden diese Provinzen langsam von den

Schmuckformen durchdrungen, denen sie ihre wahre Aufmerksamkeit erst in der Zeit des Barock schenken sollten.

In den Abruzzen, in S. Maria di Collemaggio (L'Aquila), in Apulien und Soleto setzt sich im Reichtum der Bauplastik die Gotik des Trecento fort. Desgleichen in Carinola, Fondi und den kleinen Städten in der Umgebung von Neapel, wo die Vorliebe für den farbigen Dekor sich noch lange Zeit erhielt; man findet sie sogar an einem toskanisch beeinflußten Bau wie dem Palazzo Cuomo in Neapel. Der *Triumphbogen* des Eingangs zum Schloß Castel Nuovo in Neapel, den Alphons IV. 1452 bei der katalanischen Werkstatt des Sagrera in Auftrag gab, wurde 1466 von Pietro da Milano vollendet □ 198. Er trägt einen Fries von Francesco Laurana und wird von einer Loggia bekrönt, über der nochmals Nischen angeordnet sind. Das Ganze stellt eine Sonderlösung dar[138]; die zwischen die beiden dicken runden Türme eingefügten übereinanderliegenden Geschosse erinnern ein wenig an die hohen Aufbauten der Anjougräber in S. Chiara in Neapel und sind vielleicht eine Reminiszenz an das kaiserliche Triumphtor in Capua aus dem Jahre 1234. Dieser bedeutende Eindruck wird durch die Beschaffenheit des Details, die antikisierend getreue Nachbildung des unteren Bogens zwischen Zwillingssäulen kaum abgeschwächt. Im Auftrag Alphons IV. wurde bei Giuliano da Maiano, dem Erbauer der Villa Poggioreale, die *Porta Capuana* (1485) in Neapel bestellt; sie ist im gleichen Geist eines antiken Triumphtors, bloß regelmäßiger und klassischer gestaltet. Demselben Fürsten sollte Giuliano da Sangallo seine symmetrisch und harmonisch empfundenen Pläne für Palastbauten zukommen lassen.

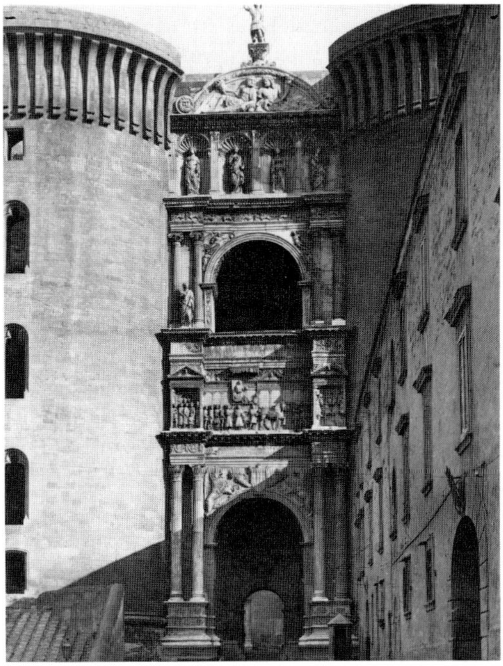

198 Neapel, Triumphtor, Castel Nuovo, 1452-1466

Aber auch hier gelangte die Entwicklung erst im 17. Jahrhundert zur vollen Entfaltung. Ganz einbürgern sollten sich in Neapel die monumentalen Gruppendarstellungen der Geburt Christi und der Kreuzabnahme – im 16. Jahrhundert fanden sie eine große Verbreitung –, Themen, die in der Toskana so gut wie unbekannt waren, sich in Burgund und im Languedoc jedoch einer großen Beliebtheit erfreuten. Als Nachfolger von Niccolò da Bari brachte Guido Mazzoni sie nach Monte Oliveto bei Neapel. Es handelt sich hier um bemalte Holz- oder Terrakotta-Bildwerke in Lebensgröße, die die

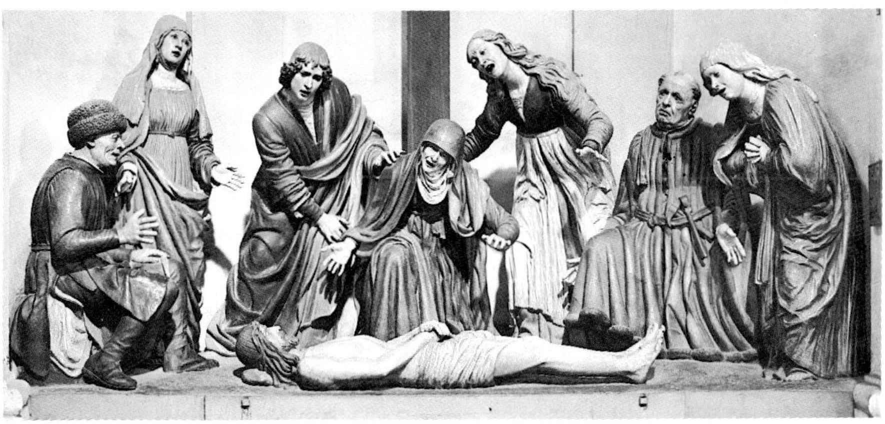

199 Guido Mazzoni, Grablegung, 1476. S. Giovanni Battista, Modena

Wurzel für die verschiedensten Arten einer naiven oder malerischen Weiterentwicklung bilden. Der südlichen Frömmigkeit entsprechend, haben sie stets einen Zug ins Theatralische □ 199.

Die Bande, die Süditalien mit Spanien, Frankreich und darüber hinaus mit Flandern verknüpften, treten am deutlichsten in der Malerei zutage. Das beredtste Zeugnis hiervon findet sich bei Bartolommeo Fazio, einem humanistischen Gelehrten am Hofe Alphons' von Aragon, der 1455 in seiner Aufzählung berühmter Zeitgenossen Jan van Eyck *(Johannes Gallicus)* als ›pictorum Princeps‹ erwähnt und Rogier van der Weyden *(Rogerius Gallicus)* nennt, Masaccio dagegen ignoriert. Aber diese neuen Kunstströmungen aus dem Norden waren nicht allein maßgebend. Ein großer anonymer Meister, bei dem man nacheinander Einflüsse aus Katalonien und Valencia, aus Paris und der Lombardei nachweisen kann, vereinigt in seiner Person die ganze Vielseitigkeit des westlichen Mittelmeerraums, wie sie sich rings um die großen Hafenplätze entfaltete. Von ihm stammt der *Triumph des Todes* im Palazzo Sclafani in Palermo (1440 bis 1450), in dem ein verspätetes Meisterwerk der ›internationalen Gotik‹ zu erblicken ist, was sich in seiner teppichartig angeordneten Komposition, in seinen eleganten Silhouetten und seinem makabren Sinngehalt gleichermaßen offenbart. Den jüngsten Vermutungen zufolge darf man annehmen, daß es sich hier um einen Katalanen oder einen aus Ferrara stammenden Künstler handelt[139]. Jedenfalls wird hierdurch die Behauptung entkräftet, Sizilien sei zu dem Zeitpunkt, da der junge Antonello heranreifte, künstlerisch untätig gewesen.

Wenn dieser schließlich auf entscheidende Weise den neuen Stil der italienischen Malerei mit der Kunst des Nordens in Einklang zu bringen wußte, so läßt sich vieles aus seiner südländischen Herkunft erklären. In Palermo nahm ein Sienese, Niccolò di Magio, von künstlerisch bescheidenem Format, einen Platz unter den aus den Marken gekommenen Künstlern und den spanischen Malern, wie Pedro Serra, ein. In Messina ist es nicht das Abseitsstehen der örtlichen Schule, wodurch die Lage so verwickelt erscheint, sondern das gleichzeitige Vorhandensein fast aller abendländischen Stilformen; dies macht es so schwer, von einer ausgesprochen sizilianischen Schule zu sprechen. Einer der Meister, die unser Interesse am meisten erregen, ist der Schöpfer des *Kreuzes von Piazza Armerina* mit seinem Sinn für das Monumentale; vielleicht war er ein Provenzale und hing mit Charonton zusammen. Nach dem Weggang des Antonello da Messina erreichten schließlich der reichlich eklektische Antonello da Saliba, Antonino Giuffrè und die etwas rohe Manier Riccardo Quartararos, dessen Tätigkeit noch bis nach 1500 nachzuweisen ist, keine sehr große künstlerische Höhe mehr.

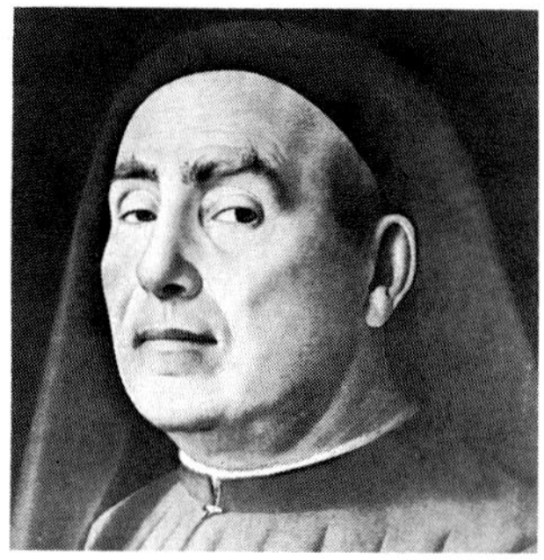

200
Antonello da Messina
Porträt 1475/76
Museo Civico Turin

Bei Antonello selbst (1430-1479) hat sich diese fast international zu nennende Kultur von Messina und Neapel spürbar ausgewirkt. Einem humanistischen Schriftsteller zufolge war sein Lehrer Colantonio, dessen Tätigkeit zwischen 1440 und 1470 liegt (beim Altarwerk des Colantonio aus der Franziskanerkirche in Neapel hat Antonello den Teil mit dem hl. Hieronymus gemalt). Sein *Hl. Hieronymus im Gehäus* (London) ist zugleich weiträumig und kleinteilig, flämisch beeinflußt und von wohlgeordneter Perspektive □ 201. Bereits in seinen ersten Werken, der *Kreuzigung von Sibiu* (Rumänien), den drei Engeln und dem *Hl. Hieronymus* von Reggio-Calabria, zeigt er sich in den Ausdrucksmitteln der flämischen Kunst, und genauer noch der des Jan van Eyck, bewandert. Gleichzeitig hat er sich jedoch, zweifellos durch den Einfluß Lauranas, eine solide Festigkeit in der Aufstellung der Figuren angeeignet, so zum Beispiel in dem *Segnenden Christus* (London, 1465), sowie eine Sicherheit der Flächenaufteilung gewonnen, besonders in seinen Porträts (Turin, Louvre, 1475), die an Piero della Francesca denken läßt □ 200. Antonello richtete seine Aufmerksamkeit in einer ganz neuartigen Weise auf die Stofflichkeit, auf die Pracht der Oberfläche der Dinge, aber in seinen Verkündigungsbildern (München, Palermo und Syracus) herrschen der Adel der Gebärde, der ruhige Fluß des blauen Schleiers der Heiligen Jungfrau und die Klarheit der Komposition vor, zu denen sich die Entdekkungen eines geschulten Meisters der Perspektive

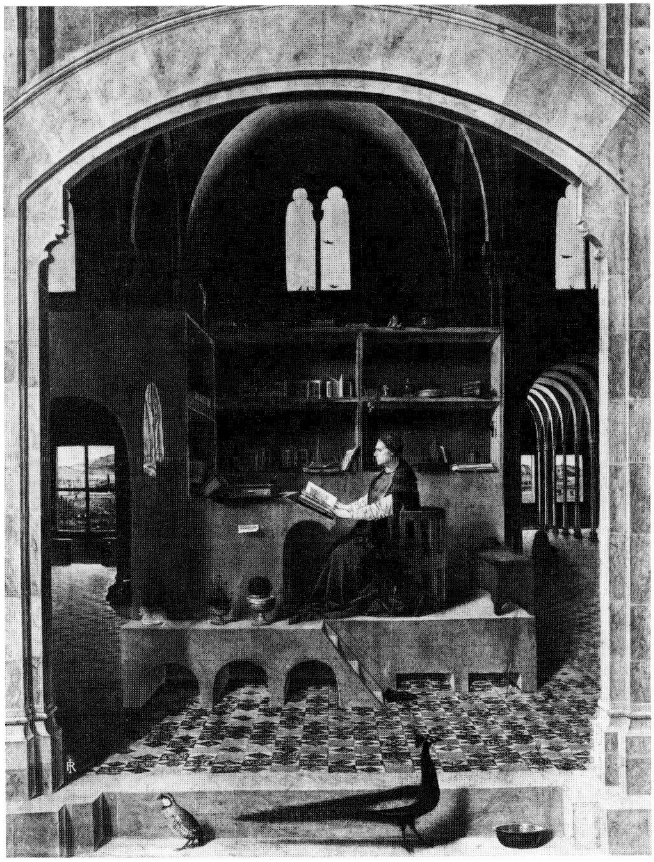

201
Antonello da Messina
Hl. Hieronymus, 1475
National Gallery, London

gesellen, wie beispielsweise die stark verkürzt gesehene erhobene Hand.

Mit Antonello wanderte der im Süden geschehene italienisch-flämische Zusammenschluß die ganze Halbinsel hinauf und führte zu endgültigen Lösungen, bekam doch Antonello während seiner Wanderfahrten schon sehr bald bedeutsame Aufträge. Der entscheidende Moment liegt zwischem dem 1473 datierten *Flügelaltar mit dem hl. Georg* in Messina mit seinen beliebten Heiligen und der gelassenen und schwerelosen Konzeption des Bildes mit dem *Hl. Sebastian* (Dresden), auf dem er den nackten Märtyrer friedlich auf einen ins Unendliche auslaufenden Fliesenboden stellt, sowie der *Pala von San Cassiano* (1476 in Venedig ausgeführt), deren Bruchstücke sich in Wien befinden. Die Architektur, die die Gruppe der Heiligen umrahmt, bewirkt eine sowohl nuancenreiche als auch kraftvolle Verteilung des Lichtes. Die Bildatmosphäre besitzt einen farblichen Reichtum, der dann in Venedig zum Ausgangspunkt der neuen künstlerischen Entwicklung werden sollte.

Norditalien

Um das Jahr 1450 ist Norditalien noch stark in voneinander abgeschlossene Kunstzentren aufgesplittert: Jeder einzelne Ort reagiert in seiner Ruhmsucht und seinem Traditionsbewußtsein anders auf die Neuerungen aus der Toskana; zuweilen nimmt man sie unter dem Einfluß eines durchreisenden Meisters auf, manchmal werden sie durch einen anpassungsfähigen Einheimischen verbreitet. In Genua beispielsweise enthält die von Domenico Gagini ab 1456 vor seinem Aufbruch nach Sizilien errichtete Sankt Johannes-Kapelle im Dom von Laubwerk gerahmte Bildfelder zwischen Bandfriesen, die von kleinen Nischen unterbrochen werden, womit der Künstler wohl Ghiberti nachahmen wollte, aber die Wirkung steht eher der romanischen Kunst näher. Matteo Civitali (1436 bis 1501) aus Lucca, der den *Tempietto del Volto Santo* in Lucca nach der Art des Alberti erbaut hat, schmückt um 1480 diese Kapelle mit Statuen aus – Adam, Eva und die Propheten –, die sich zwar fortschrittlicher gebärden, jedoch ohne große künstlerische Kraft bleiben.

Im Bereich der Malerei ist die künstlerische Situation interessanter: Die merkwürdige Tafel mit der *Verkündigung* (Louvre, um 1480), die dem Carlo Braccesco zugeschrieben wird, stammt aus Genua; eine sehr eigenwillige Farbskala in Gelb und Schwarz, strenge Formen und ein schönes Raumgefühl sichern ihr einen Sonderplatz. In Savona, das gegen Ende des Jahrhunderts dem Kardinal Giuliano della Rovere einen gewissen Aufschwung verdankt, macht sich Louis Brea (1443-1523) aus Nizza auf seinen großen Altartafeln den lombardischen Stil des Foppa zu eigen; ihre richtige Entfaltung findet diese ligurische Kunst jedoch vor allem in der Gegend von Nizza.

Mailand

Eine Rivalin von Florenz war die wachsende Macht der Lombardei; sie näherte sich ihrem Höhepunkt, als Francesco Sforza, der Herr von Mailand, 1450 toskanische Künstler an seinen Hof zog. Die Cappella Portinari, die in ihrer baulichen Gliederung der Sakristei von S. Lorenzo in Florenz nachgebildet ist, wurde 1462 in S. Eustorgio nach dem Plane von Michelozzo erbaut, aber mit Ecktürmchen, die ihr ein anderes Aussehen geben.

Mit dem Bildhauer und Architekten Antonio Averlino, genannt Filarete, wandte Sforza sich an den romantischsten und schwülstigsten unter den Brunelleschi-Schülern. Sein 1464 verfaßter ›trattato di architettura‹ gleicht einem etwas verworrenen Roman, in dem die polemische Haltung gegen die gotische Kunst offen zutage tritt, aber dessen zahlreiche, den Text begleitende Beispiele einer Idealarchitektur an Phantastik und Übertreibungen einander überbieten: Phantasiestädte, pyramidenförmige Gebäude, Fassaden mit Türmchen und Giebeln, die förmlich überquellen von Rankenwerk, Medaillons und Statuen – ein Wirrwarr, der durch polychrome Effekte noch unterstrichen wird. In der Tat vollzog sich hier, versteckt unter dem Deckmantel antikisierender Motive, eine neue Abwandlung des gotischen Geschmacks. Den Mittelturm des Mailänder Schlosses (1451-1454) ließ Filarete aus Terrassenanlagen aufsteigen, ferner baute er das *Grande Ospedale* (1456-1465), wo er große Innenhöfe nach dem Muster Brunelleschis entwickelte; ihr typischstes Merkmal ist die Anordnung von zwei übereinanderliegenden Galeriegeschossen mit dünnen Säulchen in den kleinen Höfen. Kurz darauf allerdings wurde die Fassade mit Spitzbogenfenstern versehen. Vor allem aber machte Filarete auch in Bergamo Schule: Der Fassadenentwurf für den Dom von 1457 ist ein Markstein für den Übergang zu einer ›Wiedergeburt‹ der Gotik oder, wenn man so will, einer romantischen Architekturauffassung der Renaissance, die sich zwei Generationen lang in der Lombardei entfalten sollte. Die von einem riesigen Giebel bekrönte Fassade wurde mit polychromen, der lombardischen Gotik entliehenen Schmuckmotiven und einer schwerfälligen Galerie mit Pilastern und Nischen ausgestattet; darüber erhebt sich eine mächtige Kuppel über einem polygonalen Tambour, von zwei Türmchen flankiert, deren Geschosse von kleinen Balustraden begrenzt sind.

Die erstaunliche *Cappella Colleoni*, die etwas später (1470-1475) an der Flanke der Kirche angefügt wurde, wirkt gleichsam wie ein Manifest dieser neuen, von Giovanni Antonio Amadeo (1447-1522) geleiteten Bau-Schule: Aufsplitterung der Bauglieder, ornamentale Verzahnungen, Einfügung antiker Medaillons in die Mauerlük-

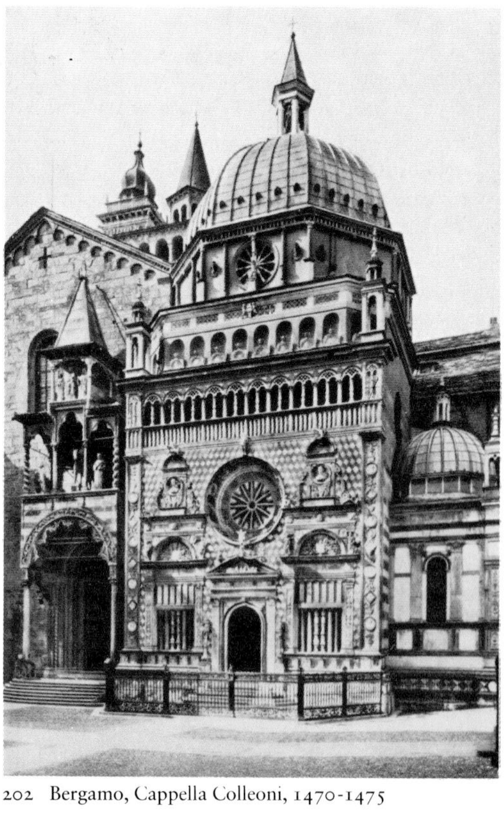

202 Bergamo, Cappella Colleoni, 1470-1475

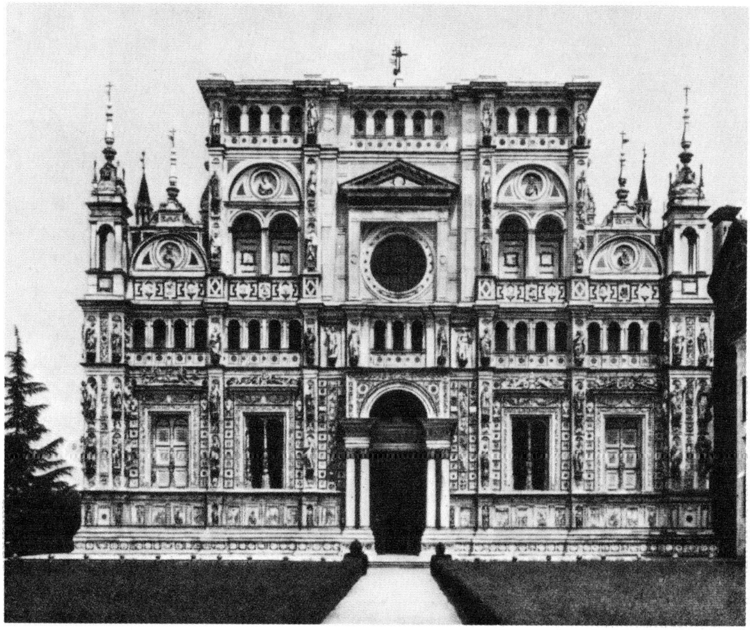

203
Pavia
Fassade der Kartause
1491-1498

ken, Kandelaber unter Pilastern und dergleichen mehr □ 202. Eine kraftvoll gegliederte Architektur wurde nun überall mit Reliefs und winzigen Schmuckmotiven versehen, die der letzte Schrei in der Kunst zu sein schienen. In der *Certosa von Pavia* hatte Amadeo den kleinen Kreuzgang ausgeschmückt; 1481 kehrte er als Bauleiter dorthin wieder zurück und nahm von 1491 bis 1498 zusammen mit Benedetto Briosco die Fassade in Angriff. Eine in der Mitte verlaufende Galerie trennt die beiden Geschosse deutlich voneinander; der obere, im 16. Jahrhundert vollendete Bauteil entbehrt der Bekrönung; zwar ist das erste Geschoß schön gegliedert, aber alle architektonischen Elemente sind in fast unerträglicher Überfülle von Statuetten, Basreliefs, Inkrustationen und ähnlichem verstellt. Das Sockelgeschoß wirkt wie ein Schrein für große Medaillen; die Fensterkreuze sind in Form von Kandelabern gestaltet □ 203.

Die gleiche Überfülle an Wirkungseffekten findet sich in der Profanarchitektur, wie zum Beispiel am Portal des *Palazzo Stanga* in Cremona, in Bauplanungen von Ambrogio Bonosci, wozu der Innenhof des Palazzo Fodri gehört. Ebenfalls in Cremona bahnte sich gegen Ende des Jahrhunderts eine Neigung zur Vereinfachung an, so bei der zweigeschossigen, von übereinandergestellten Pilastern unterteilten Fassade des *Palazzo Raimondi* (1496). Sowohl in der profanen wie in der kirchlichen Architektur führten zu dieser Zeit die von dem aus Urbino stammenden Bramante (er war 1481 in den Dienst Ludovicos getreten) ausgehenden baulichen Spekulationen die Architektur in eine mehr monumentale Richtung; das beste Beispiel dafür ist der Dom zu Pavia, dessen Modell gemeinsam von Bramante, Amadeo und anderen Meistern 1488 geschaffen wurde.

Bis zur Ankunft Leonardo da Vincis (1482) stehen für die lombardische Malerei zwei oder drei Namen: Bonifacio Bembo (tätig 1447-1477), ein subtiler Maler, dessen Visconti-Tarockspiel ihm den Ruf von Eleganz einbrachte; die Brüder Zavattari, die im dritten Quartal des Jahrhunderts die Theodolinden-Kapelle in Monza etwas derb ausmalten; vor allem aber Vincenzo Foppa (1427 bis 1515). Dieser Künstler verwendete vorwiegend dunkle Farbtöne, um sich den florentinischen Vorbildern anzugleichen, so in seinen Madonnenbildern, dann in dem *Flügelaltar von S. Maria delle Grazie* (Brera, □ 204). Vor 1468 arbeitete er an der Ausschmückung der Portinari-Kapelle in S. Eustorgio, wobei er sowohl in seinen Landschafts- wie Architektur-Darstellungen die Weiträumigkeit bevorzugte. Piero della Francescas geordnete Bildräume und heitere Perspektiven standen hier fast in Gefahr, ihre Klarheit einzubüßen, aber das Streben nach Monumentalität, das auf den zwingenden Einfluß von Mantegna und der Ferraresen zurückzuführen ist, bemächtigte sich schließlich der ganzen Schulrichtung. Die *Pala von*

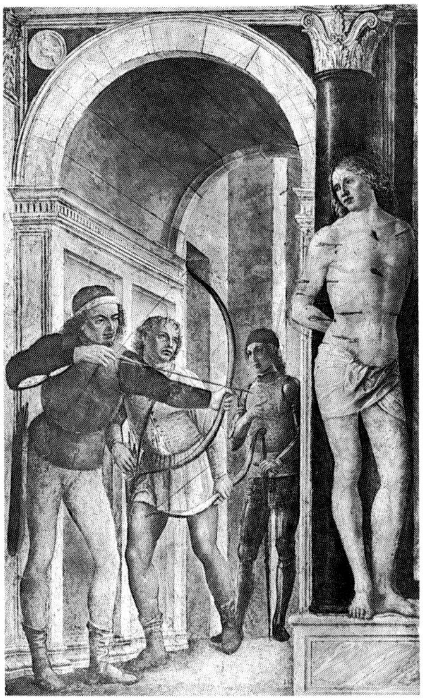

204 Foppa, Hl. Sebastian, um 1486. Brera

S. Martino in Treviglio, ein zwischen 1485 und 1500 von einem Meister namens Butinone (tätig zwischen 1484 und 1507) und Zenale (1436 bis 1526) ausgeführtes Riesenwerk, ist die letzte Steigerung, die dieser spröde, kleinliche Stil hervorgebracht hat, bei dem es von Linien und hineingepreßten Schmuckmotiven nur so wimmelt. Im Gegensatz dazu blieb Ambrogio da Fossano oder Il Bergognone (1450-1523) bemüht, die Formen weicher zu gestalten, er bevorzugte lässigere Kompositionsweisen. Seine *Kreuzigung* und der *Hl. Ambrosius* in der Certosa von Pavia (1490) bilden dafür ein Beispiel.

Verona, Padua und Mantua: Mantegna

Padua und Verona wurden nach ihrer Eroberung durch Venedig einer neuen Kunstrichtung zugeordnet. Geraume Zeit hindurch waren allerdings eher sie es, die die Lagunenstadt mit neuen künstlerischen Vorbildern versorgten. Erst recht spät entlieh man umgekehrt der venezianischen Architektur ihre Säulenhallen und verspielten Fensterformen mit ihren vielfältig gestalteten Öffnungen, wie in der Loggia del Consiglio in Padua und der Loggia in Verona, letztere von dem Baumeister Fra Giocondo.

Mit dem Erfolg des Gentile da Fabriano, der den Dogenpalast ausmalte, und später dann dem des Pisanello verbreitete sich die Spätgotik mit ihren zarten Madonnen, ihren ausgefallenen Trachten und heraldischem Bestiarium auch in Norditalien; aber durchreisende Künstler, wie Masolino auf seinem Weg von Ungarn nach Castiglione d'Olona in der Lombardei, brachten schon gewisse neue Anregungen mit. Zwar lag der Malerei eines Pisanello mehr der Umriß als der Raum. Als Medailleur und Zeichner aber liebte er es, antike Sarkophagmotive zu kopieren und er bereicherte so nach dem Muster von Ghiberti eine im Grunde gotische Formenwelt mit neuen Elementen.

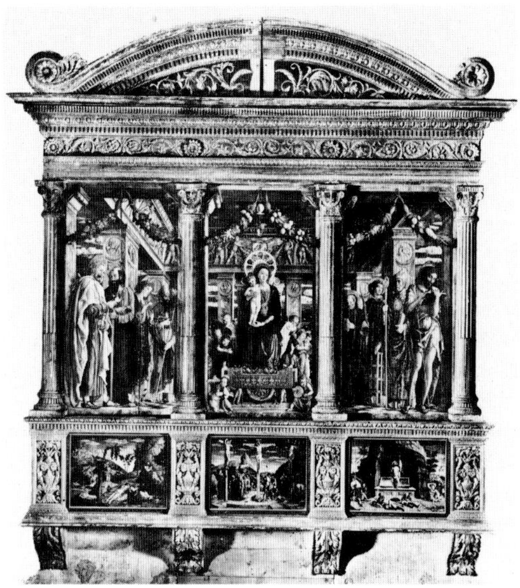

205 Mantegna, ›Pala‹, 1457. S. Zeno, Verona

Einige Jahre später, 1457, bestellte der Abt von S. Zeno in Verona bei Mantegna ein großes Triptychon, das ganz allein imstande war, die anmutige Zauberwelt der Gotik zu zerstören □ 205. Die ›Pala‹ hat die Form eines Gebäudes mit vier Säulen, die einen mächtigen Architrav und geschweiften Giebel tragen. Nach der Tiefe zu setzt es sich perspektivisch fort. Diese Ädikula ahmt einen Bau nach, in den Donatello seine Heiligenfiguren im ›Santo‹ zu Padua hineingestellt hatte. Padua, das keine großen Baulichkeiten besaß, hatte sehr früh eine bestimmte Richtung eingeschlagen, als es Donatello (1443-1453) und Uccello berief; letzterer schmückte die Casa Vitaliani mit den (verlorengegangenen) ›Giganten‹ aus. Einen recht unruhigen Nachfolger hatte Donatello in Bellano

(1430-1496), dessen bedeutendstes Werk seine Reliefarbeiten im ›Santo‹ sind. Ferner ist zu nennen Squarcione (1394-1474), ein angesehener Sammler in dieser Gegend, die seit Ende des Trecento im Mittelpunkt des Handels mit Altertümern und den ersten von venezianischen Goldschmieden nach römischen Münzen geprägten Medaillen war. Die Werkstatt dieses Paduaners, bei dem eine fast ›surrealistische‹ Einfallsfülle vorherrschte, der noch dazu durch die Romantik des Antiquitätenhandels neue Impulse zugeführt wurden, bildete eine ganze Gruppe von jungen, von der Größe Roms faszinierten Künstlern heran, die sich für Archäologie begeisterten und ihre künstlerischen Kompositionen geschickt mit Stelen, Inschriften und Waffenzierat ausschmückten.

Die Begabtesten unter ihnen waren Pizzolo und Andrea Mantegna (1431-1506); beide begannen 1449 mit der Ausschmückung der *Cappella Ovetari* in den Eremitani in Padua, doch Pizzolo starb schon Ende 1453; 1454 schuf der junge Andrea die zweite Serie mit den Szenen aus dem *Leben des hl. Jakob,* alsdann die mächtige Bildbeschwörung der Verurteilung und Hinrichtung des Heiligen, in der sich ein harter, strenger Stil von einer graphischen Kraft ohnegleichen offenbart. Weder in der Toskana noch in Umbrien hatte man derartiges bisher gesehen. Mit Hilfe der Perspektive werden hier eindrucksvolle Blickpunkte geschaffen, die Zeichnung sichert den Formen eine metallische Dichte; die Natur ist auf eine architektonische Ordnung aus Fliesenböden und Blöcken reduziert; alle menschlichen Figuren sind römisch gekleidet und bewegen sich in antiken Gemäuern. Der bereits erwähnte S. Zeno-Altar deckt die Hauptquelle dieser Kunst auf, die sich am Beispiel Donatellos gebildet hat; zwar besitzt sie den gleichen Schwung, aber nicht seine Feinheit. Die Predella zeigt auf ihren drei Bildtäfelchen die *Kreuzigung* (Louvre), *Gethsemane* und *Auferstehung* (Tours), eine Folge spitziger Landschaften mit roten Felsen. Die eisenharte Zeichnung bleibt an eine kalte, trockene, konventionelle Farbe gebunden, die gegen Ende des Jahrhunderts zur Monochromie tendiert: so in dem Karton für den *Triumph des Cäsar* (1482-1492, Hampton Court) und dem *Toten Christus* (Brera). In Mantua trat Mantegna in den Dienst des Gonzaga und stattete die *Camera degli Sposi* (1474) mit einem illusionistischen Kuppelgemälde aus, wo sich vor dem freien Himmel ein fröhliches Volk von Dienerinnen, ein Pfau und Putten tummeln. Die Wandfresken stellen einen Thronsaal am Tage eines Galaempfangs dar, nämlich das Treffen des Fürsten mit seinem Sohne, dem Kardinal. Diese Szenen aus dem höfischen Leben haben kräftige Rahmungen aus Pilastern und Bandgesimsen, die das ganze Gewölbe gliedern und wo sich Medaillons mit Cäsaren- und Herkulesbildern befinden. Auch die Tür- und Fensterrahmungen, ja sogar die der Kamine, sind in den Dekor miteinbezogen. Dieser berühmte Saal sollte fortan zum oft nachgeahmten Modell für derartige Prunkräume mit einer historischen Szenerie werden. In solchen Bildern fanden der Fürst und sein Haus in einem Stil heroischer und mythologischer Konvention ihre Glorifizierung □ 206.

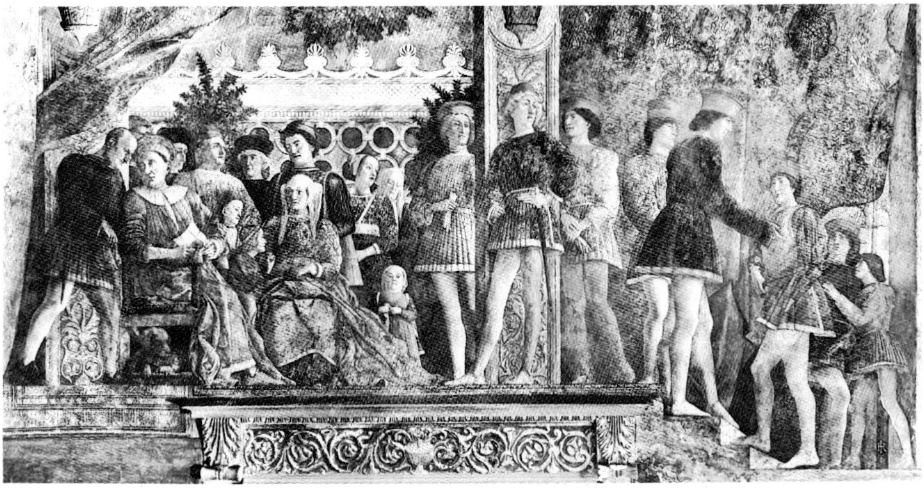

206 Mantegna, Ludovico II. mit seinem Hofstaat, Camera degli Sposi, Mantua, 1474

Für das Schreibkabinett *(studiolo)* der Isabella d'Este, das ebenfalls als ein zusammenhängendes Ganzes konzipiert ist, in dem die Bilder von Holzintarsien gerahmt sind, malte Mantegna den *Parnaß* (Louvre), leicht anzüglich und voller Geist, ihm gegenüber den *Triumph der Tugend* (Louvre), eine didaktisch aufgefaßte Allegorie. Nach 1506 sollte dieses Ensemble durch die etwas mühsamen Bilder von Costa vervollständigt werden: *Comus* und der *Garten der Harmonie*. Der *Wettstreit der Venus mit der Keuschheit* ist von Perugino und das humoristische *Bacchanal*, das sich weit von dem harten Stil Mantegnas entfernt, von Giovanni Bellini. Die Vorliebe für Formen, die beständig und hart wie Koralle und Bergkristall sind, erreicht ihren Höhepunkt in dem archäologischen Beiwerk, das den *Hl. Sebastian* von Aigueperse (1485, Louvre) umgibt, und beherrscht noch die große, mit Pflanzenmotiven ausgeschmückte Apsis, in die die *Madonna della Vittoria* (1496) – die Hl. Jungfrau empfängt Francesco di Gonzaga – hineingestellt ist.

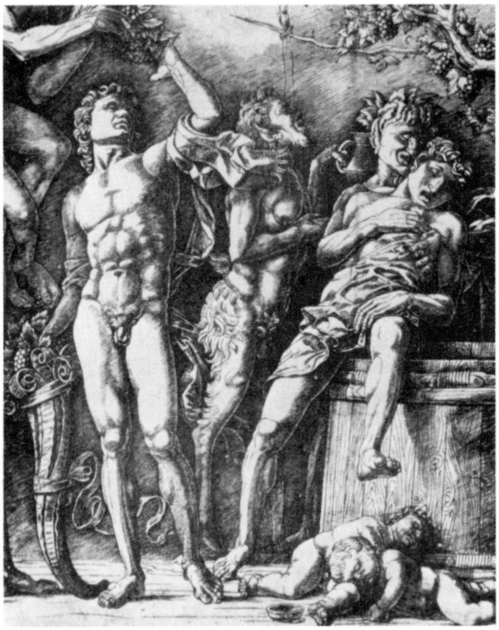

207 Mantegna, Bacchanal, um 1494. Bibl. Nat., Paris

Als Freund eines Humanisten wie Felice Feliciano versetzte Mantegna das Evangelium und das Leben der Heiligen wieder in die Zeit der römischen Geschichte zurück. Er stellte ein ungeheures Repertoire von antiken Rundbildern, militärischen Aufmärschen, Tritonen, Ungeheuern und

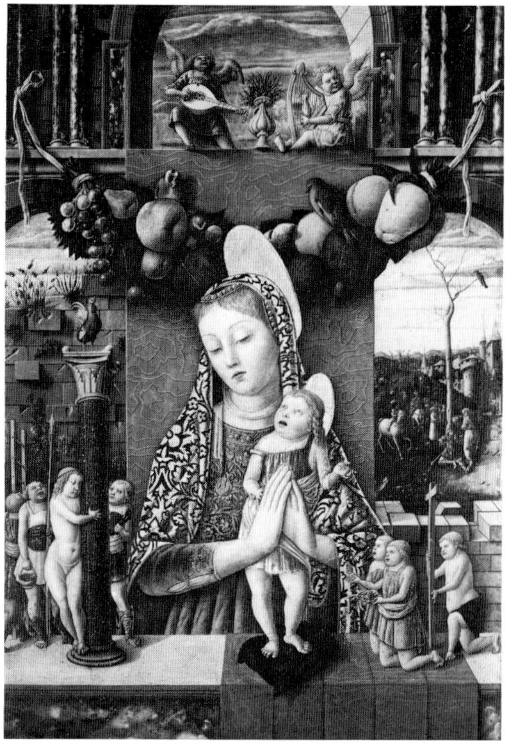

208 Crivelli, Madonna. Museo Civico, Verona

dergleichen zusammen, das von nun an zum festen Bestandteil der Malerei gehören sollte. Sein Bildraum ist von trockenem und sonorem Klang, alle aus der Natur entnommenen Formen, der menschliche Körper miteinbegriffen, haben metallisch scharfe, gleichsam versteinerte Konturen. Dieser strenge Stil und diese unerbittliche Vergewaltigung der Natur entsprechen einem Grundideal der Zeit. Dazu kommt ein ganzes, zum Prinzip gewordenes System von Schmuckformen, wie Röhrenfalten, Girlanden und mancherlei antike Relief-Motive. Diesem Stil entstand im Kupferstich eine neue und entscheidende Stütze. Mantegna ist einer seiner großen Meister gewesen; Kompositionen wie der *Triumph Julius Cäsars*, das *Bacchanal* und die *Tritonen* sollten zu seiner Zeit großes Aufsehen erregen □ 207.

Die Kunst Mantegnas stellt gewissermaßen eine Art von Gesamtinventar aller Geschmacksrichtungen und Bestrebungen des 15. Jahrhunderts in Oberitalien dar. Sein Schaffen wirkte sich bereits 1460 bis 1470 in Verona auf einen Künstler wie Domenico Morone und die Miniaturisten, in Padua auf den merkwürdigen Bernardo Parenzano (1437-1531), allgemeiner dann auf die venezianische Kunst über die beiden Bellini und Bartolomeo Vivarini aus. Die Marken erreichte die Kunst Mantegnas über den Venezianer Carlo Crivelli (1430-1495), der seine Bilder mit faltenreichen Stoffen, ziselierten und gepreßten Motiven und riesigen Girlanden schmückte □208. Schließlich wurde auch die Kunst Ferraras von ihm beeinflußt.

Bologna und Ferrara

In Bologna hatten die Bentivoglio von dem Florentiner Pagno di Lapo einen heute nicht mehr vorhandenen Palast mit Außenportikus und Terrakotta-Ornamenten erbauen lassen, wie sie in den nördlichen Gegenden beliebt waren. Der *Palazzo Sanuti* (später Bevilacqua) aus dem Jahre 1481 besitzt einen geräumigen Innenhof, dessen zwei Geschosse durch einen Terrakottafries voneinander getrennt sind, und an der Außenseite ein sehr eigentümliches Beispiel faszettierter Rustika; im Großen findet man diese Schmuckform am *Palazzo dei Diamanti* in Ferrara wieder, einer Schöpfung von Biagio Rossetti, der auch den *Palazzo Constabili* und die Kirche S. Francesco erbaute (1494).

Niccolò da Bari (1440-1494), ein apulischer Meister, der 1480 aus Neapel nach Bologna kam, erhielt den Beinamen ›dell'Arca‹ nach seiner Mitarbeit an der Grabstätte des hl. Dominikus (der sogenannten ›Arca‹), die er mit einem mit Statuetten geschmückten Deckel (1469-1473) versah. Ein wenig später (1485) behandelte er in S. Maria della Vita das große burgundische Thema des dramatischen Vesperbildes; die Gestalten der vor Verzweiflung schier wahnsinnigen Klageweiber in ihren wehenden Gewändern und die schmerzverzerrten Züge des hl. Johannes sind nicht mehr zu überbieten. Dieses dramatische Ungestüm steht in Gegensatz zu dem *Tartagni-Grab* (1477), einer Variante des florentinischen Typs von Francesco Ferrucci. In der Malerei hat Marco Zoppo (1433 bis 1478) den harten Stil Mantegnas übernommen. Doch gewannen in Bologna die großen Ferraresen die Oberhand, die mit bedeutenden Aufträgen bedacht wurden. Francesco del Cossa, der sich nach 1470 dort aufhielt, malte nach 1473 den Griffoni-Altar in S. Petronio. Der große Ercole de Roberti schmückte in S. Petronio die *Cappella Garganelli* mit Fresken (heute verschwunden). Aber der temperamentvolle Stil dieser Meister ging am Ende des Jahrhunderts verloren, als Lorenzo Costa und die Bolognesen sich der süßlichen Manier des Francesco Francia anschlossen.

Seit 1208 gehörte Ferrara zum Hause der Este und sollte es bis 1597, als es im Kirchenstaat aufging, bleiben; zu einem Kunstzentrum entwickelte es sich erst am Ende der Regierungszeit Niccolòs III. (1393-1441), dann unter Lionello (1441 bis 1450) und Borso (1450-1470). Innerhalb von wenigen Jahren sollte sich in dieser Stadt die Freude an Luxus und Kultur entfalten; die Este ließen in der Stadt selbst und in ihrer Umgebung zahlreiche Schlösser und Villen erbauen, und zwar mit einem solchen Raffinement und einem so ausgeprägten Sinn für die Freuden des Lebens, daß man von einer ›estensischen Genußfreudigkeit‹ sprach. Leider sind sie alle verschwunden. Wegen seiner italienischen und flämischen Kunstschätze, wegen der allegorischen Fresken, mit denen es geschmückt war und an denen Cosmè Tura noch 1460 arbeitete, sowie auch wegen seiner kostbaren Vertäfelungen galt als der bedeutendste unter diesen Bauten das Studio ›Belfiore‹. Unter Hercules I. (1471-1505) erhielt Ferrara eine geometrisch angeordnete regelmäßige Stadtplanung. Die Paläste Roverella und dei Diamanti liegen daher an schnurgeraden Straßen. Der Dom bekam einen quadratischen Turm, dessen Geschosse von Pilastern gerahmt sind. Man konnte sich nicht genugtun, immer wieder die angesehensten Künstler nach Ferrara zu rufen: So kam Pisanello 1432 auf seiner Rückreise von Rom dorthin, und dann noch einmal zwischen 1438 und 1448. Aus den von ihm gemalten Fürsten-Porträts ist zu ersehen, wie sehr der Prunk der ausgehenden Spätgotik gerade in Ferrara gefiel. 1441 hielt sich Jacopo Bellini in Ferrara auf. Von ausschlaggebender Bedeutung war es, daß Rogier van der Weyden, den die Jubiläumsfeierlichkeiten des Heiligen Jahres 1450 nach Italien gezogen hatten, 1449 die flämische Technik dort einführte und auf dem Weg über Ferrara dem Fürsten Lionello ein Triptychon (mit der *Kreuzabnahme*, die heute in den Uffizien ist) und das männliche *Porträt eines Mitglieds der Familie d'Este* überließ. Auf diese Weise fand sich Ferrara in seiner Vorliebe für den Glanz der Farbe und die Schärfe des Konturs bestärkt. Im gleichen Jahre wurde Mantegna nach Ferrara berufen, um Lionello zu malen; und wenn er auch in den darauffolgenden Jahren nicht wieder nach Ferrara zurückkehrte, so machte das Beispiel seiner ›spröden Kunst‹, in der sich eine Art romantischer Kultur

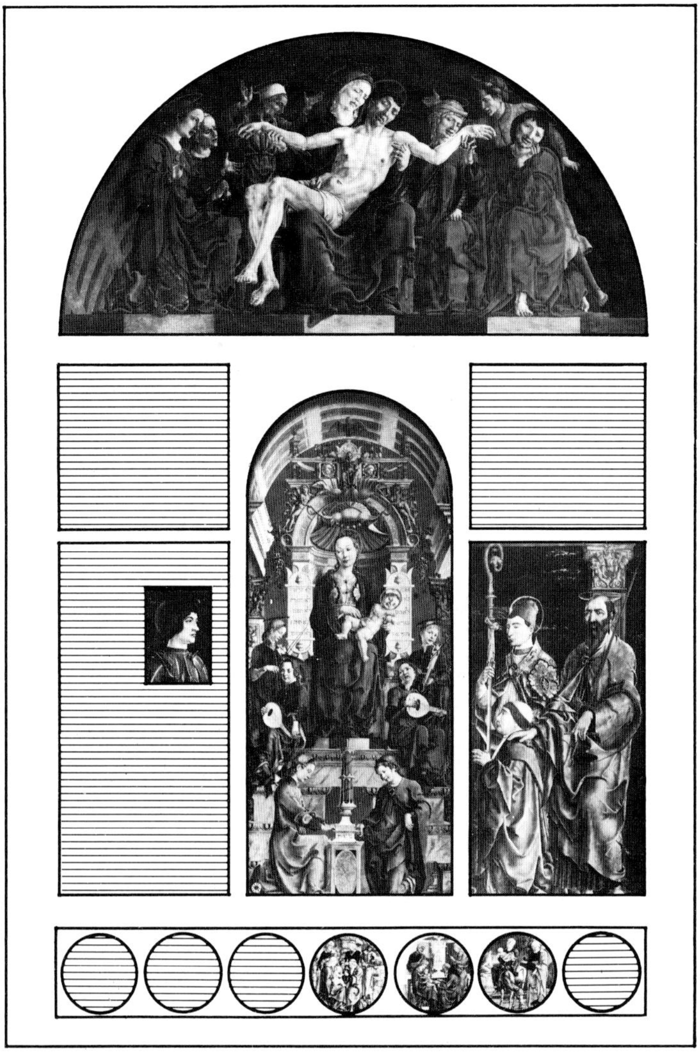

209
Cosmè Tura,
Rekonstruktion des
Roverella-Altars,
1470-1474
(siehe Künstler-Register)

ausdrückt, auf die schwärmerische Generation jener Meister, die an der Ausstattung des *Palazzo Schifanoia* arbeiteten, großen Eindruck. Dieses ›Sans-Souci‹ wurde unter Borso vergrößert und ausgeschmückt. 1449 malte Piero della Francesca den Stadtpalast der Corte Vecchia mit Fresken aus sowie eine Kapelle der Augustiner; die ersteren wurden zerstört, als das Gebäude 1480 umgebaut wurde, die anderen fielen sehr bald der Feuchtigkeit zum Opfer. Aber in der Kunst der Miniaturmalerei – eine besondere Spezialität der Ferraresen – und insbesondere in der riesenhaften *Bibel des Borso* läßt sich der Einfluß Pieros bis zu einem gewissen Grade verfolgen[140]; in der Wandmalerei hingegen trug dieser Einfluß mehr dazu bei, beflügelnd auf die jungen Maler zu wirken als sie zu zügeln. Sie wurden weniger von der Harmonie Pieros als durch seine Kraft, nicht so sehr von seiner Ausgeglichenheit als durch seine Spannung gefesselt. Tatsächlich entstand aus all diesen Begegnungen eine fieberhaft erregte Werkstatt-Tätigkeit; man gab sich raffiniert bis zum Bizarren und hatte eine Neigung zu bewegten Reliefwirkungen, zu emailhaften Farben mit schreienden Grün- und Rot-Tönen. Diese Werkstatt, aus der drei große Künstler hervorgingen – Tura (etwa 1430 bis 1495), Cossa (etwa 1436 bis etwa 1478) und Ercole (etwa 1450 bis 1496) – hat eine ganz eigene Poetik entwickelt, die sich von der der Florentiner deutlich unterscheidet, und mag sie Donatello noch so viel zu verdanken haben, so steht sie doch in auffallendem Gegensatz zu der kleinlicheren Manier der Vivarini und Crivelli in Venedig. Cosimo Tura erhielt seine Ausbildung in Padua bei Squarcione, daher auch seine spezifische Reaktion auf die florentinischen Neuerungen. Er hat sich stark mit Donatello beschäftigt und kannte Mantegna, bevor er in Ferrara seine Eigenart durchsetzte; dazu gehörten vor allem eine seltsame Starrheit in der Konturierung und in der Faltengebung, weiterhin eine Irrealität der Farben, die sich gegenseitig übersteigern, ferner die Vorliebe für einen Überfluß an minutiös ausgeführten Schmuckmotiven wie Muscheln, Girlanden, Drachen, kristallinischen Gebilden, die stählernen Hobelspänen gleichen, sowie natürlich allerlei Rüstungen und Waffenzubehör – kurzum alle Bestandteile einer phantastischen und sozusagen heraldischen Begeisterung für Altertümer.

Der *Roverella-Altar* (1470-1474), der mit schönen, heute verstreuten Medaillons versehen war □209, ist eine großzügige, in verschiedene Bildzonen aufgeteilte Komposition, die einen guten Einblick in die besondere Begabung Turas für das Monumentale ermöglicht. Falten, die einem verzweigten Geäder ähneln, und symmetrische Verflechtungen stachelig-metallischer Formen werden bis zu den hebräischen Inschriften alle bedingungslos in den Dienst des Ornaments gestellt. Die großartige, wunderbare *Verkündigung* bildete ursprünglich zusammen mit dem *Hl. Georg* (der heute von ihr abgetrennt ist) die Flügel der Domorgel (1469).

In derartig statischen, von einem Sinn für das Plastische erfüllten Bildvorstellungen bewirken das komplizierte Detail der Faltengebung und die Vielfalt der Ornamentik eine punktuelle Unruhe und Verkrampfungen, die bis zur Entstellung gehen; es wäre jedoch falsch, wollte man bei Tura die Sprödigkeit eines provinziellen Künstlers feststellen, zeigen doch die kleine *Madonna* und die *Pietà* in Venedig (etwa 1474, Museum Correr) zur Genüge, daß der zarte Schmelz und der kunstvoll erzeugte Schimmer der Farbe ihm geläufig sind.

Die Bande, die Tura, der als Gründer der Schule den Ton angab, mit den beiden jüngeren Künstlern, die seinen Stil weiterentwickelten, verknüpften, sind nicht immer leicht auseinanderzuhalten. Den einen, Francesco del Cossa, kennzeichnet eine geballte Kraft, jene ›terribilità‹, die aber schwerfälliger wirkt als bei dem Meister, den anderen, Ercole de Roberti, eine fast auf die Spitze getriebene Eleganz und Erfindungsgabe. Über ihre Zusammenarbeit am *Palazzo Schifanoia* besteht kein Zweifel. Die Ausschmückung dieses Palastes, den Borso ab 1458 vergrößern ließ und an dem noch 1478 gearbeitet wurde, ist das eindrucksvollste Zeugnis, das wir von dem Luxus und den absonderlichen Stilformen Ferraras besitzen. Die Fassade ist mit Marmorfeldern überzogen und mit einem großen Portal versehen; in dem Prunksaal

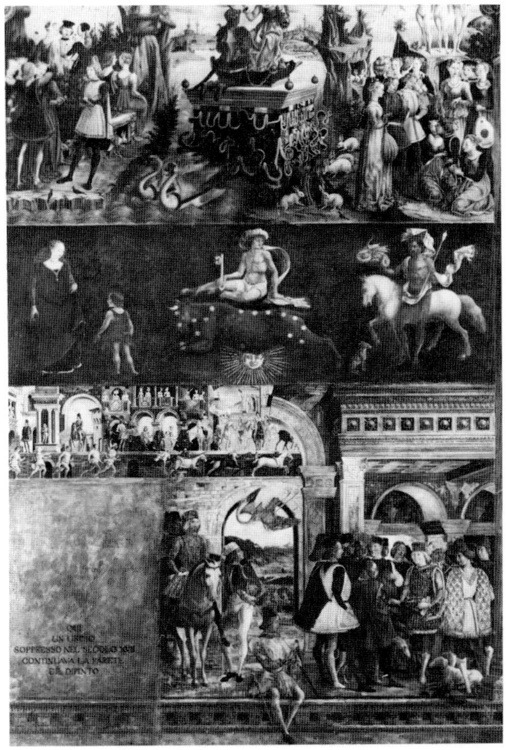

210 Tura, Fresko im Palazzo Schifanoia, Ferrara, 1470

sieht man die vollständigste Darstellung der ›astrologischen Dämonologie‹, die uns das 15. Jahrhundert hinterlassen hat □210. Dieser Salon mit der Darstellung der Monatsbilder sollte zur Verherrlichung derjenigen Mächte dienen, die unser Leben bestimmen, wobei jeder der dargestellten Monate durch das ihn beherrschende Tierkreiszeichen eine belehrende allegorische Deutung erfährt; ein umlaufender Bildfries ist dem Tierkreis und den ihm zugeordneten ›Dekaden‹ gewidmet. Die untere Zone endlich zeigt, wie sich unter der Regierung der Este das Leben bei Hofe und auf dem Lande voller Üppigkeit, aber auch voller Ordnung ganz im Einklang mit den Gesetzen der Natur abspielte. Hier wurde die letzte Phase jener

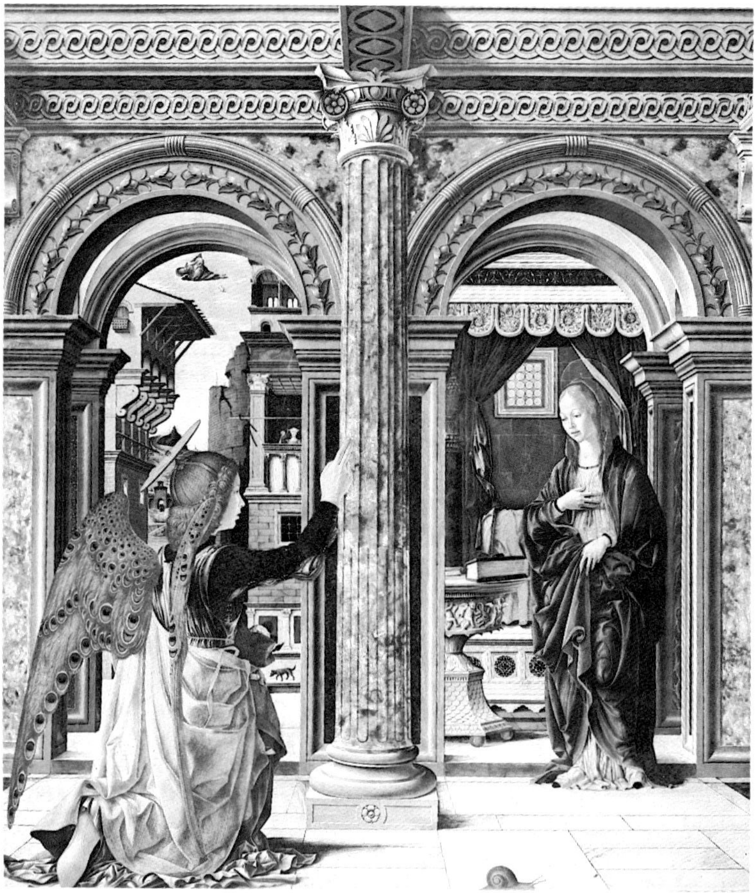

211
Francesco Cossa
Verkündigung, 1470
Gemäldegalerie, Dresden

pseudo-wissenschaftlichen Seite des Humanismus erreicht, wie sie in den Schriften Pietro d'Albanos und des Manilius aufgestellt ist. In diesen starken Bild-Darstellungen herrscht ein ebenso glänzender wie düsterer Stil: Die schönste, aber auch zugleich grausamste Allegorie ist die vom September mit dem erstaunlichen Triumphwagen der ›Luxuria‹; man tut wohl recht daran, diesen Bildteil dem Ercole de Roberti zuzuschreiben, dessen erstes und glänzendstes Werk er dann wäre. Auf der nach Osten gelegenen Wand stammen die Monatsbilder des März, April und Mai von Cossa, teilweise nach Vorzeichnungen von Tura; der Dezember ist vielleicht von einem ihrer Schüler, Galasso.

Die riesige mit Simswerk versehene Architektur der *Verkündigung* auf der großen Pala aus der Observantenkirche (jetzt in Dresden) stammt ganz von Cossa □211, desgleichen der feierliche *Hl. Vinzenz Ferrier* unter einem von Engeln besetzten Bogen, der die Mitte des *Griffoni-Altars* in Bologna einnahm. Von seinem jungen Mitarbeiter Ercole jedoch rührt der größte Teil der herrlichen, als Fries gestalteten Predella her, auf der er mit grandiosem Einfallsreichtum an architektonischen Motiven und Gegenlichteffekten die Geschichte der *Wunder des hl. Vinzenz Ferrier* (heute im Vatikan) schildert; auch die kleinen Heiligenfiguren (zwei davon befinden sich im Louvre) stammen von ihm. Diese Hinzufügungen gehen vermutlich auf die Jahre 1475/1477 zurück.

Ungewisser ist die Herkunft jenes rätselhaften Meisterwerkes, nämlich des alten *Lazarus-Altars* aus Ferrara (jetzt in Berlin), auf dem der Schmuck des Thrones, die Tiere und die Landschaft des Hintergrundes ein Werk des Ercole zu sein scheinen; das Figürliche, das ein wenig abgezirkelt wirkt, von Cossa. Die *Thronende Madonna* (Brera), gemalt etwa 1480, zeigt eine größere Zurückhaltung und wirkt ausgeglichener, so als wolle der Künstler sich im Gefolge Bellinis nun den ›großen Stil‹ der Malerei zu eigen machen. Die Anordnung ist hier bestimmter und erlaubt nicht, daß die plastischen Stellen des Dekors allzu kühn hervortreten, sie bleiben dabei aber voll Phantasie. Farbig volle und leere Stellen halten einander auf eine originelle und heitere Weise die Waage, was vornehmlich der Leuchtkraft des Lichtes im Bilde zugute kommt. Nicht minder einfallsreich und glanzvoll ist Ercole in seinen kleineren Arbeiten. Er machte Schule, und sein Einfluß wirkte sich besonders bei den Miniaturisten aus, unter denen der bedeutendste Guglielmo Giraldi war.

Am Ende des Jahrhunderts ist der Stil Lorenzo Costas (1460-1535) von der ›weichen umbrischen Manier‹ beeinflußt. Dies ist besonders in seiner *Madonna dei Bentivoglio* (S. Giacomo Maggiore, Bologna) spürbar. Die Bildtafeln mit den *Argonauten* (Padua) sowie die für das Studiolo in Mantua bestimmten Bilder zeigen eine neue humanistische Kulturströmung an. Als Costa sich in Bologna der Kunst des Francia anschloß, blieben in Ferrara nur so unausgeglichene Künstler wie Aspertini zurück, die schon ganz der Welt des Manierismus zuneigten.

Die dekorativen Künste

Miniaturmalerei

Die Entwicklung der Druckkunst und des Kupferstichs in der zweiten Hälfte des 15. Jahrhunderts sollte die Kunst der Miniaturmalerei erst nach 1500 zugrunde richten; sie erlebte jedoch zwischen 1460 und 1490 noch einmal eine große Blüte, ein Phänomen, das dem ganzen Abendland gemeinsam ist.

Nachdem in Florenz die große Aktivität, die sich in den Klosterwerkstätten um Lorenzo Monaco und Fra Angelico in S. Marco entfaltet hatte und durch Zanobi Strozzi fortgesetzt worden war (19 Handschriften wurden allein von 1446-1453 für das Kloster S. Marco von ihm ausgeführt), beschäftigte die Illustrierung der großen liturgischen Bücher und der Werke der Humanisten mehrere dafür spezialisierte Werkstätten, wobei der Buchhändler Vespasiano da Bisticci als treibende Kraft auftrat. Durch Francesco d'Antonio, den Schöpfer des *Stundenbuchs* (1485) für Lorenzo Medici, wurden die typischen Rahmungen mit Laubranken auf weißem Grund verbreitet. Ein nicht identifizierter Meister illustrierte um 1460 so schwungvoll wie ein Cassone-Maler die Ausgabe des Virgil für die Biblioteca Riccardiana; die beiden Brüder Gherardo (1445-1497) und Monte (1448-1528) di Giovanni del Fora, die dem Stile des Ghirlandaio nahestehen, waren äußerst fruchtbare Illuminatoren. Der *Didymos* (Pierpont Morgan Library, New York) ist eines ihrer Hauptwerke, ebenso wie die *Bibel des Matthias Corvinus* (1490). Weniger bedeutend war Attavante (1452-1517); er ließ sich vornehmlich von zeitgenössischen Kompositionen anregen, so in seinem Brevier des Thomas James, Bischof von Dol (Bibliothek in Lyon).

Den Höhepunkt ihrer Entwicklung erreichte die Miniaturmalerei in Norditalien. Borso d'Este gab in Ferrara seine sechshundert Seiten umfassende zweibändige Bibel bei einer von Taddeo Crivelli und Franco de Rossi geleiteten Künstlergruppe in Auftrag (1455-1461). Die Rahmungen ahmen goldgestickte Blumenborten nach, die zahllosen Medaillons gehen auf die beliebtesten Entwürfe von Pisanello, Cosimo Tura, möglicherweise auch auf Piero della Francesca zurück. Nicht alle Mitarbeiter zeigen den gleichen Glanz der Farben; am leuchtendsten, Roberti nahestehend, sind sie vielleicht bei Guglielmo Giraldi, der auf der zauberhaften Titelseite seines *Aulus Gellius* (Biblioteca Ambrosiana) noch ganz unter dem Einflusse Piero della Francescas steht und in seinen berühmten *Dante-Illustrationen* (1475, Vatikan) die künstlerische Höhe der großen Umbrier erreicht □212.

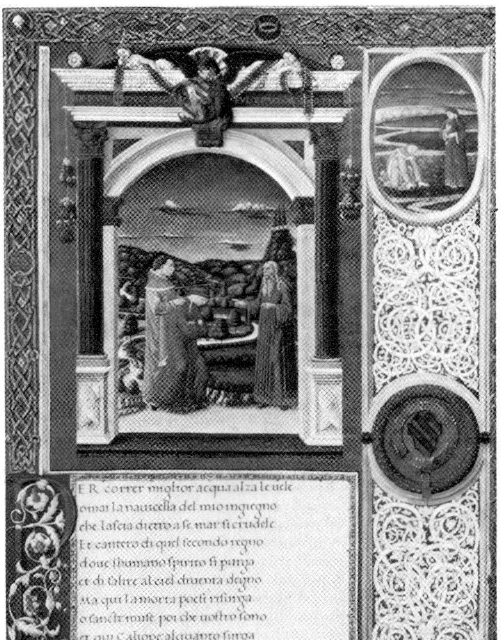

212 Detail aus Federigo da Montefeltres Dante, 1475

Das letzte Wort in dieser Kunst sollte sich jedenfalls in der Veroneser und Paduaner Tradition ausdrücken, aus der die eigenwillige Persönlichkeit des Liberale da Verona hervorging, dem eine aufsehenerregende Malerlaufbahn in Viterbo und Rom beschieden war[141]. Als Miniaturmaler weilte er von 1467 bis 1476 in Siena, wo er für das Kloster Monte Oliveto und für den Dom kostbare Chorbücher ausschmückte (Chiusi und Biblioteca Piccolomini in Siena), und zwar gemeinsam mit Girolamo da Cremona, dem ein mehr für den paduanischen Stil charakteristisches Brevier von 1474 verdankt wird (Museo Nazionale, Florenz). Ihr Stil ist mit bizarr-poetischem Beiwerk gewürzt; das Initial birgt in seinen großen Rundungen Delphine, Edelsteinfassungen, Kandelaber und dergleichen, und dieser phantastische Rahmen umschließt scharfumrissene Figuren und minutiös ausgeführte Landschaften im Geiste Mantegnas, die oft unter einem schwindelerregenden perspektivischen Blickwinkel gesehen sind.

Holzintarsien

Die bemerkenswerteste Folgeerscheinung der Geschmacksentwicklung ist vielleicht der Formwandel bei den Holzarbeiten; nichts kennzeichnet besser den dekorativen und nicht nur gedanklichen Wert der neuen, auf der Perspektive beruhenden Strukturen[142]. Das reiche Schnitzwerk, mit dem die Chorgestühle ausgestattet waren, das die Sakristeischränke schmückte, enthielt, wie beispielsweise in Orvieto (etwa 1330), üppige Zierleisten, Blumenschmuck und in die Füllungen eingelassene Rosetten. Zu Anfang des Jahrhunderts übertrug Domenico Cori für die Kapelle des Palazzo Pubblico das Glaubensbekenntnis in Intarsienarbeit (1415-1428); aber es fehlt diesem Werk an wirklichem Können, die Verkürzungen sind ungeschickt, der Bildraum ist offensichtlich falsch konstruiert.

Der Erfolg der Perspektive gab nun Anlaß zu einem völlig anderen Schmucktyp, der sich auf Brunelleschi zurückführen läßt. Dieser malte Stadtansichten mit gepflasterten Plätzen und sehr deutlich betonten Fluchtlinien, die man leicht wie ein Netzwerk aus regelmäßigen Einzelteilen behandeln und wie ein Puzzlespiel zerlegen konnte. Uccello hat diese Konstruktionen ebenso studiert wie die der geometrischen Körper (Würfel, Polyeder, Laubwerk, Spiralen und dergleichen), aus denen sich ein neues Formen-Repertoire ergab. Wahrscheinlich kam dieses schon 1440 in Florenz durch Antonio Manetti zur Anwendung bei der Ausschmückung der Domsakristei, welche 1463 von den Brüdern Maiano erneuert wurde. Aber große Kompositionen eines gehobenen Stils wurden damit erst in den oberitalienischen Provinzen erzielt.

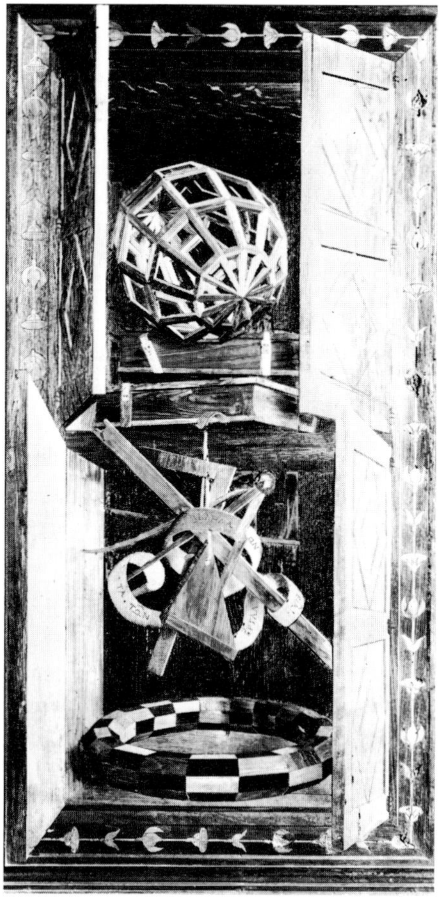

213 Giovanni da Verona, Intarsia, Monte Oliveto

Von 1461 bis 1465 führten die mit Piero della Francesca in Zusammenhang stehenden Brüder Lendinara den ›abstrakten‹ Schmuck am Chorgestühl im Dome zu Modena aus und von 1462 bis 1469 die großartigen perspektivischen Spiele im ›Santo‹ in Padua. 1474 wurde in Urbino von der Florentiner Werkstatt des Baccio Pontelli, teilweise nach Entwürfen von Francesco di Giorgio, das mit Schnitzwerk und Intarsien ausgestattete ›studiolo‹ errichtet. Eine dritte Phase dieser Kunst zeichnet sich um die Jahrhundertwende ab: mit dem bemerkenswerten Chorgestühl der Kathedrale von Cremona von G. M. Platina – einem der strengsten in diesem abstrakten Stil[143]. Damals arbeitete der große Intarsienmeister Fra Giovanni da Verona am Chorgestühl und Vorlesepult von S. Maria in Organo in Verona (1500), wo alle Füllungen perspektivische Veduten von höchst poetischer Stimmung zeigen, später (1505) dann in Monte Oliveto □213 und zuletzt in Rom in der Camera della Segnatura (1511-1512). Demgegenüber schuf in Siena der Holzschnitzer Barili ungewöhnlich schöne Wandfüllungen (in S. Quirico d'Orcia), die möglicherweise ein verlorengegangenes Vorbild nachahmen. Bald darauf setzte schon der Verfall mit den Wandfüllungen von Capodiferro in Bergamo (1524-1530) nach Kartons von Lorenzo Lotto ein; sie zeigen eine Fülle von geradezu kindischen Details.

Venedig

Architektur und Skulptur

Infolge seiner besonderen Lage als Inselstadt, in der es wenig Perspektiven und dafür zauberhafte Panoramen gibt, mit seinen sehr ausgeprägten Traditionen, zu denen es immer stand, und der ebenso glanzvollen wie späten Entwicklung der Lagunengotik (die ›Ca d'Oro‹ wurde 1421 begonnen) hätte sich Venedig seinen Platz in der Kunst durchaus lange Zeit abseits von den allgemeinen großen Kunstströmungen bewahren können. Dem war aber nicht so. Bereits seit Beginn des Jahrhunderts war die Beherrscherin der Meere auch auf dem Festland zu einer Macht geworden und unterhielt Verbindungen mit Padua und Verona, deren Künstler sie an sich zog. Zu dieser Zeit machte sich nämlich eine gewisse Erschöpfung bei den eigentlichen venezianischen Werkstätten bemerkbar, so daß man zwei bis drei Jahrzehnte lang auswärtige Künstler holte, anfangs aus Florenz, später aus der Lombardei. Um 1415/1425 stellten sich Künstler aus der Toskana ein, darunter der Bildhauer Pietro Lamberti und der als ›Mosaizist‹ berufene Paolo Uccello, etwas später Donatello, Lippi und Castagno. Um die Mitte des Jahrhunderts wurden die Arbeiten an dem noch immer unvollendeten Dogenpalast wieder aufgenommen; die *Porta della Carta* stammt von Giovanni und Bartolomeo Bon (1440-1443), auch die Säulenhalle und der Foscaribogen wurden von den beiden 1457 in Angriff genommen und von Rizzo vollendet. Hier verbinden sich regelmäßige Pilaster, Simswerk und Nischen mit reichen Kapitellen und von Statuen bekrönten Fialen, wie sie für den lombardischen Stil bezeichnend sind. Antonio Rizzo aus Verona (vor 1465-1498) hatte nämlich, ehe er sich in Venedig niederließ, wo er mit den Brüdern Antonio und Paolo Bregno zusammentraf, an der Kartause von Parma gearbeitet. An dem Grabdenkmal für den Dogen Niccolò Tron (1473 ff., Frarikirche) führte Rizzo mit dem fünfgeschossigen Wandgrab unter einem halbkreisförmigen Giebel eine geschickte Abwandlung des toskanischen Musters ein: Wie bei gotischen Grabmälern ist es mit vielen Nischen und Statuen versehen. Sein Stil der Figuralplastik ist ziemlich roh, kühn, beinahe geometrisch in den Abmessungen, wie beispielsweise bei den Figuren von *Adam und Eva* am Foscari-Bogen. Als Rizzo später nach dem Brande von 1483 die Ostseite des Hofes im Dogenpalast ergänzte, entwickelte er einen Portikus mit Spitzbogen, behandelte jedoch die sogenannte *Gigantentreppe* – den Ehrenaufgang zum Palast gegenüber dem Foscaribogen, der von den beiden Statuen bekrönt ist – mit bewußter Feierlichkeit unter Verzicht auf überreiche Wandverkleidungen. Vollendet wurde das Werk von Pietro Lombardo, der auch die Flügel ergänzte (etwa 1450 bis 1515), und zwar in einem fein ausgeprägten, stark

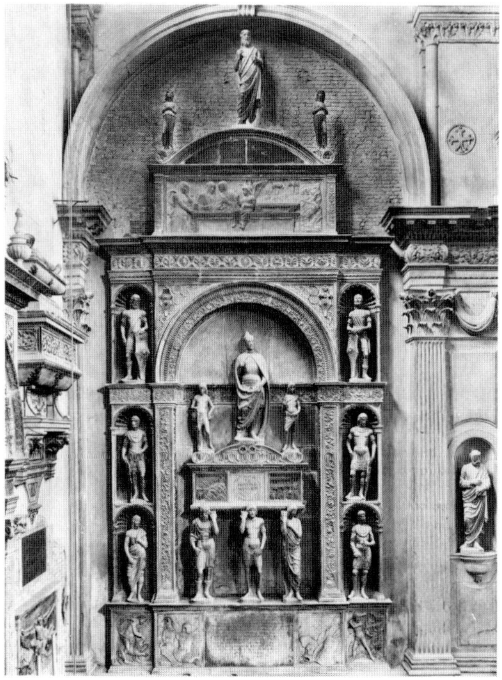

214 Lombardo, Grabmal des Pietro Mocenigo, um 1480

plastischen und doch geordneten Schmuckstil, der die endgültige Ausformung dessen ist, was wir als den dekorativen venezianischen Stil ›lombardischer Art‹ bezeichnen. Der gleiche Pietro Lombardo war auch als Bildhauer tätig; seine Reliefarbeiten sind von einer besonderen Anmut und Zartheit gekennzeichnet, die sich vor allem in seinen Madonnendarstellungen, ähnlich denen des Bellini, ausdrücken. In Venedig selbst schuf er Grabdenkmäler, die zwar in der Zeichnung sehr leicht wirken, aber deren Formen und Kontraste stärker betont sind als beim toskanischen Typus; genannt seien hier das *Grabmal von Pasquale Malipiero* und das des *Pietro Mocenigo,* um 1480, in SS. Giovanni e Paolo □214.

Seine höchsten Triumphe feiert der sogenannte ›lombardische‹ Stil in der reizenden, ganz auf Inkrustationen und Farbspiele abgestellten Fassade des Palazzo Dario von Pietro Lombardo und in der wie ein Reliquienschrein anmutenden Kirche *S. Maria dei Miracoli* (1481-1489). Hier wurden alle Mittel angewandt, um die Wirkungsakzente auf die Oberfläche zu verlegen und jede Tiefenwirkung und Mauerkraft zu überspielen: Die Bögen sind mit farbigen Marmorinkrustationen und eingelegten Kreuzen verziert, ein riesiger mit Rosetten geschmückter Rundgiebel nach der Art des Bramante bekrönt gleichsam schwerelos die schöne Fassadenwand □215. Ein Tonnengewölbe mit Kassettierungen ruht auf den gleichfalls überreich ausgeschmückten Wänden, eine äußerst sorgfältig ausgestattete Treppenanlage führt zu dem Chor hinauf, so daß das Innere dem Äußeren entspricht.

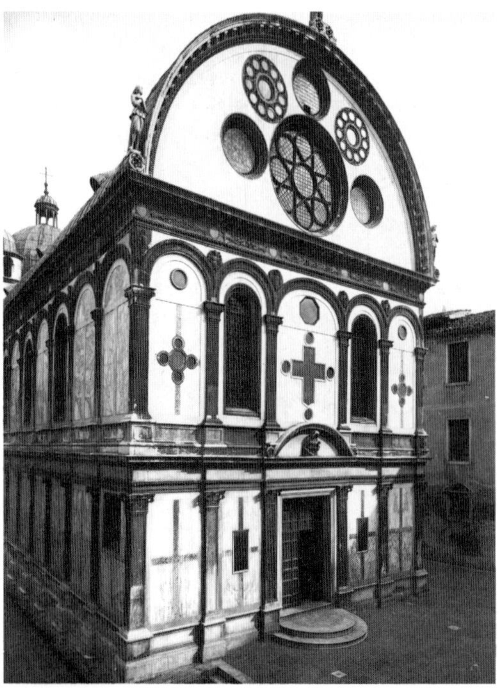

215 Lombardo, S. Maria dei Miracoli, 1481-1489

Mit dem Bergamasken Mauro Codussi (1440 bis 1504) finden diese – übrigens typisch venezianischen – Phantasiegebilde ihren architektonischen Rahmen, der den Lehren des Alberti entspricht: in der Fassade der *Scuola di S. Marco* (1485-1495) mit ihren beiden Säulenordnungen, vor allem aber im *Palazzo Corner* mit seinem Sokkelgeschoß in Rustika, das von Pilastern nach der Art des Alberti unterteilt ist, sowie im *Palazzo Vendramin Calergi* (1481-1509), dessen Hauptgeschoß zwei übereinanderliegende Reihen von großen Fenstern mit doppelten Öffnungen zeigt, die genau zwischen den – an den äußeren Jochen gekoppelten – Säulen eingelassen sind.

Im Detail kam es mitunter zu Medaillons oder gotischer Durchbruchsarbeit, doch ist die Absicht der versuchten Reform offenkundig. Dasselbe trifft für die dreischiffige Kirche *S. Michele in Isola* (1469-1479) zu, aber auch für die Fassade von *S. Zaccaria* (1483), deren von Gambello erbautes Langhaus gerade fertig geworden war: große, freizügig durch Gesimse voneinander getrennte Geschosse, die an S. Zaccaria in Fenster und Felder aufgeteilt sind, darüber ein geschweifter Giebel, der mit den Seiten durch Halbkreise verbunden ist, was den zu dieser Gruppe gehörenden Bauten ein charakteristisches Aussehen verleiht, so *S. Maria Formosa* und *S. Giovanni Crisostomo.* Die letztgenannte Kirche stellt eine Variante des byzantinischen Bautyps über griechischem Kreuz innerhalb eines Quadrates dar. Ebenfalls Codussi zugeschrieben wird die Ausstattung des Uhrenturms und der alten, um 1480 begonnenen Prokuratien rund um den Markusplatz; ihre eigentliche Ausführung gehört aber ins 16. Jahrhundert und wirft ein Problem auf, von dem noch später die Rede sein wird.

Malerei

In der Zeit zwischen 1430 und 1440 haben durchreisende Künstler wie Uccello und Lippi, und wahrscheinlich auch Masolino, die aufgeschlossensten unter den ortsansässigen venezianischen Werkstätten mit ihren Ideen befruchtet und dar-

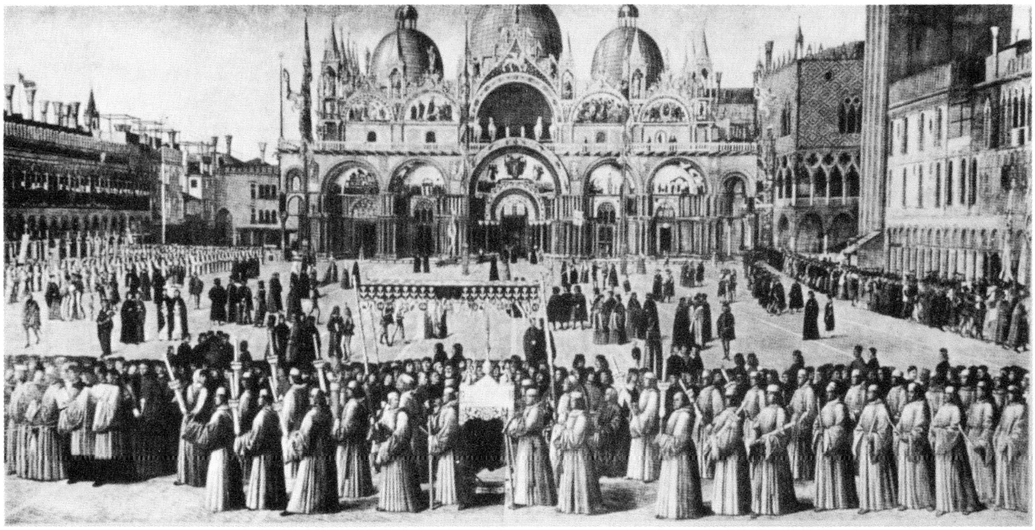

216 Gentile Bellini, Reliquienprozession auf dem Markusplatz, 1496. Accademia, Venedig

unter zuerst die von Antonio Vivarini aus Murano (um 1415-1480). Vivarini signierte eine Zeitlang seine Werke gemeinsam mit einem gewissen Giovanni d'Alemagna (gest. 1450). Der Thron seiner Madonnen (Padua und Mailand) gab ihm Gelegenheit zur Anbringung dekorativer Architekturen. Als er dann später mit seinem – übrigens von ihm ausgebildeten – Bruder Bartolomeo (1432 bis 1499) zusammenarbeitete, ist der Stil des Mantegna, den sie in Padua kennengelernt hatten, bis in die Übersteigerungen auf den Triptychen von S. Maria Formosa (1473) und S. Giovanni in Bragora (1478) spürbar; er macht sich geltend in den knochigen Heiligengestalten mit ihren faltenreichen Gewandungen, deren schimmernde Farbtöne den in Schmelzfarben erfahrenen Glasmaler verraten.

Die von Mantegna übermittelte plastische Strenge der Florentiner sollte in der byzantinisch-gotischen Atmosphäre Venedigs eine seltsame Ausdeutung erhalten, für die man heutzutage mehr Verständnis aufbringt. Sie kommt in der gedrängten Linienführung, den leuchtenden pastosen Farben der Schule von Murano zum Ausdruck. Die Entwicklung findet ihren Höhepunkt in den spitzenartigen Formen und winzigkleinen Schmuckmotiven, in denen kostbare Steinchen und Marmorblüten wie in orientalische Kapseln eingeschlossen scheinen. Man trifft diese Art der Ornamentik hauptsächlich im Werke Carlo Crivellis (1430-1495, □208), der Venedig im Jahre 1457 verließ und seine großen Arbeiten in den in den Marken gelegenen Städten schuf: so den *Flügelaltar von Ascoli-Piceno* (1475), die *Verkündigung mit dem hl. Emidius* (1486, heute London), die *Krönung der Jungfrau Maria* (1493, Brera) – die alle fast surrealistische Architekturmotive zeigen. Sein Bruder Vittorio (etwa 1440-1501) und ein Österreicher mit Namen Pietro Alemanno (gest. 1498) setzten diesen Goldschmiedestil fort, aber ohne dessen Zugespitztheit, die dem Beispiel der Ferraresen viel verdankte.

Das Maleratelier der Bellini sollte einen anderen Weg einschlagen: Die Laufbahn von Jacopo (um 1400-1470) ist ein Beispiel der sich dort entwikkelnden Arbeitsmethode. Seine Madonnen und Porträts sind den Veronesen und Gentile da Fabriano verpflichtet, in seinem ›Libro di disegni‹ (Louvre, Britisches Museum) jedoch versuchte er einen Aufbau des Bildraums vermittels überlanger Perspektiven und fernem Fluchtpunkt, von dem er einen fast visionären Gebrauch machte. Seine Söhne Gentile (1429-1507) und Giovanni (1430 bis 1516), deren Schwester Nicolosia 1454 Mantegna heiratete, beherrschten die beiden großen Richtungen, die die venezianische Malerei außerhalb der Gruppe von Murano einschlagen sollte.

Gentile, der sich in dem Profilbild des Lorenzo Giustiniani (1465, Accademia) als ein sorgfältiger Porträtist zeigt, malte *Mohammed II.* an seinem orientalischen Hof zu Konstantinopel (1480, London); er ist ein Chronist in Bildern, ein Erzähler, der sich mit beschreibenden Mitteln begnügte. Aber er besaß die Gabe, seine Menschenmengen auf Plätzen unter einem einheitlichen Licht zu gruppieren; seine Vorstellung vom Bildraum ist bis ins letzte dekorativ und ausgewogen. Das ist auf seinem Bild mit der *Reliquienprozession auf dem Markusplatz* (1496, Accademia, Venedig □216) zu sehen und malerischer noch in der *Predigt des hl. Markus in Alexandria* (Brera), einer naiven Darstellung ›orientalischen Prunks‹. Dieser Erzähler, der Venedig die Freude an inhaltreichen Kompositionen geschenkt hat, in denen sich auch das naivere Gemüt eines Mansueti (ca. 1485 bis 1527) gefällt, hat vor allem einem Künstler wie Vittore Carpaccio (um 1455-1526) zur Entfaltung verholfen. Dieser war der Schöpfer so umfangreicher Bildzyklen wie das *Leben der Hl. Jungfrau* und *des hl. Stephanus* für die Schule der Albaner, vor allem aber des großen Bildzyklus mit dem *Leben der hl. Ursula* (1490-1515, Accademia). Letzteres ist dem fast gleichzeitigen Werk Memlings vergleichbar, jedoch wie ein Abenteuerroman mit komplizierten Stadtansichten (Köln, Rom) behandelt, es enthält zudem so reizvolle Innenraumdarstellungen wie den *Traum der hl. Ursula* □217. Die Tafelbilder mit den *Heiligen Georg, Hieronymus* und *Triphonius* für die Bruderschaft von S. Giorgio degli Schiavoni (1502) stellen durch die Dichte der Landschaft, das bernsteingelbe Licht und den Hauch des Orientalischen und Märchenhaften, von dem diese Bilder angerührt scheinen, zweifellos den Höhepunkt seines Schaffens dar. Daneben finden sich bei ihm aber auch Kleinmalereien, die eines Crivelli würdig sind, sowie die Freude an mineralischen Formgebilden, die den hermetischen Charakter eines Werkes wie der *Beweinung Christi* (New York) ausmachen. Die mit warmen Tönen gesättigte Farbigkeit der letztgenannten Werke zeigt schon den Einfluß Giovanni Bellinis.

Die lange glanzvolle Laufbahn dieses Malers (etwa 1430-1516) bildet den Höhepunkt der venezianischen Malerei, die sich mit ihm der großen Raumvision von Mantegna nähert, sie jedoch, angeregt durch das Beispiel Antonellos (1475), in eine neue Zusammenschau von Licht und Raum verwandelt. Durch das Studium der Beziehungen der Farbtöne zueinander und das intensive Bemühen um eine ›atmosphärische Tonalität‹ sollte Giambellino (Giovanni Bellini) die Maler Venedigs, selbst die, die seine Vorliebe für helle und heitere Bilder nicht teilten, einem Reifepunkt entgegenführen, wo die Neuerungen Giorgiones und Tizians ebenso einsetzen konnten wie der verdeckte Widerstand Lottos.

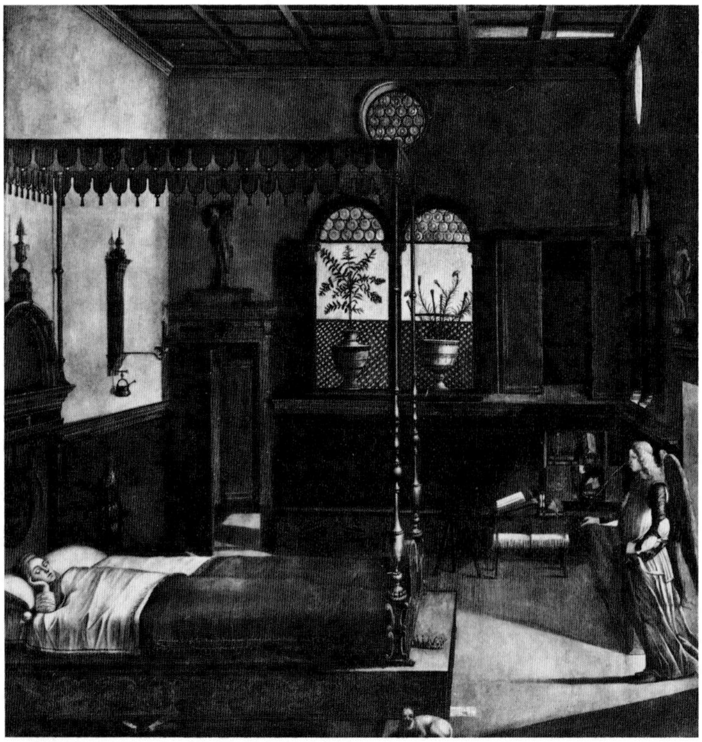

217
Carpaccio
Traum der hl. Ursula
um 1500
Accademia, Venedig

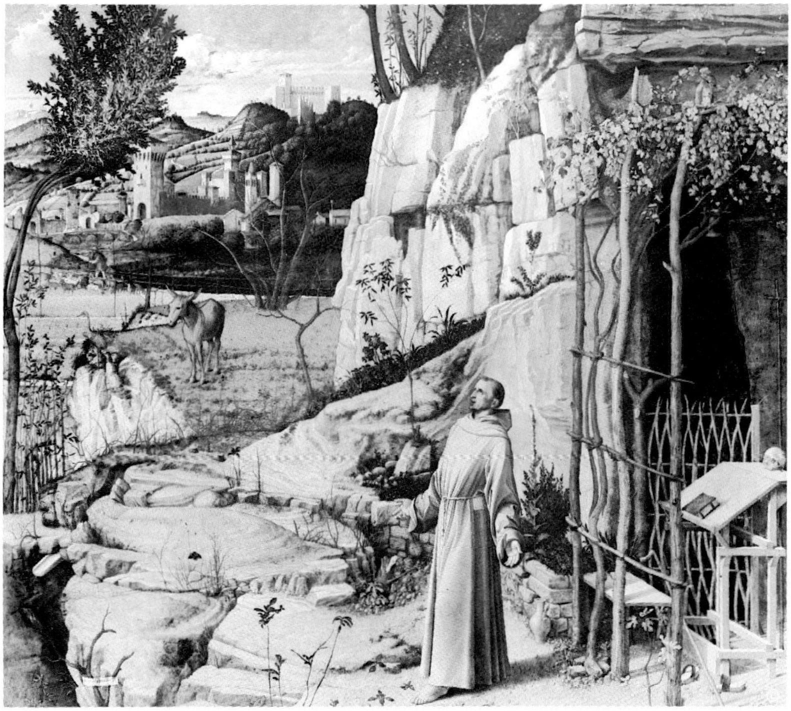

218
Giovanni Bellini
Der hl. Franziskus
in Ekstase, 1480
Frick Collection, New York

Zwar ist ein wichtiger Teil von Giovanni Bellinis Werk verlorengegangen, nämlich die Historienbilder im Saal des Großen Rats (1480, zerstört 1577), aber seine Entwicklungslinie ist aus der Folge der großen Altartafeln deutlich abzulesen. Da sind zuerst die vier Triptychen für die ›Carità‹ (1464, Accademia); sie sind ganz aus dem Geiste Mantegnas entstanden, zeigen jedoch eine maßvollere Anwendung der Perspektive und Konturen, die bereits geschmeidiger geworden sind. Da ist ferner das *Triptychon mit dem hl. Vinzenz Ferrier* (etwa 1465, in SS. Giovanni e Paolo), in dem das rasante Licht das Ganze von unten nach oben durchteilt und dadurch eine starke Wirkung hervorbringt. Weiterhin gehört dazu ein wesentliches Werk, die *Predella* in Pesaro (etwa 1475), auf dem Giovanni Bellini die Weiträumigkeit eines Piero della Francesca erstrebt, sowie die *Altartafel mit dem hl. Hiob* (1486-1487) in der Accademia, auf der die Perspektive zu einer ruhigen Stütze des hin- und herflirrenden Lichtes wird, das die mit Goldmosaiken ausgestattete Apsis reflektiert. Schließlich sind noch das *Triptychon in der Frarikirche* (1488) und die große *Altartafel in S. Zaccaria* (1505) zu nennen, die ganz auf den Zusammenhang der Helldunkelwerte und ihrer diffusen Tonstufung abgestimmt sind.

Ebenso klar verläuft die Entwicklung bei den Halbfiguren der Madonna mit Kind, angefangen mit der *Madonna Potenziani* (Slg. Lehmann, New York), die Girlandenschmuck und feste Konturierung zeigt, bis zu der thronenden *Muttergottes mit dem schlafenden Jesuskind* (etwa 1470, Accademia) und den leichteren Kompositionen von 1490 (Bergamo, Louvre). Hier ist überall der unmittelbare Einfluß Antonellos zu spüren, wie in den blauen Tönen auf dem Madonnenbild. Unzählige Nachahmungen haben die Süße dieses Themas allzu sehr übersteigert. Unvergleichlich ist die Kunst Giovannis in der Behandlung der Landschaft, oder genauer gesagt im Zusammenklang des Figürlichen mit der Natur, die als Form und Licht wahrgenommen werden. In dem *Segnenden Christus* im makellos weißen Gewand (Louvre) und der *Pietà* (Brera, um 1470) spielt der Himmel eine wichtige Rolle; er ist mit Wolkenstreifen durchsetzt und gleichsam wie gemustert. Nur wenig später (1480) gelingt Bellini der Einklang von Raum und Farbe, aus dem sich eine heiter-verklärte, reine und bis dahin noch nie gesehene Verherrlichung der wirklichen Welt ergibt. Dies bezeugt sein Bild mit dem *hl. Franziskus* (Slg. Frick, New York □218), den Michiel als »hervorragend gekonnt« bezeichnete; aber auch in der *Verklärung Christi* (Neapel) mit

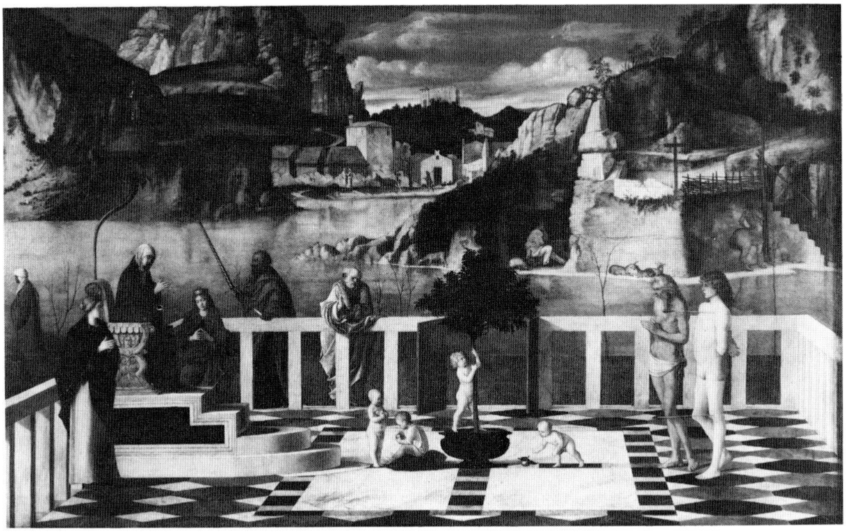

219
Giovanni Bellini,
Allegorie des
Fegefeuers,
um 1480.
Uffizien, Florenz

ihren raffinierten Lichtbahnen und der großartigen *Allegorie* (Uffizien □219), auf der vor einer hellen Marmorterrasse zwischen goldenen Bergen ein Fluß dahinströmt, ist das der Fall. Diese intime Pracht erschien dem Künstler nunmehr so köstlich, daß er sie auf dem Tafelbild mit dem *hl. Johannes Chrysostomus* (1513), auf dem sich die Figur des Heiligen klar vom Himmel abhebt, und auf dem seltsamen *Götterfest* (etwa 1510, Washington), dessen Landschaft Tizian vollendet hat, noch stärker betont. Dieses letztgenannte Werk ist eine der seltenen rein weltlichen Bildschöpfungen des Meisters, ausgenommen etwa zehn Porträts – fast alle mit Himmel als Hintergrund und in Dreiviertelfigur – und die verlorengegangenen Wandmalereien. Giovanni brauchte den traditionellen Rahmen der christlichen Kunst nicht zu verlassen, um der Schönheit der Welt Durchsichtigkeit und ergreifenden Reiz zu verleihen und somit ein »neues Erschauern« in der Kunst hervorzurufen.

Die auf diese Weise erreichte Konzentration der malerischen Möglichkeiten setzte sich nun überall in Venedig durch: Ein ganz von der Hirtenpoetik gefangengenommener Künstler, Giambattista Cima da Conegliano (1459-1517, □220), schließt sich dem Stile Bellinis in der Altartafel in Vicenza (1489) an, ebenso in der *Taufe* für S. Giovanni in Bragora (1494) und seinem Meisterwerk, dem *Marienbild* für S. Maria del Carmine (1510). Andrea Previtali (1470-1528) aus Bergamo und der Venezianer Marco Basaiti (1470-1530) können nur als Bellini-Schüler gelten, desgleichen Vittore Belliniano (gest. 1529) und schließlich ein kleiner, mehr eklektischer Meister namens Lattanzio da Rimini (gest. 1524).

Gegen Ende des Jahrhunderts gab es also nur wenige Persönlichkeiten, die stark genug waren, um der Anziehungskraft, die die neue Richtung ausübte, Widerstand zu leisten. Alvise (1445 bis 1503), der die Erbschaft der Vivarini antrat, hat jedenfalls den Stil des Antonello da Messina zu reliefartigen Effekten und scharfkantigen Formen weiterentwickelt, so in seiner *Hl. Clara* mit dem roten Missale (etwa 1480, Accademia) und dem kleinen Bild mit dem *Hl. Antonius*, der sich gegen den Himmel abhebt und spitz wirkt wie die Lilie, die er zwischen zwei Fingern hält (etwa 1480, Museum Correr). Diese Zuspitzung aller Formen und die kühlen Tonwerte, die erst Giorgione wieder überwinden sollte, wirkten sich auch auf einen Meister wie Pennacchi aus und bildeten noch den Ausgangspunkt für Lorenzo Lotto. Bartolomeo

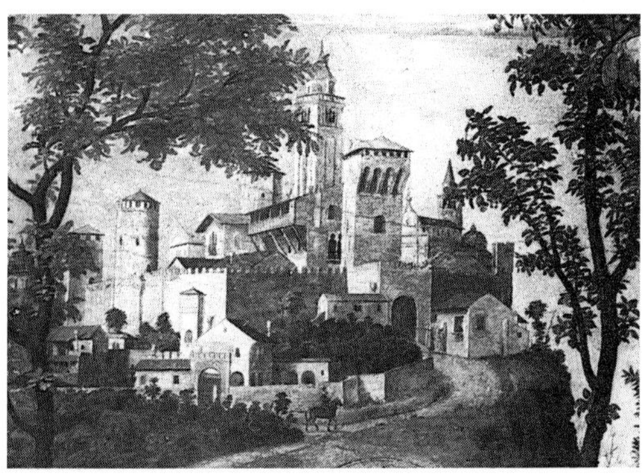

220 Cima, Landschaftsdetail, um 1495, Accademia

Montagna (1450-1523), der, aus Brescia kommend, seine Ausbildung in Venedig erhielt und dann in Vicenza eine lokale Schule begründete, war ebenfalls von der klaren Nüchternheit Antonellos ausgegangen, aber er gab in seinem *St. Michaels-Altar* in Vicenza (1499, Brera) und seinem *Flügelaltar von Castiliano* (etwa 1509) der Aura von Licht und Schatten eine stärkere Betonung. Auch er konnte sich, ebensowenig wie Giovanni Bonconsiglio, genannt Marescalco (1470-1535), und Cima dem Einfluß Bellinis mit seinen braunen und bleiernen Tönen nicht entziehen.

Die Holzschnitte sind von einem nicht mehr existierenden Freskenzyklus in S. Maria sopra Minerva in Rom herzuleiten, was die Bedeutung des neuen Mediums erkennen läßt[144]. Dieses sollte sich aber erst in Venedig zu seiner vollen Wirksamkeit entfalten. 1469 hatten Johann und Wendelin von Speyer die Drucktechnik nach Venedig gebracht, und innerhalb weniger Jahre entstanden dort ebensoviele Druckereien wie in ganz Italien, wahrscheinlich waren es weit mehr als hundert. Die ersten Inkunabeln, von denen man weiß, sind der Plinius und der Cicero von 1469. Nunmehr

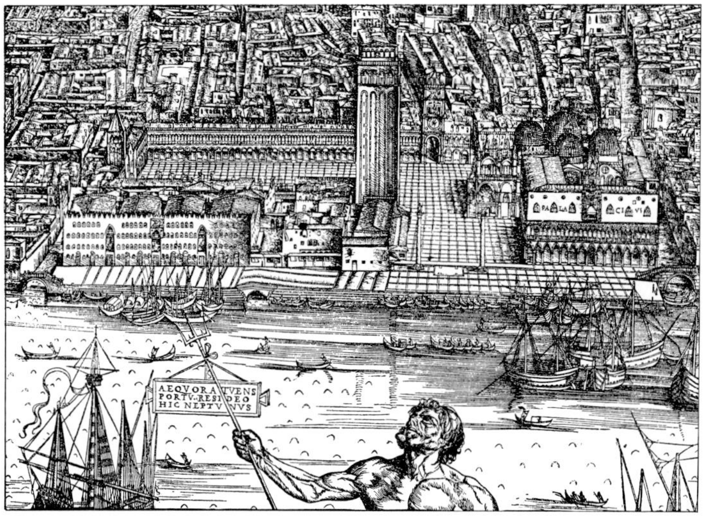

221
Jacopo de'Barbari
Detail aus der
Ansicht von Venedig
Holzschnitt, 1500

Die einzige Malergruppe, die von dieser Linie abwich, war zwar vom venezianischen Milieu angeregt, jedoch der nördlichen Kunst zugewandt; zu ihr gehörten Boccacio Boccaccino (1467-1525) in Cremona und der merkwürdige Jacopo de' Barbari (etwa 1450 bis etwa 1512/16), dem Dürer zu seiner größten Freude 1506 in Venedig begegnete und der später an Höfen nördlich der Alpen gearbeitet hat. Ihm sind einige von Mantegna inspirierte Kupferstiche zu danken und solche mit Themen aus der antiken Fabelwelt; vor allem aber schuf er im Jahre 1500 jene berühmte Ansicht von Venedig, die der Größe und Schönheit der Stadt ein bleibendes Denkmal setzte □ 221.

Buchdruckerkunst

Das erste illustrierte Buch in Italien waren die von dem Deutschen Ulrich Han in Rom gedruckten *Meditationes* des Kardinals Torquemada (1467).

wurden Ausgaben mit schönen Randleisten wie Ratdolts *Appian* von 1477, und mit Illustrationen, zum Beispiel das *Supplementum chronicarum* von B. Benali (1486), immer zahlreicher bis zu den ganz berühmten Publikationen der *Trionfi* von Petrarca (1488), des Novellenbüchleins von Masuccio (1492) und des Herodot (1494), in dem die Miniaturmalerei auf das reizendste nachgeahmt wird, sowie dem überreich ausgestatteten *Polifilus* (1499), dessen Holzschnitte einen neuen, schlichten und feinen, an der Antike geschulten Stil geschaffen haben. Er sollte das ruhmreichste Druckwerk des Aldus Manutius bleiben □ 222.

Zur gleichen Zeit wie die Buchdruckerkunst und mit dem gleichen Expansionsdrang setzte sich das neue Instrument der Bilderverbreitung, der Kupferstich, durch. Ich habe weiter oben bemerkt, daß die Technik um 1460 in den Goldschmiedewerkstätten entstand. Ihren neuen Rang als künstlerisches Ausdrucksmittel verdankt sie dem Werk Pollaiuolos und dem Mantegnas. Vor allem das

TRIVMPHVS

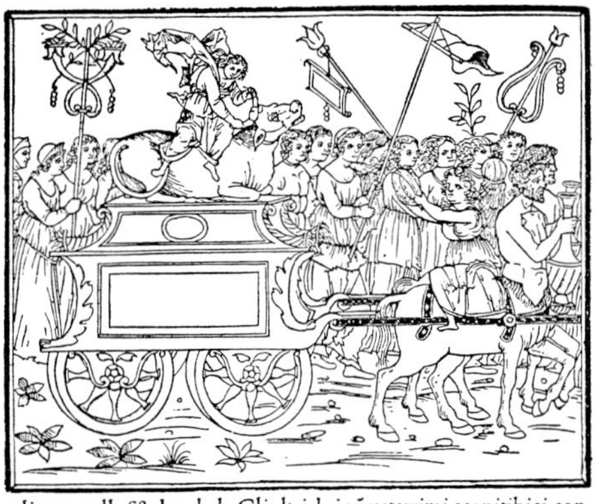

ce ligatura alla fistula tubale, Gli altri dui cũ ueterrimi cornitibici concordi ciascuno & cum gli instrumenti delle Equitante nymphe.

Sotto lequale triũphale seiughe era laxide nel meditullo, Nelq̃le gli rotali radii erano infixi, deliniamento Balustico, graciliscenti sepose negli mucronati labii cum uno pomulo alla circunferentia. Elquale Polo era di finissimo & ponderoso oro, repudiante el rodicabile erugine, & lo'incẽdioso Vulcano, della uirtute & pace exitiale ueneno. Summamente dagli festigianti celebrato, cum moderate, & repentine riuolutiõe intorno saltanti, cum solemnissimi plausi, cum gli habiti cincti di fasceole uolitante, Et le sedente sopra gli trahenti centauri. La Sancta cagione, & diuino mysterio, inuoce cõsone & carmini cancionali cum extrema exultatione amorosamente laudauano.

**
*

222 Aus Aldus Manutius' ›Polifilus‹, Venedig 1499

Beispiel des letzteren sowie – in den nördlichen Provinzen – der Kontakt und manchmal auch der Wettbewerb mit den deutschen Künstlern trugen zu der Entwicklung bei, die uns gegen Ende des Jahrhunderts die zugleich herben und köstlichen Bildwerke der Nicoletta da Modena, Zoan Andrea und Girolamo Mocetto schenkten. Landschaften und Gruppen vor allem spielen eine wichtige Rolle in der Komposition, die auf eine merkwürdig romantische Stimmung fixiert ist[145].

Die Holzschneidekunst hat bescheidener angefangen mit den – häufig kolorierten – Andachtsbildern, die für die einfachen Leute bestimmt waren. In der Buchkunst – bei Volksbüchern sowie religiösen und humanistischen Schriften – sollte sie zunächst eine bescheidene Rolle spielen. Tatsächlich blieb das Buch für den gebildeten Leser lange Zeit unbebildert, während Bücher in der Volkssprache bebildert wurden[146]. Auf jeden Fall stellen Illustrations- wie Bilddrucke ein bahnbrechendes Ereignis in der Geschichte der Medien dar. Sie stehen am Anfang einer rascheren Verbreitung von Vorlagen als das Kopieren erlaubte. Die Folgen waren bereits nach 1490 spürbar.

Florenz und Italien am Ende des Quattrocento

Architektur

Lange Zeit haben die Toskaner die Führung in der Architektur gehabt; so konnte Luca Pacioli noch 1508 in seiner Abhandlung ›Della divina proporzione‹ schreiben: »Wer heute in Italien bauen will, holt sich seinen Architekten aus Florenz.« Dies erklärt auch, wieso Giuliano da Maiano (1432 bis 1490) einen Teil seiner Architektenlaufbahn außerhalb von Florenz verbrachte, nämlich in Arezzo, Siena und Neapel, wo er 1485 die *Porta Capuana* entwarf und mit der *Villa Poggioreale* (1487) einen neuen Landhaustyp schuf. Während er am Dom von Faenza beschäftigt war, arbeitete er gleichzeitig mit seinem Bruder Benedetto (1442 bis 1497) an der riesigen *Wallfahrtskirche von Loreto*, an deren Bau nacheinander die berühmtesten Architekten mitwirkten. Giuliano da Sangallo (1445-1516), der das Haupt einer ansehnlichen Architektenfamilie werden sollte, arbeitete ebenfalls in Loreto, aber auch in Neapel im Dienste Ferdinands, in Savona für Kardinal Giuliano della Rovere, den späteren Papst Julius II. (1495), und schließlich in Rom. Die Gegebenheiten der Florentiner Kunst drangen überall hin, und diese ständigen Kontakte mit den verschiedensten Orten der Halbinsel und dem Ausland brachten eine Fülle von Anregungen mit sich, was mitunter selbst für starke künstlerische Persönlichkeiten einen fast zu großen kulturellen Ballast bedeutete.

Modellsammlungen wurden angelegt; jede Werkstatt stellte Musterbücher antiker Bauformen und antiker oder moderner Grundrißtypen zusammen. Das bemerkenswerteste unter diesen Studienheften vom Ende des Jahrhunderts ist der *Codex Barberinus 4424* (Vatikan) von Giuliano da Maiano, in dem man neben Zeichnungen römischer Ruinen zahlreiche andere Pläne findet, so den Plan vom Rundbau S. Costanza in Rom und – einer Reisebeschreibung entnommen – sogar den Plan der Hagia Sofia in Konstantinopel.

Der Holzschnitzer und Architekt Giuliano da Maiano erbaute die *Kapelle der hl. Fina* in San Gimignano, ferner den Dom von Faenza (1476 bis 1486), zum Teil nach dem Muster von Santo Spirito, wobei er auf ungewöhnliche Weise das auf Pilastern ruhende Gewölbe mit den Säulenreihen der Basilikaform verband; ferner stammt von ihm der *Palazzo Spannocchi* in Siena (1473) und möglicherweise auch der elegantere *Palazzo Antinori* in Florenz. Sein Bruder Benedetto errichtete vor der Kirche S. Maria delle Grazie in Arezzo eine lange Loggia mit sieben Bögen, ohne dabei Rücksicht auf die Fassade zu nehmen, verband sie aber mit einer Platzanlage als Umrahmung.

Vor allem war er zusammen mit Simone del Pollaiuolo, genannt Cronaca (1457-1508), der Schöpfer eines der bedeutendsten unter den florentinischen Palastbauten aus dem Ende des Jahrhunderts, nämlich des *Palazzo Strozzi* (ab 1489). Das noch vorhandene Holzmodell zeigt, mit welcher Sorgfalt die Arbeit durchgeführt wurde; zu einer etwas überraschenden Treue zu den strengen Vorbildern von Brunelleschi und Michelozzo treten eine betonte Regelmäßigkeit und Symmetrie. Die Anordnung der Fenster gleicht der des Medici-Palastes, aber das Erdgeschoß ist noch wuchtiger, das Kranzgesims noch eindrucksvoller gestaltet. Die weiten Proportionen des Palastes verleihen im Innern dem Hof mit seinem geschlossenen Obergeschoß und der darüberliegenden offenen Loggia einen unvergleichlichen Adel □223.

Sangallo, der eine Ausbildung als Holzschnitzer erhalten hatte, ist die einzige abgerundete Künstlerpersönlichkeit, die Florenz der des Francesco di Giorgio als Festungsingenieur entgegenzustellen hatte. Giuliano Sangallo hat die Befestigungswerke von Ostia entworfen, mit deren Ausführung Baccio Pontelli betraut wurde, ferner die Befestigungen von Poggio Imperiale (1488) und Borgo San Sepolcro (1502). Er stimmte auch gut mit Bramante überein, mit dem er sich in Loreto gefunden hatte (wo dieser 1499 an der Kuppel arbeitete); 1514 wurde ihm die Ehre zuteil, als dessen Nachfolger in den Vatikan berufen zu werden. Von da ab arbeitete er teils in Rom – wo er 1465 sein oben genanntes großes Sammelwerk begann – und teils in der Toskana. Zwei entscheidende Schöpfungen sind ihm vor allem zu verdanken, einmal der für Lorenzo in *Poggio a Cajano* erbaute Landsitz □224, zum anderen die Kirche Madonna delle Carceri. Die zwischen Florenz und Prato gelegene Villa (etwa 1480-1485) hat nichts mehr mit den von Michelozzo geschaffenen Landhäusern gemein und kündet in mancher Hinsicht schon Palladio an. Über einem quadratischen Grundriß erbaut, steht das Wohnhaus an einem erhöhten Platz inmitten von Zier- und Nutzgärten und Parkanlagen; es ruht auf einer Art Säulenhalle als Sockelgeschoß, die Fassade wird von einem durchlaufenden vorspringenden Dach zusammengefaßt und durch eine ionische Säulenhalle mit fünf Öffnungen betont, die am Giebel von einem Terrakottafries bekrönt wird. Dieser in die Mauer eingesetzte Portikus sollte zukunftsweisend sein; er ist einem riesigen Empfangsraum mit Kassettendecke vorgelagert, der den Mittelteil der Villa einnimmt.

Die zweite bemerkenswerte Schöpfung Sangallos ist die Kirche der *Madonna delle Carceri* in Prato (1485-1491), wo der Grundriß eines griechischen Kreuzes zum erstenmal bei einem freistehenden Bauwerk wieder angewendet wurde. Hier hat der Baumeister genau den Wert einer Struktur, in der der Raum konzentriert wird, empfunden und in die Tat umgesetzt. Die Betonung der Bauglieder mit Pietra serena geht auf Brunelleschi zurück, während bei den Pilastern und Giebeln der Fassaden der massive Stil Albertis zugrunde gelegt ist. Seine kunstvolle Phantasie spürt man noch mehr in der Sakristei von S. Spirito; sie hat die Form eines zweigeschossigen Oktogons, das von Cronaca ausgeführt und mit einem Vestibül mit Kassettendecke versehen wurde.

Der Entwurf für den Palazzo Gondi (1490 bis 1494) ist weniger originell, weniger plastisch empfunden als für den gleichzeitig entstandenen Strozzi-Palast. Sangallo fehlte es nicht an Einfällen, wenn er sich auf weniger begrenztem Terrain als in Florenz bewegte. Seine (nicht realisierten) Pläne für den König von Neapel und für die Familie Medici[147] statteten Mittelbau, Seitenflügel und Ein-

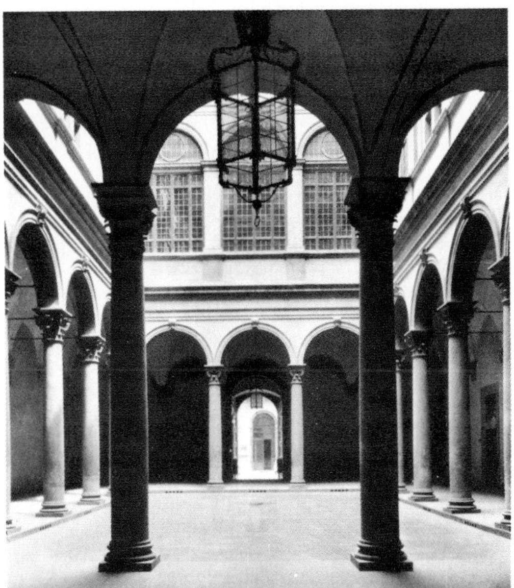

223 Florenz, Palazzo Strozzi, 1489-1507

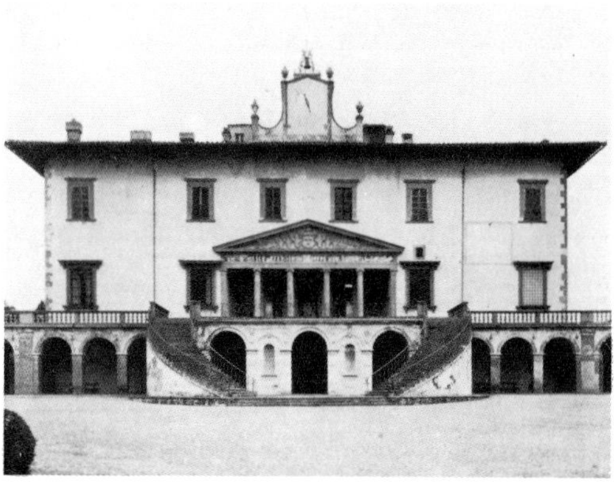

224 Sangallo, Poggio a Cajano, 1480-1485

gangshalle mit einer bemerkenswerten Weite und Kohärenz aus. Er hatte auch an einem Fassadenentwurf für S. Spirito gearbeitet, zeigte sich am Ende seines Lebens – er starb 1516 – bei den Planungen für die Fassade von S. Lorenzo immer noch erstaunlich einfallsreich; diese sind gleichsam eine barockisierende Zusammenfassung seiner römischen Periode, denn er behandelt hier die architektonischen Glieder, die Gesimse und Stützen wie lebende Figuren, die zusammengepreßt werden, sich strecken und einander im Gleichgewicht halten. Überall öffnen sich Nischen, und die Akroterien werden mit Figuren geziert und bewirken eine etwas wirre Spannung, von der später Michelangelo Anregungen empfing.

Sangallo der Ältere war ein Zeitgenosse von Francesco di Giorgio und Bramante und um die Jahrhundertwende die stärkste Persönlichkeit, die die Florentiner Architektur besaß. Francesco wurde zum ersten Architekten von Siena und Urbino, Bramante zum tonangebenden Meister der lombardischen Kunst. Es bestehen zwischen ihnen gewisse Unterschiede des Temperaments und des Geschmacks; so sind Sangallos Formen überladener, mehr auf die Antike abgestimmt, die des Francesco einfallsreicher und ausgefallener, die des Bramante schließlich vielseitiger. Aber die Kirche in Prato und die des Sienesen in Cortona sowie S. Maria presso S. Satiro in Mailand wurden alle drei um 1485 erbaut und weisen beträchtliche Übereinstimmungen auf: Ein Einheitsstil beginnt sich abzuzeichnen.

Um 1477 begab sich Bramante, der in Urbino gelernt hatte, nach Bergamo, wo er als Maler arbeitete; um 1480 kam er nach Mailand und blieb bis 1499 bei Ludovico Sforza. Sein erstes Werk ist *S. Maria presso S. Satiro* (1482-1486); hier ist der Grundriß ein lateinisches Kreuz mit einer Vierungskuppel; der Bau wird in einen durch die Straße begrenzten Raum eingezwängt, wobei eine Schein-Perspektive die Stelle der Apsis einnimmt. Das sich daran anschließende Baptisterium ist ein mit einer Kuppel bedecktes Achteck über einem Erdgeschoß mit Nischen und einem reich mit Medaillons und Friesen ausgeschmückten Obergeschoß. Durch diese Einfügung eines höchst komplizierten Dekors in ein frühchristliches Bauschema bekommt das Ganze etwas Gewaltsames □225.

Der Entwurf zum *Dom von Pavia* wurde ab 1488 von Bramante zusammen mit mehreren anderen Künstlern, unter ihnen Amadeo und Francesco di Giorgio, ausgearbeitet; er zeigt im Chor eine interessante Abwandlung des Zentralbaus. Bald wurde diese Form so populär, daß sie sich überall durchsetzte; immerhin stellte sie eine um-

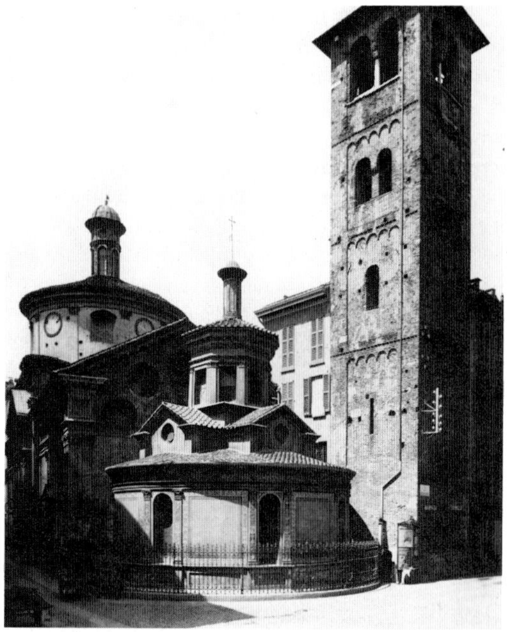

225 Bramante, S. Satiro, Mailand, 1482-1486

wälzende Neuerung dar, die sich in jeder Hinsicht bewährte. Die erste *Sakristei von S. Lorenzo* lieferte dem ganzen folgenden Jahrhundert das verführerische Vorbild eines geometrisch vollkommen reinen Baus: Der quadratische Grundriß leitet mühelos zum Kubus mit wohlproportionierter sphärischer Kuppel über. In S. Maria delle Carceri führte diese Konstruktion zu einem Bau über griechischem Kreuz mit Kuppel, so daß ein einheitlicher Zentralraum entstand, der den Innenraum sich völlig frei entwickeln läßt. In S. Maria degli Angeli (Brunelleschi) und dem Rundbau der Annunziata (Michelozzo-Alberti) war der reine Zentralbau über einem Oktogon angestrebt worden.

Dies bedeutet einen Rückgriff auf einen frühchristlichen Bautyp, an den ausgesprochener noch das Oktogon des Baptisteriums von S. Satiro (1482) und der Chor von S. Maria delle Grazie (1492-1498) erinnern. Es handelt sich also durchaus um eine ununterbrochene Entwicklung. Weiter fortgeführt wird dieser Gedanke in der unter Leitung von Giovanni Battagio erbauten Kirche der Incoronata in Lodi (1488-1494), wo ebenfalls ein kristallklarer und harmonischer Raum zur Entfaltung kommt, und den schönsten Bauten der Folgezeit. Hier wird ganz offenkundig die genaue Kenntnis antiker Zentralbauten ausgewertet: so zum Beispiel Taufkirchen mit kreisförmigem Säulenumgang wie S. Costanza in Rom oder Nischenbauten wie etwa der Tempel der ›Venus pudica‹, die alle in dem Werk des Sangallo vorkommen. Von allen Seiten treffen also jetzt die Elemente eines neuen Strebens zusammen. Man entfernt sich von den Einfällen Brunelleschis, weil die Erkenntnisse der Altertumskunde gewachsen sind, vermutlich aber auch, weil man sich des symbolischen Wertes im Sinne von Alberti und damit der religiösen Anpassung dieser Bauten stärker be-

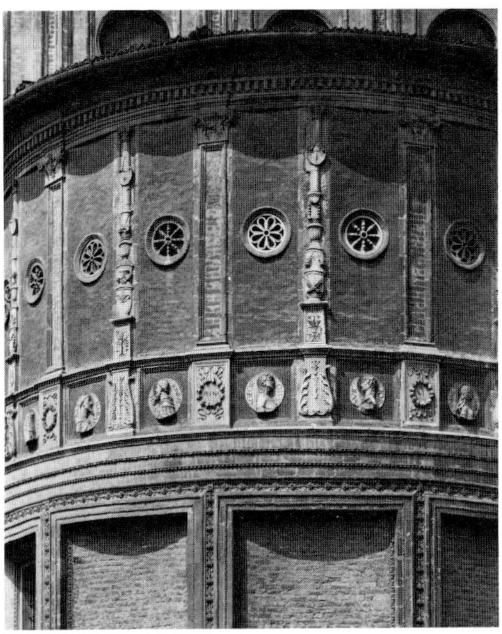

226 Bramante, S. Maria delle Grazie, Mailand, 1492-1498

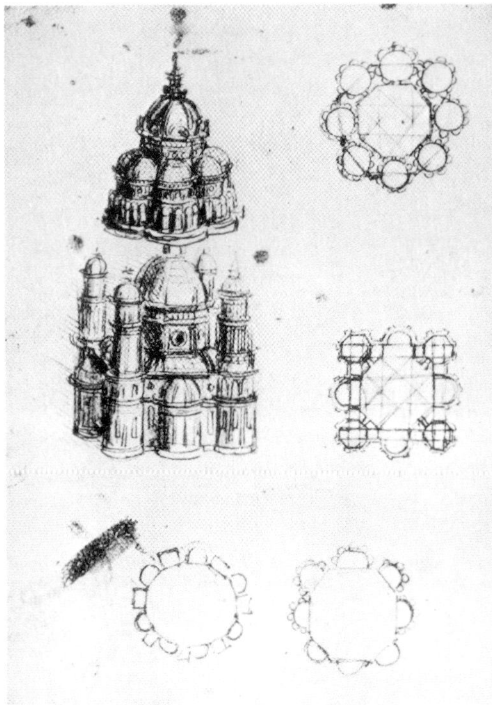

227 Leonardo, Zentralbauentwürfe, Ms B 17 v, Paris

wußt wird. Das beste Zeugnis für die Anziehungskraft dieser Forschungen legen die ›Studien und theoretischen Erörterungen über Zentralbauten‹ im Manuskript B (um 1490) von Leonardo da Vinci ab[148] □ 227.

Um 1500 herum ist in Venedig eine regelrechte Wiederbelebung des Bauplans zu beobachten, der auf dem Grundriß des griechischen Kreuzes mit Vierungskuppel und vier kleineren Trabantenkuppeln basiert (San Giovanni Crisostomo, nach 1497)[149]. Das Fehlen einer Marmor- und Mosaikverkleidung unterscheidet allerdings diese Kirchen vom byzantinischen Vorbild; sie bleiben eher düster, aber ihre weißen Wände lassen schon den lichtvollen Innenraum von Palladio ahnen.

Skulptur

Um 1470 erreichte die Florentiner Kultur einen Wendepunkt, der mit dem Regierungsantritt Lorenzo de' Medicis in Zusammenhang stand und mit dem Erfolg der Akademie von Careggi, an der, unter Zugrundelegung der Lehren des Plato, eine bedingungslose Verherrlichung des Künstlers sowie die feierliche Anerkennung des astrologischen

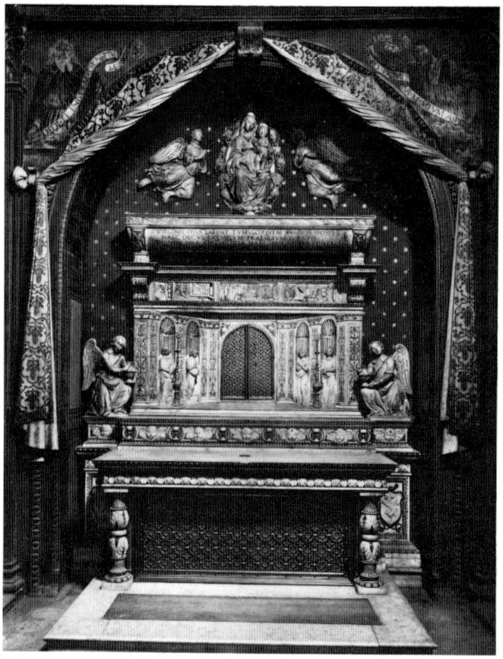

228 Benedetto da Maiano, Altar der hl. Fina, 1468

Lichtkosmos und die Hoffnung auf ein humanistisches und religiöses ›Goldenes Zeitalter‹ herrschten. An dieser zugleich poetischen, naturwissenschaftlichen und rein geistigen Atmosphäre scheinen auch die Werkstätten der Künstler einen großen Anteil gehabt zu haben, die während der mediceischen Ära hoch in Gunst standen. Hier wurden sämtliche Kunstarten gepflegt, wobei die Bildhauerkunst den Ton angab.

Benedetto da Maiano, der sich hauptsächlich auf Arbeiten in Marmor spezialisiert hatte, erinnert mit seinem Tabernakel in der Badia von Arezzo (1475) und seiner *Büste von Filippo Strozzi* (Louvre) an Rossellino; an seiner mehr von Donatello beeinflußten *Kanzel in S. Croce* befinden sich in Nischen von rosa Marmor die Statuen der Tugenden und zwischen kannelierten Säulen große Bildfelder erzählenden Inhalts, die von der Malerei angeregt sind. Feierlicher gehalten sind der *Altar der hl. Fina* in S. Gimignano (1475, □228) und die *Tür des Liliensaales* im Palazzo Vecchio (1480) in Florenz; kühler wirkt die Madonna des Strozzi-Grabes in S. Maria Novella (1491).

Antonio Pollaiuolo (1432-1498) ist origineller und vielseitiger; er hatte, wie schon erwähnt, für das Baptisterium eine Reihe von gestickten Wandteppichen entworfen (1466 bis etwa 1480, Dom-Museum). Um 1466 malte er für den Medici-Palast die energiegeladenen Wandbilder mit den Taten des Herkules □184. Das gleiche Herkules-Thema schmückt die Rüstung eines unbekannten jungen Hauptmanns, dessen lebensvolle, selbstbewußte *Büste* (Bargello) vielleicht als das bildhauerische Meisterwerk des Antonio zu gelten hat. Die ebenfalls ursprünglich für die Medici bestimmte Statuette des *Herkules, der den Antäus erwürgt* (heute Bargello), wirkt als Komposition nicht geschlossen genug in der Linienführung, ist jedoch voller Kraft. Derartige gewalttätige Themen waren zu dieser Zeit Mode; die Begeisterung für das Spiel der Muskeln ist für diesen Kenner der Anatomie bezeichnend; seine hierin besonders betonten Typen verraten, ebenso wie in seiner Malerei, den geborenen Naturalisten. Zwanzig Jahre später erkennt man in den schon erwähnten Grabdenkmälern im Vatikan andere Züge, nämlich einen großen Abwechslungsreichtum, eine virtuose, schwer zu ordnende Fülle, im Relief jedoch, beispielsweise bei den Darstellungen der freien Künste, in der Erfindung eine geringere Gewaltsamkeit. Diese Vorliebe für Details weicht in einem Werke, das mit guten Gründen Sangallo zugeschrieben wird, einer eindrucksvollen Schlichtheit, nämlich dem *Grabmal Sassetti* in S. Trinita (etwa 1486). Es enthält einen Sarkophag aus dunklem Porphyr mit aufgesetzten antiken ›Bukranien‹ (Stierschädelmotiven), der in einer Nische steht, die dem ›arcosolium‹ der Katakomben nachgebildet ist.

Der Auftrag, für den Kardinal Forteguerri in Pistoia ein Grabdenkmal zu schaffen, der zunächst beiden Pollaiuoli erteilt worden war, ging im Jahre 1476 auf Veranlassung Lorenzo Medicis an Verrocchio und seine Werkstatt über. Die beiden Unternehmungen standen häufig in Wettstreit miteinander. Andrea di Cione, genannt Verrocchio (1435-1488), verdankt seinen Ruf nicht nur seinen zahlreichen Arbeiten für die Medici, wie Rüstungen und das Denkmal für Piero und Giovanni (1472). Zwischen den getriebenen Bronzearbeiten der Pollaiuoli und den in poliertem Marmor ausgeführten Arbeiten der Nachfolger des Desiderio da Settignano geht dieser Künstler seinen eigenen Weg in so großen Gruppen wie *Christus und der hl. Thomas* für Or San Michele (1461-1482). Ganz auf Kontrastwirkungen abgestellt, bauen sie sich auf einer lebhaften Bewegtheit des Faltenwurfs und großen Diagonallinien auf □150. Auch in kleineren Bildwerken, wie dem für Careggi bestimmten *Putto mit Delphin* (heute im Hof des Palazzo Vecchio), findet er eine eigene Note.

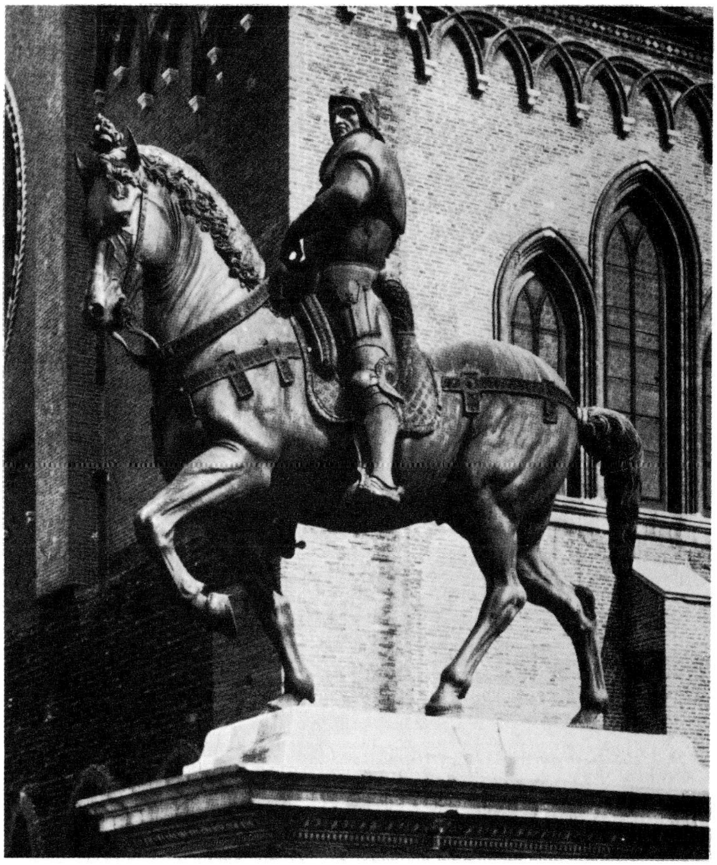

229
Verrocchio
Reiterstandbild des Colleoni
Venedig, nach 1481

Verrocchio nahm die berühmtesten Motive Donatellos wieder auf und gab sie in eigener Auffassung wieder: So hat sein *Bronze-David* (1476, Bargello) eine andere Ausgewogenheit und gebärdet sich verträumter, ja beinahe blasiert. An seinem letzten Werk, der *Reiterstatue des Bartolomeo Colleoni,* die die Venezianer 1481 bei ihm bestellt hatten und die nach seinem Tode von Alessandro Leopardi gegossen wurde, atmet alles Leben und Bewegung □229. Ein tiefausgeprägtes psychologisches Verständnis spricht aus der Terrakottaskulptur der *Auferstehung* (etwa 1470) sowie den Reliefarbeiten mit *Alexander und Darius* (etwa 1480). Verrocchio verstand es aber auch, aus reinen Schmuckformen überlegene Wirkungen herauszuholen, so in dem *Grabmonument der Medici* in S. Lorenzo (1472), wo der auf mächtigen Füßen mit Löwenklauen und Akanthuslaub ruhende Sarkophag in ein Gitter aus geflochtenen Seilen hineingestellt ist. Eine großartige Inschrift in antiken Lettern ist an die Stelle bildlichen Schmucks getreten. Es ist nur zu begreiflich, daß Leonardo da Vinci einem so intelligenten Meister, der es wie kein anderer verstand, den Formen einen überraschenden und vollen Wert zu geben, sein Interesse zuwandte und zwischen 1469 und 1475 in seiner Werkstatt aus und ein ging.

Während die Pollaiuoli in Rom und Verrocchio in Venedig arbeiteten, ist in Florenz der einzige Bildhauer, der die kraftvolle Kunst Donatellos gegenüber dem Eklektizismus der Maiano vertrat, Bertoldo (1440 bis etwa 1491). Als Mitarbeiter Donatellos an den Ambonen von S. Lorenzo versuchte Bertoldo die Kraft seines Meisters in recht bewegten Kompositionen zu bewahren, wo eine abwechslungsvolle Oberflächenbehandlung dem Licht reichen Spielraum läßt, etwa bei der *Madonna* im Louvre und der *Schlacht* im Bargello. Er ließ sich unmittelbar von antiken Vorwürfen anregen, die er bei der Anfertigung von Statuetten und Plaketten, zum Beispiel der Orpheusreihe, in Bronze umsetzte. Lorenzo, dem er freundschaftlich verbunden war, machte ihn zum Konservator seiner Sammlungen. Diese enthielten einen reichen Bestand an Steinschneidearbeiten, Gemmen, Vasen und anderen Kunstgegenständen. Die Sammlung wurde ständig durch den Ankauf von Antiken vermehrt, so daß die Hauptstücke der Plastiken im Garten eines Lusthauses unweit des Klosters S. Marco untergebracht werden mußten (um 1489 bis 1490). Einige Bevorzugte, darunter Granacci und der junge Michelangelo, erhielten freien Zutritt. Diese Situation ließ sich auf die Dauer nicht fortsetzen (Bertoldo starb 1491, Lorenzo 1492); fünfzig Jahre später war sie der Anlaß zu der Legende von der Kunstschule, der sogenannten ›Akademie‹ des Lorenzo[150]. Aber eine solch akademische Rolle, wie sie Florenz auf die Dauer hätte spielen können, sollte erst im darauffolgenden Jahrhundert, und dann in großem Maßstabe, Rom übernehmen.

Um die Jahrhundertwende war also die Plastik ganz auf die Vielfalt der Kontraste sowohl in den Typen wie in der Modellierung abgestellt; so schuf Giovan Francesco Rustici (1475-1554), ein Freund Leonardos, mit starken Hell-Dunkel-Effekten die Gruppe der drei Figuren, die die Nordseite des Baptisteriums bekrönt (1506-1511). Andrea Contucci, genannt Sansovino (1470 bis 1529), die bedeutendste künstlerische Persönlichkeit, entwickelte hieraus eine zwar fehlerlose, aber stark gebändigte Stilisierung, zum Beispiel an den Taufbecken in Volterra (1501) sowie in der Bronzegruppe der *Taufe Christi durch Johannes* über der Osttür des Baptisteriums (1502-1505) zu Florenz. Er ging dann nach Rom, wo er in S. Maria del Popolo die beiden Gräber von Andrea Sforza (1505) und Girolamo della Rovere (1507) ausführte, und zwar nach dem durch Reliefs aufgelockerten und durch in Nischen gestellte Statuen und Bekrönungen erweiterten Florentiner Typ. Wesentlich weniger einfallsreich sind Benedetto da Rovezzano (1474-1522), von dem das Grabmal Soderini in der Carminekirche stammt, aber auch Andrea Ferrucci (1465-1526) beziehungsweise Baccio da Montelupo (1469-1535), die an den Figuren für den Dom arbeiteten. Alle Genialität sollte offenbar ihrem Zeitgenossen Michelangelo vorbehalten bleiben.

Malerei

Die Ortsveränderungen der Künstler und der damit verbundene Wechsel der Vorbilder wurden gegen Ende des Jahrhunderts lebhafter, besonders nach Norden hin. Und so sollte ein gewisser Austausch zwischen toskanischen und venezianischen Malern um 1490 als wahrscheinlich vorausgesetzt werden können[151].

In Florenz lag die laufende Produktion von Altartafeln und Hochzeitstruhen (cassoni) in den Händen mehr handwerklich ausgerichteter Werkstätten, bei denen die Stile zum Allgemeingut wurden. Eine solche Werkstatt war die des Neri di Bicci (1415-1491), der ein Verzeichnis seiner Aufträge hinterlassen hat. Einer seiner Mitarbeiter war Botticini □ 231.

Die Wahl der toskanischen und umbrischen Meister, die 1481 nach Rom berufen wurden, vermittelt ein aufschlußreiches Bild der damaligen Situation. Die Pollaiuoli, die keine Freskenmaler waren und vor allem als Bildhauer geschätzt wurden, wurden nicht eingeladen. Aus denselben Gründen war das Atelier Verrocchios ebenfalls nicht vertreten. Leonardo da Vinci war gerade von Florenz nach Mailand übergesiedelt. Außer Botticelli, dem originellsten Genie, wurden so anspre-

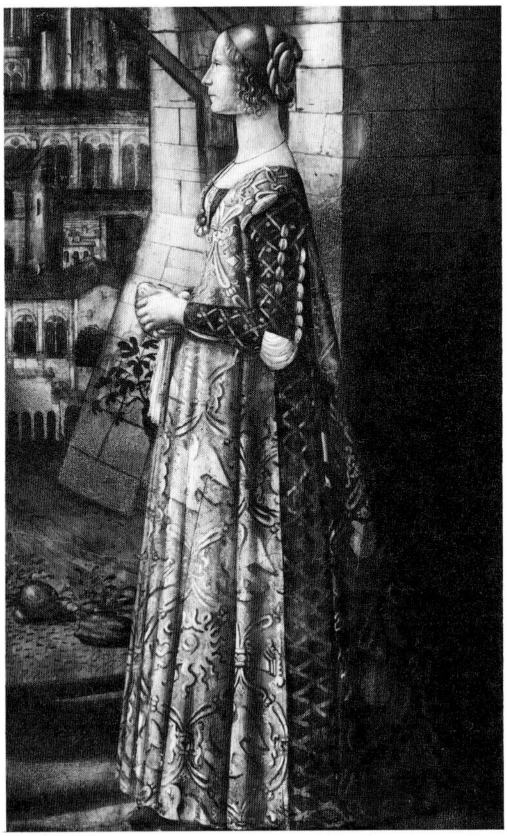

230 Ghirlandaio, Fresko in S. Maria Novella, Florenz

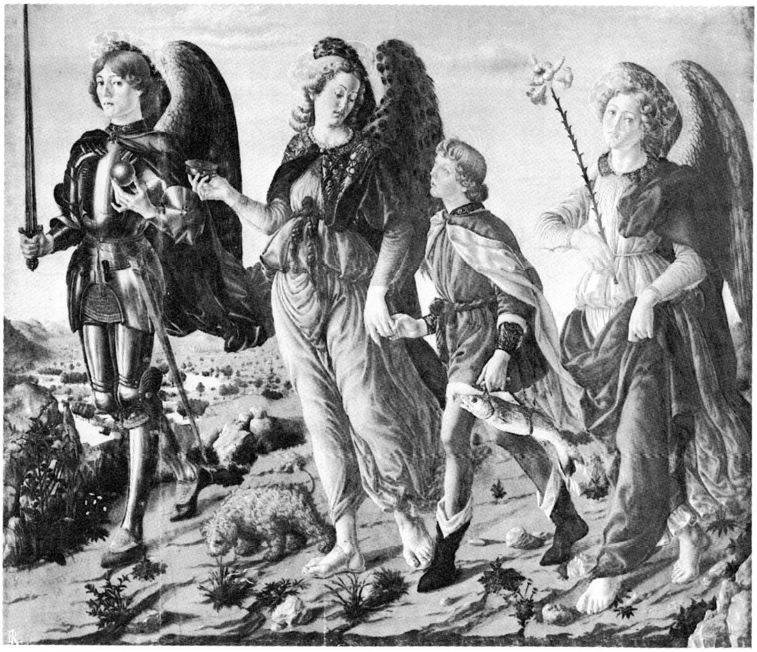

231
Botticini
Tobias und die drei Erzengel
um 1470
Uffizien, Florenz

chende Illustratoren wir Ghirlandaio und Cosimo Rosselli berufen und mit ihnen die umbrischen Künstler, bei denen schon der harte Stil Signorellis dem weichen des Perugino entgegensteht.

Der Maler Antonio Pollaiuolo opfert die Schönheit der Farbe der Kraft des Konturs; für ihn besitzt die Linie einen suggestiven Eigenwert. Was er anstrebt, ist der Einklang von Figur und Landschaft; letzterer räumt er - nach dem Vorbilde der Flamen – einen neuen und außerordentlich wichtigen Platz ein, wie etwa auf seinem *Hl. Sebastian* (1475, London). Sein Bruder Piero (1443 bis 1469) ist an den *Altartafeln von S. Miniato* (1467) und dem Tafelbild mit der *Krönung Mariens* in S. Gimignano (1483) beteiligt, wo es ihm aber an Schwung fehlt. Stärker sind seine Profilporträts, bei denen nach dem Vorbild Uccellos und Pieros der abstrahierende Geschmack der Florentiner, die Figur gegen einen hellen Hintergrund zu stellen, vorherrscht. Das wachsende Interesse der neuen Künstlergeneration für die flämische Kunst zeigt sich bei Domenico Ghirlandaio (1449-1494); seine etwas düstere Farbe, seine ruhige, beschreibende, akzentlose Zeichnung und der Sinn für eine klare Verteilung des Figürlichen im Bilde machen aus ihm einen gemäßigteren Castagno; er ist mit der Kunst Baldovinettis und Verrocchios vertraut, aber mehr auf eklektische Weise. Im Zyklus mit dem Leben der hl. Fina in S. Gimignano (1475) ist Ghirlandaio noch ziemlich naiv; nach seiner Romreise, wo er in der Sixtina arbeitete (1481), und der Berührung mit dem Realismus des Portinari-Triptychons von Hugo van der Goes, das 1482 in Florenz eingetroffen war, führte der Künstler Freskenzyklen aus, auf denen er zeitgenössische Persönlichkeiten porträtierte und in die heiligen Begebenheiten miteinbezog. Die Schilderung der *Geschichte des hl. Franziskus* in S. Trinita (1483 bis 1486) zum Beispiel und die von *Johannes dem Täufer* in S. Maria Novella (1485-1490, □230) besitzen anekdotischen Wert, doch ist ihre dekorative Qualität ungleich, das Raumgefühl dagegen von persönlicher Empfindung getragen. Dasselbe trifft für die *Anbetung der Hl. Drei Könige* im Findelhaus (1488) zu. Die mit Aufträgen reichlich versehene Werkstatt wurde nach dem Tode des Domenico von seinem Bruder David weitergeführt; dieser war um 1490 Spezialist für den zur Zeit Lorenzos noch sehr beliebten Mosaik-Dekor. Er sollte viele junge Künstler ausbilden, unter anderem Granacci und Michelangelo.

Die einzige Werkstatt, die einen nachhaltigen Einfluß auf die ganze italienische Kunst ausgeübt hat, ist die des Verrocchio. Seine Tätigkeit als Maler beschränkt sich auf die Zeit zwischen 1470 und 1480; genannt sei die *Taufe Christi* (Uffizien, □232), mit der Verrocchio möglicherweise ein vorher unvollendetes Bild fertigstellte, für das Leo-

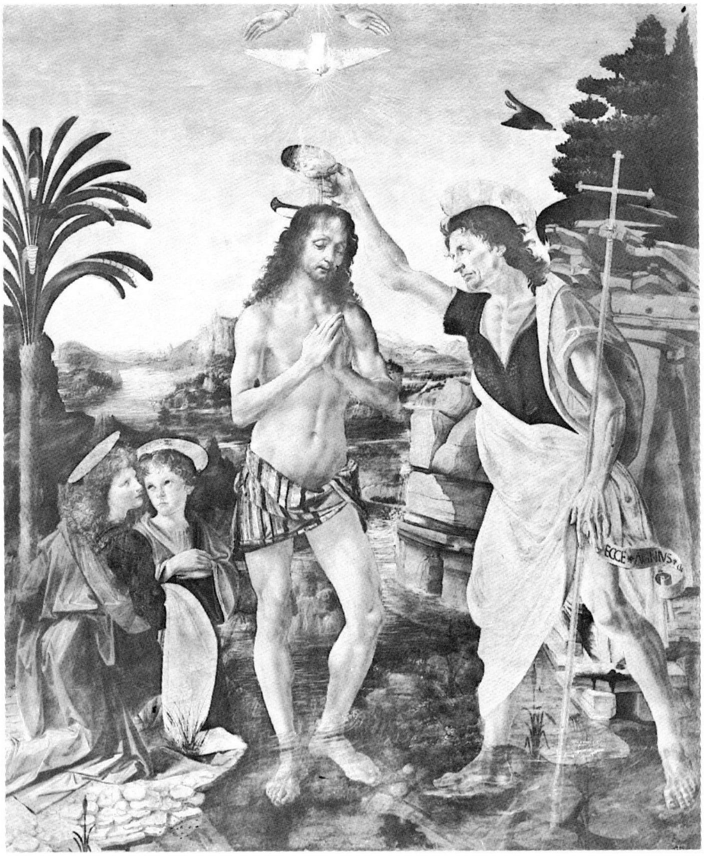

232
Verrocchio
Taufe Christi
1470-1475
Uffizien, Florenz

nardo dann noch die originelle Gruppe der beiden Engel zur Linken beisteuerte, deren Modellierung in ausgesprochenem Gegensatz zu den trockenen Konturen der anderen Figuren steht. Besser noch kommt Verrocchios Stil in der *Madonna mit den Heiligen Donatus und Johannes dem Täufer* (1478-1485) in Pistoia zum Ausdruck, wo eine Komposition von neuartiger schlichter Großzügigkeit und gleichmäßiger Modellierung vor einer zarten Landschaft erscheint. An ihr hat Lorenzo di Credi (1459-1537) mitgearbeitet, neben Leonardo der bedeutendste Schüler Verrocchios. Es ist schwierig festzustellen, was in den ihm zugeschriebenen Madonnen in London und Berlin von seiner Hand gemalt ist und was Leonardo von ihm übernommen hat; von dem herben Stil der Pollaiuoli hat er den Sinn für den melodischen Kontur beibehalten, doch besteht dieser nur noch aus einer Übertragung von Lichteffekten auf die feine Modellierung, die den Glanz von Bronze und das Schimmern von Stoffen wiedergeben soll. Diese Betonung der Plastizität findet auf Kompositionen statt, die eine harmonische Ausgewogenheit und einen klassischen Geschmack zeigen. Um 1500 erklärt Ugolino Verino in seinen gereimten Lobpreisungen in den ›Illustrazioni‹ von Florenz, Verrocchio sei der Lehrer »all jener Künstler gewesen, deren Name in den Städten Italiens gerühmt wird«.

Nach dem Fortgang Leonardos war gegen Ende des Jahrhunderts Botticelli (1445-1510) der größte Maler in Florenz, ohne daß er jedoch über die Grenzen der Toskana hinaus berühmt geworden wäre. Er vermochte dem Kontur ein Höchstmaß an Sensibilität zu geben, und durch seine Ablehnung der reinen Landschaft, des Atmosphärischen, stellt er eine Art Gegengewicht zum Einfluß des Verrocchio dar. Er kommt von Filippo Lippi her, seine ersten Werke jedoch haben einen an Verrocchio erinnernden Ernst, so die *Allegorie der Kraft* (1476, Uffizien) und die kleine Tafel mit *Judith und Holofernes* (Uffizien), Schöpfungen mit einer geradezu großartigen Klangfülle der Farbe □233. Die Linie, die dem Naturalismus der Pollaiuoli als Hauptstütze diente, wird leichter und reiner und gewinnt eine neue poetische Freiheit in den Madonnenbildern, die als große Medaillons oder ›Tondi‹ behandelt sind und eine elegante und gleichsam musikalische Kompositionsweise zeigen, so die *Madonna mit den Kandelabern* (Berlin) und das *Magnificat* (1485, Uffizien), ferner die *Madonna mit dem Granatapfel* (1487, Uffizien), zu denen sich noch die große *Marienkrönung* gesellt, die von höchster Lieblichkeit erfüllt ist. Ihr nervöses Liniengefüge erreicht in dem vielfarbigen Engelreigen seinen Höhepunkt (1488, Uffizien).

Ganz auf die sinnliche Atmosphäre eingestellt, die vom Medici-Kreis in der Via Larga und in Careggi ausging, wurde Botticelli zum Maler der neuen allegorischen und poetisierenden Mythologien, die von den römischen Aufmärschen eines Mantegna völlig verschieden sind und wesentlich gekünstelter als die Bacchanalien und heidnischen Feste des folgenden Jahrhunderts. Bei ihm handelt es sich um heilige Visionen und kostbar ausgeschmückte Träumereien eines aufrichtigen Humanismus. Die *Primavera* (1478, Uffizien) gleicht einem jener Gärten, die auf Wandteppichen vorkommen; die *Geburt der Venus* (1486, Uffizien) scheint gleichsam eine Illustration der Stanzen der

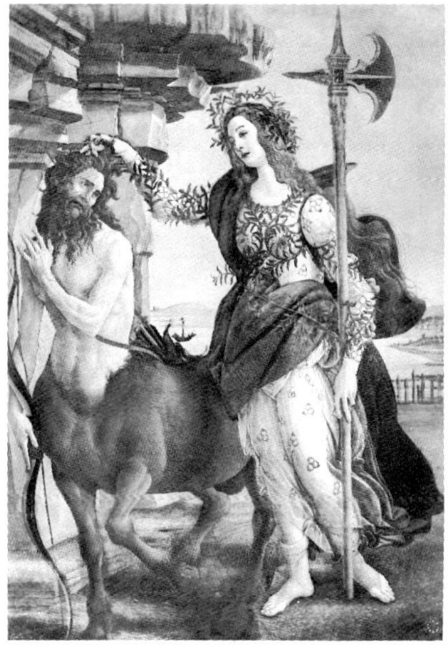

234 Botticelli, Minerva und Kentaur, um 1488

›Giostra‹ des Polizian; *Minerva und der Kentaur* (etwa 1488, Uffizien), eine im eigentlichen für die Medici und Florenz erdachte Allegorie, zeigt die Göttin wie eine Heilige im Ballettkostüm □234. Vervollständigt wird diese kunstvolle Serie durch die erstaunlich ›literarische‹ Darstellung der *Verleumdung des Apelles* (1495, Uffizien), die eine gedrängte, bis ins Bizarre getriebene, dabei durchsichtige und belebte Zeichnung aufweist.

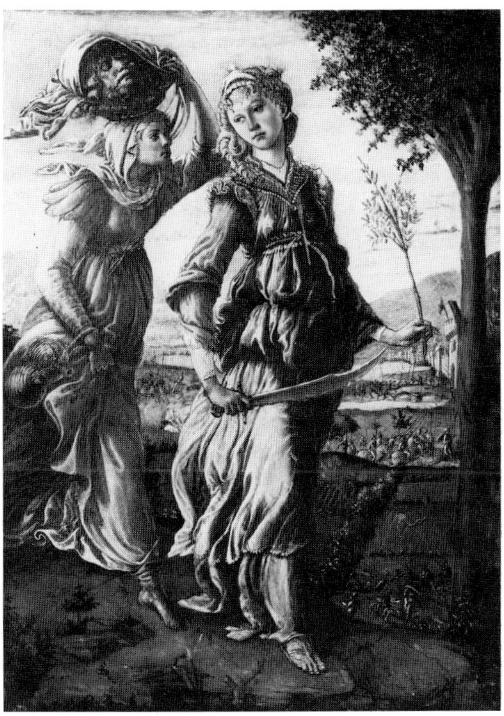

233 Botticelli, Judith und Holofernes, Uffizien

Um 1480 wurde die Kunst Botticellis als eine »männliche Kunst mit vollkommenen Proportionen« bezeichnet. Gerade hatte er für Ognissanti (1480) einen *Hl. Augustinus* in seinem Studierzimmer gemalt. Das Motiv ist perspektivisch gesehen wie bei Antonello da Messina oder den Flamen; es zeigt aber eine ganz besondere zeichnerische Sicherheit, Farbigkeit und physiognomische Ausdruckskraft. Die Fresken in der Sixtina, *Moses und die Töchter Jethros* sowie die Szene mit *Core, Datan und Abiron,* sind weniger sicher im Bildaufbau, zeichnen sich aber durch eine verschwenderische Fülle an Details aus. Auf den Fresken der Villa Lemmi (Louvre, 1485-1486), hochzeitlichen Allegorien, sind der Kontur erlesen, die Farben hell und der Bildraum verhalten. Seine großen Bildwerke tendieren immer mehr zum Irrealen; die in die Länge gezogenen Formen gleiten ins Manieristische ab, so auf der *Madonna mit den sechs Heiligen* (1485-1486, Uffizien). Auf der schon erwähnten Marienkrönung für San Marco verbergen die Kronen der Engel die gleichgültige Behandlung der Perspektive und passen sich der Mimik der Figuren an; auf der *Pietà* (1498, München) führt die innere Spannung zur Vereinfachung der Zeichnung. Diese ›archaisierende‹ Tendenz des Künstlers, der die modernen Anschauungen verwarf, um Darstellungen einer überspannten und visionären Frömmigkeit zu schaffen – in der Kreuzigung (Fogg-Museum, Cambridge, USA) und der Geburt Christi (1500, London) –, wurde den Bußpredigten Savonarolas zugeschrieben. Ganz so einfach ist die Sache jedoch nicht. Botticelli steht an der Spitze einer ziemlich allgemeinen Wiederaufnahme der gotischen Ausdruckskunst. Sie tut sich einesteils in der üppigen Kunst Ferraras, zum anderen in der ganz auf ziselierte Goldschmiede-Effekte abgestellten Kunst Crivellis und in Florenz in der Herbheit der Pollaiuoli kund. Bei Botticelli ist sie stilistisch reiner, verfällt aber dabei in einen sentimentalen Irrealismus.

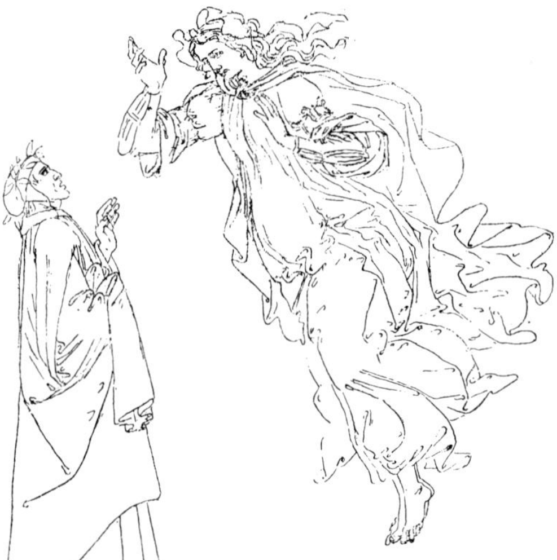

235 Botticelli, Zeichnung zu Dantes Göttlicher Komödie, Das Paradies, 1. Gesang, um 1479-1510

Die Tatsache, daß es sich nicht etwa um eine späte Zufallserscheinung handelt, findet ihre Bestätigung in der ausgeglichenen Schönheit seiner Zeichnungen für die ›Göttliche Komödie‹ des Dante, die ursprünglich farbig aquarelliert werden sollten, aber im zeichnerischen Zustand verblieben □235. In der Darstellung der Hölle sind die Figuren lebhaft und unruhig, im Purgatorium gewinnen sie an Schärfe, während das Paradies von

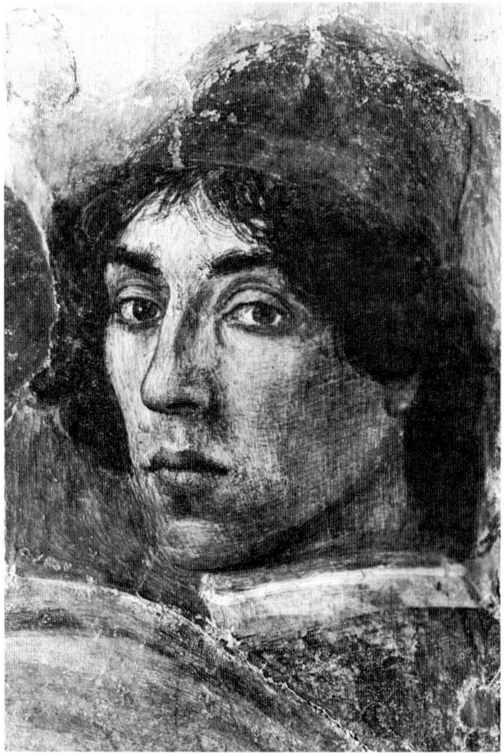

236 Filippino Lippi, Selbstbildnis, Detail aus den Fresken in der Cappella Brancacci, Florenz, 1484

einer wunderbaren Unendlichkeit des Raumes zeugt, die nur durch eine dünne Kreislinie begrenzt wird und wo allein die ekstatischen Gesichter von Wichtigkeit sind. Die gleiche Entwicklung kennzeichnet die nervöse, sprunghafte und oftmals überladene Kunst von Filippino Lippi (1457 bis 1504) □236, dem Sohne des Mönches Fra Filippo und Schüler Botticellis. Sein zunächst unter dem fiktiven Künstler-Namen ›Amico di Sandro‹ zusammengefaßtes Jugendwerk überbietet womöglich noch die ästhetisierende Delikatesse seines Meisters; auf dem Bild *Die Hl. Jungfrau erscheint dem hl. Bernhard* (1480, Badia) wird die Landschaft hiervon ganz bestimmt. Im Jahre 1484 wird Filippino für würdig befunden, in der Carminekirche die *Fresken aus dem Leben des hl. Petrus* von Masolino und Masaccio fertigzustellen. In der Cappella Caraffa in S. Maria sopra Minerva in Rom (1489-1490), wo er auf einer Art Estrade den *Triumph des hl. Thomas* darstellt, besonders aber in den Szenen aus dem Leben der *Heiligen Johannes und Philippus* in der Strozzikapelle in S. Maria Novella in Florenz (1498-1502) entfaltet er eine bizarre Lebendigkeit. Hier verrät sich zugleich seine romantische Geschichtsauffassung, und wenn auch die Zeichnung trotz ihrer Verhärtung noch sehr lebendig und schwungvoll ist, so ist sie doch schon außerstande, sich der Komposition unterzuordnen. Eine Kunst also, die im absoluten Gegensatz zu der feinen Ausgewogenheit der Umbrier steht. Der gleiche Eindruck, daß sich die Kunst damals gedanklich und stilistisch in einer Krise befand, tritt nicht minder deutlich bei Piero di Cosimo (1462-1521) in Erscheinung, einem von Verrocchio und Ghirlandaio stark beeinflußten Eklektiker, der sich ausgefallene und Vergangenes heraufbeschwörende Themen aussucht, sei es aus verworrenen mythologischen Vorstellungen heraus wie der *Prometheus* (in Straßburg) oder aus einer primitiven und barbarischen Menschlichkeit wie die *Jagd* (New York) und die *Kentauren und Lapithen* (London, Privatbesitz). Alle diese im 16. Jahrhundert sehr rasch der Vergessenheit anheimfallenden Maler sollten erst von einer späteren Generation wieder entdeckt werden, nämlich zur Zeit des Manierismus. Ihrem Zeitgenossen Leonardo da Vinci erging es allerdings nicht so.

Jene Historiker, die nach Vasari den Bruch mit dem »harten und scharfen Stil« an den Beginn des 16. Jahrhunderts verlegten und ihn mit Leonardo beginnen ließen, haben die Tatsachen verfälscht. Dieses Phänomen war in den letzten Jahren des 15. Jahrhunderts ziemlich allgemein, als sich mitunter beide Stilarten auf höchst verworrene Weise trafen; das war nicht allein auf Leonardo beschränkt. In Venedig vollzog sich, etwas abseits, eine bemerkenswerte Entwicklung, die sich bereits in der zweiten Periode Giambellinis ankündigte und am Ende des Jahrhunderts ganz deutlich wurde, als man die Schärfe und Plastizität Mantegnas zugunsten der tonigen Übergänge und des Atmosphärischen endgültig aufgab, die unmittelbar Giorgione vorbereiteten. Dasselbe geschah in Ferrara und Mantua mit Francia und Lorenzo Costa. Am deutlichsten äußerte sich jedoch dieser Konflikt zwischen der trockenen, sozusagen plastischen Manier und der malerischen Auflösung in Umbrien. Er erreichte seine stärkste Ausprägung in der Gegensätzlichkeit von Signorelli und Perugino, die in gewisser Hinsicht beide die Nachkommen von Piero della Francesca sind. Luca Signorelli (1450-1523) begann seine Laufbahn bei Piero, aber schon mit seiner *Geißelung* (etwa 1475, Brera) führte er einen gewaltsamen Akzent ein, eine dramatische Zuspitzung, die sich in der Sakristei von Loreto (etwa 1480) noch verschärfen sollte. So kam es bei ihm bald zu stark symmetrischen Strukturen mit stereotypen farbigen und physiognomischen Kontrasten wie in der Gruppe der Heiligen, die die Madonna umgeben (1484, Perugia), aber auch auf der für Lorenzo Medici gemalten Darstellung eines heidnischen Mythos, dem *Pan* (etwa 1490, heute zerstört). Signorelli erneuerte die Bande zwischen Umbrien und Florenz; doch beschloß er seine Tage in Cortona als Leiter einer mittelmäßigen Provinzwerkstatt. Vor allem aber war er der letzte große toskanische Freskenmaler des 15. Jahrhunderts vor Michelangelo, auf den er einen großen Einfluß ausgeübt hat. In der Sixtina stammen die *Szenen aus dem Leben des Moses* von ihm, ferner malte er in Monte Oliveto (1497 ff.) den Zyklus mit der *Geschichte des hl. Benedikt*. Besonders berühmt wurde er aber durch die Fresken mit der unvergleichlichen *Beschwörung des Antichrist* (der zweifellos Savonarola ist)[152] und der *Vier Letzten Dinge* in der Cappella di San Brizio in Orvieto (1499-1504), in denen seine kühnen Aktdarstellungen, seine Verkürzungen und sein Pathos ihre größten Triumphe feiern □237.

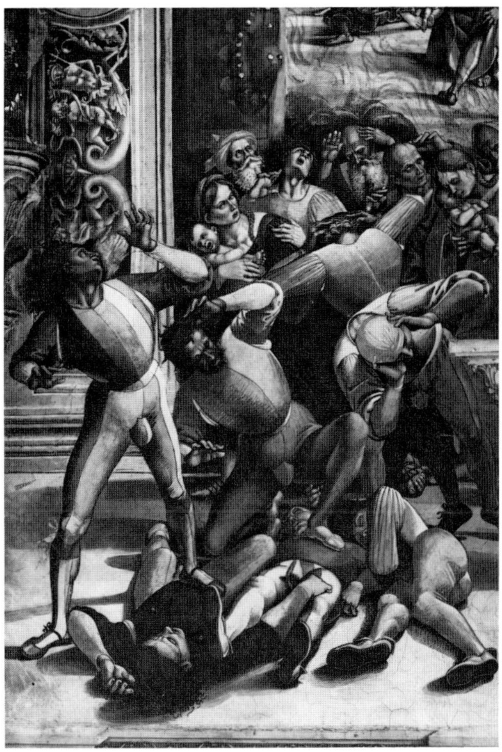

237 Signorelli, Fresko im Dom zu Orvieto, 1499-1504

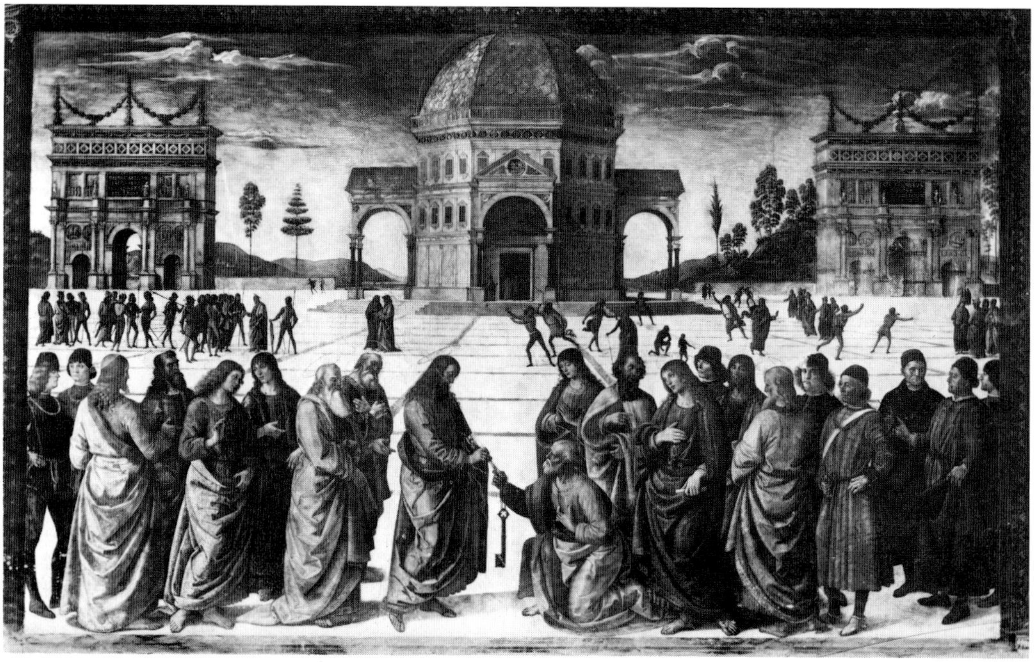

238 Perugino, Schlüsselübergabe an Petrus, Sixtinische Kapelle, Rom, um 1485

Der Kamaldulensermönch Bartolomeo della Gatta (1448-1502) stellt sozusagen ein Zwischenglied zwischen dieser männlichen Richtung und der sowohl in Siena wie in Perugia angestrebten weichen Manier dar. Seine beiden Bilder mit dem *Hl. Rochus* (1479, Pinakothek in Arezzo) stehen Signorelli nahe, aber 1481 wurde er Mitarbeiter Peruginos in der Sixtinischen Kapelle und verlieh seinem Stil in seiner *Madonna von Castiglione Fiorentino* (1486-1487) eine größere Weichheit, um später dann zur Art des Melozzo und sogar der des Piero zurückzukehren.

Pietro Vannucci, genannt Perugino (um 1445 bis 1523), arbeitete ebenfalls in der Sixtina; er schuf für die Sala del Cambio in Perugia einen großen *historischen Zyklus* mit Helden, Sibyllen und der *Geburt* und *Verklärung Christi.* Auch nahm er die Verbindung mit Florenz wieder auf und arbeitete kurze Zeit für Isabella d'Este: *Liebe und Keuschheit* (1505, Louvre). Diesem Künstler ging es vor allem um die Sanftheit der Typen seiner Figuren und um die lächelnde Ruhe ihrer Züge. Seine symmetrischen Bildgestaltungen sind harmonisch und weich, beispielsweise in seiner *Madonna mit dem hl. Johannes dem Täufer und dem hl. Sebastian* (1493, Uffizien). Mit glücklicher Hand übernahm er von Piero den großzügigen und zwingenden Raum mit seinem schönen Atem und der klaren Anordnung, in dem ein mitten im Leeren schwebender Bau einen vollkommenen Wohlklang schafft (Sixtina □238) oder eine hauchzarte Landschaft delikat angedeutet wird (Apollo und Marsyas, Louvre). Diese Frische und ausgewogene Harmonie sind es, die später Raffael aufgreifen sollte. Zur gleichen Zeit aber reifte mit Leonardo da Vinci ein Stil heran, der solch abgeklärte Lösungen verschmäht, weil er die Gegebenheiten des Problems von Grund auf umgestaltet.

Leonardo da Vinci

Dieser Schüler von Verrocchio ist der Erbe aller Bestrebungen des Florentiner Quattrocento, und zwar in sämtlichen Kunstarten, gewesen, und als solcher muß er auch beurteilt werden.

Im Jahre 1452 in der kleinen Ortschaft Vinci geboren, wurde er von seinem Vater zu Verrocchio in die Lehre gegeben; er ließ sich als junger Meister von 1475 bis 1481 in Florenz nieder und ging dann bis 1499 zu Ludovico Sforza nach Mailand; seine letzten Lebensjahre verbrachte er teils in Florenz (1500-1506), teils in Mailand (1507 bis 1513), teils in Rom (1513-1515) und teils in der

Touraine (1515-1519). Die Zahl seiner Werke ist gering; es befindet sich kein einziges Bauwerk unter ihnen, obwohl er sich mit Architektur beschäftigt hat; nichts oder fast gar nichts ist erhalten geblieben von seinen bildhauerischen Arbeiten, die er in der Werkstatt des Verrocchio schuf, nichts von seinem Meisterwerk in Mailand. Als Maler endlich hat er uns höchstens zehn Werke hinterlassen, von denen mehrere unvollendet sind; eines seiner Meisterwerke, das *Abendmahl*, ist eine restaurierte ›Ruine‹, das andere, die *Schlacht von Anghiari*, ist schon im 16. Jahrhundert verlorengegangen. Aber die Bedeutung dieses Künstlers ist trotz alledem ungeheuer, seine Persönlichkeit ungewöhnlich anziehend. Beides ist aus der hohen Qualität seiner Werke und der Fülle seines schriftlichen Nachlasses zu erklären.

Als junger Mann hatte Leonardo bei Verrocchio Kinder- und Frauenköpfe mit schön gelocktem Haar und lächelndem Ausdruck modelliert, und zwar in der Art des Desiderio da Settignano, aber man spürt in ihnen noch etwas anderes. Die große *Verkündigung* (etwa 1475, Uffizien □239) mit ihrer blühenden Wiese und der einer Prinzessin gleichenden Heiligen Jungfrau und die Sorgfalt, die sich in diesem Bilde auf alle Einzelheiten erstreckt, zeigt, wie sehr die florentinische Ästhetik und Subtilität den jungen Künstler geprägt haben. Denselben Eindruck eines makellosen Formalismus in Verbindung mit einer auf Verrocchio zurückgehenden Kunst der Modellierung vermittelt das Porträt der *Ginevra Benci* (etwa 1478, Liechtenstein). Die 1481 von den Mönchen von S. Donato in Scopeto in Auftrag gegebene und von Leonardo bei seinem Aufbruch von Florenz unvollendet zurückgelassene *Anbetung der Heiligen Drei Könige* (Uffizien) zeigt schließlich, zu welcher Lösung er damals gelangt war. Sie stellt seine Antwort auf die Probleme seiner Zeit dar: Die Nuancen des Helldunkels, das ›sfumato‹, das den Kontur und die plastischen Massen auflöst und so eine neue, suggestivere und poetischere Wirklichkeit schafft, in der die Ausdrucksmöglichkeiten der Gesichter, die er aufgespürt hatte, voll zur Geltung kommen. Dazu tritt noch eine einfallsreiche, abgerundete und sorgfältig geordnete Kompositionsweise: Meist ist die Mittelgruppe in ein Dreieck eingeschrieben.

In Mailand beschäftigte Leonardo sich zunächst mit malerischen Problemen: Auf der *Madonna in der Felsengrotte* (die 1483 begonnene Fassung, Louvre; die Replik des Meisters und seines Ateliers befindet sich in der National Gallery in London) ist der kunstvolle Aufbau am spürbarsten, aber auch die Verwandlung durch das Licht. Im *Abendmahl* (1495-1496), das er für das Refektorium von S. Maria delle Grazie malte, hat er bei dem herkömmlichen Thema ein Maximum innerer und äußerer Bewegtheit in ein Maximum von Ordnung und Symmetrie einfließen lassen. Der Künstler nahm aber auch bildhauerische Probleme in Angriff, so mit der Reiterstatue von Francesco Sforza, von der jedoch nur das riesige Modell mit seinen genau berechneten Kontrastwirkungen in langsamer Arbeit entstand. Aber auch an architektonischen Fragen beteiligte er sich, so bei den Dis-

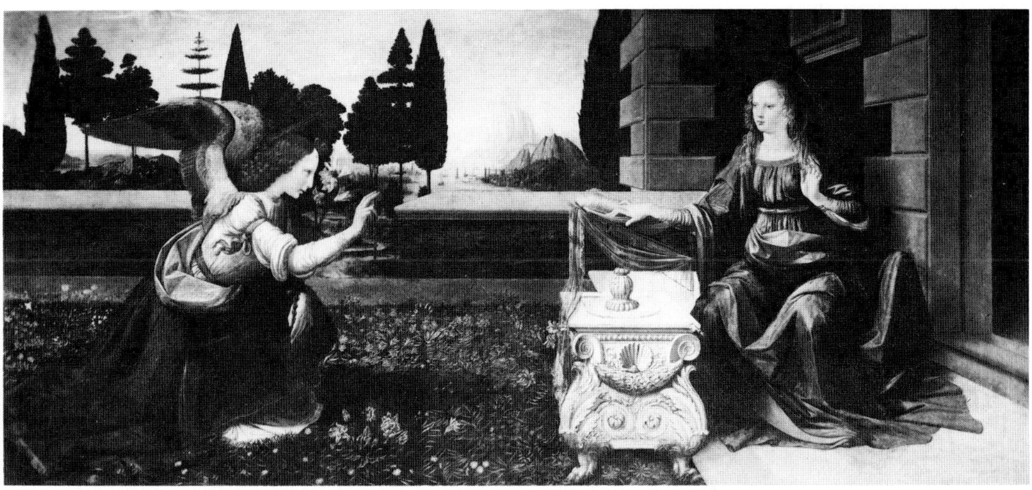

239 Leonardo, Verkündigung, um 1475. Uffizien, Florenz

kussionen über die Turmspitze des Mailänder Doms sowie den Dom zu Pavia (1488) und betrieb, gemeinsam mit Bramante, zahlreiche Studien über Kompositionsweisen, bei denen sich ein Höchstmaß an Ausgewogenheit mit einem Höchstmaß an Formenreichtum verbinden läßt.

Damals, 1498, malte Leonardo die sogenannte ›Sala dell' Asse‹ im Schlosse von Mailand mit verschlungenen Laubgirlanden aus (im 19. Jahrhundert wiederhergestellt). Darüber hinaus war er auch der Leiter zahlreicher höfischer Feste, beteiligte sich an dem mondänen Leben des Kreises um Cecilia Gallerani, der Geliebten des Ludovico, die einen Hofstaat von Dichtern und Musikern um sich versammelt hatte. Im Jahre 1497 verfaßte er galante Bilderrätsel. Schließlich fand er noch die Zeit, zusammen mit Bramante, dem Mathematiker Pacioli und lombardischen Ingenieuren und Technikern, die gelegentlich mit Ludovico zu gelehrten Disputationen zusammentrafen, in jeder Hinsicht seine in Florenz erworbenen Kenntnisse zu erweitern.

In Florenz hatte er die Einheit aller Künste und ihre Beziehung zu allen Schichten der Natur und des Lebens erkannt; 1481 stellte er diese universellen Erkenntnisse und seine Fähigkeiten in einem Brief an Ludovico dar. In Mailand sah der Künstler die Notwendigkeit, seiner Lehre eine theoretische Grundlage durch eine Reihe von Traktaten über Perspektive, Anatomie und Mechanik zu geben, wodurch er ein neues ›organum‹ schaffen wollte. Zwischen 1489 und 1508 faßte er im Rahmen dieser ungeheuren Forschungs- und Informationsarbeit zeitweilig Teilveröffentlichungen ins Auge, zu denen es letzten Endes jedoch nicht kam. Seine Lehre blieb bis zu dem Zeitpunkt geheim, da seine Manuskripte publiziert wurden. Einzig sein Traktat über die Malerei erschien 1631 nach einer Zusammenstellung des 16. Jahrhunderts. Dieses umfassende Weltbild hatte Leonardo zu einer vollständigen Kosmologie geführt, in der Erde und Himmel sich in den Schwingungen eines Universums vereinen, das durch Lichtstrahlen seine Belebung empfängt und durch den unablässigen Kampf der Elemente, besonders des Wassers als dem Grundstoff der blauen Atmosphäre, in die die Bildgründe getaucht sind, belebt wird. Die Krönung allen lehrhaften Wissensstoffs ist das Malwerk, das allein die uneingeschränkte Verherrlichung der Schönheit und des Formenreichtums ermöglicht. Die einzige praktische Erfüllung liegt im Bereich des Mechanischen, das die Natur zähmt und ordnet. Daneben schenkt es auch den materiellen Bedürfnissen ebenso wie der Freude an

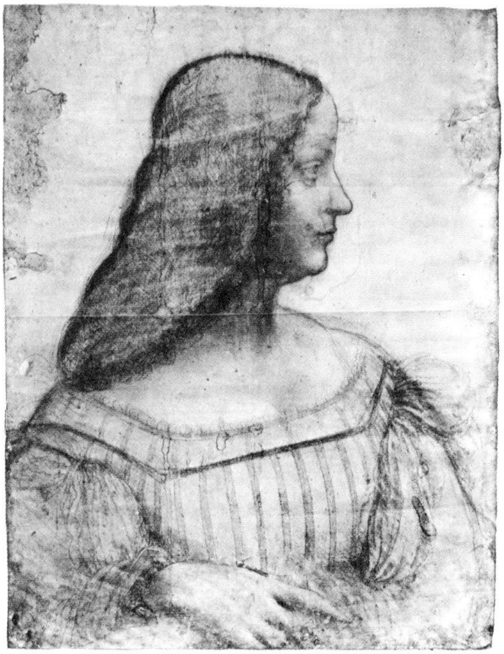

241a Leonardo, Isabella d'Este, 1499. Louvre, Paris

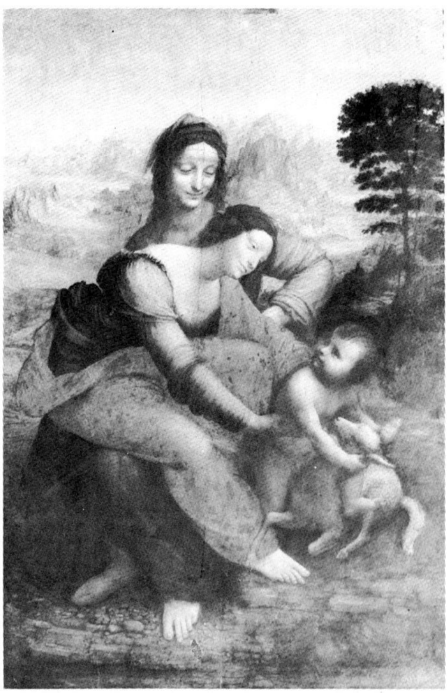

240 Leonardo, Hl. Anna Selbdritt, 1508-1510. Louvre, Paris

Spielen und Festen ungeahnte Möglichkeiten zur Befriedigung.

Als 1499 das Herzogtum Mailand zugrundeging, war Leonardo in ganz Italien berühmt; Isabella d'Este in Mantua suchte ihn an sich zu fesseln und gab ihm ihr Porträt in Auftrag, von dem er nur den großartigen Entwurf ausführte, der sich heute im Louvre befindet □241. Seine Rückkehr aus der Verbannung nach Florenz im Jahre 1500 ist mit dem Beginn einer neuen Ära im eigentlichen Sinn gleichzusetzen. Der Entwurf für das Bild mit der *Hl. Anna* (1501, Royal Academy in London) und das etwas später entstandene Gemälde dieses Themas (Louvre □240), auf dem sich die bewegte, pyramidenförmig gebaute Figurengruppe in eine Gletscherlandschaft einfügt, und das Porträt der *Mona Lisa* (Louvre), mit dem die Malerei eine nie zuvor gekannte Feinheit in der Modellierung und in der dank dem Helldunkel bewirkten Einheit der farbigen Werte erreicht, sowie schließlich die vielfigurige *Schlacht von Anghiari* für den großen Saal des Palazzo Vecchio (1503-1505) erregten allgemeines Aufsehen. Immer seltener wurden die zu Ende geführten Werke, immer zahlreicher seine Planungen: Mit dem *Bacchus* (um 1506 entstanden, aber heute ziemlich zerstört; Louvre) seien noch die verlorengegangene *Leda* genannt, die wir aus Zeichnungen kennen und die zwischen 1504 und 1508 gemalt wurde, weiterhin zwei Madonnenbilder (1506-1510, verloren), die er für Ludwig XII. von Frankreich geschaffen hat. In Mailand wandte sich Leonardo im Denkmal für Trivulzio (1511-1512) wieder dem Reiterstandbild zu, in Frankreich seinen Architekturstudien mit den Entwürfen für die königlichen Schlösser (1516). Vor allem aber entstanden während seiner letzten Lebensjahre jene erstaunlichen Zeichnungen, in denen die anatomisch erforschte menschliche Figur und die Erscheinungen der Natur, die sich gleichsam aus den Katastrophen von Wassern und Winden bilden, auf ein gemeinsames Ur-Geheimnis hindeuten.

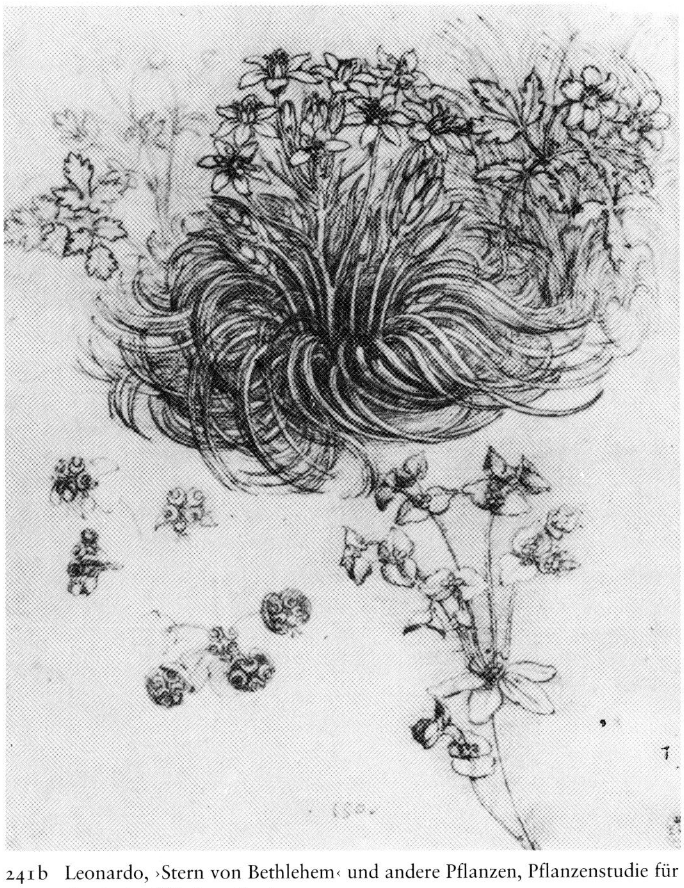

241b Leonardo, ›Stern von Bethlehem‹ und andere Pflanzen, Pflanzenstudie für die ›Leda‹. Windsor Castle

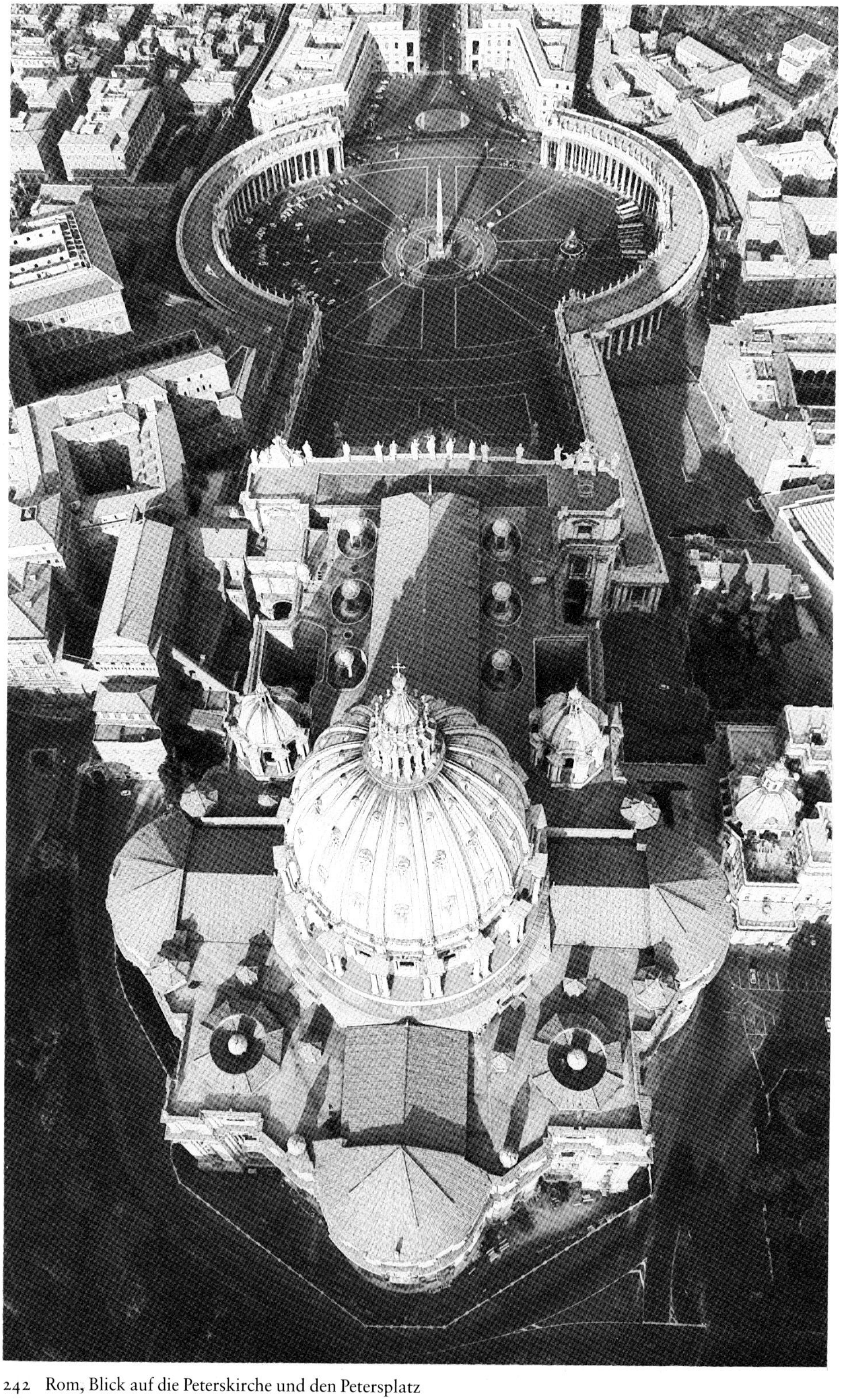

242 Rom, Blick auf die Peterskirche und den Petersplatz

DAS CINQUECENTO

ROM

Einführung: Sieg und Glanz des Vatikan

Lorenzo il Magnifico war gestorben (1492), bevor er seine großen Pläne verwirklichen konnte. Seinem Mäzenatentum war die Revolution Savonarolas gefolgt, der die Kunst wieder auf den frommen Kanon dominikanischer Tradition zurückzuführen versucht hatte. Das Wiedererwachen um das Jahr 1500, zur Zeit des Gonfaloniere Soderini, erfolgte mit bemerkenswerter Kraft: Florenz wurde für einige Jahre wieder zum künstlerischen Mittelpunkt Italiens. Wir finden Namen wie Botticelli, Filippino Lippi, Lorenzo di Credi, David Ghirlandaio. Der Platz des führenden Meisters war noch frei: Alles deutete auf den Meister des *Abendmahls* (1495-1497) aus Mailand, Leonardo, hin, der 1501 zu ungeheurem Ruhm gelangt war. Sein Entwurf zur *Heiligen Anna* erregt allgemeines Aufsehen. Man überträgt ihm Ingenieurarbeiten und ein Wandbild von riesigen Ausmaßen für den Ratssaal des Palazzo Vecchio. Er arbeitet daran im April 1505; die technischen Überlegungen erweisen sich als falsch, die Farbe hält nicht. Ende des Jahres gibt Leonardo auf. Seine Pläne zur Umleitung des Arno sind gescheitert. 1506 kehrt er, enttäuscht und verbittert, nach Mailand zurück – jedoch nicht, ohne dem jungen Raffael (in Florenz 1504-1508) den entscheidenden Anstoß gegeben zu haben, der sich nun endlich von der weichen umbrischen Malweise löst, und nicht ohne eine stimulierende Wirkung auf Michelangelo ausgeübt zu haben, dem man den Auftrag für das Wandbild der *Schlacht bei Cascina* – neben der *Anghiari-Schlacht* von Leonardo[152a] – erteilt hat. Dem Ruf Papst Julius II. (1503-1513) folgend, gehen Michelangelo 1506 und Raffael 1508 nach Rom. In einigen Monaten ist das Bild völlig verändert: Ungeheure Aufträge kühner Mäzene ziehen Künstler von Rang und Namen in die Papststadt; Rom gelangt in diesem Jahrzehnt wieder zu einer einzigartigen Größe und stellt im Zeichen der Kirche die ›imperiale‹ Bedeutung wieder her, die die Geschichte der Humanisten ihr einräumte.

Diese von Julius II. ins Leben gerufene Bewegung sollte sich unter seinem Nachfolger, Papst Leo X. (1513-1521), dem früheren Kardinal Giovanni de'Medici, Sohn des Lorenzo il Magnifico, noch mehr akzentuieren. Die römische Schule um Raffael gewann entscheidende Bedeutung, und Florenz war nahe daran, sich Rom unterzuordnen. Die Rückkehr der Medici, 1515, sowie die Herrschaft der Legaten unter dem Pontifikat Clemens VII. (1523-34), des nachgeborenen Sohnes Giuliano de' Medicis, führten trotz des Aufstands der Republikaner 1527 zur Wiederherstellung der Medici-Herrschaft und mit Cosimo 1537 zur Errichtung des Herzogtums Toskana.

Dieses Zurücktreten von Florenz war nur eine der Reaktionen auf das enorme Aufblühen Roms und der Papstherrschaft während der Kriegswirren in Italien. Die Eroberungen Karls VIII. (Mailand 1494, Neapel 1495), 1501 durch Ludwig XII. erneut errungen, gingen 1512 durch das Eingreifen der von Papst Julius II. gesteuerten ›Heiligen Liga‹ wieder verloren. Nach der Thronbesteigung Franz I. (1515) bekräftigte eine Reihe von Verträgen die Herrschaft Frankreichs in Mailand, die des Papstes in Mittelitalien und der spanischen Macht in Neapel. Während der nun folgenden dreißig Jahre wurde die Halbinsel zum Kampfplatz der kaiserlichen Macht, die sich durch die Wahl Karls V. (1519) mit der spanischen Macht verbündete. Die Bemühungen Clemens VII., sich der beiden Eindringlinge auf einmal zu entledigen, endeten mit dem grausamen Gegenschlag der Kaiserlichen, die unter der Führung des Konnetabel von Bourbon Rom unter den schrecklichsten Umständen der Plünderung preisgaben. Dieser ›Sacco di Roma‹, der die päpstliche Macht stark schwächte, markiert das Ende der Renaissance, oder doch zumindest das Ende dieser Epoche des römischen Optimismus, des humanistischen Selbstvertrauens und des Mäzenatentums. Der Vandalismus der

Lutheraner zeigt, daß die Zeit der religiösen Konflikte bereits angebrochen ist.

Die große Sittenfreiheit, die Tausende von höchst angesehenen Kurtisanen gestattete, die raffinierten Formen der Unterhaltungskunst, die bald aufkommende Theatermode (1513 die berühmte ›Calandria‹ von Bibiena mit den Dekorationen von Peruzzi), die Entwicklung der Bibliotheken und vor allem die sich ständig mehrenden humanistischen Zirkel bei den reichen Patriziern (Paul Jove, Bembo, Colocci, dem Bankier Agostino Chigi oder Castiglione – dem Präzeptor eines verfeinerten Lebensstils) verbreiteten in Rom ein kulturelles und sinnenfreudiges Klima ohnegleichen. Selbst Erasmus schreibt einmal, daß er sich »kein größeres Glück denken könne, als nach Rom zurückzukehren« (1515).

Die römische Kultur dieser Jahre hatte ein tieferes, ausgeprägteres Interesse für die Archäologie als jede andere Epoche. Seit einigen Jahrzehnten war Rom zu einem Zentrum für Antiken und zum Treffpunkt der Sammler geworden. In dieser Stadt, voller Ruinen, mit ihren großen leeren Terrains, von denen sich herrliche Gärten abteilten, folgte ein Fund dem anderen: der antinische *Apoll*, die *Laokoongruppe* vom Esquilin, die 1506 von Giuliano da Sangallo und Michelangelo ausgegraben und identifiziert worden war, der berühmte *Torso* fanden Eingang in die päpstlichen Sammlungen, für die man das Belvedere eingerichtet hatte. Der Antikenhandel war ungeheuer rege: 1496 wurde in Rom sogar der *schlafende Kupido* von Michelangelo als Antike an den Kardinal von S. Giorgio verkauft. Einer der besten Archäologen der Zeit, der Architekt Fra Giocondo aus Verona, wachte darüber, daß bei den Ausgrabungen und Neubauten nicht zu viele kostbare Stücke zerstört wurden; 1515 folgte ihm Raffael als Konservator der Antiken und legte ein ausgedehntes Verzeichnis an. Fragmente dieser Antiken wurden von den Stechern für ihre Ruinenszenen verwendet, die immer mehr an Beliebtheit gewannen und schließlich zu den Entwürfen von P. Ligorio (1561) und Lafreri (1577) führten. Zu keiner anderen Zeit sind die antiken Marmore und Inschriften mit einer solchen Eindringlichkeit betrachtet worden und niemals wohl von Meistern, die ihr eigentliches Wesen so tief begriffen haben. Die Figuren einiger »bacchischer« Sarkophage, die einen Silen und das lockere Gefolge des Gottes darstellen, wurden eifrig kopiert und finden sich wieder in Kompositionen von Giulio Romano sowie in noch späteren[153]. Poussin und Cortona werden aus den beachtlichen, während der ersten Jahre Leos X. erworbenen Kenntnissen Nutzen ziehen.

Trotz des Machthungers Julius II. und des Epikurismus Leos X. wäre es falsch, der Renaissance eine außergewöhnliche Sittenlosigkeit zuzuschreiben. Das Lateranische Konzil, das 1512 zusammengerufen worden war und sich bis 1517 hinzog, brachte zwar innerhalb der Kirche keine wesentlichen Reformen, ließ jedoch die Theologen zu Wort kommen, und die Antrittsrede des Kardinals Egidio von Viterbo würde genügen, um daran zu erinnern, daß die allgemeine Entwicklung des Humanismus mit einem beachtlichen Sinn für das Drama der Zeit und ihre universale Bedeutung die christliche Lehre einer forschenden Vertiefung zuführte und die Gläubigen zu einer Selbstprüfung anhielt[154].

Architektur

Trotz der Bemühungen Sixtus IV. war Rom zu Beginn des Jahrhunderts noch ein weites Ruinenfeld mit dem schmutzigen und dicht besiedelten Zentrum am Fuße der Engelsburg und mit Gärten, öden und ungesunden Flächen, wo Banden, die in den antiken Grotten Unterschlupf gefunden hatten, ihr Unwesen trieben. Sein Neffe Julius II. nahm im Vatikan längs des Tiber in dem Viertel von Arenula und um das Kapitol herum bedeutende sanitäre Verbesserungen vor. Er ließ die Stadtmauern zwischen der Porta Salaria und der Porta Pia wieder aufrichten, begradigte viele Straßen und hielt die Kardinäle an, für die Instandhaltung der Wege und die Restaurierung der Kirchen Sorge zu tragen. In einer in der Via Santo Spirito angebrachten Inschrift von 1512 kann er sich rühmen, die Stadt ›pro majestate imperii‹ geschmückt zu haben. Nach 1527 und durch die Strenge der Gegenreformation kam der römische Stadtbau zum Erliegen. Erst gegen Ende des Jahrhunderts wurde die Modernisierung der Stadt wieder begonnen.

Bramante

Die Überwachung dieser Arbeiten hatte der Papst vor allem Bramante übertragen. Bramante war 1499 nach Rom übergesiedelt. Er hatte die Schönheit der geometrischen Gliederung in Urbino, die Klarheit der Mittel bei Alberti in Mantua, die großzügige Behandlung der Massen, mit der sich

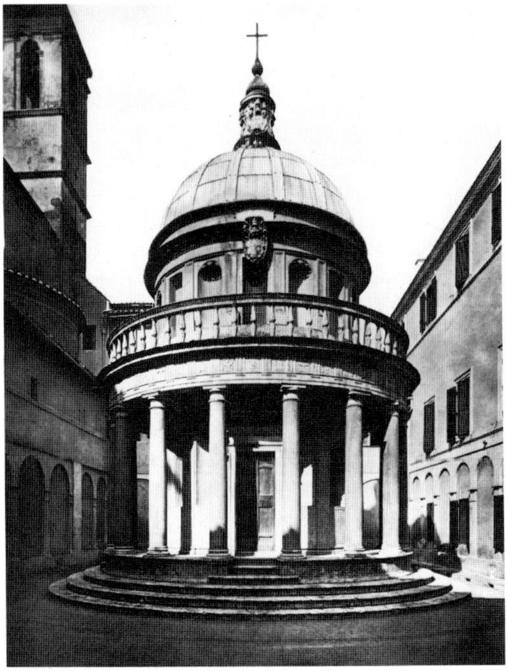

243 Bramante, Tempietto, Rom, 1503

Leonardo zur Zeit der Reunionen von Pavia befaßte, in sich aufgenommen und verfügte als Architekt über eine Erfahrung, die ihm erlaubte, aus den Anregungen der vorhergegangenen Zeit seine Folgerungen zu ziehen. Seine ersten beiden Arbeiten zeigen bereits die zwei Pole in seinem Schaffen:

Der kleine *Kreuzgang von S. Maria della Pace* (1504, □244) zeigt eine scheinbare Einfachheit und ein Spiel sehr verschiedenartiger Stützelemente: Kreuzförmige Pfeiler, die sich im Obergeschoß, wo sie sich mit Säulen abwechseln, wiederholen, tragen das Gesims – ein Typus, der dem des zweiten Kreuzganges von S. Ambrogio in Mailand verwandt ist. Bramantes Ansehen wächst mehr und mehr, und er greift nun auch bei der auf dem Corso in Bau befindlichen Cancelleria in die Anordnung des Innenhofes und der Geschosse ein, die von einer für Rom ganz neuen einfachen Klarheit sind.

Im *Tempietto von San Pietro in Montorio* (1503, □243) umgibt ein Säulenumgang von strenger dorischer Ordnung einen zylindrischen Kern, der von einer kleinen Kuppel gekrönt wird. Der vollständige Entwurf, der uns durch einen Stich von Serlio bekannt ist, sah um den eigentlichen Bau herum noch einen runden Kreuzgang vor, rings mit Nischen versehen, die die Nischen des Tempiettos entsprechend betonten, und der diesen Miniaturtempel wie einen Heiligenschrein – ähnlich wie bei einem Vitruvschen Modell – umschließen sollte. Man datiert ihn im allgemeinen in das Jahr 1503. Weil aber ein Rom-Führer, der im Jahre 1509 Julius II. von dem Domherrn Albertini gewidmet wurde, den Tempietto nicht erwähnt, nimmt man heute an, daß das Bauwerk erst gegen Ende und nicht zu Beginn des römischen Aufenthalts des Architekten errichtet wurde[155]. Daraus folgt, daß Leonardos Skizzen mit Zentralbauentwürfen (Ms. B, um 1505/6; Zeichnung, Louvre 1507/8) für die Entstehungsgeschichte des Tempietto von Bedeutung gewesen sein müssen.

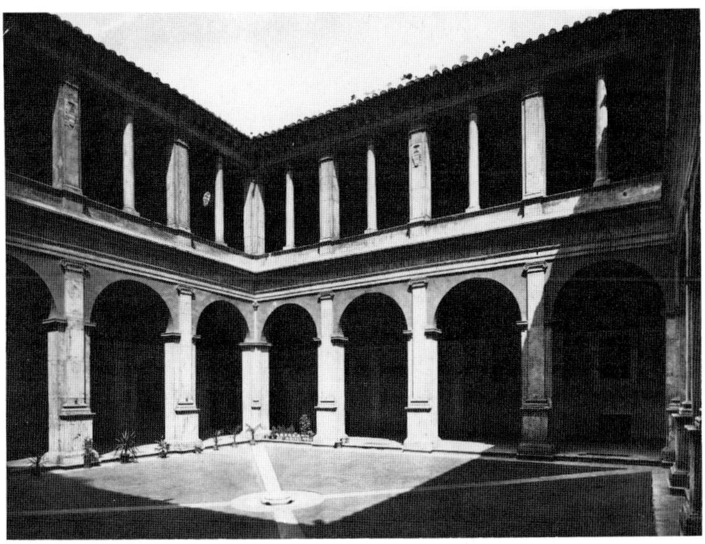

244
Bramante
Kreuzgang von
S. Maria della Pace
Rom, 1504

Beim *Palazzo di Giustizia* (unvollendet), der uns durch die Zeichnungen Peruzzis bekannt ist, weitet sich der Stil Bramantes ins Monumentale. Der Palast sollte einen großen Hof mit Portikus haben, Ecktürme und zur Via Giulia hin ein Stockwerk mit mächtiger Rustika; das *Haus Raffaels* im Borgo (im 17. Jahrhundert zerstört) trug auf einem Sockelgeschoß mit einer vom Trajanischen Forum inspirierten Rustizierung eine Galerie mit fünf hohen Fenstern, die zwischen Säulenpaaren in dorischer Ordnung standen. Auf dem Gebiet des Kirchenbaus beschäftigte sich Bramante vor allem mit der Entwicklung des Zentralbaus: *S. Celso* (im 18. Jahrhundert umgebaut) erhob sich über einem Quadrat mit vorspringenden abgerundeten Apsiden, an dessen vier Ecken sich das Motiv in kleinerem Maßstab wiederholte. Einfacher ist der Plan von *S. Biagio della Pagnotta* (verschmolzen mit dem Palazzo di Giustizia). Der Chor von S. Maria del Popolo nimmt einen großen, freien, sehr wuchtigen Raum ein und beschließt die ganze Entwicklung. Was Bramante in der Lombardei in der feinen Ausarbeitung des Dekors angestrebt hatte, die Wirkungen des Ornaments und der vorgetäuschten Perspektive, wird nun immer mehr zugunsten der Anordnung der Volumen zurückgedrängt, in der allein die Lichtkontraste und die Spannungen zwischen den Flächen und Höhlungen zum Ausdruck kommen.

1503 machte Bramante den Vorschlag, den ganzen Hügel im Vatikan abzutragen, um das *Belvedere* von Innozenz VIII. mit dem Dom und dem Papstpalast zu verbinden. Eine Zeichnung von G. A. Dosio (Uffizien) und ein späteres Fresko in der Engelsburg zeigen, daß der Architekt sich den Zwischenraum als einen zusammenhängenden Bau dachte, nach Osten hin durch eine Mauer mit rhythmischer Travée abgeschlossen, die sich zu einer großartigen weiten Exedra vertiefte (1562 durch Pirro Ligorio in Form einer Nische beendet), in der der riesige, aus dem Atrium des alten Sankt Peter stammende Pinienzapfen untergebracht wurde. Die Erdbewegungen wurden gleichzeitig zur Anlage von Terrassen, Treppen und Exedren nach dem Vorbild der Tempelanlage von Praeneste genutzt, die das antike Rom wieder ins Leben rufen und als archäologischer Garten verwendet werden sollten[156]. Diese große Anlage wurde jedoch durch den Bau der Bibliothek (1588) und des Chiaramonti-Traktes (1617) zerstört. Dieses sehr schnell realisierte Projekt Bramantes war die erste radikale Umwandlung einer römischen Anlage seit Jahrhunderten. Sie erregte die Gemüter, war jedoch nur der Auftakt zu einem anderen, viel sensationelleren Werk: der neuen Peterskirche, die erst im folgenden Jahrhundert vollendet werden sollte. Die von Bramante verfolgte Absicht ist also recht verunklärt worden; es ist übrigens nicht leicht, sie zu definieren, so ungeheuer schnell hat Bramante sich entwickelt. Die Bedeutung der Rolle, die er spielte, lag vor allem in jenem Streben nach monumentaler Klarheit, mit der er seine Umwelt befruchtete, und in der sich in all seinen Plänen manifestierenden Vitalität wie in dem erstaunlichen Optimismus, der aus all seinen Unternehmungen sprach. Das Pamphlet ›Der Affe‹, das einer seiner Gegner herausgab, ließ ihn von sich behaupten, daß er die Absicht hätte, das alte Paradies zu zerstören, um ein schöneres zu errichten, und daß er sich, wenn diese Architektur dem hl. Petrus nicht gefiele, an Pluto wenden würde.

Der Bau der neuen Peterskirche

Beim Bau der neuen Peterskirche wurde der Grundstein zu einem der Pfeiler, die die Kuppel tragen sollten, am 18. April 1506 gelegt. Der neue Dom sollte ein Zentralbau werden, und man zeichnete ihn sogleich auf dem Boden ein. Das Grabmal des Papstes, mit dem Michelangelo beauftragt wurde, sollte unter der Kuppel Aufstellung finden, so daß die neue Kirche gleichzeitig

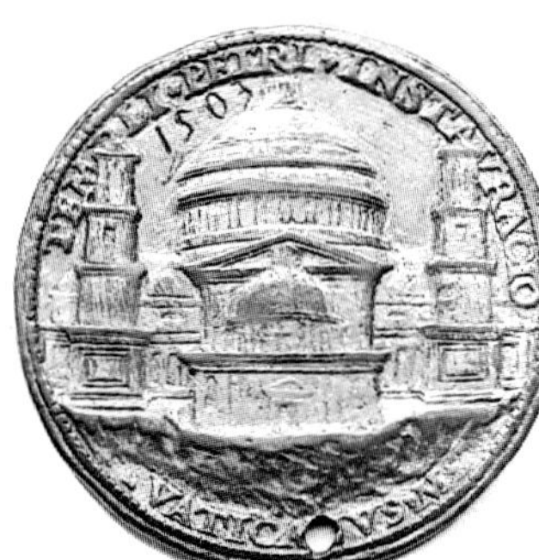

245 Geplanter Neubau der Peterskirche, Medaille von Caradosso, 1503. BN, Paris

mit dem Grabmal des hl. Petrus das von Julius II. enthalten würde. Ein Neubau der alten konstantinischen Basilika war bereits seit Nikolaus V. beschlossen worden. Bernardo Rossellino hatte die Fundamente zu einem neuen Chor gelegt. Julius II. beschloß nun nach seiner Ernennung zum Papst, das Werk zu vollenden. Er wandte sich an Giuliano da Sangallo, dann an Bramante, der den größten Teil des Querschiffes und der Apsis niederreißen ließ (daher das Schimpfwort vom ›maestro ruinante‹) und dem übrigen Teil einen provisorischen Chor gab. Der ursprüngliche Plan, der durch eine Medaille Caradossos □ 245 und eine Zeichnung von Antonio da Sangallo überliefert ist, war von außerordentlicher Vielfalt: ein griechisches Kreuz mit vorspringenden Apsiden, mit vier kleineren Kuppeln, die an den Eckpunkten der Vierung ansetzen und sich nach demselben Schema über griechischem Kreuz erheben, und mit Ecktürmen. Eine von Bramante und Peruzzi überarbeitete Version fügte den Apsiden noch Umgänge hinzu und entfernte die Türme, eine Idee, die an die frühchristliche Kirche S. Lorenzo in Mailand erinnert. Dieser frühchristliche Bezug hat seine Bedeutung: er ist einer der Gründe für die Beliebtheit des Zentralbaus. Ein anderer Grund ist seine mathematische Perfektion, das heißt, daß in ihm eine Vielfalt von einfachen Beziehungen bei einem Maximum an Einheitlichkeit erreicht wird, eine vollkommene Verbindung von Formelementen, um den Kosmos, die Schöpfung Gottes, wiederzugeben. Die neue Kirche ist also nicht ohne eine höhere religiöse Bedeutung, in der sich humanistische und christliche Vorstellungen verbinden. Auch ein Rückgriff auf die Antike kommt noch hinzu, denn es ist das Pantheon, das das Motiv für die Innenpfeiler lieferte.

1513 starb Julius II. und 1514 Bramante. Die Arbeiten waren noch nicht so weit fortgeschritten, daß man gezwungen gewesen wäre, an dem ursprünglichen Projekt festzuhalten. So tauchten verschiedene Meinungen auf, und es entwickelte sich ein Wettstreit insbesondere zwischen zwei Ansichten, der die nächsten dreißig Jahre andauern sollte. 1514-1518 arbeiteten Raffael und Giuliano da Sangallo einen Plan aus, der wieder auf einen rechtwinkligen Grundriß mit lateinischem Kreuz zurückgreift, jedoch in der Vierung den Zentralplan bewahrt. Die Einwände waren aber derart, daß Antonio da Sangallo d.J. einen Kompromißvorschlag (1534-1546) entwickelte, der das griechische Kreuz beibehält, jedoch ein Joch hinzufügt und die Türme wieder einsetzt. Alles ist fragmentarisch: Der Hauptteil des Baukörpers ist in drei ungleiche Geschosse unterteilt, die Kuppel, die von zwei verschieden großen ungleichen Tambouren getragen wird, wird durch eine von kleinen Säulen umstellte Laterne gekrönt.

1547 wurde Michelangelo damit beauftragt, dieser Konfusion ein Ende zu machen. Er erklärte,

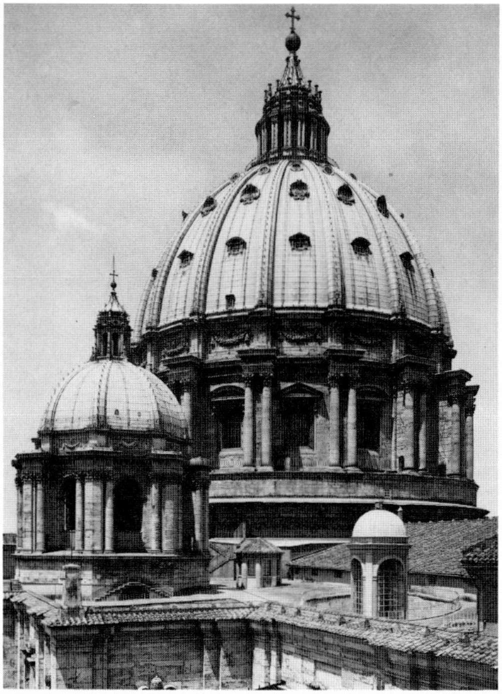

246 Michelangelo und Giacomo della Porta, Kuppel der Peterskirche, Rom, 1586-1593

daß »sich von Bramante entfernen, sich vom Wahren entfernen« bedeute und griff wieder auf das griechische Kreuz zurück, das in den Rotunden der Ecken stark vereinfacht wird. Er gliederte die Außenmauern sehr kühn durch Kolossalpilaster, die alle Geschosse umfassen und ein Kranzgesims tragen. Überall wird die Einheit des Ganzen wieder betont. Sein Hauptinteresse aber galt der Kuppel: er gibt ihr einen Tambour, der durch Fenster, die zwischen Doppelsäulen stehen, einfach gegliedert ist. Die Kuppel ist erst später durch Giacomo della Porta ausgeführt worden (1586-1593), der – vielleicht durch eine Variante Michelangelos angeregt – ihr Profil steiler machte □ 246.

Nach 1607 veränderte Maderna das Schiff durch die Einführung von Gewölbejochen und Seitenkapellen, die den Sieg des lateinischen Kreuzes bestätigen. Die Einweihung fand am 18. November 1626 statt – nach hundertzwanzig Jahren also, in denen zwanzig Päpste regiert und zehn Architekten an dem Bau mitgearbeitet haben. Der Gesamtbau ist also ein höchst komplexes Gebilde. Der letzte Eingriff Berninis schließlich, der den ovalen Platz und die Kolonnaden des Vorplatzes schuf, bettet das ganze Werk, das eigentlich der höchste und reinste Ausdruck des Renaissancegeistes hätte werden können, in eine barocke Landschaft ein. Durchquert man den Portikus und dringt in das Innere der Kirche vor, so geht man ganze Generationen zurück. Erst unter der Kuppel, im Kern des Bauwerkes selbst, wird man noch etwas von der ursprünglichen Idee des großen Planes Bramantes und Julius II. erahnen können.

Die Sangalli

Im Stil Bramantes hat es immer eine gewisse Zweideutigkeit gegeben: Der Weite des Raumes entsprach nicht immer eine vollkommene Präzision der Einzelteile. Man spürt, daß seine Kunst den ständigen Wandlungen seiner künstlerischen Absichten unterworfen war. Nichts davon bei Michelangelo, der sich jedoch erst nach 1546 ernsthaft der Architektur zuwandte. Es waren indessen andere Meister, die in den ersten drei Jahrzehnten des Jahrhunderts das neue Ideal römischer Baukunst zum Ausdruck brachten: die Sangalli – Antonio (1455-1534), den wir bereits erwähnten, und sein Neffe Antonio da Sangallo der Jüngere (1473-1546). Mit ihnen kam die von Giuliano da Sangallo geleistete enorme Arbeit zu ihrer Reife. Methodische Publikationen, die im Gegensatz zu den Aufzeichnungen Giulianos zu einem zusammenhängenden Aufbau gelangten, kamen zu Hilfe: Es sind die großen Ausgaben von Vitruv, 1486 (Rom), 1496 (Florenz), 1511 (Verona) durch Fra Giocondo, 1521 (Como) durch Cesariano, die mit herrlichen gestochenen Tafeln und Architekturzeichnungen ausgestattet sind, sowie Traktate, unter denen das bekannteste das von Serlio ist. Die ersten vier Bücher dieses Traktates (1537) enthalten unter dem Titel ›Regole generali di architettura‹ Abschnitte über Geometrie, Perspektive, römische Archäologie und eine Studie über die fünf Ordnungen; die folgenden Bücher umfassen Pläne von Tempeln, ländlichen und eleganten Häusern und das letzte unvollständige Buch eine Untersuchung über das Problem der Restaurierung. Auch Albertis Traktat von 1485 wurde neu aufgelegt.

Antonio der Ältere, der Bruder Giulianos, hatte für die Piazza SS. Annunziata in Florenz einen Portikus – ein Gegenstück zu dem Brunelleschis – entworfen. Sein Weg führte ihn jedoch nach Rom, und es war hier in Rom, wo ihm der Auftrag für die Kirche *S. Biagio* (1519-1526), die auf einem prachtvollen Vorsprung des Hanges von Montepulciano in der Toskana liegt, übertragen wurde. In diesem Meisterwerk von schöner Ausgewogenheit ließ er sich zugleich von *S. Maria delle Carceri* des Giuliano da Sangallo in Prato und von Bramantes Plan für Sankt Peter anregen. Der Grundriß zeigt ein griechisches Kreuz; an der Fassade

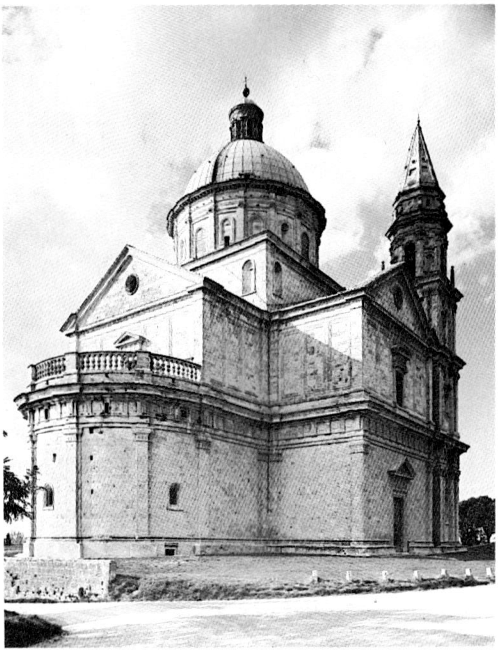

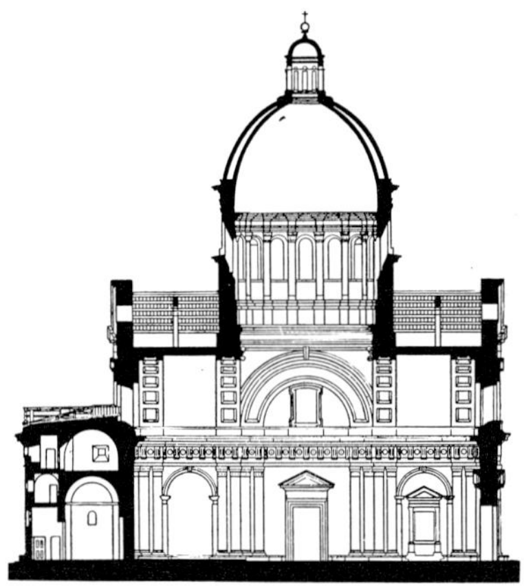

247 Antonio da Sangallo d. Ä., S. Biagio, Montepulciano

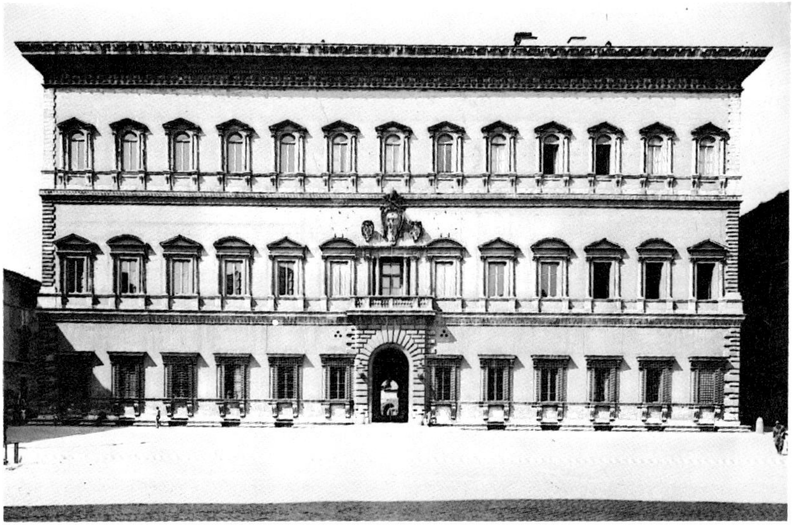

248
Antonio
da Sangallo d. J.
Palazzo Farnese,
Rom, 1534

waren zwei freistehende Türme vorgesehen, nur einer wurde errichtet. Die außerordentlich nobel proportionierten Baumassen im Innern der Kirche gliedern sich in dorischer Ordnung, mit Einfügungen von Begleitmotiven, Einfassungen von Durchbrüchen, Giebeln und Gesimsen, die wir in genauer Entsprechung am Außenbau, dessen Silhouette sich streng und einfach vor dem ungeheuren Panorama der Täler von Chiana und Orcia abhebt, wiederfinden □ 247.

Nicht weniger glücklich ist seine Hand bei den *Palästen Cervini* und *Contucci* in Montepulciano und dem *Palazzo del Monte* in Monte San Savino, wo er das Thema des von Fenstern und Giebeln gegliederten Geschosses, das auf einem Rustika-Sockel ruht, weiterentwickelt – ein Motiv, das Bramante für das Haus Raffaels entworfen hatte.

Sein Neffe Antonio, der sich später auf Militärbauten spezialisierte – Florenz (*Fortezza da Basso,* 1534), Rom und Perugia (*Rocca Paolina,* 1540) –, hatte anfänglich den Entwurf für die Kirche *S. Maria di Loreto* (1507) vor dem Trajansforum in Rom geliefert und durch Pilaster streng gegliederte Paläste entworfen, wie den *Palazzo Palma* (früher: Baldassini) oder die *Banco di S. Spirito.* Sein bedeutendstes Bauwerk aber wird der *Palazzo Farnese* sein, den ihm 1511 der Kardinal Alessandro Farnese, der spätere Papst Paul III., in Auftrag gab □ 248. 1541 ließ der Papst das Projekt erweitern. Das Ganze greift auf den florentinischen Typus des dreigeschossigen Baus mit architektonischer Durchordnung der Fassade zurück, in der die Bauelemente aus Kalkstein aus der Ziegelwand hervorkragen. Der Innenhof erinnert mit seinen Fenstern, die kraftvoll in die Säulenabstände eingezeichnet sind, an das Theater des Marcellus. 1547 wurde Michelangelo bei einem Wettbewerb die Verantwortung für das Kranzgesims der Fassade übergeben, das nun eine sehr kraftvoll betonte Entwicklung erfährt. Es war ebenfalls Michelangelo, der im Innenhof das oberste Geschoß aufsetzte, das durch seine gebündelten Pfeiler dem ganzen Bau eine unerwartete Spannung gibt. Die rückwärtige Loggia wurde durch Giacomo della Porta hinzugefügt.

Eine von dem klassischen Vorschlag Bramantes abweichende Interpretation findet sich in den mehr malerischen, für den Dekor gedachten Kompositionen Raffaels und Peruzzis. Man muß sie jedoch im Zusammenhang mit dem Gesamtwerk dieser beiden Künstler betrachten.

Raffael

Im Spätsommer des Jahres 1508 wird ein junger Künstler, Raffaello Santi (1483-1520), auf Empfehlung Bramantes hin nach Rom gerufen. Er kommt wie dieser aus Urbino und ist der Sohn eines tüchtigen Malers. In seiner Sensibilität und seinem ausgewogenen Maßgefühl, die einen hohen Grad der Menschlichkeit erreichen, erkennt man etwas von der liebenswürdigen Kultur der Montefeltre wieder, die ihren vollkommensten Ausdruck im ›Cortegiano‹ Baldassare Castigliones (geschrieben 1514, veröffentlicht 1528) gefunden hat.

Raffaels Lehrjahre fielen gerade in jene Zeit, in der der hartgezeichnete Stil des Melozzo da Forlì von der lieblichen, ausgeglichenen Malerei Peruginos abgelöst wurde. Der Einfluß Peruginos bestimmte den Charakter der frühen Bilder Raffaels (um 1500) in ihrer lichten Farbigkeit, der Weite der Landschaft und der Ruhe der Komposition (*Die drei Grazien*, Chantilly; *Der Traum des Ritters*, London). Zusammen mit Perugino arbeitete er am Collegio del Cambio in Perugia und mit Pinturicchio an der Libreria Piccolomini in Siena. Im Ausdruck der Gesichter zeigt sich bereits die Hand eines fertigen Meisters. Hauptwerk und Abschluß dieser Periode ist *Il Sposalizio* (1504, □249). Das Motiv ist von Perugino übernommen;

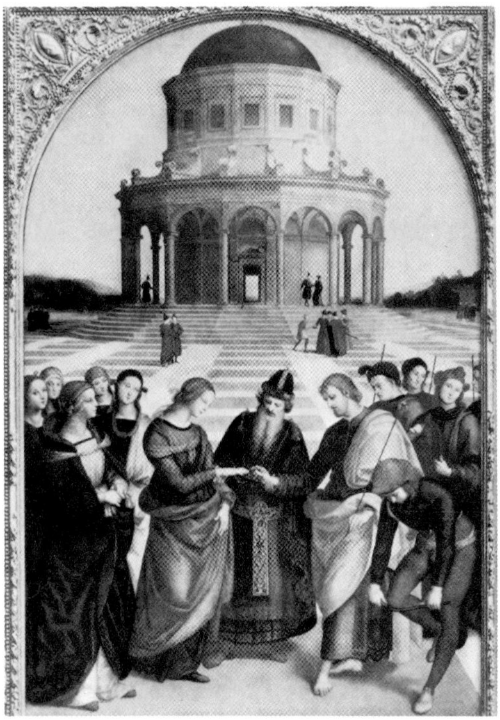

249 Raffael, Il Sposalizio, 1504, Brera, Mailand

der Tempel, der von einer lichtdurchfluteten Galerie umstellt ist, und eine weite Perspektive versetzen den Raum in eine innere Balance; in allem zeigt sich jedoch ein Grad der Konzentration, der Eleganz und der Lieblichkeit – ohne süßlich zu werden –, den Perugino selber nie erreicht hat. In den sehr fein ausgeführten Zeichnungen dieser Epoche (*Kopf eines Heiligen*, Lille; *Hl. Georg*, Uffizien; *Engelskopf* und *Johanneskopf*, London; Frauenköpfe, Oxford) erkennt man, in welch hohem Maße das Genie Raffaels auf seinem beharrlichen Bemühen um Vollkommenheit beruhte. Er zerbrach alle Schemata, um die überzeugende Bewegung, die einzig wahre Form zu finden.

Diese Veranlagung gestattete ihm, mit bewundernswürdiger Leichtigkeit die Methoden der älteren Meister zu studieren und sich anzueignen. Da ihm Selbstgefälligkeit und Neid fremd waren, bot er das Vorbild eines gänzlich aufs Lernen ausgerichteten Künstlerlebens. Was auf diese Weise kraft der großen Spannweite des Genies zur Vollkommenheit gelangte, erzeugte sehr bald den Irrtum des Akademismus. Das kurze Leben Raffaels reichte aus, um alle gerade im Gespräch befindlichen Experimente für sich selbst noch einmal nachzuvollziehen und sie seinem eigenen großen Entwurf anzupassen. Tatsächlich könnte man seine künstlerische Entwicklung anhand all jener Meister beschreiben, die die jeweilige Periode zu beherrschen schienen: So wendet sich der Schüler Peruginos 1504 Leonardo zu; er übernimmt dessen ›sfumato‹ in seiner *Madonna del Granduca* (Pitti, 1505), seine pyramidenförmige Kompositionsweise in der *Belle Jardinière* (Louvre, 1507) und das Verbindende von Figur und Landschaft in dem Porträt der *Maddalena Doni,* (Pitti, 1505). Seit der zweiten ›stanza‹ (1511) übt die männliche Kraft Michelangelos eine starke Anziehungskraft auf ihn aus. Dieser Einfluß kommt in den Aktfiguren und der dramatischen Bewegung im *Brand des Borgo* und in den *Sybillen* von S. Maria della Pace (1514) zum Ausdruck. Aber auch gewisse Elemente der tonigen Malweise der Venezianer, ja selbst Tizians, die durch Sebastiano del Piombo in Rom bekannt geworden war, dringen in den neuen Stil ein. Das wird seit der *Messe von Bolsena* in der zweiten ›stanza‹ (1511-14), in der *Madonna mit dem Fisch* (Prado, 1513) und in den Porträts spürbar. Aber gerade in dieser Fähigkeit, sich selbst zeitweilig zu verleugnen, um daran zu wachsen, in diesem fast unpersönlichen Sinn für Werte, offenbart sich der klassische Charakter dieses Künstlers. Das bezeugt auch die ununterbrochene Reihe der herrlichen Zeichnungen: *Madonna*, Silberstiftzeichnung (British Museum), der *Stehende Mann* (Louvre). In dieser Entwicklung stellen sich zwei entscheidende Ereignisse ein: Der ab 1509 schlagartig einsetzende Erfolg, der die Eifersucht Michelangelos erregt, führt Raffael zu einer Steigerung seiner Malproduktion und damit zu einer schnelleren Bereicherung seiner Kompositionsweisen. Nach 1515 jedoch zeigt sich, daß dieser Erfolg

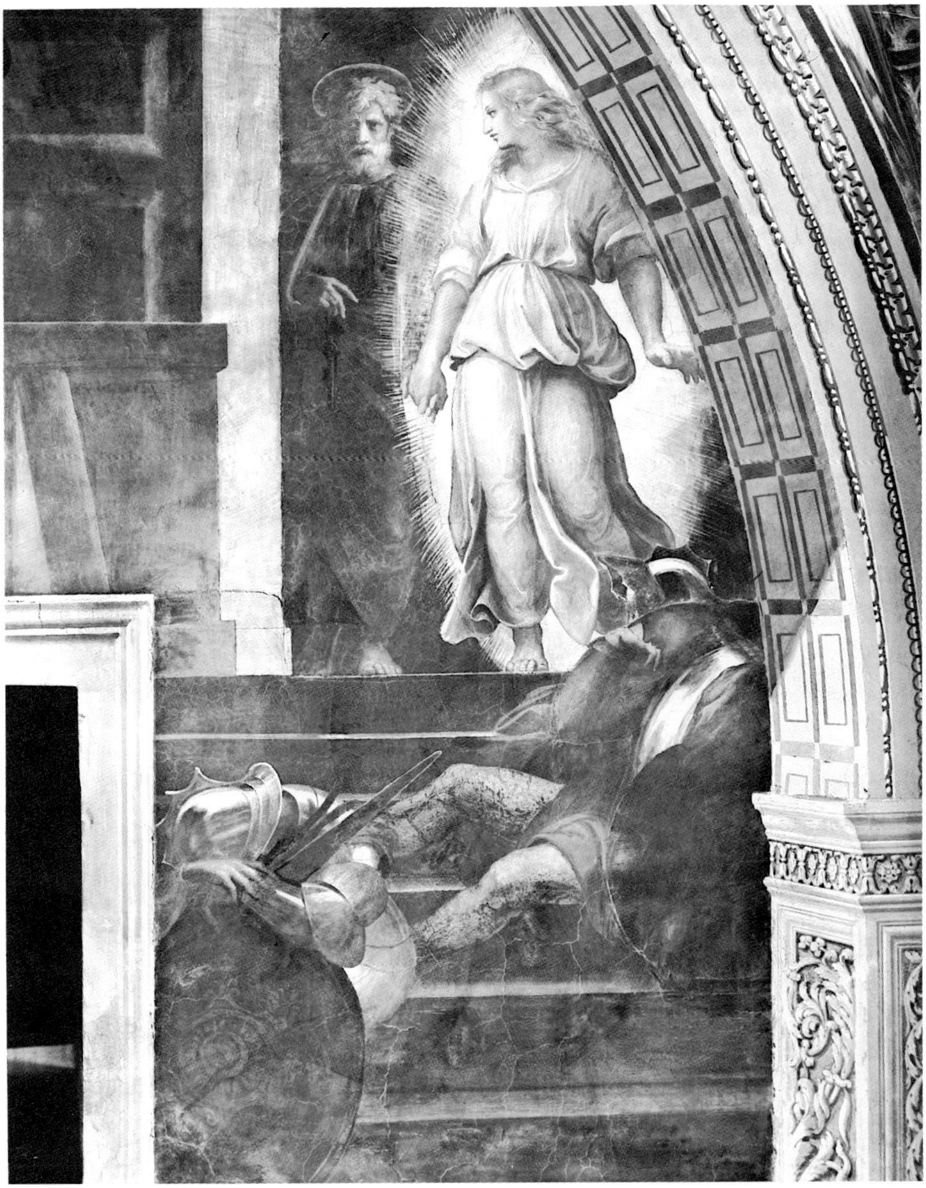

250 Raffael, Die Befreiung des hl. Petrus durch den Engel, ›Stanza dell'Eliodoro‹, Vatikan, 1511-1514

und die Faszinationskraft des Meisters selbst, die ihm zahlreiche Schüler zuführen, sein künstlerisches Werk gefährden. Die Ausführung der meisten Entwürfe wird völlig den Schülern überlassen, so daß man hinfort eigentlich nur noch von einer ›Werkstatt‹ Raffaels sprechen kann.

Die Arbeiten im Vatikan bleiben das Kernstück seines gesamten Oeuvres. Die drei ›stanze‹ – die privaten Wohnräume Julius II., die unter den damals vermauerten Borgiagemächern liegen –, für deren Ausschmückung Raffael herbeigerufen worden war, sollten ringsum mit Wandbildern bemalt werden; der erste der Räume, die sogenannte ›Stanza della Segnatura‹ (1509-1511) mit den vier ›storie‹: *Disputa*, *Schule von Athen*, *Der Parnaß* und *Die Dekretalen*, beschreibt nicht, wie man gesagt hat, den Plan einer Bibliothek, sondern die vier Aspekte einer platonischen und christlichen Lehre, die das Wahre in seinen beiden Erscheinungsweisen anerkennt – überhöht und natürlich,

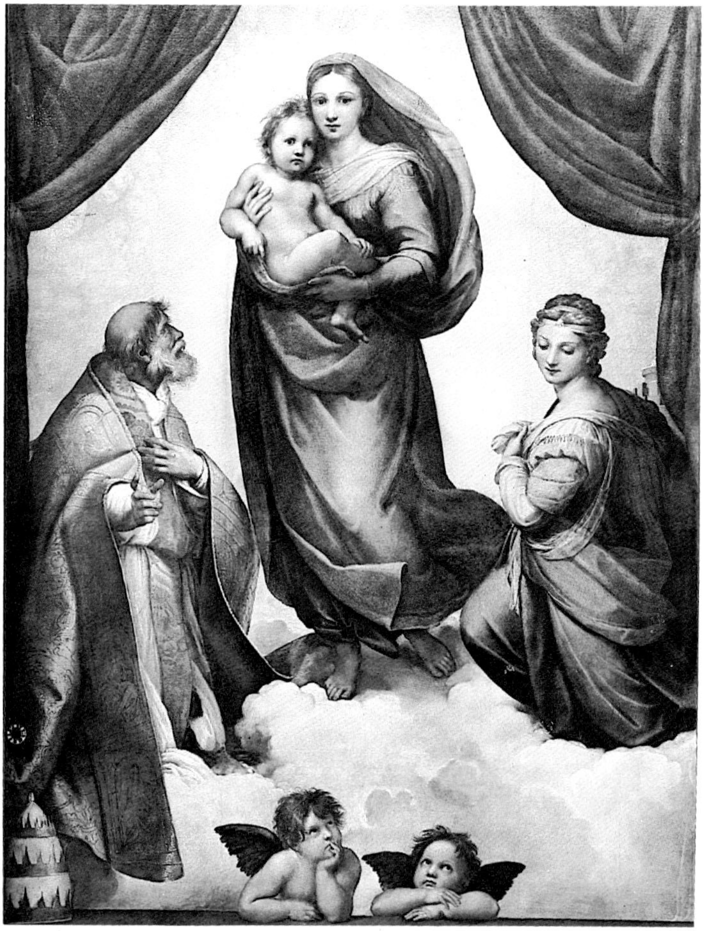

251
Raffael
Sixtinische Madonna
1513. Gemäldegalerie, Dresden

das Schöne und das Gute. Jede Szene gibt Gelegenheit zu einer eigentümlichen Komposition, in der sich die ›erlauchten Personen‹ in einer zugleich harmonischen und bedeutungsvollen Perspektive verteilen. Die ›Stanza dell'Eliodoro‹ (1511-1514) beschreibt das große historische Thema der Prüfungen des Pontifikats: *Die Vertreibung Heliodors aus dem Tempel, Die Befreiung des hl. Petrus durch den Engel* □250, *Die Begegnung Leos I. mit Attila, Das Wunder von Bolsena.* Anspielungen auf die bewegte Zeit Julius II. sind offenkundig, und in der zuletzt fertiggestellten, dritten Szene trägt der Papst die Züge Leos X. Das wachsende Interesse für tonigen Reichtum und starke Lichtwirkungen regte zu Gruppenbildungen an und zeigt sich in der ›Befreiung des hl. Petrus‹ besonders deutlich. Der dritte Saal wurde von 1514 bis 1517 ausgemalt, ebenfalls mit historischen Szenen voll aktueller Bedeutung: ›Der Brand des Borgo‹, ›Die Seeschlacht bei Ostia‹, ›Die Krönung Karls des Großen‹, ›Der Reinigungseid Leos III.‹. Allerdings dürften wohl nur die Entwürfe des Ganzen von Raffael sein, die Ausführung selbst und verschiedene Details stammen von seinem Schüler Giulio Romano, dem Giovanni Penni bei den Hintergründen assistierte.

Raffael war der vollkommenste Interpret der humanistischen Sehnsucht nach einer Menschlichkeit voll Einklang und Heiterkeit, nach Verschmelzung von Weisheit und Schönheit, der in den römischen Kreisen nicht ohne Echo blieb. In seiner Kunst, die aus einer reichen und selbstbewußten Kultur hervorgeht, stellt sich der Kontakt zu dem goldenen Zeitalter der Antike her, die ebenfalls über ein Vokabular klarer einfacher Formen und ausdrucksvoller Gesten verfügte. Die Großen der Antike und der Moderne sind aufs engste miteinander verbunden, und im *Parnaß* – im Kreis der Musen – schmückt der Dichterkranz sowohl das idealistische Bildnis Homers wie die

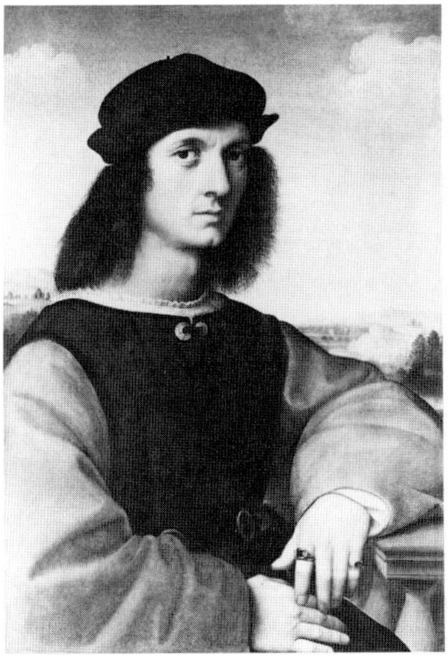

252
Raffael
Angelo Doni
1503
Palazzo Pitti
Florenz

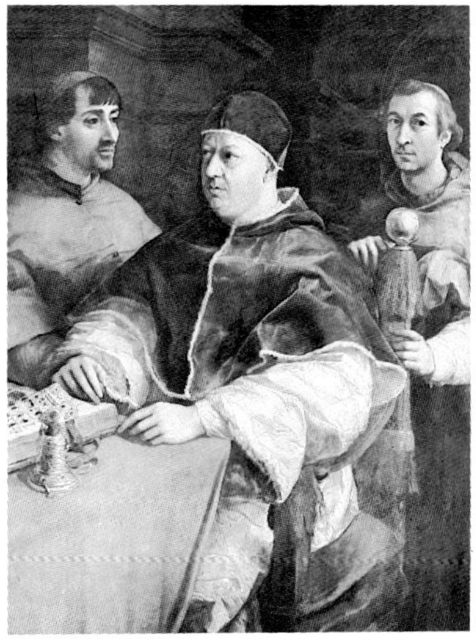

253
Raffael
Leo X., 1517
Uffizien, Florenz

Porträts von Freunden des Malers, eines Sannazaro oder Tebaldeo[157]. Das Klassische im Wesen Raffaels hat nirgends schöneren Ausdruck gefunden als in den edlen Gesichtern seiner Madonnen: angefangen von den lieblichen Florentiner Bildnissen bis zur *Madonna di Foligno* (Vatikan, 1511 bis 1512), der herrlichen *Madonna della Sedia* (Pitti, Florenz, 1514-1515) und vor allem der *Sixtinischen Madonna* (Dresden, 1513, □251). In diesem Werk entwickelt er in einem reinen, edlen Linienspiel eine Komposition von altchristlichem Typus zu einer Art von strahlender, lieblicher ›Anbetungsszene‹, die durch die bebende Gestalt des alten, verzückten Hohenpriesters und die meditative Versunkenheit der hl. Barbara noch belebt wird. Ebenso großartig ist die Verschmelzung von christlicher und antiker Ikonographie in der *Vision des Ezechiel* (Pitti, etwa 1518), von der aber nur der Karton von Raffael selbst ist. Ein immer feiner werdender Sinn für tiefe Gefühlswerte macht sich im Bild der *Hl. Cäcilia,* (Bologna, 1514-1515) und in der *Transfiguration* (Vatikan, 1517-1520) bemerkbar; der kompositionelle Aufbau und gewisse Details der ›Transfiguration‹ sind noch letzte Zeugnisse von Raffaels Hand, in der Unruhe der unteren, zu grellen Zone erkennen wir bereits die Arbeit von Romano und Penni.

Mit der gleichen feinen Empfindsamkeit hat Raffael die Welt der Mythen in den Wandbildern der Villa Farnesina (1518) zum Ausdruck gebracht, wo er für seinen Freund und Mäzen, Agostino Chigi, den *Triumph der Galathea* (1514) malte und für die Loggien des Gartens Episoden aus der *Geschichte Amors und Psyches* entwarf, die Romano und Penni später in rötlichen Farbtönungen ausführten. Das Gebiet jedoch, auf dem sich Raffaels durchdringender Verstand und psychologische Kenntnis mit seinem ausgeprägten Sinn für feine Tonwerte und Farbstufungen aufs glücklichste verbinden, ist das Porträt: *Angelo Doni* (Pitti, 1505, □252), der *Kardinal Ippolito d'Este* (Prado, 1510), *Inghirami* (Pitti, 1514), die Dichter *Navagero und Beazzano* (Galleria Doria, 1516), *Leo X.* (Uffizien, 1517, □253), das schöne, großartig erhaltene *Castiglione-Porträt* (Louvre, etwa 1515), in dem aus der Schönheit der Grautöne die Anmut eines heiteren und empfindsamen Gesichtes leuchtet. In diesen Porträts von Angehörigen der gebildeten Gesellschaftsschicht, in denen sich weniger der Charakter als vielmehr ein Ideal, die Hingabe an Poesie und Liebe, spiegelt, scheint Raffael etwas von sich selbst ausgedrückt zu haben. Er hat mit diesen Bildern tatsächlich einen ganz neuen Typus der Porträtdarstellung geschaffen.

Mit den Dekorationen der *Sala di Costantino* (1517-1525), die erst nach dem Tode Raffaels durch seinen Schüler Giulio Romano und seine Werkstatt fertiggestellt wurden, endete die Arbeit an den ›stanze‹ in einer überladenen Rhetorik, die die Zukunft in unangenehmer Weise belasten sollte. Sie lieferten – ebenso wie die Malereien in den Loggien des Damasushofes, die man aber zusammen mit der Architektur studieren muß – die fragwürdigen Vorbilder für die italienischen Schlösser. Ein drittes Werk jedoch, das eine ungeheure Resonanz hatte, waren die Kartons für die zehn Bildteppiche mit *Szenen aus der Apostelgeschichte.* (Victoria and Albert Museum, London, 1515 bis 1516). Die riesigen, in Brüssel gewirkten Teppiche selbst (Vatikan) erreichen aber nicht ganz die Ursprünglichkeit und Lebendigkeit der Entwürfe. Raffael vereint hier in der *Berufung Petri am See Genezareth* und im *Tod des Ananias* ein letztes Mal die wesentlichen Eigenheiten seiner Kunst: die Weite des Raumes und die Fähigkeit, dessen Präsenz spürbar zu machen, den Reichtum der Kontraste und dieses bis zum äußersten erhaltene, schöne Gleichgewicht, das durch eine ständige, aufmerksame Kontrolle der Gefahr der Versüßlichung entrinnt. Ingres versuchte es so zu beschreiben, indem er sagte: »Es zu erschaffen erscheint ganz leicht und wie bei den Schöpfungen Gottes, macht alles den Eindruck einer reinen Willensäußerung.«

Die Kunst Raffaels fand leidenschaftliche Verehrer unter den humanistischen, aufgeschlossenen Kunstliebhabern, wie etwa Bibbiena, Kardinal unter Leo x., der ihm seine Nichte zur Frau geben wollte, oder bei Dichtern wie Tebaldeo oder Ariost. Nach seinem Tode sprach man von ihm wie von einem göttlichen Wesen, ohne das die Welt keinen Reiz mehr hätte. Was man an ihm besonders schätzte, war dieses ›mirabil giudizio‹, das die ganze Komposition beherrscht, und vor allem sein Sinn für die ›costumi‹, das heißt für den Ausdruck der Charaktere durch die Zeichnung. Während der Lehrjahre wird die Betonung noch auf die ›convenienza‹ gelegt, in der Zeit nach 1520 jedoch werden die Schüler des Ateliers ohne jede Scham die Erfindungen des Meisters weiterentwickeln und ihn vor allem in der Gewandtheit der kompositorischen Erfindung und im Zurückgreifen auf die Antike imitieren.

Der Architekt Raffael und Baldassare Peruzzi

Raffael, der der Neffe Bramantes war, trat 1514 die Nachfolge seines Oheims als leitender Architekt der Peterskirche an. Er legte einen neuen Plan vor, der durch Hinzufügung von engen Chorumgängen und eine Vermehrung der Kapellen das ganze Bauwerk in eine Art von Hell-Dunkel hüllen mußte. In *S. Eligio degli Orefici* (1509), einer einfachen, sehr kleinen Zentralkirche, wird die ›kosmische‹ Bedeutung des Zentralbaus durch die Inschrift: »astra Deus, nos templa damus; tu sidera pande«, die die Wölbung also als eine Nachbildung des Himmelsgewölbes ansieht, besonders betont. In der *Chigi-Kapelle* in S. Maria del Popolo (1520 vollendet), die ebenfalls über griechischem Kreuz errichtet ist, sind die Wandflächen mit polychromen Verkleidungen versehen und die Kuppel mit Mosaiken geschmückt, die die Planeten sowie die sie beherrschenden Engel darstellen.

Das Bestreben Raffaels in der Architektur ging also darauf hin, die Flächenwirkungen zu verstärken und den malerischen Wert innerhalb eines harmonisch gegliederten Baus zu betonen; am *Palazzo Branconio dell' Aquila* in Rom, der bei den Arbeiten am Vatikanplatz verschwinden mußte, war die Fassade oberhalb der fünf kräftigen Bogenstellungen mit Balkons, Stukkaturen, Rahmenfeldern und Nischen ganz überzogen. Die Wirkung, die uns durch eine Zeichnung des Parmigianino (Uffizien) bekannt ist, war von einer äußerst malerischen Lebendigkeit. Ruhiger wirkt

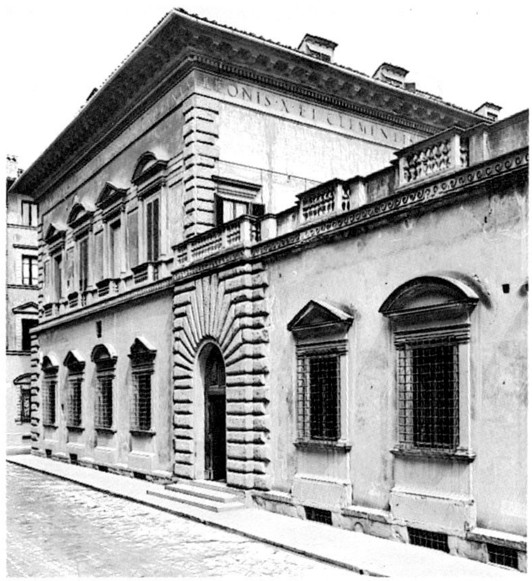

254 G. F. da Sangallo, Palazzo Pandolfini, 1516-1520

der *Palazzo Pandolfini* in Florenz, den Gian Francesco da Sangallo nach Zeichnungen Raffaels (1516-1520, □254) ausführte. Er ist von vollkommener Regelmäßigkeit: Die beiden Geschosse sind gleich, die Ädikula-Fenster, die im Erdgeschoß dorisch, im oberen Geschoß korinthisch sind, haben abwechselnd Dreiecksgiebel und Segmentgiebel; die einzigen Kontrastelemente sind die grobe Rustizierung des Portals und das Kranzgesims über der monumentalen Inschrift im Namen des Prälaten; der Innenhof, viel lockerer, bildet einen heiteren Kontrast zur Fassade, die noch auf den Meister selbst zurückgehen soll.

Wie schon Bramante, so bot sich auch Raffael die Gelegenheit, »die Natur zu zähmen«, indem er auf den Hängen des Monte Mario einen weiträumigen Landsitz für Giulio de' Medici, den späteren Clemens VII., entwarf. Die durch das Terrain und die Gartenanlagen festgelegte Verbindung von Architektur und Landschaft hat Serlio in seinen ›Regole‹ als Exemplum verwendet. Das Gebäude, das 1527 zerstört wurde, ist durch die Tochter Karls V. (daher auch der Name ›Villa Madama‹) wieder aufgebaut worden. Die enormen Kuppelgewölbe, die mit Kassetten und Stukkaturen geschmückt sind, und die mit Nischen durchsetzten Mauern des Hauses verraten offen die Herkunft aus der römischen Antike – und zwar aus den Ruinen des *Domus aurea* Neros. Es ging darum, einen geeigneten Rahmen für den Spaziergang, die gelehrsame Unterhaltung und Vergnügung zu schaffen. Es ist ein wenig derselbe Geist und dieselbe Herkunft, aus denen die Pläne für die ›Loggien‹ des Vatikan (1517-1519) hervorgingen: Zwölf Kreuzgewölbe bilden eine zum Fassadenhof hin offene Galerie und sind durch Pfeiler, die mit Sgraffiti geschmückt sind, voneinander getrennt. Jedes Gewölbe hat eine andere Ausschmückung; aus den Ornamenten aus Flechtwerk und Bändern oder auch vorgetäuschten Architekturelementen heben sich Rahmenfelder ab, die, nach Zeichnungen Raffaels, die Genesis (oder das, was man auch ›die Bibel Raffaels‹ genannt hat) darstellen. Die Fülle der Motive läßt vermuten, daß mehrere Künstler an der Ausführung beteiligt waren. Hier finden wir auch die endgültige Übernahme antiken Dekors mit seiner Ornamentik aus Amoretten, Tieren, Phantasiepflanzen, die man – nach den ›Grotten‹ des Esquilin, in denen man Überreste dieser antiken Ornamentformen gefunden hat – ›Grotesken‹ genannt hat, und in deren Verwendung Giovanni da Udine als Spezialist galt. Eine liebenswürdige Ergänzung dazu findet sich ein Stockwerk höher in den luxuriösen ›loggetta‹ und ›stufetta‹ von Bibiena (1516-1517).

Raffael stand vor allem mit Baldassare Peruzzi (1481-1536) aus Siena in Verbindung, der 1503 nach Rom gekommen war; dieser hatte auch mit Bramante zusammengearbeitet, besaß aber eine Vorliebe für die Phantasiearchitekturen eines Francesco di Giorgio. Sein Hauptwerk, die gegenüber dem Palazzo Farnese liegende Villa für Agostino Chigi (1508-1511) mit ihren Geschossen, die durch einen auf Wandpfeilern (Pilastern) ruhenden antiken Fries abgeschlossen werden, und den beiden vorspringenden Loggien ist nicht nur die bizarre Laune eines neoklassischen Geschmacks, sie ist mit ihren Stuckverkleidungen und dem mit astrologischen Dekorationen versehenen Plafond, die das Horoskop des Hausherrn darstellen, zugleich ein Resümee aller gerade in Mode befindlichen Ornamentformen. Durch den ungeheuren augentäuschenden Dekor, der einen Säulenabstand suggeriert, wird ein Rapport zwischen Garten und Architektur hergestellt: Die Lauben und Laubengänge wiederholen den Architekturdekor, ebenso wie der auf die Wand gemalte Balkon die Landschaft und Weite in den Wohnraum einbezieht[158]. Wir haben damit die äußersten Formen eines Raffinements vor uns, die der vornehmen Schicht Roms die Vergnügungen der kaiserlichen Antike wieder verschaffen sollten.

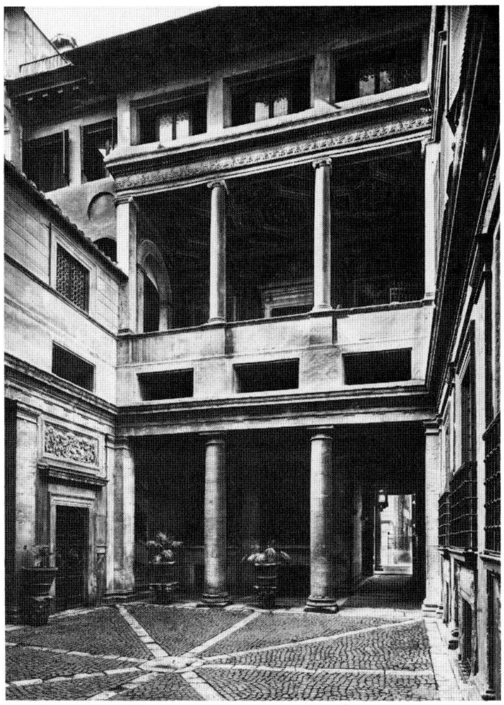

255 Peruzzi, Palazzo Massimo, Rom, nach 1532

Peruzzi hatte auch Entwürfe für den Dom von Carpi, die neue *Sagra* (1514-1522) in der Nähe von Modena, geliefert; zur gleichen Zeit besorgte er die Dekorationen und Kulissen für die Feste Leos X., in denen sein perspektivisches Können und seine Neigung zu kolossalen Erfindungen wahre Triumphe feierten. 1520 wurde er sogar mit der Arbeit an Sankt Peter betraut; er baute Paläste im

Stil Raffaels, leitete den Stadtbau in Siena, inspirierte den Landhausbau und errichtete das Schloß Belcaro mit seiner großen Loggia. Sein letztes Werk, der *Palazzo Massimo* (nach 1532, □255), ist kaum noch als eine ›klassische‹ Architektur zu bezeichnen, es trägt vielmehr alle Merkmale des ›Manierismus‹. Die Virtuosität, die zu einer reinen bizarren Laune wird, richtet sich hier nicht mehr nach architektonischen Notwendigkeiten; die Außenmauer folgt der Biegung der Straße und wird zu einer simplen Schirmwand, die nichts von dem, was hinter ihr liegt, verrät. Der Hof macht den Eindruck, viel mehr das Ergebnis einer Scheinperspektive zu sein, wie bei der Villa Farnesina, als eine wirkliche Gliederung von Bauelementen. Die dorischen Säulen tragen ein gewaltiges Gesims, in dem sich Durchbrüche befinden, die eine blinde Fensterreihe bilden. Die Eingangsgalerie bietet unerwartete Licht- und Schattenwirkungen. Diese Steigerung von Nuancen und Überraschungsmomenten offenbart in verstärktem Maße den leidenschaftlichen und fast romantischen Charakter, der sich seit dem dritten Jahrzehnt in der Verwendung klassischer Formen bemerkbar macht. Die Beziehung Peruzzis zu Raffael läßt uns besser verstehen, warum Giulio Romano und seine Freunde nach der Zerstörung 1527 sowohl in der Architektur wie in der Malerei eine Richtung einschlugen, die der des Meisters so völlig entgegengesetzt war; je mehr sie sich auf ihn beriefen, um so stärker brachten sie zum Bewußtsein, wie einmalig Raffael in seiner Anmut und Präzision war.

Michelangelo

Zwischen 1501 und 1506 hatte sich Michelangelo Buonarroti (1475-1564), obwohl dreiundzwanzig Jahre jünger, im Wettbewerb um die Bemalung des Ratssaales in Florenz Leonardo da Vinci als Konkurrent gegenübergestellt gefunden: Die Chronisten sprechen von einer heftigen Feindschaft zwischen den beiden Künstlern. Zur Verschiedenheit ihrer Charaktere kommt der Gegensatz ihrer künstlerischen Vorstellungen: Leonardo mißtraut den ›Gebildeten‹, er entwirft eine allgemeine Theorie der Wissenschaften, die der religiösen Frage keinen Platz einräumt, und erhebt die Malerei – den ›Zauberspiegel der Wirkkräfte der Natur‹ – über alle anderen Künste. Michelangelo dagegen ist ganz von Humanismus und Poesie erfüllt. Wenn er zur Feder greift, so schreibt er keine methodischen Lehrsätze, sondern Gedichte; die quälende Angst um das menschliche Schicksal beschäftigt ihn so stark, daß er der Kunst keinen anderen Zweck zugesteht, als den, durch die Vielfältigkeit der menschlichen Körper die Vielfältigkeit der menschlichen Leidenschaften und ihre Läuterung durch den Glauben darzustellen; und schließlich noch ist für ihn die edelste der Künste die Bildhauerei, die aus der Materie eine latente Form, die durch die Intuition des Künstlers erweckt wird, oder eine ›Idee‹, herauslöst.

In Rom, wohin ihn Julius II. gerufen hatte, gerät Michelangelo sehr bald mit der ›Clique‹ um Bramante und Raffael aneinander. 1506, am Vorabend des Tages, an dem der Grundstein für die Peterskirche gelegt wurde, verläßt er Rom fluchtartig. Er ist so reizbar und mißtrauisch, wie der junge Meister liebenswürdig, so eigensinnig, wie der Urbiner nachgiebig. Später wird Michelangelo alle Schwierigkeiten, die man ihm in Rom gemacht hat, Raffael zur Last legen und noch hinzufügen: »Alles, was er konnte, hatte er von mir«. Er hielt sich selbst für sehr viel größer und vollkommener, billigte Raffael wohl die Anmut zu, behielt sich selbst aber die ganze ›terribilità‹ vor. Die klassische Kunst ist aus dem Wettstreit dieser großen inspirativen Kräfte hervorgegangen, die den vom Quattrocento ausgearbeiteten visuellen Formen eine umfassendere Ordnung und einen unvergleichlichen Wert gegeben haben.

Die Jugendwerke

Über die ersten Anfänge Michelangelo Buonarottis herrscht noch keine völlige Klarheit. Er erlernte in der Werkstatt Ghirlandaios die Malerei und fand bei Lorenzo Medici Aufnahme. Eine berühmte Anekdote erzählt, wie Michelangelo mit diesem Herrscher von Florenz über einen der Antike nachgebildeten Faunskopf im kleinen Privatmuseum des Klosters San Marco, wo er bei Bertoldo Unterricht nahm, gestritten habe. Dieser Unterricht bei Bertoldo ist wohl eine Erfindung; für Michelangelo hat es nur zwei wirkliche Lehrer gegeben: Donatello und die Antike. Ein Biograph berichtet genauer, daß Michelangelo, dank eines älteren Freundes Granacci (1469-1541), die Erlaubnis erwirkt hatte, im Garten von San Marco zu arbeiten, um der Langeweile im Atelier Ghirlandaios zu entfliehen; hier war es, wo er den alten Bertoldo, der 1491 starb, kennenlernte, und wo er den *Kampf der Kentauren*, ein stark bewegtes Re-

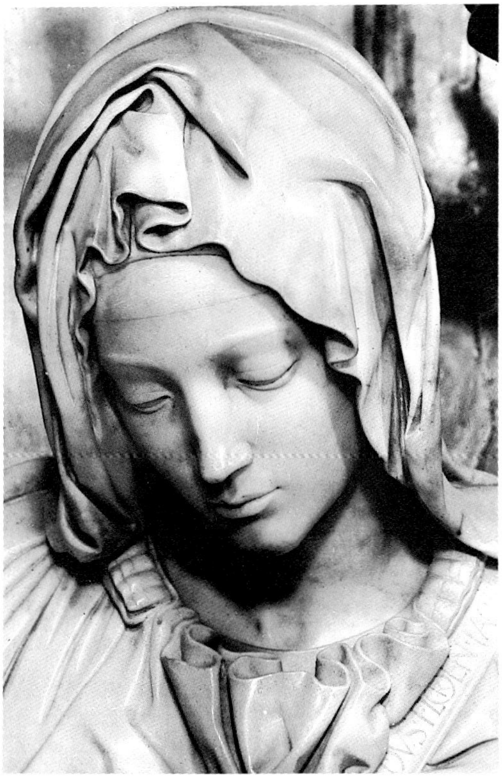

256 Michelangelo, Kopf der Madonna aus der ›Pietà‹, 1498/99. Peterskirche, Rom

lief (etwa 1490, Bargello), und die *Madonna an der Treppe* (etwa 1490-1492, Casa Buonarroti), ein Flachrelief im Stil Donatellos, schuf.

Die Gunst Lorenzos, die ihm erlaubte, sich frei zu entwickeln, verschaffte ihm auch einen persönlichen Kontakt mit in Florenz sehr seltenen Antiken und mit dem Humanismus Polizians, Landinos und Pico della Mirandolas. Er forderte einen innigen Einklang zwischen heidnischer Weisheit und christlicher Theologie, der der Kultur ein neues Gleichgewicht gab, erhob den bildenden Künstler und Dichter auf die höchste Stufe der geistigen Hierarchie und betrachtete das harmonische Zusammenwirken von Verstand und Intuition für das menschliche Wirken als eine unbedingte Notwendigkeit. Michelangelo, der später Berührung haben sollte mit den Erben aus dem Atelier Careggi, wie Diacceto, wird diesen Lehren in seinen glücklicheren Stunden treu bleiben; sehr bald jedoch wird er mit wachsender Vehemenz seiner inneren Zerrissenheit ausgeliefert sein, die man als die ›Krankheit des Genies‹ oder als ›Saturnismus‹ bezeichnet hat.

1494 flieht Michelangelo, von Panik ergriffen, aus Venedig und bleibt eine Weile in Bologna, wo er die Skulpturen Jacopo della Quercias eingehend studiert und zwei Engel und zwei Statuetten als Ergänzung zum Grabmal des hl. Dominikus schafft. Er kehrt nach Florenz zurück, wo er Savonarola das Ende der Welt verkünden hört, und geht schließlich nach Rom, wo er für Jacopo Galli den *Trunkenen Bacchus* (1496-1497, Bargello) sehr geschickt mit verschiedenen Ansichten, aber ein wenig zu oberflächlich herstellt. Das erste bedeutende Werk dieser Periode ist die *Pietà*, die ein französischer Kardinal 1498 in Auftrag gegeben hatte (1499 vollendet □256) und in Sankt Peter Aufstellung fand: ein pathetischer, gotischer Vorwurf, mit bewundernswerter Sicherheit und Hingabe behandelt, eine pyramidenförmige Komposition, in der sich die herrliche Nacktheit des Leibes Christi aus dem ungeheuren Faltenwerk hervorhebt.

Der Rückkehr nach Florenz 1501 folgen vier Jahre angespanntester Tätigkeit; man gibt ihm den großen *Marmor-David* in Auftrag, der dann schließlich 1504 vor der Signoria aufgestellt wird, zwölf Apostel für den Dom, von denen jedoch nur noch der *Matthäus* (1503, Akademie), dessen starke Drehung lediglich in groben Umrissen angedeutet ist, erhalten geblieben ist, und endlich das riesige Wandbild *Die Schlacht bei Cascina* – ein Gegenstück zu dem Bild Leonardos – für den Palazzo della Signoria. Zur gleichen Zeit entstehen

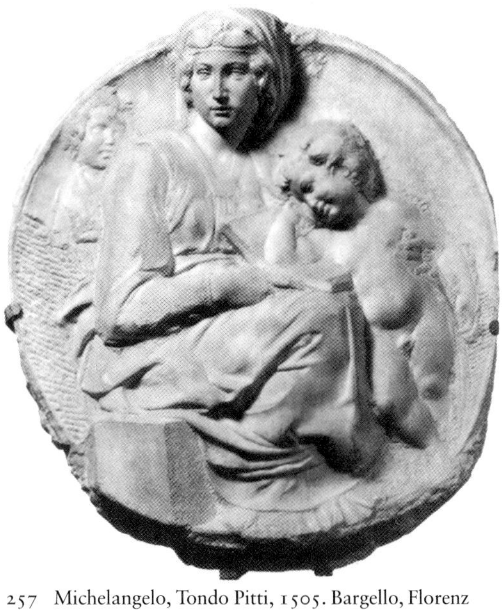

257 Michelangelo, Tondo Pitti, 1505. Bargello, Florenz

die großen Rundbilder, die ›tondi‹, die entweder in Stein gehauen sind – wie die *Madonna Pitti* (1505, Bargello □257) oder die *Madonna mit dem Vogel* (etwa 1505-1506, Royal Academy, London), bei der man in dem Wechsel zwischen ›Fertigem‹ und ›Unfertigem‹ den Einfluß Leonardos spürt – oder auch gemalt sind, wie die *Heilige Familie,* genannt ›tondo Doni‹ (1503, Uffizien), wo die mächtige Zusammenfassung der drei Vordergrundsfiguren eine Art von bewegtem Block bildet, während sich im zweiten Plan eine heidnische Hirtenszene abspielt. In all diesen Arbeiten übernimmt Michelangelo Motive Leonardos, gibt ihnen jedoch eine eindrucksvolle, plastische Klarheit. Er hatte bereits die Macht entdeckt, die in den riesigen Formen schlummerte; der David, aus einem einzigen Block herausgehauen, den niemand zu verwenden verstand, ist ein Triumph von differenzierter Anatomie und einem Kontrapost (der Körper ruht auf der rechten Seite), der Spannung in der Ruhe zeigt. Seine Kenntnisse der Anatomie und der Bewegungen des menschlichen Körpers reichten bereits aus, um den großen Wandbildentwurf für die Signoria damit zu füllen. Als er sich 1505 nach Rom begibt, um das Grabmal für Julius II. in Angriff zu nehmen, ist Michelangelo im Besitz eines Formenschatzes und Ausdrucksvermögens, die bereits die Aufmerksamkeit der gesamten Kunstwelt auf sich gezogen haben.

Das Grabmal Julius II. und die Decke der Sixtina

Im März 1505 gibt Papst Julius II. dem Bildhauer den Auftrag, ein Grabmal für ihn zu entwerfen. Das Projekt wird ein Jahr später aufgeschoben und die formalen Ideen, die die Phantasie des Künstlers beschäftigen, fließen in eine andere gewaltige Komposition ein, die ihm im Mai 1508 anvertraut wird: die Ausmalung der gewölbten Decke der Sixtinischen Kapelle. Anstelle eines bildhauerischen Werkes – er wird das Grabmal übrigens nie vollenden – ist es nun paradoxerweise eine Malerei von riesigen Dimensionen – 40 m lang, 13 m breit –, in der sein Genie seinen vollkommensten Ausdruck findet. Im Oktober 1512 ist das Werk beendet.

Zwischen diesem grandiosen Rahmenwerk von Bögen und ausgespannten Bändern, die das Gewölbe vorspringen lassen, und den ruhigen Anordnungen eines Masaccio oder Piero della Francesca besteht der gleiche Gegensatz wie zwischen dem muskulösen Marmor-David und dem David Donatellos. Zwölf Propheten und Sibyllen □258 – Leitbilder menschlicher Visionen –, begleitet von ihren Genien, scheinen die ganze Architektur auf ihren enormen Schultern zu tragen. In ihrem Typus und ihrer Gestik zeigt sich die Zeichenkunst der Florentiner in höchster Vollendung, gesteigert durch die römische Monumentalität. Unter den ›Sehern‹ wird in einer Zone, die von den Lünetten und den sphärischen Dreiecken der Fenster gebildet wird, in Grisaillen das Elend der sündigen Menschheit nach Texten des Alten Testamentes beschrieben. In einer höheren Zone, die durch ein kräftiges Gesims in perspektivischer Flucht abgeteilt ist, auf dem seltsame ›ignudi‹, jugendliche Gestalten, sitzen, die in plastischen Posen die verschiedenen seelischen Stimmungen verkörpern, tauchen auf dem Spiegel der Wölbung wie himmlische Visionen neun Rahmenfelder von verschiedener Größe auf, die die Genesis wiedergeben. Die Sehnsüchte der Seele, die Hierarchie ihrer Stimmungen sind auf diese Weise vollständig zur Darstellung gebracht, und das dreigeteilte Schema ordnet die großen Bildvorstellungen des christlichen Glaubens in einer klaren und deutlichen Symbolik.

In all dem findet sich eine große Anzahl von Motiven des Quattrocento sowie des Trecento, die hier mit von der Antike beeinflußten Formen verschmelzen. Es ist das Ergebnis aus der Kunst zweier Jahrhunderte, aus der Schönheit griechischer und dem grandiosen Ordnungsvermögen römischer Kunst. Die Farben, die sich in zarten und leichten Stufungen ausbreiten, betonen das Ätherische der Visionen. Es gibt keine tote Stelle, kein überflüssiges Detail; die einzelnen Ornamentformen wie etwa die putti erhalten eine neue Bedeutung und werden zu Genien. Der strenge Rahmen zeigt einen beherrschten Stilausdruck und ein klassisches Wollen; die Architekturelemente in den großartigen Szenen der Wölbung, wie die *Erschaffung des Menschen,* atmen ein reiches und vielfältiges Leben, das von der Fähigkeit des Künstlers, die ›jenseitige Welt‹ wiederzugeben, von seinem Trachten nach dem Göttlichen, Zeugnis ablegt.

In seiner ersten Fassung entsprach das Grabmal Julius II. einer ganz analogen Absicht. Die Arbeit war mit einer solchen Hingabe in Angriff genommen worden, daß Michelangelo das Scheitern dieses Projektes tatsächlich als die große Tragödie seines Lebens ansehen konnte. Von 1505-1545 arbeitete er sechs verschiedene Versionen aus, die im einzelnen sehr schwierig zu rekonstruieren sind. Das Wandmonument in San Pietro in Vincoli ist nur die letzte und schwächste Fassung.

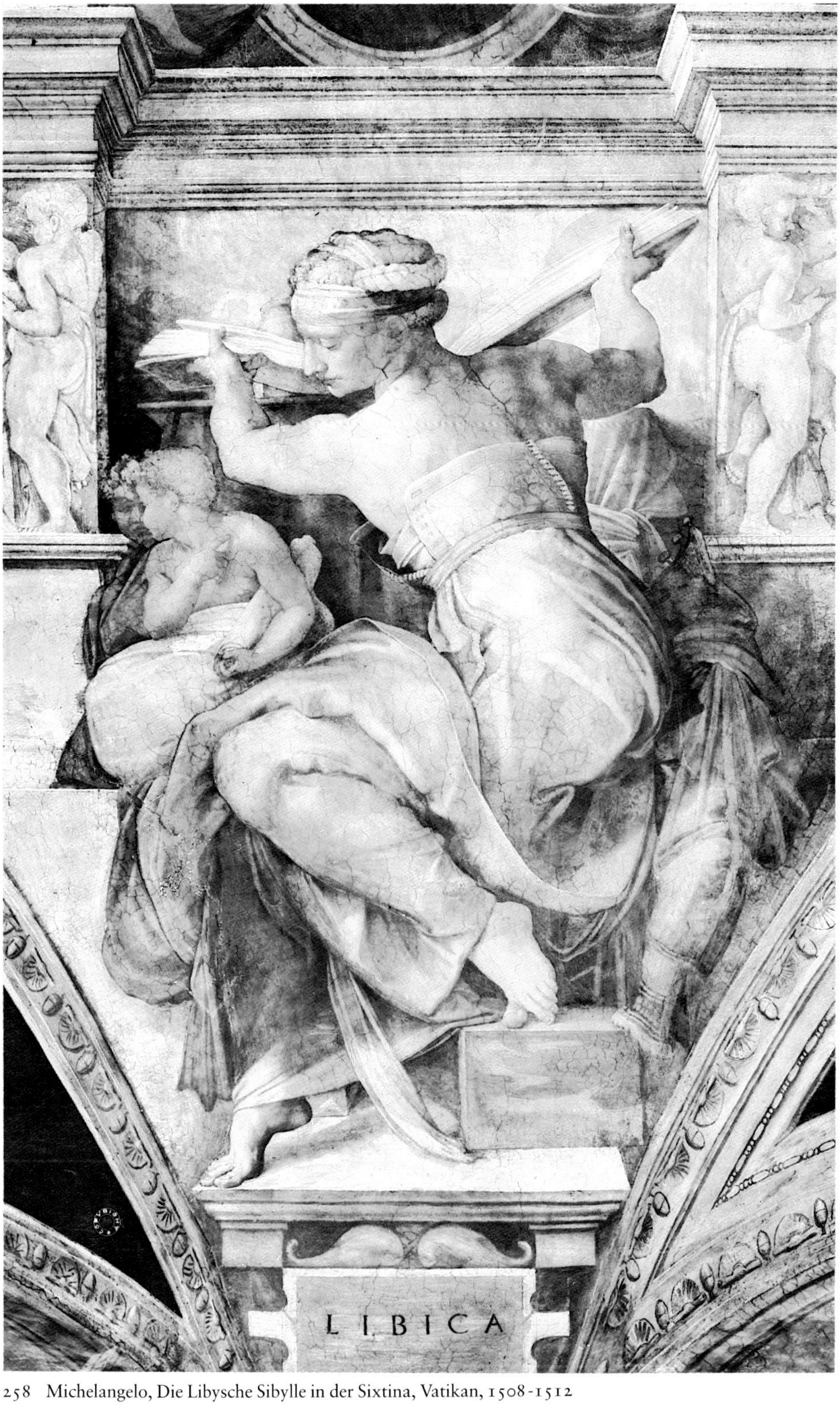

258 Michelangelo, Die Libysche Sibylle in der Sixtina, Vatikan, 1508-1512

Nach dem ursprünglichen Plan von 1505 war das Grabmal ein freistehendes Monument, eine Art von ›arcus quadrifrons‹, mit Nischen und allegorischen Figuren im Sockelgeschoß, einer Plattform mit Statuen darüber und einem pyramidenförmigen Aufbau als Abschluß, der den Sarkophag trug. Diese Staffelung in Etagen sollte die Apotheose des Papstes, der sich mit der Auferstehung der Kirche gleichsetzte, andeuten. 1513, nach dem Tode des Papstes, wurde mit den Erben ein neuer Kontrakt abgeschlossen, der ein ungeheures Wandmonument vorsah, bei dem die Ordnung der ursprünglichen Fassade erhalten blieb, diese jedoch mit einem Bogen überwölbt wurde, der die Madonna einrahmte. Die von diesem Entwurf erhalten gebliebene Zeichnung (Berlin) half zwei der Sklaven (Louvre) zu identifizieren, die 1513 als Teile des Unterbaus entstanden sind; auf dem ersten Geschoß sollte rechts Moses, links Paulus sitzen. Diese von heftigem Pathos bewegten Figuren haben noch die bildnerische Klarheit der Sixtinischen Kapelle, jedoch mit einem gequälteren Ausdruck bei den vom Laokoon beeinflußten Sklaven

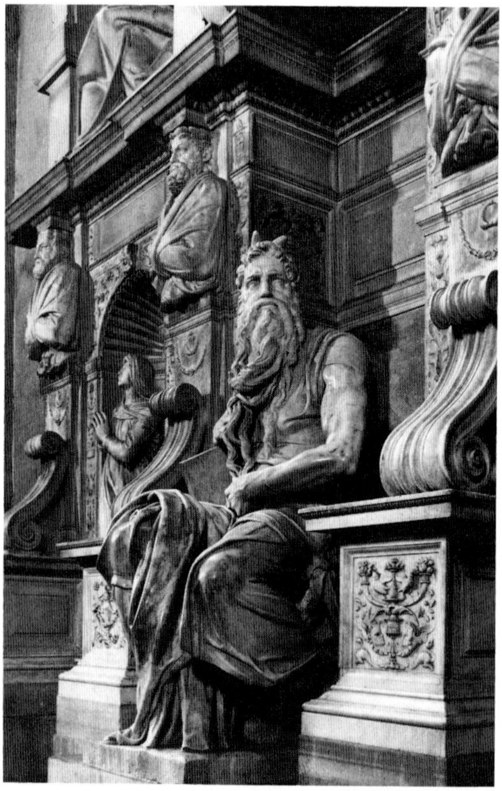

259 Michelangelo, Moses vom Grabmal Julius II., 1515. S. Pietro in Vincoli, Rom

und einem heftigeren, wilderen Akzent beim Moses, den nur seine kraftvolle Konstruktion noch in einer klassischen Ordnung hält □259.

1516 besteht das Projekt nur noch aus einer zweistöckigen Fassade, die 1522 noch weiter vereinfacht wird; man entschließt sich endlich, die bereits fertigen Teile zu verwenden. Rachel – oder der Glaube – und Lea – oder die christliche Nächstenliebe – stehen zu beiden Seiten des Moses, darüber eine Sibylle und ein Prophet, ausgeführt von Raffaello da Montelupo, mit dem Sarkophag und der Muttergottes. Die Komposition ist weniger hieratisch gestuft und in ihrer Bewegung zur oberen Zone hin wesentlich ruhiger. Von dem antiken Triumphgedanken ist nichts mehr erhalten geblieben. Die Wandlung, die dieses Hauptwerk Michelangelos durchgemacht hat, entspricht der seelischen Wandlung des Künstlers. Nach einer letzten Periode, in der er der Schönheit und der platonischen Liebe huldigte, war er zu einer strengen frommen Lebensanschauung gelangt, die ihn endgültig von der Renaissance entfernte.

Ohne wie Raffael von Schülern umgeben zu sein, hatte Michelangelo doch viele Verehrer, die seine Zeichnungen begehrten, und der Stil der Sixtinischen Kapelle fand unter den Malern zahlreiche Nachahmer.

So konnte man um das herrliche, unvollendete Werk, die *Madonna von Manchester* (London) und um die *Grablegung* (London) sechs Bilder gruppieren, darunter einen hübschen Tondo mit *Maria und Johannes* (Wien) von einer etwas wirren Darstellung; sie gehörten einem dieser Maler aus dem Gefolge Michelangelos, Jacopo Torni, genannt Indaco (1476-1526), oder auch jenem Antonio Mini, dem der Meister seine *Leda* geschenkt hatte, und müssen etwa zwischen 1515 und 1530 entstanden sein[159].

Die Rückkehr nach Florenz, die Medici-Kapelle

Obwohl ein Freund Leos X., hielt sich Michelangelo von Rom, wo Raffael den Ton angab, fern; er suchte in Carrara und in Pietrasanta (1516-1519) seine Marmorblöcke, ging nach Florenz zurück, erbot sich dort aus eigenem Antrieb, ein Grabmal für Dante (1519) zu entwerfen, und blieb auch nach 1520 trotz eindringlicher Bitten seiner römischen Freunde weiterhin in Florenz. 1527 bis 1529 beteiligte er sich an dem republikanischen Aufstand in Florenz, der 1530 niedergeschlagen wurde, und befaßte sich mit den Befestigungsanlagen von San Miniato.

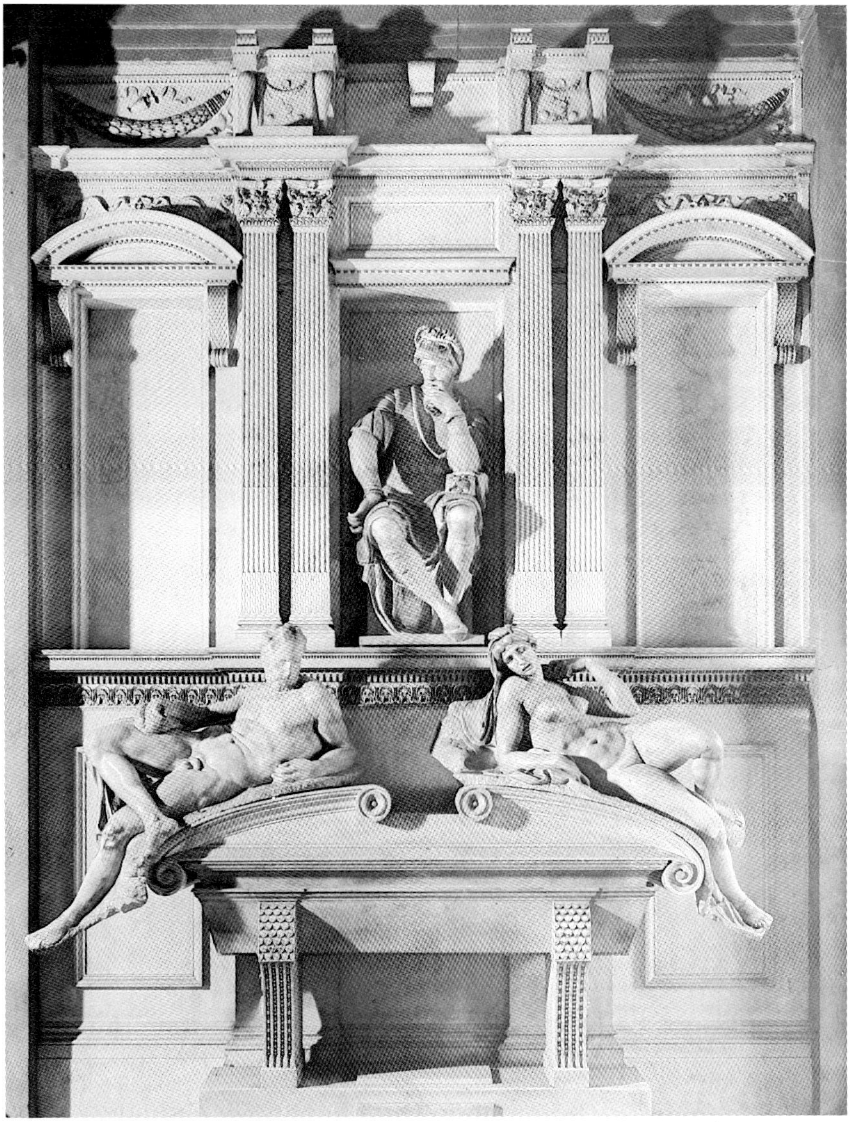

260 Michelangelo, Grabmal des Lorenzo de' Medici, 1530-1534. Alte Sakristei von S. Lorenzo

Alle Arbeiten dieser Periode hängen mit San Lorenzo, der Kirche der Medici, zusammen. 1515 hatte ihn der Papst damit beauftragt, ihr eine neue Fassade zu geben; es war seine erste architektonische Arbeit, und er wollte, daß dieses Werk »der Spiegel ganz Italiens« werden sollte; sie wurde jedoch niemals ausgeführt und ist uns nur durch Zeichnungen bekannt (Casa Buonarroti, Florenz), die erkennen lassen, was Michelangelo seinem Meister Giuliano da Sangallo verdankte. Der durch übereinanderstehende Pilaster gegliederten, rhythmischen Travée gibt Michelangelo eine eigentümliche Spannung, die die ganze Fassade in Bewegung zu versetzen scheint; er bevölkert sie mit Statuen und behandelt sie wie ein plastisches Objekt ohne Rücksicht auf einen Rapport zu dem Gebäude selbst. Von 1520-1527 und 1530-1534 war Michelangelo mit einer anderen Arbeit für San Lorenzo beschäftigt, und zwar mit dem Umbau einer alten symmetrischen Kapelle der Sakristei von Brunelleschi in eine Grabkapelle: Er gibt der Architektur einen stark skandierten Rhythmus, wie eine aufsteigende Bewegung, der sich die horizontalen Bänder widersetzen, und stellt dort, einander gegenüber, die beiden Grabmale der Herzöge Giuliano (die Aktion) und Lorenzo (die Kontemplation □260) auf, umgeben von Allegorien, die noch einmal die verschiedenen Abschnitte des Lebens und seiner fortschreitenden Transfiguration betonen. Die Herzöge thronen auf ihren Sarkophagen, an denen sich *Tag* und *Nacht, Morgenröte* und *Abenddämmerung,* Symbole der vergänglichen Welt, niedergelassen haben. Im Entwurf waren unter den Tageszeiten noch Flußgötter vorgesehen. Bei Giuliano sollten auf beiden Seiten – wie beim Grabmal Julius II. – Figuren stehen: ›Himmel‹ und ›Erde‹, darüber Fresken mit der ›Auferstehung‹ und der ›Ehernen Schlange‹. Alle Künste sollten, so vereint, eine ungeheure Symphonie des Todes und der Auferstehung des Lebens anstimmen, versammelt um eine erhabene Mitte, die schmerzensvolle Gestalt der schicksalsergebenen Muttergottes. Der gesamte Dekor ist dem Formenschatz antiker Sarkophage und Grabaltäre entlehnt: Trophäen, Delphine, Kandelaber, Masken; die liegenden Allegorien entstammen römischen Reliefs, die beiden Herzöge sind als Feldherren in voller Rüstung dargestellt – und doch ist die Kraft des Neuen in Komposition und Ausdruck niemals stärker zum Ausdruck gekommen als in diesem Werk. Es scheint auch, als hätte der Künstler mit Absicht einen Kontrast zwischen fertigen, ausgearbeiteten Teilen und anderen, im skizzenhaften Zustand belassenen Teilen gesucht, etwa beim Gesicht des ›Tages‹, wie um in einem Stadium der ›Gestaltwerdung‹ zu verharren. In der Längung der Figuren und der Geschmeidigkeit der Formen bei den zuletzt ausgeführten Figuren – beim *Giuliano* und der *Maria* – hingegen macht sich ein gewisser, dem geistigen Klima von Florenz entsprechender, manieristischer Zug bemerkbar.

1524 nun wurde Michelangelo damit beauftragt, die Biblioteca Laurenziana, die Bibliothek der Medici, zu errichten und sie mit einem Vorraum oder ›ricetto‹ zu versehen. Er entwarf die Pläne und leitete die Arbeiten bis 1527 und – nach den Unruhen – von 1530-1534. Als er Florenz verließ, blieb das Werk unvollendet zurück. 1560 führte Ammannati nach den Plänen Michelangelos die sonderbare Treppe aus, die sich wie eine zähe Masse zum Boden hin entrollt. Michelangelo hatte einen ganz bestimmten Eindruck von ›Eigenartigkeit‹ erzeugen wollen: Der Saal ist hoch, und durch die Unterteilung wirken die Proportionen recht ungewöhnlich; die Säulen stehen nicht frei, sondern sind in die Wand eingestellt; ihnen entsprechen Voluten, die wie Buckel aus der Wand herauswachsen. Zwischen diese festgefaßten Massen sind Ädikula-Fenster eingehängt. In all diesen widersprüchlichen Elementen, die lange Zeit rätselhaft schienen, offenbaren sich die Merkmale eines Stils, der in seinen einzelnen Elementen klassisch, in seiner geistigen Konzeption aber antiklassisch ist, der also – auf architektonischem Gebiet – dem Manierismus in der Malerei entspricht □261.

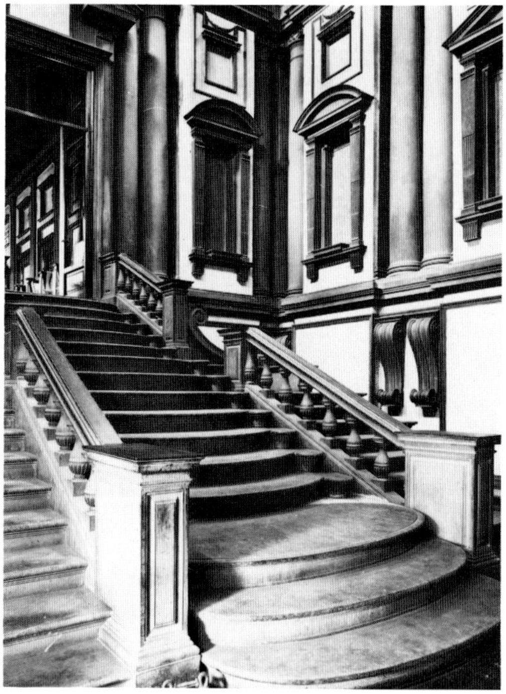

261 Michelangelo (Entwurf), Aufgang zur Biblioteca Laurenziana, Florenz, 1560

Michelangelo in Rom 1534-1564

Die Freundschaft, die Michelangelo seit 1532 mit dem jungen Römer Tomaso Cavalieri verband, bewog ihn, nach dem Tode seines Vaters 1534 endgültig nach Rom überzusiedeln. Die Verehrung der irdischen Schönheit, die ihn schmerzlich über das Menschliche hinaushob, inspirierte ihn zu leidenschaftlichen Gedichten und sehr fein durchgearbeiteten Zeichnungen von zartem ›modelé‹, die mythologische Themen behandeln: Ganymed, Tityos, Phaeton.

Der neue Papst, Paul III., führte Michelangelo wieder zur Malerei zurück, indem er ihm den Auftrag für das *Jüngste Gericht,* das die Altarwand der Sixtinischen Kapelle schmücken sollte, erteilte, ein riesiges Fresko von 17:13 m (1536-1541). Die

Komposition zeigt eine ungeheure, kreisende Bewegung, die links aufsteigt, rechts abfällt und sich um die Figur des Christus, der im Zentrum wie ein Herkules oder ein zorniger Jupiter dasteht, dreht. Im Unterschied zur Decke, ist dieses sie ergänzende ›Jüngste Gericht‹ ohne jedes architektonische Rahmenwerk; es entfaltet sich frei, ohne Rücksicht auf die Gegebenheiten des Ortes, in einem visionären Raum, der nur durch die Bewegungen der geistigen Kräfte beherrscht wird. Dieser Sprung über alle Grenzen hinweg ist zugleich ein Verzicht auf das menschliche Maß: was wichtig ist, ist die Gesamtbewegung. Die braunen Leiber wirbeln vor einem intensiven matten Blau über den finsteren Rotfärbungen der Unterwelt. Wenn Michelangelo fünfzehn Jahre vorher der Vorkämpfer des florentinischen Manierismus war, so nimmt er hier die Entwicklung des Barock und seines unendlichen Raumes vorweg. Jedoch mischt sich ein Unterton ganz persönlicher Verzweiflung mit hinein (Christus ist voller Zorn, nur die Jungfrau zeigt Erbarmen, das Porträt des Künstlers selbst verbirgt sich in der zerschundenen Haut des hl. Bartholomäus) und eine gewittrige Stimmung, die nur ihm eigen ist. Der Reichtum im Detail ist groß: Vieles ist von den unbenutzten Skizzen zur *Schlacht bei Cascina* (1504) übernommen, anderes kommt von der antiken Skulptur her (Niobe, Apoll); von der Ordnung und heiteren Kraft der Decke ist nichts mehr zu sehen, und auch das Klassische in der Formensprache ist verschwunden.

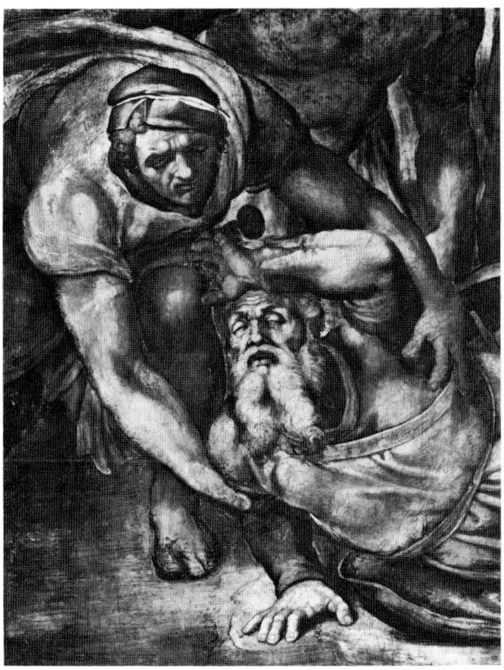

262 Michelangelo, Bekehrung des hl. Paulus (Detail), Cappella Paolina, Vatikan

Die ausschließliche Verwendung nackter Leiber, um die Welt des Glaubens darzustellen, wurde schon nicht mehr verstanden, und 1545 übte Aretino in einem öffentlichen Brief eine heftige Kritik daran. Das letzte gemalte Werk Michelangelos ist die Ausmalung der Paulinischen Kapelle zwischen der Sixtina und der Sala regia. Er malt dort die *Bekehrung des hl. Paulus* □262 und die *Kreuzigung des hl. Petrus,* wo in einer abstrakten Formensprache inmitten aus der Achse verschobener Gruppen das aufgewühlte Gesicht des hl. Paulus und das grimmige Haupt des hl. Petrus auftauchen. Der Stil ist schwerer geworden, die Massen kompakter. Der Künstler, der für das Fresko nicht mehr die nötige Geschicklichkeit hat, macht jetzt Zeichnungen mit schwarzer Kreide, die immer massiver und stumpfer werden: *Kreuzigungen* (etwa 1540, Windsor; etwa 1550 bis 1556, Oxford, London). In diesem großzügig fließenden Stil, der die Formen nur roh anlegt und die Gesten groß zusammenfaßt, drückt sich ein verzweifelter Glaube und ein tiefes Bedürfnis nach Buße aus, die noch durch den Kontakt Michelangelos mit dem Kreis der römischen ›Spiritualen‹ um Ochino, Pole und der katholischen Reformatoren um Vittoria Colonna genährt wurden. An diese Dame der vornehmen Gesellschaft, die er 1536 oder 1538 kennenlernt und deren Zuneigung die letzten Jahre seines Lebens erhellt, richtet er sich in begeisterten Versen. Sie stirbt 1547. Ihre Gespräche über Kunst rufen eine literarische Arbeit von Francesco de Hollande wieder wach. Jetzt erscheinen auch die Publikation von Vasari (1550) und die Biographie von Condivi (1553), die Michelangelos Ruhm bekräftigen. Die florentinische Akademie mit B. Varchi treibt geradezu einen Kult um ihn, und allerorts finden sich Nachahmer.

Erst 1546, immer noch unter Paul III., wendet sich der jetzt siebzigjährige Meister endlich der Architektur zu. Noch einmal setzt er bei den Sangalli an, indem er die Nachfolge Antonio d. J. bei Sankt Peter und am Palazzo Farnese antritt. Seine Intervention zeichnet sich, wie wir bereits gesehen haben, durch eine starke Betonung des Würdevollen und einer abstrakten Größe, die bis zum Kolossalen geht, aus. Bei der Peterskirche, für die er zwischen 1546 und 1561 vier Modelle entwirft, richtet sich seine Anstrengung auf die Bekrönung der Baumassen durch die Kuppel, die bald sphärisch, bald wie in Florenz eiförmig und gerippt ist (er wird sie jedoch nicht vollenden); am Palazzo Farnese ist es das kräftige Kranzgesims und das obere Stockwerk, die seinen Stempel tragen. Andere Arbeiten tendieren ebenfalls dahin, das Pathetische und Übermenschliche in der Architektur zu verstärken und sie sozusagen vor den Augen in Leben und Bewegung zu versetzen: der Entwurf zum Einbau von S. Maria degli Angeli in die Thermen des Diokletian, die eindrucksvolle *Porta Pia* (etwa 1560), die Entwürfe für S. Giovanni dei Fiorentini (1550-1559) und vor allem die Gestaltung des Kapitolplatzes, den die Stiche von Dupérac berühmt machten (1567, 1568, 1569). Der trapezförmige Platz wird von zwei Palästen flankiert, deren flache Dächer auf korinthischen Pfeilern ruhen, die beide Geschosse, den Säulengang des Erdgeschosses wie das Stockwerk mit den Fenstern, umfassen. Die Segmentgiebel der Fenster sind mit runden Muscheln versehen. Der Rapport des gewaltigen Gesimses und der Pilaster wiederholt sich in den Säulenabständen, wo der Architrav auf den Ecksäulen ruht: Horizontalen und Vertikalen stehen in scharfem Kontrast. Das Ganze ist kühl, zeitlos und ganz römisch[160].

Mit bildhauerischen Arbeiten beschäftigt Michelangelo sich wenig mehr, nur noch für sich selbst. Seine letzten Skulpturen sind drei *Pietàs:* die Pietà im Dom von Florenz, eine noch sehr solide konstruierte Arbeit, von pyramidaler Komposition (vor 1550-1555); die Pietà von Palestrina (idem, Florenz, Akademie), bei der der zusammensinkende Leichnam Christi von zwei Figuren gestützt wird, ein Werk sehr verschiedenartiger Elemente, das man deshalb auch schon Imitatoren zugeschrieben hat; und schließlich die unvollendet gebliebene Pietà Rondanini (1555-1564, Mailand), in der die stehende Madonna den zusammenbrechenden Leichnam aufrecht zu halten sucht □ 263. Sie wurde 1555 begonnen, und Michelangelo arbeitete noch am Vortage seines Todes daran. In diesem Werk, das keine Ähnlichkeit mit irgendeinem anderen hat, verschmelzen Christus und die Muttergottes zu einer einzigen, von Schmerz überwältigten Masse; die noch rohen Formen zeugen von der unveränderten Leidenschaftlichkeit des greisen Meisters, der über die klassische Schönheit eines apollinischen Christus – wie der in S. Maria sopra Minerva (1514-1520) – zur reichen, klaren Eleganz der Medici-Kapelle ge-

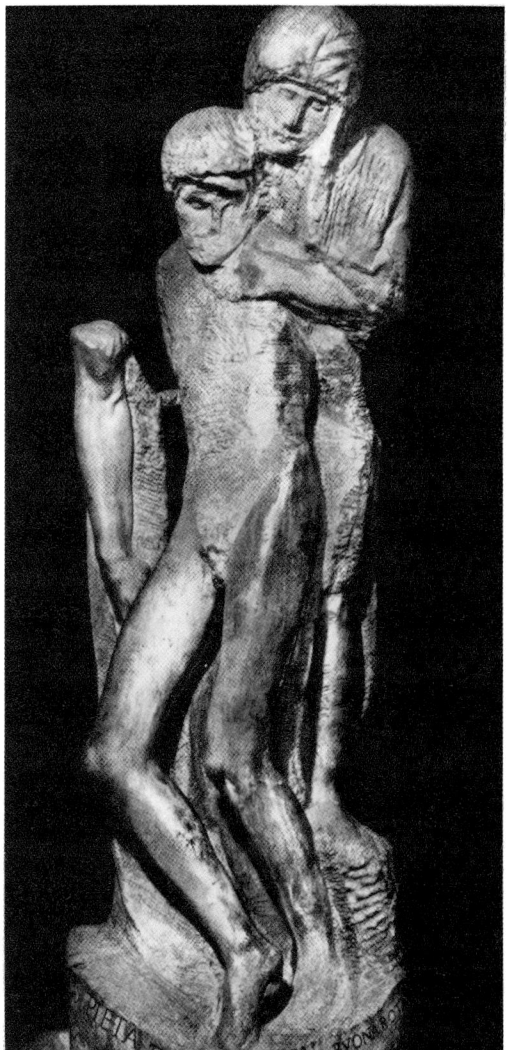

263 Michelangelo, Pietà Rondanini, 1555-1564. Palazzo Sforza, Mailand

langt war, in der Rachel vom Grabmal Julius II. bereits zu barocker Empfindungsweise vorgestoßen war und schließlich jeden Gedanken an Schönheit und sogar jede körperliche Dringlichkeit zugunsten einer reinen Spiritualität aufgegeben hatte. Er hat in allen künstlerischen Techniken die Skala der Stilmittel durchlaufen und konnte so auf zwei Jahrhunderte italienischer Kunst befruchtend wirken.

Sein Leichnam, der am 19. Februar 1564 in Santi Apostoli in Rom öffentlich ausgestellt war, wurde nachts heimlich nach Florenz geschafft und dort am 12. März in Santa Croce beigesetzt, wo er noch heute ruht. Am 14. Juli 1564 fanden die offiziellen Trauerfeierlichkeiten in S. Lorenzo statt; das war eine der ersten Manifestationen der gerade erst gegründeten Accademia delle belle Arti und sehr charakteristisch für eine Gesellschaft voller Konventionen, die das einsame und rebellische Genie Michelangelos nie hatte ertragen können.

Der klassische Stil in der Lombardei und der Toskana

Was während der ersten zwanzig Jahre des Jahrhunderts in Rom in der Architektur, der Skulptur und der Malerei – die eng zusammenwirkten im Vatikan, in der Farnesina – geleistet worden war, unterschied Italien durchaus ganz vom übrigen Abendland und sicherte ihm den Ruf, der Repräsentant eines klassischen Stils zu sein, dem man weder in Frankreich noch in den Niederlanden oder Deutschland begegnen konnte. Sein Hauptmerkmal ist der Drang nach absoluter Klarheit der Formen, sowohl im Detail wie im Ganzen: Die ›*Pietà*‹ von Michelangelo im Vatikan, Raffaels *Schule von Athen*, die *Kirche San Biagio* in Montepulciano sind vollendete Beispiele für die exakte Gliederung der Pläne und die Kontrolle der verschiedenen Elemente, die die Ordnung und – trotz der Fülle und Vielfalt der einzelnen Teile – die Einheit des Ganzen herstellt. Diese ordnende Kraft, die sich in der Stabilität der Formen, der genauen Unterscheidung der Raumpläne, in die sie sich einzeichnen, der Abgrenzung der Formtypen ausdrückt, entspringt letztlich der Gewißheit der vollkommen in sich abgestimmten bildnerischen Vision (Wölfflin).

Die Erfahrungen des Quattrocento hatten das weitgehend vorbereitet. Der neue römische Klassizismus geht aber in zwei Dingen entscheidend darüber hinaus: Er reagierte sehr schnell gegen das Übertreiben des Besonderen und des Körperlichen und gegen die sonderbare, unruhige Fahrigkeit, die die letzte Generation des 15. Jahrhunderts, besonders im nördlichen Italien und selbst in der Toskana mit Filippino Lippi, charakterisierten. Was Raffael, von Perugino ausgehend, in seinem harmonischen Raumgefühl und Michelangelo mit seiner Hingabe an die Pracht des menschlichen Körpers realisiert haben, ist der Übergang zum Typhaften, das Zurückdrängen des Individuellen und das Streben nach Läuterung der Form zu einer Seinsform, die ein berühmter Brief Raffaels an Castiglione beschreibt und die Michelangelo in seinen Gedichten als ein Ausstrahlen der Schönheit von oben herab bezeichnet. Der Erfolg dieses Strebens erklärt die Selbstsicherheit, mit der diese Meister die Kunst der Antike betrachten; sie beziehen sich zwar auf sie, aber sie unterliegen ihr nicht. Es gibt keine Kirche der Renaissance, die ein römisches Gebäude kopierte, kein Werk eines Meisters, das eine Imitation eines griechischen oder römischen Werkes wäre – und gleichwohl atmet fast alles den gleichen Geist der Würde, der Klarheit und des Idealischen. Mit dem 15. Jahrhundert macht sich jedoch ein Bruch bemerkbar: Dieses Jahrhundert beschäftigte sich eingehend mit antiken Reliefs, um seinen Sinn für das Realistische damit anzureichern; in Rom bietet die Antike eine Stütze für die ungeheure ›Heroisierung‹ des Menschen[161]. Diese Heroisierung hat einen philosophischen Hintergrund, der auch im Symbolgehalt des Zentralbaus, in der Vorrangstellung der großen Kompositionen, im Gleichgewicht, den sie zwischen Mensch und Kosmos herstellt, zum Ausdruck kommt[162].

Die Kunst Roms konnte so durch Form wie durch Inhalt der Ausdruck einer ganz neuen Kultur werden. Sie hätte aber niemals eine derartige Wirkung gehabt, wenn sie nicht zugleich eine neue dekorative Ordnung entwickelt hätte, die in ihrem humanistisch universalen Charakter begründet lag. Der Bezug zwischen dem Bau und seinen Schmuckformen ist durch die Wiederholung der Motive und die Konstanz der Elemente streng festgelegt; eine Schöpfung wie die Wölbung der Sixtinischen Kapelle ist zugleich bildnerische Vision und neuer Dekor; Raffael fand zu seinen Kompositionen Umrahmungen von Laubwerk, Grotesken, Pilastern, aus denen dann eine ganz neue Art von Ornamentik entstand. Es waren also nicht nur die Bildvorstellungen, sondern eine ganze Formenwelt, die sich mit der Vollendung der Sixtina und der ›stanze‹ über ganz Italien hin ergoß.

Die Tätigkeit Leonardos hatte diese ganzen Bestrebungen noch weiter angeregt, ihnen jedoch nicht die gleichen Antworten erteilt; von Florenz aus, wo er die Aufmerksamkeit aller anfänglich erregt und dann enttäuscht hatte, war er nach Mailand zurückgekehrt; zu Beginn des Pontifikats Leos x. war er nach Rom gekommen (1513-1515), wo er aber den Erfolg nicht abwartete. Unter seinem Einfluß tauchten in der Lombardei und der Toskana Entwicklungen auf, die man mit dem römischen Klassizismus durchaus vergleichen kann[163].

Die Formen Bramantes, oktogonale Kuppeln mit mehreren Tambouren, die in großen Massen klar gegliederten Chorapsiden, werden bei S. Maria della Croce bei Crema durch Battagio und Montanaro (etwa 1500, □264) und beim Dom von Como (1491-1519) wieder aufgegriffen. Aus demselben Geist heraus gibt Bartolomeo Suardi, ge-

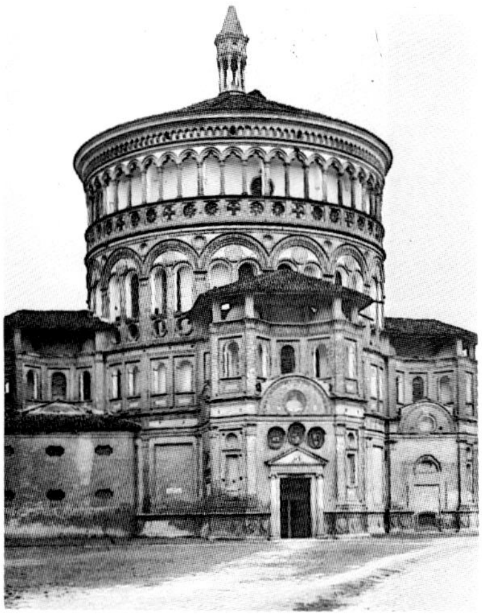
264 Battagio und Montanaro, S. Maria della Croce, Crema, um 1500

nannt il Bramantino (etwa 1465-1536), ein anerkannter Maler und Architekt, der Kapelle Trivulcio von San Nazzaro (1518) eine quadratische Grundform, die durch Eckpilaster betont wird, und schmückt sie an der Fassade mit einem Portikus in rein dorischer, aber überlängter Ordnung. In Umbrien, in Todi bei Foligno, arbeiten Architekten aus Mailand und Latium in bramantischem Sinne zusammen: 1508 beginnt hier Cola di Matteuccio da Caprarola die Wallfahrtskirche Santa Maria della Consolazione auf zentralem Plan zu errichten, die dem Typus von San Biagio in Montepulciano entspricht: griechisches Kreuz mit drei polygonalen Apsiden, eine davon halbkreisförmig mit korinthischen Pilastern. Sein Nachfolger ist Ambrogio da Milano. Erst 1607 erhält die Kirche eine Kuppel. In Parma errichtet 1520 Bernardino Zaccagni im Geiste Bramantes unter Mitwirkung seines Sohnes Gianfrancesco die Kirche Madonna della Steccata über griechischem Kreuz.

In der Malerei finden wir viele Schüler und Nachahmer Leonardos von sehr unterschiedlichem Interesse: Ambrogio da Predis (1472 bis etwa 1506), dunkel-verschwommen, und Boltraffio (1467-1516), farbiger, malen Madonnen und Porträts, in denen sie das Samtig-Weiche des Meisters und den rätselhaften Ausdruck der weiblichen Gesichter zu erfassen suchen. Giampietrino, Marco d'Oggiono, Cesare da Sesto greifen ebenfalls Motive Leonardos auf, indem sie jedoch – vor allem der letztere – bestimmte Elemente von Raffael und der flämischen Landschaftsmalerei übernehmen □265. Andrea Solario (etwa 1470-1524), der später in Blois – wo man ein *Abendmahl* wahrscheinlich von seiner Hand gefunden hat – und in Gaillon arbeitet, entwickelt sich in sehr viel persönlicherer Weise: *Madonna mit dem grünen Kissen* (Louvre).

B. Suardi, genannt il Bramantino, erfüllt die stark von seinem Meister Bramante vorgezeichneten Figuren mit einer Art von Verfallsromantik und einer manchmal fast grimassenhaften, aber doch sehr persönlichen Beseelung (*Natività*, Brera, Mailand). Eine stärkere Persönlichkeit ist Bernardino Luini (etwa 1490-1532, □266): Er hat eine Vorliebe für Foppa und begegnet Borgognone, widersetzt sich durch Stufungen von Grau und kaltem Blau dem Hell-Dunkel, bevorzugt in seinen Wanddekorationen nach umbrischer Manier kreidige Töne und ruhige Horizonte und zeigt sich in

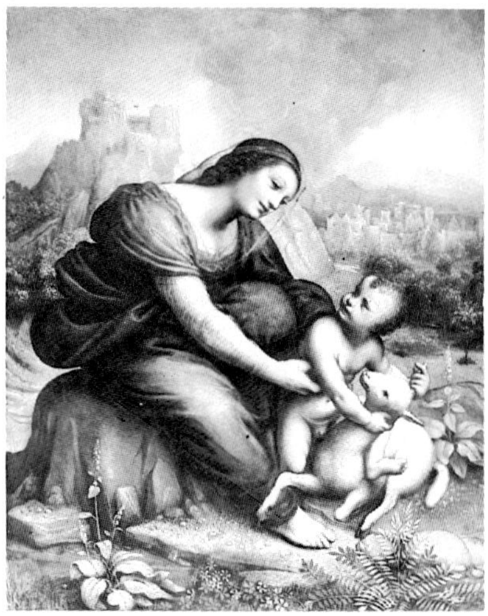
265 Cesare da Sesto, Maria mit Kind, Museo Poldi-Pezzoli, Mailand

der Villa Pelucca in Monza (1522-1525) als überzeugender Freskenmaler. Das Leonardeske ist nur schwach angedeutet und beschränkt sich auf den Blick und das Lächeln. In seinen großen Dekorationen (Saronno, 1525-1527; Lugano, 1529) wird der Stil ein wenig verworren und zeigt eine Nähe

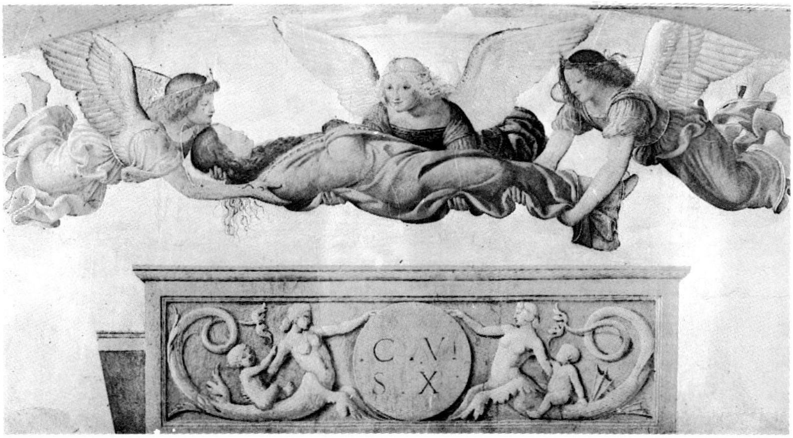

266 Bernardino Luini, Hl. Katharina. Brera, Mailand

zur deutschen Kunst; das wird ab 1515 bemerkbar, in der *Verkündigung* (Brera), wo er in Grisaille den Kupferstich von Adam und Eva aus der ›Kleinen Passion‹ von Dürer kopiert. Der piemontesische Stil von Gaudenzio Ferrari (1470-1546), zugleich Bildhauer (in Varallo Sesia) und Maler (in Vercelli, 1530; in Saronno, 1535), ist ebenfalls von deutschen und umbrischen Elementen durchsetzt, die zu einer weitschweifigen und verwirrenden Erzählweise verschmelzen. Altobello Meloni (1497-1530), der sich in seinen Fresken in der Kathedrale von Cremona für die nordischen Eigenheiten empfänglich zeigt, und Camillo Boccacino (1501-1546) aus Cremona, weisen frühzeitig und ganz originell manieristische Züge auf[164].

Der Interessanteste aber ist der eigenartige Giovanni Antonio Bazzi aus Vercelli, genannt Sodoma (1477-1549), der zugleich in Beziehung zu Piemont und zur Toskana steht; üppig und ein wenig frivol sind seine Malereien aus dem *Leben des hl. Benedikt* (1505-1508) in Monte Oliveto; er läßt sich in Siena nieder, doch die Freundschaft zu Peruzzi zieht ihn nach Rom, wo er Raffael begegnet. Er übernimmt nun das feine modelé Leonardos, sei es in dem prunkenden Dekor des Schlafzimmers in der Farnesina (*Alexander und Roxane*, 1511-1512) oder in der Darstellung der *Ekstase der hl. Katharina* (Cappella di S. Caterina in S. Domenico in Siena, etwa 1526).

Domenico Beccafumi (1486-1551) verdankt Sodoma und zugleich Raffael viel; die sienesische Vorstellungsweise gewinnt in den Erfindungen des Hell-Dunkel und der Farbe, die sich zu eigentümlichen Szenen von schummrigem Dunkel und hellem Brand verbinden, die Oberhand. Die Dekorationen im Palazzo Pubblico in Siena (1537), die Allegorien und das Trompe-l'œil zeigen indessen den manieristischen Einfluß, der nun von Florenz her einströmt. In seinen Bronzen (Kerzenträger-Engel, Dom) ist die Form stabiler, aber mit Lichtakzenten und -reflexen bereichert.

Die Malerei in Florenz

In Florenz stehen die ersten Jahrzehnte des Jahrhunderts nicht unter dem Einfluß Michelangelos, sondern werden von den Vorbildern Leonardos und Raffaels bestimmt.

Gian Francesco da Sangallo errichtet dort nach den Plänen Raffaels den Palazzo Pandolfini (1516-1520); Baccio d'Agnolo (1462-1543) übernimmt am Palazzo Bartolini auf der Piazza S. Trinita (1520-1529) den römischen Typus der Fassade und greift am Palazzo Rosselli del Turco auf das robustere florentinische Vorbild zurück. In der Malerei sind es Fra Bartolomeo und Andrea del Sarto, die den Ton angeben.

Fra Bartolomeo (1475-1517), der unter dem Einfluß Savonarolas um 1500 in den Dominikanerorden eingetreten war, hat in einem durch das ›sfumato‹ gemilderten, aber zu großen, weiträumigen Darstellungen neigenden Stil, in dem die Figuren sich in imposanter Linienführung antworten, als einer der ersten versucht, eine Synthese der neuen Stilströmungen herbeizuführen. Wenn er auch einen ursprünglichen Sinn für das Einfache der menschlichen Typen besaß, so fand er doch nicht sogleich zu einer größeren Einheitlichkeit (*Das Jüngste Gericht*, 1499); er erreicht diese in dem Bild *Maria erscheint dem hl. Bernhard* (Akademie, 1506), in der *Madonna Carondelet* (1508,

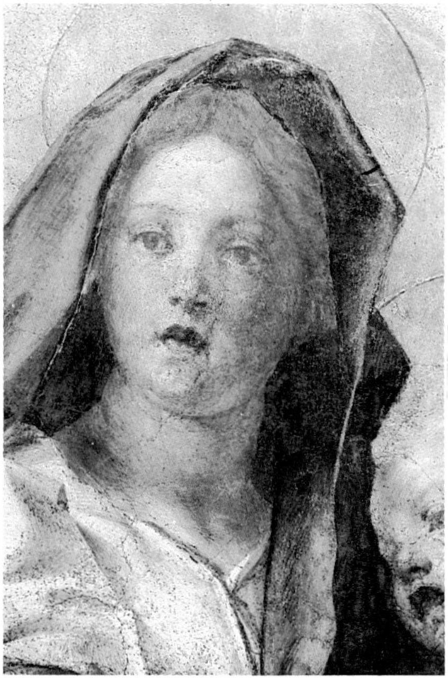

267
Andrea del Sarto
Madonna del Sacco
(Detail), 1525
SS. Annunziata, Florenz

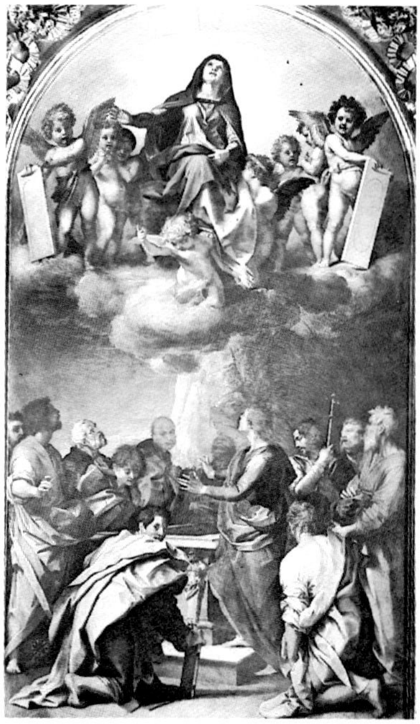

268
Andrea del Sarto
Mariä Himmelfahrt
um 1530
Palazzo Pitti
Florenz

Chantilly □269) und in der *Jungfrau zwischen Heiligen,* das einem Entwurf Peruginos ähnelt (Lucca, 1508). Eine Art von Größe, eine Breite in der Anordnung und besondere Feinheiten der Lichtwirkungen erreicht er in der *Verlobung der hl. Katharina* (Pitti, 1512). Er ist schmiegsam, aber kalt in dem *Christus* (Pitti, 1517), lebendiger in der ›Pietà‹ (Pitti, 1517). Sein Mitarbeiter Albertinelli (1474-1515) verwendet in seiner *Heimsuchung Mariä* (1503, Akademie) und der *Verkündigung* (1510, ibidem) zarte, ein wenig fade Formulierungen von klassischer Empfindung; sein Tabernakel (1500, Mailand) weist ihn als Kenner flämischer Malerei aus.

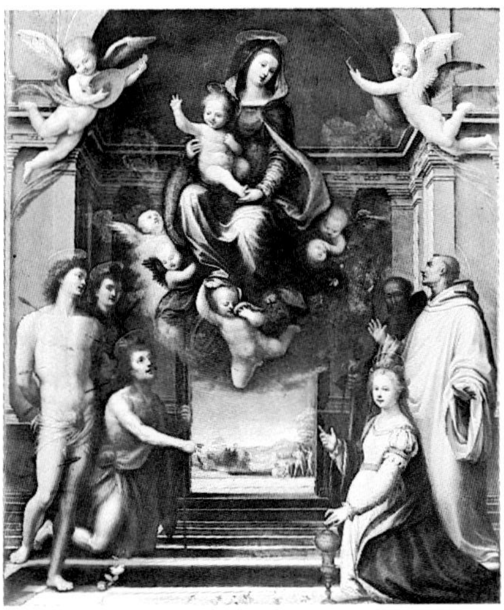

269 Fra Bartolomeo, Madonna Carandolet, 1508. Musée Condé, Chantilly

Bei Andrea del Sarto (1486-1531) drückt sich – im Schatten Leonardos und Raffaels – in einer Art von träumerischer Passivität die florentinische Version des klassischen Stils aus. »Werke ohne Fehler« hat sie Vasari 1550 genannt – man sollte vielleicht besser sagen: Meisterwerke von einer exakten Ausgewogenheit, von ruhigem Gleichgewicht, aber mit der Unruhe einer unbezwinglichen Melancholie. Es ist dieses seltsam Hintergründige, was die *Madonna delle Arpie* (1517, Florenz, Uffizien), die »edelste Madonna von Florenz«, wie Wölfflin sie genannt hat, von der *Sixtinischen Madonna* Raffaels unterscheidet.

Andrea del Sarto hat die Vorhalle der SS. Annunziata mit Szenen aus dem *Leben des hl. Filippo Benizzi* vor hellen und lockeren Landschaften (1509-1510) ausgemalt sowie mit einer ›Geburt Mariä‹ (1514), von der das sensiblere Bild Ghirlandaios in S. Maria Novella eine schöne Steigerung ist. In dem kleinen Kloster der Barfüßermönche, dem Chiostro dello Scalzo, arbeitete er von 1512 bis 1514 an Szenen aus dem *Leben Johannes des Täufers* in Grisailletechnik (zehn Fresken, davon zwei durch Franciabigio vollendet, und vier

Allegorien der Tugenden). Alles in diesen Kompositionen ist von ergreifender und echter Innigkeit, einer sicheren Kenntnis und ohne jede Routine. Es ist dieselbe, ein wenig melancholische Gelassenheit, nur mit lebhafteren, farbigen Rapporten, die sich in der *Carità* (1518, Louvre) ausdrückt. Die für eine Lünette entworfene *Madonna del Sacco* (1525, □267) zeigt mit ihrer von unten gesehenen Perspektive eine geschickt dezentrierte Komposition in Form einer Doppelpyramide, die das Gesicht und die Gestik der Jungfrau Maria in köstlicher Weise hervorhebt, indem sie das Profil des hl. Joseph links in einem transparenten Halbschatten läßt. Die sanft fließenden Landschaften und die feinen Kontraste dominieren noch in der *Heiligen Familie* (Galleria Borghese), aber das Spiel mit dem Faltenwerk, in dem die Virtuosität des modelé und der Lichteffekte zur Geltung kommen kann, setzt an die Stelle der Empfindung die Schaustellung: In den Heiligen der *Assunta* (etwa 1530, Pitti □268) verfällt Andrea diesem Fehler. Am schönsten drückt sich seine künstlerische Begabung in dem feinen modelé seiner Porträts aus (*Selbstbildnis*, Pitti). Seine Ausstrahlung erreichte verschiedene, zum Eklektizismus neigende Künstler: G. Bugiardini (1475-1554) oder Francesco Ubertini il Bachiacca (1495-1552), den Künstler der *Josephsgeschichten* (Galleria Borghese), die schließlich zu Michelangelo zurückfinden werden, und vor allem Franciabigio (1482-1525), der ihm in den Scalzi assistierte; in den Porträts von jungen, dunkelhäutigen Träumern (Louvre) steht er Andrea del Sarto näher, lehnt sich aber in seiner *Heiligen Familie* stärker an Raffael an (Wien).

Die Skulptur: Andrea und Jacopo Sansovino

Andrea Contucci, der später den Namen Sansovino annehmen wird (etwa 1470-1529), arbeitete im Geiste Bramantes in Monte San Savino und in seiner Nachfolge in Loreto (1509); es war jedoch in der Toskana, wo er unter dem Einfluß Leonardos als Bildhauer den Maßstab für seine zarte Idealisierung setzte: das Taufbecken in Volterra (1501), die *Taufe Christi* (Baptisterium, Florenz, 1502-1505). Seine großen, späteren Arbeiten in Santa Maria del Popolo, die *Grabmäler der Kardinäle Ascanio Sforza* (1505) und *Girolamo della Rovere* (1507), und die Tür zur Sakristei in S. Marco verbinden voller Klarheit Nischen von römischem Typus mit Bogenstellungen, die in lombardischer Manier ausgestattet und dekoriert sind □270. Der Ausdruck ist reiner, die Motive

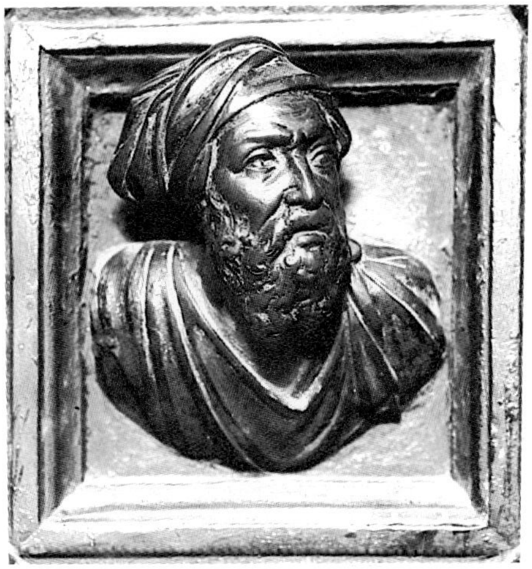

270 Sansovino, Sakristeitür von S. Marco, Venedig, 1527. Detail mit dem Bildnis von Tizian

genauer beobachtet und lockerer in der für die Casa Santa im Dom von Loreto entworfenen Folge von Flachreliefs mit Darstellungen aus dem *Leben der Jungfrau Maria*, in denen die Idealisierung und das Gekünstelte nicht mehr zu unterscheiden sind.

In Florenz wird keine künstlerische Persönlichkeit Sansovino ersetzen können; immerhin gibt es eine ganze Anzahl von Bildhauern: G. F. Rustici, A. Ferrucci – die wir schon erwähnten und denen man die von Michelangelo nicht ausgeführten Apostel für den Dom in Auftrag geben wird – Benedetto da Rovezzano (1474-1552), der in seinem Grabmal des hl. G. Gualberto (1505-1513, Fragmente im Bargello) noch etwas ungeordnet wirkt. Ab 1525 tauchen die Mitarbeiter Michelangelos an der Medici-Kapelle, Niccolò Pericoli, genannt il Tribolo (1500-1550), dem wir die Brunnen der Villen della Petraia und di Castello verdanken, und Giovanni Angelo Montorsoli (1507-1563), der Schöpfer des Orion-Brunnens in Messina, auf; sie kommen aber viel mehr vom Manierismus und dessen Vorstellungswelt her als vom Klassizismus in jenem Sinne, wie ihn Lorenzo Lotto oder il Lorenzetto (1490-1541) in Rom, im Zusammenhang mit Raffael, in den Figuren der Chigi-Kapelle, Elias und Jonas, definiert hat.

Der einzige Erbe Andrea Sansovinos, der imstande war, dessen kühle Gelassenheit durch die Lehre Raffaels zu beseelen, war sein Schüler Jacopo Tatti, der den Namen seines Meisters, Sansovino, annahm (1486-1570): Florentiner, Freund Andrea del Sartos und wie dieser empfänglich für die feinen Nuancierungen des modelé, begibt er sich 1506 nach Rom, beschäftigt sich ernsthaft mit Raffael und bereichert seine Stilmittel: *Bacchus* (Bargello, 1511-1514). Später läßt er sich dann von Michelangelo und dessen kraftvoller Massigkeit inspirieren (*Der hl. Jakob,* S. Maria di Monserrato). 1527 erfährt sein Leben eine plötzliche Wendung: Er verläßt das verwüstete Rom, um nach Venedig zu gehen, wo er mit einem ungewöhnlichen Anpassungsvermögen der große Architekt Venedigs werden sollte und der Bildhauer, den man mit Tizian verbindet. Dieser Eklektiker verhehlte nichts von dem künstlerischen Beitrag Florenz' und Roms und verband ihn mit den Schöpfungen venezianischer Kunst. Er vervollständigte so die Wirkung Sebastiano del Piombos, der sich im Umkreis Giorgiones gebildet hatte, 1511 nach Rom gegangen war und dort, wie man weiß, neben Raffael und dann Michelangelo, von dem er sich 1532 trennte, zu Erfolg gekommen war. Gegen 1530 antwortete Venedig auf die Kunst Roms; das klassische Moment der Renaissance erhielt hier indessen einen anderen Aspekt.

Die Kleinbronzen

Es war vor allem in Florenz und Padua, wo sich die Kunst der Bronzestatuetten und -plaketten in der zweiten Hälfte des 15. Jahrhunderts durchsetzte[165]: Die Vorliebe für diese Kleinkunst antikischer Prägung ist sehr bezeichnend für die Gesinnung der humanistischen Kunstliebhaber und die Künstler, die sie lieferten. Nachdem die Kunst der Bronzebildhauerei durch Ghiberti, stärker noch durch Donatello wieder zu Ehren gekommen war, schufen jetzt die kleinen florentinischen Meister, die durch ihre Schule gegangen waren, höchst erfolgreiche Stücke; in Florenz finden wir gegen 1480 die Statuetten des Herkules aus dem Atelier Pollaiuolos (Wien) und vor allem die bereits erwähnten Arbeiten von Giovanni Bertoldo: *Bellerophon* (Wien), *Herkules* (Privatbesitz, New York) und die Plaketten mit allegorischen Darstellungen von nervöser Modellierung (Victoria and Albert Museum). Auf dem Gebiet der Medaillen sind die berühmten Stücke von Niccolò Spinelli, genannt Niccolò Fiorentino (1430 bis etwa 1514), mit den Bildnissen von Lorenzo de'Medici, von Pico della Mirandola □271, Marsilio Ficino, Polizian, von Notabeln und Päpsten von unersetzlichem Wert[166].

Die Wahlheimat dieser Werke der Kleinkunst, in der die Nachahmung der Antike leicht bis zum

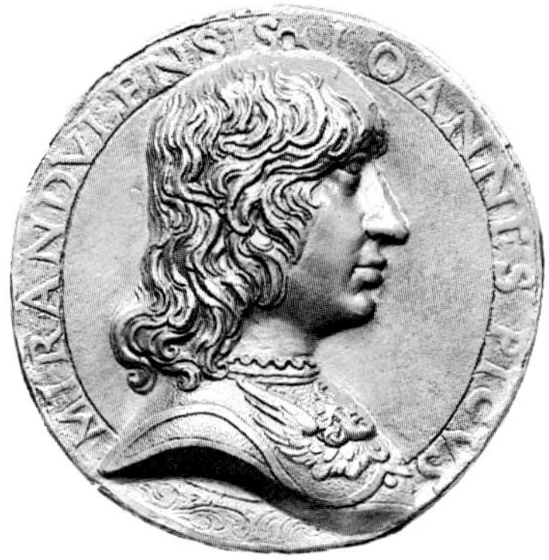

271 Fiorentino, Medaille mit dem Porträt von Pico della Mirandola, um 1510. BN, Paris

›pasticcio‹ gehen könnte, war Norditalien; schöne Vorbilder hatte schon Pisanello in Ferrara mit seinen großartigen Medaillen geliefert (Johannes VIII. Paläologos, 1438; Lionello d'Este, 1443) oder auch Matteo dei Pasti (›Malatesta und Isotta‹, 1446). Der Aufenthalt Donatellos in Padua hatte

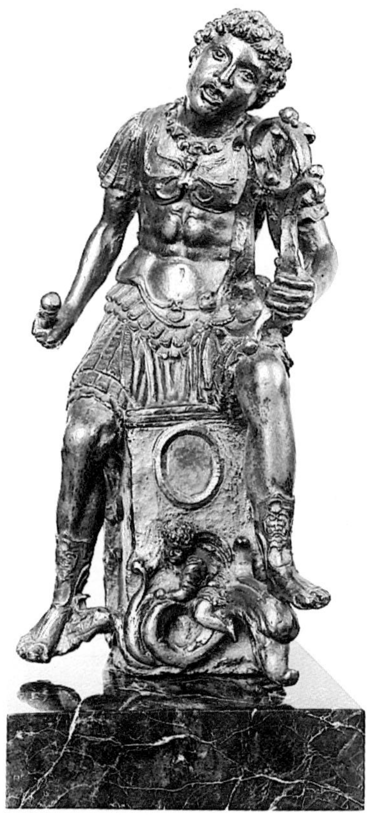

272 Andrea Riccio, Arion, 1507-1516. Louvre, Paris

entscheidende Bedeutung: Seine kraftvolle Kunst ist der Ausgangspunkt – neben anonymen Kunstwerken wie dem *Dornauszieher* (Museum, Wien) – für die realistischen Tiere, Lampenhalter, kleinen Faunsfiguren des Andrea Briosco, genannt Riccio (1470-1532), dessen kleines Selbstporträt in Form einer Büste mit dem gekräuselten Kopf eine sehr ursprüngliche, lebendige Arbeit ist. Derselben Epoche gehört der sonderbare, 18 cm hohe Spiegel mit Allegorien der Natur an (Victoria and Albert Museum, London), der früher einmal Donatello zugeschrieben wurde. Eine große Anzahl von Plaketten – Gorgonen, Tritonen, Bacchanten, heidnische Gottheiten (Collection Santa Barbara, Kalifornien) – kommen aus der florentinischen oder paduanischen Kunstwelt □ 272, 273.

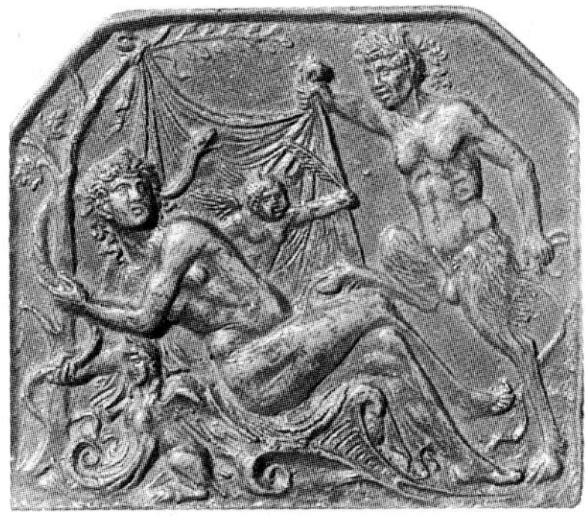

273 Andrea Riccio, Satyr und Nymphe, National Gallery, Washington D.C.

Eine raffiniertere Erfindung, die manchmal fast einen neoklassischen und empirehaften Geschmack vorausahnen läßt, kommt zu Anfang des 15. Jahrhunderts in Ferrara mit Pier Giacomo Ilario-Bonacolsi, genannt l'Antico (etwa 1460 bis 1528), zum Ausdruck, der Büsten und Venusstatuetten (Museum, Wien) von sehr weichem, schmelzendem modelé herstellte. Nicht weniger elegant ist der anonyme nordische Künstler, der seine Werke mit ›Moderno‹ signierte, und dem man Plaketten mit ebenso feinen wie klugen architektonischen und anatomischen Darstellungen verdankt, wie etwa die *Geißelung Christi*. Mit Sansovino und einem anderen Florentiner, der sich 1530 nach Venedig begibt, Danese Cattaneo (1509 bis 1573), nähert sich die lange, gestreckte Statuette mit ihrem obligatorischen Kontrapost schon einem manieristischen Geschmack. Um die Mitte des Jahrhunderts feiert die elegante Kleinbronze mit ihrer ausgefeilten Gestik mit Cellini, Bandinelli und Vincenzo Danti ihre Triumphe in Florenz.

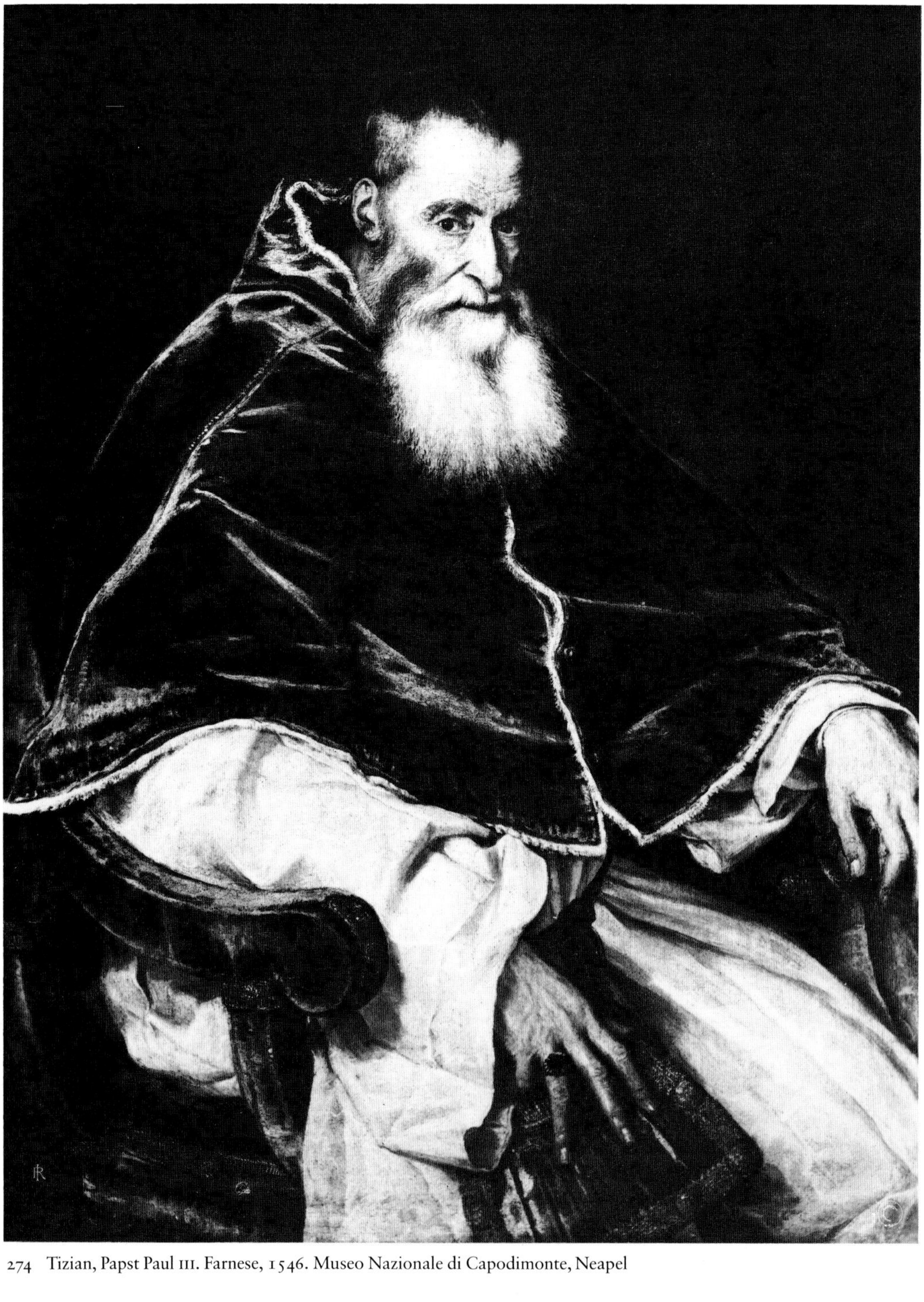

274 Tizian, Papst Paul III. Farnese, 1546. Museo Nazionale di Capodimonte, Neapel

DAS CINQUECENTO

VENEDIG

Einführung
Orientalische Einflüsse und der Humanismus

1495 nannte der französische Historiker Philippe de Comines den Canal Grande in Venedig »die schönste Straße der Welt mit den prächtigsten Häusern«. Der Glanz bürgerlicher Festlichkeiten und die feierliche Pracht religiöser Feste, die zu prunkvollen Paraden auf dem Wasser wurden, erregten die höchste Bewunderung bei allen, die einmal dabei waren: die Mailänder Piero Casola, der Deutsche F. Faber – der sich über den Sklavenhandel wunderte, der »doch schon seit der Zeit des Papstes Zacharias verboten wäre«, über die prächtige Kleidung der Frauen bei kirchlichen Festen und über das Kommen und Gehen der unzähligen Frachtschiffe im Hafen – oder Dürer, der sich mit dem größten Entzücken von 1505-1506 in Venedig aufhielt. Die Entdeckung des Seeweges nach Indien ums Kap und die Entdeckung der Neuen Welt sollten diesen außerordentlichen Wohlstand Venedigs über kurz oder lang jedoch in Gefahr bringen. 1504 beunruhigte sich bereits ein vornehmer Venezianer, daß »aus Syrien leere Galeeren einträfen, und daß sie, was man noch niemals gesehen hätte, ohne die geringsten Spezereien wären«. Jedoch wurde der jetzt verhängnisvolle Niedergang der venezianischen Macht im 16. und noch im 17. Jahrhundert durch die überragende Rolle, die die Stadt innerhalb der europäischen Politik und Kultur spielte, überdeckt.

Die venezianische Kolonialherrschaft im östlichen Mittelmeer mußte vor dem türkischen Vormarsch, der nach der Einnahme von Konstantinopel 1453 unaufhaltsam geworden war, Stück für Stück zurückweichen. 1470 wurde Euböa geräumt; es blieben nur noch einige Stützpunkte in Morea. Zypern, das Caterina Cornaro 1489 an Venedig abgetreten hatte, konnte den Verlust der östlichen Handelsniederlassungen nur vorübergehend ausgleichen. Die Einfälle der Türken erfolgten anfänglich über das Adriatische Meer und den Balkan; 1501 fürchtete man eine Invasion von Norden her, und Leonardo, der sich gerade in Venedig aufhielt, schlug vor, das Ufer des Isonzo zu befestigen. Die türkische Bedrohung kam der französischen Politik als ein Gegengewicht zur kaiserlichen Macht (Besetzung von Wien durch die Türken 1529) sowie als Druckmittel auf Venedig sehr zustatten. Sobald die Kriege in Italien vorbei waren, konnte das Bündnis zwischen den beiden Mächten (das auch den Erfolg Tizians am Hofe Karls V. erklärt) Don Juan d'Austria zu dem entscheidenden Sieg bei Lepanto (1571) über die Türken verhelfen, zu dem die venezianische Flotte übrigens einen wesentlichen Beitrag geleistet hat.

Seit dem Anfang des 15. Jahrhunderts war Venedig eine Festlandsmacht und nahm am Geschick Italiens Anteil. Seine Besitzungen, die Padua, Verona und Brescia umfaßten, grenzten an Mailänder Gebiet. Venedig wurde auch in die französisch-kaiserlichen Kämpfe verwickelt, und die Entente zwischen dem Papst und dem König von Frankreich zur Zeit der Liga von Cambrai brachte der Stadt 1509 die Niederlage und den Verlust Venetiens, das es aber 1513 durch Verhandlungen wieder an sich zu bringen wußte. In der Kunst der Diplomatie war Venedig unübertrefflich: Seit langem schon verlangte der Große Rat der Stadt von seinen Botschaftern genaue Berichte, die in ihrer Art vorbildlich geblieben sind und in denen sich das Interesse der Venezianer an den Sitten und Eigenarten fremder Völker spiegelt.

In dieser reichen, prächtigen und kosmopolitisch eingestellten Stadt, die für orientalische Einflüsse sehr empfänglich war und sie für ihre eigene Ausschmückung geschickt zu nutzen verstand, konnte der Humanismus nur in einem ganz andersartigen Sinne Fuß fassen, der sich vom Intellektualismus der Florentiner wie auch von der römischen Prunkliebe stark unterschied. 1468 hatte der Kardinal Bessarion seine Sammlung von griechischen und lateinischen Manuskripten der Stadt zum Geschenk gemacht (heute in der Bibliothek Marciana). Die venezianischen Buchdruckereien, wie die des Aldus Manutius, spezialisierten sich nun auf griechische Texte. Byzantinische Wissenschaft und Dichtung fanden einen außerordentlich günstigen Boden: Ermolao Barbaro (gest. 1493) vertritt die daraus hervorgehende neu-aristotelische Lehre, die in der Naturphilosophie von Pomponazzi in Padua ihre Fortsetzung findet. Die Traktate über angewandte Mathematik von Pacioli wurden in Venedig veröffentlicht (›De divina proportione‹, 1509). Eine Verschmelzung dieser ein wenig esoterischen Theorien mit der christlichen und ›pythagoräischen‹ Symbolik vollzieht sich in dem sonderbaren Werk von Francesco Giorgi über die ›Harmonie der Welt‹ (1525). Diese wissenschaftliche Orientierung wird in Venedig sehr ausgeprägt bleiben. Ihr gegenüber steht eine leichtere Literaturgattung, die sich eher dem herrschaftlichen Lebensstil anpaßte: Sie hat ihren zwar geistreichen, aber recht unmoralischen Meister in Aretino (1492-1556), der sich 1527 in Venedig niedergelassen hat; er ist der erfolgreiche Autor lockerer Dialoge (1532), von Theaterstücken und Andachtsbüchern – mit denen er die Gunst Leos x. erringen wollte – und war in ganz Italien durch seine ausgedehnte Korrespondenz berühmt, dazu ein brillanter Kritiker und Freund Tizians.

Die vornehme Welt trifft sich in den venezianischen Gärten, unter denen der Garten von Murano, den ein lateinisches Gedicht von Castaldi preist und den Bembo so sehr liebte, besonders berühmt ist. Ein bekannter Stich aus dem Jahre 1500 von J. de Barbari zeigt die große Anzahl dieser umschlossenen Gärten hinter den Palästen. In dieser Zeit entwickelt sich auch die Vorliebe für das Landhaus, die ›Villa‹, wie sie zum Beispiel in dem ›Trattato dell' agricultura‹ von Crescenzio (1495) beschrieben ist. Um Bassano und Padua herum beginnt man jetzt Häuser mit Loggien und Fresken an den Außenwänden zu bauen. Diese Wohnsitze der Terra ferma bieten den geeigneten Rahmen für die gebildete Schicht Venedigs, die hier im Kreis um schöne Frauen – und nicht wie in Florenz um schöne Männer – ihre Gespräche über die Liebe und die Aufgaben der Kultur führt. Die Gärten von Asolo des Dichters und Gelehrten P. Bembo sind ein Meisterwerk ihrer Art.

Die Malerei hat in diesen Villen – wie auch in den sehr gepflegten Palästen der Lagune – im wesentlichen dekorativen Charakter. Sie paßt sich den Wänden und Decken an, wie sich die Skulptur zu ihrer Aufstellung Nischen und Balustraden sucht. Diese Einheit zwischen dem Kunstwerk und seiner Umgebung findet sich in gleichem Maße in den Kirchen, wo die Altarbilder sich in Komposition und Farbklang nach den Gegebenheiten der Architektur richten. Die neue Entwicklung des Dekors und die schnelle Stilentwicklung werden diese Einheit nicht zerstören; das Hauptmerkmal der Stadt – nämlich das Bestreben, eine fortlaufende Fassade zu bilden – wird zwar komplizierter werden und eine neue Interpretation erfahren, aber keineswegs grundlegend verändert werden. So übernimmt jetzt Venedig die künstlerische Nachfolge Roms, das – zutiefst geschlagen durch die Plünderung des ›Sacco di Roma‹ vom Jahre 1527 – vorübergehend auf seine Vorrangstellung verzichtet. Venedig erreicht gegen 1530 eine ungeheure Strahlkraft und wird der Schöpfer einer neuen klassischen Kunstphase. Ihr folgt unmittelbar eine Krise manieristischer Kompliziertheit, die wir aber gesondert betrachten müssen.

Architektur und Skulptur

Man könnte sagen, daß die Architektur von Venedig nach außen gerichtet ist: Der von Fassaden eingefaßte Platz oder Kanal bildet eine monumentale Einheit, bei der die Fassaden nur die Seitenwände bilden. Die Vorderfronten der Paläste mit den verzierten Loggien, den schattigen Arkadengeschossen setzen im großen und ganzen den antiken Typus der Villa mit Portikus fort[167]. Im 15. Jahrhundert erreicht diese malerische Auffassung der Fassade durch die Verschmelzung der orientalischen Tradition mit der gotischen Formenwelt einen Höhepunkt an Reichtum und Eleganz. Mit dem Eindringen klassischer Ordnungsvorstellungen florentinischen Gepräges durch die Lombardi scheint dieser überschwenglich-wuchernde Stil sich zu beruhigen. Durch J. Sansovino entwickelt sich jedoch wieder ein phantasievolleres Stilgefühl, das zum Dekor Raffaels und Peruzzis tendiert und gegen 1530 eine entscheidende Wendung herbeiführt: Venedig führt die klassische Architektur zu ihrer großen dekorativen Funktion zurück, indem es die Mauermasse durch Hohlräume und Durchbrüche auflöst und die Oberflächen belebt. Es kommt auf die würdevollen Anordnungen des 4. und 5. Jahrhunderts, der Kunst von Byzanz, zurück und fügt eine Nuance hinzu, die dem monumentalen Denken der Renaissance entspricht.

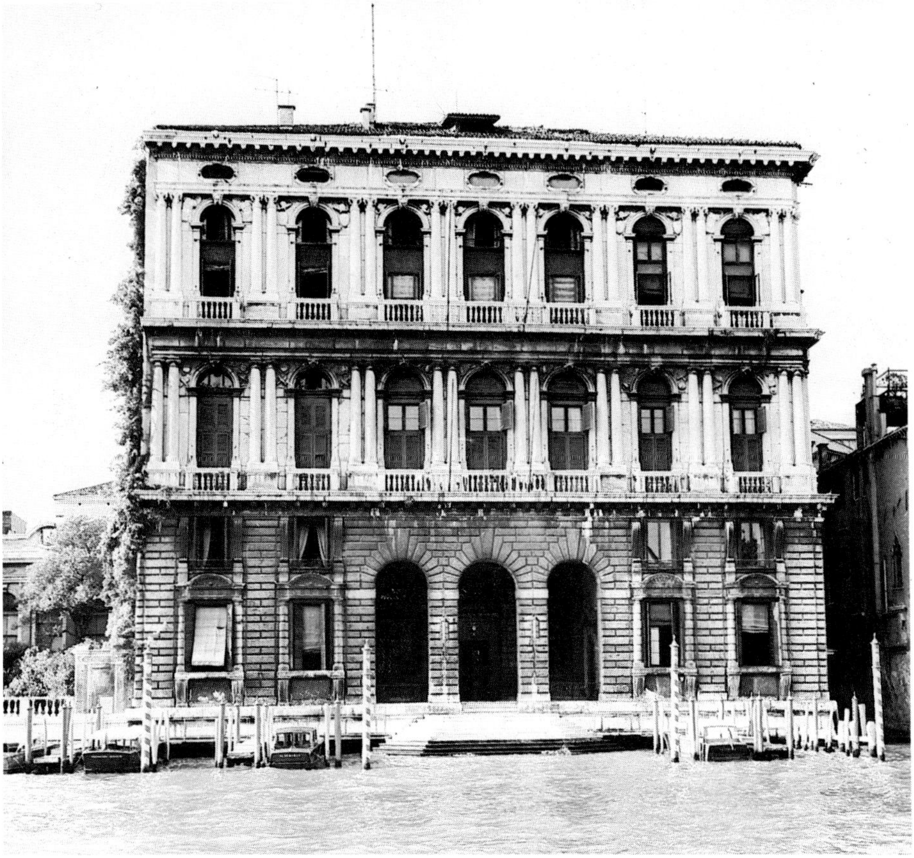

275 Sansovino, Palazzo Corner, Venedig, 1532

Sansovino war 1527 nach Venedig geflüchtet; schon 1529 folgte er Bartolommeo Bon als ›Pro-maestro‹ der Prokuratoren von San Marco, das heißt als oberster Architekt der Republik Venedig. In seinen ersten Arbeiten, wie etwa dem *Palazzo Corner* (1532, □275), war er noch auf einen strengen Rhythmus bedacht: Die strenge Anordnung richtet die Steinschichten der Grundmauer in einer Reihe aus und kuppelt die Säulen zu Paaren; statt zierlicher Arkaden haben die Fassaden zwei übereinanderliegende, edle und tiefliegende Säulenhallen, die Mauermasse bleibt feierlich ruhig, bricht sich aber auf,. wird farbig und nimmt verschiedene Profile an. Diese Anpassung an die venezianische atmosphärische Eigenart tritt in den Arbeiten um San Marco – wo Sansovino zwei Kuppeln restaurierte und mit der endgültigen Gestaltung des Platzes begann – noch deutlicher hervor.

Wenn es in Venedig eine Fassade gibt, die als Hintergrund für einen Freilichtraum gedacht ist, so ist es die der Markuskirche. Um die Mitte des 13. Jahrhunderts hatte man die Anlage des Platzes genauer bestimmt, indem man den durchquerenden Kanal zuschüttete, ein Ziegelpflaster legte, ihn mit Häusern mit niedrigen Arkaden und Zinnenkranz umgab und die Fassade der Markuskirche erhöhte. Seit an der Nordseite des Platzes mit dem Bau der *Alten Procuratien* mit ihren fünfzig Arkadenbögen in straffem, präzisem Rhythmus begonnen worden war, hatte man sich für einen umlaufenden Bogengang auf allen vier Seiten entschieden, wovon die eine schon durch die Vorhalle der Markuskirche gebildet wurde. Die *Loggetta* □276 des Campanile (1537-1540) von Sansovino war mit ihren Gesimsen und Risaliten, ihren Triumphbögen, Flachreliefs und den vier Bronzefiguren in den Nischen die erste moderne Hinzufügung, die sich den Lichtwirkungen des Platzes glänzend anpaßte. Noch ausdrucksvoller und von einer Vielfalt, die zugleich etwas vom Meer und Himmel in sich hat, ist die *Bibliothek* (1536 bis 1554, von

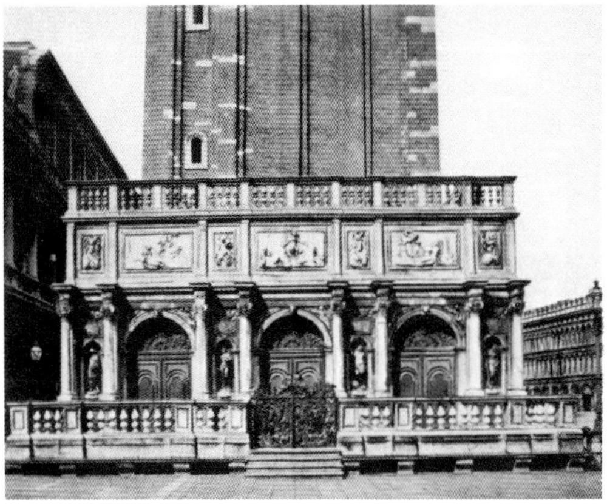

276 Sansovino, Loggetta des Campanile, 1537-1540

Scamozzi beendet) mit ihren zwei übereinander liegenden Loggien, die untere in dorischer, die obere in ionischer Ordnung, mit ihrem Dekor aus Fruchtgehängen und anderen Schmuckformen und dem kräftigen Abschluß, der aus dem Gesims, der vorspringenden Balustrade und den Statuen auf Postamenten besteht. An diesen vortrefflichen Bau schloß sich im rechten Winkel dazu ein anderes, weniger glückliches Gebäude von Sansovino an, das durch ein später aufgesetztes Geschoß einen schwerfälligen Charakter annahm, die *Zecca,* die Münze (1537-1545), mit ihren zu derben Rustikablöcken.

Die Libreria, die die eine Seite der Piazzetta und eine Ecke des Markusplatzes einnimmt, machte in ihrer Verlängerung auf der Südseite des Platzes gegenüber den Alten Procuratien einen ebenso monumentalen Bau notwendig: Diese Aufgabe löste Scamozzi (1586), der sich durch Sansovino inspirieren ließ; er traf eine dreigeschossige Anordnung und bewahrte den lebendigen Rhythmus, der darauf beruht, daß jeweils die ganze Breite des Arkadenbogens von einem Fenster eingenommen wird. Das Ganze wurde von Longhena (1640) ergänzt; der Bautrakt an der Rückseite des Platzes, der sogenannte ›napoleonische Flügel‹, wurde erst 1810 hinzugefügt. Sansovino ist es zu verdanken, daß die ganze Anlage des Platzes diesen Zug ins Monumentale angenommen hat. Sansovino behauptete in Venedig über vierzig Jahre lang eine ähnlich souveräne Stellung, wie sie in der Malerei Tizian innehatte. Mit der *Villa Garzoni* in Candiana in der Nähe von Padua (etwa 1555) machte er einen exemplarischen Vorschlag für den Bau einer Villa, die einen idealen Rahmen für große Feste abgab, mit einem feierlichen Hof, der von einem einstöckigen Säulengang gebildet wird, der mit Statuetten versehen ist. Trotz der Vielfältigkeit der Grundrisse bleiben die Strukturen bei Sansovino klar und durchsichtig, weder finden wir das Komplizierte des Manierismus noch das Fließende des Barock. Weniger klar ist die Lage in der Skulptur – in den Statuetten der Loggetta □ 277, in den Bronze-Evangelisten der Chorschranke in der Markuskirche, in den Reliefs der Sakristeitür –, wo Sansovino eine Faltenfülle, eine feine Vibration des Details, eine kleinteilig bewegte und dunstige Wirkung sucht, die der plastischen Dichte schadet.

1534 wurde die Kirche *San Francesco della Vigna* nach dem Entwurf von Sansovino in Angriff genommen. Sansovino hatte ihr ursprünglich drei Schiffe mit einer Kuppel geben wollen, beschränkte sich dann aber doch auf nur ein Schiff. Da ein Streit um die Proportionen der Kirche entbrannte, bat der Doge Andrea Gritti den durch seine ›pythagoräischen‹ Untersuchungen über die Zahlenverhältnisse bekannt gewordenen Humanisten

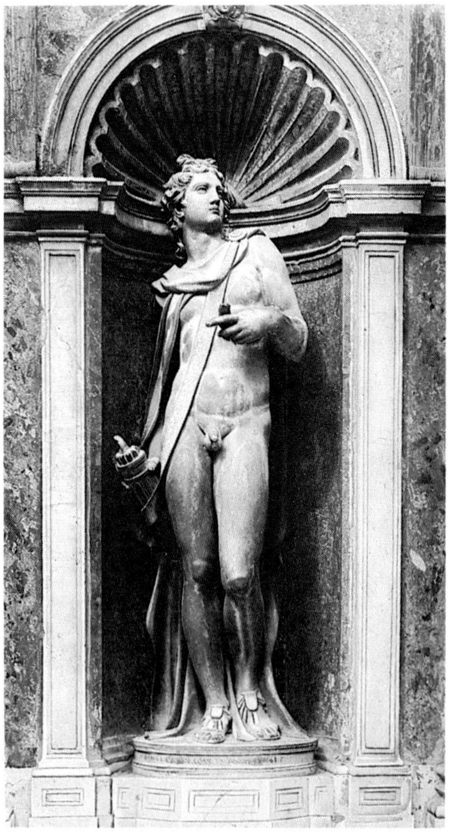

277 Sansovino, Apollon, Bronzefigur der Loggetta des Campanile, Venedig, 1537-1540

Francesco Zorzi um eine Denkschrift. Seine Maßbezüge, die auf den musikalischen Maßverhältnissen der Oktave (diapason) und den Grundproportionen, die die universale Harmonie ausdrükken, basierten – angefangen von der Reihe 1.2.3.4.8.9.27 – wurden von der Kommission, die aus Tizian, Serlio und dem Humanisten Fortunio Spira bestand, akzeptiert[168]. Diese Tatsache zeigt nicht nur das Interesse, das man der ›mathematischen Reinheit‹ von Bauwerken, die nur wahren Kunstsachverständigen einsichtig war, entgegenbrachte, sondern auch die Verwandtschaft zwischen den Künsten selber. Die Anwesenheit Serlios in Venedig, der die Publikation seiner vier ersten Bücher (1537) vorbereitete, macht deutlich, wie sehr man sich in Venedig mit den Begriffen harmonikaler Schönheit beschäftigte. Mit der von Palladio dreißig Jahre später entworfenen mächtigen Fassade für San Francesco della Vigna (1568 bis 1572), die der Proportionstabelle von F. Zorzi Rechnung trägt, stellt sich eine Verbindung her zwischen der Ästhetik Palladios und den gelehrten Theorien, die die Übernahme der klassischen Formen in Venedig begleiten.

Serlio ist für Venedig, wo er sich 1531 bis 1541 aufhielt, nicht weniger wichtig gewesen wie für Rom: Seine Architektur, die sich an die architektonischen Grundordnungen hält, jedoch malerischer, vielfältiger ist, voller Nischen und ›Leeren‹ (Durchbrüchen der Mauermasse), die nach seinen eigenen Worten »eine größere Präsenz« besitzen, ist eine Weiterentwicklung des Stils von Raffael und Peruzzi. Sie entsprach genau dem venezianischen Geschmack: Über einem harmonischen Maßwerk, dessen Geometrie einen Vergleich mit der Musik wachruft, breiten sich Hell-Dunkel-Wirkungen und Reliefs aus, die die Flächen in einem malerischen Sinne behandeln. Das venezianische Kunstklima war für diese Art von Rapporten sehr empfänglich, und man begann, sich in Traktaten damit auseinanderzusetzen. So verfaßte der Patrizier Alvise Corner (Luigi Cornaro) eine Abhandlung, in der er sich unter Empfehlung der antiken Ordnungen mit dem modernen Komfort und der Schönheitsvorstellung beschäftigte; es wird jedoch Padua sein, wo er diese Vorstellungen mit der Hilfe Falconettos verwirklichen kann.

Tatsächlich war es dieser Architekt aus Verona, Gian Maria Falconetto (1468-1535), der – sogar schon vor Sansovinos Ankunft in Venedig – die neue, von Bramante und Raffael ausgehende Architektur in Venetien bekannt gemacht hatte. Er kam aus Verona, wo sich nach dem Humanisten und Epigraphenkenner Felice Feliciano der große Archäologe und Herausgeber der Vitruvschen Schriften, Fra Giocondo, herangebildet hatte, er führte ein vagabundierendes Leben, hielt sich in Rom auf, studierte die Antike und erwarb gegen 1520 die Gunst von Alvise Corner, der ihn mit Arbeiten in Padua betraute. In dem Palast neben der Basilica di S. Antonio, ›il Santo‹ genannt, bau-

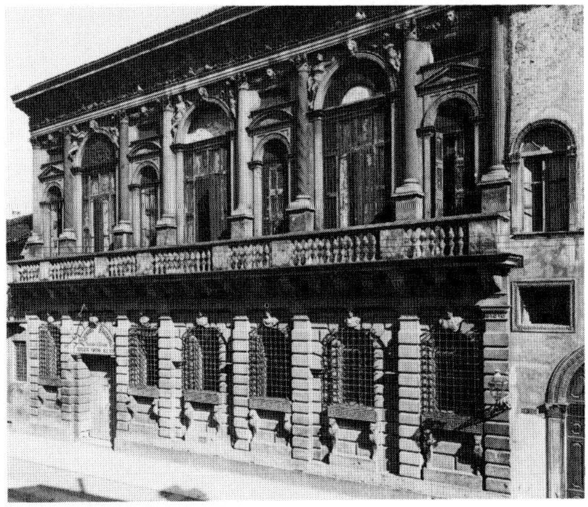

278 Sanmicheli, Palazzo Bevilacqua, Verona, 1530

te er 1524 die *Loggia*, die auf einem klaren, durchscheinenden Schema basiert und die feinen Reliefs und den Wechsel der Giebelformen des Stockwerkes schön zur Geltung bringt; der Musiksaal oder das Odeon, das eine kunstvolle Akustik hat, sowie die Stuckarbeiten und Malereien im Innern, die in ›pompejanischer‹ Manier gemalt sind, stammen von Giovanni da Udine. Falconetto errichtete auch das Eingangsportal in Form eines Triumphbogens für die *Villa Cornaro* (Este), den bischöflichen Wohnsitz, der eine Loggia-Fassade und ein Rustika-Sockelgeschoß hat, das den Bau über die umliegenden Felder erhebt, und baute in Padua die Porta San Giovanni (1528) und die Porta Savonarola (1530). Es liegt in diesen Arbeiten eine Einfachheit der Handschrift und eine Klarheit der Umrisse, die immer an der Grenze zum Manierismus haltmacht. Sanmicheli aus Verona, ein Schüler von Falconetto und Sansovino, wird diese Schwelle oft überschreiten.

Michele Sanmicheli (1484-1559) bildete sich in Rom aus, wo er viel von Antonio da Sangallo d. J. lernte; er baute in San Domenico in Orvieto die Petrucci-Kapelle (1518-1521), dann in seiner Geburtsstadt Verona, wohin er 1527 zurückgekehrt war, mehrere Paläste, die für den beginnenden

Bruch mit dem klassischen Ideal bezeichnend sind: Beim *Palazzo Pompei,* der ein Rustika-Erdgeschoß und eine Loggia im oberen Stockwerk hat, drückt sich etwas ›Künstlich-Gewolltes‹ aus. Der *Palazzo Bevilacqua* □278 zeigt einen Hang zur Originalität, der die Symmetrie ins Wanken bringt und die Anordnung verwirrt: Er hat ein mächtiges Kranzgesims und eine durchgehende Balustrade zwischen den beiden Geschossen, im Hauptgeschoß einen ungezwungenen Wechsel von großen und kleinen Bogenstellungen, Säulen mit gerade oder spiralig kannelierten Schäften und Dreiecks- oder Segmentgiebeln, die in einem inkongruenten Rhythmus wechseln. Eine ganz venezianische Lebhaftigkeit, die mit allen möglichen Mitteln die Flächen belebt und teilt, kommt später in der Pellegrini-Kapelle von San Bernardino in Verona zum Ausdruck.

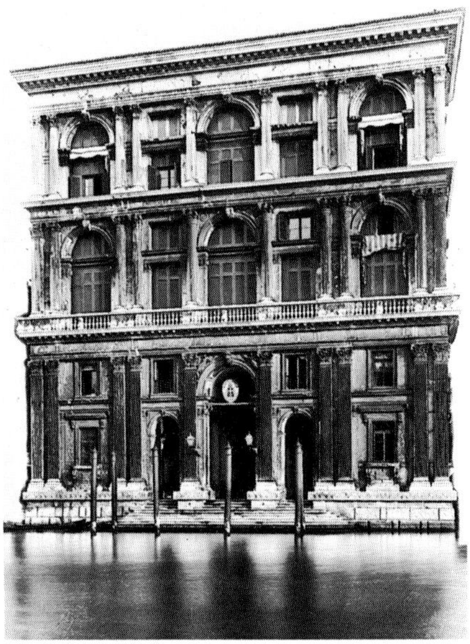

279 Sanmicheli, Palazzo Grimani, Venedig, 1556/57

In Venedig selber zeigt der *Palazzo Cornaro Mocenigo* (1543) einen zurückhaltenderen Stil; der *Palazzo Grimani* □279 bewahrt das Thema der drei Geschosse, die durch gepaarte Stützen mit seitlichen Rundbögen gegliedert werden, wie es schon am Palazzo Vendramin auftritt; Sanmicheli gibt ihm jedoch durch die betonte Erhöhung des Erdgeschosses, durch die Straffung der Travée und die Einfügung zweier viereckiger Fensteröffnungen als Begleitmotiv auf beiden Seiten der mittleren Jochbögen den Eindruck von großer Vielfalt und räumlicher Tiefe. Sanmicheli war auch der Erbauer zahlreicher Villen, die jedoch fast alle zerstört sind; erhalten geblieben sind einige kraftvolle Spuren der *Villa della Torre* in Fumane (Verona) und der Portalbogen der *Villa Bevilacqua.* Er wurde schließlich Festungsbaumeister der Republik und beschäftigte sich mit den Befestigungen von Verona (1528-1538), Padua (1534), des Lido und der Inseln des Archipels.

Malerei

In den ersten zehn Jahren des Jahrhunderts vollzieht sich in Venedig die ›luministische‹ Revolution, die Eroberung einer Art von ›Lichtmalerei‹. Diese entscheidende, von Giovanni Bellini vorgenommene Umgestaltung der Tonmalerei erfährt durch Tizian eine Ausweitung, die alle ›Genres‹ der Malerei umfaßt und allen künstlerischen Bedürfnissen entspricht. Bellini stirbt erst 1516, als Tizian ungefähr fünfundzwanzig Jahre alt ist; Giorgione, der um 1477 geboren ist, stirbt vorzeitig 1510. Wie in Rom, ergibt sich also zwischen 1505 und 1510 in Venedig eine Zeitspanne, in der die künstlerischen Erfahrungen der Vergangenheit und der Gegenwart zusammenwirken: So setzt der späte Stil Bellinis der Pala von S. Giovanni Crisostomo (1513) den Giorgionismus schon voraus; die unvollendeten Werke von Giorgione, dann die von Bellini werden zum Teil von Tizian ergänzt. Die Wechselbeziehungen und Zuschreibungen sind also manchmal recht delikater Natur. Doch schon diese Tatsache allein zeugt von der tiefgehenden Wirkung und der unmittelbaren Faszination, die von Giorgione ausging.

Florentinische Chronisten wie Vasari haben die Entwicklung Giorgiones mit dem Aufenthalt Leonardos 1501 in Venedig in Zusammenhang gebracht. Das ›sfumato‹, die feine Umhüllung, in der der Meister der ›Hl. Anna Selbdritt‹ die Konturen verschwimmen läßt, entsprach ohne Zweifel dem intuitiven Streben eines jungen, kultivierten Künstlers wie Giorgione; anstatt jedoch – wie es der Florentiner tat – eine plastisch empfundene Form weich und fließend zu machen, ist hier das venezianische Hell-Dunkel die letzte Auflösung, die letzte Modulation eines lichtdurchfluteten Raumes, in dem das Volle und das Leere – also die Mauermasse und ihre Auflösung zum Beispiel – schon immer als Tonwerte begriffen wurden. Ab

1480–1490 beginnen die Bilder Bellinis in einem eigentümlichen Glanz zu leuchten, gegen 1500 weiß Carpaccio in seinen beiden *Kurtisanen* (Museo Correr) die feuchte Farbigkeit eines *Venedig unter dem Schirokko* (R. Palluchini) zu evozieren, und Montagna oder Buonconsiglio verstehen es, das Zwielicht und die bleiernen Töne einer Gewitterstimmung wiederzugeben. Alles schien nach einer neuen Verdichtung der bildnerischen Vision und Themen zu rufen, nach der Eroberung eines einfachen Prinzips, das die veränderliche Sensibilität und die humanistische Kultur der Venezianer gleichermaßen zu befriedigen vermochte.

Giorgione und der Giorgionismus

Das kurze und strahlende Leben des Giorgio Barbarelli, genannt Giorgione (1477–1510), ist von Geheimnissen umhüllt. Er ist in Castelfranco geboren, zwischen Vicenza und Treviso. Da er – nach Vasari – ein Porträt der Caterina Cornaro gemalt haben soll, ist anzunehmen, daß er in den Gärten von Asolo verkehrte, wo Bembo und seine Freunde zusammenkamen. Giorgione traf in diesen Kreisen sofort auf Bewunderung. Gleich nach seinem Tode ließ Isabella d'Este in seinem Nachlaß nach dem Bild eines ›nocturno‹ forschen; seine Werke wurden also sehr geschätzt. In der sehr schwierigen Analyse des ›Giorgionismus‹ sind noch die sichersten Informationen die Notizen des Kunstliebhabers Marcantonio Michiel, die dieser zwischen 1525 und 1545 in venezianischen Sammlungen gemacht hat.

Die erste Periode wird durch die *Madonna von Castelfranco* (1504) und die *Judith* gekennzeichnet. In der Madonna von Castelfranco scheint der Aufbau des hohen thronartigen Gerüstes ein wenig ungeschickt zu sein, indessen erlaubt er die Verbindung zwischen der sitzenden Madonna und der Landschaft, die durch das Licht sanft modelliert wird, das eine von rechts schräg einfallende Helligkeit über die beiden auf den Steinfliesen stehenden Heiligen hinwegspielen läßt. Die Komposition hält sich, wie alle Bilder Giorgiones, in einem strengen Gleichgewicht; sie baut sich in parallelen Plänen zur Bildfläche auf, stellt die Formen frontal dar und entspricht einer typisch klassischen Raumvorstellung. Diese formale Ordnung spielt jedoch eine geringe Rolle im Verhältnis zu der Vereinheitlichung des Bildes, die durch das Licht bewirkt wird. Es ist tatsächlich das Licht, das letztlich das ganze Bild in eine Ordnung fügt; es werden das Licht und seine Eigenschaften sein,

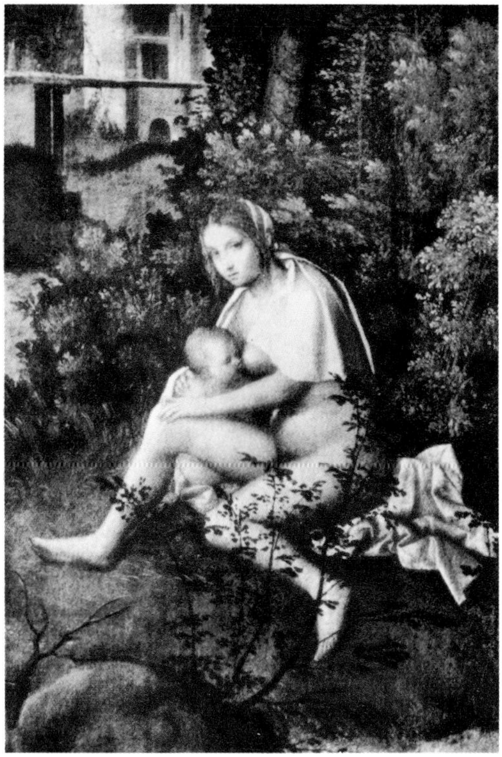

280 Giorgione, Detail aus dem ›Gewitter‹. Accademia, Venedig

die Giorgione zum Sprechen bringen. Die Reife seines Stils wird im *Gewitter* erreicht (Accademia, Venedig □ 280) – ein ›paesetto‹ nach Michiel: Aus einem erzählerischen Motiv, dessen Sinn dunkel bleibt, entwickelt der Maler die Landschaft, die naturhafte Unordnung von Buschwerk und Ruinen, die plötzliche Entfärbung der Dinge unter dem Blitzstrahl. Giorgione hat hier bewußt ein Thema aufgegriffen, das wohl das vergänglichste überhaupt ist: Anstatt die Dinge auf einen festen, bestimmten Hintergrund zu projizieren, versetzt er sie in eine ganz dem Atmosphärischen ausgesetzte Natur, in die zeitliche Dauer, in die Flüchtigkeit des Augenblicks. Hier ist der Punkt, wo sich eine grundlegende Veränderung zeigt. 1508 erlaubt eine Auseinandersetzung über die Bezahlung, das Entstehungsdatum der Fresken am Fondaco dei Tedeschi am Canal Grande zu bestimmen. Diese Fresken, die zugrunde gegangen sind, scheinen von entscheidender Bedeutung gewesen zu sein; ein gewisser esoterischer Zug, der ohne Zweifel auf seinen humanistischen Umgang zurückzuführen ist, macht sich bei dem Maler bemerkbar; er erklärt zugleich den pathetischen und sonderbaren

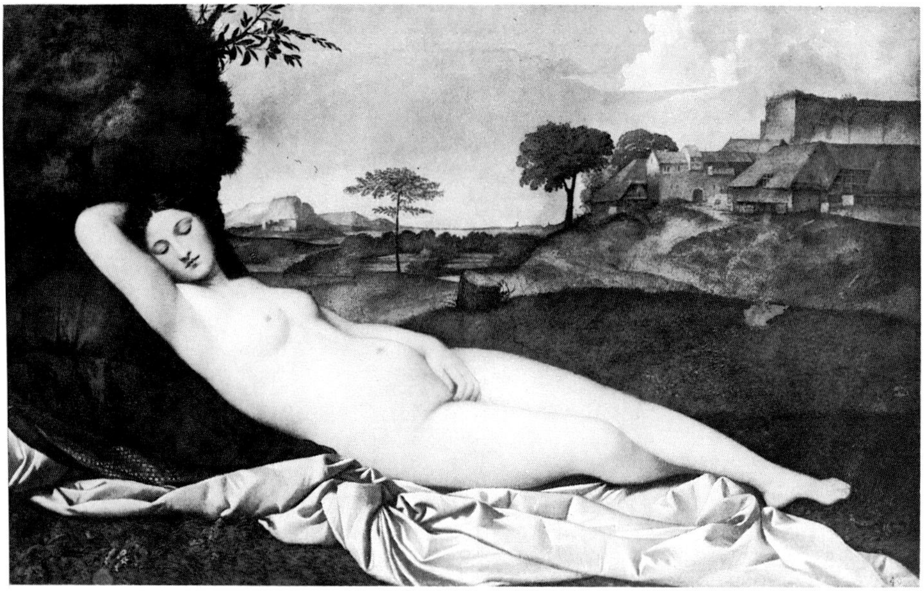

281 Giorgione, Venus, 1509. Gemäldegalerie, Dresden

Ausdruck bei den *Philosophen* (Wien), die derselben Zeit angehören und bei denen durch eine radiographische Untersuchung eine Untermalung festgestellt wurde, die die ›drei Weisen‹ zeigt, die an einem dunklen Felsen stehen und in astrologische Berechnungen vertieft sind. Das Bild ist zugleich reich und einfach. Die *Liegende Venus* (Dresden □281) erreicht in der Würde des Ausdrucks, dem Ambraton des Aktes, dem weichen und diffusen Licht und der Weite der Landschaft eine wahrhafte Größe. Wie um den Klang der sinnlichen und zärtlichen Träumerei zu deuten, will es die Legende, daß Giorgione sein Leben zwischen der Liebe und der Musik geteilt habe.

In seinem letzten Werk, dem *Ländlichen Konzert* (Louvre □282), sind alle Elemente der melancholischen Freuden, die dem Maler am Herzen lagen – die weibliche Schönheit, die Musik, das Licht des hereindämmernden Abends und das Arkadische –, zu einem innigen und ergreifenden

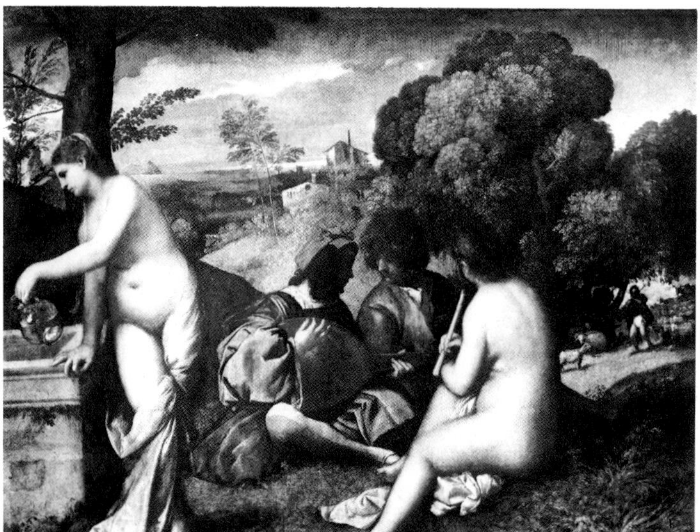

282
Giorgione
Ländliches Konzert
um 1508
Louvre, Paris

Klang verschmolzen. Vielleicht war hier schon die Hand Tizians im Spiel; diese Frage erhebt sich besonders bei dem *Konzert* (Pitti), wo zwischen zwei anderen, schwächeren Köpfen das Gesicht des Augustinermönches mit einer erstaunlichen Intensität das Streben nach Verinnerlichung zum Ausdruck bringt.

Die Überlieferung schreibt Giorgione viele Porträts zu, darunter auch ein Selbstbildnis als *David* (Braunschweig); die zahlreichen Porträts von gesammeltem Ausdruck und warmem Farbklang vor dunklem Hintergrund, die sich gegen 1510 häufen, sind auf seinen Einfluß zurückzuführen. Ein Werk wie *La Vecchia* (Accademia) zeigt einen packenden Realismus von zweifellos nördlicher Herkunft, wie auch bestimmte phantastische Bilder, die ihm ebenfalls zugeschrieben werden. Alle diese sinnlichen, kühnen oder subtilen Erfindungen wichen vom Gewohnten ab und brachten die Phantasie und die malerischen Verfahren der Künstler in Bewegung. Nach Vasari soll Giorgione tatsächlich direkt mit der Farbe, ohne die Hilfe der Zeichnung in Anspruch zu nehmen, gemalt haben. Das war ein Wandel in der künstlerischen Haltung, der voller Konsequenzen war und sehr schnell aufgenommen wurde.

Unter den Schülern und Nachahmern Giorgiones war Tizian der kraftvollste. Auch Palma Vecchio, Savoldo und Sebastiano del Piombo lassen sich dem Giorgionismus direkt zuordnen. Der erstere, der eigentlich Jacopo Negretti (1480 bis 1528) heißt, ist in Bergamo geboren; er entwickelte einen Typus von blonder, üppiger Schönheit, der aus Gold und purpurfarbenem Atlas aufblüht (*Frauenbildnis,* Museo Poldi Pezzoli), aber von Giorgione und Tizian nicht viel mehr als die oberflächliche Pracht übernimmt. Seine frische, glatte Farbigkeit kommt in dem Altarbild von S. Maria Formosa zu höchster Steigerung. Seine Malweise läßt sich in schwerfälligerer Form bei einem anderen Bergamasken, bei Cariani (etwa 1485 bis etwa 1547) wiederfinden.

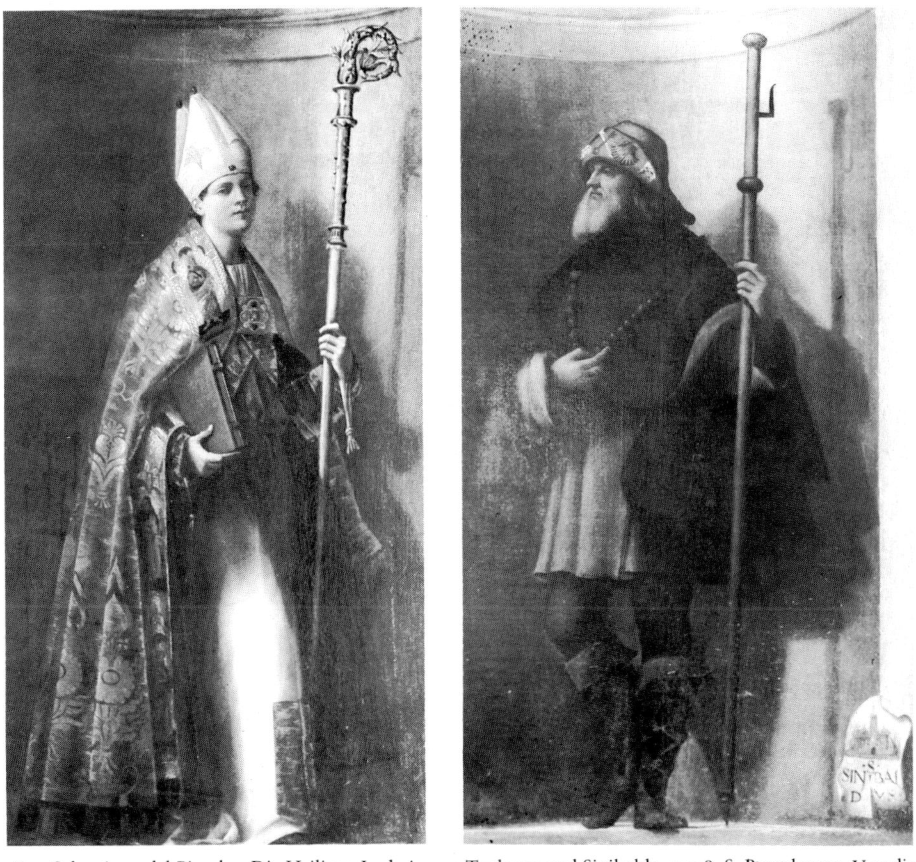

283 Sebastiano del Piombo, Die Heiligen Ludwig von Toulouse und Sinibaldo, 1508. S. Bartolomeo, Venedig

Bei Savoldo (etwa 1480 bis nach 1548) herrscht das Giorgioneske mit seinen Wirkungen von Licht und tiefen Schatten inmitten reicher und warmer Farbklänge vor: Altarbild (Brera), ›Tobias und der Engel‹ (Galleria Borghese); aus Brescia gebürtig, richtet Savoldo seine Kunst nach nördlichem – lombardischem und sogar flämischem – Geschmack aus.

Sebastiano Luciani (1485-1547), der sich 1531 als Plombator der päpstlichen Bullen im Vatikan den Namen ›del Piombo‹ zulegte, ging von Bellini zu Giorgione über und ließ sich besonders durch dessen ›großen Stil‹ am Fondaco dei Tedeschi beeinflussen, der ihn auch bei seinen herrlichen nischenförmigen Figurenbildern inspirierte: der *Hl. Ludwig von Toulouse* und der *Hl. Sinibaldo* in der Kirche S. Bartolomeo am Rialto (1508, □283). Diese monumentale, großzügige Kunst eröffnet einen ganz bestimmten Aspekt des Jahrhunderts; sie erklärt aber auch den Hang Sebastianos nach Rom, wohin er sich 1511 begab; er erreichte indessen weder die Eleganz Raffaels (er bleibt schwerfällig in dem *Frauenbildnis*, Uffizien) noch die Kraft Michelangelos (die *Pietà* in Viterbo hat trotz der Kühnheit der dunklen Töne die Wirkung eines schwerfälligen Nocturnos).

Tizian

Die jahrelange Herrschaft Tizians in Venedig (etwa 1485-1576) sicherte der venezianischen Malerei des 16. Jahrhunderts dieselbe Kontinuität, die ihr im 15. Jahrhundert Giovanni Bellini gegeben hatte. Während er die venezianische Schule in ihrer ›luministischen‹ Gewißheit stärkte, verbreitete sich seine Ausstrahlung über ganz Norditalien hin bis zur Emilia und schließlich auch bis Rom. Durch seinen Ruhm gelangte das Italien der Renaissance, wo alles sowieso engste Verbindung hatte, in seiner Kultur und seinem Stilempfinden zu einer Einheit, wie es sie bisher noch nie gegeben hatte. Tizian disziplinierte die inspirative Kraft der Venezianer und brachte sie gegen 1530-1540, als Sansovino, Serlio und sogar Aretino den Geist Roms importierten, zu einer klassischen Fülle, die dem künstlerischen Beitrag Mittelitaliens endgültig ein eigenes Gewicht gab.

Tizian wird zu einer national und selbst international anerkannten Autorität. Er fühlt sich eng mit Venedig verbunden, wo man ihn mit Ehren überhäuft, und unterhält die lohnendsten und schmeichelhaftesten Beziehungen zu allen Großen seiner Zeit: Alfonso d'Este von Ferrara (1516), Federigo

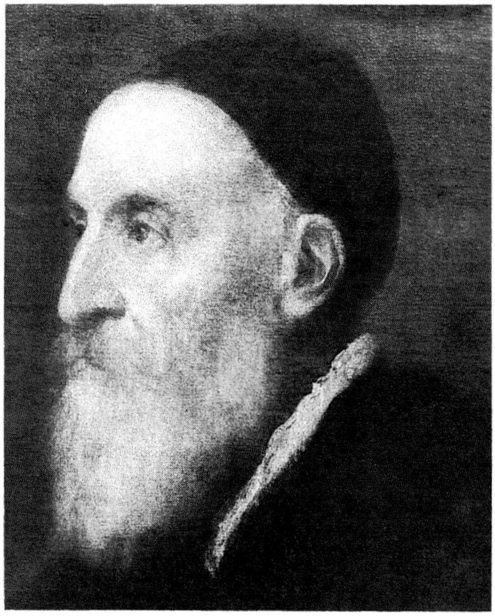

284 Tizian, Selbstbildnis (Detail), um 1562. Prado, Madrid

Gonzaga von Mantua (1524), Franz I., Karl V., der ihn zum Pfalzgrafen ernennt (1534) und ihn 1548 und 1551 nach Augsburg einlädt, zu Papst Paul III., der ihn in Rom mit allen Ehren empfängt (1545). Mit einer außergewöhnlichen Vitalität leitet er, von treuen Schülern umringt, eine Werkstatt, deren Streben es ist, alle Gestalten und Geschichten der Mythenwelt oder der Heiligen Schrift in ein glühendes, aber beherrschtes, idealistisches Epos zu verwandeln, das einer ›Farbalchemie‹ unterworfen zu sein scheint (Lomazzo); man hat um dieses Atelier mehrere tausend Bilder gruppieren können. Die Entwicklung Tizians läßt sich in mehrere Perioden aufteilen: eine frühe Periode der persönlichen Behauptung (bis 1520), dann eine Zeit großen klassischen Stils (1520-1535), der eine Krise manieristischer Beunruhigung folgt (1535-1545), die von einem weicheren, jedoch immer noch monumentalen Stil abgelöst wird und nach 1560 eine unerwartete spirituelle und expressive Vertiefung erfährt.

Tizian – eigentlich Tiziano Vecelli(o) – kam aus Cadore am Fuße der Dolomiten, und diese Vorgebirgslandschaft hat seine Bilder ebenso oft inspiriert wie die Lagune. In Venedig schloß er sich unverzüglich der Malweise Bellinis (*Papst Alexander VI. und Jacopo Pesaro vor dem hl. Petrus*, 1503, Antwerpen) und Giorgiones an, mit dem er 1508 an den Fresken für das Fondaco dei Tedeschi zusammenarbeitete. Die Fresken, die er in der Scuola del Santo in Padua (1511) malte, und die übrigens noch recht unvollkommen sind, zeigen jedoch den Unterschied ihrer Temperamente: Tizian staffiert seine Formen reich aus, beschreibt genau den Raum und trachtet danach, die starken, farbigen Massen in ein Gleichgewicht zu bringen – und nicht, sie in einem musikalischen Fluß zu verschmelzen. Sein Instinkt führt ihn also zu einer Bereicherung des Bildes, einer gegenständlichen Pracht und zu bestimmten Schwingungen, die Mensch, Natur und Geist gemeinsam sind. Dieser neue Horizont wird weniger im *Konzert* (Pitti), das eigentlich nur eine Fortsetzung Giorgiones ist, als vielmehr in der *Himmlischen und Irdischen Liebe* (etwa 1514, Galleria Borghese, Rom) sichtbar, die das platonisch-humanistische Thema der beiden ›Schönheiten‹ behandelt. Nicht weniger deutlich ist diese Orientierung in der *Flora* (etwa 1516, Uffizien), ein schweres, üppiges Bild, oder in den starken Porträtbildern, die eine ganz bestimmte Absicht zeigen und ganz in weißen und grauen Tönen gehalten sind: *Der Mann mit dem Handschuh* (Louvre), *Der Malteserritter* und *Howard Norfolk* (Uffizien).

Altarbild *Die Madonna der Familie Pesaro* (Frari, Venedig, 1526), in dem die Bildebenen in hervorragender Weise angeordnet sind: Der vorderste horizontale Plan ist den Stiftern vorbehalten, der zweite, der in eine scharfe Diagonale zerschnitten wird, den Heiligen, der dritte wird von zwei gewaltigen Säulen eingenommen, die das Ganze beherrschen, links über der Personengruppe flattert die Kirchenfahne. Die *Grablegung* (etwa 1525, Louvre) erreicht mit gänzlich anderen Mitteln eine Intensität, die den schönsten Raffaels gleichzusetzen ist. Die gewaltige Darstellung des *Tempelgangs Mariä* (etwa 1534-1538, Accademia □285) zeigt die Souveränität des Künstlers, der sich nicht scheut, in der Behandlung der Architekturdarstellung, der Beschreibung der Menschenmassen und der Beleuchtung der Personen sogar bis zur Banalität zu gehen.

Parallel dazu entstehen die ›Mythologien‹ (1523), die ihm der Herzog von Ferrara in Auftrag gegeben hatte; sie offenbaren die Mühelosigkeit, mit der der Meister die Liebesleidenschaften, die turbulenten Ereignisse und Abenteuer der heidnischen Mythenwelt unter einem hellen, glücklichen Licht mit einer unverwüstlichen, gesunden Kraft

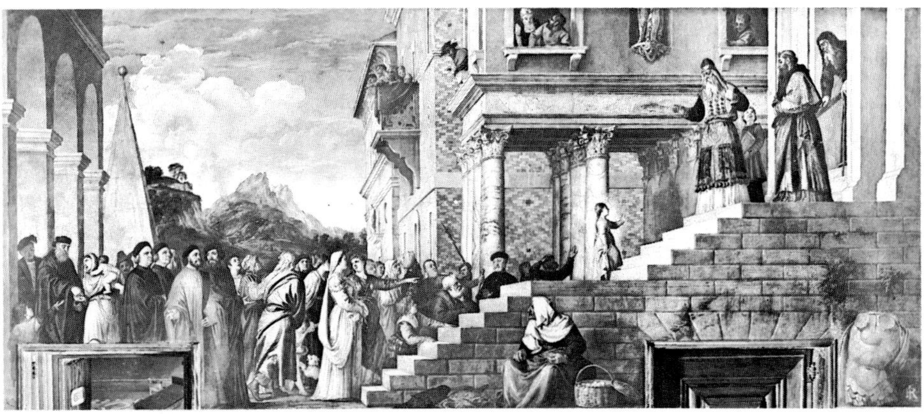

285 Tizian, Tempelgang Mariä, 1534-1538. Accademia, Venedig

Eine monumentale Ordnung, die sich mit klassischer Einfachheit, ausgewogener Verteilung der Farbmassen und Heroisierung des Lebens verbindet, wird in einer Reihe von meisterhaften Bildern religiösen Inhalts erreicht: *Assunta* (Frari, Venedig, 1518), *Die Madonna erscheint dem hl. Franziskus und dem hl. Blasius* (1520, Ancona) – wo die Madonna über einer eindrucksvollen dämmrigen Landschaft erscheint und das Hell-Dunkel die Trennung der einzelnen Ebenen betont – oder im

schildert: *Venusfest, Bacchanal* (Prado), *Bacchus und Ariadne* (London) oder die *Venus von Urbino* (1538, Uffizien □286) – eine heitere und ganz unbeschwerte Version des Giorgione-Themas. Diese spontane und glühende Hingabe an die Schönheit und die Freuden der Welt drückt sich auch in den zahlreichen Bildnissen dieser Zeit aus: *Tommaso Mosti* (1526, Pitti) in grauen Farbklängen; *Ippolito Riminaldi* ganz in Schwarz gekleidet, mit seinen grünen Augen in dem goldgetönten Gesicht (etwa

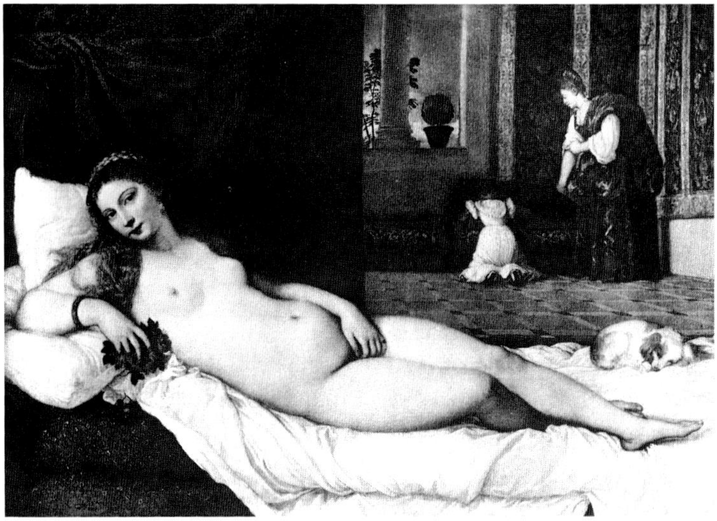

286
Tizian
Venus von Urbino
1538. Uffizien, Florenz

1540, Pitti), *La Bella* in ihrem Brokatgewand (etwa 1536, Pitti), und das spätere, aber im gleichen Stil gemalte gewaltige Bildnis von *Aretin* mit dem Mantel von dunklem Samt und dem anmaßenden, scharfen Blick (1545, Pitti).

Schon in ›Bacchus und Ariadne‹ entfernt sich Tizian von der Welt antiker Formen; im *Johannes der Täufer* (Accademia) nun zeigt er eine Neigung, die Farbe frei und unkontrolliert auszuspielen und – in der Decke von San Spirito (heute in der Sakristei von S. Maria della Salute) – die Formen zu strecken und die perspektivischen Verkürzungen zu übertreiben. Zu diesem Zeitpunkt vollzieht sich auch der manieristische Gärprozeß bei Schiavone in der Farbe. In der *Dornenkrönung* (1542, Louvre) sehen wir herkulische, stark bewegte Gestalten, die ein Echo auf die Eindrücke seines römischen Aufenthaltes sind. Während dieser Krisenjahre bekommt die Farbe Tizians einen anderen Akzent. Auf die üppige und routinierte Malerei um die Mitte des Jahrhunderts antwortet der greise Meister mit einer erregten Übersteigerung der Farbklänge, mit einem sprühenden Licht und indem er alle Bildebenen, die Landschaft oder die Gewänder, die immer breiter angelegten Formen, durch einen einheitlichen Schleier zusammenbindet. Das kommt auch in den Porträtbildern zum Ausdruck, wo ein geheimes Feuer unter den sich entfärbenden Brokatgewändern zu glimmen scheint: *Papst Paul III.* (1546, Neapel □274), *Karl V. zu Pferde* (1548, Prado) und später *Jacopo da Strada* (Wien, 1567). Man spürt es vor allem in den schimmernden, wie in flüssiges Gold getauchten Bildern: *Christus am Kreuz* (1557, Ancona), *Die Verkündigung* (1565, San Salvatore, Venedig), wo das Licht dem Geschehen etwas Dramatisches gibt, oder das düstere Bild vom *Martyrium des Laurentius* (etwa 1570, Gesuiti, Venedig).

Im hohen Alter zeigt Tizian die Vitalität eines Michelangelo, der sicherlich – hätte er sich nicht in eifernder Frömmigkeit von der Welt zurückgezogen – die heitere Gelassenheit und Allgemeingültigkeit eines Raffael erlangt hätte. Die letzten Werke Tizians erinnern fast an Shakespeare: Es ist eine kluge, beherrschte, ein wenig nach außen gerichtete, bühnenmäßige Kunst von einer überlegenen Unpersönlichkeit, die sich schließlich mit der Empfindung und einer persönlichen Leidenschaft-

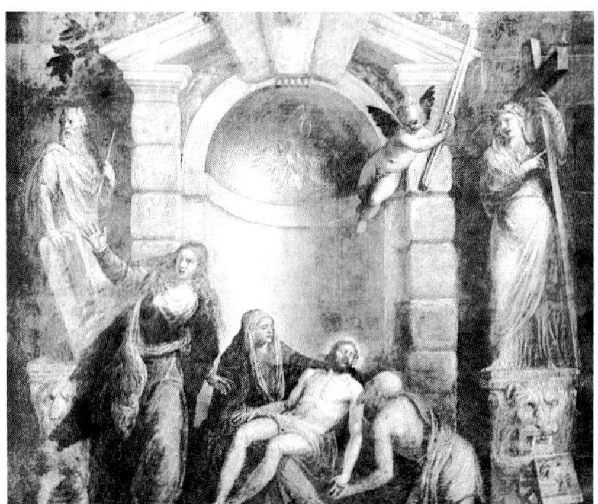

287 Tizian, Pietà, 1576. Accademia, Venedig

lichkeit füllt: ergreifende Beispiele sind die *Lukrezia* (Accademia) in ihrem schimmernden Glanz oder die *Dornenkrönung* (München). In der eigenartigen *Pietà* (Accademia □287), die er sich für sein eigenes Grabmal vorbehalten hatte und die von Palma Giovane vollendet wurde, beherrscht eine mächtige Nische die großartige Szene, die zugleich voller Leidenschaftlichkeit und Hoheit ist.

Das Gefolge Tizians ist groß, fast zu groß: Sein Einfluß wirkt auf Palma Vecchio und den liebenswürdigen Veronesen Bonifazio dei Pitati (1487 bis 1553), den Maler recht schwungvoller Schäferszenen, der über einen gewissen Reichtum in seinen Farbstufungen verfügt; noch stärker vielleicht auf Paris Bordone (1500-1571) aus Treviso, der in seinen Porträtbildern die Wirkungen der Farbklänge und der Stoffe noch weiter entwickelt (die sogenannte *Amme des Hauses Medici,* Pitti); dann erstarrt seine Farbe und erschöpft sich in mythologischen und religiösen Bildern (*Paradies,* Accademia) im Sinne Tizians, die aber zu gewollt und ohne Einheit sind.

Der Fall Pordenone (etwa 1483-1539) ist interessant. Er ist lombardischer Herkunft, in Friaul geboren, arbeitet in Ferrara, Triest (Kapelle der Katharina), in Cremona (1522), Piacenza (1528 bis 1532) und schließlich in Venedig (1535-1538), wo er kurze Zeit ernsthaft die Vorherrschaft Tizians bedroht. Sein Stil ist nicht unbeeinflußt vom Hell-Dunkel Giorgiones (*Madonna* von Susegana, 1516). In seinen mächtigen Verbindungen von Architekturen und Draperien ist jedoch nichts von der ruhigen Einheit Tizians zu sehen, sie kündigen vielmehr schon Tintoretto an. Pordenone ist das Bindeglied zu den Manieristen.

Lorenzo Lotto

Der allzu heftige Widerstand in Venedig gegen Tizian war sehr schnell gebrochen. Es ist nur auf das anarchische, unruhige, volkstümliche und sonderbar träumerische Wesen Lorenzo Lottos (1480 bis 1556) zurückzuführen, daß es ihm möglich war, sich – zwar auf Kosten von Kränkungen, Seelenqualen und sogar einer Art von Exildasein fern von Venedig – der erdrückenden Macht Tizians zu entziehen.

Obwohl Lotto Venezianer war, machte er seinen Weg außerhalb seiner Heimatstadt und arbeitete in kleineren Städten wie Recanati (*Madonna mit sieben Heiligen,* 1508) oder in unbedeutenderen Kirchen (Oratorio Suardi in Trescore, in der Nähe von Bergamo, 1524). Sein Rechnungsbuch, das er 1538 in Ancona angelegt hatte, ist ein Tagebuch voller beklagenswerter Fehlschläge; er beendete sein Leben als Laienbruder in Loreto. 1529 hatte er einen Auftrag in Venedig – ein Altarbild der Karmeliter mit dem *Hl. Nikolaus in der Glorie* □288: In der himmlischen Gruppe zwingt er sein Talent zum Äußersten; in der düsteren, grauen Landschaft, die ungeordnet, wuchernd und kaum nach venezianischem Geschmack ist, drückt er sich mit einer gewissen Freiheit aus. Seine Mißerfolge resultierten aus seinem Unvermögen, sich dem Geschmack der Zeit anzupassen, und aus seiner Weigerung, der Spur Tizians zu folgen. Bei ihm erkennt man die Folgen der »bestraften Revolte« (R. Longhi).

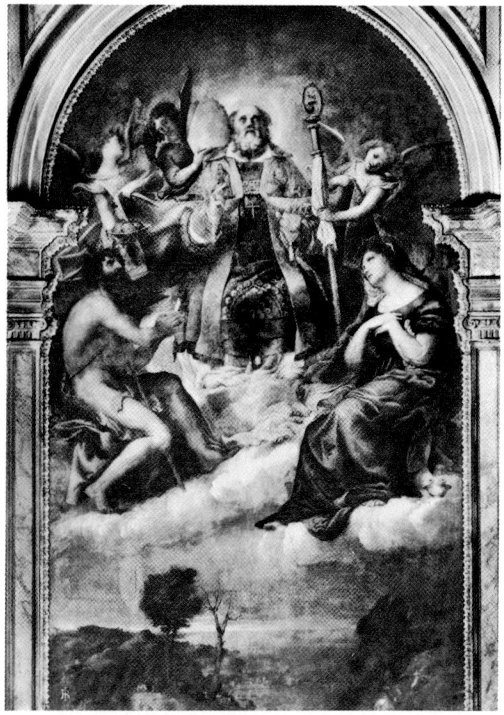

288 Lorenzo Lotto, Hl. Nikolaus, 1529. S. Maria del Carmine, Venedig

Es sind Alvise Vivarini und Giovanni Bellini, an die Lotto unmittelbar anknüpft. Seine zahlreichen Porträtbilder – *Bernardo dei Rossi* (1505, Neapel) auf grünem Grund, der *Junge Mann mit der Mütze* (1526, Castello, Mailand), der herrliche *Andrea Odoni* (1526, Hampton Court) in weichen Grau- und Grüntönen, die Gestalt eines bärtigen Mannes vor einer Landschaft (etwa 1530, Gal. Borghese) bekunden diese Herkunft: das Festhalten an den kalten Tönen und das klare, offene Licht, das die

Ungenauigkeiten hervortreten läßt. Und wenn er zu einer ernsten, sehnsuchtsvollen Innigkeit gelangt, in der trotzdem etwas von den weichen Farbstufungen zu finden ist (*Il Vecchio*, 1542, Brera), so jedoch ohne jedes Zugeständnis an die moderne Drapierungskunst und Lebhaftigkeit. Auch die klassischen Ordnungsvorstellungen sind ihm eigentlich immer fremd geblieben; er hat nach seinem Aufenthalt in Rom 1509 wohl eine Zeit lang versucht, Raffael nachzuahmen, jedoch ohne rechten Erfolg (*Kreuzabnahme*, 1512, Jesi).

sein könnte; vor allem zeigt es sich aber in der gewaltigen *Kreuzigung* (1531, Monte San Giusto) mit den verworrenen Gruppen, die von Lichteinbrüchen durchquert werden, mit dem Durcheinander der Schrägen, wo die Schächer dieselben grimassenhaften Gesichter haben wie bei Dürer oder Altdorfer. Gewisse triviale Momente ergänzen diese Verwandtschaft mit der deutschen Kunst – die durch den Engel erschreckte Katze in der *Verkündigung* (1527, Recanati) oder die Ochsen, die die Märtyrerin in der sonderbaren, rührenden Predel-

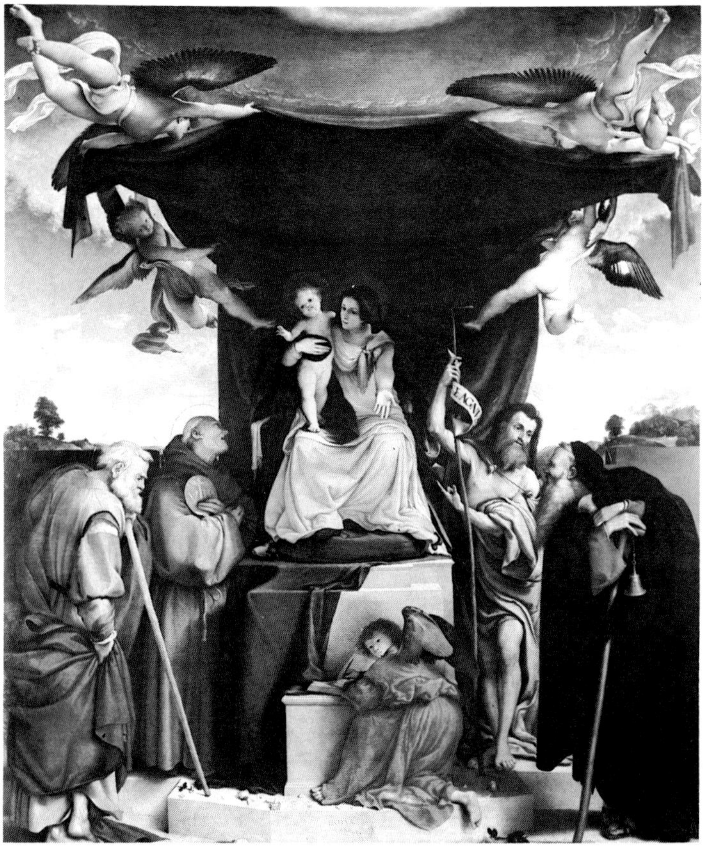

289
Lorenzo Lotto,
Maria mit dem Kind
umgeben von Heiligen,
1521. S. Bernardino, Bergamo

Lotto ist ein ungleichmäßiger, unruhiger, oft bizarrer und manchmal sogar zum Banalen neigender Maler; in seinen Landschaften (*Der hl. Hieronymus*, 1506, Louvre; *Susanna im Bade*, 1517, Privatbesitz, Florenz) kommt etwas Überfülltes und Unausgeglichenes zum Ausdruck, das seine Beziehungen zur deutschen Kunst verrät. Noch deutlicher wird das in dem Altarbild für San Bernardino in Bergamo (1521, □289), in dem der kleine Engel ein Bruder eines Grünewald-Engels

la ziehen (*Die hl. Lucia*, 1531, Jesi) – und zeugen ebenfalls von der volkstümlichen Mentalität des Künstlers, der sich immer mehr unter das Volk zurückzieht; daher auch dieser ausgeprägte Sinn für Massenszenen, deren Darstellung bei ihm faszinierender ist als bei anderen Malern, der *Hl. Antonius mit Bittstellern*, 1542, SS. Giovanni e Paolo, Venedig). All diese Eigenschaften trennen ihn von der Einfachheit, der Ordnung und der Heroisierung, die den klassischen Stil kennzeichnen. Er steht am Rande; die Eigenart seines künstlerischen Temperamentes indessen macht ihn zu einem Richtungsweiser auf dem Weg zum Barock.

Lotto ist keineswegs ein Einzelfall: Unter den Künstlern, die durch die erdrückende Macht Tizians aus ihrer Bahn geworfen und aus Venedig vertrieben wurden, könnte man ihm Girolamo di Romano, gen. il Romanino (1484-1566), zur Seite stellen. Er kam aus Brescia, richtete sich ab 1513 nach Venedig aus (*Thronende Madonna*, Padua), gelangte aber unter dem Einfluß deutscher Malerei, der sich bei ihm noch stärker bemerkbar macht als bei Lotto, mit den Fresken von Cremona (1520) und den späteren Fresken von Pisogne (1534) zu einem heftigen und verworrenen Expressionismus. Unter den zahlreichen unbedeutenderen Künstlern aus der Lombardei, die sich nun nach Venedig orientierten, arbeitete Altobello Melone mit einem ziemlich dramatischen Schwung im Dom von Cremona (*Der Kindermord von Bethlehem*, 1517).

Glaskunst

So wie schon die venezianische Architektur durch die Formen des römischen Dekors auf die Anordnung der späten Antike gestoßen war, ebenso ist wohl in der Vorliebe der Malerei für den Glanz und das Leuchten der Farben ein Einfluß des Mosaiks zu sehen. Diese Vermutung scheint das erwachende Interesse zu bestätigen, das man selbst im Kreis um Tizian dieser Technik, die man fast ein ganzes Jahrhundert lang vernachlässigt und Florenz überlassen hatte, wieder zuwandte[169]. Der Meister selber war in seiner Jugend Schüler bei einem der Zuccati gewesen, der an der Ausbesserung der Mosaiken der Markuskirche arbeitete. Auf sein Betreiben lebten die Arbeiten an der Markuskirche wieder auf. An der Fassade entstand ein *Salomonisches Urteil* von Vincenzo Bianchini (1532-1548), im Gewölbe der Vorhalle eine Szene mit dem hl. Markus von den Zuccati nach Entwürfen von Lotto und im Innern über dem Hauptportal die *Visionen der Apokalypse* (1512-1564). Es hat auch Porträts als Tafelbilder dort gegeben, die in kleinen farbigen Glasstücken ausgeführt waren, wie das Bildnis von Bembo von den Zuccati (1542, Bargello). Der Florentiner Vasari und der Venezianer Ridolfi, die diese Werke lobten, sahen darin keinen Augenblick lang einen Anachronismus oder stießen sich an dem Stilbruch.

Das in der Lagune von Venedig gelegene Murano, wo es vielleicht schon, wie in Aquileia, seit der römischen Antike Werkstätten gegeben hat, entwickelte sich seit dem 13. Jahrhundert zu einem Zentrum der Glasherstellung, die hier nach byzantinischem Verfahren industriemäßig betrieben wurde. Ganz Italien wurde von hier aus mit Glaswaren beliefert. Ende des 15. Jahrhunderts tauchte in Venedig die alexandrinische Technik des Überfangglases auf, die erlaubte, eingravierte Motive oder die Farbe des Grundes transparent hervorzuheben. Die Gläser des 15. Jahrhunderts standen noch in Verbindung zu dem Email übertragener Miniaturen, wie die sogenannte ›Barovier‹-Schale (Museo Vetrario, Murano) oder eine Schüssel mit einem Frauenprofil und Weinlaubmotiven (Museum in Trient.)

Im 16. Jahrhundert wurden die Formen länger und eleganter, das Material heller und klarer, und es entwickelte sich das ›Kristallglas‹. Die Produktion ist sehr vielseitig: Schalen, Becher, Flaschen mit inkrustierten Wappen (Bologna, Museo Civico) und selbst liturgische Leuchten. Das geblasene Glas besticht durch seine Feinheit, andere Gläser wiederum durch die mit dem Diamanten gerissenen Zeichnungen: Schalen, Schnabelfläschchen, die von einem Spitzenwerk feiner Äderchen überzogen sind (Museum, Florenz). Auch im 17. Jahrhundert lief die Fabrikation noch glänzend weiter: Flügelkelche, Figurinen und sogar Tassen und Töpfe, die Porzellan nachahmen. Eine andere venezianische Spezialität seit dem 16. Jahrhundert war das Spiegelglas und die Herstellung von Spiegeln mit breiten, geschliffenen Rahmen. Mit der Erfindung des gegossenen Glases in Saint-Gobain (1693) für das Spiegelglas und der Konkurrenz von Böhmen und Deutschland in der Kristallglasherstellung ging nun die Vorherrschaft Venedigs in der Glaskunst zu Ende.

Ferrara und Parma

An den Höfen Italiens, vor allem denen von Ferrara und Mantua, genoß Tizian großes Ansehen; 1516 hatte ihn Alfonso d'Este mit dem *Venusfest* beauftragt, um 1525 wandten sich auch die Gonzagas an den Maler, und von 1536-1538 sollte er das Schloß von Mantua mit der Galerie der zwölf Cäsaren ausmalen. Diese Höfe waren neben dem Hof von Urbino die glanzvollsten und kultiviertesten in ganz Italien.

Mit zwanzig Jahren heiratete Lukrezia Borgia 1501 Alfonso d'Este und wurde Herzogin von

Ferrara. Sie versammelte dort bis zu ihrem Tode (1519) eine Gruppe von Dichtern um sich, darunter P. Bembo und später Ariost, der hier seinen ›Rasenden Roland‹ schrieb. In Mantua war es Isabella d'Este, die Frau Franz II. Gonzaga, die den Ton angab. Sie war eine leidenschaftliche Sammlerin und hatte ihre Agenten in allen Städten, in denen es einen Antikenhandel gab; sie verstand es auch, den Malern, die – wie Giovanni Bellini oder Leonardo – gern auswichen, ganz präzise Bildthemen zu stellen. Für sie und ihren Bruder Alfonso entstanden in Mantua die ersten ›Bacchanale‹ nach Philostratus und Catull[170]. Federigo, der Sohn Isabellas, der wie sein Onkel eine Vorliebe für mythologische erotische Szenen hatte, wird Correggio – in Übereinstimmung mit seinem Freund Aretin – mit Bildern von Io, Leda und Danae beauftragen. Auf Grund dieses kulturellen Austausches sollten nun endlich – außerhalb Venedigs – in Ferrara einige bedeutende Maler in Erscheinung treten und etwas weiter entfernt, in Parma, sogar einer der führenden Meister der Zeit: Correggio.

Von Lorenzo Costa zu Dosso Dossi

Nach Ercole dei Roberti war im vorhergehenden Jahrhundert die ferraresische Schule, die den vorgeschobensten Posten einer gotischen, harten Malweise repräsentierte, in das Gegenteil eines weichen, von den Umbriern propagierten Stils verfallen, den Maler wie Francia (1450-1517) oder Amico Aspertini (1475-1522) populär machten. Ein typisches Werk dieser Richtung ist das *Oratorium der hl. Cecilia* in Bologna neben der Kirche S. Giacomo Maggiore (1506), wo auch Lorenzo Costa gearbeitet hat (1460-1535). Lorenzo Costa war von der Malweise Cosimo Turas (*Hl. Sebastian,* Dresden, etwa 1485) zu einem breiteren, Bellini näheren Stil gekommen (Altarbild von San Petronio, Bologna, 1492; das Porträt von *Giovanni II. Bentivoglio,* Uffizien, 1490) und hatte sich dann in seinen Arbeiten für die Gonzaga in Mantua, wo er 1506 die Nachfolge Mantegnas antrat, dem Stil Peruginos und Francias angepaßt. Im ›studiolo‹ von Isabella malte er literarische Allegorien, die *Favola del Dio Como* und den *Garten der Harmonie,* Lobgesänge auf die *Honesta voluptas* (Louvre). Zwanzig Jahre später wird Correggio die Bilderreihe, die mit dem *Parnaß* von Mantegna (1497) begonnen hatte, durch Allegorien der *Tugend* und des *Lasters* (Louvre, etwa 1525) vollenden.

Benvenuto Tisi, genannt il Garofalo (1481 bis 1559), arbeitete in Rom und malte 1506 Wanddekorationen für Lukrezia in Ferrara. Nach einem neuerlichen Aufenthalt in Rom 1515, wo er sich Raffael anschloß, kehrte er 1517 wieder nach Ferrara zurück und malte hier neben prachtvollen Dekorationen mythologischen Inhalts für das Fürstenhaus (unter anderen: *Diana und Endymion,* Dresden) zahlreiche Altarbilder (1523, *Pala Trotti,* Pinacoteca Comunale, Ferrara), die von heiterer Empfindung sind, sowie große Kompositionen mit allegorischen Darstellungen (die *zwei Testamente* für das Refektorium der Augustiner, Pinacoteca Ferrara). Sein Schüler, Girolamo da Carpi (1501 bis 1556), neigte zum Vielformigen und Manierierten. Noch weniger Originalität finden wir im Werk von Benvenuti oder l'Ortolano (vor 1487 bis nach 1524), der unter den starken Einfluß Raffaels geriet (*Kreuzabnahme,* Galleria Borghese, Rom), während er versuchte, sich der reicheren Malweise Dosso Dossis – der beherrschenden Künstlerpersönlichkeit von Ferrara – anzunähern.

Giovanni Luteri, genannt Dosso Dossi (gegen 1479-1542), war, nach Vasari, fast ein Zeitgenosse Ariosts; diese Feststellung Vasaris hat die Bedeutung eines kritischen Urteils, indem sie das Werk des Malers auf das Niveau dieser prächtigen, leidenschaftlichen und romantischen Dichtung stellt. Dosso Dossi tauchte 1512 in Mantua auf, 1517 in Ferrara; er hatte bereits Berührung mit der Kunst Giorgiones und Tizians, in der er – mehr als irgend ein anderer Maler der Emilia – die weichen Farbübergänge und deren Anwendungsmöglichkeiten für Akt und Landschaft zu schätzen wußte. Er ging dann nach Rom und lernte dort Raffael kennen. Es war jedoch Ferrara, wo er lebte und wirkte und wo er auch das Schloß der Este ausmalte. Ein großer Teil seines Werkes besteht aus Porträtbildern (*Krieger,* Uffizien) und mythologischen Szenen von ergreifender Poesie, in denen die Akte wunderbar mit dem Himmel, der Ferne, der Atmosphäre verschmelzen (*Apollon und Daphne,* Galleria Borghese; *Antiope,* Collection Northampton). Dossi neigte zu sehr eigenartigen rauschhaften Themen (*Gruppe von Männern und Frauen,* Uffizien; *Circe,* Galleria Borghese), in denen die Stoffe schimmern und schwüle Dämpfe die Gesichter farblos machen und das Licht trüben. Die religiösen Bilder haben nicht immer diese Ausdruckskraft: *Der hl. Hieronymus* (Wien), *Der hl. Michael* (Dresden). 1525 lobte Paul Jove den liebenswürdigen Stil des Malers, indem er sagte,

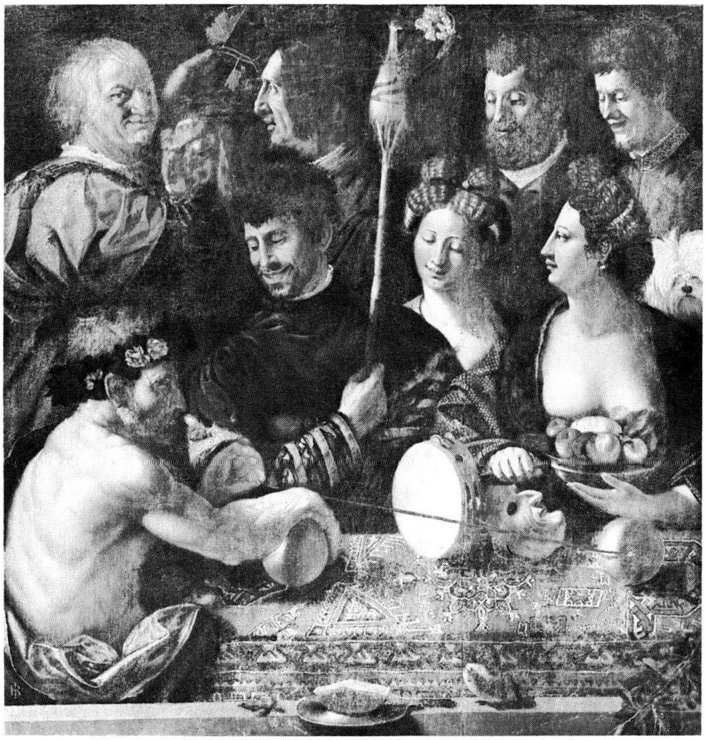

290
Dosso Dossi
Gelage, 1512-1517
Palazzo Pitti, Florenz

daß Dosso Dossi es als erster verstanden hätte, in köstlicher Weise die Landschaft und alles, was sie zu einem ›Genrebild‹ machte, genauestens zu beschreiben. Der ferraresische Hof war reich an flämischen Bildern; die Kunst Dossis war, neben der der Venezianer, die echte Antwort Italiens auf Bosch und auf Patinier[171].

Correggio

Die Meisterschaft Leonardos, Raffaels oder Tizians war in gewisser Hinsicht vorauszusehen; nichts indessen kündigte in der Emilia und vor allem in Parma das erfinderische und sinnenfreudige Genie des Antonio Allegri, genannt Correggio (vor 1489-1534) an. Man vermutet, daß er seine Erziehung zum Maler in Mantua erhielt, vor den Bildern Mantegnas – dessen Fresken und Deckenmalereien ihn zu seinen verblüffenden Verkürzungen anregten – und in der Nähe von Costa, dessen blasser Synkretismus eine Verbindung zwischen der umbrischen Malweise und einem Abglanz der venezianischen Farbe und ihrer weichen Übergänge ist. Er hatte diese Einflüsse schon in der Pala des hl. Franziskus (1515, Dresden) verarbeitet und überwunden. Correggio hatte immer eine gewisse Verbindung zu Mantua unterhalten, da er für Ercole d'Este mythologische Szenen malte. Er ging jedoch nie nach Venedig wie Dossi und wohl lediglich nach Rom (1519) wie Garofalo[172]. Vielleicht liegt sein Geheimnis letztlich in seinem Rückzug in provinzielle Abgeschlossenheit, die es ihm in einer Zeit, wo die großen Erfindungen der Meister überall Unruhe und Neugier erzeugten, möglich machte, unter Einbeziehung dieser Erfindungen eine ganz neue Empfindung zu erregen, die weder durch Leonardo noch durch Raffael, Michelangelo oder Tizian zum Ausdruck gebracht worden war. Dieser »liebliche und zärtliche« Klang (wie Stendhal einmal sagte, der Correggio wie alle im Geschmack des 18. Jahrhunderts erzogenen Kunstliebhaber über alles stellte) war in Italien in einer Zeit, wo alles kühn heroisiert wurde, geradezu unentbehrlich. Zwischen Rom und Venedig, die die zwei Möglichkeiten einer klassischen Kontrolle über die Sensibilität repräsentierten, blieb noch ein Spielraum für eine Schönheit der Anmut und Empfindung, wie sie Correggio jetzt vorschlug, und die er durch die Virtuosität seiner Begabung bis an die Schwelle der barocken Empfindung führen sollte.

1519 wird Correggio mit der Ausmalung eines Gewölbes im Kloster San Paolo in Parma beauf-

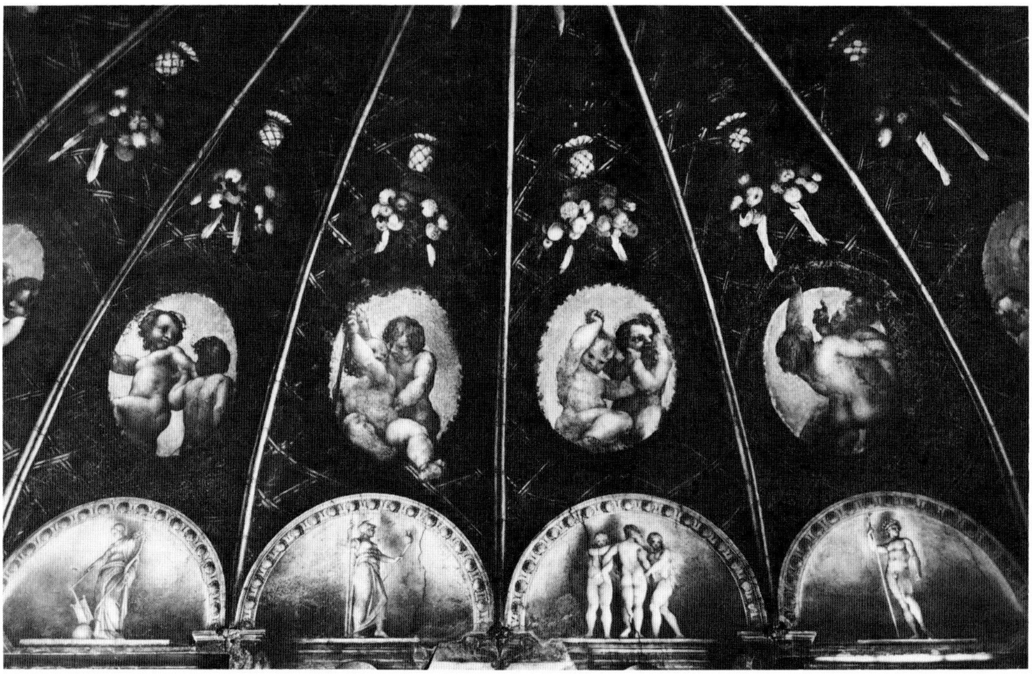

291 Correggio, Gewölbefresken im Kloster S. Paolo, Parma, 1519

tragt □291, 292. Er teilt die Decke in sechzehn Kompartimente auf, die alle mit Girlanden geschmückt sind; jedes Teilstück ruht auf einer in Grisaille ausgemalten Lünette und enthält ein ovales Medaillon, durch das man hindurchschaut auf einen von Putten bevölkerten Himmel. Während diese die Lebensalter des Menschen darstellen, verkörpern die Figuren in den Lünetten mythologische Gottheiten. Die zugleich kluge und kapriziöse Erfindung dieser Dekoration erinnert an eine phantastische Farnesina oder Sixtina. Zu dieser Zeit läßt Correggio sich endgültig in Parma nieder. In der Apside von San Giovanni Evangelista malt er die *Krönung der Jungfrau Maria* (1520 bis 1524, Fragment in der Pinakothek) und an der Kuppel Fresken mit der *Himmelfahrt Christi,* die sich wie eine Vision von goldenem Licht entfaltet: Die im Kreis gruppierten und in starker Verkürzung gesehenen Apostel werden zu malvenfarbigen Silhouetten inmitten von perlmutterfarbenen Wolken, die die perspektivisch verkürzte Gestalt des Christus umhüllen. Die Erinnerung an die ›Camera degli Sposi‹ Mantegnas ist noch gegenwärtig, aber die Konturen verschmelzen, alles schillert – eine köstliche Vision des Himmels. Correggio beherrscht jetzt seine Mittel; er entwirft die mächtigen Fresken mit der *Himmelfahrt Mariä* für die oktogonale Kuppel des Doms (1526-1530); rings um den Tambour zwischen den Ochsenaugen sind die Apostel verteilt und unterstützen das ›trompe-l'œil‹; Gruppen von Engeln und Auserwählten, seltsam vermischt mit nackten Figuren, wirbeln in konzentrischen Kreisen von vielfarbigem Reichtum durch den Himmelsraum. Diese fließende, lichterfüllte, unerschöpfliche Welt hat keine Gren-

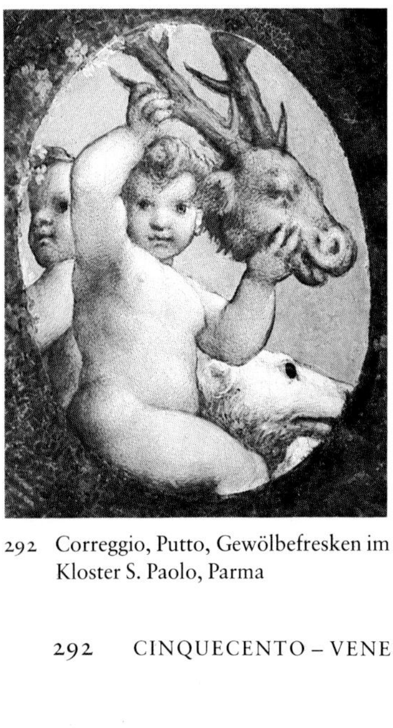

292 Correggio, Putto, Gewölbefresken im Kloster S. Paolo, Parma

zen; die Ordnung versinkt in der Ekstase. Das ist ohne Zweifel stärker als Raffael und subtiler als Michelangelo, jedoch »wird diese wunderbare Gabe der Bewegung mit der ungeheuerlichsten Verschwendungssucht vergeudet« (B. Berenson).

Gegen 1530 malt Correggio für das Schloß in Mantua die zusammengehörigen Bilder von *Io* und *Ganymed* (Wien), von *Leda* (Berlin □293) und *Danae* (Galleria Borghese), die weniger die Liebe als vielmehr die Schauer der Wollust beschwören. Die Formen sind gerade eben so in das Hell-Dunkel gehüllt, daß die Farben, die auf dem lieblichen und zugleich kräftigen Fleisch irisieren, noch intensiver herauskommen. In den Altarbildern – *Hochzeit der hl. Katharina* (Louvre), *Madonna und Heilige* (Dresden) – wären die sinnlich-weiche Empfindung, das Unruhige der Formen, die Vertraulichkeit der Details von fast peinlicher Wirkung, wenn sie nicht durch den neuen Elan in der Komposition, die mehr und mehr durch die Diagonale, das Prinzip der Instabilität, bestimmt wird, gemildert würde. Diese künstlerische Bemühung, die mit einer ganz neuen und in die Zukunft wirkenden Kraft die Forderungen der Klassik annulliert, gipfelt in den Meisterwerken der *Madonna* von San Girolamo, im *Tag* (Parma), der *Geburt* oder der *Nacht* (Dresden), wo alle Formen durch die Diagonalbewegung zerstreut und die Farbtöne durch ein emailfarbenes Licht absorbiert werden oder in einer nächtlichen Pracht ertrinken. Hier ist nichts mehr von der geistigen Klarheit eines Leonardo, von der heiteren Gelassenheit Raffaels, der Männlichkeit Michelangelos oder selbst von dem einheitlichen und warmen Farbklang venezianischer Malerei, die die Kunst Correggios anfänglich zu stimulieren vermocht hatten, erhalten geblieben. Es liegt jedoch in dieser Rückkehr zu den Oberflächeneffekten und den sinnlichen Reizen eine solche Leidenschaft und Erfindungskraft, daß Correggio gar nicht dazu kam, seinen eigenen Stil manieristisch zu übersteigern. Sein Beitrag als ein zwar umstrittener und gefährlicher Meister, aber trotz allem doch als ein ›Meister‹, besteht in einer Art von Gegengewicht gegen die idealischen Visionen und die erhabene Kunst der großen, überragenden Genies seiner Zeit.

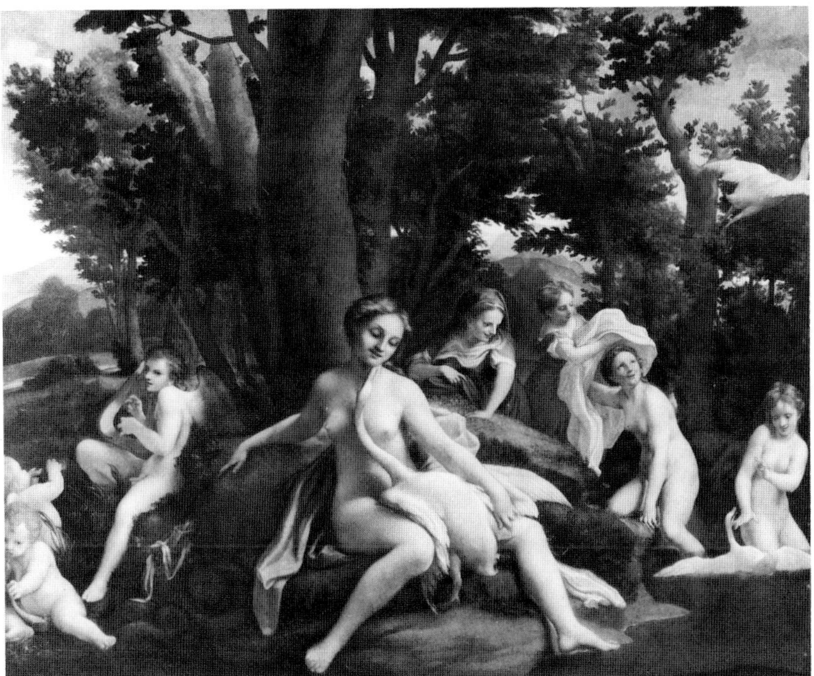

293 Correggio, Leda, um 1530. Staatliche Museen Preussischer Kulturbesitz, Berlin

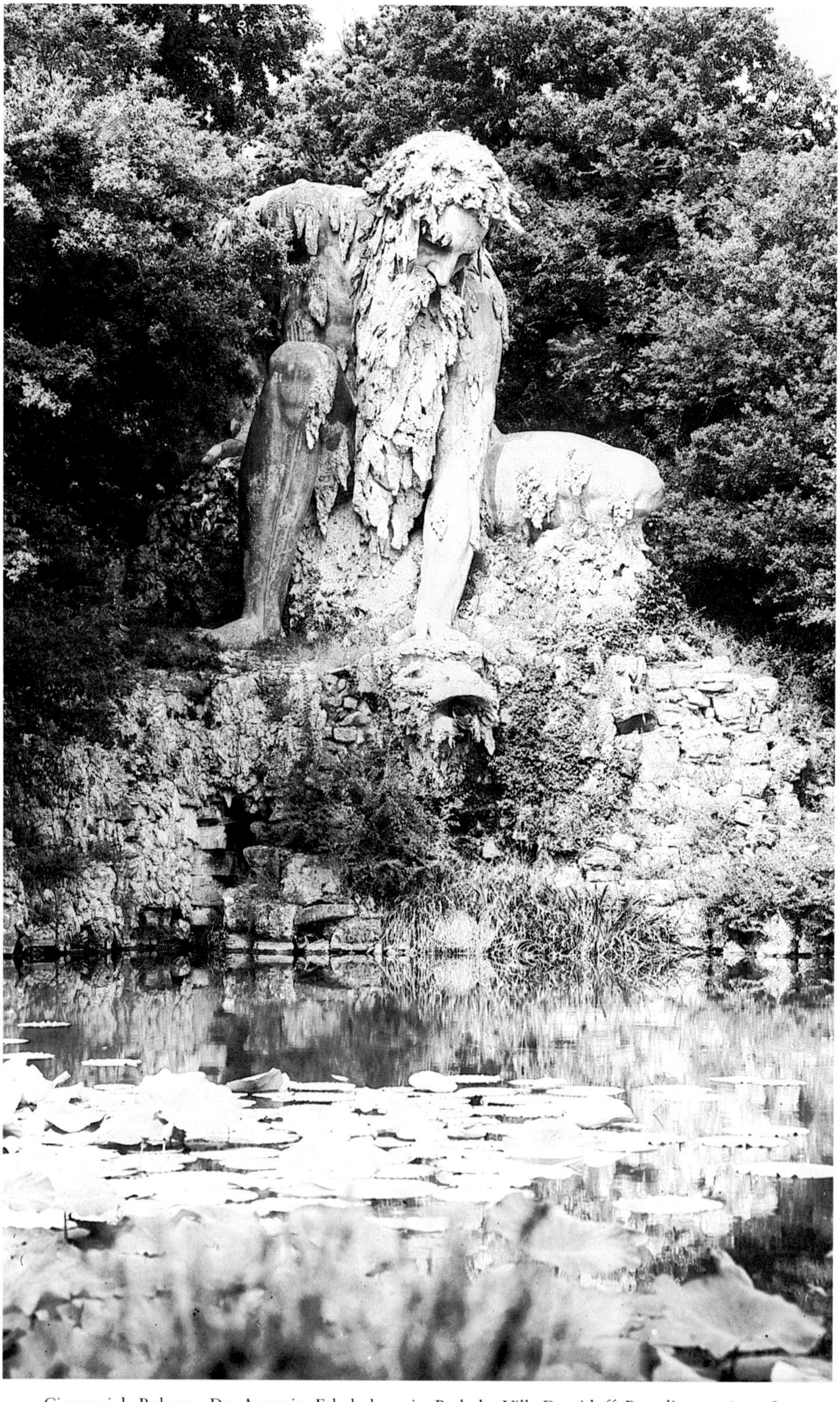

294 Giovanni da Bologna, Der Apennin. Felsskulptur im Park der Villa Demidoff, Pratolino, 1569-1581

Einführung
Das Tridentinische Konzil, das höfische Leben, die Akademien

Der ›Sacco di Roma‹ hatte im Bewußtsein des Volkes den Eindruck einer himmlischen Strafe hinterlassen[173]. Die Ewige Stadt hatte ihr Ansehen eingebüßt. Schnell begriff man, wie sehr sich die Situation in Italien gewandelt und welche politischen Konsequenzen die Habsburgische Herrschaft mit sich gebracht hatte. Nach der Wiedereroberung von Florenz und dem Frieden von Cambrai (1529) ließ sich der ›allmächtige‹ Karl V. im Februar 1530 in Bologna zum Kaiser krönen. Unter dem spanischen Joch, das die Päpste – wie Paul IV. (1555-1559) – von Zeit zu Zeit, jedoch ohne Erfolg, abzuschütteln versucht hatten, nahm die Halbinsel eine neue politische Gestalt an. Zur Zeit des Friedensvertrages von Cateau-Cambrésis von 1559, der das Ende der Kriege in Italien bedeutete, waren alle italienischen Staaten, die zu Fürsten- und Herzogtümern geworden waren, der spanischen Macht entweder unterworfen (Neapel), verbündet (die Gonzaga, die Este) oder neutral, d. h. ungefährlich, wie die Toskana unter Cosimo I. (1537-1574), Franz (1574-1587) und Ferdinand (1587-1609). Die völlige Unabhängigkeit bewahrten eigentlich nur Savoyen unter Emmanuel Philibert (gest. 1580) und Venedig.

Nicht weniger tiefgreifend war die religiöse Krise: Der Aufstand Luthers in Wittenberg (1517) verursachte für den Augenblick zwar keine besondere Erschütterung; bald jedoch werden die Nachrichten aus Deutschland, die den Abscheu erkennen lassen, den ein ganzer Teil der Christenheit gegen das Papsttum hegte, zu einer Welle von Bußfertigkeit und strenger Disziplin führen, die bereits vor 1527 in den Ordensgründungen zum Ausdruck kommt: 1524 wurde der Theatinerorden gegründet; 1533 die Barnabiter; 1540 die Barmherzigen Brüder und die Jesuiten, die 1580 bereits über vierzehn Provinzen, 144 Kollegs und 5000 Mitglieder verfügten. Die Gegenreformation war im Anzug: 1542 wurde die Inquisition wieder eingeführt und 1543 die kirchliche Zensur; 1559 erschien der erste Index. Bald war ganz Italien durch die Krise zutiefst erschüttert. Eine reformistische Politik machte sich unter Paul III. (1534-1549), einem Bewunderer von Erasmus und Beschützer von Sadoleto, Contarini und R. Pole bemerkbar. Die Ausrichtung unter Paul IV. (1555-1559), dem ehemaligen Kardinal Carafa, war jedoch schroff und gewaltsam. Geschmeidiger war die Politik von Pius IV. (1559-1565), dem Carlo Borromeo, der Erzbischof von Mailand, zur Seite stand, ein Asket und unbeugsamer Geist, der einen neuen Typ eines Heiligen repräsentierte: tatkräftig und mystisch zugleich! Das endlose Tridentinische Konzil, das 1545 eröffnet und 1563 beendet wurde, schrieb einen neuen Katechismus, ein römisches Gebet- und ein römisches Meßbuch vor, die große liturgische Vereinfachungen mit sich brachten. Obwohl das Konzil – im Gegensatz zum Protestantismus – den Bilderkult erlaubte (25. Sitzung), hatten seine Vorschriften doch eine Reinigung und Überwachung der religiösen Kunst zufolge, deren Opfer Veronese wurde (1573), als man ihm in seinem *Gastmahl im Hause des Levi* (Accademia, Venedig) possenhafte Einfälle zum Vorwurf machte. Es wurden zahlreiche Abhandlungen und Lehrbücher veröffentlicht, womit zum ersten Mal seit dem Konzil von Nikäa (9. Jh.) eine Anleitung für die Darstellung der Heiligen gegeben wurde[174]. Das vollständigste und bemerkenswerteste dieser Werke ist mit Sicherheit das des Kardinals Paoletti (1580). Aber die Empfehlungen wurden nur zögernd in die Praxis umgesetzt. In der Übergangsphase, um 1570, gab es um Kardinal Farnese einen Kreis, der einen neutralen, gekünstelten und frömmelnden Stil anstrebte, als dessen Resümee man die Manier von Pulzone betrachten könnte[175]. Molanus (1570) verurteilte die Vertraulichkeiten der mittelalterlichen Ikonographie und der Apokryphen. Seit 1525/1530 war man in den empfindsamsten Kreisen, wie Florenz, an einem Punkt angelangt, wo sowohl der unerschütterliche Glaube des Mittelalters wie das tiefe Vertrauen in die Menschheit und ihre Möglichkeiten, wie es um 1500 der Fall war, erschüttert waren. So entstand eine Kunst voller Wirrnisse und Widersprüche, die sowohl die Unruhe Leonardos als auch die Qual Michelangelos fortsetzte, als Erbe weitertrug und dabei auch in gewisser Weise die klassischen Formen übernahm, sie jedoch mit einem anderen Geist erfüllte. Jeder Meister schuf seine persönlichen Deformationen voller irrationaler, kapriziöser und subjektiver Effekte, in denen oft die Bestrebungen des ausgehenden 15. Jahrhunderts, die nach 1500 unterdrückt worden waren, wieder auflebten, und die eine ganz neue Verbindung mit der unklaren, aber ausdrucksstarken Kunst der germanischen Länder einleiteten[176]. Hier aber liegt der Grundaspekt für das, was man ›Manierismus‹ genannt hat.

Um die Mitte des Jahrhunderts pries man mit der Bezeichnung ›maniera‹ das äußerliche Bestreben der Künstler, die glaubten, durch spitzfindige Abwandlungen der großen Vorbilder zu einem ›Idealstil‹ gelangen zu können. Dieser ein wenig dekadenten ›Manier‹ setzten dann die kraftvolleren Generationen des 17. Jahrhunderts den Begriff des ›Natürlichen‹ entgegen. Tatsächlich machte sich allmählich eine gewisse Müdigkeit bemerkbar, ein Wunsch, die Entwicklung, die zu einem Stilgemisch und auf die Dauer zum Eklektizismus führte, anzuhalten. Dieser Eklektizismus mündete schließlich im Traum vom ›idealen Bild‹: Um Adam und Eva darzustellen, »müßte man die Zeichnung des Adam Michelangelo anvertrauen, die farbige Behandlung Tizian, die Proportionen und den entsprechenden Ausdruck Raffael. Die Zeichnung der Eva von Raffael, die Farben von Antonio da Correggio – das wären wahrlich die beiden schönsten Bilder der Welt –«, schrieb der Milanese Lomazzo 1590 in seiner ›Idea del Tempio della Pittura‹.

Dieses Rezept war nur eine Folge der Diskussionen und Streitigkeiten, die durch die Ausbreitung der Akademien unter den Künsten entbrannt waren. 1541 gründete der Großherzog die ›Accademia Fiorentina delle Belle Lettere‹, in der B. Varchi 1546 ein Sonett von Michelangelo über das Idealbild des Künstlers auslegte. 1562 entstand die ›Accademia del Disegno‹. Diese Institutionen, die sich bald überall ausbreiteten, zielten darauf hin, in der Kunst wie überall den ›guten Gebrauch‹ der jeweiligen Ausdrucksmittel zu reglementieren, woraus sich unzählige Streitigkeiten zwischen Gelehrten und Künstlern, die die Rolle der offiziellen Repräsentanten des Denkens beziehungsweise der Kunst für sich beanspruchten, ergaben.

Sehr typisch für die nun herrschenden künstlerischen Gepflogenheiten ist die Affäre um die Bestattung Michelangelos 1564. Sein Leichnam war heimlich nach Florenz geschafft worden, und die ›Accademia del Disegno‹, die gerade neu gegründet war (1562), wurde vom Großherzog damit beauftragt, die Trauerzeremonien in einem großen prunkvollen Rahmen abzuhalten. Das Komitee bestand aus Vasari und Bronzino, Cellini und Ammannati. Tatsächlich jedoch wurde Cellini so gut wie ausgeschaltet, woraus sein unversöhnlicher Haß gegen Vasari erwuchs, dem er in seinen Memoiren Ausdruck gab. Der Hauptgrund lag darin, daß man in den allegorischen Figuren des Katafalks die größere Bedeutung der Malerei (rechts stehend) und der Skulptur (links) vor der Architektur und der Dichtung gegeben hatte[177]. Diese Streitfrage wirft ein recht bezeichnendes Licht auf den Geist jener Zeit, mit ihrer Vorliebe für offizielles Gepränge, ihren akademischen Rivalitäten und Intrigen. Um die Mitte des Jahrhunderts erschien das große Werk Vasaris ›Le Vite‹, eine Mischung aus gesammelten Künstleranekdoten, Kunstführer und allgemeiner Kunsttheorie (1550 erschienen und nach einem ungeheuren Erfolg 1568 neu aufgelegt): Die Theorie des Genies und des notwendigen Einklangs von Natur und Kunst durch das Studium der Meister, die Theorie des Primats der Zeichnung über die Farbe und schließlich Gedanken über die ›moderne Manier‹, die mit Giotto geboren wurde, durch Masaccio genauer bestimmt, von Leonardo formuliert und durch Michelangelo gekrönt wurde, bilden den Aufbau des Werkes. Das ist das letzte große Wort der florentinischen Kritik.

Die erste Gegenbehauptung stellte Lodovico Dolce (1557) in seinem Traktat ›L'Aretino o Dialogo della Pittura‹ auf, in dem er Raffael in der Beherrschung der Zeichnung über Michelangelo stellt und Tizian in der Farbe beiden als überlegen erklärt. In der zweiten Auflage der ›Vite‹ (1568) hat sich Vasari mit dieser venezianischen Antwort auseinandergesetzt. Das ganze Jahrhundert hindurch und noch im 17. Jahrhundert führen die Venezianer eine lebhafte Polemik mit den Florentinern, in denen es um historische Fragen geht, etwa die Priorität der Mosaiken der Markuskirche gegenüber denen des Baptisteriums in Florenz, oder um ästhetische Probleme, wie das Primat der Farbe über die Zeichnung. Eine neue Phase im ›manieristischen‹ Denken zeichnet sich in den theoretischen Traktaten von Armini (1587) und Lomazzo (›Trattato‹, 1584, ›Tempio della Pittura‹, 1590) ab, die die neuplatonische Philosophie der ›Idee‹ (oder des ›Innenbildes‹) mit dem Naturalismus der Zeit verbinden.

Alle Verfasser von Traktaten – ob Florentiner wie Vasari oder Borghini (1584), Venezianer wie P. Pino (1548) oder Dolce (1577) oder Lombarden wie Lomazzo – bekräftigen übereinstimmend die Existenz von rationalen Regeln und zugleich die Notwendigkeit der Inspiration oder der ›Idee‹, die über der Vernunft steht[178]. In den Architekturtraktaten, die sich nach dem Traktat von Serlio – besonders mit Palladio (1570) und Vignola (1562) – ständig vermehren, zeigt sich eine durch das archäologische oder wissenschaftliche Denken geweckte Neigung zu formellen Festlegungen von Gesetzen. Die Vorliebe für die Mythenwelt und deren Bildvorstellungen, die die strahlenden Kompositionen Raffaels und Tizians hervorgebracht haben, endet in einer Anhäufung von gelehrten Abhandlungen, in einer Ikonographie, die die humanistische Kultur der zweiten Hälfte des Jahrhunderts mit einer abstrusen Symbolik nährt[179]. So formt sich eine dekorative, mit programmatischen Inhalten, Allegorien und Emblemen überladene Kunst, die das Obskure und Überraschende liebt.

Diese ganze Komplizierung und Belastung der Kunst ist eine genaue Entsprechung zu der Entwicklung der bescheideneren italienischen Gesellschaftsschichten zu einer herrschaftlichen Form und dem Erscheinen des höfischen Lebens in einer so feierlichen und gezwungenen Art, wie man sie in Italien vor der spanischen Besatzung nie gekannt hat. Damit haben wir ein letztes Moment des Manierismus: Die Persönlichkeit wird mit einer Maske versehen, und vor das ›Leben‹ schiebt sich eine Fassade aus Raffinement und Konvention. Der Begriff der ›maniera‹ ist um so bezeichnender, als er in der zeitgenössischen Literatur für gewöhnlich ein elegantes und geziertes Verhalten bedeutet und sich mit den Adjektiven ›pellegrino‹ (fremd: das heißt selten, vornehm) und ›affettato‹ (augenfällig ungezwungen, chic) verbindet[180].

Die Heroisierung durch Dekor und Ausdruckshaltung, die jetzt etwas Künstlich-Gewolltes erhält, die offizielle und mit gelehrten Betrachtungen überladene Kunst findet ihren Ausdruck in einem Ausbrechen ins ›ländliche Leben‹ und zu volkstümlichen Typen und bringt durch die Entfaltung der ›Capriccios‹ eine Befreiung von der Etikette. Daher auch der Erfolg des Paradoxen und Phantastischen, das bis zum Burlesken und Bizarren gehen kann und manchmal sogar, wie bei Rosso, einen provokanten Satanismus erreicht.

Die Vorliebe für das kleinformatige Bild und das miniaturhafte Porträt ist für den ›manieristischen‹ Geschmack sehr charakteristisch: In einem Kabinett des Palazzo Vecchio finden sich vierundzwanzig kleine Miniaturporträts von Bronzino, und man sagt, daß Caterina de' Medici eine Kollektion von 341 Stück hinterlassen habe. Giulio Clovio, Miniaturenmaler und Sammler und nach Vasari »ein ausgezeichneter Maler kleiner Dinge«, hat tatsächlich das Kunststück fertiggebracht, die berühmten Kompositionen von Raffael und Michelangelo auf winzige Formate zu reduzieren. Es hat trotz der offenbaren Strenge der Gegenreformation und des Lebens am Hofe doch wohl eine tiefgehende ›manieristische‹ Emanzipation gegeben; eine bemerkenswerte Folge davon ist das ganz neue Interesse am Stilleben und an der Landschaft, das auf den Einfluß des Nordens, aber auch wohl auf ein eigenes inneres Bedürfnis zurückzuführen ist. Durch eine spätere Kopie ist uns ein Stilleben mit einer Blumenvase, großen Zitronen und einer kleinen Eidechse von Giovanni da Udine, dem Mitarbeiter Raffaels, bekannt, das 1538 entstanden sein dürfte. Eine Generation später ist die Darstellung von Früchten und Blumen den Malern schon derart vertraut geworden, daß sie in den berühmten Kompositionen von Arcimboldo zu einem paradoxen und amüsanten ›Capriccio‹ wird[181]. Mit der Landschaft ist es ebenso: Zwei andere Schüler Raffaels, Maturino Fiorentino und Polidoro da Caravaggio, liefern gegen 1540 sehr lebendige Beispiele von Landschaftsmalerei in einem kleinfleckigen Stil, der an die antiken Malereien in San Silvestro al Quirinale erinnert; diese neue Bildgattung erfährt nun von Dosso Dossi bis zu Niccolò dell' Abbate und den Bassani eine großartige Entwicklung. Eins der interessantesten Symptome dieser Zeit ist die Neigung zu einem »Detailrealismus inmitten eines tiefen Irrealismus des Ganzen» (G. Briganti). Ebenso bezeichnend ist die Erfindung des ›ländlichen Stils‹ – seit den Schöpfungen von Mantua – mit seiner künstlichen Schwere, mit den Grotten, den Überraschungen und außerordentlich humoristischen Einfällen, wie sie sich jetzt in allen Parks ausbreiten, selbst in den palladianischen Villen (Kamin von B. Ridolfi in der Villa Fumane □295). Diese Zeit einer verworrenen, vielschichtigen Kultur und einer offiziellen Rhetorik beruft sich von allen Seiten auf den Instinkt[182]. Man könnte sogar sagen, daß das Charakteristische der Zeit das Auseinanderfallen in einzelne Elemente ist, die im Moment der Sicherheit und Kraft aus sich selbst heraus Form und Inhalt erschaffen. Die Mitte des 16. Jahrhunderts erlebt in diesem künstlichen Bemühen, das von bereits geschaffenen Formen ausgeht, eine Übersteigerung des Formalismus und des Intellektualismus, der das Bild, das Ornament und die Architektur mit immer vielfältiger werdenden symbolischen Bedeutungen belastet.

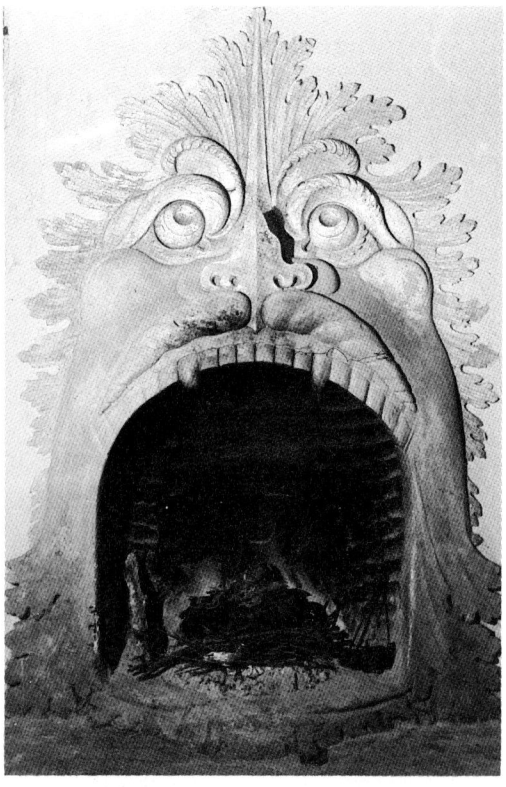

295 Bartolomeo Ridolfi, Kamin in der Villa della Torre, Fumane (Verona)

Alle diese Wesenszüge, die sich ergänzen, ohne jedoch zu einer Einheit zu gelangen, sind Kennzeichen für eine Epoche, die man eigentlich weder als eine logische Fortsetzung der vorhergegangenen Zeit noch auch als eine unmittelbare Vorstufe für die ihr folgende betrachten kann. Wenn wir den Begriff des ›Manierismus‹ beibehalten, müssen wir ihn auf alle Gebiete der Kunst, also auch auf die Architektur, wo er zu einem wesentlichen Ausdruck gelangt ist, ausdehnen[183]. Um all diese Phänomene vollkommen zu verstehen, muß man die tatsächliche Revolution, die in den ersten Jahrzehnten des Jahrhunderts durch die Verbreitung der Kupferstiche verursacht wurde, unbedingt in Betracht ziehen[184]. Die Technik des Reproduktionsstiches wurde – nach Mantegna und den Florentinern – von Marcantonio Raimondi (etwa 1475-1534) zur Vollendung getrieben.

Nachdem er lange Zeit Dürer kopiert hatte, trat er gegen 1510 bei Raffael in Dienst; er verbreitete dessen große Kompositionen in ganz Europa. Später besaß der Holländer Cornelis Cort eine Art von Monopol für die Reproduktion von Werken Tizians (1566). In der Zeit zwischen diesen beiden Daten hat sich der Rhythmus des künstlerischen Lebens durch dieses neue Verfahren, das jetzt die bildnerischen Erfindungen der Meister ebenso schnell verbreitete wie die Bücher neue Ideen, sie allerdings zugleich, ebenso wie diese, der Gefahr einer unmittelbaren Imitation oder Verurteilung auslieferte, grundlegend gewandelt. Das gestochene Blatt ist handlicher und genauer ausgeführt als die Zeichnungen, weshalb den Meistern daran gelegen war, die Herstellung zu überwachen. In Venedig hatte auch Ugo da Carpi im Jahre 1516 um das Privileg ersucht, Kupferstiche in ›chiaro e scuro‹ anzufertigen, die erfunden zu haben er sich schmeichelte, was Vasari ihm zubilligte. Er fertigte für Tizian einige Holzschnitte, wie z. B. das *Opfer Isaaks,* und arbeitete anschließend nach Werken von Raffael und Parmigianino, wobei er mit seinen Camaieu-Bildern bemerkenswerten Erfolg hatte. Ohne den Stich wäre die starke, zwingende Wirkung der Meister, die Parallelentwicklung der Schulen und vor allem die Absorbierung der nordischen Kunst oder die Kenntnis von Dürer, der ab 1515-1520 so gänzlich verschiedene Künstler wie Luini, Pontormo und Lotto beeinflußte, kaum zu verstehen. Die innere Unruhe der Manieristen wurde durch die schnelle Zirkulation dieser Blätter, die die Wißbegier für das Fremde wachhielten, noch gesteigert. Der Stich wurde als Äquivalent für die Zeichnung angesehen und lieferte den Künstlern, die bereits zum Komplizierten neigten, immer noch mehr Motive. Von daher rührt zum Teil auch sicherlich die Verwirrtheit der Zeit, allerdings auf der anderen Seite auch die Internationalisierung der künstlerischen Formulierungen:

Gegen 1540/1550 ist der italienische Manierismus in ganz Europa anzutreffen. Berücksichtigt man alle oben erwähnten Elemente, so kann man in der ›manieristischen‹ Entwicklung der italienischen Kunst drei verschiedene Perioden unterscheiden:

1. Ungefähr von 1515 bis 1535/1540: eine antiklassische Orientierung mit Beccafumi, Pontormo und Rosso; in der Poebene nimmt die ›maniera‹ mit G. Romano und Parmigianino einen entgegengesetzten Verlauf.

2. Von 1540 bis 1570: der Prozeß der Akademisierung mit dem Triumph der Hofkunst (Bronzino, Vasari) und der Schüler von Michelangelo (Daniele da Voltera); Venedig reagiert selbständig mit Palladio, Veronese, Vittoria, ebenso Rom mit Vignola.

3. Von 1570 bis ungefähr 1610: Während sich in der Lombardei (L. Cambiaso), in Venedig (Tintoretto), in Mittelitalien (Baroccio) zugunsten der ›luministischen‹ Bewegung persönlichere Stile entwikkeln, errichten die Carracci von Bologna bis Rom die Herrschaft eines einheitlichen Klassizismus.

Mantua und Parma: ›Romanismus‹ und ›Purismus‹

Unter den Bauwerken der Zeit nimmt der *Palazzo del Te* in Mantua □296, ein schnell errichteter Bau von Giulio Pippi, genannt Giulio Romano (etwa 1499 bis 1546), eine Art Schlüsselstellung ein. Romano war, nachdem er die Arbeiten in den Raffael-Stanzen beendet hatte, noch vor 1527 in den Dienst Federigo Gonzagas, eines Sohnes Isabella d'Estes, getreten, der von Karl v. 1530 in den Herzogstand erhoben worden war und darauf brannte, seine Prachtliebe zu demonstrieren. Das Schloß, das auf einer ehemaligen Insel inmitten von Weideland lag, besaß ungeheure Stallungen für die Pferde, die zum Teil den Ruhm und auch den Wohlstand des Hauses begründeten. Ihrer Verherrlichung war wenig später unter Franz IV. ein ganzer Saal gewidmet, dessen Wände B. Pagni (1525-1570) mit Pferde-Bildern schmückte.

Der Palazzo del Te ist im großen und ganzen eine Zusammenfassung des kraftvollen Klassizismus Albertis und der römischen Meister; das dorische Element stammt vielleicht vom Palazzo Farnese; in der Fassade zum Garten hin entwickelte Romano ein Motiv von Bögen – die auf Säulen aufsetzen und die auf jeder Seite durch einen kurzen Architrav isoliert sind –, was schon bei Bramante auftaucht und zum sogenannten ›Palladiomotiv‹ werden sollte. Alle diese Elemente gelangen durch die die Proportionen verschiebende Dehnung in die Breite, und durch die starken Oberflächenwirkungen der massiven Rustikaordnung, die die Steinlagen heraustreten läßt und gewaltsame Kontraste erzeugt, entsteht eine ganz neue Spannung. Durch die Verwendung von Farben, vor allem in den Metopen, werden die Kontraste noch stärker betont. Die absichtliche Schwere des Ganzen finden wir auch bei dem *Dom San Pietro* (1545 nach G. Romanos Plänen umgebaut), der mit seinen durch Säulenreihen getrennten fünf Schiffen und seiner Kassettendecke mit Stukkaturen eine gewaltige Nachahmung frühchristlicher Basiliken ist.

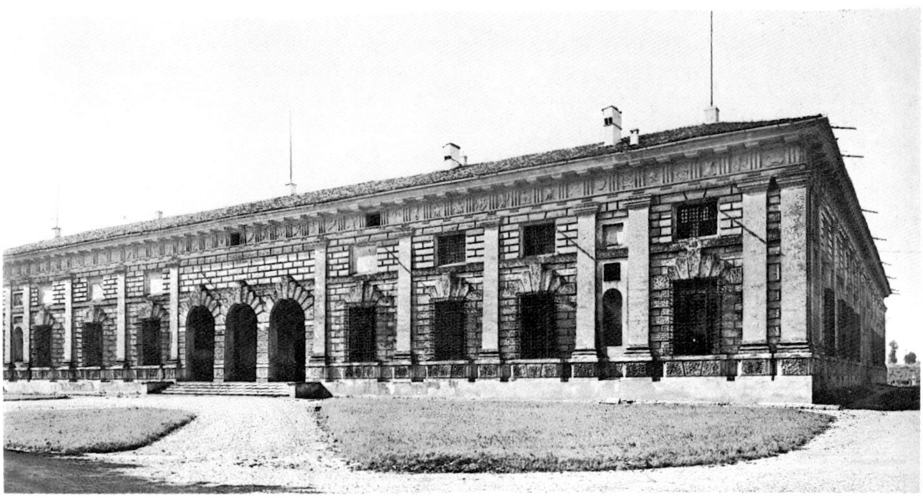

296 Giulio Romano, Palazzo del Te, Mantua, 1525-1535

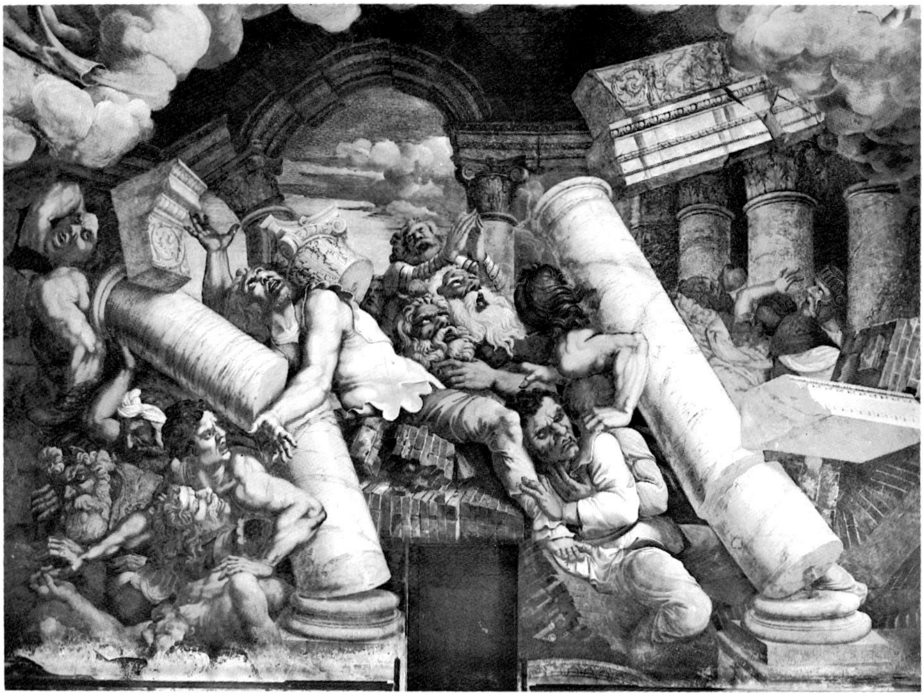

297 Giulio Romano, Fresko in der Camera dei Giganti im Palazzo del Te, Mantua, 1530-1535

Beim Palazzo del Te hat Giulio Romano einen vollendeten Dekor liefern und sich zugleich als Erbe von Raffael und Michelangelo zeigen wollen. Die Räume sind von oben bis unten mit Dekorationen versehen, die Steinfußböden mit Teppichen belegt, die Türen mit Intarsia geschmückt; oberhalb der Marmorgrundmauern schließen sich Fresken an und bedecken die Gewölbe. Zwei Bilderzyklen lassen sich unterscheiden: der erste Zyklus, der sich im Nordteil rings um die *Camera di Psiche* entfaltet (1527-1531), ist ganz der Verherrlichung der Lebensfreude gewidmet, der zweite auf der Südseite um die *Camera dei Giganti* herum dagegen dem Thema der Macht und des Triumphes (1530-1535, □297). Diese beiden symmetrischen Kompositionen konzentrieren mit einer eindrucksvollen Virtuosität und Leidenschaftlichkeit die beiden Hauptquellen der manieristischen Malerei: auf der einen Seite, in einem Spiel von Verkürzungen und perspektivischen Wirkungen, die sich zu einem fortlaufenden Dekor verbinden, das Erotische, die freieste Schilderung von Liebesszenen, Venus und Adonis, Psyche u. a., ein ganzes sinnlich-heidnisches Treiben, das Ingres wohl gefiele; auf der anderen Seite monströse Kämpfe und ungeheure Kataklysmen, die – wie eine Antwort auf die rohen Steine der Rustikaordnung draußen – den ganzen Raum von oben bis unten mit Haufen von Felsbrocken, die auf die schrecklichen Giganten herunterrollen, bedeckt. Das illusionistische Element wird durch den Platz, den der Kamin einnimmt, noch besonders betont: Sein Feuer flammt gerade dort auf, wo die Zyklopen den Ätna hinunterstürzen. Andere Räume zeigen Embleme, die sich auf den Olymp der Gonzagas beziehen, oder Sinnbilder aus der Sternenwelt,wie in der *Camera dei Venti*[185]. Die Wirkung des Palazzo del Te war in Italien wie auch draußen ungeheuer. Serlio bezeichnete ihn als ein »echtes Beispiel der Architektur und Malerei unserer Zeit«. In Vicenza ließ man sich davon inspirieren, und Palladio übernahm bestimmte Anordnungen. Die Dekorationen wurden durch die eleganten Stukkaturen und Friese *(Trionfo di Sigismondo)* eines Mitarbeiters von Giulio Romano von großer internationaler Bedeutung, Primaticcio (1504-1570), ergänzt. Im Dienst Franz I. ging Primaticcio 1531 nach Fontainebleau, wo er mit dem Florentiner Rosso zusammentraf. Mit seinen Bildern, Stuckdecken, den allegorischen Szenen im Pavillon der Pomona, dem Zimmer des Königs und der Königin wurde das französische Schloß nun zu einem zweiten Mittelpunkt des europäischen Manierismus. Primaticcio, der, bei Hof ›Bologna‹ genannt,

Abt von Saint-Martin wurde, wurde 1540 nach Rom gesandt und brachte von dort 125 Statuen und antike Kopien für die Sammlungen des französischen Königs mit. Aus seiner zweiten künstlerischen Periode stammen die Piniengrotte, der Ballsaal und die Odysseusgalerie mit ihren achtundfünfzig Bildfeldern und den sechsundsiebzig Deckenkompositionen. Für diese Dekorationen hat Primaticcio zahlreiche Zeichnungen angefertigt, in denen wir das Kraftvolle Giulio Romanos und Rossos durch eine Eleganz im Sinne Parmigianinos und durch ein gewisses märchenhaftes Element verfeinert und aufgelockert wiederfinden (*Der Tanz der Stunden,* Frankfurt a. M.). Um die zweite Italienreise (1563) lassen sich einige in ihrer Ausgewogenheit und Subtilität bemerkenswerte Kompositionen gruppieren (*Odysseus und Penelope,* Privat, New York; die *Ohnmacht Helenas,* Privat, London). Gegen 1552 hat Primaticcio in Fontainebleau Niccolò dell'Abbate (1509-1571, □298) zum Mitarbeiter. Er befreit sich nun von der italienischen Auffassung und malt Landschaften mit grünen und blauen Horizonten, die reich in den Details und Lichteffekten sind und von langgestreckten Figuren bevölkert werden (*Auffindung des Moses,* Louvre). Vor dieser Zeit liegen meist reine Landschaftsbilder in der Art der Ferraresen und der flämischen Maler, Porträts und Wandbilder für Bologna – Palazzo Poggi (die spätere Universität), Palazzo Zucchini-Solimei –, die alle von einer empfindsamen ›Fêtes-galantes-Romantik‹ geprägt sind.

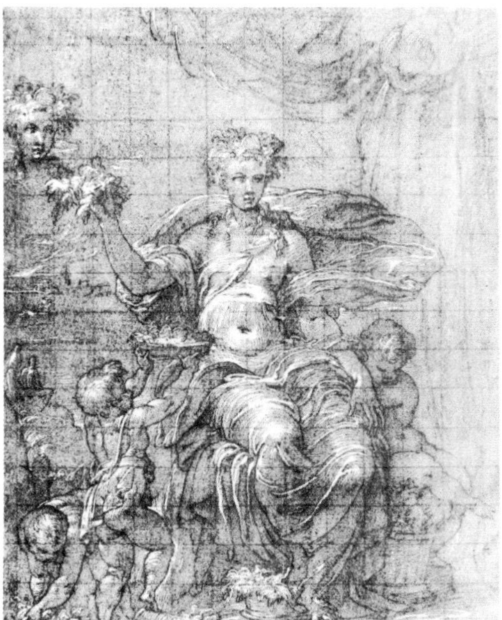

298 Niccolò dell'Abbate, Der Überfluß, Zeichnung. Musée des Arts décoratifs, Paris

Die meisten Künstler dieser Generation haben eine Vorliebe für den langen, gestreckten Menschentypus und die Verwendung von kontrastierenden Bildebenen, indem sie manchmal im Vordergrund des Bildes eine Figur in extremer Verkürzung darstellen. Diese Kunstgriffe verdanken sie dem bedeutendsten ›Manieristen‹ der Emilia, dessen Raffinement in scharfem Gegensatz zu der ungestümen Kraft der Romano-Anhänger steht, einem etwas dekadenten Nachfolger von Correggio und Raffael: Francesco Mazzola, genannt il Parmigianino (1503-1540). Während Giulio Romano im Palazzo del Te einen Dekor entwickelte, in der die überschäumende Vitalität ins Paradoxe geriet, setzte sich dieser Schüler Correggios ein ganz entgegengesetztes Ziel: Er eliminierte jeden realistischen Formausdruck aus seinen Kompositionen und strebte nach einer Konzentrierung von Anmut und Charme. Da er – wie Vasari sagte – »der Malerei das Licht einer köstlichen Anmut« gegeben hat, fand er unter den Malern eine Unmenge von Nachahmern. Was die Malerei jetzt mit Parmigianino – und noch direkter als es Raffael getan hatte – anstrebte, war der Zauber dieses ›gewissen Etwas‹, das der inneren Vorstellung entspringt, dieses ›disegno interno‹ der Kunsttheoretiker, das mit den Formen der Natur auf geschickte Art verschmolzen ist. Diese ›manieristische‹ Attitüde sollte die ganze Persönlichkeit dieses nervösen, schillernden, eleganten Malers beherrschen. Von 1522-1524 schloß er sich Correggio an, reiste dann, um die Werke der großen Meister zu sehen, ganz plötzlich nach Rom, wo er durch seine Jugend großes Aufsehen erregte; durch die deutsche Besatzung aus Rom vertrieben, hielt er sich kurz in Bologna auf und kam erst 1531, kurz vor dem Tode Correggios, den er nur um sechs Jahre überleben sollte, nach Parma zurück. Charmant und bereit zu glauben, daß »der Geist Raffaels auf ihn übergegangen sei«, besaß Parmigianino zudem einen Sinn für das Seltsame, das Hermetische, das in seinem Selbstporträt mit dem konvexen Spiegel (1524, Wien) und stärker noch später in seinen alchimistischen Forschungen zum Ausdruck kommt, denen er sich mit solcher Intensität hingab, daß er kurz vor seinem Tode »seltsam und melancholisch« wurde.

Die Entwicklung Parmigianinos gewinnt durch das Persönliche, das sich in die formale Auseinandersetzung mischt, etwas besonders Anziehendes. Die *Hochzeit der hl. Katharina* (etwa 1521, S. Maria von Bardi) zeigt schon diese schmiegsamen Figuren in künstlichem Licht, wo die Hände und Haare zu preziösen Details werden. Seine zarte und lebhafte Begabung kommt in zwei Freskenreihen, die er wahrscheinlich während seines ersten Aufenthalts in Parma gemalt hat, besonders gut zum Ausdruck: zwei Kapellen mit dem *Evangelisten Johannes* (1522), mit großen, im Licht der Nischen vibrierenden Figuren, und die Lünetten an einer Decke des Schlosses von Fontanellato (1523) mit der *Geschichte von Aktäon*, die ein Puttendekor ergänzt.

Von all diesen Werken gibt es herrliche Zeichnungen voller Akzente und von elliptisch kreisender Bewegung, die die feine Ausarbeitung seiner drei Meisterwerke ermessen lassen: *Die Vision des hl. Hieronymus* (1527, London, Zeichnungsabt. im Brit. Museum), *Die Madonna mit der Rose* (1530, Dresden), und *Die Madonna mit dem langen Hals* (etwa 1535, Pitti; Zeichnungsabt. im Brit. Museum und in Parma); hier ist alles zu höchster Perfektion getrieben: Die Feinheit der Formen geben der Madonna, die mit niedergeschlagenen Augen und reizender Frisur von vorn gesehen ist, den

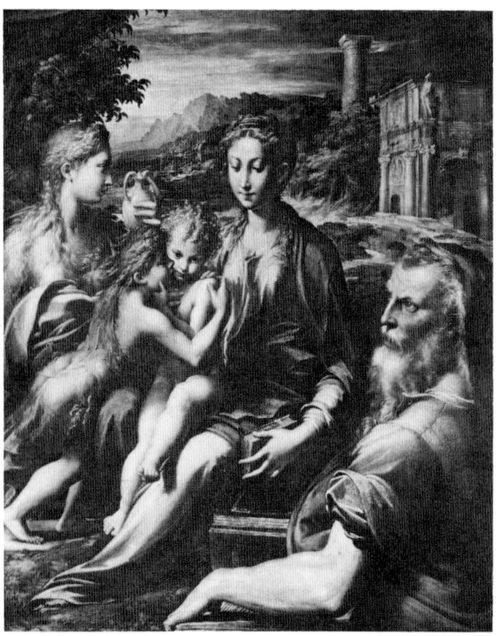

299 Parmigianino, Hl. Familie. Uffizien, Florenz

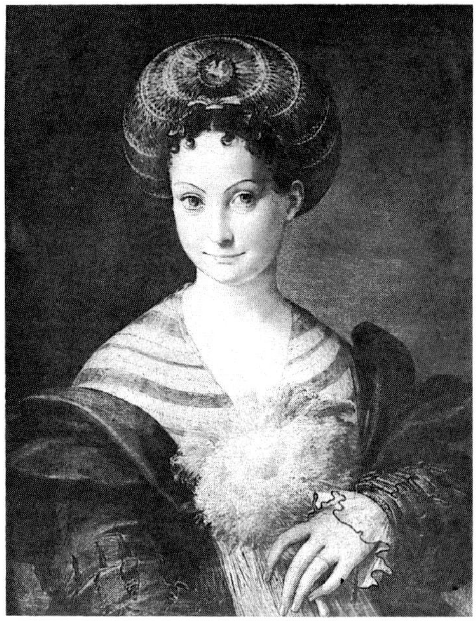

300 Parmigianino, Junge Dame mit Turban, 1530/31. Pinakothek, Parma

Ausdruck einer großen Dame mit zarten, dünnen Gliedern und gepflegten Händen, die einen koketten oder indolenten kleinen Putto halten; dazu das Spiel der ›figura serpentinata‹ (die S-Form), die die Hauptfigur umschreibt, und der sich alle anderen Formen unterordnen; dazu kommt noch die raffinierte Ordnung des Bildraumes, wo im zweiten Plan unerwartete Diagonalen eine perspektivische Verkürzung und eine ungeheure Tiefe suggerieren. Eine helle, lichte Farbhaut zieht sich über diese ein wenig doppeldeutigen Erfindungen. Der kleine schamlose *Amor* (1534, Wien), der einen unglaublichen Erfolg hatte, ist das profane Gegenstück dazu.

In der Kirche Madonna della Steccata (1531 bis 1539) offenbart sich noch eine andere Seite seines eigentümlichen Genies: In Umkehrung der räumlichen Gegebenheiten bedeckt er die Wölbung mit großen Kassetten in Rosettenform, malt am Gewölbeansatz Vasenträgerinnen von außerordentlicher Eleganz und bringt in den Nebenpartien noch biblische Gestalten – Moses, Adam – an. Parmigianino, der zudem ein hervorragender Porträtmaler war, war in der Lage, einer ganzen Generation, die wie er selbst nervlich übererregt war, Abbilder ihrer selbst anzubieten, die sie entzückten: *Porträt eines Mannes mit einem antiken Relief* (Slg. Strafford), *Junger Prälat* (Galleria Borghese), *Malatesta Baglioni* (Wien), *Bärtiger Mann mit Mütze*, der vielleicht ein Selbstbildnis ist (Uffizien), sowie einige köstliche weibliche Figurenbilder – *Die türkische Sklavin,* auch *Junge Dame mit Turban* genannt (Parma □ 300), oder *Antea* (Neapel) –, wo das Formale der sophistischen Absicht des Künstlers entspricht. Dank der Kupferstiche, die seine Kompositionen und Typen während des ganzen Jahrhunderts verbreiteten, wurde Parmigianino von Venedig bis Neapel verstanden und bewundert; seine Bedeutung ist kaum zu überschätzen. Da er dem sinnenfreudigen Correggio folgte und dessen neuer ›maniera‹ eine gewisse Kühle und bisher unbekannte intellektuelle Abstraktion hinzugefügt hatte, schien es, als ob er die neue ›Schönheit‹ geschaffen habe. Ohne ihn wäre der Manierismus jedoch weder so bewußt noch so verfeinert worden. Unter seinem unmittelbaren Einfluß setzte eine einfallsreiche und schillernde Künstlerpersönlichkeit, Girolamo Bedoli (etwa 1500-1569), der ebenfalls den Namen Mazzola annahm, die Arbeit an der Ausschmückung Parmas mit Fresken (Dom, 1538-1544; Steccata, 1553) und Altarbildern fort.

Die Toskana

Architektur, Skulptur, Gartenkunst

Das neue Herzogtum Toskana (1537), in dem keine Spur mehr von der alten Aktivität der Bürger vorhanden war, entfaltete um die Mitte des Jahrhunderts eine fürstliche Pracht. Die öffentlichen Gebäude wurden vergrößert, mit Prunkräumen ausgestattet und mit Parks und Gärten umgeben. Es entwickelte sich der Brauch, offizielle Festlichkeiten mit grandiosen Dekorationen auszustatten. 1534 wurde vor dem Palazzo Vecchio als Gegenstück zu dem republikanischen David die Marmorgruppe von *Herkules und Cacus* von Baccio Bandinelli aufgestellt. Ab 1540 wurde die Signoria und ihre Umgebung von Vasari und später Buontalenti grundlegend umgestaltet. Das Gebäude wurde längs der Via della Ninna, die man mit einem Bogen überwölbte (1565-1571), um den Palast mit den neuen Verwaltungsräumen der Uffizien zu verbinden, erweitert. Auch die Veränderungen im Innern waren beträchtlich: Im ersten Stockwerk wurden anschließend an den *Salone dei Cinquecento* neue Appartements geschaffen, ein Stockwerk höher das sogenannte ›Quartiere di Leone X.‹ mit seinen Fresken, die große Ereignisse aus dem Leben Cosimos festhalten, und das *Quartiere degli Elementi* (ab 1550) von Vasari, dessen sorgfältig komponierte allegorische Szenen er in seinen ›Ragionamenti‹ aufs genaueste beschreibt; im Westen schließlich an der Seite zur Via della Ninna hin das ›Quartiere di Eleonora da Toledo‹ mit reichem Dekor, Medaillons und so fort. Als Ausgleich zu diesen beiden feierlichen Einrichtungen hat Vasari mit dem kleinen Arbeitsraum Herzog Franz', dem sorgfältig gearbeiteten *studiolo* mit seinem gezierten Dekor, ein intimeres und raffinierteres Element eingeführt □ 301. Im Zuge der Umgestaltung des Zentrums von Florenz errichtete Vasari zwischen dem Palazzo Vecchio und der Loggia dei Lanzi ab 1560 den langen Gang der Verwaltungsbüros. Die perspektivische Flucht schließt mit einer etwas paradox anmutenden Loggia ab, die sich wie ein Paravant vor dem Arno abhebt; die offene Galerie hat keinen klaren Rhythmus, und das Halbgeschoß über dem Portikus des Erdgeschosses ist zu stark betont. Vasari beschreibt selbst seine Schwierigkeiten, die dorische Ordnung, für die der Großherzog eine besondere Vorliebe hatte, zur Anwendung zu bringen. Die Umrahmungen und Giebel der Fenster sprin-

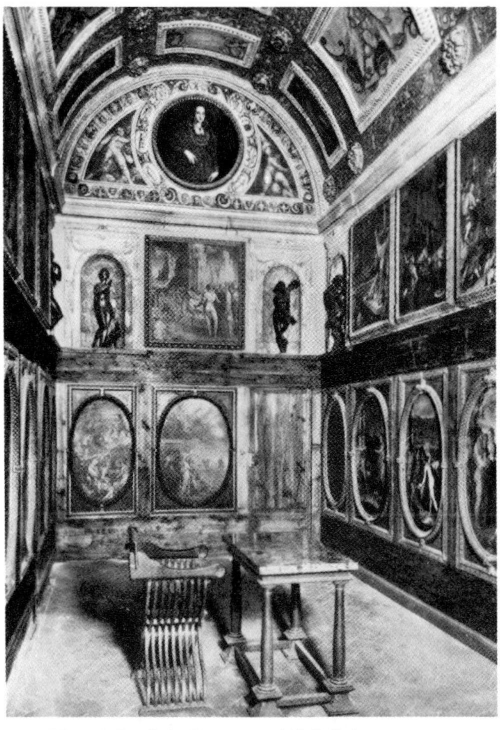

301 Vasari, Studiolo Francesco de'Medicis im Palazzo Vecchio, Florenz, um 1560

gen vor, und die dunklen Farben auf der hellen Wand bilden einen Kontrast, der der Biblioteca Laurenziana entliehen ist. Das weit vorkragende Kranzgesims unterstreicht noch das Kulissenhafte des Ganzen. Ein langer, von Ammannati umgearbeiteter Korridor verbindet über den Arno hinweg die Uffizien mit dem Palazzo Pitti. Eine größere Einfachheit zeigt Vasari in den Pfeilerloggien seiner Platzanlage in Arezzo (1573).

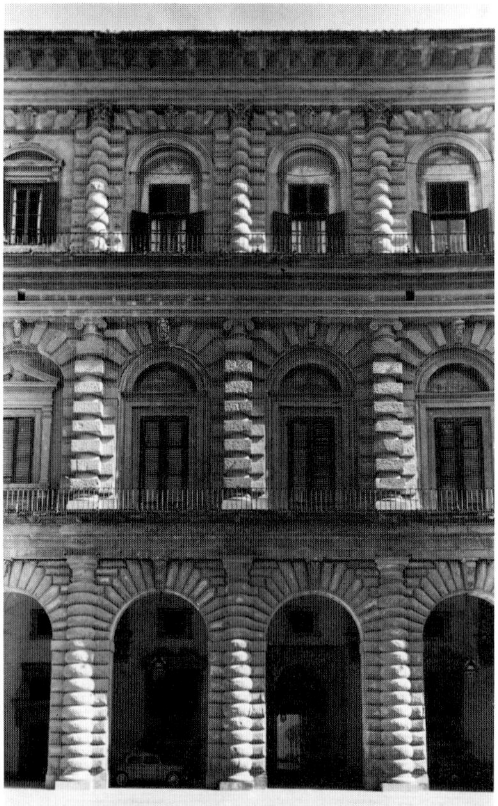

302 Ammannati, Palazzo Pitti, Florenz, 1558-1570

Bernardo Buontalenti (etwa 1530-1608), der sich auf dekorative Ausstattungen fürstlicher Feste und Feuerwerke besonders spezialisiert hatte, brachte in die Architektur der Villen ein phantastisches und kapriziöses Element, einmal – wie in der *Villa in Pratolino* (1569-1581, zerstört) – durch das Spiel von Kurven, dann – wie in der *Villa Artimino* (etwa 1580), deren Vorbild die Villa von Poggio a Caiano ist – durch Einführung einer weiten geräumigen Treppe (nach seinen Plänen ausgeführt) vor schmuckloser Fassade, die einen nicht vorspringenden Portikus hat. Er hat auch Entwürfe für Fassaden geliefert – für Santa Trinita (1593) mit den zwei zu ungleichen Geschossen oder für S. Maria del Fiore (Dom, 1587), die von einer zu starren Anordnung ist; die übereinanderliegenden Ordnungen sind durch Rahmenfelder, durch Verschiebungen, die die Wirkung stören, getrennt. An einem derartigen Bauwerk läßt sich sehr gut erkennen, welche Richtung der Manierismus in Florenz eingeschlagen und welche Vorbildbedeutung die Treppe der Biblioteca Laurenziana erlangt hat: Man verwendet das klassische Formvokabular, ohne jedoch den Adel und das Gleichgewicht der einzelnen Elemente zu berücksichtigen.

Die interessanteste Figur ist Ammannati (1511 bis 1592), der seine Ausbildung in Rom bei Vignola erhielt. Sein römisches Jesuitenkolleg (1578) ist das ausgefallenste Beispiel von künstlicher Strenge. Weitaus freier und einfallsreicher zeigt er sich im *Hof des Palazzo Pitti* (1558-1570) in Florenz □302, der das Rustika-Motiv von Brunelleschi wieder aufgreift, es jedoch wie in Mantua mit übereinanderliegenden Ordnungen von wechselnden rhythmischen Travéen verbindet, die unter den steinernen Bandgesimsen anzuschwellen scheinen; die mittlere Travée, die breiter ist und durch ein Palladiomotiv hervorgehoben wird, gewinnt durch die Öffnung im Erdgeschoß auf die Gartenanlagen hin eine besondere Bedeutung: Der überraschende Lichteffekt dieses Durchbruches bildet einen Kontrast und ist von einer theatralischen Wirkung. Das Hauptwerk Ammannatis war die *Brücke Santa Trinita* (1567-1569, zerstört 1944) – vielleicht nach einem Entwurf Michelangelos –, die eine sehr feine Krümmung besaß und von drei breiten Brückenbögen getragen wurde. Erinnert der Palazzo Pitti an Giulio Romano, so läßt dieses elegante Werk an Parmigianino denken. Die Statuen, die die Brücke schmückten und Jahreszeiten darstellten, stammten von P. Francavilla, Landini und von G. Caccini, dessen Schüler Pietro Bernini war, der Vater des großen Barockbildhauers.

Der einzige Vertreter einer ausgewogenen Bildhauerei mit klarer Achsenordnung und regelmäßiger Oberfläche ist Baccio Bandinelli (1488-1560), ein Schüler von Rustici, der sich zwar in der Anordnung, aber nicht in der klassischen Empfindung an Michelangelo anlehnt: *Herkules und Cacus* (1534, Piazza della Signoria), *Bacchus* (1547, Pitti), von gekünsteltem Umriß; elegante Reliefs in S. Maria del Fiore (Dom), (1547, Museo dell' Opera del Duomo). Vincenzo dei Rossi (1525 bis

1587) setzt diese Linie in seinen *Werken des Herkules* (Palazzo Vecchio) fort. Vincenzo Danti (1530-1576) hält in seiner Allegorie der *Honesta* (Palazzo Vecchio) zugleich auf Eleganz und großen Stil; die *Enthauptung des Johannes* an der Südpforte des Baptisteriums ist in seinem allzusehr berechneten Gleichgewicht von einer gewissen Breite.

Die überragende Figur ist Benvenuto Cellini (1500-1571), Goldschmied, Bronzegießer, dazu ein Draufgänger, Abenteurer, der 1540 sein Glück am französischen Hofe, dann gegen 1545 nach seiner Rückkehr nach Florenz bei Herzog Cosimo versuchte. Er ist zugleich der Verfasser recht verblüffender Memoiren, in denen er sich an seinen zahlreichen Feinden rächte, darunter auch Vasari, den er geradezu haßte und dessen künstlerische Bedeutung er zu bagatellisieren suchte. Cellini ist ein typischer Vertreter seiner Zeit mit ihrer ständigen fieberhaften Unruhe, ihrer Virtuosität und ihrem Ehrgeiz. Er besitzt ihren Sinn für das Verdreht-Gewundene und Bizarre (das berühmte *Salzfaß,* Wien, ein Meisterwerk von großer Vielfalt), für das Raffinierte, Formalistische (*Nymphe von Fontainebleau,* Louvre) und beweist schließlich noch eine virtuose Beherrschung der menschlichen Anatomie. Der *Perseus* (1553, Loggia dei Lanzi) ist wohl das vollkommenste Werk Cellinis. Die minutiösen Statuetten und Flachreliefs des Sockels □ 303 sind von vielseitigem Ausdruck und großer Subtilität und bringen das vollendete Modelé noch mehr zur Geltung. In dieser Figur liegt die ganze Skala der Möglichkeiten der Bronze, die nur die monumentale Form und ihren Dekor zu stark vermischt, also Skulptur und Goldschmiedekunst miteinander verbindet. In seiner Vitalität und Phantasie überragt Cellini bei weitem die Kühle seines Rivalen Bandinelli. Das *Marmorkruzifix* (Escorial), das im Wettbewerb mit Bandinelli entstanden ist, zeigt eine echte Noblesse, die man in der kleinlichen Ausführung der *Büste Cosimos I.* (1548, Bargello) vergeblich sucht □ 304.

Giovanni da Bologna (1529-1608), oder auch Giambologna, gehört bereits der nächsten Generation an, die viel disziplinierter und akademischer ist. Er ist in Dobai geboren, in Antwerpen aufge-

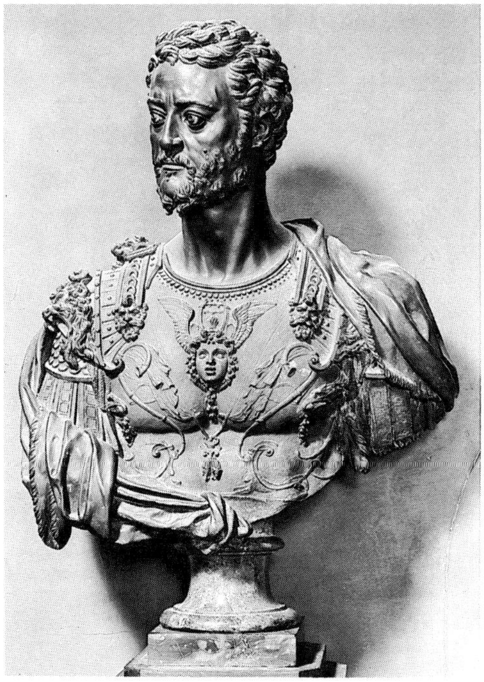

304 Cellini, Cosimo I., 1548. Bargello, Florenz

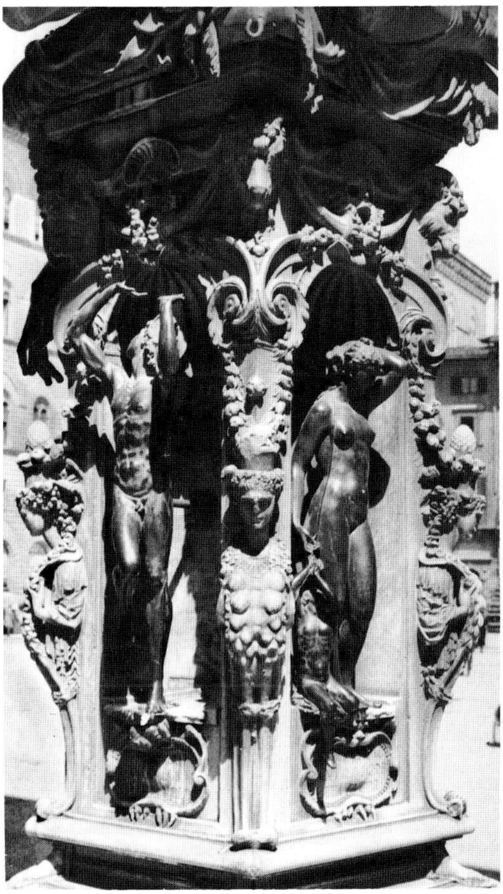

303 Benvenuto Cellini, Sockel des ›Perseus‹, 1553. Loggia dei Lanzi, Florenz

wachsen, ist in Rom gewesen und hat sich 1555 in Florenz niedergelassen. Auch er gehört zu den ›Bildhauer-Architekten‹. Aus seiner international bestimmten Bildung bezog er in dem intellektuellen Klima von Florenz seine subtile, kühne, ein wenig dekadente Anmut. Eine architektonische Arbeit von ihm ist die *Kapelle Sant' Antonino* im Kloster S. Marco mit ihren zu sehr gekünstelten Reliefs (1581-1589); er gestaltete eine der kleinen Kapellen des Rundchors von SS. Annunziata (1598) zu einem Grabmal um, das ebenfalls zu reich geschmückt ist. Sinnlicher und raffinierter als Cellini arbeitete er die elegante *Venus* der Villa Petraia (1567) und die keusche Venus der Grotte der Boboli-Gärten (1570), die ganz griechisch anmutet, jedoch nach einem modernen Schönheitskanon mit starken Hüften und kleinem Kopf geformt ist. In der *Carità* (1581, Universität, Genua) und dem kleinen schmalen, minutiös gearbeiteten *Merkur* (1564, Bargello) wird die Bronze durch viele kleine Glanzlichter, die aber eine fortlaufende, flexible Linie bilden, belebt. Trotz der klassischen Absicht wirken seine *Reitermonumete* – Cosimo I. (1581, Piazza della Signoria) und Ferdinand I. (1608, Piazza della SS. Annunziata, von Pietro Tacca vollendet) – überladen. Der *Raub der Sabinerinnen* (1583, Loggia dei Lanzi), eine mehrachsig konstruierte Skulptur, die keinerlei Begrenzung zuläßt, zeigt zu gesuchte Drehungen und Windungen. Der *Apennin,* ein kolossaler Felsen von schwammartigem Stein im Park von Pratolino, der in Form eines Flußgottes zugehauen ist, ist eine manieristische Spielerei, deren außergewöhnliche und humoristische Form dem Florentiner Intellektualismus entsprach □294. Das führt uns dazu, einmal den Beitrag, den Florenz zu einer der typischsten Einrichtungen jener Zeit – den öffentlichen Festbauten und Parkanlagen – geleistet hat, näher zu betrachten.

Brunnen und Parkanlagen

Man könnte in dieser Situation tatsächlich aufgrund der großen Brunnen die ganze Entwicklung der manieristischen Skulptur in Florenz verfolgen. Auf der Piazza della Signoria steht der große Neptunsbrunnen (1563-1576) von Ammannati mit dem Marmorgiganten in der Mitte, der von dem David Michelangelos inspiriert ist, umgeben von sinnlichen Nymphen und Faunen von P. Tacca und Giambologna: Das ist der letzte Ausdruck der kapriziösen Phantasie auf diesem ernsten Platz. Diese stufenförmig aufgebaute Komposition, mit den rings um die Wasserfläche zierlich verteilten Statuen, würde weit besser in einen der fürstlichen Parks passen, wo die meisten Bildhauer mit dem phantasievollen Ingenieur der großherzoglichen Forst- und Wasserverwaltung, Niccolò Pericoli, genannt il Tribolo (etwa 1500-1550), zusammenarbeiteten. In der *Villa di Castello* in der Nähe von Rifredi legte Tribolo gegen 1540 am Abhang des Hügels Terrassen an, in den höher gelegenen Partien mit Nischen und Grotten für die Bronzetiere Giambolognas □305, und auf den unteren Terrassen mit dem ›Herkules und Cacus-Brunnen‹ und verschiedenen Statuen, die ebenfalls von Giambologna stammen, der hier mit Vorliebe das Motiv der Venus, die sich elegant auf dem Rand einer flachen, breiten Wasserschale aus Marmor niedergelassen hat, verwendet. Wir finden sie in der Villa della Petraia (1545-1546) und vor allem im Boboli-Garten wieder, wo jede der für den Freiraum geschaffenen Skulpturen ihren angemessenen Rahmen findet: die *Dem Bad entsteigende Venus* von Giambologna in der unteren Grotte, die mächtige *Abbondanza* auf dem Gipfel mitten im Grünen. Dieser Garten mit seinen Eichen, Lorbeerbäumen und Zypressen liegt an einem Hang hinter dem

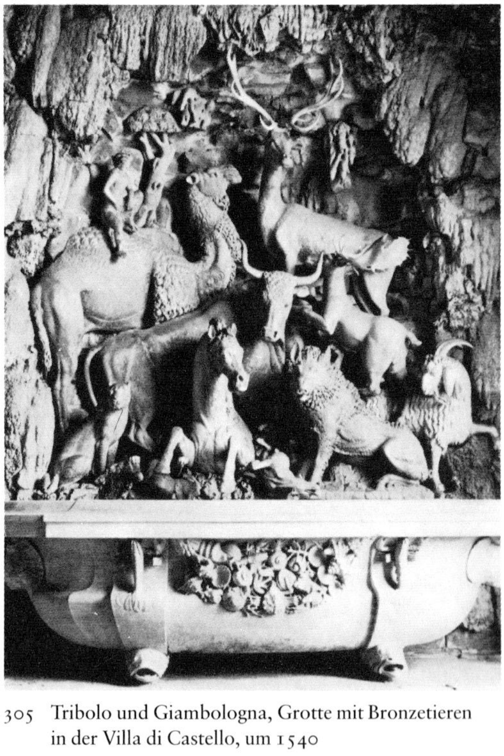

305 Tribolo und Giambologna, Grotte mit Bronzetieren in der Villa di Castello, um 1540

Palazzo Pitti und ist durch ein weites Amphitheater, das im 18. Jahrhundert erneuert wurde, mit ihm verbunden. Der Hauptentwurf stammt von Tribolo (1550) und zeigt ein Spiel von Perspektiven und Rampen, das von Bosquet zu Bosquet führt, von einem überraschenden Raum zum anderen. Jeder dieser ›grünen Räume‹ birgt eine Skulptur – auf dem kleinen Inselrondell der *Oceanus* von Giambologna, umgeben von drei großen, auf Urnen sitzenden Flußgöttern, oder auf dem zweiten Treppenabsatz der *Neptun* von S. Lorenzi (1565). Eine andere Sehenswürdigkeit ist der ›Prato dell'Uccellare‹ zwischen den Baumgängen, die erst im folgenden Jahrhundert fertig wurden. Am Eingang befindet sich die weiträumige Grotte mit der *Venus* von Giambologna und die Grotte der Menaboni mit ihren drolligen Malereien. Diese gewaltigen und seltsamen Kompositionen sollten in Latium ihr Echo finden. Die allgemeine Entwicklung der Parks, in denen Architektur, Pflanzen, Terrassen und Skulpturengruppen eine Verbindung eingingen, deren Fülle und Ideenreichtum einschlägige Veröffentlichungen überliefert haben (*Pratolino* von F. de Vieri, 1587), ist eine der bemerkenswertesten Erscheinungen dieser Epoche, die unsere volle Aufmerksamkeit verdient[186]: Villa Lante, Park von Bomarzo. Der Phantasienreichtum der ephemeren Anlagen, die damals in Florenz eine nie dagewesene Bedeutung erlangten, spielten in Venetien eine geringere Rolle.

Die festlichen Einzüge und Totenfeiern

Die großen Feste auf der Straße und die monumentalen Paradebauten, die die Tradition des 15. Jahrhunderts in größerem Stil fortsetzten, lebten 1511 mit dem von Piero di Cosimo wieder eingerichteten Totenkarneval erneut auf. 1515 fand der außergewöhnlich feierliche Einzug Leos X. in Florenz statt, der mit den über die Straßen gelegten Triumphbögen, der falschen Fassade von S. Maria del Fiore, die Sansovino entworfen und Andrea del Sarto in ›trompe-l'oeil‹ ausgeführt hatte, mit den Tempeln und Pyramiden auf den Plätzen das Vorbild für ähnliche Feste bleiben wird. In der zweiten Hälfte des Jahrhunderts erschienen über diese sehr sorgfältig vorbereiteten, mit Symbolen ausgeschmückten Kompositionen Publikationen, die ihre Bedeutung und Reichweite noch verstärkten – wie 1565 zu den Hochzeitsfeierlichkeiten von Franz I. und Johanna von Österreich (Vasari) oder 1589 bei der Vermählung Ferdinands I. mit Christina von Lothringen (Buontalenti). Es handelte sich bei diesen Festbauten immer um phantasievolle Tempel und kleinere Gebäude für die Tänzer und Musikanten. Aber auch die offiziellen Gebäude der Stadt wurden in diese Festzüge einbezogen: 1585 wurde durch Buontalenti im ersten Stock der Uffizien ein ›mediceisches Theater‹ eingerichtet. 1579 diente der gerade fertig gewordene Innenhof des Palazzo Pitti als Rahmen für szenische Darbietungen und eine Seeschlacht, die uns durch die Stiche von Gualterotti bekannt geworden ist. Diese Darbietungen sind deshalb von Interesse, weil sie die Entwicklung der barocken Inszenierung des 17. Jahrhunderts, die ihre Motive ständig verwertete, vorbereitet haben; zugleich boten diese Feste Gelegenheiten zu Umzügen, ›Triumphen‹, zu lebenden allegorischen Bildern mit kunstvollen, durch die Traktate Giraldis (1548) oder Cartaris (1556) über antike Götter inspirierten Kostümen. Unzählige Zeichnungen, die zu diesen Anlässen entstanden, zeigen, wie die dem Wunderbaren zugeneigte Vorstellungskraft des 16. Jahrhunderts ein ganz neues Repertoire geschaffen hat[187].

Die Verbindung von Straßen-›apparati‹, neuartigen Bühnendekorationen und schließlich einigen städtischen Einrichtungen begann sich abzuzeichnen und erhielt in der zweiten Hälfte des 16. Jahrhunderts in Ferrara, Florenz und Venedig ihre perfekteste Ausprägung[188].

Die Totenfeiern schlossen sich von diesen Bräuchen nicht aus; man weiß durch Schilderungen wie die ›Descrizione della pompa funerale di Cosimo de'Medici‹ (1571) von ihrer Prachtentfaltung. Riesenskelette mit Sensen in den Knochenhänden wurden längs der Arkaden von S. Maria del Fiore aufgestellt. 1612 fand die Gedächtnisfeier für die Königin von Spanien statt, die Callot in Radierungen festgehalten hat, 1634 die ›Esequie del Serenissimo Principe Francesco de Medici‹ mit Stichen von Stefano della Bella, einem der letzten dem Geist und Stil des toskanischen Manierismus treuen Künstler.

Malerei

Mit den Meistern Andrea del Sarto und Fra Bartolomeo hatte Florenz zu einem zarten und gedämpften Klassizismus gefunden. Die Reaktion ließ nicht lange auf sich warten. Sie wurde durch Jacopo Carrucci, genannt Pontormo nach dem Namen seines Heimatortes (1494-1556), der sich auf die klare, vom Kontur bestimmte Malerei Michelangelos stützte, ausgelöst. Während er noch dem Atelier Andrea del Sartos angehörte, entstand die *Heimsuchung Mariä* in der Vorhalle der S. Annunziata. Der Gunst des Kardinals Ottaviano hatte er es zu verdanken, daß er den Auftrag für die Ausmalung des großen Saals in der Villa Poggio a Caiano erhielt, der nach dem Tod Lorenzos unvollendet blieb. Pontormo, der die Arbeiten leitete, nahm sich die Seitenlünetten, die die enormen Ochsenaugen einfassen, vor. Die Zeit reichte jedoch nur, um die nach Osten gelegene Lünette mit der Darstellung von *Vertumnus und Pomona* auszumalen, eine köstliche, ländliche Szene, in der die zu höchster Vibration gesteigerte Linie bäuerliche, in fast farblosen Grau- und Gelbtönen schön modulierte Figuren hervorhebt.

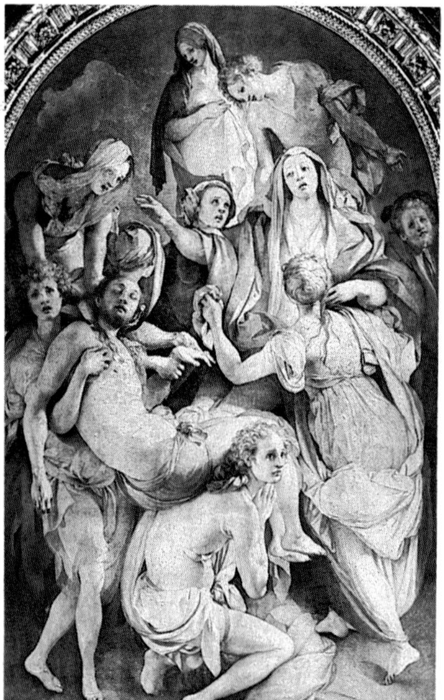

306 Pontormo, Kreuzabnahme, 1526. S. Felicita, Florenz

Im großen Kreuzgang der Certosa del Galluzzo malte Pontormo einen Passionszyklus (heute stark beschädigt), dessen dichtgedrängte Menschenmassen und überlangen, krausen Silhouetten sich unmittelbar von Kupferstichen Dürers herleiten. Vasari wird ihn deshalb beschuldigen, die toskanische ›maniera‹ um der deutschen willen, das Moderne um des Gotischen willen verraten zu haben. In der herrlichen *Kreuzabnahme* von Santa Felicita (1526, □306) in kühlen, malvenfarbenen, rosa und grünen Tönen mit zarten Übergängen bewegen sich die Formen ondulierend in einer geschickt gestuften und fluktuierenden Komposition. In seinen Porträtbildern verwendet Pontormo gern helle Töne in einer einfachen, besonders die Hände hervorhebenden Komposition und eine Zeichnung, die das Individuelle des Striches zur Geltung bringt (*Lautenspieler, Zwei Männer,* Sammlung Guichardin, Florenz; *Junger Mann,* Castello Sforzesco, Mailand).

Seine innere Unruhe trieb ihn jedoch auf gefährliche Bahnen: Die *Heimsuchung* in Carmignano (etwa 1530) hebt die zentrale Gruppe durch eine gewaltsame Verkürzung hervor und setzt, in einer blockhaften Masse von Stoffdrapierungen in blassen Gelb- und Rottönen, statt der traditionellen zwei vier Figuren ein. Das Porträt von *Alessandro de' Medici* (etwa 1525, Lucca) ist der Auftakt zu einer ganzen Reihe von langgestreckten, glatten, gezwungenen Figuren. Das war der Zeitpunkt, an dem Michelangelo ihn ermutigte und ihm Kartons zur Weiterarbeit gab. Nach 1545 erhielt Pontormo den Auftrag, den *Chor von San Lorenzo* auszumalen. Er arbeitete 10 Jahre daran und entwikkelte aus den Themen des ›Sündenfalls‹, der ›Sündflut‹ und der ›Auferstehung‹ die erstaunlichsten Überschneidungen von Aktfiguren, von starker Bewegung, aber recht geringer monumentaler Wirkung. Die Fresken fanden keinen Beifall (sie wurden 1738 überkalkt); hier war jedes Gleichgewicht verlorengegangen.

Ein ebenso unruhiger, allerdings weniger genialer Künstler, der für die manieristische Strömung in Florenz sehr typisch ist, ist Gian Battista di Jacopo, genannt il Rosso (1494-1540): Rosso ist von Natur aus ein Revolutionär. Er geht durch alle Florentiner Ateliers hindurch, ohne überzeugt zu sein; den Feinheiten Andrea del Sartos und Fra Bartolomeos stellt er große Drapierungen gegenüber, die sich aus Facetten von schreienden Farben zusammenfügen, und ihrer feinen Psychologie Gesichter mit gequältem und wildem Ausdruck. Seine *Madonna mit vier Heiligen* (1518, Uffizien) wird vom Auftraggeber zurückgewiesen. Die große, verwickelte und bizarre *Kreuzabnahme* (1521, Volterra) zeigt seine Treue gegenüber den Schemata des 15. Jahrhunderts – eines Filippino Lippi etwa. In seinem Bild *Moses verteidigt die Töchter Jethros* (etwa 1523, Uffizien □307), erkennt man in den kühlen, hellen Tonstufungen, in der breitangelegten, bewegten Zeichnung und den Körpermassen im Vordergrund den Einfluß Michelangelos. In der *Hochzeit der Jungfrau Maria* (1523, San Lorenzo) hebt ein künstliches Licht die Formen seltsam hervor und macht sie eigentümlich farblos. Der Aufenthalt Rossos in Rom von 1523 bis 1527, wo es ihm nicht gelingt, zur Wirkung zu kommen, tut ein Übriges, um das nervöse, erregte Genie Rossos zu beunruhigen. In Arezzo, wo er anschließend arbeitet, zeigt er eine Neigung für die lange Silhouette; die Komposition wird jedoch mehr und mehr klassisch (*Kreuztragung*, Arezzo, 1528-1529). Rosso geht 1530 von hier aus nach Frankreich. In der Galerie Franz I. wird er mit seinen Fresken und Stukkaturen dank der recht ungewöhnlichen Phantasie, die sich in dem ornamentalen Rahmenwerk und den mythologischen Darstellungen entfaltet, einen großen Triumph feiern; zahlreiche nicht ganz durchgeführte, splittrige Zeichnungen zeugen davon, während die Kupferstiche für den Erfolg seiner Bildmotive sorgen. Die *Pietà* (1537-1540, Louvre) ist mit den schillernden Farbtönen, den zu zierlichen Figurentypen und der verhaltenen Komposition zweifellos das Hauptwerk dieser zugleich kapriziösen und leidenschaftlichen Kunst.

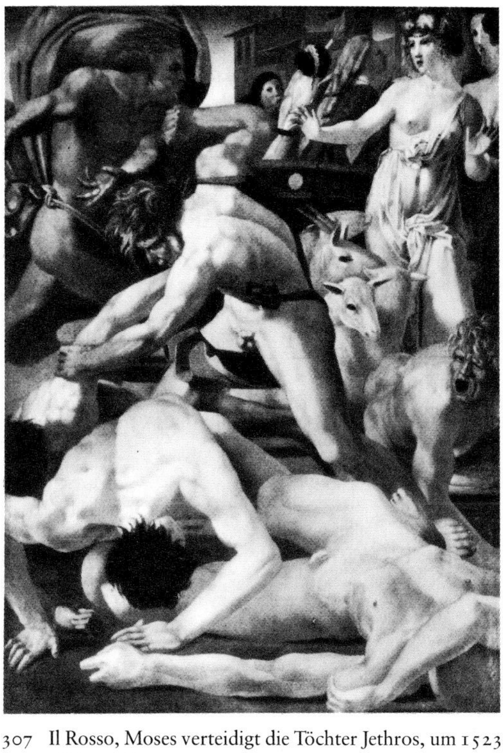

307 Il Rosso, Moses verteidigt die Töchter Jethros, um 1523. Uffizien, Florenz

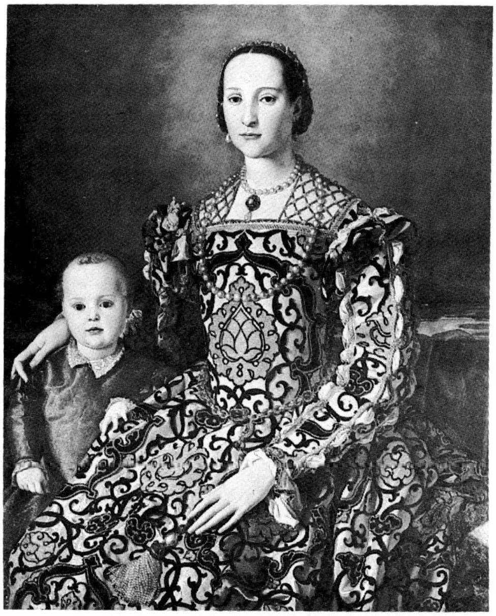

308 Bronzino, Eleonora von Toledo und Don Garcia, 1539. Uffizien, Florenz

Mit der zweiten Generation wechselt die Stimmlage der florentinischen Malerei vom Unruhigen, Sensiblen zum Gemessenen und anspruchsvoll Feierlichen. Sie entwickelt sich mit einem Schüler Pontormos, Bronzino (1503-1572), zu einer höfischen Kunst: Bronzino, der in seiner Pietà noch recht trocken und ungefällig wirkt, erringt mit seinen Fresken (*Kapelle der Eleonora von Toledo,* Palazzo Vecchio, 1555-1564) durch die hintergründige, kühle Leidenschaftslosigkeit als Porträtist einen bedeutenden Erfolg. Die gestreiften Vorhänge, die von einem vollendeten, aber ein wenig überflüssigen Realismus sind, bilden in einem der berühmten Bildnisse von *Eleonora von Toledo und Don Garcia* (Turin) den geeigneten Hintergrund für das Gewand, die Hände und die königliche Haltung der vornehmen Dame. In einem anderen Bild (Uffizien □ 308) wird das Brokatkleid und in der *Lucrezia Pucci* (Uffizien) die violette Robe zum Mittelpunkt des Bildes. Diese den Kostümen zugewandte Aufmerksamkeit erinnert an die flämische Minutiösität. Die Wirkung konzentriert sich jedoch auf die Unbeweglichkeit der Haltung, das Elfenbeinerne der Haut und das Durchscheinende des irrealen Milieus, vor das die Figuren gestellt sind. Ein wenig mehr vom Charakter der dargestellten Person erkennt man in dem Bild der kleinen *Maria de' Medici* mit den lachenden Au-

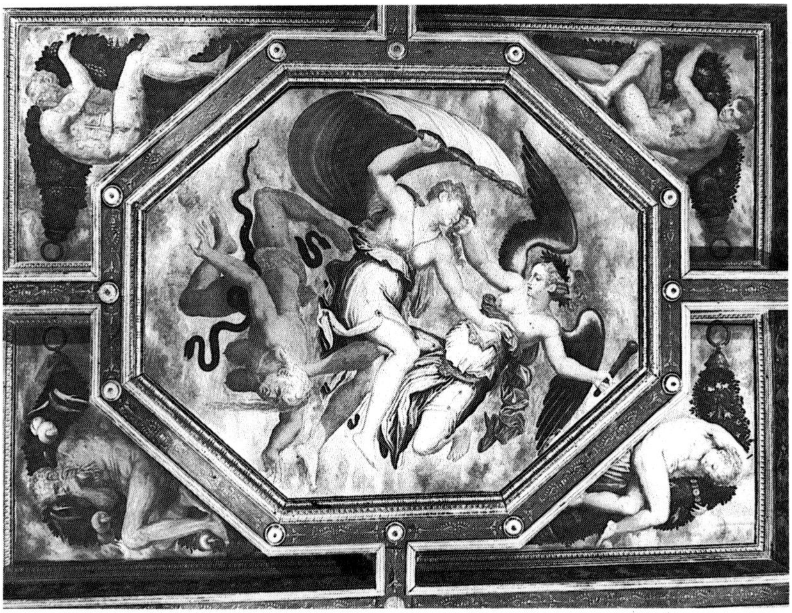

309
Giorgio Vasari,
Deckenmalerei in seinem
Haus in Arezzo, 1540

gen (Uffizien) und in den Künstlerporträts mit ihren affektierten Gesten und dem ausdrucksvollen Dekor (Lissabon, Berlin). Wir haben hier die offiziellste Form der Kunst vor uns, wie sie von den Akademien propagiert worden ist.

Ein typisches Beispiel dafür liefert Francesco de Rossi, genannt Cecchino Salviati (1510-1563), ein von Andrea del Sarto ausgehender Porträtist und feiner Zeichner (*Carità*, Uffizien), mit seinen Allegorien in der *Sala dell' Udienza* im Palazzo Vecchio (1544). Im Palazzo Vecchio drückt sich auch – wie wir bereits sahen – dieser florentinische Akademismus aus. Unter Leitung Vasaris und seiner zahlreichen Schüler geschieht dies in düsteren, überladenen Kompositionen, die auf historischen Darstellungen, in Allegorien verkleidete Moral und einer aus mythologischen Handbüchern sich nährenden Bildung basieren. Diese Handbücher der Mythologie, wie dasjenige von Cartari, werden den Geschmack der Florentiner endgültig festlegen. Mit der Ausschmückung seines Hauses in Arezzo bietet Vasari ein brillantes und geistreiches Repertoire an historischen und symbolischen Themen □ 309. Ein ganzes Jahrhundert lang wird die Toskana noch dekorative Maler hervorbringen: Ludovico Cardi, genannt il Cigoli (1559-1613), der als Architekt letzte Hand an den Hof des Palazzo Nonfinito (begonnen von Buontalenti) legt und monumentale Fresken in etwas grober Manier malt. Alessandro Allori (1535-1607) und sein Sohn Cristofano (1577-1621) bleiben der Freskentradition treu, wobei der letztere seine Palette im Sinne Primaticcios aufhellt; oder Domenico Cresti, genannt il Passignano (1558 bis etwa 1638), der eine düstere Farbskala bevorzugt. Ihnen folgen die unzähligen Historienmaler des 17. Jahrhunderts, wie Francesco Furini (1604-1669), der mit Giovanni da San Giovanni (1592-1636) im Palazzo Pitti zusammenarbeitet. Dieser hält sich in der Nähe der Carracci und zeigt im Refektorium der Badia Fiesolana, der Kapelle des Palazzo Rospigliosi in Pistoia oder der Kirche Santi Quattro Coronati (Rom) eine brillante Erfindungskraft. So stellt sich eine Verbindung her zwischen den letzten Manieristen und dem erstaunlichen Pietro da Cortona, der von 1637-1647 die Decken des Palazzo Pitti ausschmückt.

Venedig

Ziemlich spät, erst gegen 1535, wurde die manieristische Krise, die ganz Mittelitalien beunruhigte, in Venedig spürbar. Sie kam dort jedoch in Verbindung mit dem Ruhm der ›maniera‹ Michelangelos und zu einem Zeitpunkt an, als Tizian und Sansovino gerade eine ganz eigene, Venedig angepaßte Übereinstimmung zwischen einer malerischen Vision und der klassischen Ordnung realisiert zu haben schienen.

In der Architektur, wo die ›Ordnungen‹ durch die Lehre Serlios und die noble, ein wenig steife Kunst Sanmichelis heimisch geworden waren, konnte ein gleicher Aufwand an Phantasie es möglich machen, die vom Anmutigen oder Gewaltigen beherrschte manieristische Tendenz zu absorbieren und so das venezianische Bedürfnis nach Harmonie zu vertiefen. Das war das Werk Palladios.

Architektur

Palladio

Andrea di Pietro dalla Gondola, der im Jahre 1508 in Padua geboren und um das Jahr 1580 in Vicenza gestorben ist, verdankt den Zunamen Palladio dem Humanisten Trissino, der in den ersten Jahren sein Protektor und Inspirator war. Palladio ist bis etwa 1540 ein bescheidener Steinmetz gewesen. Die Freundschaft mit Trissino, die Reisen nach Rom 1541, 1547, 1549 – ergänzt durch das Studium des kleinen Führers der ›Antiquitäten von Rom‹ (1554) und der Schriften von Vitruv, die er (1556) neu auflegte – und die unablässige Meditation über die absolute Schönheit der Form, die der musikalischen Ästhetik des venezianischen Kunstmilieus entsprach, halfen ihm, die Bestrebungen der Zeit in einer sehr eigenwilligen und empfindsamen Weise zusammenzufassen. Sein Traktat ›Quattro Libri dell'Architettura‹ (1570), das einen ungeheuren Erfolg hatte, zeigt seine überragende Genialität. Das erste Buch dieses Traktates beschäftigt sich mit allgemeinen Grundsätzen gemäß Vitruv, das zweite mit dem Haus, insbesondere der Villa, das dritte mit der Stadt und das letzte mit dem Tempelbau. Immer wieder wird darin auf die Antike als auf das große Vorbild oder besser gesagt, den Schlüssel zu einer harmonikalen Ausdrucksweise hingewiesen. Seine Sorge um die modernen Aufgaben, auf die dieser Schlüssel anzuwenden war, ist jedoch nicht weniger groß. Die Stärke Palladios liegt darin, daß er ein genaues, unübertreffliches Gleichgewicht zwischen Kultur und Geschmack gefunden hat. Seine künstlerische Tätigkeit führte ihn ständig zwischen Venedig und Vicenza – der Lagune und der Terra ferma – hin und her, hielt ihn aber zuletzt vorwiegend in Vicenza fest.

Der Ausgangspunkt für Palladio scheint weniger Sansovino oder Sanmicheli als vielmehr Falconetto und dessen Purismus gewesen zu sein. Darüber aber könnten einzig seine Jugendwerke Auskunft geben – wenn diese genauer bekannt wären. Zweifellos war es sein Hauptanliegen, den dekorativen Übertreibungen entgegenzuwirken, indem er das Problem enger faßte, den architektonischen Wert der einzelnen Elemente – der Giebel, kleinen Säulen, Bögen, Gesimse – nach antikem Brauch genauer definierte und ein sauber durchgeführtes Thema einer unkontrollierten Anhäufung vorzog. Das Streben nach einer feinen und genau berechneten Wirkung, die in gewissem Sinne etwas vom manieristischen Raffinement an sich hat, verbindet sich noch mit zwei umfassenderen Vorstellungen. In dem Bemühen um eine innere Harmonie der Teile wird das Gebäude wie ein schöner, sorgfältig durchgearbeiteter Gegenstand geformt – worin sich Palladio als ein Erbe der Denkweise und vielleicht sogar der Philosophie Albertis zeigt; zudem bemüht er sich der venezianischen Tradition gemäß um einen Rapport zwischen dieser geometrischen, harmonikalen Form und dem Milieu, der Atmosphäre und der Natur. Die Villen erheben sich auf einem Sockel, der sie in den natürlichen Dekor, in dem die Loggien ein den Palästen der Lagune vergleichbares Hell-Dunkel erzeugen, einbettet. Man darf Palladio jedoch nicht nur in der venezianischen Perspektive sehen, sondern einzig im Zusammenhang mit der ganzen Renaissancebewegung.

Eines seiner großen Anliegen war, den antiken Tempel mit der Kirche zu verschmelzen. Alberti hatte die Lösung für das Problem der Fassade zuerst im Triumphbogenmotiv (Rimini), dann im Portikus (S. Sebastiano) und zuletzt in der Vereinigung beider (S. Andrea, Mantua) gefunden. Einen anderen Weg hatte Peruzzi in Carpi (1515) vorgeschlagen, wo die Kolossalordnung mit dem Hauptschiff übereinstimmt, den Seitenschiffen dagegen eine andere Ordnung entspricht. Eine so möglich gewordene, harmonische Komposition taucht nun mit Palladio auf, der bei *S. Francesco della Vigna* (1562, □ 310) und später in *San Giorgio Maggiore* die Fassade eines Prostylostempels anwendet. Der Mittelteil mit den auf hohen Sockeln stehenden Säulen – die nach einer in London befindlichen Zeichnung nicht für San Giorgio vorgesehen waren – und seinem Dreiecksgiebel springt leicht vor; die Seitenschiffe haben ein anderes, eigenes System. Es entstehen so zwei Fassaden, die sich durchdringen oder genauer gesagt, zwei Vorstellungen klassischer Fassaden, die wie zwei harmonische Systeme, deren Fusion das Schema zu verschleiern trachtet, zusammenklingen;

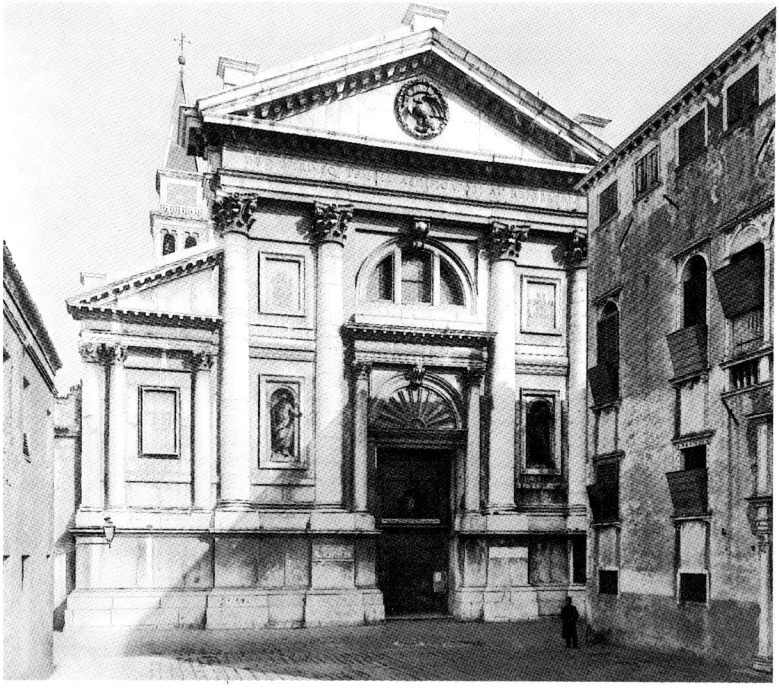

310
Andrea Palladio
S. Francesco della Vigna
Venedig, 1562

das aber ist die manieristische Seite dieser architektonischen Lösung, die sich bei dem ›Redentore‹ (1577-1580) noch verstärken wird. Trissino war es zu verdanken, daß Palladio 1545 mit dem Bau des *Palazzo della Ragione*, genannt Basilica Palladiana, betraut wurde. Sein Modell hierzu wurde 1548 angenommen. Er mußte bei diesem

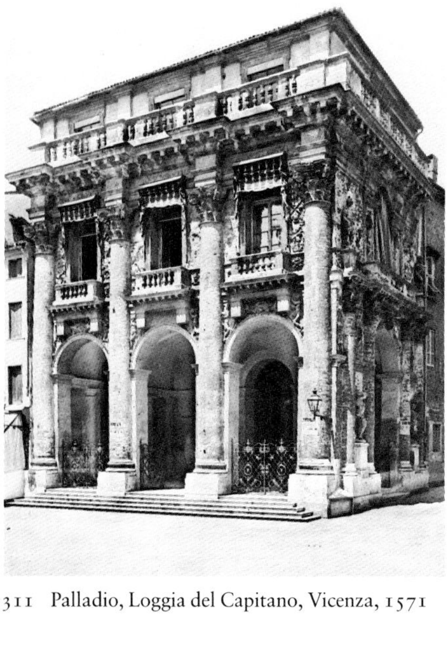

311 Palladio, Loggia del Capitano, Vicenza, 1571

Bau, genau wie Alberti in Rimini, ein altes Gebäude mit einem neuen ›Gehäuse‹ verkleiden. Die zwei Geschosse von dorischer und ionischer Ordnung öffnen sich in breiten Arkaden und ruhen auf Säulen, die an den Ecken gepaart sind; zum ersten Mal taucht hier das Motiv der dreifachen Öffnung auf, das darin besteht, daß der Arkadenbogen auf jeder Seite auf zwei Säulen aufsetzt, die mit einem kleinen Gesims versehen sind, ein Motiv, das bereits im IV. Buch Serlios auftaucht. Jede Galerie ist so kraftvoll wie eine Fassade beim Palazzo del Te, jedoch wird hier alles von dem Eindruck eines unfehlbaren und starken Rhythmus beherrscht. Es ist mehr noch Vicenza als Venedig, das durch die immer lebendiger und phantasievoller werdenden Palastbauten Palladios sein Gepräge erhalten hat. Die massive Rustika beim *Palazzo Thiene* (1556), bei dem sich unter dieser erdrückenden, den Eindruck des ›Unfertigen‹ erweckenden Dominante verschiedene Ordnungen durchkreuzen, zeigt die Anwendung des manieristischen Architekturstils, der Palladio seit seinem Aufenthalt in Rom 1554 noch vertrauter geworden war. Beim *Palazzo Chiericati* (1566), der die architektonischen Elemente eines Hofes auf die Fassade überträgt, ist der beherrschende Eindruck der reine, malerische Rapport zwischen den hellen Bauteilen und den dunklen Loggien. Die gleiche Neigung zu einer nichtklassischen Verwendung klassischer Elemente finden wir beim *Palazzo Valmarana* (1566) mit seiner Kolossalordnung, bei dem die großen Pilaster weniger stark vorspringen. In der *Loggia del Capitano* (1571, □ 311) schließlich scheint die korinthische Kolossalordnung das Gebäude zu drei Öffnungen zusammenzupressen; die Balusterbalkons der Fenster ruhen auf Konsolen, die bis zu den Zwickeln der Arkaden, die durch ihre Feinheit und die ihrer Stützen einen Kontrast zu den Säulen der Kolossalordnung bilden, herunterreichen. Wie eine palladianische farbige Version des Capitols wirkt dieser Bau, in dem zugleich die vitale Kraft des Künstlers in einer mehr als gewöhnlich erregten, dramatischen Weise zum Ausdruck kommt. In seinen zahlreichen Villen setzte er sich bei den reichen venezianischen Auftraggebern, die sich von der Brentalandschaft, den Monti Berici und der Gegend um Treviso angezogen fühlten, mit seinen strengen Zweifrontenentwürfen durch. Die Symmetrie des Grundrisses – die bereits Giangiorgio Trissino seiner *Villa de Cricoli* (Vicenza, 1535 bis 1538) zu Grunde gelegt hat – wird jetzt konstant. Schon bei seinem ersten Bau, der *Villa Godi Porto* (Lonedo, um 1540), kommt die Symmetrie der vier gleichgroßen Räume in ihrer Beziehung zur Zentralhalle deutlich zum Ausdruck. Noch ausgeprägter ist es in der *Villa Thiene* (Cicogna, gegen 1550) bis hin zur strengen Proportion der *Villa Malcontenta* (1560) und der geometrischen Vollendung der *Villa Rotonda* (1550, □ 312). Diese Ordnung zeigt sich in der Verteilung der Zimmer um eine Achse, in der Anlage der Treppen, der Einfügung von kleinen Nebentreppen und -räumen. In all dem kommt jedoch noch etwas viel Subtileres zum Ausdruck, das erst durch die Planzeichnungen mit den in Fuß berechneten Raumdimensionen in den ›Quattro Libri‹ ganz deutlich wird: die Bemühung nämlich um harmonische, den musikalischen und ›kosmischen‹ Proportionen entsprechende Verhältnisse, das heißt die methodische Auswahl von vorbildlichen Proportionen und die Bestätigung eines konstanten Moduls: die Variation über das Verhältnis von 2:3 bei der *Villa Godi* etwa, von 1:1, 1:2:3 bei der Villa Thiene und von den den Dur- und Molltönen der Tonleiter entsprechenden Zahlenverhältnissen bei der Villa Barbaro in Maser.

Eine andere glückliche Begabung zeigt Palladio in der Wahl der landschaftlichen Situation dieser Wohnsitze, ihrer Anpassung an den natürlichen Dekor, in dem sie – wie ein von einem humanistischen Maler konzipiertes Bauwerk – über die Elemente herrschen. Die Villa übernimmt jetzt die antike Tempelfassade, die beim Kirchenbau keine vollständige Verwendung fand. Die Villa Godi hat noch einen mittleren auf Arkaden ruhenden Baukörper (hier zurückgesetzt) mit vorgelagerter Treppe zwischen zwei einfacheren Baukörpern. Zehn Jahre später bei der *Villa Malcontenta* □ 313, in Mira und dann in Venedig entwirft Palladio eine Villa mit einer Tempelfassade, einem Pronaos mit sechs Säulen und einem Giebel, die auf einem hohen Grundsockel steht. Bei der *Villa Badoera* (1549, Rovigo) ist die Treppe dem Pronaos vorgelagert und das Hell-Dunkel des Portikus dadurch noch stärker betont. Die Fassade wiederholt sich gleich viermal bei der erstaunlichen Villa Capra von Vicenza, genannt *La Rotonda*, bei der man deutlich sieht, wie maßgebend die landschaftliche Situation für die Gestalt eines Bauwerks ist, das hier hoch auf dem Abhang eines

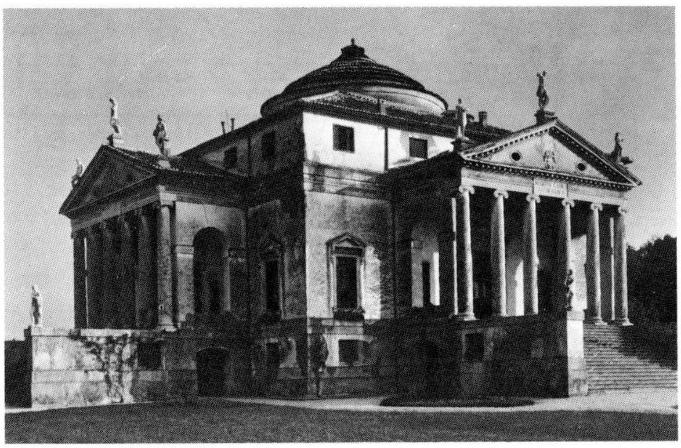

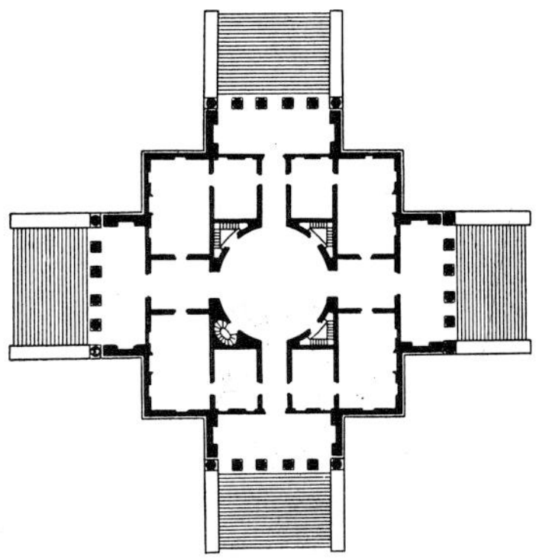

312 Palladio, Villa Rotonda, Vicenza, ab 1550

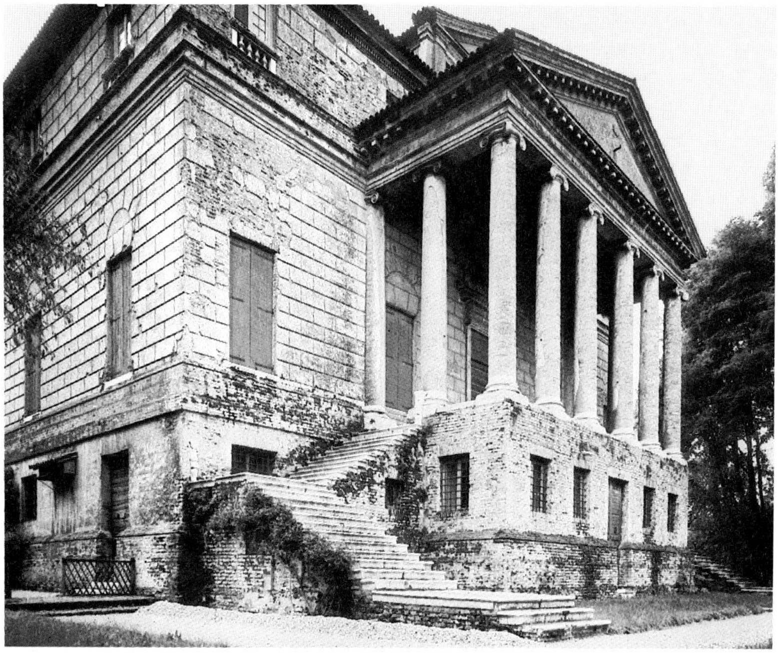

313
Andrea Palladio
Villa Malcontenta
Mira (Venedig), 1560

Hügels, über dem sie aufzutauchen scheint, liegt. Bei der *Villa Barbaro* in Maser wird der mittlere Baukörper, der sich in zwei halbkreisförmig angefügten und mit eigenen phantasievollen Giebeln versehenen Flügeln zu den Seiten hin fortsetzt, durch die Kolossalordnung besonders betont. Das Ganze hebt sich vor dem Hintergrund eines bewaldeten Hügels ab. Der Grundriß der *Villa Trissino* in Meledo fügt dieser so eleganten Lösung noch Niveau-Unterschiede und einen mächtigen symmetrischen Portikus hinzu, der zuerst gekrümmt und dann gradlinig verläuft; er ist vielleicht von antiken Thermen inspiriert und hat bereits eine barocke Weite.

Der Villenpalast schließlich, der sich durch Übereinanderstellung von architektonischen Ordnungen, das heißt also Etagen, auszeichnet, ist eine feierlichere und massivere Variante dieser gegliederten Baumassen: so die *Villa Pisani* in Montagnana (etwa 1566) mit dem Motiv der vier der Fassade aufgesetzten Säulen oder die *Villa Cornaro* (1565) in Piombino Dese, wo das Tempelmotiv durch einen nach innen gehenden Portikus vertieft wird. Eine Variation, die von der großen freien Erfindungskraft Palladios zeugt, ist die sehr lebendige Fassade der *Villa Santa Sofia* in Valpolicella mit ihren zwei Loggiengeschossen, die von oben bis unten von kolossalen korinthischen Rustikasäulen umfaßt werden.

Durch die Bedeutsamkeit ihrer Innendekorationen stellen die Palladianischen Villen zugleich eine Zusammenfassung der künstlerischen Errungenschaften eines halben Jahrhunderts dar. 1510 hatte Giorgione auf die Außenwände des Fondaco dei Tedeschi in Venedig profane Allegorien, die in Nischen stehen, gemalt, deren Prinzip hier weiterlebt. Giulio Romano hatte gegen 1540 in seinen enormen Räumen alle Spielarten des Trompe-l'oeil ausprobiert und die Raffaeljünger, wie Giovanni da Udine, hatten für die Verbreitung der Grotesken gesorgt. Das alles kommt jetzt in den Villen zum Austrag, jedoch nirgends mit einer solchen Überzeugung und Anmut wie in der *Villa Barbaro* in Maser (1561), in der – dank der Brillanz Veroneses – die mit gelehrten Themen ausgemalten und von amüsanten, vorgetäuschten Säulenstellungen ergänzten Plafonds und die Landschaften – mit noch größerer Leichtigkeit und Heiterkeit als in der Farnesina – den Himmel und die Natur ins Haus hineinholen. Andere bekannte Maler Palladianischer Innenräume sind Zelotti, der in der *Villa Godi* und der *Villa Emo* arbeitete, und G. A. Fasolo mit seinen die Mauer rhythmisch gliedernden Giganten und den liebenswürdigen, lichten Szenen (das ›Konzert der Damen‹) in der *Villa Coldogno* in Vicenza (etwa 1570).

Die letzten Werke Palladios wie die *Villa Trissino* oder die *Kirche Il Redentore* (1580), wo der kleeblattförmige Chor sich zum Hauptschiff durch den Rahmen eines Triumphbogens öffnet und sich unter dem Licht zu dehnen scheint, betonen die farbige Qualität des Raumes. Die letzte Krönung seines gesamten Werkes ist in gewisser Hinsicht das kleine *Teatro Olimpico* in Vicenza, das 1580 begonnen wurde, mit dem halbovalen Raum in Holz mit Stuckarbeiten, gekrönt von einer Galerie mit Nischen und Statuen und einer Bühne mit feststehender Kulisse, die aus drei Portalen und fünf Straßen in perspektivischer Flucht besteht. Die weitgehendsten Versuche, die Bühne im Sinne moderner Architektur zu ordnen und zu einer Einheit zu bringen, hatte man in Rom unternommen: Bei der Aufführung der ›Calandra‹, einer leichten Komödie von Bibbiena mit den Dekorationen Peruzzis (1514), war die Szenographie zentralperspektivisch vertieft und zeigte bestimmte Bautypen. Serlio hatte Regeln entwickelt, indem er in Anlehnung an Vitruv zwischen der Tragödie, der Komödie und einem satirischen Genre unterschied, denen respektiv ein antiker, ein bürgerlicher und ein naturhafter Dekor entsprachen (Buch II, 1537). Diese Regeln wurden in Venedig für die Komödie von Aretino (1541), dann in Florenz anläßlich der Hochzeit Francesco de'Medicis (1565) unter Leitung von Vasari und später bei der Hochzeit von Cesare d'Este (1585), deren Ausstattung Buontalenti, einem Spezialisten fürstlicher Feste, anvertraut wurde, noch weiterentwickelt. Sie werden im Barock wieder auftauchen.

Diese die einheitliche ›scaena‹ wieder zur Wirkung bringende Komposition Palladios mit den vielfachen Durchbrüchen war eine kluge Reaktion auf die phantastischen Einfälle der Theaterperspektive. Von den in Vicenza (1561-1562) bei der *Basilica Palladiana* und in Venedig beim *Convento della Carità* (1565) gemachten Erfahrungen war es nur ein Schritt zu diesem Bau in Vicenza. Einzig das Dach hat nicht die von Palladio beabsichtigte Lösung. Die Bühnenwand ist von Scamozzi (1552-1616) nach den Plänen Palladios wie eine Art von Idealstadt, die sich an den Straßen Vicenzas inspiriert hat, ausgeführt worden. Sie stellte bei der denkwürdigen Aufführung von ›Ödipus‹ (1585)[189] das antike Theben dar. Dieses Werk Palladios ist mit seinem monumentalen Proszenium und der entsprechenden Galerie, die die ansteigenden Bankreihen umgibt, von einer ganz besonderen Kraft und Einheitlichkeit. Sein Plan findet sich in Sabbioneta (nicht weit von Mantua) wieder, wo Scamozzi die von Statuen gekrönte Loggienanordnung wieder aufnimmt (1588-1589). Im Theater Farnese in Parma (1618) wird J. B. Aleotti auf dieses Vorbild mit den beiden Loggiengeschossen zurückgreifen.

Scamozzi hat übrigens zahlreiche Bauten Palladios zu Ende geführt, darunter auch die *Villa Rotonda* (1606). Er ist auch der Erbauer der *Neuen Procuratien* in Venedig (1586), die den Markusplatz nach Süden hin abschließen und stark vom Stil der Libreria Sansovinos beeinflußt sind. Seine Gedanken hat Scamozzi in einem Traktat (1615) niedergeschrieben.

In die Nähe Palladios gehört noch der Bildhauer Alessandro Vittoria (1525-1608), die einzige bedeutendere Persönlichkeit dieser Zeit. Er machte Porträtbüsten von fast allen angesehenen Venezianern: *Antonio Grimani* (Kapelle des hl. Sebastian), *Pietro Zen* (Terracotta, Seminario patriarcale). Die gebändigten Unebenheiten des Reliefs fangen das Licht in einer malerischen Wirkung ein, die sich auch bei seinen Statuen in den Kirchen wiederfinden läßt: der *Hl. Hieronymus* (rechter Altar, Frari, Venedig). In seinen Dekorationen geht er von Giovanni da Udine aus. Er paßt sich hervorragend dem gegebenen Rahmen an und benutzt alle möglichen Verfahren, um den Reiz der Wirkung zu erhöhen: Kamine, Statuen und Maskaronen bei der Villa Barbaro in Maser (1566) oder *Jahreszeiten* in hohen Nischen bei der Villa Pisani in Montagnana (1565-1576).

Malerei

Unter dem allgemeinen und großen Eindruck der neuesten, von Mantua, Parma und Florenz her übermittelten Ästhetik mußte jeder venezianische Maler um 1540 Reaktion zeigen: Tizian antwortete darauf, indem er seine Palette umstellte und seine Ambitionen, die ihn als Maler von Päpsten und Kaisern nach Rom und Augsburg führten, noch steigerte. Eine Anzahl kleinerer Maler fand jedoch darin eine dauernde Orientierung.

Andrea Meldolla, der wegen seiner Geburt in Zara ›il Schiavone‹ genannt wurde (um 1510 bis 1563), kam von Giorgione und Tizian her, erkannte aber dann seinen Weg in den Stichen von Parmigianino. Sein Manierismus ist kapriziös und voller Beweglichkeit; die Gewänder der Nymphen und die Windungen der Landschaft formen sich zu Schleifen (*Bacchus und Nymphen*, Privatbes., Venedig); die bald flüssige, bald sich verdickende

Farbe löst sich auf oder gerinnt in einer allzu geschickten Weise (*Anbetung der Weisen*, Carmine, Venedig). Ihm folgt Pietro de Marescalchi aus Feltre (1520 bis etwa 1584), der von Bassano die Vorliebe für Wasserreflexe und von Tintoretto das komplizierte Kolorit geerbt hat. Seine Hauptwerke, *Das Gastmahl des Herodes* (1576, Dresden), *Pietà mit der hl. Klara und der hl. Scholastika* (etwa 1570, Bassanello), sichern ihm durch die Verbindung von Präzision und Weichheit einen besonderen Platz. Es war jedoch Venedig vorbehalten, aus dem allgemeinen Manierismus eine ganz neue Schönheit zu gewinnen und das »Fremde zu venezianisieren« (M. Florisoone).

Dem Purismus Palladios entsprach in einer gewissen Weise die von Mantua herkommende Kälte Veroneses. Dagegen entstand der exaltierte Luminismus Tintorettos aus seiner leidenschaftlichen Phantasie und einer hinreißenden Schnelligkeit der Ausführung, die sich durch die Berührung mit Michelangelo noch verstärkten. In dem Streben Bassanos schließlich drückt sich ein unmittelbares Natur- und Wahrheitsbedürfnis aus.

Tintoretto

Zwar in Venedig geboren, doch von einfacher Herkunft, volkstümlich, elementar und kraftvoll in der Empfindung, völlig seiner Arbeit hingegeben und besessen von dem Ehrgeiz, alle Aufträge an sich zu ziehen, verbrachte Jacopo Robusti, genannt Tintoretto (1518-1594), – außer einer Reise nach Rom, die vermutlich 1545 stattgefunden hat, und einem Besuch in Mantua 1580 – sein ganzes Leben in Venedig und wollte auch nichts anderes kennenlernen. Es scheint, daß er sich mehr dem unruhigen Künstlertum Pordenones und Schiavones, dessen Irrealismus ihn von allem Deskriptiven befreit hatte, zuwandte, als Tizian. 1539 sehen wir ihn als unabhängigen Meister. Ohne seinen Besuch in Rom wären jedoch der plötzliche Ausbruch seiner dramatischen Empfindung und die gewaltigen Lichtströme, die dem *Abendmahl* (1547, San Marcuola) und vor allem der *Errettung des Sklaven durch den hl. Markus* (1548, Accademia) ihren Rhythmus geben, nicht zu erklären.

In sicherer Beherrschung seiner Mittel, die ihm jetzt erlauben, mit unvorstellbarer Schnelligkeit seine Figuren unter den dramatischen Einbrüchen von Helligkeit und Schatten beliebig zusammenzuballen und auseinanderzuziehen, indem er sie gemäß den verschiedenen Achsen des elastischen, vielschichtigen und phantastischen Raumes verteilt, kann Tintoretto sich jetzt Tizian (*Die Genesis,* Scuola Santa Trinità, *Adam und Eva,* Accademia) und sogar Paolo Veronese (in der herrlichen *Susanna im Bade,* etwa 1560, Wien, wo der transparente, mächtige und doch anmutig leichte Frauenakt sich vor dem prächtigen, tiefen Garten abhebt) annähern. Das Bestreben Tintorettos ist es, ein erzählerisches Sprachmittel von noch nie dagewesener Macht zu bilden, indem er sich auf drei wesentliche Ausdrucksformen des Manierismus stützt, die hier zum ersten Mal ihre außerordentlichen Möglichkeiten offenbaren: die lange,

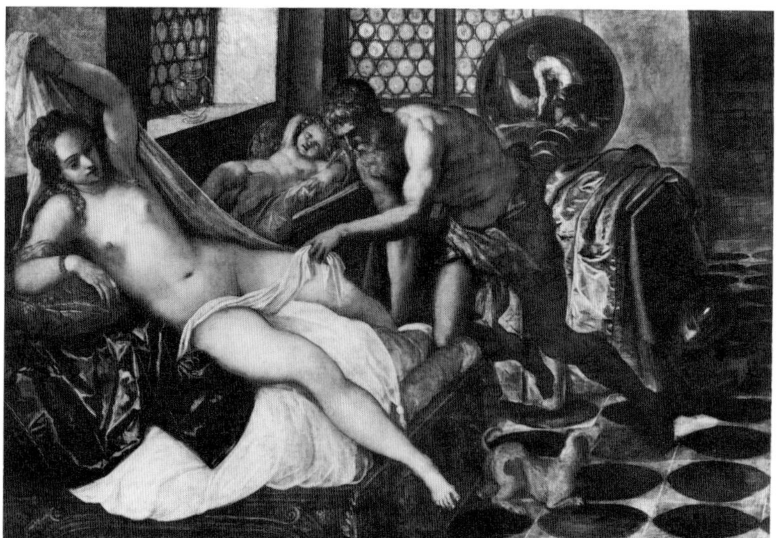

314
Tintoretto,
Venus und Mars von Vulkan überrascht, um 1545-1547.
Alte Pinakothek, München

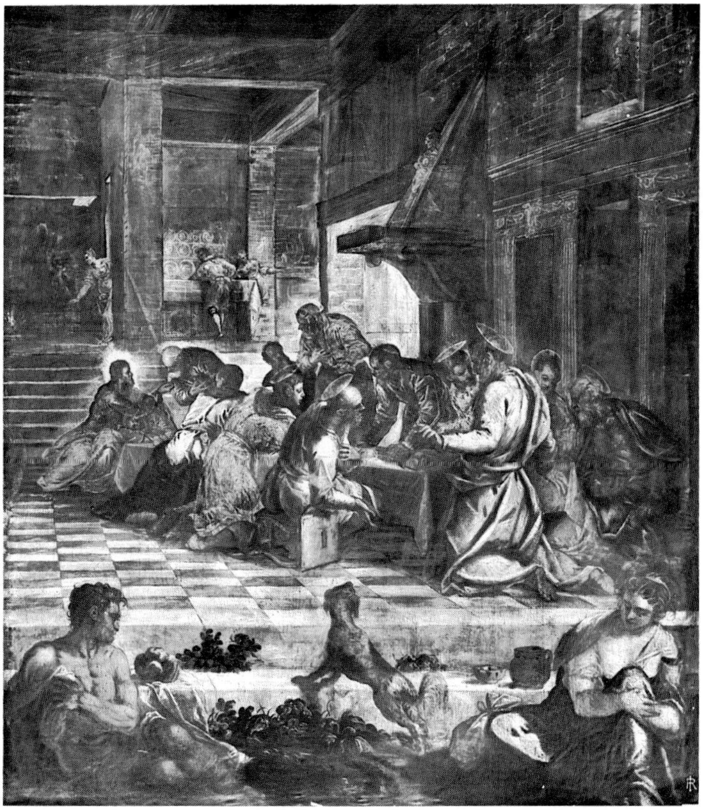

315
Tintoretto
Abendmahl, 1564-1587
Scuola di S. Rocco, Venedig

sich windende Figur, die, weit davon entfernt, sich in einer goldgetönten Atmosphäre aufzulösen, oftmals ihre plastische Bedeutung wiedergewinnt, die diagonale, an Verkürzungen reiche Komposition und das Licht, das, wie ein Scheinwerfer in der Hand eines Regisseurs, eine vibrierende, nervöse, unendlich pathetische Welt entfärbt und verwandelt. Zwischen 1562 und 1566 entstehen drei *Markuswunder*; in der *Auffindung des Leichnams des hl. Markus* (Brera) schwanken die Personen in einer düster schimmernden Perspektive hin und her. 1564 gelingt es Tintoretto, den Auftrag für den ungeheuren Zyklus der *Scuola di San Rocco*, den er erst 1587 beenden sollte und der den Höhepunkt seines Schaffens, seine ›visionäre Bibel‹, bildet, an sich zu bringen □315. Er beginnt im oberen Stockwerk mit einer gewaltigen *Kreuztragung* in Zickzackbewegungen, einem *Christus vor Pilatus*, in dem in einer Art von elektrischer Entladung das Weiß des Mantels und einzelne Schwarz und Rots aufblitzen, und einer *Kreuzigung* von riesigen Dimensionen mit einer wild durcheinanderwirbelnden Menschenmasse, die der Blick kaum länger zu ertragen vermag. Im unteren Saal sind die lyrischsten und phantasievollsten Bilder die, welche – wie die *Flucht aus Ägypten*, eine finstere Landschaft mit Palmen, oder die *Magdalena* – zwischen 1585 und 1587 entstanden sind. Der sonderbare Wirbel, in den der Maler jede Szene der Heiligen Schrift versetzt, erlaubt ihm, öfters realistische oder bizarre Details einzufügen: der Stuhl der Maria in der *Verkündigung* etwa oder das Stroh in der Krippe. Niemals zuvor hatte der Pinselstrich eines Malers eine solche Freiheit und eine solche Macht besessen. Viele andere Werke von Tintoretto befinden sich in den Kirchen Venedigs, vor allem in Santa Maria dell'Orto und San Rocco.

Im Palazzo Ducale hatte sich Tintoretto ebenfalls bedeutende Aufgaben gesichert: in der *Sala del Collegio* oder der *Sala del Senato*, wo sich das berühmte Deckengemälde von Venezia, der Königin der Meere, befindet. In der 1577 umgebauten *Sala del Maggior Consiglio* malte er 1588 das *Paradies*, das als das größte Bild der Welt gilt, in dem jedoch – im zu sehr betonten Schematismus der Form – der ›Kraftakt‹ und die etwas vage Übersteigerung zu spüren sind. Nicht weniger zahlreich als die großen Malereien sind seine Porträtbilder: *Alvise Barbaro* (Pitti), *Jacopo Soranzo* (Mailand) – sie sind jedoch noch allgemeiner nur auf dem Kontrast zwischen dunklem Hintergrund, Gewand und Gesicht aufgebaut, der die Leidenschaftlichkeit des Künstlers einengt. Das wird nirgends offenkundiger als in den fein durchgearbeiteten, schraffierten Kohlezeichnungen, in denen die wogenden und schwankenden Figuren gewaltsam modelliert sind. Man spürt dabei das Studium nach kleinen Modellen unter dem schrägen Licht der Lampe und eine ein wenig mechanisch gewordene, aber doch außergewöhnliche Kraft.

Jacopo Bassano

Jacopo da Ponte, oder Bassano, wie er sich nach seiner Heimatstadt nannte (etwa 1510-1592), gehört nicht zu den allerersten Malern. Er arbeitete anfänglich bei Bonifazio dei Pitati (um 1487 bis 1553) und lebte in einer provinziellen, ja dörflichen Umwelt, die durch Pordenone, Paris Bordone und die emilianischen Maler geprägt wurde: *Der gute Samariter* (Rom, Pinakothek des Kapitols). Dann wirkten die Bekanntschaft mit den römischen und flämischen Manieristen und die Vorbilder Tizians und Tintorettos formend und stimulierend.

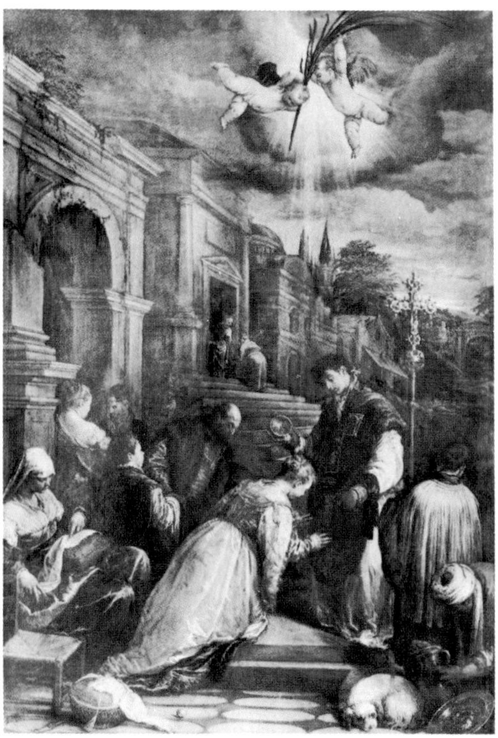

316 Bassano, Taufe der hl. Lucilla, 1580

Mit Hilfe seiner zahlreichen Familienmitglieder, besonders Francesco (um 1549-1592) und Leandro (1557-1622), einem bekannten Porträtisten, schuf er eine neue bildnerische Formensprache, deren Verbreitung in Italien und Europa für das Ende des Jahrhunderts bezeichnend wurde – *Die Anbetung der Hirten* in San Giuseppe in Bassano (1568), *Die Taufe der hl. Lucilla* (1580, Bassano □316). Unzählige Genreszenen von ziemlich monotoner Form- und Farbgebung, die die Berufe darstellen, gehören noch dazu. Das Thema des Hirtenlebens, die ›Pastorale‹, erobert jetzt die Malerei, das heißt: der schwermütige, verhängte Himmel, belaubte Horizonte, weidende Tiere und bäuerliche Menschen werden die ständigen Akteure jeder religiösen oder profanen Szenerie. Sie begleiten die Handlung und versetzen sie in eine Art von verworrener und dämmerhafter Traumstimmung. Mit einer oft überraschenden Freiheit bringt er das Schimmern der Metalle, den Widerschein des Mondes oder der letzten Lichtstrahlen zum Ausdruck. Es ist eine nächtliche, aber begrenzte Welt, durchaus naturalistisch und reich an mitunter erstaunlichen Kontrasten zwischen Himmel und Gegenständen: *Kreuzigung* (1562, San Teonisto, Treviso). Dieser realistische Klang und die leidenschaftliche Liebe zum Licht konnten nicht ohne Echo bleiben: Sie waren die Vorbereitung für die Entstehung des Genrebildes. Die ›bassaneske Manier‹ des Leandro ist allerdings meist langweilig und schwerfällig: *Susanna und die Alten* (Privatbesitz, Venedig) mit der düsteren Vegetation und den üblichen Lichtschimmereffekten.

Veronese

Kennzeichnet die Persönlichkeit Jacopo Tintorettos und sein erstaunlicher San-Rocco-Zyklus die Überwindung des Manierismus in der venezianischen Malerei durch Übersteigerung, so schlägt die Kunst Paolo Caliaris, genannt Veronese (1528-1588), der ebenfalls ganz dekorative Aufgaben suchte, einen völlig anderen Ausweg vor: eine bewußte Rückkehr zu den künstlerischen Ausdrucksformen um 1530, einer kühlen Atmosphäre und einem hellen Licht mit wenig Schatten, in dem sich die Figuren deutlich akzentuieren und einen klaren Kontur zeigen. Diese Ausrichtung läßt sich durch den Beginn seiner Laufbahn erklären: Als Schüler von Antonio Badile aus Verona gerät Veronese in eine Umwelt, die noch Bellini

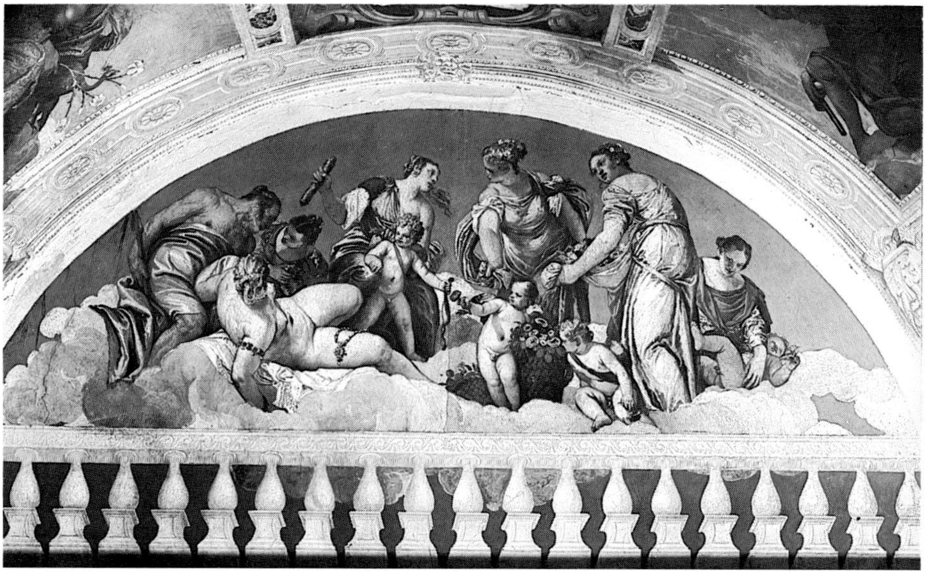

317 Veronese, Allegorie des Winters und des Frühlings, 1561. Villa Barbaro, Maser

und Mantegna verbunden ist und Beziehungen zum Parma Correggios und Mantua Giulio Romanos hat. Diese Einflüsse zeigen sich auch in seinen ersten Werken: der *Pala Bevilacqua* (1548, Verona) oder der *Pala des Kardinals Gonzaga* (1552, Mantua). 1553 kommt er nach Venedig und bleibt dort bis zu seinem Tode. Er malt zusammen mit der manieristischen Equipe von Ponchino die Dekke der Sala dei Dieci im Palazzo Ducale aus und übernimmt von ihnen die perspektivischen Verkürzungen und die starken Kontraste (*Juno breitet ihre Gaben über Venedig aus* u. a.), wobei er jedoch an seiner Vorliebe für ein reines und transparentes Licht festhält. Diese Reaktion gegen die venezianische Tonmalerei zugunsten einer klaren, unverschleierten Farbskala hat nichts ›Rückständiges‹ an sich, denn sie ist ganz auf das Weite und Lichterfüllte der venezianischen Atmosphäre eingestellt. Bereits bei dem Dekor für San Sebastiano (1555-1556), der Lieblingskirche Veroneses, die auch sein Grabmal aufnehmen wird, zeigen die Deckenmedaillons mit der Geschichte von Esther und die Wandbilder mit dem hl. Sebastian eine unleugbare Erfindungskraft, Weite und Fülle. Sein künstlerischer Auftrag wird es nun, einer mondänen, durch das Unruhige und Bombastische bei Tintoretto erschreckten Gesellschaft eine prunkvolle, harmonische, ein wenig oberflächliche Malerei zu liefern. Geht Tintorettos Malerei aus einer ›Verbindung‹ von Michelangelo und Tizian hervor, so ist Veronese vielmehr ein ›Produkt‹ aus dem abgeschwächten Correggismus der Emilia und der Raffael-Interpretation von Giulio Romano und Francesco Caroto (1480-1555), einem delikaten Maler aus Verona. Den glücklichsten Ausdruck findet diese leichte und heitere Gesinnung in den *Wandbildern der Villa Barbaro* in Maser (1556ff., □317), wo weite Landschaften zwischen Säulenreihen, amüsante Trompes-l'oeil von Balkonen und drollige, dem mondänen Geschmack und dem palladianischen Architekturdekor glänzend angepaßte Erfindungen einander ablösen. In dem Spielerischen und der Vielfältigkeit des Stils zeigt sich die Erinnerung an pompejanische Fresken, was besagt, daß man dem Aufenthalt Veroneses in Rom (1560) eine gewisse Bedeutung zuerkennen muß.

Den Drehungen und Diagonalbewegungen, die der ›inspirativen Kunst‹ offenbar unentbehrlich sind, stellt Veronese seine großen, frontalen Architekturen entgegen; die reichen Kompositionen, die voll von Figuren und Ereignissen, dabei aber genau geordnet und häufig in ein rechtwinkliges Dreieck eingeordnet sind, werden durch Portiken und Kolonnaden rhythmisch gegliedert: *Die Familie des Darius* (etwa 1565, London) oder die Folge der Gastmähler □318, *Die Hochzeit zu Kanaa* (1563, Louvre), *Das Abendmahl* für das Refektorium des Klosters SS. Giovanni e Paolo (1573, Accademia), wo die ganze Gesellschaft von den Notabeln bis zu den Köchen sich in einer schwindelerregenden Anhäufung von Gesten und Stoffen zu-

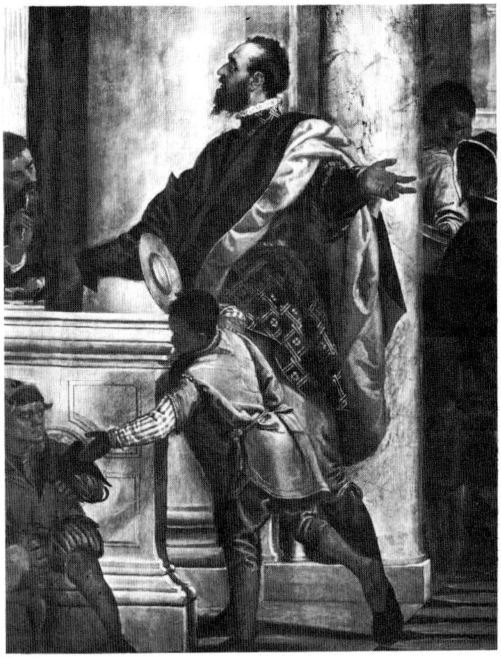

318 Veronese, Detail aus dem ›Gastmahl im Hause des Levi‹, 1573. Accademia, Venedig

sammenpreßt. Dieses Bild war es übrigens, das die Aufmerksamkeit der Inquisition auf den Künstler lenkte. Veronese begnügte sich jedoch damit, für sich dieselbe Freiheit zu fordern, die man den Dichtern und Narren zubilligte. Seine Liebe zum Licht, zum Heiter-Gefälligen, elegant Pittoresken und zu allem, was sich vor dem Blau des Himmels in hellen, klaren Farben abhebt, schlägt oftmals ins Gekünstelte (*Verkündigung*, etwa 1556, Uffizien) oder ins galant Preziöse des kleinen Formates (*Mars und Venus werden überrascht*, Turin) um.

Der *Hl. Mennas* und *Johannes der Täufer*, die für die Orgel von San Gimignano in Venedig bestimmt waren (etwa 1565, Modena) stehen unter einem vorübergehenden giorgionesken Einfluß. Nach 1570, nach der Bilderfolge für die Familie Cuccina, verliert die Farbe ihre Transparenz und antwortet auf die nächtliche Welt Bassanos und Tintorettos: *Vision der hl. Helena* (Nationalgalerie, London) und *Christus im Garten Gethsemane* (Brera, Mailand), die, weniger prunkvoll, weniger schwer, eine mehr pathetische Note zeigen, zumindest in dem kleinen *Gang nach Golgatha* mit dem bewölkten Hintergrund und dem gelben Gewand des einen Klageweibes (Louvre). 1575 arbeitet er im Palazzo Ducale in der Sala del Collegio an dekorativen Malereien, die sich zwischen die goldenen Kassetten einfügen. 1578 erhält er den Auftrag für den *Triumph Venezias* in der Sala del Maggior Consiglio. So kam einmal die Reihe an jeden der venezianischen Meister, das Rathaus der Stadt mit Gemälden auszuschmücken. Unter den zahlreichen Malern, die sich um Tintoretto und Veronese scharten, ist vor allem Palma Giovane (1544-1628) und dessen erzählerischer Zyklus im *Oratorio dei Crociferi* in Venedig (etwa 1590) zu nennen. Allmählich jedoch macht sich in Venedig, das bisher wacher als Florenz und aktiver als Rom war, eine gewisse Ermüdung bemerkbar. Das 17. Jahrhundert wird – mit wenigen Ausnahmen – eine Zeit der Ruhe sein, in der man sich damit begnügt, die großen Vorbilder zu konsultieren, die jetzt in ganz Europa ihre Folgen zeigen. Eine der seltsamsten Erscheinungen in der Geschichte ist das Weiterleben der *Madonneri-Werkstätten*, die volkstümliche Kunstgegenstände herstellten: Aus diesem Handwerkermilieu ging ein junger Kreter, Theotokopoulos (1545-1614), El Greco genannt, hervor, dem es gelingen sollte, die Themata der byzantinischen Ikonographie in freiestem Malstil zu interpretieren (Polyptichon, Modena). Er wurde wahrscheinlich bei einem Kreter in der ›venezianischen Manier‹ geschult[190], war um 1567 vorübergehend einige Zeit im Atelier von Tizian, lernte Bassano und sein rosafarbenes Licht, Tintoretto und dessen fieberhaftes Temperament kennen; 1570 begab er sich nach Rom, befreundete sich mit Giulio Clovio und ließ sich schließlich nach 1576 in Toledo nieder, wo er der Heros einer neuen Kunst wurde.

Spätformen: Rom, Bologna, Mailand

Seit der Mitte des Jahrhunderts bildeten sich neue Formen aus, und Rom gewann seine alte Bedeutung zurück. Die Schüler und Nachahmer Michelangelos unter den Malern und Architekten wurden immer zahlreicher. Durch das allmähliche Zurücktreten von Florenz gewannen die emilianischen und lombardischen Künstler mehr und mehr an Boden. Daher kam es, daß sich angesichts der vielen verworrenen Künstlerkarrieren und einer mehr verwegenen als sicheren Kunst einige gelehrte Reaktionen ergaben, die sich in einem bewußten Eklektizismus den Bedürfnissen der Zeit in vernünftigen Grenzen anzupassen suchten. Es bildete sich eine akademische Doktrin, die auf die nachfolgende Zeit überging.

Dekorationsformen, Architektur und Vignola

Die Jahrhundertmitte erlebte eine Rückkehr zur großen dekorativen Malerei, eine Entwicklung der ›Villenkunst‹ und schließlich die endgültige Ausformung einer Architekturlehre. Die *Kreuzabnahme,* die der Toskaner Daniele da Volterra (1509 bis 1566) 1541 malte, hatte bei jüngeren Künstlern eine starke Resonanz gefunden: Es war dies eine vielschichtige Komposition, die sich bei Michelangelo inspiriert und durch raffaeleske Feinheiten bereichert hatte. Von neuem drängten nun die Florentiner nach vorn: Jacopino del Conte (1510-1598) oder Salviati, die sich in den technischen Verfahren – lange Schrägen, von den Bildkanten beschnittene Figuren, Repoussoirfiguren im Vordergrund des Bildes (um die Illusion räumlicher Tiefe zu erzeugen) –, alles in eine ondulierende, sich drehende, spiralförmige Bewegung zu versetzen, auskannten.

Eines der bedeutendsten manieristischen Oratorien ist das von S. Giovanni Decollato in Velabro, das 1495 durch Florentiner Bauleute errichtet, aber erst gegen 1545 durch Zuccaro, Vasari und Jacopino del Conte ausgeschmückt wurde. Die Darstellungen aus dem Leben des hl. Johannes sind voller dynamischer Effekte.

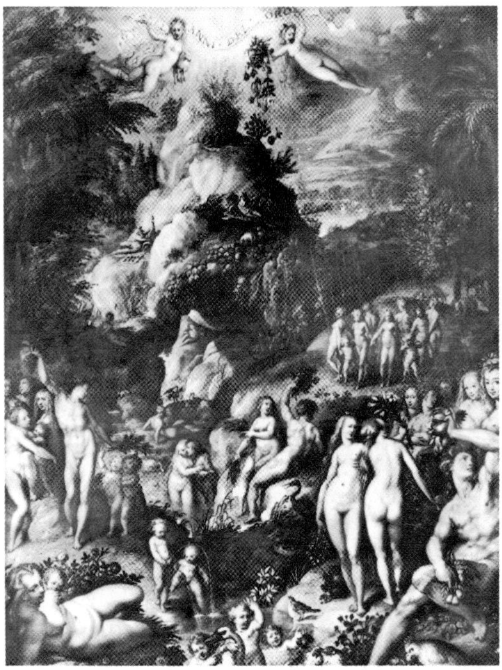

319 Zucchi, Die drei Weltalter. Uffizien, Florenz

Die Mode der Bilderzyklen griff jetzt auch auf die Paläste über. Ein Gegenstück zu dem gekünstelten Dekor Vasaris im Palazzo Vecchio in Florenz (1558) ist der Freskenzyklus von Jacopo Zucchi in dem von Ammannati erbauten Palazzo Ruspoli in Rom, dessen höchst komplizierte Allegorik der Künstler selber in einem ausführlichen ›Discorso‹ analysiert hat. Ein analoger Zyklus, den Annibale Caro (Brief von 1562) Taddeo Zuccaro genau angegeben hat, findet sich in der Villa Farnese in Caprarola[191]. Zuccaro (1529-1566), ein bedeutender Vertreter der gelehrsamen und pompösen Kunst, arbeitete mit seinem Bruder Federico in Caprarola und der Sala Regia im Vatikan zusammen. Die Wirksamkeit des letzteren (1542 bis 1609) erstreckte sich über das ganze Jahrhundertende und reichte bis Venedig (Sala del Maggior Consiglio), Mailand, England und Spanien. Sein Haus in der Via Gregoriana ist interessant wegen seiner hochmanieristischen Fenster- und Türrahmungen, die die Form von monströsen Rachen haben. Federico war Präsident (1593) der Accademia del Disegno, die seit einer Generation (1577) offiziell den Platz der alten Lukasgilde einnahm.

Die für Florenz so charakteristische Neigung zu theoretischen Auseinandersetzungen über Kunst, die der Reglementierung der Literatur parallel lief, kam also in Rom zu ihrer Vollendung. Die neuen Orden hatten weder Mittel noch Neigung, eine neue Sakralkunst zu pflegen, aber sie waren eifrig darauf bedacht, mit Hilfe der Bilder eine wirkungsvolle Propaganda gegen die Reformierten aufzubauen. Niccolo Circignani malte für die Jesuiten Zyklen mit äußerst realistischen Marterszenen des hl. Thomas von Becket im englischen Kollegium (1582, nicht erhalten) und des hl. Stephan im ungarischen Kollegium (1583). Von beiden Zyklen wurden 1584-85 Kupferstichfolgen angefertigt[192]. So zog wieder alles die Aufmerksamkeit auf die mit all den großen, erinnerungswürdigen Vorbildern ausgestattete Ewige Stadt. Ein Traktat von Romano Alberti (1599) faßt die Diskussionen aus dem Jahr 1593 über die Würde der Künste zusammen. Es findet seine Krönung in einem Traktat von Zuccaro, ›Idea‹ (1607), in dem sich dieser mit der rechten Methode, um der Dekadenz zu entgehen, auseinandersetzt und die Rolle des ›Innenbildes‹ (Idee) im Verhältnis zum Außenbild (Form), das sich in der Materie realisiert, beleuchtet. Vor allem wurden dem Künstler immer weitere Wirkungsmöglichkeiten geboten. Dank dieser

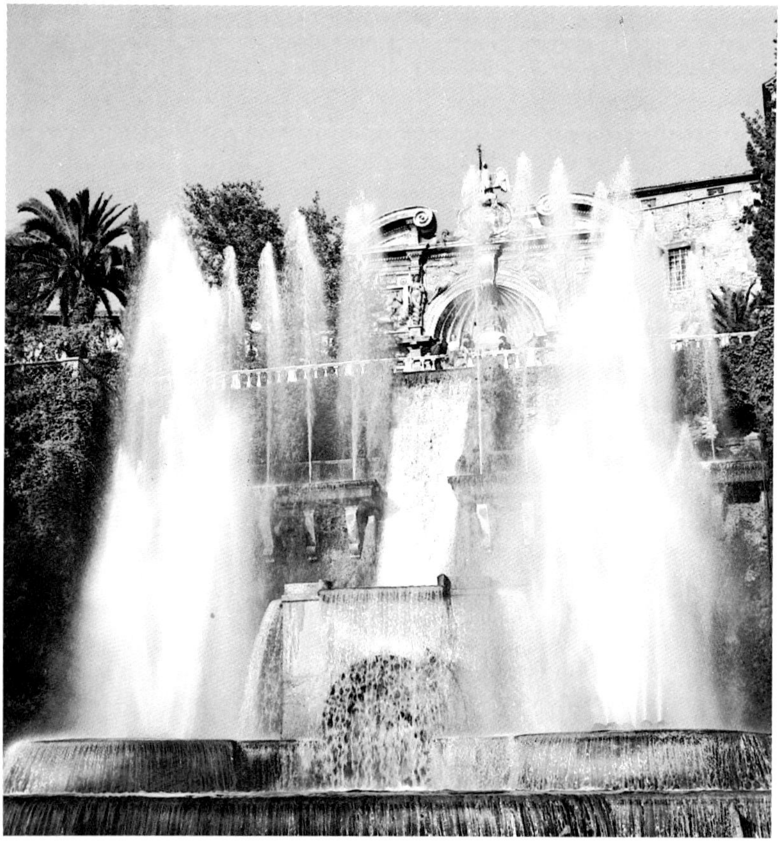

320
Ligorio,
Wasserspiele
in der Villa d'Este
in Tivoli, 1550

akademischen Bewegung erlebte das Ende des Jahrhunderts einen stärkeren künstlerischen Zustrom in die Papststadt als jemals zuvor. Eine rivalisierende Akademie hatte sich in Bologna mit den Carracci gebildet, jedoch sollten Annibale und Agostino 1595 auch für die Farnese in Rom arbeiten; es handelte sich hier wohl mehr um eine persönliche als um eine geistige Opposition. Auch in der Architektur schob sich Rom jetzt wieder in den Vordergrund.

Wie in Venetien und in der Toskana paßten sich auch in Rom die programmatischen Malereien der Architektur an, und die Villa oder das Landschloß ordnete durch eine Gestaltung aller Überraschungsmomente, die der Freiraum bot, die sie umgebende Natur. Ein Meisterwerk dieser die Natur als Kulisse verwendenden Szenographie ist die *Villa d'Este,* deren Anlagen von Pirro Ligorio (1550) stammen. Sie liegt am Rande der Hochebene von Tivoli und bietet die herrlichsten Ausblicke auf Rom und die Campagna. Eine Attraktion ist die amüsante Imitation römischer Gebäude in der Allee der ›Rometta‹. Eine andere Überraschung wartet beim Abstieg zum zypressenumstandenen Rondpoint durch die Wasserbassins, die Springbrunnen inmitten des dunklen Grüns und die Wasserorgel □ 320. Pirro Ligorio (1510-1583), der in S. Giovanni Decollato mitgearbeitet hatte, baute auch das Casino von Papst Pius IV. im Vatikan, genannt Villa Pia (1560). Mit der Hilfe von Rocco da Montefiascone entstanden die Stuckreliefs in der oberen Etage, die Girlanden der Rahmenfüllungen und die Festons der Nischen, die eine amüsante und ein wenig ›verrückte‹ Stimmung erzeugen. Ganz ähnlich im Geist, jedoch weiträumiger ist das Casino mit Portikus der Villa Medici von Nanni Lippi, das er nach 1564 für den Kardinal Ricci am Monte Pincio baute und das zweifellos nach 1578 von Ammannati für den Kardinal de'Medici beendet worden ist; mit ihren Terrassen und der Kolonnade, sie sich zum regelmäßig angelegten Garten hin öffnet, eignet sich die ganze Anlage hervorragend für die Ausstellung von antiken Marmorplastiken[193]. Noch reicher und glanzvoller ist die *Villa Papst Julius III.* auf den Hängen des Monte Parioli in der Nähe der Milviusbrücke, die mit allen Mitteln monumentaler Wirkung erbaut wurde. Sie markiert einen entscheidenden Wendepunkt; fast alle Manieristen haben daran mitgewirkt (Ammannati, der das Werk in einem Brief vom Mai 1555 beschreibt, Vignola, Fontana, Vasari); Taddeo Zuccaro schmückte die Decken mit zahlreichen Stukkaturen[194]. Alle neuen architektonischen Elemente kommen hier zu einer Verbindung: das tiefe Nymphäum, die Fassadenwand, die einen zweiten Hof birgt, Terrassen und Statuen. Die Hauptfassade stammt fast gänzlich von Vignola; sie ist der zurückhaltendste Teil des Ganzen □321.

Giacomo Barozzi, der sich nach seinem in der Nähe von Modena gelegenen Geburtsort Vignola nannte (1507-1573), hatte – bevor er nach Rom ging – seine künstlerische Laufbahn in Bologna begonnen, wo er die eigentümliche Fassade des Palazzo dei Banchi (1560) mit den quadratischen, strengen Proportionen und komplizierten Detailformen errichtete. In Rom baute er 1554 die Kirche *S. Andrea* in der Via Flaminia mit energisch vereinfachten, übereinanderliegenden Massen, glatten Wandflächen und schweren Kranzgesimsen; bei dem Bau der Villa für Papst Julius III. gehörte er zu der dort beteiligten Gruppe von Manieristen, von der er sich aber löste, um von 1559 bis 1564 an der pentagonalen *Villa Farnese in Caprarola* □322 zu arbeiten. Er mußte dabei von einer von Sangallo d. J. und Peruzzi entworfenen Festungsanlage ausgehen; es gelang ihm, das Innere mit Hilfe eines runden Hofes, der zwei Geschosse mit hohen Loggien von kraftvollem Rhythmus umfaßt, in einen Palast umzuwandeln. Was wirklich charakteristisch für Vignola ist, ist das Äußere: Die Fassade mit den starken Horizontalen erhebt sich über zwei ungeheuren halbkreisförmigen Treppen, die in gewisser Weise den ganzen Baukörper auf dem Hügel beherrschen. Der Park mit den kleinen Pavillons ist in seiner ganzen Anlage später entstanden. Dieses breit angelegte Werk hat Vignola dazu geführt, großzügig zu planen, sich an der Antike zu inspirieren und sein Denken zu disziplinieren. Ebenfalls für die Farnese arbeitete Vignola an den Farnesischen Gärten am Palatin, wovon nur noch ein monumentales Rustikaportal erhalten ist, und an einem Palast in Piacenza, der unvollendet geblieben ist.

Berühmt wurde er 1562 durch sein Buch ›Regole delle cinque ordini di architettura‹, einem von Vitruv beeinflußten Lehrbuch, das durch seine Vernunft und Klarheit über drei Jahrhunderte lang seine Aktualität wahrte. Diese kritische, an der Archäologie kontrollierte Auswahl antiker Elemente kam gerade zum rechten Zeitpunkt. Seit 1542 gab es in Rom eine Vitruvianische Akademie, die die im einzelnen oft verwirrende Lehre zu durchleuch-

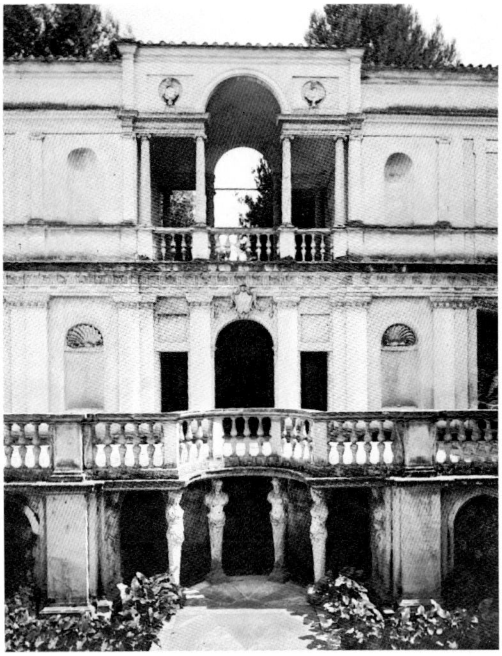

321 Vignola, Nymphäum der Villa Giulia, Rom, 1555

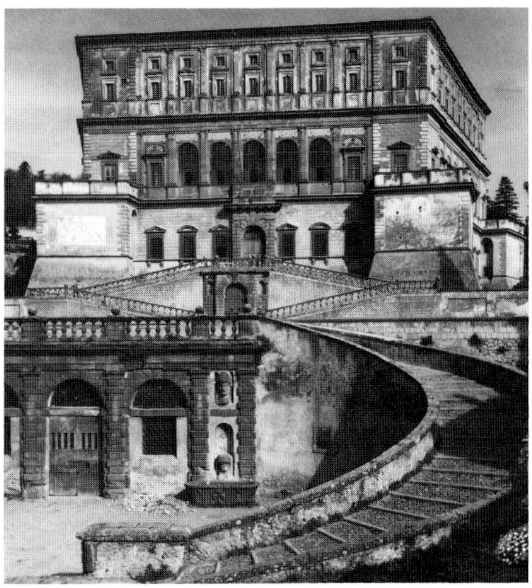

322 Vignola, Villa Farnese, Caprarola, 1559-1564

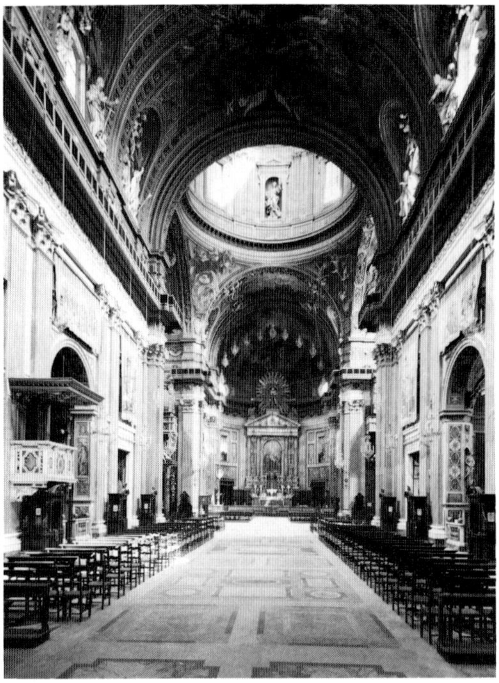

323 Vignola, Il Gesù, Rom, 1568

ten versuchte. Was weder Alberti noch Peruzzi oder selbst Serlio gelungen war, gelang nun Vignola. Sein Werk setzte zugleich den ästhetischen Auswüchsen des Manierismus einen Widerstand entgegen und entsprach der von der Kirche des Tridentinischen Konzils jetzt in zunehmendem Maße geforderten Strenge. So kam es, daß Vignola auf die Lösungen Albertis, die der Antike immer noch am nächsten waren, zurückkam, wie z. B. in Il Gesù (1568). Dieses Werk, das Vignola nicht vollenden sollte, wurde von Giacomo della Porta (1575) mit einer Fassade versehen und im 17. Jahrhundert durch einen Dekor ziemlich verändert: Deckenfresko von Baciccia (1672 bis 1679) und Altar des hl. Ignatius von Loyola von P. Pozzo (1695-1699). Immerhin markiert dieser Bau ein sehr bedeutsames Datum[195] □ 323.

Der Entwurf scheint von gewissen Skizzen Michelangelos für S. Giovanni dei Fiorentini (1550) beeinflußt zu sein, die ihrerseits wieder Verbindung zu S. Andrea in Mantua von Alberti hat.

In allen drei Fällen haben wir ein weites, tonnengewölbtes Schiff mit Seitenkapellen vor uns, die sich zum Schiff hin öffnen. Diese Idee eines weiten Zentralraumes mit Querschiff könnte auch von dem Tepidarium der Caracallathermen stammen. 1554 hatte Michelangelo sich erboten, ohne jedes Entgelt – »per sola devozione« – Entwürfe für die Mutterkirche des Jesuitenordens zu machen. Als jedoch Vignola dann als Architekt berufen wurde, hatten die Jesuiten bereits – wie aus einem Brief des Kardinals Alessandro Farnese hervorgeht – sehr genaue Vorstellungen über die Lösung des Problems entwickelt. Sie wollten für die Predigt ein einziges, mit Gewölben gedecktes Schiff – und es blieb nichts übrig, als sich an dieser Idee zu inspirieren. Das in der Mitte durch die Kuppel hereinfallende Licht läßt die Kapellen, die die Umrisse der Kirche sanft zu modellieren scheinen, im Schatten; den enormen Rundbogengewölben, die auf einem langen, kraftvollen, wie ein Kranzgesims behandelten Gebälk ruhen, entsprechen kannelierte Pfeiler, die dem Ganzen eine typisch römische Feierlichkeit verleihen. Es ist indessen interessant zu erwähnen, daß diese Anordnung im großen und ganzen einem vereinfachten Entwurf eines ferraresischen Architekten, G. Tristano (1515-1574), der 1555 dem Jesuitenorden beigetreten war, entspricht, der ebenfalls nach einem Grundtypus für die Kirchen des Jesuitenordens gesucht hatte[196].

In den nun folgenden Jahren wuchs in Rom die Bedeutung der lombardischen Künstler, vor allem in der Architektur. Giacomo della Porta (1540 bis 1602) fiel die Aufgabe zu, die meisten Unternehmungen Michelangelos zu Ende zu führen: beim Kapitol (1564-1594), beim Palazzo Farnese, wo er über dem Tiber eine große Loggia einführte, oder in der Peterskirche, wo er die Kuppel vollendete und ihr Profil veränderte (1586-1593). Er ergänzte auch Il Gesù durch eine Fassade mit gekuppelten Pilastern im Untergeschoß, durch zwei ineinandergeschobene Giebel in der Mittelachse (über dem Portal) sowie durch zwei breite Voluten (über den Seitenkapellen), die nicht zu dem strengeren Entwurf Vignolas gehörten. Diese Komposition bewahrt viel von dem kühlen, vielschichtigen Reichtum des Manierismus. Bei *San Luigi de' Francesci* (1589) werden die architektonischen Motive über fünf Travéen entwickelt, und die Voluten fehlen. Die Anlage wirkt sanft modelliert und flach, die plastische Absicht wirkt gezwungen. Hier kommt der wahre Geist der Gegenreformation des 16. Jahrhunderts zum Ausdruck. Ebenso in der *Villa Aldobrandini* in Frascati (1598-1604), wo sich in einem reich ausgestatteten Park auf einer geschickt angelegten Rampe eine hohe Mauer mit unerwarteten Durchbrüchen erhebt, die auf bizarre Weise von einem erhöhten mittleren Baukörper gekrönt wird und an den äußeren Enden zwei verkürzte Giebel hat. Della Porta beschäftigte sich nach Pirro Ligorio mit dem *Palazzo della Sapienza* und seinem geschwungenen Hof (1579). An der urbanistischen Gestaltung hat er sich mit einigen Brunnenanlagen beteiligt.

Domenico Fontana (1543-1607), aus Como gebürtig, war schon sehr früh in Rom tätig: am Palazzo del Quirinale zum Beispiel oder bei S. Maria Maggiore, wo er für den Kardinal Montalto, den späteren Sixtus V., die sogenannte Kapelle des Heiligen Sakramentes über griechischem Kreuz errichtete, die durch die verschiedenen polychromen Marmore und Wandreliefs von einer überwältigenden Farbenpracht ist. Seine vom Palazzo Farnese inspirierte Fassade am Lateranspalast wird von einer zweigeschossigen Loggia flankiert, die eine monumentale Absicht verrät. Er wurde der große Stadtplaner von Sixtus V. (1585-1590). Sixtus V., der die Verwaltung des Heiligen Stuhls durch die Schaffung von neun Kongregationen neu geordnet hat, wollte Rom sein endgültiges Gepräge geben. Fontana entwarf einen regelmäßigen Plan, mit sechs von S. Maria Maggiore ausgehenden geraden Achsen, die jede zu einem Platz führt, auf dem ein Obelisk steht. Die Via Merulana führt zum Lateran, eine andere enge, aber eindrucksvolle Straße geht durch die Via Sistina zur Piazza S. Trinità dei Monti. Mit großen Kosten verbunden war der Transport und die Aufstellung des Caligula-Obelisken (1586) auf dem Petersplatz. Die Statuen der Dioskuren fanden ihren endgültigen Platz auf der Piazza del Quirinale (oder Monte Cavallo). Andere Projekte beschäftigten sich mit der ausreichenden Wasserzufuhr durch einen Aquädukt von 20 Kilometer Länge, genannt *dell' Acqua Felice,* und eine Vermehrung der großen Brunnenanlagen. In wenigen Jahren wurde eine ungeheure Leistung vollbracht – ähnlich wie zur Zeit Julius II. Die monumentale Phantasie, die Kunst der großen Planungen traten in Rom wieder in den Vordergrund. Fontana, der der Veruntreuung von Geldern beschuldigt wurde, ging schließlich nach Neapel und baute dort den Palazzo Reale mit seiner langen Fassadenfront, die drei Ordnungen zeigt. Er wurde im 18. Jahrhundert ausgebessert und vervollständigt. Mit diesem Bau stehen wir an der Schwelle zum Barock.

Die Lombardei und die Emilia

Von den drei größten Architekten in Mailand war nur einer, nämlich Alessi, tatsächlich Baumeister; der zweite, Leoni, war Bildhauer und der dritte, Tibaldi, war Maler.

Galeazzo Alessi (1512-1572) aus Perusa, der vom Michelangelo der römischen Zeit ausging,

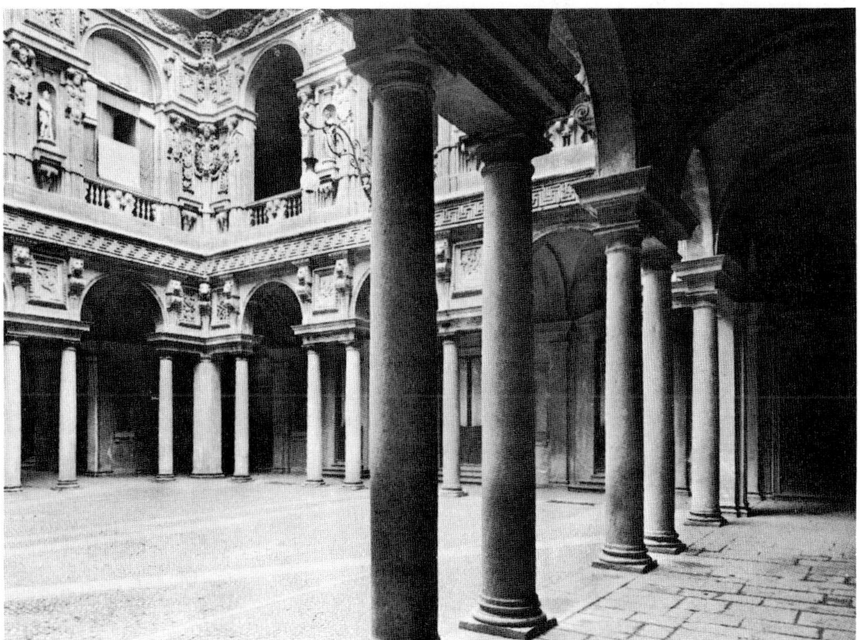

324
Galeazzo Alessi
Innenhof des
Palazzo Marino
Mailand, 1558

war anfänglich in Genua tätig: *S. Maria di Carignano* (1552), auf griechischem Kreuz mit fünf Kuppeln und zwei Türmen, die eine ziemlich schwerfällige Fassade unklar einrahmen. Die *Villa delle Peschiere* zeigt zwei Geschosse und als Abschluß eine mächtige Balustrade. Ein anderer Bau von ihm ist der *Palazzo Cambiaso*. Alessi siedelte nach Mailand über, wo sein bedeutendstes Werk der *Palazzo Marino* (1558) ist, dessen Hof durch Bögen, die von zwei Säulen gerahmt werden, eigenartig gegliedert ist und ein Geschoß von verschwenderischer Ornamentfülle besitzt □324. Auch die Fassade von *S. Maria presso S. Celso* (1568-1572) ist von durchaus lombardischem Geist.

Leone Leoni, der in Arezzo geboren wurde (1509-1590), kam nach Mailand, wo er die *Casa degli Omenoni* (1573, □325) erbaute mit den gewaltigen Karyatiden, die die Pfeiler ersetzen und so die Fassade in ein bildhauerisches Relief verwandeln. Er hatte sich zugleich auf Bronzearbeiten und monumentale Porträts spezialisiert: *Vespasiano Gonzaga als antiker Krieger* (Sabbioneta) oder das *Grabmal von Giovanni Giacomo de' Medici* (1560-1562, Mailand, Dom); seine Heroen in ihren reichen Rüstungen haben einen Gesichtsausdruck von gezierter Würde. Leoni, der die Freundschaft Karls V., den er auch im Harnisch gemalt hat (Prado), genoß, beschloß sein Leben in Spanien, wo sein Sohn Pompeo (1533-1608) seine Arbeiten als Bronzebildhauer weiterführte. Der bedeutendste von den drei Künstlern war zweifellos Pellegrino Tibaldi. 1527 in Valsolda in der Lombardei geboren, hielt er sich von 1549 bis 1553 in Rom auf und kam dort mit der zweiten Generation der Manieristen in Berührung; das Haupt dieser Künstlergruppe, die sich zu nah an die Sixtinische Kapelle und die Fresken der Paulinischen Kapelle hielt, war Daniele da Volterra, mit dem Tibaldi in der Kirche S. Trinità dei Monti zusammenarbeitete. Er wurde dann von Kardinal Poggi nach Bologna gerufen, für den er dort einen Palast baute und ihn mit Fresken ausmalte (Geschichten des Odysseus mit starken Verkürzungseffekten). In S. Giacomo Maggiore errichtete er eine Kapelle in strenger dorischer Ordnung und schmückte sie mit stark bewegten allegorischen Szenen aus, die voll überraschender Erfindungen sind. Arbeiten von ihm finden sich in Loreto, Ancona und zahlreichen Palästen Bolognas.

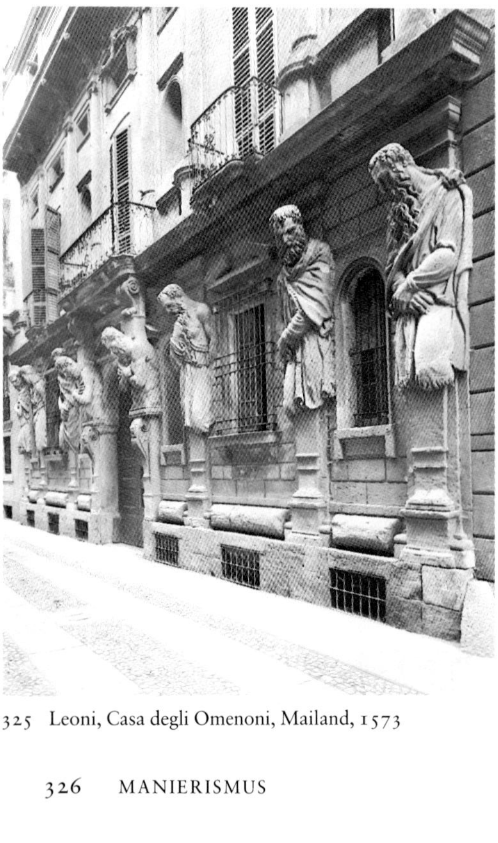

325 Leoni, Casa degli Omenoni, Mailand, 1573

1567 wurde er zum leitenden Architekten des Mailänder Doms ernannt und modernisierte das Innere, den Chor mit den Karyatiden und den Altar. Er baute *San Fedele* mit dem schweren, sich aus dem Gesims entwickelnden Giebel und den Hof des erzbischöflichen Palastes mit seinen zwei Rustikageschossen. Er arbeitete in der Lombardei und in Piemont in Novara (*San Gaudenzio, Palazzo Bellini*), Varallo und Pavia (Seminario) und entfaltete über 20 Jahre hin eine enorme Tätigkeit als Ingenieur und Architekt. Sein Stil ist ebenso energisch wie verworren. 1577 war Tibaldi so bekannt, daß er nach Spanien gerufen wurde und dort neben F. Zuccaro und L. Cambiaso im Escorial (Bibliothek; großer Kreuzgang) als virtuoser Meister und Anhänger der hellen Malweise arbeitete.

In Norditalien, oder genauer gesagt in der Lombardei, liefen zwei Strömungen nebeneinander her: Die eine bemühte sich darum, die Wirkungen des Hell-Dunkel und den Detailrealismus zu verstärken, die andere suchte im Gegenteil, das Weiche, Volle und Liebliche der Formen zum Ausdruck zu bringen. Durch Pietro Bonacossi, genannt Pierino del Vaga (1500-1547), einem Florentiner, der sich als Mitarbeiter Raffaels an den Loggien glänzend bewährt hatte, waren die neuen Bildthemen nach Genua gelangt: heroisierte Heer-

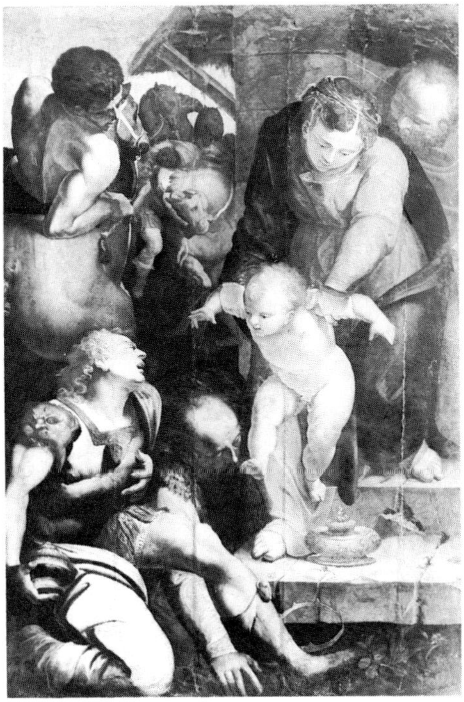

326
Luca Cambiaso,
Anbetung der
Hl. Drei Könige.
Galleria Sabauda,
Turin

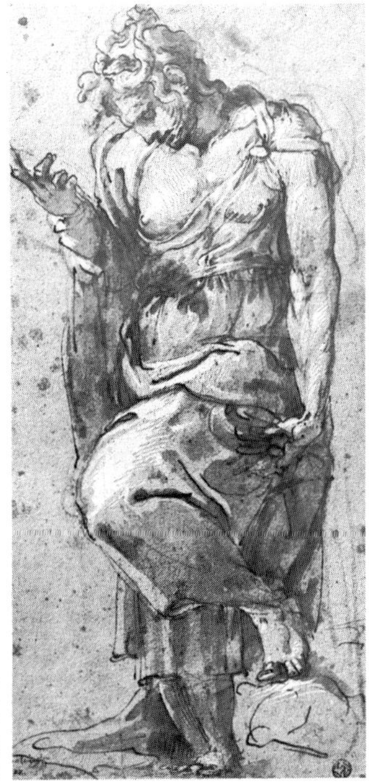

327
Luca Cambiaso
Trauernde, Zeichnung
Louvre, Paris

führer (Palazzo Doria), Mythologien, Ornamentformen von Schiffen. Ein anderer interessanter Künstler, der bereits im vorhergehenden Halbjahrhundert den manieristischen Stilausdruck in der Farbe bis nach Genua hin verbreitet hatte, ist der bereits erwähnte Sienese Domenico Beccafumi (1486-1551). Er ist in Siena, Rom (1519-1541) und Genua (1537) tätig gewesen. Seit 1530 malte er Figuren, bei denen die Farbigkeit von unten nach oben hin changiert, so daß eine bunte, von rötlichen Blitzen durchzuckte Vision entsteht. Die besten Beispiele davon befinden sich in Siena.

Aus der folgenden Generation, die reiche – manchmal fast zu reiche – Erfahrungen besaß, sticht Luca Cambiaso (1527-1585) hervor, der seine malerische Kultur zwischen Florenz und Rom erworben hat □ 326, 327. Ein auf die Lichteffekte des Correggismus wirkender lombardischer Einfluß erklärt seine kühnen nächtlichen Szenen: *Geburt Christi* (Brera). Sein Stil kann jedoch auch hell und weit sein, wie im Palazzo Parodi (Genua) oder in der *Darstellung im Tempel* (S. Lorenzo), oder auch von kraftvoller Einfachheit, zum Beispiel in der *Grablegung* (S. Maria di Carignano, Genua) oder der *Carità* (Berlin). Seine Zeichnungen zeigen interessante geometrisierende Versuche. Er starb in Spanien, wo er im Escorial gearbeitet hatte. Ein anderer, von den Habsburgern sehr geschätzter Künstler, der sogar zum Hofmaler Maximilians II. und Rudolfs II. avancierte, der Lombarde Giuseppe Arcimboldo (1530 bis 1593), unternahm den originellen Versuch, Stilleben in allegorische Phantasiegebilde zu verwandeln. Amüsante Zusammensetzungen von Früchten und Gemüsen, von Fischen, Muscheln und Blumen bilden Figuren, die Symbole für die Erde oder das Wasser (in der Bilderreihe der Naturelemente) oder für die Jahreszeiten (*Frühling*, 1563, Wien; *Gemüsetopf*, o. J., Cremona) sind. Daraus entstand eine naturalistische, durch das typisch Manieristisch-Paradoxe gesteigerte ›Kuriosität‹, die die Begeisterung Lomazzos hervorrief.

In mehreren lombardischen Städten zeigten sich interessante Künstlergruppen. Savoldo zählte vor allem zu Venedig, wo er sich schließlich auch niederließ, obwohl es eigentlich Brescia ist, wo er seine Kompositionen mit nächtlichen Szenen und farblosen Landschaften hinterlassen hat (*Magdalena*, London; *Hl. Matthäus*, New York). Girolamo Romani, oder il Romanino (1485 bis etwa 1566), ging von einer giorgionesken Malweise aus (*Hl. Franziskus*, Brescia), machte sich dann eine Kunst von hellem Licht und reicher Farbigkeit zu eigen (*Leben Christi*, 1520, Dom von Cremona) und gefiel sich schließlich wieder in Bildern voll tiefer Schatten (*Kapelle des Corpus Domini* oder der *Hl. Matthäus* in S. Giovanni Evangelista, Brescia). Alessandro Bonvicino, oder il Moretto (1498 bis 1555), verbindet eine venezianische Farbtonalität mit einer lombardischen Vorliebe für starke Valeurs: *Geburt Christi, Christus und Engel* (Museum in Brescia). Ein ruhiger, solider Porträtist, wie Romanino und Moretto, vielleicht noch ausgeprägter, aufs Natürliche bedacht und delikat in seinen Grautönen (*Edelmann*, 1554, Ambrosiana; *A. Navagero*, 1565, Brera), war Giovanni Battista Francesco, Pavia) gibt es jedoch eine Derbheit und eine Ausdruckskraft, in der eine unmittelbare Ankündigung Caravaggios, der 1573 geboren wurde und sich in der letzten Phase des Jahrhunderts in einer wachsenden Rebellion gegen alle Normen entwickelte, zu erkennen ist.

Eine gänzlich andere, mit der Frömmigkeit der Gegenreformation übereinstimmende Orientierung zeigt sich bei dem Umbrier Federigo Baroccio, genannt il Barocci (1528/35-1612), der in Pesaro, Rom, Mailand (1592-1608) und Genua tätig war. Mit einer natürlichen Neigung zum Liebli-

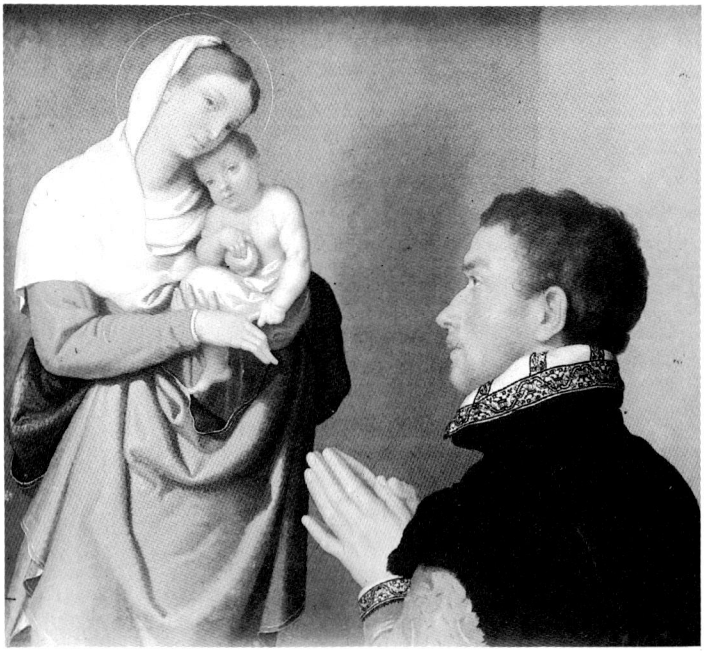

328
Giovanni Battista Moroni
Madonna mit Stifter
um 1600
National Gallery
Washington D.C.

Moroni (etwa 1523-1578), der in seinen Handwerkerporträts die gleiche Gelassenheit zeigt: *Der Schneider* (London). In einem anderen, ganz provinziellen Zentrum, in Cremona, ist die Künstlerfamilie der Campi zu erwähnen, aus der fünf Maler hervorgingen. Sie alle standen unter dem Einfluß von Giulio Romano: Giulio (1500-1572), der in der Kuppel von S. Sigismondo zu kraftvollem Ausdruck gelangte; sein Bruder Antonio (gest. 1591), der zugleich Architekt und Historiker war, und als dritter Vincenzo (gest. 1591), der sich vor allem als Porträtmaler betätigt hat. Die beiden letzteren waren auch an der Ausmalung des Domes beteiligt. In Bildern wie der *Tod der Jungfrau Maria* von Antonio (1577, San Marco in Mailand), im *Hl. Matthäus* von Vincenzo (1580, San

chen verband sich bei ihm die sensuelle Modulationsfähigkeit Correggios und das reiche Licht der lombardischen Kunst. In der *Kreuzabnahme* (Perusa, 1569) inspirierte er sich ziemlich unbedacht bei Rosso, entfaltete aber dann in der *Madonna des Volkes* (1579, für S. Maria della Pieve in Arezzo, jetzt in den Uffizien) und in der *Ruhe auf der Flucht nach Ägypten* (Vatikan) eine liebliche Farbigkeit, einen seltenen Wohlklang und eine ruhige Komposition. In der *Beschneidung* (Louvre) liegt in den sanften Akkorden des Grau-Blau und Rosa eine Qualität, die manchen Maler der folgenden Jahrhunderte faszinieren wird. Die Anmut in der *Verkündigung* (Vatikan) wird man als eine Vorwegnahme von Greuze empfinden. Mit großer Sicherheit beherrschte er die Technik der weichen, schmelzenden Farbübergänge; er war in Mittelitalien der erste Künstler, der in Skizzen, die manchmal fast an Degas erinnern (Zeichnung, Berlin), das Pastell anwendete. In Bologna ist schließlich noch ein Freund von Vignola zu erwähnen, der in Rom mit Zuccaro in Verbindung stand, Bartolomeo Passarotti (1529-1592), der sich besonders auf feine Nuancen und Farbtöne verstand (*Reinigung Mariä,* Pinakothek, Bologna). Aus seiner Schule ging in gewissem Sinne die Akademie der Carracci hervor, die sich dann in Opposition zu ihr stellte.

Die Carracci

Die Tätigkeit Federigo Baroccis machte aber einen Bogen um die Emilia, wo das Dreigespann der Carracci herrschte. Sie gehörten der zweiten Hälfte des Jahrhunderts an. Ihre künstlerische Unternehmung muß vom Gesichtswinkel des Manierismus her beurteilt werden: Sie kennzeichnet – ebenso wie die Lehre Vignolas – die Vollendung, Läuterung und infolgedessen Überwindung des Manierismus. Der Einfluß der Carracci verbreitete sich durch die Akademie der ›Incamminati‹, die ihren Ruhm in Bologna zwischen 1585 und 1595 begründete. Es wäre eine zu große Simplifizierung, wenn man zur Charakterisierung ihrer Ziele nur das Sonett von Agostino Carracci anführte, das er zu Ehren von Niccolò dell' Abbate (gest. 1571) verfaßt hat – höchstwahrscheinlich aber eine nachträgliche Erfindung Malvasias, um den Eklektizismus gesetzmäßig festzulegen[197] –, worin dem zukünftigen Maler die Kraft Michelangelos, die Natürlichkeit Tizians, die Reinheit Correggios, die Harmonie Raffaels, das Gefällige Tibaldis, die Phantasie Primaticcios und die Anmut Parmigianinos empfohlen wird. Schon die Auswahl dieser Referenzen unterstreicht den polemischen Charakter des Sonetts: Der schwülstigen und undisziplinierten Kunst eines Vasari oder Zuccaro will man den guten Geschmack, den Übertreibungen und dem Kraftmäßigen einen empfindlichen, wägenden, natürlichen Verstand entgegensetzen. Diese akademische Reform begegnete auf allgemeinerer Ebene den Weisungen des Tridentinischen Konzils, die eine kontrollierte und maßvolle Kunst von mehr eindringlicher Wahrheit als bildnerischer Schönheit verlangte, kurz eine literarisch und erzieherisch wirksamere Kunst. Zur selben Zeit – eine sehr bezeichnende Tatsache – entwickelten die Carracci als erste eine besondere Bildgattung, die *ritratti carichi,* Karikaturen, von denen es höchst amüsante Beispiele gibt (München, Graph. Sammlung): Einem neuen Ernst antwortet also eine neue Komik! Ludovico (1555-1619), ein tüchtiger Maler, der lange Zeit zwischen Venedig, Florenz, Parma und Mantua unentschlossen schwankte, gründete eine Schule, die den ›guten Gebrauch‹ der Malerei bestimmen sollte – wie man anderswo den ›guten Gebrauch der Sprache‹ festlegte. Er arbeitete vorwiegend in Bologna: Palazzo Fava, Palazzo Sampieri, Kapelle von S. Domenico, der Hof von San Michele in Bosco. Neben diesen großen, wohlkomponierten Bildern gibt es Altarbilder, in denen er nach Anmut und Weite strebte: *Madonna degli Scalzi* (1588, Pinakothek, Bologna), *Madonna des hl. Hyacinth* (1594, Louvre).

Sein Vetter Agostino (1557-1602), der kultivierteste der drei Maler, war ein bekannter Kupferstecher (es gibt mehr als dreihundert Stiche von ihm) und reproduzierte vor allem die Werke venezianischer Meister. Er hinterließ einige Bilder wie das *Abendmahl des hl. Hieronymus* (Pinakothek, Vatikan), die zu perfekt und kalt wirken. Er half vor allem bei den großen Dekorationen seines jüngeren Bruders Annibale (1560-1609), dem stürmischen Genie der Familie. Annibale war ein Schüler von P. Tibaldi. Seine Argonautenbilder im Palazzo Fava (1584) wurden als zu realistisch empfunden. Mit seinen Fresken im Palazzo Magnani, die die Geschichte von Romulus und Remus erzählen und von Atlanten und Girlanden kraftvoll umrahmt sind, und mit den Dekorationen des Palazzo Sampieri (1593-1594) setzte er sich dann jedoch durch. Das römische, von Raffael inspirierte Element gewann immer mehr die Oberhand über die venezianische und correggieske Seite. 1595 in Rom gab ihm Monsignore Agucchi ein genaues Programm für die Fresken im *Palazzo Farnese:* Geschichten von Herkules im Camerino und mythologische Szenen aus Ovid in der Galerie, in der alle Formelemente mit höchstem Können angeordnet sind: Medaillons, Ignudi (Aktfiguren), Rahmenfelder, Girlanden, Friese, die von den Deckengemälden in der Sixtina und im Palazzo Poggi in Bologna beeinflußt sind. Über ihre Entstehung geben zahlreiche Zeichnungen (Louvre) Aufschluß. Dieses reiche Werk von ausgeprägter Vitalität geht weit über das enge Programm des Akademismus hinaus. Die dekorative Großzügigkeit, die eine ganz neue, volle Atmosphäre erzeugt, und das

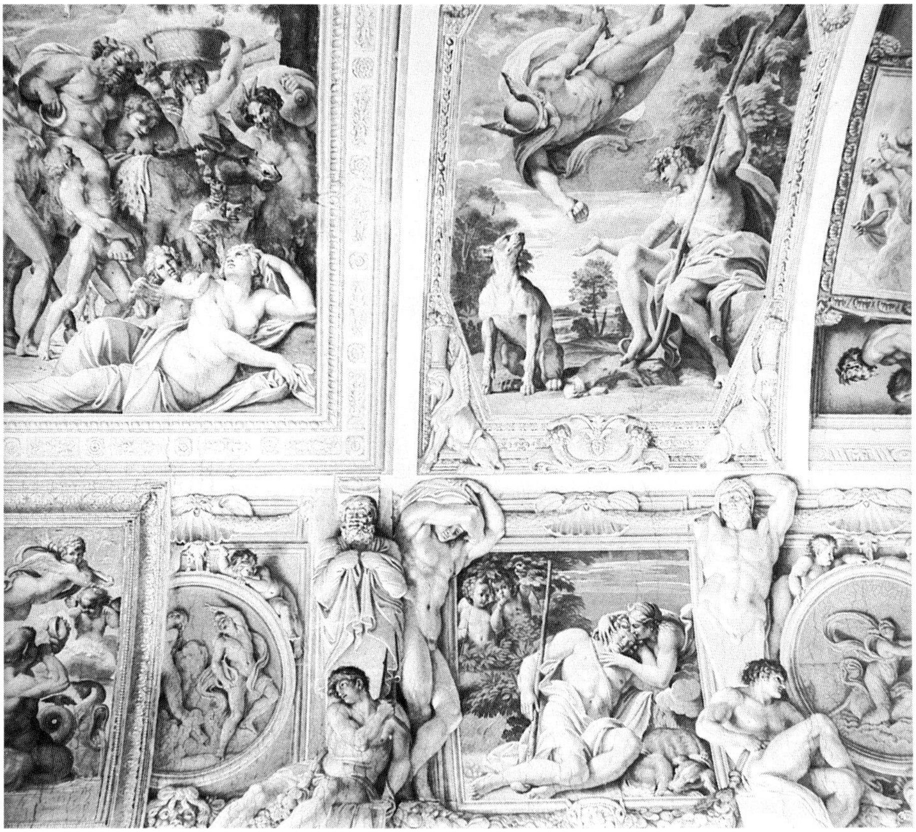

329 Annibale Carracci, Fresken im Palazzo Farnese, Rom, 1595-1600

Lichte seiner hellen, leichten Töne – die der ungestümen Kraft der Luministen völlig entgegengesetzt sind – machten ihn zu einem entscheidenden Vorbild für die neue, sich vorbereitende Epoche □329.

Gegen 1600 trennten sich die beiden Brüder. Annibale, der ›Bohemien‹, starb 1609 und hinterließ eine Anzahl schöner Landschaften (wie in *Christus und die Samariterin*, Wien), die von einer erstaunlichen Dichte sind.

Der Manierismus der Renaissance wurde allmählich immer schwächer. Er fand zwar im Laufe des 17. Jahrhunderts noch Anhänger, etwa in Florenz, wo der Lothringer Callot eine besondere Achtung genoß, und selbst in Rom, wo Giuseppe Cesari, genannt il Cavaliere d'Arpino (1568 bis 1640), im Grunde ein Epigone von ihm, der um 1585 unter Gregor XII. nach Rom gerufen worden war, in seinen Arbeiten im Lateran, in der Villa in Frascati und im Konservatorenpalast an dem überladenen Pomp und den Gewohnheiten der Jahrhundertmitte festhielt. Der künstliche Eklektizismus gewisser Kreise konnte jedoch die Nachahmung der großen Meister nicht bis ins Unendliche fortsetzen. Die Gegenwirkung der von den lombardischen Künstlern unterstützten Lichtmalerei bereitete die stürmische Revolution Caravaggios vor, und das Temperament von Annibale Carracci öffnete unmittelbar den Weg zum Barock[198]. Was die Renaissance ihrem Ende zugeführt hat, war nicht nur die ›Regola dei cinque ordini‹ von Vignola (1562), sondern auch die ›Idea dell'architettura universale‹ von Scamozzi (1615); nicht nur die Sammlung der ›Viten der besten italienischen Maler, Architekten und Bildhauer von Cimabue bis heute‹ von Vasari (1550, 2. Aufl. 1568), sondern zugleich die ›Idea del tempio della pittura‹ von Lomazzo (1590); nicht nur die von Vasari und dem Großherzog gegründete Accademia del Disegno, sondern auch die Akademie der ›Incamminati‹ in Bologna (1585); nicht allein die mythologische Deckenmalerei von Jacopo Zucchi im Palazzo Ruspoli (1568), sondern auch die Galleria im Palazzo Farnese (1597-1598).

Das typischste Möbelstück des 15. Jahrhunderts war der *Cassone,* eine bemalte, als Wäschekasten oder auch nur als reiner Prunkgegenstand dienende Truhe, deren Entwicklung sehr interessant ist. Diese Cassoni waren anfänglich einfache Langwürfelkästen aus geschnitztem oder bemaltem Holz, die auf drei Seiten, oftmals auch mit auf Stuck gemalten Füllungen, geschmückt waren. Im 16. Jahrhundert nimmt der Cassone mehr und mehr eine architektonische, sarkophagähnliche Form an – mit Füßen, Band- und Kranzgesimsen und manchmal abgerundeten Seiten. Er erhält Zierleisten wie ein monumentaler Dekor, entweder mit einem Spiel aus Arabesken und Laubmotiven, vor allem in der Toskana, oder auch mit figürlichen Darstellungen, besonders in Venedig und Rom (Museum Berlin; Sammlung Bardini, Florenz). Mit einer feinen Holzschnitzerei verbindet sich oft die Intarsienarbeit, die besonders in der ersten Hälfte des Jahrhunderts abstrakte Motive oder sogar Architekturperspektiven auf der Vorderseite der Truhe verwendet (Sammlung Contini, Florenz). Seit 1550 entwickelt die Holzarbeit in ihren geschnittenen oder gedrechselten Motiven ein erstaunliches Repertoire von figurativen und abstrakten Ornamenten, die dem manieristischen Stil vollkommen entsprechen. Er kommt hier nur in einer gezierteren, leichteren Form zum Ausdruck, in zweistöckigen Truhen oder Schränken, die von Pilastern gerahmt oder auch einfach mit geschnitztem Rahmenwerk, das die Maserung der verschiedenen Holzarten zur Geltung bringt (Nußbaum, Kastanie), versehen sind.

In bestimmten Büffets findet die dorische Ordnung Anwendung, mit sparsamen Paneelen und einer Folge von Triglyphen als Bekrönung (Palazzo Davanzati, Florenz).

Der Tischtyp mit drei volutenförmigen Beinen, Löwenprankenfüßen und sechseckiger Platte findet sich recht häufig in der Toskana um die Jahrhundertmitte. Die Tische mit sechs, durch einen runden Steg miteinander verbundenen, reich geschnitzten Beinen traten gegen 1600 in Bologna auf. Der gebräuchlichste Typus besteht aus zwei Seitenstützen, die meist durch einen Steg, der gelegentlich auch einen Baluster tragen kann, miteinander verbunden sind. Er zeigt mitunter auch eine Anordnung von recht einfachem Schnitzwerk, ist jedoch meist, besonders in der Toskana und der Emilia, mit Voluten, Laubwerk und Arabesken versehen, die seine Konturen bereichern (Beispiel im Palazzo Davanzati, Florenz). Manchmal kommt auch ein einfacherer, klarer Geschmack zum Ausdruck, der die Stütze nur mit einer dicken Konsole umgibt (Privatsammlung, Mailand). Bei den Stühlen scheint man in Norditalien eine Vorliebe für den kleinen Sitz mit zwei seitlichen Stützflächen gehabt zu haben, die mit Delphinmaskaronen bedeckt sind (Sammlung Bardini, Florenz); daneben hielt sich der Stuhltyp in der X-Form mit seinem Intarsienschmuck. Es tauchte der Stuhl mit vier Füßen und gerader Rückenlehne auf, anfänglich mit reich geschmückten Querstützen (Sammlung Figdor, Wien), dann auch mit breiten Zierleisten (Sammlung Bardini). Gegen 1600 wurden dann Rücklehne oder Sitz mit Leder, Samt oder Bändern bespannt. Die zweite große Zeit des italienischen Möbels wird mit dem 18. Jahrhundert anbrechen.

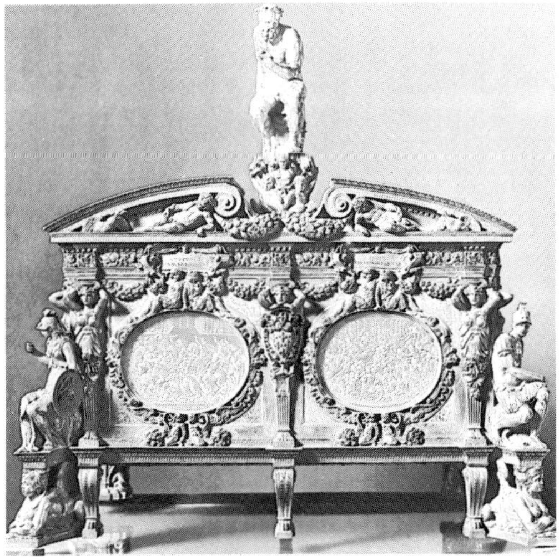

330 Cassone aus dem Besitz der Farnese, um 1550. Museo Nazionale di Capodimonte, Neapel

DER BAROCK

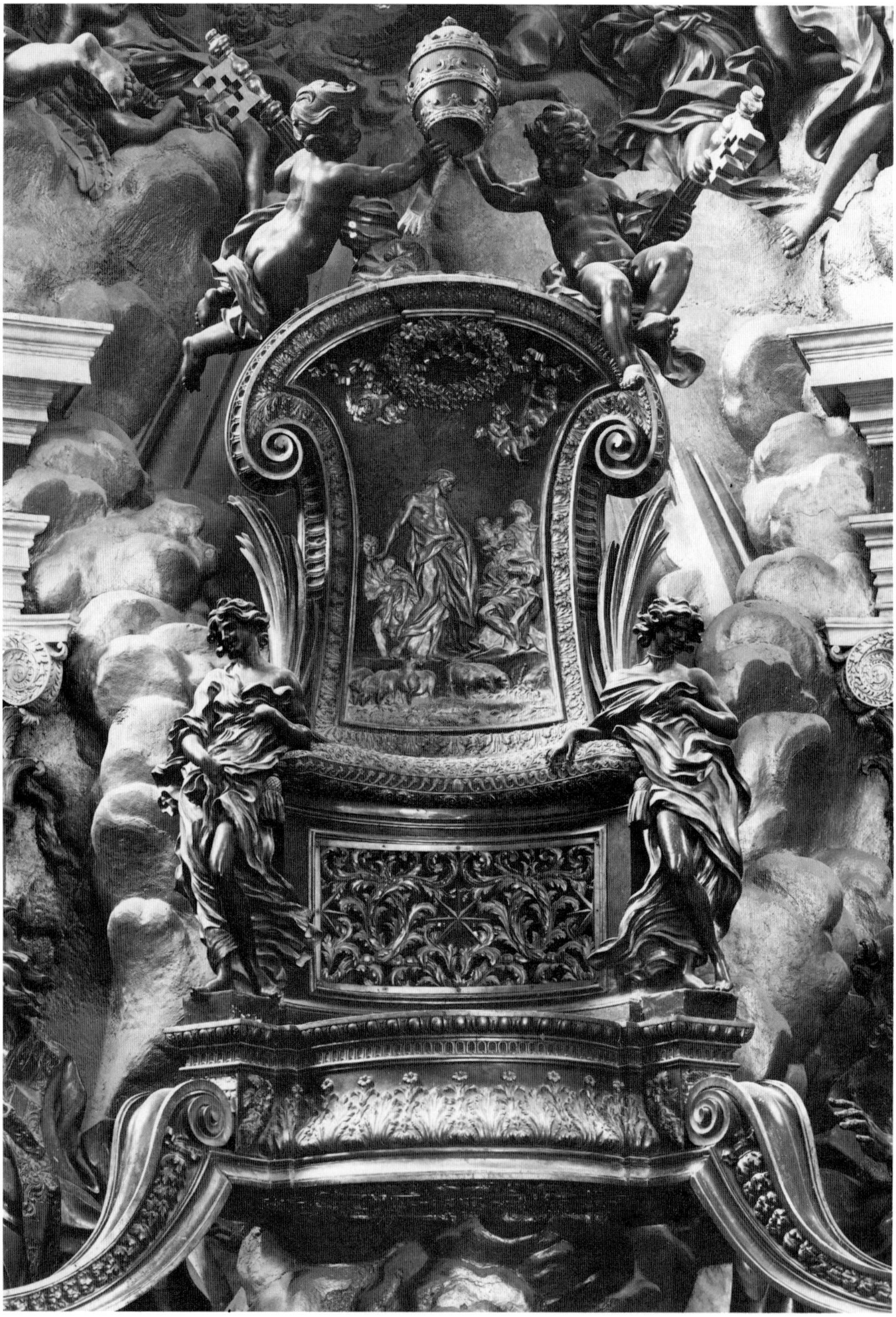

331 Bernini, Kadetta von S. Pietro, Rom.

DER BAROCK

Einführung: Die Kirche Italiens als ›Markt der Königreiche‹

Die Krise des Manierismus ist eine Übergangszeit zwischen Renaissance und Barock, ähnlich wie die kritische Zeit, die sich im 13. Jahrhundert zwischen Romanik und Gotik ergab. Die Ähnlichkeit dieser beiden Epochen erklärt sich zunächst einmal aus dem Druck zweier gegensätzlicher ›kultureller‹ Bestrebungen; die eine hat profanen Charakter und ist auf die Entwicklung des höfischen Lebens, die fürstliche Prachtentfaltung und den beherrschenden Einfluß Roms zurückzuführen, die – genau wie zur Zeit Friedrichs II. – in einer Zeit der großen Familien von Fürsten und Kardinälen (Medici, Gonzaga, Farnese) große Bedeutung besaßen. Auf der anderen Seite steht ein, aus der religiösen Krise erwachsenes, ernstes und mystisches Streben nach einer Reform der Sitten und einer strengeren Glaubenshaltung: Die reinsten Formen der Gegenreformation erinnern damit manchmal an die Bewegung der Bettelorden. Tatsächlich war es ein Anliegen der Jesuiten, die ganze, aus dem Humanismus hervorgegangene Kultur zu reformieren und zu organisieren. Dieser Zeitpunkt äußerster Strenge fällt mit der letzten Phase des Manierismus zusammen, wo zum Beispiel die Säule, um jeglichen Prunk zu vermeiden, von der Fassade verbannt und durch Pilaster ersetzt wird. Die Gesinnung änderte sich jedoch gegen 1610 bis 1620. Die großen künstlerischen Erfindungen zwangen um 1630 bis 1640 alle Künstler zu einem neuen, glorreichen, mächtigen und vielseitigen Kunstwollen, das – wie in der Gotik des Trecento – das Zusammenwirken aller Künste anstrebt und die urbanistischen Aufgaben, die für Italien ein Hauptanliegen darstellen, wieder in den Vordergrund stellt. Diese Kunst wurde als ›barock‹ bezeichnet, ein Epitheton, das im 18. Jahrhundert – ebenso wie das Wort ›gotisch‹ im 15. Jahrhundert – von den Feinden dieser als regelwidrig und absurd empfundenen Formen verbreitet wurde.

Zwei Jahrhunderte lang befand sich Italien nun am Rande der europäischen Ereignisse. Seine politische Gestalt um 1600 wird durch die Besatzung des habsburgischen Spanien gekennzeichnet, das durch seine Mailänder Gebiete den Norden und durch Neapel-Sizilien den Süden beherrschte und das die Zwischenstaaten (die Herzogtümer von Parma, Mantua, Modena, Toskana und den Kirchenstaat) entweder durch matrimoniale Verbindungen oder durch polizeiliche Operationen, die wegen des Brigantentums und der entvölkerten Landgebiete notwendig geworden waren, unter Kontrolle hielt. Die einzigen Mächte, die dieser Versklavung entgingen, waren das Herzogtum Savoyen (das sich bis Annecy und Nizza erstreckte) und die beiden Seerepubliken Genua (mit Korsika) und Venedig (mit seinen Besitzungen in Istrien, Dalmatien und auf den ionischen Inseln), die sich jedoch bereits in voller Dekadenz befanden. Dieses unangenehme Gefühl der Machtlosigkeit und Lähmung steigerte sich noch bis zu den Kriegen der Französischen Revolution. 1713 gingen Mailand, Neapel und Sardinien an das Haus Österreich. Von der unglücklichen, zum »großen Markt der Königreiche« (A. Sorel) gewordenen Halbinsel nahm man nun in europäischen Verhandlungen die zur Entschädigung bestimmten Fürstentümer, womit Italien dem Ausland unterworfen wurde. So blieb Italien abseits von der allgemeinen Entwicklung der ›Aufklärung‹ in Europa, trotz der tiefen Einsichten gewisser Historiker, Philosophen und Juristen, die gegen eine unwürdige Passivität protestierten, wie Vico in Neapel (›Principi di una scienza nuova‹, 1730), Beccaria in Mailand (›Dei delitti e delle pene‹, 1764). Trotz der Bemühung aufgeklärterer Fürsten – Leopold, der Bruder Kaiser Josephs II. in der Toskana, Karl VII. in Neapel –, die ungeheuren Privilegien des Klerus zu reduzieren, wird Italien bis zur Napoleonischen Herrschaft keine Emanzipation im modernen Sinne kennenlernen.

Die Macht, mit der alle anderen zu rechnen hatten, war die römische Kirche: Gegen Ende des

16. Jahrhunderts hatte sie überall wieder die Initiative ergriffen, vor allem in Bayern und Böhmen; sie triumphierte – dank dem Rückgang des Protestantismus in Deutschland während des Dreißigjährigen Krieges (1618 bis 1648) in Europa und durch ihre mächtigen Missionshäuser in der übrigen Welt, vornehmlich im Fernen Osten und in Amerika. Die französische Monarchie, die den Jansenismus (1660-1668) bekämpfte und die Protestanten aus dem Lande jagte (1679-1685), diente der päpstlichen Macht bis zu dem Augenblick, wo die Auseinandersetzung um das Regal (1673) und die Krise des Gallikanismus der Papstmonarchie ihre Grenzen zeigte. Im Laufe des folgenden Jahrhunderts erlebte das Papsttum ein rapides Schwinden seines Einflusses in Europa. Die Entwicklung der Lebensformen und Ideen nahm einen derartigen Verlauf, daß Papst Clemens XIV. nach allen möglichen Ausfällen, Skandalen und feindlichen Interventionen, die sich in ganz Europa gegen die Jesuiten richteten, im Jahre 1773 die Aufhebung des Ordens verfügte.

In Italien gab es – abgesehen vom Kapuzinerorden, der 1525 gegründet wurde und sich 1619 von den Franziskanern trennte – weniger neue Ordensgründungen und neue Heilige als in Spanien oder Frankreich. Bis zur Mitte des 17. Jahrhunderts verfügten die Jesuiten über eine ungeheure Macht; der Orden war militant, er missionierte und erteilte Unterricht. Gab es 1556 – im Todesjahr von Ignatius von Loyola – erst ungefähr tausend Jesuiten, so waren es 1608 bereits zehntausend und 1679 fast achtzehntausend. Es ist jedoch eine arge Vereinfachung, wenn man die Entstehung des Barock auf die Jesuiten zurückführt: Sie waren daran beteiligt und haben die Entwicklung auch im allgemeinen gefördert, indem sie sich in ihrem Bestreben, die Kirchen so ›modern‹ wie möglich zu machen, dem herrschenden Geschmack anschlossen. Vor 1620 jedoch war der Orden auf dem Gebiete der Kunst nicht ernsthaft tätig[199].

Die strengen Regeln, das Mißtrauen gegen Künstler und Gesetze milderten sich in der Tat nach 1600. Mit dem Kardinal Bellarmin trat ein freierer Geist auf den Plan. Unter Paul V. (1605 bis 1621) hatte man sich bereits weit von dem düsteren Vatikan Pius' V. um 1570 entfernt. Urban VIII. (1623-1644), Innozenz X. (1644-1655) und noch ausgeprägter Alexander VII. (1655-1667) aus der Familie Chigi waren prunkliebende Fürsten. Seit Pius V. waren die Grabmäler nur mit einfachen Reliefs geschmückt worden. Die neuen Päpste verlangten monumentale Grabstätten. Ein militanter Optimismus, der eine übertriebene Heiligenverehrung, einen Märtyrerkult und die Bemühung um eine Dogmenlehre durch Bilder mit sich brachte, führte zu dem spektakulären Stil, der die ganze Epoche beherrschen sollte und der keineswegs – wie man noch im letzten Jahrhundert geglaubt hat – ohne religiöse Empfindung war[200].

Genauso gewiß ist allerdings, daß der Barock, in seinem Gefallen an einer etwas oberflächlichen Pracht, am Luxus und Illusionismus, in eine Art von Siegestaumel verfiel, der ihn häufig hinderte, zwischen dem Mittelmäßigen und Grandiosen zu unterscheiden, und daß er die religiöse Kunst in eine fragwürdige Situation gebracht hat, aus der sie letztlich nicht zu ihrem Vorteil hervorgegangen ist[201]. Die Naivität und die mittelalterliche Einfalt waren verlorengegangen. Sie überlebten nur noch in provinziellen Kunstwerken volkstümlicher und folkloristischer Herkunft, wofür die neapolitanischen Krippen ein gutes Beispiel sind. Die ›offizielle‹ Kunst der Paläste und Kirche bemühte sich, so aristokratisch und gelehrt zu sein wie die Kunst der Renaissance; sie übernahm jedoch nicht ihre Reinheit und geistige Klarheit und suchte ein Milieu zu erzeugen, in dem das Gefühl vorherrscht und in dem, wie im Traum, alles möglich wird: der Heroismus – denken wir an die entsetzlichen Märtyrerszenen, für die uns Pomarancio in S. Stefano Rotondo ein Beispiel lieferte –, die Emotion vor dem Übernatürlichen des Todes und der Transfiguration und die wollüstige Ekstase. Die großen Theologen der katholischen Reform haben seit 1580 ihre umfassenden Betrachtungen und nachdrücklichen Untersuchungen der Erfordernisse, denen Gebäude und bildliche Darstellung entsprechen sollten, vervielfacht[202]. Aber nach 1600 scheint das Schlüsselwort rhetorischer Art zu sein: die Kunst, durch die Autorität und die Verführungskraft der Form, durch die wohlverstandene Macht des Bildes zu überzeugen, und, als Folge, die kühne Kodifizierung der den höheren Zwekken der Orthodoxie und des Absolutismus untergeordneten Mittel[203]. Nach einer Calderon und Bossuet gemeinsamen und in der ganzen Poesie der Epoche verbreiteten Vorstellung ist das ganze menschliche Leben als ein illusorisches Abenteuer, ein Traum, aufzufassen. Die Kunst des Theaters bietet die Möglichkeit zu einer wunderbaren Verdichtung dieser Illusion, aber Italien ignoriert die klassische Komödie und Tragödie und zieht das ambivalente, sinnlichere Milieu der Oper vor; die

Oper ist die Kernzelle einer ganzen Anzahl barokker Erfindungen. Eine direkte Fortsetzung findet sie in der Anordnung der Kirchenschiffe und fürstlichen Salons, die mit ihren Balkons und ihren Logen wie Fassaden behandelt werden, und in den szenographischen Anlagen der Plätze und Städte, in denen die italienische Begabung sich selbst übertrifft.

Diese Schöpfungen ermöglichten die Verbreitung einer enormen Bildung, von der nur die gelehrten Traktate von Jesuiten wie P. Kircher (1601-1680) über die Archäologie, von P. Pozzo (1642-1709) über die Architektur oder die erst kürzlich wieder ins Licht gerückten Werke über die Symbolik (C. Giarda, 1626) eine Ahnung zu geben vermögen[204]. In seiner Vorliebe für das Fremdartige, ohne die zum Beispiel die zahlreichen Obelisken in Rom und vielen anderen Städten kaum zu verstehen sind, gleicht das päpstliche Rom dem römischen Kaiserreich des 3. und 4. Jahrhunderts: Ein amüsanter Ausdruck dafür ist der auf einem Elefanten stehende Obelisk auf der Piazza della Minerva (1667), dem man auch in Catania begegnen kann[205].

Der gelehrte Geschmack, der sich auf hervorragende Bildung stützt, der – wo es sich ergibt – von theologischen oder sogar verschleierten Denkweisen genährt wird, der unschlagbar ist auf dem Gebiet der Sinnbilder und Symbole, die in umfangreichen Traktaten zusammengefaßt wurden[206], dieser Geschmack gehörte zum kultivierten Milieu des Klerus und der Kirchenfürsten; er gehörte auch zum Lebensstil der großen Häuser, die sich außerdem den Luxus leisteten, Sammlungen anzulegen und Künstlern neue Werke in Auftrag zu geben. Wahre Palast-Museen, noch üppiger ausgestattet als im vorhergehenden Jahrhundert, entstanden nun in Rom; die Bestandsverzeichnisse der Barberini, die Register der Palazzi Doria, Spada, die kürzlich erst veröffentlicht wurden, bezeugen einen musealen Reichtum, der manchmal durch Spekulation und Tausch noch gesteigert wurde. Es wurde üblich, Künstler an sein Haus zu binden, und man fungierte auch als Vermittler, um sie als Botschafter der modernen römischen oder venezianischen Kunst ins Ausland zu schicken[207]. So kamen Bernini und Romanelli nach Frankreich und später Juvara, Servandoni und Tiepolo in die Länder der Habsburger. Es war die Zeit, in der dank des Netzes von Höfen und Akademien ein reger Austausch und gegenseitige Information zwischen allen Landschaften Europas stattfanden. Eine große Anzahl von Berichten und Reisebeschreibungen gibt davon Zeugnis[208].

Besonders kennzeichnend für die Kultur des Barock ist die neue Verbreitung der Wissenschaften von den Lebensvorgängen und die Beliebtheit anatomischer Stiche, die seit dem Ende des 16. Jahrhunderts jedem gebildeten Menschen die Kenntnis vom menschlichen Organismus und seine Eigenarten vermittelten. Kupferstiche von Werken wie ›Epitome‹ von Vesalius (1543) oder ›De Corporis Humani Structura‹ von F. Platter (1583) oder die Stiche von J. Casserius (1627) waren von erstaunlicher Wirkung. Das Skelett nimmt darin höchst phantastische Posen ein, und man spürt bereits die Nähe zu jenen makabren Vorstellungen, die den eigenartigen, sich zu Girlanden und Rosetten formenden Dekor aus Totenschädeln und Gebeinen der Kapuzinerkapelle in S. Maria della Concezione (1624) inspirierten, oder später zu Ercole Lelli, dem Schöpfer der anatomischen Modelle der Universität Bologna, in seinen beiden Muskelmann-Karyatiden von der Kanzel des anatomischen Theaters (um 1750).

Ein letztes aufschlußreiches Kennzeichen für den Barock ist die Vorliebe für die Karikatur. Es ist jedoch nicht mehr die Ironie, sondern mehr ein Sinn für das Possenhafte, manchmal gar Monströse, der dem vitalen Wesen der Zeit entsprach. Annibale und Ludovico Carracci hatten das karikierende, übertreibende Porträt, das ein bestimmtes Detail besonders herausstellte und die Person um eine Nase, einen Hut, einen Bauch herum komponierte, in Mode gebracht. Bernini ist berühmt für die Komik seiner Figuren, die weder den Kardinal Scipio Borghese noch den Papst verschont, und Leone Ghezzi (1674-1755) für seine Übertreibungen von Typen des römischen Klerus. Was den Geschmack am Mißgestalteten, Bizarren betrifft, so kommt er im Dekor, im ›Capriccio‹ der Malerei und sogar in den feinen Details von Architektur und Skulptur zum Ausdruck, und zwar mit einer Freiheit und einem Reiz, wie man sie nirgendwo anders wiederfindet.

So schuf auch Giovanni Pianta im 17. Jahrhundert hölzerne Wandverkleidungen, voller Schwung und mutwilliger Bosheit, rings um den großen Saal der Scuola di San Rocco. Noch erstaunlicher vielleicht sind die Monstrositäten und architektonischen Verstiegenheiten im Park von Bomarzo, in der Nähe von Viterbo, der kürzlich wiederhergestellt wurde. Wir haben es hier mit einer typisch italienischen Neigung zu tun, die sich in allen Künsten äußert bis hin zu den entsetzlichen Wachstafeln aus der Pestzeit, die der Sizilianer Gaetano Giulio Zumbo zu Beginn des 18. Jahrhunderts geschaffen hat (Bargello, Florenz)[209].

Diese verschiedenen Aspekte der Epoche zwingen zu einer neuen Ordnung der künstlerischen Tatsachen. Félibien unterscheidet in seinen ›Entretiens‹ (1685) nur zwei große Schulen: Venedig und die Lombardei auf der einen Seite, Florenz und Rom auf der anderen – der Norden und Mittelitalien also. Es wäre jedoch durchaus berechtigt, Neapel und dem Süden, die eine gewisse Eigenart gefunden haben, einen Platz einzuräumen. In der Kunst jedes dieser Zentren sind jedoch noch zwei verschiedene Formweisen zu unterscheiden, denn das 17. Jahrhundert ist die Zeit, wo die Konsequenzen der Unterscheidungen zwischen den verschiedenen Genres in Erscheinung treten: dem großen barocken Entwurf steht, auf bescheidenerer Ebene, jedoch nicht weniger intensiv, das Werk jener Meister gegenüber, die sich auf ein bestimmtes Genre beschränkt haben. Das sind zwei ganz verschiedene künstlerische Entwürfe, die auch ganz verschiedene Kapitel rechtfertigen. Venedig schließlich muß gesondert betrachtet werden; hier folgte im 18. Jahrhundert nach einer sehr langen Zeit des Nachlassens ein bemerkenswerter Aufschwung, in dem die Republik als einzige unter den italienischen künstlerischen Zentren den Kontakt zur europäischen Kunst wahrte.

Architektur und Dekor

Rom, der Norden und der Süden

Der sogenannte ›barocke‹ Stil, der ungefähr von 1620-1750 dauerte, fand seinen charakteristischsten Ausdruck in der Architektur. Seitdem die italienische Kunst sich einen Formenschatz von architektonischen Ordnungen, Profilen und bei der Antike entlehnten und regelrecht inventarisierten Architekturelementen (in den Traktaten von Alberti um 1460, von Vignola um 1562, von Galli Bibiena 1711) bereitet hat, hat sie einen vollständigen Wandel des Geschmacks durchgemacht, der dem Barock eine ganz spezifische Bedeutung gibt, die ihn sowohl vom vorausgehenden akademischen Formalismus als auch vom nachfolgenden Rokokoraffinement zu unterscheiden erlaubt. In

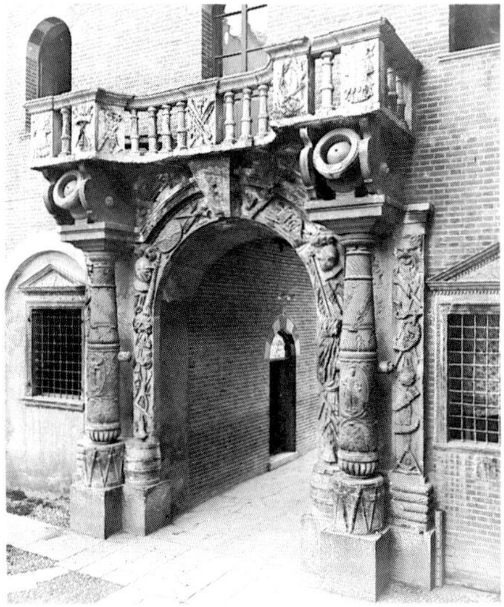

332 Verona, Porta dei Bombardieri des Palazzo dei Tribunali, 1687

den ersten drei Jahrzehnten des Jahrhunderts waren die Monumentalbauten wirklich für die frontale Ansicht konzipiert, harmonische, genau definierte Gefüge von klaren, plastischen Volumen. Die sogenannte ›manieristische‹ Epoche widersprach – indem sie jedoch dieselbe Sprache zu sprechen schien – diesen Wirkungen: turbulent und bizarr in der ersten Hälfte des Jahrhunderts, von einer affektierten Kühle in der darauffolgenden akademischen Reaktion.

Gegen 1630 werden in Rom, das wieder eine wesentliche Rolle spielt, drei große Meister Kunstwerke schaffen, die zwar weit vom klassischen Ideal entfernt sind, jedoch von dem gleichen vollkommen monumentalen Drang getragen werden, der alle überfeinen und gezierten Wirkungen ablehnt. Im großen und ganzen weiten und vervielfältigen sich die Formen, ihr Gefüge wird zum Geflecht. »Wellen durchlaufen den Formorganismus« (Wölfflin), in dem eine erregte oder nervöse Vitalität, ein Bedürfnis nach Großzügigkeit, nach Bewegung ohne Halt und Festigkeit zum Ausdruck kommt. Der konkrete Raum der Architektur wird, drinnen wie draußen, von imaginären Räumen eingenommen. Der kraftvollste Vertreter dieses neuen geistigen Entwurfes, der ein halbes Jahrhundert lang die Kunst beherrschte, war Bernini. Die Idee der ›symphonischen Integration‹ aller Künste wurde durch ihn in die Tat umgesetzt. Unter seinem Impuls entfaltete sich in den großen profanen und kirchlichen Bauten eine erstaunliche dekorative Malerei, die dazu beitrug, die Räume optisch zu weiten. Die Skulptur findet in diesem Programm an betonten Punkten Aufstellung: in Nischen, am Ende von Perspektiven etc. Vor allem das in weichen Formen gebildete und farbig behandelte Ornament läßt dank der Stucktechnik unendliche Formentwicklungen zu. Wie alle kraftvollen Stile weckte der Barock in der Provinz latente Energien □ 332. Gegen Ende des Jahrhunderts erlebten Piemont und Sizilien eine Blütezeit ohnegleichen. Andere Gebiete, wie beispielsweise die Toskana, verhielten sich dagegen recht zurückhaltend.

Anfang des folgenden Jahrhunderts erlahmt der italienische Barock. Er gerät in den meisten seiner Anschauungen mit der rivalisierenden französischen Kunst aneinander, die im Namen des ›großen Stils‹ zur Eroberung Europas ansetzt; wieder beginnt die Erfindungskraft manieriert zu werden. Der Barock wird aus Müdigkeit zum Verräter an sich selbst und verdünnt sich immer mehr bis zu den verniedlichten Formen, die sich aus dem Stil Borrominis entwickeln und zum Rokoko führen. Er stößt schließlich auf die Opposition des soliden, klassizistischen Geschmacks der Toskana und Venetiens, die bald die philosophische, akademische und archäologische Reaktion des Neoklassizismus erzeugen wird. Die allgemeine Erschlaffung des 18. Jahrhunderts unterbricht jedoch keineswegs jene Arbeit, in der die italienische Meisterschaft vielleicht am besten zum Ausdruck kommt: die Städteplanung, das Theater, die Gärten, das heißt die Behandlung von leeren – imaginären und natürlichen – Räumen.

Urbanismus und Theater

Das Werk von Sixtus v. wurde jetzt fortgesetzt: Die meisten großen römischen Unternehmungen wurden eine nach der anderen vervollständigt, wenn nötig mit Fassaden versehen und in eine größere räumliche Planung einbezogen. Vor allem die Peterskirche: G. della Porta hatte 1593 die Kuppel fertiggestellt; das Schiff und die Fassade hatten noch die Form der alten Peterskirche, wie es auf Plänen des 16. Jahrhunderts zu sehen ist. Paul v. ließ sie niederreißen und schrieb 1607 einen Wettbewerb aus, an dem sich auch Fontana, C. Maderna und G. A. Dosio beteiligten, und den Maderna schließlich gewann. Sein Projekt bestand darin, das Schiff um zwei Joche zu verlängern – wodurch sich der Zentralbau in eine Basilika verwandelte und damit den Vorstellungen der Gegenreformation entgegenkam – und vor einer enormen Vorhalle eine langgestreckte Fassade zu errichten, die das Schiff und die Seitenkapellen überragte, der Kuppel eine mächtige horizontale Stütze gab und die eine Attika trug, die eine Fortsetzung der Apsidenattika von Michelangelo war. Um die Breitenwirkung auszugleichen, ließ der Papst 1612 zwei Campanile vorsehen: die Arbeiten wurden bis 1621 fortgesetzt, dann wieder aufgenommen, ohne daß man jedoch zu einer Lösung gelangte. Acht korinthische Säulen und vier Pilaster gliederten in einer einzigen Kolossalordnung dieses mächtige, aber glanzlose Ensemble. Hier war eine andere Lösung notwendig.

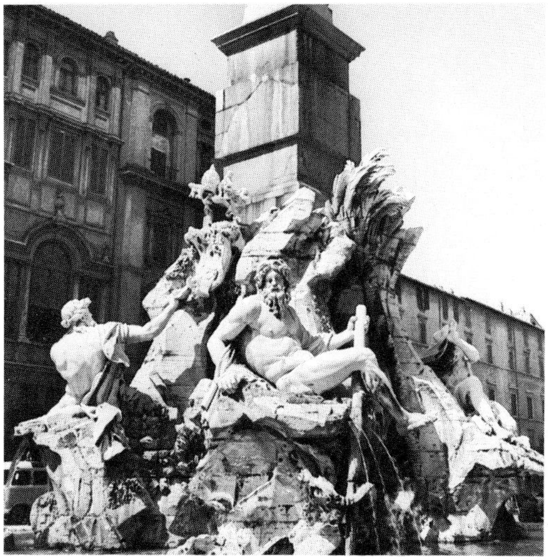

333 Bernini, Vierströmebrunnen auf der Piazza Navona, Rom, 1647-1652

Unter Alessandro Chigi beschloß man, die Fassade zu einer großen Platzanlage auszuweiten, und zwar durch eine Kolonnade, die – einem Zeitdokument zufolge – schon durch ihre Form die mütterliche Umarmung aller Gläubigen durch die Kirche zum Ausdruck bringen sollte. Bernini errichtete diese beiden Arme in Form einer Doppelkolonnade von vier Reihen dorischer Säulen, auf denen einhundertzweiundsechzig Statuen stehen, die im Zuge zur Kirche hin ansteigen (1656-1665). Das Problem war, in einer breiten Planung die Aussichten auf die Kuppel, die volle Wirkung der Fassade und die Anlage des ovalen Platzes um den Obelisken von Sixtus v. herum zu vereinen. Es scheint, als ob Bernini gezögert hat, den Platz noch durch einen dritten Arm als Antwort auf die Fassade ab-

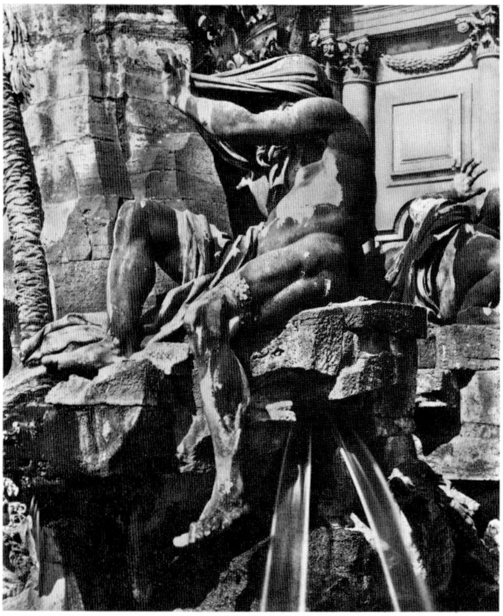

334 Bernini, Vierströmebrunnen, Detail

zuschließen; dieser Plan kam jedoch nicht zur Ausführung. Die beiden Achsen des Platzes messen 240 zu 340 m. In der Mitte befinden sich zwei Brunnen und der Obelisk aus Heliopolis, der aus dem Zirkus von Caligula stammt und – bevor ihn Fontana 1593 vor der Peterskirche aufstellen ließ – auf der einen Seite der Basilika stand. Das also war nach 150 Jahren die barocke Vollendung jenes Meisterwerkes, von dem Bramante und Michelangelo geträumt hatten.

Bernini verstand es, durch Brunnen mit Skulpturen in unmittelbarer Nähe der großen Paläste, an denen er gerade arbeitete, eine lebendige Szenographie zu schaffen: so der berühmte *Triton* vor dem Palazzo Barberini (1640) und vor allem der überraschende *Vierströmebrunnen* für Innozenz x. auf der *Piazza Navona* (1647-1652, □333, □334), der zu einer Art von ›Cour d'honneur‹ (V. Golzio) vor seinem Palast geworden war. Der Obelisk steht auf einem theatralischen Felsen, der von Flußgöttern, Riesengestalten in komplizierten Stellungen, bewohnt ist. Diese Vorliebe für eine monumentale Anordnung mit einem unregelmäßigen Block von aufgerissenen Konturen und beweglichen Profilen, der durch seine Gestalt und durch die Wasserstrahlen des Beckens eine überraschende Bewegtheit in den Dekor bringt – der übrigens an den Entwurf eines antiken Zirkus erinnert – ist niemals besser zum Ausdruck gekommen als hier.

Gegen Ende seines Lebens steigerten sich die Projekte Berninis zu ungeheuerlichen Visionen: Er träumte davon, die Trajanssäule an die Seite der Mark-Aurel-Säule schaffen zu lassen und den Platz so einzurichten, daß er sich bei Volksfesten vor dem Palazzo Chigi unter Wasser setzen ließ (Journal von Chantelou). Auch sein Schüler Carlo Fontana plante grandiose Verschönerungen: Eine davon bestand darin, den Borgo zwischen der Engelsburg und dem Petersplatz abreißen zu lassen und dort zwei monumentale Kolonnaden zu schaffen (in seinem Buch über die Taufkapelle von St. Peter, 1697). Der andere, noch eigenartigere Plan war, im Kolosseum eine Kirche mit einer Kuppel und zwei Campanile zu errichten (in ›Antiteatro Flavio‹).

Die große Selbstsicherheit der barocken Meister erklärt die Kühnheit, mit der sie die abenteuerlichsten Umgestaltungen vornahmen, wie zum Beispiel der Umbau Borrominis in der Lateranskirche, wo er je zwei Säulen des Schiffes zu breiten Pfeilern zusammenzog, in die er monumentale Nischen einließ, oder die Malerei von G. Chiari (um 1710) an der Decke der alten Basilika S. Clemente.

In vielen Fällen kam es dazu, daß die Künstler Fassaden schufen, die wohl die Außenansicht schmückten, aber nicht den Geist des Gebäudes selber zum Ausdruck brachten. Während sich nämlich die Künstler mit der Gestaltung regelrechter Szenographien beschäftigten, war ihre ganze Sorge auf die Außenansichten gerichtet. So wurde auch die am Eingang der Stadt gelegene *Piazza del*

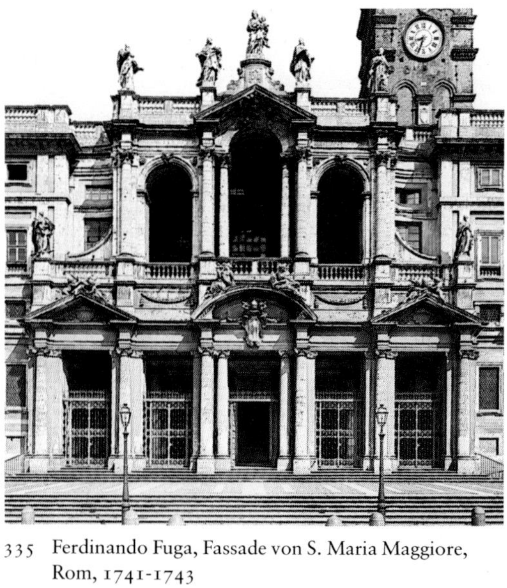

335 Ferdinando Fuga, Fassade von S. Maria Maggiore, Rom, 1741-1743

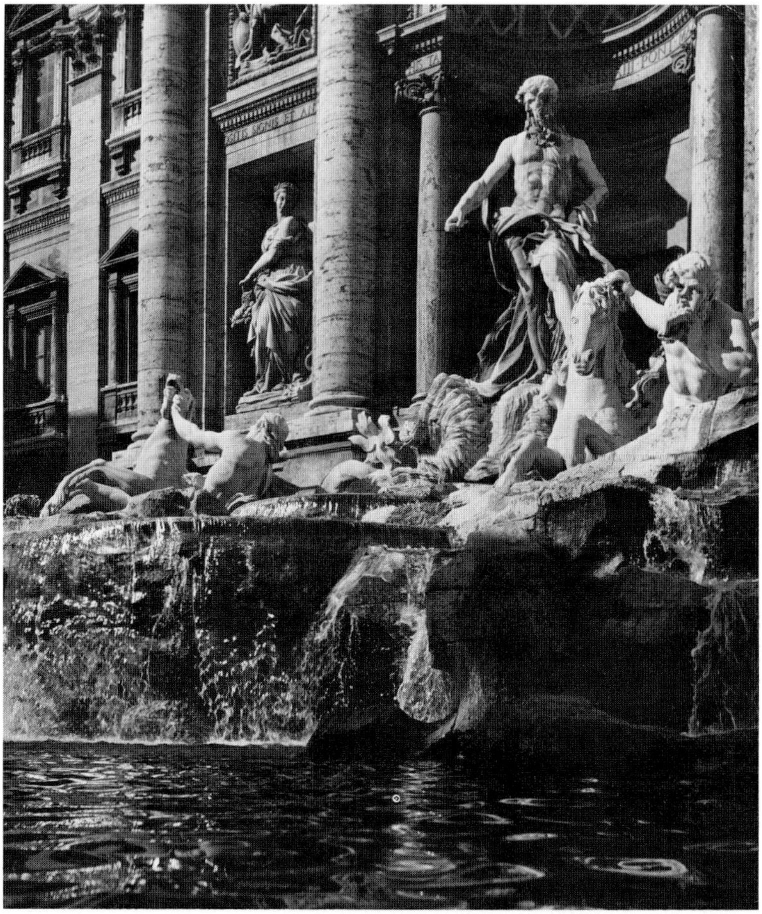

336
Nicollo Salvi
Fontana Trevi
Rom, 1735-1744

Popolo, ein Kreuzungspunkt, von dem der Corso, die Via Babuino und die Via Ripetta ausgehen, durch zwei symmetrische Kirchen von Carlo Rainaldi markiert: S. Maria di Montesanto und S. Maria dei Miracoli (1662) mit regelmäßigen Giebeln zum Platz hin, oktogonalen Kuppeln und symmetrischen Glockentürmen.

Im zweiten Viertel des 18. Jahrhunderts zeigten sich ähnliche Bestrebungen. Galilei errichtete die feierliche Fassade von S. Giovanni in Laterano (1735), Fuga die von S. Maria Maggiore (1741 bis 1743, □335). 1732 schrieb Clemens XII. einen Wettbewerb für einen Monumentalentwurf des *Trevibrunnens* aus □336, an dem sich auch Bouchardon beteiligte. Die Ausführung, die auf dem grandiosen Entwurf von N. Salvi basierte, der hinter dem Brunnen einen Triumphbogen und eine Palastfassade errichten wollte, zog sich bis 1765 hin. Noch bezeichnender ist das Ensemble von S. Ignazio: Die 1625 begonnene Kirche erhielt durch Algardi eine große, ziemlich kühle Fassade. Später (1725) wurde auf dem gegenüberliegenden Platz durch Filippo Raguzzini eine Szenerie von Häusern, die wie Dekorationen oder Kulissen behandelt sind, aufgebaut. In demselben Geist konstruierte F. de Sanctis unter Berücksichtigung eines Projektes von A. Specchi die herrliche Spanische Treppe, die sich mit ihren harmonischen Rampenabsätzen vor der Kirche S. Trinità dei Monti unter der Fassade von Giacomo della Porta hinabzieht.

Wenn Rom auch das Vorbild lieferte, so wußten sich doch viele andere Städte ebenfalls ein systematischeres monumentales Gepräge zu geben. So vor allem im Norden Turin, das sich gemäß den senkrechten Achsen eines antiken Kastells entwikkelte, und im Süden Neapel, wo Fontana mit dem Bau der großen Uferboulevards begann; vor allem aber in Sizilien, wo nach den furchtbaren Flutkatastrophen von 1684 und 1693 in wenigen Jahren mehrere Städte wieder erstanden, die nach – sowohl in der architektonischen Strenge als in dem szenographischen Bemühen – bemerkenswerten Vorbildern wieder aufgebaut wurden. So wurde zum Beispiel Catania eines der großen Beispiele des an Symmetrie und exakte Quadrierung gebundenen ›barocken‹ Rationalismus. Eine weniger bekannte Stadt wie Noto, die an einem Abhang der Monti Iblei nach einem Grundriß in Form einer Fischgräte angelegt wurde, mit stürzenden Perspektiven im höher gelegenen Teil, ist eins der Hauptwerke der illusionistischen und theatermäßigen Urbanistik des 18. Jahrhunderts in Europa.

Der Garten

Wie in der Urbanistik hat D. Fontana auch in der Gartenbaukunst – durch die *Villa Montalto* (für Sixtus v., heute verschwunden) auf dem Viminal – wegweisend gewirkt, indem er weite Perspektiven anlegte, die in kleinen Bauwerken mit Wasserspielen und Statuen endeten. Ebenso Giacomo della Porta durch die *Villa Aldobrandini* in Frascati (1604), wo das Wasser sich von Absatz zu Absatz bis hinunter ins Zentralbassin ergießt, das sich vor der Villa befindet: Es ist das erste Beispiel für diese neue Inszenierung, die man ›Wassertheater‹ nannte. Ein Holländer aus Utrecht, Vasanzio (gestorben 1621), spezialisierte sich auf Lustvillen (*Casino Borghese*) und Wassertheater mit Nymphäen von monumentalem Umfang (*Villa Mondragone,* Frascati).

Das erste Werk (verschwunden) von Pietro da Cortona war die *Villa del Pigneto* (um 1630) mit einer großen Nische, einer Grotte, Bassin mit Tritonen umgeben von Treppen. Auf einer Fassade ordnen sich Bauelemente, die erst durch den Bezug zum Garten ihre volle Wirkung erhalten. Das Zerstreute und Kapriziöse des manieristischen Parks macht nun einer größeren Weite und Systematisierung Platz. Nichts könnte den Geschmack des Barock besser zum Ausdruck bringen als diese Architekturen aus Laubwerk und Bosquetts, diese schillernde Malerei, die das gebändigte, kanalisierte, in lichten Flächen ausgebreitete oder in Kaskaden und schäumenden Strahlen springende Wasser erzeugt, diese Bildhauerei der Nymphäen, Rustikakolonnaden, der Marmorfiguren, die am Ende der perspektivischen Fluchten warten. Der theaterartige, lebendige Park ist die höchste Vollendung des barocken Geschmacks.

Die Villen des 16. Jahrhunderts werden nun in diesem Sinne erweitert und ergänzt. So wird zum Beispiel die Villa des Kardinals Riario in Bagnaia nach Plänen von Vignola (1578 fertiggestellt) mit kleinen Kaskaden versehen, die bis zum großen Wasserbecken der ›Mauren‹ hinunterfallen. Maderna legt die Kaskaden der *Villa Torlonia* in Frascati an. Ein wenig später entwirft Algardi auf den Hängen des Gianicolo die *Villa Doria Pamphili,* in der die Rustika-Nymphäen im Rocaillestil weniger architektonisch und die Wasserspiele noch kühner sind. In ganz Italien kommen nun die im 16. Jahrhundert geschaffenen Vorbilder zur Entfaltung; in Genua entwickelt man die von Alessi und Montorsoli; in der Lombardei wird die von P. Tibaldi erbaute *Villa d'Este* in Cernobbio (1568) umgestaltet; auf der Isola Bella schaffen die Borromei um die Mitte des 17. Jahrhunderts eine unvergleichliche Anlage von Terrassen, botanischen Schönheiten und phantastischen Grotten.

Die erste Hälfte des 18. Jahrhunderts wird ganz von der französischen Mode beherrscht: Le Nôtre legt den *Garten von Racconigi* in Piemont an und Bernard den *Park von Stupinigi.* Die Bourbonen richten sich nach ihren Vettern in Versailles; in Colorno in der Nähe von Parma imitiert man das Trianon. In Neapel zeigen die Villen von Portici und Capodimonte ebenfalls Anlagen von Beeten und Bosquetts. Ein letztes Beispiel barocker Pracht ist der enorme *Park von Caserta,* das Versailles der Bourbonen von Neapel, wo Vanvitelli mit einer Gruppe von Ingenieuren und Bildhauern um die Mitte des 18. Jahrhunderts die größte Anlage dieser Zeit schafft: ein Aquädukt (Carolino) bringt das Wasser zu einem Hügel gegenüber dem mächtigen Schloß, von wo es in einem Wasserfall hinabstürzt; am Fuße des Wasserfalls stehen zwischen Felsen die Statuen von Diana und ihren Nymphen und von Aktäon mit seinen Hunden wie lebende Bilder; ein wenig entfernt davon erscheinen in einer Szenerie von Wasser, Rocaille und Laubwerk Äolus mit seinen Winden und Venus und Adonis (von P. Solari, A. Brunelli). Dieses Arrangement war das letzte seiner Art. Denn nun beginnen die Parks, sich einer Frühromantik nach englischem Stil *(Villa Borghese)* und einem neoklassizistischen Geschmack anzupassen: *Villa Carlotta* in Tremezzo (1747) und *Villa Albani* von Carlo Marchionni in Rom.

Das Theater

Das Theater, dessen Erfolg gegen Ende des 16. Jahrhunderts wir gesehen haben, verbreitet sich nun in ganz Italien: am Hof von Turin (um 1618), in Mailand, in Ferrara, in Piacenza, wo sich

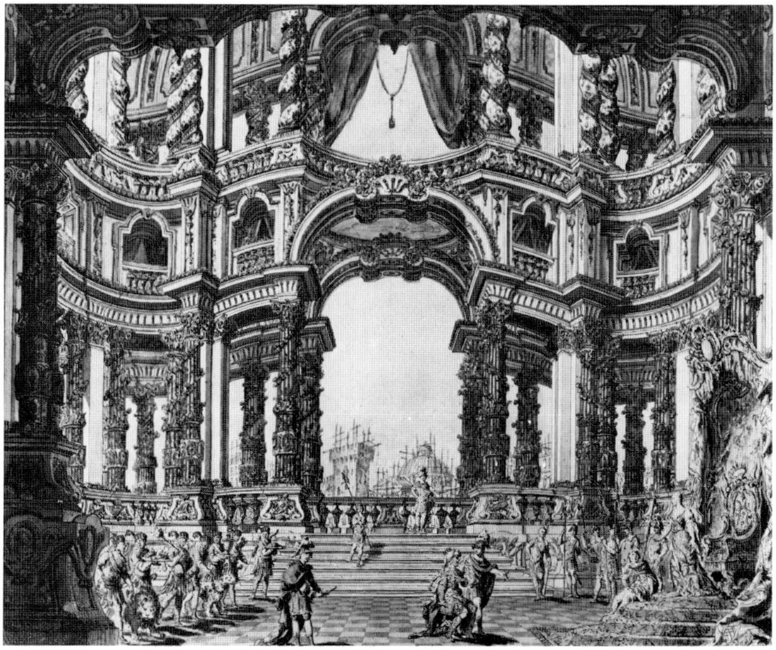

337
Giuseppe Galli da Bibiena
Operndekoration

der Theatersaal im Palazzo del Comune befindet (1644-1646). 1632 wird im Palazzo Barberini ein Theater für dreitausend Zuschauer feierlich eingeweiht. Die Form des Theatersaales mit übereinanderliegenden Balkons beginnt jetzt, sich durchzusetzen. Vor allem aber wird die Bühne zum Gegenstand neuer Experimente: immer zahlreicher werdende Theorien über die Kunst der Perspektive[210] und Versuche mit Dekor, Licht und Requisiten, die das Illusionistische endgültig bestätigen, treffen hier zusammen.

Eine herrliche Tuschzeichnung Berninis von einem Sonnenuntergang (Berlin), die wie ein romantisches Aquarell wirkt, ist der *Vorhangentwurf für Marina,* ein großes Operndrama, das 1628 in Rom aufgeführt wurde, und bei dem man ein Tagesende erlebte. In dieser Kunstform feierte der Bildhauer seine glanzvollsten Erfolge. Die Bühnentechnik war indessen bereits sehr systematisiert. Die ›Pratica di fabbricare scene e macchine dei teatri‹ (Pesaro, 1637) von Nicola Sabbatini widmet sich der Technik des Kulissenwechsels[211]. Das gegen Ende des Jahrhunderts erschienene Traktat von P. Pozzo ›Prospettiva di pittori e architetti‹ (2 Bde. Rom 1693) gibt genaueste Anweisungen für illusionistische Wirkungen und phantastische Räume, wobei er das Prinzip der Zentralperspektive jedoch völlig wahrt; er zeigt darin, wie man in den Kirchen die Scheinperspektiven und Kulissen der Szene für die großen Zeremonien am Altar erweitern kann.

Italien verdankt seine europäische Vorrangstellung in dieser Kunst einer in Bologna ansässigen Familie von Spezialisten – den Bibiena. Fernando Galli (1657-1743) war das Haupt dieser Künstlerdynastie, die sich ganz dem Bühnenbild, dem Zauber der Perspektive, dem Architekturentwurf widmete. Fernando, ein geschickter und leidenschaftlicher Raumgestalter, griff in seinen Dekorationen zu Kontrastwirkungen von Licht und Schatten, Verschränkungen von Raumfolgen und zu schrägen Perspektiven, indem er mit der Kraft einer inneren Selbstverständlichkeit, die an die Kunst der Fuge erinnert, seine Formen setzte. Sein Bruder Francesco (1659-1739) erbaute das *Teatro filarmonico* in Verona. Der begabteste dieser barocken Gestalter war Giuseppe (1696-1756), ein Kupferstecher von erstaunlicher Erfindungskraft, der es verstand, Gartenbaukunst, Plastik und Architektur in Kompositionen, die von überraschendem Reichtum in den Details sind, zu vereinen □ 337. Giovanni Maria (1739-1769) spielte mit reinen architektonischen Formen, indem er Arkaden und Säulengänge in übertriebenen perspektivischen Verkürzungen häufte; der letzte, Carlo, zeigte eine Vorliebe für die Verwendung von Ruinen.

Die Bibiena waren Virtuosen des Monumentaldekors. Die Familie der Galliari, die aus Andorno kam, und deren interessantester Vertreter ohne Zweifel Fabrizio (1709-1790) war, besaß einen mehr auf das Pittoreske und Fremdartige gerichteten Geschmack. Sein Bruder Bernardino, der ebenfalls Theatermaler und Gestalter von Festdekorationen war, hat unter anderem auch verschiedene Paläste in der Lombardei und besonders in Piemont ausgemalt. Zur bolognesischen Schule gehörten noch Stefano Orlandi (1681-1760), dessen in Parkanlagen gelegene Paläste mehr einer atmosphärischen Vibration ausgesetzt sind, und Giovanni Niccolò Servandoni (1695-1766), der durch einen dramatischeren Klang der Kunst Piranesis den Weg bereitete. Diese Erfindungen werden übrigens den Barock überleben, das Jahrhundertende kennt noch die ländlich-idyllischen Szenerien von Pietro Gonzaga (1751-1831) und die neoklassizistischen von Antonio Basoli (1774-1848).

gleich zwischen der zweigeschossigen Fassade von *S. Susanna* (1603), in der die Säule wieder auftaucht, und den Fassaden von Il Gesù, *S. Andrea della Valle* (1624, □ 339) mit ihren fünf rhythmischen Travéen im Sockelgeschoß, drei im oberen Geschoß und den, von der Seite her gesehen, sehr sensiblen Reliefs (wobei man berücksichtigen muß, daß diese Fassade 1665 von C. Rainaldi nach einem Entwurf von Maderna erbaut wurde) oder von S. Luigi dei Francesi anzustellen, um die Entwicklung beurteilen zu können. Jedoch fehlte Maderna die Phantasie; er hing noch immer an den Vorbildern Vignolas, die offizielle Geltung besaßen. Der Grundriß von S. Andrea ist nur eine Erweiterung von Il Gesù, wie der von S. Maria della Vittoria (1608-1620) nur eine Vereinfachung davon ist. Maderna arbeitete am Palazzo Mattei (1598-1618), den Lanfranco, Albano und

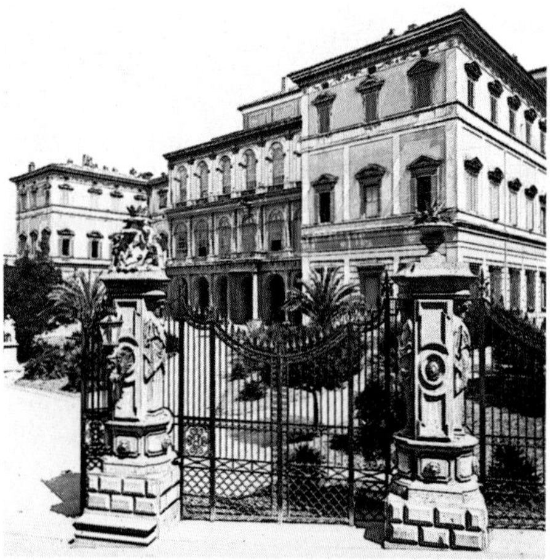

338
Carlo Maderna,
Gartenfassade des
Palazzo Barberini,
Rom, 1615

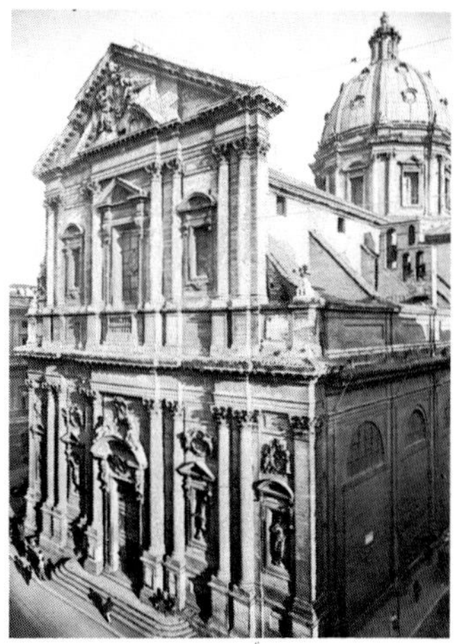

339
Carlo Rainaldi
nach einem Entwurf
von Carlo Maderna
Fassade von
S. Andrea della Valle
Rom, 1665

Rom

In den ersten Jahren des Jahrhunderts beherrschten die lombardischen Architekten weiterhin das Feld. Nach Giacomo della Porta und Domenico Fontana war die aktivste Persönlichkeit der Tessiner Carlo Maderna (1556-1629). Wir haben bereits gesehen, welche entscheidende Bedeutung er bei der Vollendung der Peterskirche spielte. Er neigte dazu, die plastischen Effekte ein wenig überzubetonen, die Volumen, die in der manieristischen Epoche flachgehalten wurden, hervorzuheben und eine Wechselwirkung von Licht und Schatten zu suchen. Er gehörte bereits dem Frühbarock an. Man braucht nur einmal einen Ver-

andere dekorierten, am Palazzo Chigi auf der Piazza Colonna, am *Palazzo Barberini* nach einem Entwurf mit zwei vorspringenden Flügeln, von dem sich Bernini, der 1629 in den Bau eingriff, wieder entfernte; jedenfalls scheint die Fassade zum Garten hin sein Werk zu sein □ 338.

Die drei Meister

Erst im zweiten Viertel des Jahrhunderts wurde die Barockarchitektur durch drei bedeutende Meister geprägt: einen Florentiner, einen Neapolitaner und einen Lombarden – Pietro da Cortona, Bernini und Borromini, die Maler, Bildhauer und Architekten waren. Pietro Berrettini oder Pietro da Cortona (1596-1669), gab mit seiner Kirche

S. Luca e S. Martina (1635) auf dem Forum vor dem Triumphbogen des Septimus Severus das erste Beispiel einer Fassade, bei der sich der mittlere Baukörper in einer Weise vorwölbt, als ob er durch die gepaarten seitlichen Pilaster zusammengepreßt würde; das Obergeschoß wiederholt unter einem Kranzgesims mit ›Flammenvasen‹ die Anordnung des unteren Geschosses. Nicht weniger selbständig zeigt sich das Innere: eine Rückkehr zum griechischen Kreuz; das Ganze plastischer; weiße Wände, in die die Nischen zwischen den starken Säulen dunkle Schattenlöcher graben. Zwanzig Jahre später wurde für die Fassade von *S. Maria della Pace* (1656, □340) ein ganzer pentagonaler Platz eingeplant. Der runde Vorbau in Form eines Atriums wirkt, als würde er von den konkaven Flügeln nach vorn geschoben; das ganz durch Architekturglieder und Verkröpfungen bestimmte Obergeschoß zeigt kaum Ornamente. Von gleicher Nüchternheit ist *S. Maria in Via Lata* (1658-1662), die eine flache Fassade mit hohen übereinanderliegenden Loggien hat. Zwischen diesen beiden Werken liegt eine Zeit, wo sich Berrettini als Maler von Deckengewölben in Kirchen und Palästen mit entschiedenem Erfolg betätigte. Unter den Malern, die mit seiner Arbeit in Verbindung standen und, wie er, nur gelegentlich als Ar-

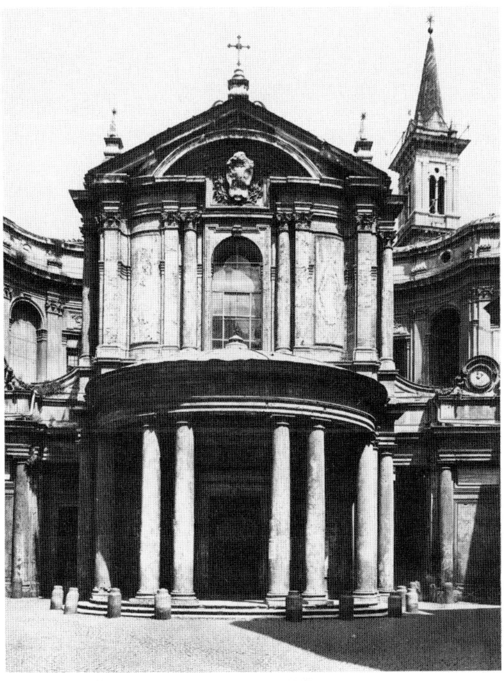

340 Pietro da Cortona, S. Maria della Pace, Rom, 1656

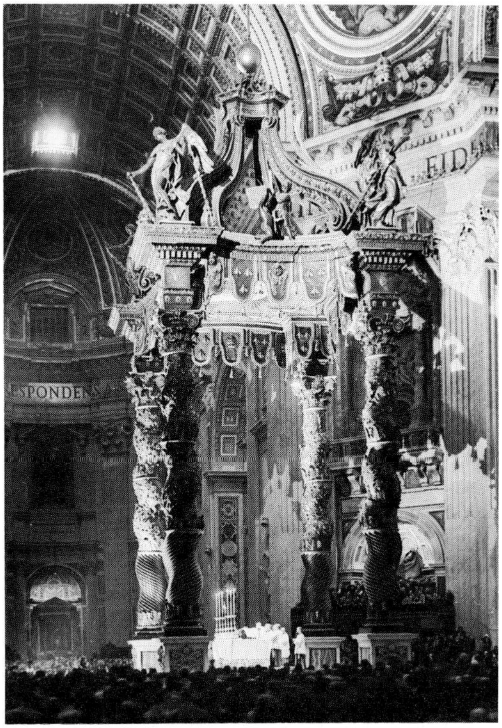

341 Bernini, Baldachin in der Peterskirche, Rom, 1624

chitekten tätig waren, war auch Antonio Gherardi (1644-1702), der die seltsame Kapelle d'Avila in S. Maria in Trastevere (1680) gebaut hat, in der Engel durch einen bildhauerischen, illusionistischen Effekt von erregender Echtheit die Laterne der Kuppel stützen.

»Dank Bernini haben wir die drei großen Künste im ganzen Besitz ihrer alten Würde gesehen«, so schreibt 1681 der Gelehrte Baldinucci und findet Bernini nur Michelangelo vergleichbar. Tatsächlich war Gian Lorenzo Bernini (1598 bis 1680), umgeben von Freunden und Dichtern, wie dem Cavaliere Marino, im Besitz eines internationalen Ruhms, der soweit ging, daß er 1664 von Ludwig XIV. nach Paris gerufen wurde. Durch seine vielseitige Begabung und seine Rolle als ›Regisseur‹ einer ganzen Epoche war er eine Persönlichkeit, die Rubens sehr ähnelte. Vor allem aber war er Bildhauer, und es sind seine Skulpturen gewesen, die ihm seit seinem zwanzigsten Lebensjahr die Bekanntschaft und die Gunst der Päpste verschafft haben. Alle – außer Innozenz X., der Algardi und Borromini vorzog – bedachten ihn mit Aufträgen. Es waren zunächst Arbeiten als Bildhauer-Dekorateur: der *Baldachin in der Peterskirche*

(1624), der durch die gewundenen Säulen, durch die dem Gebälk mitgeteilte Bewegung und durch das Spiel der Bronzefarbe ein wahrhaftes Manifest der neuen Kunst ist; ihm antwortet in der Apside der ungeheure *Thron des hl. Petrus* (1657, □ 331), der mit Gold übersät ist und zwischen den vier Kirchenvätern in einem Nimbus von Wolken in die Lüfte erhoben wird[212]. Bei den Arbeiten am Palazzo Barberini, die ihm 1629 von Urban VIII. übertragen wurden, wird ihm der mittlere Baukörper zugeschrieben, der wie eine Abwandlung des Palazzo Farnese erscheint, aber stärker modelliert ist und durch die Hohlräume des Portikus im Erdgeschoß unruhiger wirkt. Er hat auch Zeichnungen für den *Palazzo di Montecitorio* (um 1650), der an den Palazzo Massimo erinnert, angefertigt; von dem Plan Berninis blieben jedoch einzig die Rustika-Pilaster der Seiten.

Unter dem Pontifikat Alexanders VII. (1655 bis 1667) wurde Bernini nun auch als Architekt tätig. Die Kolonnaden von Sankt Peter, die Scala Regia mit ihrer Doppelreihe von ionischen Säulen sind perspektivische Glanzstücke. Den ganzen Umfang seines Könnens zeigt er in den drei Zentralbaukirchen: in der kleinen *Kirche von Castel Gandolfo* (1658-1662), die auf griechischem Kreuz errichtet ist, mit Kuppel und nicht unbeeinflußt von S. Eligio degli Orefici; in der *Collegiata dell Ariccia* (1662-1664), einem Rundbau mit pronaosähnlichem Vorbau und zwei seitlichen Baukörpern, die das Ganze in die Breite zu einem monumentalen Ensemble entwickeln; und schließlich in *S. Andrea al Quirinale* (1658-1670). In diesem Bau, den Bernini unter all seinen Werken am meisten schätzte, springt ein geschwungener Pronaos aus der Fassade, die einen auf Pilastern ruhenden Giebel hat, heraus □ 342. Der ovale Grundriß öffnet sich an der kleineren Achse; im Innern vergißt man vor den kannelierten Pilastern, die kraftvoll das Gesims tragen, vor der gedrungenen Kuppel und den Wandverkleidungen aus polychromem Marmor gänzlich die kleinen Dimensionen des Raumes. Dieser Bau ist eine strahlende Manifestation barocker Festlichkeit, die sich die Mittel der Antike (Pantheon) und der Renaissance zunutze gemacht hat, um ein pathetisches und überzeugendes Ensemble zu schaffen. Die Entwürfe Berninis für den Louvre, die durch die Quertreibereien der französischen Architekten nicht realisiert wurden, und der ebenfalls unausgeführte Entwurf für die Apsis von S. Maria Maggiore (1669) zeigen die gleiche Tendenz.

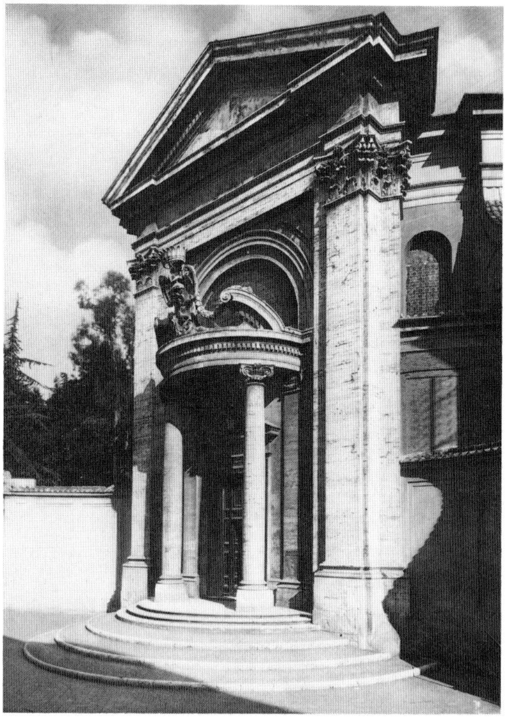

342 Bernini, S. Andrea al Quirinale, Rom, 1658-1670

Berninis Stil fand zahlreiche Nachfolger. Carlo Rainaldi (1611-1691) ist der Architekt zweier Bauten auf der Piazza del Popolo; von S. Maria in Campitelli (1657), wo im Innern das Halbdunkel der Mittelpartie besonders betont ist und deren Travertinfassade kräftige, vorspringende Säulen besitzt, und von zahlreichen anderen Werken, wie zum Beispiel der *Apsis von S. Maria Maggiore,* deren mächtiges Ensemble nur die bereits akademische Vereinfachung eines großzügigen Bernini-Entwurfes ist. Martino Longhi d.J. (1602-1650) verdanken wir den großen Altar von S. Carlo ai Catinari und die Fassade von *SS. Vincenzo e Anastasio* (1650) mit sechs korinthischen, eng um das Portal gestellten Säulen, die sich im oberen Geschoß unter einem dreifachen Giebel wiederholen. Vor allem ist Carlo Fontana (1638-1714) zu erwähnen, der gegen 1650 nach Rom gekommen ist. Er arbeitete für die Chigi (Garten im Stadtviertel der Quattro Fontane), baute *S. Marcello al Corso* (1683) mit der geschwungenen Fassade, die *Kapelle Cibo* in S. Maria del Popolo mit Kuppel und polychromer Verkleidung, errichtete den ziemlich nüchternen Portikus vor der Kirche S. Cecilia in Trastevere (1702) und beendete nach dem Tod seines Sohnes Francesco die Kirche *SS. Apostoli*

(1702 bis 1714) mit ihren drei Schiffen, wo die zierlichen Rundungen der Gesimsformen und die Profilierungen von einer nahezu rokokohaften Nervosität sind.

Dem Bildhauerrivalen von Bernini, Algardi, wird ein bedeutender Beitrag an der Villa Pamphili auf dem Gianícolo (1644) zugeschrieben, und zwar nicht nur im Dekor, der außen reich an Stukkaturen und Reliefs ist, sondern vor allem in dem von Palladio inspirierten Plan. Seine Mitarbeit wird auch bei der Kirche S. Ignazio erwähnt, die drei Schiffe und ein Querschiff hat und, vor allem was das Innere betrifft, ein Werk des Jesuiten Oranzio Grassi (1583-1654) ist.

Der einzige wirkliche Architekt unter den Barockmeistern war Francesco Castelli, genannt Borromini (1599-1667), der aus Bissone (Lugano) kam, um bei Maderna unter bescheidensten Bedingungen zu arbeiten. Seine Herkunft, sein hypochondrischer Charakter und das Wesen seiner von einer völligen Unbedingtheit beherrschten Kunst, lassen einen Vergleich mit Caravaggio zu. Einige Skulpturen in der Peterskirche und einige Teile des Palazzo Barberini – zum Beispiel ein noch recht manieristisch beeinflußtes Fenster – werden ihm zugeschrieben. Sein erstes bekanntes Werk ist die kleine Kirche *S. Carlo alle Quattro Fontane* (1638-1641), deren Fassade (1667) seine letzte Arbeit sein sollte □ 343, 344. Im Innern machen die dem elliptischen Grundriß folgenden Ondulierungen des Gesimses, das auf schlanken korinthischen Säulen ruht, einen zugleich leichten und bizarren, zierlichen und ambivalenten Eindruck, wie die ganze Kunst Borrominis. Bei der Fassade und dem Uhrturm des *Oratorio dei Filippini* (1637 bis 1643) vermitteln die konkave Wand, von den Fenstergiebeln angeschnittene Gesimse und verschiedene Eigenheiten den Eindruck einer etwas unnatürlichen Belebtheit. Im Gegensatz zur Kunst der ›Expansion‹ von Bernini, sehen wir hier eine Kunst der ›Kontraktion‹ der Architektur, die durch den elliptischen Grundriß erreicht wird, der hier nicht dazu dient, den Raum zu öffnen, sondern ihn zu zerlegen, indem er den seltsamen Eindruck erweckt, daß zwei dezentrierte Volumen sich durchdringen, und bei der Fassade die weite Gliederung des reinen Barock durch ein Spiel von sich durchdringenden Kräften ersetzt.

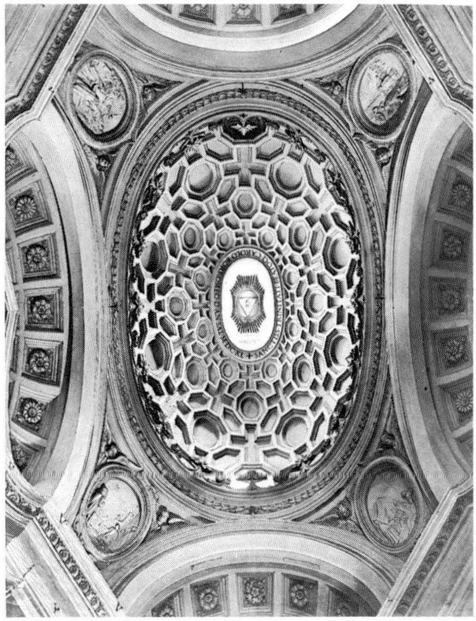

344 Francesco Borromini, Blick in die Kuppel von S. Carlo alle Quattro Fontane, Rom

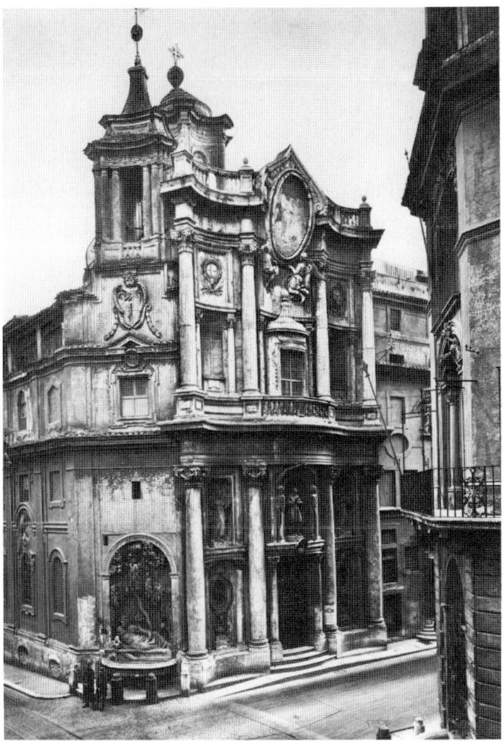

343 Francesco Borromini, S. Carlo alle Quattro Fontane, Rom, 1638-1641

Die herrliche Kirche *S. Ivo della Sapienza* (1642-1650) stellt vielleicht die stärkste Vision dieser Bemühung dar □ 345. Der kurvige Abschluß des Hofes, wo die Ordnung der seitlichen Portici sich im Plan fortsetzen, wird zur Mauer der

Kirche selbst. Oben erscheinen die konvexen Formen des Obergeschosses, die durch zierliche Gesimse, zwischen denen sich hohe Fenster öffnen, modelliert werden. Dieses Geschoß, das eigentlich der Tambour sein müßte, umfaßt in Wahrheit die gesamte Kuppel, aus der einzig die Kalotte auftaucht. Kurvige Rippen ziehen sich auf dem Dach hin, um die Laterne mit ihrem zierlichen Schaft, der sich in einer seltsamen Spirale fortsetzt, emporzuheben. Die Laterne, deren Aufgabe es ist, der Wölbung der Kuppel ein Gewicht aufzusetzen, scheint sich selber an deren Stelle gesetzt zu haben. Der Ideenreichtum zeigt sich auch in der unvollendet gebliebenen Kirche *S. Andrea delle Fratte* (1654-1665), deren oberer Campanile-Abschluß wie ein kostbares Schmuckstück behandelt ist. Die Wirkung ist sehr dicht und bewegt; aber im Gegensatz zur Kunst Berninis, wo alle Elemente fein und fließend verbunden sind, ist dies hier eine Architektur, die die Formen hart macht und voneinander trennt, indem sie sie durch dünne arabeskenhafte Linien von Licht und Schatten in einzelne Elemente zerlegt.

So ist es auch beim *Palazzo di Propaganda Fide*, bei *S. Maria dei Sette Dolori* (1662-1666) – wo

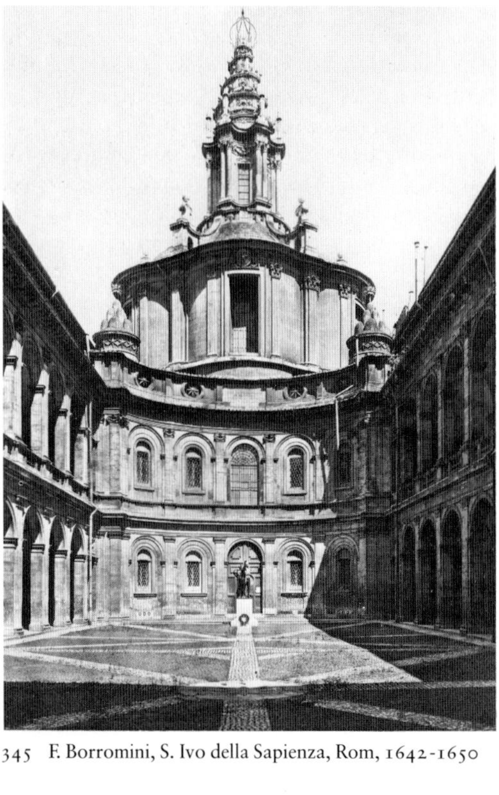

345 F. Borromini, S. Ivo della Sapienza, Rom, 1642-1650

Borromini sich nicht scheute, den Pilastern eine Neigung zu geben – oder im Ensemble von *S. Agnese* (1653-1661), Piazza Navona, die nach ihm ergänzt worden ist, wo er die Grundrisse kurvig anlegte und leichte, sich vor dem Himmel abhebende Motive entwarf. Die Architektur Borrominis zielte nicht auf eine urbanistische Gesamtwirkung, wie der echte Barock von Pietro da Cortona und Bernini. Hier wird das Bauwerk selber zu einem Kunstgegenstand und entfaltet sich zu merkwürdigen Detailformen. Die Fassade von *S. Carlo,* die schematisch und zugleich in einzelne Elemente zerlegt erscheint, macht diese Tendenz deutlich sichtbar. Milizia drückte die Mißbilligung der Neoklassizisten aus, indem er sagte, daß das »die Spielereien eines extravaganten Ebenisten sind«. Die eigenartige *Kapelle Spada* in S. Girolamo in der Via Monserrato beweist, daß diese Virtuosität nicht vor drolligen Einfällen zurückschreckte. Das großartige rhythmische Gefühl Borrominis konnte indessen auch zu einem kleinen Bauwerk wie *S. Giovanni in Oleo* führen (1658), einem Rundbau mit kleinem, von einem Palmettenfries geschmückten Tambour. Bei S. Giovanni in Laterano, die Borromini im Auftrag Innozenz x. renovieren sollte (1647-1650), respektierte er den Grundriß des alten Gebäudes, verkleidete es jedoch mit einem Dekor von kannelierten Pilastern und Ädikulen, der ein pulsierendes Licht erzeugt. Seine Tätigkeit richtete sich weniger auf profane Bauten: Er vergrößerte den Palazzo Falconieri in der Via Giulia, indem er im dritten Geschoß das Palladio-Motiv der Loggia mit drei Arkaden einführte.

Der nervöse Stil Borrominis führte die Architektur – auf Grund der vollkommenen, technischen Virtuosität des Meisters – bis zu einer subtilen Störung des Gleichgewichts: Sie ist Ausdruck einer dramatischen, oftmals auch zu einer herrlichen Lösung gelangenden inneren Gespanntheit, die einen unruhigen, gequälten Geist verrät. Sobald diese Gespanntheit aber nichts weiter ist als ein Spiel, befinden wir uns im Rokoko, das mehr als eine Anregung bei Borromini bezogen hat. In Guarini aus Turin hat Borromini einen ihm würdigen Schüler gefunden.

Die Deckenmalerei

Die Hochrenaissance hatte die Integration der Malerei im Architekturdekor dadurch erreicht, daß sie einen Rahmen ausschnitt und eine fiktive Anordnung suggerierte, in die sich die Visionen des Malers einfügen konnten (Michelangelo, Correggio). Der Manierismus wandte den malerischen Dekor mit Hilfe der unterhaltsamen Widersprüche des Trompe-l'œil gegen die Ordnung von Architektur und Mauer an (Giulio Romano, Veronese, Zucchi). Die Eigenart des Barock ist es, bis zum Äußersten zu gehen und die Begriffe umzukehren: Es ist das Gebäude als Ganzes, das an der durch die Deckenmalerei erzeugten Illusion teilnimmt und zum Werkzeug einer gigantischen Augentäuschung wird, die einen ganz eigentümlichen Rausch und Taumel erzeugt. Die neue Kunstidee fiel zusammen mit einer bemerkenswerten Rückkehr zur alten Technik des Freskos. Mittelitalien blieb der Wand- und Deckenmalerei treu und folgte nicht den Venezianern, die seit dem Ende des 15. Jahrhunderts ihre Bilder in Öl auf leimgetränkte Leinwand malten.

Der Beitrag der emilianischen Künstler an der barocken Gestaltung ist sehr groß. Giovanni Lanfranco (um 1580-1647) aus Parma, Gehilfe der Carracci am Palazzo Farnese, kam zu immer größerer Kühnheit in der Anwendung der Froschperspektive, die er uns im Palazzo Mattei (1615), dann im Casino Borghese (*Himmel der heidnischen Götter,* 1616) und schließlich in der Kuppel von S. Andrea della Valle (1621-1625), die den Einfluß Correggios zeigt, vorführt. Nach 1634 war er in Neapel tätig. Er malte dort in S. Gennaro (1643) anstelle seines Rivalen Domenichino das *Paradies,* das von dem gleichen Geist zeugt.

In Bologna selber entwickelte Girolamo Curti, genannt il Dentone (1575 bis 1632), eine Technik von Scheinarchitekturen, indem er das Vorbild Veroneses in Maser weiterentwickelte. Im *Palazzo Ducale von Sassuolo* in der Nähe von Modena, der 1634 umgebaut wurde, gestalteten 1646 seine Schüler Agostino Mitelli (1609-1660) und Angelo Michele Colonna (1600-1687) riesige Wände in Trompe-l'œil (Kolonnaden, vorkragende Gesimse, gestufte Galerien mit menschlichen Gestalten und Vögeln), die bereits Tiepolo und Solimena den Weg bereiten.

Im zweiten Viertel des Jahrhunderts waren vor allem die perspektivischen Verkürzungen an den Decken mit Fluchtlinien in einen lichten Himmel hinein nach dem Vorbild Mantegnas im Palast in Mantua (1461-1474) sehr modern. In den Palästen wurde mit besonderer Vorliebe in der Mitte der Decke ein großes Medaillon ausgespart, das von in vertikaler Flucht gesehenen Säulen und Gesimsen umstellt ist und eine Öffnung in die Ferne

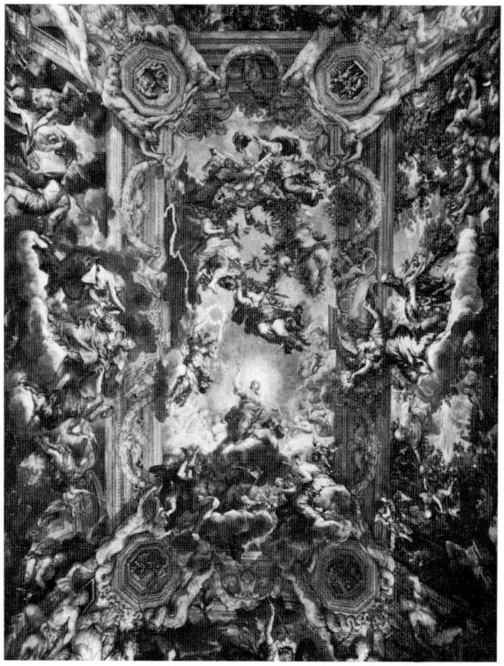

346 Pietro da Cortona, Deckengemälde im Palazzo Barberini, Rom

freigibt; in dem so hergestellten ›Himmel‹ zeigen sich, je nachdem, klassische Allegorien oder mythologische Gestalten (*Aurora,* Casino Ludovisi, Rom, 1621, von Guercino), heroische Figuren (*Apotheose des Alexander,* Palazzo Pitti, 1638, von A. M. Colonna und A. Mitelli), Sinnbilder aus der Sternenwelt (fünf Säle des Palazzo Pitti, 1637 bis 1647, von Pietro da Cortona und Ciro Ferri) und Siegesallegorien der großen Familien, unter denen die Verherrlichung der Barberini im *großen Salon des Palazzo Barberini* von Pietro da Cortona die bedeutendste ist □ 346. 1640 hatte Cortona die Ausmalung des großen Saales beendet: durch die Verschränkung der Figuren und das Zurücktreten der durch die Wolkengebilde und schrägen Figuren angeschnittenen Flächen mündet der ganze Saal oberhalb der Köpfe in einer Apotheose mitten im Himmel, wo Gottvater, umgeben von Allegorien, die Familie der Barberini empfängt, während die christlichen Tugenden sich im Kreis bewegen und dabei einen Lorbeerkranz bilden, in den sich Bienen – das Emblem der Familie – einzeichnen.

Cortona malte sodann mit zahlreichen Gehilfen Säle im Palazzo Pitti aus, wo sich in hellen, meist lockeren Kompositionen übertriebene Verherrlichungen der ›Großen‹ mit den Abenteuern des

Olymp vermengen. Bedeutender ist die von 1647 bis 1651 durchgeführte Malerei an der Kuppel von S. Maria in Vallicella in Rom, in der eine himmlische, feine, strahlende, überströmende Glorie dominiert. Diese glorreichen Realisationen des neuen Stilgefühls in der Malerei scheinen nun die bescheidenere Staffeleikunst in den Schatten zu stellen, was auch die Rückkehr eines Testa zu den ›Klassikern‹ erklärt.

Trotz der Opposition von Andrea Sacchi (1599-1661), einem Schüler von Albani, der diesen ›Festen fürs Auge‹ den Vorwurf machte, daß sie jede Ernsthaftigkeit und Frömmigkeit vermissen ließen, und der im Palazzo Barberini im *Saal der göttlichen Weisheit* ein Beispiel schlichter Einfachheit gab, breitete sich diese neue Richtung in der religiösen Kunst der zweiten Jahrhunderthälfte weiter aus: Hier kann nun Norditalien der Prunkliebe der römischen Prälaten noch einmal seine ganzen ›Festmaschinerien‹ anbieten. Und zwar ist es nun die Kirche, die an dieser überschwänglichen, widersprüchlichen Kunst Gefallen findet, die manchmal von einer visionären Erfindungskraft und häufig von einer recht unverständlichen Syntax ist und danach strebt, das himmlische Jubilieren und Leuchten des Heiligen wie ein ausgiebiges, licht- und luftdurchflutetes Fest zu gestalten. Die wirbelnden Wolken des Paradieses gliedern die himmlischen Hierarchien und die Gruppen der Heiligen in schwindelerregenden Stufungen, die in der von einem glanzerfüllten Brennpunkt gebildeten göttlichen Glorie kulminieren. Die Gliederung der farbigen Stuckfiguren, die in höchst sonderbarer Weise über die Ränder der Gesimse und Stützen des Baus hinausragen, steigern noch die Illusion. Zu den Künstlern, die sich in dieser Kunst auszeichneten, gehörten Filippo Gherardi (1643 bis 1704) aus Lucca (S. Pantaleone) und G. Coli (1636-1681), die zusammen in S. Croce dei Lucchesi arbeiteten; vor allem aber auch der Genuese Giovanni Battista Gaulli, genannt il Baciccia (1639-1709), der auf Anraten Berninis von Pater Oliva, dem Ordensgeneral, herbeigeholt wurde, um in Il Gesù, der Mutterkirche des Jesuitenordens (1669-1683), den *Triumph des Namen Jesu* zu malen: Statt einer Architektur von konzentrischen Wolkenbildungen lenkt ein starkes, schräg einfallendes Licht, das durch Hell-Dunkel-Effekte valorisiert wird, den Blick von dem strahlenden Mittelsymbol zu den Feinden des Glaubens, monströsen allegorischen Figuren, die aussehen, als wälzten sie sich, besiegt, auf die Wände der Kirche zu. Die Elastizität der luftigen Kuppel hat sich dem Blick niemals besser dargeboten als hier. Die *Anbetung des Lammes* in der Apsis von Il Gesù und der *Triumph des hl. Franziskus* in SS. Apostoli sind viel sichtbarer in den Rahmen eingeschlossen, aber ebenfalls von großer Lebendigkeit.

Die Kunst des Jesuitenbruders Andrea Pozzo (1642-1709), der in Trient geboren wurde, seine Ausbildung in der Lombardei erhielt und von Pater Oliva 1681 nach Rom geholt wurde, ist ganz anders geartet. Durch überraschende, monumentale Perspektiven von Arkaden und Säulen entstanden Phantasiekirchen, die sich oben an die Wände der Kirche anschließen und sie in einen unermeßlichen, weiten Himmel hinein fortsetzen. Die menschliche Figur, die bei Baciccia noch respektiert wurde, ist nur noch ein verlorenes Element inmitten von tanzenden, durch die Arkaden des Himmels wie ein Schwarm von Vögeln hindurchstürzenden Wesen. *Der Triumph des hl. Ignatius* in S. Ignazio in Rom (1685, □ 347) ist ein Meisterwerk einer solchen zugleich irrealistischen und verstandesmäßig durchdachten Vision, die jedes Detail durch seltsame theologische, pädagogische und archäologische Argumente begründet. Sein bemerkenswertes, diese Argumente weiter ausführendes ›Traktat über die Perspektive‹ (1693) verschaffte ihm einen ungeheuren Einfluß auf die ›barocken Delirien‹ der nordischen Länder, auf die er durch seine Malereien im Liechtensteinpalais in Wien eine direkte, stimulierende Wirkung ausübte. In Italien wurde seine Wirkung bei Solimena in Neapel spürbar und in sehr entfernter Weise bei Tiepolo, jedoch kaum in Rom.

Die Monumentalplastik

Bevor die römische Bildhauerei unter den beherrschenden Einfluß von Bernini geriet, besaß vor allem der Lombarde Stefano Maderna (um 1571 bis 1636) eine gewisse Bedeutung. Er ist der Künstler der liegenden *Hl. Cäcilie* mit dem sehr feinen, vibrierenden Faltenwurf in S. Cecilia in Trastevere □ 348 und des Altars der Paulinischen Kapelle; ebenso Francesco Mochi (1580-1654), ein Toskaner, dessen *Verkündigungsengel* in Orvieto (1610) eine Ära der reichen, aufgerissenen und vielfältige Ansichten bietenden Formen des ›Barock‹ einleitete. Nachdem er in Piacenza zwei Reitermonumente zum Ruhm der Farnese errichtet hatte, ging er 1629 nach Rom und arbeitete dort für eine der Nischen der Kuppel der Peterskirche die *Hl. Veronika* mit dramatisch bewegtem Gewand (1640).

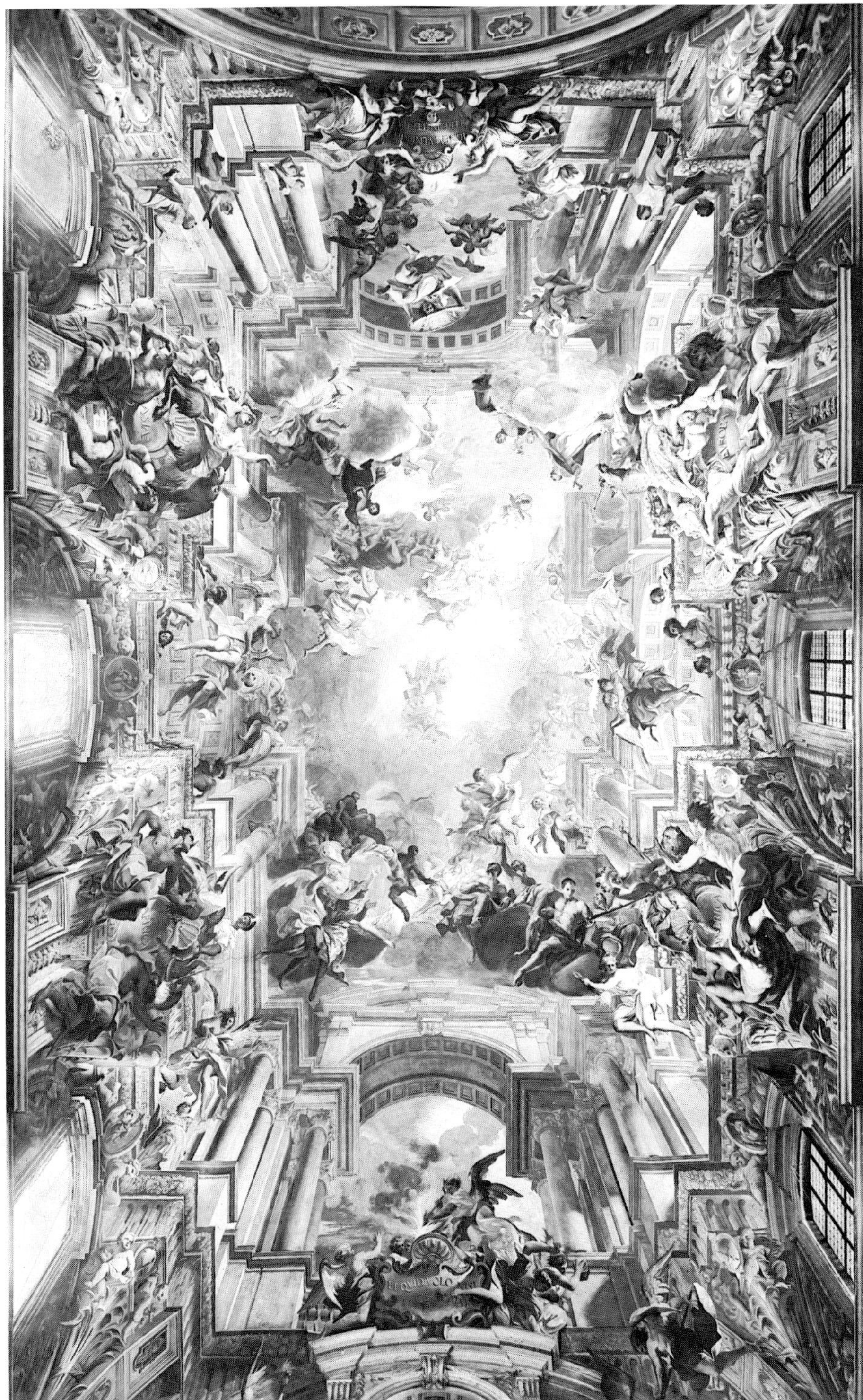

347 Andrea Pozzo, Der Triumph des hl. Ignatius, Gewölbefresko, 1685. S. Ignazio, Rom

Pietro Bernini (1562-1629), der Vater von Gian Lorenzo Bernini, ein Toskaner, der über Neapel nach Rom gekommen war, hatte mit seiner *Assunta* in S. Maria Maggiore (1609)ein Beispiel für das malerische Relief und die vielfältige plastische Form und in dem Brunnen-Schiff auf dem Spanischen Platz ein Exemplum seiner Phantasie geliefert. Die ersten Arbeiten von Gian Lorenzo entstanden in Zusammenarbeit mit seinem Vater. Sicherlich hat dieser bei der *Entführung der Proserpina* mitgeholfen. Diese leidenschaftliche Komposition, der *David* und die Gruppe von *Apoll und Daphne,* die er 1619 für den Kardinal Scipio Borghese schuf, waren die ersten Erfolge des Sohnes.

Man braucht nur die *Entführung der Proserpina* mit dem ein halbes Jahrhundert früheren *Raub der Sabinerinnen* von Giambologna zu vergleichen, um zu begreifen, daß Bernini, wenn er die Grenzen des bildhauerischen Blocks in jedem Sinne überschreitet und die Komposition nach allen Seiten hin aufreißt, die Zerstreuung der Ansichten, der sich der manieristische Bildhauer überließ, ablehnte; er kehrte vielmehr zum Prinzip der Einheit des Blickpunktes und demzufolge der Wirkung zurück, um indes noch mehr Freiheit für die Bewegung zu gewinnen. Der *David,* die einzige alleinstehende Figur im gesamten Werk des Bildhauers, ist von einer Rotation und Spannung erfaßt, die sie zu einer fortlaufenden Spirale machen. *Apoll und Daphne* ist ein Werk von großer Virtuosität, in dem alle ›fühlbaren‹ Werte der Materie – Holz, Stoff, Fleisch, Haare – in bis zur Zerstückelung gehenden, detaillierten Formen spürbar werden.

In seinen berühmten Büsten von *Costanza Bonarelli* (um 1632, Bargello), von *Scipio Borghese* (1622, Galleria Borghese) und Ludwig XIV. (1665, Versailles) sucht Bernini vielmehr eine überraschende Übereinstimmung von Leben und Wiedergabe zu bewirken. In den Monumentalstatuen, wie im *Hl. Longinus* (1638, Vatikan), antworten Gestik und Drapierung auf die Architektur. Auch in seinen architektonischen Bildhauerarbeiten zeigt er das ganze Maß seines Könnens. *Das Grabmal von Urban VIII.* (1642-1647), das in einer Nische rechts von der Apsis in der Peterskirche aufgestellt ist, ist ein düsterer Sarkophag, an dessen Seiten zwei allegorische Figuren aus hellem Marmor – ›Justitia‹ und ›Carità‹ – stehen und der von einem Postament mit der Statue des Papstes gekrönt wird; die so gebildete Pyramide ist eine einzige wogende Bewegung und ein Spiel von Farben. In dem *Grabmal von Alexander VII.* (nach

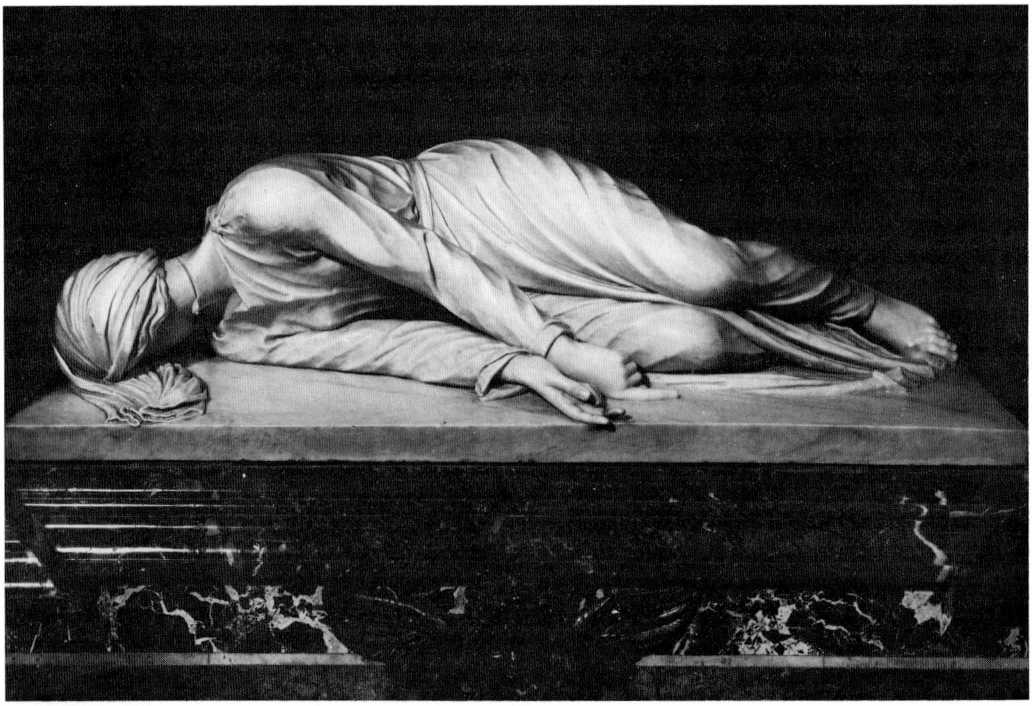

348 Stefano Maderna, Hl. Cäcilie, S. Cecilia in Trastevere, Rom

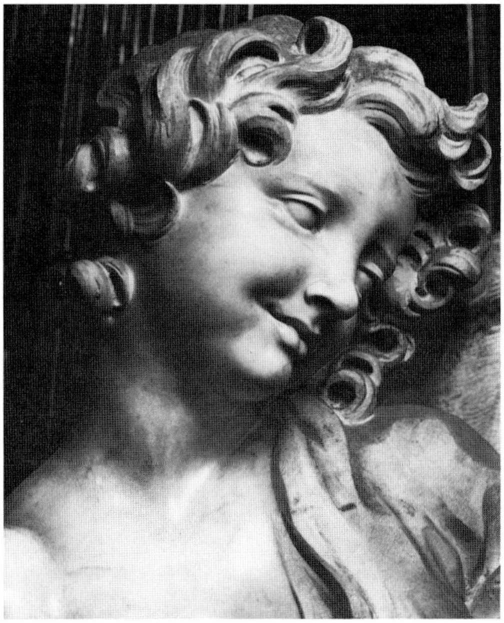

349 Bernini, Engel der ›Verzückung der hl. Teresa‹

1671), ebenfalls in der Peterskirche, wird die Hinfälligkeit menschlicher Größe durch das Herabgleiten der marmornen Stoffhülle, die die majestätische Statue des Papstes trägt, noch beredter zum Ausdruck gebracht. Nichts jedoch zeigt besser den Einklang zwischen den mächtigen, bewegten Formen Berninis und der Architektur als der Baldachin und die Kathedra des hl. Petrus in der Peterskirche, ohne die der riesige Raum leer und unbelebt wirken würde.

Die Kapelle Cornaro von S. Maria della Vittoria gestaltete Bernini wie ein kleines Theater mit Balkons und farbigem Marmor (1644-1651). Über dem Altar öffnet sich eine schmale Bühne, wo man die *Verzückung der hl. Teresa* erblickt, die durch den Engel in der Haltung eines Eros verwundet wird □ 349, 350. Alles in diesem Ensemble – die außergewöhnliche Pracht, die Verschmelzung der Künste, die Ambivalenz der frommen Evokation – ist von solcher Kühnheit, daß dies die ganze Übertriebenheit des Barock beinhaltende Werk Berninis durch den Reichtum der künstlerischen Mittel wie durch das Ausdrucksvermögen des Künstlers nur Schauder oder tiefe innere Bewegung hervorrufen kann. In einer Art Alkoven liegt die *selige Albertoni* in S. Francesco a Ripa, die durch die tiefe Erregung über die Vision der göttlichen Liebe, die Hand auf der Brust, ohnmächtig hingesunken ist □ 351.

Seine großen Freiraumschöpfungen – der Vierströmebrunnen auf der Piazza Navona, der auf einer herrlichen Muschel kniende Triton auf der Piazza Barberini – habe ich bereits im Zusammenhang mit dem römischen Urbanismus, den Bernini entscheidend beeinflußt hat, erwähnt. Hinzuzufügen ist noch die *Konstantinsstatue* im Hintergrund der Vorhalle der Peterskirche: Das aufgebäumte Pferd erhebt sich vor der Diagonale einer ungeheuren imitierten Stoffdrapierung, deren unruhige Bewegtheit sich dem ganzen Bau mitzuteilen scheint.

Viele der Arbeiten Berninis riefen Mitarbeiter oder Künstler, die das Begonnene weiterführten, herbei. So wurden um Berninis *Hl. Longinus* herum in den anderen drei Nischen der Vierungspfeiler von Sankt Peter die Statuen des gewaltigen *Hl. Andreas* von F. du Quesnoy – einem Brüsseler (1597-1643), der auch die etwas fade *Hl. Susanna* in S. Maria di Loreto geschaffen hat –, der bereits erwähnten *Hl. Veronika* von Francesco Mochi und der *Hl. Helena* von Andrea Bolgi aufgestellt. Antonio Raggi (1624-1686) bemalte für Bernini Stuck und die Kuppel von S. Andrea al Quirinale und gestaltete in Il Gesù die ornamentalen Motive, Gesimse und Statuen. Domenico Guidi (1625 bis 1701), der Künstler der *Statue von Clemens IX.*, eines sehr fein ausgeführten Reliefs mit der Heiligen Familie in S. Agnese und des *Grabmals Thiene*

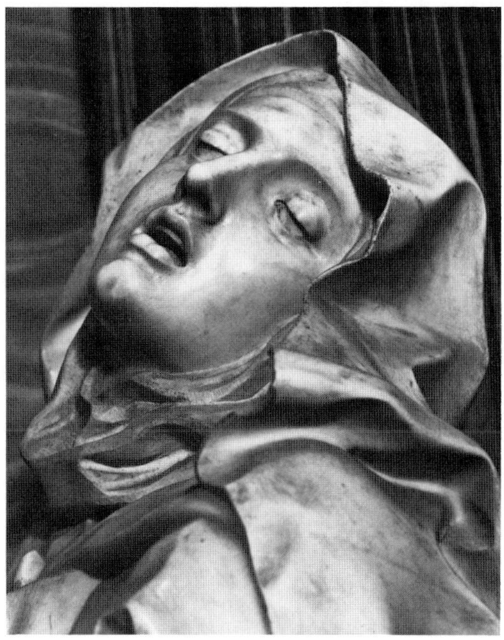

350 Bernini, Die hl. Teresa, Altar in S. Maria della Vittoria, Rom

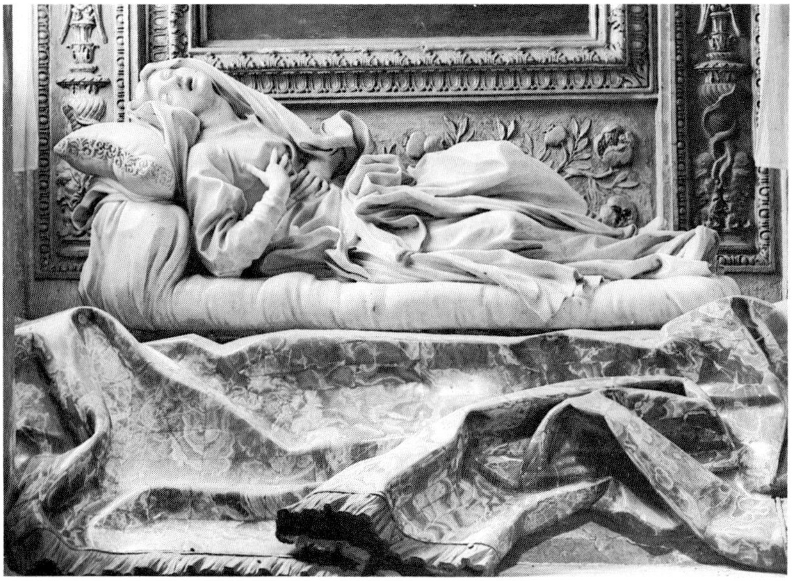

351
Bernini
Die selige Albertoni, 1675
S. Francesco a Ripa, Rom

in S. Andrea della Valle, steht zugleich unter dem Einfluß von Bernini und dessen Rivalen Algardi, wie es auch bei Ercole Ferrata (1610-1686) der Fall ist, der ebenfalls Reliefs für S. Agnese gemacht und in seinen pomphaften Figuren den ›großen Stil‹ nur verwässert hat.

Im Gegensatz zu Bernini, seiner leidenschaftlichen Zeichnung, seiner Spannkraft, seinen Material- und Farbwirkungen besitzt Algardi (1602 bis 1654), den wir bereits als Architekten erwähnt haben, eine gemessenere, nüchternere Art, die mehr der Vorstellung der bolognesischen Malerei eines Guido Reni oder Guercino entspricht. Sie wird oft als klassisch bezeichnet, obwohl sie ganz mit barocken Elementen durchsetzt ist – etwa im Schwung der Büste von *Olimpia Pamphili* oder in der Anlage seiner *Enthauptung des hl. Paulus* (1641, S. Paolo, Bologna).

Algardi, der zusammen mit Domenichino bei Ludovico Carracci in die Lehre gegangen und 1628 nach Rom gekommen war, beschäftigte sich mit Restaurationsarbeiten und machte Stuckfiguren für S. Silvestro al Quirinale. Dann, nach seinem unversöhnlichen Bruch mit Bernini und im Besitz der besonderen Gunst Innozenz X., entwarf er unter dessen Pontifikat das Relief *Leo I. und Attila* in der Peterskirche (1646-1650), ein unausgeglichenes Werk, sowie das *Grabmal von Leo XI.* (1645-1650) aus weißem Marmor mit Figuren von zurückhaltendem Ausdruck, das wie eine kühne Korrektur des Grabmaltyps von Urban VIII. erscheint. Im Konservatorenpalast im Kapitol errichtete er eine Bronzestatue von Innozenz X., ein sehr kraftvolles Bildnis, das dem von Urban VIII. von Bernini ähnelt. Nichtsdestoweniger war die Orientierung Algardis auf ein formales Gleichgewicht gerichtet, das die Rückkehr zu Formulierungen der Renaissance betont: friesförmige Motive am Grabmal von Innozenz X., Büsten in den Nischen des Grabmals der Frangipani in S. Marcello.

Das Ende des römischen Barock

Die römische Skulptur hielt fast ein Jahrhundert lang an dem durch diese beiden Meister definierten Stil fest, indem sie gerade nur die Stimmlage durch Übertreibung bestimmter Züge veränderte: So ist zum Beispiel das Makabre der Skelette von Bernini (Papstgräber) durch Mazzuoli oder Camillo Rusconi (1658-1728) in den *Grabstätten der Paravicino* von S. Francesco a Ripa bis an die Grenze des Grotesken getrieben worden □ 352; die Polychromie bei Bernini wird zur reinen Kunstfertigkeit eines lebenden Bildes im *Hl. Stanislaus Kostka* von Pierre Le Gros (1666-1719) in S. Andrea al Quirinale. Die Verirrungen der ohne genügende Rücksicht auf die Architektur behandelten barocken Skulptur enden in der Scheindeklamatorik von Pietro Bracci (1700-1773) im *Grabmal von Maria Clementina Sobieska* in der Peterskirche oder von Cametti im *Grabmahl der Muti* in S. Marcello (1725). Das Grab der *Maria Flaminia* (um 1720) von Paolo Posi und Agostino

Penna in S. Maria del Popolo ist jedoch schwerlich an unverständlicher Bizarrerie zu übertreffen: Ein Adler hebt ein Tuch empor, an dem das Medaillon der Prinzessin angebracht ist, das ein Löwe in der Komposition unten betrachtet. Es ist das Förmlich-Feierliche des römischen Barock, das den Übergang zum Rokoko verhinderte. Sehr gut zeigt das die schwerfällige *Dekoration in San Marco* von Michelangelo Slodtz, einem Franzosen, der von 1726 bis 1746 in Rom lebte und der Künstler der preziösen Figur des *Hl. Bruno* in der Peterskirche ist.

Besonders lebendig bleibt die römische Skulptur in der Peterskirche, deren Seitenkapellen durch Grabmäler ausgeschmückt wurden. In dem *Denkmal für Gregor XII.* (1723) verband Rusconi die Bewegung Berninis mit dem Schema Algardis. Filippo della Valle (1696-1770) komponierte in demselben Geist das *Grabmal Innozenz XII.*, dessen ›Temperantia‹ an die toskanischen Manieristen erinnert, in der Kapelle Corsini in S. Giovanni in Laterano; für S. Giovanni haben P. Bracci und nahezu alle römischen Bildhauer der Mitte des 18. Jahrhunderts Plastiken gemacht.

Auch in der Architektur zeigte sich eine grundsätzliche Tendenz zu einem monumentalen Ba-

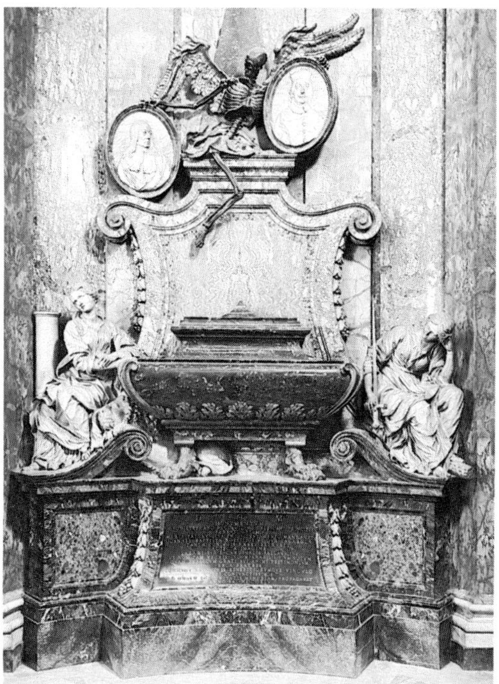

352 Giuseppe Mazzuoli und Camillo Rusconi, Grabstätte der Paravicino, 1714. S. Francesco a Ripa, Rom

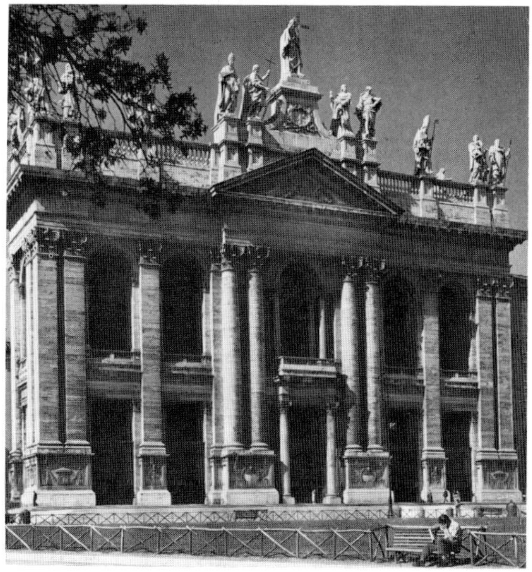

353 A. Galilei, S. Giovanni in Laterano, Rom, 1735

rockstil, der, abgesehen von wenigen Ausnahmen, nur schwerlich zu Rokokoformen führen konnte: Gabriele Valvassori (1683 - um 1750) hält sich im *Palazzo Doria* (1720-1734) getreu an den Borromini des Palazzo di Propaganda Fide; Domenico Gregorini ist der Erbauer des *Oratoriums des heiligen Sakramentes* in S. Maria in Via (um 1730) mit der geschwungenen Fassade und von S. Croce in Gerusalemme (1743), die sich vom Oratorium der Philippiner hat anregen lassen. Giuseppe Sardi schließlich, dessen Lebenslauf kaum bekannt ist, errichtet die einzige wirklich eigenartige und ›dekadente‹ Kirche des römischen Rokoko: *S. Maria Maddalena in Campo Marzio* (1735 ff.), die vollkommen mit Stukkaturen und vergoldeten Ornamenten geschmückt ist und eine zweigeschossige Sängerkanzel aus vergoldetem Holz hat. Die Fassade ist im Stile Borrominis, aber ohne jede Leichtigkeit ausgeführt.

Mit dem Florentiner Alessandro Galilei (1691 bis 1736) zeichnet sich bereits eine Reaktion – zum Teil im Zusammenhang mit dem Ruhm Palladios in England, der sich dort eine Weile aufgehalten hatte – und eine Rückkehr zum 16. Jahrhundert ab: Die *Fassade von S. Giovanni dei Fiorentini* (1734) ist von der Fassade von Il Gesù beeinflußt; die Fassade von *S. Giovanni in Laterano*, die die von Borromini überarbeitete Kirche vervollkommnen sollte, läßt an den Michelangelo des Kapitols denken □353. Ein anderer Florentiner, Ferdinando Fuga (1699-1780), der beim *Palazzo della Consulta* (1732-1734) einen trockenen und kühlen Stil, *bei S. Maria della Morte* (1732) mehr plastische Kraft und beim Palazzo Corsini (1736) eine etwas harte Szenographie angewandt hat, zeigt sich bei der Fassade von S. Maria Maggiore (1741 bis 1743), die mit Loggien versehen ist, aber zuviele Voluten, Girlanden und Statuen aufweist, maßvoller. Eine interessante Abwandlung ist die Fassade von Carlo Marchionni, der von 1743 bis 1763 die Villa Albani von einer disziplinierten Überfülle für den Kardinal Albani, Kunstsammler und Freund von Winckelmann, errichtete. Eines der ursprünglichsten Werke jedoch, das wirklich einen Schlußstrich unter den Barock zieht, ist die *Villa der Malteserritter* mit ihrem großen, von Friesen und Trophäen bedeckten Entrée (1765), die nicht die geringste Konzession an die gebogene oder gebrochene Linie macht, und die dazugehörige Kirche, die gleichfalls mit einem Dekor von kunstvollen Stukkaturen, die sich in romantischer Verschwendung bis auf die Wölbungen hin erstrecken, geschmückt ist. Dieser Dekor ist das überraschende Werk des venezianischen Kupferstechers Piranesi. In seinen Publikationen (›Della Magnificenza ed Architettura dei Romani‹, 1761; ›Parere sull' Architettura‹, 1765) kommt der Konflikt zwischen der Neigung zu freierfundenen Formen und den Vorschriften des reformatorischen Purismus zum Ausdruck[213].

Piemont und Mittelitalien

Die Lombardei, die so viele barocke Meister hervorgebracht hat, hat selber keine bedeutende Architektur entwickelt. Immerhin baute Lorenzo Binaghi (etwa 1556-1629) um 1602 die Kirche *S. Alessandro* in Mailand, die auf griechischem Kreuz errichtet ist und eine Fassade mit geschwungenem Giebel zwischen zwei Türmen hat, die die Aufmerksamkeit Borrominis erregt haben muß. Der einzige bekanntere Meister, der in dieser Periode der Dekadenz des Herzogtums tätig war, ist Francesco Maria Richini (1583-1658); ihm verdanken wir das Entrée des Ospedale Maggiore mit dem Hof, der zwei Ordnungen aufweist, und – ohne die zahlreichen zweitrangigen Paläste aufzuzählen – den *Palazzo di Brera* (ein ehemaliges Jesuitenkolleg) mit zwei Geschossen von Loggien auf gekuppelten Säulen, wie bei Tibaldi und A. Alessi; den Entwurf dazu machte er 1651. Das eigenartigste Bauwerk dieser Zeit ist das *Santuario Santa Maria del Monte,* nahe bei Varese, das 1604 von dem Architekten Giovanni Bernascone begonnen und 1680 bald nach seinem Tode vollendet wurde. Die Anlage besteht aus fünfzehn dem Mysterium des Rosenkranzes geweihten Kapellen. In jeder dieser Kapellen befindet sich eine bühnenartige Szenerie von großen farbigen Terrakotta-Figuren. Der Bau ist recht einfach; man tritt durch einen Portikus, der als Rahmen für die *Verkündigung* von Cristoforo Prestinaro dient, in eine große Phantasiearchitektur, vor der die zweiundzwanzig Tonfiguren von F. Silva, die Jesus und die Schriftgelehrten im Tempel darstellen, stehen. Diese kleinen eigenartigen Bauwerke sind der letzte Ausdruck eines volkstümlichen und angewandten Illusionismus.

Genua

Von 1605 bis 1607 war Rubens in Genua; 1622 veröffentlichte er ein Verzeichnis der wichtigsten Paläste der Stadt. Damit bekamen die Werke von Galeazzo Alessi und seinen Anhängern europäische Bedeutung, und Genua wurde während des ganzen Jahrhunderts zu einem viel besuchten Zentrum. Bereits 1602 war die Via Balbi geplant gewesen und 1661 eine Verbindung zwischen ihr und der Via Nuova. Diese urbanistischen Arbeiten leitete vor allem Bartolomeo Bianco (gest. 1651), Ingenieur der Republik Genua, der auch den Universitätspalast erbaut hat. Der Hof dieses Palastes zeigt die gleichen zwei Geschosse von gekuppelten Säulen wie die Brera. Sein Nachfolger, Giovanni Angelo Falcone, errichtete den *Palazzo Durazzo,* den späteren Palazzo Reale (etwa 1650). Der von Pier Antonio Corradi erbaute *Palazzo Rosso* (1672-1677) bietet eine eindrucksvolle Anordnung barocker Wirkungen. Jeder Hauptraum besitzt eine Kuppel; die sphärischen Dreiecke, die die Kuppel mit den seitlichen Bogenstellungen und Wänden verbinden, sind so geformt, daß sie ein geschmeidiges, fast quadratisches Gesims bilden; von dort steigen Scheinkolonnaden senkrecht nach oben, die den Blick wie Gleitschienen auf die Wolkengebilde lenken, in denen sich allegorische Figuren im Tanz bewegen: die *Allegorie des Herbstes* von Domenico Piola (1627-1703), einem Schüler von Cappellino, Nachahmer Castigliones und bedeutender Dekorateur genuesischer Kirchen und Paläste. Noch komplizierter sind die Gewölbe der *Sala della Primavera* und der *Sala dell' Estate* □354 von Gregorio de Ferrari (1644 bis 1726), dem Schwiegersohn von Piola, assistiert von Haffner: mächtige, bossierte, knorpelige Gir-

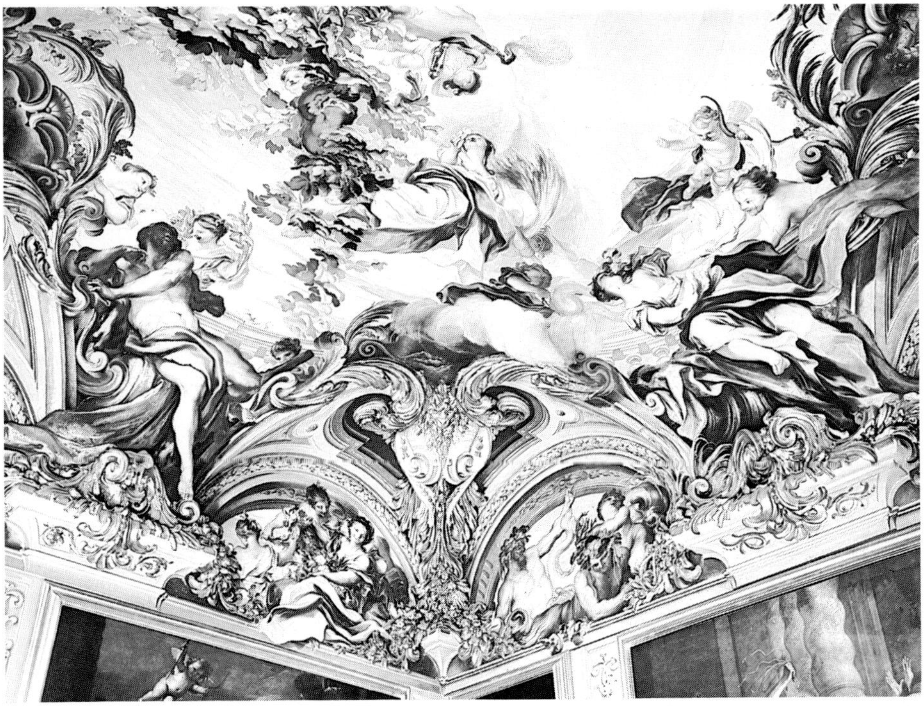

354 Gregorio de Ferrari, Deckengemälde in der Sala dell' Estate, Palazzo Rosso, Genua, um 1677

landen und Gesimse stützen in ihren Windungen ein ganzes Volk von Karyatiden, Monstren und Putten, die sich auf den Wänden herablassen und sich nach oben hin bis zu den tanzenden und schwebenden allegorischen Figuren zusammenschließen. G. de Ferrari war in den meisten profanen und kirchlichen Bauten von Genua als Maler tätig, vor allem in S. Giacomo e Filippo, wo er eine *Himmelfahrt,* der Apostel von einer Loggia aus zusehen, und einen *Triumph des Kreuzes* malte.

Die bedeutendste Barockkirche in Genua ist *SS. Annunziata,* die um die Mitte des Jahrhunderts beendet wurde; sie hat hohe, kannelierte korinthische Säulen, die mit Festons geschmückte Bögen tragen, und ist von ganz besonders eleganter und heiterer Wirkung. Die Fassade ist ein neoklassizistisches Werk mit ionischem Pronaos von Carlo Barabino (1830). Dieses liebenswürdige Bauwerk (1944 schwer beschädigt) war gänzlich mit hellen, wirbelnd-bewegten Malereien bedeckt, die von Semini (1510-1578) und den Brüdern Gian Battista und Gian Andrea Carlone, denen man in vielen genuesischen Dekors wiederbegegnen kann, stammen. Ein *Hl. Gaetano in der Glorie* von Piola (1674) ergänzt diese Malereien. Das Schiff von S. Siro wurde von 1657 bis 1670 ebenfalls mit Fresken, die den hl. Petrus rühmen, ausgemalt (Skizzen in der Galerie Spinola). Die Gesimse sind wie Rahmen, die die Szenen in einen hellen, lichten Raum einschließen.

Die Werke von Puget, der sich von 1661 bis 1667 in Genua aufhielt und dort einen *Hl. Sebastian* (S. Maria di Carignano) und eine *Mariä Empfängnis* hinterließ, führten in der Bildhauerei mit Daniele Solari (1634-1698), einem Gehilfen von Puget, und vor allem mit Filippo Parodi (1630-1702), von dem der *Hl. Johannes* in S. Maria di Carignano und verschiedene Denkmäler in Venedig stammen, zu einer Bernini-Mode. Aus der sehr aktiven Familie der Schiaffini war es Francesco (um 1691-1765), der sich diesem Einfluß überließ: *Die Entführung der Proserpina.* Der Holzbildhauer Antonio Mario Maragliano (1664 bis 1741) komponierte eine *Allegorie der Zeit* mit kompliziert angeordneten Volumen (Palazzo Bianco).

Piemont

Piemont entwickelte sich nach der Räumung durch die Franzosen 1562 unter Herzog Carlo Emanuele I. zu einem kleinen, energischen Staat, dessen Hauptstadt Turin durch die neue *Piazza*

San Carlo von Castellamonte ein modernes Gepräge erhielt. Sein Sohn Amadeo di Castellamonte baute unter Carlo Emanuele II. den Palazzo Reale, der durch Maler wie den Flamen Miel (gest. 1663) und im folgenden Jahrhundert durch die Franzosen C. F. Beaumont und Charles Vanloo ausgemalt wurde. Zahlreiche kleinere Architekten, wie Vittozzi (1539 bis 1615), errichteten interessante religiöse Zentralbauten (*S. Trinità,* 1606). Es gab in Turin eine sonderbare Freiheit der Architekturpläne, die dem Turiner Barock einen sehr eigenartigen Reiz verlieh, und die die außergewöhnliche Phantasie seiner beiden großen Meister, Guarini und Juvara, erklärt. Guarino Guarini (1624 bis 1683), Theatinerpater, Theologe und Mathematiker, erwarb sich seine Bildung in Rom und kam dort zum Verständnis Borrominis; er lehrte in Sizilien, wo seine architektonischen Arbeiten verschwunden sind, und in Paris und ließ sich 1666 in

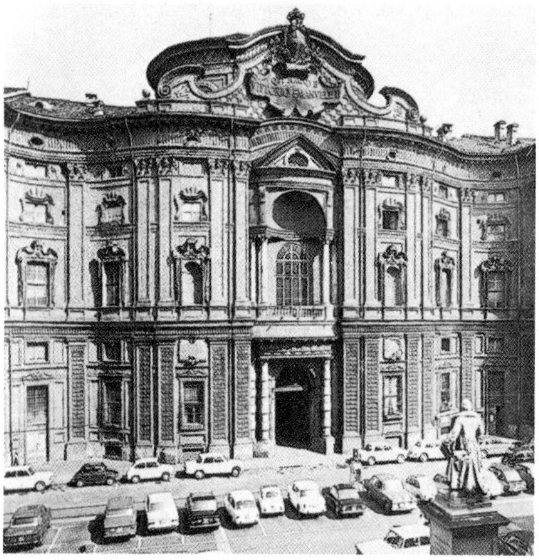

355 Guarino Guarini, Palazzo Carignano, Turin, 1680

Turin nieder, wo er seine umfassende Bildung in den Dienst des Herzogs von Savoyen stellte. Von ihm stammen der *Palazzo Carignano* (1680, □355) mit geschwungener Fassade und ovaler Eingangshalle und, von den kirchlichen Bauten, die kleine eigenartige *Cappella del Santo Sudario* (1668-1694) am Dom, die mit schwarzem Marmor verkleidet ist und eine Kuppel mit spitzer Laterne hat □356, 357; vor allem aber die Kirche *S. Lorenzo* (1668-1687): Um einen quadratischen Kern herum, über dem sich die Kuppel erhebt, entfaltet sich eine Art von Scheinpalast; die Apsis

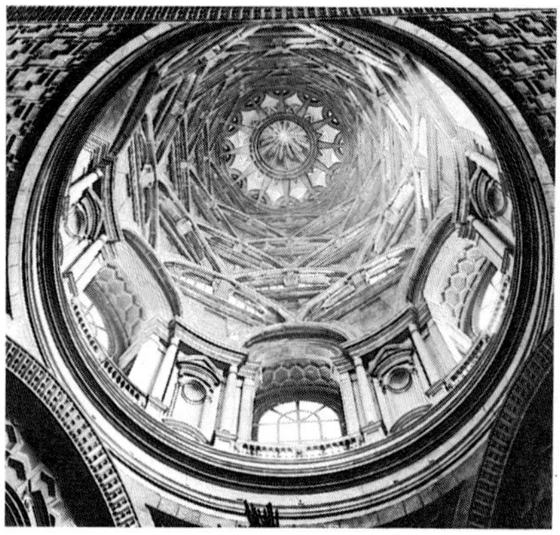

356 Guarino Guarini, Kuppel der Cappella del Santo Sudario am Dom, Turin, 1668-1694

wird durch einen ovalen Raum mit Umgang gebildet, der in das Mittelquadrat eindringt; an den Ecken befinden sich Exedren, die an frühchristliche Bauten erinnern, während die Kuppel mit ihren acht Fenstern – sie wird durch sechzehn verschlungene Bögen, auf denen die lichtdurchflutete Laterne aufsetzt, gespannt – eine Verwandtschaft mit der Kuppel der Moschee von Cordoba auf-

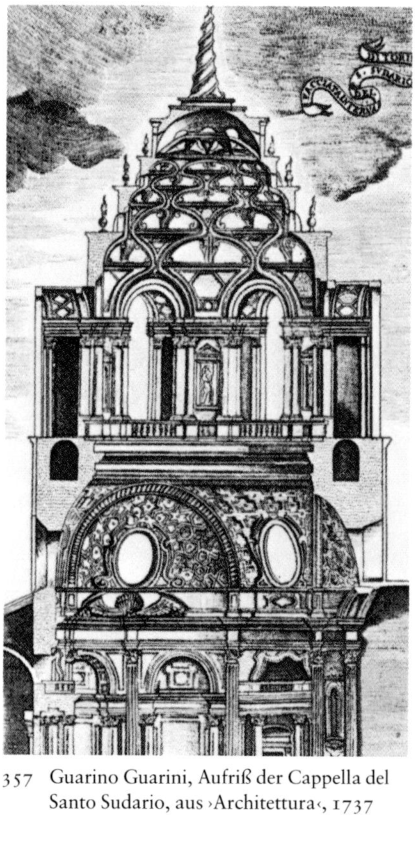

357 Guarino Guarini, Aufriß der Cappella del Santo Sudario, aus ›Architettura‹, 1737

weist[214] oder mit dem uns ein wenig näheren Ziborium der Kirche *La Seo* in Saragossa. In diesen Werken, in denen die Zeitgenossen, die das Unregelmäßige und Vertikale befremdete, eine Rückkehr zur Gotik zu sehen vermeinten, wetteifern Eigenartigkeit und Technik miteinander. Es ist in der Tat ein sehr durchdachter Barock mit einer starken Leidenschaft für das Geometrisch-Paradoxe, dessen Wirkungen durch die kühne Anwendung der Materialien betont werden: nackter Ziegelstein bei den Palästen, lebhaftester Marmor in den Innenräumen.

Filippo Juvara (1676-1736) wurde in Messina geboren. Seine Ausbildung erhielt er in Rom bei Carlo Fontana, wurde 1706 Mitglied der Accade-

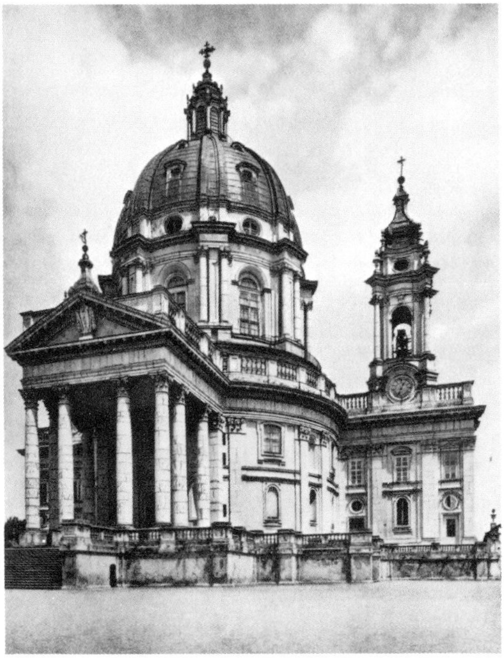

358 Filippo Juvara, Die Basilika ›La Superga‹, Turin 1706

mia di S. Luca und entwarf Bühnenbilder für musikalische Tragödien im Palazzo della Cancelleria. Herzog Vittorio Amedeo II. zog ihn 1715 an sich. Er wurde der Architekt der monumentalen Bauwerke, wie zum Beispiel der Kirche *La Superga* oberhalb der Stadt, die aus Dankbarkeit für die Befreiung Turins 1706 erbaut wurde und dem sardischen Hause als Mausoleum diente □358. Die Superga ist ein Zentralbau mit einer hohen Kuppel, einem von zwei eleganten, zurückliegenden Türmen gesäumten Pronaos und Mosaikfußböden. Man spürt hier eher die geschickte Entfaltung

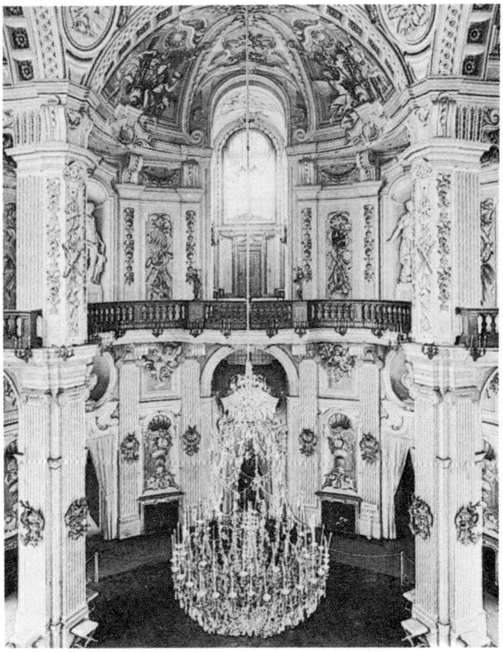

359 Filippo Juvara, Mittelbau im Jagdschloß Stupinigi

des römischen Formrepertoires als die phantasievolle Inspiration Guarinis. Geschmeidiger ist die geschwungene Fassade von *S. Cristina* (1718), deren Säulen durch hohe Kandelaber in den Himmel hinein verlängert werden. Guarini näher ist das mit Nischen und kleinen Kuppeln ausgestattete Innere der *Karmeliterkirche* (1732). Die reiche Phantasie des Künstlers kommt auch in seinen zahlreichen monumentalen Altarskulpturen deutlich zum Ausdruck: *S. Teresa* (1728) oder die *Heimsuchung Mariä* (1730 in der Superga), die bis zu Figurengruppen im Stile Berninis gehen können.

Juvara hat dem piemontesischen Palast endlich einen Stil gegeben. Der Palazzo Madama hat eine Fassade, die von einer Kolossalordnung mit sechs großen Maueröffnungen unter einer zierlichen Altane beherrscht wird (seit 1718). Von ihm sind auch die beiden Gebäude mit Portikus, die den Abschluß der Via del Carmine bilden (1728) und vor allem das *Jagdschloß von Stupinigi* (nach 1729), sein letztes Werk, das mitten in einer Ebene liegt. Der Architekt hat hier ein Gebäude mit zwei Flügeln geschaffen, die sich einander nähern und wieder entfernen und so nacheinander drei Höfe bilden, um sich schließlich im Pavillon selber zu vereinigen. Dieser ovale Zentralbau □359 enthält einen riesigen Saal mit zwei architektonisch gegliederten Etagen, die durch eine Galerie getrennt

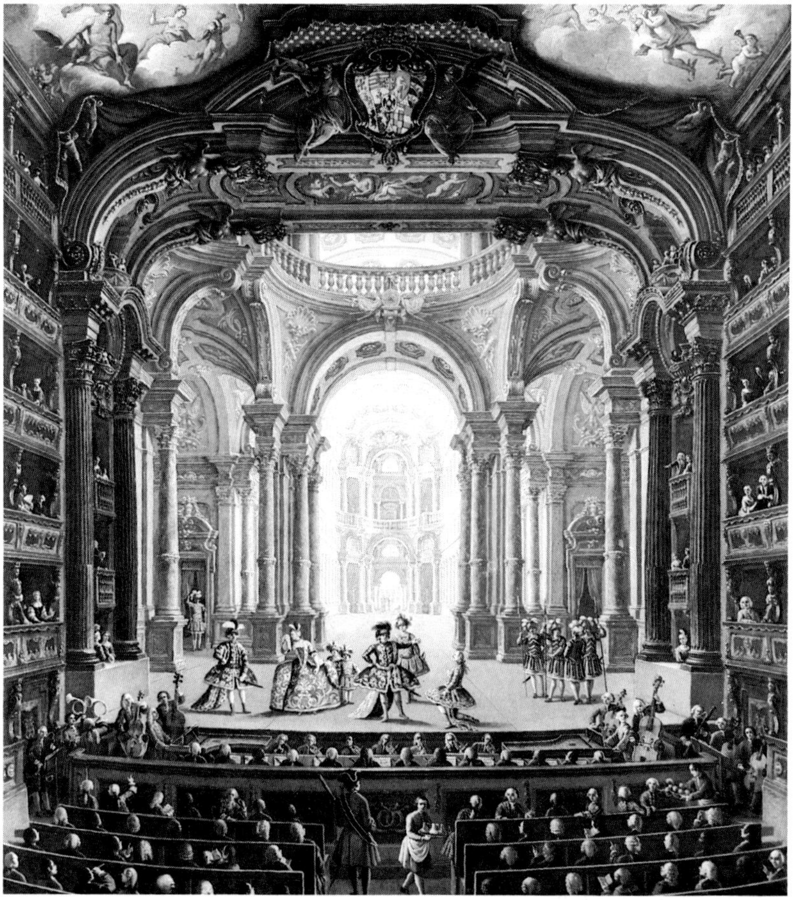

360
Einweihung des Turiner Theaters, erbaut von Benedetto Alfieri, 1740
Gemälde von P. D. Olivero.
Museo Civico, Turin

werden; die Wölbung ist mit Fresken der Brüder Valeriani geschmückt, Nischen und Girlanden skandieren das prächtige Ensemble. In den verschiedensten Palästen hat Juvara seine leichte, freie Hand als prachtliebender Dekorateur bewiesen, so in dem ganz mit weißen Stukkaturen geschmückten Saal im Palazzo Reale. Als international anerkannte Persönlichkeit wurde er nach Madrid gerufen, um dort nach der Feuersbrunst von 1734 Pläne für das neue Königsschloß zu entwerfen.

Seine Nachfolger in Piemont waren Benedetto Alfieri (1700-1767), der das Turiner Theater (1740, □360) und die Kirche *S. Giovanni Battista* in Carignano gebaut hat, und Bernardo Vittone (um 1705-1770), der Erbauer des *Santuario di Vallinotto* in Carignano und von *S. Maria di Piazza* in Turin (1751), deren elliptische Kuppel auf zwei Doppelwölbungen ruht und mit Stukkaturen reich bedeckt ist. Die noblen, um die Mitte des Jahrhunderts noch zahlreichen Bauvorhaben zogen Dekorateure von rokokohaftem Geschmack herbei. In die Nähe der französischen Künstler, die durch die Malerfamilie der Vanloo nach Italien gekommen waren, gehört Pier Francesco Guala (1698-1757), der eine vibrierende, etwas wirre Version des Rokoko lieferte. Seine Tätigkeit erstreckte sich bis in die Lombardei: *Palazzo Gozzani* in Treviglio (1737), die Decke von *S. Vincenzo de' Paoli* in Mailand (1757).

Bologna

Die Emilia nahm in der Architektur nicht den gleichen überragenden Platz ein, wie in der Malerei – lediglich im Bereich des Theaters, wo sie mustergültige Vorbilder schuf und das Bühnenbild umgestaltete. In Parma hatte Giambattista Aleotti, genannt l'Argenta (1546-1636), unter den Herzögen Ottavio und Ranuccio I. das *Teatro Farnese* □361 nach dem palladianischen Vorbild von Vicenza im Innern des Palazzo della Pilotta errichtet. Und in Bologna wurde 1711 das große Traktat von Ferdinando Galli Bibiena (1657-1743) veröffentlicht. Sein Bruder Francesco ließ sich, nachdem er in Rom, Wien und Nancy tätig gewesen war, 1726 in Bologna nieder. 1749 baute er das Teatro Filarmonico wieder auf, in dem sein Sohn Antonio (1700-1774) das reizende Teatro Comunale einrichtete. Die Modelle und Bildvorstellungen dieser berühmten Bühnenbildner wurden in der Tat nicht nur von den Theaterdekorateuren, sondern von allen Barockarchitekten ausgewertet. Interessant ist dabei auch, daß sich Bologna bereits seit den Entwürfen für die Fassade von S. Petronio im 16. Jahrhundert (Varignara, 1518; Peruzzi, 1523; G. Rainaldi, 1626) einen gewissen Hang zu gotischen Formen bewahrt hat. 1694 wird Michelangelo Chiarini für einen Opernbau einen Dekor mit scheitrechten Bögen entwerfen, der bereits die Vorliebe der Romantik für das Mittelalter vorwegnimmt[215].

Giovanni Ambrogio Magenta (1565-1635), ein Lombarde, wurde in Bologna mit dem Bau des Domes S. Pietro mit Tonnengewölbe beauftragt (die Fassade ist später von Torreggiani errichtet worden) und um 1611 mit der Kirche S. Paolo, in der die Wölbung die seltsamsten perspektivischen

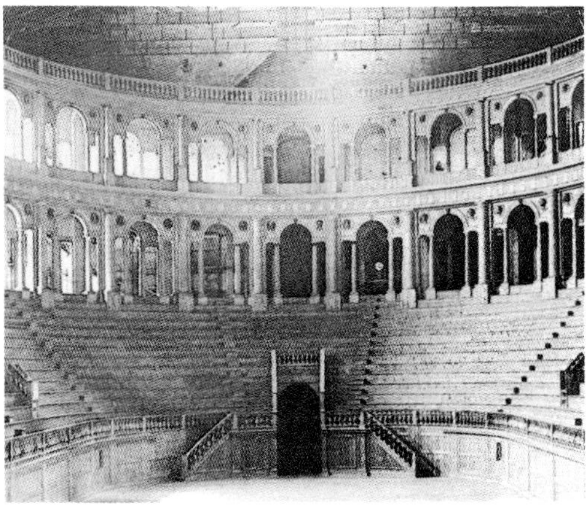

361 Giambattista Aleotti, Teatro Farnese, Parma, 1619

Wirkungen erzeugt. 1687 bis 1690 baute G. B. Bergonzoni eine interessante Kirche über griechischem Kreuz von geradezu borrominischem Geist: *S. Maria della Vita*, deren Kuppel erst ein Jahrhundert später fertiggestellt wurde.

Im 18. Jahrhundert errichtete Carlo Francesco Dotti (um 1670-1759) die Wallfahrtskirche *Madonna di S. Luca* auf dem Monte della Guardia oberhalb von Bologna: Hübsche Loggien umgeben das Gebäude, dessen Kuppel sich auf ge-

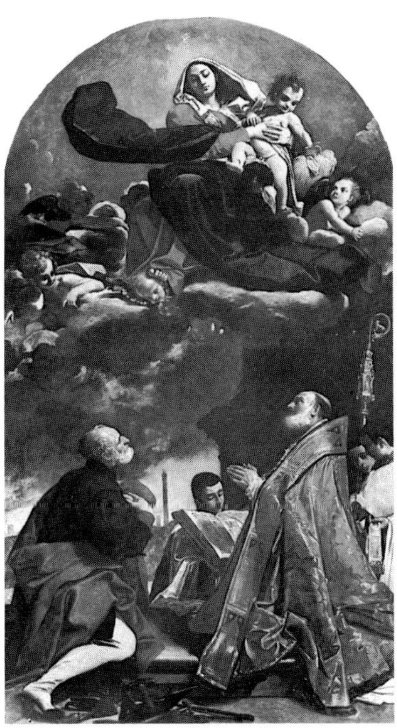

362 Giacomono Cavedoni, Pala di Sant'Olo, 1614. Pinakothek, Bologna

schickt angelegten Vorsprüngen erhebt. Eine wirklich perspektivische Wirkung, mit schwerfälligen Elementen allerdings in der Art des Magenta, bietet der *Meloncello-Bogen* bei Bologna. Eleganter zeigt sich Alfonso Torreggiani beim *Oratorium S. Filippo* und dem *Palazzo Montanari.* In der Kirche S. Paolo, in der es glänzende Barockmalereien gibt, wie die *Krippe* (um 1650) oder die *Pala di Sant'Olo* (Bologna) von Cavedoni □ 362, befindet sich auch die *Enthauptung des hl. Paulus* von Algardi, wo die Ausgeglichenheit der bildhauerischen Masse einen Kontrast zu der lebhaften barocken Gestik bildet. Nachdem er nach Rom gegangen war, wandte er sich der Bildhauerei zu und brachte die akademische Zurückhaltung gegenüber dem Brio Berninis zum Ausdruck. Sein Schüler Camillo Mazza (1602-1672) komponierte die *Pietà* in Terrakotta in der Certosa, und dessen Sohn Giuseppe verbreitete bis nach Venedig hin seine Altartafeln und Tabernakel in schwachem Relief. Filippo Scandellari (1717-1801) war ein Spezialist für die bemalten Gipsfiguren der Krippen.

Florenz

Gegenüber dem großen Beitrag, den Florenz zum Manierismus geleistet hat, ist die Teilnahme der Toskana am Barock recht gering. Das Üppige und

Phantastische ist nicht ihre Stärke, und sie hat weder einen Bernini noch einen Guarini. Die barocken Arbeiten beschränken sich auf Hinzufügungen, wie zum Beispiel die *Cappella Gaddi* in S. Maria Novella von Giovanni Antonio Dosio (1533-1609) oder die große, prunkvolle *Cappella dei Principi* von Matteo Nigetti (1560 bis 1649) in S. Lorenzo, mit ihrer Kuppel und der dunklen Marmorverkleidung □363. Von demselben Künstler stammt auch *S. Gaetano,* eine recht elegante Abwandlung römischer Vorbilder unter Verwendung von durch ›pietra serena‹ betonten Architekturgliedern. Gherardo Silvani (1579-1675), der auch Bildhauer war, errichtete und restaurierte zahlreiche Paläste (Pallavicini, Castelli, Corsini) in toskanischer Tradition. Nur der Bildhauer Giambattista Foggini (1653-1737) versuchte in der *Cappella Feroni* in SS. Annunziata (1692) eine barocke Pracht zu entfalten. Ihm wird auch *S. Ferdinando* in Livorno auf einem lateinischen Kreuz und mit Stukkaturen geschmückt zugeschrieben

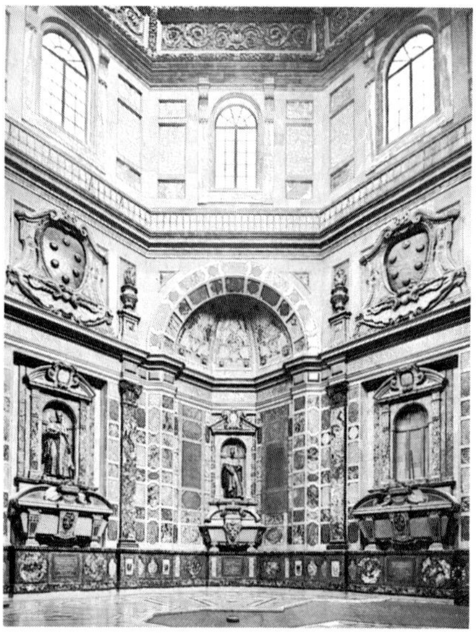

363 Matteo Nigetti, Cappella dei Principi in S. Lorenzo, Florenz, 1604

(1717). Im 18. Jahrhundert arbeiteten die beiden Architekten des Großherzogs, Galilei und Fuga, in Rom, wo sie zu einer Mäßigung des römischen Barocks beitrugen; Florenz blieb als bedeutenderer Architekt nur Ferdinando Ruggieri (1691 bis 1741), der den Palazzo Capponi baute und die eigentümliche Kirche *S. Firenze* in Angriff nahm, deren Fassade wie die des Oratorio dei Filippini von zwei Kirchen flankiert ist. Zanobi del Rosso (1724-1798) beendete den Bau 1775. Einzig die Attiken, die die Rundgiebel überragen, haben einen rokokohaften Akzent.

Die Toskana sollte von dem Beitrag der großen römischen Dekorateure Pietro da Cortona und später Luca Giordano profitieren. Aber sie hatte auch Schüler von Cristofano Allori (1577-1621), Francesco Furini (etwa 1604-1643) und Giovanni Manozzi, genannt Giovanni da San Giovanni (1592-1636), der ebenso wie Furini von der hellen Malweise der Carracci beeinflußt war. Beide schmückten die Wände des Palazzo Pitti und besonders das Museo degli Argenti mit historischen Fresken. Mehr Originalität zeigt sich in der Skulptur. Pietro Tacca (1577-1640) beweist in seinen vier gefesselten Mauren am Fuße des *Denkmals von Fernando I.* in Livorno eine starke barocke Kraft, die seinen amüsant-manieristischen Brunnen – z. B. dem Brunnen auf der Piazza della SS. Annunziata – fehlt. Giovanni Caccini (1502 bis 1613) arbeitete Statuen für die Brücke S. Trinità und den polychromen Tabernakel von S. Spirito. Die Stärke G. B. Fogginis, der Bernini und Algardi kannte, ist das Porträt (*Denkmal Galileis,* 1737 in S. Croce). Vor allem jedoch suchte er in seinen zwei florentinischen Dekors – der *Cappella Corsini* in der S. Maria del Carmine und der *Cappella Feroni* in SS. Annunziata, wo ihm der Bayer Permoser assistierte – das Flachrelief wieder zu beleben. Das war der ganze Barock, den Florenz zu akzeptieren gewillt war. Die florentinischen Bildhauer der zweiten Hälfte des Jahrhunderts werden sich alle am Neoklassizismus beteiligen.

Süditalien

Neapel

Domenico Fontana war seit 1594 in Neapel tätig, hatte die Kirche *Gesù e Maria* und den *Palazzo Reale* errichtet und leitete vor allem den Bau des neuen Aquäduktes bis nach Torre Annunziata – ohne dabei Pompeji zu entdecken – und den der Anlagen der Boulevards an der Meerseite. Francesco Grimaldi aus Lucca (1543-1630), der kurz mit Maderna in Verbindung stand, errichtete die ersten Bauten im neuen Stil: *S. Paolo Maggiore* (1590-1603) mit großem Schiff und einer von einer Treppe flankierten Fassade sowie die ebenfalls nur einschiffige Kirche SS. Apostoli, deren Renaissancekonstruktion einen reichen Dekor erhielt. Er lieferte auch die Pläne für die *Cappella del Tesoro*

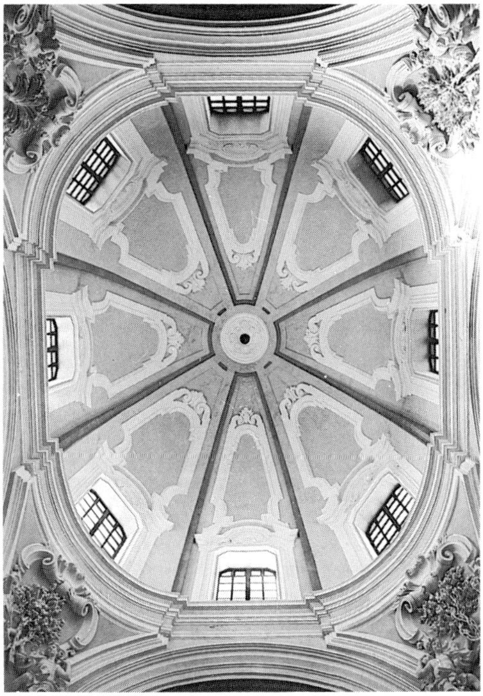

364 Vaccaro, Oktogonale Kuppel der Kirche von Montecalvario, Neapel, Anfang 18. Jh.

im Dom S. Gennaro (1608). Einfallsreicher war Cosimo Fanzago (1593-1678) aus Bergamo, ein Bildhauer und Maler, der geschickt mit Stuck und Marmor umzugehen wußte: so in der *Certosa di S. Martino,* wo er den großen, lichten Kreuzgang baute (1630), in zahlreichen Kapellen, im Palazzo Reale (etwa 1640), in *S. Maria Maggiore* (etwa 1660) und vor allem im *Kloster Monte Cassino,* wo man ihm den großen Umbau der dreischiffigen Kirche, die von Luca Giordano mit lebendigen Fresken geschmückt wurde, zuschreibt (nach 1649, 1944 zerstört). Er hat außerdem S. Giorgio Maggiore gebaut, deren Grundriß von Gesù beeinflußt ist, und S. Maria Egiziaca am Pizzofalcone (Neapel), einen seltsamen Zentralbau. Zahlreiche alte Bauten, *S. Angelo a Nilo, S. Restituta,* sind von Arcangelo Guglielmelli, dem man auch den Bibliothekssaal in dem reichen und prächtig ausgestatteten Kloster der Gerolomini (um 1730) verdankt, umgebaut worden. Die Fassade ihrer Anfang des 17. Jahrhunderts erbauten Kirche wurde erst nach 1780 mit zwei durchbrochenen Glockentürmen auf beiden Seiten des Mittelgiebels nach dem Vorbild von S. Agnese errichtet. Das war der letzte barocke Bau der Stadt wie auch zugleich der letzte von Ferdinando Fuga.

Fuga, der 1751 von Rom nach Neapel gekommen war, hatte in Resina die *Villa Favorita* gebaut mit zwei ein wenig kühlen Geschossen, und das große *Ospizio dei Poveri* in Neapel mit der mehr als 350 Meter langen Fassade, die erst 1829 vollendet wurde. Zwei andere Namen sind im Königreich Neapel im 18. Jahrhundert noch von Bedeutung: Domenico Antonio Vaccaro (um 1680 bis 1750) und Luigi Vanvitelli (1700-1773). Der erste war wie Franzago Bildhauer und Dekorateur. Von ihm stammt die oktogonale Kirche von Montecalvario □ 364 und das bezaubernde Klarissinnenkloster mit den Majolikawänden (eine Nachahmung der portugiesischen ›azulejos‹ von G. und O. Massa). Sein Schüler Ferdinando Sanfelice, ein Bühnenbildner, der 1740 für ein Fest zu Ehren der Königin einen eigentümlichen pyramidenförmigen Turm errichtet hatte, baute Paläste von außerordentlicher Phantasie *(Serra di Cassano)* □ 365. Der einzige Architekt von wirklicher Bedeutung war jedoch Luigi Vanvitelli, der Sohn eines holländischen Malers, der Juvara gekannt und in Ancona (Hospital, Gesù, um 1733 und 1745) und Rom (Inneres von S. Maria degli Angeli, wo er sich von dem Entwurf Michelangelos entfernte) gearbeitet hat und schließlich 1751 von Karl III., der eine neue Hauptstadt gründen wollte, nach Neapel ge-

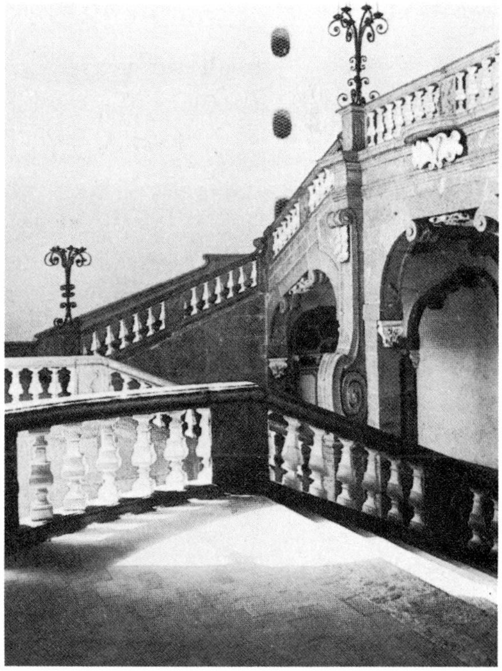

365 Ferdinando Sanfelice, Palazzo Serra di Cassano, Neapel, 1725/26

rufen wurde. Das neue Versailles wurde Caserta □366; von 1752 bis 1774 arbeitete man am Außenbau des Schlosses, das auf weiträumigem rechteckigem Grundriß in Travertin und Ziegelstein errichtet wurde. Jede Seite des Baues mißt ungefähr 200 m und hat eine Fassade von fünf Geschossen, die unter einer Altane in zwei horizontale Lagen aufgeteilt ist und Säulenvorsprünge hat wie in Versailles. Das Ganze ist von einer klassischen Noblesse, die nur durch das Überdimensionierte der ganzen Anlage, das die ursprünglich vorgesehenen Ecktürme und die Mittelkuppel noch verstärkt hätten, sowie durch die barocke Entfaltung der Innenräume und des ungeheuren Parks ein wenig gestört wird. Diesen Park habe ich bereits als das bedeutendste Werk der italienischen Szenographie erwähnt. Eine große Staatstreppe mit zentralem Aufgang und zwei seitlichen rückläufigen Aufgängen erlaubt eine großartige Inszenierung von Marmorarkaden und Säulen. In Neapel selber baute Vanvitelli die Kirche *SS. Annunziata* (1760, von seinem Sohn Carlo vollendet) mit Krypta wieder auf, die ebenfalls nur ein einziges, in drei Baukörper unterteiltes Schiff hat mit einer Mittelkuppel und einem stetigen Rhythmus von hohen Säulen, und errichtete die Kirche der Lazaristen. Das ist wahrer Barock, massiv und lebendig zugleich.

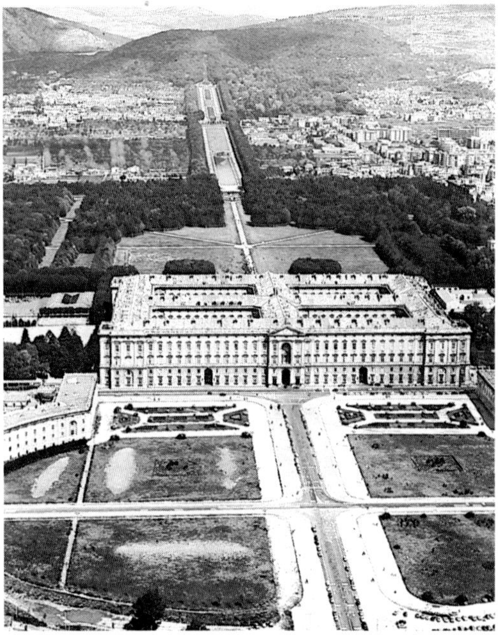

366 Luigi Vanvitelli, Schloß in Caserta, 1752-1774

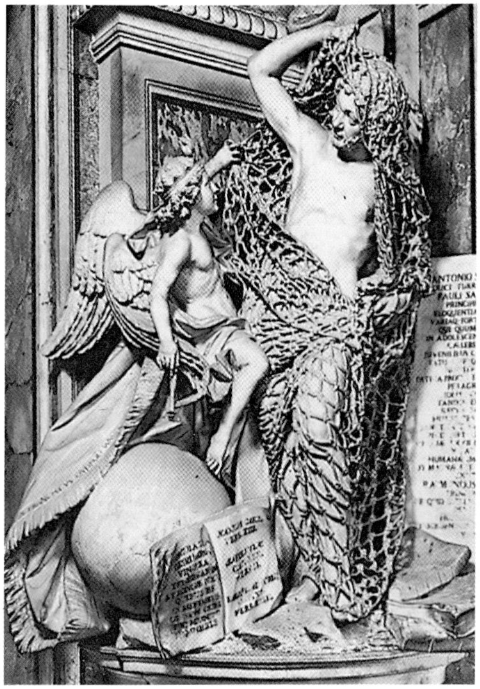

367 Francesco Queirolo, Allegorie der ›Ent-Täuschung‹, nach 1740.

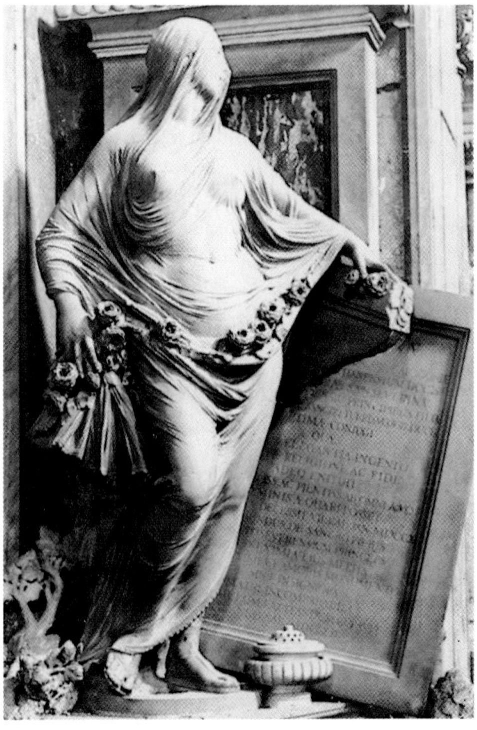

368 Antonio Corradini, Allegorie der Schamhaftigkeit, nach 1740. Cappella di Sansevero, Neapel

Abgesehen von der Krippenherstellung mit ihren unzähligen Gipsfiguren, die im Laufe des 18. Jahrhunderts eine bedeutende Entwicklung erlebte[216], ist die neapolitanische Skulptur vor allem eine Skulptur der Brunnen und des urbanistischen Dekors: wie zum Beispiel der mit Kartuschen und kleinen Reliefs bedeckte Obelisk von Fanzago vor S. Domenico (1658) oder der Obelisk der Immaculata von Giuseppe dei Fiori um 1750. Das bedeutendste bildhauerische Ensemble von barockem Geschmack, das in seinem Mißbrauch des Allegorischen bis zur Augentäuschung geht, befindet sich in der Cappella di Sansevero (S. Maria della Pietà dei Sangro, 1749-1766). Die Deckenmalerei ist von Francesco Maria Rosso (1749), der liegende verhüllte Leichnam Christi von G. Sanmartino und die absurde Darstellung der ›Ent-Täuschung‹ von Queirolo – alles Werke von größter Virtuosität, doch ohne richtige Anwendung □ 367, 368. Die Bildhauer von Caserta sind bereits erwähnt worden.

Wie in Rom ist auch in Neapel die monumentale Malerei an allen großen kirchlichen oder profanen Bauvorhaben beteiligt. Sie hat zwei große Meister: Luca Giordano (1632-1705) und Francesco Solimena (1657-1747). Giordano wurde in Neapel geboren und entwickelte dort in einem Milieu, in dem die luministische Bewegung große dekorative Anordnungen geradezu verhinderte, einen echten barocken Stil. Seine unglaubliche Virtuosität, die ihm den Spitznamen ›Luca fa presto‹ eintrug, verlangte nach großen, weitgespannten Aufgaben, in denen er seine vielseitigen stilistischen Ausdrucksmöglichkeiten ausbreiten konnte. Er war in Florenz (Palazzo Medici-Riccardi, *Apotheose der Medici* □ 369), Venedig und Rom tätig, arbeitete dann zehn Jahre (1693-1702) im Escorial und wurde als ein zweiter Pietro da Cortona angesehen. Er hinterließ in Neapel glanzvolle Spuren seiner Kunst: in S. Filippo Neri (1684) die *Austreibung aus dem Tempel* mit einer starken Hell-Dunkelbewegung unter den Säulengängen oder in S. Martino die *Deckenmalerei der Cappella del Tesoro* (1704), die von einer sehr viel lockereren Wirkung ist; ebenso im Kloster Monte Cassino (1677, zerstört) mit der von Streifen unterteilten Wölbung.

Diese internationale Künstlerpersönlichkeit ist durch ihr reiches, vielseitiges Temperament und die besondere Begabung, aus allen Stilen das herauszuziehen, was zur Hebung und Dramatisierung des Dekors dienen könnte, von wesentlicher Bedeutung für das Verständnis des Barocks. Seine unzähligen Bilder wie fast alle seine Fresken zeugen von einer unablässigen Erfindungskraft, die das Erhabene und das Alltägliche zu verbinden weiß und von einem künstlerischen Schwung in der Ausführung ist, der fast noch einen Tintoretto übertrifft. Ausgehend von Ribera (*Jakobs Traum*, Museo Nazionale, Neapel) und dem dramatischen Hell-Dunkel der Caravaggio-Nachfolger des Südens, kam er durch die Berührung mit den Venezianern (*Jesus zwischen den Schriftgelehrten*, Galleria Nazionale, Rom) zu einer leichten und lebhafteren Malweise, die sich dann unter dem Eindruck Pietro da Cortonas und der Deckenmalerei des Palazzo Barberini zu einer lichten Malerei wandelte voller heller Wolken und leichter lockerer Wirbelbewegungen, für die die Decke des Palazzo Medici-Riccardi in Florenz (1682) trotz all ihrer Kunstfertigkeit ein gutes Beispiel ist.

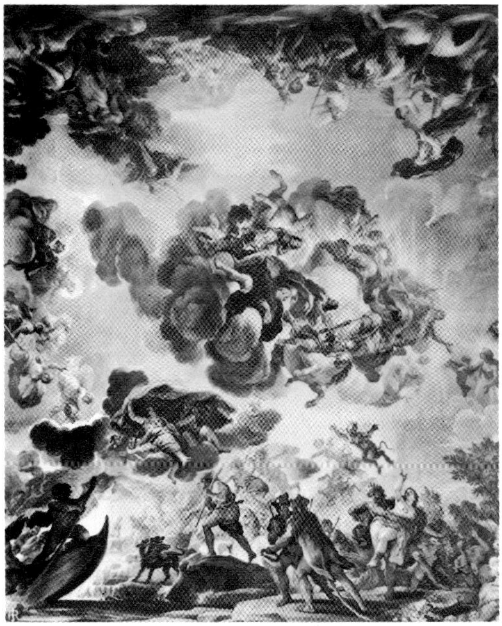

369 Luca Giordano, Apotheose der Medici, Deckengemälde, Palazzo Medici-Riccardi, Florenz, 1682

Die Entwicklung Luca Giordanos zeigt sehr gut, daß die Verbindung mit dem römischen Barock, die zu offenen, reich bewegten und das Spiel der Architektur aufgreifenden Kompositionen aufforderte, einen künstlerischen Impuls verlangte, der ganz im Gegensatz zu der geschlosseneren Kunstform des Staffeleibildes stand. Seine außergewöhnliche Anpassungsfähigkeit zeigt sich auch durchweg bei den Nachahmungen Alter Meister

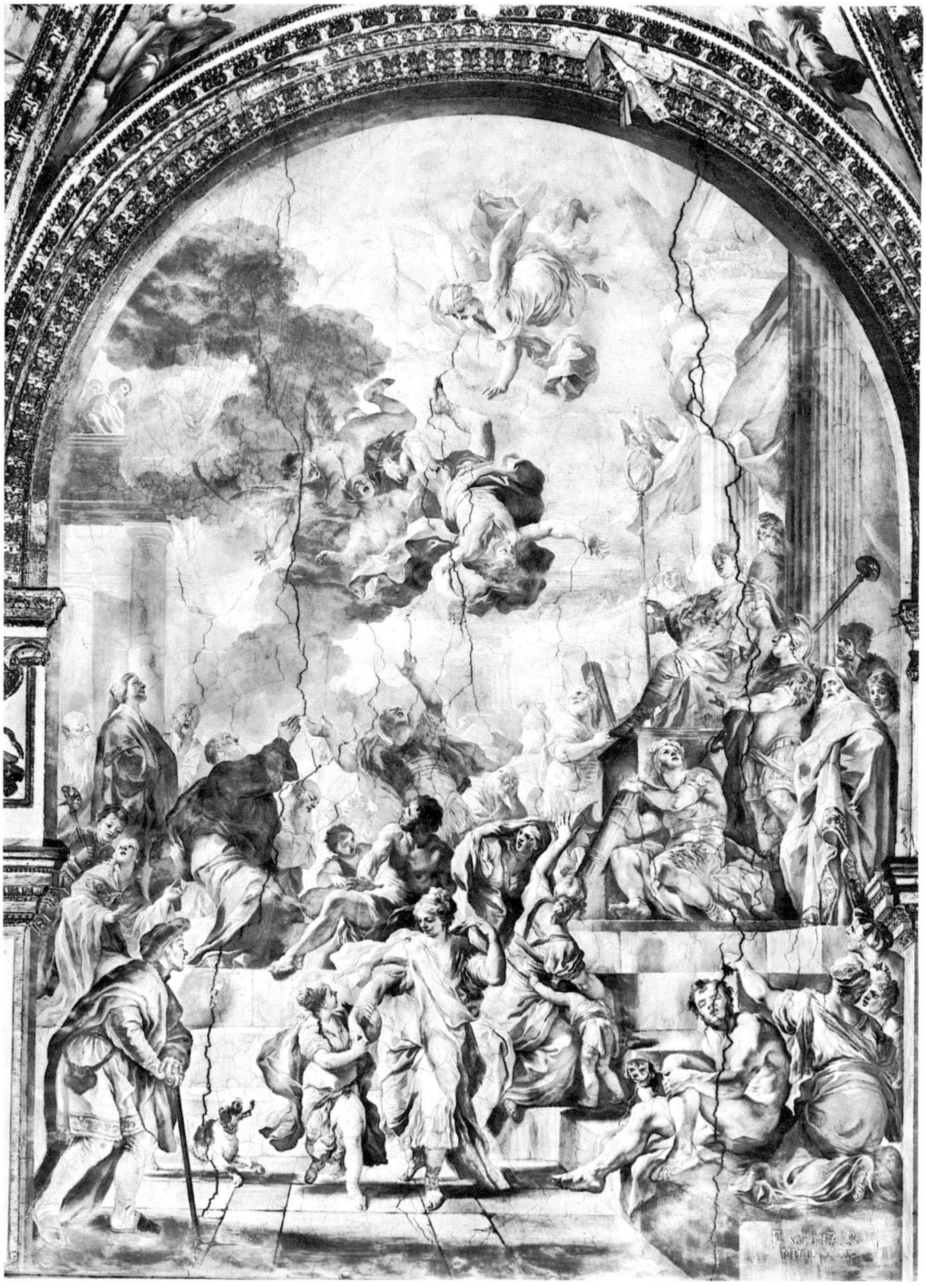

370 Francesco Solimena, Der Sturz Simon des Magiers, um 1693. Sakristei von S. Paolo Maggiore, Neapel

(oder ›Fälschungen‹, wenn man diese Bezeichnung vorzieht), die er übrigens für den Sammler Giuseppe Romer mit seinem richtigen Namen signierte.[217] In der gleichen Richtung manifestierte sich das früh entwickelte und entschlossene Talent von Francesco Solimena, der in seinen großen melodramatischen Darstellungen in S. Paolo Maggiore (*Der Sturz Simon des Magiers* □ 370, Die Bekehrung des hl. Paulus, 1689-1690) die feinen Nuancierungen zu vermehren und die Figuren nach allen Richtungen zu dehnen und zu verdrehen bemüht war. Mit großer Sicherheit beherrschte er die Anordnung von sich spiralförmig drehenden Gruppen (Sakristei von S. Domenico Maggiore,

1709; vor allem aber das tumultuarische Fresko der *Austreibung Heliodors aus dem Tempel* in der Kirche Gesù Nuovo, 1725). Mit ihm gelangt das Rhetorische zu einer leidenschaftlichen, von heftigen Lichtblitzen in breiten Architekturen durchzuckten bildnerischen Vision, die Delacroix hat inspirieren können. Solimena berücksichtigte alles mit großem Geschick, in der Skizze zum *Massaker der Justinianer in Chios* (Museum, Neapel) kann man jedoch die Erfindungskraft im Detail ermessen. Mit seinem Nachfolger Francesco de Mura (1696-1752) wird der Dekor übermäßig dick und schwerfällig, wie zum Beispiel in S. Severino in Neapel (1740)[218].

Apulien

Wie zur Zeit der Romanik, als die Zentren im Süden Italiens unabhängig voneinander auf die byzantinischen oder normannischen Einflüsse reagierten, bieten jetzt Apulien und Sizilien unter spanischem Einfluß ganz eigene Versionen eines südlichen Barocks: in Galatone, in Martina Franca und vor allem in Lecce. Die Schönheit des lokalen Steins, der von einem feinen goldgelben Korn ist und sich leicht bearbeiten läßt, jedoch unglücklicherweise auch leicht verwittert, erleichtert die Verwandlung des Wanddekors in ein Spiel von Reliefs, modellartigen Ornamenten und feinem Rahmenwerk, das die Baukonstruktion überdeckt. Überall handelt es sich um einheimische Architekten. Die interessantesten davon sind – zwischen 1650 und 1700 – Francesco Zimbalo und Giuseppe Cino. Auf den Fassaden der Bürgerhäuser treten Balkons in Form von Monstren, Chimären und Kentauren hervor. Die Geschosse und Gesimse der Kirchenfassaden sind mit den erstaunlichsten, fein gearbeiteten Ornamenten bedeckt. Die überraschendste Kirche ist die Basilika *S. Croce* in Lecce (umgebaut ab 1549, vollendet 1695, □371), wo sechs Säulen ein friesartiges Gesims tragen, auf dem dreizehn Karyatiden teils in menschlicher, teils in tierischer Gestalt einen Balkon stützen. Bizarre Erfindungen, Schleier von Spitzen breiten sich über die ganze Anordnung aus. Das dreischiffige Innere läßt an eine mit Festons bedeckte florentinische Kirche denken. Das Ensemble der Kathedrale von Lecce von Zimbalo (etwa 1670-1682) und des bischöflichen Palastes mit den schönen, reich gerahmten Fenstern, die sich zwischen die Rustikapilaster einzeichnen, lassen Erinnerungen an den spanischen ›Plattereskenstil‹ aufkommen. In dieser späten Anwendung be-

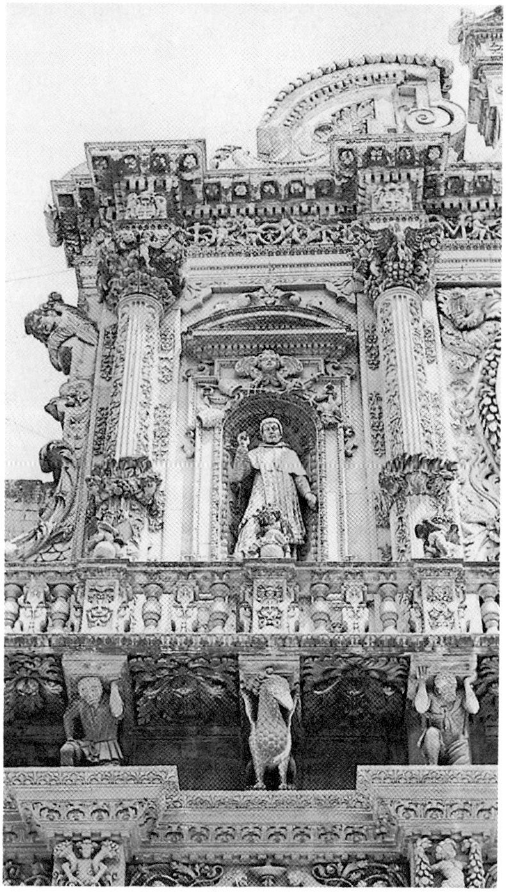

371 Lecce, Basilika S. Croce, Umbau 1549-1695
Fassadendetail

wahrt das Gebäude jedoch eine großartige monumentale Regelmäßigkeit.

Nach 1700 findet man bei der Kirche S. Chiara mit ihrer kurvigen und vielfach verkröpften Fassade und bei S. Matteo Wirkungen von borrominischem Geist.

Sizilien

In Sizilien ist die Situation noch anders. Urbanismus und Architektur sind hier viel enger als woanders miteinander verknüpft, und die Baukunst entfaltet alle Mittel des Dekors, in dem nun der Barock mit dem Glanz der Mosaiken und Marmore des 12. Jahrhunderts konkurrieren zu wollen scheint. Der Neubau des Domes von Syrakus bezieht den alten Minervatempel ein; die Fassade stammt von Picherale (1728-1757). Es ist vor allem Palermo, das vom 11. bis zum 19. Jahrhundert – von der normannischen Kirche Martorana bis

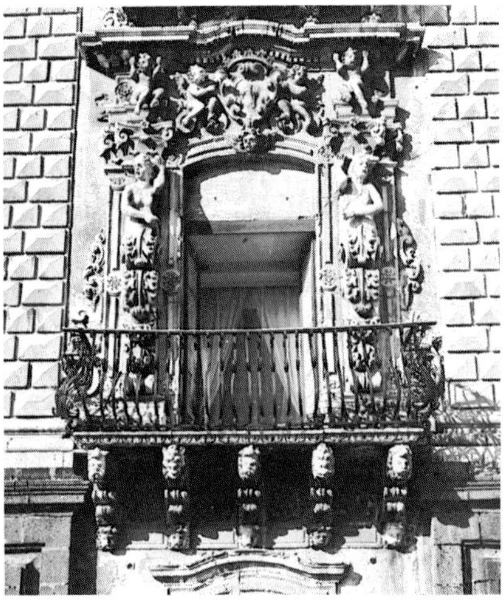

372 G.B. Vaccarini, Fenster des Benediktinerklosters, Catania, 1693-1735

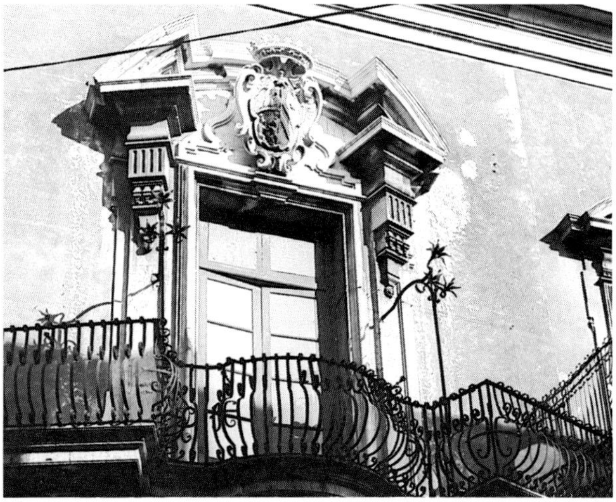

373 Gian Battista Vaccarini, Mittelbalkon des Palazzo Valle, Catania, um 1750

zum Teatro Massimo – auf eine lange Geschichte zurückblicken kann, in der das 17. Jahrhundert eine interessante Rolle spielt. Denn dieses Jahrhundert hat der Stadt ihr endgültiges Gepräge gegeben mit den zwei gradlinigen Achsen, die die vier monumentalen Tore des 16. Jahrhunderts verbinden (Nuova, 1535, im Osten; Felice, nach 1582, am Hafen) und sich an der Piazza dei Quattro Cantoni (1609) kreuzen, einem Platz, dem der Lombarde Sasso später durch vier Fassaden von römischem Geschmack eine größere Weite gegeben hat. Giacomo Amato (1643 bis 1732), der in Rom in die Lehre gegangen war, errichtete die Kirche *La Pietà* (1689) mit vorspringenden, zwei mächtige Geschosse bildenden Säulen und S. Salvatore (nach 1682) mit einer ovalen Kuppel. Die Kirche *S. Giuseppe dei Teatini,* begonnen 1612 von G. Besio aus Genua, und die *Casa Professa* der Jesuiten sind beide in der zweiten Hälfte des Jahrhunderts verändert worden, die eine durch Fresken und vergoldete Stukkaturen von Tancredi aus Messina (1655-1725), die andere durch Stukkaturen von Serpotta. In der *Cappella Roanno* im Dom von Monreale haben Angelo Italia und einheimische Bildhauer mit einer Fülle von Marmor und Stuck an Decken, Wänden und Böden ein überladenes und blendendes Meisterwerk dieser eigenartigen Kunst realisiert.

Im 18. Jahrhundert hat Sizilien zwei berühmte Architekten aufzuweisen: Juvara, geboren in Messina, der dann in Piemont Karriere machte, und Gian Battista Vaccarini (1702-1768) aus Palermo. Vaccarini hat mit seinen Arbeiten in Catania tatsächlich das Werk einer ganzen Generation von Architekten, die um 1700 den Wiederaufbau der durch das ungeheure Erdbeben von 1693 zerstörten Städte an der Ostküste durchgeführt hat, gekrönt und gesteigert[219]. Die Häuserfronten der neuen und perspektivisch reichen Straßen haben einen etwas wilden Dekor: *Palazzo Biscari,* die originellen Fassaden der Via dei Crocifieri, das *Benediktinerkloster* □ 372. Die Tätigkeit Vaccarinis, der eine bedeutende Persönlichkeit und ein großer Theoretiker war und bei Carlo Fontana in Rom gelernt hat, wirkte auf die Überfülle der Formen ausgleichend und mäßigend. Er gab dem Dom eine plastisch stark bewegte Fassade und errichtete davor einen Brunnen mit einem Obelisken auf einem Elefanten, der eine Nachahmung des Bernini-Brunnens ist. In der Kirche *S. Agata,* deren Inneres mit einer Art von Arabeskenfries ausgeschmückt ist und die auf elliptischem Grundriß errichtet ist (die Kuppel wurde erst 1767 fertiggestellt), sowie im *Palazzo del Municipio* nähert er sich Borromini. Nüchterner sind der *Palazzo Valle* □ 373 und der *Palazzo Sarravalle,* jedoch mit einer Anordnung von kapriziösen Balkons, die sich in Ragusa wiederfinden und die einer bereits strenger werdenden Konstruktion eine Rokokobedeutung anhängen zu wollen scheinen.

Wie Catania wurde auch die an den Hängen der Monti Iblei inmitten von Mandelbäumen liegende Stadt Noto nach 1693 wieder aufgebaut[220]. Der weiße Tuffstein ist wie in Lecce zu einer feinen, goldschmiedeartigen Skulptur verarbeitet, und auch die Fassaden, Balkons und Umrahmungen zeigen eine außerordentliche Vielfalt und Virtuosität, sowohl beim *Kloster S. Salvatore* (1706) als auch beim *Palazzo Nicolaci* (um 1730). Doch das Merkwürdigste ist die Struktur der wie ein weites Theater angelegten Stadt selber, wo durch die Gesimse der ansteigenden Straßen der Eindruck von stürzenden Perspektiven erzeugt wird □ 374, 375. Diese außergewöhnliche Anordnung ist ein Meisterwerk barocker Szenographie und stammt von einheimischen Architekten: Landolina, Nicolaci, Carnelivari. Trotz der Berühmtheit Vaccarinis war es Fuga, dem der Bischof von Palermo den Auftrag zur Restaurierung des Domes erteilte (1767). Das Innere der Kirche stattete er mit Pilastern und einem halbrunden Tonnengewölbe aus, die Kuppel erhöhte er. Zur gleichen Zeit gewann auch die Villenarchitektur an Bedeutung. In Palermo selber wurde der Hof des Palazzo Bonagia mit einer Treppe aus rotem Marmor versehen, die wie ein fein durchbrochenes Gitterwerk behandelt ist. Unter den anmutigen Bauwerken der Insel aber ist vor allem das unvergleichliche ›Capriccio‹ der *Villa Palagonia* zu nennen.

Einige Kilometer östlich von Palermo, in Bagheria, hatte Ferdinando Francesco Gravina, Prinz von Palagonien, um 1715 durch den Prediger-

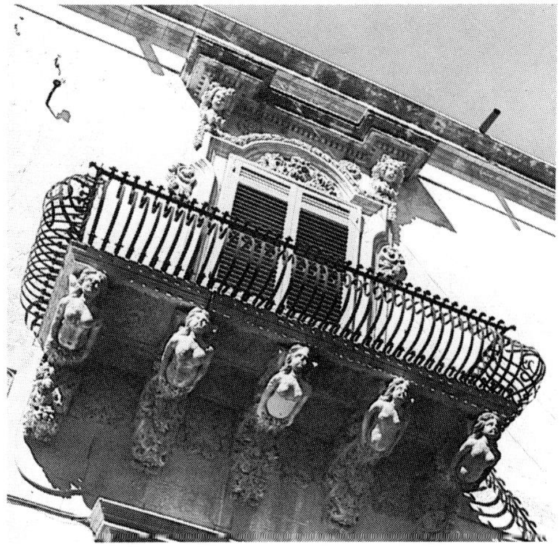

375 Noto, Palazzo Villadorata, erste Hälfte 18. Jh.

mönch Tomaso aus Neapel ein Lustschloß errichten lassen. Sein Sohn Ferdinando Francesco III. fügte ihm um 1746 noch eine höchst eigenartige Dekoration hinzu. Im ganzen ›aufgeklärten‹ Europa – noch vor dem Besuch Goethes 1787 – war die Villa als das ›Schloß des Absurden‹ berühmt[221]. Um eine im Mittelpunkt liegende Villa herum, die durch einen Dekor voller Überraschungseffekte in eine Art von Zauberschloß verwandelt ist, breiten sich mehrere ovale, ineinander übergreifende Höfe aus; die mit Statuen bekrönte Umfassungsmauer bildet siebzig als Wirtschaftsgebäude verwendete Kompartimente. Davor befindet sich eine lange Allee von 220 Meter mit einer Balustrade, die durch Figurengruppen – etwa dreißig Gruppen – flankiert ist. Sie bilden ein burleskes Spalier, in dem alle grotesken Motive des Dekors auftauchen: Possenreißer, groteske Musikanten, Monstren mit Hörnern und in teuflischen Posen, Tiere aus einer ›verkehrten Welt‹ (zum Beispiel ein Löwe am Tisch sitzend) und – was am bezeichnendsten ist – Parodien auf die Mythologie (Achill und Chiron zwischen Policinelli, ein Laokoon als Harlekin). Am Südeingang betonen die zwei einander gegenüberstehenden Figuren eines Weisen und eines Narren das Moralische dieser ungeheuren, monumentalen Burleske.

Aus der großen Zahl der in Marmor, Stuck und farbigem Dekor arbeitenden Kunsthandwerker sticht einzig Giacomo Serpotta (1656-1732) heraus, der in der Modellierung kleiner Flachreliefs eine ungewöhnliche Virtuosität erreichte. Das *Oratorium von S. Lorenzo* (1699-1706) und das Oratorium der Bruderschaft vom Rosenkranz von

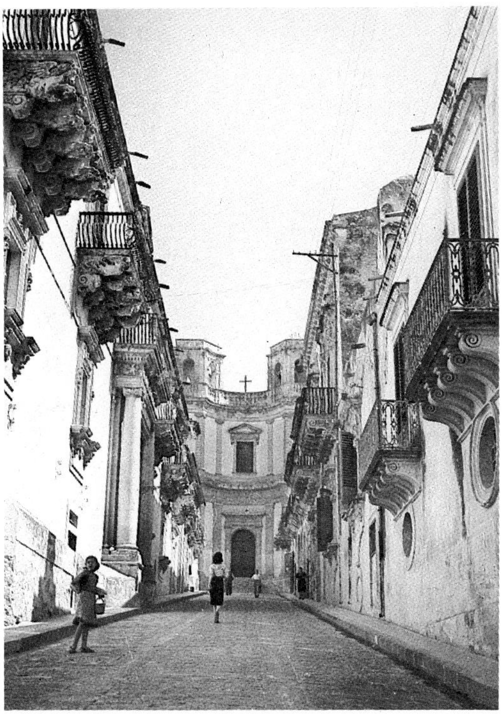

374 Noto, Via Nicolaci

S. Domenico (etwa 1710-1717) sind ganz mit seinen kleinen Statuen und Kartuschen in fließendem Relief ausgestattet, die im Detail sehr delikat sind. Es ist ein Rokokostil, der – zum Teil von der Lehre Roms ausgehend – bereits neoklassizistische Elemente enthält.

Malerei

Was vollkommener Barock ist, das zeigt die Kunst von Bernini und Pietro da Cortona: eine ganzheitliche Ordnung aus Architektur und Dekor. In diesen Rahmen läßt sich jedoch nicht die ganze Entwicklung der italienischen Malerei dieser Zeit einschließen; zweifellos entsprachen die Neigung zum Grandiosen und die Entwicklung von allegorischen und religiösen Ideen dem Geschmack des Jahrhunderts und wirkten sich überall aus; es gab jedoch auch in umgekehrter Richtung eine konstante Bemühung, die dem darstellenden Bild eine spezifische Ordnung geben und die reine Malerei vertiefen wollte. Diese Richtung wurde in Rom zwischen 1600 und 1610 durch zwei Gruppen, die vieles gemeinsam haben, aber für gewöhnlich gern, und meist in oberflächlicher Weise, als Gegensätze hingestellt werden, kraftvoll definiert. Die eine erklärte tatsächlich ihren Bruch mit allem Vorhergegangenen – das ist der reine ›Luminismus‹ Caravaggios; die andere Gruppe vertrat die helle und idealisierte Malerei der Carracci-Nachfolger. Sie behaupteten sich – nicht ohne sich öfters zu ›durchkreuzen‹ – stark in der ersten Hälfte des Jahrhunderts, in der sich die großen Dinge in Rom ereigneten. In der zweiten Hälfte gewannen die lokalen Schulen, vor allem Neapel, Bologna und die Lombardei – abgesehen von Venedig, das bis dahin mehr am Rande blieb –, an Bedeutung. Die kleineren ›Genres‹ zogen jedoch mehr und mehr Künstler zur Landschaftsmalerei oder ›veduta‹, zu realistischen Darstellungen oder zu den ›capricci‹, die eine Antwort Italiens auf die niederländische Malerei waren. Eine tiefere Erschütterung verursachten die puristischen Gegenbewegungen, die sich nach 1750 mehrten. Die Übereinstimmung der Neoklassizisten von Mailand, Venedig und Rom, angeregt durch die Vorbilder von London, Paris und Dresden, führte zu einem rapiden Erlahmen und Austrocknen der italienischen Vitalität.

Caravaggio und der Luminismus

Es gibt wenige so deutliche Revolutionen in der Kunst wie die von Caravaggio; es ist die bedeutendste der ganzen italienischen Kunst. Zwar sind starke, ungestüme Temperamente wie das von Michelangelo Merisi (1573-1610), nach seinem Heimatort in der Lombardei Caravaggio genannt, in der Welt der Kunst nicht eben selten, jedoch gesellen sich hier zu einem radikalen und stolzen Charakter noch abenteuerliche Züge und sogar der unangenehme ›Geruch‹ des römischen Volkes, die uns seine plötzliche Macht und sein dramatisches Ende erklären helfen.

Sein Leben läßt sich in wenigen Daten festhalten. Er lernte ganz jung bei Simone Peterzano in Mailand, kam gegen 1588 nach Rom und arbeitete mit dem Cavaliere d'Arpino zusammen. Dann, 1590, verschaffte ihm die Protektion des Kardinal del Monte einen bedeutenden Auftrag: die Ausmalung der *Cappella S. Matteo* in S. Luigi dei Francesi, die ihn zehn Jahre lang beschäftigen wird. 1603 kam Caravaggio, dessen Ruhm bereits bis Flandern reichte, aufgrund einer Klage von G. Baglione wegen Verleumdung ins Gefängnis. Während der nun folgenden Jahre mehrten sich seine Zusammenstöße mit der Polizei: Streitigkeiten, Schlägereien, Sittenaffären, Flucht nach Neapel, Malta, Sizilien. Bei einer Schlägerei verwundet, kam Caravaggio nach Rom zurück und starb am 18. Juli 1610 in der Nähe von Port' Ercole mit knapp siebenunddreißig Jahren an Malaria.

Sein Werk umfaßt über vierzig Bilder (und ungefähr zwanzig ihm zugeschriebene Bilder oder Kopien), deren chronologische Ordnung sehr schwierig zu bestimmen ist. Radiographien haben unter den Kompositionen von S. Luigi dei Francesi die ersten Entwürfe entdeckt, die eine regelmäßige künstlerische Entwicklung zu den großen Licht- und Schattenwirkungen hin und damit eine folgerichtige Gruppierung seiner Werke zweifelhaft erscheinen lassen[222]. Was Caravaggio im Innersten verabscheute, das war die Kunst der Manieristen mit ihren Allegorien und konventionellen Formen. Sein Instinkt trieb ihn zu einer ›natürlichen Malerei‹. Abgesehen von Venedig gab es in der Lombardei durchaus Beispiele einer schlichten, ernsten Malerei – Moretto und Moroni zum Beispiel – und einer volkstümlichen Kunst mit nächtlichen Lichteinwirkungen – Romanino und Campi. In einer spontanen und konsequenten Schlußfolgerung seiner Gedanken interpretierte Caravaggio die

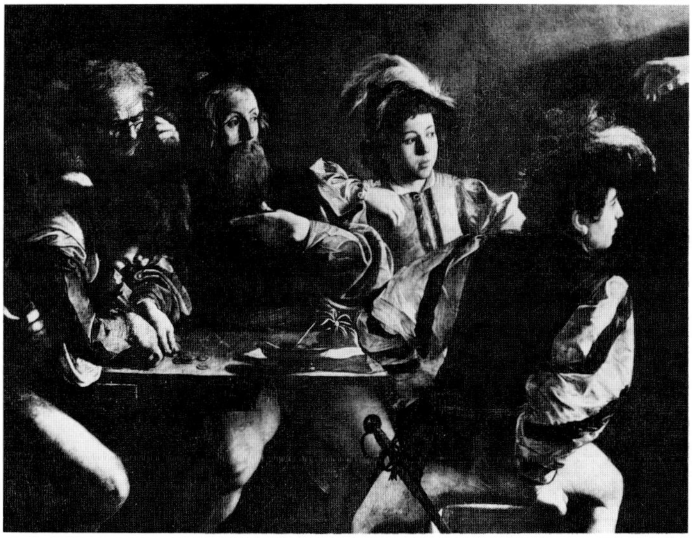

376
Caravaggio
Berufung des hl. Matthäus

Szenen aus der Heiligen Schrift oder der mythischen Welt in einer drastischen, kühnen und freien Weise: Bacchus wird zum Straßenjungen mit schwarzen Locken; die *Berufung des hl. Matthäus* findet in einer Art Wachstube statt, wo man Karten spielt □ 376; die *Peiniger des hl. Petrus* sind muskulöse, brutale Kerle (1601, S. Maria del Popolo, Rom); die *Totengräber der hl. Lucia* gewaltige bäuerliche Gestalten (1608, Syrakus); die Jungfrau Maria, die die Huldigungen von Pilgern entgegennimmt, ist eine große, römische Frau (1604-1605, S. Agostino, Rom) und die tote Muttergottes eine Bäuerin im Kittel, deren Haut durch den Tod aufgedunsen ist (1607, Louvre).

Man hat hierin den Ausdruck einer neuen Frömmigkeitshaltung, die zum Beispiel der realistischen Entwicklung der spanischen Kunst den Weg bereitet hat, gesehen und – in Verbindung mit einem gewissen Wiederaufleben des franziskanischen Gedankens – eine ›neue Bibel der Armen‹.

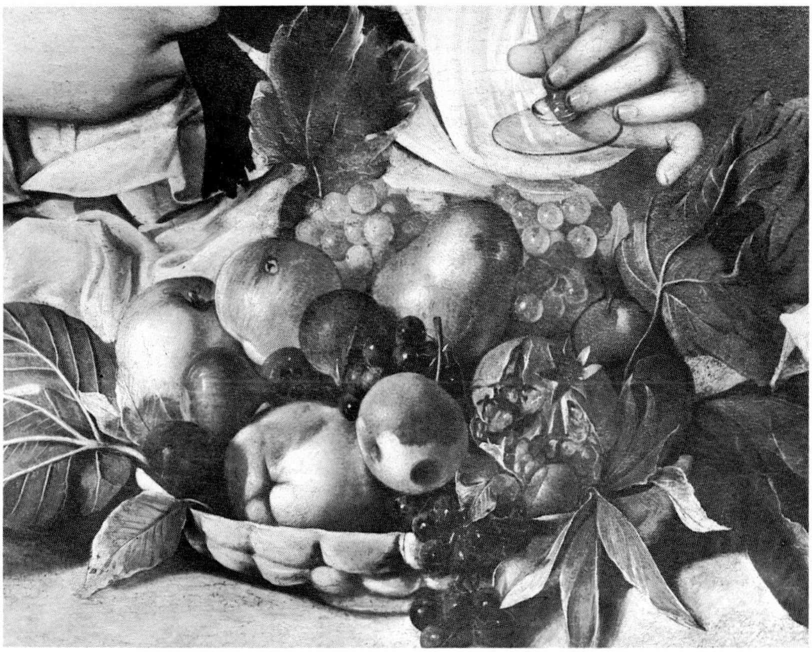

377
Caravaggio
Detail aus ›Bacchus‹
um 1593
Uffizien, Florenz

Es gibt bei Caravaggio indes auch einen Hang zum Skandal, der eng mit seiner genialischen Natur, seiner derben und gewaltsamen Sehweise verbunden ist, die wie bei Courbet keine Konzessionen zuläßt. Seine Aussagen übertreten die Grenzen der religiösen Vision; seine Wahl von zweideutigen (*Bacchus*, Galleria Borghese) oder vulgären Typen für die Darstellung von Eros oder den Aposteln (Berlin) wirkt auf die Genreszene und den profanen Realismus anregend und ruft auch die religiöse Kunst zu einer größeren Vermenschlichung auf.

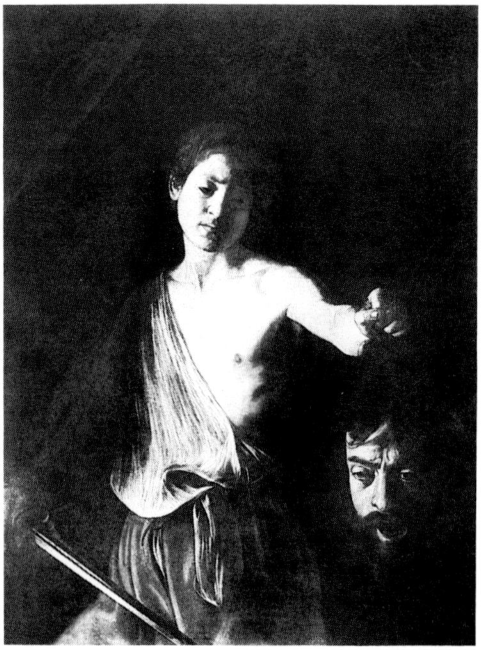

378 Caravaggio, David, 1605. Galleria Borghese, Rom

In dieser Malerei, die ohne Vorurteile gesehen sein will, ist das Wesentliche nicht die Atmosphäre, das Vibrieren der Farbe oder die Anmut des Konturs – die für ihn gekünstelt waren –, sondern die Daseinskraft der Körper und die massive und detaillierte Realität der Gegenstände □377. Es war die poetische Entdeckung, diesen Realismus in dem höchsten Kontrast – dem von Licht und Schatten – zu finden, der einen Teil der Figuren in Finsternis taucht und daraus ein Gesicht, einen Nacken oder eine Hand mit einer erstaunlichen Ausdrucksfähigkeit auftauchen läßt, wie es Caravaggio in seinem *Narziß* (Zuschreibung umstritten, um 1595, Galleria Borghese) oder seinem *David* (1605, Galleria Borghese, □378) vorführt. Daher die betonten Kontraste der Komposition, die, um diese Lichteinbrüche zur Geltung zu bringen, asymmetrisch und unregelmäßig wird und die Formen in ungestümen Verkürzungen, die durch die starkbetonten vorderen Bildebenen noch hervorgehoben werden, ins Schaukeln bringt: *Die Bekehrung des hl. Paulus* (S. Maria del Popolo). Diese heftige, abgerissene Kompositionsweise und die diagonalen Anordnungen wurden durch die Dekorationsmaler weiterverbreitet, jedoch mit einem weniger dramatischen Akzent. Die Kraft des ›Caravaggismus‹ liegt darin, daß er in den Überraschungseffekten der harten Beleuchtungen und der großen schwankenden Formen die nächtliche Seite der Welt spürbar zu machen versteht.

Es ist zwecklos, den ›Caravaggismus‹ im Rahmen des Barock festzulegen. Ihm liegen ganz verschiedene Ideen zugrunde, die sich ebensogut, wie die Verbreitung dieser Bewegung in Europa deutlich beweist, mit der klassischen Strenge verbinden läßt – also La Tour und später Vermeer – oder aber auch mit einer wirklich barocken Emphase, wie sie der frühe Rubens vertrat. Unter den zahllosen ›tenebrosi‹, die zwischen 1610 und 1620 Rom in Unruhe versetzten, neigten einige mehr der ersten Bewegung zu – Gentileschi oder Saraceni –, andere, wie Serodine, der zweiten. Die ›Caravaggio-Bewegung‹ bedeutete eine allgemeine Befreiung und wirkte sich auf allen Gebieten aus. Man findet selbst in bestimmten Werken von Orazio Borgianni (etwa 1578-1616) – in der *Geburt der Maria* (1613, Savona) – einen ersten Schritt in Richtung auf jene schimmernde und nervöse Kunst Magnascos, die man als das Rokoko des Luminismus bezeichnen kann.

Nach Caravaggios Weggang aus Rom – wenigstens seit 1607 – hätte sich sein Stil sicherlich nicht so schnell und tiefgreifend durchgesetzt, wenn er nicht von einem ausgezeichneten Nachfolger und Schüler, Bartolomeo Manfredi (um 1580-1620), dessen *Konzert* (Uffizien) lange Zeit für einen echten Caravaggio gehalten wurde, und der der Lehrer der meisten nordischen Künstler in Rom war, aufgenommen und fortgesetzt worden wäre. Es gibt von ihm einen *Bacchus mit Zecher* (Galleria Nationale, Rom), dessen Zeichnung nicht sehr rein ist. Die neue Lehre vom Luminismus wurde von den Meistern aller Schulen aufgenommen, und selbst Gegner Caravaggios, wie etwa Giovanni Baglione (1571-1644), der spätere Chronist, der sich um eine klare, helle Malerei bemühte, oder auch sein Schüler Salini (1570-1625) erlagen ihr schließlich.

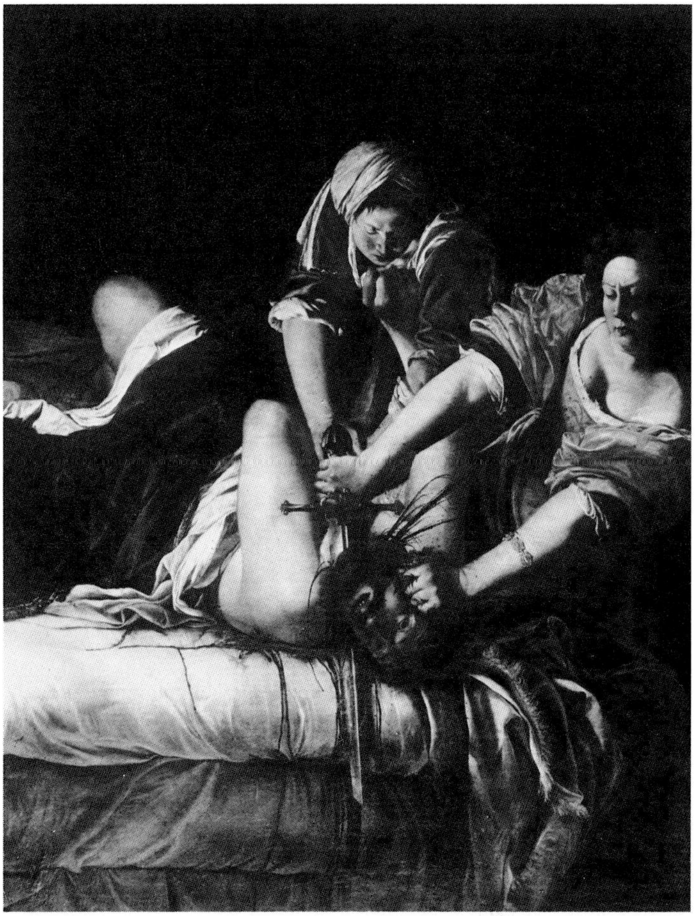

379
Artemisia Gentileschi
Judith und Holofernes
um 1620
Uffizien, Florenz

Orazio Gentileschi (1565-1638) kam vom toskanischen Manierismus her. In Rom lernte er Reni und Caravaggio kennen, von dem er ein sehr persönliches Porträt gemalt hat. Er brachte feine Nuancen in die Formen (*Flucht aus Ägypten,* Louvre), machte die Komposition fließend (*Loth und seine Töchter,* Privatbesitz, London) und brachte die Landschaft zur Entfaltung (*Der hl. Christopherus,* Berlin). Nachdem er in den Marken, in Genua und in Paris gearbeitet hatte, machte er ab 1626 in England am Hofe Karls I. Karriere. Seine Tochter Artemisia (1597 bis nach 1651), eine frühe Begabung, entwickelte ihr solides malerisches Talent, das auf die Erscheinungsweisen von Licht und Formen bedacht und noch elegant in den grausamsten Szenen war, zuerst in Florenz (*Judith,* Uffizien □379) und dann in Neapel, wo sie sich gegen 1630 niederließ und dort, im Vergleich zu Ribera, einen verfeinerten Caravaggismus pflegte (*Judith,* Neapel).

Der Venezianer Carlo Saraceni (um 1585 bis um 1625) näherte sich dem Luminismus noch voll von Erinnerungen an Giorgione (*Ruhe auf der Flucht,* 1606, Louvre) und interessierte sich zunächst für die Landschaft, wie der Rheinländer Elsheimer, und für das Genrebild, wie der Franzose Le Clerc. Nach 1610 weitet sich sein Stil (*Die hl. Cecilia,* Galleria Nazionale, Rom), er wird nüchterner und sogar heller: *Die Predigt des hl. Raimund* (S. Adriano, Rom). Giovanni Serodine (1594-1631) stammte aus dem Tessin und kam erst 1615 nach Rom. Schon mit den Gemälden *Die Söhne des Zebedäus* (1617, Ascona), dem *Hl. Laurentius* (um 1620, Valvisciolo bei Sermoneta) und dem *Lesenden hl. Petrus* (Sammlung Züst, Lugano) bereicherte er durch den Pinselstrich und einen lebhafteren Farbensinn seine caravaggeske Malweise.

Die Gruppe der aktiven Caravaggio-Anhänger umfaßte viele Maler aus allen Ländern; minde-

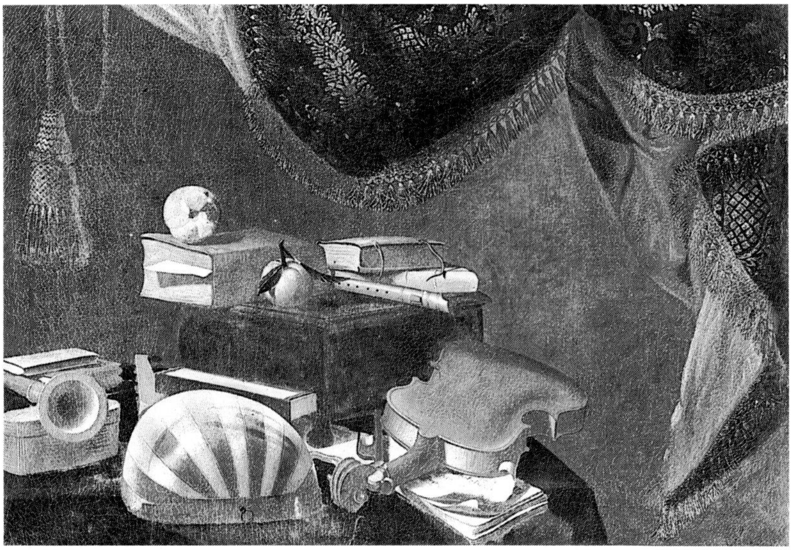

380
Evaristo Baschenis, Stilleben mit Musikinstrumenten, um 1650. Brera, Mailand

stens zehn Jahre lang beschäftigte der Naturalismus und der Luminismus die Vorstellungen aller Künstler. Sie trugen zum Erfolg der neuen Genremalerei bei. Caravaggio hatte erklärt, »daß es ihm genausoviel Mühe kostete, ein gutes Bild mit Blumen wie eins mit Figuren zu malen«, und sein *Blumenkorb* – ob er nun ein Detail eines größeren Bildes ist oder nicht – (um 1596, Ambrosiana, Mailand) ist ein hinreichender Beweis dafür; so wie die Historienmalerei der akademischen Vorstellungsweise entgehen mußte, so entging das Stilleben, oder was man die Malerei der ›cose naturale‹ nannte, den Aufgaben der großen Dekoration[223].

Seine Anregung wurde sogar von unbedeutenderen, der Gruppe nicht zugehörigen Malern in Rom selbst, wie Pietro Paolo Bonzi, genannt Gobbo dei Frutti (1583/4-1643/4), und Mario Nuzzi, genannt Mario dei Fiori (1603-1673) aufgenommen. In Neapel war es Paolo Porpora (1629 bis 1692), der sich an verschwenderisch beladenen Tischen nach holländischer Art erfreute[224], sowie sein Schüler Giovanni Battista Ruoppolo (1629 bis 1670); und vor allem in Norditalien, in Bergamo, Evaristo Baschenis (1617-1677), dieser erstaunliche Maler der schönen Lauten und Violinen □ 380 mit ihren gerundeten Saiten und goldfarbenen Hälsen, die aus dem Dunkel auftauchen, und der weiträumigen Küchen mit Bergen von blutigem Fleisch und Wild.

Neapel

Seit der Mitte des 15. Jahrhunderts hatte es in Neapel nur sich vorübergehend dort aufhaltende Künstler gegeben. Die Ankunft Caravaggios brachte der südlichen Schule eine starke Wiederbelebung, die mit Gian Battista Caracciolo, auch Battistello genannt (um 1570-1637) einsetzte. Battistello inspirierte sich ganz umittelbar bei Caravaggio in seiner *Befreiung des hl. Petrus* (um 1612, Monte della Misericordia) und im *Wunder des hl. Antonius* (um 1607, S. Giorgio dei Genovesi). Seine Kompositionen sind durch Streifen von Licht und Schatten stark rhythmisch gegliedert (*Die Fußwaschung*, 1622, Certosa di S. Martino), werden aber zweifellos unter dem Einfluß der Bolognesen sanfter und fließender. Noch spürbarer ist dieser Einfluß bei Andrea Vaccaro (1598 bis 1670), der an der Certosa di S. Martino gearbeitet und einen *Bethlehemitischen Kindermord* mit zwei großen, stark hervorgehobenen Silhouetten von Henkersknechten gemalt hat (Museum, Neapel), und bei Massimo Stanzioni, oder Cavaliere Massimo (1585 bis 1656), dem Maler zahlreicher Kirchenbilder (*Die Jungfrau erscheint den Kartäusern*), einer dramatischen *Kreuzabnahme* (Certosa di S. Martino) und einiger sentimentaler Figuren wie die *Hl. Agathe* (Museum, Neapel).

Gestützt durch die Anwesenheit von Artemisia Gentileschi in Neapel, nach 1630, gewann die Bewegung an Breite, vor allem auch dank einiger starker Persönlichkeiten, darunter Giuseppe de Ribera (1588-1652) aus Valencia, genannt lo Spagnoletto. Er war vor 1610 nach Italien gekommen, siedelte sich hier an und wurde Maler am Hof von Neapel. Es war die realistische Kraft Caravaggios, die diesen Spanier so besonders faszinierte; er verallgemeinerte sie jedoch durch konventionelle Zutaten (die kleinen Engel in seiner *Kreuzabnahme* in der Certosa di S. Martino), durch die Derbheit der Anatomie (in seinem *Hl. Sebastian,* Museum, Neapel) oder durch die etwas schwerfällige Jovialität (in seinem *Betrunkenen Silen,* Museum, Neapel), was auch seinen Mißerfolg in subtileren Darstellungen erklärt (*Venus und Adonis,* Galleria Corsini). Ribera war jedoch ein hervorragender Porträtmaler (*Missionar,* Poldi-Pezzoli, Mailand). Mit der Verwendung energischer Schrägen im Sinne Tintorettos gab er einen klaren Impuls in Richtung zuließ. Er war im Grunde ein ›Luminist‹ □381, machte sich jedoch in S. Andrea della Valle eine helle Malerei zu eigen (1651) und komponierte in S. Pietro a Maiella ein dekoratives schimmerndes Ensemble. Seine durch das furchtbare Unglück von 1656 angeregten Allegorien der Pest □382 sind in ihren Entwürfen (Museum, Neapel) von eindrucksvoller Bewegung. Seine größten Erfolge jedoch sind die drei Gastmähler *Epulon* (Galleria Corsini, Rom), *Balthasar* (Museum, Neapel) und *Absalom* (ebendort), wo in einer manchmal an Veronese erinnernden Anordnung von Arkaden ein hektisches Licht die Farben belebt und wie bei Tintoretto die Szene, in der die Ausdrücke des Schreckens und der Grausamkeit kraftvoll und eindringlich geschildert sind, dramatisiert.

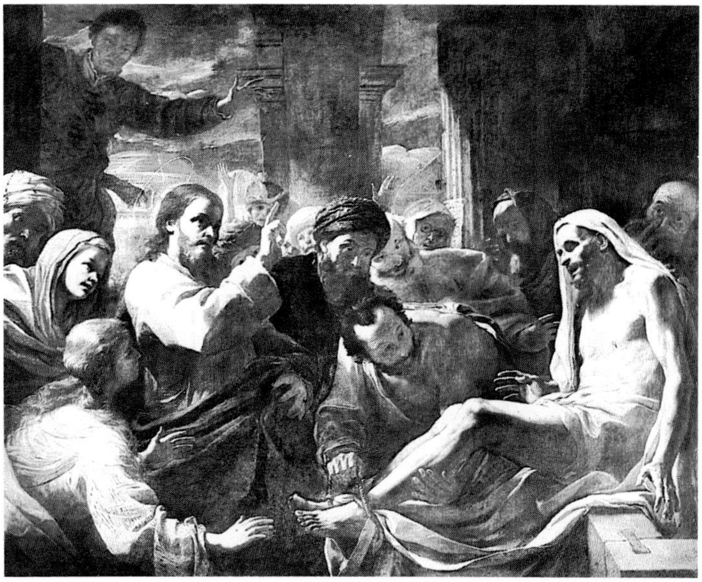

381
Mattia Preti
Die Auferweckung des Lazarus
zweite Hälfte 17. Jahrhundert
Galleria Nazionale d'Arte antica
Palazzo Corsini, Rom

auf den Barock, der zu der Malweise Luca Giordanos führte. Der Neapolitaner Aniello Falcone (1600-1665), der vielleicht ein Schüler von Ribera war, gab seinen Landschaften und selbst seinen Schlachtenszenen jedoch eine präzisere Bildordnung und helle Farbklänge, die ihn von Ribera entfernen.

Zuvor jedoch nahm der Caravaggismus in der Kunst von Mattia Preti (1613 bis 1699), oder auch il Cavaliere Calabrese genannt, eine noch umfassendere Form an. Preti, der die Kunst der großen Dekorateure besonders schätzte, hat Venedig und Florenz besucht und besaß eine ausgeformte Bildung, die keine oberflächlichen Interpretationen

Es handelt sich hier um einen echten Romantizismus. Das kann ebensogut von Luca Giordano behauptet werden, den wir bereits unter den Dekorateuren in der Nachfolge von Pietro da Cortona erwähnt haben und der in seinen übervollen, aber ausdruckstarken Kompositionen, in denen die künstlerischen Stilmerkmale Neapels, Roms und selbst Venedigs zur Vereinigung kommen, eine überraschende Fülle zeigt. Er steht dem Caravaggismus bereits recht fern, ebenso wie Salvator Rosa (1615-1673), Dichter, Kupferstecher und Maler, der vor allem zu den Erneuerern der Landschaftsmalerei gehört. Seit der zweiten Hälfte des 17. Jahrhunderts ist der Luminismus nichts weiter,

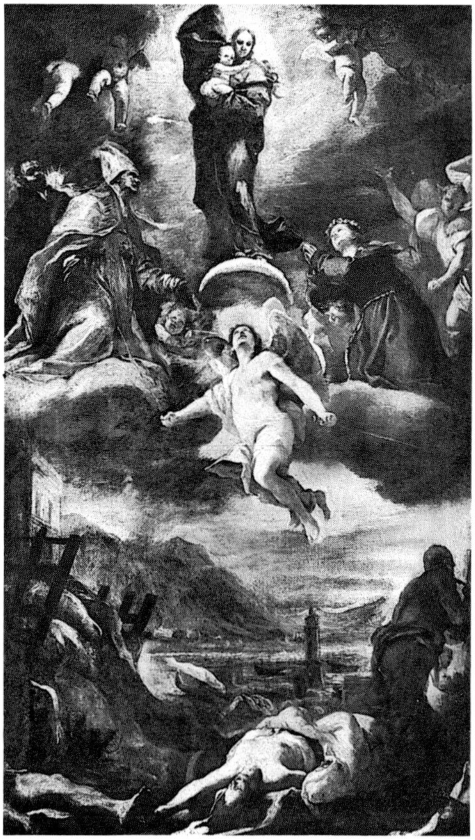

382 Mattia Preti, Allegorie der Pest von 1656. Museo Nazionale di Capodimonte, Neapel

als eine der Komponenten innerhalb der gesamten Malerei, er gehört nicht mehr einer bestimmten Schule an, und der reine Naturalismus ist zugunsten von künstlerischen Bemühungen, die oft sehr subtil im Ausdruck sind, verschwunden[225].

Nichtsdestoweniger wurde Giordano in Spanien zu einer entscheidenden künstlerischen Figur, und es sind seine Nachfolger, eine Gruppe von ›barockisierenden‹ Künstlern, mit ihrer Vorliebe für starke Lichteinbrüche, gewittrige Himmel und wirbelnde Bewegungen im Sinne der Neapolitaner Solimena und F. de Mura – und nicht der helle Barock mit den gefälligen Wolkengebilden von Tiepolo –, die mit der künstlerischen Formung Goyas in Zusammenhang gebracht werden. Dieser römische und neapolitanische Barock, der die Kunst eines Ribera fortsetzte und auf die kastilianischen Maler übergriff, fand späte Vertreter in Corrado Giaquinto aus Molfetta (1703-1765), Giuseppe Paladino aus Palermo und dem Römer Gregorio Guglielmi, die bei dem Dekor der *Chiesa dei Trinitari Calzati* (1746-1749) in der Via Condotti in Rom mitgewirkt haben. Der gleiche Guglielmi wird in Schönbrunn arbeiten und dort einen Stil zeigen, der kühn in seinen Verkürzungen, zugleich aber starr in den Formen ist und sich dem herrschenden Einfluß Tiepolos entzieht[226]. Giaquinto, dem wir den schimmernden und lockeren Dekor von S. Croce in Gerusalemme in Rom verdanken, traf in S. Lorenzo in Damaso mit Sebastiano Conca aus Gaeta (1680-1764) zusammen, der in Rom fast ununterbrochen von 1723-1753 (Datum seiner Abreise nach Madrid) eine Gruppe von romantischen, düsteren Malern aus dem Süden beherrschte, zu der auch Onofrio Avellino (1674-1741) zählt sowie die noch stärker der neapolitanischen Malerei verbundenen Maler Gaspare Traversi (gest. 1769) und Giovanni Bonito (1707-1789), ein Porträtist, dem es nicht an Schwung fehlt.

Die akademische Bewegung

Der Manierismus hatte unablässig gependelt zwischen freier Willkür der Phantasie und ästhetisierender Konvention. Nach der Vorstellung Lomazzos, Zuccaros und der akademischen Theoretiker ging es um das Problem, ein ›Idealbild‹ herzustellen, in dem sich sowohl das innerste Streben des Malers – seine ›Idee‹ – wie auch die Treue zu den äußeren Merkmalen von Menschen und Dingen in empfindlicher, gewissenhafter Weise offenbaren. Es ging darum, den Naturalismus zu mildern, eine universellere Sicht auszubilden und es nicht nur bei Momenten äußerster konkreter Präzision oder wohl durchdachter Abstraktion bewenden zu lassen. Hier griff die Lehre der Carracci ein, deren Bedeutung wir bereits aufgezeigt haben. Gegenüber der Willkür und Intellektualität des Manierismus erscheint sie als eine Rückkehr zur Natur, gegenüber dem reinen Naturalismus des Caravaggio-Kreises jedoch als der Ausgangspunkt eines neuen, verantwortungsbewußten Idealismus. Dieser Idealismus läßt sich in der Konzentration der Mittel erkennen, die mit Rücksicht auf die Einheitlichkeit der Handlung zu einer friesförmigen Komposition führt und in bestimmten Fällen die elegante Klarheit des griechischen Reliefs erreicht oder auch zu einer ausgewogenen Verteilung von hellen Farbtönen unter einem lebhaften Licht gelangt. Er zeigt sich aber auch in der Vorliebe für lebhafte Fiktionen, für Allegorien, Jahreszeiten, Tugenden, Lebensalter und Musen, die Variationen eines gleichen Vorbildes sind und vom Bildungsgrad des Künstlers Zeugnis geben[227]. Diese Kunst wird durch drei Meister vertreten, die teils in Rom, teils in Bologna tätig waren: Domenichino, Guido Reni und Guercino.

Bologna und Rom

Domenico Zampieri, genannt Domenichino (1581-1641), in Bologna geboren, war Gehilfe bei Annibale Carracci im Palazzo Farnese. Bereits in seinem Fresko *Die Geißelung des hl. Andreas* (1608, S. Gregorio al Monte Celio in Rom □384) tritt die trockene, klare, allzu gesuchte und Raffael nachahmende Zeichnung in Erscheinung, die alle Vorzüge und auch Unzulänglichkeiten dieses Künstlers aufweist. In der *Cappella di S. Nilo* in der Abtei Grottaferrata (1608-1610) haben die historischen Szenen etwas Archaisierendes, ebenso das Deckenfresko des *Sonnenwagens* (1613-1614, Palazzo Costaguti), ähnlich wie bei den entsprechenden Künstlergruppen, die auf die anderen beiden Führer des römisch-bolognesischen Akademismus zurückgehen. In den riesigen Zwickeln der Kuppel von S. Andrea della Valle (1624-1628) malte Domenichino die *Evangelisten* mit einer von Michelangelo inspirierten plastisch empfundenen Verve, die in keiner seiner anderen Kirchenbilder wiederzufinden ist, weder in den *Tugenden* in S. Carlo ai Catinari (1630) noch in S. Gennaro in Neapel (1630-1641). Zwei Werke sicherten ihm

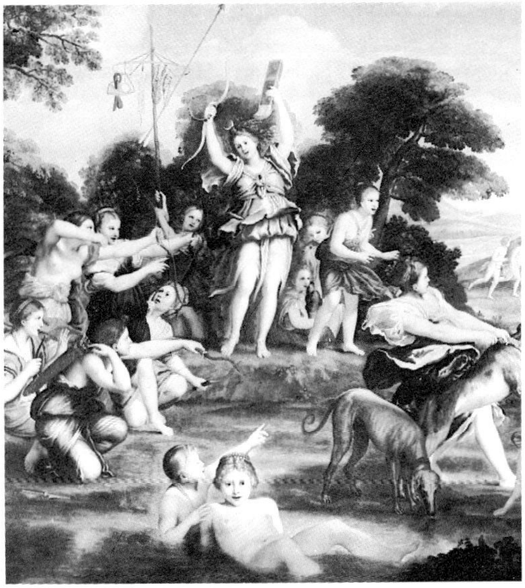

383 Domenichino, Die Jagd der Diana, Detail, um 1620. Galleria Borghese, Rom

bis ins 18. Jahrhundert seinen Ruhm: *Die letzte Kommunion des hl. Hieronymus* (1614, Vatikan), das eine pathetischere, stärkere Version des Bildes von Agostino Carracci ist, und *Die Jagd der Diana* (um 1620, Galleria Borghese □383) von bereits rokokohafter Bewegtheit und Geschmack, die sich jedoch vor einer recht unbedeutenden Landschaft abspielt. Es war die Ausgewogenheit von Horizon-

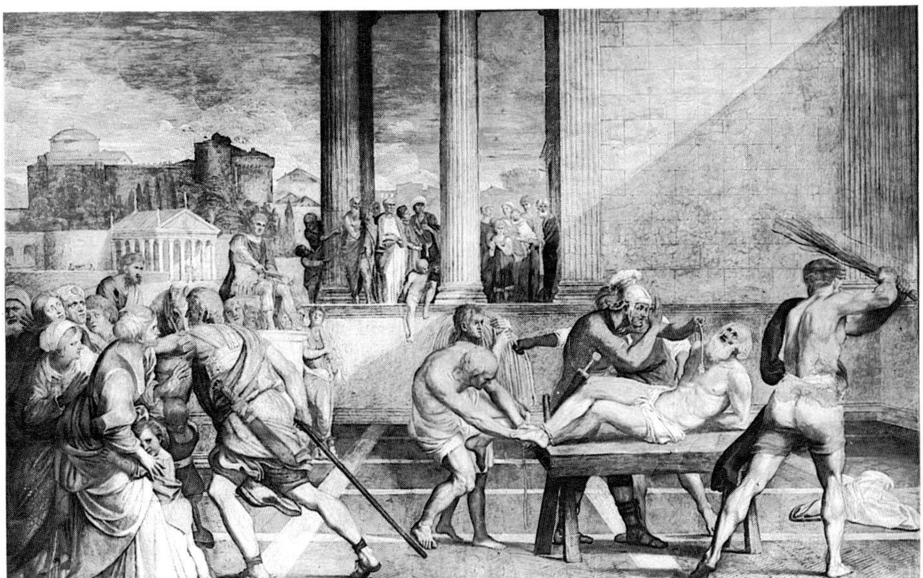

384 Domenichino, Die Geißelung des hl. Andreas, 1608. S. Gregorio al Monte Celio, Rom

ten und Bildebenen, die Poussin in der Kunst Domenichinos so sehr interessierte, aber auch das Repertoire von Gestik und Mimik, das für mehr als ein Jahrhundert die Skala der Leidenschaften in aller Breite und Eindringlichkeit festlegte.

Es ist indessen die Kunst Guido Renis (1575 bis 1642), in der die klassizisierende Reform der Carracci zu voller Bedeutung gelangt. Gegen 1602 kam Reni mit seinem Freund Francesco Albani nach Rom und malte dort im Stil Caravaggios die *Carità* (um 1604, Pitti) und die *Kreuzigung des hl. Petrus* (1602-1603, Vatikan), dann die Fresken in S. Gregorio, die Märtyrerszene in der Kapelle des hl. Andreas und die musizierenden Engel in schönem Reigen in der Kapelle der hl. Sylvia. *Der siegreiche Simson* (um 1610, Pinakothek, Bologna) zeigt das wachsende Interesse am harmonischen, nach antiken Marmoren studierten Akt; im *Kindermord zu Bethlehem* (ebendort) offenbart sich eine Kraft der dramatischen Verdichtung, eine klare, der caravaggesken Pathetik gänzlich fremde Anordnung und ein Klang, der bereits Poussin ankündigt. Reni kehrte 1614 nach Bologna zurück. Mit der in zwei Stufen aufgeteilten *Assunta* beginnen die ›ausstaffierteren‹, verworreneren Kompositionen, für die die *Madonna del Rosario* ein weiteres Beispiel sein mag (Pinakothek, Bologna). Einen ungeheuren Erfolg haben die bis zum Überdruß in der Kirchenkunst wiederholten Andachtsbilder, die bezeichnend sind für die neue, sentimentale und etwas oberflächliche Frömmigkeitshaltung: die *Mater dolorosa* (Privatbesitz, Bologna) oder der *Ecce Homo* (Louvre), die beide von äußerster Schalheit sind. Die mythologischen Darstellungen zeigen in Anordnung und Farbklang einen glücklicheren, sanften Fluß, zum Beispiel die *Aurora* im Palazzo Rospigliosi (um 1613 bis 1614); von stärkerer Vitalität sind die vier Herkulesbilder, die ihm der Herzog von Mantua 1620 in Auftrag gegeben hat (zwei davon im Louvre). Das berühmteste Bild, in dem der klassische Stil zu größter Reinheit und Vollendung gelangt, ist *Atalanta und Hippomenes* (1625, Neapel □ 385).

Unter den ersten, durch Reni in diese Richtung gewiesenen Anhängern der Carracci war auch Francesco Albani (1578-1660), der in S. Maria della Pace (1611-1614) arbeitete und für den Palast der Verospi auf dem Corso anmutige Reliefmedaillons entwarf, mit einer mythologischen, zur ›Pastorale‹ neigenden Tendenz in den Figuren der ›Flüsse‹ und ›Tage‹ □ 386. Dieselbe Inspiration in versüßlichterer Form tritt auch in den ›tondi‹ mit den Darstellungen der Elemente auf, wo in heiteren Landschaften rosafarbene Amoretten tanzen (Turin). Die Altarbilder von heller Farbigkeit und etwas weicher Zeichnung, wie die *Marter des hl. Andreas* (S. Maria dei Servi, Bologna), leiden unter dem Leichten, Gefälligen, das bei den hübschen Herbstlandschaften bestimmter mythologischer Darstellungen weniger störend wirkt (*Hermaphrodit und Salmakis,* Louvre). Das ist der äußerste, delikate, aber auch kraftlose Punkt, den dieser verfeinerte Neohellenismus erreicht hat. Diese helle, klare und maßvolle Kunst greift Andrea Sacchi (1599 bis 1661) in seinen Porträts und Altarbildern auf (*Hl. Romuald,* Vatikan).

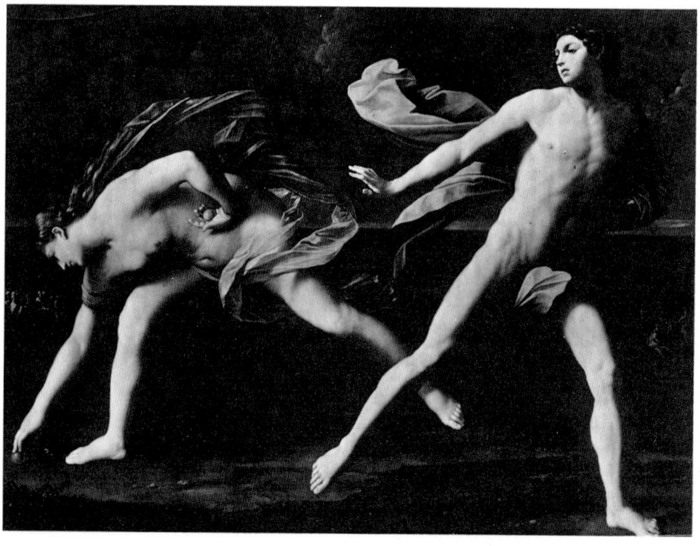

385
Guido Reni
Atalanta und Hippomenes
um 1625
Museo Nazionale di Capodimonte
Neapel

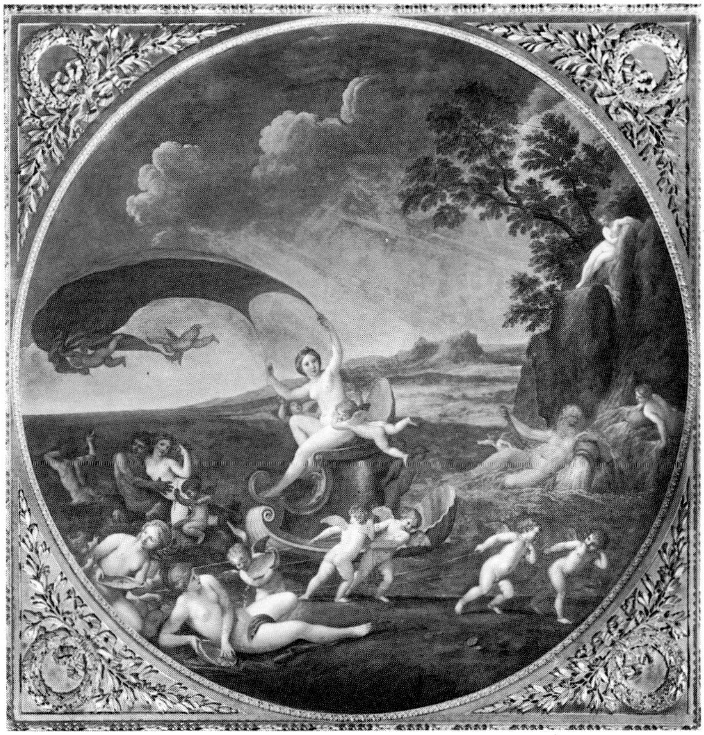

386
Francesco Albani
Allegorie des Wassers
1. Hälfte 17. Jahrhundert
Galleria Sabauda
Turin

Eine ganze Anzahl von Bildern aus den Jahren um 1620, *Die himmlische und die irdische Liebe* (Museum, Pisa), *Bacchus als Kind* (Pitti), sind heitere Darstellungen von in den caravaggesken Milieus verbreiteten Bildmotiven. Diese gleiche Tendenz, die die Neuheiten gänzlich absorbiert, ist auch bei den zweitrangigen Künstlern wie Giovanni Donducci, auch il Mastelletta genannt (1575 bis 1655), der besonders wegen seiner Landschaften interessant ist, und Lionello Spada (1576-1622) zu beobachten sowie in der Kunst des dritten großen Malers des Akademismus, Giovanni Francesco Barbieri, genannt il Guercino (1591 bis 1666). Er hat in Bologna gelernt und kann – aufgrund seines Alters – nur ein Schüler von Ludovico Carracci gewesen sein. 1618 hielt er sich in Venedig auf, was sich in seinem *Hl. Wilhelm von Aquitanien* (1620, Pinakothek, Bologna) niederschlägt. Sein Hauptwerk, die *Aurora* im Casino Ludovisi (1621), der einzige Überrest aus der 1870 zerstörten Villa, ist in seinen Verkürzungen, seinen Kontrasten der Farbtöne, der Betonung der Landschaft verglichen mit dem früheren Werk von Guido Reni von fast romantischem Ausmaß. Dieselbe Empfindung hat man vor anderen, fein empfundenen Landschaften in der Casa Pannini in Cento (etwa 1615, inzwischen abgelöst, Museum von Cento). Guercino assimiliert aber auch das Hell-Dunkel, und die gleichzeitige *Hl. Petronella* (Kapitol) verrät in den Figuren der Totengräber eine Nachahmung des Realismus Caravaggios. Die späte Zeit des in Piacenza tätigen Künstlers kennzeichnet ein schwerfälligerer Ausdruck: *Propheten* (1626, Dom). In den Kompositionen von Halbfiguren bewahrt sich eine gewisse Correggio nahestehende Sensibilität: *Hagar* (1657, Brera).

Mit den Nachfolgern dieser Meister verlor der Akademismus jede Überzeugungskraft. Nach Albani finden wir Carlo Cignani (1628-1719), ein Maler von allzu zarten und lieblichen Bildern (*Joseph,* Dresden; *Madonna,* Uffizien), und Carlo Maratta (1625-1713), der das künstlerische Rezept in unzähligen Altarbildern anwandte. Im Gefolge von Guido Reni gab es zahllose Künstler: Guido Canlassi (1601-1681) in der Romagna, Andrea Sirani (1610-1670); aber schon zog der Erfolg der ›Perspektivisten‹, angekündigt durch die Dekorateure Girolamo Curti, genannt il Dentone, und A. M. Colonna, die bolognesische Schule zur ›Quadratura‹, wo sich neben den Bibiena kleinere Künstler wie V. M. Bigari (1692-1776) und Franceschini (1648-1729) auszeichnen werden.

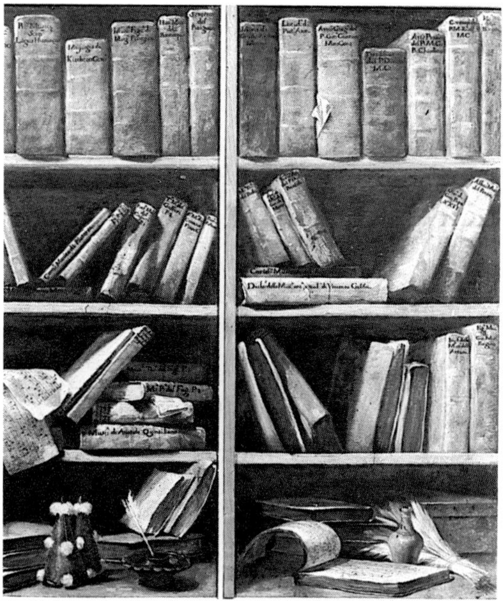

387 Giuseppe Maria Crespi, Bibliotheks-Stilleben, Detail, Ende 17. Jahrhundert. Konservatorium, Bologna

Es war ein sehr gebildetes, international ausgerichtetes Milieu, aus dem gegen Ende des Jahrhunderts der Bolognese Giuseppe Maria Crespi, genannt il Spagnolo (1665-1747), hervorging. Von den alten bolognesischen Malern, wie Guercino, hatte er vor allem die Feinheiten des Hell-Dunkels, von den Venezianern das Vibrierende der Farbe, von den Holländern den Sinn für das Genre übernommen. Als recht vielseitiger Dekorateur in seinen *Göttern* und *Jahreszeiten* im Palazzo Pepoli in Bologna (1692) und als Maler von religiösen Bildern mit schimmernden Farbtönen, jedoch von etwas alltäglicher Gesinnung – zum Beispiel die Reihe der *Sieben Sakramente* (Dresden) –, neigte Crespi vor allem zum Genre, das vom Stimmungsporträt (*Conte Fulvio Grati,* Privatbesitz, Bologna) bis zum *Selbstporträt* (Pinakothek, Bologna) und vom monochromen, feinen *Stilleben* (Bibliotheksabteilung, Konservatorium, Bologna □ 387) bis zu Szenen aus dem Volksleben reicht. Da wird ein dämmernder Himmel, eine nächtliche Natur von vielfältigen Lichtern belebt (*Bäuerliche Familie,* Budapest; *Carità,* Privatbesitz, Mailand), dann wieder kommt man zu rußgeschwärzten Landschaften (*Markt von Poggio a Cajano,* Uffizien, Florenz). Seine mythologischen Kompositionen zeigen die gleichen Eigenschaften: als Beispiel seien *Liebesgötter und Nymphen* (Sammlung Kress, New York) genannt.

Die Lombardei

In der Lombardei begegnen wir – auf einer streng provinziellen Ebene – einer parallelen Entwicklung. Man hielt hier weiter an der Tradition eines rechtschaffenen Realismus fest – etwa dem eines Moroni, dessen Porträts im 17. Jahrhundert venezianischen Bildnissen so ähnlich waren, daß man seinen *Schulmeister* für einen Tizian hätte halten können. Die Malerei in Mailand und Bergamo, die mit dem Manierismus gebrochen hatte, wendete sich während der ersten Hälfte des Jahrhunderts Rom und Bologna zu und orientierte sich dann im Porträt- und Genrebild an einem mehr europäischen Realismus. Die erste Generation war die von Giovanni Battista Crespi, genannt il Cerano (1576-1632), und Pier Francesco Mazzucchelli, genannt il Morazzone (1571-1626), pathetische Maler im Geiste der Gegenreformation und der Ästhetik des Kardinals Borromeo: Cerano in seiner *Madonna mit dem hl. Karl und dem hl. Bruno* (Certosa di Pavia) und in der *Geburt Christi* (Turin) und Morazzone in seinem herben *Hl. Franziskus in Ekstase* (Castello Sforzesco, Mailand) und in seiner *Verkündigung* (Pinakothek, Lucca) von schmelzenden Farbtönen in Hell-Dunkelwirkungen. Alle beide arbeiteten mit Giulio Cesare Procaccini (etwa 1570-1625) in der verschränkten und eigentlich luministischen Darstellung des *Martyriums der Heiligen Rufinus und Secundus*

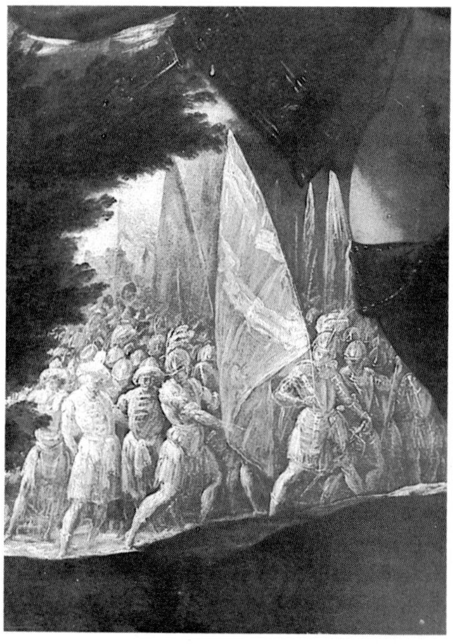

388 Giovanni Battista Crespi, Sauls Ungehorsam, Detail, um 1610-1620

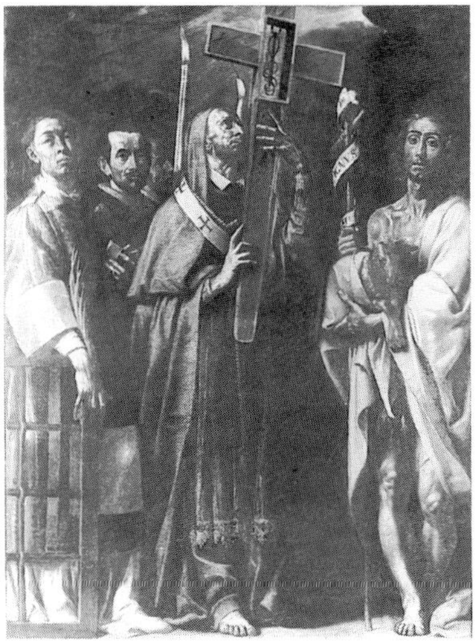

389
Tanzio da Varallo,
Der hl. Karl Borromäus
auf einem Bußgang
durch Mailand.
1. Hälfte 17. Jh.
Pfarrkirche in Celio
(Piemont)

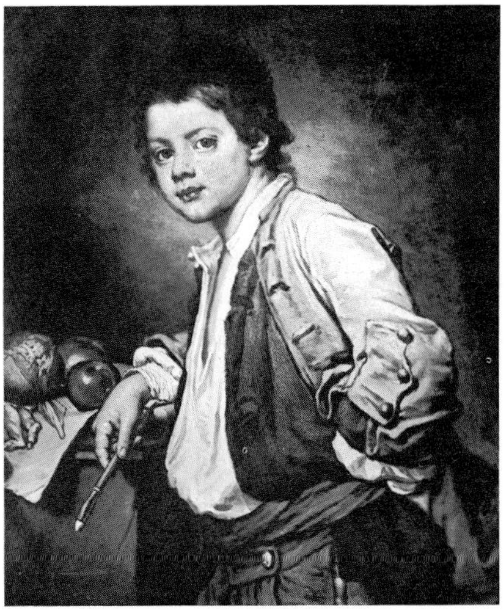

390
Giuseppe Ghislandi,
Porträt eines jungen
Künstlers.
Galleria dell'Accademia
Carrara, Bergamo

(Brera) und in der Folge von zehn Bildern mit den *Wundern des hl. Karl Borromäus* (für den Mailänder Dom) zusammen.

Die Resonanz des Caravaggismus verstärkte sich nach 1620 mit der feinen und überlegten Malerei von Daniele Crespi da Busto Arsizio (1592 bis 1630). In seinem *Hl. Karl am Tisch* ist das Tafelzeug nüchtern und treffend geschildert (S. Maria della Passione) und seinen *Toten Bruder* (Brera) könnte man für einen Velasquez halten. Sein Schüler Melchiorre Gilardini (gestorben 1675) war nicht weniger geschickt in der Verwendung von Kontrasten, ebenso die Schüler von Morazzone, Tanzio da Varallo (1575-1635) mit seinen kraftvoll modellierten Figuren unter dem starken Licht □389, Francesco del Cairo (1598-1674), ebenfalls sehr erfahren in nächtlichen Lichteffekten, und Carlo Francesco Nuvoloni (1609-1662), ein süßlicher Porträtist, der von Guido Reni herkommt. Die künstlerische Konzeption Evaristo Baschenis, den ich schon bei den Stillebenmalern im Stil Caravaggios erwähnt habe, stellt eine ganz besondere Seite der lombardischen Malerei dar.

Die Situation Magnascos in Mailand gegen Ende des 17. Jahrhunderts hat eine gewisse Ähnlichkeit mit der von G. M. Crespi in Bologna; mit einer etwas erregten Sensibilität, die zu persönlichen Nuancen neigte und am volkstümlich Pittoresken interessiert war, griff er zu abgekürzten und schimmernden Formen, die die lokale Anwendungsweise überschritten und die in einer anderen Perspektive – der der Landschaft oder des Capriccio – besser angebracht gewesen wären. Magnasco blieb jedoch abseits. Wahlmailänder, kehrte er 1735 nach Genua zurück, wo sich ein ganz und gar anders gerichteter Stilausdruck in der Lombardei durchgesetzt hatte, und zwar mit Crivellone (gestorben etwa 1730) und dem Landschaftsmaler Carlo Antonio Tavella (1668-1738), die beide zur holländischen Malerei tendierten, vor allem aber durch das Trio der ›Maler der Realität‹: Giuseppe Ghislandi, genannt Fra Galgario (1665-1743), ein Porträtmaler aus Bergamo, der in seinen Molltönen eine beachtliche Freizügigkeit, Solidität und Leichtigkeit zeigt (*Junger Mann,* Museum Poldi-Pezzoli, Mailand; *Prälat,* Privatbesitz, Mailand; *Isabella Camozzi,* Sammlung Costa di Mezzate). Dazu gehören noch Antonio Cifrondi da Chesone (1657-1730), der in seinen Handwerkerbildnissen über beschränktere Mittel verfügt, und Giacomo Ceruti, der zwischen 1724 und 1738 erwähnt wird und – mit einem Jahrhundert Abstand – sich als ein Le Nain der Bauern, der hart arbeitenden armen Leute und der Bettler (*Auf seinen Spaten gestützter Bauer,* Privatbesitz, Mailand; *Kind mit Korb,* Privatbesitz, Treviglio; *Familie am Herdfeuer, Zwei Unglückliche,* beide Privatbesitz, Brescia; *Die Waschfrau,* Brescia) und als ein Porträtist von natürlicher Ungezwungenheit zeigt (*Alte Bäuerin mit Korb,* Privatbesitz, Brescia; *Die beiden Schwestern,* Privatbesitz, Mailand). In seinen nüchternen, grauen Bildern, deren Farben ohne Glanz sind, hat er ohne Rücksicht auf die herrschende Malweise mit einer gewissen Herbheit Kummer und Elend der kleinen Leute um die Mitte des 18. Jahrhunderts festgehalten.

Landschaft, ›Vedute‹ und ›Capricci‹

Gegenüber der Entwicklung der Landschaftsmalerei in Flandern mit Rembrandt und Ruysdael hat der italienische Barock nichts Vergleichbares anzubieten. Die bedeutendsten Interpreten der römischen Natur, der idealen Landschaft, waren Franzosen, die in Italien arbeiteten: Poussin und Claude Lorrain, die ihren Stil übrigens mit Hilfe der Kompositionen von Annibale Carracci und Domenichino gefunden haben[228]. Weder der große allegorische Stil der Dekorateure, noch der Realismus der caravaggesken Darstellungen, noch das berechnete Gleichgewicht der Bolognesen, die sämtlich in der Atelierarbeit entstanden, begünstigten das freie Studium nach der Natur und ihren Erscheinungen. Das architektonische und bildhauerische Denken des italienischen Barock ließ nur am Rande der großen Kompositionen eine Malerei von romantischen oder phantastischen Landschaften zu, die man als eine Befreiung, eine Art von Weltflucht auffaßte. Daher die Verbindung der Naturansichten mit dieser ganzen schweifenden Phantasie[229].

Im pittoresken Milieu von Neapel tauchte in der ersten Hälfte des Jahrhunderts, das voll von Verschwörern und Abenteurern war, ein eigentümlicher Maler auf, der von dem Chronisten Bernardo de Dominici (1742) unter dem Namen Monsù Desiderio (um 1590-1650) erwähnt und als ein Maler von »Ansichten und Perspektiven« bezeichnet wird. Diesem Desiderio werden eine ganze Anzahl von Panorama-Ansichten von Neapel zugeschrieben; die eine davon (Museum, Neapel) trägt auf der Rückseite den Hinweis auf einen gewissen Desiderius Barra aus Metz, was dazu einlädt, den Künstler für einen Lothringer zu halten; jedoch wäre er in diesem Falle nicht der Urheber der von 1630 bis 1631 datierten Kupferstiche (Kupferstichkabinett, Berlin), die mit ›Desiderius Pistoriensis‹ signiert sind. Unter seinem Namen gruppiert man siebzig Bilder, die zweifellos verschiedenen Künstlern angehören, die sich im Rahmen der topographischen Panoramen auf Phantasiebilder oder ›Capricci‹ spezialisiert haben. Diese Kompositionen sind von höchster Seltsamkeit: Kirchenschiffe explodieren in einem schwefeligen Licht, das an Beccafumi erinnert (Privatbesitz, London); Heilige werden unter dem Schein des Mondes vor Gebäuden mit korinthischen Säulen und halbzerfallenen gotischen Arkaden gemartert (Privatbesitz, Cleveland); bleifarbene phantasti-

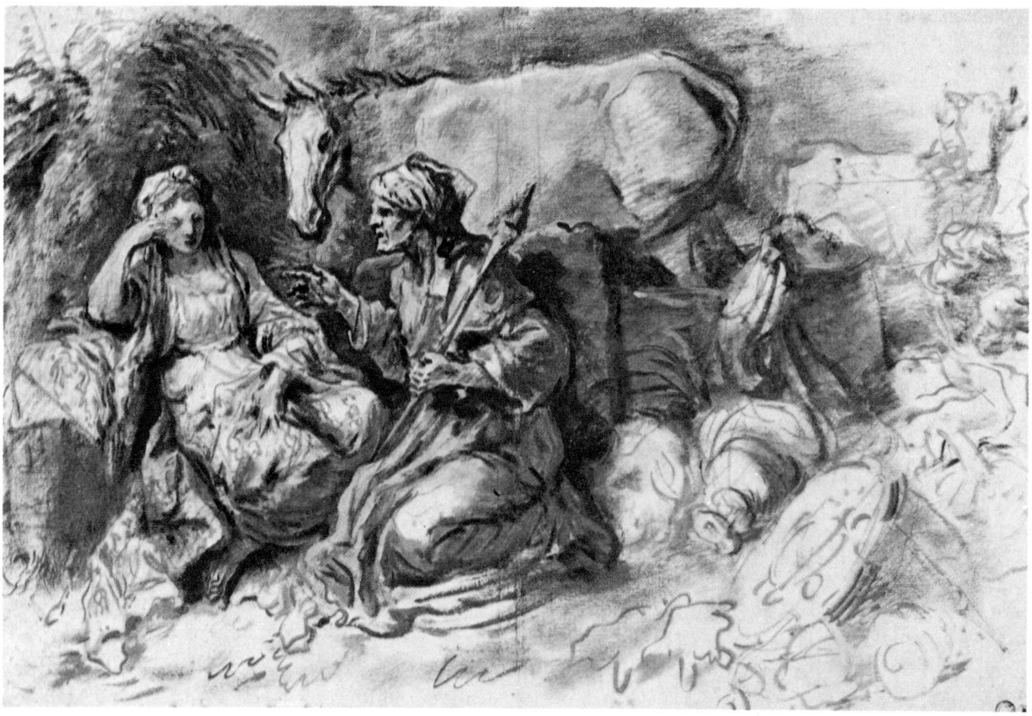

391 Giovanni Benedetto Castiglione, Szene aus dem ›Goldenen Esel‹, 1660-1665

sche Städte sind nächtliche Versionen der archäologischen Kompositionen von Antoine Caron; das Schimmern der Statuen und Kapitelle wird durch verdickte Farbstriche, wie herunterlaufendes Gold oder Silber, akzentuiert (Louvre, Musée des Arts décoratifs). Es ist der manieristische Geschmack des monumentalen Dekors und der Perspektiven, der sich hier auflöst, eine bizarre und phantastische Seite hervorbringt, mit winzigen Figuren, die wie Insekten in einer Greuelszene aussehen.

Die Verbreitung dieser Werke scheint vor allem bei den ausländischen Kunstliebhabern groß gewesen zu sein, aber sie sind ein wichtiges Symptom, das durch den Einfluß von Callot in Italien an Bedeutung gewinnt. Wenn Monsù Desiderio Lothringer war, so war er ein Landsmann dieses bedeutenden Kupferstechers. Jedenfalls muß er ihn in Florenz kennengelernt haben, wo Callot zwischen 1619 und 1629 tätig war. 1612 hat Callot eine Folge von Stichen von der Gedächtnisfeier zu Ehren der spanischen Königin gemacht. Sein Schüler, Stefano della Bella (1610-1664) radierte 1634 in gleichem Sinne eine Folge von der Feier für Francesco de' Medici. Er hat uns Skizzen hinterlassen, Ballkostüme, phantastische Figuren, die daran erinnern, daß er auch Schöpfer von Bühnenbildern in Paris war, daneben zarte, feine Panoramazeichnungen – römische Grabmale, Ansichten von Venedig (gegen 1661). Hierher gehört auch der Genuese Giovanni Benedetto Castiglione (1610-1665), der sich in seiner Malerei von van Dyck und in der Radierung von Rembrandt anregen ließ. 1634 zum ersten Mal nach Rom gekommen, kehrte er oft wieder dorthin zurück. Seine Darstellungen aus der Bibel und der Mythologie sind idyllische Hirtenszenen, ›Pastorale‹, die jedoch Bassano näherstehen als Poussin, unruhig und lebendig durch ihren ungestümen Strich, der den besonderen Wert seiner zahlreichen Zeichnungen darstellt, unter denen die Landschaft einen breiten Raum einnimmt: *Orientalen vor einem Hermes* (Windsor). Die unzusammenhängende Komposition, das Bizarre der Formen in seinen Grabmälern, seinen Szenen mit Noah, Rebekka und anderen sind noch manieristisch. Er fand die tiefe Bewunderung von Salvator Rosa. Seine letzten Werke und ›bozzetti‹ sind von einer leidenschaftlichen Bewegtheit und übersetzen in einer unruhigen Malweise ekstatische und visionäre Zustände. Ansehen und Beliebtheit fand Castiglione erst im 18. Jahrhundert bei Sebastiano Ricci und Tiepolo, bei G. B. Marcola (1711-1780) und P. G. Palmieri (1720- etwa 1804), die ihn in einem ›pastoralen‹ und rokokohaft-phantasievollen Sinne unmittelbar nachahmten.

Salvator Rosa und Magnasco

Salvator Rosa (1615-1673) aus Neapel, ein vielseitiger, lebhafter Charakter von spontaner Erfindungskraft, Verfasser von leidenschaftlichen ›Satiren‹, galt als exzentrisch, weil er seine Studien »vor dem Motiv« (nach Passeri) machte. Sein

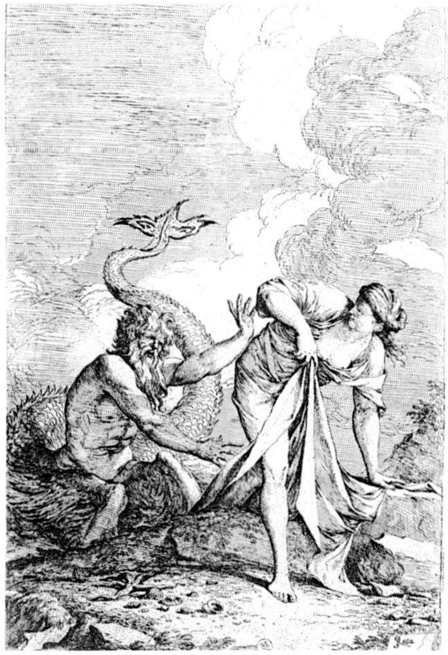

392 Salvator Rosa, Scylla und Glaucus. Bibliothèque Nationale, Paris

künstlerischer Weg führte ihn nach Neapel, Rom und Florenz, wo er von 1641 bis 1649 Landschaften, Marinebilder und Schlachten malte (*Der Wald der Weisen* □393, *Seebild mit zwei Türmen, Reiterschlacht,* Pitti). Im Konflikt mit der akademischen Lehre, wird Salvator Rosa vorgeworfen, daß er nicht genügend zeichnete und sich mit Flekken begnügte. Seine Baum- und Felslandschaften mit Geröll, Wildbächen und verwitterten Bäumen entsprechen den dramatischen Landschaftsszenen des Holländers Ruysdael. Diese wilde, erregte Vision steht ganz im Gegensatz zu Poussin, der die Natur in idealer, heroischer Weise schildert. Sie hat eine stark naturalistische Tendenz, die besonders in den Schlachtenszenen zum Ausdruck kommt, wo der Maler den Wirrwarr, Staub und das wilde Handgemenge eindringlich beschreibt. Alles ist in kleinem Maßstab und in der Unord-

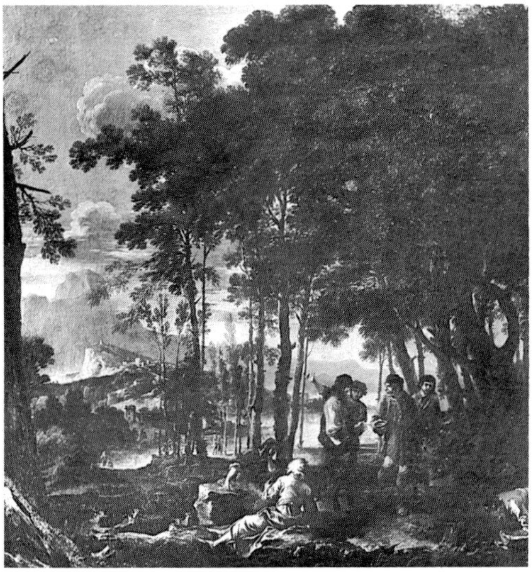

393 Rosa, Wald der Weisen, Detail, 1641/49. Palazzo Pitti

nung der Wirklichkeit gesehen. Hierin unterscheidet sich diese Malerei vom Caravaggismus, der die Szenen isolierte und die Figuren vergrößernd übertrieb. Rosa hat der Malerei einen neuen Ausdrucksbereich erschlossen, indem er neue Genremotive einführte, die unmittelbaren Erfolg hatten.

Nachfolger von Salvator Rosa waren der Franzose Jacques Courtois, beziehungsweise Giacomo Cortese (1621-1676), und Michelangelo Cerquozzi (1602-1660), die ebenfalls Schlachtenbilder malten. Der letztere zeichnete sich jedoch noch durch eine andere Spezialität aus: die ›bambocciade‹, ein bäuerliches Genrebild. Ein 1628 nach Rom gekommener Holländer, Pieter van der Laer, genannt il Bamboccio, hatte diese Bildgattung von burlesken Genreszenen mit Bauernvolk in Schenken und possenhaften Gestalten in Mode gebracht und vertrat damit in Rom den Stil von Ostade und Teniers. Man kann noch den römischen Karikaturisten Pier Leone Ghezzi (1674-1755) anführen sowie Antonio Amorosi (1660-1736), bei dem sowohl der Luminismus wie die muntere Ausgelassenheit der Bildthemen bemerkenswert sind (*Bauer und Bäuerin,* Privatbesitz, London).

Von Callot und Salvator Rosa zugleich ging Alessandro Magnasco, genannt il Lissandrino (1667-1749), aus. Seine Tätigkeit entfaltete sich zwischen Genua, Florenz (wo er zwischen 1723 und 1727 ansässig war) und Mailand und konzentrierte sich auf die Landschaft, das Genrebild und das ›Capriccio‹. In zerklüfteten Tälern und Felslandschaften, die düster und wild sind, läßt er mit

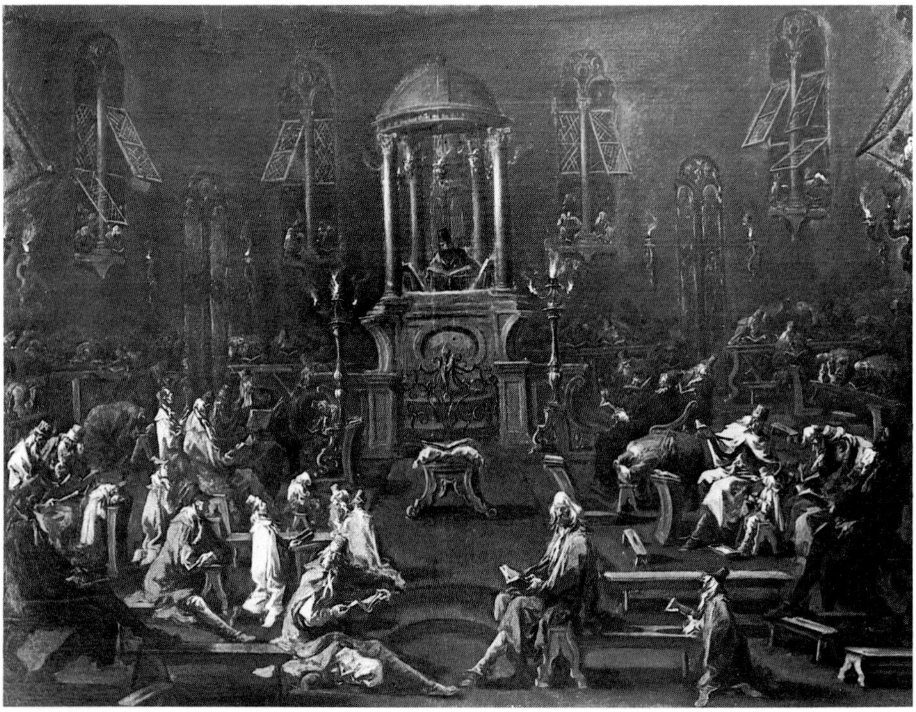

394 Alessandro Magnasco, Die Synagoge, Anfang 18. Jahrhundert. Stift Seitenstetten (Österreich)

einem springenden und karikierenden Pinselstrich die Silhouetten von Mönchen, Vagabunden und alten Soldaten auftauchen und erzeugt eine neue, zugleich impressionistische und phantastische Ausdrucksweise. Man könnte ihn als den Watteau des gemeinen Volkes bezeichnen (*Die Schreiner,* Privatbesitz, Venedig; *Gartenszene,* Palazzo Bianco, Genua)[230]. Oft komponiert er in langen zentralperspektivischen Ansichten wimmelnde Festgelage von winzigen Mönchen und Soldaten (Museum, Bassano). Manche Bilder schildern in einer Ruinenlandschaft die Schrecken einer Folterung (*Martyrium des hl. Erasmus,* Privatbesitz, Mailand). Die Poesie seines ›Capriccio‹ kommt in dem mit wenigen Pinselstrichen leicht hingeworfenen *Narr mit Gitarre* zum Ausdruck (Privat sammlung, Venedig). Seine Vorliebe für das Phantastische zeigt sich in dem Bild mit Skeletten in der Kirche von S. Maria di Campomorto in Siziano bei Pavia.

Mit Gasparo van Vittel, italienisiert Vanvitelli (1674-1736), wurde um 1700 die ruhige und genaue Darstellungsweise der holländischen Vedute in Italien eingeführt und fand weite Verbreitung[231].

Im ersten Viertel des 18. Jahrhunderts kommt die italienische Landschaftsmalerei so, dank der holländischen und französischen Vorbilder, zu einer neuen Reife. Der inneren Unruhe Magnascos stellt sich das Erbe Poussins entgegen, der – was nicht zu vergessen ist – in Rom eine solche Geltung gehabt hat, daß die Accademia di S. Luca 1658 sogar daran gedacht hatte, ihn zu ihrem Oberhaupt zu wählen[232]. Dieser Kunstrichtung gehören auch die oftmals ein wenig oberflächlichen Werke von Andrea Locatelli (1660-1740) an, die stark von Dughet beeinflußt sind, sowie die bei Salvator Rosa anknüpfenden Bilder von stürmischem Ausdruck des Pietro Mulier (deshalb auch Tempesta genannt), der sich nach seinen Aufenthalten in Rom, Genua und Venedig in Mailand niederließ, wo seine gemilderte Malweise von Antonio Tavella fortgesetzt wurde.

Die Ansichten von Rom: Maler und Radierer

Es gab um 1700 eine andere moderne Neuheit: die Oper und die Phantasiearchitekturen, so wie sie Ferdinando und Francesco Bibiena vorführten □395. Diese Kompositionen, die zugleich durch die Stiche wie durch das Theater Verbreitung fanden, und die eine Synthese von barocken Bestrebungen in monumentalem Geschmack sind, regen zu Untersuchungen der illusionistischen Räume an, ebenso wie die Perspektiven eines Peruzzi die Eigenschaften des klassischen Raumes der Renaissance verfeinert und präzisiert haben. Ihre Entsprechung in der reinen Malerei ist die Kunst der römischen ›vedutisti‹. Sie wurde durch die gemalten Architekturkompositionen des Bergamasken Viviano Codazzi, der in Rom und Neapel tätig war, mit vorbereitet. Wie bei Magnasco wurden hier winzige Gestalten in einen bewegten Raum

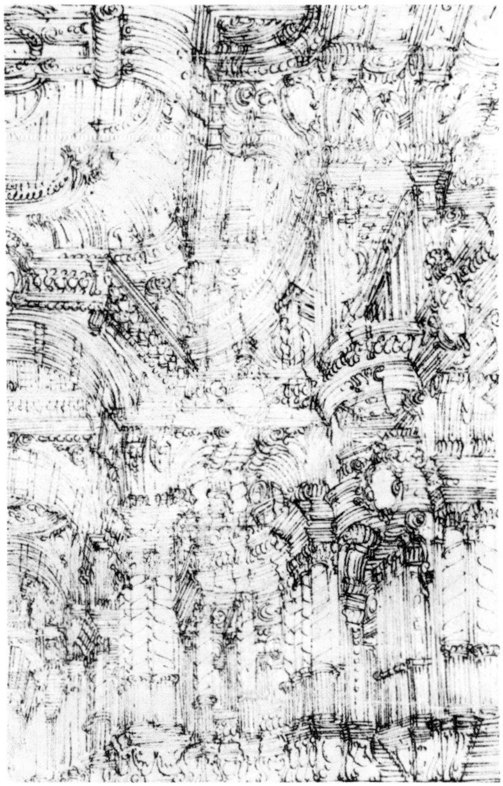

395 Ferdinando Galli da Bibiena, Architekturstudie, Zeichnung. Accademia Nazionale di San Luca, Rom

hineingestellt, jedoch ist dies gegenüber dem ›lazzarone‹-Stil Magnascos eine Malerei von konventionellerem Geschmack: statt der sturmbewegten Himmel von Salvator Rosa das goldene Licht Roms, statt schwarzer Abgründe monumentale Perspektiven, weite Vorplätze oder auch ein Dekor von Ruinen mit tiefen Schatten. Der bedeutendste von diesen Malern, die die römische Schönheit verherrlichten, war Giovanni Paolo Pannini (1691-1765), bei dem der Franzose Hubert Robert mit einem mehr flämischen Akzent anknüpfen wird. Seine Ansichten vom Quirinal

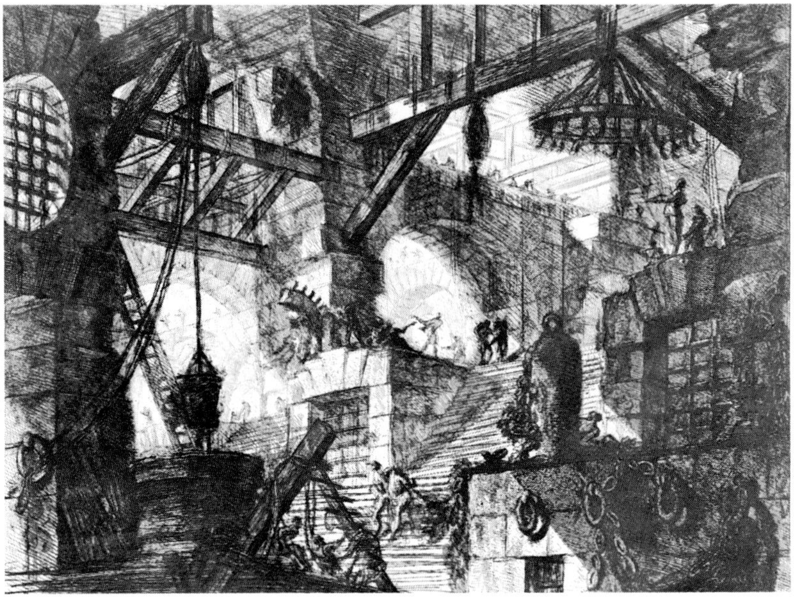

396 Piranesi, Blatt aus der Radierfolge ›Die Gefängnisse‹, Bibliothèque Nationale, Paris

sind reine Pleinair-Malereien mit vibrierenden Licht- und Schatteneffekten (Palazzo Quirinale). Er hatte, durch die Bibiena geschult, eine Vorliebe für Säulenhallen und lange monumentale Gänge, in die die Menschenmenge tausendfache Reflexe bringt (*Die Öffnung der Heiligen Pforte*, Privatbesitz, London); weniger ausdrucksvoll sind die Erinnerungsszenen von königlichen Einzügen und Besuchen (Museum, Neapel). Ihre Krönung findet diese Kunstform im Werk des größten italienischen Radierers, Piranesi.

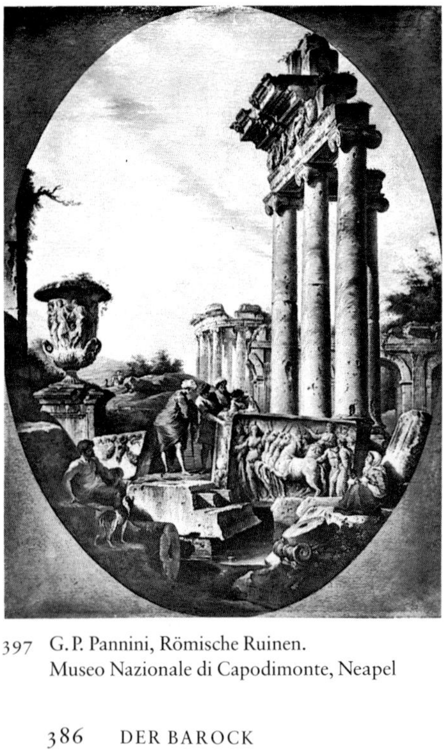

397 G. P. Pannini, Römische Ruinen. Museo Nazionale di Capodimonte, Neapel

Die Tradition der Radierfolgen von den Gebäuden Roms geht auf das 16. Jahrhundert zurück. Sie wurde im 17. Jahrhundert durch Giambattista Falda in seinen Radierfolgen von Gebäuden, Brunnen und Gärten fortgesetzt (um 1670), dann von Giuseppe Vasi mit seinen *Magnificenze di Roma antica e moderna* (1747-1761) weitergeführt. Bei ihm ist der Venezianer Giovanni Battista Piranesi (1720-1778) in die Lehre gegangen. Piranesi hatte Architektur studiert (1765 lieferte er die Pläne für S. Maria del Priorato) und ließ sich 1740 in Rom nieder. Von kraftvollem Temperament, ungestüm und großzügig, widmete sich Piranesi mit aller Leidenschaft seinen großartigen Radierfolgen: die *Veduten* (unvollendet, 137 Blätter, wurden 1746 begonnen), in denen er mit großem Ausdrucksreichtum die römische Landschaft beschreibt; die *Antichità romane* (in 4 Bänden, 1756), die ein neuartiges, erregendes und vielseitiges Verzeichnis der antiken Ruinen darstellen; die *Gefängnisse* (1750, Neudruck 1760 □396) – ungeheure Phantasien, Architekturträume, in denen die Kunst der Bibiena zu halluzinatorischen Erfindungen verwandt wird. Piranesi faßt alle Strömungen des Jahrhunderts in sich zusammen: von der Klassik der wissenschaftlichen, frontal gesehenen Stiche bis zum Barock »der von unten nach oben flüchtenden Perspektiven«, die dem Gebäude oder der Ruine eine schwindelerregende Lotrechte geben, und bis hin zu den ›Delirien‹ eines architektonischen Illusionismus schließlich, der immer noch in den Vorstellungen der Epoche spukte. Dieses kühne, hoch gebildete Talent verfügte über die blendende Technik eines großen Praktikers; sie reicht von einem gelösten, suggestiven ›impressionistischen‹ Stil der venezianischen Meister bis zu einer harten Ausdrucksweise, die mehr der römischen Formensprache entspricht und dazu dient, die plastische Qualität der Reliefs und der antiken Marmore zur Geltung zu bringen. Um die Mitte des 18. Jahrhunderts scheint sich die italienische Malerei zugunsten einer reinen Schwarzweißkunst zu entwickeln, in der ihre Ideen vom Hell-Dunkel und der Perspektive, von Raum und Atmosphäre zur Erfüllung kommen.

Venedig

Es ist zwecklos, darüber zu streiten, ob Venedig den Barock gekannt hat oder nicht. Vielen erscheint die Lagunenstadt mit ihrer sich ständig im Wasser spiegelnden Architektur, ihrem durchbrochenen Dekor und ihrer atmosphärischen Malerei geradezu als die Inkarnation des barocken Wesens, das heißt der Freude an der flüchtigen Erscheinung und am prunkvollen Schauspiel. Für den Historiker ergibt sich eine andere Perspektive: Auf den eigentlichen barocken, Architektur, Malerei und Dekor umfassenden Stil um 1630 hat Venedig im 17. Jahrhundert überhaupt nicht geantwortet. Die Malerei verfolgte eine recht bescheidene Spur und die Architektur stand unter dem Einfluß von Longhena, der sich eng an lokale Vorbilder hält. Das frühchristliche, byzantinische und gotische Erbe hinderte Venedig daran, barock im Sinne Roms, Turins oder Catanias zu werden. Es hielt so treu und beharrlich an seinem 16. Jahrhundert fest, daß es gegen 1730, als dieses Jahrhundert wieder in den Vordergrund des Interesses rückte, erneut an die Spitze der italienischen Kunst treten konnte, um dessen Größe noch einmal zu bestätigen: In der Architektur ist Venedig die erste Stadt, die die Rückkehr zu Palladio verkündet, das heißt den Neo-Klassizismus! Und wenn Venedig sich in der Malerei das letzte barocke Feuerwerk Tiepolos gestattete, so nur zu Ehren Veroneses und Tizians; und es glich diesen herrlichen Widerspruch auch sogleich wieder aus, indem es das Gebiet der ›reinen Malerei‹ weiterentwickelte, das die reichsten Zukunftsmöglichkeiten barg.

Das hochpolitische Wesen der Stadt, ein soziales Engagement, das ständig durch Festlichkeiten belebt wurde, ein brillanter Kosmopolitismus und ein kultureller Liberalismus taten ein Übriges[233].

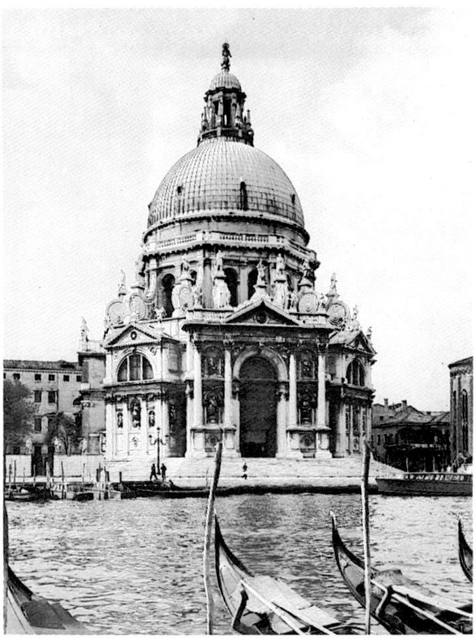

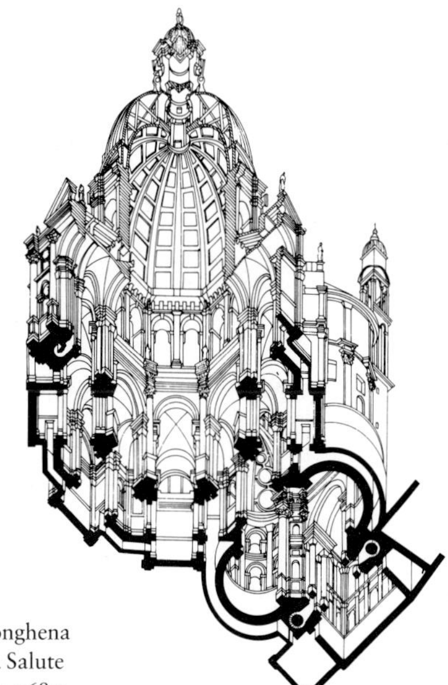

398
Baldassare Longhena
S. Maria della Salute
Venedig, 1631-1687

Architektur und Skulptur

Die venezianischen Bauten haben sich immer von älteren lokalen Vorbildern anregen lassen; und wenn die Werke Longhenas (1598-1682) gegen den trockenen Stil Scamozzis angehen, so ist es keine Reaktion, die man mit der von Bernini auf Vignola vergleichen könnte. Er hat als Bildhauer gelernt – und auch später, wie Bernini, Entwürfe für Altäre (S. Pietro di Castello) und Grabmäler (*Kenotaph* in S. Giorgio Maggiore; *Pesaro-Denkmal* in der Frarikirche) gearbeitet – und eine Lehre bei Scamozzi durchgemacht. In seinem Meisterwerk, der Kirche *S. Maria della Salute* □ 398, 399, die 1631 begonnen und 1687 beendet wurde, zeigt er das ganze Maß seines Könnens. Diese Kirche ist der ›barockeste‹ Bau von Venedig, jedoch zeigt keine römische Barockkirche eine derartig innere und äußere Konzeption. Der oktogonale Grundriß der hohen Arkaden und der überraschenden Anordnung des Chores könnte an S. Vitale erinnern, zumindest in der Gesamtgliederung. Das Äußere der Kirche ist durch die Fülle der Motive, besonders durch die schöne Erfindung der schneckenförmig aufgerollten Voluten, die sich wie Strebepfeiler rund um den Tambour anordnen und den Heiligenfiguren als Postament dienen, von zugleich plastischer und malerischer Wirkung. Der Portikus des Haupteingangs ist ein echt palladianischer Triumphbogen. Die *Chiesa degli Scalzi* (1680-1684), die Giuseppe Sardi mit einer Fassade versehen hat, ist einschiffig und reich mit Marmor und Gold verkleidet und von einer gleichbleibenden Bewegtheit. Die Fassade von *S. Maria dei Derelitti* mit ihrer Verschränkung der Architekturordnungen und Gesimse ist eines der seltenen Beispiele rokokohafter Ungeordnetheit, zeigt aber sehr gut das Bemühen Longhenas, zum Reichtum

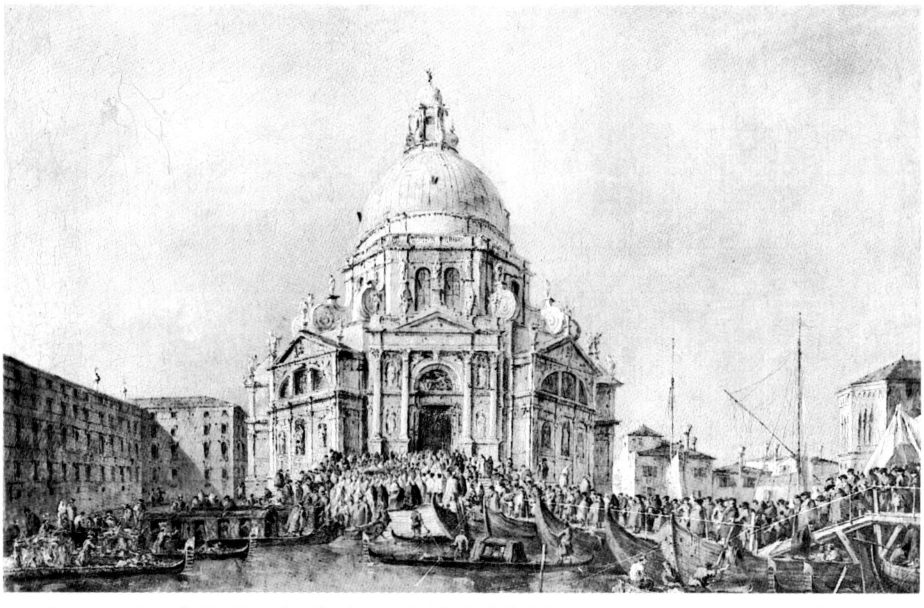

399 Francesco Guardi, Der Doge begibt sich zur S. Maria della Salute, um 1732-1734. Louvre, Paris

wird am Außenbau durch acht einander folgende Fassaden deutlich akzentuiert und durch den Tambour mit seinen hohen Fenstern noch einmal bestätigt. Darüber erhebt sich eine glatte Kuppel, die nicht die hervortretenden Rippen der Kuppeln von Florenz oder Rom hat. Vor dem tiefen Chor, der von einer kleineren Kuppel überwölbt ist, liegt ein Querschiff mit zwei kleinen Kapellen von palladianischem Geist, die kleine Glockentürme tragen. Die Konstruktion des Inneren mit der Vielfalt und Glanz Venedigs beizutragen. Ein Nachahmer von ihm, Alessandro Tremignon, treibt diesen überladenen und gekünstelten Effekt in seiner Fassade von *S. Moisè* (1668) noch weiter. Im *Palazzo Pesaro,* ein Hauptwerk der profanen Bauten Longhenas □ 400, den er 1679 in Angriff genommen hat und dessen letztes Geschoß erst 1710 durch Giorgio Massari aufgesetzt wurde, verbindet sich die Robustheit der Ordnungen der Rustikageschosse mit der durch die tiefen Loggien her-

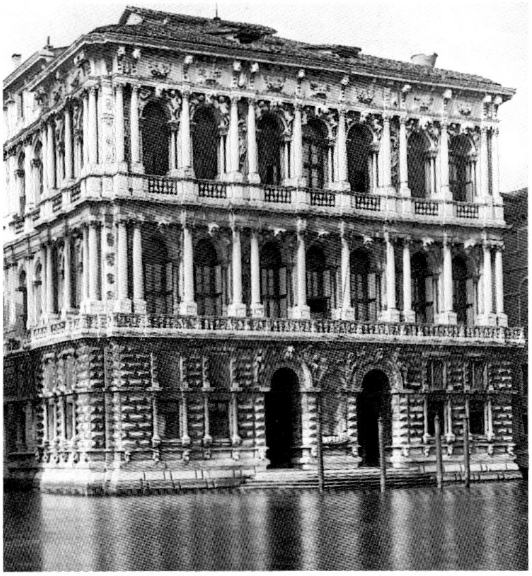

400 Baldassare Longhena, Palazzo Pesaro, Venedig

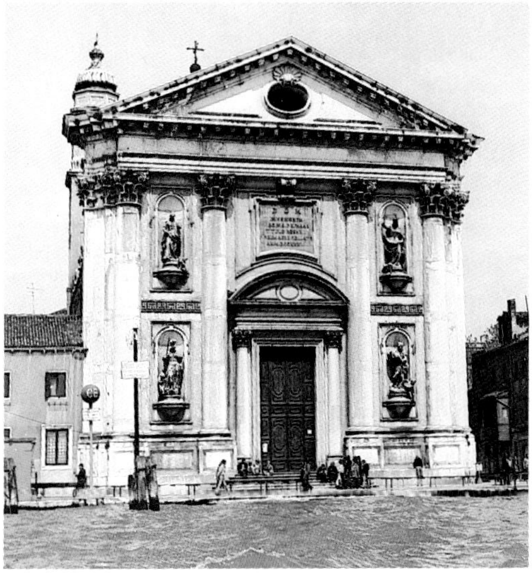

401 Giorgio Massari, Chiesa dei Gesuati, Venedig

vorgerufenen Hell-Dunkel-Bewegung zu einer großartigen Wirkung, die an die Libreria am Canal Grande erinnert.

Der einzige Bau, dessen Interieur wirklich barock im römischen Sinne ist, ist die von Domenico Rossi errichtete *Chiesa dei Gesuiti* (1729, □402) mit der Fassade von Giambattista Fattoretto: Die Wände ahmen die ondulierende Bewegung einer blauen Draperie nach, alles ist mit Stukkaturen und Fresken bedeckt; der Hauptaltar hat einen Baldachin mit zehn spiralig gewundenen Säulen. Das ist, wie die Kunst Tiepolos, ein letzter aufblitzender Glanz. Die Architektur des 17. Jahrhunderts hatte, mit wenigen Ausnahmen – wie die Villa Pamphili von Algardi (am Gianicolo, 1644) –, Palladio fast gänzlich ignoriert. Die Rückkehr zu Palladio kennzeichnet jetzt den neoklassizistischen Geschmack, der sich in Venedig früher als in anderen Städten akzentuierte, etwa in S. Vitale (um 1700) von Andrea Tirali oder in S. Simeone Piccolo (um 1730) von Scalfarotto (1700 bis 1764). Giorgio Massari (1686-1766) lehnte sich bei seiner Fassade der Chiesa dei Gesuati (1725-1736, □401) an den Zattere stark an S. Giorgio Maggiore an; sein Palazzo Grassi-Stucky (1705-1745), der keine Loggien hat und anstatt mit Säulen mit Pilastern versehen ist, zeigt eine schlichte Einfachheit.

In der Villenarchitektur zeichnet sich eine analoge Entwicklung ab: Carlo Borella, Francesco Muttoni (gestorben 1748) in der Villa Trissino und G. Frigimelica (1653-1732), der Erbauer der Villa Pisani in Stra, repräsentieren den äußersten Punkt einer barocken Kompliziertheit, die im Innern ausgeglichen wird durch die lichten Wandbilder von Tiepolo. Muttoni selber aber (in der ›Cordellina‹ in Montecchio, 1735-1760) und Giorgio Massari (in der *Villa Lattes,* 1715, in Istrana) kommen wieder auf eine Klarheit der An-

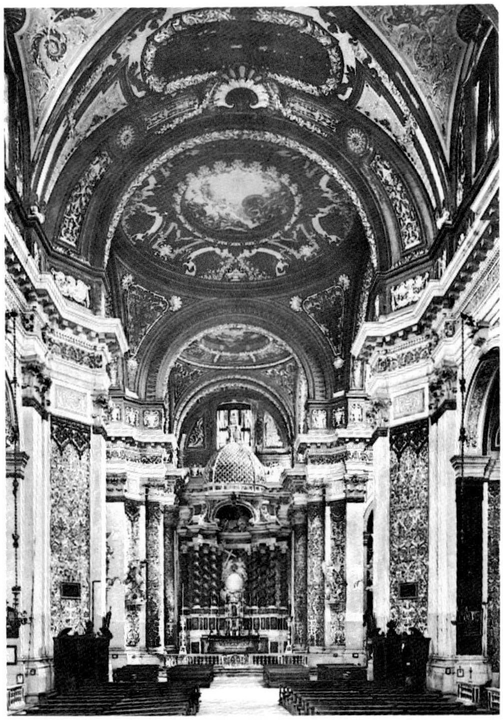

402 Domenico Rossi, Chiesa dei Gesuiti, Venedig, 1729

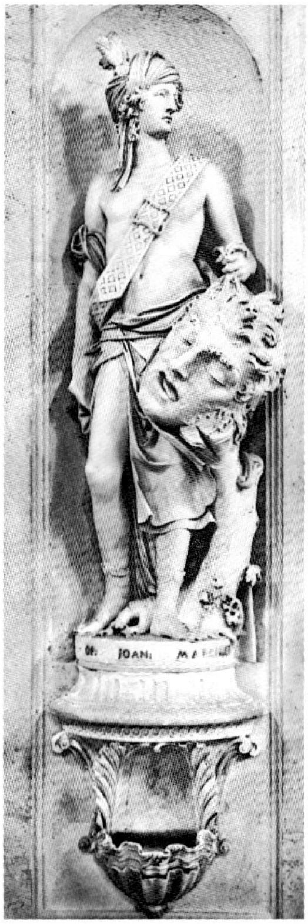

403
Giovanni Marchiori
David und Goliath
1741
S. Rosso, Venedig

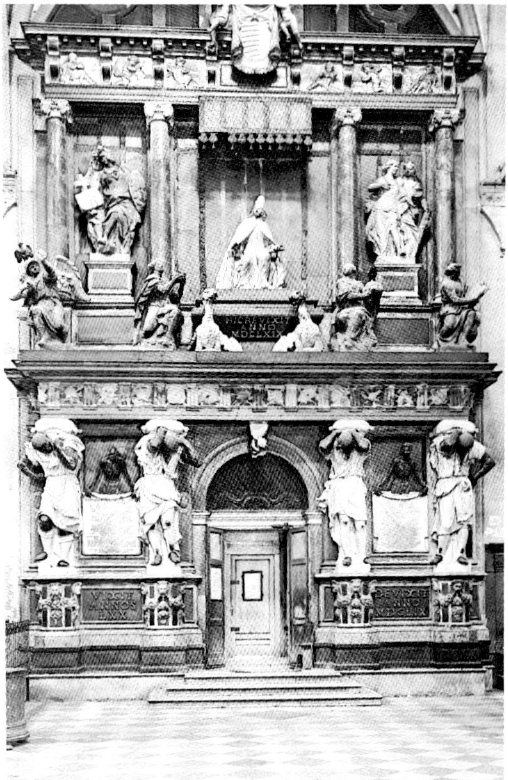

404
Grabmal des
Dogen Pesaro, 1669
S. Maria dei Frari
Venedig

ordnung zurück, die bis zur Parkanlage geht und unmittelbar die neoklassizistische Skulptur von Canova einleitet.

Die Bildhauerei in Venedig im 17. Jahrhundert wurde vorwiegend von fremden Künstlern bestritten: von Bolognesen, wie Giuseppe Mazza (1653 bis 1741), dem Schöpfer der Bronzereliefs von SS. Giovanni e Paolo; von der genuesischen Familie der Roccatagliata, der das sehr sorgfältig gearbeitete *Paliotto* von S. Moisè (1633) zu verdanken ist; von dem Flamen Giusto La Corte (um 1660), der den Altar von S. Maria della Salute gemacht hat; dem Deutschen Melchior Barthel, Schöpfer der Statuen vom Grabmal Pesaro in der Frarikirche □ 404. Der interessanteste venezianische Bildhauer ist Orazio Marinali (1643-1720), ein Schüler von La Corte, der vor allem Charakterbüsten (Sammlung Querini Stampaglia) in weich bearbeitetem Marmor und Gartenskulpturen von kühnem barocken Schwung herstellte (Villa da Porto, Trissino). Giovanni Bonazza (tätig zwischen 1695 und 1730) arbeitete mit seinen drei Söhnen die Marmorreliefs der Cappella del Rosario, komplizierte Kompositionen von reichen Details (SS. Giovanni e Paolo). Die malerische Auffassung des Reliefs wird fließender und klarer in den Relieftafeln von Giovanni Morlaiter (1699-1781) in der Chiesa dei Gesuati und in seinen Entwürfen für die Szenen aus dem Evangelium (Privatbesitz, Venedig). Giovanni Marchiori (1696-1778) zeigt sich in seinen *Sibyllen* der Chiesa degli Scalzi zierlich-elegant und in seiner Lünette von S. Rocco (1741) von großer Brillanz.

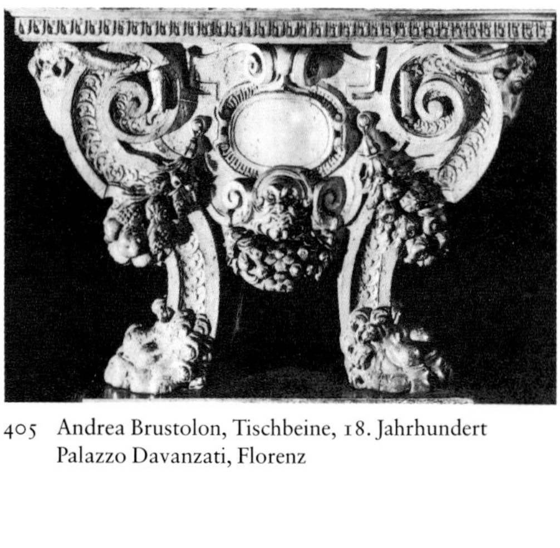

405 Andrea Brustolon, Tischbeine, 18. Jahrhundert
Palazzo Davanzati, Florenz

Das Möbel

Auf dem Gebiet des Möbels nimmt Vendig jedoch einen beherrschenden Platz ein. In der Kunst der Innenausstattung lieferte es mit seinen Innenräumen voll Stukkaturen, Rahmenfeldern, Arabesken und Medaillons – wie zum Beispiel im *Palazzo Widmann* – eine Antwort auf Versailles und Paris. Die Kommoden, Sitzmöbel und Kandelaber von geschwungenen Formen, mit denen diese Kabinette und Salons ausgestattet waren, haben oft eine erstaunliche handwerkliche Qualität □405. Einer der bedeutendsten Künstler auf diesem Gebiet war Andrea Brustolon aus Belluno (1662-1732), der auch die monumentalen Stühle des Palazzo Venier (Ca' Rezzonico) aus Buchsbaum und Ebenholz angefertigt hat. Um die Mitte des 18. Jahrhunderts wird das bemalte Möbel, das lackiert oder auch mit Vignetten geschmückt ist (durch die Remondini aus Bassano), modern.

Malerei

Während der Stil der venezianischen Malerei in ganz Europa aufgenommen und verarbeitet worden ist und der römische Barock, der ihm vieles verdankt, Italien beherrschte, war das 17. Jahrhundert in Venedig selber ohne jeden Glanz. Die manieristisch ausgerichteten Maler wie Palma il Giovane (1544-1628) und die zahlreichen zweitrangigen Meister wie Padovanino, den wir durch die Traktate von Sansovino (1581, ergänzt in der Ausgabe von 1663) kennen, oder Boschini (1660) kamen nicht über ein schulmäßiges Niveau hinaus. Einen authentischeren bildnerischen Ausdruck finden wir bei drei Meistern, die sich mit Rubens auseinandergesetzt haben: Da ist zunächst Domenico Fetti (1589-1624), in Rom geboren, Schüler von Cigoli und Günstling des Kardinals Federigo Gonzaga, der ihn auch nach Mantua holte, von wo er dann 1621 nach Venedig übersiedelte. Seine großen Fresken im Dom von Mantua stehen im Widerspruch zu seiner eigentlichen Veranlagung, die zur Genreszene und zum kleinen Format tendierte. Seine Darstellungen von Gleichnissen sind von flämischem Geist, mit natürlichen, derben, ein wenig trivialen Details im Sinne Bassanos, zeigen jedoch eine lebendige und schillernde Farbentfaltung: *Die Speisung der Fünftausend* (Dom von Mantua), *Das verlorene Schaf* (Dresden). Seine *Melancholie* leugnet nicht den Ernst und die Schwere des römischen Luminismus □407.

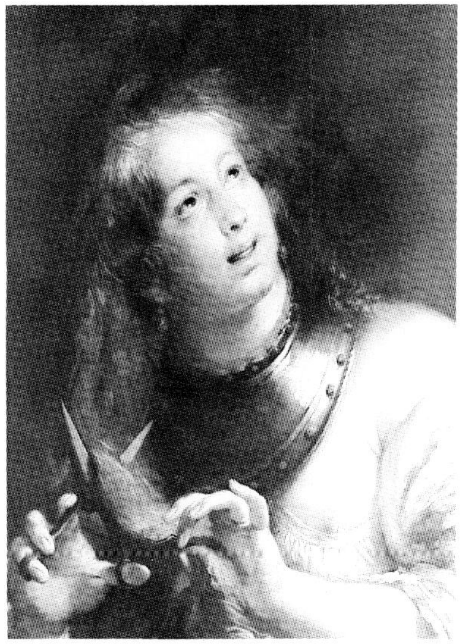

406 Strozzi, Berenike, 17. Jh., Udine

Jan Lys (um 1595-1630), oder Pan, der in Oldenburg geboren ist, in Holland gelernt hat und über Paris und Rom nach Venedig gekommen ist, widmete sich der ›bambocciade‹ (*Wirtshausszene*, Kassel) und mythologischen Aktdarstellungen (*Toilette der Venus*, Uffizien). In großen Bewegungen von warmen, ein wenig jäh und ungestüm gesetzten Farben komponierte er seine *Vision des hl. Hieronymus*, S. Niccolò da Tolentino) und das *Opfer des Isaak*.

Fremde Künstler begannen herbeizuströmen und machten sich die venezianische Malweise zu

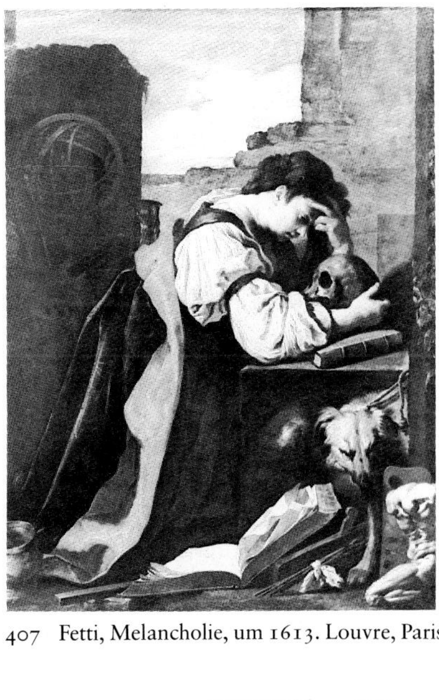

407 Fetti, Melancholie, um 1613. Louvre, Paris

eigen. Zu ihnen gehörte der letzte der drei Maler, der Genuese Bernardo Strozzi (1581-1644), ein Kapuzinermönch, der 1610 aus dem Orden austrat. Nachdem er sich mit der Malerei von Rubens und der flämischen Maler (*Die Köchin*, Palazzo Rosso, Genua; *Berenike*, Krankenhaus, Udine □406) und dem Stil Caravaggios auseinandergesetzt hatte, ließ er sich 1630 in Venedig nieder. Seine Palette hellt sich unter dem Eindruck Veroneses auf und wird reicher an Farbklängen und Wirkungen: *Der hl. Lorenz verteilt die Gaben der Kirche* (in S. Niccolò da Tolentino), *Der Raub der Helena* (Posen), der bereits etwas von dem galanten Geist des Rokoko hat.

Die venezianische Malerei, die sich durch den Beitrag dieser kraftvollen Persönlichkeiten endgültig vom Manierismus gelöst hat, findet um die Mitte des Jahrhunderts Übergangsmeister, wie Andrea Celesti (1637-1706), der die Kirche S. Zaccaria dekorierte; Sebastiano Mazzoni (1615-1685), mit dem das dramatische Licht und der reiche, nervöse Pinselstrich Rembrandts auftaucht (*Tod der Kleopatra*, Accademia, Rovigo □408); und vor allem Francesco Maffei (um 1620 bis 1660) aus Vicenza, der in Brescia (*Das Wunder des hl. Antonius*, S. Francesco; *Die Überführung der Reliquien*, Dom), Vicenza (*Heimsuchung*, *Flucht nach Ägypten*, *Mariä Himmelfahrt*, Oratorium der Zitelle; *Die Dreifaltigkeit* mit Sarah und Abraham, S. Maria dei Servi) und in Padua (*Anbetung der Könige*, S. Tommaso) tätig gewesen ist. Er war eine mehr amüsante als kraftvolle Persönlichkeit und kannte Greco und Callot. Seine Märtyrerszenen und biblischen Darstellungen (*Das Opfer des Melchisedech*, Sammlung Foscari, Venedig) haben einen bizarren und phantastischen Ausdruck, dem es nicht an Poesie fehlt – trotz der zu offenkundigen Kunstfertigkeit, wie sie zum Beispiel die Anordnung der beiden Bildebenen im *Martyrium der Franziskaner in Nagasaki* (S. Francesco in Schio) zeigt, wo der Hintergrund licht und der Vordergrund düster gehalten ist. Der Kunst von Maffei gebührt, dank der überraschenden Erfindungskraft seines Pinselstrichs und seines lebendigen und kraftvollen Auftrags, der sich in seinen kleinen, wie kostbare Kleinode leuchtenden Bildern prachtvoll entfaltet, ein gewisser Ruhm.

Weder Gregorio Lazzarini (1655-1730) mit seiner großen, sorgfältig gezeichneten Komposition von S. Pietro di Castello noch der Dekorateur Fumiani haben der venezianischen Malerei die notwendige Stimulanz geben können. Es waren vielmehr jene Künstler, die auf die kraftvolle Kunst Luca Giordanos antworteten, vor allem Sebastiano Ricci (1659-1734). Ricci war ein Schüler von Mazzoni aus Mittelitalien (aus dieser Zeit stammen die bereits rokokohaften Dekors im Palazzo Pitti und im Palazzo Marocelli in Florenz, 1706) und liebte die großen Szenographien. Seine Farbe wird nach und nach lichter (*Madonna mit neun Heiligen*, S. Giorgio Maggiore), und vibrierende Tonstufungen mit zahlreichen Reflexen im Stil Magnascos stellen sich ein (*Susanna vor Daniel*, Turin; *Die Ekstase der hl. Teresa*, S. Marco, Vene-

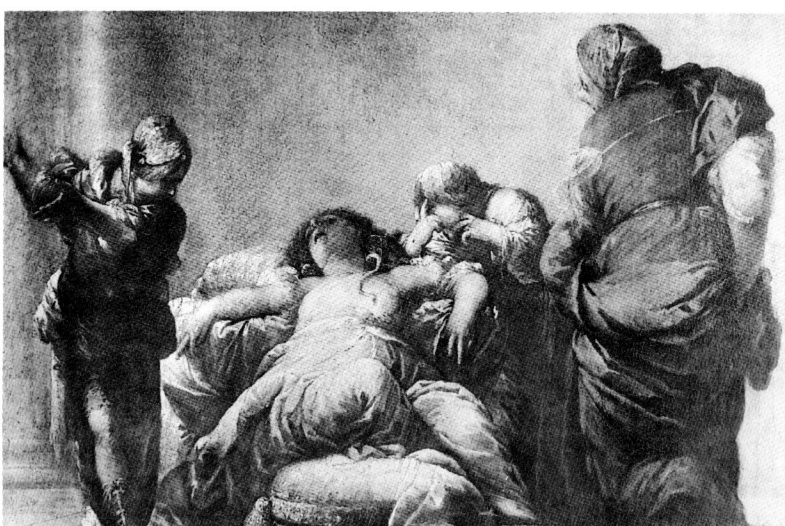

408 Sebastiano Mazzoni, Tod der Kleopatra, Mitte 17. Jahrhundert. Accademia, Rovigo

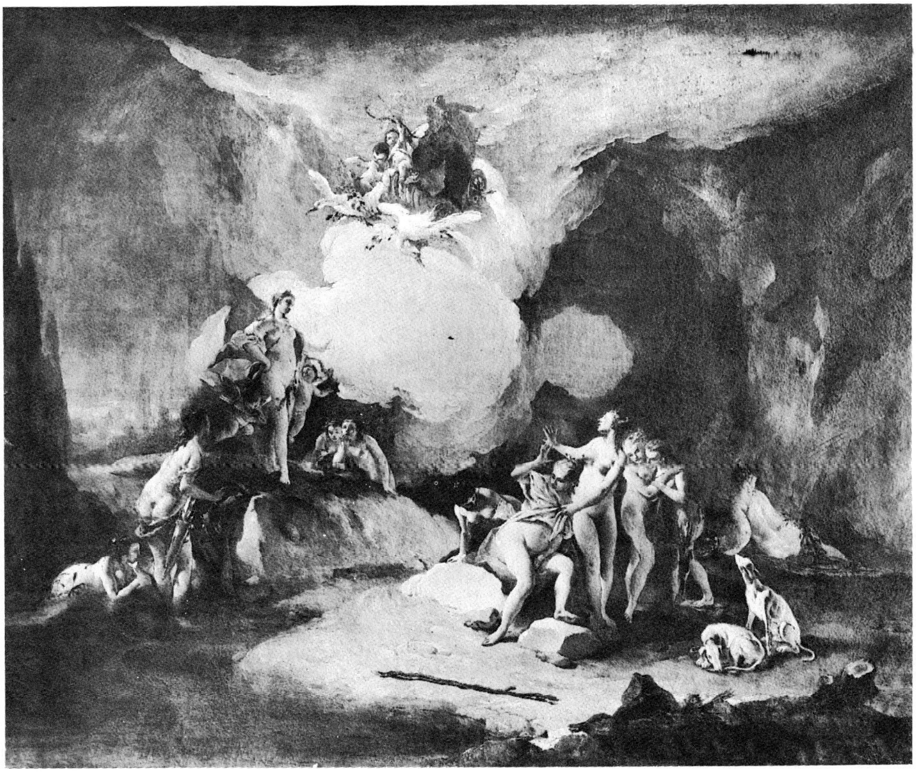

409 Sebastiano Ricci, Geschichte der Diana, Anfang 18. Jahrhundert. Accademia, Venedig

dig). Nicht weniger kultiviert als Ricci ist Giovanni Antonio Pellegrini (1675-1741), der auch den französischen Meistern nahesteht. Er ist ein Verkünder des liebenswürdigen, weichen Schmelzes in der Malerei, zu dem sich auch die international angesehene, auf das liebliche, in sanften Übergängen verschmelzende Pastellporträt spezialisierte Künstlerin Rosalba Carriera (1675-1757) bekannte.

Hier nun öffnet Venedig, indem es wieder die Führungsrolle in der Malerei, in der sich auf internationaler Ebene mehr und mehr der venezianische Stilausdruck durchsetzt, übernimmt, mehrere Wege, die man nicht miteinander verwechseln darf. Von dem sich ankündigenden Bruch der modernen Tendenz zum Intimen und Veristischen mit der barocken Rhetorik zugunsten des ›Rokoko‹ werden bestimmte Maler profitieren und soweit wie möglich zu einer reinen Malerei ohne antike oder religiöse Thematik vorstoßen, die bereits das 19. Jahrhundert ankündigt. Einige Maler, deren führender Meister Canaletto sein wird, greifen das optische Raffinement und die sachliche Formulierung der ›vedutisti‹ wieder auf; andere, die sich mehr an Maffei und Sebastiano Ricci halten, bewahren eine nervösere Handschrift und streben mehr nach imaginären Werten; ihr Hauptvertreter wird Guardi sein. Jedoch ist es keineswegs ihre künstlerische Ausdrucksform, die im Vordergrund der Kunst steht, sie gelten vielmehr als ›Kleinmeister‹. Beherrscht wird die 1755 gegründete Akademie durch die Vertreter der ›großen Kunst‹, die Piazzetta wieder zu Ansehen gebracht hatte und die als einzige die großen Genies der Renaissance wieder zum Leben erwecken; ihr stärkster Interpret sollte Tiepolo werden.

Der barocke Dekor

Venedig hat erst sehr spät eine echte und eigene Version zu dem geliefert, was in Florenz oder Rom während eines Jahrhunderts in der Wand- und Deckenmalerei, die Licht und Luft in den Innenraum brachte, geleistet worden ist. Schon Ende des Jahrhunderts hatte Giovanni Antonio Fumiani (1650-1710) in *S. Pantaleone* ungeheure illusionistische Malereien ausgeführt, wo der heilige, von Diokletian verurteilte Märtyrer in dem Haufen der Soldaten und Pferde über unwahrscheinliche, in

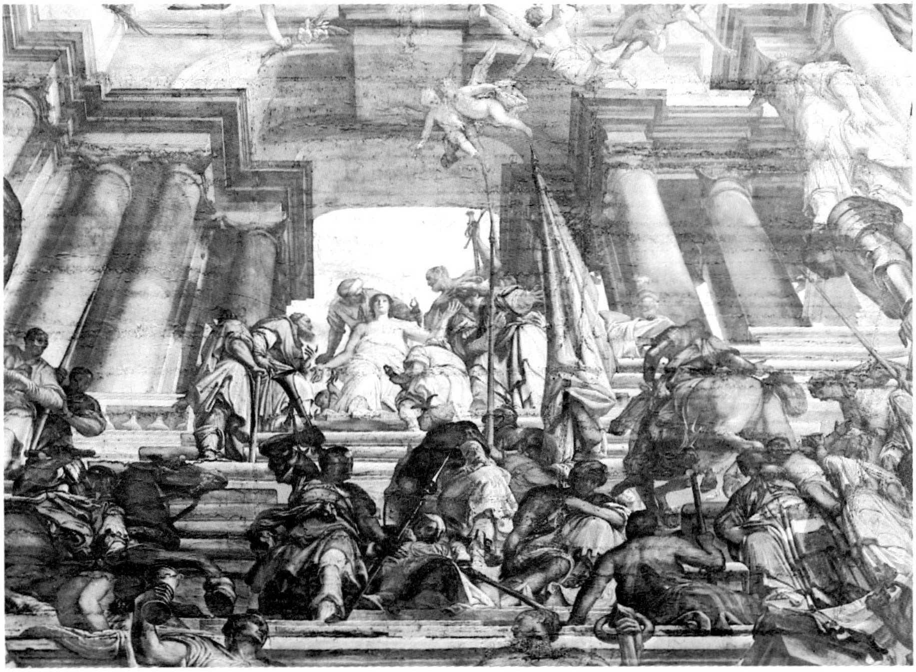

410 Fumiani, Szene aus dem Leben des hl. Pantaleon, um 1700. Deckengemälde in S. Pantaleone, Venedig

der Vertikale gesehene Treppen und unter mächtigen Arkaden einherschreitet □410.

Diese Vorliebe für die perspektivisch verkürzte Komposition ist Giambattista Piazzetta (1682 bis 1754) nicht verlorengegangen. Er entwickelt sie in der *Glorie des hl. Dominikus* (1727, Cappella del Rosario, SS. Giovanni e Paolo □412) ohne Unterstützung der Architektur, nur durch das Spiel der Lichtwirkungen noch weiter. Diese Wirkungen sind jedoch nicht ohne mühsames Studium erreicht worden. Er hat vor allem in Bologna bei Crespi gelernt, als Maler die Massen zu behandeln, die Farbtöne in den Schattenpartien ineinander übergleiten zu lassen und in den Lichtpartien zum Leuchten zu bringen. So kommt er zu einem späten Caravaggismus, der sich in der düsteren Darstellung seines *Christus* (Accademia, Venedig) ausdrückt. Er erzeugt Visionen von einem konvulsivischen Rhythmus voller Akzente und sprühendem Licht, um die außerordentlichen Ereignisse zu schildern, die der barocken Frömmigkeit am Herzen lagen: *Die Madonna erscheint dem hl. Filippo Neri* (um 1725, Chiesa della Fava, Venedig), *Ekstase des hl. Franziskus* (1732, Museum, Vicenza). Seine Palette wird in der *Himmelfahrt Mariä* (1735, Museum, Lille) ein wenig lichter, vielleicht sogar schon unter dem Einfluß seines Schülers Tiepolo. Das Altarbild in der Chiesa dei Gesuati (1739) ist von nüchternerem Farbklang, und die Vision ereignet sich bei hellstem Tageslicht. In den folgenden Jahren erstarrt jedoch die schöpferische Kraft, die dunklen Töne tauchen wieder auf, und trotz der intimeren Bildinhalte (*Wahrsagerin,* 1740, Accademia, Venedig) oder der modernen Behandlung der biblischen Szenen (*Rebekka,* Brera) fehlt es den rotgelben Schatten an Subtilität. Die energische Drehung der Formen, die braunen Farben und bleichen Töne, die sich auflösen und eine vibrierende Atmosphäre erzeugen, und die geschickte Betonung des psychologischen Moments (*Judith und Holofernes,* Accademia di S. Luca, Rom) haben Venedig ein neues Interesse an der romantischen und detaillierten Behandlung großer Szenen gegeben. Es ist bezeichnend, daß Piazzetta das *Befreite Jerusalem* von Tasso illustriert hat (1745).

Der seltsame Federico Bencovich (1677-1753), aus Dalmatien stammend, der in Venedig, Würzburg und Wien tätig war und sein Leben in Gorizia beendete, beherrschte vor allem diese Seite der Kunst sehr gut (*Deckengemälde der Juno,* 1707, Palazzo Foschi, Forlì), zeigte jedoch auch eine unruhigere Kraft (*Der selige P. Gambacorti,* S. Sebastiano, Venedig).

Die Stärke Tiepolos (1696-1770) lag darin, daß er diese ein wenig trockene Vision, diesen etwas herben Klang mit den Forderungen des nach gewaltigen Architekturen und ungeheuren Anordnungen strebenden ›internationalen Barocks‹ verband und Venedig einbezog, indem er mit einer manchmal übermäßigen Kunstfertigkeit und einem außerordentlichen, kühnen Schwung das südliche Licht und die herrliche Tagesatmosphäre von Veronese wieder wachrief. Tiepolo begann bei Bencovich und Piazzetta und machte sich die düstere Malweise zu eigen, die sich in ganz Italien bis hin nach Neapel (mit Solimena) durchsetzte. Der Lichtstrom und die doppelte Diagonalbewegung im *Martyrium des hl. Bartholomäus* in S. Stae (1721) waren keineswegs neu, jedoch verstand es der Maler, die Wirkung des Bildes in eine bestimmte Funktion zu seiner Plazierung zu setzen. Ein Geheimnis seines Zaubers – der oft heute noch unwiderstehlich ist – liegt in dieser großartig berechneten Anordnung, die dem Betrachter, der unvermittelt über eine Schwelle tritt oder die Augen hebt, geradezu einen Schock versetzt. Im Palazzo Sandi Porto (1725) und in der Ca' Dolfin (1725 bis 1728) malte er Zyklen, die von seiner großen Erfindungskraft zeugen (Fragmente in Wien). 1731 komponierte er für den Palazzo Archinti (*Triumph der Künste,* 1944 zerstört) und für den Palazzo Dugnani in Mailand seine ersten Deckengemälde mit historischen Szenen, die durch enorme Scheinkartuschen im Trompe-l'œil gesehen sind. Die Farbe ist bereits lichter geworden, die Architekturen der Hintergründe zeigen malvenfarbige, rosa und bläuliche Töne, und Tiepolo wendet sich nun, nachdem er die venezianischen Ausdrucksmittel des 17. Jahrhunderts assimiliert hat, mit Erfolg den Meistern der kalten und schillernden Töne zu; wie sie verbindet er die Wirkungen des Himmels, der Architekturen und der Bewegungen der Menschenmassen gemäß den perspektivisch verkürzten Ansichten. Gänzlich aufgehellt ist seine Palette in den *Geschichten aus dem Leben Johannes des Täufers* in der Colleoni-Kapelle (Bergamo, 1732 bis 1733).

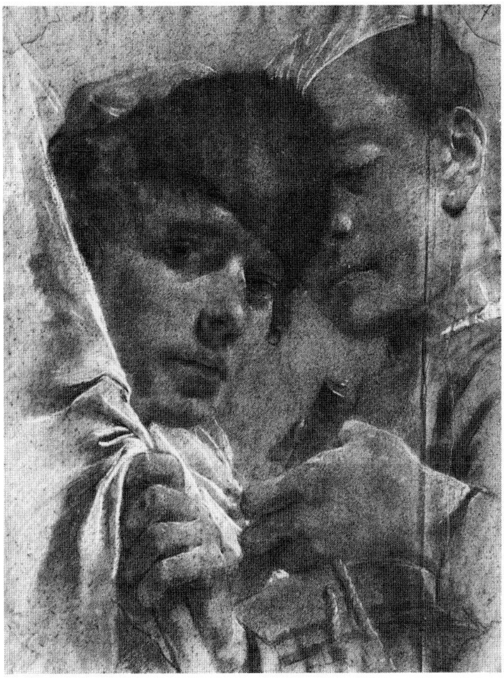

411 Piazzetta, Fahnenträger und Trommler, Accademia, Venedig

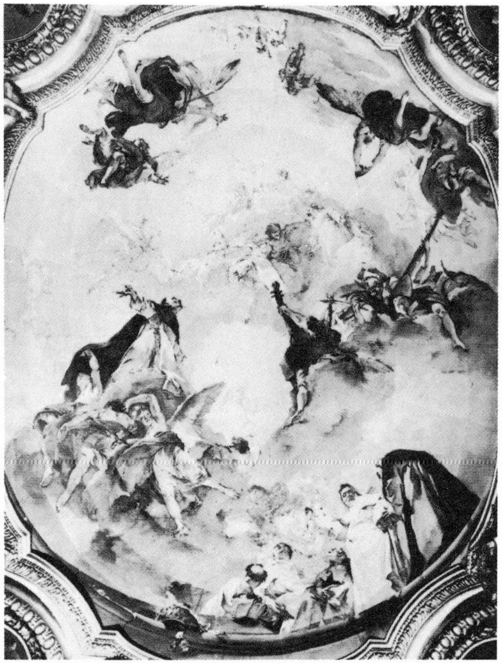

412 Piazzetta, Glorie des hl. Dominikus, 1727. Cappella del Rosario, SS. Giovanni e Paolo, Venedig

Ein Vierteljahrhundert lang wird Tiepolo so die Wände der Paläste und Decken der Kirchen mit den lichten, luftigen Durchbrüchen seiner riesigen Fresken schmücken, in denen sich die in zarten Tönen von Ambra, Lila und Grün gehaltenen Figuren mit anmutiger Leichtigkeit bewegen, ohne daß sie je an deutlicher Ablesbarkeit verlieren. Dank ihrer starken Leuchtkraft bringen diese Kompositionen eine barocke Lebendigkeit in die Malerei, jedoch ohne die römische Neigung zum

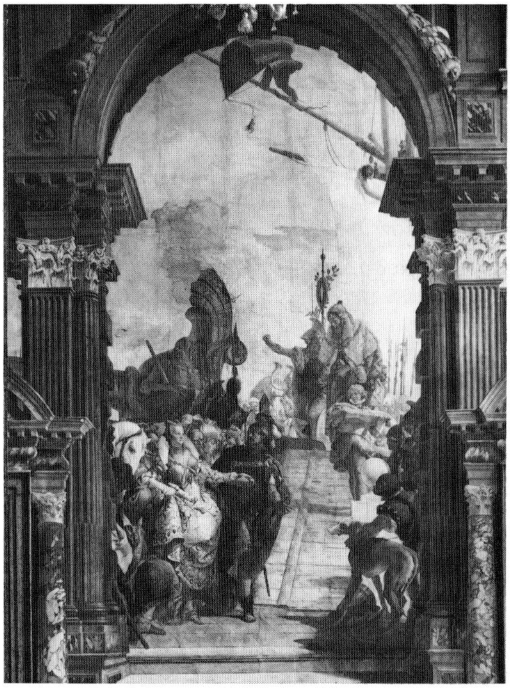

413 G. Tiepolo, Einschiffung der Kleopatra, um 1755. Detail eines Wandbildes im Palazzo Labia, Venedig

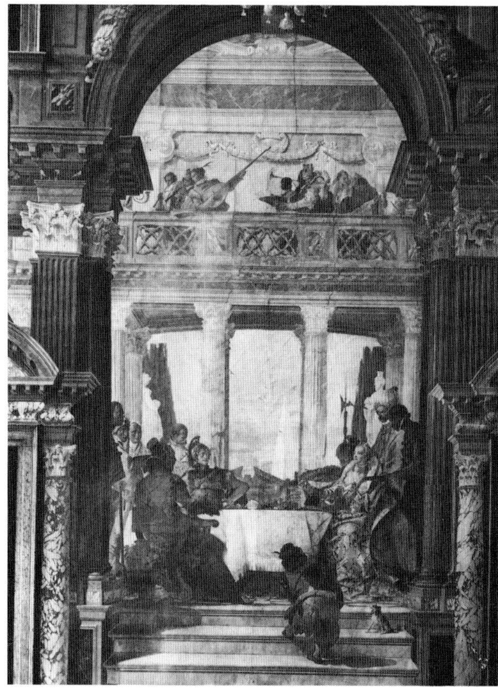

414 G. Tiepolo, Gastmahl des Antonius und der Kleopatra, um 1755. Detail eines Wandbildes im Palazzo Labia

Bombastischen und Erdrückenden. Nach dem Deckenfresko in der Chiesa dei Gesuati (1737 bis 1739) arbeitete Tiepolo, der als der berühmteste unter den ›virtuosi‹ gilt, in Mailand im Palazzo Clerici, wo die wirbelnd bewegte Deckenmalerei in der ganzen Breite der Farbskala den *Lauf der Sonne* (1740) darstellt, und in Venedig in der Chiesa degli Scalzi (Fresken 1915 zerstört) und in S. Maria della Pietà. Ein Meisterwerk an großartiger Inszenierung, Phantasie, shakespearehafter Festlichkeit und barockem Schwung lieferte Tiepolo mit seinen beiden Wandbildern im hohen Hauptsaal des Palazzo Labia, die das *Festmahl von Antonius und Kleopatra* und die *Einschiffung der Kleopatra* schildern und von einer nicht zu übertreffenden Erfindungskraft und Kühnheit sind (um 1755, □413, 414).

1756 wurde Tiepolo zum Präsidenten der gerade gegründeten Akademie in Venedig gewählt. Seine beherrschende Rolle beschränkte sich jedoch nicht nur auf seine Heimatstadt: Er wird nach Würzburg gerufen, um dort die Residenz des Fürstbischofs (1751-1753) mit Szenen aus dem Leben Friedrich Barbarossas zu schmücken. Der Künstler läßt sich von seinem Sohn Giandomenico dorthin begleiten, der mehr und mehr sein Mitarbeiter bei den großen Zyklen wird, in denen jetzt aller Ernst zugunsten einer mutwilligen festlichen Stimmung verschwindet und die Wiederholung von Typen und Gesten immer offensichtlicher wird. Im *Empfang Heinrich III. von Frankreich* im Salon der Villa Contarini (1755-1756, Musée Jacquemart-André, Paris) tritt das Routinierte offen zutage. Als hätte er selber diese Schwäche erkannt, gibt Tiepolo seinen Szenen aus Homer, Vergil, Ariost und Tasso in der Villa Valmarana (1757), die von den zeitgenössischen Szenen seines Sohnes im Eingangspavillon ergänzt werden, einen persönlicheren, gefühlsbetonteren Ausdruck. 1762 wird er nach Madrid gerufen, wo er das königliche Schloß ausmalt. Er stirbt dort, ohne Venedig wiedergesehen zu haben.

Die Berühmtheit Tiepolos kommt im Brief eines Gesandten (1736) zum Ausdruck, der bei ihm »den außerordentlichen Schwung, die Lebhaftigkeit der Farbe und die überraschende Geschwindigkeit der Ausführung« rühmt. Bei dieser außergewöhnlich reichen Produktion fragt man sich, ob man nicht die große ›Theaterkunst‹, die der letzte Ausdruck der barocken Leidenschaft für das Theater ist und in einer pathetischen oder sentimentalen romanhaften Malerei endet (zum Beispiel *Die hl. Lucia,* SS. Apostoli, 1748), getrennt für sich betrachten und das Hauptinteresse auf die ebenfalls sehr zahlreichen Studien und Entwürfe, die natürlich spontaner und sensibler in der Ausführung sind, konzentrieren sollte. Während sie durchaus die außerordentliche Sicherheit des Kostümentwerfers und Bühnenbildners zeigen, haben sie doch meist einen stärkeren Ausdruck, wie zum Beispiel im *Martyrium des hl. Johannes Chrysostomus* (1743, Dom von Bergamo), wo die Wirkung der Tunika aus weißem Atlas sehr genau geplant ist.

Die Kunst Tiepolos, deren Glanz und Großzügigkeit bei seinen Zeitgenossen des französischen Rokokos nicht zu finden ist, erinnert an jene lichte Schönheit, die die Meister des 16. Jahrhunderts angestrebt haben. Nach den virtuosen ›Kunststükken‹ des Barock ist diese Rückkehr jedoch nur der Höhepunkt einer ganzen Kultur, deren Entwicklungsgang bereits analysiert worden ist. Tiepolo vereint in sich ein ganzes Repertoire bildnerischer Ausdrucksmittel, und sein erzählerischer Schwung, sein Sinn für den unendlichen Raum geben ein letztes Mal eine Vorstellung von dem großen künstlerischen Organismus, in dem sich alles in wundervollster Weise zu einer visuellen Darstellung des Religiösen und Profanen verbindet. Wenn er in seiner *Danaë* (1736, Stockholm) Tizian ähnlich ist und in der *Enthauptung des Johannes* (1733, Stockholm) unmittelbar an Veronese erinnert, oder wenn er mit überzeugender Kraft in seinem *Procurator G. Querini* (1746, Venedig) das Porträt in Angriff nimmt, dann kommen unter dem feurigen Schwung eine gewisse Eitelkeit, eine etwas verzerrte Selbstsicherheit und eine übermäßige Routiniertheit zum Vorschein, die verstimmend wirken. Die große Zahl seiner Zeichnungen zeugen dagegen von der Präzision seiner Studien und von der echten Leidenschaft dieses Künstlers, der oftmals Poesie und Roman verwechselt hat. Von da gesehen, ist die bedrohliche Reaktion der Neoklassizisten, die die oberflächlichen Emotionen wie auch die für affektiert gehaltenen Ausdrucksmittel ablehnen, doppelt erklärlich.

In diesem Sinne ist es auch wahr, daß der »hochmütige Skeptizismus Tiepolos der italienischen Malerei teuer zu stehen gekommen ist« (Roberto Longhi). Die erregende und lebendige Substanz seiner Kunst vermochte den Untergang seines Dekors und seiner aufgeputzten Typen nicht zu überleben. Seine Mitarbeiter Fabio Canal (1703-1767), Jacopo Guarana (1720-1808) und sein Sohn Giandomenico (1727-1804), dessen Darstellungen von Fresken aus der Villa von Mirano und der Ca' Rezzonico wiederhergestellt worden sind, bleiben recht unbedeutend.

Landschaften und ›Capricci‹

Sein Versagen in der monumentalen Malerei (Palazzo Saguda in Bologna, 1734) führte Pietro Falca, genannt Longhi (1702-1785), einen Schüler von Crespi in Bologna, zu einer unmittelbareren,

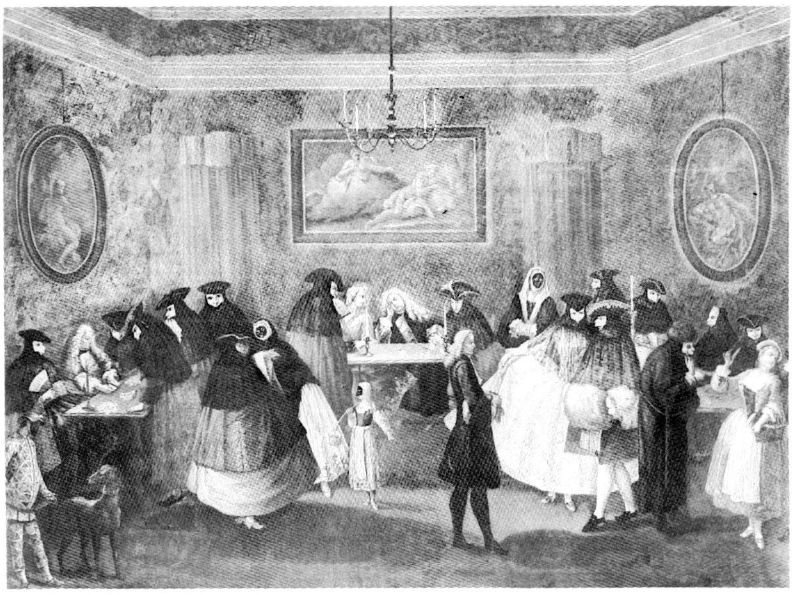

415
Longhi
Der Spielsalon
18. Jahrhundert
Museo Correr, Venedig

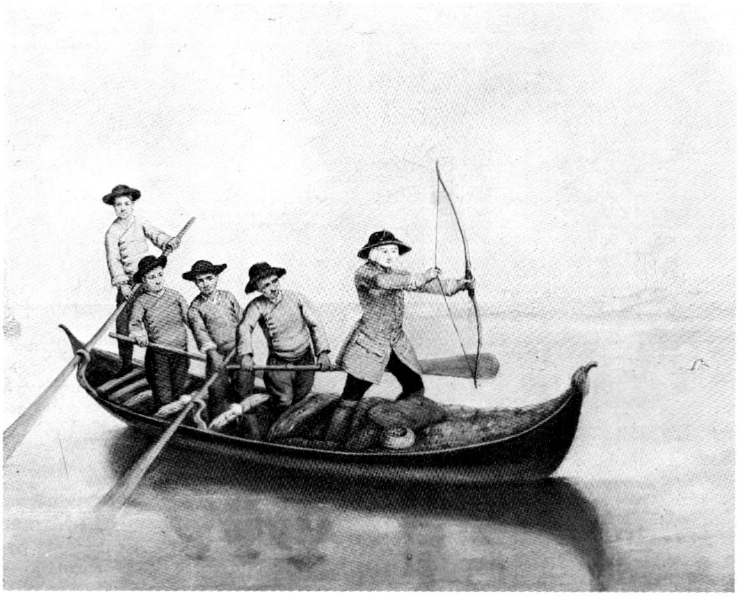

416
Longhi
Entenjagd
18. Jahrhundert
Museo Querini Stampaglia
Venedig

intimeren Malerei, zur Darstellung von Szenen aus dem täglichen Leben. In seinen kleinen Bildern versuchte er, ganz Venedig einzufangen; es sind Berichte der verschiedensten Ereignisse (*Der schwarze Gesandte, Das Rhinozeros,* Ca' Rezzonico); kleine Sittengemälde □415 (*Geographieunterricht,* Museo Civico, Padua; *Tanzstunde,* Accademia, Vendig) und in selteneren Fällen Außenszenen (*Entenjagd,* Museum Querini Stampaglia, Venedig □416) und Porträts (*Edelmann,* Treviso). Man könnte ihn den Molière der Malerei nennen oder noch besser einen bissig-spöttischen Goldoni.

Man hat den dokumentarischen Wert dieser ›Reportagen‹ sehr zu schätzen gewußt, ohne indes Longhis Qualitäten als Maler selber, seinen Sinn für das Interieur, seine fein nuancierten und wohlgesetzten Farben zu würdigen. Man darf jedoch diese zu boshafte und zu kleine Malerei nicht allzusehr überschätzen, die in den Spielen ihrer marionettenhaften Figuren ein etwas zu billiges Gleichgewicht findet und die, um geistreich zu sein, ohne jede Mühe eine nichtssagende Gesellschaft in ihrer Verzerrung zeigt. Das reicht weder an Hogarth heran noch bei weitem an Chardin.

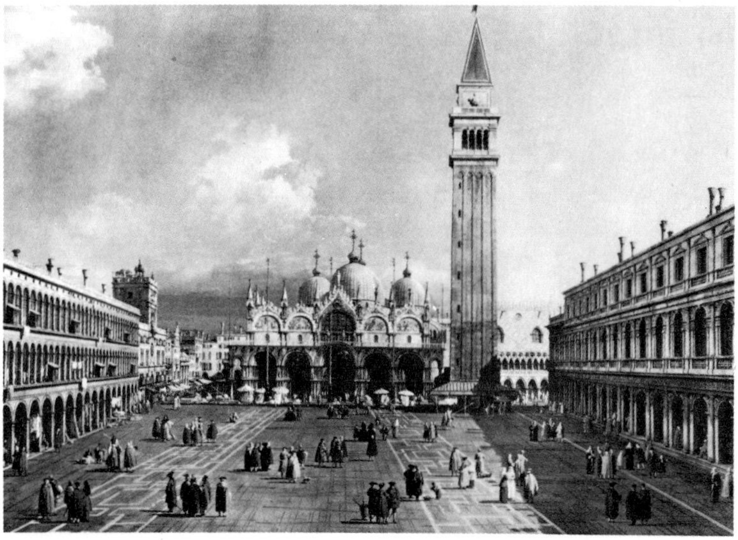

417
Canaletto
Piazza San Marco
Sammlung Liechtenstein

Sein Sohn Alessandro (1733-1813) war fast ausschließlich Porträtmaler in dem brillanten und pompösen Stil des Jahrhunderts: *Alvise Mocenigo* (1756, Accademia, Venedig), *Goldoni* (Museo Correr), *Cimarosa* (Galerie Liechtenstein, Wien). Die Liebhaber der pastoralen Landschaft, der sanften und stillen arkadischen Szenen im französischen Sinne, kamen bei Francesco Zuccarelli (1702-1788), der seit 1732 in Venedig lebte, und bei Giuseppe Zais (1709-1784), die beide Mitglieder der venezianischen Akademie waren, auf ihre Kosten. Der Schwerpunkt des venezianischen Geschmacks verlagerte sich jedoch in eine Richtung, die zu Anfang des Jahrhunderts von Luca Carlevaris aus Udine (1663 bis 1729), der eine römische Landschaftsmalerei pflegte, und dem Holländer

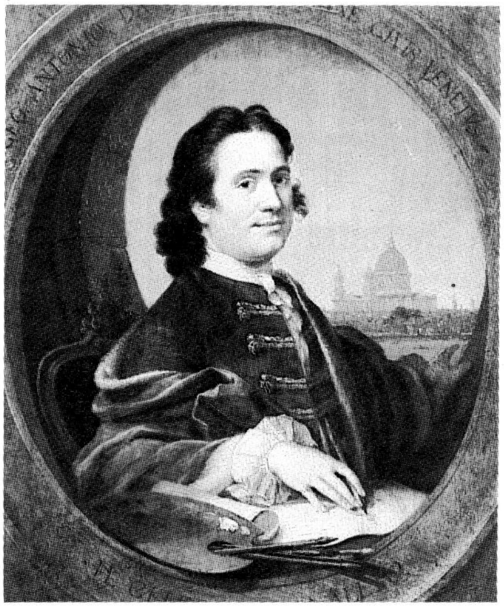

418 Canaletto, Selbstbildnis, um 1746

Gasparo van Vittel, oder Vanvitelli (1674-1736), der gewissermaßen das Vorrecht Venedigs auf seine Hafenszenen bekräftigte, schwach angedeutet wird[234]. Der Maler, der diese Entwicklung am besten erfaßt hat und alle Schlußfolgerungen daraus gezogen hat, ist Antonio Canal, genannt Canaletto (1697-1768): Seit 1719 lebt er in Rom und geht um 1740 von Pannini aus. In einer strengen, kompromißlosen Anwendung des Lichtes und der kristallischen Volumen greift er die älteren perspektivischen Versuche wieder auf (*Der Canal Grande vom Rialto aus gesehen,* Uffizien; Galerie Liechtenstein, Wien). Die Substanz daraus zieht er mit noch größerem Charme in seinen Radierfolgen. Die traditionelle Topographie hat hier ihren Meister gefunden. Sein Erfolg ist international und sein Stil wird allenthalben nachgeahmt.

Durch den Konsul J. Smith nach London geholt (1746-1756), läßt sich Canaletto dort sozusagen ›hollandisieren‹ und inspiriert sich an der kostbaren Malweise von Jan van der Heyden. Sein Stil entwickelt sich nun zum Manierierten hin. Für Algarotti komponiert er Idealansichten (Galerie, Parma), die von berühmten Bauwerken ausgehen und von äußerster Kälte sind. Sein Neffe Bernardo Bellotto(1720-1780) verbreitet die Kunstform dieser lichten Landschaften an allen europäischen Höfen – Wien, München, Dresden und schließlich Warschau –, die unter seinen Händen genauso zu einem Venedig oder anderen Idealstädten werden.

Wie der dem französischen Rokoko nahestehende Pellegrini, so verbinden auch Jacopo Amigoni (um 1682-1752), ein glänzender Komponisteur, der in London, Paris und Madrid tätig war (*Venus und Adonis,* Accademia, Venedig), und Giambattista Pittoni (1687-1767), dessen Farbe dicht vibrierend ist (*Die Speisung der Fünftausend,* Accademia), die venezianische Malweise mit den Ausdrucksformen der europäischen Kunst. In dieser Kunst zeigt sich eine poetische Schwingung und eine Vorliebe für das Schimmernde und für feine Lichtstreifen, die Francesco Guardi (1712 bis 1793) zu höchster Blüte treiben wird. Guardi hat bei seinem Bruder, einem bescheidenen kleinen Maler, gelernt und beginnt mit verkürzten und locker schwebenden Figuren (*Vier Allegorien,* etwa 1750-1753, jetzt im Palazzo Labia) und Kompositionen von reichem Pinselstrich und voller lichter Flecken von erstaunlicher Intensität (*Tobias,* 1750, in der Chiesa dell' Arcangelo Raffaele). Hier kommt bereits seine ganze künstlerische Veranlagung mit den nervösen Abbreviaturen ihrer Handschrift, der duftigen Behandlungsweise von Licht und Schatten, den Ruinen, Landschaften, den Silhouetten und der höchst visionären Poesie zum Ausdruck □419. Diese kühne, lockere Handschrift, die auch Magnasco eigen ist, kommt in der ›veduta‹, in den Landschaften der Lagune □420, mit einer gewissen Schwere zur Anwendung (*Isola S. Giorgio,* Galleria Carrara in Bergamo; *Die Regatten,* Privatbesitz, Paris; *Die Piazzetta,* Ca' d'Oro) und zeigt volkstümliche Häuser und Bilder vom Verfall der Dinge unter dem Angriff der Naturkräfte, die einen fast schon romantischen, wehmütigen Ausdruck haben, der Canaletto ganz fremd war. Diese scheinbar ganz vom Pinselstrich beherrschte Malerei erscheint wie eine unmittelbare Vorbereitung des Impressionismus. In Wahrheit ist sie jedoch viel zu sehr auf die Va-

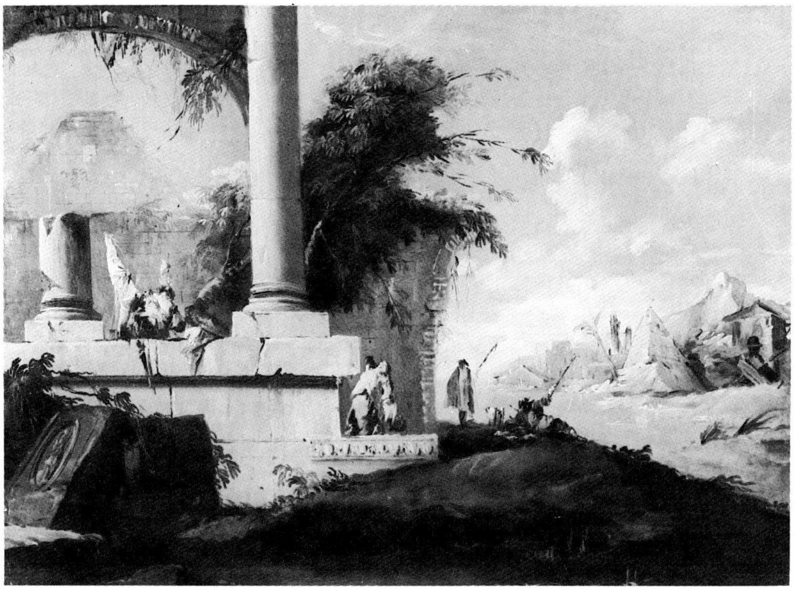

419
Francesco Guardi
Phantasielandschaft
18. Jahrhundert
Privatsammlung

leurs, die Grau- und Silbertöne ausgerichtet und vor allem zu erhaben über die reine sinnliche Wahrnehmung (*Lagunenansicht,* Museo Poldi-Pezzoli, Mailand), um in dieser Weise ausgelegt werden zu können. Das bezeugt auch der ausgeprägte und genaue Charakter seiner Vorzeichnungen, die weniger flüchtige Notizen als echte Tonskalen darstellen. Diese anspruchsvolle Konstruktion von Schraffierungen und Flecken, die sich der venezianischen Gewohnheit, der Vibration der Formen eine kompositionelle Anordnung zu unterlegen anpaßt, wird später bei Migliara (1785 bis 1837) merklich schwächer.

Kupferstich und Radierung

Seit Anfang des 18. Jahrhunderts mehren sich in Venedig wie in Rom die vedutenhaft beschreibenden Radierfolgen, die von den venezianischen Meistern, die oft selber Radierer waren, beeinflußt sind. Was Marco Ricci in seinen zwanzig Radie-

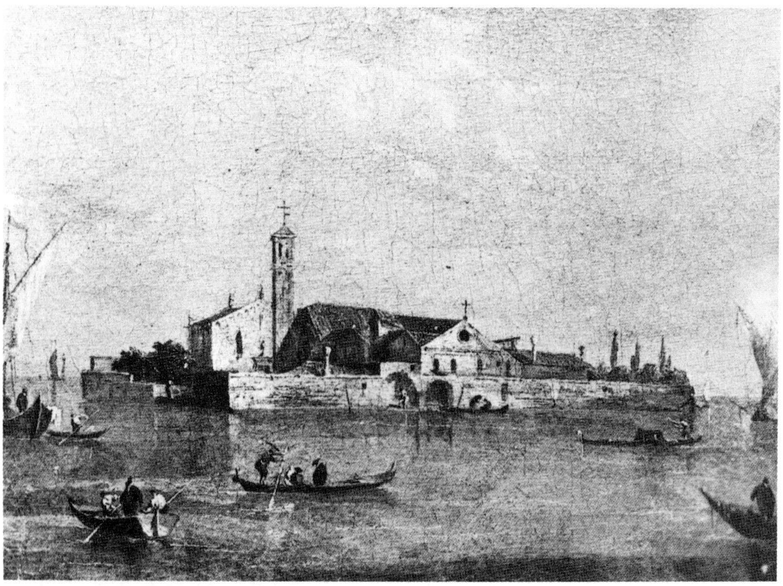

420
Francesco Guardi
Landschaft der Lagune
18. Jahrhundert
Musée des Beaux-Arts
Besançon

rungen von den Ansichten Roms (1730) getan hat, macht Marieschi nun mit seinen Perspektiven von Venedig (1741) und Gian Francesco Costa mit seinen *Delizie del Fiume Brenta* (1747), die das ›Arkadien der Brenta‹ zum beliebten Motiv machten. Diese Radierungen entwickeln allmählich nicht nur die Topographie, die Architektur, sondern auch das Licht: Ihre Weiß- und Grautöne und ihre Schatten erreichen trotz der Einfarbigkeit eine sehr ruhige und kühle Vibration des Lichtes, der man auch in den Radierungen von Canaletto begegnet.

Die fünfunddreißig *Capricci e fantasie* von Giambattista Tiepolo □421 gehen von einer anderen Vision aus, die bereits ein Vorbote für die merkwürdige dämonische Phantasie der *Caprichos* von Goya ist. In der Ansammlung von Ruinen, verwitterten Bäumen, von Gräbern und Eulen, die von Castiglione herkommen, gibt es nur Zauberer, Satyre, Gespenster und lachende Masken. Die lockere Technik des Künstlers in der Radierung wie in der Malerei, die Überschneidungen vermeidet und die Schatten kaum betont, widerspricht ein wenig diesen bizarren, einer sehr vielseitigen und leichten Kultur entspringenden Träumen. Die Blätter von Giandomenico (*Kreuzgang, Flucht nach Ägypten*) sind eine zu unmittelbare Nachahmung Rembrandts.

Mit der Geschicklichkeit der ›vedutisti‹ festigt die venezianische Radierung das Prestige der venezianischen Schule in Europa – London, Dresden, Warschau –, jedoch ist es zweifellos der nach Rom übergesiedelte Piranesi, der ihren doppelten Aspekt – das Realistische und das Visionäre – zu höchster Vollendung bringt, indem er sich mit dem unruhigen Licht der grandiosen und vielfältigen Welt von Rom auseinandersetzt. Wir haben bereits gesehen, daß sich hier ein von der Archäologie bestimmtes Denken und ein Gefühl sehnsüchtiger Melancholie ausbreiten, die nichts mehr mit dem Barock zu tun haben und auch nicht dazu beitragen, Italien und Europa von diesem Weg abzulenken.

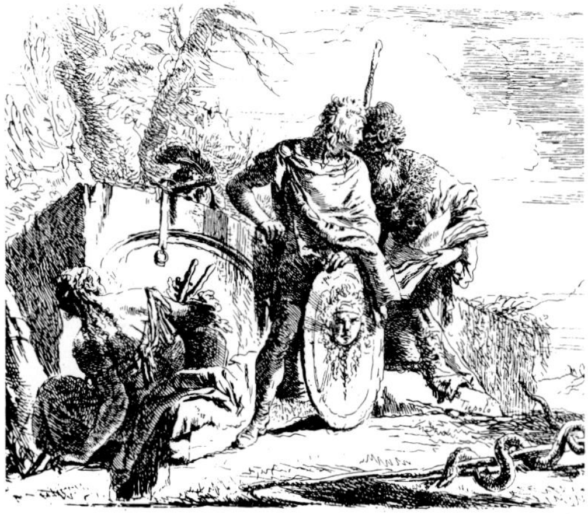

421 Giambattista Tiepolo, Horoskop eines jungen Kriegers, Radierung aus der Folge ›Capricci e fantasie‹, erschienen 1749. Gabinetto Stampe, Rom

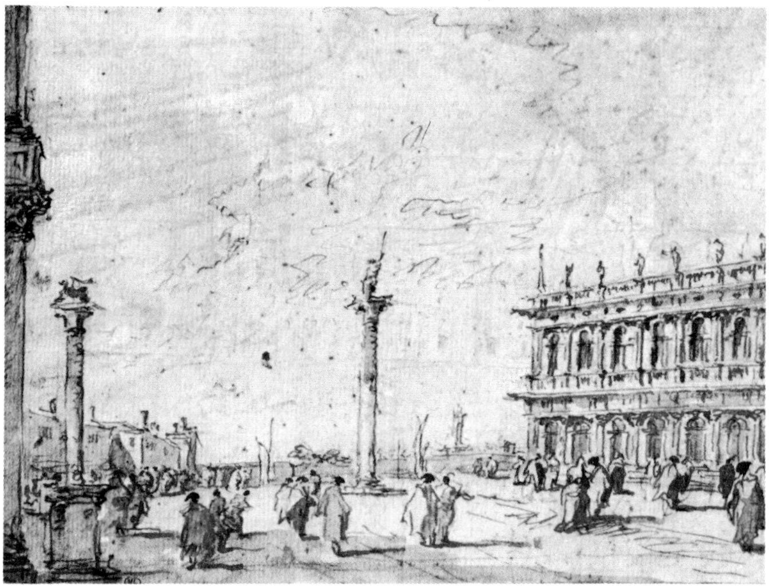

422
Francesco Guardi
Zeichnung

DIE KUNST
DER NEUEREN ZEIT

EINFÜHRUNG

Das Drama der nationalen Einheit

Die neue Geschichte Italiens ist voll von ungeheuren, oft in enthusiastischen, emphatischen Ausdrücken vorgetragenen Hoffnungen, die von den tiefsten Enttäuschungen abgelöst werden. Die politische Einigung und der Aufbau einer modernen Nation haben die Italiener mehr Mühen, Täuschungen und bittere Stunden gekostet als andere europäische Völker. Was die Literatur des 19. Jahrhunderts beherrscht, sind Bücher wie *Ultime lettere di Jacopo Ortis* (1799), ein Meisterwerk der verzweifelten Leidenschaft von Ugo Foscolo, *Le mie Prigioni* (1816, Meine Gefängnisse) von Silvio Pellico, einem Opfer Österreichs (gestorben 1854), der große historische Roman *I Promessi Sposi* (Die Verlobten) von Manzoni (1825, neue Auflage 1840), der das Leben des Volkes in der Lombardei um 1630 schildert, oder die herrlichen traurigen *Canzoni,* diese pathetischen ›Nokturnos‹ von Leopardi (gestorben 1837). Die polemische und revanchistische Literatur des ›Risorgimento‹ und die bis zu einem maßlosen Nationalismus exaltierten Werke des faschistischen Zeitalters haben niemals diese dumpfe Trauer, diesen oft ergreifenden Hintergrund einer tiefen, ernsten Menschlichkeit voller Mitgefühl für die einfachen, armen Leute auslöschen können. Dieser Geist wird jedoch oft, wenn nicht ständig, überdeckt von zwei recht täuschenden Ausdrucksweisen, die auf das mittelmeerische lebhafte Temperament einen großen Zauber ausüben: die Rhetorik und die Virtuosität, das heißt die spektakuläre Schau und der feurige Schwung der Ausführung. Das 19. Jahrhundert hat damit einen unheilvollen Mißbrauch getrieben. Während der zwei der Renaissance folgenden Jahrhunderte, von 1550 bis 1750 etwa, war die Halbinsel ein Spielball der Rivalität zwischen dem französischen und dem habsburgischen Herrscherhaus: Im Vertrag von Aachen (1748) wurde seine territoriale Zerstückelung in kleine monarchistische Staaten noch bekräftigt. Von 1750 bis 1950 verwirklichte Italien in einer langen und mühsamen Reihe von Etappen seine Einigung zu einem modernen Staat. Nachdem Italien lange Zeit die Unterstützung Frankreichs gegen das österreichische Kaiserhaus in Anspruch genommen hatte, sah es sich, nachdem die Einheit erreicht war, wiederholt gezwungen, Allianzen mit den Mächten Mitteleuropas (die Dreierallianz, 1882; Achse Rom-Berlin, 1936) einzugehen, um gegen die westlichen Mächte seine imperialistischen Interessen im Mittelmeer und in Afrika wahrnehmen zu können. Die Emanzipierung Italiens ist also eng mit der Geschichte der europäischen Krisen verknüpft. Der siegreiche Feldzug Napoleons in der Lombardei (1796) führte zu dem ersten Versuch einer Vereinfachung der politischen Landkarte erst in drei (1805), dann in zwei (1809) dem französischen Reich eng verbundene Staaten. Der Wiener Kongreß (1815) stellte die alte territoriale Zerstückelung und den Absolutismus wieder her, und der patriotische Freiheitskampf richtete sich nun gegen Österreich (1848), gefolgt von den siegreichen Feldzügen des Königs von Piemont, Viktor-Emanuel II., und von Napoleon III. (1859). Die dann folgenden Annektierungen sind dem Einsatz eines nationalen ›Condottiere‹, Garibaldi, zu verdanken; sie führten zur Entstehung des Königreiches von Italien (1861), dem 1870 auch Rom einverleibt wurde, was der Vatikan erst 1929 anerkannte. 1918, am Ende des Ersten Weltkrieges, wurde durch die Eroberung der Provinzen Trentino und Istrien die nördliche Grenze Italiens festgelegt, die 1945 auf der adriatischen Seite noch erheblich korrigiert wurde.

Nach dem strengen Absolutismus der kleinen Staaten, wie sie Stendhal beschrieben hat, war Italien zu einer konstitutionellen Verfassung übergegangen, die seit 1849 den Einfluß des piemontesischen Königshauses sicherte und auch nach 1871 aufrechterhielt. Von 1922 bis 1943 hat Italien ein autoritäres, nationalistisches Regime erlebt, das im Rahmen der Monarchie unter Viktor Emanuel III. zu einer größeren verwaltungsmäßigen und wirtschaftlichen Einheit führte. Es ging 1943 durch die Niederlage im Zweiten Weltkrieg unter und zog die Monarchie nach, die 1947 auf Grund einer Volksabstimmung durch eine republikanische Verfassung ersetzt wurde.

Dieser mühsame politische, soziale und wirtschaftliche Reifeprozeß hat die Energien verschiedener Generationen nach dem langen Dämmerzustand der ›absolutistischen‹ Epoche aufgezehrt. Er zeigt die Schwierigkeiten eines mittelmeerischen Landes ohne höher entwickelten Mittelstand, ohne Bürgertum, das sich in die Kader einer modernen Welt einzureihen wünscht. Die Elite spürte diese Anomalie sehr genau. 1843 behauptete der Abbé Gioberti in einer berühmten Schrift »den moralischen und zivilisatorischen Vorrang der Italiener« und ließ den alten Welfentraum von einer Einigung durch das Papsttum wieder aufleben. Der Neo-Cäsarismus von Gabriele d'Annunzio und der intellektuellen Faschisten achtzig Jahre später ist eine ebenso romantische wie gefährliche Illusion.

Ohne Einsicht in diese besondere Situation kann man sich kaum erklären, wie es möglich war, daß Italien, nachdem es acht Jahrhunderte lang die Kunst Europas gelenkt und befruchtet hatte, in den letzten beiden Jahrhunderten nur mehr eine ziemlich rückständige Provinz war. Zu der Schwäche des Adels und der Indifferenz der Kirche kommt noch das Fehlen bürgerlicher Mäzene hinzu, die anderswo schöne Sammlungen moderner Kunstwerke aufgebaut haben, die heute den Kern der großen Museen des 20. Jahrhunderts bilden. Diese Elite von gebildeten Kaufleuten und Reisenden, die im 14. und 15. Jahrhundert der Toskana, Lombardei und Venedig einen Vorsprung vor den anderen Ländern der westlichen Welt gesichert hatte, ist genau das, was dem Italien des 19. Jahrhunderts, von wenigen Ausnahmen abgesehen, fehlt. Es war ein allgemeines Versagen in der Öffentlichkeit wie in der Kritik, besonders in der zweiten Hälfte des 19. Jahrhunderts[235]. Drei typische Phänomene können davon Zeugnis geben. Zunächst einmal der Erfolg der neoklassizistischen Theorien selber, die durch ihren outrierten Rationalismus, ihre Systematisierung des Schönheitsideals und ihre Geschichtsvereinfachung der akademischen Sterilität gefährliche Nahrung gaben: Italien, das Land der Kunsttraktate, wurde nun das Opfer ihrer regelhaften Strenge. Die beiden beherrschenden Figuren in der Architektur waren Milizia in Rom und Temanza in Venedig, unterstützt von den beiden Historikern Abbé Lanz (1789) und Conte Cicognara (1813-1818) in der Malerei beziehungsweise Skulptur. Francesco Milizia (1725-1798) aus Apulien, der sich seit 1761 in Rom aufhielt, erklärt in seinen *Vite de'più celebri architetti* (1768) dem Barock den Krieg und verweist in seinen polemischen Schriften auf die Notwendigkeit einer strengen Ordnung und eines exakten Bewußtseins der künstlerischen Mittel und Funktionen. Temanza (1705-1789) bestätigt dieses Ideal durch Vitruv und Palladio, den die Gelehrten B. Bertotti-Scamozzi (1776) und Arnaldi (*Idea di un Teatro,* 1762) neu auflegten. Diese Theorien gehen jedoch zu weit über die Probleme der zeitgenössischen Kunst hinaus. Das auffallendste Beispiel dieser übertrieben theoretischen Aktivität liefern die im 17. und 18. Jahrhundert wie auch schon in der Renaissance zahlreichen Untersuchungen und Gedanken über die ›Idealstadt‹. Ein sonderbarer Theoretiker, der venezianische Jesuit Carlo Lodoli (1690-1761), entwarf die Vorstellung von einer rationalen Stadt, in der die Materialien und geometrischen Formen in einer genauen Entsprechung zu der Funktion der Gebäude stehen. Diese erste Definition eines ›Funktionalismus‹ wurde durch das Werk von Andrea Memmo *Elementi dell' architettura a lodoliana o sia l'arte del fabbricare con solidità scientifica e con eleganza non capricciosa* (Rom 1786)[236] verbreitet, der die Idee, daß die Schönheit auf geometrischen Verhältnissen beruht, ebensoweit vortreibt wie Ledoux in Frankreich. Die ähnlichste Bemühung, sich diesen abstrakten Perspektiven anzupassen, kommt jedoch vom französischen Empire her, und nach einigen beachtlichen Anordnungen in Mailand und Rom, Genua und Triest wird nun nichts mehr die Monotonie der Portikusfassaden und die Selbstgefälligkeit der Schulen korrigieren können.

Das Gewicht des antiken Vorbilds, die erdrükkende Vorherrschaft Roms konnten erst ab 1800 wieder in Frage gestellt werden. Pelagio Pelagi (1775-1860), eine originelle Persönlichkeit seiner Zeit, Sammler und Archäologe, der sich von fernen Kulturen ebenso angezogen fühlte wie von der griechischen und römischen Welt, zeigte in seinem Schloß zu Racconigi in der Emilia deutlich die Wendung zur größeren Freiheit[237].

In ganz Europa wird ein leidenschaftliches Interesse für pittoreske Epochen und für den Orient (Delacroix) in Verbindung mit einem unaufhaltsamen Eindringen von Gefühl und Phantasie in die Landschaftsmalerei (Constable) und in die Vision der Gegenwart (Géricault) der akademischen Vorstellung und der Antiquiertheit ihres Dekors gegenübertreten und sie bald überspielen. Nur das gedemütigte Italien, eine Beute von Verschwörungen und Illusionen, wird keinen Teil daran haben und nur minderwertige Resultate einer anekdotischen Romantik kennenlernen, mit denen es sich auch durchaus zu begnügen scheint, vielleicht, weil es diese Romantik in ganz außergewöhnlichen Formen bereits bei Tiepolo, Piranesi oder Guardi gesehen hat. Das Fehlen einer großzügigen und vollkommenen Form der Romantik ist zweifellos einer der tieferen Gründe für die allgemeine Erschlaffung der Künste'[38]. Die Wirkungen sind bis zum Ende des Jahrhunderts spürbar, denn nach dem großartigen Elan des Risorgimento und der nationalen Einigung des Landes fehlte es dem ›Modernitätsempfinden‹, das überall ein Aufblühen der Künste zur Folge hatte, unter der bourgeoisen Monarchie gleichfalls an Kraft und Subtilität. Auch der Elan fehlte, der das Gleichgewicht zwischen den monumentalen, erdrückenden Erzeugnissen der Kunst, besonders in der offiziellen Architektur, und den kleinen Genreszenen, an denen selbst die fortschrittlicheren Maler, die ›Macchiaioli‹ der Toskana und die routinierten Virtuosen von Neapel oder Venedig, Gefallen fanden, herstellen hätte können. Das ausgleichende Spiel zwischen den nördlichen und südlichen Kunstzentren existierte nicht mehr. Die Avantgarde mißbrauchte die Freiheit, und die kleinen Revolutionen zu Beginn des 20. Jahrhunderts nahmen ein schnelles Ende. Erst seit 1945 kann die italienische Gesellschaft im Angehen ganz neuer Aufgaben auch ihrem ererbten Geschmack und ihrer Phantasie, die seit zwei Jahrhunderten ihre Ziele entweder zu hoch oder zu tief zu stecken schienen, neue Entwicklungsmöglichkeiten bieten.

Noch ein letztes Faktum kann den Rückschritt und die Dürftigkeit der italienischen Kunst während dieser kritischen Zeit erklären: das ›Exil‹ vieler Künstler. Die Aufträge aus dem Ausland im 18. und 19. Jahrhundert waren die Antwort auf die Vorrangstellung der italienischen Kunst, vor allem auf dem Gebiet der Architektur und der Dekoration. Vincenzo Brenno (1745-1820) und Antonio Corazzi (1792-1877) gingen nach Warschau; in Rußland arbeiteten Antonio Rinaldi (1709-1794), der in Moskau den Marmorpalast (1768-1785) baute, und Giacomo Quarenghi (1744-1817), Architekt der Zaren und Erbauer des Alexanderpalastes mit der großen Kolonnade in Zarskoje Selo (1792-1796). Den Wiederaufbau Moskaus nach 1812 leitete Domenico Gilardi (1788-1845). Noch ernstere Symptome waren das Nomadentum von Malern wie Pasini (1826-1897), der an den Hof des Schahs von Persien ging, oder Antonio Fontanesi (1818-1882), der in der Schweiz, Paris und Tokio, wo er von 1877-1878 unterrichtete, herumzog, vor allem aber der regelrechte Exodus nach Paris, wo de Nittis und Boldini eine kosmopolitische Stellung einnahmen, die die italienische Öffentlichkeit nicht einmal ihren größten Meistern bieten konnte. Aus unserer Zeit ist noch Modiglianis Flucht nach Frankreich (1906) zu nennen, der Zustrom der avantgardistischen Künstler mit ihren Illusionen und Versprechungen und die noch heute anhaltende Tendenz der kühnsten, manchmal der besten unter ihnen, in der ›École de Paris‹ gänzlich aufzugehen.

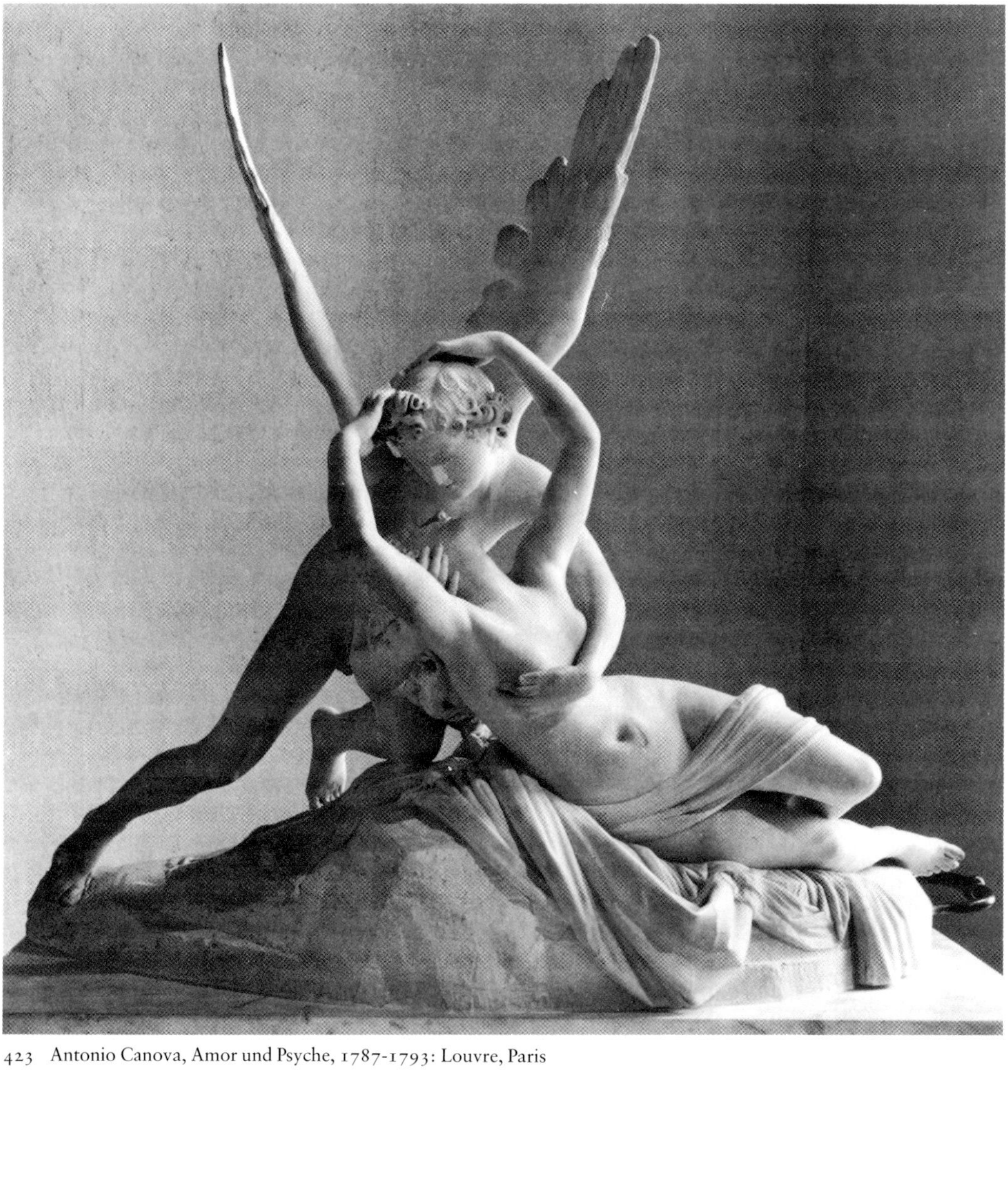

423 Antonio Canova, Amor und Psyche, 1787-1793: Louvre, Paris

DER NEOKLASSIZISMUS

1750-1830

In der Zeit von ungefähr 1750 bis 1830 erlebte ganz Europa eine kritische Phase voller doktrinärer und wissenschaftlicher, mit einer puristischen Reaktion verbundenen Bestrebungen, denen eine allgemeine außerordentliche Vorliebe für die Antike folgte, die Europa ihre Lebens und Kunstform gaben. Den *Ruinen von Griechenland* von Le Roi (1758), der *Geschichte der Kunst des Altertums* von Winckelmann (1764), die die Rückkehr zum Hellenismus predigen, entsprechen die herrlichen Radierfolgen von Piranesi. Darin ist nicht nur eine bedeutende romantische Beschwörung der Ruinen zu finden, sondern in der Radierfolge *Vasen und Kandelaber* (1768-1778) auch ein ganzes Repertoire von Gebrauchsformen, das buchstäblich zur Grammatik des Empirestils wird. Zweitrangige Aspekte dieses neuen Stils, wie etwa die ägyptische Mode, die sich in England und Frankreich nach 1790 entwickelte, sind durch die phantasievollen Einfälle römischer Dekorateure vorbereitet worden: einen Dekor aus Hieroglyphen, Pavianen, Sphinxen und exotischen Ruinen finden wir beim ›Englischen Café‹ auf dem Spanischen Platz in Rom, dessen Motive Piranesi in seiner Sammlung *Diverse maniere d'adornare i cammini* (1769) publiziert hat.

Italien war also an dieser ›antikisierenden‹ Bewegung durch seine Kupferstecher, seine Ausgrabungspublikationen (Herculaneum, von 1757 bis 1792) und durch seine Kunsttheorien eng beteiligt; es war noch in verstärktem Maße damit verbunden durch den archäologischen Aspekt Roms und die Beliebtheit, der sich – neben Palladio in der Architektur – die elegante Skulptur des Manierismus, die heiteren Vorbilder Raffaels und die sinnenfreudigen Correggios erfreuten. Jedoch fehlte Italien der schöpferische Impuls: Die neopalladianische Bewegung wurde von Robert Adam in England vorgetragen; die drei eigenwilligsten Architekten gegen Ende des 18. Jahrhunderts waren der Engländer Sir John Soane, der Franzose Ledoux und der Preuße Friedrich Gilly; es war ein Franzose, der Mengs nachfolgte und ein anderer Franzose, Prud'hon, der den neuen ›Correggismus‹ definierte. Auf das Konto Italiens kommen lediglich Talent und technische Meisterschaft von Antonio Canova, der nicht dem Zauber von Paris verfiel, und unbedeutendere Begabungen wie die Architekten Piermarini und der Maler Appiani in Mailand.

Der Wendepunkt des Jahres 1760 und der folgenden Jahre war entscheidend. Allessandro Algarotti, ein lebhafter, spottfreudiger Aristokrat, der der französischen Kunst heftige Abneigung entgegenbrachte, jedoch ein Anhänger des kritischen Rationalismus war, empfahl, die alten ›Ikonologien‹ à la Ripa zugunsten von Homer und Virgil aufzugeben. Er setzte sich in seinen Streitgesprächen für die Reinheit des Geschmacks ein: ›Saggio sulla pittura‹, Livorno 1762.

Architektur

Giuseppe Piermarini aus Foligno (1734-1808), Gehilfe von Vanvitelli in Caserta, war einer der ersten Architekten Italiens, der auf breiterer Ebene das Konzept eines auf Vignola, Palladio und der Antike basierenden Neoklassizismus entwarf. Er wurde 1769 nach Mailand gerufen und gestaltete dort den *Palazzo Reale* gänzlich um (vollendet 1778), den er mit einer Kolossalordnung von ionischen Pilastern versah. Mit noch größerer Strenge ging er bei dem *Palazzo Belgioioso* (1777, □424, 425) vor, der ein rustiziertes Sockelgeschoß, eine Kolossalordnung und eine Terrasse erhielt und durch einen leicht vorspringenden Giebel, durch gefugte Mauerpartien und Ornamente ›à la française‹ an den Fenstern belebt wurde. Man verharrte im Geist von Caserta. Bemerkenswerter ist das *Teatro della Scala* (1776-1778), dessen Äußeres mit rustizierter Loggia mit Halbsäulen am Obergeschoß einen Kontrast zu dem reich ausgestatteten Innern bildet, das sechs Etagen und eine sehr

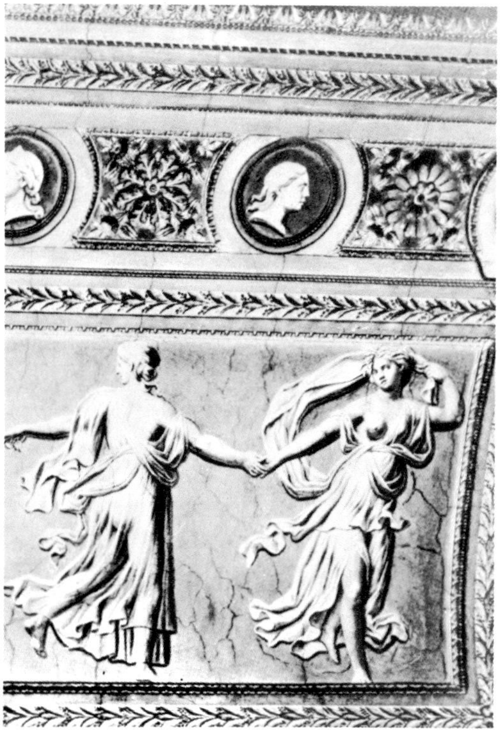

424 Giuseppe Piermarini, Wanddekoration im Palazzo Belgioioso, Mailand, 1777

breite Bühne hat. Die Villen von Piermarini sind regelmäßig gegliedert und ohne Lebendigkeit: Cusani in Desio; Perego in Cremnago; die Villa von Monza, die auf rechteckigem Grundriß erbaut ist, ist eine große Anlage mit drei Vorsprüngen zum Garten hin, wobei die Hauptwirkung auf der ruhi-

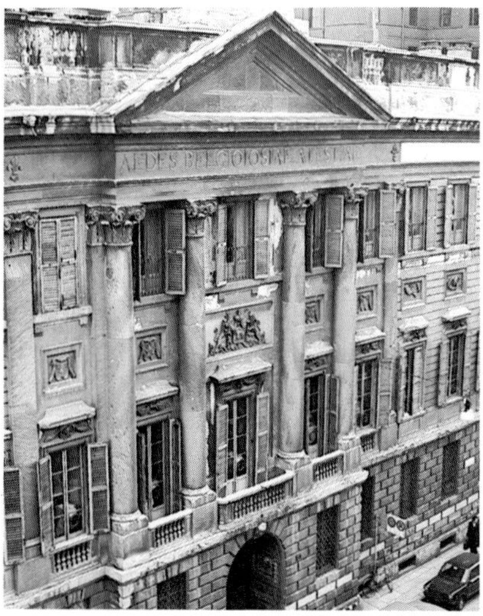

425 G. Piermarini, Palazzo Belgioioso, Mailand

gen Anordnung der Horizontalen beruht, die durch Gesimse und senkrechte Pilaster betont werden. Mehr Anmut und Feinheit zeigt sich bei der von seinem Schüler Leopoldo Pollak (1751-1806) aus Wien 1799 erbauten königlichen Villa in Mailand mit den 1782 durch seinen Meister angelegten Gärten im Nordwestteil der Villa (heute Galleria d'Arte Moderna).

Simone Cantoni (1736-1818) ging von dem geschmeidigeren Barock des Palazzo Ducale in Genua (1778) über zu der neoklassizistischen Gezwungenheit des Palazzo Serbelloni (Mailand, 1794), der an der Fassade einen zwei Geschosse umfassenden ionischen Portikus unter einem großen Giebel besitzt. Die Entwicklung bewegte sich jedoch rapide in Richtung auf einen griechisch-römischen Stil des Empires, als Mailand unter der französischen Besetzung zur Hauptstadt des

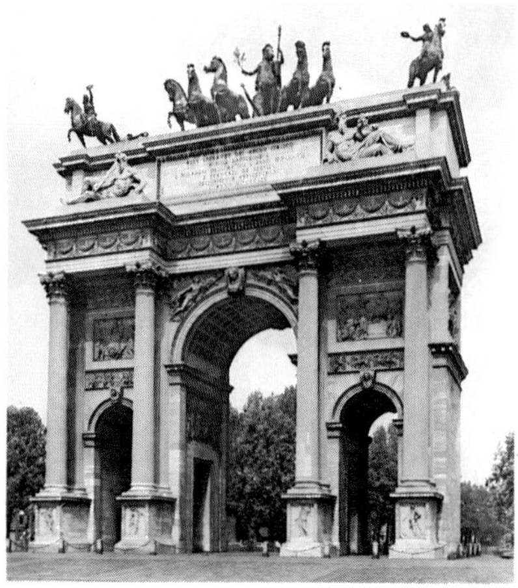

426 Cagnola, Arco della Pace, Mailand, 1806

Königreichs Italien (1805-1814) wurde. In dieser Zeit entstanden: der *Arco della Pace* □426, aus Marmor mit einer Bronzequadriga von Luigi Cagnola, der zu Ehren Napoleons (1806) errichtet, dann aber Franz I. von Österreich (1838) gewidmet wurde; der Bogen der *Porta Nuova* (1810) von Giuseppe Zanoia sowie die städtebaulichen Projekte des *Forum Bonaparte* mit Arkaden (1801), von Giovanni Antonio Antolini um das Castello Sforza herum geplant; die Bögen des Stadions beziehungsweise der Arena (1806-1807) von Luigi Canonica und der Leitplan von 1807, dem die großen Verkehrsadern entstammen, die die gesamte spätere Entwicklung der Stadt bestimmt haben.

Während des Kaiserreichs von den Franzosen besetzt, erfuhr Turin, die Hauptstadt des König-

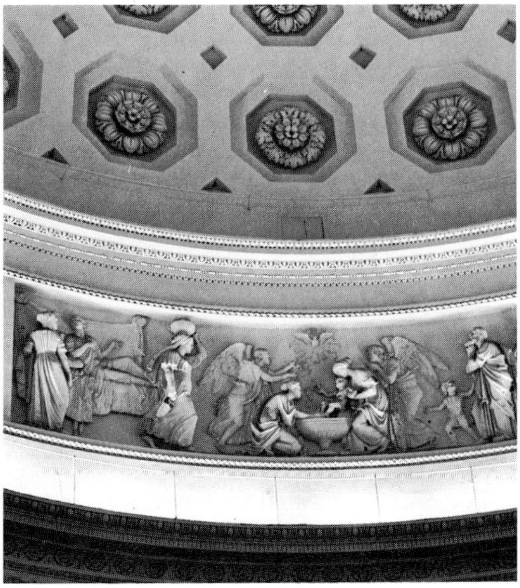

427 Francesco Bonsignore, Kuppelfries in der Kirche der Gran Madre di Dio, Turin

reichs Piemont-Sardinien, eine interessante städtebauliche Entwicklung[239]: Wie man unlängst herausfand, wurde nach der Zerstörung der Befestigungen (1808) ein umfassender Stadtbauplan aufgestellt, dessen regelmäßige Plätze noch heute den Charme der Stadt ausmachen. Nach 1815 baute Francesco Bonsignore (1763-1843) zu Ehren der Dynastie oberhalb des Po eine klassizistische Rotunde, die Kirche der *Gran Madre di Dio*, nach dem Vorbild des Pantheon in Rom □427, 428. Die ständige Ortsveränderung der Maler blieb nicht ohne Folgen, es entstanden große Historienbilder (Storelli, Podesti) und subtil gemalte Gebirgslandschaften (Gubernatis, Bagetti). In Genua stellte Carlo Barabino (1768-1835) durch

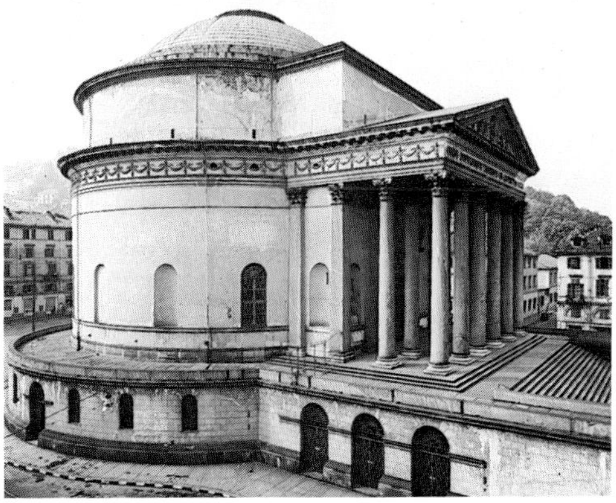

428 Bonsignore, Kirche der Gran Madre di Dio

Rampen die Verbindung zwischen drei einander folgenden Villen her, versah die Kirche SS. Annunziata (1830) mit einer Fassade mit Pronaos und errichtete das Teatro Carlo Felice mit korinthischem Pronaos mit sechs Säulen an der Fassadenseite.

Sehr delikate Ausdrucksformen fand der von Temanza und den ›Palladianern‹ vorbereitete Neoklassizismus im venezianischen Raum mit Giannantonio Selva (1751-1819) beim *Teatro Fenice*, dessen Fassade den Brand von 1792 überstanden hat und dessen Saal 1836 wieder aufgebaut wurde, und der Kirche *Il Nome di Gesù* (1813-1834), die Diedo vollendet hat. Der Paduaner Giacomo Iappelli (1783-1852) lieferte die Pläne für das sehr ausgewogene *Caffè Pedrocchi* (1816-1831) in Padua und zahlreiche Villen und Inneneinrichtungen von sehr klarer Anordnung (Villa Cittadella, 1813, Vigodarzere). Auch der Urbanismus hat mit seinen Giardini Pubblici (1807) in Venedig und dem Bau des *napoleonischen Flügels der Procuratie Nuove* □429 von Giuseppe Maria Soli bedeutenden Anteil. Eine

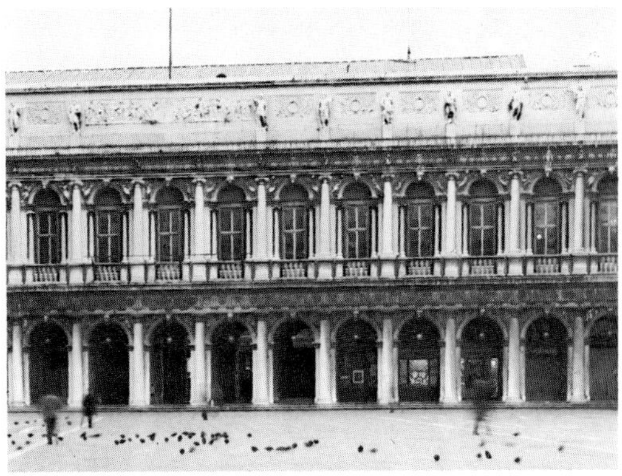

429 Giuseppe Maria Soli, Napoleonischer Flügel der Procuratie Nuove, Venedig, 1807

ganze Stadt erhielt in dieser Zeit ihr modernes Gesicht: Es ist das von 1809 bis 1814 mit dem Königreich verbundene Triest. Matteo Pertsch (1780-1854) erbaute dort neben der *Rotonda Pancera* und zahlreichen Häusern den Palazzo Carciotti (1802-1806), der zum Meer hin eine große Fassade mit Terrasse hat. Antonio Mollari errichtete den *Palazzo della Borsa Vecchia* mit dorischem Pronaos (1802-1806) und Pietro Nobile die Kirche S. Antonio mit ionischem Pronaos (Entwurf von 1808, beendet 1849), die mit ihrer Pantheongestalt einen ›Hintergrundsdekor‹ für den Canal Grande bietet.

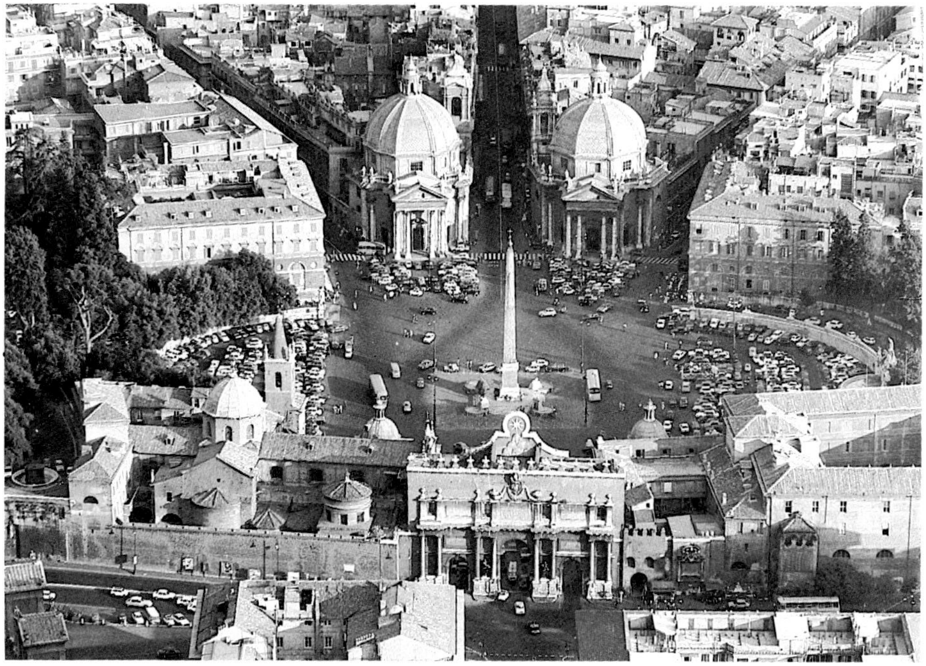

430 Giuseppe Valadier, Piazza del Popolo, Rom

Die zwei Tendenzen der neoklassizistischen Bewegung – die eine korrigiert das Rokoko durch Raffinement, die andere vertritt den Empirestil, neigt also zum Grandiosen – treffen wir in der Emilia in Parma bei der *Villa Ducale di Colorno* des Franzosen Petitot an und unter Marie-Louise beim *Teatro Ducale* (1829) von Niccolò Bettoli (1780-1854), das mit seinen kahlen Mauern über dem ionischen Atrium recht feierlich wirkt. In der Toskana komponierte der Meister zweier Architektengenerationen, Gaspare Maria Paoletti (1728-1813), die *Leopoldthermen* von Montecatini in dorischer Ordnung und von ganz römischem Geist und nahm im Palazzo Pitti Veränderungen vor (Weißer Saal, 1780), die sein Schüler Giuseppe Cacialli (1770-1828) mit seiner Dekoration der neuen Salons im römischen Stil ergänzte. Paoletti veränderte ebenfalls die *Villa di Poggio Imperiale*; ein anderer Schüler von ihm, Pasquale Poccianti (1774-1858), und Cacialli, die sich von der Nordfassade der Medici-Villa Poggio a Cajano anregen ließen, vervollständigten das Werk. Poccianti wird ein halbes Jahrhundert lang an den Aquädukten von Livorno und den Wasserreservoirs arbeiten, die in einem noblen Stil gehalten sind und antike Exedren nachahmen, wie zum Beispiel das große *Cisternone* (Livorno). Die Erweiterung des alten befestigten Hafens, dessen Gründung (1577) auf die Medici-Herzöge zurückgeht, führte zu einer großzügigen städtischen Anordnung, deren Mittelpunkt die ovale *Piazza Carlo Alberto* bildet. Ein anderer Schüler von Paoletti, Gaetano Baccani (1792-1867) restaurierte das Schiff des Florentiner Domes (1842) und errichtete den Campanile von S. Croce.

In Rom, wo die klassische Reaktion ihren Anfang genommen und die neue Lehre sich geformt hatte, zeigte sich dieser neue Weg vor allem im Vatikan und in der Stadtbau-Planung. Michelangelo Simonetti (1724-1781) gestaltete unter Pius VI. die Räume des Museums Pio Clementino (1774). Raffaello Stern (1771-1820) errichtete für Pius VII. einen neuen, dem Bibliotheksflügel parallel laufenden Trakt, den Braccio Nuovo, mit einem Saal von 70 Meter Länge mit Säulen aus Cipollinmarmor und Alabaster und Mosaikfußboden, der das Antiken-Museum ergänzt (1817 bis 1821). In dieser Zeit wurde der westliche Teil des Vatikans zum Museum umgewandelt, es entstand die Pinakothek (1815), das Etruskische Museum (1836) und das Ägyptische Museum (1839).

Der große Architekt des päpstlichen und kaiserlichen Rom war Giuseppe Valadier (1762-1839), der bei seinem Vater Luigi in die Lehre gegangen war, ein hochgebildeter Architekt, der den Titusbogen restauriert und eine ganze Anzahl von Fassaden geschaffen hat: *S. Pantaleone* (1806), *S. Andrea delle Fratte* (1821), *S. Rocco* (1833). Auch in den Vatikanstaaten hat er zahlreiche bedeutende Restaurierungen durchgeführt, besonders in Rimini und Urbino, wo er den Dom, dessen Kuppel 1789 eingestürzt war, wieder aufbaute. Er machte davon interessante Aufzeichnungen (die es ermöglicht haben, die Konstruktion des Gebäudes Francesco di Giorgio zuzuschreiben); er gestaltete jedoch den Bau völlig um, und Morigia versah ihn mit einer ziemlich reizlosen Fassade[240].

Neben den beiden Theatern Apollo und Valle stammt von ihm in Rom vor allem die endgültige Anlage der *Piazza del Popolo,* die bis zur Mitte des 19. Jahrhunderts der große nördliche Eingang der Stadt war □430. Die Lage der Zwillingskirchen von Carlo Rainaldi (1662) auf jeder Seite des Corso markiert den Knotenpunkt, von dem aus man strahlenförmig ins Stadtinnere geleitet wird. Die bereits 1794 vorliegenden Pläne von Valadier, überarbeitet von Gisors und Berthault, wurden 1816-1820 durchgeführt[241]. Valadier hat sich dabei von den Schöpfungen Gabriels in Paris und Woods in Bath anregen lassen. Er versuchte, die grünen Anlagen des Pincio in seine Komposition einzubeziehen, indem er oberhalb des Platzes eine den monumentalen Perspektiven angepaßte Terrasse anlegte und sie mit dem Platz selber durch Rampen, die auch für Wagen geeignet waren, verband. Halbkreisförmige Balustraden schließen die Seiten ab und ergänzen die Anlage des Platzes.

Am 16. Juli 1823 wurde die Kirche *S. Paolo fuori le mura* durch Brand zerstört. Der Wiederaufbau war vorwiegend das Werk Luigi Polettis (1792-1869) aus Modena. Das Innere wurde 1854 rekonstruiert. Die Arkaden des Atriums wurden nach seinen Zeichnungen in Kolossalordnung errichtet, ebenso hat er den recht unbedeutenden neuen Campanile entworfen. Als Lehrer an der Accademia di S. Luca hat Poletti die meisten Architekten der Epoche ausgebildet.

In Neapel, wo die Erinnerung an Vanvitelli das ganze Jahrhundert hindurch lebendig blieb, sind die Werke von Antonio Niccolini (1772-1850) zu erwähnen, der das *Teatro San Carlo* erbaut hat, dessen Obergeschoß mit ionischer Loggia sich über einem enormen rustizierten Portikus erhebt, sowie der Versuch einer monumentalen Anlage vor dem Palazzo Reale, die die Kolonnaden von St. Peter in Rom nachahmt und unter der Herrschaft von Murat von Leopoldo Laperuta in Angriff genommen wurde; ergänzt wurde sie durch die von Pietro Bianchi (1787-1849) entworfene Kirche *S. Francesco di Paola,* (1817-1846, □431) die die Form des Rundbaus mit aufgesetztem Pronaos mit sechs Säulen wiederholt, wie sie das Pantheon zeigt. Neoklassizistische Stilmittel wurden in Bari durch Niccolini (Teatro Piccini) und in Palermo durch Venanzio Marvuglia und Domenico Lo Faso Pietrasanta (1783-1863), Archäologe und Erbauer der Loggia auf der Piazza Umberto I. (1845), eingeführt.

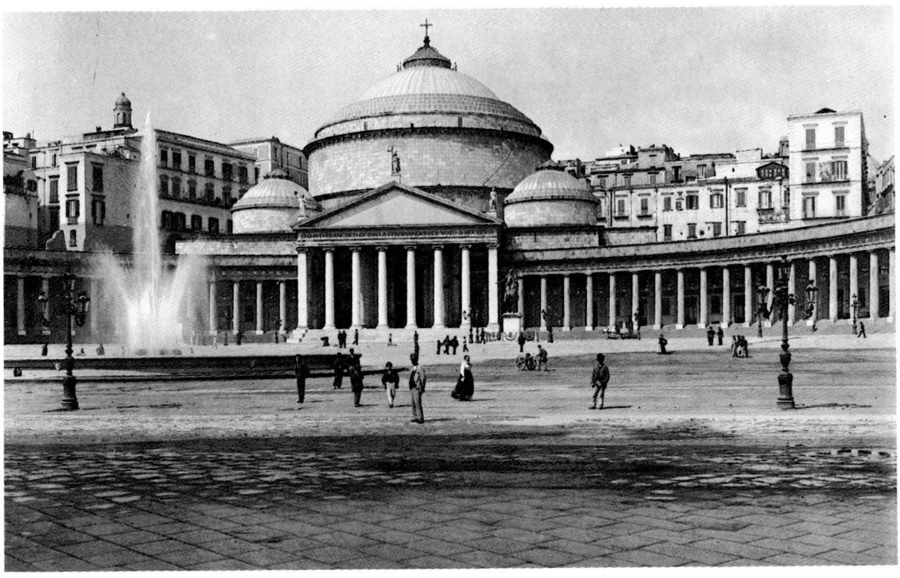

431 Pietro Bianchi, S. Francesco di Paola, Neapel, 1817-1846

Die neoklassizistische Reaktion wurde in Rom durch Marco Benefial (1684-1764) eingeleitet, mit dem ein enger, von Maratta beherrschter Akademismus begann, der nichts mit der Kunst der Carracci gemein hat. Sie wurde weiterentwickelt von dem Franzosen Subleyras (1699-1749), dem aus der Toskana gebürtigen römischen Maler Pompeo Batoni (1708-1787), der in einem süßlich interpretierten Stil Correggios und Raffaels malte und der Autor von pomphaften Porträtbildern ist (*Soderini,* in Tarquinia), vor allem aber von dem Deutschen Raphael Mengs (1728-1779), dem Freund Winckelmanns, der 1746 zum katholischen Glauben übergetreten war. Sein *Parnass* in der Villa Albani □432, seine *Allegorien* (Vatikan, Papyrussaal) ließen ihn als den größten Maler der Epoche erscheinen. Man sah in ihm aufgrund seiner zahlreichen Schriften, die den Kult Raffaels und die Lehre Belloris wieder ins Leben riefen, den Reformator einer im Verfall begriffenen Zeit. 1771 stand er an der Spitze der Accademia di S. Luca.

Die Anwesenheit Davids 1774 und 1784 wird all diesen archäologischen und moralischen Bestrebungen einen energischen Impuls geben; das bedeutet die Herrschaft eines starken, überlegten Rhythmus, des durch graphische Umsetzung geklärten Flachreliefs, des antikisierenden Melodramas. Es waren jedoch die immer zahlreicher werdenden ausländischen Künstler in Rom, denen diese intellektuelle und willensmäßig bestimmte Kunst entsprach, nämlich den Deutschen, Schülern von Raphael Mengs, Freunden von Goethe und später Overbeck, der in der Villa Massimo am Pincio einen naiven Präraffaelismus pflegte, den Engländern und schließlich den Franzosen der französischen Akademie. Italien als Landschaft spielte in diesem neuen europäischen Stil eine bedeutende Rolle, der italienischen Künstler dagegen, abgesehen von Canova, der von der Accademia di S. Luca verehrt wurde, praktisch überhaupt keine. Als Neoklassizisten sind lediglich anzusehen der recht schwächliche Gaspare Landi (1756 bis 1830), ein Maler von unpersönlichen Fresken und etwas lebendigeren Porträts (*Canova,* Galleria Borghese), Vincenzo Camuccini (1771-1844), der in Neapel und Genua vor allem Historienbilder gemalt hat, von den Päpsten sehr geschätzt wurde und der Autor eines Bildes für S. Paolo fuori le mura (1835) ist, sowie Filippo Agricola (1795 bis 1857), ein Maler historischer und religiöser Bilder, Mitglied der Accademia di S. Luca.

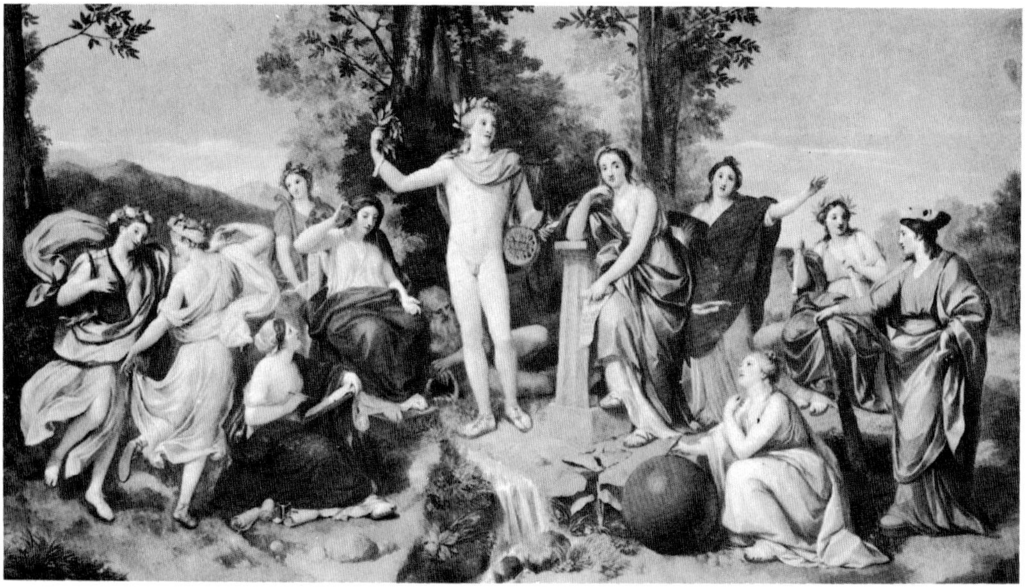

432 Raphael Mengs, Der Parnass, 1761. Villa Albani, Rom

In Florenz machte sich Pietro Benvenuti (1769 bis 1844) die Beredsamkeit Davids zu eigen (*Triumph der Judith,* 1803, Arezzo). Er nahm am Hofe von Elisa Baciocchi eine glänzende Stellung

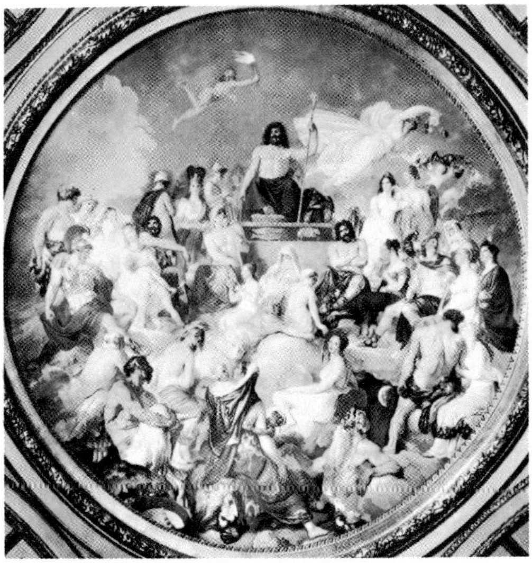

433 Luigi Sabatelli, Der Olymp, Deckenfresko der Sala dell'Iliade im Palazzo Pitti, Florenz, 1819-1820

ein (1813, Versailles), verbreitete die akademische Lehre und malte die Kuppel der Medici-Kapelle in S. Lorenzo (1827-1836, □434) aus. Als Dekorateur war er der Lehrer von Luigi Sabatelli (1772 bis 1830), der im Palazzo Capponi und im Palazzo Pitti einen reichen und überladenen Stil zeigt □433.

Nur die Lombardei bleibt noch im Gespräch mit Andrea Appiani (1754-1817), der die Kuppel von S. Maria presso S. Celso (1795) und die Villa von Monza (1789) ausmalte und der in Mailand mit großem Geschick Fresken zum Ruhm des französischen Kaiserreichs entwarf sowie den großen monochromen Fries im Saal der Karyatiden (1807, Palazzo Reale). Immerhin bewahrt er bei Anwendung des klassischen Stils noch Qualitäten wie Eleganz und Geschicklichkeit, die seinen *Apoll und Daphne* (1811, □435) weit über die tristen Bilder von Mengs hinausheben. Sein Freund Giuseppe Bossi (1777-1815) dekorierte in akademischem Sinne die Villa Melzi in Bellagio am Comer See. Am Rande dieser Strömungen stand der Bergamaske Vincenzo Bonomini (1756-1839), der

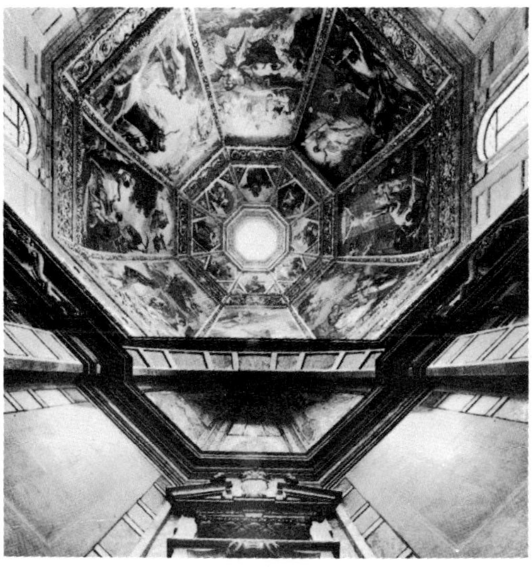

434 Pietro Benvenuti, Kuppel der Medici-Kapelle in S. Lorenzo, Florenz, 1827-1836

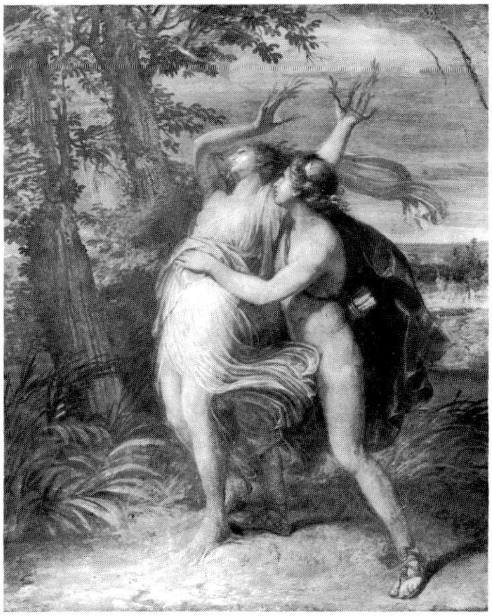

435 Andrea Appiani, Apoll und Daphne, Brera, Mailand

die Säle der Umgebung mit pompejanischen, idyllischen und bizarren Motiven ausmalte und in der Kirche S. Grata in Bergamo eine Folge von makabren Szenen mit mittelalterlichen *Totentänzen* darstellte.

Skulptur

Gegen 1780 gewinnt das manieristische, gekünstelte und graziöse Element, das den Barock auflöst, deutlich die Oberhand, so zum Beispiel in der Toskana mit Innocenzo Spinazzi (1720-1795), dem Schöpfer der Figur des *verhüllten Glaubens* in S. Maria Maddalena dei Pazzi und des *Grabmals Machiavelli* in S. Croce, dessen Sarkophag von nüchterner Linienführung eine kleine allegorische

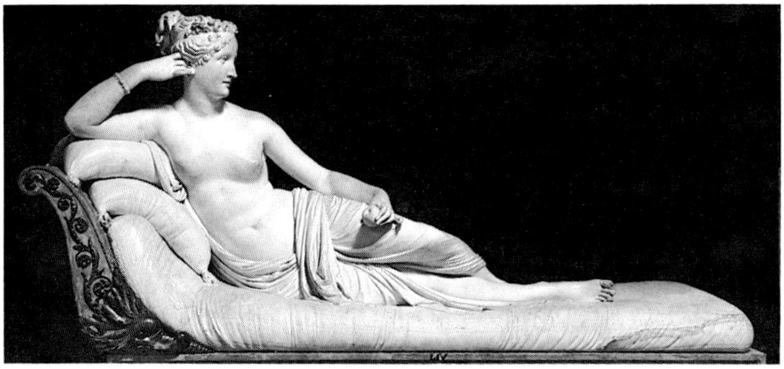

436
Antonio Canova
Pauline Borghese, 1804
Galleria Borghese
Rom

Statue trägt (1787). Erst Antonio Canova (1757 bis 1821) ist es zu verdanken, daß man zu der klaren Ausbildung eines ganzen Stils gelangte. Canova wurde in Possagno nicht weit von Bassano und dem Monte Grappa geboren, war also Venezianer. Ein in seinem Geburtshaus eingerichtetes Museum voller Maquetten und Gipsstatuetten und ein kleiner eigenartiger dorischer Tempel, der nach seinen Zeichnungen mit dorischem Pronaos und in römischer Anordnung errichtet wurde (1819-1830), zeigen sehr deutlich die beiden Quellen dieser Kunst, die der reinste und in man-

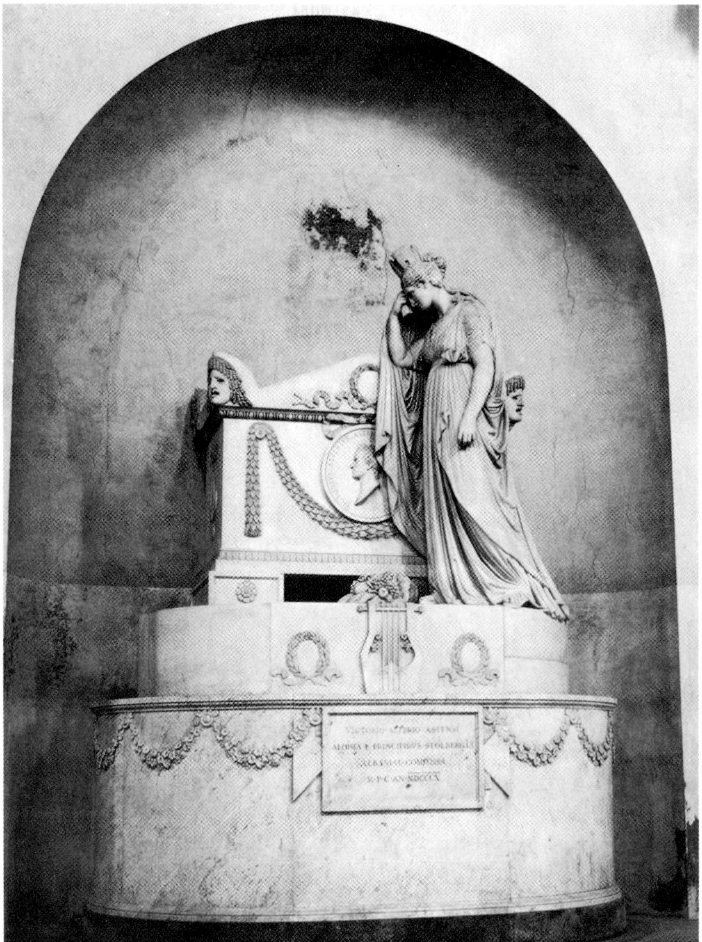

437
Antonio Canova
Grabmal von Vittorio Alfieri
1806-1810
Florenz

cher Hinsicht auch höchste Ausdruck des Neoklassizismus gewesen ist. In Venedig, bei Morlaiter und Marchiori, zwischen Gipsabgüssen nach Antiken und in dem Klima einer verfeinerten Ästhetik bildete er sich heran: Die hellenistische Vorstellung bedeutete für ihn, ebenso wie für seinen Zeitgenossen, den Dichter André Chénier, eine neue Eleganz, eine subtilere Form des Rokokosentimentalismus: Davon zeugt zum Beispiel sein Werk *Dädalus und Ikarus* mit der allzu vielseitigen Modellierung und den zu zahlreichen Achsen (Museo Correr).

Der Aufenthalt in Rom 1779 brachte ihn nicht nur in engen Kontakt mit Winckelmann und Mengs und deren strengen, ernsten Ideenwelt, sondern auch mit Rom und seinem monumentalen Anspruch: 1780 trat er mit seinem lorbeergeschmückten *Apollo* hervor. Die *Gräber der Päpste Clemens XIII.* (1787-1791, Peterskirche) und *Clemens XIV.* (1787, SS. Apostoli) stehen in der Regelmäßigkeit ihrer Linienführung, der Ruhe ihrer Figuren und der Heiterkeit der Erfindung in krassem Gegensatz zu der ganzen barocken Leidenschaftlichkeit, bewahren jedoch den großen Schwung und die rhetorische Eindringlichkeit der italienischen Tradition. Vom Raffinement ist Canova zu ausdrucksvoller Beredsamkeit, vom Griechischen zum Römischen übergegangen. Der *Herkules* (Galleria d'Arte Moderna, Rom) und der *Hektor* (Palazzo Treves, Venedig) sind Schulbeispiele, die diese Entwicklung illustrieren. Sie akzentuiert sich noch stärker, als Canova zum Lieblingsbildhauer Napoleons und seines ganzen Kreises avanciert: Büste des *Ersten Konsuls* (1803), Entwurf zu einem Reiterstandbild oder Napoleon als apollinischer Heros, nackt, den Sieg haltend (Bronze, 1810, Brera; Marmor, 1811, Wellingtonpalast, London). 1811 bietet man Canova sogar die Leitung der Museen von Rom an, die er jedoch ablehnt[242]. Die Porträts der ›Napoleoniden‹ (*Madame Letizia,* Chatsworth; *Cardinal Fech, Alexandrine,* die Frau Luciens) sind angeregt von antiken Figuren. Sie sind mit feinem Meißel in einem glatten Marmor von der Feinheit des Alabasters gearbeitet.

Die subtilsten und harmonischsten Kompositionen sind für *Pauline Borghese* entstanden, die er kühn als siegreiche Venus (1804, □436) und als eine dem Bad entsteigende Venus (1805-1812, Palazzo Pitti) verkörpert hat. Die kontrollierte Sinnlichkeit dieser Plastiken, ihre nüchterne und gelehrte Ausdrucksweise künden bereits die klare Zeichnung und die fließende Linie Ingres an, jedoch mit einer Kühle, die in Gruppen wie *Amor und Psyche* (Louvre □423), die wie große Nippfiguren aussehen, noch spürbarer wird. Die *Drei Grazien* (Leningrad) inspirierten Ugo Foscolo zu einem Gedicht, dessen romantische Natur hier die sanfte und blühende Seite des Hellenismus darlegt.

Einen größeren Schwung zeigen die Gräber der letzten Periode: *Stuartgräber* (1821, Peterskirche); *Grabmal von Vittorio Alfieri* (1810, S. Croce, Florenz □437) ganz in weißem Marmor, an dem sich die Allegorie Italiens auf einen auf hohem ovalen Sockel stehenden Sarkophag aufstützt; *Grabmal von Marie-Christine* (Augustinerkirche, Wien), wo sich auf dem pyramidenförmigen Grabmal Figuren eines Trauerzuges abheben; weniger Klarheit findet sich bei dem *Denkmal für Karl III.* (1820, Piazza Plebiscito, Neapel).

Die getreuesten Schüler Canovas waren der Däne Albert Thorvaldsen (1770-1844), ein systematischer Praktiker, der nach einem kraftvollen Stil strebte; er lebte vierzig Jahre in Rom, wo er das *Grabmal Pius VII.* (1831, Peterskirche) schuf, und Pietro Tenerani (1789-1869), der Schöpfer des ziemlich düsteren *Grabmals von Pius VIII.* (Peterskirche). Auch Amedeo Lavy (Turin, 1777 bis 1864) sei in diesem Zusammenhang genannt.

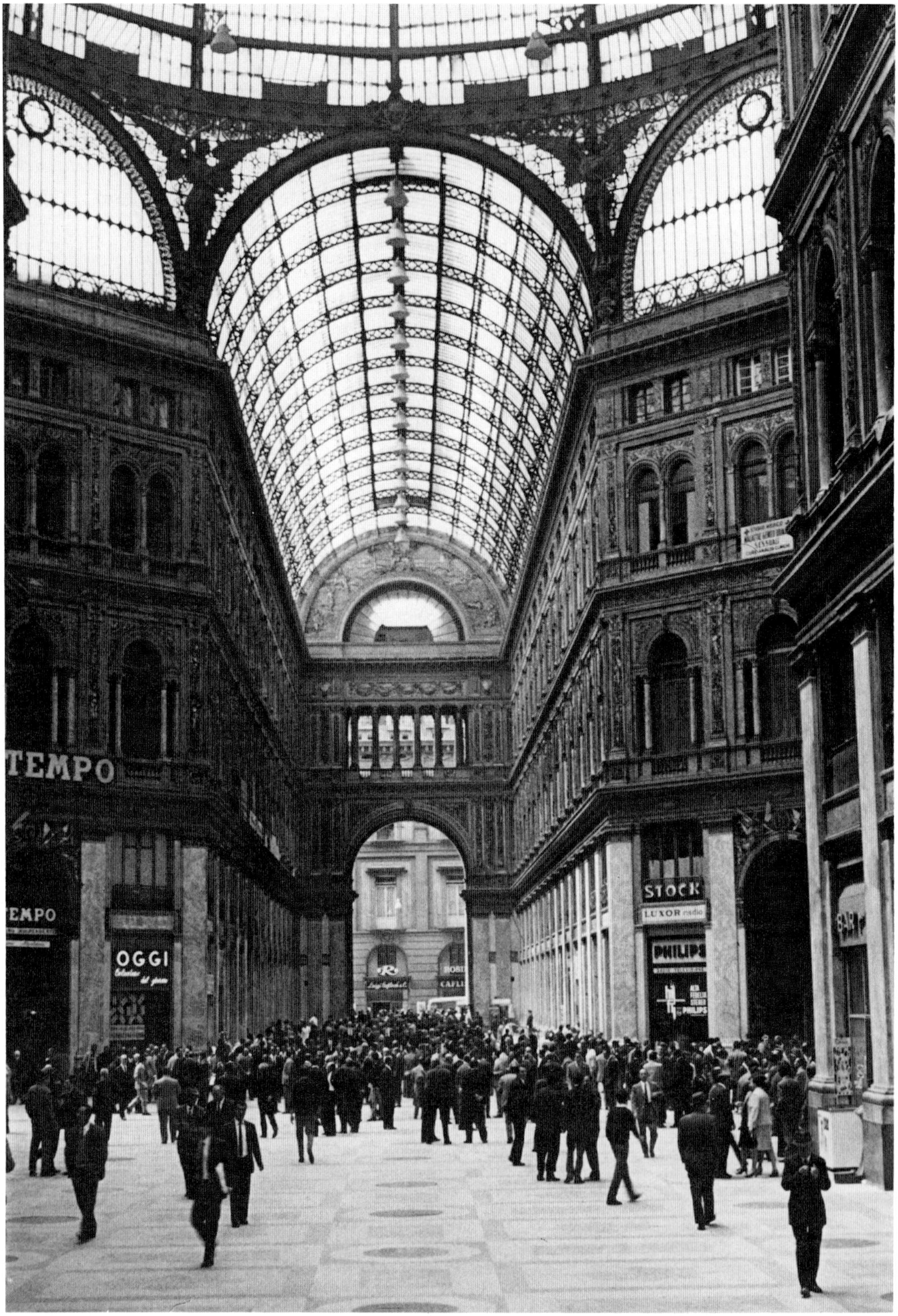

438 Ernesto Rocco, Galleria Umberto I., Neapel, 1887-1890

DER EKLEKTIZISMUS

1840-1910

Wie überall wird das 19. Jahrhundert auch in Italien von der Entwicklung der Archäologie und der Geschichte beherrscht. Statt einer ›Rückkehr zur Gotik‹ verfolgt man indes in Florenz und Rom eine Rückkehr zu Botticelli und Carpaccio, das heißt also zum Quattrocento. Die veristischen und streng naturalistischen Tendenzen lassen sich von Caravaggio und den Bolognesen anregen, während die religiöse Kunst die tristesten Vorbilder des 17. Jahrhunderts nachahmt. In der Architektur, wo die Konfusion noch ausgeprägter ist, kann man eine Bewegung beobachten, die von der Imitation der Hochrenaissance bis zu noch früheren Vorbildern geht und die endlich gegen Ende des Jahrhunderts unter dem Druck der Pariser und Wiener Kunststile zu dem freien Schwung des Barock gelangt.

Architektur

In seiner ›Geschichte der Zeichenkunst‹ (1852) hat der Gelehrte Pietro Selvatico die Idee von einer ›einzigen Schönheit‹, einem ›absoluten Stil‹ zugunsten einer historischen Interpretation zurückgewiesen, die jede Epoche für sich rechtfertigt. Er hat daraus jedoch die gefährliche Schlußfolgerung gezogen, daß es notwendig ist, jeden dieser historischen Stile zur modernen Anwendung zu bringen, das heißt die Form der Basilika für die Kirche, die Formen der Renaissance für das Haus, die romanischen für den Friedhof, die arabischen für das Café. Die Entfernung zwischen den Ideen einer aufgeklärten Kultur und ihrer Verwirklichung ist noch bedenklicher in dem Fall von Camillo Boito (1834-1914), einem interessanten Historiker, Vorkämpfer einer ›nationalen Architektur‹ und Schöpfer peinlich genauer Stilimitationen wie die *Casa dei Musicisti* (Mailand) oder das arabisierende *Monte di Pietà* (Padua). Angeregt durch die antiklassische Polemik, die seit etwa 30 Jahren von Ruskin in England und Viollet-le-Duc in Frankreich angeführt wurde, setzte Camillo Boito seiner Abhandlung ›Architettura del Medio Evo in Italia‹ (1880) ein Vorwort-Manifest über den Stil der Zukunft voran, der seiner Meinung nach jeden Bezug auf die Vorbilder der Renaissance und der ›falschen Antike‹ aufgeben sollte: Der Canova-Tempel in Possagno trage den Stempel einer schreienden Absurdität. Der Eklektizismus der Stile würde nicht weniger lächerlich, wenn man »den maurischen Stil für die Theater« empfehle, »den gotischen für die Kirchen, den griechischen für die Stadteingänge, den romanischen für die Börsen, den mittelalterlichen für die Gebäude der städtischen oder staatlichen Verwaltung, englischen Tudor oder italienische und französische Renaissance für die Wohnhäuser.« Eine authentische, einfallsreiche und elegante Kunst, die Italien gemäß wäre, würde sich noch am ehesten im lombardischen Vorbild finden. Die neuen Aufgaben der modernen Gesellschaft – Banken, Galerien, Bahnhöfe –, die ganz freien Anordnungen unterlagen, gaben kaum Anlaß zu Werken, die der Vergangenheit würdig gewesen wären, wenn nicht manchmal durch die Dimensionen des Gebäudes und die dekorative Fülle. Andererseits ließ sich die Modernisierung der alten Städte, in denen die bedeutendsten Gebäude der Vergangenheit erhalten werden mußten, nicht ohne Irrtümer verwirklichen.

Restaurierung und Modernisierung

Einzig das Geltungsbedürfnis der Städte und die Übergelehrsamkeit der Archäologen erklären den voreiligen Eifer, mit dem man noch an eine Ergänzung, wenn nicht Renovierung der alten Bauwerke glaubte. Dieses Bestreben war eine italienische Parallelerscheinung zu den ›idealen‹ Restaurierungen von Viollet-le-Duc in Frankreich. Hier tat sich besonders Florenz hervor, wo zum Beispiel S. Croce durch Niccolò Matas (1863) eine recht willkürliche Fassade mit drei Dreiecksgiebeln im Stile des

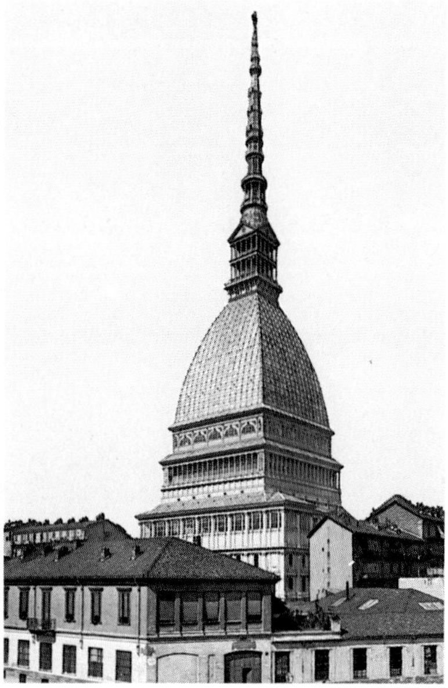

439 A. Antonelli, Mole Antonelliana

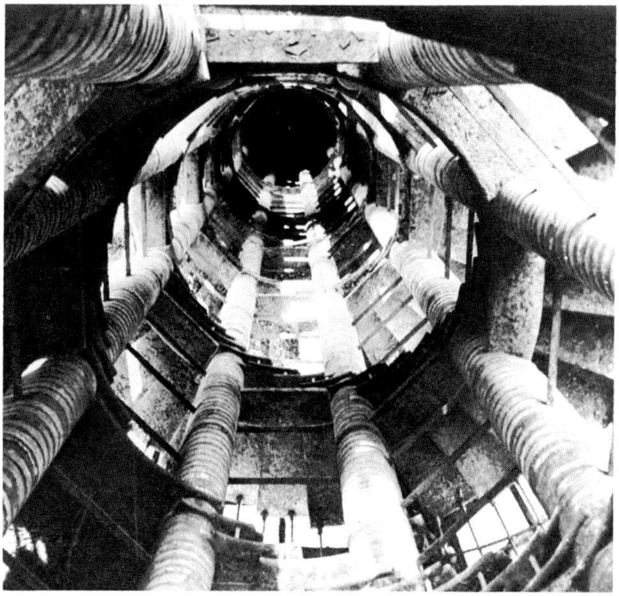

440 A. Antonelli, Inneres der Turmspitze der Mole, Turin, 1863-1880

Trecento erhielt. Ein Wettbewerb, wie im 15. Jahrhundert, gab Emilio de Fabris und Lodovico del Moro die Fassade von S. Maria del Fiore in Auftrag, die in der Renaissance nicht hatte beendet werden können. Sie ist von den Seiten der Kirche mit ihrem weißen, roten und grünen Marmor und ihren drei mit unbedeutenden Mosaiken unglücklich überladenen und mit Bronzetüren versehenen Portalen beeinflußt. Nicht weniger typisch für diesen falschen Konservierungsdrang ist der in Turin errichtete *Borgo Medioevale* am Ufer des Po mit seinen echten Fragmenten, seinen Kopien und den freien Nachahmungen von piemontesischen Schlössern (wie zum Beispiel Schloß Fenis oder Schloß Issogne). Diese Montage wurde unter Leitung von A. d'Andrade (1884) durchgeführt.

Die auffälligsten Umgestaltungen wurden jedoch in Rom nach 1870 vorgenommen. »Zweiundzwanzig Jahre sardischer Herrschaft haben in Rom mehr Verheerungen angerichtet als alle Einfälle der Goten und Vandalen zusammen«, schrieb ein Zeitgenosse 1892. Die archaische, bürgerliche und provinzielle Altstadt, die noch von der durch die Malaria geschaffenen verödeten Zone, dem ›zweiten Rom‹ Pius IX., umgeben war, begann gerade Gestalt anzunehmen, als die Notwendigkeit auftauchte, hier den Organismus einer modernen Hauptstadt einzurichten[243]. Schonungslos wurden die neuen Verkehrsadern der Via Nazionale (1867) und die Verlängerung des Corso Vittorio Emanuele durchgeführt, den, abgesehen von den alten Bauten, keine einzige interessante Architektur belebt. Die *Piazza dell' Esedra* an der Ecke der Thermen wurde 1888 angelegt mit den halbkreisförmig angeordneten Palästen von Gaetano Koch (1849-1910) und dem großen Brunnen im modernen Stil mit den Bronzenajaden von Rutelli (1901), die großartiger sind als die von Ammannati. Die ›archäologische Promenade‹ des Forums ist 1897 angelegt worden.

Nicht weniger ehrgeizig, anspruchsvoll und letztlich mißglückt ist das neue Zentrum von Florenz. Das alte Viertel von Calimala wurde seit 1887 niedergerissen und durch einen großen Platz ersetzt, auf dem sich das Reiterstandbild von Vittorio Emanuele II. von Cesare Zocchi (1890) vor einem gewaltigen Triumphbogen erhebt, der eine schwerfällige gedeckte Galerie überragt (1893). Die glücklichere Anlage des Hügels von San Miniato mit den aufgeschütteten Rampen oberhalb der Porta San Niccolò, der schön bepflanzte lange Promenadenweg des *Viale dei Colli*, die Loggia und der herrliche Aussichtspunkt des *Piazzale Michelangelo* sind zum großen Teil das Werk von Giovanni Poggi (1811-1901).

Der immer noch schwache Entwicklungsstand der Industrie machte den Einsatz neuer Materialien unmöglich. Die erste italienische Gießerei wurde auf Veranlassung von Leopold II. 1834 in Follonica eingerichtet, der erste Kokshochofen 1905 in Piombino gebaut. Trotzdem hat es Italien nicht gänzlich an fortschrittlichen Geistern gefehlt, die sich der dem Ingenieur zugefallenen Rolle bewußt waren und die auf große und außergewöhnliche, die Technik verherrlichende Konstruktionen warteten, wie es beispielsweise der Eiffelturm von Paris 1889 sein sollte. Einer dieser modernen Geister war der Ingenieur Alessandro Antonelli aus Novara (1798-1888), der die seltsame Kuppel von *S. Gaudenzio,* des Domes seiner Heimatstadt (Plan von 1840), errichtete, die zwei ineinandergreifende Tamboure hat und durch eine Turmspitze mit drei Risaliten erhöht wird. Etwas später wurde derselbe vertikale Effekt bei der *Mole Antonelliana* □439, 440 in Turin erreicht, wo klassische Formen nicht einfach in die Länge gezogen wurden, sondern auf eine Eisenkonstruktion eine Kuppel mit vier geschwungenen Seiten aufgesetzt wurde (84 Meter), deren nadelfeine Turmspitze noch bis zu 168 Meter in die Höhe steigt. Diese Schöpfungen, die an gewisse Erfindungen von Filarete erinnern, blieben jedoch ohne Echo und dürfen als außergewöhnliche Einzelerscheinungen, nicht als Vorboten einer modernen Architektur, die imstande ist, die Industrialisierung der modernen Gesellschaft zu regeln, betrachtet werden. Eine andere bemerkenswerte Architektenpersönlichkeit war Ernesto Basile (1857-1932), Sohn eines Palermitaners, der auf der Ausstellung von Palermo (1892) eine Maschinenhalle und 1898 die *Villa Igea* in einer sehr freien Anordnung errichtete und später die Villen Basile (1904) und Farsini (1906) in Palermo baute, die in der Klarheit der Anlage und der Massen von der Kraftlosigkeit der üblichen Architektur abstechen. Die neue Fassade des Palazzo Montecitorio in Rom übertreibt die leichten und gefälligen Möglichkeiten des floralen Stils.

Theater, Börsen, Friedhöfe

Unter den Versammlungsstätten bewahrte das Theater im 19. Jahrhundert wie schon im 18. Jahrhundert eine außerordentliche Bedeutung. Unter den Habsburgern hatte die *Scala* in Mailand und unter dem französischen Empire das *Teatro San Carlo* in Neapel den Auftakt für weiträumige Theatersäle gegeben, deren Fassaden mit einer Loggia über einem rustizierten Portikus versehen sind. Nach Piermarini und Niccolini traten Barabino in Genua (1828), Bettoli in Parma (1829) hervor. Poletti, der Erbauer der neuen Kirche S. Paolo, errichtete neue Theaterbauten in Fano (1845-1863), Terni (1849) und Rimini (1857), die außen alle die Form eines Prostylostempels haben. Ein anderer Theaterspezialist war Ireneo Aleandri aus Sanseverino (1795-1885), der die Beispiele der Fassade mit zwei Etagen weiter verbreitete, wobei das eine Geschoß eine ionische Kolonnade zeigt, wie zum Beispiel in Ascoli und in Spoleto (1854 bis 1884).

Vor allem in den südlichen Städten erfuhr dieser Gebäudetyp im 19. Jahrhundert eine Erneuerung. Beim *Politeama Garibaldi* in Palermo (1874) hat Almeyda (1834-1901) einen pseudopompejanischen Stil angewandt. Einen Pronaos mit sechs korinthischen Säulen hat das Teatro Massimo (1875-1897) von Giovanni Battista Basile (1825 bis 1891) und seinem Sohn Ernesto, die ähnliche Bauten in Agrigent und Marsala errichteten. In Catania schließlich bauten Scala und Sada zwischen 1873 und 1890 das *Teatro Bellini*, das in der Anordnung der vorspringenden Geschosse, Giebelzinnen und Bauglieder Erinnerungen an Garnier zeigt.

Auch die Bauten der Börsen und Banken weisen eine gewisse Einheitlichkeit im Typus auf, der im großen und ganzen klassizisierend, jedoch nicht antik ist. Die *Cassa di Risparmio* in Mailand ist eine Imitation des derben Stils Michelozzos von Giuseppe Balzaretti (1801-1874). Die *Banca Commerciale* von Luca Beltrami (1854-1933) hat eine Fassade mit einer Kolossalordnung aus dem 18. Jahrhundert. Die *Cassa di Risparmio* von Bologna ist von Giuseppe Mengoni (1829-1877) nach einem sehr feinen, sich eng ans Quattrocento haltenden Entwurf errichtet worden (1868-1876). Arturo Cipolla (1823-1874) gab der *Banca d'Italia* (1862-1864) eine schöne Gliederung. Derselbe Architekt baute in Florenz in einem Pseudo-Cinquecentostil von schöner Gliederung die *Banca d'Italia* (1869) und etwas später die nicht weniger gut konzipierte Eisenkonstruktion des *Mercato Centrale* (1874).

Es ist durchaus berechtigt, vor allem im Norden Italiens, einen Blick auf die Entwicklung der Friedhöfe zu werfen. In Genua hatte Barabino den ersten Entwurf für einen monumentalen Friedhof, den Camposanto di Staglieno, gemacht, mit einem zentralen Gebäude in Form eines Rundbaus mit Pronaos und zwei Portiken. Gian Battista Regaseo (1799-1872) vollendete die Terrassen-Anlage des Friedhofs am Abhang eines Hügels. In Brescia entwarf Rodolfo Vantini (1791-1856) den Friedhof ähnlich einem städtischen Ensemble mit einem zentralen Rundbau, langen gradlinigen Flügeln und in der Hauptachse mit einem einer antiken Säule ähnelnden ›Leuchtturm‹ (1815-1849).

Galerien und Denkmäler

Die Idee, Plätze zu schaffen, die dem antiken Forum entsprechen, lebte unter dem Empire besonders in Mailand wieder auf. Unter der Monarchie entwickelte sich vielmehr die Vorstellung der gedeckten Galerien. Bei einem Wettbewerb erhielt Giuseppe Mengoni den Auftrag, die *Galleria Vittorio Emanuele* in Mailand zu errichten. Ihre triumphale Fassade zum Domplatz hin ist sowohl von der Antike als auch von der lombardischen

1883 wurde Guglielmo Calderini (1837-1916) aus Perugia bei einem Wettbewerb mit dem Bau des neuen *Palazzo di Giustizia* in Rom (1888 bis 1910, □441) beauftragt. Dieser schwerfällige und überladene Bau, der das ganze Stadtviertel erdrückt, kann zumindest das Verdienst für sich in Anspruch nehmen, eine Zusammenfassung von antiken und barocken Aspekten der Architektur verfolgt zu haben. Hier wurden auf ein rustiziertes Erdgeschoß Etagen mit sehr fein durchgearbeiteten Fenstern gesetzt, ernorme Gesimse angebracht und in der Mitte ein Eingangsbogen geöffnet, der einen perspektivischen Blick auf den Innenhof freigibt. Das übertrieben Pompöse und die weite, jedoch konfuse und gestaltlose Phantasie der Zeit

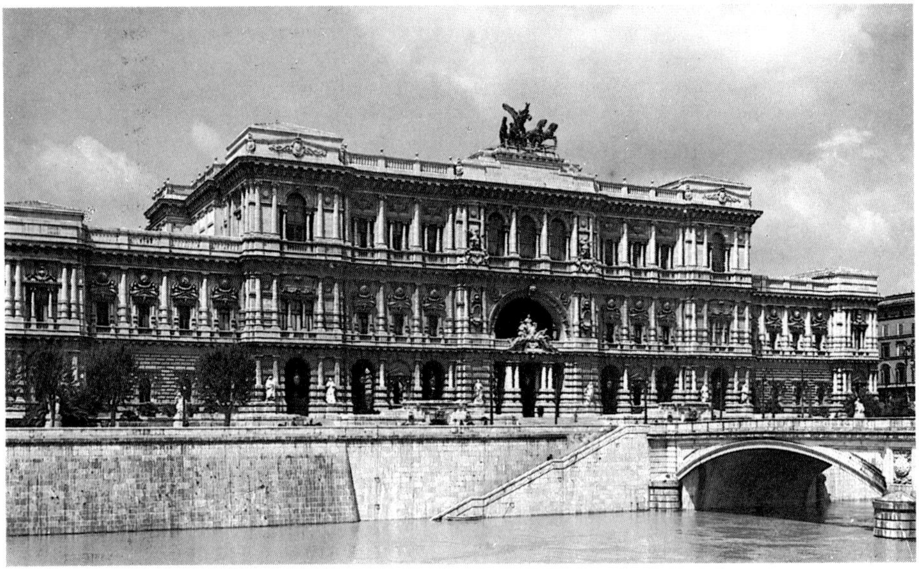

441 Guglielmo Calderini, Palazzo di Giustizia, Rom, 1888-1910

Renaissance beeinflußt, wobei im Innern unter der Glasrotunde der lombardische Einfluß derart überwiegt, daß man sich an die Certosa di Pavia erinnert fühlt. In Neapel hat Ernesto Rocco die *Galleria Umberto I.* (1887-1890, □438) entworfen, die von Ernesto di Mauro dekoriert wurde; sie hat eine feinere Form, die mehr den Stilmitteln der Renaissance entspricht.

In Rom, wie auch in Venedig, gefiel man sich darin, die Ansichten durch ›Pasticci‹ zu ergänzen: Palazzo *Sforza-Asarini* von P. Piacentini (1846 bis 1898), *Palazzo Marignoli* von Giulio Podesti (1857-1909), *Palazzo Margherita* und *Palazzo Lavaggi-Pacelli* von Gaetano Koch. Die Vorbilder wurden bei Sangallo und Peruzzi gesucht.

haben ihren eklatanten Ausdruck in dem *Denkmal Vittorio Emanuele II.* gefunden □442, das im wesentlichen das Werk von Giuseppe Sacconi (1854 bis 1905) ist und auf der Nordseite des Kapitols gegenüber dem Corso steht. Ein nationaler Wettbewerb hatte Sacconi 1884 den Preis zuerkannt: Sein Entwurf einer riesigen gerundeten Säulenhalle aus weißem Marmor aus Brescia, die sich an den Hügel anlehnt und auf einem kompliziert angelegten Sockel steht, hatte allerseits Beifall gefunden. Die Farbe dieses Denkmals nun stört empfindlich die Tonigkeit Roms, und seine enormen Ausmaße fügen sich keiner der monumentalen Perspektiven ein. In seiner Unfähigkeit zur Eingliederung und seiner ungeheuren Kompliziertheit ist es, trotz der

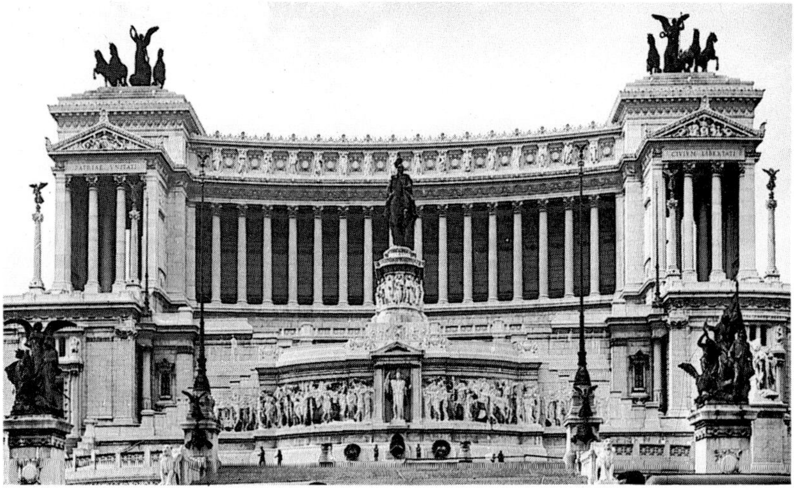

442
Giuseppe Sacconi
Denkmal
Vittorio Emanuele II.
Rom, 1885-1911

guten Detailmotive, ein echtes Sinnbild für das gescheiterte Bemühen des italienischen 19. Jahrhunderts, den Zeugnissen seines Ruhmes einen Stil zu geben.

Skulptur

Geschicklichkeit und Bildung erlaubten dem Florentiner Lorenzo Bartolini (1777-1850), zwischen einem gefälligen und im Detail reichen Naturalismus und einer kühlen, zu sehr berechneten Anordnung zu pendeln: *Carità* (1824, Palazzo Pitti), *Gottvertrauen* (1835, Museo Poldi-Pezzoli, Mailand □444), *Denkmal Demidoff* (1830, Florenz, auf dem Lungarno Serristori).

Ein manierierter Realismus folgte mit dem Sienesen Giovanni Dupré (1817-1882), dem Schöpfer des *Sterbenden Abel* und der *Sappho* (Galleria d'Arte Moderna, Rom □447). Die Freude am Anekdotischen schadete der Begabung Adriano Cecionis (1836-1886), dem Kritiker und Anreger der Florentiner Macchiaioli, der sich einer kühnen und vielseitigen Technik bediente: *Kind mit Hahn* (Galleria d'Arte Moderna, Florenz □443), *Mutter und Kind* (Galleria d'Arte Moderna, Rom). Giulio Monteverde (1837-1917) fügte dem noch einen lebhaften, anekdotischen Schwung mit seinem *Jenner* (1873, Palazzo Bianco, Genua) hinzu.

Im Süden geriet dieser Verismus sehr bald in das fragwürdige Fahrwasser einer gefälligen, bequemen Genremalerei, in der Achille d'Orsi (1845 bis

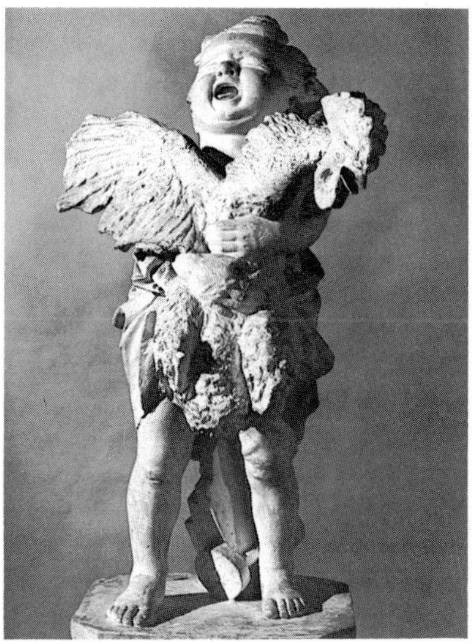

443
Adriano Cecioni
Kind mit Hahn
um 1866-1870
Galleria d'Arte Moderna
Florenz

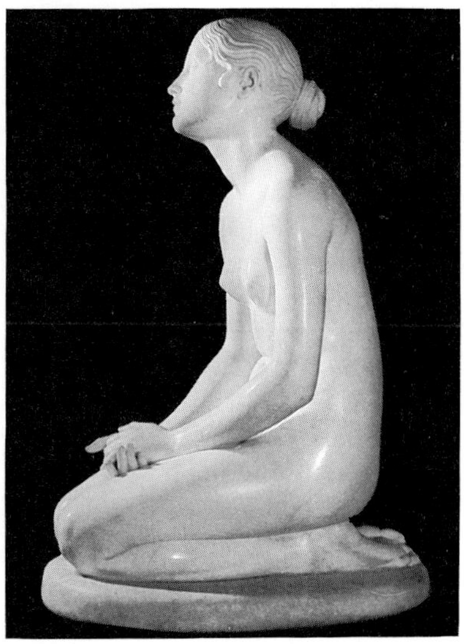

444
Lorenzo Bartolini
Gottvertrauen, 1835
Museo Poldi-Pezzoli
Mailand

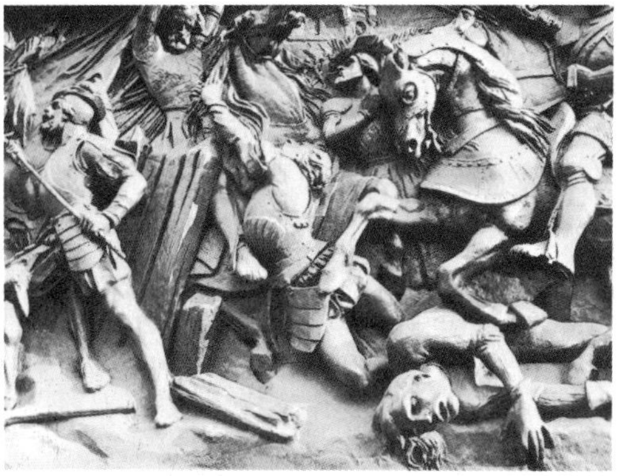

445 Carlo Marocchetti, Reiterdenkmal des Emanuele Filiberto, Turin, 1828

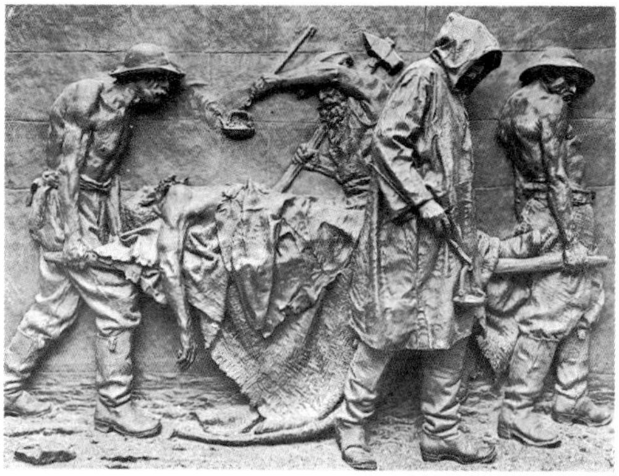

446 Vincenzo Vela, Opfer der Arbeit, 1882. Galleria d'Arte Moderna, Rom

1929) mit seinem Bild *Dein Nächster* (Galleria d'Arte Moderna, Rom) und vor allem Vincenzo Gemito (1852-1929) mit seinem *Fischer* (1878, Museo Nazionale, Florenz), seinem *Wasserverkäufer* (Galleria d'Arte Moderna, Rom) und seinen berühmten Büsten brilliert.

Luigi Borro (1826-1886) gab seinen Büsten und Monumenten (*D. Manin,* 1875, Venedig) eine Fülle komplizierter Ansichten und Carlo Marocchetti (1805-1867) seinem heroisch geschilderten *Emanuele Filiberto* ein ausgesprochen romantisches pittoreskes Moment (1828, Turin □445). Vincenzo Vela (1822-1891) fehlt in seinen sentimentalen Kompositionen dieser Schwung: *Der sterbende Napoleon* (1867, Versailles), die *Opfer der Arbeit* (Galleria d'Arte Moderna, Rom □446). Weniger Kraft und mehr Raffinement findet man bei A. dal Zotto (1841-1918), dem Schöpfer des *Goldoni*

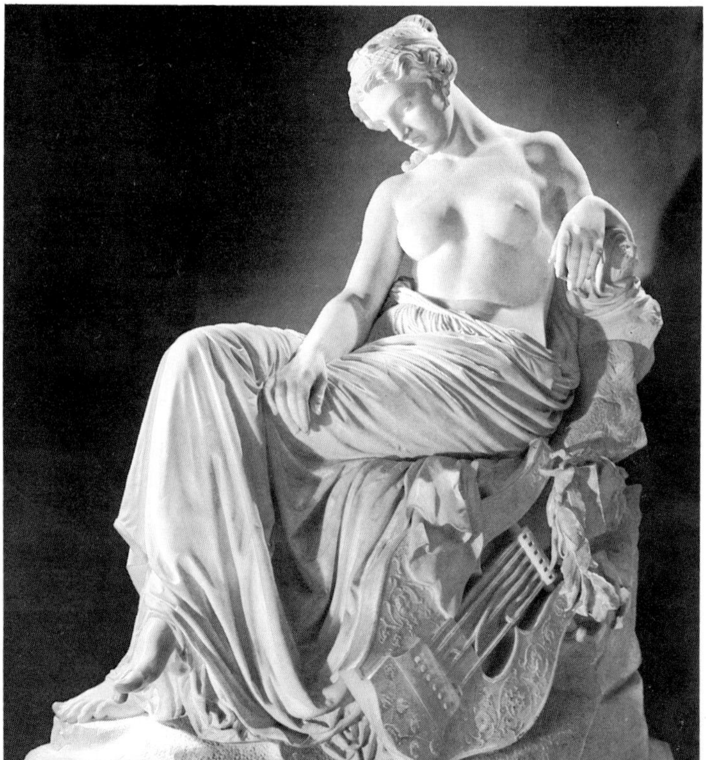

447
Giovanni Dupré
Sappho
Galleria d'Arte Moderna
Rom

aus Venedig, sowie bei Giuseppe Domenico Grandi (1843-1894), der von Carpeaux die Vorliebe für die durchgearbeitete Materie, für einen gewundenen Stil mit zahlreichen Lichtakzenten übernimmt, jedoch in disharmonischer Weise: *Der Page von Laro* (1872, Galleria d'Arte Moderna, Mailand) und das *Monumento delle cinque Giornate* (1893, Mailand). Die interessanteste Figur ist der Piemontese Medardo Rosso (1858-1927), der bei seinen Büsten nicht nur die impressionistische Leuchtkraft durch die Bewegtheit seiner plastischen Oberfläche einführte, sondern auch eine Art von lombardischem Hell-Dunkel, ein ›Sfumato‹, das die weiche Form in einen Dunst zu hüllen scheint. Die zärtliche Empfindung, der Sinn für das Intime, die in dieser empfindsamen Bemühung liegen, lassen eine Verwandtschaft mit dem Maler Carrière erkennen. Die barocke Vorliebe für die geschmeidige Materie, der hier aber gänzlich der monumentale Sinn fehlt, findet sich bei der phantastisch veranlagten Persönlichkeit von Andrea Lippi (1888-1916).

Malerei

Wie in allen Künsten des italienischen 19. Jahrhunderts hat es auch in der Malerei an einer beherrschenden und vielseitigen genialen Begabung gefehlt. Die lokalen Schulen sind nur noch Provinzschulen, die mit mehr oder weniger Verspätung auf die ausländischen Strömungen, die sich manchmal die ureigensten Fähigkeiten und das Erbe Italiens angeeignet zu haben scheinen, reagieren. Die klare, lichte Schönheit der Antike und der toskanischen Manieristen wie Bronzino ist auf Ingres übergegangen, der heroische Ausdruck der Renaissance auf Delacroix. In Italien findet man nur die Romantik der kleinen Sujets und die Monotonie des Porträts. Es soll hier nur Francesco Hayez erwähnt werden (1791-1882), ein nach Mailand übergesiedelter Venezianer, Maler manierierter historischer Bilder im Stil Delaroches (*Sizilianische Vesper,* Galleria d'Arte Moderna, Rom; *Der Kuß,* Brera □448) und empfindsamer Porträts auf einfarbigen Hintergründen (*Adda Falco,* Privatbesitz, Venedig; *Manzoni, Cavour,* Brera). Seine etwas beschränkten Ausdrucksmittel zeigen keine Reaktion auf die Erneuerung durch die deutschen und französischen ›Raffaeliten‹.

Die kraftvollsten Darstellungen italienischer Landschaft stammen nicht von italienischen Künstlern: Es ist das Rom von Corot und das Venedig von Turner, von Monet und Dufy; der edle Klang der primitiven Meister inspirierte die süßliche, jedoch leidenschaftliche Schule der Ruskin-Freunde, der ›präraffaelitischen‹ Maler-Poeten, die Florenz eroberten. Was die Eleganz angeht, so fehlt Italien die männliche Reform Manets, und was die Analyse betrifft all das, was die moderne Raffinesse und den Geschmack des Halbitalieners Degas ausmacht, es fehlt die leidenschaftlich-rasende Besessenheit der südlichen Sonne, die van Gogh befiel, die archaisierende Noblesse Gauguins und diese ganzen künstlerischen Manifestationen – wie der Impressionismus –, die in Mailand und Florenz so gut wie unbekannt waren. Man begnügte sich mit Fortuny und Meissonier.

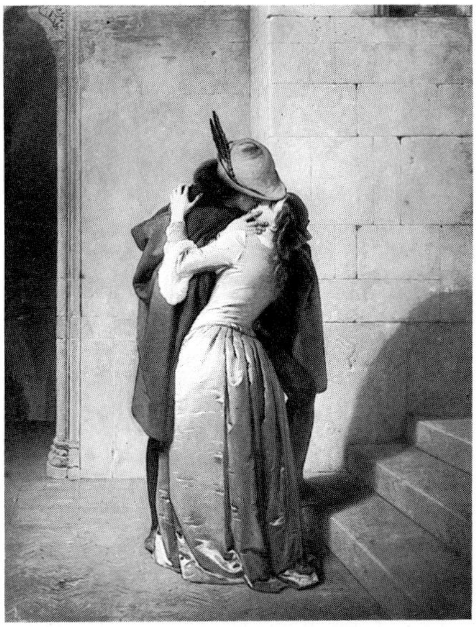

448 Francesco Hayez, Der Kuß, 1823. Brera, Mailand

Der bemerkenswerteste Landschaftsmaler, der mit Corot in Verbindung stand, jedoch vor allem von Ravier beeinflußt war, ist der seltsame Antonio Fontanesi (1818-1882) aus der Emilia, der gern und viel auf Reisen war und dessen Fall sehr typisch ist für die tiefe Unruhe der in die Befreiungskriege verwickelten Künstler, die unbefriedigt und jederzeit bereit waren auszuwandern, und sei es nach Japan. Er hatte eine Vorliebe für das Hell-Dunkel und für die vibrierende Atmosphäre (*Morgen,* Turin; *Weide,* Galleria d'Arte Moderna, Rom).

Die beiden Hauptzentren während der Zeit des Barock verloren jegliche Bedeutung, und von der

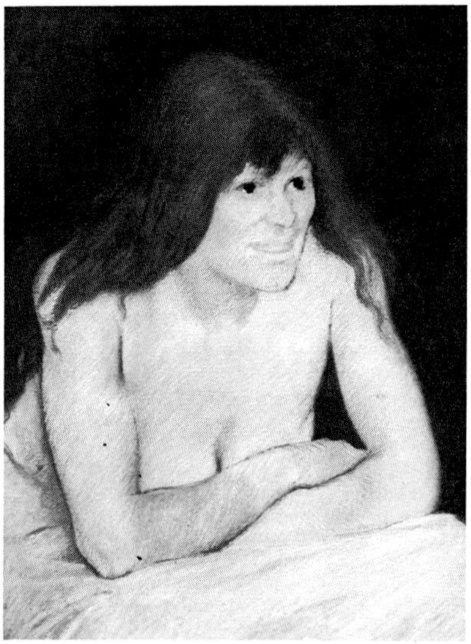

449 Zandomeneghi, Die Rothaarige

großen Tradition sind nur noch die schwülstigen und minderwertigeren Aspekte übriggeblieben. Rom, aus dem sich das intellektuelle Leben zurückgezogen hatte, wurde von dem schulmäßigen Akademismus von Francesco Podesti (1800 bis 1895), Cesare Fracassini (1838-1868) und Cesare Mariani (1828-1901) beherrscht, die die Basilika S. Lorenzo ausgemalt haben, und von Cesare Maccari (1841-1919), der den Senatorenpalast mit historischen Szenen geschmückt hat. Ohne jeden Erfolg blieb auch die von Nino Costa (1826-1893) ins Leben gerufene Bewegung ›In arte libertas‹, die im Sinne Corots versuchte, die römische Vision von Poussin wieder aufleben zu lassen. In der Kunst von Giulio Aristide Sartorio (1860-1932) vereinigt sich die literarische Malerei des Barock mit dem Symbolismus.

In Venedig, das von 1815-1863 von Italien abgetrennt war, folgt nichts den wundervollen Anregungen des 18. Jahrhunderts, die zum Allgemeingut der europäischen Kunst geworden sind. Nach 1874 wird sich der sensible Kolorist Federico Zandomeneghi (1841-1917) nach Paris, das heißt in die Nähe von Renoir und Degas begeben □449. Nur die zu sehr ins Detail gehende, ein wenig oberflächliche Intimität und die schimmernde, fröhliche Farbigkeit von Giacomo Favretto (1849 bis 1887) in seinen familiären anekdotischen Schilderungen (*Die Erwartung der Brautleute,* 1879, Privatbesitz, Mailand) könnten an Longhi erinnern, doch wird dessen Klarheit hier durch die Vorliebe für das Detail getrübt, die nach der Pariser Reise von 1879 durch Favrettos Bewunderung für den ›Chic‹ Fortunys noch verstärkt wird: *Die Blumenfrau* (1881, Privatbesitz, Mailand). Neben ihm herrschte in Venedig der recht langweilige religiöse Maler Luigi Nono (1850-1918), den Gewandtheit und Gemessenheit kennzeichnen: *Refugium peccatorum,* 1882; *Begräbnis eines Kindes,* 1885. Zwischen diesen beiden Polen – einer leeren Feierlichkeit und einer zu geschmackvollen Lebhaftigkeit der kleinformatigen Malerei, zwei dekadenten Verführungen – nimmt die italienische Malerei ihren Platz ein. Selbst in den drei aktivsten künstlerischen Zentren, die – wie zu bestimmten Zeiten der Gotik – Mailand, Florenz und Neapel sind, entgeht man dem nicht ganz.

Mailand

Nachdem Francesco Hayez auf Kosten des neoklassizistischen Malers Appiani in der Lombardei Schule gemacht hatte, wurden nun die großen Darstellungen patriotischen Lebens wieder heraufbeschworen, und zwar durch volkstümliche Meister wie Bertini (1825-1898), Raffaello Casnedi, Federico Faruffini (1831-1869), die eine Vorliebe für die historische Szene und eine gewisse Pracht der Farbe haben, die die Brüder Induno, Domenico (1815-1878), der Maler des *Modells* (1864, Mailand), und Girolamo (1827-1890), wieder zur Geltung brachten.

Giovanni Carnevali, genannt il Piccio (1806 bis 1873), war eine unruhige, Lorenzo Lotto innerlich verwandte Persönlichkeit – den er im übrigen auch genau studiert hat –, gleichermaßen dem Licht und dem Nebel zugetan. Seine Malerei verzichtet auf betonte Formen, zeigt eine besondere Vorliebe für Lichtvibrationen der Atmosphäre und entwickelt sich zu einem sanft verschmelzenden und rußiggefärbten Correggio-Stil: *Bacchus und Ariadne* (Privatbesitz, Mailand), *Loth und seine Töchter* (Privatbesitz, Crema). Sie ist reich an dick aufgetragenen und lasierten Farbtönen, hat öfters etwas Sentimentales (*Selbstporträt,* Bergamo) und kopiert manchmal unmittelbar Guido Reni: *Madonna* (1863, Privatbesitz, Mailand). Eine Rückkehr zum lombardischen Hell-Dunkel, zu den echten und falschen Feinheiten der Leonardoschüler, vollzieht sich mit Tranquillo Cremona (1837 bis 1878), dessen überströmende Sinnlichkeit und weichfließende Tonstufungen in Themen voller zärtlicher Empfindung ihren schönen Ausdruck finden (*Mütterliche Liebe,* Galleria d'Arte Moderna, Mailand; *Efeu,* Museo Municipale, Turin;

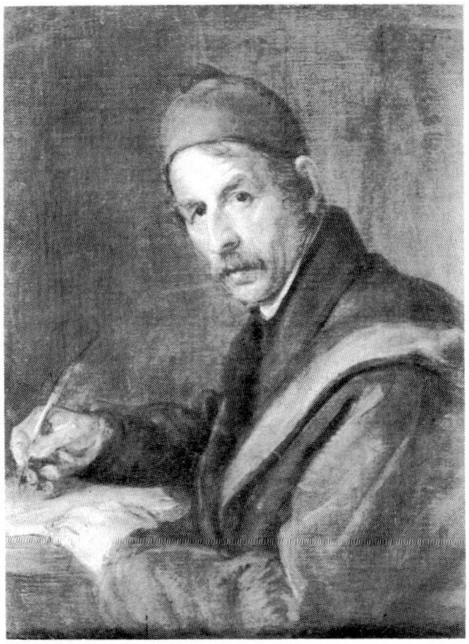

450 Il Piccio, Porträt eines Schriftstellers, Galleria d'Arte Moderna, Rom

Schulbesuch, Privatbesitz, Genua) und sich in den samtigen, sanft bewegten Porträtbildern, die in reicherer Form den Stil Carrières ankündigen, manifestieren (*Madame Deschamps,* 1865, Galleria Municipale, Mailand). Um Cremona herum formierte sich eine Gruppe fortschrittlicherer Künstler, die ›Scapigliati‹ (›Sturm-und-Drang-Künstler‹), deren Haupt Daniele Ranzoni (1849 bis 1889) war, der ebenfalls aus einem süßlichen Halbdämmer Gesichter mit unbestimmtem verhängten Lächeln, von romantisch gestimmter Mentalität auftauchen läßt (*Prinzessin Troubetzkoy,* Privatbesitz, Crema; *Signora Luvoni,* Privatbesitz, Padua; *Krankes junges Mädchen,* Galleria Municipale, Mailand). Eine dritte Periode kennzeichnet das Wirken von Victor Grubicy de Dragon (1851-1920), der von Geburt Ungar war, ein Freund von Seurat und Signac; er hat sich das wissenschaftlich begründete Verfahren des ›Divisionismus‹ zu eigen gemacht und erklärte in einem Artikel von 1896, daß Ranzoni diese Methode schon 1870 vorweggenommen hätte. Die erste ›divisionistische‹ Manifestation in Italien fand 1891 statt. Diese Technik, die dem Bild etwas Unzusammenhängendes verleiht, während seine Leuchtkraft zu kraftvoller Steigerung gelangt, griffen nun verschiedene italienische Maler mit Erfolg auf: Giuseppe Pelizza da Volpedo (1868-1907) in seinen Landschaften (*Die Prozession,* 1895, Privatbesitz, Mailand; *Aprilmorgen,* 1904, Privatbesitz, Florenz), Gaetano Previati (1852-1920), der diese Technik verwendete, um seinen religiösen und symbolhaften Visionen eine Art von mystischer Strahlkraft zu geben (*Kinder in der Wiese,* Galleria d'Arte Moderna, Florenz; *Madonna mit der Lilie,* Galleria d'Arte Moderna, Mailand), und vor allem Giovanni Segantini (1858-1899): Er liebte das ländliche Leben und beobachtete aufmerksam das vielfältige Licht der Alpenlandschaft (in Brianza). 1885 in Mailand hatten seine ernsthaften Arbeiten mit den betonten Schatten, die Bildern von Troyon und den alten Holländern ähneln, einen beachtlichen Erfolg. 1886 traf er auf Grubicy und erarbeitete sich eine hellere Palette mit einzelnen isolierten Farbflecken, die sich den Lichtverhältnissen des Engadin besser anpaßten (*Heuernte,* 1899, Museum Segantini in St. Moritz) und auch in seinen Porträts Anwendung fanden (*C. Rota,* 1897, Hospital, Mailand). Er widmete sich in seinem Triptychon *Natur, Leben und Tod* schließlich symbolistischen, von den Präraffaeliten und Böcklin beeinflußten Themen.

Weniger ambitiös war der in der Lombardei angesehene Porträtist Tallone (1853-1919), der über eine sehr lebendige Technik verfügte, die große

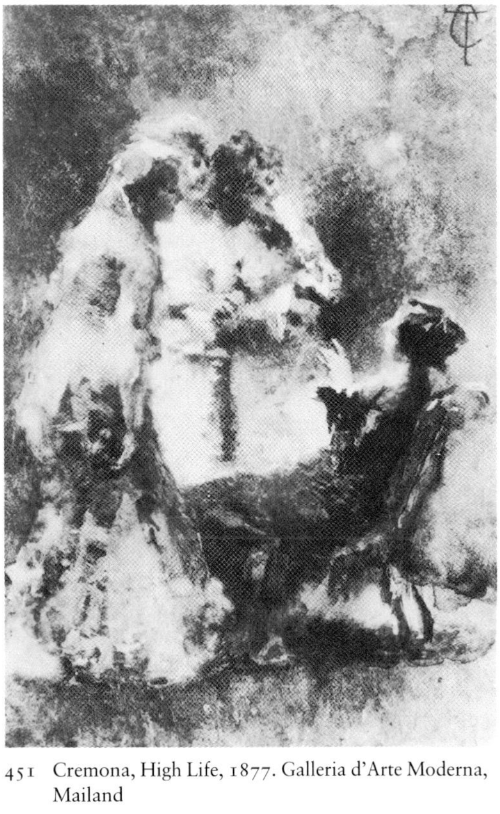

451 Cremona, High Life, 1877. Galleria d'Arte Moderna, Mailand

Pinselbewegungen liebt: *Bernasconi* (Sammlung Busto Arsizio), *Reffelle* (Privatbesitz, Padua). In Piemont sind wegen ihrer Empfänglichkeit für Lichtwirkungen und Tagesbeleuchtungen die rechtschaffenen Naturalisten Vittorio Avondo (1836-1910) und der sorgfältige, aber sensible Enrico Reycend (1855-1928) aus Turin zu erwähnen.

Florenz

Die Romantik fand in der Toskana in Jacopo Bezzuoli (1784-1855; *Einzug Karl VIII. in Florenz*, Galleria d'Arte Moderna, Florenz) und seinen Schülern Ciseri (1821-1891) und Enrico Pollastrini (1817-1874), einem Maler großer religiöser und historischer Kompositionen von einer stetigen ruhigen Kühle, ihre Vertreter.

Diese leblose Kunst war es, gegen die sich um 1855 die Bewegung des ›Caffè Michelangelo‹ richtete, in der sich die Ideen des Risorgimento, der Wunsch nach Befreiung vom Schulmäßigen und

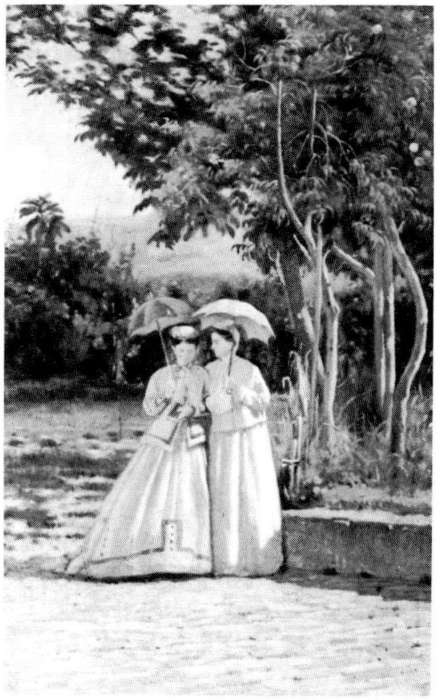

453 Silvestro Lega, Spaziergang im Garten. Galleria d'Arte Moderna, Florenz

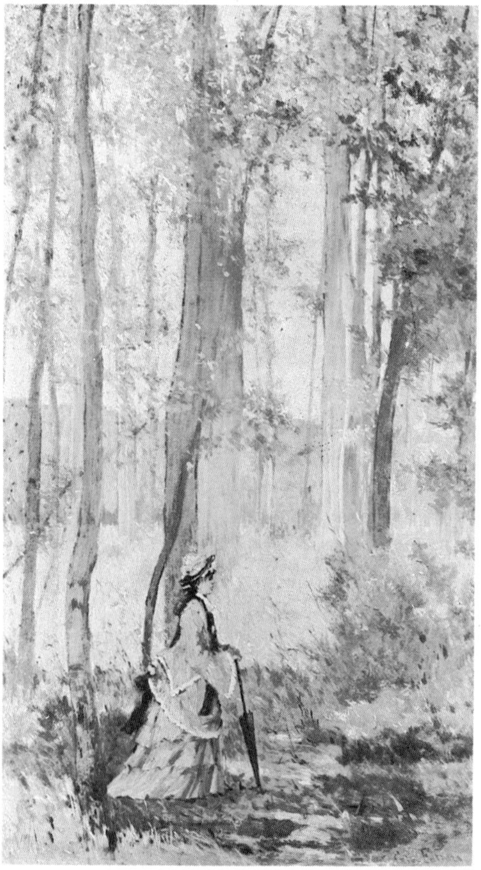

452 Giovanni Fattori, Dame im Wald, 1874-1875. Galleria d'Arte Moderna, Florenz

nach einer expressiveren Ausdrucksweise sowie der Drang zu Wirklichkeit und ›Modernität‹ vereinigten und alle vitalen Bestrebungen der italienischen Kunst zusammenfaßten. Ein Bild des Malers und Kritikers Adriano Cecioni (1836-1886) mit dem Titel *Caffè Michelangelo* (1861, Privatbesitz, Mailand) zeigt die wichtigsten Mitglieder der Gruppe in einer dunklen flüchtigen Skizzierung im Stile Daumiers. Cecioni wurde der offizielle Kritiker der Bewegung und rechtfertigte später in glorifizierender Form den abschätzig gebrauchten Begriff ›Macchiaioli‹ (Fleckenmaler). In den Polemiken beharrte man auf der Notwendigkeit, die Impression an die Stelle der Beschreibung zu setzen, die ganze Komposition auf dem erregenden Spiel von Flecken aufzubauen und die Malerei auf ihre wesentlichen Komponenten, das heißt auf Farbe, Valeur und Rapporte, zurückzuführen. Diese zu dem modernen Leben passende Ästhetik hatte in den zwanzig Jahren zwischen 1860 und 1880 bemerkenswerte Resultate zur Folge. All diese Maler erkannten jedoch schnell, welcher Nutzen ihnen aus der Beschäftigung mit den Quattrocentomeistern erwuchs, von deren geschichteter Bildordnung sie sich oftmals inspirieren ließen. Die bedeutendsten Künstler dieser Gruppe sind Fattori, Lega und Signorini. In ihrem Umkreis sind noch einige interessante Maler zu nennen: Vito d'Ancona aus

Pesaro (1825-1884), der sich 1868 bis 1879 in Paris aufhielt und weibliche Figuren malte, deren stark farbige Details durch eine Beleuchtung von innen (*Unterhaltung*, Privatbesitz, Mailand) oder vom Garten her (*Dame mit Sonnenschirm*, Privatbesitz, Mailand) wie ausgeschnitten wirken. Filippo Abbati (1836-1868), ein ernsthafter Landschaftsmaler mit sicher akkordierten Farbtönen; Raffaello Sernesi (1838-1866), der mit Delikatesse die langgestreckten Silhouetten des toskanischen Apennin festhält; Odoardo Borrani (1833 bis 1903), der außerordentlich präzise in seiner Lichtverteilung ist; Vincenzo Cabianca (1837 bis 1902), der auf die Lichterscheinungen der Sonne und später des Mondes spezialisiert ist, und Cristiano Banti (1824-1904), ein Maler von unbestimmterem, duftigerem Stil, ein ›Macchiaioli des Luxus‹.

dergezogen, vor denen sich die Silhouetten ruhig abheben. Das kleine Bild mit *Französischen Soldaten* (1859, Privatbesitz, Crema), in dem sich das vibrierende Blau vor dem gelben Boden und der grauen Mauer abhebt, war bereits ein schönes Beispiel für eine lebendige, reiche Auffassung, die die *Weiße Mauer* (Privatbesitz, Valdagno) mit weniger Glück noch einmal aufnimmt. Die regelrechte friesförmige Aufteilung mit ihren breiten, ausgedrückten, dichten Farbtupfern findet sich in den *Roten Fässern* (1867, Privatbesitz, Mailand) und in *Lega auf dem Felsen* (1867, Privatbesitz, Mailand) wieder und in einer gedämpfteren Farbskala in den *Bauernhöfen in der Maremma* (o. J., Privatbesitz, Mailand) und den *Netzflickern* (1850, Privatbesitz, Florenz). Diese Monotonie zeigt die Grenzen des Malers. Sein Sinn für ein hartes Licht

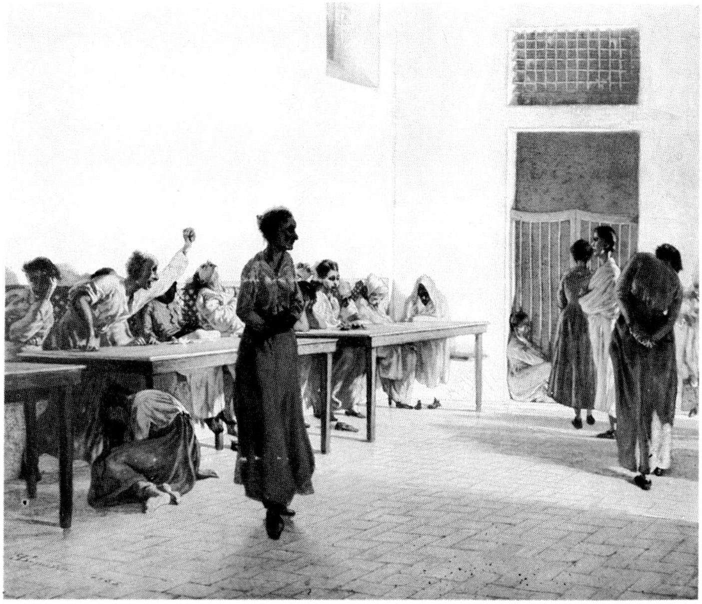

454
Telemaco Signorini
Die Irrenabteilung von
S. Bonifazio in Florenz, 1865
Galleria d'Arte Moderna, Rom

Giovanni Fattori (1825-1908) aus Livorno verdankt seinen Erfolg den großen Militärbildern, wie zum Beispiel der *Schlacht bei Magenta* (1862). Es sind jedoch seine kleinformatigen, spontanen und persönlichen Bilder, in denen er, ermutigt durch Nino Costa und ohne je das Bedürfnis nach einer methodischen Lehre zu verspüren, mit großer Einfachheit die schönsten Beispiele eines Lichtes und einer Schönheit liefert, wie sie die ›Macchiaioli‹ anstrebten. In der *Rotonda dei Palmieri* (1866, Galleria d'Arte Moderna, Florenz), einer langgestreckten Komposition, werden Himmel, Meer und Horizont zu langen Streifen auseinan-

jedoch mit starken Glanzeffekten auf matten oder kreidigen Oberflächen gibt dem Fleck – der nach Cecionis Formulierung dem Bild als »Basis dient« – eine eigene echte Qualität. Seine Porträts sind vollendeter, einige zeigen einen Pleinair-Hintergrund (*Diego Martelli*, 1867, Privatbesitz, Mailand), andere (*Argia*, o. J., Privatbesitz, Turin; *Der rote Schal*, o. J., Privatbesitz, Mailand) erinnern, zwar weniger künstlich an Bezzuolis.

Silvestro Lega (1826-1895), ein Freund von Borrani und Fattori, blieb fast ohne Erfolg und lebte in Armut und Elend. Seine Szenen des täglichen Lebens – *Neugier* (1870, Privatbesitz, Mailand), wo eine Frau hinter einer grünen Jalousie hervorlugt, *Der Besuch* (um 1857, Galleria d'Arte Moderna, Rom), *Die Ciociara* (o. J., Privatbesitz, Florenz), wo ein großer rotgestreifter Wollstoff herabfällt – haben einen sehr eigenartigen, gedämpften, ein wenig tristen Klang, den die Kontraste der Farbtöne kaum beleben. Ein völliger Gegensatz dazu war der Garibaldianer Telemaco Signorini (1835-1901), Polemiker und Chronist des ›Caffè Michelangelo‹ (1893), ein brillanter und aufgeregter Geist, der über die letzten künstlerischen Entwicklungen in Paris und London genau informiert war und einen ausgeprägten, zum Ausgefallenen neigenden Realismus vertrat. Sein *Irrenhaus* (1865, Galleria d'Arte Moderna, Rom □454) brachte ihm ein Kompliment von Degas. Der *Sonnentag in Spezia* (1860, Privatbesitz, Rom) ist eine hervorragende Zusammenstellung von dick aufgetragenen, lichten Akzenten und düsteren Motiven. Der *Altmarkt* (Privatbesitz, Padua) und das *Tor von Ravenna* (Galleria d'Arte Moderna, Rom) weisen einen großen Reichtum an Farben und Flecken auf, die sehr fein ohne Geflimmer verbunden sind. In seinen Landschaften – *Riomaggiore* (1890, Privatbesitz, Valdagno), das

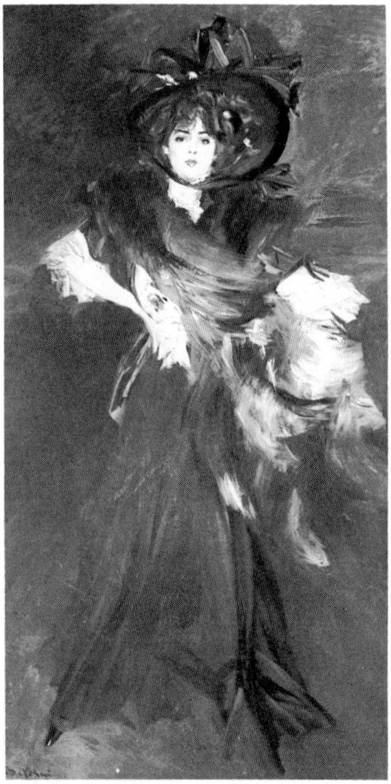

455 Giovanni Boldini, Mlle. Lanthelme, 1907. Galleria d'Arte Moderna, Rom

ganz mit gelben Terrassen gestreift ist – und seinen Genreszenen – *Schlafende Kinder* (1896, Privatbesitz, Genua) –, die an Toulouse-Lautrec erinnern, ist die Komposition oft recht lebhaft. Das will sagen, daß sich Signorini sehr bald von der eigentlichen ›Fleckenmalerei‹, von ihrer provinziellen Strenge und Poetik löste. Er wandte sich jetzt vielmehr Manet zu, verstand es aber nicht, der sein Talent gefährdenden Zerstreuung Widerstand zu bieten. Noch kürzer war die Zugehörigkeit zu den Macchiaioli bei Giovanni Boldini aus Ferrara (1842-1931). Nach seiner Einladung nach London (1869) und seiner Reise nach Paris (1872) wurde er zum eleganten Maler der mondänen Welt und schuf zahllose sinnliche Porträts, die mit abgehacktem und nervösem Pinselstrich und in recht oberflächlicher Eleganz gemalt sind □455.

Neapel

Die durch den Holländer Antoon Pitloo (1790 bis 1837) wieder wachgerufenen Erinnerungen an Salvator Rosa und die Landschaftsmaler führte zur Entstehung der Schule vom Posillipo, die der leeren Historienmalerei zu entrinnen suchte. So ist zum Beispiel Giacinto Gigante (1806-1867) von der Art eines südlichen, ein wenig zu Turner neigenden Corot. Filippo Palizzi (1818-1899) setzt mit seinen Viehweiden unter weitem Himmel diesen ruhigen und geordneten Weg fort. In Neapel war es jedoch kaum möglich, sich auf eine zu stille Poesie ohne Glanz und Bravour zu beschränken. Zwei Künstler sind sehr bezeichnend für diese Unruhe, ein bestimmtes verführerisches Moment, das nur zu schnell die südliche Phantasie gefangen nimmt: Domenico Morelli (1823-1901), eine vielgereiste Persönlichkeit, der die Nazarener und Degas kannte, hatte ungeheuren Erfolg mit seinen religiösen, spektakulären Bildern, mit den wiederaufgegriffenen starken Licht- und Schattenwirkungen des 17. Jahrhunderts und den gesuchten Inszenierungen: *Einbalsamierung Christi,* (Galleria d'Arte Moderna, Rom). Mit Edoardo Dalbono (1841-1915) und seinen Lichtspielen auf der Bucht und der lebendigen Schilderung von Städten gewinnt die Kunst der ›vedutisti‹ einen modernen Akzent. Die historische Malerei wurde von Bernardo Celentano (1835-1860) in seinem *Rat der Zehn* (Galleria d'Arte Moderna, Rom) und von Michele Cammarano (1851-1920) in schwungvollen und realistischen Darstellungen der Schlachten des Risorgimento gepflegt. Eine Einfachheit von außergewöhnlichem Klang mit großen Schatten-

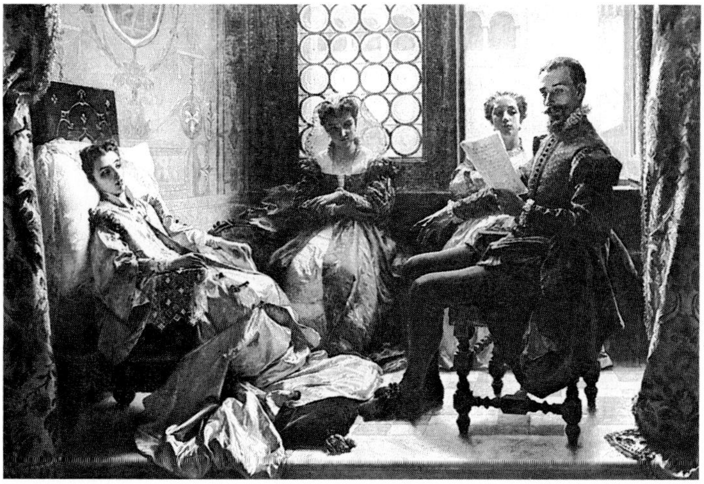

456
Domenico Morelli
Tasso und Eleonora d'Este, 1863
Galleria d'Arte Moderna, Rom

partien und blassen und grauen Akkorden und einem gleichmäßigen Ausdruck zeigt Gioacchino Toma (1836-1891): *Signora Sanfelice im Gefängnis* (1874, Sammlung Erba).

Die künstlerischen Auseinandersetzungen erreichten in Neapel ein nicht weniger hohes und geistreiches Niveau als in Florenz: 1868 bringt der kultivierte Chronist Vittorio Imbriani in einem Kommentar zu einer Ausstellung, der sogenannten ›Promotrice‹, gegen die akademischen Unterscheidungen die Notwendigkeit zum Ausdruck, die bildnerische, für das Bild unentbehrliche malerische Idee in einer organischen, einheitlichen Anschauung zu suchen, die er bereits den Fleck (macchia) nennt und die schon über die Argumentation einer lokalen Bewegung hinausgeht[244].

Das Beispiel von Giuseppe de Nittis (1846 bis 1884), der in Paris als mondäner Porträtmaler und Meister des bravourösen Vortrags und des ›Chics‹ Triumphe feierte, gab jedoch den endgültigen Anstoß in Richtung auf einen wenig meditativen Stil, in dem nun mit dem Flitterglanz des Spaniers Fortuny und seiner brillanten Trockenheit die südliche Vorliebe für eine laute, bunte und vielfältige Farbigkeit zum Blühen kommt. Mit Francesco Paolo Michetti (1851-1929) werden in einer Fülle von Kostümen die bewegten und leicht pathetischen Szenen des neapolitanischen Lebens (*Das Gelübde*, 1883, Galleria d'Arte Moderna, Rom) und des Landlebens wieder lebendig: *Tochter Jorios* (1895, Berlin), ein echtes Schauspiel im Sinne d'Annunzios. Antonio Mancini (1852-1930), verfügte über reiche instinktive Kräfte; er war ein Freund von Gemito und kam unter dem Einfluß von Morelli und Cremona in seinen Bildern neapolitanischer Gassenjungen und Verkäuferinnen zu einem ›pikanten‹ Auftrag typischer Farben, der die Bilder ›vibrieren‹ ließ.

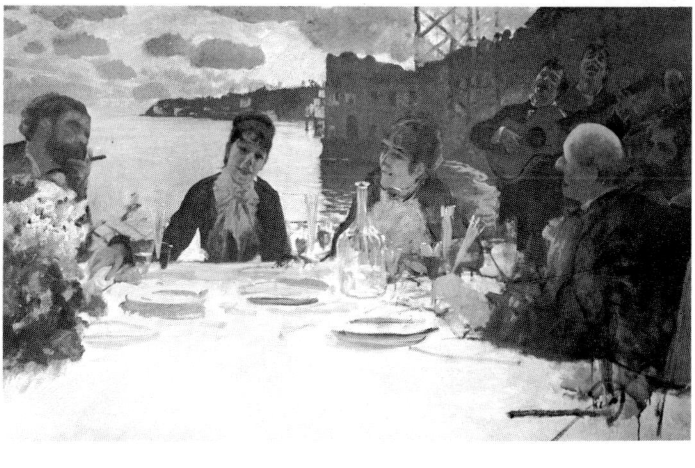

457
Giuseppe de Nittis
Abendessen am Posillipo bei Neapel
Galleria d'Arte Moderna, Mailand

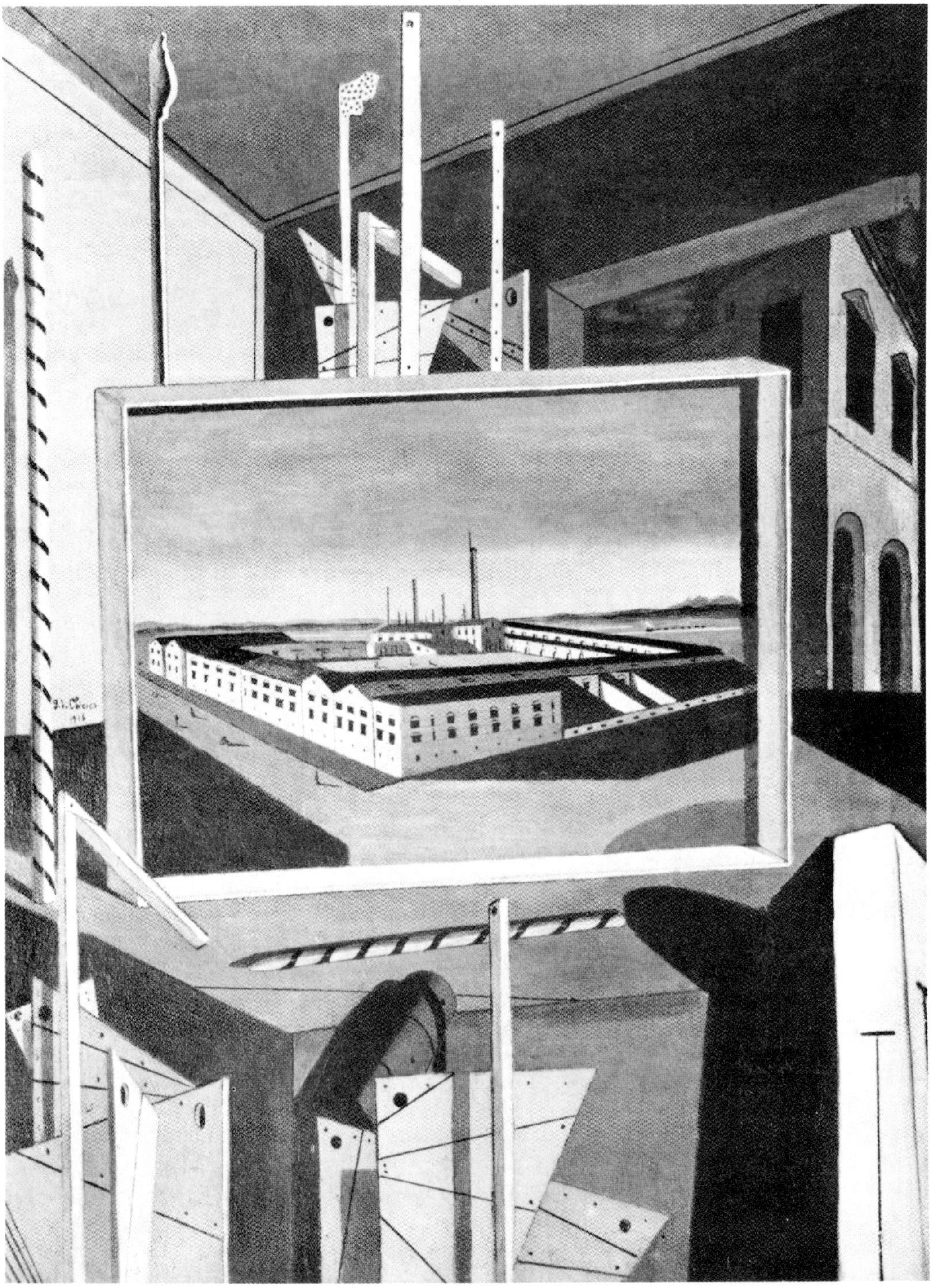

458 Giorgio de Chirico, Methaphysisches Interieur mit großer Fabrik, 1916. Staatsgalerie, Stuttgart

DAS ZWANZIGSTE JAHRHUNDERT

Das 20. Jahrhundert markiert das Ende der langen schöpferischen Unfruchtbarkeit, die Italien an einer direkten Teilnahme an den modernen Entwicklungen der Kunst gehindert hatte. Die künstlerischen Bewegungen von 1910 bis 1920 waren zwar bedeutende Manifestationen, jedoch ohne Zukunft und nicht imstande, alle Künste zu erfassen. Dem Impuls zum Beispiel, der vom ›Esprit Nouveau‹ von Amédée Ozenfant und Le Corbusier Jeanneret ausging und sich auf alle Gebiete erstreckte, hatte Italien nichts Vergleichbares entgegenzusetzen. Der Futurismus hat, trotz seiner Bemühung, die mechanischen Kräfte in die Kunst hineinzunehmen und die Formen elastischer zu machen, weder in der Architektur (abgesehen von dem Versuch von Sant' Elia) noch im Dekor eine wirklich brauchbare Fortsetzung gefunden. Die bedeutendsten Künstler sind die, die sich beizeiten abzusetzen und auf sich selbst zu besinnen wußten.

Seit 1948 haben große Ausstellungen in Mailand, Venedig und Rom der italienischen Kultur dazu verholfen, sich eine breitere Vorstellung von ihren eigenen Möglichkeiten und von den ausländischen Beispielen zu bilden. Durch das Warten gereift, beweist jetzt die junge Generation sehr schnell die italienische Fähigkeit, der modernen Architektur eine eigene echte Qualität zu geben, und zeigt den brennenden Wunsch, die aktuellen Ausdrucksformen der Malerei, die seit 1948 durch die Biennale von Venedig gefördert wurden, zu assimilieren. Die Bildhauer sind zahlreich, und die Wirksamkeit der angewandten Künste hat einen stets wachsenden Erfolg, der durch Manifestationen wie die Triennale in Mailand eine Resonanz im In- und Ausland findet.

Malerei und Skulptur

Die manierierten Bilder von Gaetano Previati in Mailand und Armando Spadini (1883-1925) in Florenz, die ein leiser Reflex auf den französischen Impressionismus sind, oder die von Adolfo de Carolis (1874-1928), der den *Palazzo del Podestà* in Bologna pompös dekoriert hat, vertraten zu Anfang des Jahrhunderts eine apathische Kunst ohne jeden inneren Schwung. Der Futurismus war die ungestüme Reaktion der jungen Generation. Tatsächlich war das jedoch nur eine Seite einer viel allgemeineren internationalen Bewegung, die sich gegen die traditionellen Ausdrucksformen der Kunst richtete und den Fauvismus und Kubismus in Paris und den ›Blauen Reiter‹ in München hervorgebracht hat. So fanden auch die großen ›futuristischen‹ Manifestationen in Paris statt. Das Manifest, das Marinetti am 20. Februar 1909 im ›Figaro‹ veröffentlichte, war eine literarische, politische und poetische Erklärung, die die »fieberhafte Schlaflosigkeit, den Salto Mortale und den Faustschlag« verherrlichte. 1910 entwarfen die fünf Maler der Bewegung, Boccioni, Carrà, Russolo, Balla und Severini, ein Manifest, das durch den Katalog der Pariser Ausstellung von 1912 noch genauer definiert wurde und in dem sie die Notwendigkeit des Krieges erklärten und die totale Verbannung des Aktes aus der Malerei für zehn Jahre forderten[245]: Das Studium der weiblichen Figur sollte durch das der Maschine, die die wahre moderne Muse geworden sei, ersetzt werden. Umberto Boccioni (1882-1916), der einfallsreichste Inspirator der Bewegung und Autor eines Buches über die neue Malerei und Skulptur (1914) und eines Manifestes zur Architektur, will die Dinge und die optischen Sensationen nur durch ›Kraftlinien‹ zum Ausdruck bringen, die ihrem objektiven Ausdruck entsprechen: *Dynamismus eines Fußballers* (1911, Privatbesitz, Rom), ein in vielfältige Facettierungen aufgefächertes Bild, oder der *Angriff der Lanzenreiter* (1915, Privatbesitz, Mailand) in grauen, kraftvoll artikulierten Linienzügen. Durch ein Spiel abgekürzter Zeichen sollen aber auch, in Diagonalen und Spiralen angeordnet, seelische Zustände zum Ausdruck gebracht werden (*Abschied,* 1911, Privatbesitz, New York □459), was ihm in den ›umanistischen‹ Themen

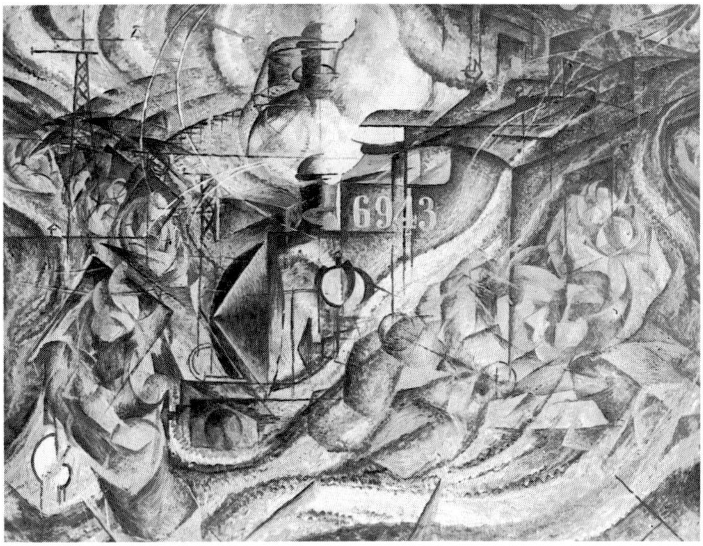

459
Umberto Boccioni
Abschied, 1911
Privatbesitz

wie *Die Macht der Straße* (1911, Privatsammlung) besonders gelingt. Darin drückt sich das ganze moderne Leben aus mit seinen Autos, Eisenbahnen, dem Jazz und das Ideal eines bildnerischen ›Dynamismus‹, das die atmosphärische Vibration im impressionistischen Sinne mit den simultanen Facettierungen des Gegenstandes im kubistischen Sinne (dem man übrigens vorwirft, statisch und ohne Leben zu sein) verbindet. Die italienische Schule umreißt hier einen neuen künstlerischen Entwurf, den Gino Severini (1893-1966) in seinen heiteren Bildern (*Spanischer Tanz al Monico*, 1912, Privatsammlung) oder der dynamischen Hieroglyphik des *Bal Tabarin* (1912, Museum of

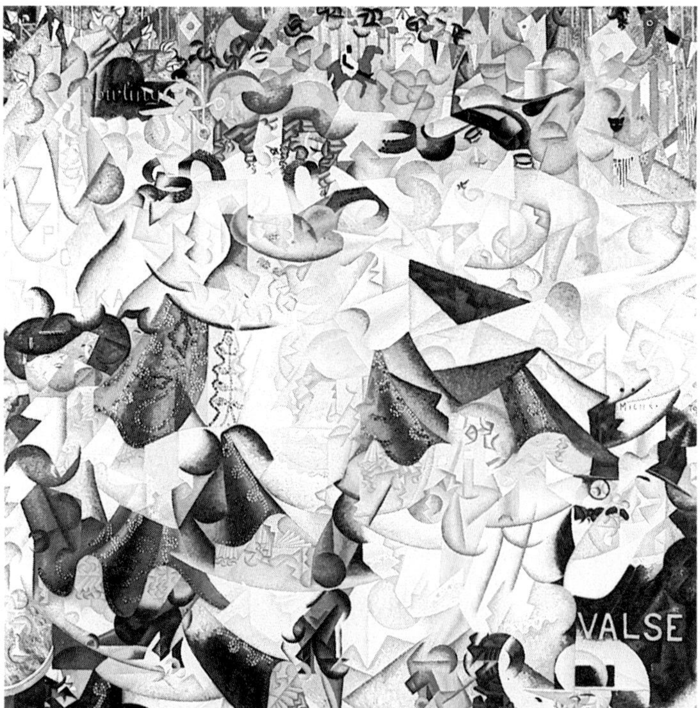

460
Gino Severini
Bal Tabarin, 1912
Museum of Modern Art,
New York

Modern Art, New York □460) übernimmt und den Giacomo Balla (1871-1958) für seine immer abstrakter werdenden Vibrationskurven und Carlo Carrà (1881-1966) für seine etwas unklaren Erfindungen nutzen. Der Futurismus versuchte, durch symbolische Bildvorstellungen oder durch die Herstellung von Darstellungen in Bewegung, die die Sensibilität anregen sollten, über die Malerei hinauszugehen. Daher kommt auch der von Boccioni ausgehende Anstoß zur Skulptur, die, um sich mit der reinen Ordnung der Bewegung zu verbinden, irrealistisch wird und auf die traditionellen edlen Materialien wie Bronze oder Marmor zugunsten von ganz neuen Elementen verzichtet: »Ein Ventil, das sich öffnet und schließt, erzeugt einen Rhythmus, der genauso schön, jedoch unendlich viel neuartiger, unbekannter ist, als der eines Augenlides.«

Von allen avantgardistischen europäischen Bewegungen war der Futurismus die einzige, die eine nationalistische und kriegerische Tendenz besaß. Mit dem Kriege aber, in dem Boccioni als einer der ersten fiel, und mit dem Faschismus ging der Futurismus an sich selbst zugrunde. Doch schon hatte sich eine andere revolutionäre Idee angekündigt, die ›Pittura Metafisica‹, die zwischen 1910 und 1920 den Beitrag des Futurismus zugleich ergänzte und zerstörte. Giorgio de Chirico (1888 bis 1978) hatte in Griechenland und dann in München gelebt, wo er die symbolistische und literarische Kunst Böcklins kennenlernte und sich mit den idealistischen Philosophen befaßte, und war gegen

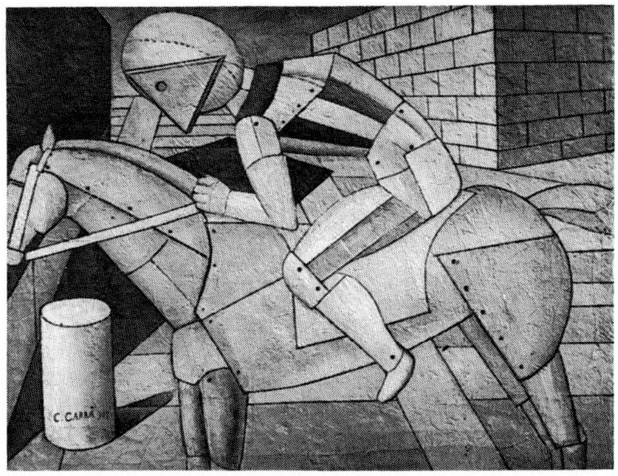

461 Carlo Carrà, Abendländischer Ritter, 1917. Privatbesitz

1910 in Paris. Er begann, in mit Vorliebe gedämpften und grauen Farbtönen ohne besondere formale Qualität imaginäre Städte, die seelische Zustände versinnbildlichen, Traumsituationen, kurz ›surrealistische‹ Kompositionen zu malen. (Man muß an dieser Bezeichnung festhalten, obgleich Chirico sie viel später, nach seinem Bruch mit der Pariser Gruppe um André Breton, heftig ablehnte.) Das hieß zugleich, alle gerade erfolgten formalistischen Revolutionen zugunsten einer Revolution der Phantasie- und Vorstellungswelt zu negieren. Eine große zusammenfassende Zeichnung, phantastische Perspektiven genügen, um das Wesentliche auszudrücken, das heißt das Symbol einer namenlosen Sehnsucht (*Melancholie* und *Geheimnis einer Straße,* 1914, Privatbesitz, New York) oder eines ausgeprägten Nihilismus.

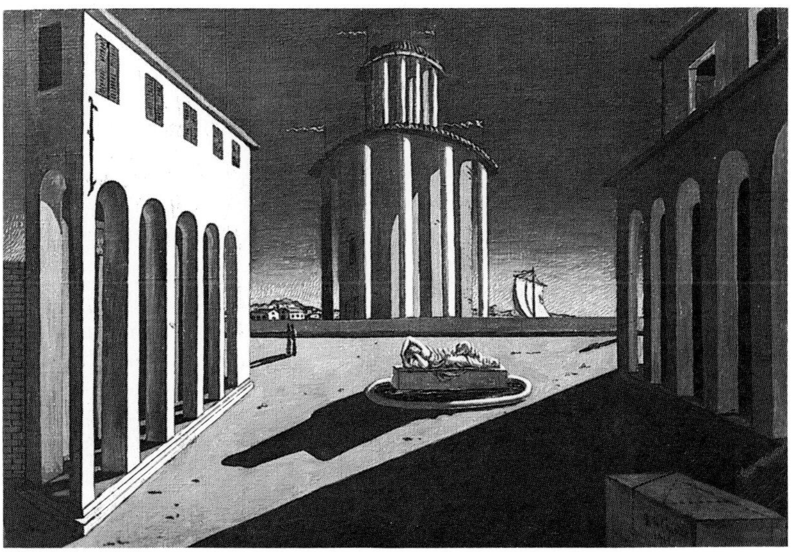

462
Giorgio de Chirico,
Das Rätsel der Ankunft
und des Nachmittags,
1915 (1912?). Privatbesitz

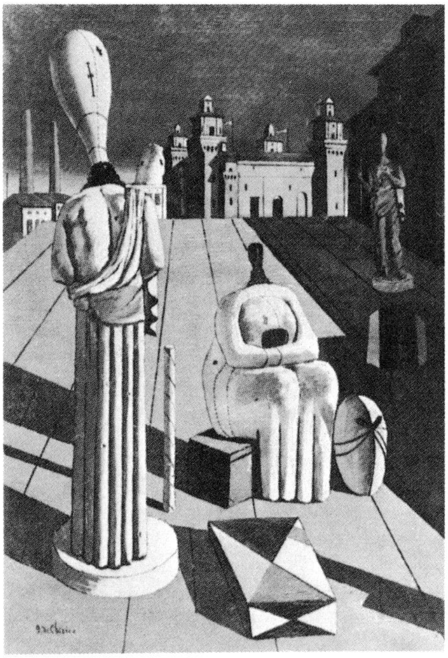

463 Giorgio de Chirico, Die beunruhigenden Musen, 1916. Privatbesitz, Mailand

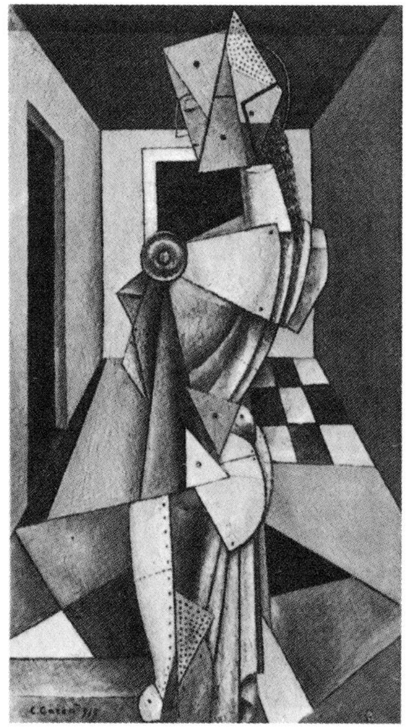

464 Carlo Carrà, Penelope, 1917. Privatbesitz

Giorgio de Chirico und Carlo Carrà, beide des ›Futurismus‹ bereits überdrüssig, trafen während des Militärdienstes 1916-1918 in Ferrara zusammen und arbeiteten dort Seite an Seite an einem umfassenderen Stil, ganz offensichtlich unter dem starken Eindruck des aus roten Ziegeln erbauten Palazzo d'Este, der eindrucksvollen Malereien von Ercole de Roberti und der Fresken im Palazzo Schifanoia. Jetzt entstanden die *Beunruhigenden Musen* (1916, Privatbesitz, Mailand □463), wo sogenannte ›manichini‹, eine Art von Gliederpuppen, auf visionären Plätzen die Stelle von Statuen einnehmen, und die Bildfolgen, in denen ironische Objekte menschliche Gestalt annehmen: *Hektor und Andromache,* (1917, Privatbesitz, Mailand □466). Von Carlo Carrà entstanden in dieser Art nur wenige Bilder (*Penelope,* 1917, Privatbesitz, Mailand □464), und bald, 1919, führte die Publikation seines Buches über die Pittura Metafisica zum Bruch mit de Chirico. Dieser widmete sich 1925, indem er das ›weltliche Mysterium‹ und die okkulte Symbolik ablehnte, mit Vorliebe Szenographien im antiken Sinne mit dekorhaften Ruinen und Pferden und mit von Renoir inspirierten Akten, während Carrà in monotonen düsteren Landschaften von melancholischer Ausstrahlung aufging.

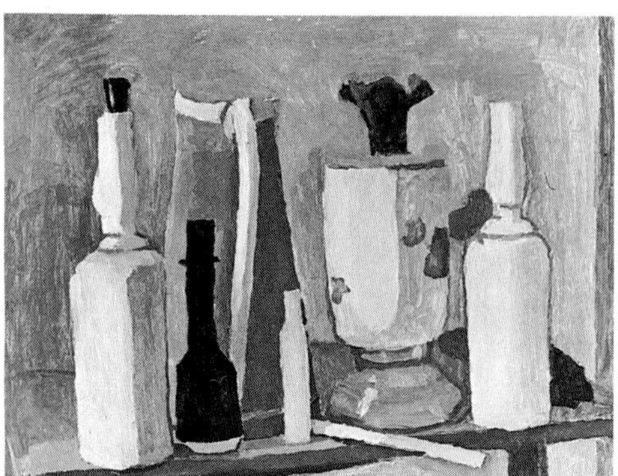

465 Morandi, Großes Stilleben, 1937. Mailand

Der einzige Maler, bei dem die ›metaphysische‹ Periode Früchte getragen hat, ist Giorgio Morandi (1890-1964), der bedeutendste Künstler unter seinen Zeitgenossen. Von Natur ernst, streng und auf Reinheit bedacht, befaßte er sich fast ausschließlich mit dem Stilleben, das für ihn die Bedeutung einer subtilen Verbindung mit der Traumwelt und dem Unsichtbaren hatte: *Stilleben* (1916, Privatbesitz, Mailand □468). 1918, unter der Einwirkung von de Chirico und Carrà, steigert sich der Klang und die Formen werden härter: *Großes metaphysisches Stilleben* (1918, Privatbesitz, Mailand □467), dann kehrt das Werk wieder zu seiner subtilen und kompromißlosen Entwicklung zurück, die den Weißtönen eine sonderbare Qualität der inneren Sammlung zu verleihen weiß. Die asketische Gesinnung Morandis bedeutet zugleich einen Einhalt für die Prätention und die Nervosität des Futurismus wie eine Ablehnung jeder akademischen Reaktion im Sinne de Chiricos und Carràs.

Morandi ist ein großes Vorbild: er repräsentiert das klare Gewissen einer Kunst, die wieder die wahren, echten Grundlagen in der Ernsthaftigkeit und der Intensität finden will. Dieses Problem hatte sich bereits in Bologna im 17. Jahrhundert ge-

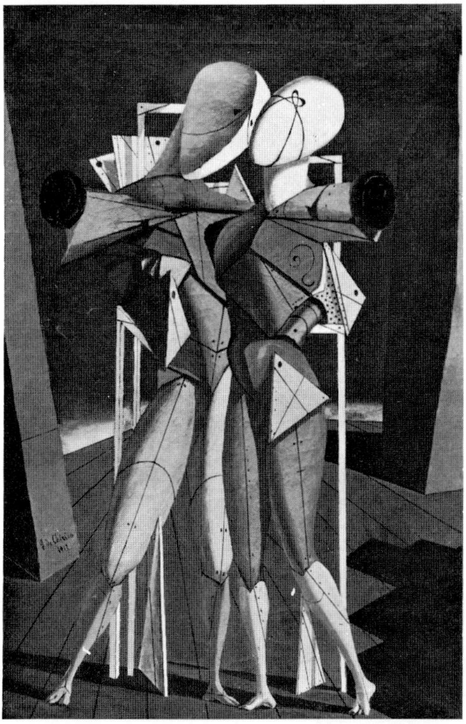

466 de Chirico, Hektor und Andromache, 1917. Privatbesitz, Mailand

stellt. Das ergreifende Schicksal von Modigliani (1884-1920), der 1906 nach Paris ging, wo er das Leben eines ›peintre maudit‹ führte, an allen neuen künstlerischen Strömungen teilnahm und ihnen einen ganz besonderen Akzent hinzufügte, zeigt in einer ganz anders gearteten Kraft und Eleganz Ureigenschaften des italienischen Geistes. Als einziger von den auf hieratisch geordnete Werke bedachten Malern des Kubismus hat er es verstanden, die ›Verformungen‹ in einer schönen harmonischen Weise zu gestalten und der Linie mit abso-

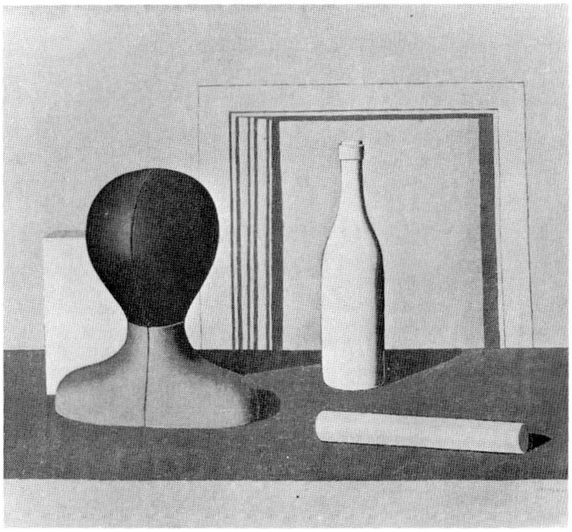

467 Giorgio Morandi, Großes metaphysisches Stilleben, 1918. Privatbesitz

luter Autorität wieder ihre ganze Funktion, wie sie sie bei Botticelli oder Pontormo besaß, zurückzugeben (*Bildnis von Soutine,* 1917, □469; *Maria,* 1918, Privatbesitz, Paris). Das zeigt sich vor allem in den Akten von herrlicher, ondulierender Bewegung mit der unübertrefflichen biegsamen Linie, der großzügigen Vereinfachung und der reichen Erfindungskraft □471.

Ebenso wie der italienischen Malerei im 19. Jahrhundert ein Manet gefehlt hat, so fehlt ihr jetzt im

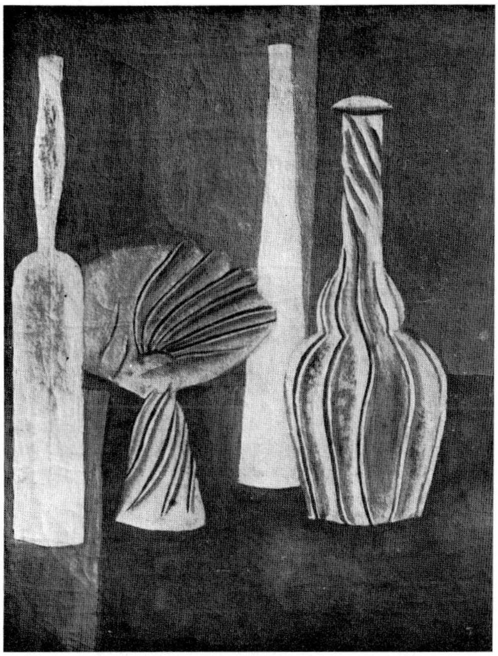

468 Giorgio Morandi, Stilleben, 1916. Privatbesitz

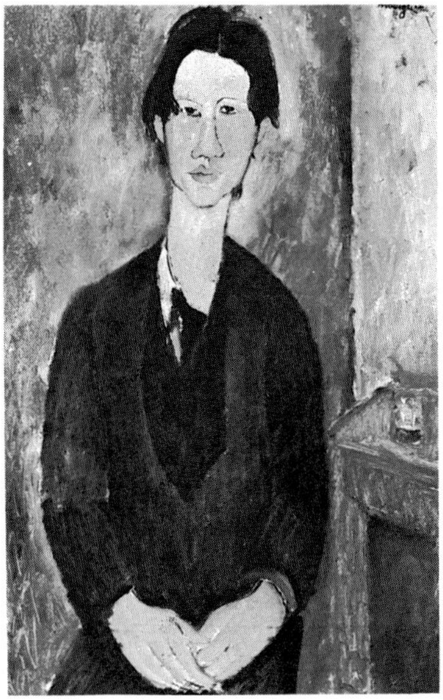

469
Amedeo Modigliani
Bildnis von Soutine, 1917
National Gallery, Washington
Chester Dale Collection

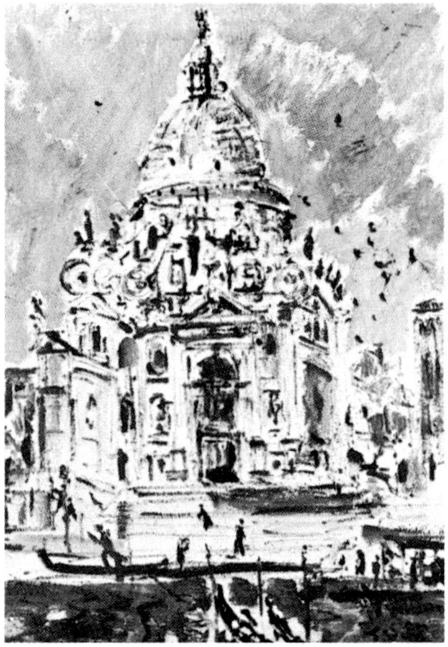

470
Filippo de Pisis,
S. Maria della Salute
in Venedig, 1943.
Privatbesitz

20. Jahrhundert ein Matisse. Die künstlerischen Revolutionen zwischen 1910 und 1920 waren zu gewaltsam und von zu kurzer Dauer. Selbst noch bevor die politischen Umstände die Künstler auf eine Kunst von akademischer Tradition verwies, war ihr Elan bereits verpufft. Einige Maler entgingen der Stagnation, indem sie sich der Aktivität des Pariser Kunstlebens anschlossen: der Lombarde Arturo Tosi (1871-1956) mit seinen recht großzügigen Landschaften, Pio Semeghini aus Mantua (1878-1964), der seiner in Übereinstimmung mit gewissen Fauves geschulten Palette einen ganz persönlichen sanften Schmelz und eine zärtliche Empfindung zu geben wußte; der Ferrarese Filippo de Pisis (1896-1956), den ein hüpfender, springender Strich und Tonstufungen von interessanten Kontrasten auszeichnet, vor allem in seinen Ansichten von Venedig □470 und Paris; und in gewisser Hinsicht der Florentiner Massimo Campigli (1895 bis 1971), der aus den archaischen Formen römischer Porträts und den Ockertönen der antiken Fresken einen ganz persönlichen Stil abgeleitet hat □472. Die etwas ungleichmäßige Produktion von Mario Sironi zeigt den Wunsch, eine in ihrem Ausgangspunkt durch den Futurismus bestimmte malerische Vision in demselben Sinne auszurichten □474.

Die Tendenz zum Grandiosen und Monumentalen, zur bedingungslosen Glorifizierung der römischen und klassischen Vergangenheit drückte

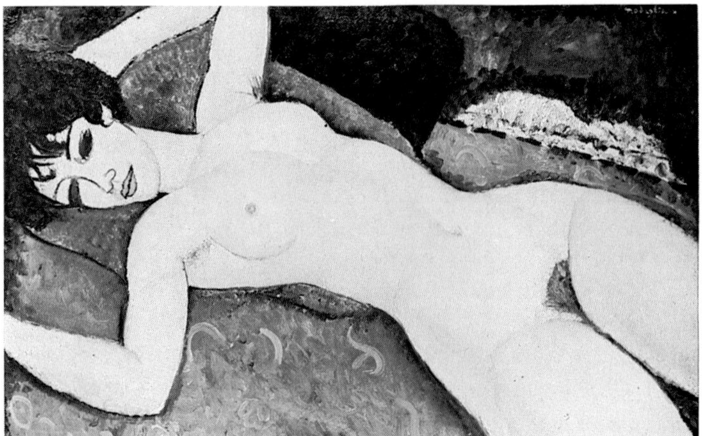

471
Amedeo Modigliani
Liegender Akt, 1917
Privatbesitz, Mailand

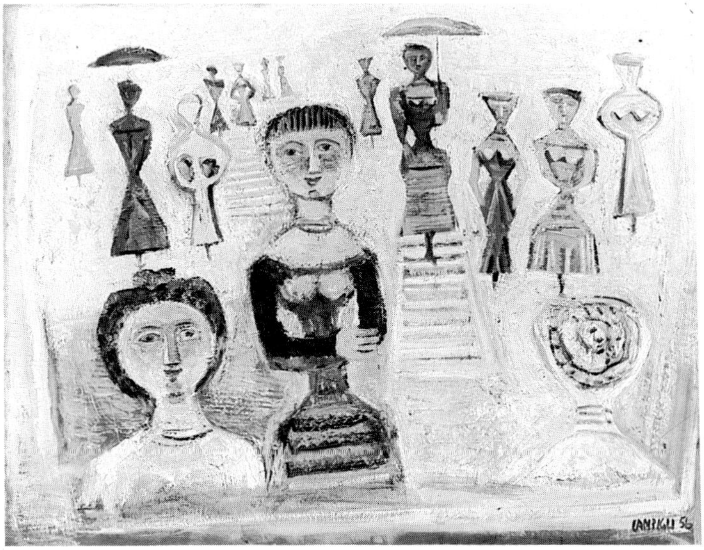

472
Massimo Campigli
Der Spaziergang
Privatbesitz

sich in völliger Übereinstimmung mit dem faschistischen Regime und seinem übertrieben nationalistischen Programm in der Gruppe ›Novecento‹ aus. Gegen diese Rhetorik protestierte die ein wenig wirre Phantasie von Gino Bonichi, genannt Scipione (1904-1933), der ein rotes und düstergrünes Rom heraufbeschwörte. Überhaupt bildeten sich allenthalben kleine, geheime Oppositionen, die in Form kleinerer Gruppen auftraten, wie zum Beispiel die ›Gruppe der Sechs‹ in Turin (seit 1928) mit Francesco Menzio (geboren 1899) und Paulucci, der zu einer impressionistischen, kühnen freien Malweise neigt. Die ›abstrakten‹ Künstler, zu denen der Florentiner Magnelli (1888-1971), der die Quintessenz aus giottesken Fresken zu ziehen suchte, und Mauro Reggiani (geboren 1897), der ebenso wie Atanasio Soldati (1896-1953) die reine Konstruktion anstrebte, gehören, fanden sich in der ›Galleria del Miglione‹ in Mailand mit den jungen Vorkämpfern eines streng politisch und sozial ausgerichteten Realismus, wie Renato Guttuso (geboren 1912, □473), zusammen. 1933 bildete sich noch die ›Römische Gruppe‹ mit Capogrossi (1900-1972), Cagli (1910-1976) und

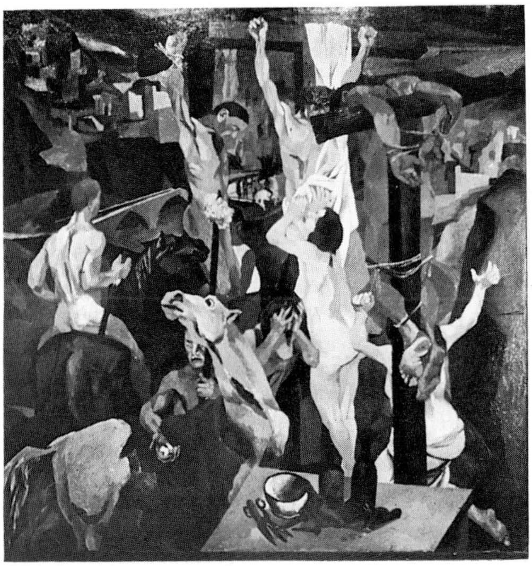

473 Renato Guttuso, Kreuzigung, 1941. Privatbesitz

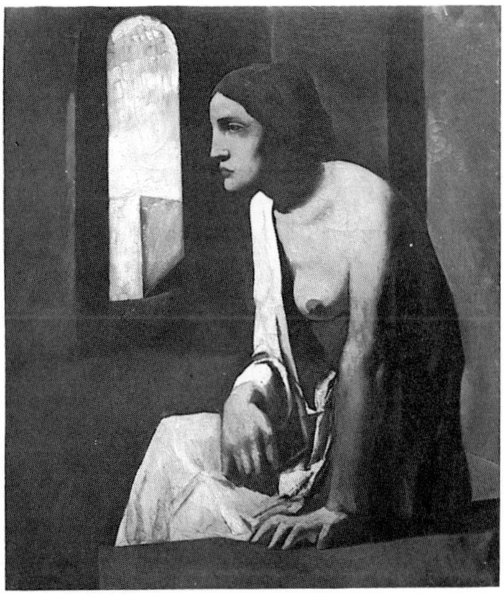

474 Sironi, Einsamkeit. Gall. d'Arte Moderna, Rom

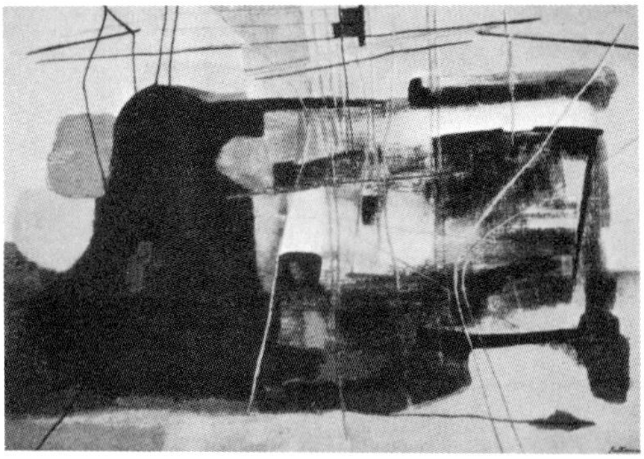

475 Santomaso, Die Mauer des Fischers, 1954. Paris

Cavalli (geboren 1904), die auf Gleichgewicht und Umsetzung bedacht war.

Das Ende des Krieges brachte das schmerzhafte, oft stürmische Bewußtwerden vom Ungenügen der italienischen Malerei gegenüber den europäischen Bewegungen. Die ›Fronte Nuovo delle Arti‹, die 1946 in Venedig von Guttuso, Birolli (1906 bis 1959), Santomaso (geboren 1907) und Vedova (geboren 1919) gegründet wurde, zeigt die Entschlossenheit zu einer breiteren, moderneren künstlerischen Konzeption. Die italienische Tradition wird die Kunst feiner Farbnuancierungen liefern □475, 476.

Die Skulptur hat von den Untersuchungen Boccionis nicht mehr profitiert als von den plastischen Experimenten Modiglianis. Während der langen Periode von 1920 bis 1945, in der kaum Bemerkenswertes zu finden ist, entwickeln sich Bronzebildhauer wie Giacomo Manzù (geboren 1908) aus Bergamo, ein geschickter Porträtist, und vor allem Marino Marini (1901-1980), einer der stärksten Bildhauer unserer Zeit, der mit seinen in Bronze gearbeiteten und bewußt beschränkten

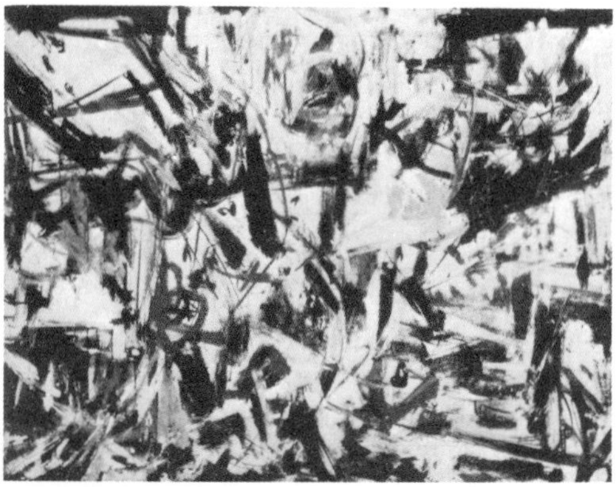

476 Vedova, Zusammenprall von Situationen, 1958

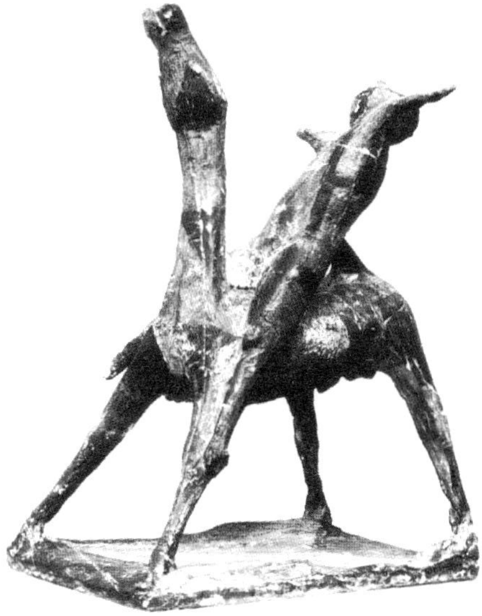

477 Marino Marini, Kleines Pferd mit Reiter, 1951. Privatbesitz

Themen (Akte, Köpfe und vor allem Pferde und Reiter □477) einen höchst eigenartigen Ausdruck von Ironie und plastischer Kraft erreicht. Neben ihnen sind noch zu erwähnen: Umberto Mastroianni (geboren 1910), den eine Neigung zum Kubismus kennzeichnet □478; der Bolognese Min-

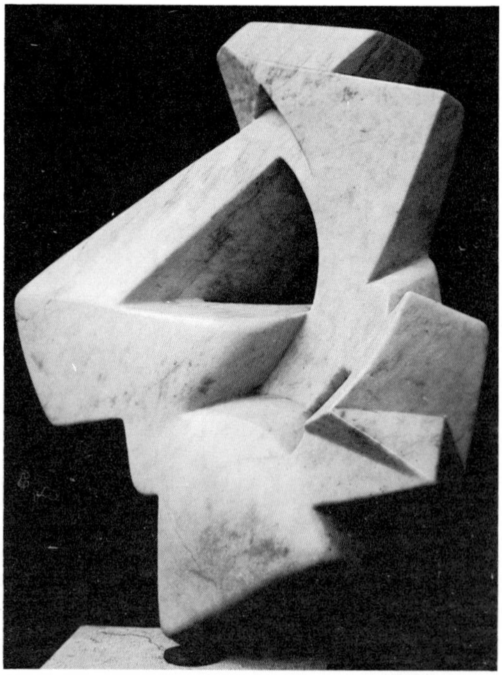

478 Umberto Mastroianni, Der Reiter, Privatbesitz

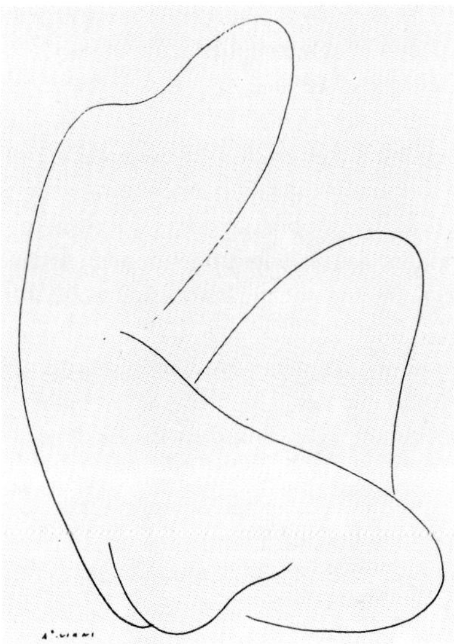

479 Andrea Viani, Akt. Privatbesitz

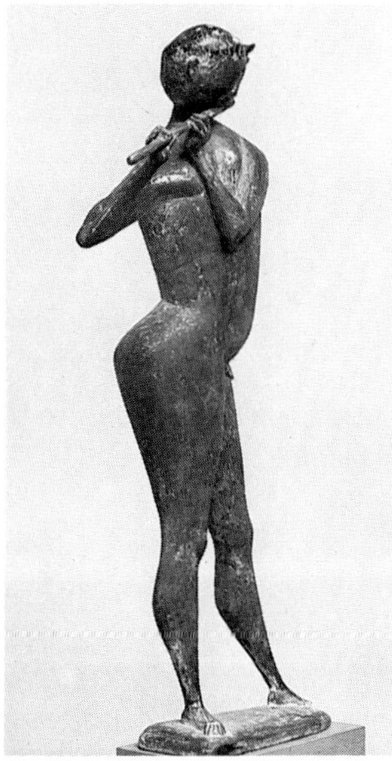

480 Marcello Mascherini, Kleiner Faun, um 1947-1950

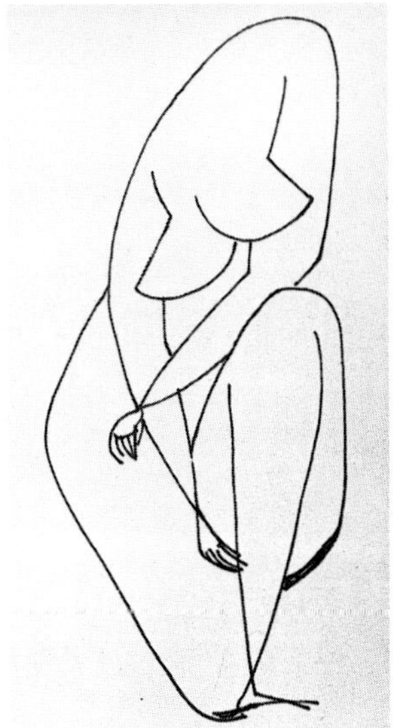

481 Marcello Mascherini, Akt, um 1947-1950. Privatbesitz

guzzi (geboren 1911), von unruhiger Veranlagung und lebhafter Bildung; der manieristisch veranlagte Marcello Mascherini (geboren 1906, □480, 481) aus Udine sowie unter den Anhängern der abstrakten Formen und glatten Volumen Andrea Viani (geboren 1906, □479).

Architektur

1914 publizierte Sant'Elia (1888-1916) das ›Manifest einer futuristischen Architektur‹, die kühn und modern in ihren Formen, funktionell, rationell, ohne überflüssigen Dekor und zugleich reine Kunst sein sollte[246]. Dem sensationellen Programm fehlen die notwendigen Einzellösungen; diese Visionen außerordentlicher Städte sind vielmehr ein letzter Ausdruck der italienischen Szenographie des 17. und 18. Jahrhunderts als wirklich konstruktive Vorstellungen. Also auch hier kommt der Impuls der futuristischen Revolte zu keinem bemerkenswerten Ergebnis, und das darin enthaltene ›Futur‹ entgeht ihm eigentlich ganz[247].

1926 scheint die Bildung der ›Gruppe der Sieben‹, die von Terragni (1904-1943) und Libera angeführt wurde, ihr Zentrum in Mailand hatte und durch die Ausstellungen der ›rationalen Architektur‹ (1928 und 1931) unterstützt wurde, eine reformierende Bewegung ausgelöst zu haben, deren die Industriezentren der Nordprovinzen

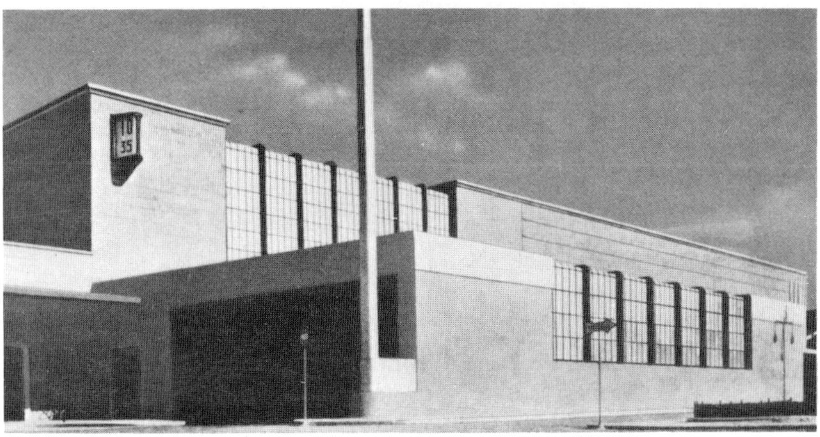

482 Giovanni Michelucci Bahnhof von Florenz 1936

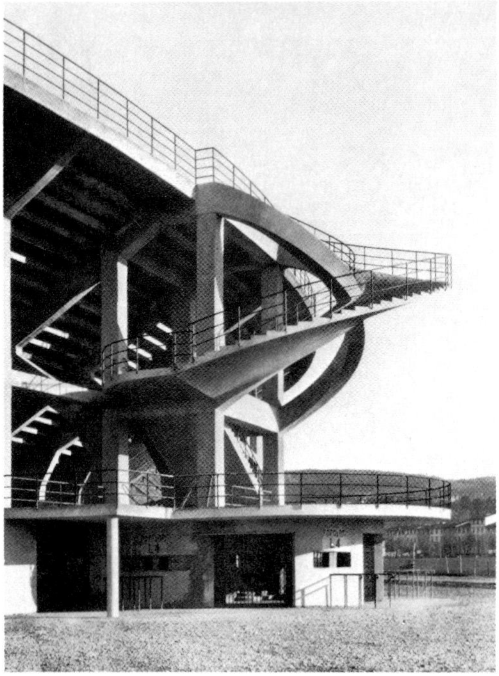

483 Pier Luigi Nervi, Stadion von Florenz, 1932

dringend bedurften, wie auch alle in der Ausdehnung begriffenen Städte einschließlich Rom. Diese Bewegung, die einen Moment lang vom faschistischen Regime unterstützt wurde, gelangte zu bedeutenden Realisationen von einem großartigen Schwung und einer Klarheit der Konzeption, die genauso interessant sind wie der neue Bahnhof in Florenz von Michelucci (Zulassung des Projektes 1933, □482) und die neue Stadt *Sabaudia* (1934). Von Pier Luigi Nervi (1891-1979) stammen das

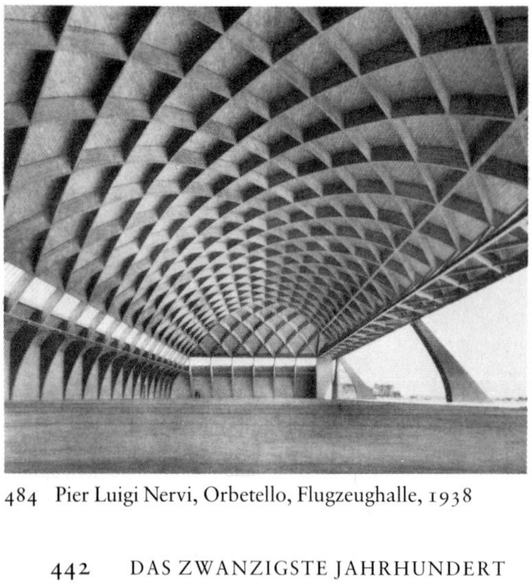

484 Pier Luigi Nervi, Orbetello, Flugzeughalle, 1938

Stadion von Florenz (1932) und die hervorragenden, überwölbten Flugzeughallen aus Eisenbeton (Orbetello, 1938, □483, 484), deren einzelne Bauelemente sich verschränken. Dieser neuartig kühne Versuch stieß jedoch auf die zweifache Opposition des Akademismus von Archäologen wie Giovannoni und den Opportunismus von Marcello Piacentini, dem Autor einer angeblichen ›Architettura d'Oggi‹ (Rom, 1930). Piacentini zielte auf die Schaffung eines ›faschistischen‹, pseudorömischen Stils von ›männlicher‹ Nacktheit und grob vereinfachten Strukturen, in dem die Nachahmung von scharfkantigen Pilastern und Kolossalsäulen eine Art von monumentaler Zwangsvorstellung erzeugte. Er lieferte mit seinem Turm von Brescia (1932) das Vorbild für diesen Stil, der seinen forciertesten Ausdruck im italienischen Pavillon von Michele Busiri-Vici auf der Ausstellung 1939 in New York fand und seinen gehaltlosesten in dem enormen Turm mit seinen Arkadengeschossen von Bernardo Lapadula, der als einziges Bauwerk von der geplanten Weltausstellung 1942 in Rom übriggeblieben ist. Fünfzehn Jahre lang setzte sich dieser Stil überall durch, vor allem in Rom, wo noch der Palazzo Vittorio zu erwähnen ist. Er beherrscht besonders Anlagen wie das Forum Mussolini (heute Forum d'Italia) von E. del Debbio (1933) und die Universitätsstadt in Rom sowie die Städte der Pontinischen Sümpfe, *Littoria, Pontinia, Sabaudia* u. a. von Piacentini.

Am Beispiel der Bahnhöfe der größeren Städte kann man sehr gut die italienische Entwicklung der Architektur verfolgen. Der Hauptbahnhof in Mailand von Stacchini (1931) hat kolossale Proportionen, die noch durch die ungeheure Größe der Fassadenpfeiler, die monumentalen Treppen und die zu weiträumigen Nebenausgänge gesteigert werden – ein erdrückender, ungefälliger Bau. Das faschistische Regime hatte 1937 für den neuen *Termini-Bahnhof* in Rom eine noch viel spektakulärere Lösung vorgesehen, die zugleich die Unterbringung der Büros und Verwaltungsräume der Eisenbahn einschloß. Als 1942 die Arbeiten fürs erste zum Erliegen kamen, waren die quaderförmigen, eintönig kahlen, von strengen, schmucklosen Arkaden durchbrochenen Seitengebäude bereits errichtet; jedoch noch nicht die Fassade, für die eine gewaltige Kolonnade vorgesehen war, die einen viel zu leichten und architektonisch zwecklosen Portikus tragen sollte. Ein nationaler Wettbewerb erteilte nun 1947 Montuori und Calini sowie einer Gruppe von Architekten den Auftrag,

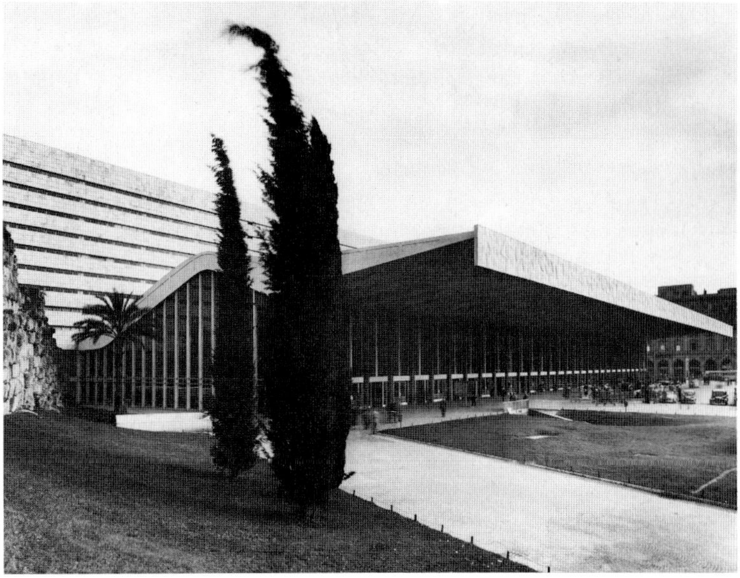

485
Rom
Stazione Termini

ausgehend von der bedauerlichen bereits geschaffenen Situation eine Fassade zu errichten (1952). Der horizontale Rhythmus der Fassade, dem das Bürogebäude voll Schwung antwortet, und das Profil der Halle und des eigentlichen Bahnhofs, das in einer doppelten Kurve ausschwingt, zeugen von einer intelligenten Anwendung der modernen Mittel und einem monumentalen Sinn □485.

Vor allem in Norditalien hat der architektonische ›Rationalismus‹ vor und nach dem Kriege zu entscheidenden Entwicklungen geführt. Die Vorstadt von Como und das *Novocomum* genannte Gebäude von Terragni, das 1929 vollendet wurde, sind strenge Anpassungen an die kubische, strukturelle Architektur des Weimarer ›Bauhauses‹ und seines Meisters Gropius. Ebenso das Parteihaus in Como (1932-1933) mit Dachgarten, das nach dem goldenen Schnitt berechnete Verhältnisse zeigt □486. Verschränkter und unruhiger in der Gliederung der Flächen ist das Haus Giuliano Frigerio (1939-1940), ebenfalls in Como. In Turin wurde 1923 die moderne Anlage der Fiat-Werke

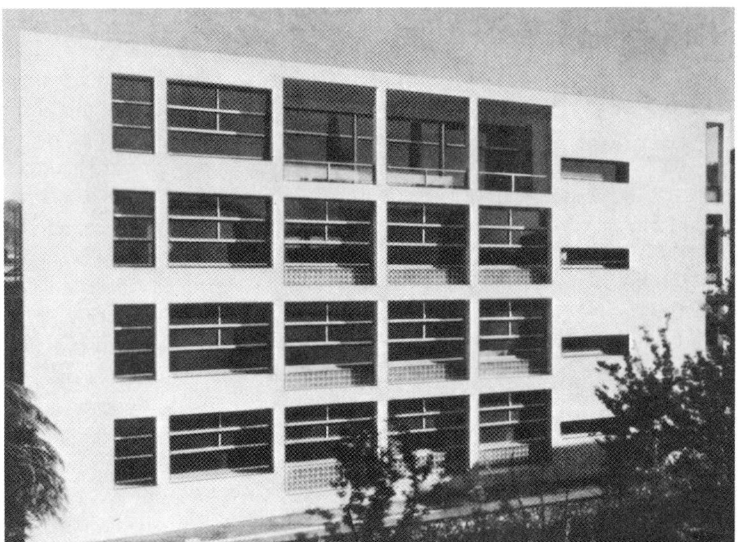

486
Giuseppe Terragni
Casa del Fascio
Como, 1932-1933

von Matté Trucco geschaffen; in Turin war auch der brillante Polemiker Pagano (1896-1945) wirksam, der den Bruch mit der konventionellen Architektur ankündigte und dazu aufforderte, sich der psychologischen und sozialen Auswirkungen der Stadtgliederung bewußt zu werden. Er selber errichtete mit seiner Gruppe die *Università Bocconi* in Mailand (1936-1942) in einem Geiste, der sich von dem Roms unterscheidet. Nach dem Krieg triumphiert in der Lombardei die Vorliebe für leichte Materialien und geschmeidig fließende Entwürfe, die nicht vor hohen Bauten von zehn oder zwanzig Stockwerken zurückschrecken, vorausgesetzt, daß der Bau der räumlichen Situation angemessen und von Grünanlagen umgeben ist. Der neue Block an der Piazza Fiume in Mailand und das Gebäude der *Società Montecatini* an der Porta Nuova, ganz aus Aluminium und Glas (1951), sind beachtliche Leistungen. Diesen fügt man in Mailand stets die ›Torre Velasca‹ (1958) hinzu,

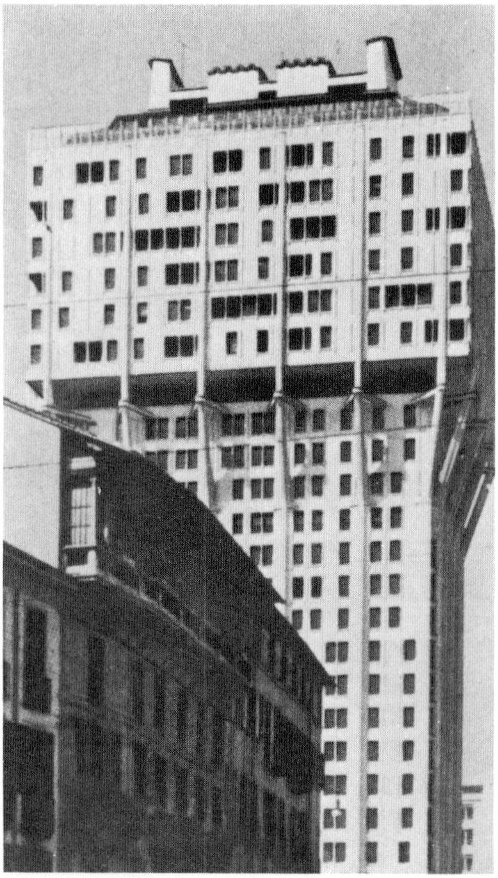

487 Gruppe B.B.P.R., Torre Velasca, Mailand, 1958

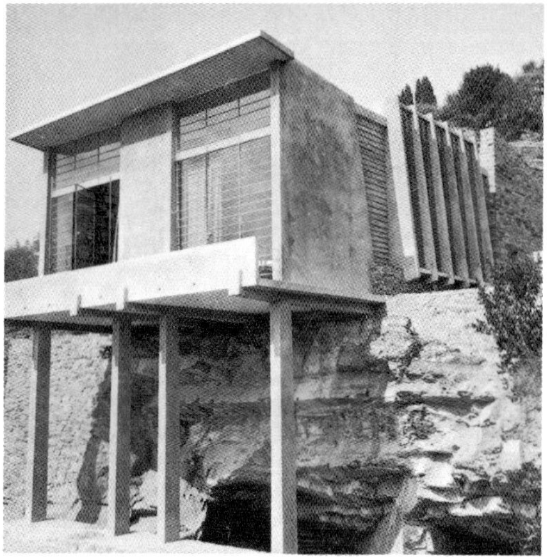

488 Leonardo Ricci, Haus bei Florenz

ein Bau der Gruppe B.B.P.R.[248] □487. Später macht unter Aldo Rossi die Gruppe ›La Tendenza‹ von sich reden, die der »modernen Bewegung« folgt und durch ihre Teilnahme an der XV. Triennale in Mailand (1973) weithin bekannt wird.

In Florenz hatte eine ›toskanische Gruppe‹, die sich um Michelucci gebildet hatte, bereits vor dem Kriege mit der schon erwähnten glücklichen Lösung des 1936 fertiggestellten Bahnhofs ein Beispiel an Phantasie und Geschmack geliefert. Diese Leichtigkeit, mit der die farbigen Materialien behandelt und die freien Flächen für einfallsreiche Anordnungen genutzt wurden, drückt sich auch im Werk des jungen Leonardo Ricci aus. Mit der Rekonstruktion der Innenstadt von Florenz und der Straße Por Santa Maria allerdings hat sich die Fähigkeit des toskanischen Architekten ein rechtes Armutszeugnis ausgestellt.

In Venedig, das seit einem Jahrhundert abseits von der architektonischen Entwicklung geblieben ist, erhielt das Problem der Einfügung eines modernen Gebäudes in einen alten privilegierten Bauorganismus eine ganz besondere Aktualität, als das Projekt von Frank Lloyd Wright, ein Hotel aus Marmor und Glas zur Erinnerung an den jungen Architekten Masieri an der Ecke des Canal Grande und des Rio Nuovo zu errichten, erregte Diskussionen entfesselte. Dieses sehr zurückhaltende, harmonische Werk hätte dem Panorama des Canal Grande mit seinen verschiedensten Stilen, die sich in einer von der Stadt auferlegten engen Anpassung an Milieu und Atmosphäre entfaltet haben, einen weiteren Akzent hinzugefügt[249].

So stellt sich für die italienische Architektur das Hauptproblem nicht so sehr zwischen dem Respekt vor den traditionellen Gesetzmäßigkeiten und dem Bemühen um Modernität; vielmehr, wie der Gegensatz zwischen dem ›Monumentalstil‹ des Faschismus und dem allgemeinen Geist des Wiederaufbaus von 1945, liegt er zwischen der – anachronistischen – Versuchung, gewaltige, massige, isolierte, spektakuläre, aber leblose Gebäude zu errichten und dem in Italien ursprünglichen Drang nach einer Anpassung des Bauwerks an seinen Platz, an das monumentale und menschliche Milieu. Der Sieg dieser letzten Tendenz erlaubt den Vergleich der glücklichsten gegenwärtigen Architekturkompositionen mit dem, was sich zur Zeit der Stadtstaaten und im Barock vollzogen hat, als die Anlage des öffentlichen Platzes alles andere beherrschte. Diese Tendenz erklärt auch, wieso von allen mitteleuropäischen Ländern gerade die junge italienische Architektur eine besondere Fähigkeit bewiesen hat, die skandinavischen und amerikanischen Strömungen in der Architektur mit außerordentlichem Schwung aufzunehmen und weiterzuentwickeln, Strömungen, die nicht nach Gliederung geometrisch geordneter Massen streben, sondern nach Bauwerken, die in Funktion zu den besonderen Bedürfnissen der Menschen, der Situation jeder Gruppe und den lokalen Anforderungen stehen.

Fotografie und Film

Die ›camera oscura‹ mit Linse gehörte im 18. Jahrhundert zu den üblichen Hilfsmitteln der Vedutenmaler wie Canaletto und Bellotto. Italien war zwar nicht mehr das Land technischen Forschens, aber es trug, wie die Arbeiten des Comte Primoli übrigens deutlich bezeugen, mit intelligenter Neugier zum Erfolg der Fotografie bei[250]. Maler wie Francesco Paolo Michetti und Giulio Aristide Sartorio machten sie sich zunutze. Sammlungen von Dokumentaraufnahmen entstanden, wie die Tätigkeit des Piemontesers Francesco Negrei (1841 bis 1924)[251] und die der Firma Alinari in Florenz zeigen. Im Jahre 1904 wurde eine nationale Fotothek gegründet. Die Kunsthistoriker machten früh ausgiebig Gebrauch von der Fotografie, so Adolfo Venturi in seiner ›Storia dell' arte italiana‹ (1901 bis 1975), und Bernard Berenson bestätigt, daß sie dank ihrer technischen Hilfeleistung wissenschaftlichen Rang erhalten hat[252]. Roberto Longhi führte die kritische Auswertung des fotografischen Details mit unbestreitbarem Erfolg ein.

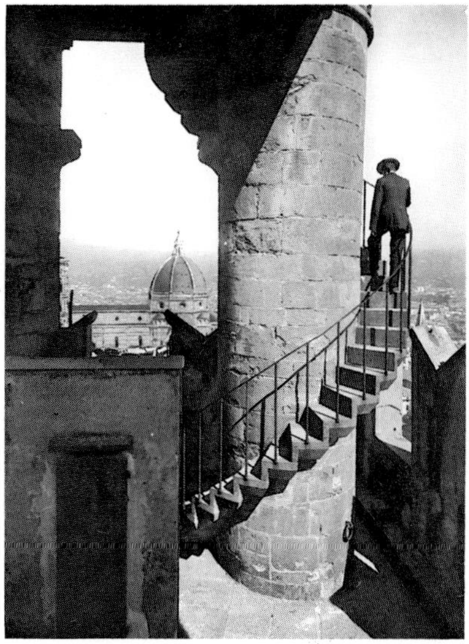

489 Turmtreppe des Palazzo Vecchio in Florenz mit Blick auf den Dom. Foto: Alinari, Ende 19. Jahrhundert

Die Maler konnten den neuen Techniken gegenüber nicht gleichgültig bleiben. So »stürzten« sich die Futuristen auf das Bild in Bewegung, den Teller auf der dynamisierten Darstellung förmlich in Scherben gehen lassend. Andererseits begannen die darstellenden Künste wie überall auch in Italien auf den Film einzuwirken. Dies zeitigte Erfol-

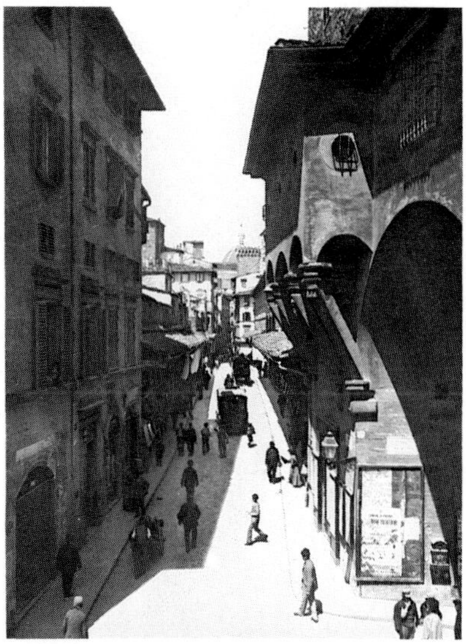

490 Ponte Vecchio, Florenz. Foto: Alinari, Ende 19. Jahrhundert

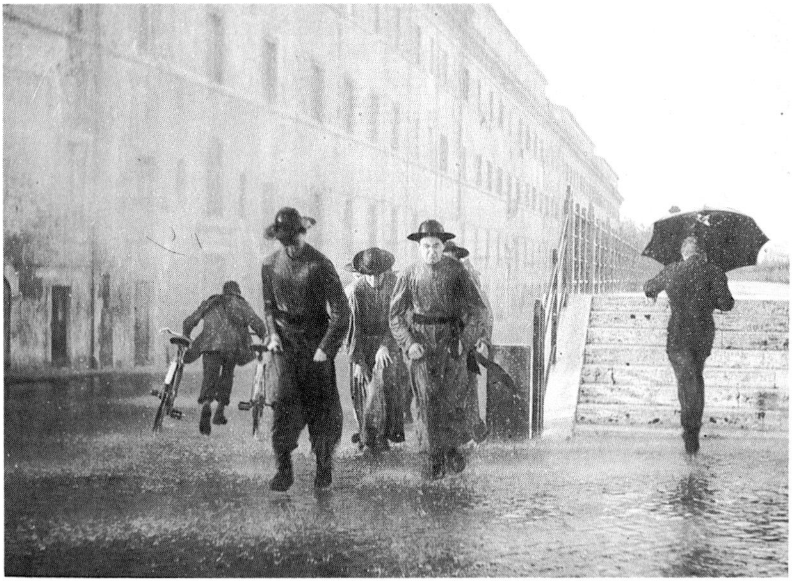

491
Vittorio de Sica
Ladri di Biciclette
(Fahrraddiebe)
1948

ge, die mit vollem Recht Eingang in die Kunstgeschichte fanden[253]. Die nüchterne und harte Tendenz des lombardischen Naturalismus z. B. lebte nach den Katastrophen des Zweiten Weltkriegs mit dem Film wieder auf: Der Neorealismus von Filmen wie *Fahrraddiebe* liegt ganz auf der Linie des Schlichten, Illusionslosen, ist aber bedacht auf die Schönheit der Bildkomposition, die die italienische Malerei seit Lotto, Savoldo, Caravaggio durchzieht.

Die malerische und empfindsame Erregung, die im Dekor und in dem prunkvollen, exotischen und hohlen Aufwand triumphiert und die für die Künstler des Barock immer eine gewisse Versuchung darstellte, findet ihre natürliche Fortsetzung im Ausstattungsfilm. Der Platz, den Filmregisseure wie Antonioni und Visconti unter den Regisseuren von Weltgeltung einnehmen, läßt sich hauptsächlich auf einen reichen Atavismus im Bereich der Kompositionen und Farben zurückführen. Man

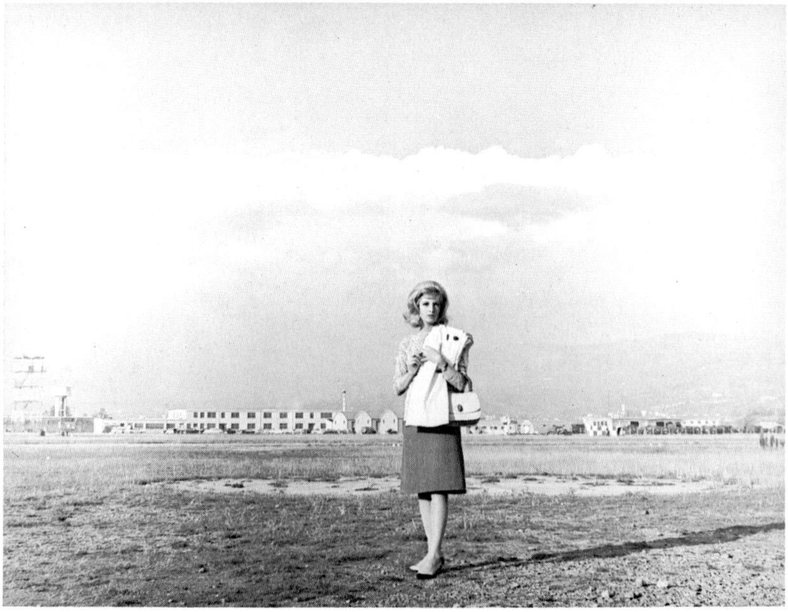

492
Michelangelo Antonioni
L'Eclisse (Liebe)
1962

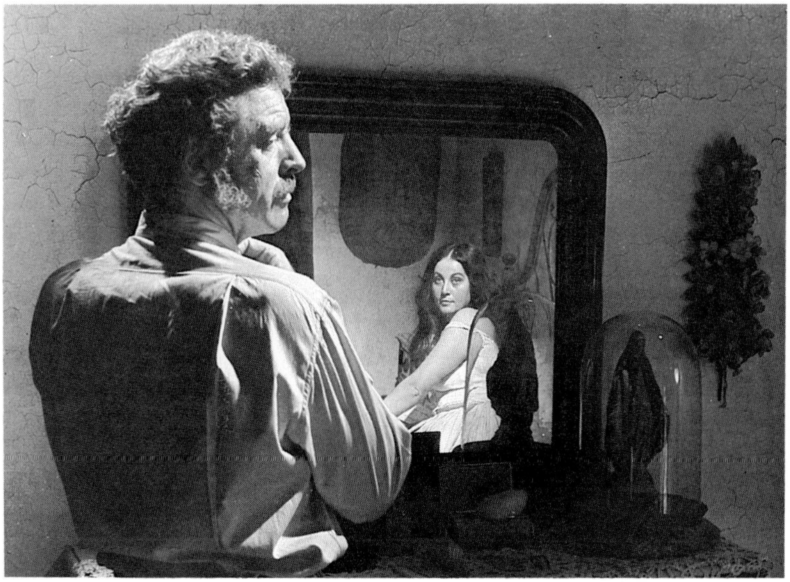

493
Luchino Visconti
Il Gattopardo
(Der Leopard)
1962

darf sie also als die Erben eines Piero della Francesca, eines Correggio oder der Carraci ansehen.

Es erscheint den italienischen Cineasten ganz natürlich, sich bei der Herstellung ihrer Filme der Mittel der Malerei zu bedienen und mit ihnen Augenblicke einzufangen, die von menschlichem Erleben durchdrungen sind. Damit wird auch der Rang bezeichnet, der, bei einer zusammenfassenden Betrachtung der Kunst Italiens, ganz selbstverständlich Federico Fellini gebührt. Ausgehend von dem ›caravaggesken‹ Neorealismus von *La Strada,* hat er die Sittengemälde des modernen Lebens in *La Dolce Vita* und des antiken Lebens in *Satiricon* mit der Autorität römischer Barockmaler darzustellen vermocht, bevor in ebenso unbarmherzigen wie verführerischen, ironischen Bildern *Roma* gefeiert wurde, der widersprüchliche und fesselnde Mittelpunkt, aus dem sich seit 20 Jahrhunderten der Stolz und die Verbitterung, die Noblesse und die Menschlichkeit des Italieners nähren.

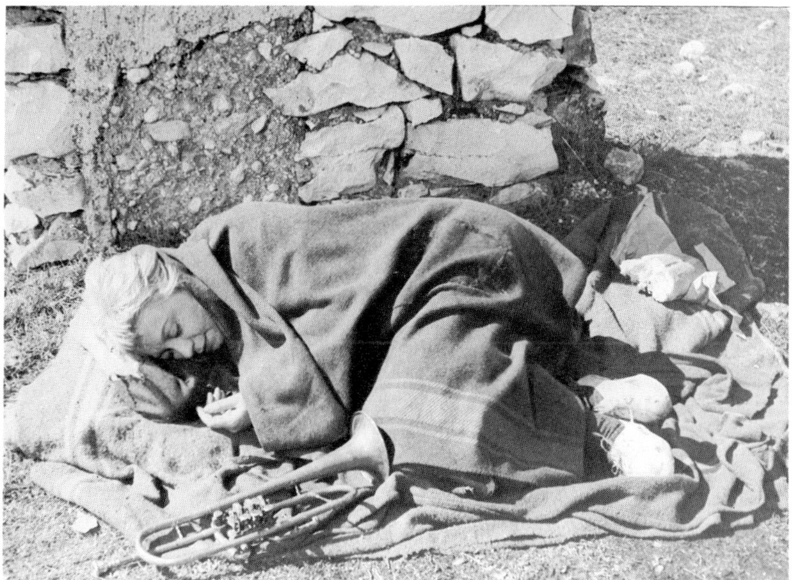

494
Federico Fellini
La Strada
1954

ANMERKUNGEN

1 Ausgezeichnete Beobachtungen davon bei: F. Rodolico, Le Pietre delle città d' Italia, Florenz 1953.

2 C. Dionisotti, Culture regionali e letteratura nazionale. Grundlegend über dieses Problem E. Castelnuovo und C. Ginzburg, Centro e periferia, in: Storia dell' arte italiana, I, Turin 1972.

3 K. Swoboda, Römische und romanische Paläste, Wien 1924.

4 R. Wittkower, Brunelleschi and ›proportion in perspective‹ in: J.W.C.I., XVI (1953).

5 C. Cattaneo, La Città considerata come principio ideale delle istoria italiane, Rom 1958; siehe die Kommentare über dieses Problem in: Storia dell'arte italiana, V, Turin 1973, und M. Manieri-Elia, Città e lavoro intellettuale, op. cit.

6 Vorbildlich für diese Fragestellungen: die neue Storia dell'arte italiana, hrsg. von G. Previtali und F. Zeri, Turin 1979 ff. (Einaudi); erschienen sind I-IV, Materiali e Problemi, 1979-80, und VIII, Inchieste su Centri minori, 1980.

7 Sereni, Storia del Paesaggio agrario italiano, Bari 1962.

8 G. C. Argan und M. Fagiolo, Premessa all'arte italiana, in: Storia dell'arte italiana, I, Turin 1972.

9 G. C. Argan, Giardino e parco, in: Enciclopedia universale dell'arte, VI, Venedig-Rom 1958. D. Coffin, The Italian Garden, Washington D.C. 1972.

10 Jean Seznec, La Survivance des dieux antiques, Orig.-Ausg. London 1940, übers. ins Englische, New York 1953, französische Neuauflage, Paris 1980.

11 E. Sereni, Agricoltura e mondo rurale, in: Storia dell'arte italiana, I, Turin 1972. Über den beharrlichen Einfluß von geographischen Gegebenheiten siehe nach wie vor F. Braudel, La Méditerranée à l'époque de Philippe II, Neuauflage Paris 1978.

12 Siehe das großartige Werk von R. Krautheimer, Rome, Profil of a City, 312-1308, Princeton 1980.

13 J. Carcopino, Études d'histoire chrétienne, Paris 1953.

14 A. Chastel, The Sack of Rome, May 1527, Mellon Lectures, 1977, Princeton 1982.

15 A. Esch, Spolien..., in: Archiv für Kulturgeschichte, LI (1969).

16 F. Heer, Die ›Renaissance‹, Ideologie im frühen Mittelalter, in: Mitt. d. Inst. f. Österr. Geschichtsforschungen, LVII (1949), I u. 2. Über den Problemkomplex: E. Panofsky, Renaissance and Renascence in Western Art, 2 Bde., Stockholm 1960.

17 W. Paeseler, Der Rückgriff der römischen Spätdugentomalerei auf die christliche Spätantike, in: Beiträge zur Kunst des Mittelalters (Brühler Kongreß), Berlin 1950.

18 W. Braunfels, Mittelalterliche Baukunst in der Toskana, Berlin 1953, Kap. IV.

19 E. Panofsky, Renaissance and Renascence in Western Art, 2 Bde., Stockholm 1960.

20 E. H. Swift, Roman Sources of Christian art, New York 1951, und die einschränkenden Beobachtungen von P. Lemerle, Revue des Etudes byzantines, 10 (1952).

21 Im Sinne von H. Wölfflin, Kunstgeschichtliche Grundbegriffe, München 1917.

22 E. Panofsky, Early Netherlandish Painting, Princeton 1953; Einführung: The polarization of european painting.

23 A. Chastel, L'Italia, museo dei musei, in: Capire l'Italia, I Musei, T.C.I., Mailand 1980, S. 11.

24 M. B. Hall, Renovation and Counter-Reformation: Vasari and Duke Cosimo in S. Maria Novella and S. Croce, 1565-77, Oxford.

25 A. Emiliani, Dall' ambiente al museo, in: Capire l'Italia, Il patrimonio storico-artistico, T.C.I., Mailand 1979.

26 J. B. Ward Perkins, The Italian Element in late Roman and early medieval Architecture, in: Proceedings of the British Academy, 33 (1947).

27 P. L'Orange, Studien zur Geschichte des spätrömischen Porträts, Oslo 1933.

28 H. von Schönebeck, Die christliche Sarkophag-Plastik unter Konstantin, in: Mitt. des Deutschen Archäologischen Instituts, Rom (1936).

29 A. Grabar, Plotin et les origines de l'esthétique médiévale, C.A., I (1945).

30 G. Wilpert, Le Pitture delle catacombe romane, Rom 1903.

31 F. Gerke, Die christlichen Sarkophage der vorkonstantinischen Zeit, Berlin 1940.

32 R. Krautheimer, Corpus basilicarum christianarum Romae, Vatikan 1937.

33 L. Bréhier, Les Origines de la basilique chrétienne, in: Bulletin monumental, LXXXVI (1927); S. Lang, A few suggestions..., in: Rivista di archeologia cristiana, XXV (1949) und XXX (1954).

34 R. Delbrueck, Notes on the wooden doors of Santa Sabina, in: A.B., XXXIV (1952), 2.

35 A. Grabar, Martyrium, Recherches sur le culte des reliques et l'art chrétien antique, 2 Bde., Paris 1943-48; id., Christian Architecture, East and West, in: Archaeology, II (1948).

36 R. Krautheimer, Introduction to an ›Inconography‹ of Medieval Architecture, in: J.W.C.I., V (1942).

37 A. Calderini, G. Chierici, C. Cecchelli, La Basilica di San Lorenzo Maggiore in Milano, Mailand 1952.

38 M. Salmi, in: Mélanges A. della Seta, Rom 1950.
39 W. Seston, in: C. A., I. (1945); und P. Courcelle, id., III (1948).
40 E. Dyggve, Ravennatum Palatium sacrum, Kopenhagen 1941.
41 C. Cecchelli, in: Felix Ravenna, III (1950); S. Bettini, in: Arte del primo millennio, Mailand 1952.
42 M. Mazzoli, La Basilica di Sant'Apollinare in Classe, in: Studi di antichità cristiana, XXI. Vatikan 1954.
43 W. F. Volbach, Elfenbeinarbeiten der Spätantike und des frühen Mittelalters, 2. Auflage, 1952.
44 M. Lawrence, The Sarcophagi of Ravenna, New York 1945.
45 F. Forlati, Il Primo San Marco, in: A.V., IV (1950).
46 V. Elbern, Der Karolingische Goldaltar von Mailand, Bonn 1952.
47 H. Focillon, L'An mil, Paris 1952.
48 Y. Renouard, Les Hommes d'affaires italiens du Moyen Age, Paris 1949, dessen Beobachtungen sich auch auf die darauffolgende Zeit erstrecken.
49 L. Olschki, La Cattedrale di Modena e il suo rilievo artoriano, in: Archivum romanicum (1935).
50 S. Bettini, L'Architettura di San Marco, Padua 1946.
51 O. Demus, Byzantine Mosaic Decoration, London 1948.
52 G. Fiocco, in: A.V., V (1951).
53 Garrison, in: B.M. (August 1947).
54 V. Lazarev, Duccio and Thirteen Century Greek Icones, in: B.M., LIX (1931). O. Demus, Byzantine Art and the West, New York 1970, Kap. VI.
55 R. Longhi, Giudizio sul Dugento, in: Pr., II (1948).
56 E. Mâle, Rome et ses vieilles églises, Paris 1942, S. 207.
57 Serafini, Torre Campanarie, Rom 1927; E. Mâle, op. cit., S. 222.
58 A. Boeckler, Die Bronzetüren des Bonanus von Pisa und des Barisanus von Trani, Berlin 1949.
59 W. Haug, Das Mosaik von Otranto, Wiesbaden 1977.
60 A. Moppert-Schmidt, Die Fresken von Sant'Angelo in Formis, Zürich 1967. S. Settis, in: Storia dell'arte italiana, III, S. 196 ff., Turin.
61 A. Grabar, Trônes épiscopaux des XIe et XIIe siècles en Italie méridionale, in: Wallraf Richartz Jahrbuch, XVI (1955).
62 R. Bordenache, La S. S. Trinità di Venosa, in: Ephemeris Dacoromana, VII (1937).
63 S. Bottari, in: R.A., III (1953), I.
64 E. Kitzinger, The Art of Byzantium and the Medieval West, London 1976.
65 Federico II e l'arte del duecento italiano, Kongreß Mai 1978, Rom 1980.
66 L. Bréhier, L'Art chrétien, 2. Aufl. 1927.
67 W. Koehler, Byzantine Art in the West, in: Dumbarton Oaks Papers (1941).
68 J. R. Gaborit, Un groupe de la Descente de Croix au musée du Louvre, in: Monuments Piot, LXII (1979).
69 Die allzu einseitige These von H. Thode in: Franz von Assisi und die Anfänge der Renaissance in Italien, 2. Aufl. Berlin 1904, ist von H. B. Gutman, The Rebirth of the fine arts and franciscan thought, in: Franciscan Studies, V (1945), und durch A. Jullian, Le Franciscanisme et l'art italien, in: Phoebus, I (1946), Nr. 3-4, widerlegt worden.
70 G. Barone, Frate Elia, in: Bollettino dell'Istituto Storico Italiano per il Medio Evo, LXXV, 1974-75 (1978).
71 Nach R. Longhi, in: Pr. II (1948), 37.
72 S. Bottari, Intorno alle origine dell'architettura sveva, in: Palladio, I (1951). Krönig, Staufische Baukunst in Unteritalien, in der Sammlung: Beiträge zur Kunst des Mittelalters, Berlin 1950.
73 ... und nicht von Giovanni Pisano, wie man lange Zeit angenommen hatte! Vgl. P. Bacci, in: Dedalo, I (1920).
74 Siehe die Studien von Marcia B. Hall, in: J.W.C.I., XXXVII (1974) und A.B., LVI (1974); id., Renovation and Counter Reformation, Oxford 1978.
75 M. Weinberger, The first Facade of the cathedral of Florence, in: J.W.C.I., IV (1940-1941).
76 P. Moschella, Le case a sporti in Firenze, in: Palladio, VI (1942).
77 A. Lenzi, Palazzo Vecchio, Florenz 1912.
78 W. Paatz, Die Gestalt Giottos im Spiegel einer zeitgenössischen Urkunde, in: Festschrift C. G. Heise, Berlin 1950.
79 W. Braunfels, Mittelalterliche Stadtbaukunst der Toskana, Berlin 1953.
80 J. Pope Hennessy, in: B.M. (1951), S. 347.
81 J. Gardner, Arnolfo di Cambio and Roman Tomb Design, in: B.M. (1973), S. 420 ff.
82 P. Bettini, Riv. A. (1950).
83 G. Nicco Fasola, La Fonte Maggiore di Perugia, Rom 1951.
84 O. Demus, Byzantine Art and the West, London 1970.
85 M. Meiss und L. Tintori, The Paintings of the Life of S. Francis in Assisi, Princeton 1962.
86 U. Procacci, Sinopie ed affreschi, Mailand 1961. M. Meiss, The Great Age of Fresco, London 1970.
87 W. Vitzthum, Zu Giottos Navicella, in: Italienische Studien, Leipzig 1929. W. Paeseler, Giottos Navicella ..., in: R.J., V (1941), S. 49-162.
88 R. Offner, B. M., XXXI (1939), hat die Gründe gegen eine Zuschreibung an Giotto aufgeführt; F. Jewett Mather, A.B. XXX (1943), die Gründe dafür. Letztere hatte schon P. Toesca 1927 umrissen und 1951 weiterentwickelt. Was die Textquellen anlangt, vergleiche P. Murray, in: J.W.C.I., XVI (1953).
89 E. Rosenthal, Giotto in der mittelalterlichen Geistesentwicklung, Augsburg 1924. C. Gnudi, Giotto, Mailand 1959.
90 A. Venturi, B. Berenson, Wilde (T.K.G., VII, 1930) datieren sie auf 1320, ja sogar 1330, jedenfalls nach der Bardi-Kapelle. Im Gegensatz dazu C. Brandi (Le arti, I, 1938), Baumgard, R. Longhi vor dieser, die nicht vor 1319 entstanden sein kann.
91 R. Longhi, Stefano fiorentino, in: P.A., 13 (Januar 1951).
92 E. Castelnuovo, Un pittore italiano alla corte di Avignone, Matteo Giovanetti e la Pittura in Provenza nel sec. XIV, Turin 1962.
93 M. Meiss, Some Remarkable early Shadows in a Rare Type of Threnos, in: Festschrift Middeldorf, Berlin 1968, S. 112 ff.
94 I. Falk und J. Lanyi, The Genesis of Andrea Pisano's bronze Doors, in: A.B., XXV (1943).
95 J. von Schlosser, Giottos Fresken in Padua und die Vorläufer der Stanza della Segnatura, in: J.W., XVII (1896).

96 P. Sampaolesi, Le Sinopie del campo santo di Pisa, in: B.A., XXXIV (1948). Die Zuschreibung dieses Hauptwerkes an Traini von M. Meiss ist erst kürzlich wieder angezweifelt worden; für L. Bellosi, Buffalmacco e il Trionfo della morte, Turin 1974, stammt das Jüngste Gericht in Pisa aus dem Jahr 1336 und ist ein Werk jenes Buffalmacco, den man außer vom Hörensagen und durch Vasari kaum kannte.

97 M. Meiss, Painting in Florence after the Black Death, Princeton 1951.

98 E. Panofsky, Imago pietatis, in: Festschrift für Max Friedländer, Leipzig 1927.

99 F. Stricchia Santoro, in: Pros., 6 (1976).

100 E. Carli, Die Täfelchen der ›Biccherna‹, Florenz 1950.

101 O. Pächt, in: J.W.C.I., XIII (1950), S. 17.

102 B. Kurth, Ein Freskenzyklus im Adlerturm zu Trient, in: Jahrbuch der Zentralkommission für Denkmalpflege, Wien, V (1911).

103 R. Longhi, Trecento bolognese, in: Pa., 5 (1950) und Opere complete, Bd. VIII, 1975.

104 V. Lasareff, Maestro Paolo e la pittura veneziana del suo tempo, in: A.V., VIII (1954).

105 A. Gatti, La Basilica Petroniana, Bologna 1913.

106 James J. Ackermann, Gothic Theory of Architecture at the Cathedral of Milan, in: A.B., XXXI (1949).

107 G. Fiocco, F. Feliciano amico degli artisti, in: Archivio Veneto Tridentino, IX (1926).

108 B. Degenhart und A. Schmitt, G. da Fabriano und der Beginn der Antikennachzeichnung, in: M.J.b.K., XI (1960).

109 P. W. und K. Lehmann, Samothracian reflexions ..., Princeton 1973.

110 M. Meiss, Towards Renaissance Paleography, in: A.B., XLII (1960).

111 R. Weiss, Pisanello's Medallion of the Emperor J.VIII. Paleologue, in: Bull. British Museum London (1966).

112 N. Dacos, A. Giuliano und U. Pannetti, Il tesoro di Lorenzo il Magnifico, le gemme, Florenz 1973.

113 G. Swarzenski, Der Kölner Meister bei Ghiberti, Vorträge der Bibl. Warburg 1926-1927, hat den skulptierten Altar (Rimini) und einen Altaraufsatz mit Alabasterstatuetten (Isola Bella) identifizieren können; ferner R. Krautheimer, in: A.B., XXIX (1947).

114 G. Paccagnini, Pisanello alla corte dei Gonzaga, Mailand 1972. M. Baxandall, Pisanello, Guarino e Chrysoloras, in: J.W.C.I., XXVIII (1965), S. 189 ff.

115 A. Chastel, Il Rinascimento, interpretazioni e problemi, Bari 1979.

116 G. Bazin, in: Rev. A., II, (Dezember 1952).

117 J. Wright, in: Art History, III (März 1980).

118 G. Brunetti, Jacopo della Quercia and the Porta della Mandorla, in: The Art Quarterly, IV (1952).

119 F. D. Prager, Brunelleschi's inventions and the renewal of roman masonry work, in: Osiris, IX (1950), S. 457-554.

120 L. H. Heydenreich, Spätwerke Brunelleschis, in: J.W. (1931).

121 G. Ravaioli, M. Salmi, in: Studi Malatestiani, Faenza 1952.

122 R. W. Lightbown, Donatello und Michelozzo, London 1980.

123 W. Wolters, Freilegung der Signatur an Donatellos Johannesstatue in S. Maria dei Frari, in: Kunstchronik, 27 (1974), 3 S. 83.

124 A. Chastel, Di mano dell'antico Prassitele, in: Mélanges Lucien Febvre, Paris 1954, und Fables, Formes, Figures, Paris 1978 (33).

125 U. Procacci, Sulla cronologia delle opere di Masaccio e di Masolino tra il 1425 e il 1428, in: R.A., XXVIII (1953).

126 Nach R. Longhi, Gli affreschi del Carmine, Masaccio e Dante, in: Pa., 9 (1950) und Opere complete, Bd. VIII, 1975.

127 C. Volpe, P.U. a Bologna, in: Pa., 365 (Juli 1980).

128 M. Hauptmann, Der Tondo, Frankfurt a. M. 1937.

129 W. Haftmann, Das italienische Säulenmonument, Leipzig 1939.

130 V. Tatrei, Il maestro della storia di Griselda, Acta Historiae Artium, Budapest 1979, S. 27 ff.

131 M. Meiss, Ovum Struthionis, symbol and allusion in Piero della Francesca's Montefeltro altarpiece, in: Studies in Art and Literature for Belle da Costa Greene (hrsg. von D. Miner), Princeton 1954.

132 P. Rotondi, Il Palazzo Ducale di Urbino, 2 Bde., Urbino 1953.

133 G. Polidoro, in: Studi artistici Urbinati, II (1953).

134 T. Magnuson, The project of Nicolas V for rebuilding the Borgo Leonino in Rome, in: A.B., XXXVI (1954).

135 L. H. Heydenreich, Pius II. als Bauherr von Pienza, in: Z.K.G., VI (1937).

136 G. Urban, Die Kirchenbaukunst des Quattrocento in Rom, in: R.J. IX-X (1961-62), S. 73-287.

137 L. D. Ettlinger, Pollaiuolo's Tomb of Pope Sixtus IV, in: J.W.C.I., XVI (1953), 3-4.

138 R. Causa. Sagrera, Laurana e l'Arco di Castelnuovo, in: Pa., 55 (Juli 1954).

139 S. Bottari, La Pittura del Quattrocento in Sicilia, Messina 1954.

140 M. Salmi, La Bibbia di Borso d'Este e Piero della Francesca, in: Rinascita, 32-33 (1943).

141 F. Zeri, in: B.M. (April 1951). R. Longhi, in: Pa., 65 (Mai 1955).

142 A. Chastel, Marqueterie et perspective au XVe siècle, in: R.A., III (1953), 3. Siehe auch: Marqueterie, géométrie et perspective, in: Renaissance méridionale, Paris 1965.

143 A. Puerari, Le Tarsie del Platina, Mailand 1967.

144 L. Donati, in: La Bibliofilia (1974).

145 K. Oberhuber und L. Smith Fusco, Early Italian engravings, Washington 1973. E. Borea, in: Storia dell' arte italiana, II, Turin 1979.

146 C. Goldschmidt, The Printed Book of the Renaissance, 1950 (1966).

147 Für Neapel: H. Biermann, in: W.J.K.G., 23 (1970); für Rom: H. Biermann und E. Worgull, in: J.B., XXI (1979).

148 C. Baroni, Elementi stilistici fiorentini negli studi vinciani di architetture a cupola, in: Atti I Congresso Storia dell' Architettura, Florenz 1938.

149 J. McAndrew, S. Andrea della Certosa, in: A.B., LI (1969). Man zählt sechs Kirchen dieses Typs, begonnen zwischen 1492 und 1507.

150 A. Chastel, Vasari et la légende médicéenne; l'école du jardin de Saint-Marc, in: Studi Vasariani, Florenz 1952.
151 C. H. Smyth, Venice and the Emergence of the High Renaissance in Florence, in: Florence and Venice: Comparisons and Relations, Bd. I, Florenz 1979.
152 A. Chastel, L'Apocalypse en 1500, in: Humanisme et Renaissance, XIV (1952), und Fables, Formes, Figures, Paris 1978 (7).
152a J. Wilde, The Hall of the Great Council of Florence, in: J.W.C.I., VII (1944).
153 R. O. Rubinstein über einen Sarkophag aus S. Maria Maggiore (jetzt im British Museum, London), A Bacchic Sarcophagus..., in: British Museum Yearbook (1976).
154 J. W. O'Malley, Giles of Viterbo, on Church and Reform, in: Renaissance thought, Leiden 1968.
155 G. de Angelis d'Ossat, Preludio romano del Bramante, in: Palladio, XVI (1966), S. 83 ff.
156 J. S. Ackermann, J.W.C.I., XIV (1951) und The Cortile del Belvedere, in: Studi e Documenti, III, Vatikan 1954.
157 D. Redig de Campos, Dei Ritratti di A. Tebaldeo e di altri nel Parnaso di R., in: Archivio Società Romana Storia, LXXV (1952).
158 E. Gerlini, Giardino e architettura nella Farnesina, Rom 1942.
159 F. Zeri, Il maestro della Madonna di Manchester, in: Pa., 43 (Juli 1953).
160 Pio Pecchiai, Il Campidoglio nel Cinquecento, Rom 1954.
161 G. Weise, Renaissance und Antike, Tübingen 1953.
162 A. Chastel, Art et Humanisme à Florence, 1959 (1982).
163 K. Weill Garris, Leonardo and Central Italian Art 1515-1520, New York 1974.
164 M. Gregori, in: Pa., 93 (1957).
165 F. Panvini Rosati, Medaglie e placchette italiane del Rinascimento al XVIII sec., Rom 1968.
166 L. Goldscheider, Unknown Renaissance Portraits, London 1952.
167 G. Fiocco, La Casa veneziana antica, in: Atti Accademia Naz. Lincei (1949).
168 R. Wittkower, Architectural Principles in the Age of Humanism. Kap. IV, London 1949.
169 A. Chastel, La Mosaïque à Venise et à Florence au XVe siècle, in: A.V., XII (1954), und Fables, Formes, Figures, Paris 1978, Bd. I.
170 E. Wind, Bellini's Feast of the Gods, Cambridge (Mass.) 1948; E. Battisti, Disegni inediti di Tiziano e lo studio d'Alfonso d'Este, in: Commentari, V (1954), 3.
171 E. H. Gombrich, in: G.B.A. (Juli 1953) und Ecologie des images, Paris 1983.
172 Diese Reise ist von Mengs und später von A. Venturi bestätigt, jedoch von C. Ricci bestritten worden.
173 A. Chastel, The Sack of Rome, May 1527, Mellon Lectures 1977, Princeton 1982.
174 P. Prodi, Ricerche sulla teoria delle arti figurative nella Riforma Cattolica, in: Archivio italiano per la historia della pietà, IV (1965), S. I ff.
175 F. Zeri, Pittura e controriforma, Turin 1957.
176 W. Friedländer, Die Entstehung des antiklassischen Stiles in der italienischen Malerei um 1520, in: Repertorium für Kunstwissenschaft, XLVI (1925).
177 P. Calamandrei, Sulle relazioni tra Giorgio Vasari e Benvenuto Cellini, in: Studi Vasariani, Florenz 1952.
178 E. Panofsky, Idea, Leipzig 1924.
179 J. Seznec, La Survivance des dieux antiques, London 1940 (engl. New York 1953).
180 G. Weise, Maniera und Pellegrino, zwei Lieblingswörter der italienischen Literatur der Zeit des Manierismus, in: Romanistisches Jahrbuch, III (1950).
181 C. Sterling, La Nature morte, Paris 1952.
182 E. Kris, Del Stil rustique, in: J.W. (1926).
183 N. Pevsner, The Architecture of Manierism, in: The Mint, London 1946. E. Battisti, Proposte per una storia del concetto di manierismo in architettura, in: Odeo Olimpico, 7 (1968/9).
184 E. Borea, Stampa figurativa e pubblica..., in: Storia dell arte italiana, II, Turin 1979.
185 F. Hartt und E. H. Gombrich, J.W.C.I., XIII (1950).
186 A. Chastel, Les Jardins et les Fleurs, in: R.A., Nr. 50.
187 J. Seznec, La Mascarade des dieux à Florence en 1565, in: Mélanges d'archéologie et d'histoire (1935).
188 L. Zorzi, Il Teatro e la Città, Turin 1977.
189 L. Magagnato, Teatri italiani del Cinquecento, Venedig 1954.
190 S. Bettini, Maistro Menegos Theotokopoulos Sgurafos, in: A.V., XXXII (1978), 238.
191 F. Saxl, Antike Götter in der Spätrenaissance: ein Freskenzyklus und ein Discorso des Jacopo Zucchi, Studien Bibl. Warburg, VIII, Leipzig 1927.
192 T. Buser, Jerome Nadal and early Jesuit art, in: A.B., LVIII (1976), 3.
193 F. Boyer, La Construction de la Villa Médici, in: Revue de l'Art Ancien et Moderne, Bd. II (Jan.-Febr. 1927).
194 J. Coolidge, The Villa Giulia, a study of central italian architecture in the midsixteenth century, in: A.B., XXV (1943), S. 177-225.
195 Pio Pecchiai, Il Gesù di Roma, Rom 1952.
196 P. Pirri, Giovanni Tristano e i primordi dell' architettura gesuitica, Rom 1955.
197 D. Mahon, in: J.W.C.I., XVI (1953).
198 W. Friedländer, Der antimanieristische Stil um 1590, in: Vorträge der Bibl. Warburg, VIII (1928-1929), Leipzig 1930.
199 Baroque Art: the Jesuits' Contribution, hrsg. von R. Wittkower und J. Jaffé, New York 1972.
200 E. Mâle, L'Art religieux après le concile de Trente, Paris 1932.
201 P. Roques und R. P. Régamey, La Signification du baroque, in: La Maison-Dieu, 26 (1951-1952).
202 G. Paleotti, Discorso intorno alle imagini sacre e profane, Bologna 1582, in: Trattati d'arte del Cinquecento, 3 Bde., hrsg. von P. Barrochi.
203 B. Contardi, La retorica e l'architettura del Barocco, Rom 1978.
204 E. H. Gombrich, Icones symbolicae, in: J.W.C.I., XI (1948).
205 W. S. Heckscher, Bernini's Elephant and Obelisk, A.B., XXIX (1947).

206 F. Piccinelli, Mondo simbolico, Mailand 1669; lateinische Übersetzung, Köln 1680.
207 F. Haskell, Patrons and Painters, London 1963.
208 A. Schudt, Italienreisen im 17. und 18. Jahrhundert, Wien-München 1959.
209 M. Praz, Bellezza e Bizzaria, Mailand 1960.
210 G. Schöne, Die Entwicklung der Perspektivbühne bis Galli-Bibbiena nach den Perspektivbüchern, Leipzig 1933.
211 Französisch: Neuchâtel 1942, Vorwort von L. Jouvet.
212 R. Battaglia, La Cattedra berniniana di San Pietro, Rom 1953.
213 E. Kaufmann, Architecture in the Age of Reason, Cambridge (Mass.) 1955. Kap. IX.
214 S. Giedion, Space, Time and Architecture, 9. Aufl., II, Cambridge 1952.
215 R. Bernheimer, Gothic Survival and Revival in Bologna, in: A.B., XXXVI (1954), 4.
216 Scultura nel presepe napoletano del Settecento (Katalog von Bruno Molajoli), Neapel 1950. R. Causa, in: Civiltà della campagna, I (1974).
217 A. Griseri, in: A.A.M., IV (1961).
218 Civiltà del ›700‹ a Napoli, 1734-1799, 2 Bde. (Edition Spinosa).
219 A. Chastel, Notes sur le baroque méridional, in: Revue des sciences humaines (Lille), 55-56 (Juli 1949), und Fables, Formes, Figures, Paris 1978 (31).
220 L. di Blasi und R. Gagliandi, Architetto dell'ingegnosa città di Noto, Catania 1972.
221 K. Lohmeyer, Palagonisches Barock, Frankfurt a. M. 1943.
222 L. Venturi, Studi radiografici sul Caravaggio, in: Atti Accademia Naz. Lincei (1952).
223 Ch. Sterling, La Nature morte de l'Antiquité à nos jours, Paris 1952.
224 R. Causa, Paolo Porpora e il primo tempo della ›natura morta‹ napoletana, in: Pa., 15 (März 1951).
225 N. Pevsner, Die Wandlung um 1650 in der italienischen Malerei, in: W.J.K.G. (1932).
226 R. Longhi, Il Goya romano e la cultura di via Condotti, in: Pa., 53 (Mai 1954).
227 D. Mahon, Studies in Seicento Art and Theory, London 1947.
228 L'Ideale classico, Ausstellung Bologna 1979.
229 G. Briganti, Les Peintres de ›vedute‹, Mailand 1971.
230 S. Sitwell, The Hunters and the Hunted, New York 1948, S. 264 ff.
231 G. Briganti G. v.W. e l'origine de la veduta settecentesca, Rom 1976.
232 P. du Colombier, L'An mil six cent cinquante-huit, in: Bulletin de la Société Poussin, I (1947).
233 M. Brusatin, Venezia nel Settecento, Turin 1980.
234 H. Voss, Studien zur venezianischen Vedutenmalerei des 18. Jahrhunderts, in: Rep. K. W. (1926).
235 R. Longhi, Vorwort zur: Storia dell'Impressionismo, von J. Rewald, Florenz 1952.
236 M. Petrocchi, Razionalismo architettonico e razionalismo storiografico, Rom 1947.
237 Pelagio Pelagi, artista e collezionista, Ausstellung Bologna 1976.
238 L. Vitali, Vorwort zu: Lettere dei Macchiaioli, Turin 1953.
239 Cultura figurativa e architettonica degli stati del re di Sardegna (1773-1861), Turin 1980.
240 P. Rotondi, in: Studi artistici urbinati, I (1949).
241 R. Pierce und T. Ashby, in: Town planning Review, XI (1924). F. Boyer, in: Rev.A. (Mai 1932).
242 F. Boyer, Autour de Canova et de Napoléon, in: Rev. études ital. (1937). Nouveaux Documents sur Canova et Napoléon, in: Rev. études ital. (1948).
243 Silvio Negro, Seconda Roma 1850-1870, Mailand 1943.
244 B. Croce, La Critica e la storia delle arti figurative, 2. Aufl., Bari 1946.
245 F. T. Marinetti, U. Boccioni u. a., Fondazione e manifesto del Futurismo, Venedig 1950.
246 In: Dopo Sant'Elia, Mailand 1935.
247 B. Zevi, Storia dell'Architettura moderna, Turin 1950.
248 Vergl. E. Bonfanti, Città, museo e architettura, Florenz 1973.
249 S. Bettini, Venezia e Wright, in: Metron, 49-50 (Jan. 1954).
250 L. Vitali, Un fotografo ›fin de siècle‹, il Conte Primoli, Turin 1968.
251 Francesco Negri, Fotografo a Casale, Mailand 1969. Gli Alinari fotografi a Firenze 1852-1920, Ausst.-Kat., Florenz 1977, mit Beiträgen von M. Ferretti u. a.
252 Artikel von 1893, abgedruckt in H. Kiel, The Bernard Berenson Treasury, London 1964.
253 C. L. Ragghianti, Cinema, arte figurativa. Turin 1952.

ABKÜRZUNGSLISTE

A.B.	The Art Bulletin (New York)
A.R.I.D.	Analecta Romana Instituti Danici (Kopenhagen)
A.S.N.S.P.	Annali della Scuola Normale Superiore di Pisa (Pisa)
A.A.M.	Arte Antica e Moderna (Florenz)
An. Vi.	Antichita Vivà (Florenz)
A.B.A.	Antologia di Belle Arti Italiana (Rom)
A.I.	Arte Illustrata (Mailand)
A.L.	Arte Lombarda (Mailand)
A.Q.	Art Quarterly (Detroit)
A.S.I.	Archivio Storico dell'Arte (R.)
A.V.	Arte Veneta (Venedig)
B.A.	Bollettino d'Arte (Rom)
B.A. Brux.	Bulletin de la classe des Beaux-arts de l'Académie royale de Belgique (Brüssel)
B.M.F.	Bollettino annuale Musei Ferraresi (Ferrara)
B.C.I.S.A.P.	Bollettino del Centro Internazionale di Studi di Architettura A. Palladio (Vicenza)
B.M.	Burlington Magazine (London)
C.A.	Cahiers Archéologiques (Paris)
Com.	Commentari (Rom)
Cr. A.	Critica d'Arte (Florenz)
D.C.	Documenti Lombardi (Mailand)
G.B.A.	Gazette des Beaux-Arts (Paris, New York)
J.B.	Jahrbuch der Preußischen Kunstsammlungen (Berlin)
J.B.M.	Jahrbuch der Berliner Museen (Berlin)
J.W.	Jahrbuch der Kunsthistorischen Sammlungen in Wien (Wien)
J.W.C.I.	Journal of the Warburg and Courtauld Institutes (London)
M.D.	Master Drawings (New York)
M.J.	Marburger Jahrbuch für Kunstwissenschaft (Marburg a. d. Lahn)
M.J.b.K.	Münchner Jahrbuch der bildenden Kunst (München)
M.K.I.F.	Mitteilungen des Kunsthistorischen Instituts Florenz (Florenz)
M.M.N.Y.	Bulletin Metropolitan Museum of Art (New York)
Pa.	Paragone (Florenz)
Pan.	Pantheon (München)
Pr.	Proporzioni (Florenz)
Pros.	Prospettiva (Siena)
R.A.	Rassegna d'Arte (Rom)
Rev. A.	Revue de l'Art (Paris)
Rep. K.W.	Repertorium für Kunstwissenschaft (München)
Riv. A.	Rivista d'Arte (Florenz)
R.J.	Römisches Jahrbuch für Kunstgeschichte (Rom)
Sag. Mem. Ven.	Saggi e Memorie di Storia dell'Arte (Venedig)
W.J.K.G.	Wiener Jahrbuch für Kunstgeschichte (Wien)
Z.B.K.	Zeitschrift für bildende Kunst (Leipzig)
Z.K.G.	Zeitschrift für Kunstgeschichte (München)

ANHANG

BIBLIOGRAPHIE

Gesamtdarstellungen

Die Monographien der Künstler sind in dem biographischen, die der Ortschaften in dem topographischen Verzeichnis angegeben. Die mit ** versehenen Werke werden als grundlegend, mit * als wichtig erachtet.

Allgemeines

Enzyklopädien und Handbücher: Gubernatis, A. de, *Dizionario degli artisti d'Italia* (Florenz 1906). – **Thieme, U., und Becker, F., *Allgemeines Lexikon* ... (37 Bde., Leipzig 1907-1912). – *Enciclopedia italiana di scienze, lettere e arti* (36 Bde., Fondazione Treccani, Rom 1924-1942; ersch. ff.). – *Enciclopedia universale dell'arte* (hrsg. von Salmi, M.; 15 Bde., Venedig-Rom 1958-1967; engl. Ausg., New York-Toronto-London 1960-1968). – Comanducci, A.M., *Dizionario illustrato dei pittori, disegnatori e incisori moderni e contemporanei* (4. Aufl. hrsg. von Servolini, L.; 3 Bde., Mailand 1970-1973). – *Dizionario enciclopedico Bolaffi dei pittori e degli incisori italiani dall'XI al XX secolo* (hrsg. von Romano, G.; Turin 1972).

Allgemeine Kunstgeschichten: Venturi, A., *Storia dell' arte italiana* (23 Bde., Mailand 1901-1941; Reprint Mailand 1968); Index (2 Bde., Nendeln 1975). – *Histoire de l'art* (hrsg. von Michel, A.; *Paris 1905-1929, die Kapitel von Enlart,* C., Bertaux, E., Pératé, A.). – Toesca, P., *Storia dell'arte italiana:* Bd. I, *Dalle origini cristiane fino al secolo XIII* (Turin 1927); Bd. II, *Il Trecento* (ebenda 1952; 2. Aufl. ebenda 1967). – *Storia dell'arte classica e italiana:* Bd. II, Lavagnino, E., *L'arte medioevale* (Turin 1936); Bd. III, d'Ancona, P., und Gengaro, M.L., *Umanesimo e Rinascimento* (3. Aufl., ebenda 1948); Bd. IV, Golzio, V., *Il Seicento e il Settecento* (ebenda 1950); Brizio, A.M., *Ottocento Novecento* (3. Aufl., ebenda 1962). – *Pelican History of Art:* Wittkower, R. (1958); White, J., (1966); Seymour, Ch. (1966); Heydenreich, L., und Lotz, W. (1974); Krautheimer, R. (2. Aufl. 1975). – *L'Univers des formes* (hrsg. von Salles, G., und Malraux, A., Bd. von Chastel, A., 1967, und Heydenreich, H., 1970 (siehe unter Stichwort Renaissance). – Argan, G.C., *Storia dell'arte italiana* (3 Bde., Florenz 1968). – Ragghianti, C.L., *L'arte in Italia:* Bd. I, 5.-11. Jahrhundert; Bd. II, 12.-13. Jahrhundert (Rom 1968-1969). – **Storia dell'arte italiana* (hrsg. von Previtali, G., Turin 1979 ff.; siehe unter Stichwort Storia Einaudi).

Abbildungsbände: Unter zahlreichen Titeln: *Italien,* Text und Bilder von Hürlimann, M. (Atlantis-Verlag, Mühlhausen-Paris 1952). – Bruhns, L., *Die Kunst der Stadt Rom* (Wien 1951). – Decker, H., *Venedig* (Wien 1952). – Borsig-Bandinelli, *Die Toscana* (Wien 1953). – *Italy: History, Art, Landscape* (Florenz 1959). – Bonechi, E., *The wonderful Towns of Italy* (Florenz 1968). – Ferrara, G., *L'architettura del paesaggio italiano. The Italian Landscape* (Padua 1968).

Photosammlungen und Inventare: Sammlung des Ministero dell'Istruzione Pubblica: *Cataloghi delle cose d'arte d'antichita* (Rom, 10 Bde., ersch.: Aosta, Pisa, Urbino, Fiesole, Treviso, Assisi, Vercelli, Cividale, Brescia). – *Inventari delli oggetti d'arte d'Italia* (Rom, 10 Bde. für die Provinzen von: Bergamo (1931), Kalabrien (1933), Parma (1934), Aquila (1934), Pola (1935), Mantua (1935), Padua (1936), Ancona und Ascoli Piceno (1936), Sandrio (1938)). – *Serie Conosci l'Italia* (hrsg. vom T.C.I., 8 Bde., 1960-1968). – *Catalogo generale del Gabinetto fotografico nazionale: Le chiese di Roma illustrate* (130 Bde., Rom 1961-1976). – Bovero, A., *Immagini dell'arte italiana attraverso i secoli* (6 Bde., Turin 1964-1967). – *Carta generale dei beni culturali e naturali del territorio della provincia di Bologna* (Bologna 1977).

Quellenwerke: Michiel, M.A., *Notizie d'opere del disegno* (Venedig 1521-1543, 1. Aufl. hrsg. von Morelli, J., Bassano 1800; hrsg. von Frizzoni, Bologna 1884; hrsg. von Frimmel, T.V., Wien 1888). – Vasari, G., *Le vite de' più eccellenti architetti, pittori e scultori italiani da Cimabue insino a' tempi nostri* (2 Bde., Florenz 1550; 2. erw. Aufl., 3 Bde., Florenz 1568; Hrsg. Milanesi, G., 9 Bde., 1878 ff., Reprint 1973; Hrsg. Ragghianti, C.L., 4 Bde., 1945-1949; Hrsg. Pergola, P. della, Grassi, L., und Previtali, G., 9 Bde., 1972 ff.; franz. Ausg. hrsg. von Chastel, A., vorauss. 12 Bde., Bd. 1 und 2, Paris 1981; Hrsg. Kliemann, J., Wernersche Verlagsges., Worms 1983). – Aretino, P., *Lettere sull'arte* (1537-1557, hrsg. von Pertile, F., und Camesasca, E., 4 Bde., Mailand 1957-1969). – Lomazzo, G.P., *Trattato* (Mailand, 1584); *Idea* (Mailand 1590); überarb. Ausg. von Ciardi, R.P., *Scritti sulle arti* (Florenz-Pisa 1973 bis 1974). – Borghini, R., *Il riposo* (Florenz 1584; Reprint, New York 1969). – Bocchi, F., *Le bellezze della città di Fiorenza* (Florenz 1591; Reprint, London 1971). – Baglione, G., *Le vite dei pittori, scultori ed architetti* (von 1572 bis 1642; Rom 1642; Neuaufl. 1925). – Zuccaro, F., *Scritti d'arte* (hrsg. von Heikamp, D., Florenz 1962). – Passeri, G.B., *Vite de pittori, scultori ed architetti che hanno lavorato in Roma* (von 1641 bis 1673; Rom 1772; überarb. Ausg. von Hess, J., Römische Forschungen, Bd. XI, 1934). – Bellori, G.P., *Le vite dei pittori, scultori e architetti moderni* (Rom 1672; überarb. Ausg. von Borea, E., Turin 1976). – Baldinucci, F., *Notizie de' professori del disegno* (Florenz 1681-1728; überarb. Ausg. von Barocchi, P., 2 Bde., Florenz 1975). – Pascoli, L., *Vite dei pittori, scultori e architetti moderni* (Rom 1730-1736; Neuaufl. 1933). – Soprani, R., und Ratti, G.C., *Vite de' pittori, scultori ed architetti genovesi* (2 Bde., Genua 1768; Reprint, Bologna 1969). – Temanza, T., *Vite de' piú celebri architetti e scultori veneziani che fiorirono nel secolo decimosesto* (Venedig 1778; überarb. Ausg. von Grassi, L., Mailand 1966). –

Milizia, F., *Dizionario delle belle arti del disegno* (Bassano 1787).

Dokumentensammlungen: Zur ersten bibliographischen Orientierung sind vor allem zu empfehlen: Schlosser, J. von, *Die Kunstliteratur,* (Wien 1924). – Bottari, C.G., *Lettere pittoriche* (7 Bde., Rom 1745-1783; Neuaufl., 8 Bde., Mailand 1822-1825). – Gaye, G., *Carteggio inedito d'artisti* (XIV-XVI) (3 Bde., Florenz 1839-1840). – Milanesi, G., *Lettere d'artisti italiani dei sec. XIV e XVI* (Rom 1869). – Muntz, E., *Les Arts à la cour des papes* (15.-16. Jahrhundert) (3 Bde., Paris 1878-1882). – Richter, J.P., *The Literary Works of Leonardo da Vinci Compiled and Edited from the Original Manuscripts* (2 Bde., London 1883; 3. Aufl. 1970). – Milanesi, G., Documenti inediti sull'arte toscana dal XII al XVI s., in ›*Il Buonarroti*‹ (Folge III, Bd. II, 1884). – McCurdy, E., *The Notebooks of Leonardo da Vinci* (2 Bde., 1938; franz. Ausg. von Louise Servicen, L., *Les Carnets de Léonard de Vinci,* Einl. von Valéry, P. (Paris 1942, Neuaufl. 1951). – *Archivi del Futurismo* (hrsg. von Drudi Gambillo, M., und Fiori, T., 2 Bde., Rom 1958-1959). – Barocchi, P., *Trattati d'arte del Cinquecento fra Manierismo e Controriforma* (3 Bde., Bari 1960-1962). – Spina Barelle, E., *Teorici e scrittori d'arte tra Manierismo e Barocco* (Mailand 1966). – Klein, R., und Zwerner, H., *Italian Art 1500-1600. Sources and Documents* (Prentice Hall, 1966). – Bellonzi, F., und Fiori, T., *Archivi del Divisionismo* (Rom 1968). – Lista, G., *Futurisme. Manifestes, documents, proclamations* (Lausanne 1973). – Barocchi, P., *Testimonianze e polemiche figurative in Italia. Dal Divisionismo al Novecento* (Messina-Florenz 1974). – Barocchi, P., *Scritti d'arte del Cinquecento* (3 Bde., Mailand-Neapel 1971-1977).

Geschichtskritik und -theorie: Ruskin, J., *Letters to His Parents* (1845; hrsg. von Schapiro, H. I., Oxford 1972). – Venturi, L., *La critica d'arte ai tempi del Rinascimento* (Rieti 1928). – ** Croce, B., *La critica e la storia delle arti figurative* (Bari 1935; 2. Aufl. 1946). – Venturi, L., *Histoire de la critique d'art* (Brüssel 1938; Neuaufl. Paris 1969). – Blunt, A., *Artistic Theory in Italy, 1450-1600* (London 1940). – Lee, R. W., ›Ut pictura poesis‹, in *A.B.* (XXX, 1940). – * Mahon, D., *Studies in Seicento Art and Theory* (London 1947). – * Chastel, A., *Marsile Ficin et l'art* (Genf 1954; Neuaufl. 1978). – Panofsky, E., *Meaning in the Visual Arts,* Kap. 5: ›The First Page of Giorgio Vasari's Libro‹ (New York 1955; dt. Ausg., Köln 1978). – * Bianchi Bandinelli, R., *Organicità e astrazione* (Mailand 1956). – Spencer, J. R., ›Ut rhetorica pictura. A Study in Quattrocento Theory of Painting‹, in *J.W.C.I.* (XX, 1957). – * Berenson, B., *Raccolta di saggi* (2 Bde., Mailand 1957-1958). – * Brandi, C., *Segno e immagine* (Mailand 1960). – ** Longhi, R., *Opere complete* (9 Bde., Florenz 1961-1979 ff.). – * Argan, G. C., *Studi e note dal Bramante al Canova* (Rom 1970). – Grassi, L., *Teoria e storia della critica d'arte* (Rom 1970). – Ossola, C., *L'autunno del Rinascimento. »Idea del tempio« nell'arte dell'ultimo Cinquecento* (Florenz 1971). – Zeri, F., *Diari di lavoro,* Bd. I (Bergamo, 1971); Bd. II (Turin 1976). – Fiore, E. F., Marconi, P., Muratore, G., und Valeriani, E., *La città come forma simbolica. Studi sulla teoria dell'architettura nel Rinascimento* (Rom 1973). – ** Longhi, R., *Da Cimabue a Morandi. Saggi di storia della pittura italiana* (hrsg. von Contini, G., Mailand 1973). – ** Chastel, A., *Fables, Formes, Figures* (2 Bde., Paris 1978). – Rossi, S., *Dalle botteghe alle Accademie. Realità sociale e teorie artistiche a Firenze dal XIV al XVI secolo* (Mailand 1980).

Führer und Reisen: Stendhal, *Voyage en Italie* (1826; überarb. Ausg. von Litto, V. del, Paris 1973). – Rohmor, K. F. von, *Italienische Forschungen* (Berlin 1827; überarb. Ausg. von Schlosser, J. von, Frankfurt a. M. 1920). – ** Burckhardt, J., *Der Cicerone* (Basel 1855; Neuaufl. Stuttgart 1960). – Taine, I., *Voyage en Italie* (2 Bde., Paris 1865; Neuaufl. Paris 1965). – Ruskin, J., *Mornings in Florence* (Oxford 1875). – Goethe, W. von, ›Italienische Reise‹, in *Goethe Werke* (Weimar 1887-1918; Hbger. Ausg., 10., neubearb. Aufl., hrsg. von Trunz, E., Bd. 11, München 1981). – Brinckmann, A. E., *Giotto bis Juvara, ewige Werte der italienischen Kunst* (Hamburg 1940). – Möller van den Bruck, *Die italienische Schönheit* (Berlin 1913).

STILEPOCHEN

Mittelalter: * Riegl, A., *Spätrömische Kunstindustrie* (Wien 1906). – Vitzthum, G., und Volbach, W.F., *Die Malerei und Plastik des Mittelalters in Italien* (Potsdam 1926). – Schmarsow, A., *Italienische Kunst im Zeitalter Dantes* (Augsburg 1928). – Picton, H., *Die langobardische Kunst in Italien* (Augsburg 1931). – Weise, G., *Die geistige Welt der Gotik und ihre Bedeutung für Italien* (Halle a. d. Saale 1939). – Paatz, W., ›Italien und die künstlerischen Bewegungen der Gotik und der Renaissance‹, in *R. J.* (V, 1942, S. 163-222). – Francovitch, G. de, ›Arte carolinghia ed ottonia in Italia‹, in *R. J.* (VII, 1943-1944). – Sammlung: *Arte del primo millenio* (Kongress 1950; Spoleto 1953). – *Studi sull'arte medievo* (2. Kongress 1952; Spoleto 1953). – Barni, G. L., und Fasoli, G., *L'Italia nell'Alto Medievo* (Turin 1971). – Settis, S., ›*Iconografia dell'arte italiana, 1100-1500: una linea*‹, in *Storia Einaudi* (Bd. III, Turin 1979).

Renaissance: Müntz, E., *Histoire de l'art en Italie pendant la Renaissance* (3 Bde., 1888-1894). – ** Wölfflin, H., *Die klassische Kunst* (München 1899). – * Dvorak, M., *Geschichte der italienischen Kunst im Zeitalter der Renaissance* (2 Bde., München 1927-1929). – Bode, W., *Die Kunst der Früh-Renaissance in Italien* (Berlin 1923). – Hofmann, H., *Hoch-Renaissance, Manierismus, Frühbarock, die italienische Kunst des 16. Jahrhunderts* (Zürich-Leipzig 1938). – Frey, D., *Gotik und Renaissance* (Augsburg 1929). – Stokes, A., *The Quattrocento* (London 1932). – Johansen, P., *Renaissance* (Leipzig 1936). – * Paatz, W., *Die Kunst der Renaissance in Italien* (Stuttgart 1953; 2. Aufl. 1954). – Landsberger, F., *Die künstlerischen Probleme der Renaissance* (Halle a. d. Saale 1922). – Chastel, A., *Renaissance méridionale, 1460-1500* (Paris 1965). – Chastel, A., *Le Grand Atelier* (Paris 1965). – Decker, H., *The Renaissance in Italy. Architecture, Sculpture, Frescoes* (New York 1969). – Hartt, F., *History of Italian Renaissance Art. Painting, Sculpture, Architecture* (New York o. J. [1970]). – Heydenreich, L. H., *Éclosion de la Renaissance, Italie, 1400-1460* (Paris 1972; ital. Ausg., Mailand 1974). – Heydenreich, L. H., und Passavant, G., *Le Temps des génies. Renaissance italienne, 1500-1540* (Paris 1974).

Gesammelte Studien: *Italian Renaissance Studies* (Hommage an Mrs. Ady) (London 1960). – Wittkower, R., *Idea and Image. Studies in Italian Renaissance* (London 1978). – Gombrich, E. H., *Norm und Form. Studien zur Kunst der Renaissance* (London 1966; dt. Ausg., Stuttgart 1985). – *La ricerca figurativa del Quattrocento,* mit Texten von: Baldini, Berti, Busignani, Procacci, Sanpaolesi. (Florenz 1966). – *Umanesimo e Rinascimento,* mit Texten von: Berti Busignani, Lenzini, Morondo, Pignatti, Portoghesi, Salmi (Florenz 1966). – Francastel, P., *La Figure et le Lieu. L'ordre visuel du quattrocento* (Paris 1967). – Chambers, D. S., *Patrons and Artists in the Italian Renaissance* (London 1970). – Smart, A., *The Renaissance and Mannerism in Italy* (London 1971). – *Collaboration in Italian Renaissance,* Sammelbd. (New Haven-London 1978).

Manierismus und Barock: Wölfflin, H., *Renaissance und Barock* (München 1888). – ** Wölfflin, H., *Kunstgeschichtliche Grundbegriffe* (München 1915). – Weisbach, W., *Der Barock als Kunst der Gegenreformation* (Berlin 1921). – Ojetti, U., und Barbantini, N., *Il Settecento italiano* (2 Bde., Mailand 1932). – Wittkower, R., *Art and Architecture in Italy 1600-1750* (Harmondsworth-Baltimore 1958; 2. Aufl. 1966). – Battisti, E., *Rinascimento a Barocco* (Turin 1960). – Maltese, C., *Storia dell'arte in Italia, 1788-1943* (Turin 1960). – Shearman, J., *Mannerism* (Harmondsworth 1967). – Zamboni, S., *Da Bernini a Pinelli. Saggi e contributi* (Bologna 1968). – Cochrane, E., *The Late Italian Renaissance, 1525-1630* (London 1970). – Wittkower, R., *Studies in the Italian Baroque* (London 1975).

Die Neuere Zeit: Ballo, G., *La linea dell'arte italiana dal simbolismo alle opere molitiplicate* (2 Bde., Rom 1964). – Martin, M. W., *Futurist Art and Theory* (Oxford 1968). – Ottino della Chiesa, A., *L'arte moderna dal neoclassico agli ultimi decenni* (Mailand 1968). – *Pittura e scultura dell'Italia contemporanea* (5 Bde., Rom-Mailand 1970). – *L'arte contemporanea in Italia* (hrsg. von Quarta, G., und Sossi, F.; 2 Bde., Rom 1971). – Silva, U., *Ideologia e arte del Fascismo* (Mailand 1973). – Bossaglia, R., *Il ›Deco‹ italiano, fisionomia dello stile 1925 in Italia* (Mailand 1975). – Calvesi, M., ›Profilo del Futurismo‹, *Le due avanguardie* (Bari 1975). – Andreoli-De-Villers, *Futurism and the Arts. A Bibliography 1959-1973* (Toronto-Buffalo 1975). – Bellonzi, F., *Architettura, pittura, scultura dal Neoclassicismo al Liberty* (Rom 1978). – Tisdall, C., *Futurism* (London 1978). – *L'arte in Italia nel secondo dopoguerra* (hrsg. von Barilli, R.; Bologna 1979).

Kongresse der C.I.H.A.: *Recueils d'actes des Congrès internationaux d'histoire de l'art* (C.I.H.A.) im einzelnen: XVIII. Kongreß, Venedig 1955, *Venezia e l'Europa* (Vorsitzender L. Venturi) (Protokolle, Venedig 1956). – XIX. Kongreß, Paris 1958, *Relations artistiques entre la France et les autres depuis le Haut Moyen Age jusqu'à la fin du XIXe siècle* (Vorsitzender M. Aubert) (Protokolle, Paris 1959). – XX. Kongreß, New York 1961, *Studies in Western Art* (Vorsitzender M. Meiss) (Protokolle, 4 Bde., Princeton 1963). – XXI. Kongreß, Bonn 1964, *Stil und Überlieferung in der Kunst des Abendlandes* (Vorsitzender E. von Einem) (Protokolle, 3 Bde., Berlin 1967). – XXIII. Kongreß, Granada 1973, *España entre el Mediterraneo y el Atlantico* (Vorsitzender L. Vayer) (Protokolle, 3 Bde., Granada 1976). – XXIV. Kongreß, Bologna 1979 (Vorsitzender X. de Salas) (Protokolle, in Vorbereitung).

Die Provinzen (geographische Reihenfolge)

Allgemein: Keller, H., *Die Kunstlandschaften Italiens* (München 1960).

Norditalien

Ricci, C., *L'arte nell'Italia settentrionale* (3 Teile, Bergamo 1910). – * Malaguzzi-Valeri, *La Corte di Lodovico il Moro* (3 Bde., Mailand 1913-1937). – Jacini, C., *Il viaggio del Po* (6 Bde., Mailand 1937-1951). – Castelnuovo, E., ›Les Alpes. Carrefour et lieu de recontre des tendances artistiques au XVe siècle‹, in: *Bull. Fac. et Soc. Et. Lettres* (Lausanne 1967). – Testori, G., *Manieristi piemontesi e lombardi del Seicento* (Mailand 1967). – Lange, V., *Sacri Monti piemontesi e lombardi* (Mailand 1967). – Quintavalle, A. C., *Romanico padano* (Florenz 1969). – Chierici, S., und Citi, D., *Italia romanica. Il Piemonte, la Valle d'Aosta, la Liguria* (Mailand 1979).

Piemont: Testori, G., und Viale Ferrero, M., *Elogio del Novarese* (Novara 1962). – Bernardi, M., *Barocco piemontese* (Turin 1964). – Carboneri, N., *Antologia artistica del Monregalese* (Turin 1971). – Malle, L., *Le arti figurative in Piemonte* (3. Aufl., Turin 1973-1974). – Gabrielli, N., *L'arte nell'antico Marchesato di Saluzzo* (Turin 1974). – *Civiltà del Piemonte,* Studi in onore di Renzo Gandalfo (Turin 1975). – *Actes de la Société française d'archéologie: Piémont 1971* (Paris 1978).

Ligurien: Lamboglia, N., *I monumenti medievali della Liguria di Ponente* (Genf o. J.). – Carboneri, N., *La Liguria di Levante* (Turin 1974).

Lombardei: ** Malaguzzi-Valeri, F., *La corte di Ludovico il Moro* (3 Bde., Mailand 1913-1937; Reprint, Mailand 1971). – * *Storia di Milano* (12 Bde., Mailand 1954-1959). – *Arte e artisti dei laghi lombardi* (hrsg. von Arslan, E., 2 Bde., Como 1959). – Angelini, L., *L'avvento dell'arte neoclassica in Bergamo* (Bergamo 1966). – Caizzi, A., und Pirovano, C. und S., *Lombardia* (Mailand 1973). – Martelli, G., *Studi e ricerche sul territorio della provincia di Milano. I Monumenti* (Mailand 1976). – Chierici, S., *Italia romanica. La Lombardia* (Mailand 1978).

Emilia und Romagna: Deichmann, F. W., *Ravenna – Hauptstadt des spätantiken Abendlandes* (3 Bde., Wiesbaden 1958-1976). – Quitavalle, A. C., *Arte in Emilia* (Parma 1960-1961). – *Il Settecento parmense* (Kolloquium, Parma 1969). – *Emilia, Romagna,* mit Texten von: Bacchelli, R., Bergamini, W., Bovini, G., Matteucci, A. M., Riccomini, E., Roli, R., Volpe, C. (Mailand 1972). – Golfieri, E., *L'arte a Faenza dal Neoclassicismo ai nostri giorni* (2 Bde., Imola 1975). – *Il Settecento a Ravenna e nelle legazioni: fabbrica, progetto, società* (Kolloquium 1980, ersch. ff).

Venetien und Dalmatien: Allgemein: Duban, A., *La Dalmazia nell'arte italiana* (Mailand 1921-1922). – Brenzoni, R., *Dizionario di artisti veneti, pittori, scultori, architetti ... dal XIII al XVIII secolo* (Florenz 1972).

Venedig: Perocco, G., *Origini dell'arte moderna a Venezia,*

1908-1920 (Treviso 1972). – Benzoni, G., *Venezia nell'età della Controriforma* (Mailand 1973). – *Renaissance Venice* (hrsg. von Hale, J. R.; London 1973). – *Venezia nel Trecento* (scritti in onore di V. Lazareff; Moskau 1973). – Chatzidakis, M., ›Essai sur l'école dite »italogreque«, précédé d'une note sur les rapports de l'art vénetien avec l'art crétois jusqu'à 1500‹, in: *Venezia e il Levante fino al XV secolo* (Bd. 2, Florenz 1974). Huse, N., u. Wolters, W., Venedig – Die Kunst der Renaissance (München 1986).

Verona: Arslan, E., *La pittura e la scultura veronese dal sec. VIII al sec. XVIII* (Mailand 1943). – Magagnato, L., *Arte e civiltà del Medievo veronese* (Turin 1961). – *Verona e il suo territorio* (3 Bde., Verona 1973).

Padua: Rigoni, E., *L'arte rinascimentale a Padova* (Padua 1970). – Sartori, A., *Documenti per la storia dell'arte a Padova* (Venedig 1976).

Vicenza: Barbieri, F., *Illuministi e neoclassici a Vicenza* (Vicenza 1972).

Aquila: Valland, R., *Aquilée et les origines byzantines de la Renaissance* (Paris 1963). – Dalla Barba Brusin, D., und Lorenzoni, G., *L'arte del patriarcato di Aquileia dal sec. IX al sec. XIII* (Padua 1970). – Bovini, G., *Le antichità cristiane di Aquileia* (Bologna 1972).

Friaul: Rizzi, A., *Storia dell'arte in Friuli. Il Seicento* (Udine 1969); *Il Settecento* (ebenda 1967). – Rizzi, A., *Profilo di storia dell'arte in Friuli. Dalla prei storia al gotico* (Udine 1975).

Mittelitalien

Toskana: Rohault de Fleury, G., *La Toscane au Moyen Age* (2 Bde., 1873). – *Studien zur toskanischen Kunst* (Festschrift L. H. Heydenreich, München 1964). – Hessen, O. von, *Primo contributo all'archeologia longobarda in Toscana: le necropoli* (Florenz 1971); *Secondo contributo: reperti isolati e di provenienza incerta* (ebenda 1975). – *Kunst des Barock in der Toskana, Studien zur Kunst unter den letzten Medici* (München 1976). – *Egemonia fiorentina ed autonomie locali nella Toscana nord-occidentale del primo Rinascimento* (Protokolle des internationalen Kolloquiums, Pistoia 1978).

Florenz: Chastel, A., *Art et humanisme à Florence au temps de Laurent le Magnifique* (Paris 1959; überarb. Aufl. 1981). – Berti, L., *Il Principe dello Studiolo. Francesco I dei Medici e la fine del Rinascimento fiorentino* (Florenz 1967). – Cochran, E., *Florence in the Forgotten Centuries, 1527-1800* (Chicago 1973). – Bigongiari, P., *Il Seicento fiorentino* (Florenz 1974). – Borsi, F., *Firenze de Cinquecento* (Rom 1974). – *Firenze e la Toscana dei Medici nell'Europa del Cinquecento* (4 Bde., Florenz 1980).

Lucca: *Pittori, scultori, incisori, ceramisti della provincia di Lucca* (Lucca o. J. [1964?]).

Pistoia und Arezzo: *Il Romanico pistoiese nei suoi rapporti con l'arte romanica dell'occidente* (internationales Kolloquium, Pistoia, 1964; überarb. Aufl. 1979). – *Il Gotico a Pistoia nei suoi rapporti con l'arte gotica italiana* (ebenda 1966). – Salmi, M., *Civiltà artistica della terra aretina* (Arezzo 1971). – *Firenze e la Toscana dei Medici nell' Europa dell Cinquecento* (4 Bde., Florenz 1980).

Die Marken und Umbrien: Restituto, C., *L'arte benedettina nel pescarese* (Pescara 1964). – Serra, L., *L'arte nelle Marche* (2. Aufl., Mailand 1965). – Laudi, F., *Indice degli artisti marchigiani autori di opere esistenti in Italia* (Rom 1968). – Vertova, L., ›Publications in Marchigian Art‹, in: *B. M.* (1973). – Urbini, G., *Arte umbra* (Rom 1974). – *Rapporti artistici fra le Marche e l'Umbria* (Kolloquium, Fabriano-Gubbio 1974). – *L'Umbria. Manuali per il territorio* (vorauss. 16 Bde., bisher ersch.: Bd. I: *La Valnerina, il Nursino, il Casciano;* Bd. II: *Spoleto;* Rom 1979).

Latium: Mortari, L., *Opere d'arte in Sabina dall' XI al XVIII secolo* (Rom 1957). – *I cistercensi e il Lazio* (Kolloquium, Rom 1978).

Rom: Marucchi, O., *Le catacombe romane* (Rom 1934). – Fokker, T. H., *Roman Baroque Art* (Oxford 1938). – Hermanin, G., *L'arte in Roma del secolo VIII al XIV* (Bologna 1945). – * Golzio, V., und Zander, G., *L'arte in Roma nel secolo XV* (Bologna 1968). – Corbo, A. M., *Artisti e artigiani in Roma al tempo di Martino V e di Eugenio IV* (Rom 1970). – Fontana, V., *Artisti e committenti nella Roma del Quattrocento* (Rom 1973). – *Roma e l'età carolingia* (internationales Kolloquium, Rom 1976).

Süditalien

Allgemein: ** Bertaux, E., *L'Art dans l'Italie méridionale* (Paris 1903; überarb. Aufl., 4 Bde., Rom 1978). – Coarelli, F., und Santucci, U., *Arte nel Mezzogiorno* (Rom 1966). – Pane, R., *Il Rinascimento nell'Italia meridionale* (2 Bde., Mailand 1975-77).

Kampanien: Neapel: Nicoloni, F., *L'arte napoletana del Rinascimento* (Neapel 1925). – De Rinaldi, A., *Naples angevine* (1927). – Hersey, G. L., *Alfonso II and the Artistic Revival of Naples* (New Haven 1969). – Vitzthum, W., *Il Barocco a Napoli e nell'Italia meridionale* (Mailand 1970). – Rotili, M., *L'arte del Cinquecento nel regno di Napoli* (Neapel 1977). – Rotili, M., *L'arte a Napoli dal VI al XIII secolo* (Neapel 1979). – *Le arti figurative a Napoli nel Settecento* (hrsg. von Spinosa, N.; Neapel 1979).

Salerno: Bologna, F., *Opere d'arte nel Salernitano dal XII al XVIII secolo* (Neapel 1959).

Kalabrien, Abruzzen, Apulien: Frangipane, A., *L'arte in Calabria* (Messina 1927). – Fucinese, D. V., *Arte e archeologia in Abruzzo. Bibliografia* (Rom 1978). Lehmann Brockhaus, O., Abruzzen und Molise. Kunst und Geschichte. Röm. Forschungen der Bibliotheka Hertziana Bd. 23 (München 1983).

Sizilien: Bottari, S., *L'arte in Sicilia* (Messina-Florenz 1962). – *Byzantino-sicula* (Palermo 1963). – Bellafiore, C., *La civilta artistica della Sicilia, dalla preistoria a oggi* (Florenz 1963). – Blunt, A., *Sicilian Baroque* (London 1968). – Kroenig, W., *Vecchie e nuove prospettive sull'arte della Sicilia normanna* (internationaler Kongreß über das normannische Sizilien; Palermo 1974).

Sardinien: Maltese, C., *Arte in Sardegna dal V al XVIII secolo* (Rom 1962). – Borsig, T. A. von, Lillin, G., und Fischer, D., *Sardinien* (München 1977).

Zur Geschichte der Künste

ARCHITEKTUR

Theoretische Schriften

Il Taccola (gen. Mariano di Jacopo), *Liber tertius de ingeniis ac edifitiis non usitatis* (Siena 1427-1433; hrsg. von Beck, J. H.; Mailand 1969). – Filarete, (gen. Averlino, A.), *Trattato di Architettura* (1460; hrsg. von Finoli, A. M., und Grassi, L.; 2 Bde., Mailand 1972). – Francesco di Giorgio Martini, *Trattati di architettura, ingegneria e arte militare* (um 1480; hrsg. von Maltese, C.; 2 Bde., Mailand 1967). – Alberti, L. B., *De re aedificatoria* (Florenz 1485). – Serlio, S., *Trattato di architettura* (Venedig 1537-1547; hrsg. von Rosci, M.; Mailand 1973; VI. Buch, Lyon 1551; hrsg. von Rosenfeld, M. N., New York-Cambridge/Mass. 1978). – Vignola, *Regole de cinque ordini...* (o. O. 1562). – Palladio, A., *I quattro libri dell'architettura* (Venedig 1570; dt. Ausg., hrsg. von Beyer, A., und Schütte, U., 1983). – Vasari, G., *La citta ideale, piante di chiese (palazzi e ville) di Toscana e d'Italia* (Florenz 1598; hrsg. von Stefanelli, V., Rom 1970). – Ammannati, B., *La città, appunti per un trattato* (hrsg. von Fossi, M., Rom 1970). – Scamozzi, V., *Idea dell'architettura universale* (Venedig 1615). – Guarini, G., *Architettura civile* (Turin 1737; hrsg. von Carbonieri, N., und Tavassi La Greca, B., Mailand 1969). – Milizia, F., *Vita dei più celebri architetti* (Rom 1768). – Piranesi, G. B., *Parere sull'architettura* (Rom 1774).

Gesamtdarstellungen

Burckhardt, J., und Lübke, W., *Geschichte der neueren Baukunst*, Bd. I: *Italien* (Stuttgart 1867; 3. Aufl. 1891; 7. Aufl. 1924). – Chierici, G., *Il palazzo italiano dal secolo XI al secolo XIX* (3 Bde., Mailand 1952 ff.; überarb. Aufl. 1964). – Grassi, L., *Medioevo, Rinascimento, Manierismo, Barocco, principie d'esperienze architettoniche* (Mailand 1965). – *Dizionario enciclopedico di architettura e urbanistica* (hrsg. von Portoghesi, P.; 6 Bde., Rom 1968-1969). – Yarwood, D., *The Architecture of Italy* (London 1970).
Landarchitektur: De Rocchi Storai, T., *Bibliografia sulla casa rurale italiana* (Florenz 1968). – Barbieri, G. und Gambi, L., *La casa rurale in Italia* (Florenz 1970).

Die Stilepochen

Mittelalter: Mengozzi, O., *La città italiana nell'alto Medioevo* (Florenz 1931). – Thümmler, H., ›Die Baukunst des 11. Jh. in Italien‹, in *R. J.* (1939). – *Verzone, P., *L'architettura religiosa dell'alto Medioevo nell'Italia settentrionale* (Mailand 1942). – Wagner-Rieger, R., *Die italienische Baukunst zu Beginn der Gotik* (Graz-Köln 1956). – Fraccaro de Longhi, L., *L'architettura delle chiese cistercensi italiane* (Mailand 1958). – White, J., *Art and Architecture in Italy 1250 to 1400* (Harmondsworth 1966).

Renaissance: Frankl, P., *Die Renaissance-Architektur in Italien* (Leipzig 1912). – Durm, G., *Die Baukunst der Renaissance in Italien* (Leipzig 1914). – Willich, H., und Zucker, P., *Die Baukunst der Renaissance in Italien* (Potsdam 1914). – Baum, G., *Baukunst und dekorative Plastik der Frührenaissance in Italien* (Stuttgart 1920). – Ricci, C., *L'architettura del Cinquecento in Italia* (Turin 1923). – Frey, D., *Architettura della Rinascenza da Brunelleschi a Michelangelo* (Rom 1924). – Scott, G., *The Architecture of Humanism. A Study in History of Taste* (London 1924; überarb. Aufl. 1961). – Anderson, W. J., *The Architecture of the Renaissance in Italy* (5. Aufl., durchges. von Stratton, A., London 1927). – Giovanonni, G., *Saggi sull'architettura del Rinascimento* (Mailand 1935). – Wittkower, R., *Architectural Principles in the Age of Humanism* (London 1949; überarb. Aufl. 1962; dt. Ausgabe, München 1969). – Lotz, W., ›Die ovalen Kirchenräume des Cinquecento‹, in *R. J.* (XVII, 1955). – Bonelle, R., *Da Bramante a Michelangelo, profile dell'architettura del Cinquecento* (Venedig 1960). – Simoncini, G., *Architetti e architettura nella cultura del Rinascimento* (Bologna 1967). – Benevolo, L., *Storia dell'architettura del Rinascimento* (2 Bde., Bari 1968). – Murray, P., *The Architecture of the Italian Renaissance* (London 1969). – Tafuri, M., *L'architettura dell'umanesimo* (Bari 1969). – Heydenreich, L. H., und Lotz, W., *Architecture in Italy, 1400 to 1600* (Harmondsworth 1974). – Hersey, G. L., *Pythogorean Palaces. Magic and Architecture in the Italian Renaissance* (London 1976). – Lotz, W., *Studies in Italian Renaissance Architecture* (Cambridge/ Mass., London 1977).

Manierismus und Barock: Hager, W., *Zur Raumstruktur des Manierismus in der italienischen Architektur. Festschrift M. Wackernagel* (Köln 1958). – Wittkower, R., *Art and Architecture in Italy 1600-1750* (Harmondsworth 1958; überarb. Aufl. 1969). – Kaufmann, E., *L'Architecture au siècle des Lumières. Baroque et post-baroque en Angleterre, en Italie et en France* (Paris 1963). – Brandi, C., *La prima architettura barocca. Pietro da Cortona, Borromini, Bernini* (Bari 1970). – Wittkower, R., *Gothic versus Classic: Architectural Projects in Seventeenth Century in Italy* (London 1970). – Norberg-Schulz, C., *Architettura tardo-barocca* (Mailand 1972). – Wittkower, R., *Palladio and Palladianism* (New York 1974). – Contardi, B., *La retorica e l'architettura del Barocco* (Rom 1978).

Neuzeit: Marangoni, M., Venturi, L., Argan, G. C., u. a., *Dopo Sant'Elia* (Mailand 1935). – Borsi, F., *L'architettura dell'unità d'Italia* (Florenz 1966). – Dezzi Bardeschi, M., *Ville italiane d'oggi* (Bologna 1966). – Meeks, C. L. V., *Italian Architecture 1750-1914* (New Haven-London 1966). – Gregotti, V., *New Directions in Italian Architecture* (New York 1968). – Benevolo, L., *L'architettura delle città nell'Italia contemporanea* (Bari 1970). – De Seta, C., *La cultura architettonica in Italia tra le due guerre* (2 Bde., Bari 1978). – Nicoletti, M., *L'architettura Liberty in Italia* (Bari 1978).

Die Provinzen (geographische Reihenfolge)

Norditalien

Meyer, A., *Oberitalienische Frührenaissance* (2 Bde., Berlin 1897-1900). – Haupt, A., *Architettura dei palazzi dell'Italia settentrionale e della Toscana dal sec. XIII al sec. XVII* (3 Bde., Mailand-Rom, 1930 ff.).

Piemont: Crema, L., *L'architettura medievale del Piemonte* (Protokolle des 10. Architekturkongresses, Rom 1959). – Brayda C., und Coli, L., *Ingegneri e architetti del Sei e Settecento in Piemonte* (Turin 1963). – Marini, G. L., *L'architettura barocca in Piemonte. La provincia di Torino* (Turin 1963). – Ballo, A., *Torino barocca* (Rom 1965). – Leva Pistoi, M., *Torino, mezzo secolo di architettura, 1865-1915* (Turin 1969). – Conti, F., *Castelli del Piemonte* (Mailand 1975).

Ligurien: Labo, M., ›Studi d'architettura genovese XVII^{e}s.‹, in *L'Arte* (1921, 1922). – Ceschi, C., *Chiese di Genova* (Genua 1967). – *Le ville genovesi* (Genua 1967).

Lombardei: Riviera, G. J., *Le origini dell'architettura lombarda* (Mailand 1908). – Kingsley Porter, A., *Lombard Architecture* (New Haven 1917). – *Baroni, C., *L'architettura lombarda da Bramante a Richini* (Mailand 1941). – Perogalli, C., *Castelli della pianura lombarda* (Mailand 1960). – Romanini, A. M., *L'architettura gotica in Lombardia* (2 Bde., Mailand 1964). – Grassi, L., *Province del Barocco e del Rococo. Proposta di un lessico bio-bibliografico di architetti in Lombardia* (Mailand 1966). – Mezzanotte, G., *Architettura neoclassica in Lombardia* (Neapel 1966). – Bascape, G. C., und Perogalli, C., *Palazzi privati di Lombardia* (Mailand 1967). – Perogalli, C., und Sandri, M. G., Ville delle province di Cremona e Mantova (Mailand 1973).

Mailand: Calderini, A., *Le basiliche dell'età ambrosiana in Milano* (Mailand 1942). – Traversi, G., *L'architettura paleocristiana milanese* (Mailand 1964). – Baroni, C., *Documenti per la storia dell'architettura a Milano nel Rinascimento e Barocco* (Rom 1968). – Reggiori, F., *Milano Liberty. Panorama di architettura* (Mailand 1970). – Patetta, L., und Portoghesi, P., *L'idea della magnificenza civile. Architettura a Milano, 1770-1848* (Mailand 1978).

Varese: Finocchi, A., *Architettura romanica nel territorio di Varese* (Mailand 1960).

Como: Magni, M. C., *L'architettura romanica comasca* (Mailand 1960).

Emilia und Romagna: Farnetti, P., und Van Riel, S., *L'architettura teatrale in Romagna, 1757-1857* (Florenz 1975). – *Architettura in Emilia e Romagna dall'Illuminismo alla Restaurazione* (Kolloquiumsprotokolle, Bologna 1976).

Bologna: Malaguzzi-Valeri, F., *L'architettura a Bologna nel Rinascimento* (Rocca S. Casciano 1899). – Cuppini, G., und Matteucci, A. M., *Ville del bolognese* (Bologna 1969). – Cuppini, G., *I palazzi senatori a Bologna. Architettura come immagine del potere* (Bologna 1974). – Raule, A., *Architetture bolognesi* (Bologna 1976). – Gottarelli, E., *Urbanismo e architettura a Bologna. Agli esordi dell'Unità d'Italia* (Bologna 1978).

Parma: Quintavalle, *Castelli del parmense* (Parma 1955). – Gambara, L., *Palazzi e casate di Parma* (Parma 1971). – Adorni, B., *L'architettura farnesiana a Parma 1545-1630* (Parma 1974). – Capelli, G., *Gli architetti del primo Novecento a Parma* (Parma 1975). – Capacchi, G., *Castelli della montagna parmigiana* (Parma 1976).

Piacenza: Matteucci, A. M., *Palazzi di Piacenza dal Barocco al Neoclassicismo* (Turin 1979).

Ferrara: Pastore, M., Quilici, V., Visser, F., und Zagagnone, F., *Esempi di architettura minore a Ferrara. Lettura morfologica di alcune tipologie di case dal secolo XIV al secolo XVI* (Ferrara 1968).

Venetien und Dalmatien: Semenzato, C., ›L'architettura veneta dell'Illuminismo‹, in *A. V.* (XXIII, 1969). – Zoppe, L., *Ville venete* (Bologna 1975). – *Kubelik, M., *Die Villa in Veneto. Zur typologischen Entwicklung im Quattrocento* (2 Bde., München 1977).

Venedig: Paoletti, P., *L'architettura e la scultura del Rinascimento in Venezia* (2 Bde., Venedig 1893-1897). – Bassi, E., ›L'architettura neoclassica a Venezia‹, in *B.C.I.S.A.* (V, 1963). – Arslan, E., *L'architettura civile gotica veneziana* (Mailand 1970). – Brusatin, M., *Venezia nel Settecento* (Turin 1980).

Verona: *La villa nel Veronese* (hrsg. von Viviani, G. F., Verona 1976).

Vicenza: Zancan, M. A., ›Le ville vicentine del Quattrocento, in *B.C.I.S.A.* (IX, 1969). – Cevese, R., *Ville della provincia di Vicenza* (2 Bde., Mailand o. J.).

Triest: Walcher, M., *L'architettura a Trieste dalla fine del Settecento agli inizi del Novecento* (Udine 1967).

Friaul: Menis, G. C., *Plebs de nimis. Ricerche sull'architettura romanica altomedievale in Friuli* (Udine 1968). – Vecellio, A., *Castelli feltrini* (Bologna 1976).

Südtirol: Alpago Novello, A., *Ville della provincia di Belluno* (Mailand 1968). – Caminiti, M., *Castelli dell'Alto Adige* (Vallagarina 1976). – Tiozzo, C. B., *Le ville del Brenta* (Venedig 1977).

Ausstellung: *Illuminismo e architettura del 700 veneto* (Castelfranco Veneto 1969).

Mittelitalien

Toskana: Stegmann, C., und Geymüller, H. von, *Die Architektur der Renaissance in der Toskana* (10 Bde., München 1890-1908). – Behne, A., *Inkrustationsstil in der Toskana* (Berlin 1912). – Patzak, B., *Paläste und Villen in der Toskana* (2 Bde., Leipzig 1913). – Beenken, ›Die Florentiner Inkrustationen in der Architektur des 11. Jh.‹, in *ZBK* (Bd. 60, 1926-1927). – Paatz, W., *Werden und Wesen der Trecento-Architektur in der Toskana* (Burg 1937). – Demus, O., ›Der toskanische Inkrustationsstil und Venedig‹, in *Alte und neue Kunst* (Bd. 1, 1954). – Rodolico, N., und Marchini, G., *I palazzi del popolo nei comuni toscani del Medio Evo* (Mailand 1962). – König, G. K., *Architettura in Toscana 1931-1968* (Turin 1968). – Gori Montanelli, L., *La tradizione architettonica toscana* (Florenz 1971). – Spini, G., *Architettura nel Granducato mediceo. Architettura e politica da Cosimo I a Ferdinando I* (Florenz 1976). – Bosi, E., und Magi, G., *I castelli del Chianti* (Florenz 1977).

Florenz: **Paatz, W., *Die Kirchen von Florenz* (mit E. Paatz, 7 Bde., Frankfurt a. M. 1942-1954). – Horn, W., ›Romanesque Churches in Florence‹, in *A. B.* (XXV, 1943).

– Ensi Orlandi, (G.), *Le ville di Firenze di qua d'Arno* (Florenz 1954). – Antony, E.W., *Early Florentine Architecture and Decoration* (New York 1975). – Gobbi, G., *Itinerario di Firenze moderna architettonica 1860-1975* (Florenz 1976).
Lucca: Delli Barsali, I., *La billa a Lucca dal XV al XIX secolo* (Rom 1964).

Marken und Umbrien: Faina, M. C., *I palazzi comunali umbri* (Mailand-Verona 1957). – Krönig, W., *Caratteri dell'architettura degli ordini mendicanti in Umbria* (Perugia 1971). – Leporini, L., *L'architettura dai maestri vaganti ai giosafatti* (Ascoli Piceno 1973).

Latium: Rom: Zimmermann, F. X., *Die Kirchen Roms* (München 1935). – Frey, D., ›Beiträge zur römischen Barockarchitektur‹, in *W.J.K.G.* (1924). – Hutton, E., *The Cosmati, the Roman Marble Masters of the XIIth. and XIIIth. Century* (London 1950). – Elling, Ch., *Rome, the Biography of its Architecture from Bernini to Thorwaldsen* (Kopenhagen 1950; engl. Übers. 1975). – Magnuson, T., *Studies in Roman Quattrocento Architecture* (Stockholm 1958). – Urban, G., ›Die Kirchenbaukunst des Quattrocento in Rom‹, in *Röm. Jahrb. für Kunst* (IX-X, 1961-1962). – Portoghesi, P., *Roma barocca. Storia di una civiltà architettonica* (Rom 1966). – Delli Barsali, J., *Ville di Roma* (Mailand 1970). – Portoghesi, P., *Roma del Rinascimento* (2 Bde., Mailand o. J.). – Accasto, G., Fraticelli, V., und Nicolini, R., *L'architettura di Roma capitale* (Rom 1971). – Benevolo, L., *Roma oggi* (Bari 1971). – Golzio, V., *Palazzi romani dalla Rinaschita al Neoclassico* (Bologna 1971). – Pugliese, A., Rigano, S., Vivarelli, P., und Rasi, E., *Architettura barocca a Roma* (Rom 1972). – ** Frommel, C. L., *Der römische Palastbau der Hochrenaissance*(3 Bde., Tübingen 1973). – Perkins Ward, J., *Architettura romana* (Mailand 1974). – Portoghesi, P., *L'Eclettismo a Roma, 1870-1922* (Rom o. J.).

Süditalien

Creswell, K.A.K., *The Renaissance of the Architecture in Southern Italy* (Oxford 1935). – Venditti, A., *Architettura bizantina nell'Italia meridionale* (2 Bde., Neapel 1967). – Iennaco, G., *L'influsso del Duomo di Salerno sull'architettura dell'Italia meridionale* (Salerno 1970).

Kampanien: Gleijeses, V., *Castelli in Campania* (2. Aufl. Neapel 1977).
Neapel: Pane, R., *Architettura dell'età barocca a Napoli* (Neapel 1935). – Pane, R., *L'architettura del Rinascimento a Napoli* (Neapel 1937, Neuaufl., 2 Bde., 1978). – Venditti, A., *Architettura neoclassica a Napoli* (Neapel 1961). – Alisio, G., *Siti reali dei Borboni. Aspetti dell'architettura napoletana del Settecento* (Rom 1976). – Blunt, A., *Neapolitan Baroque an Rococo Architecture* (London 1976). – Labrot, G., *Il palazzo napoletano nei secoli XVI e XVII* (Neapel 1979).
Abruzzen: Gavini, I. C., *Storia dell'architettura in Abruzzo* (2 Bde., Mailand o. J.).

Apulien: Pellegrino, T., *L'antica città di Lecce* (Bari 1957). – Calvesi, M., und Manieri Elia, M., *Personalità e strutture caratterizzanti il ›Barocco‹ leccese* (Rom 1966). Calvesi, M., und Manieri Elia, M., *Architettura barocca a Lecce e in terra di Puglia* (Mailand-Rom 1970). Paone, M. *Chiese di Lecce* (Galatina 1978).
Kalabrien: Martelli, G., *Architettura del Medioevo in Calabria* (Rom 1953).

Sizilien: Fichera, F., G. B. *Vaccarini e l'architettura del Settecento in Sicilia* (Rom 1934). – Agnello, G., *L'architettura sveva in Sicilia* (Palermo 1935). – Schwarz, H. M., ›Die Baukunst Kalabriens und Siziliens im Zeitalter der Normannen‹, in *R. J.* (1942-1944). – Canale, C. G., *Strutture architettoniche normande in Sicilia* (Palermo 1959). – Spatrisano, G., *Architettura del Cinquecento a Palermo* (Palermo 1961). – Accascina, M., *Profilo dell'architettura a Messina dal 1600 al 1800* (Rom 1964). – Comandé, G. B., *Idee estetiche e architettura nel Barocco siciliano* (Palermo 1965). – De Simone, M., *Manierismo architettonico nel Cinquecento palermitano* (Palermo 1968).

Sardinien: Muraro, M., *Monumenti medioevali di Sardegna* (Florenz 1953). – Delogu, R., *L'architettura del Medioevo in Sardegna* (Rom 1953).

Theaterbau und Bühnenbild

Allgemeines: *Enciclopedia dello spettacolo* (hrsg. von D'Amico, S., 10 Bde., Rom 1966). – Tintelnot, H., *Barock-Theater und Barock-Kunst* (Berlin 1939). – Bacchelli, R., und Longhi, R., *Teatro e immagini del Settecento italiano* (Turin 1954). – Magagnato, L., *Teatri italiani del Cinquecento* (Venedig 1954). – *Les Fêtes de la Renaissance* (Sammelwerk, hrsg. von Jaquot, J., I, Paris 1956; II, Paris 1960; III, Paris 1975). – Carandente, G., *I trionfi del primo Rinascimento* (Turin 1961). – Viale Ferrero, M., *Feste delle madame Reali di Savoia* (Turin 1961). – Viale Ferrero, M., *Sa scenografia del' 700 e i fratelli Galliari* (Turin, 1963). – Kennard, J. S., *The Italian Theatre. From its Beginning to the Close of Seventeenth Century* (New York 1964). – Mancini, F., *Scenografia dell'età barocca* (Neapel 1964). – Nagler, A. M., *Theatre Festivals of the Medici* (New Haven 1964). – Mancini, F., *Scenografia italiana. Dal Rinascimento all'età romantica* (Mailand 1967). – Muraro, M. T., *Studi sul teatro veneto tra Rinascimento e età barocca* (Florenz 1971). – Fabbri, P., *Gusto scenico a Mantova nel tardo Rinascimento* (Padua 1974). – Marotti, F., *Lo spettacolo dall'Umanesimo al Manierismo* (Mailand 1974). – Mancini, F., *L'illusione alternativa. Lo spazio scenico dal dopoguerra a oggi* (Turin 1980).

Ausstellungen: *Mostra degli scenografi reggiani dal XVII al XX secolo* (Reggio Emilia 1957). – *Feste e apparati medicei da Cosimo I a Cosimo III* (Kat. von Gaeta Bertelà, G., und Petrioli, A. M., Florenz 1969). – *Il teatro italiano del Cinquecento* (Kat. von Magnato, L., Vicenza 1974). – *Il luogo teatrale a Firenze* (Florenz 1975).

Stadtbaukunst

Gantner, J., *Grundformen der europäischen Stadt* (Wien 1928). – Giovannoni, G., *Vecchie città ed edilizia nuova* (Rom 1931). – Argan, G. C., *The Renaissance City* (London 1969). – Benevolo, L., *La città italiana nel Rinascimento*

(Mailand 1969). – Fasoli, G., *La città medievale italiana* (Florenz 1973). – Sanfilippo, M., *Le città medievali* (Turin 1973). – Ennen, E., *Storia della città medievale* (Bari 1975). – *Inchiesta su centri minori,* in *Storia Einaudi* (von Guidoni, E., 1980). Zeitschriften: *Urbanistica* (Rom.) – *Storia urbana* (Mailand). *Forma urbana e architettonica nella Torino barocca* (Sammelwerk, 2 Bde., Turin 1968). – Angelini, L., *L'urbanistica a Bergamo. Documenti* (Bergamo 1962). – Poleggi, E., *Strada nuova. Una lottizzazione del Cinquecento a Genova* (Genua 1968). – Pierotti, P., *Lucca, urbanistica edilizia medievale* (Mailand 1965). – Guidoni, E., *Arte e urbanistica in Toscana 1000-1315* (Rom 1970). – Fanelli, G., *Firenze, architettura e città* (Florenz 1973). – Castagnoli, F., Cecchelli, C., Giovannoni, G., und Zocca, M., *Topografia urbanistica di Roma* (Bologna 1958). – Insolera, I., *Roma moderna. Un secolo di storia urbanistica* (Turin 1971). – Boscarino, S., *Vicende urbanistiche di Catania* (Catania 1966). – *La città medievale nella Marca. Problemi di storiae di urbanistica* (Kolloquiumsakten, Macerata 1971).

Denkmalpflege

Per la salvezza dei beni culturali in Italia. Atti e documenti della commissione d'indagine (3 Bde., Rom 1967). – Mazzino, E., Ossian de Negri, T., Hatt, L. von, *Il centro storico di Genova* (Genua 1969). – *Il centro storico di Pistoia* (Kolloquiumsakten, Pistoia 1970). – *Territorio e conservazione, Rapporto della Soprintendenza alle Gallerie di Bologna* (Bologna 1970). – *Restauro di monumenti e difesa di centri storici* (Akten des 14. Kongresses für Geschichte der Architektur, 2. Teil, Rom 1972). – Borsi, F., *La capitale a Firenze e l'opera di G. Poggi* (Rom 1973). – Cervellati, P. L., *Interventi nei centri storici. Bologna: politica e metodologia* (Bologna 1973). – Gazzola, P., *Analisi culturale del territorio. Il centro storico urbano* (Padua 1973). – Fazio, M., *I centri storici italiani* (Mailand 1976). – Cervellati, P. L., Scannavini, C., und De Angelis, C., *La nuova cultura delle città. La salvaguardia dei centri storici ... nell'esperienza di Bologna* (Mailand 1977). – *I centri storici della Lombardia* (hrsg. von Mioni, A., und Rozzi, R., Mailand 1977). – *I centri storici della Toscana* (hrsg. von Cresti, C., 2 Bde., Mailand 1977).

MALEREI

Theoretische Schriften

(s. auch Kapitel Gesamtdarstellungen, Allgemeine Kunstgeschichten, S. 456)

Cennini, C., *Il libro dell'arte* (Florenz um 1390; Hrsg. Brunello, F., und Magagnato, L., Vicenza 1971). – Alberti, L. B., *Della pittura* (Florenz 1453; Hrsg. Mallè, Florenz 1950). – Neri di Bicci, *Le ricordanze* (Florenz 1453-1475; Hrsg. Santi, B., Florenz 1977). – Piero della Francesca, *De prospectiva pingendi* (um 1480; Hrsg. Nicco Fasola, G., Florenz 1942); *Trattato dell'Abaco et Libellus de quinque corporibus regolaribus* (Hrsg. Daly Davis, M., Ravenna 1977). – Pacioli, L., *De divina proportione* (Venedig 1509; Hrsg. Masotti Biggiogero, Mailand 1965). – Leonardo da Vinci, *Trattato della pittura* (engl. Übers. von McMahon, 2 Bde., Princeton 1956). – Doni, A. F., *Il disegno* (Venedig 1549; Hrsg. Pepe, M., Mailand 1970). – Pino, P., *Dialogo della pittura* (Venedig 1550; Hrsg. Pallucchini, R., Venedig 1946). – Dolce, L., *L'Aretino* (Venedig 1557). – Da Cortona, P., *Trattato della pittura e della scultura* (Florenz 1652; Hrsg. Casale, V., Treviso 1973). – Scanelli, F., *Il microcosmo della pittura* (Cesena 1657; Neuausg. von Giubbini, G., Mailand 1966). – Boschini, M., *La carta del navegar pittoresco* (Venedig 1660; Hrsg. Pallucchini, A., Venedig-Rom 1966). – Malvasia, C. C., *Le pitture di Bologna* (Bologna 1686; überarb. Ausg. von Emiliani, A., ebenda 1969). – Malvasia, C. C., *Felsina pittrice* (Bologna 1678; Hrsg. Brascaglia, M., Bologna 1971). – Saramuccia, L. P., *Le finezze de' pennelli italiani* (Padua 1674; überarb. Ausg. von Giubbini, G., Mailand 1966). – Algarotti, F., *Essai sur la peinture et sur l'académie de France établie à Rome* (Paris 1769; Neuausg., Genf 1972). – Lanzi, Abbé L., *Storia pittorica dell'Italia* (Bassano 1789; Hrsg. Capucci, M., 3 Bde., Florenz 1968-1974).

Gesamtdarstellungen

* Crow, J. A., und Cavalcaselle, J. B., *A New History of Painting in Italy* (5 Bde., London 1864-1866; teilweise Neuaufl., von Douglas, L., und Borenius, T., London 1903; Neuausg., 11 Bde., Florenz 1886-1908). – Marle, R. van, *The Development of the Italian School of Painting* (19 Bde., Den Haag 1923 ff.). – Venturi, L., *La Peinture italienne* (3 Bde., Genf-Paris 1950). – Galetti, U., und Camesasca, E., *Enciclopedia della pittura italiana* (2 Bde., Mailand o. J.). – Putelli, L., *La pittura italiana* (Turin 1956-1957). – *Pittura italiana* (5 Bde., Mailand 1959-1963): Carli, E., Salvini, R., Gnudi, C., *Medioevo, Romanico e Gotico* (1959); Salvini, R., *Il Quattrocento* (1960); Carli, E., *Il Cinquecento* (1960); Bellonzi, F., *Dal Seicento all' Ottocento* (1960); Procacci, U., *Sonopie e affreschi* (Florenz 1961). – Bellonzi, F., *Il Novecento* (1963). – Meiss, M., *The Great Age of Fresco, Discoveries, Recoveries and Survivals* (London 1970).

Kritische Untersuchungen

Morelli, G., *Die Galerien Borghese und Doria Pamphili in Rom* (Leipzig 1890); *Die Galerien zu München und Dresden* (ebenda 1891); *Die Galerie zu Berlin* (ebenda 1893). – Venturi, A., *Studi dal vero* (Mailand 1917). – Berenson, B., *The Study and Criticism of Italian Art* (3 Bde., London 1901, 1902, 1916). – Venturi, L., *Il gusto dei Primitivi* (Bologna 1926; 2. Aufl. Turin 1972). – Previtali, G., *La fortuna dei Primitivi. Dal Vasari ai neoclassici* (Turin 1964). – Murardo, M., *Sulle vie del Cavalcaselle restaurando gli affreschi* (studies in honor W. Suida, London 1959). – Wolleim, R., *Giovanni Morelli on the Origins of Scientific Connoisseurship* (London 1973). – Previtali, G., ›A propos de Morelli‹, in *Rev. A.* (Nr. 2, 1978).

Stilepochen

Mittelalter: Ladner, G., ›Die italienische Malerei im 11. Jahrhundert‹, in *J.W.* (1931). – *Ancona, P.d', *Les Primitifs italiens du XIe au XIIIe siècle* (Paris 1935). – Coletti, L., *I Primitivi* (2 Bde., Novara 1942). – Garrison, E., *Italian Romanesque Panel Painting* (Florenz 1949; 2. Aufl. New York 1976). – Garrison, E. B., *Studies in Medieval Italian Painting* (4 Bde., Florenz 1953-1961). – *Oertel, R., *Die Frühzeit der italienischen Malerei* (Stuttgart 1954; Neuausg. Stuttgart-Berlin-Köln-Mainz 1966). – Bologna, F., *La pittura italiana delle origini* (Rom 1962). – Rotili, M., *Origini della pittura italiana* (Bergamo 1963). – Carli, E., *I dipinti primitivi su tavola* (Mailand 1963). – Castelfranchi Vegas, L., *Il gotico internazionale* (Rom 1966). – Dorigo, W., *Pittura tardo-romana* (Mailand 1966). – Demus, O., *Romanische Wandmalerei* (München 1968). – Matthiae, G., *Pittori committenti fruitori nell'Italia alto medievale* (Rom 1977). – Smart, A., *The Dawn of Italian Painting, 1250-1400* (London 1978).

Renaissance: Escher, K., *Die Malerei des 14. bis 16. Jh. in Mittel- und Unteritalien* (Berlin 1922). – *Berenson, B., *Italian Painters of the Renaissance* (1. Aufl.: I, 1894; II, 1896; III, 1897; IV, 1907; Neuaufl. London 1952); und die Listen: *Italian Painters of the Renaissance* (Oxford 1932; Neuausg., 7 Bde., London 1957-1958). – Freedberg, S. J., *Painting of the High Renaissance in Rome and Florence* (Cambridge/Mass. 1961). – Freedberg, S. J., *Painting in Italy 1500-1600* (Harmondsworth 1971). – Baxandall, M., *Painting and Experience in Fifteenth Century in Italy* (Oxford 1974). – Hale, J., *Italian Renaissance Painting* (London 1977).

Manierismus und Barock: Pevsner, N., *Die italienische Malerei vom Ende der Renaissance bis zum ausgehenden Rokoko* (Neubabelsberg 1926-1928). – Briganti, G., *Il Manierismo e Pellegrino Tibaldi* (Rom 1945). – Goering, M., *Italienische Malerei des 17. und 18. Jhs.* (Berlin 1936). – Friedländer, W., *Mannerism and Anti-Mannerism in Italian Painting* (New York 1957). – Zeri, F., *Pittura e Controriforma* (Turin 1957). – Zampetti, P., *Pittura italiana del Seicento* (Bergamo 1960). – Briganti, G., *La maniera italiana* (Rom 1961). – Waterhouse, E., *Italian Baroque Painting* (New York 1962). – Haskell, F., *Patrons and Painters* (London 1963).

Moderne: Sauvage, T., *Pittura italiana del dopoguerra* (Mailand 1957). – Venturi, L., *Pittori italiani d'oggi* (Rom 1958). – Maltese, C., *Realismo e verismo nella pittura italiana dell' Ottocento italiano* (Mailand 1961). – Jullian, R., *Le Futurisme et la peinture italienne* (Paris 1966). – Bellonzi, F., *La pittura di storia dell'Ottocento italiano* (Mailand 1967). – Mandel, G., *La Peinture italienne du futurisme à nos jours* (Mailand 1967). – Ottino della Chiesa, A., *Il Neoclassicismo nella pittura italiana* (Mailand 1967). – De Micheli, M., *Arte Contro, 1945-1970. Dal realismo alla contestazione* (Mailand 1970). – Quinsac, A. P., *La Peinture divisionniste italienne* (Paris 1972). – Luciani, L., und F., *Dizionario dei pittori italiani dell'Ottocento* (Florenz 1974). – Monteverdi, M., *Storia della pittura italiana dell'Ottocento* (3 Bde., Mailand 1975).

Ausstellungen: *La pittura italiana del Seicento e del Settecento* (Kat. von Ojetti, U., Dami, L., Tarchioni, N., Florenz 1924). *A catalogue of Early Italian Paintings Exhibited at the Duveen Galleries* (Kat. von Valentiner, R., New York 1924 und 1926). – *Pittura italiana del Duecento e del Trecento* (1937, Kat. von Sinibaldi, G., und Brunetti, G., Florenz 1944). – *Glorie della pittura italiana dell'Ottocento* (Florenz-Mailand 1946). – *Exhibitions of Italian XIXth Century Paintings* (Kat. von Somaré, E., New York 1949). – *I Bamboccianti* (Kat. von Longhi, R., Mailand 1951). – *De Giotto à Bellini* (Paris 1955). – *Primitifs italiens des musées de France* (Paris 1956). – *I maestri della pittura del Seicento italiano* (Bologna 1959). – *La Peinture italienne au XVIIIe siècle* (Paris 1961). – *L'ideale classico del Seicento in Italia e la pittura di paesaggio* (Bologna 1962). – *The Metropolitan Museum of Art and the Pierpont Morgan Library: the Seventeenth Century in Italy* (New York 1967). – *Painting in Italy in the XVIIIth Century: Rococo to Romanticism* (Chicago 1970). – *Mostra del Divisionismo italiano* (Mailand 1970). – *Mostra di affreschi staccati* (Mailand 1971). – *Arte e socialità in Italia dal Realismo al Simbolismo* (Mailand 1979). – *De Titien à Greco. Pour l'histoire du maniérisme à Venise, 1540-1590* (Kat. von Pallucchini, R., Venedig 1981).

Die Provinzen (geographische Reihenfolge)

Norditalien

Berken, E. Van der, und Mayer, A. L., *Die Malerei des 15. und 16. Jh. in Oberitalien* (Berlin 1947). – Nicodemi, G., *I pittori dell'alta Italia* (Mailand 1961).

Piemont: Weber, S., *Piemontische Malerschule* (Straßburg 1911). – Brizio, A. M., *La pittura in Piemonte dall'età romanica al Cinquecento* (Turin 1942). – Mallé, L., *Elementi di cultura francese nella pittura gotica tarda in Piemonte* (scritti in onore di L. Venturi, I, Rom 1956). – Castelnuovo, E., ›Appunti per la storia della pittura gotica in Piemonte‹, in *A.A.M.* (13-16, 1961). – Crispolti, E., *Il secondo Futurismo torinese* (Turin 1962). – Raineri, G., *Antichi affreschi del Monregalese* (Mondovi 1965). – Tamburini, L., *Aspetti del Romanico in Piemonte. Le pitture murali monastiche* (Akten des dritten Kirchengeschichtskolloquiums, Turin 1966). – Romano, G., *Casalesi del Cinquecento* (Turin 1970). – Ferro, G. B., und F. M., *Affreschi novaresi del Cinquecento* (Novara 1972). – Moretto, A., *Indagine aperta sugli affreschi del Canavese dal Romanico al primo Rinascimento* (Saluces 1973). – Dalmasso, F., ›Aspetti della pittura in Piemonte tra Sette-Ottocento‹, in *A.S.N.S.P.* (I, 1975). – Gabrielli, N., *Pitture medievali piemontesi* (studi in onore di R. Gandolfo, Turin 1975). – Mallé, L., *La pittura dell'Ottocento piemontese* (Turin 1976).

Ligurien: Belloni, V., *Pittura genovese del Seicento. Dal Manierismo al Barocco* (Genua 1969). – *La pittura a Genova e in Liguria dagli inizi al Cinquecento* (2 Bde., Genua 1970-1971). – Castelnovi, G.V., *La pittura a Genova e in Liguria dal Seicento al primo Novecento* (Genua 1971). – Gavazza, E., *La grande decorazione a Genova* (Genua 1974). – Newcome, M., *Genoese Baroque Painting* (New York 1975).

Ausstellungen: *Mostra della pittura del Seicento e Settecento in Liguria* (Mailand 1942). – *Pittori genovesi a Genova nel'600 e nel'700* (Genua 1969).

Lombardei: *Toesca, P., *La pittura e la miniatura nella Lombardia* (Mailand 1912; Neuaufl. Turin 1966). – Constantini, V., *La pittura lombarda dal XIV al XVI sec.* (Mailand 1922). – Matalon, S., *Affreschi lombardi del Trecento* (Mailand 1963). – Mazzini, F., *Affreschi lombardi del Quattrocento* (Mailand 1965). – Piceni, E., und Monteverdi, M., *Pittura lombarda dell'Ottocento* (Mailand 1969). – Pirovano, C., *La pittura in Lombardia* (Mailand 1973). – Cannon-Brokes, P., *Lombard Paintings ca. 1595-ca. 1630* (Birmingham 1974). – Gozzoli, M. C., und Rosci, M., *Il volto della Lombardia da Carlo Porta a Carlo Cattaneo. Paesaggi e vedute, 1800-1875* (Mailand 1975).
Mailand: Bossaglia, R., *La pittura del Settecento a Milano: protagonisti e comprimari* (Genua 1977).
Varese: Villa Guglielminetti, G., *Affreschi del'400 nel territorio di Varese* (Mailand 1964).
Bergamo: *I pittori bergamaschi dal XII al XIX secolo* (Sammelwerk, 2 Bde., Mailand 1978).
Ausstellungen: *I pittori della Realtà in Lombardia* (Kat. Cipriani, R., und Testori, G., Mailand 1953). – *Arte lombarda dai Visconti agli Sforza* (Mailand 1958). – *Lombard Paintings, ca. 1595-ca. 1630. The Age of Federico Borromeo* (Birmingham 1974). – *Mostra dei Maestri di Brera 1776-1859* (Mailand 1975).

Emilia und Romagna: Venturi, A., *La pittura del Quattrocento nell' Emilia* (Verona 1931). – Bottari, S., *La pittura in Emilia nella prima metàdel Quattrocento* (Bologna 1958). – Arcangeli, F., *I maestri della pittura del Seicento emiliano* (Bologna 1969).
Ausstellungen: Buscaroli, S., *La pittura romagnola del Quattrocento* (Faenza 1931). – Buscaroli, R., *I maestri della pittura del Seicento emiliano* (Bologna 1969).
Bologna: Baldani, R., *La pittura a Bologna nel sec. XIV* (1909). – Longhi, R., ›Momenti della pittura bolognese‹, in *L'Archiginnasio* (1935). – Longhi, R., ›La Mostra del Trecento bolognese‹, in *Pa* (Nr. 5, Mai 1950). – Arcangeli, F., *Pittura bolognese del Trecento* (Bologna 1978). – Roli, R., *Pittura bolognese 1650-1800. Dal Cignani al Gandolfi* (Bologna 1977).
Ferrara: Gardner, E. A., *The Painters of the School of Ferrara* (London 1911). – *Longhi, R., *Officina ferrarese* (Rom 1934; Opere complete, Bd. V, Florenz 1956). – Ortolani, S., *Cosmé Tura, F. del Cossa, Ercole de' Roberti* (Mailand o. J. (1941?)). – Nicolson, B., *The Painters of Ferrara* (London 1952). – Salmi, M., *Pittura e miniatura e Ferrara nel primo Rinascimento* (Mailand 1961). – Riccomini, E., *Settecento ferrarese* (Ferrara 1970). – Savonuzzi, C., *Ottocento ferrarese* (Mailand 1971). – Frabetti, G., *Manieristi a Ferrara* (Mailand 1972). – Varese, R., *Trecento ferrarese* (Mailand 1976). – Zanotto, S., *Novecento ferrarese* (Mailand 1976).
Parma: Riccomini, E., *I fasti, i lumi, le grazie. Pittori del Settecento parmense* (Parma 1977).
Reggio Emilia: Artioli, N., *La pittura murale primitiva nel reggiano, secoli XIII-XV* (Reggio Emilia 1967).
Ravenna: Bovini, G., *Mosaici di Ravenna* (Mailand 1957).
Rimini: Bottari, S., ›I grandi cicli di affreschi riminesi‹, in *A.A.M.* (1958). – Bonicatti, M., *Trecentisti riminesi. Sulla formazione della pittura riminese del Trecento* (Rom 1963). – Volpe, C., *La pittura riminese del Trecento* (Mailand 1965).

Venetien und Dalmatien: Muraro, M., *Pitture murali del Veneto e tecnica dell'affresco* (Venedig 1960). – Donzelli, C., und Pilo, G. M, *I pittori del Seicento veneto* (Florenz 1967). – Perocco, G., *La pittura veneta dell'Ottocento* (Mailand 1967). – Crosato, L., *Gli affreschi delle ville venete nel Cinquecento* (Treviso 1968). – Precerutti Garberi, M., *Affreschi settecenteschi nelle ville venete* (Mailand 1968). – Bonicatti, M., *Aspetti dell'umanesimo nella pittura veneta dal 1455 al 1515* (Rom 1974).
Venedig: Longhi, R., *Viatico per cinque secoli di pittura veneziana* (Florenz 1945; Opere complete, Bd. X, Florenz 1978). – Valsecchi, M., *La pittura veneziana* (Mailand 1954). – Pignatti, T., *Pittura veneziana del'500* (Bergamo 1957). – Delogù, G., *Pittura veneziana dal XIV al XVIII secolo* (Bergamo 1958). – Pignatti, T., *Pittura veneziana del'400* (Bergamo 1959). – Pignatti, T., *Origini dela pittura veneziana* (Bergamo 1961). – Zovatto, P. L., *I mosaici paleocristiani delle Venezie* (Udine 1963). – Demus, O., *Bisanzio e la pittura a mosaico del Duecento a Venezia, in Veneziae l'Oriente fra tardo Medio Evo e tardo Rinascimento* (Florenz-Venedig 1966). – Zampetti, P., *A Dictionary of Venetian Painters, XIV-XVIIIth Century* (4 Bde., London 1966-1971). – Prijately, K., ›I contatti dei pittori della scuola dalmata colla scuola veneziana‹, in *Venezia e il Levante fino al secolo XV* (Bd. II, Florenz 1974). – Pallacchini, R., *Pittura veneziane,* 5 Bde.: *Trecento, Quattrocento, Cinquecento, Seicento, Settecento* (Venedig-Rom 1964-80).
Verona: Vavala, E., *La pittura veronese del Trecento* (Verona 1926). – Arslan, E., *La pittura e la scultura veronese dal sec. VIII al sec. XVII* (Mailand 1943). – Magagnato, L., *Arte e civiltà del Medio Evo veronese* (Turin 1962). – Pallacchini, R., ›La pittura veronese tra Maniera e Natura‹, in *A.V.* (Bd. XXVIII, 1974). – *Maestri della pittura veronese* (hrsg. von Brugnoli, P., 2 Bde., Verona 1974).
Ausstellungen: *Cinquant'anni di pittura veronese 1580-1630* (Vicenza 1974). – *La pittura a Verona tra Sei e Settecento* (Verona 1978).
Padua: Grossato, L., *Affreschi del'500 in Padova* (Mailand 1966).

Friaul: Rizzi, A., *Pittura veneta nel Seicento in Friuli* (Udine 1968). – Della Vestra, G., *I pittori bellunesi prima di Vecellio* (Mailand 1975). – Rasmo, N., *Affreschi medioevali atesini* (Mailand o. J.).

Mittelitalien

Toskana: Becherucci, L., *Manieristi toscani* (2. Aufl. Bergamo 1949). – *Meiss, M., *Painting in Florence and Siena after the Black Death* (Princeton 1951; Neuaufl. New York 1964). – Borsook, E., *The Mural Paintings of Tuscany, from Cimabue to Andrea del Sarto* (London 1960; 2. Aufl. 1980). – Borgiotti, M., *Genio dei Macchiaioli* (2 Bde., Mailand 1964). – Cecchi, E., *I Macchiaioli toscani in Europa* (Florenz 1973). – Prehn, E. T., *Aspetti della pittura medievale toscana* (Florenz 1976). – Durbe, D., *Les Macchiaioli. Maîtres de la peinture en Toscane au XIXe siècle* (Paris-Rom 1978).

Florenz: Offner, R., *Studies in Florentine Painting* (New York 1927). – Toesca, P., *La pittura fiorentina del Trecento* (Verona 1929). – Offner, R., *A Critical and Historical Corpus of Florentine Painting* (13 Bde., New York 1930-1969). – Salmi, M., ›I mosaici del bel S. Giovanni e la pittura nel secolo XIII‹, in *Dedalo* (1931). – Colnaghi, D. E., *A Dictionary of Florentine Painters from the XIIIth to the XVIIth c.* (London 1938). – Antal, F., *Florentine Painting and its Social Background* (London 1947). – Boskovits, M., *Pittura fiorentina alla vigilia del Rinascimento* (Florenz 1975). – Boskovits, M., und Freemantle, R., *Florentine Gothic Painters from Giotto to Masaccio* (London 1975).

Arezzo: Donati, P. P., ›Per la pittura aretina del Trecento‹, in *Pa* (Nr. 247, 1970).

Siena: Pope-Hennessy, J., *La peinture siennoise du quattrocento* (Paris 1947). – Brandi, C., *Quattrocento senese* (Mailand 1950). – Carli, E., *La Peinture siennoise* (Siena 1961). – Eglinscky, E. R., *Sienese Dugento Paintings: A Catalogue of Painting before Duccio* (Ann Arbor 1963). – Ingendaay, M., *Sienesische Altarbilder des sechzehnten Jahrhunderts* (Bonn 1976). – de Benedictis, C., *La pittura senese 1330-1370* (Florenz 1979).

Pisa: Carli, E., *Pittura pisana del Trecento* (2 Bde., Mailand 1958-1961). – Carli, E., *La pittura medievale pisana* (Mailand 1961).

Lucca: Ferreti, M., ›Percorso lucchese‹, in *A.S.N.S.P.* (1975).

Die Marken und Umbrien: Bombe, W., *Geschichte der Peruginer Malerei* (Berlin 1912). – Gnoli, U., *Pittori e miniatori nell'Umbria* (Spoleto 1923). – Michelini Tocci, L., *Pittori del Quattrocento a Urbino e Pesaro* (Pesaro 1965). – Rossi, A., ›Appunti sulla pittura gotica fra Ancona e Macerata‹, in *B.A.* (1968). – Vitalini Sacconi, G., *Pittura marchigiana. La scuola camerinense* (Triest 1968). – Zampetti, P., *La pittura marchigiana da Gentile a Raffaello* (Mailand o. J. (1970?)). – Torriti, P., *Pittura nel maceratese dal Duecento al tardogotico* (Macerata 1971). – Boskovits, M., *Pittura umbra e marchigiana fra Medio Evo e Rinascimento* (Florenz 1973). – Longhi, R., ›La pittura umbra della prima metà del Trecento‹, in *Pa,* (Nr. 281-283, hrsg. von Gregori, M., 1973). – Casale, V., Falcidia, G., Pansecchi, F., und Toscano, B., *Pittura del Seicento e del Settecento. Ricerche in Umbria* (Treviso 1976).

Latium: Rom: *Wilpert, G., *Die römischen Mosaiken und Malereien der kirchlichen Bauten vom 4. bis 13. Jh.* (Freiburg 1917). – van Marle, R., *La Peinture romaine au Moyen Age* (Straßburg 1921). – Matthiae, G., *Pittura politica del Medievo romano* (Rom 1964). – Gloton, M. C., *Trompe-l'oeil et decors plafonnants dans les églises romaines de l'âge baroque* (Rom 1965). – Matthiae, G., *Pittura romana del Medioevo. Bd. I: Sec. IV-X, Bd. II: Sec. XI-XIV* (Rom 1965-1966). – Matthiae, G., *Mosaici medioevali delle chiese di Roma* (2 Bde., Rom 1967). – Bovini, C., *Mosaici paleocristiani di Roma, sec. III-IV* (Bologna 1971). – Yuen, T. E. S., *Illusionistic Mural Decoration of Early Renaissance in Rome* (New York 1972). – Dumont, C., *Francesco Salviati au palais Sacchetti et la décoration murale italienne, 1520-1560* (Genf 1973). – Masetti, G. L., *Pittori della seconda metà del Cinquecento a Roma* (Rom 1974). – Salerno, L., *Pittori di paesaggio del Seicento a Roma* (2 Bde., Rom 1976). – Waterhouse, E., *Roman Baroque Painting* (London 1976).

Viterbo: Faldi, I., *Pittori viterbisti di cinque secoli* (Rom 1970).

Süditalien

Kalby, L. G., *Classicismo e maniera nell'officina meridionale* (Salerno 1975).

Kampanien: Wettstein, J., *Sant'Angelo in Formis et la peinture médiévale en Campanie* (Genf 1960).

Neapel: Rolfs, W., *Geschichte der Malerei Neapels* (Leipzig 1910). – Morisani, O., *Pittura del Trecento in Napoli* (Neapel 1947). – Causa, R., *Pittura napoletana dal XV al XIX* (Bergamo 1967). – Causa, R., *Napoletani dell'Ottocento* (Neapel 1967). – Causa, R., *La scuola di Posillipo* (Mailand 1967). – Bologna, F., *I pittori alla corte angioina di Napoli (1266-1414) e un riesame dell'arte fredericiana* (Rom 1969). – Marini, M., *Pittori a Napoli 1610-1656. Contributi e schede* (Rom 1974). – Bologna, F., *Napoli e le rotte mediterranee della pittura* (Neapel 1977). – Previtali, G., *La pittura del Cinquecento a Napoli e nel Vicereame* (Turin 1978).

Abruzzen: Matthiae, G., *Pittura medioevale abruzzese* (Mailand 1969).

Apulien: Calò, M. S., *La pittura del Cinquecento e del primo Seicento in terra di Bari* (Bari 1969).

Sizilien: Agnello, G., *La pittura paleocristiana della Sicilia* (Rom 1944). – Salvini, R., *Mosaici medievali in Sicilia* (Florenz 1949). – Demus, O., *The Mosaics of Norman Sicily* (New York 1950). – Bottari, S., *La pittura del Quattrocento in Sicilia* (Messina 1954). – Agnello, G., *Le arti figurative nella Sicilia bizantina* (Palermo 1962).

DIE ZEICHNUNG

Allgemeines

*Meder, J., *Die Handzeichnung* (Wien 1919). – Degenhart, B., ›Zur Graphologie der Handzeichnung‹, in *Jahrbuch Bibl. Herziana* (Bd. I, 1937). – Dussler, L., *Italienische Meisterzeichnungen* (Frankfurt a. M. 1938). – *de Tolnay, Ch., *History and Technique of Old Master Drawings. A Handbook* (New York 1943). – Degenhart, B., *Italienische Zeichner der Gegenwart* (Berlin 1956). – Grassi, L., *I disegni italiani dal Trecento al Seicento* (Rom 1956). – Grassi, L., Forlani, A., und Ivanoff, N., *Disegni italiani* (6 Bde., Venedig 1960 bis 1972). *Degenhart, B., und Schmitt, A., *Corpus der italienischen Zeichnungen 1300-1450* (4 Bde., Berlin 1968 bis 1982). – del Bravo, C., *Disegni italiani del XVI secolo* (Florenz 1971). – Myers, M. L., *Architectural and Ornamental Drawings: Juvara, Vanvitelli, the Bibiena Family and Other Italian Draughtsmen* (New York 1975). – *Biblioteca di disegni* (hrsg. von Alinari, 24 Bde. ff., Florenz 1976 ff.). – Forlani, A., *I disegni del Cinquecento* (Venedig o. J.).

Die Provinzen (in geographischer Reihenfolge)

Lombardei: van Schendel, A., *Le Dessin en Lombardie* (Brüssel 1938).

Venetien: Hadeln, D. von, *Venezianische Zeichnungen des Quattrocento* (Berlin 1925). – Hadeln, D. von, *Venezianische Zeichnungen der Hochrenaissance* (Berlin 1925). – Hadeln, D. von, *Venezianische Zeichnungen der Spätrenaissance* (Berlin 1926). – Tietze, H., und Tietze-Conrat, E., *The Drawings of the Venetian Painters in the XVth and XVIth Centuries* (New York 1944). – Byam Shaw, J., *Disegni veneti delle collezione Lugt* (Venedig 1981).

Toskana: Ede, M. S., *Florentine Drawings of the Quattrocento* (London 1926). – **Berenson, B., *The Drawings of the Florentine Painters* (2. Aufl., 3 Bde., Chicago 1938). – Thiem, C., *Florentiner Zeichner des Frühbarock* (München 1977).

Sammlungen

Italien: Bertini, A., *I disegni della Biblioteca Reale di Torino* (Rom 1958). – Ragghianti, C. L., *Disegni dell'Accademia Carrara di Bergamo* (Bergamo 1963).

Frankreich: Bacou, R., *Meisterzeichnungen des Louvre. Die italienischen Zeichnungen* (München 1968). – Monbeig-Goguel, C., *Inventaire général des dessins italiens du musée du Louvre. Vasari et son temps* (Paris 1972).

Großbritannien: Britisches Museum, *Italian Drawings. The XIVth and XVth Centuries* (hrsg. von Popham, A. C., und Pouncey, P.; 2 Bde., London 1950; Ergänzungsbd. London 1952). – Windsor Castle, *The Italian Drawings of the XVth and XVIth Centuries* (hrsg. von Popham, A. C., und Wilde, J.; London 1949). *Bolognese Drawings* (hrsg. von Kurz, O.; London 1955). – Parker, K. T., *Catalogue of the Drawings in the Ashmolean Museum, Italian School* (Oxford 1956). – *Blunt, A., und Cooke, J., *The Roman Drawings of the XVIIth and XVIIIth Century in the Collection of Her Majesty the Queen at Windsor Castle* (London 1960).

Deutschland: Jacob, S., *Italienische Zeichnungen der Kunstbibliothek Berlin. Architektur und Dekoration. 16. bis 18. Jahrhundert* (Berlin 1975). – Harprath, R., *Italienische Zeichnungen des 16. Jhs. aus eigenem Besitz* (München 1977).

Österreich: Koschatzky, W., *Italienische Zeichnungen in der Albertina* (Braunschweig 1985).

Ausstellungen

Italian Drawings Exhibited at the Royal Academy, Burlington House (Kat. von Popham, A. E.; Oxford 1931). – *Mostra del disegno italiano di cinque secoli* (Florenz 1961). – *Italienische Zeichnungen des 15.-18. Jahrhunderts* (München 1967). – *Mostra di disegni italiani del XIX secolo* (Florenz 1971). – *Dessins italiens de la Renaissance* (Paris 1975). – *Artisti italiani dal XVI al XIX secolo. Mostra di Duecento disegni della Pinacoteca Nazionale di Bologna* (Bologna 1976).

MINIATUREN

Allgemeines

**d'Ancona, P., *La miniatura fiorentina* (XIe-XVIe *siècles*) (2 Bde., Florenz 1914). – **d'Ancona, P., *La Miniature italienne du* X^e *au* XVIe *siècle* (Brüssel 1925). – Toesca, P., *Monumenti e studi* (Mailand 1930). – Salmi, M., *La miniatura italiana* (Mailand 1957). – Rotili, M., *La miniatura gotica in Italia* (2 Bde., Neapel 1968). – Donati, L., *Bibliografia della miniatura* (Florenz 1973). – Rotili, M., und Putaturo Murano, A., *Introduzione alla storia della miniatura e delle arti minori in Italia* (Neapel 1970).

Die Provinzen

Lombardei: Cogliati Arano, L., *Miniature lombarde* (Mailand 1970). – Gengaro, M. L., und Cogliati, L., *Miniature lombarde, codici miniati dall'VIII al XIV secolo* (Mailand 1970). – Meiss, M., und Kirsch, E. W., *The Visconti Hours, National Library, Florence* (New York-London-Paris-Utrecht 1972). – Gengaro, M. L., *Tacuinum Sanitatis* (Mailand 1973; dt. Ausg., München 1976).

Venetien: Walcher Casotti, M., *Miniature e miniatori a Venezia nella prima metà del XIV secolo* (Triest 1962). – Mariani Canova, G., *La miniatura veneta del Rinascimento, 1450-1500* (Venedig 1969). – *La miniatura in Friuli* (hrsg. von Menis, G. C., und Bergamini, G., Mailand 1972).

Toskana: Levi d'Ancona, M., *Miniatura e miniatori a Firenze dal XIV al XVI secolo* (Florenz 1962). – Dalli Regoli, G., *Miniatura pisana del Trecento* (Venedig 1963). – Berg, K., *Studies in Tuscan twelfth-century Illumination* (Oslo 1968). – Gazzelli, A., *La miniatura fiorentina del Rinascimento* (Mailand 1978).

Umbrien: Gnoli, U., *Pittori e miniatori nell'Umbria* (Spoleto 1923).

Sizilien: Daneu Lattanzi, A., *Lineamenti di storia della miniatura in Sicilia* (Florenz 1966; 2. Aufl. 1968).

Sammlungen

*Wickhoff, F., Dvorak, M., und Hermann, J., *Beschreibender Katalog der illuminierten Handschriften in Österreich*, fortgesetzt von Hermann, J., 4 Teile (Leipzig 1928-1933). – Santoro, C., *I codici miniati della Biblioteca Trivulziana* (Mailand 1958). – Quintavalle, A. G., *Miniatura a Piacenza. I codici dell'Archivio Capitolare* (Venedig 1963). – Ciaravella, A., *Codici miniati della Biblioteca Palatina di Parma* (Mailand 1964). – Grossato, L., *Codici miniati del Trecento nella Biblioteca Capitolare di Padova. Catalogo* (Padua 1967). – Caleca, A., *Miniatura in Umbria: La Biblioteca Capitolare di Perugia* (Florenz 1968). – Cipriani, R., *Codici miniati dell'Ambrosiana. Contributo a un catalogo* (Venedig 1968). – Gengaro, M. L., und Villa Guglielminetti, G., *Inventario dei codici decorati e miniati della Biblioteca Ambrosiana (sec. VIII-XIII)* (Florenz 1968). – Toesca, P., *Miniature italiane della Fondazione Giorgio Cini dal Medio Evo al Rinascimento* (Vicenza 1968). – Levi d'Ancona, M., *The Wildenstein Collection of Illuminations. The Lombard School* (Florenz 1971). – Ciardi Dupre', M. G., *I corali del Duomo di Siena* (Siena 1972). – Fava, D., und Salmi, M., *I manoscritti miniati della Biblioteca Estense di Modena* (2 Bde., 2. Aufl. Florenz 1973). – Abate, G., und Luisetto, G., *Codici e manoscritti della Biblioteca Antoniana* (2 Bde., Vicenza 1975). – de Floriani, A., *I corali miniati di Santa Maria delle Vigne a Genova* (Genua 1977).

Ausstellungen

Miniatures de la Renaissance (Kat. von Michelini Tocci, L.; Vatikanstadt 1950). – *Trésors des bibliothèques d'Italie* (IVe-XVIe s.) (Bibliothèque nationale, Paris 1950). – *Italian Manuscripts in the Pierpont Morgan Library* (Kat. von Harrison, M., und Boyce, G. K., New York 1953). – *Mostra storica nazionale della miniatura* (Palais di Venezia, Rom; Kat. Florenz 1953). – *La Miniature italienne du Xe au XVIe siècle* (Brüssel 1969). – *Corali miniati di Santa Maria di Castello a Genova* (Genua 1976).

DAS BUCH

Allgemeines

Essling, Prince d', *Les Livres à figures vénetiens de la fin du XVe siècle et du commencement du XVIe* (Florenz-Paris 1907-1914). – Sander, M., *Le Livre à figures italien depus 1467 jusqu'à 1530* (Mailand 1943; überarb. Ausg., 6 Bde., Mailand 1969; Ergänzungsbd. von Rava, C.). – Lamberti, D., *Il ›non finito‹ nel libro illustrato* (Florenz 1973). – Samek Ludovici, S., *Tre secoli di storia del libro illustrato dal Quattrocento al Seicento* (Mailand 1974). – Dalli Regoli, G., ›Sul tema del libro illustrato‹, in *C. A.* (Nr. 148-149, 1976).

Renaissance

de Gregori, L., *La stampa a Roma nel secolo XV* (Rom 1933). – Rava, C. E., *Arte dell'illustratione nel libro italiano del Rinascimento* (Mailand 1945). – de Marinis, T., *La Biblioteca Napoletana dei Re d'Aragona* (4 Bde., Mailand 1947-1952). – Norton, F. J., *Italian Printers, 1501-1520* (London 1958). – *Genealogia e discendenza dei Manuzio tipografi-umanisti-editori dei secoli XV-XVI* (hrsg. von Bartolucci, Florenz 1961). – Moracchi Biafiorelli, B., ›Il privilegio di stampatore ducale nella Firenze medicea‹, in *Arch. St. It.* (Nr. 3, 1965).

Sammlungen

Puliatti, P., *Il libro illustrato dal XIV al XVII secolo nella Biblioteca Estense di Modena* (2. Aufl. Florenz 1962).

DRUCKGRAFIK

Allgemeines

Kristeller, P., *Early Designers and Engravers* (New York 1917; überarb. Ausg., London 1968). – Ozzola, L., *La litografia italiana* (Rom 1923). – Pittaluga, M., *L'incisione italiana del Cinquecento* (Mailand o. J. (1930?)). – Servolini, L., *La xilografia a chiaroscuro italiana nel sec. XVI, XVII, XVIII*, (Lucca 1930). – Vitali, L., *L'incisione italiana moderna* (Mailand 1934). – Giglioli, O. H., *Incisori toscani del Seicento* (Florenz 1942). – Giglioli, O. H., *Incisori toscani del Settecento* (Florenz 1943). – **Hind, A. M., *Early Italian Engraving: A Critical Catalogue* (7 Bde., London 1938 bis 1948; Reprint Nendeln 1970). – Blum, A., *Les Nielles du Quattrocento* (Paris 1950). – Pittaluga, M., *Acquafortisti veneziani del Settecento* (Florenz 1953). – Goldsmith Phillips, J., *Early Florentine Designers and Engravers* (Cambridge/Mass. 1955). – Calabi, A., *Saggio sulla litografia. La prima produzione italiana in rapporto a quella degli altri paesi sino al 1840* (Mailand 1958). – Ridolfi, R., *La stampa in Firenze nel secolo XV* (Florenz 1958). – Marchiori, G., und Perocco, G., *Grafici del primo Novecento italiano* (Mailand 1963). – Petrucci, A., *Panorama dell'incisione italiana. Il Cinquecento* (Rom 1964). – Balsamo, L., *La stampa in Sardegna nei secoli XV e XVI* (Florenz 1967). – Gaeta Bertela', G., *Incisori bolognesi ed emiliani del XVII secolo* (Bologna 1973). – Bertarelli, A., *Stampe populari italiene* (Mailand 1974). – Petrioli, A. M., *Stampe italiane dalle origini all'Ottocento* (Mailand 1974). – Negro Spina, A. M., *L'incisione napoletana dell'Ottocento* (Neapel 1976).

Kritische Kataloge

de Vesme, A., *Le Peintre-Graveur italien* (17. Jh. ff.; Mailand 1906). – Pelluccioni, A., *Dizionario degli artisti incisori italiani* (Capri 1949). – Servolini, L., *Dizionario illustrato degli incisori italiani moderni e contemporanei* (Mailand 1955).

Sammlungen

de Witt, A., *La collezione delle stampe della galleria degli Uffizi* (Rom 1938). – Schizzerotto, G., *Le incisioni quattrocentesche della Classense* (Florenz 1971). – *Pinacoteca Nazionale di Bologna. Catalogo generale della Raccolta di stampe antiche* (3 Bde., Bologna 1975-1977).

SKULPTUR

Theoretische Quellenschriften

Gauricus, P., *De scultura* (Florenz 1504; hrsg. von Brockhaus, H., Leipzig 1886). – Cellini, B., *I trattati dell'Oreficeria e della scultura* (Florenz 1568; veröffentlicht in: Scarpellini, P., La vita, i trattati, i discorsi (Rom 1967).

Zur allgemeinen Geschichte der Skulptur

Pope-Hennessy, J., *Italian Gothic Sculpture* (London 1955); *Italian Renaissance Sculpture* (ebenda 1958); *Italian High Renaissance and Baroque Sculpture* (ebenda 1955; überarb. Ausg. 1972). – Carli, E., *La scultura lignea italiana* (Mailand 1960). – *Scultura italiana* (5 Bde., Mailand 1966 bis 1968): Bd. I: Bossaglia, R., *Dall'alto Medio Evo all'età romanica* (1966); Bd. II: Carli, E., *Il Gotico* (1967); Bd. III: Russoli, F., *Il Rinascimento* (1967); Bd. IV: Martinelli, V., *Dal Manierismo al Barocco* (1968); Bd. V: Pirovano, C., *Dal Neoclassicismo alle correnti contemporanee* (1968).

Stilepochen

Allgemein: Water, W. C., *Italian Sculpture* (London 1911). – Knapp, F., *Italienische Plastik vom 15. bis 18. Jh.* (München 1923).

Mittelalter: Mayer, A. L., *Mittelalterliche Plastik in Italien* (München 1923). – Haseloff, A., *La scultura preromanica in Italia* (Bologna 1930). – Francovich, G. de, *Benedetto Antelami, architetto e scultore a l'arte del tempo suo* (2 Bde., Mailand 1952). – Crichton, C. H. B., *Romanesque Sculpture in Italy* (London 1954). – Salvani, R., *Wiligelmo e le origini della scultura romanica* (Mailand 1956). – Steinweg, C., *Die Trecento-Bilder und ihre Provinienz* (Festschrift U. Middeldorf, Berlin 1968).

Renaissance: Schubring, P., *Die italienische Plastik des Quattrocento* (Berlin 1919). – Maclagan, E., *Italian Sculpture of the Renaissance* (Cambridge 1925). – Freeman, L. J., *Italian Sculpture of the Renaissance* (New York 1927). – Valentiner, W. R., *Studies of Italian Renaissance Sculpture* (New York 1950). – Seymour, C., *Sculpture in Italy, 1400 to 1500* (Harmondsworth 1966). – Freytag, C., ›Italienische Skulptur um 1400. Untersuchungen zu den Einflußbereichen‹, in *Met. Mus. J.* (Bd. VII, 1973). – Busch, V., *The Colossal Sculpture of the Cinquecento* (New York-London 1976).

Manierismus und Barock: Brinckmann, A. E., *Barock-Skulptur* (Berlin 1921). – *Brinckmann, A. E., *Barock-Bozzetti. Italienische Bildhauer* (4 Bde., Frankfurt a. M. 1923). – Neri, D., *Scultori francescani del Seicento in Italia* (Pistoia 1952). – Martinelli, V., *Manierismo, Barocco e Rococo nella scultura italiana* (Mailand 1979).

Die Neuere Zeit: Vigezzi, S., La scultura italiana dell'Ottocento (Mailand 1932). – Hubert, G., *La Sculpture dans l'Italie napoléonienne* (Paris 1964). – Mandel, G., *Scultura italiana contemporanea* (Mailand 1965). – Bucarelli, P., *Scultori italiani contemporanei* (Mailand 1967).

Die Provinzen (geographische Reihenfolge)

Norditalien

Zimmermann, M. G., *Oberitalienische Plastik im frühen und hohen Mittelalter* (Leipzig 1897). – Rosci, M., *La scultura gotica nell'Italia settentrionale* (Mailand 1968).

Piemont: de Biaggi, C., ›Gli altari lignei Valsesiani‹, in *Actes et Mémoires du Congrès de Varallo Sesia* (Turin 1960). – Repaci Courtois, G., ›Problemi di scultura quattrocentesca nel Piemonte occidentale‹, in *Cr. A.* (Oktober 1965). – Casartelli Novelli, S., *Corpus della scultura altomedievale. La diocesi di Torino* (Spoleto 1974).

Ligurien: Dufour Bozzo, C., *Corpus di scultura altomedievale. La diocesi di Genova* (Spoleto 1966). – Kruft, H. W., *Portali genovesi del Rinascimento* (Florenz 1971). – Algeri, G., *La scultura a Genova fra il 1450 e il 1470: Leonardo Ricomanno, Giovanni Gagini, Michele d'Aria* (Genua 1977).

Lombardei: Mayer, A. G., *Lombardische Denkmäler des 14. Jhs.* (Stuttgart 1893). – Vigezzi, S., *La scultura lombarda nel Cinquecento* (Mailand 1929). – Vigezzi, S., *La scultura in Milano* (Mailand 1932). – Baroni, C., *La scultura gotica lombarda* (Mailand 1944). – Panazza, G., und Tagliaferri, A., *Corpus della scultura altomedievale. La diocesi di Brescia* (Spoleto 1966).

Emilia und Romagna: Riccomini, E., *Ordine e vaghezza. La scultura in Emilia nell'età barocca* (Bologna 1972). – Riccomini, E., *Vaghezza e furore. Scultura del Settecento in Emilia e Romagna* (Bologna 1977).

Venetien und Dalmatien: Gabelenz, H. von, *Mittelalterliche Plastik in Venedig* (Leipzig 1903). – **Planiscig, L., *Vene-*

zianische Bildhauer der Renaissance (Wien 1921). – Semenzato, C., *La scultura veneta del Seicento e del Settecento* (Venedig 1966). – Arslan, E., ›Portali romanici veneziani‹, in *Festschrift U. Middeldorf* (Berlin 1968). – Wolters, W., *La scultura gotica veneziana, 1300-1460* (2 Bde., Venedig 1976). – Fisković, C., ›I contatti degli scultori e architetti dalmati con la scultura veneziana fino al XV secolo‹, in *Venezia e il Levante fino al XV secolo* (Florenz 1974).

Verona: Mellini, G. L., *Scultori veronesi del Trecento* (Verona o. J. (1972?)). – Gazzola, P., *La porta bronzea di San Zeno a Verona* (Mailand 1965).

Trient: Passamini, B., *La scultura romanica nel Trentino* (Trient 1963).

Friaul: Gioseffi, D., ›Problemi di storia dell'arte lignea in Friuli‹, in *Arte in Friuli – Arte in Trieste* (Triest 1975). – Gioseffi, D., *Scultura altomedievale in Friuli* (Rom o. J. [1978?]).

Mittelitalien

Negri Aroldi, F., *La scultura del Rinascimento nell'Italia centrale* (Mailand 1968).

Toskana: *Salmi, M., *La scultura romanica in Toscana* (Rom 1934). – Garzelli, A., *Sculture toscane nel Duecento e nel Trecento* (Florenz 1968). – Lisner, M., *Holzkruzifixe in Florenz und in der Toskana, von der Zeit um 1300 bis zum frühen Cinquecento* (München 1970).

Florenz: *Reymond, M., *La sculpture florentine* (4 Bde., Florenz 1897-1900). – *Bode, W. von, *Florentiner Bildhauer der Renaissance* (Berlin 1910). – Gore, O. W., *Florentine Sculptures of the fifteenth century* (London 1930). – Galassi, G., *La scultura fiorentina del Quattrocento* (Mailand 1949). – Lankheit, K., *Florentinische Barockplastik. Die Kunst am Hofe der letzten Medici, 1670-1743* (München 1962). – Kissel, H. U., *Battista Lorenzi. Studien zur Entwicklung der Florentiner Skulptur in der zweiten Hälfte des 16. Jahrhunderts* (München 1968). – Avery, C., *Florentine Renaissance Sculpture* (London 1970).

Siena: Schubring, P., *Die Plastik Sienas im Quattrocento* (Berlin 1907). – Carli, E., *La scultura lignea senese* (Mailand-Florenz 1951). – del Bravo, C., *Scultura senese del Quattrocento* (Florenz 1960).

Lucca: Belli Barsalli, I., *Corpus della scultura altomedievale. La diocesi di Lucca* (Spoleto 1959).

Latium: Raspi Serra, J., *Corpus di scultura altomedievale. La diocesi dell'alto Lazio* (Spoleto 1974).

Rom: Bessone Aureli, A. M., *I marmorari romani* (Mailand 1925). – Grisebach, A., *Römische Porträtbüsten der Gegenreformation* (Röm. Forsch. Bibl. Herziana, Bd. 13, Rom 1936). – Lavagnino, E., *Altari barocchi in Roma* (Rom 1959). – Pani Ermini, L., Melucco Vaccaro, A., und Trici Cecchelli, M., *Corpus di scultura altomedievale. La diocesi di Roma* (4 Bde., Spoleto 1974). – Engass, R., *Early Eighteenth-Century Sculpture in Rome* (2 Bde., London 1976).

Süditalien

Kampanien: Sheppard, C. D., ›A Chronology of Romanesque-Sculpture in Campania‹, in *A. B.* (Bd. XXXII, 1950). – di Marzo, G., *Sculture lignee della Campania* (Neapel 1950).

Neapel: Weise, G., *Studi sulla scultura napoletana del primo Cinquecento* (Neapel 1977).

Benevent: Rotili, M., *Corpus della scultura altomedievale. La diocesi di Benevento* (Spoleto 1966).

Apulien: Wackernagel, M., *Die Plastik des 11. und 12. Jh. in Apulien* (Leipzig 1911). – Jurlaro R., *Il coro della cattedrale di Brindisi. La scultura figurativa in legno dei secolo XVI e XVII in Puglia* (Brindisi 1969).

Sizilien: di Marzo, G., *I Gagini e la scultura in Sicilia* (Palermo 1883).

WEITERE KUNSTGATTUNGEN

Grabmäler: *Burger, F., *Geschichte des florentinischen Grabmals bis zu Michelangelo* (Straßburg 1904). – Schubring, P., *Das italienische Grabmal der Frührenaissance* (Berlin 1904). – Ferrari, G., *La tomba nell'arte italiana* (Mailand o. J. [1909?]). – Montini, R. U., *Le tombe dei Papi* (Rom 1957). – Panofsky, E., *Tomb Sculpture. Its Changing from Ancient Egypt to Bernini* (New York-London 1964).

Brunnen: Colasanti, A., *Le fontane d'Italia* (Mailand 1928). – Wiles, B. H., *The Fountains of Florentine Sculptors* (Cambridge 1933). – di Gardo, B., *Le fontane di Roma* (Rom 1964). – Lehman, K., ›The Ship-Fountain‹, in *Samothracian Reflexions* (hrsg. von K. und P. W. Lehman, Cambridge 1973).

Medaillen und Plaketten: Molinier, E., *Les Plaquettes* (2 Bde., Paris 1881). – Heiss, A., *Les Médailleurs de la Renaissance* (Paris 1883). – Armand, A., *Les Médailleurs italiens du XVe et du XVIe siècles* (3 Bde., Paris 1883-1887). – Foville, J. de, *Pisanello et les Médailleurs italiens* (Paris 1909). – Habich, G., *Die Medaillen der italienischen Renaissance* (Stuttgart 1923). – Hill, G. F., *A Corpus of Italian Medals of the Renaissance before Cellini* (Oxford 1930).

Bronzebildhauerei: Bode, W. von, *Die italienischen Bronzestatuetten der Renaissance* (3 Bde., Berlin 1907-1912). – Planiscig, L., *Die Bronzeplastiken* (Wien 1924). – Planiscig, L., *Piccoli bronzi italiani del Rinascimento* (Mailand 1930). – Landais, H., *Les Bronzes italiens de la Renaissance* (Paris 1958). – Ciardi Dupre', M. G., *I bronzetti del Rinascimento* (Mailand 1966). – Mariacher, G., *Bronzetti veneti del Rinascimento* (Vicenza 1971). – Schlegel, U., *Die italienischen Bildwerke des 17. und 18. Jahrhunderts in Stein, Holz, Ton, Wachs und Bronze mit Ausnahme der Plaketten und Medaillen* (Berlin 1978).

Steinschneidekunst: Eickler, F., und Kris, E., *Die Kameen des Altertums, des Mittelalters und der neueren Zeit* (Wien 1926). – **Kris, E., *Meister und Meisterwerke der Steinschneidekunst in der italienischen Renaissance* (2 Bde., Wien 1929). – Righetti, R., *Incisori di gemme e cammei in Roma dal Rinascimento all'Ottocento* (Rom o. J.).

Sammlungen: Bode, W. von, *Bronzes of the Renaissance and Subsequent Period. Collection of J. Pierpont Morgan* (2 Bde., Paris 1910). – de Ricci, S., *Renaissance Bronzes. The Gustave Dreyfus Collection* (Oxford 1931). – Middeldorf, U., und Goetz, O., *Medals and Plaquettes from the Morgenroth Collection* (Chicago 1943). – Swarzenski, G., ›Some Aspects of Italian Quattrocento Sculpture in the

National Gallery, Washington‹, in *G. B. A.* (Okt. und Nov. 1943). – Pope-Hennessy, J., *Italian Gothic Sculpture in the Victoria and Albert Museum* (London 1952). – Faldi, I., *Galleria Borghese, scultura dal sec. XVI al XIX* (Rom 1954). – Mansuelli, G., *Galleria degli Uffizi. Le sculture* (Rom 1958). – Pope-Hennessy, J., *Catalogue of Italian Sculpture in the Victoria and Albert Museum* (London 1964). – Malle', L., *Le sculture del Museo d'Arte Antica di Torino* (Turin 1965). – Pope-Hennessy, J., *Renaissance Bronzes from the Samuel H. Kress Collection* (London 1965). – Hill, G. F., *Renaissance Medals from the Samuel H. Kress Collection* (London 1967). – Piacenti Aschengreen, C., *Il museo degli argenti a Firenze* (Kap. über Steinschneidekunst; Mailand 1967). – Varese, R., Follo, L., und Ragghianti, G., *Placchette e bronzi delle civiche Collezioni di Ferrara* (Florenz 1975).
Ausstellungen: *Bronzetti italiani del Rinascimento* (Florenz 1962). – *Italienische Medaillen und Plaketten von der Frührenaissance bis zum Ende des Barock* (Hamburg 1966-1967).

ANGEWANDTE KÜNSTE

Allgemeines

Marangoni, G., *Enciclopedia delle moderne arti decorative italiane* (Mailand 1928). – *Le techniche artistiche* (hrsg. von Maltese, C.; Mailand 1973). – Gelli, I., und Moretti, G., *Gli armaioli milanesi* (Mailand 1903). – Aroldi, A. M., *Armi e armature italiene fino al XVIII secolo* (Mailand 1961). – Boccia, L. G., *Nove secoli di armi da caccia* (Florenz 1967). – Boccia, L. G., und Cohelo, E. T., *L'arte dell'armatura in Italia* (Mailand 1967). – Boccia, L. G., ›L'armamento di cuoio e ferro nel Trecento italiano‹, in *L'illustrazione italiana* (Mailand 1974). – Boccia, L. G., *Armi bianche italiane* (Busto Arsizio 1977). – Gaibi, G., *Armi da fuoco italiane* (Busto Arsizio 1977).
Sammlungen: Boccia, L. G., *Armi e armature nel Museo Poldi Pezzoli* (Mailand 1972). – Cantelli, G., *Il Museo Stibbert a Firenze* (Mailand 1973).

Dekorative Architekturelemente

Siehe auch unter Quellenwerke. – Piranesi, G. B., *Diverse maniere d'adornare i camini ed ogni altra parte degli edifizi desunte dall'architettura egizia, etrusca e greca* (1779; Reprint, Sala Bolognese, 1974). – Ferrari, G., *La terracotta ei pavimenti di laterizio nell'arte italiana* (Mailand 1928). – Ferrari, G., *Lo stucco nell'arte italiana* (Mailand 1910). – Ricci, C., *Baukunst und dekorative Plastik der Hoch- und Spätrenaissance in Italien* (Stuttgart 1921). – Morazzoni, G., *Stucchi italiani, maestri genovesi dal XVI al XIX* (Mailand 1950). – Pericoli Ridolfini, C., *Le case di Roma con facciate graffite e dipinte* (Rom 1960). – Canale, C. G., *La decorazione plastica nell'architettura tardoromanica della Sicilia orientale* (Palermo 1964). – Thiem, G. und C., *Toskanische Fassaden-Dekoration in Sgraffito und Fresko, 14. bis 17. Jh.* (München 1964). – *Gli stuccatori dal Barocco al Rococo* (Hrsg.: Arslan, E., Como 1964). – Weise, G., ›Il repertorio ornamentale del barocco napoletano di Cosimo Fanzago e il suo significato per la genesi del Rococo‹, in *An.vi.* (Nr. 5, 1977).

Gartenkunst

Gotheim, M. L., *Geschichte der Gartenkunst* (Jena 1914). – Gromort, G., *Jardins d'Italie* (Paris 1922). – *Dami, L., *Il giardino italiano* (Mailand 1924). – Shepherd, J. C., und Jelicoe, G. A., *Italian Gardens of the Renaissance* (New York 1925; überarb. Ausg. London 1953). – Fariello, F., *Architettura dei giardini* (Rom 1967). – *The Italian Gardens* (hrsg. von Coffin, D. R., Washington 1972). – Fiorani, C., *Giardini d'Italia* (Rom 1979).

Möbel

Schiaparelli, A., *La casa fiorentina* (Florenz 1908). – Bode, W. von, *Die italienischen Hausmöbel der Renaissance* (2. Aufl. Leipzig 1920). – Schottmüller, F., *Wohnungskultur und Möbel der italienischen Renaissance* (Stuttgart 1921). – Ferrari, G., *Il legno nell'arte italiana* (2. Aufl. Mailand o. J. (1926?)). – Morazzoni, G., *Il mobile veneziano del'700* (Mailand 1927). – Tinti, M., *Il mobilio fiorentino* (Mailand 1929). – Marangoni, G., und Clementi, A., *Storia dell'arredamento* (4 Bde., Mailand; überarb. Ausg.: Bd. I, II, 1952; Bd. III, 1953; Bd. IV, 1954). – Terny de Gregory, W., *Vecchi mobili italiani* (Mailand 1953; 2. Aufl. ebenda 1957). – Praz, M., *La filosofia dell'arredamento* (Mailand 1964). – Bacceschi, E., und Levy, S., *Il mobile del Settecento* (Palermo 1966). – *Mobili regionali italiani* (7 Bde., Mailand 1966 bis 1973). – Gonzales Palacios, A., *Il mobile in Italia* (2 Bde., Mailand 1969). – Brosio, V., *Il mobile italiano* (Rom 1971). – Trionfi Honorati, M., ›Ebanisti dell'Ottocento‹, in *An.vi.* (13, Nr. 5, 1974). – Colomco, S., *L'arte del mobile in Italia* (Mailand 1975). – Pedrini, A., *Il mobilio, gli ambienti e le decorazioni del Rinascimento in Italia* (Florenz o. J.).
Sammlungen: Thornton, P., ›I mobili italiani del Victoria and Albert Museum‹, in *A. I.* (1961). – Malle', L., *Museo Civico di Torino. Mobili e arredi lignei* (Turin 1972).

Eisen

Ferrari, G., *Il ferro nell'arte italiana* (3. Aufl. Mailand 1927). – Pedrini, A., und Ricci, C., *Il ferro battuto, sbalzato e cesellato nell'arte italiana* (Mailand 1929). – Pedrini, A., *Il ferro battuto, sbalzato e cesellato in Italia* (XI-XVIII) (Turin o. J. [1951?]). – Zimelli, U., und Vergerio, G., *Il ferro battuto* (Mailand 1966). – Bacceschi, E., und Levy, S., *Ferri battuti* (Palermo 1967). – Bossaglia, R., *Mazzucotelli, l'artista italiano del ferro battuto* (ital. und dt. Ausg., Mailand 1971). – Pettorelli, A., *Il bronzo e il rame nell'arte decorativa italiana* (Mailand o. J.).

Goldschmiedekunst

Churchill, S. I. A., und Bunt, C. G., *The Goldsmiths of Italy: Their Guilds, Statutes and Work* (London 1926). – Accascina, M., *L'oreficeria italiana* (Florenz 1933). – Rossi, F., *Capolavori di oreficeria italiana* (Mailand 1956). – Bulgari, G. C., *Argentieri, gemmari e orafi d'Italia* (Rom 1958). – Cipriani, C., *Argenti italiani dal XVI al XVIII secolo* (Mailand 1959). – Mariacher, G., *Argenti italiani* (Mailand 1965). – Fornari, S., *Gli argenti romani* (Rom 1968). – Melucco, A., ›Oreficerie altomedievali ad Arezzo‹ in *B. A.* (1972). – Gastello, A. und E., *Argenti napoletani dal XVI al XIX secolo* (Neapel 1973). – Zastrov, O., und Meis, S., *Oreficeria in Lombardia dal VI al XIII secolo: croci e crocifissi* (Como 1975). – Bargoni, A., *Maestri orafi e argentieri in Piemonte dal XVII-XIX secolo* (Turin 1976). – Marchetti, I., *Orafi senesi* (Siena o. J.).
Sammlungen: Piacenti, C., *Il museo degli argenti a Firenze* (Mailand 1967).

Glas

Levi, C. A., *L'arte del vetro in Murano nel Rinascimento* (Venedig 1895). – Zecchin, V., *Sulla storia dell'arte vetraria muranese* (Venedig 1952). – Taddel, G., *L'arte del vetro in Firenze e nel suo dominio* (Florenz 1954). – Mariacher, G., *Antichi lampadari vitrei veneziani. Dal Rinascimento agli inzi dell'età moderna* (Venedig 1957). – Mariacher, G., *I vetri di Murano* (Mailand-Rom 1967). – Zanchi Roppo, F., *Vetri paleocristiani a figure d'oro* (Ravenna 1967). – Zanchi Roppo, F., *Vetri paleocristiani a figure d'oro conservativi in Italia* (Bologna 1969). – Bertelli, C., ›Vetri italiani del secolo XIII‹, in *Actes du Congrès international d'histoire de l'art* (Budapest 1969). – Barovier Mentasti, R., *Vetri di Murano del'900* (Venedig 1971). – Barovier Mentasti, R., ›La vetreria veneziana moderna dal 1895 al 1920‹, in *J. Glass Study* (Nr. 19, 1977).
Sammlungen: Morey, C. R., *Vatican Gold-Glass Collection, with Additional Catalogues of Other Gold-Glass Collections* (Vatikanstadt 1959). – Pettenati, S., *Museo Civico di Torino. I vetri dorati graffiti e i vetri dipinti* (Turin 1978).

Glasmalerei

Siehe auch unter Quellenwerke. – da Pisa, A., *Trattato sulla fabbrizione delle vetrate artistiche* (um 1395; hrsg. von Pezella, S., Perusa 1976).
Monneret de Villard, U., *Le vetrate dipinte del duomo di Milano* (Mailand 1918). – Straelen, H. van, *Studien zur florentinischen Glasmalerei des Trecento und Quattrocento* (Wattenscheid 1938). – Carli, E., *Vetrata duccesca* (Florenz 1946). – Marchini, G., *Vetrate italiane* (Rom 1955). – *Corpus vitrearum medii aevi, Italia,* Bd. I: Marchini, G., *Le vetrate dell'Umbria* (Rom 1973).
Sammlungen: Malle', L., *Vetri, vetrate e giadi del Museo Civico di Torino* (Turin 1971).

Stoffe und Moden

Ricci, E., *Antiche trine italiane* (Bergamo 1908). – Flörke, H., *Die Moden der italienischen Renaissance von 1300 bis 1500* (München 1917). – Polidori Calamandrei, E., *Le vesti delle donne nel Quattrocento* (Florenz 1924). – Santangelo, A., *Tessuti d'arte italiani dal XII al XVII secolo* (Mailand 1959). – Aguzzi, A. M., und Baiardi, M., ›Appunti per una storia del tessuto d'arte barocco in Lombardia e Piemonte‹, in *A. L.* (1962). – Cappi Bentivegna, F., *Abbigliamento e costume nella pittura italiana* (2 Bde., Rom 1962-1964). – Schuette, M., und Maller-Christen, S., *Il ricamo nella storia dell'arte* (Rom 1963). – Levi Pisetsky, R., *Storia del costume in Italia* (5 Bde., Mailand 1964-1969). – Klesse, B., ›Seidenstoffe in der italienischen Malerei des 14. Jhs.‹, in *Schriften der Abbeg-Stiftung Bern* (Bern 1967). – Bonito Fanelli, R., ›Profilo della storia del tessuto in Italia‹, in *Rassegna dell' Istruzione Artistica* (Bd. III, 3, 1968). – Groenwoldt, R., *Paramente und ihre Stifter. Italienische Paramente des Trecento in zwei französischen Kathedralen* (Festschrift U. Middeldorf, Berlin 1968). – Garzelli, A., *Ricami fiorentini del Quattrocento* (Florenz 1972). – Birbari, E., *Dress in Italian Painting, 1460-1500* (London 1975). – Santi, F., *Gonfaloni umbri del Rinascimento* (Perugia 1976).

Bucheinbände

Rossi, F., *Mostra storica della legatura artistica in Palazzo Pitti* (Florenz 1922). – Fava, D., und Pastorello, E., *Cento belle legature italiane* (Congresso delle Bibl. e di Bibliogr., 1929; Rom 1933). – de Marinis, T., *La legatura artistica in Italia nei secoli XV e XVI* (Florenz 1960).
Sammlungen: Bologna, G., *Museo delle legature Weil Weiss alla Trivulziana* (Mailand 1976).

Einlegearbeiten

Siehe auch unter Quellenwerke. – Lotto, L., *Lettere inedite su le tarsie di Santa Maria Maggiore in Bergamo* (hrsg. von Chiodi, L., Bergamo 1962).
Jackson, F. H., *Intarsia and Marquetery* (London 1903). – Arcangeli, F., *Tarsie* (2. Aufl. Rom 1943). – Chastel, A., ›Marqueterie et perspektive au XVe siècle‹, in *R. A.* (III, 1953; wieder veröffentl. in: Fables, Formes, Figures, II, S. 317-332; Paris 1977). – Fiocco, G., *Le tarsie di Pietro Antonio degli Abati. Scritti in onore di L. Venturi* (Rom 1956). – Monducci, E., ›Il coro ligneo di San Prospero di Reggio Emilia‹, in *Bolletino Storico Cremonese* (1961 bis 1964). – Puerari, A., *Le tarsie del Platina* (Mailand 1967). – Rossi, F., *La pittura di pietra* (Florenz 1967). – Rossi, F., *Il mosaico, pittura di pietra* (Mailand 1968). – Romano, G., *Il coro di San Lorenzo ad Alba* (Alba 1969). – Armani, E. P., ›A proposito delle tarsie del duomo di Savona e della cattedrale di San Lorenzo di Genova‹, in *A. L.* (1971).
Sammlungen: Causa, R., *Tarsie cinquetesche nella Certosa di San Martino Napoli* (Mailand 1961). – Pampolini Martelli, G., *Il Museo dell'Opificio di pietre dure* (Florenz 1975).

Rahmen

Guggenheim, M., *Le cornici italiane dalla metà del sec. XV allo scorcio del XVI* (Mailand 1897). – Bach, E., *Florentinische und venezianische Bilderrahmen aus der Zeit der Gotik und der Renaissance* (München 1902). – Mariacher, G., *Specchiere italiane e cornici da specchio, dal XV e XIX secolo* (Mailand 1963). – Cammerer-George, M., *Die Rahmung der toskanischen Altarbilder im Trecento* (Straßburg 1966).

– Fahy, E., ›Les Cadres d'origine florentine des retables florentins du Louvre‹, in *La Revue du Louvre* (Nr. 1, Paris 1976). – Gilbert, G., ›Le Menuisier et le Peintre dans la première Renaissance‹, in *Rev. A.* (Nr. 37, 1977). – Grimm, C., *Alte Bilderrahmen* (München 1978).

WANDTEPPICHE

Gobel, H., *Wandteppiche* (3 Bde., Berlin 1934). – Viale Ferrero, M., *Arazzi italiani* (Mailand 1961). – Viale Ferrero, M., *Arazzi del Cinquecento* (Mailand 1961). – Ferrari, O., *Arazzi. Seicento e Settecento* (Mailand 1968). – Adelson, C., *Cosimo I de'Medici e la fondazione dell'arazzeria fiorentina* (Publ. ff.)

MAJOLIKA (Keramik, Fayence etc.)

Siehe auch Quellenwerke. – Piccilpasso, C., *I tre libri del vasajo* (Manuskript von 1548; publ. Rom 1857; engl. Ausg. hrsg. von van der Put, A., und Rackham, B., London 1934).

Allgemeines: Molonier, E., *La Céramique italienne au XVe siècle* (Paris 1888). – Ballardini, G., *Corpus della Maiolica italiana* (Bd. I: Rom 1933; Bd. II: 1938). – Rackham, B., *Italian Majolica* (London 1952). – Liverani, G., *La maiolica italiana sino alla comparsa della porcellana* (Mailand 1957). – Romano, E., *La porcellana di Capodimonte* (Neapel 1959). – Morazzoni, G., und Levy, S., *Le porcellane italiane* (2 Bde., Mailand 1960). – Stenico, A., *La ceramica aretina* (Mailand 1960). – Levy, S., *Maioliche settecenesche* (2 Bde., Mailand 1962-1964). – Ginori Lisci, G., *La porcellana di Doccia* (Mailand 1963). – Stazzi, F., *Italian Porcelain* (London 1967). – Conti, G., *L'arte della maiolica in Italia* (Mailand 1973). – Mottola Molfino, A., *L'arte della porcellana in Italia* (Busto Arsizio 1977).

Sammlungen: Rackham, B., *Catalogue of Italian Majolica in the Victoria and Albert Museum* (2 Bde., London 1940). – Liverani, G., *Il Museo delle porcellane di Doccia* (Mailand 1967). – Mazzuccato, O., *La raccolta di ceramiche nel Museo di Roma. Catalogo* (Rom 1968).

Werke zu Einzelfragen

KUNST UND KULTUR

Ruskin, J., *The Stones of Venice* (3 Bde., Oxford 1851-1858; gek. Ausg. 1879). – Burckhardt, J., *Die Kultur der Renaissance in Italien* (Stuttgart 1860). – Thode, H., *Franz von Assisi und die Anfänge der Kunst der Renaissance in Italien* (Berlin 1885). – Thode, H., *Michelangelo und das Ende der Renaissance* (2 Bde., Berlin 1903). – de la Sizeranne, R., *Les Masques et les Visages au Louvre et à Florence* (Paris 1927). – Walser, E., *Gesammelte Studien zur Geistesgeschichte der Renaissance* (Einleitung von Kalgi, W.; Basel 1932). – Wackernagel, M., *Der Lebensraum des Künstlers in der florentinischen Renaissance* (Leipzig o. J. [1938?]). – Praz, M., *Gusto neoclassico* (Florenz 1940; Neuaufl. 1959). – Ferguson, W. K., *Renaissance in Historical Thought* (Boston 1848). – Hoogewerf, G. J., *Via Margutta* (Rom 1953). – Weise, G., *Renaissance und Antike* (Tübingen 1953). – Paatz, W., ›Renaissance oder Renovation‹, in *Beiträge zur Kunst des Mittelalters* (Berlin 1950). – Tenenti, A., *La Vie et la Mort à travers l'art du XVe siècle* (Paris 1952). – ›Il mondo antico nel Rinascimento‹, in *5. Internationaler Studienkongreß zur Renaissance* (Florenz 1959). – Ancheschi, L., ›Le poetiche del Novecento in Italia‹, in *Momenti e problemi di storia dell'estetica* (IV, Mailand 1961). – Garin, E., *Medioeveo e Rinascimento* (Bari 1961). – Wightman, W. P. D., *Science and Renaissance* (2 Bde., London 1963). – Garin, E., *L'umanesimo italiano* (Bari 1965). – Garin, E., *La cultura del Rinascimento* (Bari 1967). – Lanciani, R., *The Ruins and Exvacations of Ancient Rome* (New York 1967). – Weiss, R., *The Renaissance Discovery of Classical Antiquity* (Oxford 1969; 2. Aufl. 1973). – *Cultural Aspects of the Italian Renaissance. Essays in Honour of P. O. Kristeller* (Manchester 1976). – Liebenwein, W., *Studiolo* (Berlin 1977). – Meiss, M., ›Scholarship and Penitence in Renaissance‹, in *Pan* (1974). – Steinberg, R. M., *Fra Girolamo Savonarola. Florentine Art and Renaissance Bibliography* (Athen-Ohio 1977).

PERSPEKTIVE

Panofsky, E., *Perspektive als symbolische Form* (Leipzig-Berlin 1927). – Oertel, R., ›Perspective and Imagination‹, in *Studies in Western Art*, II (Princeton 1963). – Federici Vescovini, G., *Studi sulla prospettiva medievale* (Turin 1964). – White, J., *The Birth and Rebirth of Pictorial Space* (London 1957). – *La prospettiva rinascimentale* (Kolloquium, Mailand 1977; 3 Bde., Florenz 1981 ff.).

IKONOLOGIE UND VERWANDTE THEMEN

Quellen: Ripa, C., *Iconologia* (Rom 1610).

Allgemeine Werke: Mâle, E.; Brehier, L.; Künstle, K.; van Marle, R.; Réau, L.; – Seznec, J., *La Survivance des dieux antiques* (London 1940; engl. Ausg. New York 1953).

Christliche Ikonographie: Cartwright, J., *Christ and His Mother in Italian Art* (London 1897). – Venturi, A., *La Madonna nell'arte* (London 1897). – Mazzoni, P., *La leggenda della croce nell'arte italiana* (Florenz 1914). – Prampolini, G., *L'Annunciazione nei pittori primitivi italiani*

(Mailand 1939). – Schorr, D. C., ›The Presentation‹, in *A. B.* (XXVIII, 1946, S. 17-32). – Kaftal, G., *Iconography of the Saints in Tuscan Painting* (Florenz 1952). – Kaftal, G., *Iconography of the Saints in Central and South-Italian Schools* (Florenz 1965). – Sciller, G., *Ikonographie der christlichen Kunst* (4 Bde., Gütersloh 1966-1976). – Hally, F., *Dictionary of Subjects and Symbols in Art* (London 1975). – Koezsche-Breitenbruch, L., *Die neue Katakombe an der Via Latina in Rom. Untersuchungen zur Ikonographie der alttestamentarischen Wandmalereien* (Münster 1977). – Kaftal, G., *Iconography of the Saints in North East Italian Painting* (Florenz 1978).

Profanikonographie: Howe, W. N., *Animal Life in Italian Painting* (London 1912). – d'Ancona, P., *L'uomo e le sue opere. Figurazioni italiane del Medievo* (Florenz 1923). – Wedgwood Kennedy, R., *The Renaissance Painters' Garden* (New York 1948). – Schiavo, A., *La donna nella scultura italiana dal XII al XVIII secolo* (Rom 1950). – Pilo Casagrande, F., *Vita di corte e di popolo nella pittura italiana* (Mailand 1960). – Kligender, F., *Animals in Art and Thought to the End of the Middle-Age* (London 1971). – Lankheit, K., ›Eine Serie von »Uomini Famosi« des florentinischen Barock‹, in *Pan* (XXIX, 1971).

Symbolik: Davitt-Asmus, U., *Corpus quasi vas. Beiträge zur Ikonographie der italienischen Renaissance* (Berlin 1967). – Levi d'Ancona, M., *The Garden of the Renaissance, Botanical Symbolism in Italian Painting* (Florenz 1977).

GENRE

›Cassoni‹: Schubring, P., *Cassoni, Truhen und Truhenbilder der italienischen Frührenaissance* (2 Bde., neue Ausg. Leipzig 1923). – Ferrari, M. L., *Cassoni rinascimentali* (Mailand 1974).

Groteske: Piel, F., *Die Ornament-Groteske in der italienischen Renaissance* (Berlin 1962). – Dacos, N., *La Découverte de la Domus Aurea et la formation des grotesques à la Renaissance* (London 1969).

Stilleben: Delogù, G., *Natura morta italiana* (Bergamo 1962). – Gregori, M., Nuove schede per la natura morta italiana‹, in *An.Vi.* (VI, Nr. 169, 1964). – Croisille, J. M., *Natures mortes campaniennes* (Brüssel 1965)

Vedute: Susinno, S., *La veduta nella pittura italiana* (Florenz 1974).

Landschaft: Haumann, I., *Das oberitalienische Landschaftsbild des Settecento* (Straßburg 1927). – Zucchini, G., *Paesaggi e rovine nella pittura bolognese del Settecento* (Bologna 1951). – Keller, H., *Die Kunstlandschaften Italiens* (München 1960). – Richard Turner, A., *The Vision of the Landscape in Renaissance Italy* (Princeton 1966). – Chiarini, M., *I disegni italiani di paesaggio, 1600-1750* (Treviso 1972). – Romano, G., *Studi sul paesaggio* (Turin 1978).

Porträt: Alazard, J., *Essai sur l'évolution du portrait à Florence* (Paris 1924). – Grisebach, A., ›Römische Porträtbüsten der Gegenreformation‹, in *Röm. Forsch. Bibl. Herziana* (XIII, Rom 1936). – Pope-Hennessy, J., *The Portrait in the Renaissance* (London-New York 1966). – Guzzi, V., *Il ritratto italiano nella pittura dell'Ottocento* (Mailand 1967). – Schuyler, J., *Florentine Busts. Sculpture Portraiture in the Fifteenth Century* (New York 1976). – Delogù, G., *Il ritratto nella pittura italiana* (2 Bde., Bergamo 1976).

RESTAURIERUNG

Lavagnino, E., *Fifty War-Damaged Monuments of Italy* (Rom 1946). – Brandi, C., ›L'Institut de restauration de Rome‹, in *G. B. A.* (Januar 1954). – Procacci, U., *La tecnica degli antichi affreschi e loro distacco e restauro* (Florenz 1958). – Corsi, D., *L'uffizio del restauro. Una magistratura lucches e dei secoli XIV e XV* (Lucca 1968). – *Firenze salvata* (Sammelbd., Turin 1970). – Baldini, U., und dal Poggetto, P., *Guida alla mostra: Firenze restaura* (Florenz 1972). – Conti, A., *Storia del restauro* (Mailand 1973). – Ferroni, E., und Dini, D., *Prospettive per la conservazione degli affreschi* (Scritti in onore di U. Procacci; 2 Bde., Mailand 1977). – Guadigni, E., ›Dal restauro monumentale al restauro urbanistico‹, in *Pro* (12, 1978). – Baldini, U., *Teoria del restauro e unità di metodologia* (Florenz 1978).
Neben dem *Bollettino dell'Istituto Centrale del Restauro* (Rom) sind auch die Ausstellungskataloge der jeweiligen Institute zu empfehlen.

ITALIEN UND EUROPA

Flandern-Italien: Hoogewerf, G. J., *Vlaamsche Kunst en italiaansche Renaissance* (Anvers o. J. (1934?)). – Baumgart, F., in *M. J.* (XIII, 1944). – van Puyvelde, L., *La Peinture flamande à Rome* (Brüssel 1950). – Brandi, C., *Spazio italiano, ambiente fiammingo* (Mailand 1960). – Castelfranchi Vegas, L., ›I rapporti Italia-Fiandra‹, in *Pa* (XVII, 1966). – Castelnuovo, E., *Prospettiva italiana e microcosmo fiammingo* (Mailand 1973). – Meijer, B. W., ›Contributo sui rapporti artistici fra l'Italia e i Paesi Bassi: principi, artisti e arti alle corti di Parma e Bruxelles‹, in *Le corti farnesiane di Parma e Piacenza, 1555-1622, Immagini del potere* (fortlaufende Publikation).
Ausstellungen: *I fiamminghi e l'Italia* (Venedig und Brügge 1951). – *Artists in the 17th Century Rome* (London 1955).

Holland-Italien: Zwollo, A., *Hollande en Vlaamse Vedutescildes le Rome 1675-1725* (Assen 1973).

Belgien-Italien: Philippe, J., *Les Artistes liégeois à Rome, XVIe-XIXe siècles* (Lüttich 1965).

England-Italien: Hale, J. R., *England and the Italian Renaissance* (London 1954). Ausstellung: *Firenze e l'Inghilterra. Rapporti artistici e culturali dal XVI al XX secolo* (Florenz 1971).

Deutschland-Italien: Hetzer, B., *Das deutsche Element in der italienischen Malerei des sechzehnten Jahrhunderts* (Berlin 1929). – Wölfflin, H., *Italien und das deutsche Formgefühl* (München 1931). – Longhi, R., *Arte italiana e arte tedesca* (Florenz 1941). – Rasmo, N., ›Sulla posizione dell'arte austriaca nell'ambiente veneziano dei primi del Quattrocento‹, in *Actes du XVIIIe Congrès international d'histoire de l'art* (Venedig 1956).

Frankreich-Italien: Prucher, A., ›I »Memoires« di Philippe de Commynes e l'Italia del Quattrocento‹, in *B.A.S.I.*

(1957). – Polidori, M. L., *Monumenti e mecenati francesi a Roma* (Viterbo 1969). – ›Firenze e la Francia: rapporti del periodo dalla Rivoluzione all'Impero‹, in *Actes du colloque* (Florenz 1979). Ausstellung: *Claude Gellée et les peintres lorrains en Italie* (Rom und Nancy 1982; Kat. von Thuillier, J.).

Zentraleuropa-Italien: Charpentrat, P., *Baroque, Italie et Europe centrale* (Freiburg 1964).

Byzanz-Italien: Lazareff, V., ›L'arte bizantina e la pittura in Italia nell'alto Medio Evo‹, in *Actes du colloque: l'Orient artistique dans l'histoire et la civilisation* (Rom 1964).

Orient-Italien: Soulier, G., *Les Influences orientales dans la peinture toscane* (Paris 1924). – Pouzyna, I. V., *La Chine, l'Italie et les débuts de la Renaissance* (Paris 1935). – Baltrusaitis, J., *Le Moyen Age fantastique* (Paris 1972; neue Ausg. 1981). – Richard, J., *Orient et Occident au Moyen Age: contacts et relations* xiie-xve *siècles* (London 1976).

Historische Sammlungen

**Muntz, E., *Les Collections des Médicis au* xve *siècle* (Paris 1888). – Burckhardt, J., *Die Sammler* (1893), in *Gesamtausgabe* (Bd. 13, Berlin 1930). – Levi, C. A., *Le collezioni veneziane* (Venedig 1900). – Savini Branca, S., *Il collezionismo veneziano nel Seicento* (Padua 1965). – Garas, K., ›The Ludovico Collection of Pictures in 1633‹, in *B. M.* (ix, 1967). – Briganti, C., *Curioso itinerario delle collezioni ducali parmensi* (Parma 1969). – Emiliani, A., *La collezione Zambeccari nella Pinacoteca Nazionale di Bologna* (Bologna 1973). – Morassi, A., *Il tesoro dei Medici* (Mailand 1973). – Schlosser, J. von, *Raccolte d'arte e di meraviglie del tardo Rinascimento* (Florenz 1974). – Chiarini de Anna, G., ›Leopoldo de'Medici e la sua raccolta di disegni nel ›Carteggio d'artisti‹ dell'Archivio di Storia di Firenze‹, in *Pa* (307, 1975). – Lavin, M., *Barberini Inventories* (New York 1975). – Shearman, J., ›The Collection of the Younger Branch of Medici‹, in *B. M.* (cxvii, 1975). – Haskell, F., *Rediscoveries in Art. Some Aspects of Taste, Fashion and Collecting in England and in France* (London 1976).

Spezialsammlungen

Russoli, F., *La raccolta Berenson* (Mailand 1962). – Ciardi, R. P., *La raccolta Cagnola. Dipinti e sculture* (Mailand 1965). – Gui, L., und Pantaleoni, M., *La raccolta Vittorio Putti di quadri, disegni, incisioni etc.* (Bologna 1966). – Lechi, F., *I quadri della collezione Lechi in Brescia* (Florenz 1968). – Salmi, M., ›La donazione Contini-Bonacossi‹, in *B. A.* (1967, 1970). – Boschetto, A., *La collezione Roberto Longhi* (Florenz 1971). – Spear, R. E., *Renaissance and Baroque Paintings from the Sciarra and Fiano Collections* (Rom 1972). – Bon, C., *Cultura toscana dell'Unità (1859-1870) e i primi cenacoli dei Macchiaioli. Le collezioni Martelli e Banti* (Florenz 1976).

Museumskataloge

Italien

Ancona: Marchini, G., *La Pinacoteca communale di Ancona* (Ancona 1960).

Aosta: Sciolla, G. C., *Museo archeologico, tesoro della Collegiata dei Santi Pietro e Orso, tesoro delle Cattedrale* (Bologna 1974).

Aquila: Moretti, M., *Museo Nazionale d'Abruzzo nel Castello Cinquecentesco* (Aquila 1968).

Aquileia: Forlati Tamaro, B., *I vetri romani del Museo di Aquileia* (Aquileia 1968). – Scrinari, V.S.M., *Museo archeologico: catalogo delle sculture romane* (Rom 1970).

Bergamo: Rossi, F., *Accademia Carrara, Bergamo. I dipinti* (Bergamo 1979).

Bologna: Emiliani, A., *La Pinacoteca Nazionale di Bologna* (Bologna 1967).

Ferrara: Riccomini, E., *La Pinacoteca Nazionale di Ferrara* (Ferrara 1969).

Florenz: Marcucci, L., *Gallerie Nazionali di Firenze. I dipinti toscani del secolo* xiii (Rom 1958). – Marcucci, L., *Gallerie Nazionali di Firenze. I dipinti toscani del secolo* xiv (Rom 1965). – Fremantle, R., *Florentine Paintings in the Uffizi* (Florenz 1971). – Berti, L., *Catalogo del Museo Nazionale del Bargello* (Florenz 1972). – *Gli Uffizi. Catalogo generale* (hrsg. von Berti, L., Florenz 1980).

Genua: Rotondi, P., *La Galleria Nazionale di Palazzo Spinola a Genova* (Genua 1967); *Palazzo Bianco* (Genua 1970); *Palazzo Rosso* (Genua 1971).

Lecce: Bernardini, M., *Il Museo provinciale di Lecce* (Rom 1958).

Mantua: Ozzola, L., *Il Museo d'arte medievale e moderna del Palazzo ducale di Mantova* (Mantua 1950 oder 1951).

Messina: Mauceri, E., *Il Museo Nazionale di Messina* (Rom 1929). – Consoli, G., *Messina: Museo regionale* (Bologna 1980).

Mailand: Ottino della Chiesa, O., *Brera* (Novara 1953). – Russoli, F., *La Pinacoteca Poldi Pezzoli* (Mailand 1955; neue Ausg. 1975). – Belloni, G. G., *Il Castello Sforzesco* (Florenz 1966). – Falchetti, A., *La Pinacoteca Ambrosiana* (Vicenza 1969). – Caramel, L., und Pirovano, C., *Gallerie d'arte moderna* (3 Bde., Mailand 1973). – Matalon, S., *Pinacoteca di Brera* (Mailand 1977).

Modena: Pallucchini, R., *I dipinti della Galleria Estense di Modena* (Florenz 1945). – Ghidiglia Quintavalle, A., *Le Gallerie Estense di Modena* (Genua 1950).

Neapel: Molajoli, B., *Il Museo di Capodimonte* (Neapel 1961).

Orvieto: Garzelli, A., *Museo di Orvieto* (Bologna-Mailand-Rom 1972).

Padua: Grossato, L., *Il Museo Civico di Padova* (Venedig 1957).

Parma: Ghidiglia Quintavalle, A., *La Galleria Nazionale di Parma* (Parma 1960).

Pavia: Paroni, A., *Pavia, Musei civici del Castello Visconteo* (Bologna 1975).

Perugia: Santi, F., *Galleria Nazionale dell'Umbria* (Rom 1969).

Pisa: Carli, E., *Il Museo di Pisa* (Pisa 1974).

Prato: Datini, G., *Musei di Prato* (Bologna-Rom-Mailand 1972).

Reggio Calabria: Geraci, P. O., *Il Museo Nazionale di Reggio Calabria* (Reggio Calabria 1975).

Rom: Zeri, F., *La Galleria Spada in Roma* (Rom 1952). – Bucarelli, *La Galleria Nazionale d'arte moderna* (Rom 1953). – Della Pergola, P., *I dipinti della Galleria Borghese*

(Rom 1959). – *Die Kunstschätze des Vatikans* (hrsg. von Redig de Campos, D., Freiburg-Basel-Wien 1974).
Siena: Torriti, P., *La Pinacoteca Nazionale di Siena. I dipinti da XII al XV secolo* (2 Bde., Genua 1977; neue Ausg. 1980).
Treviso: Menegazzi, L., *Il Museo Civico di Treviso* (Venedig 1964).
Turin: Mallè, L., *Museo Civico d'Arte Antica di Torino. I dipinti* (Turin 1963). – Mallè, L., *I dipinti della Galleria d'arte moderna di Torino* (Turin 1968). – Gabrielli, N., *Galleria Sabauda di Torino. Maestri italiani* (Turin 1971).
Venedig: Moschini-Marconi, S., *Gallerie dell'Accademia di Venezia* (Rom 1962). – Pignatti, T., *Il Museo Correr di Venezia* (Venedig 1960). – Valcanover, F., *Gallerie dell'Accademia* (Venedig 1970).
Vicenza: Barbieri, F., *Il Museo Civico di Vicenza* (2 Bde., Venedig 1962-1963).
Udine: Someda de Marco, C., *Il Museo Civico e le Gallerie d'arte antica e moderna di Udine* (Udine 1956).

Deutschland

Altenburg: Oertel, R., *Frühe italienische Malerei in Altenburg* (Berlin 1961).
München: Kultzen, R., *Alte Pinakothek München. Italienische Malerei* (München 1975).

Spanien

Madrid: Lafuente Ferrari, *El Prado Escuelas italiane y francese* (Madrid 1970).

USA

Berenson, B., *Venetian Painting in America* (New York 1926). – Venturi, L., *Pittura Italiana in America* (Mailand 1931). – Richter, J. P., *The Cannon Collection of Italian Paintings* (Princeton 1936). – Frederiksen, B. B., *Census of Pre-Nineteenth Century Italian Paintings in North America Public Collections* (Harvard-Oxford 1974).
Baltimore: Zeri, F., *Italian Paintings in the Walters Art Gallery* (2 Bde., Baltimore 1976).
New York: *Frick Collection Catalogue* (Vorwort von Grier, H. D. M.), Bd. 2: *Paintings French, Italian and Spanish* (New York 1968); Bd. 3: *Italian Sculpture* (New York 1970). – Zeri, F., *Italian Paintings: Catalogue of the Collection of the Metropolitan Museum of Art* (New York 1971).
Saratoga: Tomory, P., *Catalogue of the Italian Paintings before 1800. The John and Mable Ringing Museum* (Saratoga 1976).
Washington: Shapley, F. R., *Catalogue of Italian Paintings, National Gallery of Washington* (2 Bde., Washington 1979).
Yale University: Offner, R., *Italian Primitives of Yale University* (New Haven 1927). – Seymour, Ch., *Early Italian Paintings at Yale University Art Gallery* (New Haven-London 1970).

Frankreich

Avignon: Laclotte, M., und Mognetti, E., *Avignon, musée du Petit-Palais: Peintures italiennes* (Paris 1976).
Paris: ›Peintres au musée du Louvre‹, in *Catalogue des écoles étrangères* (Bd. II, S. 87 École italienne; Paris [1981?]). – Moureire-Gavoty, F. de la, *Paris, musée Jacquemart-André: Sculpture italienne* (Paris 1975).

Großbritannien

Cambridge: Goodison und Robertson, G. H., *Catalogue Fitzwilliam Museum* (Bd. II, Italian Schools; Cambridge 1967).
London: National Gallery of London Catalogues: Gould, C., *Venetian School* (London 1959). – Davies, M., *The Earlier Italian School* (2. Aufl., London 1962). – Gould, C., *The Sixteenth Century Italian Schools* (London 1962). – Levey, N., *The Seventeenth and Eighteenth Italian School* (London 1971).
Oxford: Lloyd, C., *A Catalogue of the Earlier Italian Paintings in the Ashmolean Museum* (Oxford 1977).

Photographie

Quintavalle, A. C., ›La fotografia e i suoi modelli‹, in *Quale storia dell'arte* (hrsg. von de Seta, C., Neapel 1977). Ausstellungen: *Gli Alinari, fotografia a Firenze 1852-1920* (Florenz 1977).

Kino

Hovald, P. G., *Le Néo-Réalisme italien et ses Créateurs* (Paris 1959). – Sadoul, G., *Histoire du cinéma mondial des origines à nos jours* (Paris 1961). – Borde, R., ›Le Cinéma italien‹, in *Cahiers du Cinéma* (Nr. 131, Paris, Mai 1962). – Micchiche, L., *Il cinema italiano degli anni'60* (Padua 1976).

TOPOGRAPHISCHES REGISTER

KÜNSTLER-REGISTER

mit biographischen Angaben

ABBATI, Filippo. Neapel 1836 – Florenz 1868. Florentiner Landschaftsmaler. S. 429
Lit.: Ausst. Kat. ›Toskanische Impressionen. Der Beitrag der Macchiaioli zum europäischen Realismus‹, von E. Steingräber, S. Pinto, K. Lankheit, D. Durbè u. L. Rago, München 1975.

AGNOLO DI VENTURA. Tätig zwischen 1325 und 1349. Toskanischer Bildhauer, mit dem Folgenden Schöpfer des Denkmals Tarlati in Arezzo (1330). S. 128

AGOSTINO DI GIOVANNI. Anfang 14. Jh. Toskanischer Bildhauer, Schüler von Giovanni Pisano. S. 128
Lit.: Cohn-Goerke, Scultori senesi del Trecento, in: Riv. A. (1939).

AGRICOLA, Filippo. Urbino 1795 – Rom 1857. Römischer Maler an der Akademie San Luca in Rom. S. 414

ALBANI, Francesco, genannt L'Albano. Bologna 1578-1660. Bologneser Maler, ausgebildet an der Akademie der Carracci, von Reni beeinflußt, in Rom und Bologna tätig. S. 378
Lit.: A. Boschetto, Per la conoscenza di Fr. A., in: Pr., II (1948).

ALBERTI, Leon Battista. Genua 1404 – Rom 1472. Humanist und Universalkünstler, im Exil geboren, ausgebildet in Venedig und Padua, machte Karriere am Päpstlichen Hof als Abreviator. Verfasser von Schriften (in der Landessprache und lateinisch) über die Malerei, die Bildhauerkunst und von zehn Büchern über die Architektur, der er ab 1446 in Rimini, Florenz und Mantua seine Haupttätigkeit widmete. S. 166, 175-178, 187
Lit.: G. Mancini, Vita di L. B. A., Paris 1911. – P. H. Michel, La Pensée de L. B. A., Paris 1930. – Ders., Le ›Traité de la peinture‹ de L. B. A., version latine et version vulgaire, in: R. é. I., VIII (1961). – A. Parronchi, L. B. A. as Painter, in: B. M., CIV (1962). – J. Guidol, L. B. A., Chicago-London 1969. – F. Borsi, L'opera completa, Mailand 1975.

ALBERTINELLI, Mariotto. Florenz 1474 – ebenda 1515. Schüler von Cosimo Rosselli, wie Fra Bartolomeo, mit dem er zusammenarbeitete. S. 270
Lit.: Bodmer, in: Dedalo (1939). – L. Borgo, The Problem of the Ferry Carondelet Altarpiece, in: B. M., CXIII (1971); The Works of M. A., New York 1976.

ALEANDRI, Ireneo. Sanseverino 1795-1885. Theaterarchitekt. S. 421
Lit.: A. Rossi, L'architetto I. A. e la sua attività marchigiane, in: XI. Cong. St. Arch., Rom o. J.

ALEOTTI. Siehe Argenta.

ALESSI, Galeazzo. Perugia um 1512-1572. Architekt, von Michelangelo beeinflußt. Tätig in Genua und Mailand. S. 325 f.
Lit.: Kongreßbericht: G. A. e l'architettura del Cinquecento, Genua 1975.

ALFIERI, Benedetto. Rom 1700-1767. Piemonteser Architekt, tätig als Nachfolger von Juvara in Turin und den Marken. S. 360
Lit.: M. Rosci, B. A. e l'architettura del 700 in Piemonte, in: Boll. C. I. S. A. (1953).

ALGARDI, Alessandro. Bologna 1602 – Rom 1654. Ausgebildet in Bologna, Bildhauer, Dekorateur, Architekt, Rivale von Bernini. Tätig in Venedig, Mantua, Rom, Neapel. S. 347, 354
Lit.: H. Fosse, A. A., in: J. B. (1905). – O. Pollak, A. A. als Architekt, in: Zeitschrift für Geschichte der Architektur (1910-1911). – M. Heimbürger, A. A. architetto, in: Anal. rom. Inst. danici, 6 (1971).

ALINARI. Italienische Photographenfamilie seit dem Ende des 19. Jhs. S. 445

ALLORI, Cristofano. Florenz 1577 – ebenda 1621. Maler, Florentiner Dekorateur, Schüler seines Vaters Alessandro Allori. S. 310
Lit.: G. del Bravo, Su C. A., in: Pa., 205 (1967). – M. Gregori, Note su C. A., in: Scritti di Storia dell'arte in onore di U. Procacci (1977).

ALMEYDA, Giuseppe Damiani. 1834-1901. Architekt: Politeama Garibaldi in Palermo. S. 421

ALTICHIERO. Verona. Tätig von 1369-1384. Maler aus Verona, Schüler von Turone, weitgehend von dem Werk Giottos in Padua beeinflußt. S. 153, 154
Lit.: P. Schubring, A., Leipzig 1898. – L. Coletti, Studi sulla pittura del Trecento a Padova, in: Riv. A. (1930-1931). – L. Bronstein, A., Paris 1932. – P. Pettenella, A. e la pittura veronese del Trecento, Verona 1961. – C. L. Kagghianor, Stefano da Ferrara, Problemi critici tra Giotto a Padova, l'espansione di Altichiero e il primo Quattrocento a Ferrara, Florenz 1972.

AMADEO, Giovanni, Antonio. Mailand 1447 – ebd. 1522. Lombardischer Baumeister und Bildhauer, abhängig von Filarete; tätig in Bergamo: Kapelle Colleoni (1470-1475), und in Pavia: Fassade der Certosa (1491-1498). S. 159, 210 f.
Lit.: Malaguzzi-Valeri, G. A. Amadeo, Bergamo 1904. – G. A. Dell'Acqua, Mantegazza ed Amadeo, in: Pr., II (1948).

AMATO, Giacomo. 1643-1732. Sizilianischer Architekt, ausgebildet in Rom, tätig in Palermo. S. 368

AMBROGIO DA MILANO. Ende 16. Jh. Lombardischer Architekt, vollendete die Kathedrale von Todi. S. 76

AMIGONI, Jacopo. Neapel um 1682 – Madrid 1752. Venezianischer Maler, weit gereist, Maler am Hofe Ferdinands VI. In seinem Werk sind zahlreiche Einflüsse, vor allem von S. Ricci und den französischen galanten Meistern zu bemerken. S. 399

Amigoni (Fortsetzung)
Lit.: S. Ortolani, J. A., in: Emporium (1938). – R. Pallucchini u. G. M. Pilo, Studiando l'A., in: A. V., 12 (1958). – R. Gualdaroni, Un pintor veneceno eu le corte de los Borbone de Espanà: J. A., in: A. E. A., 168 (1974). – K. Garas, Appunti per J. A. e Jacopo Guarana, in: A. V., 32 (1978).

Ammannati, Bartolommeo. Florenz 1511-1592. Toskanischer Bildhauer und Baumeister, Schüler von Bandinelli. Manierist. Arbeitete in Venedig, Padua und Rom, bevor er zur Zeit Cosimos I. nach Florenz zurückkehrte. 1558 bis 1570: Hof des Palazzo Pitti; 1563-1576: Neptunsbrunnen (Piazza della Signoria); 1578: Collegio Romano dei Gesuiti. S. 304, 306
Lit.: M. G. Ciardi-Dupré, Prima attività dell'A., in: Pa., 135 (1961). – M. Fossi, B. A. architetto, Neapel 1967.

Amorosi, Antonio Mercurio. 1660-1736. Römischer Maler, Luminist. S. 384
Lit.: A. Lo Bianco, Alcune considerazioni sull' attività di A. A., in: A. B. A., 7-8 (1978).

Andrea de'Bruni (di Simone de'Crocifieri). Gest. Bologna 1399. Bologneser Maler von Andachtsbildern und Fresken in der Abtei von Pomposa. S. 154

Andrea del Castagno. Siehe Castagno.

Andrea d'Ognabene. 13. Jh. Toskanischer Goldschmied, Schöpfer des Silberretabels von S. Jacopo in Pistoia. S. 143

Andrea del Sarto. Siehe Sarto.

Angelico, Fra Giovanni. Vicchio di Mugello um 1400 bis Rom 1455. Florentiner Maler, Dominikanermönch in Fiesole (1407), Prior im Kloster S. Marco. Unter dem Einfluß von Lorenzo Monaco und den Malern von S. Maria degli Angeli. Schöpfer zahlreicher Altarbilder; übernahm um 1430 einige Prinzipien der Kunst Masaccios; Fresken im Kloster S. Marco in Florenz und der Kapelle Nikolaus V. im Vatikan. S. 187 f., 205, 219
Lit.: P. Muratoff, F. A., ital. Ausgabe Rom 1930. – I. Pope Hennessy, F. A., London 1952 (1974). – M. Salmi, Il Beato A., Spoleto 1958; Tout l'œuvre peint de F. A., Paris 1973.

Angelo (da Orvieto). 14. Jh. Erbauer des Palazzo dei Consoli in Gubbio (1333). S. 123

Angelo. 14. Jh. Sieneser Bildhauer, Meister der Holzskulptur, Schöpfer der ›Verkündigungsgruppe‹ von Montalcino (1369-1370). S. 144
Lit.: E. Carli, Scultura lignea senese, Mailand 1951.

Angelo Italia. 17. Jh. Sizilianischer Bildhauer des Barock. S. 368

Antelami, Benedetto. Um 1150 – um 1225. Lombardischer Bildhauer und Baumeister, Hauptvertreter der italienischen romanischen Kunst: ›Kreuzabnahme‹ im Dom zu Parma (1178); Arbeiten im Baptisterium zu Parma (1196) und in S. Andrea di Vercelli (um 1223). S. 69, 70
Lit.: R. Jullian, La sculpture romane..., Paris 1945. – G. de Francovich, B. A. Architetto e Scultore..., 2 Bde., Mailand-Florenz 1952. – L. Vinca Masini, B. A. a Parma, Florenz 1965. – F. Negri Aroldi, B. A., Mailand 1966.

Antico, Pier Giacomo Ilario Bonacolsi, genannt l'Antico. Um 1460-1528. Medailleur aus Mantua. S. 273

Antolini, Giovanni Antonio. Castelbolognese 1754 – Mailand 1842. Architekt, Entwürfe für das Forum Bonaparte in Mailand. S. 410

Antonelli, Alessandro. Novara 1798 – Mailand 1888. Architekt, Schöpfer der Kuppel von S. Gaudenzio (Novara) und der ›Mole Antonelliana‹ (Turin). S. 420, 421
Lit.: F. Rosso, A. A. e la Mole di Torino, Turin 1977.

Antonello da Messina. Messina um 1430-1479. Maler, ausgebildet bei Colantonio in Neapel in einem flämischen Einflüssen gegenüber aufgeschlossenen Milieu. Arbeitete in Messina (1456-1473) und in Venedig (1475-1476), wo seine Tätigkeit Giovanni Bellini entscheidend beeinflußte; Stil bestimmt durch die statische Komposition, die Schönheit der Gegenstände, die Einheit des Tones. S. 208 f.
Lit.: J. Lauts, A. da M., Wien 1940. – Ausst. Kat. ›A. M.‹, von G. Vigni u. G. Carandente, Venedig 1953. – R. Causa, A. da M., Mailand 1964. – G. Mandel, L'opera completa di A. da M., Mailand 1967. – Ausst. Kat. ›A. da M.‹, von S. Tramontana, Messina 1981-82.

Antonio Veneziano. Venedig vor 1340 – Florenz 1387. Ausgebildet in Venedig, tätig in Florenz, wo er Schüler von T. Gaddi war, in Siena und in Pisa: Campo Santo, Szenen aus dem Leben des hl. Rainer. S. 147
Lit.: R. Fremantle, An addition to A. V., in: B. M., CXVI (1974). – M. Boskovits u. J. C. Czarnecki, A new Panel by A. V., in: B. M., CXIX (1977).

Antonio di Vincenzo. Um 1340-1402. Bologneser Baumeister. Profanbauten und Leitung der Bauhütte von S. Petronio. S. 158
Lit.: A. Gatti, A. di V., in: Arch. Stor. Arte (1894). – M. Lodinska Kosinka, Quelques remarques au sujet du dessin d'A. di V. et de la gravure de Cesare Cesariano, Protokoll des internationalen Kongresses ›Mailänder Dom‹, Bd. I., Mailand 1969.

Antonioni, Michelangelo. Ferrara 1912. Filmregisseur: ›Der Schrei‹, ›Die rote Wüste‹ u. a. S. 446 f.

Apollonio di Giovanni. 1415-1465. Cassoni-Maler.
Lit.: E. Callmann, A. di G., Oxford 1970.

Appiani, Andrea. Mailand 1754 – ebenda 1817. Lombardischer Maler, klassizistischer Porträtist, befreundet mit David. Tätig in Parma, Bologna und Rom. S. 415
Lit.: E. Somaré, A. A., Mailand 1928.

Arcimboldo, Giuseppe. Mailand 1530-1593. Lombardischer Maler; seine Besonderheit sind manieristische Stilleben, Früchte, Blumen und als ›capricci‹ behandelte Porträts; im Dienst der Habsburger um 1560-1587. S. 327
Lit.: B. Geiger, I Dipinti ghiribizzosi di G. A., Florenz 1953. – F. C. Legrand und F. Sluys, G. A. et les Arcimboldesques, Paris 1954. – S. Alfons, G. A., Malmö 1957. – T. Da Costa Kaufmann, A.'s Imperial Allegories: G. B. Fonteo and the Interpretation of A.'s Painting, in: Z. f. K., XXXIX, 4 (1976).

Argenta, Aleotti Battista, genannt L' –. 1546-1636. Architekt aus Parma, tätig in Ferrara und Parma: Theater. S. 360
Lit.: G. Padovani, L'A. architetto, in: Riv. Ferrara, XI (1933).

Arnoldi. Mitte 14. Jh. Bildhauer, vielleicht lombardischer Herkunft, arbeitete 1351-1361 in Florenz. S. 141

Arnolfo di Cambio. Florenz um 1250-1302. Florentiner Baumeister und Bildhauer, Meister der Dombauhütte von S. Maria del Fiore (1300); 1299-1302 leitete er den Bau des Palazzo Vecchio. Von ihm stammen kraftvolle Statuen, die für die alte Fassade des Domes bestimmt waren. S. 118 ff., 123, 124, 125 f.
Lit.: J. Keller, Der Bildhauer A., in: J. B. (1934-35). – G. Nicco Fasola, La fortuna di A., in: Com. (1951). – V. Mariani, A. e il gotico italiano, Neapel 1969.

ARSIZIO. Siehe Crespi

ASPERTINI, Amico. Bologna etwa 1475-1522. Maler der Schule von Ferrara, Aufenthalt in Rom und Florenz, um 1505 in Ferrara, um 1510/15 in Bologna. Mitarbeiter von L. Costa und Francia am Oratorium von S. Cecilia. S. 290
Lit.: R. Longhi, Ampliamenti nell' officina ferrarese, in: Suppl. C.A., IV (1940). – P. Pray Bober, Drawings after the Antique by A.A., London 1957. – H. Kropfinger von Kuegelgen, A. Aspertinis malerisches Werk. Ein Beitrag zur Bologneser Malerei der ersten Hälfte des Cinquecento, 2 Bde., Bonn 1973.

ASSERETO, Gioacchino. Genua 1600-1649. Genueser Dekorationsmaler, hauptsächlich Darstellungen mit der Verkündigung.
Lit.: C. McCorquodale, The Baroque Painters of Italy, Oxford 1979.

ATTAVANTE, Gabriello di Vante, genannt –. Castelfiorentino 1452 – Florenz 1517. Florentiner Miniaturmaler, Verbindung zu Ghirlandaio und Leonardo, deren Kompositionen er oftmals für Codices, bestimmt für Lorenzo de' Medici, Matthias Corvinus oder Ausländer wie den Bischof von Dol, übernahm. S. 219
Lit.: A. de Hevesy, La Bibliothèque du roi Mathias Corvin, Paris 1923.

AVANZO. Verona um 1350 – um 1400. Mitarbeiter von Altichiero (1379). S. 154

AVELLINO, Onofrio. Neapel 1674 – Rom 1741. Neapolitanischer Maler, Schüler von Giordano und Solimena, ließ sich 1715 in Rom nieder. S. 376

AVERLINO, Antonio. Siehe Filarete.

AVONDO, Vittorio. Turin 1836-1910. Piemonteser Naturalist und Landschaftsmaler. S. 428

BACCANI, Gaetano. 1792-1867. Toskanischer Architekt, restaurierte das Schiff des Domes zu Florenz und errichtete den Campanile von S. Croce. S. 412
Lit.: E. Brues, Palazzo Capponi, in: M.K.I.F. (1966).

BACCIO D'AGNOLO. Florenz 1462 – ebenda 1543. Florentiner Baumeister: Fassade des Palazzo Bartolini. S. 170, 269
Lit.: L. Bartolini-Salimbeni, Una fabbrica fiorentina di B. d'A., in: Boll. C.I.S.A., XXVII, 2 (1978).

BACCIO DA MONTELUPO. 1469-1535. Florentiner Bildhauer. S. 234

BACHIACCA, Francesco Ubertini, genannt il –. Florenz 1495 bis 1552. Florentiner Maler, Schüler von Perugino, Gehilfe von Franciabigio, in Rom mit Giulio Romano befreundet, Fresken im Palazzo Vecchio (Florenz). S. 271
Lit.: Ausst. Kat. ›B. and his Friends‹, Baltimore 1961. – F. Abbate, in: Pa., 189 (1965). – L. Nikolenko, Francesco Ubertini called i. B., New York 1966.

BACICCIA, Giovanni Battista Gaulli, genannt il –. Genua 1639-1709. Maler, Dekorateur. Meister indirekter Beleuchtung und von Clairobscur-Effekten. Schöpfer der ›Verherrlichung des Namen Jesu‹ in der Kirche Il Gesù in Rom (1672-1679). S. 350

BADILE, Antonio. 16. Jh. Veroneser Maler.

BAGETTI, Giuseppe-Pietro. Turin 1764-1831. Aquarellist und Architekt, Schüler von Palmieri, tätig in Turin: zahlreiche Aquarelle mit Ansichten der Alpen, und Paris: Historienbilder (Siege Napoleons). S. 411

BAGLIONE, Giovanni. Rom 1571-1644. Maler und Historiker, persönlicher Gegner von Caravaggio. Hat eine Sammlung römischer Künstler-Viten (1572-1642) zusammengestellt. S. 372
Lit.: G. Baglione, Le Vite, Rom 1642. – R. Longhi, G.B. e il quadro del processo, in: Pa., 163 (1963).

BALDOVINETTI, Alessio. Florenz 1425-1499. Maler und Mosaizist, beeinflußt von Veneziano und Castagno; Schöpfer der Fresken der Cappella del Cardinale di Portogallo in San Miniato (1466-1473) und einer ›Madonna‹ im Louvre (1450). Bewahrte ohne weitere Entfaltung den ruhigen und klaren Stil von Piero della Francesca. S. 192
Lit.: R.W. Kennedy, A.B., New Haven 1938.

BALDUCCIO, Giovanni di –. Geboren in Pisa, Mitte 14. Jh. Mailänder Bildhauer, Meister der Reliquienschreine des hl. Petrus in S. Eustorgio, Mailand (1339), und des hl. Augustin in S. Pietro in Ciel d'Oro, Pavia (1370). S. 157
Lit.: C. Baron, Scultura gotica lombarda, Mailand 1944. – C. Gnudi, in: Belle Arti, I (1946-1948).

BALLA, Giacomo. 1871 – Rom 1958. Futuristischer Maler, Unterzeichner des Manifestes von 1910, einer der Initiatoren der Bewegung. S. 435
Lit.: T. Coplestone, Mouvement de l'art moderne, Paris 1964. – G. de Marchis, G.B., Turin 1977.

BALZARETTI, Giuseppe. 1801-1874. Architekt des Sparkassengebäudes in Mailand. S. 421

BAMBOCCIO, Pieter van der Laer, genannt il –. Haarlem um 1595 – Rom 1642. Holländischer Maler, kam 1628 nach Rom. Führte die Genreszene ein. S. 384

BANDINELLI, Baccio. Florenz 1488 – ebenda 1560. Florentiner Bildhauer, Schüler Rusticis, Schöpfer von ›Hercules und Cacus‹ auf der Piazza della Signoria und von Reliefs im Dom S. Maria del Fiore. S. 304
Lit.: D. Heikamp, Appunti sulla vita di B.B., in: Pa., 191 (1966). – M.G. Ciardi-Duprè, Alcuni aspetti della tarda attività del B., in: An. Vi., V (1966). – J.H. Beck, Precisions concerning B., in: An. Vi., XII, 5 (1973). – K. Langedijk, B.B.'s Orpheus, a political message, in: M.K.I.F., XX, I (1976). – H. Weil Garris, B. and Michelangelo, in: Art and the Age of Nature, New York 1981.

BANTI, Cristiano. Pisa 1824 – Florenz 1904. Florentiner Maler, Landschafter, gehört zur Gruppe der ›Macchiaioli‹. S. 429
Lit.: Ausst. Kat. ›Macchiaioli‹, München 1975 (siehe Abbati).

BARABINO, Carlo, 1768-1835. Architekt, Erbauer der Rampen des Teatro Carlo Felice und des Friedhofes von Genua. S. 411, 421

BARBARI, Jacopo de'Barbari, genannt Jakob Walch. 1440 bis 1512/16. Venezianischer Maler und Kupferstecher, Meister der großen Ansicht von Venedig (1500). Im Dienst Kaiser Maximilians. Zuschreibung weniger Werke sicher. S. 227
Lit.: A. de Hevesy, J.B., Paris–Brüssel 1929. – L. Servolini, J. d. B., Padua 1944. – J. Schulz, J. de B.'s Views of Venice: Map making, City Views, and moralized Geography before the year 1500, in: A.B., LX, 3 (1978).

BARILI, Antonio. Siena 1453-1516. Baumeister und Kunsttischler, Schöpfer des Chores der Cappella di S. Giovanni im Dom (heute in S. Quirico d'Orcia), 1482-1502. S. 221

BARISANI, Tommaso. Siehe Tommaso da Modena.

Bellano (Fortsetzung)
die Reliefs des Santo (Basilica di S. Antonio) von ihm stammen. S. 212 f.
Lit.: W. Bode, B. B. da Padova, in: Arc. Stor. Arte, IV (1891). – G. Previtali, Una data per il problema del pulpito di S. Lorenzo, in: Pa. (1961).

Bellini, Gentile. Venedig um 1429-1507. Venezianischer Maler, Sohn des Jacopo, Bruder von Giovanni. Offizieller Porträtist der Serenissima. Beeinflußt v. Mantegna. S. 223 f.
Lit.: E. Camaerts, Les B., Paris 1912. – F. Heinemann, Giov. B. e i belliniani, 2 Bde., Venedig 1962.

Bellini, Giovanni oder Giambellino. Venedig um 1430 bis 1516. Venezianischer Maler, Sohn des Jacopo, Bruder von Gentile, Schwager von Mantegna. Schöpfer zahlreicher Altargemälde sowie von Madonnenbildern, deren Komposition er für lange Zeit festlegte und an denen man die Entwicklung der neuen Manier verfolgen kann. Zunächst streng linear, später reagiert er lebhaft auf die Farbgebung Antonello da Messinas (1475) und gibt dem Bild eine geschlossenere tonale Einheit. S. 223, 225 f., 280
Lit.: L. Dussler, G. B., Frankfurt a. M. 1935. – Ausst. Kat. ›G. B.‹, von R. Pallucchini, Venedig 1949. – G. Fiocco, I disegni di G. B., in: Arte Veneta (1949). – R. Pallucchini, G. B., Mailand 1960. – S. Bottari, Tutta la pittura di G. B., 2 Bde., Mailand 1963. – G. Robertson, G. B., Oxford 1968. – N. Huse, Studien zu G. B., Berlin-New York 1972. – T. Pignatti, Tout l'œuvre peint de G. B., Paris 1975.

Bellini, Jacopo. Venedig um 1400-1470. Venezianischer Maler, hauptsächlich berühmt durch seine Sammlungen von Zeichnungen und Studien der Perspektive. S. 223
Lit.: V. Goloubew, Les dessins de J. B., 2 Bde., Paris 1912. – G. Matzeu, J. B., Mailand 1957. – B. Degenhart u. A. Schmitt (Hrsg.), J. B., Der Zeichnungsband des Louvre, München 1984.

Belliniano, Vittore Matteo, genannt –. Erwähnt um 1507 bis 1529. Venezianischer Maler. Schüler und Mitarbeiter von Giovanni Bellini; archaischer Stil. S. 226
Lit.: F. Heinemann, Giov. B. e i belliniani, 2 Bde., Venedig 1962.

Bellotto, Bernardo. Venedig 1720 – Warschau 1780. Schüler von Canaletto; zahlreiche Reisen ins Ausland. Ließ sich in Warschau nieder. S. 399
Lit.: H. A. Fritzsche, B. B., Burg 1936. – Ausst. Kat. ›Dal Ricci a Tiepolo‹, von P. Zampetti, Venedig 1969.

Bembo, Bonifacio. Maler aus Brescia, tätig zwischen 1447 und 1478 in Mailand (Fresken im Castello Sforzesco) und in Cremona (Kathedrale). S. 211

Benci di Cione. Erste Hälfte 14. Jh. Architekt von S. Maria del Fiore in Florenz. S. 139

Beltrami, Luca. 1854-1933. Mailänder Architekt. S. 421

Bencovich. 1677-1753. Maler dalmatinischer Herkunft, venezianischer Ausstattungskünstler, Piazzetta verwandt. S. 394

Benedetto da Rovezzano. 1474-1522. Florentiner Bildhauer: Grabmal Soderini in der Carminekirche und Grabmal des hl. Giovanni Gualberto (1503-1513, unvollendet, Bargello). S. 234, 271
Lit.: E. Luporini, B. da R., scultura e decorazione a Firenze tra il 1490 e il 1520, Mailand 1964.

Benefial, Marco. Rom 1684-1764. Römischer neoklassizistischer Maler. S. 414
Lit.: G. Falcidia, Per una definizione del ›caso‹ B., in: Pa., 343 (1978).

Benvenuti, Pietro. Arezzo 1769-Florenz 1844. Florentiner Maler, beeinflußt von David, verbreitete die Lehre des Akademismus. S. 414
Lit.: Ausst. Kat. ›P. B. 1769-1844‹, Arezzo 1969.

Benvenuto. 13. Jh. Umbrischer Baumeister. Palazzo Comunale in Perugia. S. 123

Benvenuto di Giovanni del Guasta. Siena 1436-1518. Schüler von Vecchietta, beeinflußt von Gozzoli und den Meistern des Nordens. S. 197
Lit.: M. C. Bandera, Qualche osservazione su B. di. G., in: An. Vi. (1974); Variazioni ai cataloghi Berensoniani di B. di. G., in: Scritti U. Procacci (Mailand 1977).

Bergognone, Ambrogio da Fossano, genannt –. Fossano 1450-1523. Lombardischer Maler. S. 212
Lit.: F. Malaguzzi-Valeri, I Seguaci del B., in: R. A. (1905). – L. Puppi, Il B., in: A. L. VII, 2 (1962). – J. Poracchia, Il B., Mailand 1963. – S. Sameck Ludovici, Il B., Mailand 1966.

Bergonzoni, Giovanni Battista. Bologna 1624-1692. Bologneser Architekt. S. 361

Berlinghieri, Berlinghiero. Erste Hälfte 13. Jh. Toskanischer Maler, Leiter einer Werkstatt. S. 86

Berlinghieri, Bonaventura. Erste Hälfte 13. Jh. Toskanischer Maler, Schöpfer des ›Heiligen Franziskus‹ in Pescia (1235). S. 86

Bernard. 18. Jh. Französischer Architekt, auf Park- und Gartenanlagen spezialisiert. Tätig in Italien: Park von Stupinigi. S. 342

Bernardo Veneziano. Ende 14. – Anfang 15. Jh. Lombardischer Baumeister und Bildhauer, arbeitete am Schloß von Pavia und am Mailänder Dom; begann die Certosa von Pavia (um 1400). S. 159

Bernascone, Giovanni. Erste Hälfte 17. Jh. Lombardischer Baumeister. Begann die Wallfahrtskirche S. Maria del Monte bei Varese. S. 356

Bernini, Giovanni Lorenzo. Neapel 1598 – Rom 1680. Römischer Baumeister, Bildhauer, Maler von internationalem Ruf; ausgebildet bei seinem Vater, errichtete 1624 den Baldachin in Sankt Peter. Von 1656-1665 baute er unter dem Pontifikat Alexanders VII. die Kolonnaden der Peterskirche, in der Kirche selbst errichtete er die großen Grabmäler Urbans VIII. und Alexanders VII. Schöpfer zahlreicher Büsten und Statuen. Bernini wird als Begründer des monumentalen und dekorativen Barock betrachtet. S. 334, 339 f., 344, 345 f., 352-354
Lit.: H. Brauer u. R. Wittkower, Die Zeichnungen des G. L. B., Berlin 1931. – R. Pane, B. architetto, Venedig 1953. – R. Wittkower, B., London 1955 (1978). – L. Grassi, G. L. B., Rom 1962. – A. Nava Cellini, G. L. B., 2 Bde., Mailand 1966. – A. Sutherland Harris, Selected Drawings of G. L. B., New York 1978. – I. Lavin, B. and the Unity of the Visual Arts, New York 1980.

Bernini, Pietro. Sesto Fiorentino 1562 – Rom 1629. Vater von Giovanni Lorenzo, toskanischer Bildhauer, ging nach Neapel, dann nach Rom. S. 352
Lit.: V. Martinelli, Contributi alla scultura del Seicento: P. B., in: Com. (1953).

Berruguete, Pedro (Pietro Spagnualo). Paredes de Nava um 1450 – Avila 1504. Spanischer Maler, tätig in Urbino zwischen 1477 und 1482. S. 202

BERTINI, Giuseppe. Mailand 1825-1898. Lombardischer Maler historischer Szenen. S. 426

BERTOLDO, Giovanni. Um 1440 – Poggio a Cajano 1491. Florentiner Bildhauer, Mitarbeiter von Donatello, Schöpfer von Plaketten und Madonnen, Verwalter der Sammlungen Lorenzo de' Medicis. S. 233, 272
Lit.: W. Bode, B. und Lorenzo dei Medici, Freiburg 1925.

BESIO, Giacomo. Anfang 17. Jh. Genueser Baumeister, tätig in Sizilien. Begann 1612 mit dem Bau von S. Giuseppe dei Teatini in Palermo. S. 368

BETTO DI GERI. 14. Jh. Florentiner Goldschmied, Schöpfer des silbernen Hochaltares im Baptisterium zu Florenz (1366). S. 143

BETTOLI, Niccolò. Modena 1780-1854. Baumeister in Parma, Erbauer des Teatro Reale. S. 412

BEZZUOLI, Jacopo. Florenz 1784-1855. Florentiner romantischer Maler. S. 428

BIANCHI, Pietro. 1787-1849. Neapolitanischer Baumeister, Erbauer der Kirche S. Francesco di Paola. S. 413

BIANCHINI, Vincenzo. Erste Hälfte 16. Jh. Venezianischer Mosaizist. S. 289

BIANCO, Bartolomeo, genannt Il Baccio. Como Ende 16. Jh. – Genua 1651. Baumeister, mit seinem Vater Cipriano nach Genua gekommen, Erbauer wichtiger Genueser Paläste. S. 356

BIBIENA. Siehe Galli.

BIDUINUS. Erste Hälfte 12. Jh. Toskanischer Bildhauer aus Bidogno stammend, arbeitete in Pisa, Lucca, Pistoia. S. 85

BIGARELLI, Guido. Mitte 13. Jh. Lombardischer Bildhauer aus Como stammend. Tätig in Pisa, Pistoia, fertigte 1250 den Bischofsstuhl in S. Bartolomeo in Pantano, Pistoia. S. 85

BIGARI, Vittorio Maria. Bologna 1692-1776. Historienmaler. S. 379

BINAGHI, Lorenzo. Um 1556-1629. Lombardischer Baumeister. Erbauer der Kirche S. Alessandro in Mailand. S. 356

BIROLLI, Renato. Verona 1906 – Mailand 1959. Maler, einer der Begründer der ›Fronte Nuovo delle arti‹ (1945). S. 440
Lit.: C. Maltese, in: Com., I (1950). – M. Valsecchi, R. B., Kat. XXX, Biennale Venedig 1960; R. B., Mailand 1966.

BOCCACCINO, Boccaccio. Cremona 1467 – ebenda 1525. Maler aus Cremona, Schüler von Alvise Vivarini in Venedig, malte das Schiff des Domes von Cremona aus (1508-1518). S. 227, 269
Lit.: A. Puerari, B., Mailand 1957. – E. S. Barelli, Frammento lineo e racconto nell'opera di B. B., in: A. L., 76 (1972).

BOCCATI, Giovanni de. Erwähnt zwischen 1445 und 1480. Maler, tätig in Umbrien und in den Marken. S. 197
Lit.: F. Zeri, Due dipinti, la filologia e un nome, Turin 1961. – M. Mojzer, B., in: Pan., XXII (1964). – P. Zampetti, G. B., Mailand 1971.

BOCCIONI, Umberto. 1882-1916. Maler, Begründer der futuristischen Bewegung 1910; Verfasser einer Schrift über die neue Malerei und Bildhauerkunst (1914). S. 433 ff.
Lit.: C. Carrà, U. B., Mailand 1910. – F. Pastonchi, in: Cahiers d'art (1950). – R. de Grada, B., il mito del moderno, Mailand 1962. – G. Balla, B., Mailand 1964. – G. Bruno, Tutta l'opera di B., Mailand 1969. – P. Bellini, Catalogo completo dell'opera grafica di U. B., Mailand 1972.

BOITO, Camillo. 1834-1914. Italienischer Architekt, Historiker, Verteidiger einer ›nationalen Architektur‹, Erbauer der ›Casa dei Musicisti‹ in Mailand. S. 419
Lit.: L. Grassi, C. B., Mailand 1959.

BOLDINI, Giovanni. Ferrara 1842 – Paris 1931. Florentiner Maler; nach einer Reise nach London (1869) und einem Aufenthalt in Paris (nach 1872): Modemaler der Gesellschaft. S. 430
Lit.: E. Somaré, Ricordi di G. B., Mailand 1941. – C. Cecchi, B., Rom 1962. – C. L. Ragghianti und E. Camesasca, L'opera completa di B., Mailand 1970. – Ausst. Kat. ›Macchiaioli‹, München 1975 (siehe Abbati).

BOLGI, Andrea. 17. Jh. Römischer Bildhauer, Schüler von Bernini. S. 353

BOLOGNA, Giovanni da, genannt Giambologna. Douai 1529 – Florenz 1608. Baumeister, Bildhauer, ausgebildet in Antwerpen, Aufenthalt in Rom; ab 1553 in Florenz, wo er durch seine überlangen Formen und die sinnliche Affektation seiner Figuren zu einem der großen Repräsentanten des Manierismus wurde. S. 305 ff.
Lit.: E. Dhanens, J. B., Brüssel 1956. – Ausst. Kat. ›J. B. 1529-1608‹, von Ch. Avery und A. Radcliff, Edinburgh, London, Wien 1978.

BOLTRAFFIO, Giovanni. Mailand 1467-1516. Lombardischer Maler, Schüler und Nachahmer von Leonardo. S. 268
Lit.: W. Suida, Leonardo und sein Kreis, München 1929.

BON, Bartolomeo der Ältere. ?-1464. Venezianischer Baumeister und Bildhauer, arbeitete am Palazzo Ducale sowie an der Ca d'Oro. S. 161, 221

BON, Giovanni. ?-1442. Baumeister und Bildhauer, Zusammenarbeit mit seinem Bruder Bartolomeo dem Älteren. S. 161, 221

BONAIUTO, Andrea di, genannt Andrea di Firenze. Erwähnt 1343-1377. Florentiner Maler, Orcagna und Nardo di Cione nahestehend. S. 145 f.

BONANUS. Erwähnt zwischen 1174-1180. Pisaner Baumeister und Bronzegießer, tätig in Pisa und Siena. S. 73, 84
Lit.: A. Boeckler, Die Bronzetüren des Bonanus von Pisa und des Barisanus von Trani, Berlin 1951.

BONAZZA, Giovanni. Tätig zwischen 1695-1730. Venezianischer Bildhauer, Meister von Reliefs in der Cappella del Rosario am linken Querhaus von SS. Giovanni e Paolo. S. 390

BONFIGLI, Benedetto. Perugia 1420-1496. Maler der Schule von Perugia, beeinflußt von Benozzo Gozzoli und Domenico di Bartolo. S. 197
Lit.: Scalvanti, in: R. A. (1902).

BONINO DA CAMPIONE. Lugano, zweite Hälfte 14. Jh. Baumeister, Schüler von Giovanni di Balduccio, Schule der ›Maestri campionesi‹. S. 157

BONINSEGNA, Giovanni. 13. Jh. Sienesischer Goldschmied, tätig in Mailand und Venedig, wo er die Fassung der ›Pala d'Oro‹ schuf (1345). S. 74

BONITO, Giovanni. Neapel 1707-1789. Neapolitanischer Porträtist. S. 376
Lit.: R. Longhi, in: Vita artistica (1927).

BONOMINI, Vincenzo. 1756-1839. Neoklassizistischer Maler aus Bergamo, Meister eines makabren Zyklus in S. Grata inter vites, Bergamo. S. 415
Lit.: R. Bassi-Rathgeb, V. B., Bergamo 1942.

BONOSCI, Ambrogio. Lombardischer Baumeister, tätig im 15. Jh. S. 211

Brunelleschi (Fortsetzung)
Lit.: L.H. Heydenreich, Spätwerke B.'s, in: J.B., II (1931). – G.C. Argan, B., Mailand 1955. – E. Luporini, B., Mailand 1964. – F.B. Battisti, B., Mailand 1976. – C. Bozzoni u. G. Carbonara, F.B., Rom 1977. – C.L. Ragghianti, F.B., Florenz 1977.

Brustolon, Andrea. Belluno 1662-1732. Venezianischer Holzbildner und Kunsttischler, Schöpfer des Gestühles im Palazzo Venier. S. 391
Lit.: G. Biasuz und A. Lacchin, A.B., Venedig 1928.

Buffalmacco. Florentiner Maler, erste Hälfte 14. Jh. Berühmt wegen seiner phantasievollen und possenhaften Erzählweise, ist aber vielleicht auch der Schöpfer des ›Triumph des Todes‹ im Campo Santo in Pisa. S. 146 (Anm. 96)
Lit.: L. Bellosi, B. e il trionfo della morte, Turin 1974.

Bugiardini, Giuliano. Florenz 1475-1554. Florentiner Maler, Schüler von Domenico Ghirlandaio. Anfang des 16. Jhs. in Rom, 1530 in Bologna. S. 271
Lit.: A. Podesta, in: Emporium (Juni 1940).

Bulgarini, Bartolomeo. Sieneser Maler, tätig im 15. Jh., identisch mit Ugolino Lorenzetti. S. 139

Buonarroti. Siehe Michelangelo.

Buonconsiglio, Giovanni, genannt Marescalco. Vicenza 1470 – Venedig 1535. Maler aus Vicenza, Schüler von Montagna, beeinflußt von der lombardischen und ferraresischen Malerei. S. 281

Buontalenti, Bernardo. Florenz um 1530-1608. Florentiner Baumeister, vergrößerte den Palazzo Vecchio. Spezialist für fürstliche Feste und Feuerwerke. S. 304, 307
Lit.: Ausst. Kat. ›Disegni di B.B.‹, von J. M. Botto, Florenz 1968.

Buscheto, 11. Jh. 1063 Baumeister des Domes zu Pisa. S. 82, 84

Busiri-Vici, Michele. 20. Jh. Architekt des italienischen Pavillons auf der Ausstellung in New York, 1939.

Butinone, Bernardo. Um 1450-1507. Mailänder Maler, Schöpfer der Pala von S. Martino in Treviglio nach dem Modell der Pala von S. Zeno in Verona von Mantegna. S. 212
Lit.: M. Salmi, B. B., in: Dedalo, x (1929). – G. Dell'Acqua, Il politico di S. Martino a Treviglio, Bergamo 1956.

Cabianca, Vincenzo. Verona 1837 – Rom 1902. Florentiner Maler. S. 429
Lit.: Carlo Montani, V.C., Rom 1925. – M. Borgiotti, Gentio dei Macchiaioli, 2 Bde., Mailand 1964. – Ausst. Kat. ›Macchiaioli‹, München 1975 (Siehe Abbati.).

Caccini, Giovanni. Florenz 1562-1613. Florentiner Bildhauer. S. 362
Lit.: J.K. Schmidt, Studien zum statuarischen Werk des G.B.C., Köln 1971.

Cacialli, Giuseppe. Florenz 1770-1828. Toskanischer Architekt, Schüler von Paoletti, Arbeiten am Palazzo Pitti. S. 412

Cagli, Corrado. 1910-1976. Maler der römischen Gruppe. S. 439
Lit.: E. Crispolti u. G. Marchiori, C.G., Turin 1964.

Cagnassi, Guido Canlassi, genannt –. 1601-1681. Maler aus der Romagna. S. 379

Cagnola, Luigi. 1762-1833. Mailänder Architekt, Erbauer des Arco della Pace, 1806. S. 410
Lit.: P. Mezzanotte, Le architetture di L.C., Mailand 1930. – G. Hubert, C. architecte de l'impératrice Joséphine, in: G.B.A. (1976).

Cairo, Francesco del. 1598-1674. Lombardischer Maler, berühmt wegen seiner Nachtbilder. S. 381

Calderini, Guglielmo. 1837-1916. Architekt des neuen Justizpalastes in Rom, 1888-1910. S. 422
Lit.: P. Marconi, C., Rom 1975.

Calini. 20. Jh. Architekt, vollendete den neuen Bahnhof Termini in Rom, 1952. S. 442

Callot, Jacques. Nancy um 1593-1635. Maler und Kupferstecher, tätig in Italien. 1617 veröffentlichte er in Florenz die Folge ›Capricci‹. S. 307, 330, 383

Cambiaso, Luca. Moneglia (Ligurien) 1527 – Madrid 1585. Maler, Genueser Dekorateur; Reisen nach Florenz und Rom. Malerei beeinflußt von der lombardischen Kunst und von Correggio. Tätig in Genua und in Spanien. S. 327 Lit.: Ausst. Kat. ›L.C.‹, von M. Labo, Mailand 1927. – B. Suida Mannino, L.C., Mailand 1958. – J. Profumo Muller, L'opera geometrica di L.C., in: A.L., 15 (1970).

Cametti, Bernardino. Erste Hälfte 18. Jh. Piemonteser Bildhauer, Arbeiten in Rom. S. 354
Lit.: I. Schlegel, B.C., in: J.B.M., II, I (1963).

Cammarano, Michele. Neapel 1851-1920. Neapolitanischer Maler, Realist, Schlachtenmaler des Risorgimento. S. 430
Lit.: M. Biancale, M.C., Mailand 1936. – Ausst. Kat. ›M.C.‹, Neapel 1959.

Campagna, Girolamo. Ende 16. Jh. Venezianischer Bildhauer: Hochaltar von S. Giorgio Maggiore in Venedig.

Campagnola, Giulio. Padua 1482 – nach 1514. Paduaner Maler und Kupferstecher, an Giorgione orientiert, der ihn zu seinen Landschaften und Figuren anregte; ihm werden vier Fresken in der Scuola del Carmine in Padua zugeschrieben.
Lit.: G. Fiocco, in: l'Arte, XVIII (1915). – K.F. Sutes, in: Z.B.K., LX (1926).

Campi. Malerfamilie aus Cremona, beeinflußt von Giulio Romano; Giulio, Cremona um 1500-1572, stand in Verbindung mit den Venezianern, seine Brüder, Antonio, ?-1591, und Vincenzo, ?-1591, waren Porträtisten und Dekorateure; Bernardino, 1522 – um 1584, ihr Vetter, war vom Manierismus beeinflußt. S. 328
Lit.: R. Longhi, in: Pinacotheca (1928-1929). – A. Fuerari, La Pinacotheca di Cremona, Cremona 1951. – R. Longhi, Un S. Sebastiano di A.C., in: Pa., 87 (1957). – S. Zamboni, Per G.C., in: A.A.M., 30 (1965). – G. Bora, Note Cremonesi, l'eredità di Camillo e i Campi, in: Pa., 311 (1976), 327 (1977). – R. Amerio und R. Tardito, Appunti sugli affreschi restaurati di B.C. nella Parrochiale di Caravaggio, in: A.L., 51 (1979).

Campigli, Massimo. Florenz 1895. Florentiner Maler, der Pariser Bewegung angeschlossen. S. 438, 439
Lit.: R. Franchi, M.C., Mailand 1944. – M. Raynal, C., Paris 1942. – F. Russoli, C. pittore, Mailand 1965. – Sammelband, Omaggio a C., Rom 1971.

Campione. Gruppenbezeichnung einer Reihe lombardischer Baumeister des 13. und 14. Jhs., die in Modena, Cremona,

COLONNA, Angelo Michele. Varenna 1600-1687. Dekorateur, Schüler von Girolamo Curti, hat Besonderes auf dem Gebiet der übergroßen perspektivischen Illusionsmalerei geleistet. S. 349
Lit.: S. de Vito, Note sur A. M. C., in: L'Arte (1928). – E. Feinblatt, A. M. C., in: B. M., XXI, 919 (1979).

CONCA, Sebastiano. Gaeta 1680 – Rom 1764. Neapolitanischer Maler, Schüler von Solimena, ließ sich in Rom nieder. S. 376
Lit.: A. M. Clark, S. C. and the Roman Rococo, in: Ap. (1967). – G. C. Sestieri, Contributi S. C., in: Com. (1969).

COPPO DI MARCOVALDO. Florenz um 1225-1274. Florentiner Maler, Meister der ›Madonna‹ in S. Maria dei Servi in Orvieto. S. 77
Lit.: P. Bacci, in: Arte (1900). – G. Coor-Achenbach, in: A. B., XXVIII (1946). – M. Boskovits, Intorno di M., in: Scritti u. Procacci, Mailand 1977.

CORRADI, Pier Antonio. 17. Jh. Genueser Architekt. S. 356

CORAZZI, Antonio. 1792-1877. Italienischer Architekt, ging nach Warschau. S. 407

CORRADINI, Antonio. Este 1668 – Neapel 1752. Bildhauer, tätig in Venedig, Este und Neapel, wo er sich endgültig niederließ und für den Fürsten von Sansevero die Familienkapelle ›La Pietatella‹ neu gestaltete. Die Statue ›Schamhaftigkeit‹ darin ist charakteristisch für seinen Stil. S. 364

CORREGGIO, Antonio Allegri, genannt il –. Correggio 1489 – Parma 1534. Schüler von Mantegna in Mantua, entwikkelte die Wandmalerei im Sinne eines delikaten Illusionismus (in Parma, 1520-1530). Seine religiösen und mythologischen Darstellungen haben eine Lichtheit der Farben und eine Anmut ohnegleichen. S. 291-293
Lit.: S. de Vito Battaglia, C., Bibliografia, Rom 1934. – E. Bodmer, C. e gli Emiliani, Novara 1943. – S. Bottari, Il C., Mailand 1962. – G. M. Toscano, Nuovi studi sul C., Parma 1974. – C. Gould, The Paintings of C., London 1976. – A. C. Quintavalle, Tout l'œuvre peint du C., Paris 1977.

CORTONA, Pietro Berrettini, genannt Pietro da –. Cortona 1596-1669. Florentiner Baumeister, Maler, Dekorateur, Schüler von Baccio Ciarfi, dessen Ruf er begründete. Tätigkeit in Rom und Florenz. Als Architekt (SS. Luca e Martina, 1635) und Maler (Palazzo Barberini) einer der drei großen Meister des römischen Barock. S. 344f., 349f.
Lit.: Ausst. Kat. ›P. da C.‹, von L. Berti, Rom 1956. – G. Briganti, P. da C., Rom 1957; P. da C. o della pittura barocca, Florenz 1962. – M. Campbell, P. da C. at the Pitti Palace, Princeton 1977. – P. da C. architetto, in: Atti Convegno, III Centenario, Cortona 1978.

COSIMO, Piero di. Siehe Piero di Cosimo.

COSMATEN oder COSMA. Gattungsname von römischen Marmor-Steinmetzen, Dekorateuren, Bildhauern des 12., 13., 14. Jhs. Ein Cosma, Sohn von Jacopo di Lorenzo, arbeitete am Kreuzgang von S. Scolastica in Subiaco. S. 81
Lit.: E. Hutton, The Cosmati, London 1950.

COSSA, Francesco del. Ferrara um 1436-1478. Einer der drei Meister der Schule von Ferrara: arbeitete mit an der Ausmalung des Palazzo Schifanoia, Maler einer ›Verkündigung‹ in Dresden. S. 217f.
Lit.: A. Neppi, F. del C., Mailand 1958. – E. Ruhmer, F. del C., München 1959.

COSTA, Gian Francesco. Venedig 1711-1773. Venezianischer Radierer: ›Delizie del Brenta‹ (malerische Ansichten von der Brenta). S. 401

COSTA, Lorenzo. Ferrara 1460 – Mantua 1535. Malte Bilder für das Studiolo d'Isabella d'Este (Mantua), Meister des weichen Stiles. S. 214, 219, 290
Lit.: R. Varese, L. C., Mailand 1967.

COSTA, Nino. Rom 1826-1893. Römischer Maler, gründete die Bewegung ›in arte libertas‹. S. 426
Lit.: G. Cellini, N. C., Bergamo 1933. – M. Borgiotti, Genio dei Macchiaioli, 2 Bde., Mailand 1964. – Ausst. Kat. ›Macchiaioli‹, München 1975 (siehe Abbati).

COURTOIS, Jacques, genannt Cortese. 1621-1676. Französischer Maler, vor allem von Schlachtenbildern, wetteiferte mit Salvator Rosa. S. 384

COZZARELLI, Giacomo. Siena 1455-1515. Baumeister und Holzschnitzer, Erbauer der Kirche (zerstört) S. Maria Maddalena in Porta Tufi (1484). S. 195

CREDI, Lorenzo di, Florenz 1459-1537. Florentiner Maler, Meisterschüler von Verrocchio. S. 236
Lit.: G. Dalli-Regoli, L. di C., Pisa 1966.

CREMONA, Tranquillo. Pavia 1837 – Mailand 1878. Lombardischer Maler, pflegte eine Malerei des ›Intimen‹. S. 426f.
Lit.: L. Beltrami, Un maestro: T. C., Mailand 1929. – L. Naldini, in: Com., V (1954).

CRESPI, Giovanni Battista, genannt il Cerano. Cerano 1575 – Mailand 1632. Bruder von Daniele, studierte in Rom und Venedig; ließ sich in Mailand nieder: Hofmaler und oberster Leiter aller öffentlichen Arbeiten. S. 380
Lit.: G. Testori, Manieristi piemontesi e lombardi, Mailand 1966.

CRESPI, Daniele da Busto Arsizio, genannt –. 1592-1630. Lombardischer Maler, beeinflußt von Caravaggio. S. 381
Lit.: E. Nicodemi, D. C., Mailand 1966.

CRESPI, Giuseppe Maria, genannt Spagnolo. 1665-1747. Bologneser Maler, Dekorateur, Porträtist, Maler von Stilleben. S. 380
Lit.: H. Voss, G. M. C., Rom 1921. – Ausst. Kat. ›G. M. C.‹, von F. Arcangeli u. L. Gnudi, Bologna 1948. – A. M. Mateucci, G. M. C., Mailand 1965. – M. Liebmann, G. M. C., Dresden 1976.

CRESTI, Domenico, genannt il Passignano. 1558-1638. Florentiner Dekorationsmaler. S. 310

CRIVELLI, Carlo. Venedig um 1430 – um 1495. Venezianischer Maler. Nach seiner Verurteilung von 1457 zog er sich in die Marken zurück, wo er zahlreiche kostbare Altarbilder malte: ›Thronende Madonna‹ (1482, Brera). S. 215, 223
Lit.: F. Drey, C. C. und seine Schule, München 1927. – Ausst. Kat. ›La pittura nelle Marche‹, Ancona 1950. – M. Davies, C. C., London 1972. – A. Bovero, L'opera completa di C. C., Mailand 1975.

CRIVELLI, Taddeo. 15. Jh. Miniaturmaler lombardischer Herkunft, ließ sich in Ferrara nieder; ›Bibel des Borso d'Este‹ (1455-1461). S. 219
Lit.: G. Trecani u. A. Venturi, La Bibbia di Borso d'Este, 2 Bde., Mailand 1937.

CRIVELLI, Vittore. 15. Jh. Venezianischer Maler, bekannt ab 1481-1501/02. Bruder und Schüler von Carlo Crivelli, Schöpfer zahlreicher Altaraufsätze und ›pale‹. S. 223

Crivellone, Angelo Mario Crivelli, genannt –. ? – um 1730. Lombardischer Maler. S. 381

Cronaca, Simone del Pollaiuolo, genannt –. Florenz 1457 bis 1508. Baumeister des Palazzo Strozzi. S. 229
Lit.: G. Marchini, Il C., in: Riv. A. (1941).

Curti, Girolamo, genannt il Dentone. 1575-1632. Lombardischer Wandmaler, Spezialist für Scheinarchitekturen, tätig in Modena. S. 349
Lit.: E. Feinblatt, Contributions to G. C., in: B. M., cxvii, 967 (1975).

Daddi, Bernardo. Florenz. Maler im Stile Giottos, tätig zwischen 1312 und 1345. Meister eines signierten Triptychons (Uffizien, 1328) und von Fresken in der Cappella Bardi in S. Croce. S. 133
Lit.: F. Zeri, Qualche appunti sul Daddi, in: Diari di lavoro, I, Rom 1971.

Dalbono, Edoardo. Neapel 1841-1915. Neapolitanischer Landschaftsmaler. S. 430

Dalmasio, Lippo. Zweite Hälfte 14. Jh. Bologneser Freskenmaler, arbeitete in der Toskana. S. 152
Lit.: R. Longhi, Mostra del Trecento bolognese, in: Pa., 5 (1950). – G. L. Mellini, Commento a D., in: A. I., iii, 27/29 (1970).

Dal Zotto, Antonio. 1841-1918. Venezianischer Bildhauer, von dem das Goldoni-Denkmal auf dem Campo Goldoni stammt. S. 424

D'Andrade, Alfredo. 19. Jh. Architekt; schuf den Borgo Medioevale in Turin. S. 420
Lit.: M. Bernardi u. V. Viale, A. d'A., Turin 1957.

Danti, Vincenzo. Perugia 1530-1576. Toskanischer Bildhauer, Meister der ›Enthauptung Johannes des Täufers‹ an der Südpforte des Baptisteriums von Florenz. S. 305
Lit.: D. Summers, The Chronology of V. D.'s first Works in Florence, in: M. K. I. F., xvii (1972); The Sculpture of V. D., Ann Arbor 1976.

De Carolis, Adolfo. Piceno 1874-1928. Emilianischer Maler, Dekorateur. S. 433

De Fabris, Emilio. 19. Jh. Florentiner Architekt: Fassade von S. Maria del Fiore (1875-1887). S. 420

De Ferrari, Gregorio. 1644-1726. Genueser Barockdekorateur, Schwiegersohn von Piola: Gewölbemalereien im Palazzo Rosso, Strukkaturen und Dekorationen der Kirche S. Maria Assunta. S. 356f.

Del Debbio. 20. Jh. Römischer Architekt, von dem das Forum Mussolini (heute Foro Italico) entworfen wurde (1933). S. 442

Del Rosso, Zanobi. 1724-1798. Florentiner Architekt, vollendete S. Firenze (1775). S. 362

De Mura, Francesco. 1696-1752. Neapolitanischer Dekkenmaler, von Solimena beeinflußt. S. 367

De Nittis, Giuseppe. Barletta 1846 – Paris 1884. Neapolitanischer Maler, der als mondäner Maler in Paris Karriere machte. S. 431
Lit.: L. Benedite, D. N., Paris 1926. – E. Piceni, G. de N., Mailand 1934.

De Pisis, Filippo. Ferrara 1896 – Mailand 1956. Ferraresischer Maler, lange Aufenthalte in Paris, ließ sich in Venedig nieder; lebhafte impressionistische Vorstellungswelt. S. 438
Lit.: G. Raimondi, D. P., Florenz 1952.

De Sanctis, F. 18. Jh. Römischer Architekt. S. 341

Desiderio, Monsu. Siehe Monsu Desiderio.

Desiderio da Settignano. Settignano 1428-1464. Florentiner Bildhauer, Meister des Grabmales des Kardinals Marsuppini (1455). S. 184
Lit.: L. Planiscig, D. da S., Wien 1942. – I. Cardellini, D. da S., Mailand 1962.

Diamante, Fra. Mitte 15. Jh. In Prato Gehilfe von Fra Filippo Lippi. S. 189

Diotisalvi. 12. Jh. Baumeister, errichtete in Pisa um 1150 den Zentralbau der Kirche S. Sepolcro und einige Jahre später das Baptisterium. S. 84

Diziani, Gaspare. Belluno 1689 – Venedig 1767. Schüler von Sebastiano Ricci.
Lit.: G. B. Baldissone, G. D., in: Arch. Stor. di Belluno (1941).

Domenichino, Domenico Zampieri, genannt il –. Bologna 1581 – Neapel 1641. Wandmaler, aus Bologna stammend, Gehilfe von Annibale Carracci am Palazzo Farnese, repräsentiert den römisch-bologneser Akademismus in seiner ›Jagd der Diana‹ (1621) und seinen Fresken im Chor von S. Andrea della Valle (1624). S. 377f.
Lit.: L. Serra, D. Z., Rom 1909. – E. Borea, D., Mailand 1965.

Domenico di Bartolo. Siehe Bartolo.

Domenico di Niccolò, genannt de' Cori. Siena 1361 bis 1453. Sieneser Bildhauer und Dekorateur, Meister des Chores von S. Caterina da Siena, Dekor und Einlegearbeiten in der Kapelle des Palazzo Pubblico: 1425-1428. S. 144
Lit.: E. Carli, Scultura lignea senese, Mailand 1951.

Domenico Veneziano, Venedig um 1410-1461. Maler venezianischer Herkunft; um 1435 nach Florenz berufen, arbeitete am Chor von S. Egidio (1439-1445, heute verschwunden) zusammen mit Piero della Francesca und Baldovinetti. S. 187
Lit.: G. Pudelko, Studien über D. V., in: M. K. I. F. (1934). – J. Pope Hennesy, The early Style of D. V., in: B. M. (Juli 1951). – Katalog Mostra quattro maestri, Florenz 1954. – R. Longhi, Il maestro di Pratovecchio, in: Pa., 35 (1952). – H. Wohl, D. V. Studies, in: B. M., cxiii (1971); The Paintings of D. V., New York 1980.

Donatello. Florenz 1386-1466. Florentiner Bildhauer, außergewöhnliche Persönlichkeit, dessen Werk alle Kunstgattungen beeinflußt hat; seine Tätigkeit in Florenz – Arbeiten für Or San Michele (›Der Heilige Georg‹, 1416) und den Dom (›Propheten‹ für die Fassade, um 1410; ›Propheten‹ am Campanile, 1433-1439; Cantoria, ›Sängerkanzel‹, 1433-1440) – wurde unterbrochen durch eine Reise nach Rom (1432-1433) und einen langen Aufenthalt in Padua (1443-1453) wegen der Statue des Gattamelata und des Altares im ›Santo‹. S. 168, 169, 178-181
Lit.: H. Kauffmann, D., Berlin 1935. – L. Planiscig, D., Florenz 1947. – O. Morisani, Studi su D., Venedig 1953. – H. Janson u. J. Lanii, The Sculpture of D., Princeton 1957. – L. Grassi, Tutta la scultura di D., Mailand 1958 (1963). – A. Paolucci, D., Paris 1969. – D. e il suo tempo, in: Atti convegno int. di studi sul rinascimento, Florenz 1968. – L. Becherucci, D., i pergami di S. Lorenzo, Florenz 1979.

Donato. 13. Jh. Sieneser Bildhauer, Schüler von Niccolò Pisano, Mitarbeit an der Kanzel des Doms zu Siena. S. 109

Donducci, Giovanni Andrea. Siehe Mastelletta.

Dono, Paolo di. Siehe Uccello.

D'orsi, Achille. 1845-1929. Bildhauer von Genreszenen. S. 423

Dosio, Giovanni Antonio. Florenz 1533 – Rom 1609. Florentiner Baumeister. S. 362
Lit.: C. Hülsen, Das Skizzenbuch des G. D., Berlin 1933. – E. Luporini, Un libro di disegni di G. A. D., in: Cr. A., 24 (1957), 25, 26 (1958).

Dossi, Giovanni Luteri, genannt Dosso –. Ferrara 1479 – um 1542. Ferraresischer Maler, Schüler von Lorenzo Costa (1502), lebte in Rom, dann in Venedig, wo er Giorgione und Tizian kennenlernte. Mit Ariost befreundet, malte er für den Hof von Ferrara zahlreiche von der Fabel inspirierte Szenen sowie Kartons für Tapisserien. Berühmt durch seine Landschaften. S. 290f.
Lit.: R. Longhi, Vita artistica, 1927. – F. Gibbon, Dosso and Battista D., Princeton 1968.

Dotti, Carlo Francesco. Um 1670-1759. Bologneser Baumeister und Bildhauer. S. 361
Lit.: A. M. Mateucci, C. F. D. e l'architettura bolognese del Settecento, Bologna 1969. – W. Oechslin, C. F. D. 1670 bis 1759, in Z. K. G., 34, 3 (1971).

Duccio, Agostino di. 1418-1481. Florentiner Baumeister, Bildhauer, Mitarbeiter von Alberti in Rimini (Reliefplatten), Schöpfer einer Marmor-Madonna für den Dom von Florenz (Bargello) und der Fassade von S. Bernardino in Perugia. S. 183
Lit.: J. Pope-Hennessy, The Virgin and Child, London 1952. – Ders., Essays on Italian Sculpture, London-New York 1968.

Duccio di Boninsegna. Siena um 1250-1318. Sieneser Maler von entscheidender Bedeutung; kommt von der byzantinischen Malerei her und ist in seiner ›Madonna Rucellai‹ Cimabue verwandt; Entwicklung in Richtung auf eine höchst intensive Verfeinerung, die den Ruf seines Meisterwerkes, des Altarbildes der ›Maestà‹, begründet hat. S. 134-136
Lit.: E. Carli, Vetrata Duccesca, Florenz 1946. – C. Brandi, D., Florenz 1951; Il restauro della Maestà di D., Rom 1959. – E. Bacceschi, L'opera completa di D., Mailand 1972. – J. H. Stubblebine, D. di B. and his School, 2 Bde., Princeton 1979. – J. White, D., Toscan Art and the Medieval Workshop, London 1979.

Dupré, Giovanni. 1817-1882. Sieneser Bildhauer. S. 423

Du Quesnoy, François. Brüssel 1594 – Livorno 1643. Flandrischer Bildhauer, tätig in Italien für Papst Urban VIII. Meister der hl. Susanna in S. Maria di Loreto in Rom. S. 353

Elias, Bruder (Frate Elia). Erste Hälfte 13. Jh. Franziskanermönch, Baumeister der Basilika von Assisi. S. 104
Lit.: G. Barone, F. E., in: Bull. ist. ital. medieovo, LXXV (1974-75, erschienen 1978).

Enrico di Tedice. Pisaner Maler des 13. Jhs.: Kreuzigung und Passionsszenen. S. 86

Ercole de Roberti. Siehe Roberti.

Falca. Siehe Longhi, Pietro.

Falcone, Aniello. Neapel 1600 – Frankreich 1665. Maler, berühmt durch seine Schlachtenbilder. S. 375

Falcone, Giovanni Angelo. Genua ?-1657. Genueser Architekt, Erbauer des Palazzo Durazzo. S. 356

Falconetto, Giovanni Maria. Verona 1468-1535. Venezianischer Baumeister, in Verona ausgebildet, machte die Kunst der Hochrenaissance in Venetien bekannt. S. 279
Lit.: G. Fiocco, Le architetture di G. M. F., in: Dedalo (1931).

Falda, Giambattista. Valduggia um 1640 – Rom 1678. Lombardischer Stecher: römische Brunnen und Gärten. S. 386

Fanzago, Cosimo. 1593-1678. Bildhauer, Maler Dekorateur aus Bergamo. Tätigkeit in Neapel, besonders an der Certosa di S. Martino, um 1660 Umbau der Kirche von Montecassino. S. 363
Lit.: Fogaccia, C. F., Bergamo 1945. – R. Bosel, C. F. a Roma, in: Pros., 15 (1978).

Faruffini, Federico. 1831 – Perugia 1869. Mailänder Historienmaler. S. 426

Fasolo, Giovanni Antonio. Vicenza um 1530-1572. Maler und Dekorateur aus Vicenza, arbeitete mit Palladio zusammen. S. 314

Fattoretto, Giambattista. 18. Jh. Venezianischer Architekt, Erbauer der Fassade der Jesuitenkirche S. Maria Assunti und von S. Stae in Venedig. S. 389

Fattori, Giovanni. Livorno 1825 – Florenz 1908. Maler, gehört zur Gruppe der ›Macchiaioli‹, Mitglied der ›Partito d'azione‹ von 1868. Militärbilder, Bildnisse, Naturstudien. S. 428, 429
Lit.: A. Soffici, G. F., Rom 1921. – E. Cecchi, G. F., Rom 1933. – R. Baldaccini, F., Mailand 1949. – A. Francini Ciaranfi, Incisioni di F., Bergamo 1944. – B. Della Chiesa, L'opera completa di G. F., Mailand 1970. – Ausst. Kat. ›Macchiaioli‹, München 1975 (siehe Abbati).

Favretto, Giacomo. Venedig 1849-1887. Venezianischer Maler, Reise nach Paris (1879), bereicherte die Genremalerei mit familiären Anekdoten. S. 426
Lit.: E. Somaré, F., Mailand 1943.

Federighi, Antonio. Gest. 1490. Sieneser Bildhauer und Architekt, Meister der Dombauhütten von Siena und Orvieto (1451-1456). S. 194
Lit.: J. T. Paoletti, Quercia and F., in: A. B., L (1968).

Fellini, Federico. Rimini 1920. Filmregisseur: ›La Strada‹, ›Roma‹ u. a. S. 447

Ferrari, Gaudenzio. Valduggia um 1470-1546. Lombardischer Bildhauer und Maler, umfangreiches Werk, beeinflußt von Raffael und Bramantino, der deutschen Kunst gegenüber aufgeschlossen; Fresken und Altaraufsätze (Vercelli, Saronno), großer Fresken- und Statuenzyklus (Sacro Monte in Varallo). S. 269
Lit.: P. Bianconi, G. F., Mailand 1966. – L. Malle, Incontri con Gaudenzio, Turin 1969.

Ferrata, Ercole. 1610-1686. Römischer Bildhauer im akademischen Stil: Prunkfiguren und Reliefs für S. Agnese. S. 354

Ferri, Ciro. Rom 1634-1689. Historienmaler, Schüler von Pietro da Cortona, mit welchem er in Rom und Florenz zusammenarbeitete. S. 349
Lit.: M. Giannatiempo, Disegni di P. da Cortona e C. F. del Gabinetto delle Stampe, Rom 1977.

Ferrucci, Andrea. Florenz 1465-1526. Florentiner Bildhauer, von Sansovino beeinflußt. S. 234

FERRUCCI, Francesco di Simone. 1437-1493. Florentiner Bildhauer, tätig in Rimini, Urbino, Meister des Grabmales Tartagni in S. Domenico, Bologna (1477). S. 215
Lit.: S. Grossmann, An Anonymous Florentine Drawing and the socalled Verrocchio Sketchbook, in: M.D., 1 (1971).

FETTI, Domenico. Rom 1589 – Venedig 1624. Schüler von Cigoli, trug den Titel eines Hofmalers in Mantua. Ab 1621 in Venedig tätig. S. 391
Lit.: R. Oldenbourg, D.F., Rom 1921. – J. Wilde, Zum Werk von D.F., in: J.W. (1936). – P. Michelini, D.F. à Venise, in: A.V. (1955). – G. Paccagnini, Peinture de D.F. à Mantoue, in: Cr.A. (1956).

FIAMMINGO, Paolo dei Franceschi, genannt –. Antwerpen um 1540 – Venedig 1596. Venezianischer Dekorationsmaler (Landschaften), Schüler von Tintoretto.

FILARETE, Antonio Averlino, genannt –. Florenz 1400 – Mailand 1469. Florentiner Baumeister und Bildhauer. Tätig in Mailand am Castello (1451-1454) und am Ospedale Maggiore (1456-1465). Haupteinfluß auf die lombardische Architektur.
Verfasser eines Traktats über die Architektur (herausgegeben von W. von Oettingen, Wien 1890). S. 205, 210
Lit.: M. Lazzaroni u. E. Munoz, F. scultore e architetto del secolo XV, Rom 1908. – J.R. Spencer (Hg.), F., Treatise on Architecture, New-Haven 1965. – A.M. Finoli u. L. Grasci (Hg.), Trattato di architettura, 2 Bde., Mailand 1972. – J.R. Spencer, F., the Medallist of the Roman Emperors, in: A.B., LXI, 4 (1979).

FINIGUERRA, Maso. Florenz 1426-1464. Florentiner Goldschmied, einer der ersten Kupferstecher. S. 193
Lit.: S. Colvin, A Florentine Picture Chronicle ..., London 1898 (New York 1970).

FIORENZO DI LORENZO. Florenz um 1440-1522. Maler, beeinflußt von Benozzo da Gozzoli und den Umbriern verwandt. S. 197

FIORI, Giuseppe de'. Mitte 18. Jh. Neapolitanischer Bildhauer. S. 365

FOGGINI, Giovan Battista. Florenz 1653-1737. Bildhauer. Bekannt mit Bernini und Algardi. Tätig in Florenz: Galilei-Grabmal in S. Croce (1737). S. 362
Lit.: B.A., V (1911).

FONTANA, Carlo. 1638-1714. Römischer Baumeister. Tätig in Rom, arbeitete für die Chigi. Entwarf Gärten im Quartier Quattro Fontane und 1683 S. Marcello am Corso mit der konkaven Fassade. S. 346
Lit.: Couvenhove-Ertheel, C.F., Wien 1930. – A. Braham u. H. Hager, C.F., the Drawings at Windsor Castle, London 1977.

FONTANA, Domenico. Lombardei 1543-1607. Römischer Baumeister. Architekt Sixtus V. in Rom, ab 1594 in Neapel tätig. Hat den großen Plan von Rom entworfen (1585 bis 1590). S. 325, 362

FONTANESI, Antonio. Reggio Emilia 1818 – Turin 1882. Landschaftsmaler, mit Corot befreundet, beeinflußt von Ravier. 1860 nach Lugano verbannt. S. 425
Lit.: C. Carrà, A.F., Rom 1924. – M. Carrà, A.F., Mailand 1966. – M. Bernardi, A.F., Mailand 1968.

FOPPA, Vincenzo. Brescia 1427-1515. Lombardischer Maler, dessen Tätigkeit sich bis Genua erstreckte und in der Lombardei die zweite Hälfte des 15. Jhs. beherrschte: Cappella Portinari an S. Eustorgio in Mailand (vor 1468). S. 211
Lit.: C.I. Foulkes und R. Maiocchi, V.F., London 1909. – F. Wittgens, F., Mailand 1950. – S. Matalon, V.F., Mailand 1965.

FRACASSINI, Cesare. 1838-1868. Römischer Dekorationsmaler: Basilika S. Lorenzo. S. 426

FRANCAVILLA, Pietro. Mitte 16. Jh. Bildhauer aus Cambrai, Mitarbeiter von Giambologna, hauptsächlich in Genua tätig. S. 304
Lit.: M. Mastrorocco, Il scultore P.F., la sua attività alle corte dei Granduchi di Toscana, in: Com., 12 (1975); P.F. alle corte di Francia, in: Com., 3, 4 (1976).

FRANCESCA, Piero della. Borgo San Sepolcro um 1416-1492. Toskanischer Maler, Schüler von Domenico Veneziano in Florenz, wohin er nach 1440 nicht mehr zurückkehrte; er übte seine Tätigkeit an den fürstlichen Höfen der östlichen Hange des Apennin aus: Ferrara (nicht mehr vorhandene Fresken), Urbino und Arezzo (›Legende der Kreuzauffindung‹ in S. Francesco, 1452-1459). Sein Stil repräsentiert die am höchsten entwickelte Synthese der Behandlung von Raum und Farbe in der Mitte des 15. Jhs.; er hat eine Schrift über die Perspektive verfaßt und eine Studie über die ›reinen Körper‹, die von seinem Schüler Luca Pacioli benutzt wurde. S. 198-200, 216
Lit.: De prospectiva pingendi, hrsg. von G. Nicco Fasola, Florenz 1943. – De Corporibus regularibus, hrsg. von G. Mancini, ›Atti Acc. Lincei‹, Rom 1915. – M. Salmi, P.d.F. e il Palazzo di Urbino, Florenz 1945. – R. Longhi, P.d.F., 1925 (Mailand 1946). – H. Focillon (posthum), P.d.F., Paris 1952. – Kenneth Clark, P.d.F., London 1968 (Neuaufl.). – C. Gilbert, P.d.F., New York 1968. – E. Battisti, P.d.F., 2 Bde., Mailand 1971.

FRANCESCHINI, M.A. 1648-1729. Bologneser Maler. S. 379

FRANCESCO D'ANTONIO. 15. Jh. Florentiner Miniaturmaler: Stundenbuch des Lorenzo de'Medici (1485). S. 219
Lit.: C. Shell, F.d'A. e Masaccio, in: A.B. (1965).

FRANCESCO DI GIORGIO MARTINI. Siehe Giorgio.

FRANCESCO DA VALDAMBRINO. Siena 1363-1435. Toskanischer Bildhauer, beteiligt an dem Wettbewerb für die zweite Baptisterium-Tür in Florenz. S. 144

FRANCIA, Francesco Raibolini, genannt il –. Bologna um 1450-1517. Maler aus der Emilia, anfänglich Goldschmied, eignete sich den umbrischen Stil an und verbreitete ihn im Norden: Oratorium von S. Cecilia in Bologna (1506). S. 290
Lit.: C.L. Ragghianti, Il primo F., in: Boll. ann. Musei Ferraresi, 3 (1973-4)

FRANCIABIGIO, Francesco di Cristoforo, genannt –. Florenz 1482-1525. Florentiner Maler, Mitarbeiter von Andrea del Sarto am Chiostro dello Scalzo. S. 270f.
Lit.: M. Killop u. S. Regan, F., Berkeley 1974.

FRANCO BOLOGNESE. 13. Jh. Bologneser Miniaturmaler; wird bei Dante erwähnt. S. 102

FRANCO DE'ROSSI. Ferraresischer Illuminator, arbeitete von 1455 bis 1461 an der Bibel des Borso d'Este. S. 219

FRIGIMELICA, Girolamo. Um 1653-1732. Venezianischer Baumeister, Erbauer der Villa Pisani in Stra. S. 389

FUGA, Ferdinando. 1699-1780. Baumeister, in Florenz ausgebildet. Tätig in Rom, Florenz und Palermo. Erbauer des

Ghiberti (Fortsetzung)
er ab 1450 die ›Commentari‹ (Erinnerungen), die unvollendet blieben. S. 168, 169, 181 f.
Lit.: Commentari, hrsg. von J. Schlosser, 2 Bde., Wien 1912. – L. Planiscig, L. G., Wien 1940. – J. Schlosser, Leben und Meinungen des florentinischen Bildners L. G., Basel 1941. – G. Brunetti, G., Florenz 1966. – R. u. T. Krautheimer, L. G., 2 Bde., Princeton 1956 (1970). – G. Marchini, G. architetto, Florenz 1979. – L. G. e suo tempo, Kongress 1978, Bericht erschienen 1979.

GHIRLANDAIO, Benedetto. 1458-1497. Florentiner Maler, Bruder von David und Domenico, arbeitete in Frankreich.

GHIRLANDAIO, David. 1452-1525. Florentiner Maler, führte nach 1490 die Werkstatt seines Bruders Domenico weiter. Spezialisiert auf Mosaikarbeiten. S. 235

GHIRLANDAIO, Domenico. Florenz 1449-1494. Florentiner Maler, Schüler von Baldovinetti, beeinflußt von Verrocchio und den Flamen. Von eklektischem Geschmack; arbeitete an der Cappella Sistina mit (1481). Sein Hauptwerk sind die Fresken in der Apsis des Chors von S. Maria Novella (1485-1490). S. 234, 235
Lit.: G. de Francovich, in: Dedalo (1926 und 1930). – G. Marchini, D. G., Florenz 1958. – E. Barsook, Francesco Sassetti's Chapel at Sta. Trinità, Florenz 1981.

GHISLANDI, Giuseppe, genannt Fra Galgario. Bergamo 1665-1743. Porträtist in Bergamo. S. 381
Lit.: G. Testori, Fra G., Turin 1970.

GIACOMO DA CAMPIONE. 15. Jh. Lombardischer Architekt, arbeitete an der Certosa von Pavia. S. 157, 159

GIAMBERTI. Familienname der Sangallo (siehe dort).

GIAMBONO, Michele oder Zambon. Um 1420-1462. Venezianischer Maler und Mosaizist, beeinflußt von Gentile da Fabriano und Pisanello. S. 156
Lit.: N. E. Land, M. G., Ann Arbor 1971.

GIAMPIETRINO. Um 1490-1540. Lombardischer Maler, Schüler und Nachahmer von Leonardo. S. 268

GIAQUINTO DA MOLFETTA, Corrado. Molfetta 1703 – Neapel 1765. Neapolitanischer Maler und Dekorationskünstler, 1723-1753 in Rom tätig. S. 376
Lit.: A. Videtta, Discussioni Giaquintesche, Studi Mariani, Rom 1971.

GIGANTE, Giacinto. Neapel 1806-1867. Neapolitanischer Maler, in der Richtung von Corot und Turner. S. 430
Lit.: E. Somaré, Note su G. G., in: Il Frontispizio, Florenz (Oktober 1940). – S. Ortolani, G. G. e la pittura di paesaggio a Napoli e in Italia dal 800, Neapel 1970.

GILARDI, Domenico. ? 1788 – Lugano 1845. Italienischer Architekt, beteiligte sich nach 1812 in Rußland an dem Wiederaufbau von Moskau. S. 407

GILARDINI, Melchiorre. Gest. 1675. Lombardischer Maler, Schüler von Crespi. S. 381

GIOCONDO, Fra Giovanni. Verona um 1433 – Rom 1515. Baumeister, Theoretiker, Inschriftenforscher. S. 212
Lit.: L. A. Ciapponi, Italia medieovale e umanistica, IV, 1961.

GIORDANO, Luca, genannt Luca Fa Presto. Neapel 1632 bis 1705. Neapolitanischer Maler, Dekorateur, während seines Aufenthaltes in Neapel von Caravaggio beeinflußt. Tätig in Venedig, Rom, Neapel und Florenz. S. 365, 375 f.
Lit.: O. Benesch, L. G., Wien 1923. – O. Ferrari u. G. Scavizzi, L. G., 3 Bde., Neapel 1966. – W. Vitzthum, L. G., Mailand 1966.

GIORGIO, Francesco di Giorgio Martini. Siena 1439-1502. Baumeister, Ingenieur, Holzschnitzer, Maler, Bronzegießer und Dekorateur. Starke Persönlichkeit mit einer Ausstrahlung von Siena bis Urbino, wo er an dem Bau des Palazzo Ducale mitarbeitete. Verfasser eines Traktats über die Architektur (um 1480). S. 194 f., 197, 201 f., 220
Lit.: Trattato, hg. von E. Promis, Turin 1881. – A. S. Weller, F. di G., Chicago 1943. – R. Papini, F. di G. architetto, Florenz 1946. – C. Maltese, F. di G., Mailand 1966. – B. Fredericksen, The Cassone Paintings of F. di G., Los Angeles 1969. – G. Scaglia, Autour de F. di G., in: R. A., 48 (1980).

GIORGIONE, Giorgio Barbarelli, genannt –. Castelfranco 1477 – Venedig 1510. Venezianischer Maler, Schüler von Giovanni Bellini, dessen Einfluß sich in dem Altarbild von Castelfranco geltend macht (1504); sein Sinn für die Atmosphäre des Geheimnisvollen offenbart sich in religiösen Kompositionen (›Die drei Magier‹, Wien) oder solchen romantischen Inhalts (›Gewitter‹, Accademia); in Porträts zeigt er realistische Züge, an die Kunst des Nordens anknüpfend. Nach seinem frühen Tod befaßte sich die Legende mit ihm. S. 280-283
Lit.: Hourticq, Le Problème de G., Paris 1931. – G. M. Richter, G. da C., Chicago 1937. – G. Fiocco, G., Mailand 1942. – Ausst. Kat. ›G.‹, von R. Pallucchini, Venedig 1955. – E. Wind, G.'s Tempesta with Comments on Giorgione's Poetic Allegories, Oxford 1969. – P. Zampetti, Tout l'œuvre peint de G., Paris 1971. – T. Pignatti, G., opera completa, Neuaufl. Venedig 1975. – Ausst. Kat. ›G. e Venezia‹, von R. Pallucchini, Venedig 1978. – Convegno internazionale di studio per il 5° centenario della nascita di G., Castelfranco Veneto 1978, Bericht erschienen 1979.

GIOTTINO. Florentiner Maler des 14. Jhs. Mit diesem Namen sind Maso di Banco (siehe diesen), Schüler von Giotto, und ein späterer Künstler, Tommaso di Stefano, im Vatikan 1369 erwähnt, irrtümlich bezeichnet worden. S. 133
Lit.: R. Longhi, Stefano Fiorentino, in: Pa., 13 (1951). – L. Marucci, Dal Maestro di Figline a Giottino, in: J. B. M., V (1963).

GIOTTO DI BONDONE. Colle di Vespignano 1266 – Florenz 1337. Florentiner Maler, Mosaizist und Dombauhüttenmeister, Schüler von Cimabue und Pietro Cavallini. Nach Tätigkeit in Rom (Navicella di S. Pietro, 1295) arbeitete er mit entscheidender Autorität in Assisi, Padua (Cappella degli Scrovegni, 1305), Neapel (im Dienst von Robert d'Anjou, 1330-1333). 1334 nach Florenz gerufen, erhielt er dort die Oberleitung der Bauarbeiten der Stadt und begann den Bau des Campanile. S. 97, 105, 106, 118, 129-134, 138, 139, 140, 141, 152
Lit.: F. Rintelen, G. und G. Apokryphen, München 1912 (1923). – E. Rosenthal, G., München 1924. – C. Weigelt, G., Leipzig 1925. – De Benedictis, G., 1937-1970 (Rom 1974). – R. Salvini, G., Bibl., Rom 1938. – T. Hetzer, G., Frankfurt a. M. 1941. – R. Oertel, in: Z. K. G. (1941/42 u. 1943/44). – C. Gnudi, G., Mailand 1959. – M. Meiss, G. and Assisi, New York 1960. – D. Gioseffi, G. architetto, Mailand 1963. – L. Tintori u. E. Borsook, G., the Peruzzi Chapel, New York 1965. – G. Vigorelli u. E. Bacceschi, L'opera completa di G., Mailand 1966. – G. Previtali, G. e la sua bottega, Mailand 1967 (1974). – B. Cole, G. and Florentine Painting 1280-1375, London 1976.

Giovanni d'Alemagna. Gest. 1450. Venezianischer Maler, arbeitete zusammen mit Antonio Vivarini. S. 223

Giovanni d'Ambrogio. Anfang 15. Jh. Florentiner Bildhauer. S. 143

Giovanni de Boccati. Tätig zwischen 1445 und 1480. Umbrischer Maler. S. 197

Giovanni da Campione. 14. Jh. Bergamasker Baumeister und Bildhauer. S. 157

Giovanni di Cecco. 14. Jh. Baumeister und Bildhauer am Dom zu Siena (1366) nach Giovanni Pisano. S. 116

Giovanni di Francesco. Um 1454. Florentiner Maler, tätig Anfang 15. Jh. Identifiziert als Meister des Carrand-Triptychons. S. 191

Giovanni di Gabaina. 13. Jh. Paduaner Buchmaler. S. 102
Lit.: Kollektivarbeit, L'epistolario miniato di G. da G., 2 Bde., Vicenza 1968.

Giovanni de'Grassi. Ende 14. Jh. Lombardischer Maler, Bildhauer, Miniaturmaler, Meister einer für den Naturalismus der Gotik typischen Sammlung von Zeichnungen (Bergamo 1360); arbeitete am Dom zu Mailand (›Christus und die Samariterin‹, 1396). S. 153
Lit.: O. Pächt, in: J. W. C. I., XIII (1950). – G. de'G., Taccuino di disegni (Faksimile), Bergamo 1961.

Giovanni da Gubbio. 12. Jh. Umbrischer Baumeister, Erbauer des Domes S. Rufino in Assisi (1140). S. 76

Giovanni da Milano. Nachgewiesen von 1350 bis 1359. Lombardischer Maler, spätgotisch, tätig in Florenz (S. Croce) und Rom (Vatikan). S. 152
Lit.: M. Marabottini, G. da M., Florenz 1950. – M. Boskovits, G. da M., Florenz 1976.

Giovanni da Modena. Ende 14. – Anfang 15. Jh. Maler aus der Emilia. Ausmalung der Cappella S. Giovanni in S. Petronio, Bologna (nach 1390). S. 152

Giovanni di Paolo. Siena 1403-1483. Sieneser Maler, beeinflußt von T. Bartolo, Sassetta und den Florentinern, von irrealer Erfindungsgabe. S. 149, 196
Lit.: J. Pope Hennessy, G. di P., London 1937. – C. Brandi, G. di P., Florenz 1947.

Giovanni da San Giovanni. Giovanni Mannozzi, genannt –. S. Giovanni Valdarno 1592 – Florenz 1636. Historienmaler, Schüler von Rosselli und den Carracci. S. 310
Lit.: O. H. Giglioli, G. da S. G., Florenz 1920; Affreschi inediti di G. da S. G., in: Riv. A. (1929).

Giovanni di Simone. 13. Jh. Toskanischer Baumeister, Schöpfer des Campo Santo in Pisa (1277). S. 115

Giovanni di Turino. Sieneser Goldschmied und Bildhauer, tätig Anfang 15. Jh. S. 144

Giovanni da Udine. Udine 1487 – Rom 1564. Maler, Stukkateur, Mitarbeiter Raffaels bei den Loggien des Vatikans (1517-1520) und bei der Villa Madama (1520), ferner Mitarbeiter von Giulio Romano in Mantua und Pierino del Vaga in Genua; Schöpfer der sogenannten ›Grotesken‹ sowie Maler von Stilleben. S. 279
Lit.: S. de Vito Battaglia, in: L'Arte (1926). – R. U. Montini u. U. Averini, Palazzo Baldassini e l'arte di G. da U., Rom 1957.

Giovanni da Verona, Fra. Verona 1457-1525. Dominikanermönch, der wichtigste unter den Kunsttischlern des 16. Jhs., schuf die Einlegearbeiten von S. Maria in Organo zu Verona (1500), von Monte Oliveto und die (heute nicht mehr vorhandenen) der Stanza della Segnatura. S. 221

Giraldi, Guglielmo. 15. Jh. Ferraresischer Miniaturmaler, entwickelte zur Zeit von Borso und Niccolò d'Este bemerkenswerten Glanz und Delikatess. S. 219
Lit.: T. Liebart, in: L'Arte (1911).

Girolamo da Carpi. 1501-1556. Ferraresischer Maler, Schüler von Benvenuto Tisi, eklektischer, dem Garofalo verwandter Stil. S. 290
Lit.: A. Mezzetti, G. da F. detto da Carpi, Mailand 1977.

Girolamo da Cremona. Tätig 1467-1483. Norditalienischer Maler und Miniaturist, ausgebildet bei Mantegna und Liberale, Schöpfer der zauberhaften Choralbücher von Siena. S. 220

Girolamo da Treviso. Siehe Pennacchi.

Giuffré, Antonino. Gest. nach 1510. Sizilianischer Maler, aus einer mit Antonello verwandten Familie, gegen Ende des Jahrhunderts die stärkste Begabung der Insel. S. 208
Lit.: Ausst. Kat. ›Antonello da Messina‹, Venedig 1953.

Giuliano da Rimini. Maler aus den Marken, tätig Anfang 14. Jh. S. 151

Giulio Romano, Giulio Pippi, genannt –. Um 1499-1546. Baumeister, Maler und Dekorationskünstler, von Raffael beeinflußt, mit dem er ab 1519 am Vatikan zusammenarbeitete, ferner von Bramante und Michelangelo, den er an Leidenschaftlichkeit noch übertraf. Ab 1524 im Dienst von F. Gonzaga, errichtete und schmückte er den Palazzo del Te mit einer Kühnheit und einem Pathos aus, in denen sich der ›Manierismus‹ abzeichnet. S. 299 f.
Lit.: E. H. Gombrich, G. R., in: J. W. (1934, 1935). – F. Hartt, G. R., 2 Bde., New Haven 1958. – G. N. Fasola, G. R. e il manierismo, in: Com., 11 (1960); Studi su G. R., omaggio all'artista 1524-1974, San Benedetto Po 1975. – Ausst. Kat. ›Jules Romain, l'histoire de Scipion, tapisseries et dessins‹, von B. Jestaz, Paris 1978.

Giulio di Stefano. 12. Jh. Sizilianischer Baumeister, Erbauer des Kreuzganges von Amalfi. S. 88 f.

Giunta Pisano. Nachgewiesen 1236-1254. Pisaner Maler, Schöpfer ausdrucksvoller Kreuzigungen im byzantinischen Stil (Assisi). S. 86
Lit.: Van Marle, in: R. A. (1920). – D. Campini, G. P. e le croci dipinte romaniche, Mailand 1966.

Giusto de'Menabuoi. Ende 14. Jh. Florentiner Maler; großzügige Ausmalung des Baptisteriums von Padua. S. 153
Lit.: S. Bettini, G. de'M., Padua 1944; Le pitture di G. de'M. nel battistero del Duomo di Padova, Venedig 1960. – B. J. Delaney, G. de'M., Iconography and Style, Ann Arbor 1972.

Gobbo, Pietro Paolo Bongi, genannt Gobbo de'Frutti oder Gobbo de'Carracci. Maler von Stilleben oder ›cose naturale‹ und von mit Früchten beladenen Tischen. Nachahmer des Caravaggio. S. 374
Lit.: E. Battisti, in: Com., V (1954).

Gonzaga, Pietro. 1751-1831. Venezianischer Dekorateur und Bühnenbildner. S. 344

Goro di Gregorio. Erste Hälfte 14. Jh. Toskanischer Bildhauer, von Giovanni Pisano herkommend, Schöpfer der ›Arca‹ von S. Cerbone (Massa Marittima). S. 128

Gozzoli, Benozzo. Florenz 1420 – Pisa 1497. Florentiner Maler, erlernte die Goldschmiedekunst bei Ghiberti, Schüler Fra Angelicos, mit dem er die Kapelle Nikolaus V. ausschmückte (Rom). Nach 1449 eine sehr persönlich sich entfaltende Tätigkeit als Freskenmaler: S. Fortunato in

Laperuta, Leopoldo. 19. Jh. Neapolitanischer Architekt, Schöpfer der Monumental-Anlage des Palazzo Reale in Neapel. S. 413

Lapo. 13. Jh. Sieneser Bildhauer, Schüler von Niccolò Pisano. Mitarbeit an der Kanzel des Domes von Siena. S. 109

Lattanzio da Rimini. 1524. Maler, Schüler von Bellini, tätig in Venedig. S. 226

Laurana, Francesco. Nachgewiesen von 1458-1502. Dalmatinischer Baumeister und Bildhauer, tätig in Neapel (Triumphbogen für Alfons von Aragon) und Urbino. Schöpfer raffinierter Porträtbüsten. Im Dienst des Königs René in der Provence. S. 201, 206
Lit.: W. Rolfs, F. L., Berlin 1907. – R. Causa, in: Pa., 55 (Juli 1954).

Laurana, Luciano. Um 1420-1479. Dalmatinischer Baumeister, nach 1468 mit der Wiederherstellung des Palazzo Ducale von Urbino betraut. S. 201
Lit.: A. Colasanti, L. L., Rom 1922.

Lavy, Amadeo. Turin 1777-1864. Bildhauer, Schüler von Canova, Werke intimer Genres und Büsten. S. 417
Lit.: Ausst. Kat. ›Cultura figurativa e architettonica negli stati del Re di Sardegna‹, von E. Castelnuovo u. M. Rosci, Turin 1980.

Lazzarini, Gregorio. 1655-1730. Venezianischer Dekorateur, Meister der großen Komposition in S. Pietro di Castello. S. 392

Lega, Silvestro. Modigliana 1826 – Florenz 1895. Florentiner Maler, Freund von Borrani und Fattori, gehörte zur Gruppe der ›Macchiaioli‹, malte Alltagsszenen. S. 429 f.
Lit.: M. Tinti, S. L., Rom 1931. – M. Valsecchi, L., Mailand 1950. Ausst. Kat. ›S. L.‹, von D. Durbè, Bologna 1973. – Ausst. Kat. ›Macchiaioli‹, München 1975 (siehe Abbati). – G. Matteucci, Dipinti noti e inediti di S. L., Florenz 1977.

Lelli, Ercole. 18. Jh. Bologneser Künstler, fertigte anatomische Modelle für die Universität Bologna und zwei Muskelmann-Karyatiden für die Kanzel des anatomischen Theaters. S. 337

Lendinara, Cristoforo Canozzi da –. Lendinara um 1420 – nach 1488. Maler und Intarsienmeister, arbeitete zusammen mit seinem Bruder Lorenzo in der Werkstatt von Belfiore, am Dom zu Modena, am ›Santo‹ von Padua. S. 220
Lit.: G. Fiocco, in: L'Arte (1913).

Lendinara, Lorenzo. Lendinara 1425 – Padua 1477. Maler und Intarsienmeister. Freund des Piero della Francesca. S. 220

Leonardo di Giovanni. 14. Jh. Florentiner Goldschmied, arbeitete mit am großen Silberaltar des Baptisteriums zu Florenz. S. 143

Leonardo da Vinci. Vinci 1452 – Amboise 1519. Das überragende künstlerische Genie in Florenz, dessen Tätigkeit sich auf alle Bereiche der Kunst erstreckte: Er war Maler, Bildhauer, Baumeister, Ingenieur; hinterließ eine Sammlung von Aufzeichnungen, in der wissenschaftliche Beobachtungen aller Art niedergelegt sind, darunter Betrachtungen über künstlerische Methodik und außerdem andere bemerkenswerte literarische Fragmente. Theoretische Untersuchungen des 15. Jahrhunderts zugrundelegend, hat Leonardo eine wissenschaftliche Enzyklopädie ausgearbeitet, fragmentarisch zwar, aber von einer erstaunlichen Mannigfaltigkeit und Präzision. 1469-1475 Schüler von Verrocchio. Er verließ Florenz 1481, die ›Anbetung der Heiligen Drei Könige‹ unvollendet zurücklassend. 1481-1499 Aufenthalt in Mailand bei Lodovico il Moro. Vielseitiges Schaffen: ›Madonna in der Grotte‹, ›Abendmahl‹, Reiterstandbild. 1500-1506 Aufenthalt in Florenz: ›Die Heilige Anna Selbdritt‹, ›Mona Lisa‹, ›Schlacht von Anghiari‹ (verloren). 1507-1513 in Mailand, 1513-1515 in Rom bei Giuliano de'Medici, zuletzt 1515-1519 in Amboise bei Franz I. S. 231, 240-243, 267
Lit.: *Biographie:* Vasari, Vita di Leonardo, Hrsg. G. Poggi, Florenz 1919. – *Malerei:* H. Bodmer, L., Berlin 1931. – A. Malraux und J. Segnaire, Tout l'œuvre peint, Paris 1950. – A. Ottino Della Chiesa, Tout l'œuvre peint de L. de V., Paris 1968. – *Zeichnung:* ›Publ. Commissione Vinciana‹, von A. Venturi, Rom 1928-1936. – A. E. Popham, The Drawings of L. da V., London (2[e]) 1949. – *Studien:* G. Seailles, L. da V., Paris 1892. – K. Clark, L. da V., Cambridge (2) 1952. – L. H. Heydenreich, L. da V., 2 Bde., Basel 1953. – C. Pedretti, L., a Study in Chronology and Style, London 1973. – *Schriften:* A. Chastel, L. da V. par lui-même, Paris 1952. – J.-P. Richter u. C. Pedretti, The Literary Works of L. da V., 2 Bde., Oxford 1939 (1977). – *Schüler:* W. Suida, L. und sein Kreis, München 1929.

Leoni, Leone. Arezzo 1509 – Spanien 1590. Toskanischer Baumeister und Bildhauer: Bronzearbeiten und monumentale Porträts. S. 325, 326

Leoni, Pompeo. 1533-1608. Sohn von Leone. Baumeister, Bildhauer, fertigte in Spanien Grabmäler und Bronzestatuen. S. 326

Leopardi, Alessandro. Tätig Ende 15. Jh. Venezianischer Bronzegießer: Colleone von Verrocchio. S. 233

Liberale da Verona. Um 1445-1529. Veroneser Maler und bedeutender Miniaturist: Fresken in S. Fermo und S. Anastasia in Verona, Choralbücher von Chiusi (1467 bis 1469) und Siena (1470-1476). S. 220
Lit.: E. Carli, L. da V., Mailand 1953. – C. Del Bravo, L. a Siena, in: Pa., 129 (1960); L. V., Florenz 1967.

Ligorio, Pirro. Neapel um 1510-1583. Römischer Baumeister und Maler. S. 322
Lit.: S. Benedetti, Un'aggiunta a P. L. Il tabernàcolo di Pio v nel duomo di Milano, in: Palladio, 27 (1978).

Lippi, Andrea. Pistoia 1888-1916. Toskanischer Bildhauer und Zeichner einer romantischen und symbolistischen Vorstellungswelt. S. 425
Lit.: A. Parronchi, in: Pa., 37 (Januar 1953).

Lippi, Filippino. Prato 1457 – Florenz 1504. Florentiner Maler, Sohn von Fra Filippo und einer Nonne aus Prato. Arbeit bei Botticelli: ›Die Muttergottes erscheint dem hl. Bernhard‹ (Badia 1480); beendete die Brancacci-Kapelle (Carmine-Kirche 1485-1488); große Kompositionen in Rom: Cappella Caraffa in S. Maria sopra Minerva (1489 bis 1493) und in Florenz: Cappella Strozzi in S. Maria Novella (1495-1502); zahlreiche Altaraufsätze, Tafelbilder und ›Cassoni‹ in lebendiger, dichter Malweise. S. 238 f.
Lit.: A. Scharf, F. L., Wien 1935. – Ausst. Kat. ›Disegni di F. L. e Piero di Cosimo‹, von M. Fossi, Florenz 1955. – L. Berti u. U. Baldini, F. L., Florenz 1957. – F. Gamba, F. L., Florenz 1958. – I. H. Shoemaker, F. L. as a Draughtsman, Ann Arbor 1975.

Lippi, Fra Filippo. Florenz 1406 – Spoleto 1469. Florentiner Maler, Karmelitermönch, Schüler von Lorenzo Monaco, aber beeinflußt von Masaccio; behandelte die traditionel-

Lippi (Fortsetzung)
len Themen (›Krönung der Jungfrau‹) mit einer neuen Grazie. Fresken im Dom zu Prato (1452-1465) und im Chor des Domes von Spoleto (1467-1469). S. 188 f.
Lit.: M. Pittaluga, F. L., Florenz, o. J. – G. Marchini, F. L., Mailand 1975.

Lippi, Nanni. Zweite Hälfte 16. Jh. Römischer Architekt, Erbauer der Villa Medici. S. 322

Lippo Memmi. Erwähnt seit 1317 – Siena 1356. Sieneser Maler, Schüler seines Vaters Memmo, mit dem er in San Gimignano zusammenarbeitete, und von Simone Martini, Meister zahlreicher Altaraufsätze. S. 122
Lit.: E. Carli, I pittori senesi, Mailand 1955.

Locatelli, Andrea. 1660-1740. Römischer Maler, beeinflußt von Poussin und Dughet. S. 385
Lit.: A. Busiri Vici, A. L. e il paesaggio romano, Rom 1976.

Lo Faso, Domenico L. F. Pietrasanta. 1783-1863. Sizilianischer Baumeister und Archäologe. S. 413

Lombardo, Antonio. Ende 15.-Anfang 16. Jh. Sohn und Gehilfe von Pietro. S. 276
Lit.: E. Ruhmer, A. L., Versuch einer Charakteristik, in: A. V., XXVIII (1974).

Lombardo, Pietro. Um 1450-1515. Venezianischer Baumeister und Bildhauer, dem ein reicher und auserlesener Ornamentstil sowie feinsinnige Kompositionen zu verdanken sind: Reliefs (Faenza), Grabmäler (SS. Giovanni e Paolo, Venedig). S. 222, 276

Lombardo, Tullio. Anfang 16. Jh. Antikisierender Bildhauer: Liegefigur des G. Guidarelli (Ravenna). S. 276
Lit.: G. Mariacher, in: B. M. (Dezember 1954). – S. Wilk, The Sculpture of T. L., New York u. London 1978.

Longhena, Baldassare. 1598-1682. Venezianischer Baumeister, Schüler von Scamozzi. Ausbildung als Bildhauer; Erbauer der S. Maria della Salute (1632-1687) und des Palazzo Pesaro (1679). S. 388, 389
Lit.: C. Semenzato, L'architettura di B. L., Padua 1954. – G. Cristenelli, B. L., architetto del' 600 a Venezia, Padua 1972.

Longhi, Alessandro. Venedig 1733-1813. Maler und Stecher, Schüler von Nogari, Porträtist. S. 399

Longhi, Martino d. J. 1602-1650. Römischer Baumeister und Bildhauer des Barock. S. 346
Lit.: A. E. Brinckmann, in: L'Arte, XVI (1933).

Longhi, Pietro Falca, genannt –. Venedig 1702-1785. Schüler von Balestra und Crespi, Mitglied der Akademie von Venedig, Maler der venezianischen Gesellschaft. S. 397 f.
Lit.: A. Rava. P. L., Florenz 1923. – O. Uzanne, P. L., Paris 1924. – V. Moschini, P. L., Mailand 1957. – T. Pignatti, P. L., Venedig 1968; L'opera completa di P. L., Mailand 1974.

Lorenzetti, Ambrogio. Tätig 1319-1348. Freskenmaler und Maler, Bruder und Schüler von Pietro; Fresken im Palazzo Pubblico in Siena. S. 137 ff., 145
Lit.: G. Sinibaldi, I Lorenzetti, Siena 1933. – G. Rowley, A. L., Princeton 1958. – C. Volpe, P. e A. L., Mailand 1971. – E. Carli, P. e A. L., Mailand 1971.

Lorenzetti, Pietro. Tätig in Siena 1305-1348. Maler, ausgebildet bei Duccio und Simone Martini, beteiligt an den Arbeiten in Assisi; sein Stil hatte große Auswirkung über die ganze Toskana. S. 137-139, 145
Lit.: P. Bacci, Dipinti di P. L., Siena 1930. – E. Cecchi, P. L., Mailand 1930. – Siehe auch unter A. L.

Lorenzetto, 1490-1541. Florentiner Bildhauer, von dem zwei Statuen in der Cappella Chigi (S. Maria del Popolo) stammen. S. 271

Lorenzi, Stoldo. 16. Jh. Florentiner Bildhauer aus Settignano. S. 307

Lorenzo di Mariano, genannt il Marrina. 1476-1534. Sieneser Bildhauer, zu überladenen Formen neigend. S. 195
Lit.: M. Stoltz, L. di M. (›A travers l'art italien‹), Paris 1949.

Lorenzo Monaco. Um 1370 – um 1425. Florentiner Maler, Kamaldulensermönch, Schüler Agnolo Gaddis und der Sienesen, tätig in Florenz, wo er die Anmut des späten gotischen Stils repräsentierte. S. 148, 149
Lit.: O. Siren, Don L. M., Straßburg 1905. – Pudelko, in: B. M. (1938 u. 1939). – L. Bellosi, L. M., Mailand 1965.

Lorenzo di Pietro. Siehe Vecchietta.

Lorenzo Veneziano. Nachgewiesen zwischen 1356 und 1379. Tätig in Venedig, Padua, Bologna (1368). Schüler von Paolo Veneziano, ›Der Tod der Jungfrau‹ (Vicenza). S. 156

Lorenzo da Viterbo. Tätig um 1446-1470. Umbrischer Maler, beeinflußt von B. Gozzoli, zeitweilig tätig in Florenz und Venedig. S. 200

Lotto, Lorenzo. Venedig 1480 – Loreto 1556. Venezianischer Maler, der nach seiner ersten Romreise (1509) ein Wanderleben führte: Bergamo, 1527; Treviso, 1532; die Marken, 1535. 1554 Oblatenmönch der ›Santa Casa‹ von Loreto. Der deutschen und flämischen Kunst zugewandt, steht seine kühle Palette im Gegensatz zu der von Tizian. S. 287 ff.
Lit.: B. Berenson, L. L., London 1895, (1958). – A. Banti u. A. Boschetto, L. L., Florenz 1953. – A. Angelini, Gli affreschi di L. L. a Roma, Bergamo 1953. – Ausst. Kat. ›L. L.‹, von P. Zampetti, Venedig 1953. – P. Zampetti (Hrsg.), Libro di spese 1538-1556, Venedig 1969. – G. P. Mascherpa, L. L. a Bergamo, Mailand 1971. – F. Caroli, L. L., Florenz 1975. – R. Pallucchini, L'opera completa di L. L., Mailand 1975. – Tagung ›L. L.‹, Treviso 1980, Veröffentlichung 1982. – Ausst. Kat. ›L. L. nelle Marche‹, von P. Zampetti, Ancona 1981.

Luca di Tomme. Tätig zwischen 1355 und 1399. Sieneser Maler, von den Lorenzetti beeinflußt. S. 145
Lit.: S. A. Fehm, L. di T., 2 Bde., Ann Arbor 1971; – Attributional Problems surrounding L. di T., Florenz 1978.

Lucchesino, Pietro Testa, genannt il –. Lucca 1611 – Rom 1650. Toskanischer Maler, ging nach Rom, um dort Domenichino zu treffen und die Antike zu studieren. An der Barockkunst eines Pietro da Cortona geschult, erlag er schließlich dem Einfluß Poussins. S. 349
Lit.: A. Marabottini, in: Com., V (1954).

Luciani, Sebastiano. Siehe Sebastiano del Piombo.

Luini, Bernardino. Um 1490-1532. Lombardischer Maler, Schüler von Borgognone und Foppa, verbindet die umbrische Art mit dem Stil Leonardos. Der letzte Freskenmaler Norditaliens, empfänglich für die deutsche Kunst, in seinen großen Kompositionen überladen wirkend. S. 268
Lit.: Ausst. Kat. ›B. L.‹, von A. Ottino della Chiesa, Como 1953. – A. Ottino della Chiesa, B. L., Novara 1956.

Lys (oder Liss), Jan, genannt ›Pan‹. Ende 16. Jh. - 1630. Maler deutscher Herkunft mit europäischer Bildung; ließ sich in Venedig nieder. S. 391

Michelozzo di Bartolomeo (Fortsetzung)
das Kloster S. Marco (1437-1452). 1446-1451: Meister der Dombauhütte. Erbauer des Palazzo Medici: 1444-1459, Vorbild eines Patrizier-Wohnsitzes; renovierte mehrere Medici-Villen. Baumeister des Palazzo della Banca Medici und der Cappella di S. Eustorgio, Mailand. S. 164, 174f.
Lit.: O Morisani, M., Turin 1951. – L. Gai, Attività pistoiese di M. architetto, in: B. Stor. P., 12 (1977). – H. McNeal, M., 2 Bde., New York u. London 1977.

Michelucci. Pistoia 1891. Toskanischer Architekt, Erbauer des neuen Bahnhofs in Florenz (1933). S. 442
Lit.: L. Lugli, G. M., Bologna 1966. – Ausst. Kat. ›La Città di M.‹ von E. Godali, Fiesole 1976.

Michetti, Francesco Paolo. Tocco Causaria 1851 – Francavilla 1929. Neapolitanischer Maler bewegter Volksszenen. S. 431
Lit.: T. Sillani, F. P. M., Mailand 1932.

Miel, Jean. Antwerpen um 1599 – Turin 1663. Flämischer Maler, der sich in Italien niederließ. Tätig in Rom und Turin. S. 358

Migliara, Giovanni. 1785-1837. Venezianischer Maler, Schüler von Guardi. S. 400
Lit.: M. Pittaluga, in: A. V. (1954).

Minguzzi. 1911. Bologneser Bildhauer. S. 440f.
Lit.: G. Marchiori, L. M., sculture dal 1951 al 61, Mailand 1962.

Mini, Antonio. Tätig zwischen 1515 und 1530. Künstler aus dem Umkreis von Michelangelo. S. 262

Mino da Fiesole. Fiesole um 1430-1484. Florentiner Bildhauer: zahlreiche Büsten und Grabmäler, Arbeiten im Dom zu Prato, Grabmal für Paul II. in Rom; Meister eines anmutigen Stils und des malerischen Reliefs. S. 184, 205
Lit.: D'Angeli, M. da F., Florenz 1905. – G. C. Sciolla, M. da F., Venedig 1970.

Mitelli, Agostino. 1609-1660. Bologneser Maler und Dekorateur, Schüler von Girolamo Curti. S. 349

Mocetto, Girolamo. Verona um 1458 – um 1531. Maler und vor allem Kupferstecher.

Mochi, Francesco. 1580-1654. Toskanischer Bildhauer, tätig in Orvieto, Piacenza und Rom. Schöpfer mehrerer Reiterstandbilder für die Farnese in Piacenza. S. 350
Lit.: L. Dami, F. M., in: Dedalo, V (1924). – A. Pettorelli, F. M. e i gruppi equestri farnesiani, Piacenza 1926.

Moderno. Anfang 16. Jh. Beiname für einen venezianischen Bronzegießer, dessen zahlreiche Plaketten und Statuetten in antiker Art ›Opus Moderni‹ signiert sind. S. 273

Modigliani, Amedeo. Livorno 1884 – Paris 1920. Toskanischer Maler, siedelte nach Paris über, wo er den Neuerern der Kunst die Eleganz und Sensibilität der Linie vermittelte. Bildhauerische Versuche, stark konstruierte Formen. S. 437
Lit.: A. Salmon, M., Paris 1926. – G. Scheiwiller, A. M., Mailand 1927. – M. Raynal, M., Genf 1951. – E. Carli, M., Rom 1952. – U. Ceroni, M., Mailand 1958-1970. – A. Ceroni, A. M., Dessins et Sculptures, Mailand 1965. – L. Piccioni u. A. Ceroni, I Dipinti di M., Mailand 1970.

Mollari, Antonio. Erwähnt in Triest 1802-1806. Architekt. S. 411

Monsu Desiderio. François D. Nomé (d. h. ›Monsieur‹, Bezeichnung für einen Fremden). Metz um 1590 – Neapel 1650. Maler phantastischer Kompositionen. S. 382

Montagna, Bartolomeo. Brescia 1450 – Vicenza 1523. Maler, Gründer der Schule von Vicenza, beeinflußt von Antonello da Messina. S. 227
Lit.: L. Puppi, Un'integrazione al catalogo e al regesto di B. M., in: An. Vi., 3 (1975).

Montanaro, Giovanni Antonio. Anfang 16. Jh. Lombardischer Baumeister, Zusammenarbeit mit Battagio an S. Maria della Croce und am Dom zu Como. S. 268

Monte di Giovanni del Fora. 1448-1528. Miniaturist, illuminierte ›Didymos‹ (Pierpont Morgan Library, New York) und die Bibel des Matthias Corvinus (Biblioteca Laurenziana, Florenz.) S. 219

Montelupo, Raffaelo da, genannt Sinibaldi. Um 1505 – Orvieto 1566. Bildhauer, Stukkateur und Architekt. Sohn von Baccio Montelupo. Tätig in Loreto, Florenz und Rom. Mitarbeiter von Michelangelo bei dem Grabmal Julius II. Schuf die Statue des Erzengels Michael vom Castel S. Angelo in Rom. S. 262

Monteverde, Giulio. 1837-1917. Toskanischer Bildhauer. S. 423

Montorsoli, Fra Giovanni Angelo. Florenz um 1507 bis 1563. Toskanischer Bildhauer und Baumeister, Verbindung zu Michelangelo, von überschwenglichem Elan, Aufenthalt in Messina, Bologna. S. 271
Lit.: M. Weinberg, Portrait Busts by M., in: Scritti in onore Mario Salmi, III, 1963.

Montuori, Eugenio, 1907. Architekt, vollendete mit Calini die Stazione Termini in Rom. S. 442f.

Morandi, Giorgio. Bologna 1890-1964. Bologneser Maler. Nachdem er sich eine Zeitlang mit der ›arte metafisica‹ und der Landschaft beschäftigt hatte, beschränkte er sich mit einer bemerkenswerten Konzentration auf das Ton-in-Ton-Stilleben. S. 436, 437
Lit.: G. Marchiori, G. M., Genua 1945. – C. Gnudi, M., Florenz 1946. – M. Valsecchi, M., Mailand 1964. – L. Vitali, M., 2 Bde., Mailand 1977. – Ausst. Kat. ›G. M.‹, von F. A. Morat (Hrsg.), München 1981.

Morazzone. Siehe Mazzucchelli.

Morelli, Domenico. Neapel 1823-1901. Neapolitanischer Maler, Verbindung zu den Nazarenern und Delacroix; Meister theatralisch-religiöser Bilder. S. 430, 431
Lit.: A. Conti, D. M., Neapel 1927.

Moretto, Alessandro Bonvicino, genannt –. 1498-1554. Maler aus Brescia, der venezianische Farbgebung mit lombardischem Geschmack verbindet. S. 328
Lit.: G. Panazza, I precendenti bresciani del Caravaggio, Regione Lombardia, 1975.

Morigina, C. 1743-1795. Architekt: Fassade des Domes zu Urbino. S. 413
Lit.: P. Fabbri, C. M., architettura e riformismo nelle Legazioni, Bologna 1976.

Morlaiter, Giovanni, 1699-1781. Venezianischer Bildhauer, gebürtig aus Südtirol. Schöpfer von Marmorreliefs in der Cappella del Rosario, SS. Giovanni e Paolo, Venedig. S. 390
Lit.: R. Ress, G. M., Berlin 1979.

Moro, Lodovico del –. 19. Jh. Florentiner Baumeister: Rekonstruktion der Fassade von S. Maria del Fiore zusammen mit de Fabris. S. 420

Morone, Domenico. Zweite Hälfte 15. Jh. Maler aus Verona, von Mantegna beeinflußt. S. 214

Paolo Veneziano, genannt Maestro Paolo. Venedig Ende 13. Jh. – um 1360. Maler, steht in seinem Flügelaltar von Dignano (1321) der byzantinischen Kunst näher als der Kunst Giottos. Hervorragende Künstler-Persönlichkeit des Jahrhunderts, Meister eines ›Marientodes‹ (1333, Museum in Vicenza); arbeitete zusammen mit seinen Brüdern und Söhnen. S. 156
Lit.: F. Sandberg Vavala, Maestro P. V., in: B. M. (1930). – V. Lasareff, in: A. V. (1954). – M. A. Muraro, P. da V., Mailand 1969.

Parenzano, Bernardo. Kroatien 1437 – Vicenza 1531. Paduaner Maler, der den expressionistischen Stil Mantegnas übernahm. S. 214
Lit.: Z. Waźbiński, Pour le premier portrait de B. P., in: Sag. Mem. Ven., 5 (1967).

Parmigianino, Francesco Mazzola, genannt –. Parma 1503-1540. Emilianischer Maler, Schüler von Corréggio, arbeitete in Rom (1524) und Parma, wo er die Cappella S. Giovanni Evangelista ausschmückte, malte Porträts und religiöse Bilder in einem raffiniert zugespitzten, mitunter bizarren Stil, der dem Manierismus eine originelle Note hinzufügte. S. 301-303
Lit.: L. Fröhlich-Bum, P. u. der Manierismus, Wien 1921. – S. J. Freedberg, P., Cambridge 1950. – A. C. Quintavalle, Gli affreschi giovaneli del P., Parma 1968. – M. Fagiolo dell'Arco, P. un saggio sull ermetismo nel Cinquecento, Rom 1970. – A. C. Quintavalle, Gli ultimi affreschi del P., Parma 1971. – A. E. Popham, Catalogue of the Drawings by P., 3 Bde., New Haven-London o. J. – L. Bandera, Il mobile Parmigiano, in: Aurea Parma, LXI, 2 (1977).

Parodi, Filippo. 1630-1702. Barockbildhauer, tätig in Genua und Venedig. S. 357
Lit.: P. Rotondi Briasco, F. P., Genua 1962.

Pasini, Alberto, 1826-1897. Italienischer Maler, ging an den Hof des Schahs von Persien. S. 407

Passarotti, Bartolomeo. Bologna 1529-1592. Maler und Kupferstecher. Schüler von J. da Vignola und T. Zucchero. Tätig in Rom, Bologna und in Modena. Schrieb eine anatomische Abhandlung. Erfolgreiche Lehrtätigkeit in Bologna. S. 329
Lit.: G. Heinz, Realismus und Rhetorik im Werk des B. P., in: J. W., 32 (1972).

Paulucci, Enrico. Genua 1902. Maler, ließ sich in Turin nieder. S. 439

Pelizza da Volpedo, Giuseppe. Volpedo 1868-1907. Mailänder Landschaftsmaler, gehört zur Gruppe der ›Divisionisti‹. S. 427
Lit.: U. Ojetti, Mostra di P. da V., Mailand 1920.

Pellegrini, Giovanni Antonio. Venedig 1675-1741. Vielgereister venezianischer Maler, Schüler von P. Pagani; repräsentiert die ›weiche‹ Manier, die Luca Giordano und Ricci viel verdankt. S. 393
Lit.: R. Pallucchini, Novità e appunti per G. A. P., in: Pan, XVIII (1960).

Penna, Agostino. 18. Jh. Römischer Barockbildhauer, Mitarbeiter von Posi am Denkmal der Maria Flaminia Chigi in S. Maria del Popolo. S. 354f.

Pennacchi, Girolamo, genannt Girolamo da Treviso oder il Vecchio. 1497-1544. Venezianischer Maler, beeinflußt von Mantegna und Alvise Vivarini. S. 226
Lit.: E. Zocca, G. da T. il V., in: Boll. Arte (1932).

Penni, Giovanni. Anfang 16. Jh. Gehörte zur Werkstatt des G. Romano, arbeitete mit in den Stanzen des Vatikan. S. 354

Pierino del Vaga, Buonaccorsi, genannt –. Florenz 1500 bis 1547. Florentiner Maler, Schüler von Raffael; schmückte für Paul III. Palastbauten in Genua und Rom aus. S. 326

Pertsch, Matteo. 1780-1854. Architekt und Stadtplaner aus Triest. S. 411

Perugino, Pietro Vannucci, genannt il –. Città della Pieve um 1445 – Fontignano 1523. Umbrischer Maler, Schüler von Verrocchio, arbeitete in Perugia sowie in Rom an den Fresken der Sixtinischen Kapelle. Ausschmückung des Collegio del Cambio in Perugia zusammen mit dem jungen Raffael, später in Mantua im Dienste der Isabella d'Este. Seine Kunst zeigt eine gewisse Spannungslosigkeit, wenn auch eine harmonische Raumaufteilung. S. 198, 200, 240
Lit.: F. Canuti, Il P., 2 Bde., Siena 1931. – E. Camesasca, L'opera completa del P., Mailand 1969.

Peruzzi, Baldassare. Siena 1481-1536. Baumeister und Maler, ab 1503 in Rom, wo er mit Bramante und Raffael zusammenarbeitete. Erbauer verschiedener Paläste, darunter der Farnesina oder Villa Chigi (1508-1511) und des Palazzo Massimo (1532). Hatte in Rom und Siena auch einen guten Namen als Dekorateur und Bühnenbildner. S. 257f.
Lit.: C. L. Frommel, B. P. als Maler und Zeichner, Wien 1968.

Pesellino, Francesco. 1422-1457. Florentiner Maler, beeinflußt von Filippo Lippi und Fra Angelico; sein blumenreicher, gotischer Stil befähigte ihn zu zahlreichen Gemälden und dekorativen Tafelbildern (›cassoni‹) mit weltlichen Motiven. S. 191
Lit.: W. Weisbach, F. P., Berlin 1901.

Peterzano, Simone. 16. Jh. Lombardischer Maler, der Caravaggio gefördert hat. S. 370

Petitot, Alexandre. Lyon 1727 – Parma 1801. Französischer Architekt, tätig in Parma, wo er den Palazzo del Governo erbaute. S. 412

Piacentini, Marcello. Rom 1881-1960. Architekt und Stadtplaner. Verfasser einer aus neo-akademischem Geist entstandenen Schrift: ›Architettura d'oggi‹ (1930). War beteiligt an der Planung der neuen Ortschaften in den Pontinischen Sümpfen. S. 442

Pianta, Francesco. Zweite Hälfte 17. Jh. Venezianischer Bildhauer, arbeitete hauptsächlich in Holz. Meister der Holzverkleidung im großen oberen Saal der Scuola di S. Rocco in Venedig. S. 337

Piazzetta, Giambattista. Venedig 1682-1754. Venezianischer Maler, Sohn eines Holzschnitzers, Schüler von Crespi; seine Werke zeigen ein kontrastreiches Spiel mit Licht und Schatten. Er bevorzugte das Landleben schildernde Themen. S. 394
Lit.: R. Pallucchini, P., Rom 1942 (1961). – U. Ruggeri, Novità per il P. e per la sua bottega, in: Cr. A., 145 (1976).

Picherale. 1728-1757. Sizilianischer Architekt, Meister der Fassade des Domes von Syracus. S. 367

Piermarini, Giuseppe. Foligno 1734-1808. Italienischer Architekt, Mitarbeiter von Vanvitelli in Caserta. Beeinflußt von Vignola, Palladio und der Antike, tätig in Mailand, wo er zwischen 1768 und 1778 den Palazzo Reale umbaute und das Teatro della Scala (1776-1778) sowie Villen baute. S. 409
Lit.: Sammelwerk, G. P. Architetto, Mailand 1908. – Ausst. Kat. ›Architetto G. P.‹, von G. Ricci, Mailand 1978.

PIER PAOLO. Ende 14. Jh. Venezianischer Bildhauer. S. 157

PIERO DI COSIMO. 1462-1521. Florentiner Maler, Schüler von Cosimo Rosselli, stark beeinflußt von Leonardo und Signorelli. Fand Gefallen an sonderbaren und phantastischen Themen. S. 239
Lit.: F. Knapp, P. di C., Halle a. S. 1899. – E. Panofsky, Studies in Iconology, New York 1939. – R. Langton Douglas, P. di C., Chicago 1946. – F. Zeri, Rivendendo P. di C., in: Pa., 115 (1959). – M. Bacci, P. di C., Mailand 1966. – G. Dalli Regoli, P. di C., disegni ignoti, in: Cr. A., XXXIV, 1, 2 (1973). – M. Bacci, L'opera completa di P. di C., Mailand 1976.

PIETRASANTA, D. Lo Faso. 1783-1863. Architekt und Archäologe. Erbauer der Loggia an der Piazza Umberto I. in Palermo. S. 413

PIETRO ALEMANNO. ?-1498. Österreichischer Maler, tätig in Norditalien. S. 223

PIETRO DA CORTONA. Siehe Cortona.

PIETRO DA MILANO. Mitte 15. Jh. Italienischer Baumeister, errichtete den Triumphbogen des Castel Nuovo (1466) in Neapel. S. 207

PIETRO DA RIMINI. Mitte 14. Jh. Maler aus den Marken, arbeitete an S. Chiara in Ravenna. S. 151

PINTURICCHIO, Bernardino di Betto, genannt il –. 1454 bis 1513. Umbrischer Maler, Schüler von Perugino, arbeitete in Rom (Ara Coeli, 1490; Borgia-Gemächer im Vatikan, 1492-1494), in Spello (1501) und Siena (1503-1508) in einem ornamentalen, prunkvollen und leichten Stil. S. 205 f.
Lit.: C. Ricci, P., Perugia 1912. – E. Carli, P., Mailand 1960. – N. R. Parks, On the Meaning of P.'s Sala dei Santi, in: Art History, II (1979).

PIOLA, Domenico. 1627-1703. Genueser Dekorateur, Schüler von Capellini, Nachahmer von Castiglione, schmückte Kirchen und Paläste in Genua aus. S. 356
Lit.: C. Marcenaro, Gli affreschi del Palazzo Rosso a Genova, Genua 1965.

PIRANESI, Giovanni Battista. Mogliano (Venedig) 1720 – Rom 1778. Baumeister und Kupferstecher. Nach dem Bau der S. Maria Aretina (1765) vollzog sich seine Laufbahn in Rom, das er in einer Folge von Radierungen festhielt, die immer wieder publiziert werden; sie zeugen von einem Einfallsreichtum ohnegleichen: ›Vedute di Roma‹ (nach 1748, 137 Blätter), ›Antichità Romane‹, 4 Bde. (1756), ›Carceri‹ (1750). Seine Ornament-Stiche nährten den neo-klassizistischen Geschmack. S. 356, 386 f.
Lit.: W. Körte, G. B. P. als praktischer Architekt, in: Z. K. G. (1933). – H. Focillon, G. B. P., Paris 1964. – H. Volkmann, G. B. P., Architekt und Graphiker, Berlin 1965. – M. Calvesi, G. B. P. e F. P., Rom 1968. – J. Wilton-Ely, The Mind and Art of G. B. P., London 1978. – A. Bettagno u. a., P., Vicenza 1978. – W. L. MacDonald, P.'s Carceri, Sources of Invention, Northampton 1979. – Ausst. Kat. ›Dessins de P.‹, von M.-T. Muraro, Venedig 1979.

PISANELLO, Antonio di Puccio di Cerreto, genannt –. Pisa um 1395-1450. Maler und Medailleur aus Norditalien, Sohn eines Pisaner Vaters und einer Veroneser Mutter, die ihn in Verona aufzog, wo er Schüler von Stefano da Zevio wurde. Arbeitete in Venedig zusammen mit Gentile (1425), tätig in Mantua (1424), Rom (1431-1433), wieder in Mantua, in Mailand (1440), Venedig (1442), Ferrara und Neapel; während dieser bewegten Laufbahn brachte er die gotische Zeichnung auf den Höhepunkt der Verfeinerung, wobei er die Eleganz der europäischen Gotik mit neuen Zügen bereicherte. S. 154, 155, 212
Lit.: G. F. Hill, P., London 1903. – B. Degenhart, P., Wien 1940. – R. Brenzoni, P., Mailand 1952. – J. Guiffrey, Dessins de P. conservés au musée du Louvre, 4 Bde., Paris 1911. – B. Degenhart, in: Arte Veneta (1949, 1953, 1954). – Ausst. Kat. ›Da Altichiero a P.‹, von L. Magnato, Venedig 1958. – M. Fossi Todorow, I disegni del P. e della sua cerchia, Florenz 1966. – G. Paccagnini, P. e il ciclo cavalleresco di Mantova, Venedig 1972. – R. Chiarelli, L'opera completa del P., Mailand 1972. – Ausst. Kat. ›P. à la cour des Gonzague‹, von G. Paccagnini, Mantua 1972.

PISANO, Andrea da Pontedera, genannt –. Um 1270 – Orvieto 1348. Toskanischer Bildhauer und Goldschmied, kam aus Pisa, um die erste Bronzetür für das Baptisterium von Florenz zu gießen (1330-1336). Meister mehrerer Reliefs am Campanile, die alle einen feinen gotischen Rhythmus aufweisen. 1347-1349 Dombaumeister in Orvieto. S. 140 f.
Lit.: I. Toesca, A. e Nino Pisani, Florenz 1952. – E. Becherucci, A. P. nel campanile di Giotto, Florenz 1965. – G. Kreytenberg, A. P.'s Earliest Works in Marble, in: B. M., CXXII, 922 (1980).

PISANO, Antonio. Siehe Pisanello.

PISANO, Giovanni. Um 1250-1314. Toskanischer Bildhauer, Sohn und Schüler von Niccolò. Das kraftvollste plastische Temperament des Jahrhunderts, Meister der großen Monumental-Kanzeln in S. Andrea, Pistoia (1298) und im Dom zu Pisa (1302-1311). Dombaumeister in Siena, wo er nach französischer Weise eine Anzahl von Statuen im voraus anfertigte (1294-1298). Schöpfer zahlreicher strengliniger Madonnen: Madonna in der Arena-Kapelle in Padua, Madonna in Prato. S. 115 f., 122, 123, 124, 126 f.
Lit.: H. Keller, G. P., Wien 1942. – M. Aurton, G. P. Sculptor, London 1969. – G. Lorenzo Mellini, G. P., Mailand 1970. – E. Carli, G. P., Pisa 1977.

PISANO. Niccolò. Um 1225-1287. Bildhauer aus Apulien stammend, ausgebildet im Milieu der kaiserlichen Renaissancebestrebungen Friedrichs II.; ließ sich später in der Toskana nieder; Schöpfer der Kanzel des Baptisteriums in Pisa (1260) und der des Domes zu Siena (1268), letztere zusammen mit vier Schülern: Giovanni, Arnolfo, Donato, Lapo, die die große italienische Bildhauerkunst einleiten. Mit seinem Sohn Giovanni zusammen: Fontana Maggiore in Perugia (1273-1280). S. 108 f., 122, 123, 124, 127
Lit.: G. Swarzenski, N. P., Frankfurt a. Main 1926. – G. H. und C. R. Crichton, N. P. and the Revival of Sculpture in Italy, Cambridge 1938. – W. R. Valentiner, in: A. Q., XV (1952). – C. Seymour, Invention and Revival in N. P.'s Theoretic Style, Princeton 1963.

PISANO, Nino. Anfang 14. Jh. - 1368. Florentiner Bildhauer, Baumeister und Goldschmied, Sohn von Andrea. Arbeitete zusammen mit seinem Vater am Dom von Orvieto; Schöpfer eines geschmeidigen Madonnentyps nach Art der französischen Gotik. Meister des Grabmals von A. Cavalcanti. S. 141
Lit.: E. Carli, Il Problema di N. P., in: L'Arte (1934). – I. Toesca, Andrea e N. P., Florenz 1952.

PISIS. Siehe De Pisis.

PITATI, Bonafazio dei. 1487-1553. Venezianischer Maler ländlicher Szenen. S. 287

PITTONI, Giambattista. Venedig 1687-1767. Venezianischer Maler, Mitglied der Akademie von Bologna und der von Venedig, der charakteristischste Repräsentant des ›barokken‹ 18. Jahrhunderts. S. 399
Lit.: L. Coggiola, G. B. P., Florenz 1921. – F. Zava Boccazzi, P., l'opera completa, Venedig 1979.

PIZZOLO, Niccolò. 1421-1453. Paduaner Historienmaler und Bildhauer, Schüler von Squarcione, arbeitete zusammen mit Mantegna an der Erimitanikirche in Padua (1449-1453). S. 213

PLATINA, Piadena. Gest. Mantua 1500. Kunsttischler aus Cremona. 1484 tätig in Mantua und Cremona. S. 220f.

POCCIANTI, Pasquale. 1774-1858. Schüler von Paoletti, arbeitete an den Aquädukten von Livorno. S. 412
Lit.: F. Borsi, G. Morello u. L. Zangheri, Firenze e Livorno e l'opera di P. P. nell' età granducale, Rom 1975.

PODESTI, Francesco. Ancona 1800-1895. Römischer Maler der akademischen Richtung. S. 426

PODESTI, Giulio. 1857-1909. Architekt. S. 422

POGGI, GIOVANNI. 1811-1901. Florentiner Architekt und Stadtplaner. Auf ihn gehen die Anlagen des Hügels von S. Miniato zurück. S. 420
Lit.: F. Borsi, La capitale a Firenze e l'opera di G. P., Rom 1970.

POLETTI, Luigi. Modena 1792-1869. Baumeister aus Modena, Schüler von Stern, tätig in Rom, wo er den größten Teil der Architekten seiner Zeit ausbildete und S. Paolo fuori le mura restaurierte (nach 1823). S. 413

POLIDORE DA CARAVAGIO. Tätig im 16. Jh., Maler von Grotesken und kapriziösen Szenen. S. 297
Lit.: A. Marabottini, P. da C., 2 Bde., Rom 1969.

POLLAIUOLO oder Pollaiolo, Antonio Benci, genannt –. Florenz 1432 – Rom 1498. Florentiner Maler, Bildhauer, Bronzegießer, Medailleur. Kraftvoller Zeichner, bemerkenswert durch das Studium der Anatomie. Arbeitete zusammen mit Ghiberti, in der Nachfolge von Donatello und Uccello. Der Herkules-Zyklus, an dem Piero mitarbeitete, ist die wichtigste Aussage des neuen Stils (um 1465). 1490 wurde er nach Rom berufen, um das Grabmal für Papst Sixtus IV. zu schaffen; es folgte das für Innocenz VIII. (1493 bis 1497). Bemerkenswert ferner als Kupferstecher. S. 191f., 193, 205, 232, 235
Lit.: C. L. Ragghianti, A. P. e l'arte fiorentina, in: C. A. (1935-1936). – A. Sabatini, A. E. P. P., Florenz 1944. – A. Busignani, P., Florenz 1969.

POLLAIUOLO, Piero. 1443-1496. Maler und Bildhauer, Bruder von Antonio und sein ständiger Mitarbeiter, besonders auf dem Gebiet der Malerei: Meister der ›Tugenden‹ (Uffizien) und der ›Marienkrönung‹ (S. Agostino in San Gimignano, 1483). S. 235
Lit.: S. Ortolani, Il P. P., Mailand 1948.

POLLASTRINI, Enrico. 1817-1874. Romantischer Florentiner Maler großer religiöser und historischer Kompositionen. S. 428

POMARANCIO, Niccolò Circignani, genannt –. Pomarancio 1552 – Rom 1626. Römischer Maler, malte S. Stefano Rotondo aus. S. 336
Lit.: J. Toesca, P. a palazzo Crescenti, in: Pa., 91 (1957).

PONTE, Jacopo da. Siehe Bassano.

PONTELLI, Baccio. Florentiner, leitete eine Werkstatt für Einlegearbeiten: Studiolo von Urbino (1474). S. 202, 220
Lit.: G. de Fiore, B. P., Rom 1963.

PONTI, Giovanni, genannt Gio. Mailand 1891. Architekt, zunächst zugehörig zur Bewegung ›Novocento‹ (Rückwendung zum Neo-Klassizismus), wurde dann den Strömungen der Avantgarde gegenüber aufgeschlossen, zu einem der Initiatoren der funktionellen Architektur. Erbauer des Società Montecatini-Gebäudes in Mailand. S. 444

PONTORMO, Jacopo Carrucci, genannt –. Pontormo 1494 – Florenz 1556. Toskanischer Maler, Schüler von Albertinelli und Andrea del Sarto, deren Feinheit er in einer immer lichter werdenden Art und Weise bewahrte. Seine Hauptwerke befinden sich in der Villa Poggio a Cajano: ›Bauernszenen‹ (1520-1522), in der Certosa von Galluzzo: ›Passion‹; er stand offensichtlich unter dem Einfluß Dürers. Unter Michelangelo schmückte er den im 18. Jh. übermalten Chor von S. Lorenzo aus (1546-1557). Von ihm stammen auch fein empfundene Porträts. Der charakteristischste Repräsentant des toskanischen Manierismus. S. 307f.
Lit.: F. Mortimer Clapp, J. C. da P., New Haven 1916. – L. Becherucci, Disegni del P., Bergamo 1943. – Ausst. Kat. ›P. e il primo manierismo fiorentino‹, von L. Berti, Florenz 1956. – J. Cox-Rearick, The Drawings of P., Cambridge (Mass.) 1964. – L. Berti, P., disegni, Florenz 1965. – K. W. Forster, P., München 1966. – L. Berti, L'opera completa del P., Mailand 1973.

PORDENONE, Giovanni, Antonio de'Sacchis oder de'Codesanis, genannt il –. Pordenone 1483/84 – Ferrara 1539. Venezianischer Maler, tätig in Rom, Ferrara, Venedig, Cremona, Piacenza. Nachfolger Tizians, doch auch vom Manierismus beeinflußt. S. 287
Lit.: M. Muraro, Del P., in: A. V., 9 (1971). – C. Furlan, Schizzi del P. all'Ambrosiana, in: A. V., 32 (1978).

PORPORA, Paolo. 1629 – um 1692. Neapolitanischer Maler, Spezialist für Früchtestilleben im Stil der Holländer. S. 374
Lit.: R. Causa, P. P. e il primo tempo della ›natura morta‹ napoletana, in: Pa. (März 1951).

PORTA, Giacomo della. 1540-1602. Römischer Baumeister. Vollendete das Werk Michelangelos auf dem Kapitol (1564-1594), baute die Loggia des Palazzo Farnese, vollendete die Kuppel von S. Pietro (1586-1593), die Fassade von Il Gesù (1575) und S. Luigi dei Francesi (1589). S. 324f.

POSI, Paolo. 18. Jh. Römischer Baumeister des Barock. S. 354f.

POZZO, Andrea. 1642-1709. Maler und Dekorateur großen Stils. 1681 Jesuitenbruder in Rom. Meister der Perspektive und Illusionsmalerei: Sein ›Einzug des hl. Ignatius in das Paradies‹ in S. Ignazio, Rom (1685), ist das Hauptwerk illusionistischer Darstellungskunst. Verfasser eines Traktats über die Perspektive (1693). Tätig in Wien und in Neapel. S. 350
Lit.: B. Kerber, A. P., Berlin 1971.

PREDIS, Ambrogio da. 1472-1517. Lombardischer Maler, Schüler und Nachahmer von Leonardo. S. 268

PRESTINARO, Cristoforo. 1579-1618. Lombardischer Bildhauer, Spezialist für Terrakotten. S. 356

PRETI, Mattia. 1613-1699. Maler, Dekorateur, genannt ›il Calabrese‹ (der kalabrische Kavalier), von der venezianischen und flandrischen Kunst sowie vom Luminismus beeinflußt. Tätig in Neapel. S. 375

PRETI (Fortsetzung)
Lit.: C. Refice Taschetta, M. P., Brindisi 1960. – Ausst. Kat. ›M. P. e il Seicento italiano‹, von Catanzaro, Genua 1975.

PREVIATI, Gaetano. Ferrara 1852 – Lavagna 1920. Mailänder Maler pointillistischer Kompositionen, später Symbolist. S. 427
Lit.: V. Costantini, G. P., Bergamo 1931. – Ausst. Kat. ›G. P.‹, von P. Bucarelli, Rom 1953.

PREVITALI, Andrea. Bergamo 1470-1528. Venezianischer Maler, Schüler von Giovanni Bellini, nach 1502 in seiner poetischen Vorstellung von der Natur von Palma und Lotto beeinflußt. S. 226

PRIMATICCIO, Francesco, genannt Bologna. Bologna 1504 – Paris 1570. Bologneser Maler und Dekorateur, Schüler und Gehilfe von Giulio Romano. Meister eleganter Stukkaturen und mythologischer Gemälde unter Mitarbeit von Niccolò dell'Abbate. 1523 ging er in den Dienst Franz I. nach Fontainebleau, wo er Rosso wiederbegegnete; 1540 Reise nach Rom im Auftrag des Königs von Frankreich. Einer der großen Repräsentanten des europäischen Manierismus. S. 300f.
Lit.: L. Dimier, Le P., Paris 1900 (1925). – P. Barocchi, Precisazioni su P., in: Com. (1951).

PRIMOLI, Giuseppe. 1851-1922. Photograph, tätig in Italien und in Paris. Modephotograph, Porträtist der Gesellschaft von Rom und Paris. S. 445

PROCACCINI, Ercole. 1520-1591. Bologneser Maler. Kam um 1590 nach Mailand. Vater von Giulio Cesare (Bologna um 1570 – Mailand 1625). Stark von Correggio beeinflußt, spielte eine wichtige Rolle in der Kunst der Lombardei. S. 380f.

QUARENGHI, Giacomo. 1744-1817. Architekt und Maler, tätig am Hof des Zaren. S. 407

QUARTARARO, Riccardo. Ende 15. – Anfang 16. Jh. Sizilianischer Maler, tätig in Messina. S. 208

QUEIROLO, Francesco. Genua 1704 – Neapel 1762. Genueser Bildhauer, Meister der ›Befreiung vom Irrtum‹ in der Kapelle S. Severo (Neapel). S. 365

QUERCIA, Jacopo della. Siena 1374-1438. Sieneser Bildhauer, derbe, kraftvolle Gestaltung: beteiligte sich am Wettbewerb in Florenz (1401), fertigte mehrere Grabmäler in Lucca, die ›Fonte Gaia‹ (zerstört) in Siena, und in Bologna die mächtigen Portaltafeln von S. Petronio (1425 bis 1438). S. 122, 144
Lit.: L. Biagi, J. d. Q.: nuovi documenti e commenti, Siena 1929; J. d. Q., Florenz 1946. – O. Morisani, Tutta la scultura di J. d. Q., Mailand 1962. – A. Garzelli, J. d. Q. Sculptor, New Haven 1970. – C. Seymour, J. d. Q., London 1973. – J. d. Q. fra gotico e rinascimento, Atti del convegno di studi, Siena 1977.

RAFFAELLO DA MONTELUPO. Um 1505-1570. Florentiner Bildhauer, Mitarbeiter von Sansovino in Loreto, Schüler Michelangelos. S. 262

RAFFAELLO SANTI. Urbino 1483 – Rom 1520. Maler, Baumeister, Sohn des Giovanni Santi aus Urbino, Schüler von Perugino, übernahm seit der ›Sposalizio‹ (1504) das Wesentliche dieses ruhigen und harmonischen Stils. In Florenz übte hauptsächlich Leonardo eine Anziehungskraft auf ihn aus sowie Fra Bartolomeo. 1508 nach Rom berufen, leistete er Meisterhaftes in den Freskendekorationen der Stanza della Segnatura (1509-1511), der Stanza d'Eliodoro (1511-1514) und der Stanza dell'Incendio (1514-1517), die folgende ist das Werk seiner Schüler. Er zeigt sich als Dekorateur großen Stils in der Farnesina (1514-1516) und in der Loggia des Vatikan. Die ständige Bereicherung seines Stils, die ihn sogar Venezianisches aufnehmen ließ, macht sich hauptsächlich in der Folge seiner Porträts bemerkbar: Julius II., Leo X., Baldassare Castiglione. 1516 entwarf Raffael die Kartons für zehn Wandteppiche für die Sixtinische Kapelle; ab 1515 wurde er als Baumeister von Sankt Peter und Leiter der antiken Sammlungen in Rom zum Nachfolger Bramantes. Sein Einfluß war außerordentlich und erstreckte sich auf alle Gebiete der Kunst, der er klassische Kraft, Klarheit und Anmut verlieh. S. 251-258
Lit.: F. H. Hofmann, R. als Architekt, 2. Aufl., 4 Bde., Leipzig 1908-1914. – V. Golzio, R. nei documenti . . ., Vatikanstadt 1936. – O. Fischel, R.'s Zeichnungen, 8 Bde., Berlin 1913-1941. – W. Wauscher, R. S. da Urbino. – S. Ortolani, R., Bergamo 1942. – O. Fischel, R., 2 Bde., London 1948. – L. de Vecchi, L'opera completa di R., Mailand 1966. – L. Dussler, R., München 1966. – M. Salmi (Hrsg.), The Complete Work of Raphael, New York 1969. – J. Pope-Hennessy, R., London-New York 1969; R., London 1970. – N. Dacos, Le logge di R., Rom 1977. – L. Beck, R., New York 1977. – S. Ray, R. architetto, Bari 1974. – *Über die Werkstatt:* H. Dollmayr, R. S. Werkstatt, in: J. W. XVI (1895). – F. Hart, R. and Giulio Romano, in: A. B. (1944).

RAGGI, Antonio. 1624-1686. Dekorateur und Stukkateur: Kuppel von S. Andrea al Quirinale und Il Gesù in Rom. S. 353

RAGUZZINI, Filippo. Erste Hälfte 18. Jh. Römischer Barockbaumeister: Gestalter der Piazza S. Ignazio in Rom. S. 341

RAIMONDI, Marcantonio. 1475-1534. Kupferstecher, kopierte Dürer, trat in den Dienst Raffaels und verbreitete dessen große Kompositionen in ganz Europa. S. 298

RAINALDI, Carlo. Rom 1611-1691. Baumeister und Dekorationskünstler, Sohn von Girolamo. Erbauer der Kirchen an der Piazza del Popolo, um 1660 Apsis von S. Maria Maggiore. S. 346
Lit.: E. Hempel, C. R., Rom 1921.

RAINALDO, Baumeister, tätig im 12. Jh. in Pisa. War beteiligt an der Vergrößerung des Domes: Verlängerung des Schiffes und Anpassung einer neuen Fassade. S. 82

RANIERI D'UGOLINO, siehe Meister von San Martino.

RANZONI, Daniele. 1849-1889. Mailänder Maler der Gruppe der ›Scapigliati‹, delikater und phantasievoller Künstler. S. 427
Lit.: Sarafatti, D. R., Rom 1935.

REGASEO, Gian Battista, 1799-1872. Baumeister, vollendete den Friedhof von Genua. S. 421

REGGIANI, Mauro. Nonantola 1897. Mailänder konstruktiver Maler. S. 439
Lit.: A. Sartoris, M. R., Mailand 1967.

REMONDINI DI BASSANO. 18. Jh. Familie venezianischer Kunsttischler: bemalte, lackierte oder mit Vignetten geschmückte Möbel. S. 391
Lit.: Ausst. Kat. ›R.‹, von G. Cipriani, Bassano 1959.

Reni, Guido. Siehe Guido.

Reycend, Enrico. 1855-1928. Impressionistischer Landschaftsmaler aus Turin. S. 428
Lit.: R. Longhi, Ricordo di E.R., in: Pa., 27 (März 1952).

Ribera, Jusepe (Giuseppe) de, genannt lo Spagnoletto. 1588-1652. Stammte aus Valencia. Kam vor 1610 nach Italien, reiste nach Rom und Parma, wurde Maler am Hof von Neapel; bemerkenswerter Porträtist, beeinflußt von Caravaggio, zum Barock tendierend. S. 374 f.
Lit.: A. Mayer, G. de R., Leipzig 1923. – H. Bedarida, R., ›A travers l'art italien‹, Paris 1949. – A.E. Perez Sanchez, L'opera completa del R., Mailand 1978.

Ricci, Leonardo. Ancona 1918. Maler und Architekt.
Lit.: L. Savioli, in: Architetti, III (1952). S. 444

Ricci, Marco. Belluno 1676 – Venedig 1729. Venezianischer Maler, Neffe von Sebastiano. Tätig in zahlreichen Villen in Italien und London, Maler romantischer Landschaften, Aquarelle. S. 401
Lit.: Ausst. Kat. ›M.R.‹, von G.M. Pilo, Bassano 1963.

Ricci, Sebastiano. Belluno 1659 – Venedig 1734. Venezianischer Maler, Schüler von Mazzoni und Crivelli. Unternahm zahlreiche Reisen nach Bologna, Florenz, Modena, Parma, Mailand, spielte aber vor allem in Venedig durch seinen bewegten, von Magnasco und Pietro da Cortona beeinflußten Stil eine Rolle. S. 392 f.
Lit.: J.v. Derschau, S.R., Heidelberg 1922. – A. Barigozzi Brini, Una partecipazione di S.R. alla scenografia teatrale e i rapporti Ricci-Bibiena, in: Com., XX, 1-2 (1969). – A. Rizzi, I disegni di S.R., Udine 1970. – G.M. Pilo, S.R. e la pittura veneziana del Settecento, Udine 1976. – J. Daniele, L'opera completa di S.R., Mailand 1977.

Ricciarelli, Daniele. Siehe Volterra.

Riccio oder Crispus, Andrea Briosco, genannt –. Padua 1470-1532. Paduaner Bronzegießer, Meister des Grabmales der Della Torre in S. Fermo, Verona (Fragmente im Louvre), und zahlreicher Statuetten sowie kleiner Genrefiguren. S. 272
Lit.: L. Planiscig, A.R., Wien 1927. – F. Cessi, A.B.R., Trient 1965.

Richini, Francesco Maria. 1583-1658. Lombardischer Barockbaumeister, tätig in Mailand: Eingang des Ospedale Maggiore und Palazzo di Brera (ehemaliges Jesuitenkolleg). S. 356

Rinaldi, Antonio. 1709-1794. Italienischer Architekt, erbaute in Moskau den Marmorpalast (1768-1785). S. 407

Rizzo, Antonio. Erwähnt zwischen 1465 und 1498. Bildhauer und Baumeister aus Verona, arbeitete an der Certosa von Pavia (1465), dann in Venedig (Denkmal Tron, 1473). S. 221
Lit.: A. Arslan, Œuvre de jeunesse d'A.R., in: G.B.A. (Sept. 1953).

Robbia, Andrea della. Florenz 1435-1525. Florentiner Bildhauer, Neffe und Schüler von Luca. Setzte mit seinen Söhnen Girolamo und Giovanni das Verfahren der Fayencetechnik fort. S. 183
Lit.: W. von Bode, Die Familie della R., Berlin 1914. – A. Marquand, A.d.R. and his Atelier, 2 Bde., London 1922. – U. Baldini, La Bottega dei D.R., Florenz 1965.

Robbia, Luca della. Florenz 1400-1482. Florentiner Bildhauer und Töpfer, Meister der Sängerkanzel des Domes zu Florenz (1431-1437), der Medaillons am Campanile (1437-1439) sowie der Bronzetür des Domes (1446). Schöpfer der mehrfarbigen zinnglasierten irdenen Reliefs (Fayence), die in der Toskana großen Erfolg hatten. S. 182 f.
Lit.: P. Schubring, L.d.R., (2. Aufl.) 1921. – L. Planiscig, L.d.R., Wien 1940. – J. Pope-Hennessy, L. d. R., Oxford 1979.

Roberti, Ercole de. Ferrara um 1450-1496. Ferrareser Maler, Schüler von Cosimo Tura, mit dem zusammen er im Palazzo Schifanoia arbeitete. ›Offizieller Maler‹ (1477), in Bologna 1480-1486, Zusammenarbeit mit Cossa an der Pala Griffoni. 1492 begleitete er Alfonso d'Este nach Rom. Einer der Ferrareser Meister von klarer und origineller Form: Pala di San Lazzaro (Berlin). S. 217 f.
Lit.: S. Ortolani, Cosmé Tura, F. del Cossa, E.R., Mailand 1941.

Roccatagliata, Niccolò. 17. Jh. Der beste Repräsentant einer Genueser Bildhauerfamilie, tätig in Venedig, wo er den stark reliefierten ›paliotto‹ von S. Moisé fertigte (1633). S. 390

Rocco da Montefiascone. Mitte 16. Jh. Römischer Baumeister und Dekorateur, assistierte Pirro Ligorio (1560) bei der Villa Pia. S. 322

Rocco, Ernesto. 19. Jh. Architekt, entwarf die Galerie Umberto I. in Neapel (1887-1890). S. 422

Rodbertus Magister Comacinus. 8. Jh. In einer Schrift von 739 wird erwähnt, daß er an S. Pietro di Toscanella (Viterbo) gearbeitet hat. S. 57

Romanelli, Giovanni Francesco, genannt Il Viterbese. Viterbo 1610-1662. Historienmaler, tätig in Rom und in Frankreich. Schüler von Pietro da Cortona.

Romanino, Girolamo di Romano, genannt il –. 1484-1566. Lombardischer Maler aus Brescia, tendierte zur venezianischen Kunst, vor allem zu Giorgione, geriet später unter deutschen Einfluß. Arbeitete in Cremona. S. 289, 327 f.
Lit.: M.L. Ferrari, Il R., Mailand 1961.

Romano, (Giancristoforo). Um 1465-1512. Renommierter Bildhauer und Medailleur, tätig an den Höfen von Mantua, Urbino und Neapel. Freund des Dichters Pietro Bembo.
Lit.: J. de Foville, in: GBA, XXXIX (1908). – C.M. Brown, Gleanings from the Gonzaga Documents in Mantua: G.C.R. and Andrea Mantegna, in: M.K.I.F., I (1973).

Romano, Giulio. Siehe Giulio Romano.

Rosa, Salvator. 1615-1673. Neapolitanischer Maler, temperamentvolle, einfallsreiche und glänzende künstlerische Persönlichkeit, Improvisator und Dichter. Tätig in Neapel, Rom, Florenz. Maler von Marinen und Schlachtenbildern. S. 375 f., 383 f.
Lit.: G.A. Cesareo, Poesie e lettere inedite di S.R., Neapel 1892. – A. de Rinaldis, Lettere inedite di S.R., Rom 1929. – L. Salerno, S.R., Florenz 1963; L'opera completa di S.R., Mailand 1975. – W.W. Roworth, S.R., New York 1978. – R.W. Wallace, The Etchings of S.R., Princeton 1979.

Rosselli, Cosimo. Florenz 1439-1507. Florentiner Maler, Schüler von Neri di Bicci; Fresken von seiner Hand in der Annunziata (1476) und der Sixtinischen Kapelle. S. 235
Lit.: A. Padoa Rizzo, La Cappella Salutati nel Duomo di Fiesole e l'attività giovanile di C.R., in: An. Vi., XVI, 2 (1977).

Rosselli, Domenico. Ende 15. Jh. Florentiner Bildhauer und Dekorateur. War spezialisiert auf mit Putten verzierte Friese. S. 201

Rossellino, Antonio. 1427-1479. Florentiner Bildhauer, Marmorsteinmetz, Bruder von Bernardo, Meister des Grabmals für den Kardinal von Portugal (1459), zahlreicher Büsten und anmutiger Madonnenreliefs. S. 178, 184
Lit.: L. Planiscig, B. et A. R., Wien 1942. – F. Hartt, G. Corti u. C. Kennedy, The Chapel of the Cardinal of Portugal at S. M., Philadelphia 1964.

Rossellino, Bernardo. 1409-1464. Bruder von Antonio, Florentiner Bildhauer und Architekt, beeinflußt von Alberti, dessen Anregungen er im Palazzo Venezia in Rom (1455) und Palazzo Rucellai (1446-1450) verarbeitete; städtebauliche Entwürfe für Pius II. Piccolomini, darunter der Bischofspalast von Pienza. Meister des Grabmals für Leonardo Bruni (S. Croce, 1444-1450). S. 184, 203
Lit.: L. H. Heydenreich, in: Z. f. Kg., VI (1937). – A. M. Schulz, The Sculpture of B. R. and his Workshop, Princeton 1977.

Rossetti, Biagio. Erwähnt 1465-1516. Bologneser Baumeister, übernahm für Ercole I. die Stadtplanung von Ferrara, errichtete den Palazzo dei Diamanti, den Palazzo Costabili und die Kirche S. Francesco (1494). S. 215
Lit.: B. Zevi, Saper vedere l'urbanistica: Ferrara di B. R., Turin 1971.

Rossi, Domenico. Anfang 18. Jh. Venezianischer Baumeister barocker Richtung: Chiesa dei Gesuiti (1729) und Fassade von S. Stae. S. 389
Lit.: G. Passavant, Studien über D. R., Karlsruhe 1967.

Rossi, Franco dei. Tätig zwischen 1455 und 1461. Ferrareser Miniaturist.

Rosso, Francesco Maria. Mitte 18. Jh. Neapolitanischer Maler und Dekorateur, malte das Gewölbe der Kapelle S. Severo in S. Maria della Pietà aus (1749). S. 365

Rosso, Gian Battista di Jacopo, genannt il –. Florenz 1494 bis 1540. Maler und Dekorationskünstler; kam aus der Florentiner Werkstatt von Andrea del Sarto und Pontormo; Reise nach Rom, das seiner unruhigen Natur nicht entsprach. Von Franz I. nach Frankreich berufen, leitete er die Arbeiten an der großen Galerie von Fontainebleau, wo Fresken und Stukkaturen von solcher Meisterschaft entstanden, daß sie für die ganze Epoche zum Vorbild wurden. S. 308 f.
Lit.: P. Barocchi, Il R., Rom 1950. – S. Lougren, R. a Fontainebleau, in: Figura, I, Stockholm (1951). – E. A. Carroll, The Drawings of R., 1964 (New York 1977).

Rosso, Medardo. 1858-1927. Piemonteser Bildhauer, Meister eines anmutigen, impressionistischen Stils. S. 425
Lit.: A. Soffici, Il caso M. R., Florenz 1909. – M. S. Barr, M. R., New York 1963.

Rovezzano. Siehe Benedetto da Rovezzano.

Ruggieri, Ferdinando. 1691-1741. Florentiner Baumeister der klassischen Richtung, Erbauer des Palazzo Capponi, begann mit dem Bau von S. Firenze. S. 362

Ruoppolo, Giovanni Battista. 1629 – um 1670. Neapolitanischer Maler, Schüler von Paolo Porpora, malte vorzugsweise Stilleben. S. 374

Rusconi, Camillo. 1658-1728. Barockbildhauer, ausgebildet in Mailand, ließ sich in Rom nieder, wo er am Grabmal der Paravicino in S. Francesco a Ripa Anregungen von Bernini verarbeitete; fertigte das weiße Marmor-Denkmal für Gregor XIII. in einem gemäßigten Barockstil (1723). S. 355

Russolo, Luigi. Portogruaro 1885 – Laveno 1947. Futuristischer Maler, Verfasser des Manifestes vom März 1913. S. 433

Rustici, Giovan Francesco. Florenz 1475 – Tours 1554. Florentiner Maler, arbeitete zusammen mit Michelangelo bei Ghirlandaio, stark beeinflußt von Leonardo. Begab sich 1528 nach Frankreich. S. 234
Lit.: M. G. Ciardi-Dupré, G. F. R., in: Pa., 157 (1963).

Rutelli, Mario. Palermo 1859-1941. Römischer Bildhauer, Meister der Statuen, die den Brunnen von Guerrieri auf der Piazza dell'Esedra in Rom schmücken (1885). S. 420

Sabatelli, Luigi. 1772-1830. Florentiner Maler und Dekorationskünstler, Schüler von Benvenuti: Dekorationen in den Palästen Capponi und Pitti. S. 415
Lit.: Ausst. Kat. ›L. S.‹, v. B. Paolozzi-Strozzi, Florenz 1978.

Sacchi, Andrea. 1599-1661. Bologneser Maler, Schüler von Albani: Porträts, Altarbilder, Saal im Palazzo Barberini. S. 350, 378
Lit.: H. Posse, Der römische Maler A. S., Leipzig 1925. – A. Sutherland Harris, A. S., Oxford 1977.

Sacconi, Giuseppe. 1854-1905. Erbauer des Denkmals Viktor Emanuels II. in Rom, Preis des nationalen Wettbewerbs von 1884. S. 422

Sada, C., 19. Jh. Architekt, tätig in Catania. S. 421

Saliba, Antonello da. Erwähnt zwischen 1480 und 1535. Sizilianischer Maler, Sohn des Holzschnitzers Giovanni und einer Schwester von Antonello da Messina; unausgeglichenes Talent. S. 208
Lit.: Ausst. Kat. ›Antonello da Messina‹, von G. Vigni, Venedig 1953.

Salimbeni, Jacopo. Ende 14., Anfang 15. Jh. Maler aus den Marken, gebürtig in Sanseverino. Repräsentiert, wie auch sein Bruder Lorenzo, eine liebenswerte und gemäßigte Gotik. Zusammen schufen sie den größten Teil der Fresken in dem Oratorio di Giovanni Battista in Urbino. S. 151
Lit.: A. Rossi, J. S., Mailand 1976.

Salini, Tommaso, genannt Mao. Rom 1570-1625, Schüler von Baglione, Blumen- und Stilleben-Maler. S. 372

Salvator Rosa. Siehe Rosa.

Salvi, Niccolò. Anfang 18. Jh. Römischer Architekt, Erbauer der Fontana di Trevi (1735-1744). S. 341
Lit.: A. Salvi, La Fontana di Trevi e le altre opere di N. S., Rom 1956.

Salviati, Francesco de Rossi, genannt Cecchino. 1510 bis 1563. Florentiner Maler; beeinflußt von Andrea del Sarto. Fresken im Palazzo Vecchio (1544). S. 310
Lit.: M. Hirst, S. illustrateur de Vidus vidius, in: R. d. A., 6 (1969). – C. Dumont, S. et Sacchetti, Rom-Genf 1973. – I. Cheney, F. S., Ann Arbor 1975.

Sanfelice, Ferdinando. 18. Jh. Neapolitanischer Dekorateur und Bühnenbildner, Schüler von Solimena. S. 363

Sangallo. Florentiner (15. Jh.), später römische (16. Jh.) Architektenfamilie aus der Nachfolge von Giuliano und Antonio Giamberti. S. 250 f.
Lit.: Über die ganze Familie: G. Clausse, Les San Gallo, 3 Bde., Paris 1900-1902 (nicht ganz zuverlässig).
Antonio Cordiani da Sangallo, genannt der Jüngere. 1473 bis 1546. Neffe von Antonio dem Älteren, Festungs-Baumeister in Rom und Orvieto. Begann den Palazzo Farnese

Sangallo (Fortsetzung)
(1534) für Paul III.; Erbauer mehrerer römischer Kirchen: S. Spirito in Sassia und S. Maria di Loreto. S. 251

Antonio Giamberti da Sangallo, genannt der Ältere. 1455 bis 1534. Baumeister, ausgebildet bei seinem Bruder Giuliano, zeigt mit der Annunziata-Kirche in Arezzo und mit S. Biagio in Montepulciano (1519-1526) die Fähigkeit, architektonische Formen harmonisch und klassisch zu behandeln. In seinen Palästen (Montepulciano, Monte San Savino) folgt er dem architektonischen Stil Raffaels. S. 250 f.

Francesco, genannt il Margotta. 1494-1576. Florentiner Bildhauer, Sohn von Giuliano, Meister der Statue des Paolo Giovio im Kreuzgang von S. Lorenzo.

Gian Francesco. 1482-1530. Baumeister, Neffe von Giuliano, arbeitete am Palazzo Pandolfini (1515-1516). S. 256

Giuliano Giamberti, genannt Giuliano da Sangallo. 1445 bis 1516. Florentiner Bildhauer und Baumeister, der Älteste dieser großen Architektenfamilie, mit der sich der Durchbruch zum klassischen Stil vollzog. Nach Anfängen als Holzschnitzer (Chorstuhl der Cappella Medici), schuf er ohne Unterbrechung die repräsentativsten Werke aus dem Ende des Jahrhunderts: darunter Madonna delle Carceri, einen Zentralbau in Prato (1485-1491), ferner die Villa Poggio a Cajano (1480-1485), die Sakristei von S. Spirito (1489-1492) unter Mitarbeit von Cronaca. Ferner arbeitete er in Loreto und fertigte im Dienste des späteren Julius II. verschiedene Entwürfe für Paläste und Festungen in Neapel, Savona und Rom. Seine Entwürfe für die Fassade von S. Lorenzo in Florenz regten Michelangelo an, und es stammt von ihm eine Sammlung von Studien, die durch ihre Fülle archäologischer Kenntnisse bemerkenswert sind. S. 229 f., 250
Lit.: C. Hülsen, Il Libro di G. da S. (Cod. Barb. 4424), Leipzig 1910. – G. Marchini, G. da S. G., Florenz 1942. – Sangallo, in: R. J., XVII (1955). – G. Giovannoni, A. da S. il Giovane, Rom 1959. – C. L. Frommel, A. da S., Cappella Paolina, in: Z. K. G., 27 (1964).

Sanmartino, Giuseppe. 18. Jh. Neapolitanischer Bildhauer des Barock. S. 365

Sanmicheli, Michele. 1484-1559. Venezianischer Baumeister, Schüler von Falconetto und Sansovino, ausgebildet in Rom bei Antonio da Sangallo. Tätig in Rom: Villen. Festungs-Baumeister: Verona, Padua. S. 279 f.
Lit.: E. Langesköld, M. S., the Architect of Verona, Uppsala 1938. – L. Puppi, S. M., Padua 1957.

Sano di Pietro. 1406-1481. Sieneser Maler, Meister einer sehr aktiven Werkstatt, von dem zahllose bäuerliche Madonnen und Altaraufsätze stammen; in seiner besten Periode um 1445-1450 stand er unter dem Einfluß von Domenico di Bartolo. S. 196
Lit.: Truebner, Die stilistische Entwicklung des S. di P., Straßburg 1925. – E. Gaillard, Un peintre siennois du XVe s.: S. di P., Chambéry 1923.

Sansovino, Andrea Contucci, genannt –. 1470-1529. Baumeister und Bildhauer, beeinflußt von Bramante. Arbeitete in Rom und Loreto als Baumeister. Bekannt in der Toskana (Siena), in Mittelitalien, sogar in Portugal; entwickelte sich in Richtung auf eine höchst verfeinerte Kompositionsweise hin: ›Taufe Christi‹ (Baptisterium in Florenz, nach 1502), Grabmäler in S. Maria del Popolo (Rom). S. 234, 271
Lit.: G. H. Huntley, A. S., Cambridge 1935.

Sansovino, Jacopo Tatti, genannt –. 1486-1570. Florentiner Bildhauer, Baumeister, stark beeinflußt von Andrea S., dessen Namen er annahm, und von Andrea del Sarto; angeregt durch die Kunst Michelangelos und Raffaels, gelangte er zu einem delikaten Stil (S. Giacomo, Dom zu Florenz 1511-1518), der dann in Rom kräftiger wurde; von dort ging er nach Venedig (1527), wo er die Loggia des Campanile, den Palazzo Corner und die Libreria baute. S. 271 f., 276-278
Lit.: G. Lorenzetti, Itinerario sansoviniano a Venezia, Venedig 1929. – H. Weihrauch, Studien zum bildnerischen Werk des J. S., Berlin 1935. – G. Mariacher, J. S., Mailand 1962. – M. Tafuri, J. S. e l'architettura del 500 a Venezia, Padua 1969 (1972). – D. Howard, J. S., Architecture and Patronage in Renaissance, Venedig-New Haven 1976.

Sant'Elia, Antonio. 1888-1916. Architekt, publizierte 1914 ein Manifest über die futuristische Architektur. S. 433, 441
Lit.: Ausst. Kat. ›A. S'. E.‹ von L. Caramelli u. A. Longatti, Como 1962.

Santi, Giovanni. 1435-1494. Maler aus den Marken, Vater von Raffael, tätig in Urbino. Verfasser einer gereimten Chronik. S. 202
Lit.: H. Holtzinger, F. di Montefeltro, Cronaca di G. S., Stuttgart 1893. – R. Dubos, G. S., Bordeaux 1971.

Santomaso, Giuseppe. Venedig 1907. Venezianischer Maler, Gründer der ›Fronte nuovo delle arti‹ (1945). S. 440
Lit.: N. Ponente, S., Venedig 1968.

Saraceni, Carlo. 1585-1625. Venezianischer Maler, ging nach Rom, wo er sich an die Schule Caravaggios anlehnte. S. 373
Lit.: A. Porcella, C. S., in: Riv. di Venezia (1928). – A. Ottani Cavinà, C. S., Mailand 1968.

Sardi, Giuseppe. 1630-1699. Venezianischer Baumeister, Schüler von Scamozzi, Erbauer der Kirche S. Maria del Giglio und der Fassade von S. Maria degli Scalzi in Venedig. S. 388

Sardi, Giuseppe. 18. Jh. Römischer Barockbaumeister, beeinflußt von Borromini, Erbauer von S. Maria Maddalena (in Campo Marzio), Rom (1735). S. 355

Sarto, Andrea del. Florenz 1486-1531. Florentiner Maler, Schüler von Piero di Cosimo, beeinflußt von Leonardo, bemüht um ausgewogene Formen von melancholischer Heiterkeit in leichtem Clair-obscur: ›Madonna delle Arpie‹. Manchmal Annäherung an Fra Bartolomeo und Raffael. Mit seinen eindrucksvollen Porträts gehört er zu den Spitzen der Florentiner klassischen Kunst. S. 270 f.
Lit.: S. J. Freedberg, A. del S., 2 Bde., Cambridge 1963. – J. Shearman, A. del S., 2 Bde., Oxford 1965. – R. Monti, A. del S., Mailand 1965.

Sartorio, Giulio Aristide. Rom 1860-1932. Römischer Maler, beeinflußt vom Präraffaelismus. S. 426
Lit.: Ausst. Kat. ›G. A. S.‹, von A. Bertini-Calosso, Rom 1933.

Sassetta, Stefano di Giovanni, genannt il –. Siena um 1392 bis 1450. Sieneser Maler, behandelte die europäische Gotik auf ganz persönliche Art, indem er Vorstellungen der Florentiner Kunst zugrundelegte; seine Entwicklung verlief gradlinig vom Triptychon der Linaiuoli (1423-1426) über den Altaraufsatz von S. Francesco in Borgo San Sepolcro (1437-1444) und die Flügelaltäre von S. Domenico in Cor-

Sassetta Fortsetzung
tona (1434) bis zur Madonna delle Nevi (1432). S. 149, 196
Lit.: B. Berenson, A Sienese painter..., 1909 (Florenz 1946). – J. Pope-Hennessy, S., London 1939. – E. Carli, S., Mailand 1957.

Sasso, G. Anfang 17. Jh. Lombardischer Architekt, tätig in Palermo. S. 368

Savoldo, Gian Girolamo. Brescia 1480-1548. Lombardischer Maler, 1508 in Venedig erwähnt, 1521 Heirat mit einer Flämin. Sehr persönlicher Stil, Nachtstücke und fahle Landschaften. S. 283, 327
Lit.: W. Suida, S., in: Pantheon (1937). – G. Nicco Fasola, Lineamenti del S., in: L'Arte, II (1940). – G. Creighton, in: A.B., XXVII (1945) und G.B.A. (1953). – A. Boschetto, G.G.S., Mailand 1963.

Scala, Andrea. 19. Jh. Architekt aus Catania, Erbauer des Teatro Bellini. S. 421

Scalfarotto, Giovanni. 1700-1764. Venezianischer Architekt, Erbauer von S. Simeone Piccolo, um 1730. S. 389

Scamozzi, Vincenzo. Vicenza 1552-1616. Venezianischer Baumeister, vollendete zahlreiche Bauten von Palladio, darunter das Teatro Olimpico. Erbauer der ›Neuen Procuratien‹ in Venedig (1586), wobei er Anregungen von Sansovino verarbeitete. S. 278
Lit.: F. Franco, La Scuola scamozziana di ›stile severo‹ a Vicenza, in: Palladio (1937). – F. Barbieri, V.S., Vicenza 1952.

Scandellari, Filippo. 1717-1801. Bologneser Bildhauer vor allem von Krippenfiguren. S. 361

Scarpa, Carlo. Venedig 1906-1979. Architekt, beteiligt an der Renovierung zahlreicher Paläste (Castelvecchio) und an der Erweiterung verschiedener Museen (Museo Correr, Venedig 1960).

Schiaffini, Francesco. 1691-1765. Genueser Bildhauer, inspiriert von Bernini. S. 357

Schiavone, Andrea Meldolla, genannt –. Zara um 1510 – Venedig 1563. Maler dalmatinischer Herkunft, studierte die Kupferstiche von Parmigianino. Mit der Verschwommenheit seiner Farbgebung führte er gegen 1540 den eigentlichen Manierismus in Venedig ein. S. 315 f.
Lit.: V. Moschini, Capolavori di A.S., in: Emporium (1943).

Scipione, Gino Bonichi, genannt –. Macerata 1904-1933. Maler barocker Darstellungen des römischen Lebens.
Lit.: U. Apollonio, S., Venedig 1945. – C. Maltese, S., in: Emporium (1948). S. 439

Sebastiano del Piombo, Sebastiano Luciani, genannt –. Venedig um 1485 – Rom 1547. Venezianischer Maler, Schüler von Giorgione, in Rom unter dem Einfluß Michelangelos. S. 284
Lit.: L. Dussler, S. d. P., Basel 1942. – R. Pallucchini, S. Viniziano, Mailand 1944. – M. Hirst, S. d. P., London 1980.

Segantini, Giovanni. Arco 1858 – Schafberg (Engadin) 1899. Mailänder Maler: bäuerliche Themen und Alpenlandschaften (in der Brianza); später Bilder symbolisierender Art. S. 427
Lit.: N. Barbantini, S., Venedig 1945. – M.C. Gozzoli, L'opera completa di S., Mailand 1973.

Segna di Bonaventura. Sieneser Maler, tätig zwischen 1298 und 1326. Schüler von Duccio. S. 136

Selva, Giannantonio. 1751-1819. Venezianischer Architekt, Erbauer des Teatro della Fenice und der Chiesa del Nome di Gesù. S. 411

Semeghini, Pio. Geboren in Quistella (bei Mantua) 1878, ließ sich in Verona nieder. S. 438
Lit.: Ausst. Kat., von L. Macagnato, Verona 1971.

Semini, 1510-1578. Genueser Maler, Malereien in der SS. Annunziata. S. 357

Serlio, Sebastiano. Bologna 1475-1554. Baumeister, Bildhauer, Schüler von Peruzzi, Theoretiker der klassischen Kunst, ebenso wichtig für Venedig wie für Rom, wo er sich zwischen 1531 und 1540 aufhielt. Seine Schrift über die Architektur erschien ab 1537 nach und nach in sieben Büchern, das achte blieb unvollendet. Nach Frankreich berufen, erbaute er das Schloß von Ancy-le-Franc. S. 279
Lit.: W.B. Dinsmor, in: A.B. (1942). – M. Rossi, Il sesto Libro..., Mailand 1967. – M.N. Rosenfeld, S.S. on Domestic Architecture, Book VI, Avery Library, Columbia University, New York 1978.

Sernesi, Raffaello. Florenz 1838 – Bozen 1866. Maler besonders feiner Studien aus dem toskanischen Apennin. S. 429
Lit.: E. Cecchi, Ritratto di R.S., in: Vita artistica, II (1927). – F. Wittgens, Dodici opere di R.S., Mailand 1951.

Serodine, Giovanni. 1594-1631. Aus dem Tessin stammender Maler, kam gegen 1615 nach Rom. Malte im Stil Caravaggios. S. 373
Lit.: R. Longhi, S., Florenz 1954.

Serpotta, Giacomo. 1656-1732. Sizilianischer Bildhauer, vornehmlich aber Stukkateur; in seinen Reliefs von rokokohafter Virtuosität, wobei er sich manchmal von den Lehren Roms angeregt zeigt. S. 369 f.
Lit.: F. Meli, G.S., Palermo 1934.

Servadio. 13. Jh. Umbrischer Architekt, Zusammenarbeit mit Benvenuto am Palazzo Comunale in Perugia. S. 123

Servandoni, Giovanni Niccolò. Florenz 1695 – Paris 1766. Baumeister, Schüler von G.P. Pannini in Piacenza (Malerei), in Rom von G.G. Rossi (Architektur). Ging nach Paris, wohin er als Baumeister berufen wurde (Kirche Saint-Sulpice). S. 344

Severini, Gino. Cortona 1883 – Paris 1966. Zunächst futuristischer Maler, später klassisch ausgerichtet. S. 434
Lit.: G. Severini, Tutta la vita di un pittore, Mailand 1946. – L. Courthion, G.S., Mailand 1930. – L. Bardi, G.S., Mailand 1942. – B. Wall, G.S., London 1946. – L. Venturi, G.S., Rom 1961. – P. Pacini, Percorso prefuturista di G.S., in: Cr.A., 128, 129 (1973). 139, 140 (1975).

Signorelli, Luca. Cortona 1450-1523. Umbrischer Maler, Schüler und Mitarbeiter von Piero della Francesca, jedoch von der anatomischen Genauigkeit des Pollaiuolo stark beeindruckt. Arbeit in den Marken, in Rom (Cappella Sistina, 1481), in Florenz (›Pan‹ für Lorenzo de'Medici, um 1490). Meister zahlreicher Altaraufsätze. Seine dramatische Lichtführung und seine kraftvolle Zeichnung erreichen ihren Gipfelpunkt in Monte Oliveto (1497), vor allem aber in der Cappella S. Brizio im Dom von Orvieto (1499-1505). S. 239
Lit.: L. Dussler, S., Berlin 1927. – M. Salmi, S., Rom 1953. – M. Carra, S., gli affreschi di Orvieto, Mailand 1969. – M.G. de La Coste Messelière, S., Paris 1975.

Signorini, Telemaco. Florenz 1835-1901. Florentiner Maler, Anhänger Garibaldis, glänzender Polemiker, schil-

Strozzi, Zanobi di Benedetto. Florenz 1412-1446. Florentiner Miniaturmaler, setzte die Tradition Fra Angelicos in S. Marco fort (1446-1453) und illustrierte Chorbücher für den Dom, um 1470. S. 219
Lit.: L. Collobi Ragghianti, Z.S., in: C.A. (1950). – M. Levi d'Ancona, Z.S. reconsidered, in: Bibliofilia, LXI, 1-38 (1959).

Strozzi, Bernardo, genannt il Cappuccino oder il Prete Genovese. Genua 1581 – Venedig 1644. Venezianischer Maler, Kapuzinermönch, verließ das Kloster und ließ sich nach 1630 in Venedig nieder. Beeinflußt von Caravaggio. S. 392
Lit.: Fiocco, B.S., Rom 1921. – P. Zampetti, in: Emporium (1949). – L. Mortari, B.S., in: B.A., XL (1955); B.S., Rom 1966.

Tacca, Pietro. 1577-1640. Florentiner Bildhauer, tätig in Florenz und in Livorno. S. 306, 362
Lit.: P. Torriti, P.T. da Carrara, Genua 1975.

Taddeo di Bartolo. Siena 1362-1422. Sieneser Maler, beeinflußt von Lorenzetti. S. 196
Lit.: S. Symeonides, T.B., Siena 1965.

Talenti, Francesco. 1300-1376. Florentiner Architekt, Meister der Dombauhütte, verantwortlich für die Veränderungen des Planes von Arnolfo und die endgültige Gestaltung des Campanile. S. 118, 139, 140
Lit.: W. Paatz, Werden und Wesen der Trecento-Architektur, Burg a.M. 1937.

Talenti, Fra Jacopo. Erste Hälfte 14. Jh. Erbauer des Campanile von S. Maria Novella. S. 117

Talenti, Simone di Francesco. Ende 14. Jh. Baumeister von Or San Michele, 1379 – um 1410. S. 139

Tallone. Savona 1853 – Mailand 1919. Renommierter lombardischer Porträtist. S. 427
Lit.: E. Somaré, C.T., Mailand 1946.

Tancredi di Messina. 1655-1725. Neapolitanischer Freskenmaler und Stukkateur, dekorierte die Kirche der Jesuiten in Palermo. S. 368

Tanzio da Varallo. 1575-1635. Lombardischer Maler. S. 381

Tatti, Jacopo. Siehe Sansovino.

Tavella, Carlo Antonio. 1668-1738. Mailänder Maler: Landschaften und Blumen. S. 381

Tempesta, Pietro Mulier, genannt –. Haarlem 1637 – Mailand oder Venedig 1701. Landschaftsmaler, ließ sich in Genua nieder, Lehrmeister von Tavella, malte vorzugsweise Gewitterlandschaften, daher ›Tempesta‹ genannt. S. 385

Tenerani, Pietro. 1789-1869. Römischer Bildhauer, Schüler von Canova, Meister des Grabmales für Pius VIII. in Sankt Peter. S. 417

Terragni, Giuseppe. 1904-1943. Architekt aus Norditalien, Erbauer des Mustermietshauses in Como, des ›Novocomum‹, das 1929 fertiggestellt wurde. S. 441

Testa, Pietro. Siehe Lucchesino.

Theotokopoulos, genannt El Greco. Siehe Greco.

Thorvaldsen, Albert. 1770-1844. Dänischer Bildhauer, hielt sich vierzig Jahre in Rom auf. 1831: Grabmal für Pius VII. in Sankt Peter. S. 417

Tibaldi, Pellegrino, genannt il Pellegrini. Valsolda 1527 bis 1596. Lombardischer Baumeister, Maler und Dekorateur. In Rom tätig als Ingenieur und Baumeister: Trinità dei Monti. Nach Bologna berufen, schmückte er den Palazzo Poggi mit lebhaften perspektivischen Darstellungen aus. Dombaumeister in Mailand (1567), ging dann nach Spanien in den Dienst Philipps II.; dekorierte die Bibliothek des Escorial (1587-1591). S. 325, 326
Lit.: G. Briganti, Il manierismo e P.T., Rom 1945.

Tiepolo, Giambattista. Venedig 1696 – Madrid 1770. Venezianischer Maler, Meister der barocken Dekorationsmalerei des 18. Jhs., Schüler von Lazzarini, beeinflußt von seinem Lehrmeister Piazzetta, nahm in seinen Decken- und Wandzyklen die helle und großzügige Malerei von Paolo Veronese wieder auf: Sujets aus dem Gebiet der Fabel (Udine 1732-1733, Villa Valmarana, 1737) oder religiöse Themen (Scalzi, Venedig). Aufträge von Mailand, Bergamo, Vicenza, für venezianische Paläste (Labia) und Villen der Terra ferma, sogar aus dem Ausland: Würzburg (1750-1753), wohin ihn sein Sohn begleitete, und schließlich von Madrid (nach 1762). Der letzte große Barockmaler von gewaltiger heroischer und prunkvoller Vorstellungskraft. Tiepolo war auch ein origineller Kupferstecher, wobei er eine besondere Vorliebe für Capricci zeigt. S. 395-397, 401
Lit.: P. Molmenti, G.B.T., Mailand 1909. – G.B. Morassi, T., Bergamo 1943. – Ausst. Kat. ›T.‹, von G. Lorenzetti, Venedig 1951. – A. Morassi, A complete Catalogue of the Paintings of G.B.T., London 1962. – A. Pallucchini, L'opera completa di G.T., Mailand 1968. – W. Barcham, G.T.'s Ceiling for S. Maria di Nazareth in Venice, in: A.B., LXI, 3 (1979). – *Zeichnungen:* D.v. Hadeln, The Drawings of G.B.T., 2 Bde., Paris 1928. – A.M. Brizio, in: O.M.D. (Sept. 1933). – G. Lorenzetti, Cahiers des T. au musée Correr, Paris 1946.

Tiepolo, Giandomenico. Venedig 1727-1804. Sohn von Giambattista, Mitarbeiter seines Vaters. 1780 Präsident der Akademie von Venedig, seine Themen sind gefühlvoll und realistisch; betätigte sich als Radierer. S. 396, 397
Lit.: E. Sack, G.B. und G.D.T., Hamburg 1909. – A. Mariuz, G.D.T., Mailand 1971. – Ausst. Kat. ›T., tecnica e imaginazione‹, Venedig 1979.

Tino da Camaino. Siena um 1295 – um 1337. Sieneser Bildhauer, Schüler von Giovanni Pisano, berufen nach Pisa (Grabmal für Heinrich VII.), nach Florenz (Grabmal des Kardinals Orso) und nach Neapel (Grabmal für Maria von Ungarn). S. 125, 127f.
Lit.: E. Carli, T. da C. scultore, Florenz 1934. – W.R. Valentiner, T. da C., Paris 1935. – O. Morisani, T. da C. a Napoli, Neapel 1945. – M. Salmi, T. da C. e Roma?, in: Comm., 3-4 (1964). – G. Kreytenberg, G. Pisano oder T. da C., in: J.B.M. (1978).

Tintoretto, Jacopo Robusti, genannt il –. Venedig 1518 bis 1594. Venezianischer Maler, Vater von vier anderen Malern. Schüler von Tizian, P. Bordone und Pordenone; angeregt durch den Manierismus und das Studium von Michelangelo (aufgrund einer Romreise, 1545-1546), gab er den Anstoß zu einer völlig neuen Entwicklung der venezianischen Malerei: Diagonalkompositionen mit überraschenden Perspektiven (›Die Wunder des Sklaven‹ 1548), die Figuren sind in ein scharfes, fahles Licht getaucht, wo-

Tintoretto (Fortsetzung)
durch starke Kontraste erzeugt werden. In einer fast unglaubhaften Fülle stattete er die Kirchen Venedigs mit seinen Bildern aus und setzte seine ganze Kraft für die Arbeiten in der ›Scuola di San Rocco‹ ein (1564-1587). Sein Stil wurde bestimmend für El Greco und die letzten Stadien des europäischen Manierismus. S. 316-318
Lit.: L. Coletti, T., Bergamo 1940. – E. von Bercken, T., München 1942. – R. Pallucchini, La giovinezza di T., Mailand 1950. – P. L. Vecchi, L'opera completa del T., Mailand 1974. – P. Rossi, J. T., Venedig 1974. – R. Pallucchini u. P. Rossi, J. T., Venedig – *Zeichnungen:* D. v. Hadeln, Handzeichnungen des T., Berlin 1922. – E. Tietze-Conrat, in: Die Graphischen Künste, I (1936).

Tiralli, Andrea. Um 1660-1737. Venezianischer Baumeister und Bildhauer des Barock: Grabmonument Valier (SS. Giovanni e Paolo), aber starke Neigung zum Neoklassizismus: S. Vitale in Venedig, um 1700, nach dem Vorbild Palladios. S. 389

Tisi, Benvenuto. Siehe Garofalo.

Tizian, Tiziano Vecellio, genannt –. Pieve di Cadore um 1485 – Venedig 1576. Maler, zunächst Schüler von Sebastiano Zuccato, dann der Bellini, erhielt den entscheidenden Anstoß durch Giorgione, von dem er nach 1510 einige Werke vollendete. Zwei Jahrzehnte lang beherrschte er mit seinem Werk ›Die himmlische und die irdische Liebe‹ (um 1515) und seiner ›Himmelfahrt‹ in der Frarikirche (1516 bis 1518) überzeugend die ganze venezianische Malerei. Er erhielt Aufträge von den Höfen von Ferrara (ab 1516) und Mantua (1524) und wurde zum offiziellen Porträtisten Karls V., der ihn 1534 in den Grafenstand erhob und 1547 nach Augsburg einlud. Zahllose Gemälde religiösen und profanen Inhalts. Sein enormer Erfolg steht in Zusammenhang mit der Ausweitung der Farbgebung und der Lichteffekte vermittels der der Tonwerte sowie mit der Anpassung seiner Kompositionen an den römisch-klassischen Stil. Gegen 1540 ist durch manieristischen Einfluß eine Krise zu bemerken. In den letzten Lebensjahren bekommt sein Stil eine pathetische Überspanntheit. Tizian ist der bedeutendste Vertreter der venezianischen Kunst und der eigentliche Anlaß ihrer Auswirkung in Europa. S. 284-287
Lit.: W. Suida, T., Paris 1935. – H. Tietze, T., Leben und Werk, Wien 1936. – L. Grassi, T., Rom 1945. – J. Walker, Bellini and T. at Ferrara, London 1956. – A. Wethey, T., 3 Bde.: The Religious Paintings, London 1969; The Portraits, London 1971; The Mythological and Historical Paintings, London 1975. – R. Pallucchini, T. e il manierismo europeo, Florenz 1978.

Toma, Gioacchino. Galatina 1836 – Neapel 1891. Maler von einfachen anekdotischen Darstellungen. S. 430f.
Lit.: M. Biancale, G. T., Rom 1933. – S. Ortolani, G. T., Rom 1934. – A. de Rinaldis, G. T., Verona 1934.

Tommaso da Modena, Barisani, genannt –. Modena 1325-1376. Emilianischer Maler, tätig in Venetien: Dominikanerporträts für S. Niccolò in Treviso (1351), vielleicht auch in Böhmen. S. 152
Lit.: L. Coletti, T. da M., Bologna 1933 (1963). – Protokoll des internationalen Kongresses 1979, Treviso 1980.

Tommaso da Napoli. Anfang 18. Jh. Franziskanermönch, neapolitanischer Architekt, erbaute um 1715 die Villa des Prinzen von Palagonien (Bagheria). S. 369

Torbido, Francesco, genannt il Moro. Venedig um 1483 – Verona 1562. Maler, beeinflußt von Giorgione und Giulio Romano: ›Apostel‹ (1577, Dom zu Verona). S. 361
Lit.: D. Viana, F. T. o il M., Verona 1933.

Torreggiani, Alfonso. 1682-1764. Bologneser Architekt, Erbauer zahlreicher Paläste (Palazzo Montanari). S. 361

Torriti, Jacopo. 13. Jh. Maler und Mosaizist, arbeitete an der Apsis von S. Giovanni in Laterano (Rom), dann an der Apsis von S. Maria Maggiore (Rom 1291-1295). S. 96
Lit.: R. Bertos, J. T., Versuch einer Interpretation seiner Werke, München 1963.

Tosi, Arturo. 1871-1956. Lombardischer Maler. S. 438
Lit.: G. C. Argan, T., Florenz 1942. – G. Scheiwiller, A. T., Mailand 1942.

Traini, Francesco. Um 1350. Florentiner Maler: Meister des Altaraufsatzes von S. Domenico in Pisa, vielleicht auch der Allegorie mit dem ›Triumph des Todes‹ im Campo Santo in Pisa, die eine hohe Qualität der Phantasie und Zeichnung aufweisen. S. 146
Lit.: M. Meiss, in: A. B. (1933).

Traversi, Gaspare. ?-1769. Neapolitanischer Maler, dem Bonito nahestehend. S. 376

Tremignon, Alessandro. 17. Jh. Venezianischer Barockbaumeister, Nachahmer von Longhena. Erbauer der Fassade von S. Moisé (um 1668). S. 388

Tribolo, Niccolò Pericoli, genannt –. Um 1500-1550. Florentiner Bildhauer und Ingenieur: Nischen-Terrassen und Grotten der Villa di Castello (1540) und Anlage der Boboli-Gärten. S. 306
Lit.: J. Holderbaum, Notes on T., in: B. M., XCIV (1957). – W. Aschoff, Studien zu N. T., Frankfurt a. Main 1967; T. designatore, in: Pa., 209 (1967).

Tristano, Giovanni. 1515-1574. Römischer Architekt, Jesuit, prägte den Stil der Kirchen des Ordens. S. 324
Lit.: P. Pirri, G. T. e i primordi dell'architettura Gesuitica, Rom 1955.

Trucco, Matté. Trevy 1869 – Turin 1934. Architekt, Erbauer der Fiatwerke in Turin (1916-1923). S. 443

Tura, Cosimo. Ferrara 1430-1495. Ferraresischer Maler, ausgebildet von Squarcione in Padua sowie von Donatello; Begegnung mit Piero della Francesca in Ferrara (1450). Einer der drei Meister des Palazzo Schifanoia (um 1470); malte Orgelflügel für den Dom von Ferrara und zahlreiche offizielle Porträts. Entwickelte einen stark zeichnerischen Stil von origineller Schärfe. S. 216f.
Lit.: L. N. Cittadella, Ricordi e documenti, Ferrara 1866. – B. Molajoli, L'opera completa di C. T. e i grandi pittori ferraresi del suo tempo: Francesco del Cossa e Ercole de Roberti, Mailand 1974.
Rekonstruktion des Roverella-Altars, 1470-1474. S. 216
Lünette: Pietà, Louvre, Paris.
Fragment des linken Seitenteils: Hl. Georg, Fine Arts Gallery, San Diego.
Mittelteil: Madonna mit Kind, National Gallery, London.
Rechter Seitenteil: Niccolo Roverella mit den Heiligen Mauritius und Paulus.
Predella, von links nach rechts: Beschneidung, Isabella Stewart Gardner Museum, Boston; Anbetung der Heiligen Drei Könige, Fogg Art Museum, Cambridge, Mass.; Flucht nach Ägypten, Metropolitan Museum, New York.

Zanoia, Giuseppe. 19. Jh. Mailänder Architekt: Arco della Porta Nuova. S. 410

Zavattari. Familie von Malern und Dekorateuren, tätig im 15. Jh. in der Lombardei. S. 211

Zelotti, Gian Battista. 16. Jh. Maler, Dekorationskünstler, Mitarbeiter von Veronese. S. 314

Zenale, Bernardino. 1436-1526. Lombardischer Maler, herber und kraftvoller Stil; zusammen mit Butinone Meister des Altaraufsatzes von Treviglio. S. 212
Lit.: G. Dell'Acqua, Il politico di S. Martino a Treviglio, Bergamo 1956. – M. Ferrari, Ritorno a B. Z., in: Pa. (Jan. 1963). – E. Cassa Salvi, Butinone e Z., Mailand 1966.

Zimbalo, Francesco. Tätig zwischen 1660 und 1690. Baumeister aus Apulien. Erbauer des Campanile am Dom von Lecce sowie der Kirche S. Chiara (1687) dortselbst. S. 367

Zocchi, Cesare. 19. Jh. Bildhauer, Meister des Reiterstandbildes von Vittorio-Emanuele II. (Florenz, 1890). S. 420

Zoppo, Marco. 1433-1478. Bologneser Maler. Herber, präziser Stil, von ihm stammt eine Sammlung von Entwürfen, die einst Mantegna zugeschrieben wurden. S. 215
Lit.: C. Dodgson, A Book of Drawings attributed to Mantegna, London 1923. – M. J. Fiorio, in: R. A., 53 (1981).

Zuccarelli, Francesco. Pitigliano (Toskana) 1702-1788. Landschaftsmaler und Stecher, kam um 1732 nach Venedig. 1763 Mitglied der Akademie, Schüler von Paolo Anesi. Reisen nach Rom, Paris und London. S. 399
Lit.: W. Arslan, in: Boll. Arte (1934).

Zuccaro, Federico. Um 1542-1609. Bruder von Taddeo, Maler und Theoretiker, arbeitete mit seinem Bruder in Caprarola sowie mit Vasari zusammen an der Kuppel von Florenz; sein Palazzo neben der Kirche Trinità dei Monti in Rom wurde der Sitz einer Akademie. Verfasser einer Schrift, ›Idea‹ (1607), Neuauflage 1768. S. 321
Lit.: K. Hermann-Fiore, Die Fresken F. Z.'s in seinem römischen Künstlerhaus, in: R. J., 18 (1979).

Zuccaro, Taddeo. 1529-1561. Römischer Dekorationskünstler, Repräsentant einer humanistischen und pomphaften Kunst. Tätig in Caprarola. S. 321
Lit.: J. Gere, T. Z., London 1969.

Zuccati. Venezianische Familie von Mosaizisten, Ende 16. Jh.: Mitarbeit an der Wiederherstellung der Gewölbe von S. Marco. S. 289

Zucchi, Jacopo. 1541-1590. Maler und Dekorationskünstler, Mitarbeiter von Vasari, arbeitete an dem von Ammannati errichteten Palazzo Ruspoli. S. 321
Lit.: E. Pillsburg, Drawings by J. Z., in: M. D., XII, 1 (1974).

Zumbo, Gaetano Giulio. Sizilianischer Bildhauer, 18. Jh. Meister der Pestszenen in Wachs im Bargello. S. 338
Lit.: H. Praz, Le pesti dello Z., in: Il giardino dei Sensi, Turin 1975.

Die Übersetzung der Register besorgte Aasta Fischer, München. Der Durchsicht der Übersetzungen beider Bände im Manuskript und im Satz unterzogen sich dankenswerterweise Dr. Eva Rapsilber und Dr. Lilian Châtelet-Lange, Paris.

PHOTONACHWEIS

A. F. I. 416, 419 – Alinari 47, 58, 89, 169, 253, 281, 296, 304, 330, 354, 406, 410, 431, 433, 489, 490 – Alinari-Giraudon 3, 17, 31, 53, 54, 57, 109, 113, 115, 125, 127, 172, 185, 254, 264, 267, 277, 279, 292, 297, 310, 311, 316, 317, 319, 321, 324, 338, 339, 344, 368, 400, 404, 426, 439 – Alinari-Roger-Viollet 46, 384 – Anders, Jörg P. 131 – Anderson 136, 196, 315, 352, 370, 381, 403 – Anderson-Alinari-Giraudon 85, 86 – Anderson-Giraudon 15, 16, 23, 28, 48, 56, 62, 74, 128, 167, 171, 176, 177, 186, 199, 200, 204, 206, 231, 232, 234, 250, 251, 256, 258, 265, 268, 284, 287, 288, 290, 300, 306, 308, 347, 363, 367, 377, 378, 380, 382, 383, 397, 402, 409, 412, 415, 432, 436, 448, 456 – Anderson Roger Viollet 5, 285, 335, 393 – Arthaud 355, 356, 359, 361, 434 – Bacci 471 – Bazzechi 405 – Benton, Tim 365 – Bibliothek des Vatikan 81 – Böhm, Osvaldo 147, 220, 270, 283, 401, 429 – Boudot-Lamotte 27, 30, 68, 78, 191, 193, 275, 320, 333, 375 – British Museum, London 183 – Brogi 38, 49, 325, 369 – Brogi-Giraudon 75, 117, 165, 166, 174, 332, 386 – Bulloz 39, 80 – Cahiers du Cinema 492, 493 – Campara 295 – Chomon-Perino 326, 389 – Collège de France, Paris 357 – Fabbri-Ziolo 294, 313, 427, 428 – Faillet-Ziolo 29 – Fiore 364, 425, 445 – Fiorentini 289 – Frick-Collection, New York 142, 218 – Galerie d'arte moderne, Mailand 451, 457 – Galerie d'arte moderne, Rom 455 – Giacomelli 464, 477 – Giraudon 21, 33, 120, 245, 269, 271, 298, 327, 328 – Guidotti 395 – J. C. C. D., Rom 441, 447, 450, 454, 459 – Isabella Stewart Gardner Museum, Boston 133 – Kunsthistorisches Museum, Wien 170 – Lauros-Giraudon 34, 63, 398 – Levi 488 – Matt, Leonard von 8, 9, 12, 40, 42, 248, 260, 341, 351 – Museum of Modern Art, New York 460 – Musées Nationaux 79, 139, 209, 240, 272, 399, 407 – Museo Poldi-Pezzoli, Mailand 444 – National Gallery Washington 249, 469 – Orlandi 366 – Pane, R. 374 – Perrin Atlas Photo 442 – Publifoto 192, 372, 373 – Rampazzi 360 – Rapho 242, 430 – Royal Academy, London 418 – Tavanti 309 – Victoria and Albert Museum, London 90 – Villani 362, 387 – Viollon-Rapho 371 – Ziolo 247

Weitere Abbildungsvorlagen stammen aus dem Archiv des Verlags. Der Schutzumschlag zeigt ein Detail des Gemäldes von Andrea Mantegna ›Darstellung Christi im Tempel‹. Foto von Jörg P. Anders.